W0409923

HPB

Leben und Werk der Helena Blavatsky
Begründerin der modernen Theosophie

H.P.B.

Leben und Werk der Helena Blavatsky
Begründerin der modernen Theosophie

Sylvia Cranston und Carey Williams

ADYAR

Übersetzung aus dem Amerikanischen:
Hank Troemel, Erika Krammer, Gertrud Menczel, Modeste zur Nedden

Copyright © 1993 by Sylvia Cranston
© 1998 by Caren M. Elin
Original American edition by G.P. Putnam's Sons, New York
under the Title:
HPB, The Extraordinary Life and Influence of Helena Blavatsky, Founder of the Modern Theosophical Movement

Deutsche Ausgabe © Edition Adyar, Grafing, 1995
2. Auflage 2001

Umschlaggestaltung: Annette Wagner
Druck: Bercker • Kevelaer

ISBN 3-927837-53-9

Inhalt

1. Helena Petrovna Blavatsky, *Isis*, 1878

Zeittafel

1831	Geboren am 12. August in Dnepropetrovsk (Ekaterinoslav), Ukraine. Tochter von Oberst Peter von Hahn und Helena Andrejevna, geborene Fadejev, einer bekannten Schriftstellerin, die jung stirbt. Mütterlicherseits Großenkelin des Geheimen Staatsrates Andrej de Fadejev und der Prinzessin Helena Pavlovna Dolgorukov, die ihre Erziehung in Saratov und Tiflis (Kaukasus) überwachten. Besitzt von Kindheit an bemerkenswerte psychische Kräfte.
1849	Heiratet Nikifor Blavatsky, einen Staatsbeamten, um Jahre älter als sie.
1849-50	Verläßt ihn und reist in die Türkei, nach Griechenland, Ägypten und Frankreich.
1851	Begegnet in London ihrem Meister.
1852	Gegen Jahresende Reisen nach Kanada und nach New Orleans, Mexiko, Südamerika, Westindische Inseln, von dort über das Kap der Guten Hoffnung nach Ceylon und Indien.
1853	Versucht vergeblich, nach Tibet einzureisen. Rückfahrt nach England über Java.
1854	Wieder in Amerika, Überquerung der Rocky Mountains mit einem Siedlertreck von Einwanderern. Vermutlich wieder Reise nach Südamerika.
1855	Gegen Jahresende Abreise nach Indien über Japan und die Straße von Malakka.

Anmerkung: Diese Zeittafel basiert - abgesehen von einigen Änderungen - auf der Chronologie von Boris de Zirkoff in den Bänden der *Collected Writings*.

1856-57	Reise durch Indien, Kashmir, Ladakh, Teile von Tibet, Burma.
1858	Rückkehr nach Europa über Java, Aufenthalt in Frankreich und Deutschland. Danach Rückkehr nach Russland, Ankunft in Pskov am Weihnachtsabend.
1860	Zu Jahresbeginn Abreise in den Kaukasus, wo sie unter den einheimischen Volksstämmen unterwegs ist, bis 1864-65. Erfährt eine heftige physische und psychische Krise, wonach sie die vollständige Gewalt über ihre okkulten Kräfte erlangt.
1866-67	Verläßt Russland wieder und unternimmt ausgedehnte Reisen im Balkan, in Ägypten, Syrien, Italien. 1867 Rückkehr nach Italien und kurzer Aufenthalt in Südrussland. Wird bei der Schlacht von Mentana am 3. November 1867 verwundet.
1868	Reise mit ihrem Meister nach Indien und Tibet.
1870	Rückkehr nach Griechenland.
1871	Einschiffung nach Ägypten, Schiffbruch nahe der Insel Spetsae am 4. Juli.
1871-72	Läßt sich in Kairo nieder. 1872 Reisen nach Syrien, Palästina, Libanon, kurze Rückkehr nach Odessa.
1873	Nach kurzen Reisen in Osteuropa begibt sie sich im Frühjahr nach Paris. Abreise im Auftrag ihres Meisters nach New York, Ankunft am 7. Juli.
1874	Trifft am 4. Oktober Col. Henry Steel Olcott auf der Farm der Eddys in Chittenden, Vermont.
1875	Gründung der Theosophischen Gesellschaft am 8. September zusammen mit Col. Olcott, William Q. Judge u. a. Antrittsrede von Col. Olcott am 17. November.

1877 Im Herbst Veröffentlichung ihres ersten großen Werkes, *Isis entschleiert.*

1878 Wird am 8. Juli amerikanische Staatsbürgerin. Abreise am 17. Dezember mit Col. Olcott nach Indien, läßt sich in Bombay nieder.

1879 Im Oktober Herausgabe ihrer ersten Zeitschrift, *The Theosophist,* was zwischen 1879 und 1883 zu einem schnellen Wachstum der theosophischen Bewegung in Indien führt.

1882 Verlegung des Hauptsitzes am 19. Dezember nach Adyar, Madras, Indien.

1884 Abreise am 20. Februar nach Europa in der Begleitung von Olcott und anderen. Nach einem Aufenthalt in Nizza läßt sie sich für einige Zeit in Paris nieder, um an der *Geheimlehre* zu arbeiten. Kurzer Besuch in London. Im Herbst Übersiedlung nach Elberfeld, Deutschland. Im Oktober Reise nach London und kurz darauf nach Indien, Ankunft in Adyar am 21. Dezember.

1885 Im Februar schwere Erkrankung. Am 31. März verläßt sie Indien für immer. Ankunft in Neapel. Nach einem kurzen Aufenthalt in Torre del Greco läßt sie sich in Würzburg nieder, wo sie an der *Geheimlehre* arbeitet.

1886 Reist im Juli über Elberfeld nach Ostende.

1887 Verlegt ihren Wohnsitz im Mai nach London, wo sie die Blavatsky Lodge gründet und ihre zweite Zeitschrift, *Lucifer,* im September herausbringt.

1888 Im Spätherbst Veröffentlichung der *Geheimlehre.* Gründung der Esoterischen Schule.

1889 Veröffentlichung von *Der Schlüssel zur Theosophie* und *Die Stimme der Stille.*

1890	Gründung des europäischen Hauptsitzes der Theosophischen Gesellschaft in London, 19 Avenue Road, wo sie stirbt.
1891	Tod am 8. Mai. Einäscherung im Woking Krematorium, Surrey, England.

Einführung

VOR ETWAS ÜBER einem Jahrhundert legte die russische Theosophin Helena Petrovna Blavatsky mit ihrer *Geheimlehre* den Grundstein für jene geistige Strömung, die uns heute als so genannte »New Age«-Bewegung oder auch als »Neues Bewusstsein« bekannt ist. Denn genau 100 Jahre nach der Gründung der Theosophischen Gesellschaft – 1975 – erschienen in Kalifornien zwei Bestseller: *Die sanfte Verschwörung* von M. Ferguson und *Das Tao der Physik* von F. Capra. In vieler Hinsicht griffen beide Werke auf die uralte holistische Weisheitslehre der HPB zurück und lösten damit eine Massenbewegung aus. In ihrer *Geheimlehre* stützt sich Madame Blavatsky auf die bedeutenden Überlieferungen der Menschheit, wie sie in den heiligen Schriften vieler Völker erhalten geblieben sind. Sie war die Erste, die sich ernsthaft mit den überbrachten Kosmogonien und den Legenden im Zusammenhang mit der Entstehung der Menschheit befasste und die Kunde über vergangene Zivilisationen und Weltzeitalter dem gängigen wissenschaftlichen Weltbild gegenüberstellte. Hier griff sie auf das wohl älteste der Menschheit erhalten gebliebene Buch zurück, das geheimnisvolle »Buch des Dzyan«, das sie in einem Ashram in Tibet studiert hatte.

Die lange Zeit angezweifelte Existenz dieses Buches konnte inzwischen durch den Tibetologen David Reigle eindeutig geklärt werden: nämlich als Teil der Bücher des Kiu-Te, wahrscheinlich aber auch als der fünfte und esoterische Teil des Kalachakra-Tantra mit dem Titel »Jnana«.

Das von Mme. Blavatsky in ihrer *Geheimlehre* veröffentlichte »Buch des Dzyan« besteht aus zwei Teilen, aus sieben bzw. zwölf Strophen oder Stanzen. HPB setzte diese an den Anfang eines jeden Kapitels ihres Werkes, erläuterte sie dann, um sie schließlich mit den Überlieferungen der verschiedenen Völker zu vergleichen. Auf diese Weise wird deutlich, dass die *Geheimlehre* das Urwissen der Menschheit verkörpert, die »ewige Weisheit« oder »Philosophia perennis«. Nämlich jenes Wissen, das in den Mysterienschulen des Altertums gelehrt, später von Geheimbündlern gehütet und an der Schwelle eines »Neuen Zeitalters« einer aufhorchenden Menschheit im »Neuen Gewand« offenbart wurde.

Erst 1984 fand ein internationales Symposium statt, in dem sich 17 führende Wissenschaftler vom heutigen Standpunkt mit der *Geheimlehre* auseinander setzten. So stellte der Biophysiker Prof. W. D. McDavid von der Universität Texas die Kosmogenesis in der *Geheimlehre* den Erkenntnissen der modernen Astrophysik gegenüber und stieß dabei auf verblüffende Parallelen. Sein Fazit: »Die Schlussfolgerungen der modernen Wissenschaft stimmen in vielen Punkten mit den Lehren der Esoterischen Philosophie überein.« Als Vorwegnahme der Radioastronomie zitierte die schwedische Wissenschaftlerin Elsa-Brita Titchenell in diesem Zusammenhang eine Prognose der im Umfeld der *Geheimlehre* entstandenen »Mahatma-Briefe«. Darin heißt es: »Die Wissenschaft wird die Töne gewisser Planeten hören, bevor sie diese sieht ...« Und Dr. Jack Y. Dea vom Institut für Atmosphärische Physik an der Universität Nevada kam nach umfangreichen Gegenüberstellungen schließlich zur Schlussfolgerung, dass »einige der jüngsten wissenschaftlichen Meinungen über Raum, Zeit, Materie, Energie und Felder präsentiert wurden, ebenso wie einige Zitate aus der *Geheimlehre* zu denselben Themen. Der Verfasser muss seine Überraschung eingestehen, wie stark sich die Beschreibungen der modernen Wissenschaft und der *Geheimlehre* gleichen«.

Von der *Geheimlehre* wurden bereits Wissenschaftler wie der Astronom Camille Flammarion und der Orientalist Emile Burnouf beeinflusst. Auch der Erfinder Thomas A. Edison, der Maler Wassily Kandinsky sowie die gesamte progressive Literaturszene Irlands um die Jahrhundertwende, nicht zuletzt unterlag auch die intellektuelle französische und englische Gesellschaft des gleichen Zeitraums ihrem Einfluss. Die Theosophische Gesellschaft jener Tage zählte mehr als 100.000 Mitglieder. Die Lebensreformbewegung Deutschlands mit ihrem Zentrum auf dem Monte Verita oberhalb von Ascona ist ebenso auf die Theosophie zurückzuführen wie das Wirken des großen russischen Malers Nicholas Roerich oder auch Rudolf Steiners Anthroposophie. Kurz: Die frühe »New Age«-Bewegung am Anfang des 20. Jahrhunderts erhielt ihre Inspiration durch dieses eine, große Werk – *Die Geheimlehre.* Ein für uns kaum vorstellbares Phänomen, und dennoch war es so!

In der *Geheimlehre* wurde Mysterienwissen der Menschheit dem Leser erstmals wieder zugänglich gemacht und auf sehr subtile Art – hin und wieder nur dem Eingeweihten verständlich – vermittelt. Jenen, die sich mit der oft sehr eigenwilligen Didaktik der Mme. Blavatsky vertraut machen können, mag *Die Geheimlehre* unter Umständen sogar als »Einweihung« in Gebiete wie die Kabbala oder die Upanishaden, in den esoterischen Buddhismus oder die Lehren des Pythagoras dienen.

Die gebürtige Russin HPB war eine schillernde Persönlichkeit, die sich nur schwer in ein Klischee einordnen lässt. Viele Daten ihres Lebens stehen im Widerspruch zueinander und als »Quelle« bleiben daher nur ihre eigenen – oft recht abenteuerlichen Schilderungen übrig. Nachweisbar ist, dass HPB in der Nacht vom 11. auf den 12. August 1831 (nach der alten russischen Zeitrechnung vom 30. zum 31. Juli) als Helena von Hahn in Jekaterinoslaw/Südrussland zur Welt kam. Ihr Vater war der deutschstämmige Oberst Peter Alexejewitsch von Hahn und ihre Mutter die aus einem alten russischen Fürstenhaus stammende Helena Andrejewna, geb. Fadejew. Schon als Kind war Helena eigenwillig und aufsässig, dazu widersetzte sie sich allen herkömmlichen Konventionen. Ihrer gesellschaftlichen Stellung entsprechend, erhielt sie natürlich eine sorgfältige Erziehung. Sie lernte Fremdsprachen, erhielt Musikunterricht und wurde – dank der Vorliebe ihrer Großmutter – mit den Naturwissenschaften vertraut gemacht. Aus Opposition zu ihrer Familie ging sie jedoch als kaum Achtzehnjährige die Ehe mit dem sechzigjährigen Vizegouverneur von Eriwan, Nikifor Blavatsky, ein. Die Ehe wurde jedoch nie vollzogen und schon nach wenigen Monaten flüchtete HPB vor ihrem angetrauten Ehemann nach England. Unterstützt von ihrem Vater blieb sie dort, bis die gesetzlichen Voraussetzungen für eine Scheidung gegeben waren.

An ihrem 20. Geburtstag traf sie in London ihren »Meister«, einen indischen Eingeweihten, den sie aus ihren Kindheitsvisionen bereits kannte. Er wurde später in der theosophischen Literatur als Mahatma Morya bekannt. Er lud sie nach Tibet, in das Zentrum der Meister der Weisheit, ein, um sie auf ihre Aufgaben vorzubereiten. Doch vorher reiste sie noch nach Nord- und Südamerika, besuchte China und Japan, bis sie 1857 und später nochmals 1868, in Männerkleidern und einem Heuwagen versteckt, über Kaschmir und Ladakh nach Tibet gelangte. Sie blieb dort drei Jahre, studierte die in den ältesten Klosterbibliotheken aufbewahrten Werke von Generationen spiritueller Lehrer. Unter Anleitung ihres Meisters wurde sie hier auf ihre zukünftige Aufgabe vorbereitet.

Nach abenteuerlichen Reisen, die sie durch Europa, Ägypten, Indien und Afrika führten, traf sie am 7. Juli 1873 in New York ein. Anfangs wohnte sie in einem Mietshaus an der Lower East Side und verdiente ihren Lebensunterhalt in einer Fabrik, in der künstliche Blumen hergestellt wurden. Es dauerte nicht lange, bis sie mit dem in Mode gekommenen Spiritismus konfrontiert wurde und hier ihr erstes Wirkungsfeld entdeckte. Beeindruckt von ihrem Wissen, scharte sich schon bald ein Kreis gelehrter Professoren, Theologen, Rabbiner, Doktoren und Philosophen um sie. Und hier begegneten ihr zwei Männer, die sie auf ihrem weiteren Weg begleiten sollten: Col. Henry Steel Olcott, ihr erster Schüler, und der junge Rechtsanwalt William Quan Judge. Am 7. September 1875 gründeten diese drei gemeinsam mit einigen anderen Personen die »Theosophische Gesellschaft«, deren Präsident Olcott wurde. Die TG sollte das weitere Wirken der HPB als Körperschaft unterstützen und sich für die folgenden Ziele einsetzen:

1. »Ohne Unterschied der Rasse, des Glaubens, des Geschlechts, der Kaste und der Hautfarbe einen Kern der universellen Bruderschaft der Menschen zu bilden«; 2. »Studien der vergleichenden Religionswissenschaft, der Philosophie und Naturwissenschaften anzuregen«; 3. »Ungeklärte Naturgesetze und die im Menschen verborgenen Kräfte zu erforschen«.

Die Theosophische Gesellschaft knüpfte mit ihrem Namen bewusst an die neuplatonischen Schulen der Spätantike an, die sich »Theosophen« – »Suchende göttlicher Weisheit« – nannten.

Da die TG in der Erforschung der geheimen Wissenschaft des Ostens eine ihrer wichtigsten Aufgaben sah, verlegte sie ihren Hauptsitz 1878 nach Bombay, Indien, um 1881/82 endgültig nach Adyar bei Madras zu übersiedeln. Hier wurde aus Beiträgen von Mitgliedern ein Anwesen erworben.

Blavatsky und Col. Olcott hielten sich 1880 einige Zeit in Ceylon auf, wo sie offiziell in die buddhistische Religionsgemeinschaft aufgenommen wurden. Die in Indien verbrachte Zeit war es schließlich, die HPBs internationalen Ruf festigte und sie in den Mittelpunkt der Debatte führte, die bis zum heutigen Tag nicht abgeschlossen ist. Es ist nicht abzuleugnen, sie war eine unbequeme Persönlichkeit und gewiss keine Schönheit. Sie neigte zur Fülle, konnte fluchen wie ein Bierkutscher und rauchte Ketten selbst gedrehter Zigaretten. Aber dem standen ihre eindringlichen, leuchtend blauen Augen gegenüber, ihr fast hypnotischer Blick – ihr Temperament, ihre Herzlichkeit und kompromisslose Ehrlichkeit, die faszinierten und alles andere vergessen ließen. Wie hätte eine Frau »aus anderem Holz« auch im 19. Jahrhundert ein Leben wie das ihre führen können?! Von denen, die sie kannten, wird sie als elektrisierend, phantasievoll, Respekt einflößend und hochintelligent geschildert.

In dieser großartigen Biographie über das außergewöhnliche Leben der visionären russischen Theosophin Helena Petrovna Blavatsky belegt die Autorin Sylvia Cranston in beeindruckender Weise, dass der Einfluss von HPBs Synthese von Wissenschaft, Religion und Philosophie – heute mehr denn je – aktuell ist.

Johannes von Buttlar
Santa Fe, New Mexico, im Juli 1995

Vorwort

VOR HUNDERT JAHREN begann eine führende New Yorker Zeitung, die *Sun,* einen Bericht über das Leben der Helena Petrovna Blavatsky mit folgenden Worten: »Eine Frau, die die Welt aus den verschiedensten Gründen in Atem hielt, zuerst die kleine Welt ihrer Kindheit, später die östliche wie die westliche Hemisphäre, und deren Tod eine Flut von Telegrammen zwischen zwei Kontinenten auslöste, als sei eine Kaiserin gestorben, muss eine ungewöhnliche Persönlichkeit gewesen sein. Man diskutierte über sie, verteidigte oder missbilligte ihren Charakter und ihre Motive, nahm für ihre Sache Partei oder lehnte sie rundheraus ab.«[1]

In einer Sonderausgabe der Zeitschrift *Rikka* (Winter 1978) über prominente Frauen schrieb Dr. Paul Weinzweig, eine führende Persönlichkeit der Vereinten Nationen, über Helena Petrovna Blavatsky:

> Sie war eine hochkultivierte Frau im Sinne des Renaissanceideals ... Wissenschaftlerin, Dichterin, Pianistin, Malerin, Schriftstellerin, Pädagogin, und vor allem eine unermüdliche Kämpferin um Licht ... Ihre Wahrheitssuche und ihr Bemühen um Weltverbrüderung brachten H. P. Blavatsky viel Ablehnung und damit auch viele Feinde ein. Kein anderer Mensch hat die Gemüter im 19. Jahrhundert, einer Ära voll religiöser Vorurteile, spiritistischer Scharlatanerie und intellektueller Großmannssucht, so erhitzt wie sie. Es war daher nur natürlich, dass ihre Verleumder ihr gerade jene Eigenschaften vorwarfen, die sie fast ohne fremde Unterstützung mit gargantueske: Kraft, Gelassenheit und respektlosem Humor bekämpfte.

Charles Johnston, der Sanskrit an der New Yorker Columbia Universität lehrte, äußerte sich folgendermaßen über sie:

> Mein erster Eindruck von Madame Blavatsky beruhte auf der Macht und Größe ihrer Persönlichkeit, als hätte ich eine Urkraft der Natur vor mir ... Dieser Eindruck des Besonderen entsprach nicht dem, was man sonst einer

> starken Persönlichkeit gegenüber empfindet, die andere neben ihr unbedeutend erscheinen lässt und die sich tyrannisch über deren Selbstbehauptungswillen hinwegsetzt. Viel stärker empfand ich eine andere, tief wurzelnde Eigenschaft: die unerschöpfliche Widerstandskraft eines aus den Tiefen der Natur zehrenden Geistes, der auf die urzeitliche ewige Wahrheit zurückgeht. Allmählich zeichnete sich jenseits dieses übermächtigen Eindrucks von Kraft die subtilere Erkenntnis ihrer großen Sanftmut und Güte ab, ihre unerschütterliche Bereitschaft, sich selbst zu vergessen, um sich völlig dem Leben anderer zu widmen.[2]

Eine weitere Würdigung stammt von William Stewart Ross, zu HPBs Zeit ein angesehener Autor und Kritiker, Herausgeber des *Agnostic Journal.* Zu Blavatskys Tod schrieb er: »Bei ihren enormen Leistungen und ihrem unvergleichlichen Talent gab es bei ihr keine Spur von Pedanterie; sie besaß das schlichte Herz eines Kindes ... Ihre Anhänger sind Gnostiker in den tiefen Fragen der Teleologie, in denen ich Agnostiker bin. Für mich ist Mme. Blavatsky tot, und ein weiterer Schatten verdunkelt mein Leben ... Schwindlerin? Unsinn! Sie war fast der einzige Mensch, dem ich je begegnet bin, der *kein* Schwindler war ... und einer der ganz wenigen, die mich verstanden.«[3]

Diese letzte Bemerkung bezieht sich auf den weithin publizierten Hodgson-Report vom Dezember 1885, den die »Society for Psychical Research« (SPR) in London veröffentlichte und in dem es abschließend hieß, Madame Blavatsky habe sich »als eine der geschicktesten und interessantesten Schwindlerinnen der Geschichte Anspruch auf bleibende Erinnerung erworben« (Richard Hodgson, ein junger Mann Mitte zwanzig, war nach Indien gereist, um Nachforschungen über HPB anzustellen).

Dieses Urteil taucht seitdem immer wieder in Biographien und Nachschlagewerken sowie in der Presse auf, wann immer HPBs Leben und Werk zur Diskussion stehen. Deshalb ist es besonders bemerkenswert, dass die »Society for Psychical Research« selbst im Jahr 1986, hundert Jahre später, eine dreiseitige Pressemitteilung an die Zeitungen und führenden Zeitschriften in Großbritannien, Kanada und den USA schickte, die unter folgender Überschrift erschien:

> MADAME BLAVATSKY, MITBEGRÜNDERIN DER THEOSOPHISCHEN GESELLSCHAFT, WURDE ZU UNRECHT BESCHULDIGT, WIE NEUE UNTERSUCHUNGEN ERGEBEN:

Die »Entlarvung« der in Russland geborenen Okkultistin Madame H. P. Blavatsky durch die SPR im Jahr 1885 muss heute durch die Veröffentlichung einer vernichtenden Kritik des Hodgson-Reports von 1885 *(SPR Journal,* Vol. 53, April 1986) ernsthaft in Frage gestellt werden.
Der Fall wurde von Dr. Vernon Harrison, vormals Präsident der »Royal Photographic Society«, ehemaliger Forschungsleiter bei Thomas De La Rue und Experte für Fälschungen, wieder aufgerollt. Der Report von 1885 stammte überwiegend von dem Australier Richard Hodgson, einem Wegbereiter der britischen und amerikanischen Sektionen der SPR, der sich damit einen Namen gemacht hat.

Die Pressemitteilung enthielt folgende abschließende Bemerkung aus Harrisons 25 Seiten langem Prüfungsbericht:

»Im Lauf der detaillierten Untersuchung zeigte sich immer deutlicher, dass Hodgson dazu neigte, jedes noch so fragwürdige Material zur Verdächtigung HPBs heranzuziehen, während er alle Beweise zu ihren Gunsten ignorierte. In seinem Bericht wimmelt es von tendenziösen Aussagen, von Vermutungen, die als Fakten ausgegeben wurden, von unbestätigten Aussagen ungenannter Zeugen, speziell von unbewiesenen Behauptungen und sogar von regelrechten Unwahrheiten.«

Ferner zitiert Harrison aus einer Stellungnahme, die Helena Blavatsky selbst nach Erscheinen des Hodgson-Reports herausgab. Sie schrieb:

> Hodgsons groß angelegte, jedoch fehlgerichtete Untersuchung, seine vermeintliche Gründlichkeit, seine endlose Geduld für Belangloses und seine Blindheit für wichtige Fakten sowie seine Unfähigkeit im Umgang mit gerade den Problemen, die zu lösen er angeblich bestrebt war, werden zu gegebener Stunde von anderen Autoren offen gelegt werden – daran zweifle ich nicht.[4]

Hier fügt Harrison hinzu: »Ich bitte HPB nachträglich um Vergebung, dass wir hundert Jahre gebraucht haben, um zu demonstrieren, dass sie die Wahrheit geschrieben hat.«[5]

In der erwähnten Pressemitteilung stand auch, dass Blavatsky die Mitbegründerin der 1875 in New York ins Leben gerufenen, heute noch weltweit existierenden Theosophischen Gesellschaft war. 1873 in den USA eingetroffen, erhielt sie fünf Jahre später die amerikanische Staatsbürgerschaft. Die beiden anderen Gründer waren Col. Henry S. Olcott, der Präsident der Gesellschaft, sowie William Q. Judge. Olcott war ein anerkannter Agrarwissenschaftler. Nach seinem aktiven Militärdienst im Bürgerkrieg gehörte er jener Drei-Mann-Kommission an, die von der Regierung zur Untersuchung des Mordes an US-Präsident Lincoln eingesetzt worden war. Schließlich entschied er sich für den Anwaltsberuf. William Judge, ein irisch-amerikanischer Rechtsanwalt und noch jung, sollte später, zumal in Amerika, eine führende Rolle in der Theosophischen Bewegung spielen.

Drei Ziele der Theosophischen Gesellschaft wurden nach und nach formuliert; heutzutage sind sie leicht zu akzeptieren, doch aus der Sicht des Viktorianischen Zeitalters waren sie ausgesprochen radikal. Diese Ziele bestehen darin,

1. den Kern einer allumfassenden Bruderschaft der Menschheit zu bilden, ohne Unterschied von Herkunft, Glaube, Geschlecht oder Hautfarbe;
2. zum Studium der vergleichenden Religionswissenschaft, Philosophie und Naturwissenschaften anzuregen;
3. ungeklärte Naturgesetze und die im Menschen verborgenen Kräfte zu erforschen.

In mehr als sechzig Ländern der Welt existieren heute nach wie vor Theosophische Gesellschaften, die dieser Zielsetzung folgen.

Im Sinne des dritten Ziels führte HPB im privaten Kreis ihren Studenten okkulte Phänomene vor, um ihnen die Funktion jener Gesetze zu erläutern, die sie hervorbringen. Sie konnte sie willentlich hervorrufen, bei vollem Bewusstsein und bei hellstem Licht, wohingegen bei Medien gerade das Gegenteil der Fall ist. Wann immer solche Phänomene jedoch hervorgerufen werden, rühren sich leicht Zweifel an ihrer Echtheit bei denen, die nicht dabei waren, wie das bei Hodgson der Fall war, dessen Untersuchungen sich lediglich auf die Befragung von Zeugen oder die Lektüre ihrer Berichte beschränkten.

H. G. Wells hat einmal geschrieben, dass ihn jene Phänomene stets faszinierten, die »Mohammed, die Yogis und Madame Blavatsky« hervorbrachten: »Hier erforschen wir ein tiefgründigeres Gesetz, das noch tiefer gründet als unsere normalen Naturgesetze.«[6] Der berühmte Kulturhistoriker und Architekturkritiker Lewis Mumford berichtete in seiner Kolumne im *New Yorker* (23. Mai 1964)[7], HPB habe unheimlicherweise die »Zerstörung ganzer Städte durch atomare Explosion« vorausgesagt.

HPB hat nie eine führende Rolle in der Verwaltung der Theosophischen

Gesellschaft übernommen; zehn Jahre lang war sie lediglich »Corresponding Secretary«. Erst ein Jahr vor ihrem Tod wurde sie zur Präsidentin der europäischen Sektionen der Theosophischen Gesellschaft gewählt. In einem Brief an ihre Schwester in Russland klagte sie: »Was hat das alles für mich für einen Sinn? ... Ehren und Titel liegen mir überhaupt nicht.«[8] Anders als viele populäre Gurus von heute nahm sie kein Geld für ihre Lehrtätigkeit, führte ein einfaches Leben und starb besitzlos.

HPB erhob stets Einwände, wenn man von *»ihren* Lehren« sprach, da sie niemals behauptet hatte, sie stammten von ihr. Alles habe sie von Lehrern gelernt, denen sie auf ihren Reisen im Orient begegnet war. Sie bezeichnete diese Gurus als Adepten, Meister der Weisheit, als Mahatmas (»große Seelen«). Ob im Osten oder Westen beheimatet, Werk und Vision dieser Meister sind, so wird gesagt, von globaler Ausrichtung und Bedeutung. Madame H. P. Blavatsky war die Erste in der westlichen Welt, die offen aussprach, dass in diesen besonders weit entwickelten Mitgliedern der menschlichen Gesellschaft ein natürliches Ergebnis der Evolution durch Reinkarnation zu sehen sei. In der Menschheitsgeschichte traten sie, theosophischer Lehre zufolge, als große Lehrer und Heilsbringer in Erscheinung, in der Gestalt eines Buddha, Krishna, Zarathustra, Moses, Abraham und Jesus. Über diesen schrieb HPB in ihrem ersten Buch, *Isis entschleiert* (Bd. II, S. 150), Jesus sei eine der »größten und am klarsten gezeichneten Figuren des geschichtlichen Panoramas«, die statt blasser mit jedem Jahrhundert immer profilierter wird.

Heute ist der Begriff »Meister« schon so geläufig, dass Lexika unter dem Stichwort *Mahatma* mehrere Synonyme angeben: Experte, reiner Mensch, Okkultist, Weiser.[9] Theosophen sind der Meinung, dass Männer und Frauen gleichermaßen zu Adepten werden können.[10]

Wie könnte man die Weisheit eines Weisen oder Meisters einordnen? Ist sie religiöser, wissenschaftlicher oder philosophischer Natur? Laut HPBs Hauptwerk *Die Geheimlehre,* mit dem Untertitel »Die Synthese von Wissenschaft, Religion und Philosophie«, gehen alle drei eine Synthese ein.

Was Naturwissenschaftler, die sich mit der *Geheimlehre* auseinander setzten, so faszinierte, war der Umstand, dass HPB hier fundamentale spätere Entdeckungen auf ihren eigenen Wissensgebieten schon vorweggenommen hatte. Als die Physiker und Chemiker ihrer Zeit noch überzeugt waren, das Atom sei der Grundbaustein des Universums, behauptete HPB schon seine endlose Teilbarkeit. Als die Anthropologen noch zögernd dem Menschengeschlecht ein

Alter von einigen hunderttausend Jahren einräumten, sprach sie schon, wie heutige Forscher, von Jahrmillionen. Sie hielt bereits für Tatsachen, was spätere wissenschaftliche Entdeckungen wurden: Die Umwandelbarkeit von Materie und Energie; die Transmutation der Elemente; die illusorische Natur der Materie, d.h., dass Materie nicht das ist, was wir sehen; dass der Raum nicht leer ist, da es kein Vakuum gibt; dass der Mond nicht ein Teil der Erde war, sondern älter ist als sie. Die Wissenschaft staunte, als sich herausstellte, dass die Gesteinsbrocken, die die Astronauten vom Mond zurückbrachten, älter waren als alle, die je auf der Erde gefunden wurden.

Eine Nichte Einsteins berichtete, dass ein Exemplar von H. P. Blavatskys *Geheimlehre* stets auf Einsteins Schreibtisch lag.[11] Ein anderer Zeuge, Jack Brown, berichtete in seinem Artikel »Ich besuchte Professor Einstein«[12] das Gleiche.

HPB hatte eine Reihe von Freunden unter Wissenschaftlern, darunter Thomas Edison, Sir William Crookes, einen führenden Chemiker und Physiker des 19. Jahrhunderts, und Camille Flammarion, den berühmten französischen Astronomen. Alle drei waren Mitglieder der Theosophischen Gesellschaft. Weitere Mitglieder von Rang waren der amerikanische Philosoph William James und General Abner Doubleday, Held des Bürgerkriegs, weithin bekannt als Erfinder des Baseballs. Seine hervorragend ausgestattete Bibliothek vermachte der Gelehrte der Theosophischen Gesellschaft, deren Vizepräsident er gewesen war. HPB war gut bekannt mit ihm während ihrer New Yorker Zeit.

Als sie später in London lebte, war es der berühmte Dichter William Butler Yeats, ebenfalls Mitglied der Theosophischen Gesellschaft, der jahrelang intensiv an ihrer Arbeit teilnahm. In einem Brief an einen Freund schrieb er: »Sie war die Lebendigste unter den Lebenden.«[13] Ein amerikanischer Reporter berichtete nach einem Interview mit ihr: »Madame lachte. Während man das hinschreibt, kommt es einem vor, als sage man, das Lachen selbst umgebe einen! Denn ihr Lachen ist die Essenz allen ausgelassenen, fröhlichen Gelächters, das man je gehört hat. Sie scheint tatsächlich der Genius dieser Stimmung zu sein, die sie allzeit an den Tag legt, so intensiv ist ihre Vitalität!« Unglücklicherweise zeigen die Porträtaufnahmen für gewöhnlich nur die ernste Seite ihres Wesens.

Bis zum heutigen Tage wurden achtzehn englischsprachige Biographien über HPB in Buchlänge veröffentlicht. Der vorliegende Band ist jedoch die erste wirklich groß angelegte Biographie, die bis heute erschienen ist. Anders als die meisten früheren Lebensbeschreibungen rückt sie sowohl HPBs Lehre als auch ihr Leben in den Blick, denn das eine kann man ohne das andere nicht verstehen. Daher wurden bei der Vorarbeit für diese Biographie sämtliche Bücher, Schriften und Artikel von H. P. Blavatsky, insgesamt fast zehntausend Seiten, durchgesehen und gelesen.

Gleichermaßen von Wert sind Blavatskys Briefe. Die Verfasserin dieser Biographie hatte das Glück, von Dara Eklund, der Nachlassverwalterin von Boris de Zirkoff (HPBs Großneffe und Herausgeber ihrer *Collected Writings),* die Fotokopien von rund sechshundert Briefen zu bekommen, die er über einen Zeitraum von fünfzig Jahren gesammelt hatte. Dankbar wurden noch andere von ihm aufbewahrte »Blavatskyana« angenommen, die Tatsachen aus HPBs Leben vermitteln, die aus den üblichen Quellen nicht zu bekommen sind.

Neuerdings wurde viel unbekanntes Material entdeckt, einschließlich Blavatskys lang verschollene Korrespondenz mit dem Gelehrten James Ralston Skinner, Verfasser des Werkes *Key to the Hebrew-Egyptian Mystery in the Source of Measures.* Obwohl Skinner von der Existenz dieser Briefe berichtet hatte, wusste niemand, was sie enthielten. Jetzt wurden sie in den Archiven der Andover-Harvard Theologischen Bibliothek der Harvard Universität entdeckt. Hierbei konnte die Verfasserin dieses Buches eine bescheidene Rolle spielen; der Archivar Dr. Alan Seaburg hatte ihr am 30. Januar 1984 geschrieben: »Wenn Sie von weiteren HPB-Briefen erfahren, die eine Heimstätte brauchen, denken Sie bitte an Harvard. Wir würden sie in unserer Sammlung herzlich begrüßen.«

Eine unschätzbare, von früheren Biographen nicht genutzte Informationsquelle besteht in einer großen Anzahl von bisher nicht übersetztem, in Russland publiziertem Material. Vieles davon wurde für die vorliegende Arbeit von einer jungen russischen Emigrantin, Cathy Young, M. A.-Absolventin der Rutgers Universität und Autorin eines autobiographischen Buches über Moskau[14], ins Englische übertragen. Der Rest wurde von der gebürtigen Russin Mary G. Langford übersetzt, die bis zu ihrer Pensionierung am Occidental College in Kalifornien Russisch lehrte.

Der vorliegende Band befasst sich mit HPBs Einfluss ebenso wie mit ihrem Leben. HBPs Wirkung in der westlichen Welt schildert der Historiker Theodore Roszak in seinem Buch *Unfinished Animal.* In dem achtseitigen Kapitel »Madame Blavatskys Geheimlehre« nennt er HPB »eine der bedeutendsten emanzipierten Frauen ihrer Zeit« und fügt hinzu:

> Es konnte nicht ausbleiben, dass sie mit allem, was sie sagte oder tat, ätzende Kritik auf sich zog, zumal wenn es ihr darum ging, die am festesten

> verwurzelten intellektuellen Orthodoxien jener Zeit zu bezweifeln. Selbst heute noch gibt es Menschen, die nie eine Zeile von ihr gelesen haben und unerbittlich darauf beharren, dass sie eine Schwindlerin und Verrückte gewesen sei ... Nur selten erinnert man sich daran, dass sich HPB nach dem Erscheinen von Darwins *Von der Entstehung der Arten* als Erste – entgegen dem anwachsenden darwinistischen Konsens – kämpferisch für ein das Physische transzendierende Element in der Evolution aussprach.

In ihren beiden Hauptwerken, fährt Roszak fort, trifft man »erstmals in der modernen westlichen Welt auf eine Philosophie der psychischen und spirituellen Evolution. Anders als die christlichen Fundamentalisten lehnte HPB Darwins Werk nicht rundheraus ab, sondern betonte lediglich, durch seine Fixierung auf das rein Physische habe Darwin die mentalen, kreativen und visionären Aspekte im Leben der Menschheit, kurz: das Bewusstsein des Menschen, übergangen, dessen Entwicklung einem völlig anderen evolutionären Pfad folge. Darwin sei einfach nicht weit genug gegangen; seine Theorie sei nicht umfassend genug, um die menschliche Natur in ihrer Ganzheit einzuschließen«.

Richtig betrachtet, so Roszak weiter, rage sie »trotz aller gegen sie hervorgebrachten Kritik als schöpferisches Talent unserer Zeit weit heraus ... Sie gehört zu den bahnbrechenden Psychologen des visionären Geistes in der modernen Welt«.[15]

Andere Aspekte der Wirkung von HPB werden in Kapitel VII, »Das neue Jahrhundert«, in den Abschnitten über Religion, Psychologie, Literatur, Kunst, Musik und das »Neue Zeitalter«, New Age, erörtert, als dessen »Mutter« sie vielfach bezeichnet wird. Das Kapitel befasst sich u. a. mit Blavatskys Einfluss auf die Wissenschaft und weist darauf hin, in welch hohem Maß das in der *Geheimlehre* enthaltene Wissen spätere Entwicklungen in der westlichen Welt vorwegnahm. So wurde darin ein großer wissenschaftlicher Wandel für die Jahre zwischen 1888 und 1897 vorausgesagt. Zu Zeiten von HPB meinten Naturwissenschaftler noch, dass alle großen Entdeckungen auf den Gebieten der Physik, Chemie und Astronomie bereits stattgefunden hätten; neue Welten, glaubten sie, würde man nicht mehr entdecken. Aber dann wurden in den Jahren 1895, 1896 und 1897 drei Entdeckungen gemacht, die bis zum heutigen Tag weite Forschungsgebiete eröffneten, und noch ist kein Ende in Sicht. Das erwähnte Kapitel des vorliegenden Buches enthält Hinweise auf die Gründe für das Interesse, das Einstein und andere Naturwissenschaftler von Anfang an der *Geheimlehre* entgegenbrachten.

Heute liegen sämtliche Werke HPBs gedruckt vor, viele in mehreren Ausgaben. In sämtliche Kultursprachen der Welt sind ihre Schriften übersetzt worden, von den europäischen Sprachen abgesehen ins Hebräische, Arabische, Tamilische und Hindi, ins Chinesische, Japanische, Vietnamesische und andere mehr. Dies erscheint angemessen, denn was die Weite ihres Horizonts betrifft, war HPB eher eine Weltbürgerin als Bürgerin eines bestimmten Landes.

In Russland waren Blavatskys Bücher verboten, sowohl zu ihren Lebzeiten, unter der Zarenherrschaft, als auch später unter sowjetischem Regime. Heute ist das nicht mehr der Fall, wie folgender Bericht beweist:

> In Madame Blavatskys Vaterland herrscht heute ein lebhaftes Interesse an Leben und Werk dieser Frau ... In der imposanten Tagungsstätte des Schriftstellerverbandes wurde [in Moskau am 18. Juni 1990, ein Jahr vor der Auflösung der Sowjetunion] eine Blavatsky-Ausstellung eröffnet ... Die Moskauer Medien berichteten über das Ereignis und Millionen von Zuschauern konnten die Eröffnung zur besten Sendezeit miterleben, bei der bekannt gegeben wurde, dass das Jahr 1991 zum Internationalen Blavatsky-Jahr erklärt werden sollte – anlässlich der hundertsten Wiederkehr ihres Todestages.[16]

Hierzu wird im letzten Abschnitt dieses Buches, »Ehre, wem Ehre gebührt«, noch mehr gesagt. 1978 jährte sich zum hundertsten Mal das Datum, an dem HPB Staatsbürgerin von Amerika wurde, jenem Land, das sie »wegen seiner ruhmreichen Freiheit so liebte«, wie sie sagte.[17]

1892, ein Jahr nach ihrem Tod, erschien in der angesehenen *Kritisch-biographischen Enzyklopädie russischer Autoren und Gelehrter* ein Abschnitt über sie – die einzige Ausnahme in der offiziellen Ablehnung durch die Russen. In der 14 Seiten langen Skizze über HPBs Leben, verfasst von Zinaida Vengerowa, heißt es:

> Es ist unmöglich, auch nur annähernd alles zusammenzutragen, was über Blavatsky geschrieben worden ist. Nachdem HPB in Westeuropa, Nordamerika und Indien großes Interesse an ihrer Theosophie geweckt hatte, wurde sie Gegenstand verherrlichender wie auch polemischer Schriften in ungeheurer Zahl: Dutzende von Büchern, Hunderte von Zeitschriften- und Tausende von Zeitungsartikeln. Ihr Ruhm war so groß, dass sogar das angesehene Londoner biographische Nachschlagewerk *Men of the Time,* das

vielen der bekanntesten Persönlichkeiten unserer Zeit nicht mehr als eine Spalte zugesteht, Helena Blavatsky drei ganze Spalten widmete.[18]

Man hat HPB »die Sphinx des 19. Jahrhunderts« genannt, und jenes bekannte Foto, auf dem ihr linker Arm ihr Kinn stützt und der leuchtende Blick ihrer hellen Augen den Betrachter durchdringt, erhielt ebenfalls den Titel »Die Sphinx«. Es mag durchaus von Bedeutung sein, dass der Verlag der »Time-Life«-Bücher gerade jenes Foto für seine Werbekampagne zu der beliebten Reihe *Mysteries of the Unknown* auswählte. Von allen Fernsehschirmen leuchtete es einem entgegen, auf allen Prospekten war es zu sehen. Millionen von Menschen haben dieses unvergessliche Bild gesehen, begleitet von dem Text: VON ANGESICHT ZU ANGESICHT MIT DEM UNBEKANNTEN – vielleicht ein unbewusstes Eingeständnis, dass die Welt sich das rechte Urteil über Helena Petrovna Blavatsky erst noch bilden muss.

In der vorliegenden Biographie schildern Zeugen der Ereignisse in HPBs Lebensgeschichte ihre Erlebnisse so weit wie möglich mit eigenen Worten, damit die Frische des Originaltextes durch die Wiedergabe nicht verloren geht. Dieses Vorgehen wurde natürlich auch bei unserer Hauptzeugin Helena Petrovna Blavatsky angewandt.

The tidal wave of deeper souls,
Into our inmost being rolls,
And lifts us unawares,
Out of all meaner cares.

HENRY WADSWORTH LONGFELLOW

Der edleren Seelen Flutwelle bebt
In unserem innersten Wesen, erhebt
Uns Unbewusste mit einem Mal
Über geringerer Sorgen Qual.

DEUTSCH VON HERMANN SIMON

I. KAPITEL RUSSLAND

1 Herkunft und Kindheit

LIEST MAN DIE VIELEN Briefe, Interviews und umfangreichen Schriften der Helena Blavatsky, dann findet man nur wenige Zeilen über ihre Vorfahren darin. Anscheinend hatte sie keine Neigung, mit ihrer Herkunft zu renommieren, so bemerkenswert diese auch sein mochte. Forscher müssen sich anderen Quellen zuwenden, wenn sie sich darüber informieren wollen.

Blavatskys Mutter, Helena von Hahn, war eine berühmte Romanschriftstellerin, deren Bücher als »Ereignis der russischen Literatur galten ... Man verglich sie mit dem großen Lermontow, und hoch angesehene Rezensenten wie Wissarion G. Belinski widmeten ihr lange Artikel«.[1] Man nannte sie die George Sand der russischen Literatur.[2] HPBs Großmutter mütterlicherseits, die Fürstin Helena Pawlowna Fadejew – bei der HPB lange Jahre ihrer Kindheit und Jugend verbrachte – war Wissenschaftlerin und Künstlerin von hohen Graden. Fürstin Fadejew gehörte der alten russischen Adelsfamilie der Dolgorukow an, die sich durch zehn Jahrhunderte bis zum Großfürsten *Rurik* zurückverfolgen lässt, dem Gründer des späteren russischen Kaiserreichs. Man kennt ihn auch als Fürst Rus, von dem Russland seinen Namen herleitet.

Unter HPBs unmittelbaren Vorfahren gibt es Russen, französische Hugenotten und Deutsche. Blickt man weiter zurück, findet sich sogar eine skandinavische Linie. Rurik war nämlich kein Slawe, sondern ein Wikinger. Im März 1985 brachte die Zeitschrift *National Geographic* unter der Überschrift »Als die Rus in Russland einfielen ... Wikingerzug Ost« folgenden Beitrag:

> Die Wikinger waren bereits fest im russischen Boden verwurzelt, als skandinavische Krieger und Händler, die als die Rus bekannt waren, den ersten organisierten Staat in diesem Land gründeten und der künftigen Weltmacht ihren Namen gaben. Der legendäre Rurik wurde im Jahr 862 Fürst von Nowgorod. Tausend Jahre später ziert sein bronzenes Abbild ein riesiges Monument im Kreml-Viertel jener Stadt. Im 11. Jahrhundert bildete sich ein russischer Staat mit Zentrum in Kiew, der sich von der Ostsee zum Schwarzen Meer erstreckte.

Den ältesten Chroniken ist zu entnehmen, dass Rurik und seine beiden Brüder keineswegs in Russland einfielen, sondern um ihr Kommen dringend gebeten wurden. Dies wird sogar in einem amerikanischen Reiseführer über die Sowjetunion erwähnt.[3] Diese legendäre Geschichte gibt H. P. Blatatsky in einem Aufsatz über Turgenjews *Vater und Söhne* wieder: »Von den Slawen angefleht, zu kommen und ihr Land zu regieren, soll Rurik von deren Abgesandten mit den Worten beschworen worden sein: ›Kommt mit uns, großer Fürst ..., denn weit erstreckt sich unser Vaterland; doch wenig Ordnung herrscht darin!‹« Und HPB fügt hinzu:

»Diese Worte könnten ihre Nachkommen heute mit gleicher, wenn nicht mit noch größerer Berechtigung aussprechen.«[4]

Zu den Nachkommen Ruriks in HPBs Genealogie gehörten der Fürst Jaroslaw der Weise, der heilig gesprochene Fürst Michael von Tschernigow und Fürst Jakow, der berühmte Favorit Peters des Großen.

Das französische Element in HPBs Familie ist auf die Ehe ihres Urgroßvaters, Fürst Paul, mit der Komtesse Henriette de Plessis zurückzuführen, der Tochter eines verfolgten und nach Russland emigrierten adligen Hugenotten, der am Hof Katharinas der Großen diente. Dieser französisch-hugenottische Zweig im Stammbaum HPBs wird gewöhnlich von den Autoren kommentarlos übergangen. Doch der Mut der Hugenotten inmitten grausamer religiöser Verfolgung dürfte sicherlich seine Spuren hinterlassen haben.

HPBs Großmutter mütterlicherseits, Fürstin Helena Pawlowna, war die Tochter dieses Fürsten Paul und der geborenen Komtesse Henriette. Sie war zu dieser Zeit eine Ausnahmeerscheinung: Hochschulen und Universitäten standen damals den Frauen noch nicht offen, und so hatte sie den Großteil ihres Wissens autodidaktisch erworben. Helena Pawlowna war eine ausgezeichnete Künstlerin und Musikerin; sie sprach fünf Sprachen fließend. Auch hatte sie Altgriechisch und Neugriechisch gelernt, deren Grundlagen sie später HPB vermittelte, die ebenfalls sprachlich sehr begabt war.[5] Die wissenschaftliche Tätigkeit Helena Pawlownas galt der Botanik und der Archäologie. Eine bekannte britische Weltreisende, Lady Hester Lucy Stanhope, beschrieb sie in ihrem Buch über Russland folgendermaßen:

> In jenem barbarischen Land begegnete ich einer hervorragenden Wissenschaftlerin, die in Europa sicherlich berühmt geworden wäre, doch ... es gab niemanden, der in der Lage war, den Wert ihrer wissenschaftlichen Professionalität zu erkennen.[6]

Helena Pawlownas wissenschaftliche Arbeit wurde indes in anderen Ländern von bedeutenden Wissenschaftlern anerkannt, unter ihnen Alexander von Humboldt, und der Geologe Sir Roderick Murchison, einer der Gründer der Royal Geographic Society in England, mit dem sie einer umfangreiche Korrespondenz führte, benannte ihr zu Ehren ein neu entdecktes Fossil nach ihr: *Venus Fadejef* [7]. Der französische Geologe Hommaire-de-Hell, der sieben Jahre in Russland verbrachte, war beeindruckt von ihrer Gastfreundschaft und ihren Leistungen.[8] Noch heute, im modernen Russland, ist Helena Pawlowna eine geschätzte Persönlichkeit.

1813, im Alter von dreiundzwanzig Jahren, hatte die Fürstin Helen Pawlowna Andrej Fadejew geheiratet, der auf administrativem Gebiet tätig war und zum Provinzgouverneur ernannt wurde.[9] Dessen Urgroßvater, Hauptmann in der Armee Peters des Großen, fiel in der Schlacht von Poltawa, als der Schwedenkönig Karl XII. in Russland einfiel. Andrejs Großvater starb an seinen Wunden in einem der Türkenkriege; sein Vater fiel 1812 beim Einmarsch Napoleons in Russland. Es muss für HPB mehr als nur eine akademische Lektion gewesen sein, zu erfahren, wie in diesen furchtbaren Kriegen ihre eigenen Verwandten umgekommen waren.[10]

Obwohl ihr Haushalt über fünfzig Dienstboten verfügte, zog Fürstin Helena Pawlowna Fadejew ihre Kinder selbst auf: als älteste HPBs Mutter Helena Andrejewna; dann Katharina, die künftige Mutter des Grafen Witte, Russlands erstem Premierminister; dann Rostislaw, zu seiner Zeit ein berühmter General, Historiker und Sozialreforrner[11]; und schließlich Nadja oder Nadjeschda, die nur drei Jahre älter war als HPB und in ihrer Kindheit deren geliebte Spielgefährtin wurde. Helena Andrejewna sagte einmal von ihrer Mutter: »Wenn ich euch erzählen würde, dass unsere Mutter unsere Ernährerin, Hüterin, unsere Lehrerin und unser Schutzengel war, so würde das nicht ausreichen, all ihre opferbereite, nie endende, selbstlose Hingabe zu beschreiben, mit der sie uns beständig unser Leben verschönte.«[12] Später sollte sie das Gleiche für ihre Enkelin tun: für die künftige Helena Blavatsky.

Auch beschränkten sich ihre guten Werke nicht auf die eigene Familie: Sie war eine Wohltäterin der Armen, bewahrte viele Familien vor dem Hungertod und gründete einen Kinderhort.[13] Als russisch-orthodoxe Christin war die Großmutter tief religiös, und so wurde auch Helena Petrovna erzogen. Die alte Dame pflegte ihr zu sagen: »Gott ist der Allwissende und Allgütige, der alle Dinge auf der Welt so schön und nutzbringend erschaffen hat.«[14] Ein Schriftsteller des

19. Jahrhunderts berichtete, dass die Fürstin ein »außerordentlich hohes Alter erreichte[!] ... Sie starb mit zweiundsiebzig.«[15]

◆

HPBs deutsches Erbe kann über ihren Vater, Peter von Hahn, zurückverfolgt werden bis ins Mittelalter zu dem ruhmreichen Kreuzfahrer Graf Rottenstern, dessen Leben einst durch einen Hahnenschrei gerettet wurde, als ein Sarazene sein Zelt betrat, um ihn zu töten. Aus Dankbarkeit fügte der Graf Rottenstern seinem Namen das Wort Hahn hinzu.[16]

Das Grafengeschlecht der Hahns war in Deutschland wie auch in Russland, wohin Peters Vorfahren etliche Generationen vor seiner Geburt ausgewandert waren, wohl bekannt. Im 17. und 18. Jahrhundert zog nicht nur die Neue Welt die Verfolgten und die Abenteurer an, sondern auch Russland. HPB spricht von der westlichen Linie im russischen Stamm, wobei die Emigranten »ihre Namen oft bis zur Unkenntlichkeit russifizierten; zum Beispiel den englischen Namen Hamilton, der sich in Homutow verwandelte«![17]

Peter von Hahn machte als Militär Karriere und wurde noch Oberst, ehe er sich pensionieren ließ. Dessen Vater wiederum, General Alexis von Hahn, war dekoriert worden, als er in einer entscheidenden Schlacht in der Schweiz gesiegt hatte, und wurde während der Besetzung der Schweiz durch die Russen Kommandant von Zürich. Er heiratete die Komtesse Elizabeth Maximowna von Pröbsen, HPBs Großmutter, von der sie das helle, gelockte Haar und ihr lebhaftes, sorgloses und humorvolles Temperament erbte.[18]

HPBs Vater legte eine andere Art von Humor an den Tag: den sarkastischen Witz des überzeugten Skeptikers. Kultiviert und belesen, hatte er für religiöse oder okkulte Dinge nicht viel übrig – »Ammenmärchen« nannte er das. Seine Reaktion auf die erwachenden psychischen Fähigkeiten seiner Tochter wird bei der Erörterung an späterer Stelle interessanten Lesestoff bieten.

Dem Vater zur Seite stand HPBs Großtante[19], die Gräfin Ida Hahn-Hahn, eine bekannte deutsche Autorin, deren Werke sowohl auf dem Kontinent als auch in England veröffentlicht wurden. Durch eine seltsame Fügung waren HPBs Mutter und diese Großtante in einer gemeinsamen Sache engagiert. Aus dem Vorwort zur 2. Auflage der *Gesammelten Werke* (1905) ihrer Mutter erfährt man Folgendes:

In den dreißiger Jahren des vergangenen Jahrhunderts ist in Frankreich, Deutschland und Russland in schneller Folge eine Reihe von Romanen erschienen, die erstmalig in der Geschichte Fragen zur sozialen Stellung der Frau in all ihren Aspekten erörtern. Auf jene Romane kann man tatsächlich den Beginn der so genannten *feministischen Bewegung* und des Kampfes der Suffragetten um das Frauenstimmrecht in der westlichen Welt zurückführen. Drei Schriftstellerinnen sind dafür verantwortlich: in Frankreich George Sand, in Deutschland Gräfin Ida H. Hahn-Hahn und in Russland Helena Andrejewna Hahn, die unter dem Pseudonym Zenaida R-va veröffentlichte. Sie wollten in ihren Schriften das schwere Los und die elende soziale Stellung der Frauen darlegen, die entweder durch die Umstände gezwungen waren, unverheiratet zu bleiben, oder das völlige Scheitern ihrer Ehe durchleben mussten.[20]

Helena Andrejewna ging in ihren Werken auch auf andere Ungerechtigkeiten als jene gegenüber Frauen ein und sie war eine der Ersten, die das in Russland taten. In ihrem mit Beifall aufgenommenen Roman *Theophania Abbiadzhio* geht die Heldin eines Abends an den Häusern der Reichen vorbei, und als sie durch die Fenster blickt, sieht sie mit Federn und Brillanten überladene Damen und fragt sich: »Wie haben sie diese Vorteile verdient? Wie wollen sie das rechtfertigen? Warum ist ihnen alles gegeben, während andere von allen Abwechslungen und Vergnügen ausgeschlossen durchs Leben gehen ... wobei aber alle Arbeit und Mühsal auf diesen Ausgestoßenen lastet?« Als sie dann durch eine armselige Straße mit kleinen, elenden, halb im Boden versunkenen Häusern kommt, sieht sie »die erschreckenden Gesichter der Arbeiter ... Dort leben jene, die das ganze Leben der Stadt in Gang halten, doch sie sind unsichtbar und von allen vergessen«. Nicht weit davon erfreuen sich die Wohlhabenden an einem Feuerwerk, während »nur hundert Schritte entfernt eine ganze Familie auf dem feuchten Boden vor Hunger stirbt, und nicht ein einziger kleiner Funke verwandelt sich zu ihrer Rettung in himmlisches Manna«.[21] In HPBs Büchern begegnen wir dem gleichen tiefen Mitgefühl für die Leiden anderer. In ihrem Werk *Die Stimme der Stille,* das Tennyson auf seinem Nachttisch gehabt haben soll, als er starb[22], finden sich folgende Zeilen:

> Möge deine Seele jeden Schmerzensschrei hören gleich dem Lotus, der sein Herz öffnet, um die Morgensonne zu trinken.

Lass die feurige Sonne nicht eine einzige Schmerzensträne trocknen, bevor du selbst sie von des Leidenden Auge genommen hast.
Aber lass jede verzweifelte Menschenträne in dein Herz fallen und behalte sie dort; entferne sie erst, wenn der Schmerz, der sie verursacht hat, beseitigt ist.[23]

O du, dessen Herz voller Erbarmen ist, es sind diese Tränen, die das Feld der unsterblichen Wohltätigkeit bewässern. Auf solchem Boden wächst die Mitternachtsblüte des Buddha, die schwerer zu finden und seltener zu sehen ist als die Blüte des Vogay-Baumes ... wisse, der Strom übermenschlichen Wissens ..., [den] du gewonnen hast, [muss] von dir... in eine andere Richtung geleitet werden ..., seine reinen und frischen Wasser müssen dazu dienen, des Ozeans bittere Wogen süßer zu machen – dieses gewaltigen Meeres des Leides, aus Menschentränen entstanden.[24]

Helena Andrejewnas Laufbahn als Schriftstellerin begann erst, als ihr erstes Kind, Helena Petrovna, fünf Jahre alt war. Bei der Geburt war die Mutter erst siebzehn Jahre alt gewesen.

HELENA PETROVNA VON HAHN wurde kurz nach Mitternacht am frühen Morgen des 12. August 1831 in der ukrainischen Stadt Jekaterinoslaw geboren, die einst für Katharina die Große errichtet worden war. Die Russen haben die Stadt später in Dnjepropetrowsk umbenannt, zu Ehren Peters des Großen und der Dnjepr, des Flusses, der sie durchfließt.

Der Dnjepr spielt in der Geschichte Russlands eine besondere Rolle. Entlang dieses Flusses, des zweitlängsten in Russland, entwickelte sich die Dynastie der Rurikiden. Im 11. Jahrhundert erstreckte sich der Staat der Rus, dessen Zentrum Kiew war, bereits von der Ostsee bis zum Schwarzen Meer. Der Fluss wurde eine Haupthandelsstraße nach Konstantinopel, dem heutigen Istanbul.

Mit dem Fluss sind auch Assoziationen religiöser Natur verbunden. Es geschah in Kiew, dass ein Nachkomme von Rurik, Kronprinz Wladimir, der gerade zum Christentum übergetreten war, Befehl gab, das Volk in den Dnjepr zu treiben, damit die Priester eine Massentaufe vornehmen konnten. Weil er das heidnische Russland zum christlichen Glauben bekehrte, wurde Wladimir heilig gesprochen.[25] Es wirkt wie Ironie, dass acht Jahrhunderte später ein anderer, weiblicher Nachkomme aus der Linie Ruriks, geboren in einer Stadt am gleichen Fluss, öffentlich – wie HPB dies in ihren Schriften getan hat – die Wirksamkeit kirchlicher Sakramente, wie die der Taufe, in Frage stellte, die nur denen Heil bringen, die an ihnen teilnehmen, und den Nicht-Teilnehmenden mit der ewigen Verdammnis drohen. HPB war indes keineswegs antichristlich eingestellt. In ihrem ersten großen Werk *Isis entschleiert* machte sie klar, dass es »nicht ein Wort gegen die reine Lehre Jesu« enthalte, jedoch schonungslos ihre »Verfälschung in bösartiger kirchlicher Lehre« brandmarke...

Die Umstände, unter denen Helena Petrovnas eigene Taufe stattfand, sind durchaus erzählenswert. 1831, in ihrem Geburtsjahr, herrschte in Russland die Cholera asiatica, die grausamste und tödlichste aller Seuchen. Im Jahr zuvor war sie zunächst in den westlichen Gebieten aufgetreten; bald sollte sie sich mit ihren verheerenden Folgen über ganz Russland ausbreiten, dann über große Teile Europas. Ganze Völker wurden ausgerottet auf ihrer todbringenden Spur. Auch der Bruder des Zaren Nikolas, Großfürst Konstantin, fiel ihr zum Opfer.

Im südrussischen Haus der Großeltern Helena Petrovnas, in dem sie geboren wurde, hatte es eine Reihe von Todesfällen gegeben. Überall wurden Särge aufgetürmt und warteten auf die Beerdigungen. Nach Meinung der Bauern war es ein böses Omen, in einer solchen Zeit das Licht der Welt zu erblicken.

In all der Aufregung kam Helena vorzeitig auf die Welt und war von so zarter Konstitution, dass die Familie beschloss, das Kind sofort taufen zu lassen, damit es nicht »mit der Bürde der Erbsünde« sterbe. Verwandte lieferten ein dramatisches Bild des Geschehens:

> Im orthodoxen Russland findet die Zeremonie der Taufe in Anwesenheit aller Verwandten statt, mit allem Drum und Dran wie brennenden Wachsstöcken und Taufpaten-Paaren, wobei alle Zuschauer mit geweihten Kerzen ausgestattet werden, die während der ganzen Zeremonie brennen. Sie alle müssen während der rituellen Handlung stehen und dürfen sich nicht setzen, wie in der römisch-katholischen oder protestantischen Kirche. Der für die Taufe ausgewählte Raum war groß, doch die Schar der Gläubigen, die der Zeremonie beiwohnen wollten, war noch größer.
>
> Tante Nadja, noch ein Kind und nur wenige Jahre älter als ihre neugeborene, erst 24 Stunden alte Nichte, war als Vertreterin einer Verwandten anwesend. Sie stand in der ersten Reihe unmittelbar hinter dem verehrungswürdigen Popen. Ermüdet vom stundenlangen Stillstehen, ließ sich das Kind unbemerkt auf dem Boden nieder und wurde vermutlich bei der Hitze des warmen Augustnachmittags im überfüllten Raum schläfrig. Die Zeremonie näherte sich ihrem Ende. Die Paten waren gerade dabei, den Bösen und seine Taten anzuprangern – ein Akt, der in der griechisch-orthodoxen Kirche durch dreimaliges Bespucken des unsichtbaren Feindes anschaulich gemacht wird –, als das kleine Mädchen mit seinem brennenden Wachsstock zu Füßen der Menge aus Versehen die langen fließenden Gewänder des Priesters in Brand setzte, ohne dass es jemand bemerkte, ehe es zu spät war. Mehrere Anwesende wie auch der alte Priester erlitten Verbrennungen.
>
> Dem abergläubischen Sinn des orthodoxen Russland zufolge war das ein weiteres böses Omen. Und die unschuldige Ursache davon – die künftige Mme. Blavatsky – war von dem Tag an in den Augen der ganzen Stadt zu einem ereignisreichen Leben voller Wechselfälle und Schwierigkeiten verdammt.[26]

Aber es gab auch ein gutes Omen. Gemäß dem alten julianischen Kalender, der damals in Russland galt, wurde das Kind um Mitternacht des 30./31. Juli geboren. Den Annalen der russischen Folklore zufolge hat ein solcher Mensch Macht über die Kräfte des Bösen, einschließlich Dämonen und Hexen.[27]

Manche mögen bezweifeln, ob es wirklich ein schlechtes Zeichen ist, inmitten von großem Leid geboren zu werden, sei es von Krankheit oder anderen Dingen verursacht. Man muss hier an eine berühmte Passage in der *Bhagavad-Gita* denken, wo der weise Krishna zu seinem Jünger sagt:

> Gar viele Geburten hab' ich schon durchlebt – du auch, o Arjuna! Ich weiß von ihnen allen noch, doch du weißt nichts davon, o Held! Denn immer, wenn die Frömmigkeit hinschwinden will, o Bharata, Ruchlosigkeit ihr Haupt erhebt, dann schaffe ich mich selber neu. Zum Schutz der guten Menschen hier und zu der Bösen Untergang. Die Frömmigkeit zu fest'gen neu, entsteh' in jedem Alter ich.
> Übers. Leopold von Schroeder.[28]

Die Großeltern Fadejew hatten das Haus in Jekaterinoslaw schon sechzehn Jahre vor HPBs Geburt bezogen, als der Großvater Andrej Präsident des Amtes für ausländische Siedler wurde und HPBs Mutter ein Jahr alt war. Hier wurde Helena Petrovna geboren.[29] Es existiert noch heute, und seit dem hundertsten Jahrestag ihres Todes im Jahr 1991 findet der Besucher ein Schild daran vor, das das Haus als historisches Denkmal ausweist.

Peter von Hahn befand sich zur Zeit der Geburt seiner Tochter in Polen, um einen Aufstand gegen die russischen Eroberer niederzuschlagen. Als er zurückkehrte, war die kleine Helena 6 Monate alt. Ein Jahr später zogen die von Hahns nach Romankow um, eine Garnisonsstadt, nicht weit von den Großeltern in Jekaterinoslaw entfernt. Dort bewohnten sie ein eigenes Haus.

DIE FAMILIE von Hahn blieb nicht lange in Romankow; bald zog sie in andere Gegenden der Ukraine. Als Hauptmann eines berittenen Artilleriebataillons war Peter von Hahn häufigem Ortswechsel unterworfen. Auch Großvater Andrej lebte wegen seiner administrativen Aufgaben in den verschiedensten Gebieten Russlands. Und da Helena Andrejewna mit ihren Kindern mal bei ihrem Mann, mal bei ihren Eltern lebte, wurde HPB schon früh an ein Reiseleben gewöhnt und damit an die Begegnung mit den verschiedensten Kulturen und Völkern. Es war vielleicht eine Art Vorbereitung auf ihre künftigen Reisen durch die Welt.[30]

Als Helena Petrovna zwei Jahre alt war, ereilte die Familie, die inzwischen wieder in eine andere Garnisonsstadt umgezogen war – weit weg von den Großeltern –, ein erster schwerer Schicksalsschlag. Der kleine Bruder Sascha wurde ernsthaft krank, und weit und breit gab es keinen ärztlichen Beistand. Die Frühjahrsregen hatten die Straßen in Morast verwandelt, so dass sie weder zu Fuß noch zu Pferde passierbar waren. So musste Helena Petrovnas arme Mutter mit ansehen, wie ihr Kind langsam starb, weil es weder Arzt noch Mittel gab, wenigstens seine Leiden zu lindern.[31]

Während Helena Andrejewna mit ihrem nächsten Kind schwanger war, zog sie vorübergehend mit Helena Petrovna zu ihren Eltern nach Odessa, das als kulturelles Zentrum und Erholungsort am Schwarzen Meer berühmt war. Dort war ihr Vater Andrej Angestellter im Kuratorium der Siedler, abenteuerlustiger Familien, viele aus dem fernen Deutschland, die sich auf eben erworbenem russischen Gebiet niederlassen wollten. Als ihre Schwester Vera zur Welt kam, war HPB dreieinhalb Jahre alt.

Bald kehrte Helena Andrejewna mit den Kindern zu ihrem Mann zurück, und so nahm die Familie erneut ihr Wanderleben von Dorf zu Dorf in der Ukraine auf.

Dieses fortgesetzte Entwurzeltwerden der Familie wäre für jede Mutter eine Prüfung gewesen, war es aber erst recht für eine Frau von so zarter Gesundheit wie Helena Petrovnas Mutter. Mehr noch, das Wanderleben mit Peter schwebte »immer wie ein Damoklesschwert über ihrem Haupt«, berichtet de Zirkoff.

»Kaum hatte sie sich niedergelassen und fühlte sich heimisch, hatten sich Freundschaften entwickelt und ihr Herz sich an etwas gehängt, sank wieder das schreckliche Wort ›versetzt‹ wie ein Alptraum auf sie herab und zwang sie aufs Neue, alles hinter sich zu lassen, weiter und immer weiter zu ziehen an immer neue, fremde und einsame Orte. In kleine, schmutzige Provinzstädte mit ihren langweiligen Diners und Teegesellschaften, ihrem übermäßigen Zigarettenkonsum und der ewig gleichen Konversation über Pferde, Hunde, Jagdgewehre und dergleichen mehr.«[32]

IM FRÜHJAHR 1836 kam die frohe Botschaft, dass Peters Kompanie nach St. Petersburg versetzt werde. In Russland gab es damals noch keine Eisenbahn. Die neunhundert Meilen weite Reise in Pferdefuhrwerken war für Helena Petrovna vermutlich ein vergnügliches Abenteuer; für ihre Mutter jedoch, die für ein Kleinkind und eine Fünfjährige zu sorgen hatte, war das sicher anders. Doch begeisterte sie der Gedanke, am kulturellen Leben dieser russischen Metropole teilnehmen zu können – der europäischsten Großstadt Russlands, die mit London und Paris durchaus konkurrieren konnte.

Für Peter war St. Petersburg nichts Neues; er war dort aufgewachsen und seine Familie lebte noch immer dort. Während er beruflich unterwegs war, begleiteten seine Brüder ihre Schwägerin entgegenkommenderweise in die Museen, ins Theater und in die Oper. »Hier in Petersburg«, bemerkt die Schriftstellerin Nekrassowa, »konnte es geschehen, dass man unvermutet Leuten gegenüberstand, die man nur aus Büchern kannte; es war möglich, >großen Dichtern< persönlich zu begegnen.«[33] In einer Privatgalerie erlebte Helena Andrejewna eine besondere Überraschung und schrieb an Katharina:

> Ich stolperte fast über eine Gestalt, die mir bekannt vorkam ... Beim zweiten Blick erkannte ich, es war Puschkin. Ich hatte ihn mir dunkelbrünett vorgestellt, aber sein Haar ist nicht dunkler als meins – und lang und zerzaust. Er ist klein von Statur, trägt einen Backenbart und ist nicht gerade stattlich, doch seine Augen funkelten wie Kohlen, und das unaufhörlich ... Er blickte mich mehrmals an und lächelte – offensichtlich über den Ausdruck der Bewunderung in meinem Gesicht.[34]

Trotz all dieser aufregenden Möglichkeiten vernachlässigte Helena Andrejewna ihre Kinder nicht, schreibt Katharina Nekrassowa. »Wie immer spielte sie mit Lolo (Helena Petrovna) vierhändig Klavier, sang Lieder mit ihr, lehrte sie lesen und schreiben und erfreute sich an den außergewöhnlichen geistigen Fähigkeiten ihrer fünfjährigen Tochter.«[35] (Helena Petrovnas Kosenamen – Lolo, Ljolja, Ljolinka – sind sämtlich Verkleinerungsformen des Namens »Helena«.[36])

Von Geburt an erfuhr die kleine Helena die »zärtlichste Fürsorge« ihrer Mutter, und »obwohl Helena Andrejewna erst siebzehn Jahre alt war, versorgte und umsorgte sie ihr Kind selbst«, berichtet K. Nekrassowa in ihrer biographischen Skizze Helena Andrejewna von Hahns, die um 1880 in *Russkaja Starina,* einer Zeitschrift für Geschichte, veröffentlicht wurde. Für keine Biographie von HPB wurde sie bislang übersetzt und verwendet. Sie ist insofern von besonderem Wert, als sie weitgehend auf Helena Andrejewnas Briefen an ihre ältere Schwester Katharina basiert, wohl die einzigen Briefe von HPBs Mutter, die überliefert sind. Bis jetzt konnten HPBs Biographen nach Gutdünken Spekulationen über ihr Verhältnis zu ihrer Mutter anstellen. So konnte Marion Meade in ihrer Biographie von 1980 *Madame Blavatsky, The Woman Behind the Myth* unwidersprochen behaupten, dass HPBs Mutter, von ihrer Karriere als Romanautorin in Anspruch genommen, »stets abwesend« war und Helena Petrovna der strengen Obhut von Gouvernanten überließ. Ferner stellt Meade die absonderliche Behauptung auf, das Kind habe stets eine »tiefe Feindseligkeit« gegen seine Mutter empfunden und sei entschlossen gewesen, »sie frühzeitig umzubringen«.[37]

Während der Zeit in St. Petersburg setzte HPBs Mutter ihre eigenen Studien fort. Sie las Bücher auf Deutsch, Italienisch und Englisch, Sprachen, die sie sich selbst beigebracht hatte. Englisch liebte sie besonders. Nach der Lektüre von Bulwer-Lyttons neuestem Roman *Godolphin* beschloss Helena Andrejewna, Auszüge davon ins Russische zu übersetzen. Zaghaft legte sie ihr Werk einem populären Magazin zur Veröffentlichung vor und war überglücklich, als es angenommen wurde und der Verleger sie ermutigte, etwas Eigenes zu schreiben. Das war der Beginn ihrer Autorenlaufbahn.

Mehrere der Romane Helena Andrejewnas handeln von der misslichen Lage unglücklich verheirateter Frauen. Sie waren zum Teil autobiographisch, denn ihr Leben mit Peter von Hahn, der doppelt so alt war wie sie, hatte sich als schwere Enttäuschung erwiesen.[38] In *Das Urteil der Welt* schrieb sie:

> Täglich vernichtete der geschliffene, rasche Verstand meines Mannes, in der Regel begleitet von schneidender Ironie, meine schönsten, unschuldigsten und reinsten Bestrebungen und Empfindungen. Über alles, was ich bewunderte, alles, was ich seit meiner Kindheit anstrebte, alles, was meinem Herzen lieb und teuer war, lachte er nur, oder er machte es im erbar-

mungslos zynischen Licht seiner kalten und grausamen Argumentation herunter.[39]

Die Zeit rückte näher, dass Peter aus St. Petersburg wieder in die Ukraine versetzt werden sollte, und seine Frau war bei dem Gedanken daran außer sich. In ihrem letzten Brief aus St. Petersburg an ihre Schwester Katharina schrieb sie: »Ich gebe zu, der Gedanke ist schrecklich, dass ich wieder in irgendein Romankow oder Oskol zurückkehren muss! Gott, gib mir die Kraft, es zu ertragen.« Bald wurde ihr klar, dass sie niemand dazu zwingen konnte. Die Zeit für eine Trennung von ihrem Ehemann, zumindest für eine vorübergehende, war gekommen, und so verließ sie ihn, um bei ihren Eltern zu leben.

Diese Entscheidung fiel mit einer großen Veränderung im Leben der Familie Fadejew zusammen. Andrej war soeben zum Sachwalter der buddhistischen Kalmücken in Astrachan sowie der dortigen deutschen Kolonisten bestimmt worden. Diese halborientalische Stadt ist unweit der strategisch wichtigen Mündung der Wolga gelegen, die dort ins Kaspische Meer fließt. Vor Jahrhunderten waren einst Helena Petrovnas Wikinger-Vorfahren hier entlang gezogen auf dem Weg zu den Handelsmärkten im Iran und im Fernen Osten.

Andrej war von seinen Vorgesetzten nach St. Petersburg beordert worden, um Instruktionen für seine neue Stellung entgegenzunehmen, und traf zufällig ein, als die Familie der von Hahn auch dort war. Als er nach Astrachan aufbrach, reisten Helena Andrejewna und ihre Kinder mit ihm. HPBs Mutter berichtete darüber: »Unter der Obhut ihres Vaters machte sich unsere Tochter Helena unbeirrt auf den Weg an das andere Ende von Russland. Weder die ungeheure Entfernung – über 1000 Meilen – noch die mörderisch schlechten Wege konnten sie schrecken.«[40] Es war Andrej Fadejews Stellung als Treuhänder von über hunderttausend Buddhisten, der HPB ihren ersten Kontakt mit einer Religion des Ostens verdankte.

Ursprünglich waren die Kalmücken im 17. Jahrhundert aus China nach Russland gekommen. Als die Fadejews und von Hahns in Astrachan lebten, machten sie dem Kalmückenführer, Fürst Tumen, einen Besuch, der in einem märchenhaften Palast auf einer Insel im Wolga-Delta lebte. Er verbrachte seine Tage im Gebet in einem buddhistischen Tempel, den er selbst hatte errichten lassen. In seinen jungen Jahren war er, nach dem Sieg der Russen über Napoleon, mit einem eigens aufgestellten Kalmückenregiment mit der siegreichen russischen Armee in Paris einmarschiert. Dafür war er vom Zaren mehrfach dekoriert worden.[41]

Helena Andrejewna lebte ein Jahr in Astrachan und schrieb dort zwei Bücher: eines über das Leben der Kalmücken, das später in Französisch erschien; die Handlung des zweiten war im Kaukasus angesiedelt, wo die Familie kurz zuvor die Mineralbäder mit ihren heißen Quellen aufgesucht hatte, für die diese Region berühmt waren.

ERNÜCHTERT DURCH die Abreise Helena Andrejewnas und voller Sehnsucht nach seinen geliebten Kindern, beschwor Peter von Hahn seine Frau, zu ihm zurückzukehren. Bald nahmen sie das gemeinsame Leben und damit die Wanderschaft von einer Garnison zur anderen wieder auf.

Der erste Ort, an dem die Familie sich niederließ, war Poltawa, und sie blieben länger als gewöhnlich. Hier wurde das schwere Leben der Mutter außerordentlich erleichtert: Antonia Kuhlwein, eine Gouvernante, bot sich an, die Kinder in ihre Obhut zu nehmen. Sie blieb viele Jahre bei der Familie, als Lehrerin und als geliebte Gefährtin. Helena Andrejewna setzte den Klavierunterricht für ihre ältere Tochter fort; später wurden professionelle Lehrer engagiert, denn die Schülerin war auch musikalisch überragend begabt. Helena Andrejewna hatte eine schöne Stimme und pflegte am Abend russische Volkslieder zu singen und Klavier zu spielen, während Antonia den Kindern Tanzunterricht gab. Es war eine fröhliche Zeit, die die Kinder für immer als goldene Tage in Erinnerung behielten.[42]

Glücklicherweise wurden viele Geschehnisse aus diesen Entwicklungsjahren der Kinder von Helena Petrovnas jüngerer Schwester Vera aufgezeichnet. Im Alter von zehn Jahren begann sie mit einem Tagebuch und konnte die zurückliegenden Jahre rekonstruieren, solange sie ihr noch frisch im Gedächtnis waren.[43] Ihre Tagebücher bildeten die Basis für zwei Autobiographien: *Als ich klein war* und *Meine Reifezeit.* Beide wurden für diese Biographie ins Englische übersetzt, da sie aufschlussreiche Informationen über Helena Petrovnas Aktivitäten und die Geschicke der ganzen Familie enthalten. Später, als die Schwestern zu Frauen herangereift waren, setzte Vera ihre Berichte fort. Sie schilderte ihre Schwester als »eine Frau, die ihre guten und ihren schlechten Seiten« hatte. Obwohl Vera sie »glühend liebte, war sie nicht geneigt, die Tugenden ihrer Schwester zu übertreiben ...«. Sie »stand ihren Lehren keineswegs feindlich gegenüber, war aber andererseits nicht bereit, die Ideale und höheren Wahrheiten des Christentums zu vergessen, von denen«, nach ihrer Meinung, »all die erhabenen moralischen Lehren des Altertums überschattet wurden«.[44]

Vera wurde selbst eine bekannte Autorin. Ihre Geschichten für Jugendliche inspirierten mehrere Generationen russischer Kinder, ähnlich wie damals die Bücher von L. M. Alcott die amerikanische Jugend beflügelten. Der Londoner *Review of Reviews* ist zu entnehmen, dass Vera auch für ein erwachsenes Publikum geschrieben hat; ihr Werk umfasst zwölf Romane, sechzig Kurzgeschichten und zwei Theaterstücke – das eine davon eine Komödie –, die beide an der Neuen Russischen Universität mit dem ersten Preis ausgezeichnet wurden; darüber hinaus »Bücher fürs Volk«, die in sämtlichen Stadtbibliotheken des Landes geführt wurden.[45] Sie veröffentlichte ihre Bücher als Vera Tschelikowsky, unter dem Namen ihres zweiten Mannes.

Zu der Zeit in Poltawa war Vera erst zwei Jahre alt. In ihrem Buch *Als ich klein war* schreibt sie:

> Ich erinnere mich, dass Mama oft leidend war. Doch wenn es ihr gut ging, pflegte sie stundenlang hinter ihrem mit grünem Kaliko bespannten Wandschirm zu sitzen und zu schreiben. Der Raum hinter dem Schirm wurde »Mamas Studio« genannt, und weder ich selbst noch meine ältere Schwester Ljolja *wagten es je, irgendetwas in dieser Ecke anzurühren,* die vom Kinderzimmer nur durch einen Vorhang getrennt war. Wir wussten nicht, womit Mama ihre Tage dort verbrachte. Wir wussten nur, dass sie etwas schrieb.

Vera war sechs Jahre alt, als sie zu ihrem Erstaunen von Antonia erfuhr, dass ihre Mutter Bücher schrieb, und dass diese zunächst in Fortsetzungen in einem Magazin neben Beiträgen anderer Autoren erschienen, für die sie Geld erhielten.

»Bekommt Mama auch Geld?«, fragte Vera.

»Ja, viel Geld. Damit bezahlt sie die Gouvernanten und die Lehrer und kauft die Bücher, die sie für sich selbst und für uns braucht.«

»Bezahlt sie dich auch?«

»Nein«, antwortete Antonia. »Sie bezahlt mir nichts. Ich bekomme Geld vom Zaren, und ich lebe bei eurer Familie nur, weil ich eure Mutter mehr liebe als irgendjemand anderen auf der Welt.«

Die Geschichte, wie Antonia dazu kam, Geld aus dem Hilfsfonds des Zaren zu empfangen, ist eine wahre Aschenputtelgeschichte, noch mitleidsvoller als die klassische Geschichte dieses Namens. Sie hatte das Glück, am Katharinen-Institut in St. Petersburg angenommen zu werden, das Katharina die Große für Töchter aus guter Familie gegründet hatte. Antonia machte einen ehrenvollen

Abschluss und erhielt als Auszeichnung eine Goldmedaille von Zar Nikolaus I. Als dieser sich nach ihrer Familie erkundigte und erfuhr, dass sie keine Angehörigen mehr hatte, stellte er ihr ein Angebot zur Wahl: Sie konnte ein Mündel der Schule werden oder von ihm eine lebenslange Pension erhalten. Sie entschied sich für das Letztere, denn sie sehnte sich danach, etwas von der Welt zu sehen.[46]

◆

Das Bataillon, das Peter von Hahn befehligte, wurde von Poltawa in andere Teile der Ukraine verlegt. Im Frühjahr 1839 ging seine kränkelnde Frau mit den Kindern nach Odessa, um sich einer Kur in den Mineralbädern zu unterziehen. Während ihres dortigen Aufenthalts konnte Helena Andrejewna einen lange gehegten Plan verwirklichen: eine Hauslehrerin für ihre Kinder zu finden, die sie in Englisch unterrichten sollte – eine Sprache, die sie für unentbehrlich hielt. Aber wer würde bereit sein, die Familie bei ihren vielen Ortswechseln in einsame und trostlose Städte zu begleiten? Die junge Augusta Jeffers aus Yorkshire war damit einverstanden, »alle Mühseligkeiten des Reisens auf sich zu nehmen« und »für immer« bei der Familie zu bleiben. Als Miss Jeffers sie nach einigen Jahren dennoch verließ, wurde eine russifizierte Engländerin engagiert, weil die Kinder ihr Englisch nicht vergessen sollten.[47]

NACH DEM AUFENTHALT der Familie in Odessa verbrachte Helena Andrejewna einen trübsinnigen Sommer in Polen, wohin Peter diesmal versetzt worden war. Ihr Gesundheitszustand besserte sich nicht. Außerdem erwartete sie wieder ein Kind. Wassili Benzenger, junger Arzt, den ihre Eltern zu ihr geschickt hatten, lebte fortan in ständiger Dienstbereitschaft in der Familie.[48] Als Helena Andrejewnas Eltern von Astrachan nach Saratow, einer Großstadt an der Wolga, zogen, weil ihr Vater dort Provinzgouverneur wurde, ließen sie und die Kinder Peter in Polen und zogen zu ihnen, wo sie in idealer Umgebung ein glückliches Jahr verbrachten. Ihr Befinden besserte sich auffallend, und es bestand reichlich Gelegenheit zum Schreiben. Im Juni 1840 kam ihr Sohn Leonid zur Welt.[49]

Erst ab diesem Zeitpunkt, als Helena Petrovna neun Jahre alt ist, beginnt man etwas über ihre persönlichen Eigenschaften zu erfahren. Veras Erinnerungen waren bisher nicht allzu aufschlussreich gewesen, da sie vier Jahre jünger war. Doch Tante Nadja, zwei Jahre älter als Helena Petrovna, scheint sich noch sehr gut erinnert zu haben. Sie lieferte dem ersten Biographen HPBs, A. P. Sinnett, folgende Informationen:

> Schon in ihrer Kindheit wandte Helena all ihre Sympathie und Zuneigung Menschen der unteren Klassen zu. Schon immer hatte sie es vorgezogen, mit den Kindern der Dienerschaft zu spielen anstatt ihresgleichen ... Ständig musste man auf sie aufpassen, um zu verhindern, dass sie von zu Hause weglief, um mit zerlumpten Straßenjungen Freundschaft zu schließen. So fühlte sie sich auch später im Leben angezogen von jenen, die in bescheideneren Lebensverhältnissen lebten als sie selbst. Dagegen zeigte sie sich dem »Adel« gegenüber, dem sie selbst von Geburt angehörte, betont gleichgültig.[50]
>
> Sie war ein seltsames Mädchen von deutlich zwiespältiger Natur. Einerseits mutwillig und zu Streichen aufgelegt, andererseits mystisch veranlagt, mit metaphysischen Neigungen ... Kein Schuljunge wäre schwerer zu bändigen gewesen ... Aber gleichzeitig hätte sich kein Gelehrter beharrlicher seinen

> Studien widmen können als sie, wenn der Drang, Unfug zu stiften, wie ein Anfall verflogen war. Dann war sie nicht zu bewegen, von ihren Büchern zu lassen, die sie Tag und Nacht zu verschlingen pflegte, solange dieser Impuls anhielt. Die riesige Bibliothek ihrer Großeltern schien damals kaum groß genug, um ihren Wissensdurst zu stillen ...[51]

Vor allem eines verursachte Schwierigkeiten: Helena besaß die unangenehme Gewohnheit, allen Menschen ins Gesicht zu sagen, was sie von ihnen hielt; das war etwas, das man in der besseren Gesellschaft natürlich nicht tat. Sie »brachte viele Leute in Verlegenheit und ihre eigenen Verwandten oft in höchst peinliche Situationen«. Auf der anderen Seite war sie »so freundlich und besaß so viel Mut, dass sie bereit war, Bedürftigen alles zu geben, alles für einen Freund zu tun, und sich für jede Tat zu entscheiden, die der Verteidigung eines Geschädigten dienen konnte«, während sie selbst »jedes Unrecht oder jeden Schaden vergaß, den man ihr zugefügt hatte.« *[52]

* Jahre später erinnerte sich einer ihrer Schüler: »Eines war bemerkenswert an HPB. Niemals, niemals grollte sie einem, nahm sie private Kritik übel oder gab einem das Gefühl, dass auch nur eine Spur von Ärger oder Missbilligung in ihrem Gedächtnis haften blieb, ja nicht einmal der Schatten eines Gefühls für alles, was vergangen war ... Alles wurde einfach weggewischt und vollkommen vergessen, nachdem es vorbei war.« (Bertram Keightley, *Reminiscences of H. P. Blavatsky*, S. 25).

IM FRÜHJAHR DARAUF fand die Familie von Hahn in Malarossa in der Ukraine wieder zueinander. Dort war das Klima angenehm und warm. Helena Andrejewna hatte reichlich Platz zum Schreiben. Vera berichtet, dass die Mutter »ihre einzige Erholung im Schreiben fand; ihr einziger Trost und ihre Freude waren die heranwachsenden Kinder, auf die sie all ihre Hoffnungen und Fürsorge richtete«.[53]

Helena Petrovna wollte gerne Deutsch lernen, und so gab ihr Antonia drei Stunden Unterricht in der Woche. Sie machte so ausgezeichnete Fortschritte, dass ihr Vater ausrief: »Eine würdige Nachfahrin ihrer ruhmreichen Vorfahren, der deutschen Ritter von Hahn-Hahn von der Roeter Hahn, die nie eine andere Sprache konnten als Deutsch.« *[54]

Im Herbst wurde Helena Andrejewna ernsthaft krank. Dr. Benzenger riet ihr, sich sofort zur medizinischen Behandlung nach Charkow zu begeben. Doch sie zog es vor, bis zum Frühjahr zu warten und dann nach Odessa zu gehen, wo sie viele Freunde hatte.

Veras Autobiographie *Als ich klein war*** enthält folgende Schilderung des letzten Weihnachtsfestes, das die Kinder mit ihrer Mutter feierten:[55]

> Es wurde Winter. Alle Felder und alle Straßen waren nun von Schnee bedeckt ... Türen und Fenster wurden verriegelt und versiegelt, Holzfeuer krachten in den Öfen; die Abende waren lang und die Tage grau und so kurz, dass wir unseren Unterricht bei Kerzenlicht beenden mussten. Bis zu den Weihnachtstagen gab es kein einziges denkwürdiges Ereignis, das die

* Meade porträtiert in ihrer Biographie nicht nur HPBs Mutter als indifferent ihrer Tochter gegenüber, sondern auch ihren Vater als kalt. Um diese Ablehnung zu kompensieren, behauptet Meade, habe Helena davon phantasiert, dass er sie auf eine dreimonatige Reise nach London und Paris mitgenommen habe.

** Veras Geschichten waren zunächst nur für ihre eigenen Kinder bestimmt. Einige Jahre später konnten alle russischen Kinder die Abenteuer von Vera und Helena (Ljolja oder Lolo) lesen.

Monotonie unseres Lebens unterbrach. Kurz vor Weihnachten machte Papa eine kurze Reise nach Charkow und kehrte mit vielen Geschenken für uns zurück. Er brachte auch eine Menge Sachen »für die Küche« mit, die in Mutters Zimmer gebracht wurden. Eifrig in unsere illustrierten Bücher vertieft, achteten wir nicht darauf. An jenem Abend wurden wir ins Wohnzimmer gerufen; dort waren alle beim Licht einer einzigen Kerze versammelt, und die pustete Vater auch noch aus, sobald wir hereingekommen waren.

»Was ist los? Warum haben wir kein Licht?«, fragten wir.

»Wartet ab, ihr werdet sehen, warum«, antwortete Mama.

»Rührt euch nicht!«, sagte Antonia und drehte mich an den Schultern herum. »Steht still und schaut geradeaus.« Wir standen stocksteif und sagten kein Wort. Ich starrte, die Augen weit offen, konnte aber nichts sehen. Plötzlich hörte man ein Rascheln, und ein blaues feuriges Muster lief quer über die Wand wie ein Blitz.

»Was ist das?«, riefen wir aus.

»Seht mal, seht, was für einen feurigen Bleistift eure Mutter hat!«, rief Vater vergnügt.

Ein Gesicht mit einer Hakennase und mit Eselsohren blitzte an der Wand auf, dann noch eine Figur, und noch eine dritte ... Während Mutters Hand schnelle Bewegungen vollführte, leuchteten Muster und Bilder auf... »Lest«, sagte sie.

Und wir lasen die feurigen, sofort wieder verschwindenden Worte »Lolo [HPB] und Vera sind närrisch! «

»Na, das ist aber was!«, rief Ljolja [HPB] und brach in Gelächter aus. Sie stürzte zur Mutter. »Zeig mal, Mammi! Was ist das? Womit schreibst du da?«

»Hier ist es!«, sagte Mama, und mit einem stärkeren Strich an der Wand entzündete sie das erste Phosphorstreichholz, das wir je gesehen hatten. Schwefelhölzer kamen in Russland Anfang der vierziger Jahre auf. Zuvor hatte man Feuersteine benutzt ...

Dann kam der Vorabend des 1. Januar 1842 [des russischen Weihnachten]. Ein trüber, grauer, langweiliger Tag! ... Fast den ganzen Tag ließ man uns allein. Man sagte uns, Mama sei krank, und da wir wussten, dass sie oft im Schlafzimmer blieb, wenn ihr nicht wohl war, wunderten wir uns auch nicht, dass Antonia den ganzen Tag bei ihr blieb oder dass Papa so lange fort war. Er kam nur, als wir mit Miss Jeffers zu Mittag aßen, verschlang hastig seinen Borschtsch, strahlte uns durch seine Brille an, kniff mich in die Backe, neckte Ljolja und sagte dann, er habe sehr viel zu tun, und verließ uns wieder. Nach dem Essen war auch Miss Jeffers nirgends mehr zu sehen.

Ljolja und ich ließen uns in dem halbdunklen Zimmer nieder und seufzten insgeheim bei dem Gedanken an die Festlichkeiten im Vorjahr, erinnerten uns an Großmutters Geschenke, Gorows herrliche Weihnachtsparty und fragten uns, ob sie in Saratow auch ohne uns eine Weihnachtsfeier machen würden oder ob man Nadja schon für zu groß halten würde für eine so kindliche Sache wie einen Weihnachtsbaum ... Draußen, in der gelblichen Dämmerung, flogen die Schneeflocken und der Wind heulte schon im Schornstein sein trostloses Nachtlied. Selbst Ljolja, sonst so sorglos und heiter, schaute etwas niedergedrückt drein ...

Plötzlich öffnete sich die Tür und Anuschka, das Kindermädchen, kam mit Leonid auf dem Arm herein, flankiert von ihrer dicken Schwester Maria ... unserer Näherin und Haushälterin. Beide ließen sich an der Wand nieder, lächelten und blickten uns an, dann die Tür, als ob sie auf etwas warteten ... Als sich die Tür wieder öffnete, kam Mamas Mädchen Mascha herein ...

»Kommt nur, meine Damen!«, sagte sie. »Die Mama möchte euch sehen!«

»Oh!«, rief Ljolja aus und schlug sich gegen die Stirn. »Jetzt weiß ich, was los ist!« Sie stürzte zur Tür und rannte in Mamas Zimmer. Natürlich rannte ich hinter ihr her, doch erst, als ich das Schlafzimmer erreicht hatte, wurde auch mir klar, was hier gespielt wurde: Überraschend glitzerte mitten im Raum ein wunderschön geschmückter Weihnachtsbaum mit brennenden Kerzen. Unter dem Baum standen Spielsachen und Mama, Antonia, Papa, Miss Jeffers und alle übrigen standen um ihn herum. Sie lächelten bei dem Gedanken, dass sie den ganzen Tag mit Vorbereitungen und mit dem Schmücken des Baumes verbracht und uns dennoch so erfolgreich getäuscht hatten.[56]

DER FRÜHLING KAM, und da sich Helena Andrejewnas Gesundheit nicht gebessert hatte, begleiteten alle sie nach Odessa – bis auf ihren Mann, der seinen Posten nicht verlassen konnte.

Katharina Nekrassowa hat sowohl Dr. Benzenger als auch Vera interviewt, als sie die Geschichte von HPBs Mutter aufschrieb. Sie berichtet:

> Trotz aller Sorgfalt und Anstrengungen von Dr. Geno, eines damals bekannten Arztes in Odessa, ging es ihr von Tag zu Tag schlechter, insbesondere wohl infolge des Aderlassens, woran damals die Medizin so fest glaubte ... Ohnedies schon schwach, wurde sie immer schwächer und näherte sich dem Tod. Sie fürchtete, nicht mehr bis zur Ankunft ihrer Eltern am Leben zu bleiben, und begann, ihren Abschiedsbrief an sie zu schreiben ... Sie dankte ihren Eltern von Herzen für alles und beschwor ihre Mutter, die Kinder nicht zu verlassen.[57]

Die Ankunft ihrer Eltern und Schwestern erfüllte sie mit neuem Leben, und einen glücklichen Monat lang war sie fast ganz wieder die Alte. Da ihre Genesung unmittelbar bevorzustehen schien, begann man schon Pläne zu machen: Alle sollten nach Saratow zurückkehren und auf Dauer dort leben.[58] Helena Andrejewnas Mutter und ihre Schwestern, Katharina und Nadja, alle drei gute Schwimmerinnen, nutzten die Zeit, zum Baden ans herrliche Schwarze Meer zu gehen, und so wurde Helena Petrovna ebenfalls eine hervorragende Schwimmerin.

Jedoch verschlimmerte sich bald darauf Helena Andrejewnas Zustand rapide. Am 24. Juni, im neunundzwanzigsten Jahr ihres Lebens, starb sie in den Armen ihrer Mutter. Ihre Angehörigen verzehrten sich vor Kummer, die Kinder waren untröstlich.[59]

Unter dem russischen Lesepublikum wurde Helena Andrejewnas früher Tod allgemein beklagt. Der bekannte Petersburger Literaturkritiker W. G. Belinski verfasste folgendes Epitaph:

> Friede deiner Asche, erhabene Frau, Opfer deiner reichen Talente und deiner überlegenen Natur! ... Hab Dank, dass du wenigstens kurze Zeit lebtest. Nicht vergebens ist dieses Leben gewesen, einer üppig duftenden Blüte gleich, voll tiefer Gefühle und erhabener Gedanken. In dieser Blüte ruht deine Seele, und für sie gibt es keinen Tod.[60]

In den Monaten vor ihrem Tod wurde Helena Andrejewna von sorgenvollen Gedanken über ihre Kinder geplagt. Die Nekrassowa berichtet, dass sie in einem Brief an Katharina (18. November 1841) diesen Sorgen Ausdruck gab, »denn es schien ihr, als ob sie bald sterben werde«, und sie fügt hinzu: »Die Frage ihrer Erziehung ließ ihr keine Ruhe; sie wollte ihnen so gerne eine gute, umfassende Erziehung zukommen lassen, doch außer dem, was sie mit ihrer Schriftstellerei verdiente, verfügte sie über keinerlei finanzielle Mittel.« Besonders wegen Helena Petrovna machte sie sich Sorgen, bemerkt Nekrassowa:

> Gouvernanten waren für ihre älteste Tochter nutzlos, da sie ihnen bald über den Kopf wuchs. Sie dachte daran, sie auf das Odesskii-Institut zu schicken, obwohl die Erziehungsideale dieses Institutes ihren Lebensgrundsätzen zuwiderliefen; doch von zwei Übeln wäre dieses das geringere. Speziell aus diesem Grund quälte sie der Gedanke an ihre Krankheit.[61]

Auch Vera berichtet, dass ihre Mutter sich seit Jahren über Helena die meisten Sorgen machte, denn sie sei »das einzige Kind mit einer besonderen Begabung gewesen«[62], und dass sie, im Sterben liegend, folgende geradezu prophetischen Worte äußerte: »Nun gut! Vielleicht ist es das Beste, wenn ich sterbe, denn so wird es mir wenigstens erspart bleiben, mit anzusehen, was Helena durchmachen muss! Über eins bin ich mir sicher: ihr Leben wird nicht so verlaufen wie das von anderen Frauen, und sie wird viel leiden.«[63]

Was war es, das sie für ihre Tochter befürchtete? Vielleicht können folgende Worte aus ihren Romanen *Das Ideal* und *Die nutzlose Gabe* hierauf eine Antwort geben:

> Jede auffallend begabte Frau, zumal wenn sie eine Schriftstellerin ist, wird von der Welt verfolgt ... Schon ein Mann von überlegenem Geist ist dieser Welt unerträglich; doch die Lage einer Frau, die von Natur aus den Durchschnitt überragt, ist wahrhaft verzweifelt. Der hundertköpfige Drache der öffentlichen Meinung wird sie auch moralisch diskreditieren, wird ihre rein-

> sten Gefühle in den Schmutz ziehen ... Ihre intellektuellen Gaben, ihr Talent sind in den Augen der Masse nichts wert; sie wird wie eine Verbrecherin von der Gesellschaft abgelehnt werden.[64]

Helena Andrejewna hatte solch feindselige Ablehnung provinzieller Gemüter selbst zu spüren bekommen.[65]

In einem anderen ihrer Romane, *Das Urteil der Welt*, lässt sie die Heldin in ihrem Testament erklären, dass »die Mitglieder dieses schrecklichen Tribunals alle Feiglinge sind. Von dem Schandblock aus, auf den ihr mein Haupt gelegt habt ... beschwöre ich euch mit meinen letzten Worten: ›Fürchtet euch nicht vor diesem Haupt! Es ist untertan den Starken und bringt nur die Schwachen zu Fall.‹«[66] Diese Worte wird auch ihre Tochter Helena Petrovna gelesen und beweint haben, wie auch die anderen Geschichten ihrer Mutter, die in einer stattlichen vierbändigen Ausgabe ein Jahr nach ihrem Tod herauskamen – ein lebendiges Vermächtnis für ihre Kinder.

BALD NACH Helena Andrejewnas Tod zogen ihre Kinder endgültig nach Saratow. Die eindrucksvolle Reise dorthin durch die Weite der russischen Steppe trug dazu bei, ihr Leid zu mildern. Auch Wüsten wurden durchquert, und zum Entzücken der Kinder wurden die Pferde vor den beiden wuchtigen Kutschen der Fadejews mit Kamelen vertauscht.

Einen Tag und eine Nacht verbrachte man im Sommerlager der buddhistischen Kalmücken aus Astrachan. Fürst Tumen bereitete seinen Freunden einen königlichen Empfang; er sorgte auch dafür, dass sie einen faszinierenden Blick auf das Nomadenleben in der Wüste werfen konnten. Fürstin Helena, mit den Bräuchen kalmückischer Buddhisten gut vertraut, erklärte sie ihren Enkeln. Sie sagte zum Beispiel über die Gebetsmühle: »Wenn die Buddhisten zu müde sind oder keine Zeit haben zu beten, drehen sie die Mühle so schnell sie können und entrollen so die papierenen Gebetsstreifen erst in der einen Richtung, dann rollen sie sie in der anderen wieder auf.«

»Dummköpfe«, bemerkte Vera. Fürstin Helena erwiderte: »Nun, auch in unserem Volk gibt es Dummköpfe. Ist es nicht das Gleiche, ob man einen Zylinder dreht oder gedankenlos Gebete murmelt ... ?« Und als sie sie daran erinnerte, wie die Haushälterin der Fadejews, während sie die Ikonen anbetete, nach den Dienstmädchen rief oder ihnen Ohrfeigen austeilte, mussten alle lachen.

In dem neuen Lebensabschnitt in Saratow erhielten die Kinder drei neue Lehrerinnen, zusätzlich zu Antonia, darunter eine französische Gouvernante, Henriette Peigneur, die einst in den Tagen der Französischen Revolution eine auffallende Schönheit gewesen war. Über sie berichtet Sinnett:

> Am liebsten erzählte sie den Kindern aus jenen glanzvollen Tagen, als sie von den »phrygischen Rotkappen«, den *citoyens rouges* von Paris, ausgewählt worden war, bei den öffentlichen Feiern die Göttin der Freiheit darzustellen ... Tag für Tag habe man sie im Triumph in prunkvollen Prozessionen durch die Straßen der riesigen Stadt gefahren. Die Erzählerin selbst war inzwischen bereits eine wunderliche, vom Alter gebeugte Frau, die eher

> wie die traditionelle *Fée Carabosse* aussah als alles andere. Doch ihre Beredsamkeit war mitreißend, und die jungen Mädchen, die ihr bereitwillig als Publikum dienten, waren von den glühenden Beschreibungen hingerissen. [Helena Petrovna] erklärte sofort, dass sie die Absicht habe, ihr Leben lang eine Göttin der Freiheit zu sein.[67]

Im Sommer darauf entdeckte Helena ihre eigene »Freiheitshalle«. Die Familie Fadejew hatte ein ausgedehntes Landschloss gemietet, voll längst verlassener unterirdischer Gänge, Galerien und Türmchen, seltsamer Winkel und Ecken. Darüber berichtet Vera:

> Es war uns erlaubt worden, sie unter dem Schutz eines halben Dutzend männlicher Bediensteter, ausgerüstet mit Fackeln und Laternen, zu erforschen ... Helena wollte sich mit einem einzigen Besuch nicht zufrieden geben und auch nicht mit einem zweiten. Sie hatte sich diese unheimliche Region zur Freiheitshalle erwählt und als sicheres Refugium, in dem sie sich dem Unterricht entziehen konnte. Lange Zeit verging, ehe man ihr Geheimnis entdeckte ... Sie hatte ganz allein aus alten zerbrochenen Stühlen und Tischen einen Turm errichtet, in einer Ecke, unter einem mit Eisenstäben versperrten Fenster, hoch oben unter der Decke des Gewölbes, und dort versteckte sie sich für Stunden, um ein Buch zu lesen, das unter dem Titel *Salomons Weisheit* bekannt war und alle Arten von populären Legenden enthielt.
> [Und was Märchen betraf,] befand sich unter dem zahlreichen Personal der Familie Fadejew eine alte Frau, die fürs Märchenerzählen bekannt war ... Nur, während wir Kinder diese Märchen so schnell wieder vergaßen wie wir sie gehört hatten, vergaß Helena die Geschichten nie und weigerte sich auch, sie als Erfindungen anzusehen. Alle Nöte ihrer Helden gingen ihr sehr zu Herzen, und ihre wundersamen Abenteuer hielt sie für Wirklichkeit.[68]

Helena vertiefte sich indes nicht nur in die Geschichten, die sie gehört oder gelesen hatte, sie erzählte auch ihre eigenen. Vera berichtet:

> Etwa zehn Werst [zehn Kilometer] von der Gouverneursvilla entfernt gab es ein Feld, ein ausgedehntes sandiges Stück Land, das offensichtlich einst der Boden eines großen Sees oder Meeres gewesen war, denn in ihm konn-

te man versteinerte Relikte von Fischen und Muscheln sowie Zähne uns unbekannter Tierriesen finden. Die meisten dieser Funde waren beschädigt oder verwittert, aber häufig entdeckte man auch Steine unterschiedlichster Größe, auf denen sich Abdrücke von Fischen und Pflanzen und von heute ausgestorbenen Tiergattungen befanden, die bewiesen, dass die Fundstücke aus vorsintflutlicher Zeit stammten. Unzählige herrliche, sensationelle Geschichten bekamen wir Kinder und Schulmädchen von Helena in jener Zeit zu hören. Ich erinnere mich an sie, sie lag in voller Länge auf dem Boden hingestreckt, das Kinn auf beide Handflächen gestützt, beide Ellbogen tief in den weichen Sand gegraben. Sie begann laut zu träumen und schilderte uns ihre Visionen, die für sie ebenso greifbar waren wie die Realität. Wie wunderschön beschrieb sie das Leben dieser Wesen in der Tiefe des Meeres, deren verwitterte Überreste heute ringsum vor unseren Augen in Staub zerfielen. Wie anschaulich schilderte sie deren einstige Kämpfe und Schlachten auf dem Stück Boden, auf dem sie heute lag und versicherte, dass sie das alles vor Augen sehe; präzise zeichnete sie mit dem Finger die phantastischen Umrisse längst ausgestorbener Meerestiere in den Sand und ließ fast noch die Farben von Fauna und Flora dieser toten Region vor unserem Blick erscheinen ...[69]

Schon damals sprach Helena über die Wiedergeburt:

Es war ihr ganzes Entzücken, eine Gruppe von uns Jüngeren in der Dämmerung um sich zu versammeln und uns, nachdem sie uns in das große dunkle Museum [im Haus ihrer Großmutter] geführt hatte, mit ihren seltsamen Geschichten in Bann zu schlagen ... Jedes der ausgestopften Tiere im Museum hatte sie ins Vertrauen gezogen und ihr die Geschichte seines Lebens in früheren Inkarnationen oder anderen Daseinsformen enthüllt. Wo hatte sie das her? Wer hatte ihr etwas von Reinkarnation erzählt, oder wer hätte sie, in einer christlichen Familie, in die abergläubischen Mysterien der Seelenwanderung einweihen sollen? Dennoch, sie pflegte sich auf ihrem Lieblingstier, einem gigantischen ausgestopften Seehund auszustrekken, sein silbriges, weiches Fell zu streicheln und dabei immer wieder seine Abenteuer zu schildern, die *er selbst* ihr erzählt habe, und das in so glühenden Farben und so fesselnd, dass sogar Erwachsene sich unwillkürlich für ihre Erzählungen interessierten.[70]

Unter Helenas Zuhörern befanden sich auch Kinder von Leibeigenen. Bis 1861 gab es in Russland noch Leibeigenschaft, anderthalb Jahre bevor Lincoln in Amerika die Sklaverei beendete.* Im Haushalt der Fadejews indes galten die Leibeigenen eher als Familienangehörige; Fürstin Helena hätte es nie geduldet, dass ihnen jemand auch nur ein Haar krümmte. Das musste auch Helena Petrovna eines Tages bitterlich erfahren. Die Geschichte bekam Col. Henry Steel Olcott, Präsident der Theosophischen Gesellschaft, Jahre später von HPB zu hören und hielt sie in seinem Buch *Old Diary Leaves* fest:

> ... ein einziges Mal, in einem Wutanfall, schlug sie ihr Kindermädchen, eine alte getreue Leibeigene, die bei der Familie aufgewachsen war, ins Gesicht. Als dies ihrer Großmutter zu Ohren kam, wurde Helena zu ihr beordert und befragt; sie gestand ihre Schuld ein. Sofort ließ die Großmutter die Schlossglocke läuten, um alle Bediensteten des Haushalts zusammenzurufen, von denen es unzählige gab, und als alle in der großen Halle versammelt waren, sagte die Fürstin zu ihrer Enkelin, sie habe sich nicht so benommen, wie es sich für eine Dame gehört, sie habe zu Unrecht eine hilflose Leibeigene geschlagen, die nicht gewagt hätte, sich zu verteidigen. Sie befahl ihr, sie um Verzeihung zu bitten und ihr zum Zeichen ihrer Aufrichtigkeit die Hand zu küssen.
>
> Zuerst wollte das Kind, purpurrot vor Scham, dagegen rebellieren. Doch die alte Dame sagte, wenn es nicht sofort gehorche, werde sie es in Schimpf und Schande aus dem Haus jagen. Sie fügte hinzu, eine wahre Dame würde sich niemals weigern, ein Unrecht gegenüber einem Bediensteten wieder gutzumachen, zumal wenn es sich um eine ihr Leben lang treue Hilfskraft handele, die sich das Vertrauen und die Liebe ihrer Herrschaft erworben habe.
>
> Von Natur aus großmütig und warmherzig gegenüber Angehörigen der unteren Schichten, brach das Mädchen leidenschaftlich in Tränen aus, kniete vor der alten Kinderfrau nieder, küsste ihre Hand und bat sie um Vergebung. Es erübrigt sich zu sagen, dass sie fortan von den Bediensteten der Familie geradezu vergöttert wurde. Sie sagte mir, diese Lektion bedeute ihr sehr viel, denn sie habe sie gelehrt, gerecht zu sein gegenüber jenen, deren niedere soziale Stellung es ihnen unmöglich macht, Angriffe abzuwehren.[71]

* Am 22. September 1862 wurde die Befreiung der Sklaven in den USA proklamiert.

Was Helenas wechselhaftes Temperament betrifft, so machte es selbst den Erwachsenen noch zeitweise zu schaffen. Olcott wandte sich deshalb einmal an ihre Lehrmeister, die Mahatmas. »Ich fragte, warum man ihrem feurigen Temperament keine permanente Kontrolle auferlege, und warum sie nicht immer still, gelassen und weise« sein könne, wie sie es bei gewissen Gelegenheiten stets war. Die Antwort: »Solch ein Kurs würde bei ihr unvermeidlich zum Tod durch Schlaganfall führen; ihr Körper wird von einem feurigen, ungestümen Geist belebt, der von Kindheit an keine Freiheitsbeschränkung ertrug; und machte man dieser exzessiven körperlichen Energie nicht ab und an Luft, würde es tödliche Folgen haben.« Olcott fährt fort:

> Man wies mich an, einen Blick in die Geschichte ihrer Vorfahren, der russischen Dolgorukows, zu werfen. Ich würde verstehen, was gemeint war. Das tat ich und stellte fest, dass diese kriegerische Fürstenfamilie, deren Ursprünge sich bis zu Rurik zurückverfolgen lassen, sich stets durch extremen Mut und eine Kühnheit ausgezeichnet hat, die jeder Not gewachsen waren, sowie durch ein leidenschaftliches Verlangen nach persönlicher Unabhängigkeit und Furchtlosigkeit vor den Konsequenzen bei der Durchsetzung ihrer Wünsche.

FÜR »HELENA war die ganze Natur von einem geheimnisvollen Eigenleben beseelt«, berichtet Vera. *»Jeder Gegenstand und jede Form, ob organisch oder anorganisch, hatte für sie eine Stimme.* Sie behauptete, Bewusstsein und Leben erfülle nicht nur irgendwelche geheimnisvollen, nur ihr allein sichtbaren und hörbaren Kräfte in einem *für alle anderen leeren Raum,* sondern sie seien auch in sichtbaren, doch *unbelebten Dingen wie Kieselsteinen, Abdrücken im Gestein und in Stücken sich zersetzenden phosphoreszierenden Holzes vorhanden.«*[72]

Solche Erfahrungen mögen der Grund gewesen sein, dass Helena sich zu einem hundert Jahre alten Mann namens Baranig Bouyrak hingezogen fühlte, der unweit von Saratow lebte. Er wurde von der dortigen Bevölkerung als Heiliger, Heiler und Magier verehrt. Sein Haus lag in einer verwilderten Schlucht im angrenzenden Wald. »Er verfügte über eine ungewöhnliche Kenntnis der okkulten Eigenschaften von Blumen und Pflanzen«, schreibt Vera, »und es wird gesagt, dass er auch die Zukunft weissagen konnte.« Bouyerak hatte auf Helena »eine unwiderstehliche Anziehungskraft«, wie Vera weiter berichtet:

> [Sie] besuchte den Alten, wann immer sie konnte ... sie stellte Fragen und lauschte seinen Antworten und Erklärungen, zum Beispiel darüber, wie man sich die Sprache von Bienen, Vögeln und anderen Tieren erschließt ... Immer wieder sagte er zu uns: »Diese kleine Dame ist ganz anders als ihr. Große Ereignisse warten auf sie in der Zukunft. Ich bedaure, dass ich es nicht mehr erleben werde, wie meine Vorhersagen über sie sich verwirklichen werden; *aber sie werden sich alle erfüllen!«*[73]

Einer weiteren weisen Person von ganz anderer Art als Bouryak scheint an Helenas Wohlergehen gelegen gewesen zu sein. »Von frühester Jugend an«, schreibt Sinnett, »erschien ihr bisweilen ein >Schutzgeist<. Es war immer derselbe, seine Züge veränderten sich nie. Im [späteren] Leben begegnete er ihr in menschlicher Gestalt. Sie erkannte ihn sofort, als sei sie neben ihm aufgewachsen.«[74]

Nichts lässt darauf schließen, dass Helena je mit ihrer Familie über diese Erscheinung gesprochen hat, doch Vera berichtet, Helena habe als Mädchen häufig gesagt: »Weise hat es doch immer gegeben und gibt es auch heute noch; sie geben sich eben nur solchen zu erkennen, die es wert sind, und die an sie glauben, anstatt über sie zu lachen.«[75]

Es könnte sein, dass Helena diesem »Beschützer« ihre Unverwundbarkeit verdankte, wenn man den folgenden, von Sinnett wiedergegebenen Episoden glauben darf. Die erste spielte sich in der Familiengalerie ab, in der auch Bildnisse der Dolgorukow-Vorfahren hingen. Eines davon erregte Helenas Wissbegierde. Es war mit einem Vorhang bedeckt und hoch oben außer Reichweite platziert. Ihre Verwandten wollten ihr nicht verraten, um wen es sich dabei handelte. Also stahl sich Helena eines Tages in jenen Raum, als niemand in der Nähe war. Mit Sinnetts Worten:

> Sie zerrte einen Tisch an die Wand, setzte darauf einen kleineren Tisch und auf ihn wieder einen Stuhl. Nach und nach gelang es ihr, diesen unsicheren Turmbau zu ersteigen. Sie konnte das Bild gerade noch erreichen ... und indem sie sich mit der einen Hand an der staubigen Wand abstützte, gelang es ihr, mit der anderen den Vorhang zurückzuziehen. Die Überraschung, die der Blick auf das Bild bei ihr hervorrief, löste eine kleine Rückwärtsbewegung aus, die sich ihrer wackligen Plattform mitteilte. Sie konnte sich nicht mehr erinnern, was dann geschah. Sie verlor das Gleichgewicht und stürzte bewusstlos zu Boden. Als sie wieder zu sich kam, war sie völlig unverletzt. Tische und Stühle standen wieder an ihrem Platz, der Vorhang war an seinen Ringen wieder über das Bild gezogen, und sie würde das Ganze für einen Traum gehalten haben, hätte sich nicht deutlich sichtbar ein Abdruck ihrer kleinen Hand auf der staubigen Wand hoch oben neben dem Bild abgezeichnet.[76]

Bei anderer Gelegenheit, berichtet Sinnett, wurde Helenas Leben ebenfalls unter seltsamen Umständen gerettet: »Ein Pferd ging mit ihr durch – sie stürzte, wobei sich ihr Fuß im Steigbügel verfing, und ehe das Pferd zum Stehen gebracht werden konnte, wäre sie nach ihrer Meinung schon tot gewesen, hätte nicht eine fremde, deutlich spürbare Macht sie, gleichsam dem Gravitationsgesetz trotzend, hochgehalten.«

Sinnett gibt dazu in seinem Buch *Incidents in the Life of Madame Blavatsky* folgenden Kommentar: »Wenn Anekdoten dieser Art nur selten und in großen zeitlichen Abständen im Leben Mme. Blavatskys vorkämen, sollte ich bei meinem Versuch, ihre Memoiren herauszugeben, sparsam mit ihnen umgehen. Doch wie sich später zeigen wird, besteht gerade aus ihnen die Mehrzahl der Erzählungen, mit denen die Menschen, die etwas über sie zu sagen wissen, ganz von sich aus aufwarten.«

Was die seltsamen Geschehnisse betrifft, die in diesem Kapitel zur Sprache kommen, so war HPB offensichtlich nicht damit zufrieden, sichtbarer Brennpunkt für solche Manifestationen zu sein; es ging ihr vielmehr darum, sie zu *verstehen,* ebenso auch die eigenen, sich entfaltenden psychischen Kräfte. Standen ihr irgendwelche Bücher über dieses Thema zur Verfügung, in denen sie etwas darüber erfahren konnte? In einem Brief an einen Jugendfreund, den Fürsten Alexander Dondukow-Korsakow, erwähnt HPB eine Bibliothek, die ihre Großmutter von ihrem Vater, dem Fürsten Paul, geerbt hatte. Sie enthielt Hunderte von Werken über Alchemie, Magie und andere okkulte Wissenschaften. »Schon vor meinem fünfzehnten Lebensjahr hatte ich sie mit lebhaftestem Interesse gelesen ...«, schreibt sie. »Schon bald konnten mir weder Paracelsus noch Kunrath oder C. Agrippa noch etwas beibringen.«[77] Jedoch erst später, auf ihren Reisen im Orient, lernte sie, diese Dinge besser zu verstehen.

◆

In diesem Kapitel tauchen Wörter wie *Magier, magisch* und *okkult* auf. HPBs Umgang mit ihnen in ihren Schriften bedarf der Erläuterung. In ihrem *Theosophical Glossary* zitiert sie unter *Magier* aus ihrem Werk *Isis entschleiert:*

> Dieser Ausdruck, früher ein Titel des Ruhmes und der Auszeichnung, hat seine wahre Bedeutung vollständig verloren. Einst gleichbedeutend mit allem, was ehrenwert und ehrwürdig war, als Bezeichnung für Gelehrte und Weise, ist er herabgesunken zum Schimpfnamen für Hochstapler und Gaukler. – Heute ist Magier gleichbedeutend mit Scharlatan, dem Beinamen für jemanden, »der seine Seele dem Teufel verkauft«, der sein Wissen missbraucht und es zu unehrlichen und gefährlichen Zwecken verwendet, wie die Geistlichen [...] behaupten. [...] Das Wort Magier wird von *Magh, Mah,* im Sanskrit *Maha* – groß, abgeleitet. Es bezeichnet einen im esoterischen Wissen erfahrenen Menschen.

Und HPB fügt hinzu, dass es im Lateinischen das Wort *Magi* gibt, wie wir es aus der biblischen Geschichte von der Geburt Jesu und von den drei Weisen aus dem Morgenland kennen. Sie waren es, die Weisen oder Magi, die seinem Stern, dem Stern von Bethlehem, folgten.[78]

Helena Blavatsky definiert den Begriff *weiße Magie* oder *wohltätige Magie* als »*göttliche* Magie, bar jeder Ichsucht, jedes Machtstrebens, jeden Ehrgeizes oder Gewinnstrebens, allein darauf bedacht, in der Welt Gutes zu tun, insbesondere dem Nächsten. Schon der geringste Versuch, abnorme Fähigkeiten zur eigenen Befriedigung zu nutzen, verwandelt diese Fähigkeiten in Hexerei oder schwarze Magie«.

Weiße und schwarze Magie haben natürlich nichts mit der menschlichen Hautfarbe zu tun. In HPBs Buch *Praktischer Okkultismus* heißt es: »Der Beweggrund, und nur der Beweggrund allein, entscheidet, ob die Anwendung von Macht zu schwarzer, unheilvoller oder weißer, heilbringender Magie wird.«

Dem Wörterbuch zufolge stammt das Wort *okkult* vom lateinischen *occultus,* d.h. verborgen, ab. HPB weist darauf hin, dass echter Okkultismus etwas anderes ist als die so genannten okkulten Künste, wie Alchemie und Mesmerismus, oder die Kultivierung unterschiedlichster psychischer Fähigkeiten. Der echte Okkultismus, in Indien *Atma Vidya* genannt, wird von Orientalisten schlicht als »Wissen der Seele« oder »wahre Weisheit« bezeichnet, doch bedeutet er weit mehr. Wer diesem Pfad folgt, wird zu einer »wohltuenden Kraft in der Natur ... >er lebt nicht für sich selbst, sondern für die Welt<«. Erst wenn das persönliche egoistische Selbst »zum Nichts reduziert wird, kann die Vereinigung mit dem >Höheren Selbst< vor sich gehen ... Dann erst kann der strahlende *Augoeides,* das göttliche SELBST, in bewusster Harmonie mit beiden Polen der menschlichen Ganzheit schwingen – dem von der Materie gereinigten Menschen und der ewig reinen Geistseele« und »verschmilzt mit ihr und wird eins mit ihr für immer«.[79]

2 Früher Abschied

DIE JAHRE 1845 und 1846, als Helena vierzehn bzw. fünfzehn war, brachten eine Zeit der Sorge und Unruhe für die Fadejews mit sich. Großvater Andrej wurde als Gouverneur in Saratow abgelöst. Seine Zukunft war ungewiss; er verbrachte Monate in St. Petersburg, um seine Wiederernennung zu betreiben. Ein alter Freund, Fürst Woronzow, Vizekönig von Kaukasien, kam ihm zu Hilfe und ernannte ihn zum Staatskämmerer des neu eroberten, zuvor den Türken und vor ihnen den Iranern gehörenden Gebiets. Später hatte er noch andere Ämter inne.

Es war eine herbe Prüfung für die Familie, ihr geliebtes Russland verlassen zu müssen, um in das »heidnische Asien« zu ziehen, wie manche es nannten. Dorthin zu reisen, war mit Gefahren verbunden und erforderte für einen Teil des Weges eine bewaffnete Eskorte. Einhunderttausend russische Soldaten waren im Kaukasus stationiert, um die Grenzen zu beschützen und die tscherkessischen Gebirgsjäger abzuwehren, die Verheerungen unter der Bevölkerung anrichteten.[80] Zehn oder zwanzig Jahre später verfasste Helenas Onkel Rostislaw das Buch *Sechzig Jahre Kaukasischer Krieg*, eine erstklassige Informationsquelle über die Kriege sowie über die vielen ethnischen und religiösen Gruppen, die in diesem exotischen subtropischen Land mit seiner üppigen Vegetation und den großartigen schneebedeckten Berggipfeln lebten. Einige Zeit später begannen so bedeutende Schriftsteller wie Puschkin, Tolstoi, Tschechow und der Komponist Tschaikowsky, sich für diese Naturwunder und die faszinierenden Relikte der alten iranischen und islamischen Kultur zu interessieren.[81]

Die Großeltern und die kleine Nadja verließen Saratow als erste, um an Ort und Stelle Vorbereitungen für die anderen zu treffen, die ihnen folgen sollten. Scharen von deutschen Einwanderern, die sich an Andrej erinnerten, wie er zehn Jahre zuvor als anständiger, fairer Beamter aufgetreten war, versammelten sich jedes Mal, um ihn zu begrüßen, wenn das Boot wegen Feuerholz und anderen Versorgungsgütern auf dem Weg nach Astrachan an der Wolgamündung Station machte.

Nach wochenlanger Reise zur See und zu Lande erreichte die Gruppe ihr Ziel: Tiflis, die Hauptstadt von Georgien. Für die Daheimgebliebenen war das

Warten auf Nachricht von ihrer unversehrten Ankunft mit viel Sorge verbunden, da ein Brief Monate brauchte, um seinen Bestimmungsort zu erreichen.

Fast ein Jahr verging, ehe die von Hahn-Kinder, ihre Tante Katharina, deren Mann Yuli de Witte und ihre zwei Söhne wieder mit den anderen vereint waren. Auch sie hatten viele neue Erlebnisse gehabt.

Den Sommer und Herbst verbrachte man auf der anderen Seite der Wolga, wo der Onkel der Kinder, Yuli, eine große Staatsfarm leitete. Vera berichtet:

> Jene weiten Steppen des Trans-Wolga-Gebietes sahen in unseren Augen so grün, so grenzenlos, ruhig, friedvoll und glückselig aus, denn an ein richtiges Landleben waren wir Kinder ja nicht gewöhnt ... Es gab weder Gäste noch lärmende Treffen mit Freunden, kein Feuerwerk, keine Akrobaten oder Musik, mit denen man uns in den vergangenen Jahren in Saratow unterhalten hatte. Das einfache Landleben mit der Arbeit auf den Feldern, von dem wir niemals eine Vorstellung gehabt hatten, wurde uns hier sehr lieb ... Helena, mitgerissen von ihren Fantasien, vermittelte mir die Vorstellung, dass wir nun »ganz einfache Mädchen« wären und aus unserem Onkel wurde »ein ganz gewöhnlicher Farmer«, so wie sie es in englischen Farmergeschichten gelesen hatte.

Die Kinder waren überwältigt von den »einfachen, gesunden körperlichen und geistigen Aktivitäten« ihres neuen Lebens.[82]

Als der Winter kam, zogen die beiden Familien nach Saratow zurück – nicht in die geräumige Gouverneursvilla, sondern in ein kleines Haus mit Zimmern, die nicht viel größer als Schränke waren. Helena klagte: »Dies ist wirkliche Armut!« Voller Trauer gingen die jungen Leute an ihrem früheren Heim vorbei, das jetzt der neue Gouverneur bewohnte.[83]

Im Mai 1847 war es endlich an der Zeit, nach Tiflis zu reisen. Vera gibt in ihren Memoiren einen faszinierenden Bericht von der ereignisreichen Reise und von den ersten im Kaukasus verbrachten Jahren.[84]

Das erste Haus, das die Familien dort bewohnten, war ein prächtiger, neu erbauter Palast etwas außerhalb der Stadt. Der Besitzer war ein armenischer Kaufmann. Ein Jahr darauf zogen sie in ein stattliches Herrenhaus, das früher dem Fürsten Tschawachawadse gehört hatte. In ihm lebten die Fadejews und die de Wittes zwanzig Jahre; sie kehrten erst nach Odessa zurück, nachdem die Großeltern und Onkel Yuli gestorben waren.

Tiflis war im Sommer ein Inferno, und wer konnte, floh ins kühle Gebirge. Deshalb besuchten die Kinder von Hahn und ihre Erzieher im Lauf der folgenden Jahre viele der Kurorte und Mineralbäder, für die der Kaukasus berühmt ist.[85] Vera erzählt, wie Helena, Nadja, Katharina und ihr Mann auf einem Ausflug nur knapp dem Tode entgingen: »Im Frühsommer beginnen die Schneemassen auf den Gipfeln des riesigen Kaukasusgebirges zu schmelzen; manchmal brechen sie in sich zusammen und begraben Straßen und unglückliche Reisende unter sich. In jenen Jahren kamen Hunderte von Leuten bei Unfällen im Gebirge um.« Bei diesem Ausflug sah die Familie eine Lawine vom Gipfel des Mayorscha herunterdonnern, von der sie nur durch einen glücklichen Zufall verschont geblieben war: »Onkel Yuli, dem die erschöpften Pferde Leid taten, die die Kutsche den Hang von Kaischur hinaufgezogen hatten, gönnte ihnen glücklicherweise eine kurze Ruhepause!« Und so entkamen sie alle ganz knapp dem Schicksal, verschüttet zu werden.[86]

HELENAS SECHZEHNTES Jahr scheint eine Übergangsphase in ihrem Leben gewesen zu sein. Seit jener Zeit, behauptete sie, »habe ich stets ein *Doppelleben* geführt, geheimnisvoll und sogar mir selbst unverständlich, bis ich zum zweiten Mal meinem immer geheimnisvolleren Inder begegnete«.[87] Bisher hatte sie ein schwungvolles Gesellschaftsleben geführt, hatte gern getanzt und gern Partys besucht.[88] Madame Yermolowa, die Gattin des Gouverneurs von Tiflis, äußerte sich zu einer Freundin, H. F. Pissareff, über sie: »Helena war eine brillante, sehr eigenwillige junge Dame.« Pissareff fügte hinzu: »Wer sie von früher her kennt, erinnert sich ihrer voll Entzücken: unermüdlich, leidenschaftlich, fröhlich, mit funkelndem Humor und geistreicher Konversation. Sie liebte es, zu scherzen, zu necken und Wirbel zu machen.«[89]

Nun aber versenkte sich Helena tiefer denn je in die mystische Literatur aus der Bibliothek ihres Urgroßvaters. Um dieselbe Zeit begegnete sie auch jemandem, mit dem sie über diese Themen sprechen konnte: Fürst Alexander Golitsyn, dem älteren Sohn eines alten Familienfreundes der Fadejews, des Großfürsten Wladimir D. Golitsyn, dem Vetter der Gattin des Vizekönigs. Vera zufolge war Alexander ein häufiger Besucher im Haus ihrer Großeltern. In dem Artikel »Russische Wege zur Theosophie« von Dr. Dmitri L. Spivak von der Akademie der Wissenschaften der UdSSR, schreibt dieser über den Fürsten Alexander, er sei ein »berühmter Freimaurer und Mystiker« gewesen. Nach einigen Monaten verließ der Fürst die Stadt Tiflis, und es ist nicht bekannt, ob HPB ihn jemals wiedersah.[90]

Alexander hatte offensichtlich umfassende Kenntnisse von Gegenden, über die Helena nur zu gern Genaueres gewusst hätte, wie zum Beispiel Kultstätten in Griechenland, Ägypten, im Iran und sogar in Indien. Mit ihren Neigungen musste sie sich von dem eingeschränkten Leben und den konventionellen Pflichten, die den Frauen in jener Zeit auferlegt wurden, eingeengt fühlen. Dann aber geschah plötzlich etwas, das sie zunächst mehr denn je zu einer solch eingeschränkten Existenz zu verpflichten schien.

Im Winter 1848/49 setzte Helena, jetzt 17 Jahre alt, ihre Familienangehörigen in Erstaunen mit der Mitteilung, sie habe sich verlobt und wolle heiraten.

Noch verblüffender war die Wahl ihres Gatten. Nadja konnte erklären, wie es zu dieser Verlobung gekommen war: Helena war »eines Tages von ihrer Gouvernante herausgefordert worden: angesichts ihres heftigen Temperaments und ihrer ganzen Veranlagung würde sie nie einen Mann kriegen. Um diese Schmähung noch zu unterstreichen, fügte die Gouvernante hinzu, selbst der alte Mann, den sie so hässlich gefunden und ausgelacht und einen >Raben ohne Federn< genannt hatte – selbst der würde sie nicht zur Frau nehmen wollen! Das genügte. Drei Tage später erreichte Helena, dass er ihr einen Antrag machte«.[91]

Doch bald darauf, erschrocken über das, was sie getan hatte, bat Helena ihre Verwandten, die Heirat rückgängig zu machen. Sie weigerten sich, und ihre Großmutter war zu krank, um zu intervenieren.[92] Darauf wandte sie sich an ihren Verlobten und bat ihn, sie freizugeben: »Sie machen einen schweren Fehler, wenn Sie mich heiraten. Sie wissen nur zu gut, dass Sie alt genug sind, mein Großvater zu sein.« Dieser Einwand fruchtete nicht. In ihrer Verzweiflung rannte Helena von zu Hause fort, kehrte aber ein paar Tage später wieder zurück. Wo sie gewesen war, wusste niemand, aber ihr Verschwinden hatte Anlass zu Klatsch gegeben, und so waren ihre Verwandten mehr denn je darauf bedacht, sie unter die Haube zu bringen. Überraschenderweise leistete sie keinen Widerstand mehr. Es dämmerte ihr nämlich, wie sie gegenüber engen Freunden äußerte, dass sie als verheiratete Frau nicht mehr der ständigen Überwachung unterliegen würde, der allein stehende Mädchen und Frauen aus Aristokratenhäusern in jenen Tagen ausgesetzt waren.[93]

Helena heiratete Nikifor Blavatsky in einer Kleinstadt unweit von Eriwan am 7. Juli 1849, kurz vor ihrem 18. Geburtstag.[94] Es war ein Gala-Ereignis in großem Rahmen, und aus Tiflis kamen viele Hochzeitsgäste, darunter zwanzig kurdische Reiter, die Nikifor begleiteten, um seine zukünftige Frau zu begrüßen, nachdem sie erfahren hatten, dass ihr früherer Oberst heiraten wollte.[95]

Vom Hochzeitstag berichtet Nadja folgende Episode:

> Man hatte sich nachdrücklich bemüht, Helena den Ernst der Eheschließung mit ihren künftigen Verpflichtungen ihrem Mann gegenüber ebenso wie ihre gesellschaftliche Stellung klar zu machen. Ein paar Stunden später, am Altar, hörte Helena den Priester sagen: »Du sollst deinen Mann ehren und ihm untertan sein.« Bei dem verhassten Wort »Du sollst« sah man ihr Gesicht vor Zorn erröten, dann wurde es leichenblass. Man hörte sie erbittert durch die zusammengebissenen Zähne murmeln – »Mit Sicherheit *soll ich das nicht.*«[96]

Vera fährt fort:

> Am gleichen Tag, nach dem Empfang, begaben sich die Neuvermählten nach Detschitschag, in die Sommerresidenz für höhere Bedienstete im Staatswesen in Eriwan. Den Besobdal-Hang ritten sie auf einem steilen Zickzack-Pfad zu Pferde hinauf. Außer von ihrem exotischen Gefolge [von Kurden] wurden sie von vielen Hochzeitsgästen begleitet ... Als sie den untersten Felsvorsprung erreichten, hielten alle inne; Helena winkte uns mit ihrem Taschentuch zu, die Kurden erhoben ihre gefiederten Speere zum Abschiedsgruß, einige feuerten in die Luft – und dann war die Gruppe verschwunden.
> Ich brach in Tränen aus. Meine Schwester und ich waren nie sehr gute Freundinnen gewesen aufgrund der Alters- und Wesensunterschiede, doch hatten wir stets eine starke Zuneigung füreinander empfunden. Dies war unsere erste Trennung, und eine so traurige ... das Ende meiner Kindheit und Jugend, von allem, was ich liebte und das mir teuer war und was ich für unzertrennlich von mir hielt.[97]

Für Helena sah es so aus, als würde die Trennung von ihrer geliebten Familie endgültig sein. Sie plante, noch am selben Tag Nikifor zu entfliehen und Russland über die iranische Grenze zu verlassen. Vergeblich hatte sie einen kurdischen Krieger für ihre Pläne zu gewinnen versucht; stattdessen verriet er sie ihrem Mann. Von da an wurde sie streng überwacht.[98]

Drei Monate lang lebte das Ehepaar zusammen, die meiste Zeit in erbittertem Kampf: Nikifor verlangte sein eheliches Recht, und Helena verweigerte es ihm. Die ersten beiden Monate verbrachten sie in Detschitschag (»Land der Blumen«). Ende August kamen die Großeltern, Nadja und Katharina zu Besuch; danach reisten alle nach Eriwan ab.[99] Und hier verbrachte Helena den letzten Monat mit ihrem Mann, der nun stellvertretender Provinzgouverneur wurde; als solcher lebte er mit seiner Frau im legendären Palast von Sardar, in dem die früheren türkischen Herrscher residiert hatten.

Das Landschaftsbild um Eriwan wird von dem aus der Bibel bekannten Berg Ararat beherrscht. Begleitet von ihrer Wache, dem kurdischen Stammeshäuptling Sahar Ali Bek – der einmal HPB das Leben rettete, wie sie berichtete – überquerte Helena mehrere Male zu Pferde die Grenze zur Türkei und umkreiste den Ararat.[100]

Die Beziehung zu Nikifor verschlechterte sich von Woche zu Woche, und an einem Septembertag entkam Helena ihrem Begleiter und ritt nach Tiflis zurück, in jenen unruhigen Zeiten eine gefährliche Reise für eine Frau allein zu Pferde. »Ich versteckte mich bei meiner Großmutter«, schrieb sie. »Ich schwor, mich umzubringen, wenn ich zur Rückkehr [zu Blavatsky] gezwungen würde.«[101]

Sinnett erfuhr von HPB, dass »ein Familienrat abgehalten und dabei verabredet wurde, dass die störrische Braut zu ihrem Vater geschickt werden sollte«. Es wurde arrangiert, dass er sie in Odessa abholen würde; in der Obhut eines alten Dieners und einer Zofe ging sie in Poti, einem Hafen am Schwarzen Meer, an Bord eines Dampfers, der sie nach Odessa bringen sollte. Doch Sinnett schreibt:

> Ihre Abenteuerlust, gepaart mit der Befürchtung, dass ihr Vater bestrebt sein würde, den ehelichen Bund zu flicken und zu festigen, veranlassten sie, sich im Stillen eine Programmänderung auszudenken. Sie wusste es schon auf der Reise durch Georgien so einzurichten ..., dass sie und ihre Begleitung den Dampfer in Poti verpassten. Dort lag ein kleines englisches Segelschiff im Hafen. Mme. Blavatsky ging an Bord des Schiffes – *Commodore* lautete sein Name – und indem sie reichlich Rubel rollen ließ, gelang es ihr, den Kapitän zu überreden, ihr bei ihrem Vorhaben zu Diensten zu sein.
>
> Die *Commodore* sollte über Kertsch [auf der Krim], Taganrog im Asowschen Meer und schließlich nach Konstantinopel segeln. Mme. Blavatsky buchte die Passage für sich und ihr Personal bis nach Kertsch. Bei der Ankunft dort schickte sie die Dienstboten an Land, damit sie eine Unterkunft besorgen und ihren Landgang für den folgenden Morgen vorbereiten sollten. Aber in der Nacht, nachdem sie nun die letzten Bindungen abgeschüttelt hatte, die sie mit ihrem früheren Leben verbanden, segelte sie auf der *Commodore* davon ... Diese kurze Seereise scheint abenteuerlich verlaufen zu sein ... Es musste dafür gesorgt werden, dass die Hafenpolizei, die in Taganrog an Bord kam, nicht merkte, dass eine Person mehr an Bord war. Das einzige Versteck, das zur Verfügung stand, unter den Kohlen im Kohlenkasten, war für die Passagierin wenig anziehend und wurde einem Kajütenjungen zugewiesen, dessen Identität sie kurzfristig annahm. Sie ließ sich in einer Schlafkoje verstauen und spielte krank. Später, als das Schiff in Konstantinopel ankam, ergaben sich neue Schwierigkeiten. Sie musste mit

heimlichem Wissen des Stewards vorzeitig in einem Kajik* von Bord, um den Verfolgungen des Skippers zu entkommen. [Der Grund für die Verfolgung wird nicht erwähnt.] In Konstantinopel indes hatte sie das Glück, auf eine russische Dame ihrer Bekanntschaft zu treffen, die Gräfin K[isselew], mit der sie bald eine enge Freundschaft verband und eine Zeit lang in Ägypten, Griechenland und in anderen Gegenden Osteuropas auf Reisen ging.[102]

* Leichtes türkisches Boot, auf dem Bosporus in Gebrauch.

II. KAPITEL UNTERWEGS

1 »Geh' nach Indien ...«

WAR ES LEDIGLICH Abenteuerlust und der Wunsch, ihrem Mann zu entkommen, der Helena Petrovna Blavatsky dazu bewegte, ein bequemes Leben im Luxus aufzugeben, um sich den enormen Schwierigkeiten auszusetzen, denen sich eine Frau allein in einer Welt ohne Freunde gegenübersieht?

Ihre Briefe an Fürst Dondukow-Korsakow, den sie in Tiflis kennen gelernt hatte, könnten Antwort auf diese Frage geben. Damals noch Adjutant des Vizekönigs, wurde er später Generalgouverneur von Kiew und anderen Provinzen. Als HPB ihm in den 1880er Jahren von Indien aus schrieb, lebte er wieder in Tiflis, als Generalgouverneur des Kaukasus.[1]

Erst siebzig Jahre später wurden diese Briefe veröffentlicht. Nach dem Tod des Fürsten gelangten sie schließlich in den Besitz von Leo Séméré, einem Ungarn unbekannter Herkunft. Mit der Absicht, die Briefe zu verkaufen, wandte er sich an mehrere Theosophische Gesellschaften, doch dann brach er die Verhandlungen ab und verschwand. Er glaubte inzwischen, die Briefe seien ein Talisman und solange er sie besitze, werde er nicht sterben. Séméré wurde als ungarischer politischer Aktivist von den Nazis verfolgt und floh von Ort zu Ort. Erst als er todkrank wurde, gab er den Briefwechsel frei.[2]

In einem der Briefe an den Fürsten beantwortete HPB seine Fragen nach den Umständen, die dazu geführt hätten, dass sie ihrem »geheimnisvollen indischen Meister«, den sie bisher nur in Träumen und Visionen gesehen hatte, eines Tages leibhaftig begegnete. »Ich war auf der Suche nach dem *Unbekannten*«, sagte sie. »Wenn ich beginnen würde, Ihnen von Alchemie, von der Verbindung oder >Hochzeit der roten *Jungfrau*< mit dem >astralen Mineral< zu erzählen, von dem Stein des Weisen (der Vereinigung von Seele und Geist), würden Sie mich dann zum Teufel jagen? Doch wenn ich ein bestimmtes Thema erläutern will, muss ich nicht selbstverständlich die dafür angemessenen Termini verwenden?«

In diesem Brief verriet sie auch, dass sie die Bücher in der Bibliothek ihres Großvaters über »Alchemie, Magie und andere okkulte Wissenschaften« studiert hatte. »Paracelsus, Kunrath und Agrippa«, so schrieb sie, »sie alle befassten sich mit der >Hochzeit der roten Jungfrau mit dem Hierophanten< sowie mit der des >astralen Minerals mit der Sibylle<, mit der Verbindung der weiblichen und männlichen Prinzipien«[3] oder damit, was der Osten die Harmonisierung von Yin und Yang nennt.

Zu Lebzeiten HPBs lachten intelligente Menschen über den obskuren Jargon der Alchemisten, heute jedoch nicht mehr. C. G. Jungs Hauptbeschäftigung in den letzten dreißig Jahren seines Lebens war es, sich mit der »Alchemie in ihren psychologischen und religiösen Implikationen« zu befassen.[4] »Ich muss gestehen«, schrieb Jung, »dass ich hart kämpfen musste, um das Vorurteil gegen die scheinbare Absurdität der Alchemie zu überwinden, das ich mit vielen anderen teilte ... Aber meine Geduld wurde reich belohnt... Die >wahre< Alchemie war niemals ein Geschäft oder eine Karriere, sondern ein wahrhaftes *Opus,* das man in stiller, aufopferungsvoller Arbeit im Labor vollbrachte.«[5] Aus Jungs *Studien über Alchemistische Vorstellungen* geht deutlich hervor, dass wahre Alchemisten »nicht nach ordinärem Gold suchten, sondern nach goldener Weisheit, dass sie nicht die Umwandlung unedler Metalle, sondern die psychische Umwandlung der eigenen Persönlichkeit anstrebten; nicht nach dem Elixier der Unsterblichkeit, sondern nach dem Stein des Weisen, dem geheimnisvollen *Lapis,* der den ganzen Menschen symbolisiert, suchten sie«.[6] Blavatsky schrieb, dass im mystischen Sinn »der Stein des Weisen die Umwandlung der niederen animalischen Natur des Menschen in seine höchste und göttlichste« darstelle. Diese bezeichnet sie als »das universale Lösungsmittel für alles«.[7]

Der Begriff *»rote* Jungfrau« bedarf der Erläuterung, da wir gewöhnlich die Farbe Rot der Leidenschaft zuordnen. Jung behauptet, dass »Rot und Weiß alchemistische Farben« seien, »wobei Rot der Sonne und Weiß dem Mond entspricht«.[8] Ähnlich weist HPB darauf hin, dass »das durchsichtige Rot oder Goldorange der Sonne [...] nicht verwechselt werden darf mit dem Scharlachrot des Kama-rupa«.[9] *(Kama-rupa* ist ein zusammengesetztes Sanskritwort für die leidenschaftliche Natur des Menschen.) Interessanterweise schreibt Jung, die Dreiheit von Körper, Seele und Geist müsse »in eine Kreisform verwandelt werden, das heißt in *unveränderliche Röte* oder ein *ewiges Feuer«* (Hervorhebung durch die Verfasserin).[10]

Seit sie Russland verließ, ist HPBs Leben nicht mehr leicht zu dokumentieren. Sie führte kein Tagebuch, und ihre Verwandten standen nicht mehr zur Verfügung, um über ihr Tun zu berichten. Nadja schreibt: »In den ersten acht Jahren sandte sie ihrer Familie mütterlicherseits kein einziges Lebenszeichen, weil sie befürchtete, dass ihr gesetzlicher >Herr und Meister< sie aufspüren könnte.« Ihr Vater »wusste als Einziger, wo sie war. Da ihm jedoch klar war, dass er sie nie zur Rückkehr zu [Nikifor] bewegen würde, nahm er es hin, dass sie wegblieb und versorgte sie mit Geld, wann immer sie sich in Orten aufhielt, wo es sie sicher erreichen konnte«.[11]

HPBs Kritiker finden es schwer, zu glauben, dass eine Frau damals unbehelligt an jene Orte reisen konnte, die sie besucht haben wollte. In einem Brief an Sinnett, den sie ihm schickte, als er ihre Memoiren vorbereitete, schrieb sie vertraulich:

> *Nehmen Sie einmal an, ich würde Ihnen erzählen, dass ich [in Indien]* Männerkleidung *trug (denn damals war ich sehr dünn), und das ist die reine Wahrheit, was würden die Leute sagen? So war es auch in Ägypten mit der alten Gräfin K[isselew], die mich gern als Student gekleidet sah, als »gentlemanstudent«, wie sie sagte. Verstehen Sie jetzt meine Schwierigkeiten? Das, was man* [überall, außer im puritanischen Westen] *als exzentrisch oder kurios durchgehen lassen würde, könnte jetzt nur dazu dienen, mich zu* inkriminieren.«[12]

In Kairo begegnete HPB dem Amerikaner Dr. Albert Leighton Rawson, damals ein junger Kunststudent. Da er sie zwei oder drei Jahre später in New York wieder sah und dort noch einmal in den 1870er Jahren, ist er für einige ihrer Reisen ein wichtiger Zeuge. Rawson selbst war ein interessanter Mann, wie man dem *Who Was Who in America* (1607-1896) und dem *Twentieth Century Biographical Dictionary of Notable Americans* (Biographisches Lexikon berühmter Amerikaner) entnehmen kann. Er studierte Jura, befasste sich aber auch mit archäologischen Forschungen. In Oxford promovierte er in Theologie und Rechtswissenschaften und schloss ein Studium der Medizin an der Pariser Sorbonne ab. Als Autor verschiedener Bücher über Religion, Philologie und Archäologie hatte er viermal den Orient bereist.

Rawson beschrieb seine Begegnung mit HPB in Kairo in einem Artikel, den er erst nach ihrem Tod verfasste: Sie vertraute ihm damals an, dass sie mit einer Arbeit befasst sei, die eines Tages die Menschheit aus ihrer geistigen Versklavung befreien werde. Er fügte hinzu, »ihre Uneigennützigkeit in Bezug auf ihre Mission war großartig, denn immer wieder sagte sie: >Dieses Werk ist nicht mein, sondern des, der mich gesandt hat<. [Joh. 7,16].«[13]

HPBs Reisen im Nahen Osten erwiesen sich als enttäuschend. An Fürst Dondukow schrieb sie:

> *In Athen, in Ägypten, am Euphrat, überall suchte ich meinen [Stein des Weisen] ... Ich habe unter den wirbelnden Derwischen, unter den Drusen auf dem Libanon, den arabischen Beduinen und den Marabuts in Damaskus gelebt. Nirgends habe ich ihn gefunden! Ich habe Nekromantie und Astrologie gelernt, Wahrsagerei und Spiritismus – von der >roten Jungfrau< nirgends eine Spur.*[14]

Wie HPB später einem französischen Korrespondenten gegenüber erwähnte, reiste sie anschließend mit ihrem Vater durch Europa.[15] Dies mag die Zeit gewesen sein, als sie mit ihm nach London ging. An anderer Stelle nennt sie für diese Reise die Jahre 1844 oder 1845, doch ihr Gedächtnis für Daten war schon immer schwach.[16] Nach Veras Verzeichnis der Ereignisse konnten weder Helena, damals in Saratow, noch ihr Vater, der noch beim Militär war, damals mehrere Monate im Ausland verbracht haben[17], während 1850 ein Aufenthalt in London möglich gewesen sein könnte.

Dieser Besuch mag der Fortsetzung ihrer fortgeschrittenen musikalischen Ausbildung gegolten haben. HPB erwähnt, dass sie einige Stunden beim »alten Moscheles« nehmen konnte, jenem bekannten Pianisten und Komponisten, der damals am Leipziger Konservatorium lehrte. Dies lässt darauf schließen, dass sie in Erwägung zog, sich ihren Lebensunterhalt als Pianistin zu verdienen. Einige Jahre später soll sie in England und auf dem Kontinent Konzerte gegeben haben.[18]

HPB scheint nicht lange bei ihrem Vater geblieben zu sein. Sie ging nach Paris, wo sie, wie Sinnett sagt, »viele literarische Größen jener Zeit kennen lernte und wo ein berühmter, heute schon sehr alter Mesmerist lebte, der ihre wunderbaren psychischen Gaben entdeckte und sich bemühte, sie als Sensitive unter seiner Kontrolle zu behalten. Aber keine Macht der Welt konnte sie irgendwo gefangen halten, und so verließ sie Paris schnell, um seinem Einfluss zu entgehen«.[19]

Den Anfang des Jahres 1851 verbrachte HPB in London, als Gesellschafterin bei einer Freundin der Familie, der Gräfin Bagration. Sie wohnte im >Mivart's Hotel<, dem heutigen >Claridge<. Zwei Jahre waren vergangen, seit sie Russland verlassen hatte. HPB befand sich in einer tiefen Depression. Was Voltaire einst von sich gesagt hatte, schien ein Echo ihrer eigenen Gedanken zu sein: »Habe vierzig Jahre meiner Pilgerschaft damit aufgebraucht ..., den Stein des Weisen, genannt Wahrheit, zu suchen ... und bleibe noch in Unwissenheit.«[20]

In einem Brief an Dondukow-Korsakow erinnerte sie sich dreißig Jahre später dieser Periode:

> *Als ich einmal alles satt hatte, der armen alten Bagration müde war, die mich in ›Mivart's Hotel‹ gefangen hielt und mich zwang, das* Chitaminyi *und die Bibel zu lesen, floh ich zur Waterloo Bridge, ergriffen von dem heftigen Wunsch zu sterben. Diesmal versuchte ich nicht, ihm zu widerstehen, und das trübe braune Wasser der Themse erschien mir wie ein köstliches Bett. Ich suchte ewige Ruhe, weil ich nicht imstande war, den »Stein« zu finden, und ich die »Jungfrau« verloren hatte.*[21]

Da ragte unvermittelt die Gestalt ihres Lehrers und Beschützers vor ihr auf. »Er brachte mich zu mir und *rettete* mich, und, um mich mit dem Leben auszusöhnen, versprach er mir ›den Stein und die Jungfrau‹.«[22]

1851 WAR DAS JAHR der großen Weltausstellung im Londoner Hyde Park mit dem legendären Kristallpalast, der »die Werke aller Nationen« beherbergte, inbegriffen die neuesten Erfindungen von Naturwissenschaft und Technologie. Königin Victoria eröffnete die Ausstellung im Mai, und als sie im Oktober geschlossen wurde, hatten mehr als sechs Millionen Menschen aus allen Teilen der Welt sie besucht. Ob HPB von diesem Jahrhundertereignis beeindruckt war, ist nicht bekannt, doch lieferte es den Hintergrund für das außergewöhnlichste Erlebnis ihres Lebens. Als Begleitung einer der indischen Delegationen erschien der Lehrer, den sie aus ihren Träumen kannte! »Ich sah ihn zweimal«, schrieb sie an Sinnett. »Einmal trat er aus der Menge hervor, dann bestellte Er mich zu einem Treffen mit Ihm im Hyde Park. Ich kann und ich *darf* nicht darüber sprechen. Um nichts in der Welt würde ich das publizieren.«[23]

Zwei Jahre nach HPBs Tod, als das Buch *Reminiscences of H. P. Blavatsky and The Secret Doctrine* erschien, wurde diese Begegnung der Öffentlichkeit bekannt. Die Verfasserin, Gräfin Konstanze Wachtmeister, die Witwe eines früheren schwedischen Botschafters in London, hatte mit HPB in Deutschland und Belgien zusammengelebt, als diese *Die Geheimlehre* schrieb. Darüber berichtet die Gräfin:

> In Würzburg geschah etwas Seltsames. Madama Fadejew – HPBs Tante – hatte ihr geschrieben, dass sie ihr eine Schachtel in die Ludwigstraße schikken wolle, die nach ihrer Meinung lauter altes Zeug enthalte. [HPB hatte sie in den 1860er Jahren, als sie Russland verließ, zurückgelassen.] Die Sendung traf ein, und mir wurde die Aufgabe zuteil, sie auszupacken. Als ich Stück für Stück in die Hand nahm und an Madame Blavatsky weiterreichte, hörte ich sie einen Ruf des Entzückens ausstoßen. Sie sagte: »Komm und sieh dir das an. Das habe ich im Jahr 1851 geschrieben, an dem Tag, als ich meinen gesegneten Meister sah«, und da erblickte ich in einem Notizbuch, das als Skizzenbuch diente, in verblasster Schrift ein paar Zeilen, in denen HPB diese Begegnung schilderte.[24]

Diese Notizbuch existiert noch; hier folgt eine Reproduktion der betreffenden Seite. *

Abb. 2. 1851 Bootszene; der Tag, an dem Blavatsky zum ersten Mal ihrem Meister begegnete. (*The Theosophist,* August 1931, S. 558, Archiv der Theosophischen Gesellschaft Adyar)

Die Gräfin fragte HPB, warum im Text unter dem Bild auf Ramsgate (einem Kurort an der Nordsee) Bezug genommen wird, anstatt auf London, wo sie ihren Lehrer tatsächlich getroffen habe. Sie schreibt: »HPB erzählte mir, dass dies zur Täuschung dienen sollte, damit niemand, der zufällig das Buch in die Hand nahm, erfahren konnte, wo sie ihrem Meister begegnet war.«

* Denkwürdige Nacht! In einer bestimmten Nacht, am 12. August 1851, als in Ramsgate der Mond unterging und ich M. traf, den Meister, den ich aus meinen Träumen kannte! Nach dem russischen Kalender ist der 12. August der 31. Juli, mein Geburtstag – der zwanzigste! (Original in französischer Sprache)

Bei dieser Gelegenheit schilderte HPB der Gräfin die Begegnung:

> Eines Tages, bei einem Spaziergang, sah sie zu ihrem Erstaunen einen hoch gewachsenen Hindu mit einigen indischen Prinzen die Straße entlangkommen. Sie erkannte ihn sofort ... Im ersten Moment wollte sie auf ihn zustürzen, um mit ihm zu sprechen, doch er gab ihr ein Zeichen, sich nicht zu rühren, und so blieb sie wie gebannt stehen, während er vorüberging. Am Tag darauf schlenderte sie durch den Hyde Park; sie wollte allein sein und ungestört über ihr außergewöhnliches Abenteuer nachdenken. Als sie aufblickte, sah sie dieselbe Gestalt auf sich zukommen; diesmal sagte ihr der Meister, er sei mit den indischen Prinzen in einer wichtigen Mission nach London gekommen und er würde sich gern persönlich mit ihr treffen, da er ihre Mithilfe bei einer Unternehmung brauche, mit der er gerade beginnen wolle [und deren Natur er umriss]. Um sich auf diese wichtige Aufgabe vorzubereiten ... [würde sie] drei Jahre in Tibet verbringen müssen.[25]

Die Gräfin war damals zur Zeit des Besuches der indischen Gruppe selbst »in England gewesen und erinnerte sich, von ihr gehört zu haben. Diese Herren mit ihrem Gefolge hätten einen vornehmen Eindruck gemacht; einer von ihnen sei außerordentlich groß gewesen«.[26] HPBs Lehrer soll über zwei Meter groß gewesen sein.[27]

Ehe sie nach Indien abreiste, zog HPB ihren Vater zu Rate. Gräfin Wachtmeister hatte den Eindruck, dass dieser sich damals in London aufhielt. Doch HPB betonte Sinnett gegenüber ausdrücklich, dies sei nicht der Fall gewesen.[28] Also muss sie seine Zustimmung, gleich welcher Art, per Post bekommen haben. Nach deren Empfang reiste sie unverzüglich nach Indien ab, berichtet die Gräfin.[29] Um es genauer zu sagen, es sah so aus, als wollte sie über Nord- und Südamerika nach Indien reisen, da sie den brennenden Wunsch hatte, zuerst die Neue Welt zu sehen.

DER GRUND FÜR HPBs Wunsch, die Neue Welt zu besuchen, war ihr Interesse an der Weisheit der amerikanischen Indianer.[30] Jahre später, im Rückblick, mag sie diese Entscheidung in größerem Zusammenhang gesehen haben. In der *Geheimlehre* schrieb sie:

> Die okkulte Philosophie lehrt, dass auch in unserer Zeit, vor unseren eigenen Augen, die neue Menschheit und neue Menschheiten im Entstehen sind, und dass sich diese Transformation in Amerika vollziehen wird und im Stillen bereits begonnen hat. Die Amerikaner Nordamerikas, noch vor 300 Jahren größtenteils reine Angelsachsen, sind durch das intensive Zusammenleben verschiedener Völker und durch Mischehen bereits ein eigenes Volk und beinahe ein Menschheitszweig *sui generis* geworden, nicht nur geistig, sondern auch physisch ...
> Somit ist sie die Menschheit der Neuen Welt ..., deren Aufgabe und Karma es ist, den Grundstock zu legen für eine zukünftige Menschheit, so großartig, dass sie alle uns bisher bekannten überragen wird. Zyklen der Spiritualität und eines vollkommen entwickelten Geistes werden die Zyklen der Materie ablösen.[31]

Was HPB im Jahr 1851 in die Neue Welt zog, waren die amerikanischen Eingeborenen, von denen sie in James Fenimore Coopers Romanen gelesen hatte. Sie reiste nach Quebec und wurde bei einer Gruppe von Indianern eingeführt, von denen sie die Geheimnisse der Medizinmänner kennen zu lernen hoffte. Eines Tages waren sie verschwunden, mit Teilen ihrer Besitztümer, darunter einem Paar teurer Stiefel.[32] In *Isis entschleiert* spricht sie von »traurigen Beispielen der schnellen Entartung« der amerikanischen Indianer »sobald sie in enger Nachbarschaft mit *christlichen* Beamten und Missionaren zu leben gezwungen werden«.[33]

Sie entwarf ein neues Reiseprogramm. Sinnett berichtet:

> Zuerst wollte [HPB] versuchen, mit den Mormonen vertraut zu werden, die damals gerade anfingen, öffentliche Aufmerksamkeit zu erregen; aber deren ursprüngliche Siedlung, die Stadt Nauvoo in Missouri, war soeben von einem Mob ihrer weniger fleißigen und weniger wohlhabenden Nachbarn überfallen und zerstört worden. Die Überlebenden des Massakers, dem so viele der Bewohner Nauvoos zum Opfer gefallen waren, wanderten damals auf der Suche nach einer neuen Heimat quer durch die Wüste. Unter diesen Umständen, meinte Mme. Blavatsky, sah Mexiko geradezu wie eine einladende Gegend aus, in der sie als Nächstes ihr Leben riskieren konnte, und so machte sie sich zunächst auf den Weg nach New Orleans.[34]

Hier erforschte sie den Voodoo-Kult, wurde aber durch eine Vision gewarnt, dass diese Sekte sich mit gefährlichen Praktiken beschäftige, und so reiste sie sofort weiter. Sinnett fährt fort:

> Sie reiste durch Texas nach Mexiko und brachte es fertig, einen großen Teil von diesem unsicheren Land zu sehen; auf diesen gefährlichen Reisen wurde sie geschützt durch ihre eigene unbesorgte Kühnheit sowie durch verschiedene Leute, die sich von Zeit zu Zeit um ihr Wohlergehen kümmerten. In besonderer Dankbarkeit erinnert sie sich eines alten Kanadiers, der unter dem Namen Père Jacques bekannt war und dem sie in Texas begegnete, als sie völlig allein war und keinerlei Reisegefährten hatte. Er geleitete sie sicher durch einige gefährliche Situationen.[35]
>
> Ihre Reisen im Jahr 1852 führten sie nach Mittel- und Südamerika, wo sie alte Ruinenstätten besuchte. Einige dieser Exkursionen werden in *Isis entschleiert* beschrieben (Blavatsky, *Isis entschleiert,* Bd. 1, S. 547 u. 597ff.)

Nachdem sie beschlossen hatte, nach Indien zu reisen, bemerkt Sinnett, »schrieb sie an einen gewissen Engländer, den sie zwei Jahre zuvor in Deutschland kennen gelernt hatte und von dem sie wusste, dass er auf derselben Suche war wie sie selbst; er möge auf den Westindischen Inseln zu ihr stoßen, damit sie gemeinsam in den Osten reisen könnten«. Ein weiterer Reisegefährte gesellte sich zu ihnen, ein Hindu, dem Blavatsky in Honduras begegnet war. Es stellte sich heraus, dass er ein *Chela* oder Schüler der Meister war. »Die drei Pilger des Mystischen begaben sich über das Kap [der Guten Hoffnung] nach Ceylon, und von dort segelten sie nach Bombay«, wo sie Ende des Jahres 1852 eintrafen. Dann löste sich die Gruppe auf, »da jeder von ihnen andere Ziele verfolgte«.[36]

Weitere Informationen über HPBs ersten Aufenthalt in Indien enthält ein Brief an Prinz Dondukow, in dem sie von ihrem Lehrer erzählt:

> *In England hatte ich ihn ja nur zweimal gesehen, und bei unserem letzten Gespräch sagte er zu mir: »Deine Bestimmung liegt in Indien, doch erst später, in achtundzwanzig bis dreißig Jahren. Dort geh [jetzt] hin und sieh dir das Land an.« Ich ging dorthin – ich weiß nicht, warum! Mir war wie im Traum. Ich blieb beinahe zwei Jahre, reiste umher und erhielt jeden Monat Geld – ich habe keine Ahnung, von wem – und folgte gewissenhaft meiner vorgegebenen Reiseroute. Von dem Hindu erhielt ich Briefe, habe ihn aber in jenen zwei Jahren* nicht ein einziges Mal gesehen.[37]

Ehe HPB Indien verließ, versuchte sie über Nepal nach Tibet zu gelangen, hatte aber damit keinen Erfolg wegen des Widerstandes des britischen Statthalters.[38] Diese und andere Informationen über ihre Reisen erhielt Sinnett von HPB erst dreißig Jahre später, was ihre Verifizierung erschwerte und es Skeptikern leicht machte, ihre Glaubwürdigkeit anzuzweifeln. Einer der Hauptstreitpunkte war, dass HPBs erster Besuch in Indien erst viel später in ihrem Leben erfolgt sei. Jedoch wurde die Geschichte mit dem britischen Statthalter zwei Jahre nach ihrem Tod überraschend bestätigt.

1893 reiste Col. Olcott mit einem Freund per Bahn in Indien und begegnete dabei einem pensionierten Armeeoffizier, dem Generalmajor Charles Murray. Im Lauf der Unterhaltung kam das Gespräch auf Olcotts Verbindung zur Theosophischen Gesellschaft. Darauf bemerkte Murray, dass er vor Jahren Helena Petrovna Blavatsky an der Einreise nach Tibet gehindert habe. Olcott notierte folgende Einzelheiten ihrer Festsetzung auf die Rückseite seines Tagebuchs von 1893, die Murray durch seine Unterschrift beglaubigte:

> Am 3. März 1893 trafen S. V. Edge und ich im Zug zwischen Nalhati und Kalkutta den Generalmajor i.R. C. Murray von der 70. Bengalischen Infanteriedivision, heute Vorsitzender der Stadtverwaltung von Monghyr, der 1854 oder '55 in Punkabaree am Fuß des Darjeeling-Gebirges auf HPB traf. Damals war er Hauptmann der Sebundy Sappers and Miners. Sie versuchte, durch Nepal nach Tibet zu gelangen, »um ein Buch zu schreiben«, und dazu wollte sie den Fluss Rungit überqueren. Captain Murray war von einer Wache gemeldet worden, dass eine europäische Dame in jene Richtung gegangen sei. So zog er hinter ihr her und holte sie zurück. Sie war

sehr zornig, doch vergebens. Sie logierte etwa einen Monat bei Captain und Mrs. Murray, und als sie ihren Plan gescheitert sah, reiste sie ab. Captain Murray hörte noch bis Dinajpore von ihr. Damals war sie etwa 30 Jahre alt.
Die oben stehende Notiz ist richtig
C. Murray, Generalmajor

Da das Vorangegangene unverzüglich in der April-Ausgabe 1893 der Zeitschrift *The Theosophist* in Indien veröffentlicht wurde[39], hatte Murray reichlich Gelegenheit, seine Beglaubigung in Druck zu sehen, und hätte sie, wenn sie nicht korrekt gewesen wäre, widerrufen können. Anscheinend machte sich niemand die Mühe, Olcotts Version mit den Militärakten des Generalmajors zu vergleichen, bis eine Mrs. Stanley 1952 in London schriftlich um Details bat.[40] Für die Jahre 1854 und 1855 verzeichnen die Akten, dass Murray »Kommandant der Sebundy Sappers and Miners« war. Marion Meade berichtet, dass Murray »Olcott erzählte, eine Europäerin habe 1854 oder '55 versucht, die Grenze zu überqueren, sei jedoch von Wachen zurückgebracht worden«.[41] Dass Murray ausdrücklich den Namen Blavatsky erwähnte, wurde aus auf der Hand liegenden Gründen unterschlagen: Meade behauptet nämlich, wie auch andere Biographen von HPB, dass diese in den zehn Jahren, in denen sie nicht in Russland war, keinen Fuß nach Indien gesetzt, sondern in den Hauptstädten Europas ein Lotterleben geführt habe. Die Geschichten ihrer Reisen seien geschickte Vertuschungen gewesen, und ihre Lehrer hätten nicht existiert.

Dr. Rawson hat aber Beweise geliefert, sowohl für den Aufenthalt HPBs in den Vereinigten Staaten als auch für den in Indien in der fraglichen Zeit. Was Indien betrifft, schrieb er folgenden Brief, veröffentlicht 1878, um die Behauptungen eines Kritikers zu widerlegen, sie sei bis dato niemals im Orient gewesen:

> [Verschiedene] meiner Bekannten haben Madame Blavatsky im Fernen Osten getroffen; andere haben dort von ihrem Aufenthalt gehört; zum Beispiel der berühmte Arzt und Chirurg David E. Dudley in Manila; [und] Mr. Frank A. Hill aus Boston, Massachusetts, der lange Jahre in Indien war ... Der Verleger der New Yorker Zeitschrift Builder, Mr. William O'Grady, ein aus Madras gebürtiger Inder, besucht Madame Blavatsky häufig [in New York], da er sie aus Indien kennt.
> Warum soll man diese Beweise wiederholen? Eine Zeugenaussage, die bestätigt wird, genügt – dem Böswilligen sind Tausende nicht genug.[42]

1854, nachdem HPBs Plan, nach Tibet einzureisen, von Murray vereitelt worden war, reiste sie aus Indien ab. Fürst Dondukow teilte sie mit, dass ihr Lehrer sie schriftlich angewiesen habe: »Kehre nach Europa zurück und tu, was du willst, doch halte dich stets für eine Rückkehr bereit«, und dass sie sich dann auf der *Gwalior* eingeschifft habe, die unweit vom Kap Schiffbruch erlitt. »Ich aber wurde mit zwanzig anderen gerettet.«[43] Einzelheiten über die Geschehnisse sind nicht in Erfahrung zu bringen.

ALS HPB NACH ENGLAND zurückkehrte, war der Krimkrieg zwischen der Türkei und Russland entbrannt. Im Januar 1854 drangen britische und französische Flotten ins Schwarze Meer ein und im Februar zog Zar Nikolaus I. seine Botschafter aus London und Paris ab. Für eine Russin war es nicht angenehm, in dieser Zeit in England zu sein, doch Vera teilt mit, HPB habe dort unter Vertrag gestanden (vermutlich Konzertverpflichtungen): »Da sie sich durch musikalisches Talent ausgezeichnet hatte, wurde sie zum Mitglied der Philharmonie ernannt.«[44]

Im Juni 1854 scheint HPB wieder mit ihrem Lehrer zusammengetroffen zu sein. Sie schreibt: »Ich traf mich mit ihm in England im Haus eines Fremden. Dort hatte er sich in Begleitung eines entthronten gebürtigen Prinzen eingefunden. Daher beschränkte sich unsere Zusammenkunft auf zwei Gespräche. Obwohl sie tiefen Eindruck bei mir hinterließen, weil sie so unerwartet stattfanden und so seltsam, ja sogar von tiefem Ernst durchtränkt waren, sind sie nichtsdestoweniger, wie so vieles andere, in den Wassern der Lethe versunken.«[45] Mit dem »entthronten Prinzen« war vermutlich Dalip Singh gemeint, der abgesetzte Maharadscha von Lahore. Er traf am 18. Juni in Southampton ein und wurde am 1. Juli Queen Victoria vorgestellt.[46] Danach verließ HPB England und reiste nach New York.[47]

In New York erneuerte sie ihre Bekanntschaft mit Dr. Rawson. Er nennt das Jahr 1853, doch 1854 ist wahrscheinlicher. Als er sie als junger Künstler in Kairo kennen gelernt hatte, war sie neunzehn Jahre alt gewesen. Nun, »mit zweiundzwanzig oder dreiundzwanzig«, beschrieb er sie,

> »hatte sie ein volles Gesicht, mondförmig – jene im Orient so hoch geschätzte Form; strahlende, klare Augen, mild wie die einer ruhenden Gazelle, aber blitzend wie die einer Schlange, wenn sie zornig oder erregt war. Ihre jugendliche Figur war bis zu ihrem 30. Lebensjahr geschmeidig, muskulös und dabei wohl gerundet, wie es den Künstler entzückt. Ihre Hände und Füße waren klein und zart geformt, sie verrieten die Fülle und Weichheit der Jugend – Eigenschaften, die ihnen niemals ganz verloren gingen.

> In Gesellschaft war [sie] fast unwiderstehlich, denn sie konnte in einem einzigen Gespräch die Bewunderung selbst der eingebildetsten Männer gewinnen.

Sie machte sich sehr wenig aus der Bewunderung von Männern, sofern sie ausschließlich die Frau in ihr sahen, berichtet Sinnett. »Als Studierende«, fand Rawson, »war sie stets bei der Arbeit und unermüdlich, nie mit sich zufrieden. Mehr Licht, mehr Fakten, fortschrittlichere Theorien, die verschiedensten Hypothesen und Vermutungen, stets ein Ideal anstrebend.« [*Frank Leslie's Popular Monthly,* Februar 1892]

◆

Von New York aus, so Sinnett weiter, »ging HPB zuerst nach Chicago, damals noch eine Kleinstadt ... und dann in den fernen Westen«, durchquerte »mit Trecks von Emigranten die Rocky Mountains, bis sie schließlich San Francisco [erreichte]«. Dort schiffte sie sich nach dem Orient ein.[48]

Wie es in dem Klassiker *The Plains Across* von John Unruh heißt, konnte man die »Erlebnisse der Überlandreisenden in den 1850er Jahren«, als auch HPB westwärts unterwegs war, nur als eine »extreme Herausforderung« bezeichnen. Tobende Flüsse mussten mit Flößen überquert, weite Strecken ausgedörrter, wasserloser Wüste überwunden werden. Brach ein Wagenrad oder konnten die Ochsen vor Erschöpfung nicht weiter, dann befanden sich die Reisenden in höchster Not. Die Rocky Mountains wurden am South Pass, Wyoming, in 3000 m Höhe überquert.

Anschließend machten viele Reisende, zu denen auch HPB gehört haben soll, in Salt Lake City Rast und füllten ihre Vorräte auf. Es wird berichtet, dass HPB im Haus einer Mormonin, Mrs. Emmeline B. Wells (1828-1921), Herausgeberin und Redakteurin der Zeitung *The Woman's Exponent,* übernachtete. Mrs. Wells erzählte ihrer Enkelin, Mrs. Daisy Woods, HPB trage Männerschuhe, da sie die Absicht habe, durch felsige Gebiete zu reisen. So konnte man annehmen, dass sie nach Mexiko wollte.[49] Unruh erwähnt, dass »ungeachtet vorhandener Hotels und Restaurants sehr viele Emigranten sich während ihres Aufenthalts in Salt Lake City bei Mormonenfamilien einquartierten«.[50] Wenn HPB tatsächlich nach Mexiko gereist ist und vielleicht noch in andere Länder in Mittel- und Südamerika, dann reiste sie wahrscheinlich auf einem der zahlreichen Küstenschiffe nach San Francisco, wo sie die Passage in den Orient gebucht haben wird.[51]

Der erste Anblick des Pazifischen Ozeans bedeutet für den Reisenden oft ein unerhört eindrucksvolles Erlebnis. Der amerikanische Dichter Walt Whitman hielt sein eigenes Erleben in dem Gedicht »Facing West from Californias Shores« fest, das das Thema der Wiedergeburt aufgreift. Er erzählt darin, wie er vor Urzeiten vom alten Indien aus seine Pilgerreise in den Westen begann:

Vom Kalifornischen Gestade den Blick westwärts gewandt,
Forschte ich, unermüdlich, und suchte das,
was jetzt noch unentdeckt ist;
Ich, ein Kind, sehr alt, über Wogen, gegen das Mutterland hingewandt,
das Land der Wanderungen, in die Ferne blickend;
Ausblickend vom Gestade meines Westmeeres,
nun der Kreis fast geschlossen ist.
Seit ich vormals ausging von Hindustan nach Westen,
von den Tälern Kaschmirs aus,
Bin ich lange gewandert; rund um die Erde herum bin ich gewandert;
Nun blicke ich wieder zur Heimat hin, sehr zufrieden und fröhlich.
(Doch wo ist das, wohin ich in jener Vorzeit aufbrach?*
Und warum ist es noch unentdeckt?)[52]
[DEUTSCH VON JOHANNES SCHLAF, Leipzig, 1907]

Als HPB den Pazifik überquerte – sie erreichte Kalkutta irgendwann in den Jahren 1855/56[53] –, mag sie sich am Ende die gleiche Frage über die Suche ihres gegenwärtigen Lebens gestellt haben: Warum ist es noch unentdeckt?

* Die Zeile »But where is what I started for so long ago?« ist ungenau von J. Schlaf übersetzt als: »Doch wo ist das, wovon ich in jener Vorzeit ausging?« (Anm. d. Hrsg.)

2 Weisheit des Ostens

MAN WIRD SICH erinnern, dass HPB auf ihrer ersten Indienreise ihrem Lehrer nicht begegnete, obwohl sie unter seiner Führung dorthin gereist war. Dieses Mal sollte es anders sein. In den hier folgenden Auszügen aus *Isis entschleiert* scheint HPB beide Indienaufenthalte miteinander zu verschmelzen:

> Als wir* vor Jahren zum ersten Mal den Osten bereisten, um das Innere seiner verlassenen Heiligtümer zu durchforschen, drängten sich zwei niederschmetternde und immer wieder zurückkehrende Fragen unseren Gedanken auf: *Wo, wer, was ist Gott? Wer sah jemals den Unsterblichen Geist des Menschen, sodass er imstande gewesen wäre, sich der Unsterblichkeit des Menschen zu vergewissern?*
> Im eifrigsten Bestreben, diese verwirrenden Probleme zu lösen, kamen wir mit gewissen Menschen in Berührung, die mit solch geheimnisvoller Macht und mit solch tiefem Wissen ausgerüstet waren, dass wir sie in Wahrheit als die Weisen des Ostens bezeichnen können ... Sie zeigten uns, dass das Dasein Gottes und die Unsterblichkeit des Menschengeistes wie ein Problem des Euklid bewiesen werden könne, *wenn Wissenschaft und Religion sich die Hände reichen* [Hervorhebung durch die Autorin]. Zum ersten Mal erhielten wir die Versicherung, dass die östliche Philosophie für keinen anderen Glauben Raum hat als für einen unbeschränkten, unerschütterlichen Glauben an die Allmacht des dem Menschen innewohnenden unsterblichen Selbstes. Man lehrte uns, dass diese Allmacht in der Verwandtschaft des Menschengeistes mit der Universalseele – Gott – wurzelt! Letztere, sagten sie, könne nur durch Ersteren bewiesen werden. Der Menschengeist beweist den Gott-Geist wie ein Tropfen Wasser die Quelle beweist, aus der er kommen muss.

* In *Isis entschleiert* verwendet HPB die editorische Wir-Form.

Wenn man also sieht, fügt HPB hinzu, welch ungeheure Fähigkeiten sterbliche Menschen wie diese Weisen des Ostens haben, »wenn man sieht, dass sie sich die Naturgewalten unterwerfen und die Welt des Geistes ihrem Blick erschließen können, dann ist der reflektierende Verstand überwältigt von dieser Einsicht: Wenn das geistige *Ego* eines einzelnen Menschen so viel vollbringen kann, dann müssen die Fähigkeiten des VATER-GEISTES* im Vergleich dazu ebenso unendlich viel größer sein, wie ein ganzer Ozean einen einzigen Wassertropfen an Menge und Kraft übersteigt. *Ex nihilo nihil fit.* Beweise die Menschenseele durch ihre wundersamen Kräfte – und du hast Gott bewiesen! ... Solche Kenntnis ist unschätzbar. Und sie ist nur vor denen verborgen worden, die sie ignorierten, sie verlachten oder ihre Existenz leugneten«.[54]

◆

Über ihren Aufenthalt in Indien 1856 schrieb HPB an Sinnett: »[Ich] reiste von Ort zu Ort und sagte keinem, dass ich Russin bin, sollten mich die Leute doch für das halten, was mir gerade gefiel ... Wollte ich nur das eine Jahr meines Aufenthaltes in Indien beschreiben, ergäbe das schon ein ganzes Buch.«[55]

Einiges davon wurde tatsächlich zum Buch: *From the Caves and Jungles of Hindostan***, ursprünglich eine Artikelserie, die zwischen 1878 und 1886 unter dem Pseudonym Radda-Bai entstand und die zuerst in der *Moskauer Chronik* erschien, die der berühmte russische Journalist M. N. Katkow herausgab. Sie rief derart lebhaftes Interesse hervor, dass die bisher erschienenen Teile der Serie 1883 in der Beilage zu Katkows *Der Russische Bote* nachgedruckt und dann fortgesetzt wurden. Tolstoi, Turgenjew und andere bedeutende Autoren waren häufig Mitarbeiter dieser Zeitschrift.

In fiktiver Form geben die Artikel zum Teil HPBs Reisen mit ihrem Meister wieder, der in *Caves and Jungles*[56] unter dem Pseudonym Gulab Singh[57] erscheint. »Ich gebe wahre *Fakten* und wahre Personen wieder«, schrieb sie an Sinnett, »nur habe ich die Zeit verändert. Fakten und Vorgänge, die sich über die Jahre verteilt ereigneten, spielen sich hier innerhalb von drei bis vier Monaten ab, wie zum Beispiel einige der Phänomene, die der Meister hervorbrachte.«[58] Viele davon, sagte sie, hätten sich erst bei ihrem zweiten Besuch in Indien zugetragen. Die Serie wurde von Zinaida Vengerowa in ihrem Artikel über

*In späteren Werken beschreibt HPB Gott als geschlechtslos, in der *Geheimlehre* (Bd. 1, Fußnote S. 314) bezeichnet sie den Begriff »Gottvater« als »anthropomorphische Erdichtung«.

** (dt. Ausgabe in Vorbereitung)

HPBs Leben in der *Kritisch-biographischen Enzyklopädie Russischer Autoren und Gelehrter* (1892) besprochen.

Vengerowa, die einigen Phasen in HPBs Laufbahn kritisch gegenübersteht, erteilte ihrem Buch verschwenderisches Lob:

> *Caves and Jungles of Hindostan* darf nicht den üblichen pittoresken Beschreibungen fremder Länder zugeordnet werden. Die Autorin gehört nicht zu den neugierigen Touristen, die die Wunder beschreiben, die sie gesehen haben, sie geht eher wie eine Wissenschaftlerin auf einer Expedition vor, die über Indiens hoch entwickelte Kultur zu den Grundlagen der Menschheitsgeschichte vordringen will. Diese deutliche Absicht ist immer in Radda-Bais Erzählungen zu spüren, was dem Ganzen einen besonderen Charme verleiht. Die Autorin hebt alles hervor, was auf die große Vergangenheit dieser heute versklavten Nation hinweist. Einfach, aber dabei höchst kunstvoll, beschreibt sie die großartigen, seit undenklichen Zeiten und von den Jahrtausenden seit ihrer Errichtung unberührten, über ganz Indien verstreuten Bauwerke ... Doch mehr noch als alle Kunstwerke, die den Hochstand der Hindu-Zivilisation dokumentieren, oder als die üppigen Landschaften, die Blavatsky porträtiert, und deren Realität die wildeste Vorstellungskraft weit übersteigt, erregt der Lebensstil der einheimischen Bevölkerung ihre Aufmerksamkeit ... denn wohin sie auch ging, lebte sie nie in den europäischen Stadtbezirken, sondern stets in den einstöckigen Häusern der Hindus, unter den Einheimischen ...
>
> Wenn man ihr Buch liest, sollte man nicht einen Augenblick vergessen, dass Radda-Bai zuerst und vor allem anderen eine Theosophin ist, dass sie auf der Suche nach dem Geheimwissen des Ostens nach Indien reiste und dass sich ihre Aufmerksamkeit vor allem auf die Lehren der Hindu-Weisen richtet ... Ihr besonderes Interesse gilt der geheimnisvollen Schule der Raja-Yogis, weise, heilige Männer, die durch eine spezielle Ausbildung ihrer spirituellen Kräfte die Fähigkeit entwickeln, unzweifelhaft Wunder zu bewirken. So auch der Raja-Yogi Gulab Singh, mit dem Blavatsky persönlich bekannt war, ... der ihr unausgesprochene Fragen beantwortete, der verschwand und wieder erschien, wenn es niemand erwartete; der den Reisenden geheime Eingänge ins Innere der Berge öffnete, die zu herrlichen unterirdischen Tempeln führten, und Ähnliches mehr. Und all dies geschah ohne jede Anstrengung, stets hatte er eine natürliche Erklärung für sein Tun. Viele der von Gulab Singh hervorgerufenen Phänomene, wie sie

> Blavatsky beschreibt, unterscheiden sich kaum von denen, die sie selbst später vorführte. Stammt ihre Fähigkeit, Gegenstände zu »erschaffen« und wieder aufzulösen, möglicherweise von dem geheimnisvollen Gulab Singh her?[59]

Die erste englische Ausgabe von *Caves and Jungles* erschien 1892, war aber nicht vollständig. Sie stammte von Vera Johnston, HPBs Nichte. Heute gibt es eine neue, über 700 Seiten starke Übersetzung ins Englische in Blavatskys *Collected Writings.* Ein weiterer Band ihrer russischen Schriften, der die Reihe ergänzen soll, ist bisher unveröffentlicht.

◆

Nachdem es ihr bei ihrem ersten Aufenthalt in Indien nicht gelungen war, über Nepal nach Tibet zu gelangen, versuchte HPB es diesmal über Kaschmir. Olcott fügt seinem Bericht über die Begegnungen mit Generalmajor Murray, der ihren ersten Versuch vereitelt hatte, folgende Ergänzung hinzu:

> Einem weiteren Versuch von ihr, nach Tibet zu gelangen, kam ich durch einen indischen Gentleman aus Bareilly auf einer meiner Dienstreisen nach Nordindien auf die Spur. Als HPB nach unserer Ankunft in Indien (1879) zum ersten Mal nach Bareilly kam, erkannte er sie sofort wieder als die europäische Dame, die vor vielen Jahren sein Gast gewesen war, als sie in nördlicher Richtung via Kaschmir nach Tibet gelangen wollte. Sie hielten einen freundschaftlichen Plausch über die alten Zeiten.[60]

Kaschmir liegt im nordwestlichen Teil Indiens, Teile davon wurden einst Klein-Tibet genannt. Weiter nördlich liegt West-Tibet, in das HPB auf dieser Reise vorgedrungen sein will. Jedoch gelang es ihr nicht, ihr Hauptziel zu verwirklichen: das okkulte Zentrum im östlichen Tibet zu erreichen, wo ihr Lehrer und seine Adepten sich oft aufhielten. In Ost-Tibet liegt unter anderem auch Lhasa, Landeshauptstadt und bis 1959 Sitz des Dalai Lama.

Sinnett berichtet, dass ein deutscher Freund ihres Vaters, ein ehemaliger lutherischer Geistlicher namens Külwein [Kühlwein], HPBs Route vor ihrer Einreise nach West-Tibet in Lahore kreuzte. Da Külwein mit zwei Freunden eine Reise in den Osten geplant hatte, bat ihn Oberst von Hahn, der sich Sorgen um seine Tochter machte, sie ausfindig zu machen.[61]

Gemeinsam reisten die vier durch Kaschmir, begleitet von einem tatarischen Schamanen, der nach zwanzigjähriger Abwesenheit auf dem Heimweg nach Sibirien war. Der Schamane schloss sich HPB an, weil er glaubte, sie könnte die russischen Behörden dazu bewegen, ihm die Rückkehr zu erlauben.

Unter den verschiedensten Verkleidungen versuchte die Gruppe tibetischen Boden zu betreten. Külwein erkrankte und blieb zurück. Seine beiden Freunde wurden von den Grenzposten abgewiesen, doch der Schamane und HPB durften weiterreisen. Ihre mongolischen Gesichtszüge waren vielleicht ihre beste Verkleidung. Einige der Abenteuer, die sie damals erlebten, werden in *Isis* geschildert. Ein Vorfall betraf einen Talisman, den der Schamane unter seinem linken Arm verbarg:

> »Welchen Zweck hat [der Talisman] und über welche Kräfte verfügt er?«, fragten wir unseren Führer immer wieder. Darauf antwortete er niemals direkt, sondern vermied jede Erklärung. Er versprach, sobald sich eine Gelegenheit dazu biete und wir allein wären, würde er den Stein bitten, *die Antwort selbst zu geben.* Mit dieser ganz ungewissen Hoffnung blieben wir der Findigkeit unserer eigenen Phantasie überlassen. Doch der Tag, an dem der Stein »redete«, kam sehr bald. Und zwar in den entscheidendsten Stunden unseres bisherigen Lebens, zu einer Zeit, da ihre Vagabundennatur die Autorin in die abgelegensten Gegenden führte, wo man keine Zivilisation kennt und die persönliche Sicherheit nicht einmal für eine Stunde gewährleistet ist.

Fast alle Bewohner des Dorfes, in dem sie wohnten, machten sich eines Tages auf den Weg zu einer buddhistischen Feier – für den Schamanen eine günstige Gelegenheit, die Kraft seines Steins zu demonstrieren.

> ... mit der Hand in seinen Kittel greifend, zog er den etwa walnussgroßen Stein hervor, wickelte ihn behutsam aus, und es sah so aus, als würde er ihn verschlucken. Wenige Minuten darauf versteiften sich seine Glieder, sein Körper erstarrte, er fiel um, kalt und reglos wie ein Toter. Ohne das leichte Zucken seiner Lippen bei jeder an ihn gerichteten Frage wäre der Anblick peinlich, ja grauenhaft gewesen ... Mehr als zwei Stunden lang erhielten wir die überzeugendsten, höchst greifbaren Beweise, dass die Astralseele des Schamanen, unseren unausgesprochenen Wünschen folgend, auf die Reise ging.

HPB richtete die Bitte an ihn, er möge eine rumänische Freundin in der Walachei aufsuchen und HPB übermitteln, woran jene gerade denke. Die Stimme verkündete, die alte Dame sitze in ihrem Garten und lese einen Brief. HPB beschaffte sich eilig Papier und Bleistift, und schrieb das in walachischer Sprache, die sie nicht beherrschte, aber erkennen konnte, langsam phonetisch Wiedergegebene mit. Das Geschriebene ging später per Post an die rumänische Freundin, zusammen mit der Frage, was sie an jenem Tag getan hätte. Diese Frau, »zur Mystikerin veranlagt, doch zutiefst skeptisch gegenüber dieser Art von okkulten Phänomenen«, erwiderte, »sie habe an jenem Morgen im Garten gesessen und Konserven eingemacht. Das Schreiben, das HPB ihr geschickt habe, sei Wort für Wort gleichen Inhalts gewesen, wie der Brief, den sie von ihrem Bruder erhalten hatte. Plötzlich sei sie – wie sie meinte, infolge der Hitze – in Ohnmacht gefallen. Sie könne sich deutlich erinnern, *im Traum* die Autorin in einer Wüstenlandschaft gesehen zu haben, die sie exakt beschrieb: sie habe unter einem >Zigeunerzelt<, wie sie es ausdrückte, gesessen. >Von nun an<, fügte sie hinzu, >kann ich nicht länger zweifeln!< ... Die Uhrzeit in Bukarest stimmte genau mit der des Landes überein, in dem sich diese Szene abgespielt hatte«.

Helena Blavatsky fährt fort:

> Aber unser Experiment sollte noch eindrucksvoller bestätigt werden. Wir hatten das innere *Ego* des Schamanen auf den zuvor in diesem Kapitel erwähnten Freund, den Kutchi von Lhasa, gerichtet, der regelmäßig nach Britisch-Indien reiste. *Wir wissen,* dass er von unserer kritischen Lage in der Wüste erfuhr, denn wenige Stunden später kam Hilfe. Wir wurden von einer fünfundzwanzig Mann starken Reitergruppe gerettet, die von ihrem Vorgesetzten genau an den Ort geschickt worden war, an dem wir uns befanden, was kein mit normalen Kräften ausgestatteter Mensch wissen konnte. Der Anführer der Eskorte war ein Shaberon, ein »Adept«, den wir noch nie gesehen hatten, noch später je wiedersahen, da er nie sein *Soumay* (Lamakloster) verließ und wir keinen Zutritt zu ihm erhielten. *Er war jedoch ein persönlicher Freund des Kutchi.*[62]

»Dieser Vorfall«, sagt Sinnett, »setzte Madame Blavatskys Wanderungen durch Tibet ein Ende. Über Wege und Pässe, die ihr unbekannt waren, wurde sie zur Grenze eskortiert ...«, und er fügt hinzu: »Sie wurde von ihrem okkulten Beschützer angewiesen, das Land zu verlassen, kurz bevor 1857 in Indien die

Unruhen ausbrachen.« Damit ist die Rebellion der Sepoy, der große Aufstand gemeint, der im Mai ausbrach und sich so sehr ausweitete, dass er die britische Herrschaft ernsthaft bedrohte. HPB verließ Indien von Madras aus auf einem holländischen Schiff und ging nach Java, auf Anweisung ihres Lehrers, »um einen bestimmten Auftrag zu erfüllen«.[63] Dann kehrte sie nach Europa zurück.

III. KAPITEL ZEIT DER REIFE

1 Heimkehr

ES WAR WEIHNACHTEN, und das Jahr 1858 näherte sich seinem Ende. HPBs Schwester Vera und ihr Vater, Oberst von Hahn, befanden sich in der Stadt Pskow, unweit von St. Petersburg, auf einer Hochzeitsfeier. Die Schwester, nun eine junge Witwe mit zwei kleinen Jungen, verbrachte den Winter auf dem Landsitz ihrer Schwiegereltern, der Jakontows, und dort fand auch der Hochzeitsempfang statt.

»Alle saßen beim Abendessen«, erinnert sich Vera. »Kutschen voller Gäste trafen ein, und die Glocke in der Halle läutete ununterbrochen. In dem Augenblick, als die Trauzeugen des Bräutigams sich mit Champagnergläsern in der Hand erhoben, um dem jungen Paar Glück zu wünschen – in Russland ein feierlicher Augenblick –, wurde wieder ungeduldig die Glocke geläutet.« Vera, »einem unwiderstehlichen Impuls folgend«, sprang auf und stürzte zur Überraschung aller selbst zur Tür, obwohl die Halle voller Bediensteter war. Sie war überzeugt ..., dass es ihre lange vermisste Schwester war! Und tatsächlich, vor der Tür stand Madame Blavatsky![1]

Auf der Rückreise von Indien hatte HPB einige Monate in Frankreich und Deutschland verbracht, dann einige Zeit in St. Petersburg, von wo sie mit ihren Verwandten Verbindung aufnahm. Die Erste, die sie erreichte, war Nadja; sie bat sie, den anderen nichts zu sagen. HPB befürchtete, ihr Ehemann würde nun auf seine ehelichen Rechte pochen. So bat sie Nadja, in Tiflis mit Nikifor in Kontakt zu treten. Er antwortete:

> Sie dürfen H. P. meines Ehrenworts versichern, dass ich sie nie verfolgen werde ... Seit meinem Missgeschick und als Konsequenz daraus habe ich an meinem Charakter gearbeitet, damit ich mich über nichts mehr aufrege. Oft lache ich sogar über die Dummheiten, die ich gemacht habe ... Man kann sich an alles gewöhnen. So habe ich mich allmählich an ein freudloses Leben in Eriwan [ohne Helena] gewöhnt.[2]

Nach der Ankunft ihrer Schwester in Pskow rechnete Vera natürlich mit einem ausführlichen Bericht über Helenas Reisen, erfuhr aber lediglich, dass sie »durch ganz Europa, Amerika und Asien gereist war«.[3] HPB begründete später in einem Brief an Sinnett ihre damalige Zurückhaltung: »Von meinem 17. bis zu meinem 40. Lebensjahr war ich auf meinen Reisen darauf bedacht, alle Spuren hinter mir zu verwischen, wohin ich auch ging ... Niemand sollte wissen, *wo* ich war und *was* ich tat. Selbst wenn ich eine gemeine Dirne gewesen wäre, hätten [meine Verwandten] das immer noch besser gefunden als mein Studium des Okkultismus.« Sie würden meinen, Helena hätte sich *»dem Satan verkauft«*.[4]

Später, nachdem die Theosophische Gesellschaft gegründet war, reagierte sie auf die neugierigen Fragen ihrer Verleumder nach ihrer Vergangenheit wie folgt:

> Selbst meinen besten Freunden habe ich immer nur fragmentarisch und oberflächlich von [meinen] Reisen berichtet. Aller Welt Neugier zu befriedigen, kommt mir nicht in den Sinn, zumal nicht die meiner Feinde. Sollen sie doch so viele Lügengeschichten über mich glauben und verbreiten, wie sie wollen, und dazu neue erfinden, wenn die alten zu langweilig werden. Warum sollten sie auch nicht, da sie ohnehin nicht an die Adepten der Theosophie [oder Meister der Weisheit] glauben?[5]

Wohlwollenden Briefpartnern schrieb HPB in ganz anderem Ton: »Es gibt etliche Seiten im Buch meines Lebens, über die ich niemals sprechen werde. Eher sterbe ich. Nicht, weil ich mich ihrer schäme, sondern weil sie mir zu heilig sind.«[6]

VERA SELIKOWSKY schreibt in einer Artikelserie des russischen Magazins *Rebus* über ihre Schwester Helena:

> Wer Zeitungen und Zeitschriften liest, wird dem Namen Helena Petrovna Blavatsky mehr als einmal begegnet sein. Es wäre unmöglich, alle Verleumdungen und allen Unsinn wiederzugeben, die ihre eigenen Landsleute ihr angehängt haben – von Betrug und Scharlatanerie bis hin zu richtigen Verbrechen. Ich kenne H. P. gut, war mit ihr eng vertraut von früher Jugend an bis in ihre reifen Jahre. Lange habe ich auf die Gelegenheit gewartet, all jene, die an dieser außergewöhnlichen Persönlichkeit interessiert sind, in ein paar kurzen Essays aufzuklären. Ob man dieser wahren Geschichte glauben wird oder nicht, ist mir gleich. Mir genügt das Wissen, die Wahrheit zu sagen sicherlich die einzige Stimme in Russland, die die Wahrheit über sie erzählt haben wird.

Die Serie hatte solchen Erfolg, dass sie bald in zwei Broschüren erschien.

Als HPB 1860 nach Russland zurückkehrte, erzählt Vera, »war sie von einer geheimnisvollen Atmosphäre von sichtbaren und hörbaren Manifestationen umgeben, die für alle, die um sie waren, völlig ungewöhnlich und unverständlich waren«.[7] Später klärte HPB W. Q. Judge, einen der Mitbegründer der Theosophischen Gesellschaft, darüber auf, dass »dies eine Periode gewesen sei, in der sie ihren psychischen Kräften freies Spiel gab und lernte, sie zu verstehen und zu kontrollieren«.[8] Vera berichtet weiter:

> Alle, die mit uns im Haus wohnten, bemerkten, dass seltsame Dinge vorgingen. Klopfen und Flüstern, geheimnisvolle und unerklärliche Geräusche und Töne waren jetzt fortgesetzt zu hören, wohin die Heimgekehrte auch ging. Dass sie in der Lage war, diese Klopftöne durch die Kraft ihres Willens zu vermehren oder zu vermindern und manchmal völlig verstummen zu lassen, bestätigte sie und lieferte auf der Stelle dafür den Beweis ...

Es handelte sich nicht um einfache Klopfgeräusche..., denn sie verrieten außergewöhnliche Intelligenz, indem sie denjenigen, die sich auf eine innere Verbindung mit ihnen einließen, Vergangenheit und Zukunft enthüllten ... Sie vermochten darüber hinaus unausgesprochene Gedanken zu offenbaren, d.h. sie drangen ungehindert bis in die geheimsten Winkel des menschlichen Geistes vor und deckten vergangenes Handeln sowie gegenwärtige Absichten auf.

Die Verwandten von Madame Blavatskys Schwester führten damals ein vornehmes und reges gesellschaftliches Leben. HPBs Anwesenheit zog viele Besucher an, von denen nie jemand unbefriedigt wegging, denn [zeitweise] antwortete das Klopfen, das sie hervorrief, auf Fragen mit langen Diskursen in verschiedenen Sprachen, von denen manche [HPB] unbekannt waren.

Für gewöhnlich pflegte sie still und unbeteiligt auf dem Sofa oder in einem Sessel zu sitzen, mit irgendeiner Stickerei beschäftigt, scheinbar ohne den geringsten Anteil an dem Aufsehen zu nehmen, das sie hervorrief, und dieses Aufsehen war wirklich groß. Einer der Gäste sagte gewöhnlich das Alphabet auf, ein anderer notierte die erhaltenen Antworten, während die Übrigen ihre Aufgabe darin sahen, in Gedanken Fragen zu stellen.[9]

Die Befragung durch Klopfzeichen ging nur langsam vor sich. [Meine] Schwester hätte sich der direkten Niederschrift bedienen können, was viel schneller ging, aber sie hatte »Angst, sie zu benutzen«, da sie, wie sie erklärte, »das unnötige Misstrauen törichter Leute fürchtete, die nicht begriffen, was da vor sich ging«.[10]

Was den Gebrauch von Klopfzeichen betraf, lieferte HPB folgende Erklärung des Ablaufs:

Wann immer der Gedanke einer Person durch Klopfen vermittelt werden sollte ... musste sie zuerst ... den Gedanken des Fragestellers lesen und ihn sich gut merken, damit er, was öfter vorkam, nicht wieder entschwand, musste auf die Buchstaben des Alphabets achten, wenn sie gelesen oder gezeigt wurden, den Willensstrom lenken, der das Klopfen beim richtigen Buchstaben hervorrief, und dann den Klopfschlag im richtigen Moment am Tisch oder einem anderen für das Hervorbringen von Geräuschen oder Klopfzeichen bestimmten Gegenstand auslösen. Ein höchst schwieriger Prozess und weit weniger einfach als *direktes Schreiben.*[11]

Vera sagt weiter:

Die absurdesten Hypothesen wurden von den Skeptikern aufgestellt. Zum Beispiel behauptete man, dass sie das laute Klopfen mit Hilfe einer Maschine in ihrer Tasche hervorbrächte oder dass sie es mit ihren Fingernägeln erzeuge, und die genialste der Theorien war, dass sie es, »wenn ihre Hände sichtbar mit irgendeiner Arbeit beschäftigt waren, mit den Zehen bewerkstelligte«. Um all dem ein Ende zu setzen, ließ sie es zu, dass man die dümmsten Forderungen an sie stellte: sie ließ sich durchsuchen, Hände und Füße mit einer Schnur zusammenbinden, ließ sich auf ein Sofa setzen und die Schuhe von den Füßen nehmen sowie Hände und Füße fest gegen ein Sofakissen drücken, sodass sie für alle sichtbar waren. Dann wurde auch noch von ihr verlangt, das Klopfen am entferntesten Ende des Raumes ertönen zu lassen. Sie erklärte, sie werde es versuchen, verspreche aber nichts; nichtsdestoweniger wurden ihre Befehle augenblicklich erfüllt, zumal dann, wenn die Anwesenden ernsthaft interessiert waren. Die Klopfgeräusche wurden auf ihren Befehl an der Zimmerdecke, auf Fensterbrettern, auf jedem beliebigen Möbelstück im angrenzenden Raum, ebenso wie an anderen weit von ihr entfernten Stellen hervorgerufen.
Manchmal pflegte sie sich mit mutwilligen Streichen an denen zu rächen, die ihr so tief misstrauten. Zum Beispiel wurde einmal das Klopfen hinter den Brillengläsern des jungen Lehrers M., während sie auf der anderen Seite des Zimmers saß, so stark, dass es ihm die Brille von der Nase schlug und er bleich wurde vor Schreck. Ein andermal erhielt eine sehr eitle, kokette Dame, ein »Freigeist«, auf ihre ironische Frage, welches das beste Leitmaterial zur Herstellung von Klopfzeichen sei, und ob man sie überall hervorbringen könne, eine seltsame und verblüffende Antwort: Die Klopfzeichen ergaben die Antwort »Gold«. Dem folgten die Worte »Das werden wir Ihnen sofort beweisen«.
Die Dame lächelte weiter mit leicht geöffnetem Mund. Kaum war die Antwort heraus, wurde sie blass, sprang vom Stuhl auf und bedeckte mit der Hand ihren Mund. Ihr Gesicht verzerrte sich vor Angst und Erstaunen ... Sie hatte eine heftige Erschütterung und ein Klopfen in ihren falschen Zähnen aus Gold verspürt! Ihr Geheimnis war enthüllt – die Dame floh aus dem Zimmer.[12]

Damals schrieben Vera und die meisten anderen diese Phänomene den medialen Kräften ihrer Schwester zu. Doch HPB bestritt dies immer wieder, wie Vera bezeugt:

> Meine Schwester verbrachte den größten Teil ihres zehnjährigen Auslandsaufenthalts in Indien, wo spiritistische Theorien, die sich auf Kontakte mit den Toten berufen, bekanntlich zutiefst verachtet werden. Die Phänomene, die wir mediumistisch nennen, werden dort mit ganz anderen Ursachen in Zusammenhang gebracht – eine Quelle, die zu nutzen meine Schwester für tief unter ihrer Würde hält ... Sie beharrt noch immer darauf, damals wie auch heute von einer anderen Kraft in Besitz genommen worden zu sein – von der Art, wie sie die Hindu-Weisen, die Raja-Yogis, nutzen. Sie behauptet sogar, dass die Schatten, die sie ihr Leben lang um sich gesehen hat, nicht die Geister oder Seelen von Toten seien, sondern Erscheinungen ihrer allmächtigen Freunde in ihren Astralleibern.
> Wie dem auch sein, welche Kraft auch immer die Phänomene hervorgebracht hat, sie ereigneten sich fortgesetzt während der ganzen Zeit, die meine Schwester und ich im Haus der Jakontows verbrachten, vor den Augen der Gläubigen wie der Ungläubigen, und verblüfften alle.[13]

Die einzigen Ausnahmen waren Peter von Hahn, Helenas Vater, und Leonid, ihr Bruder. Die Zweifel des Letzteren wurden eines Abends erschüttert, als das Esszimmer der Jakontows voller Gäste war. In Veras Worten, wenngleich etwas gerafft, spielte sich Folgendes ab:

> Unser Bruder war ein starker, muskulöser junger Mann, voll gepfropft mit lateinischer und deutscher Universitätsweisheit und glaubte bislang an niemanden und an nichts. Hinter dem Stuhlrücken seiner Schwester blieb er stehen und hörte ihren Schilderungen zu, wie gewisse Personen, die sich selbst als Medien bezeichneten, leichte Gegenstände so schwer machen konnten, dass es unmöglich war, sie hochzuheben; und wie sie andere, die von Natur aus schwer waren, bemerkenswert leicht machten.
> »Und du willst damit sagen, dass du das kannst?«, fragte der junge Mann in ironischem Ton.
> »Medien können das, und ich habe es gelegentlich auch gekonnt, obwohl ich nicht immer für ein Gelingen garantieren kann«, erwiderte Mme. Blavatsky kühl.

»Wollen Sie es nicht versuchen?«, fragte jemand im Zimmer; und unverzüglich begannen alle, sie darum zu bitten.

»Ich werde es versuchen«, sagte sie. »Aber ich bitte Sie, sich zu erinnern, dass ich nichts versprochen habe. Ich werde einfach diesen Schachtisch fixieren. Wer sich an dem Experiment beteiligen möchte, der soll ihn jetzt hochheben, und es dann *noch einmal versuchen*, nachdem ich *ihn fixiert habe.*«

»Willst du damit sagen, dass du den Tisch überhaupt nicht berühren wirst?«

»Warum sollte ich ihn berühren?«, fragte Mme. Blavatsky mit mildem Lächeln.

Auf diese außergewöhnliche Behauptung hin schritt einer der jungen Männer entschlossen auf den Schachtisch zu und hob ihn hoch, als sei er federleicht.

»In Ordnung«, sagte sie. »Nun lassen Sie ihn bitte stehen und treten Sie zurück.«

Die Anordnung wurde sofort befolgt, und eine tiefe Stille senkte sich auf den Kreis herab. Alle hielten den Atem an und beobachteten gespannt, was Mme. Blavatsky als Nächstes tun würde. Offensichtlich tat sie jedoch überhaupt nichts. Sie heftete lediglich ihre großen blauen Augen auf den Schachtisch und starrte ihn intensiv an. Dann, ohne den Blick abzuwenden, forderte sie schweigend mit einer Handbewegung den jungen Mann auf, den Tisch fortzunehmen. Er trat näher und packte voll Selbstvertrauen ein Tischbein. Der Tisch *ließ sich nicht bewegen!* Dann packte er ihn mit beiden Händen. Der Tisch blieb wie festgeschraubt auf dem Boden stehen. Der junge Mann wurde rot vor Anstrengung, aber es war alles umsonst!

Es gab großen Applaus. Der Jüngling, sehr verlegen, sagte langsam:

»Nun, das ist ein guter Witz!«

»Tatsächlich! Es ist wirklich ein guter Witz!«, sprach Leonid ihm nach. Ein misstrauischer Gedanke kam ihm in den Sinn: dass der junge Besucher sich insgeheim mit seiner Schwester verschworen haben könnte. »Darf ich es auch einmal versuchen?«, fragte er sie plötzlich.

»Aber bitte, mein Lieber«, antwortete sie lachend.

Ihr Bruder kam näher, lächelnd, und packte den Tisch am Bein. Doch das Lächeln verschwand unverzüglich von seinem Gesicht und wich einem Ausdruck stummen Erstaunens. Er versetzte ihm einen gewaltigen Tritt, aber der kleine Tisch rührte sich nicht einmal. Indem er seine mächtige Brust auf die Oberfläche presste, umarmte er ihn mit aller Kraft, um ihn anzuheben. »Wie seltsam!«, sagte er mit einem Ausdruck großer Verwunderung. Sich ihm mit ihrem gewohnten sorglosen Lachen zuwendend, sagte HPB: »Jetzt versuche es noch einmal.« Als er ihn nun vom Boden hob, verrenkte sich Leonid fast den Arm: Der Tisch war plötzlich federleicht![14]

Sinnett bemerkt dazu:

Madame Blavatsky hat erklärt, dass dieses Phänomen auf zweierlei Weisen erzeugt werden kann: erstens durch Anstrengung ihres eigenen Willens, der die magnetischen Strömungen so leitet, dass der Druck auf den Tisch derartig zunimmt, dass keine physische Kraft ihn je bewegen könnte; und zweitens durch das Eingreifen jener Wesen, mit denen sie in ständiger Kommunikation stand, und die – obwohl unsichtbar – imstande sind, den Tisch auch gegen die stärkste Gegenkraft festzuhalten.[15]

IM FRÜHJAHR 1859 begleiteten HPB und Vera ihren Vater auf einer Geschäftsreise nach St. Petersburg. Sie stiegen im >Hotel de Paris< ab. Die Vormittage waren mit geschäftlichen Angelegenheiten ausgefüllt, an den Nachmittagen und Abenden machten sie Besuche oder empfingen Gäste, und so blieb keine Zeit, an okkulte Phänomene zu denken.

Eines Abends erhielten sie den Besuch von zwei alten Freunden Peter von Hahns. Beide interessierten sich sehr für den Spiritismus und waren natürlich äußerst gespannt darauf, einige Phänomene zu sehen.

Vera berichtet:

> Nach ein paar gelungenen Phänomenen äußerten die Gäste ihr Erstaunen und ihr Entzücken und zerbrachen sich den Kopf, wie Madame Blavatskys Fähigkeiten zu erklären seien; ihres Vaters Indifferenz in dieser Hinsicht konnten sie nicht verstehen. Da saß er und legte in aller Ruhe seine *Grande Patience,* während sich rund um ihn so wundersame Ereignisse abspielten. Zur Rede gestellt, sagte er, das sei alles Unsinn. Diese Zurechtweisung ließ die beiden alten Herren jedoch ungerührt. Sie bestanden darauf, dass Oberst von Hahn ins Nebenzimmer gehe, eine Frage auf ein Stück Papier schreibe und es in seine Tasche stecke, ohne irgendjemanden sehen zu lassen, was auf dem Zettel stand.[16] Schließlich tat er, worum man ihn bat, kehrte dann zu seinen Karten zurück und versicherte seinen Freunden, anstatt an einen solchen Unsinn zu glauben, »wäre ich eher bereit, die Existenz des Teufels, von Undinen, Zauberern und Hexen für wahr zu halten. Sie dürfen mich dann als Insassen einer Irrenanstalt vorführen«.
>
> Mit Hilfe von Klopfzeichen und Alphabet ergab sich *ein Wort,* aber es war so seltsam, so absurd, als habe es offensichtlich keine Beziehung zu irgendetwas, das ihr Vater hätte geschrieben haben können, sodass wir, die wir alle einen komplizierten Satz erwartet hatten, einander ansahen: sollten wir es vorlesen oder nicht? Auf unsere Frage, ob das alles war, wurden die Klopfzeichen energischer: Ja! ... ja, ja, ja!!!

[Angesichts] unsrer Aufregung und unseres Flüsterns blickte Madame Bs Vater uns über den Brillenrand hinweg an und fragte: »Nun! Habt ihr eine Antwort bekommen? Es muss wohl etwas sehr Kompliziertes und Tiefgründiges sein!«

»Wir haben nur *ein* Wort, *Zaitchik.*«

Es war wahrhaftig sehenswert, welche Veränderung auf dem Gesicht des alten Mannes bei diesem *einen* Wort vorging. Er wurde leichenblass. Er zog das im Nebenzimmer von ihm beschriebene Papier aus seiner Tasche und reichte es wortlos seiner Tochter und den Gästen. Darauf stand geschrieben: »Wie lautete der Name meines Lieblingspferdes, das ich bei meinem ersten Feldzug gegen die Türken ritt?« Und darunter in Klammern die Antwort: »Zaitchik«.

Dieses eine Wort erzielte eine enorme Wirkung auf den alten Herrn. Wie es oft mit eingefleischten Skeptikern geschieht, stürzte er sich, nachdem er festgestellt hatte, dass tatsächlich *etwas dran war* an den Behauptungen seiner ältesten Tochter, und dass es nicht das Entfernteste mit Betrug oder Taschenspielertricks zu tun hatte, geradezu auf das Gebiet der Phänomene, mit dem ganzen Eifer eines Forschers aus Leidenschaft.[17]

Nachdem die Besucher uns verlassen hatten, verbreiteten sie überall, was sie mit angesehen hatten. Scharen von Leuten erschienen bei uns, die es selbst sehen wollten. Die geglücktesten Phänomene fanden in jenen Stunden statt, in denen wir allein waren – wenn es niemandem darauf ankam, Experimente oder sinnlose Tests zu machen, und wenn man niemanden überzeugen oder aufklären musste ... Ich erinnere mich noch gut daran, wie HPB während einer großen Abendgesellschaft, als verschiedene befreundete Familien von weither gekommen waren, um die Phänomene mitzuerleben, rein gar nichts gelang.* Doch kaum waren sie gegangen, schien sich das ganze Zimmer mit Leben zu füllen. Wir verbrachten den Rest des Abends und einen großen Teil der Nacht wie in dem verzauberten Palast einer Scheherazade.

Es ist weit leichter, die Phänomene aufzuzählen, die sich während dieser denkwürdigen Stunden *nicht* ereigneten, als die zu beschreiben, die sich tatsächlich einstellten. Als wir einmal beim Abendessen saßen, ertönten plötzlich

* Als das oben Erwähnte für Sinnett ins Englische übersetzt wurde, fügte HPB hinzu: »Einfach deshalb, weil sie erschöpft und angewidert war von dem ewig wachsenden Verlangen nach Phänomenen. Wie 1880 – so auch schon 1850 und 1860. Die Leute sind nie zufrieden mit dem, was sie bekommen, sondern verlangen immer nach mehr.« (Blavatsky, *Collected Writings,* Bd. 14, S. 479)

> laute Akkorde auf dem Flügel im Nebenzimmer. Er war verschlossen und stand so, dass wir ihn alle durch die weit geöffneten Türen sehen konnte. Und dann, auf den ersten Blick und den ersten Befehl von Madame Blavatsky, flog ihr Tabaksbeutel durch die Luft zu ihr, ihre Streichhölzer, ihr Taschentuch oder wonach sie sonst noch verlangte bzw. gebeten wurde, zu verlangen.
>
> Dann, als wir uns setzten, gingen plötzlich alle Lichter im Zimmer aus, die Lampe wie die Wachskerzen, als wäre ein Windstoß durch die Wohnung gefegt. Und als jemand schnell ein Streichholz anzündete, standen all die schweren Möbel, Sofas, Sessel, Tische auf dem Kopf, als hätten unsichtbare Hände sie geräuschlos umgedreht ...[18]

Wie HPB später erläutern sollte, trifft die Beschreibung »unsichtbare Hände« genau zu. Die Hände und Arme ihres eigenen Astralleibs waren am Werk gewesen.[19] Der Astralleib vermag sich angeblich einige Meter von seinem physischen Gegenstück zu entfernen ...

Die Angelegenheiten, welche die Familie nach St. Petersburg geführt hatten, waren abgeschlossen, und sie zogen nach Rugodewo, ein vor kurzem von Veras verstorbenem Mann erworbenes Dorf. Hier blieb HPB für etwa ein Jahr.

Darüber berichtet Vera:

> Nachdem wir uns in meinem Dorf niedergelassen hatten, schien es uns, als hätten wir eine magische Welt betreten. Allmählich gewöhnten wir uns so sehr an die unerklärlichen Bewegungen der Möbel und daran, dass Dinge von einem Platz zum anderen transportiert wurden, ebenso wie an das Eingreifen einer unbekannten, jedoch *rationalen* Kraft in unseren Alltag, dass wir sie bald als etwas ganz Gewöhnliches zu betrachten begannen; häufig schenkten wir Dingen, die andere Leute wie Wunder beeindruckten, nur geringe Aufmerksamkeit. Gewohnheit wird tatsächlich zur zweiten Natur! ...
>
> Eines Morgens kam Vater mit einem sonderbaren Ausdruck im Gesicht zum Morgentee herunter. Ich erschrak, ihn so blass und verstört zu sehen, als wäre er krank, doch er beruhigte mich. »Ich bin nicht krank, aber ich bin ganz aus der Fassung. Ich habe die ganze Nacht nicht geschlafen. Kaum war ich ins Bett gegangen, *kam deine Mutter ins Zimmer.* Ganz plötzlich sah ich sie, wie sie mich anblickte, zärtlich und liebevoll. Ich setzte mich auf und war drauf und dran, aufzuspringen zu ihr, aber sie erhob die Hand und bat mich, sie nicht zu berühren ... Die Stimme, das Gesicht, ihr Ver-

halten, all das war sie. Sogar die Gewohnheit, beim Sprechen ein wenig die Stirn zu kräuseln!«

Er sagte, er könne sich an jedes Wort ihres Gespräches entsinnen, weigerte sich aber, uns mitzuteilen, was sie gesagt hatte. Mehrmals äußerte er später den Wunsch, sie noch einmal zu Gesicht zu bekommen, doch es geschah nie wieder.[20]

Das ruhige Leben der Schwestern in Rugodewo fand dadurch ein Ende, dass Madame Blavatsky schwer erkrankte. Vor Jahren, vermutlich auf ihren einsamen Reisen durch die asiatischen Steppen, hatte sie eine Wunde davongetragen. Wir konnten nie erfahren, wie das passiert war. Es genügt mitzuteilen, dass die tiefe Wunde sich gelegentlich wieder öffnete und sie in dieser Zeit qualvolle Schmerzen erleiden musste, oft begleitet von Krämpfen und todesähnlicher Trance. Dieser Krankheitszustand pflegte drei bis vier Tage zu dauern. Dann heilte die Wunde ebenso plötzlich wieder zu, wie sie sich geöffnet hatte, als hätte eine unsichtbare Hand sie geschlossen, und es blieb keine Spur ihrer Erkrankung zurück. Doch die erschrockene Familie, die zunächst nichts von dieser seltsamen Sache wusste, war außer sich vor Sorge. Sie schickten nach einem Arzt aus der benachbarten Stadt, doch erwies sich dieser als wenig nützlich, nicht so sehr, weil er kein Chirurg war, als vielmehr, weil ein bemerkenswertes Phänomen ihn nahezu handlungsunfähig machte – durch das schiere Entsetzen über das, was er hier miterlebte. Kaum hatte er die Wunde der bewusstlos vor ihm liegenden Patientin untersucht, erschien eine große dunkle Hand zwischen seiner eigenen Hand und der Wunde, als er sie gerade behandeln wollte. Die klaffende Wunde war nicht weit vom Herzen entfernt und die Hand bewegte sich mehrmals langsam zwischen Hals und Taille hin und her. Sein Schrekken wurde noch größer, als plötzlich in dem Zimmer ein fürchterliches Getöse ausbrach, ein Chaos von Geräuschen, von der Decke her, vom Fußboden, von den Fensterscheiben und von jedem einzelnen Möbelstück in der Wohnung, sodass er die Familie beschwor, ihn nicht mit der bewusstlosen Patientin im Zimmer allein zu lassen.[21]

Nachher, als HPB wieder gesund war, schrieb der Doktor das Erscheinen der dunklen Hand der schlechten Beleuchtung im Zimmer und dem flackernden Kerzenlicht zu, was noch monatelang allgemeines Gelächter im Lande hervorrief.

◆

Vera schreibt weiter: »Im Frühjahr 1860 reisten die beiden Schwestern von Rugodewo in den Kaukasus, um ihre Großeltern zu besuchen... Während der dreiwöchigen Reise von Moskau nach Tiflis ... kam es zu mancher seltsamen Manifestation«; sie meinte indes, die außergewöhnlichste habe »in Zadonsk [stattgefunden], ... einem Wallfahrtsort, wo die Gebeine des heiligen St. Tilhon aufbewahrt werden«. Was auch immer vorgefallen war, es wurde von der russischen Zensur unterdrückt, die eine Veröffentlichung in *Die Wahrheit über H.P. Blavatsky* verbot. Zum Glück wurde die Schilderung aus Veras Originalmanuskript gerettet, als Sinnett sein Werk *Incidents* vorbereitete. Hier folgt, was der Zensor gestrichen hatte:

> [In Zadonsk] machten wir eine Ruhepause, und es gelang mir, meine faule Schwester dazu zu bewegen, mich zur Messe in die Kirche zu begleiten. Wir erfuhren, dass an jenem Tag die Messe in der Nähe besagter Reliquien gehalten werde, und zwar von [einem der drei »Päpste« Russlands,] dem Metropoliten von Kiew, dem berühmten und gelehrten Isidor, den wir beide aus unserer Kindheit in Tiflis gut kannten, wo er ... geistlicher Führer aller Erzbischöfe sowie Oberhaupt der Kirche Georgiens gewesen war ... Während des Gottesdienstes erkannte der ehrwürdige alte Mann uns wieder und schickte sogleich einen Mönch zu uns mit der Einladung, ihn im Haus des Erzbischofs zu besuchen. Er empfing uns mit großer Herzlichkeit. Kaum hatten wir uns im Empfangsraum des Heiligen Metropoliten niedergelassen, begann wieder der Spuk, mit Geräuschen und lautem Klopfen; von allen Seiten brach es plötzlich über uns herein und in einer selbst für uns ungewohnten Lautstärke. In jedem Möbelstück in dem großen Audienzzimmer krachte und hämmerte es; von dem riesigen Kronleuchter unter der Decke, wo jeder Kristallzapfen ein Eigenleben zu entwickeln schien, bis hinab zu dem Tisch und den Ellbogen Seiner Heiligkeit, die er darauf stützte, bebte und zitterte alles. Es erübrigt sich zu berichten, wie verwirrt und verlegen wir dreinschauten, obwohl, um die Wahrheit zu sagen, der Verlegenheit meiner respektlosen Schwester Helena Grenzen gesetzt waren durch einen stärkeren Ausdruck von Vergnügen, als mir lieb war. Der scharfsinnige Metropolit Isidor erkannte auf den ersten Blick unsere Verwirrung und war sich sofort über ihre wahre Ursache klar. Über die so genannten »spirituellen« Manifestationen war er durch Lektüre ganz gut im Bilde, und als er einen der riesigen Lehnstühle auf sich zugleiten sah, lachte er und zeigte sich durchaus an diesem Phänomen interessiert.

Nachdem er sich vergewissert hatte, welche der beiden Schwestern »solch seltsame Macht hat«, erbat sich der Metropolit von HPB die Erlaubnis, ihren »Unsichtbaren« eine ernsthafte Frage stellen zu dürfen. Die Antwort fiel so sachgerecht aus, dass er das Gespräch über Stunden ausdehnte und dabei, in Veras Worten, durchweg »seinem tiefen Erstaunen über deren >Allwissenheit< Ausdruck gab«.[22]

Jahre später wiederholte Vera diese Geschichte in einem auf Russisch geschriebenen, knappen Bericht über HPBs Leben, und diesmal entging sie dem wachsamen Auge des Zensors. Sie schrieb:

> Isidor segnete meine Schwester und gab ihr Ratschläge im Hinblick auf die ungewöhnliche Gabe, die ihr geschenkt worden war, und er fügte Worte hinzu, die sie für immer als Ansicht eines erleuchteten Priesters der orthodoxen Kirche durchs Leben begleiteten. Er sagte: »Es gibt keine Kraft, die nicht von Gott ist! Solange du diese Gabe nicht missbrauchst, musst du dir keine Sorgen machen. Gibt es nicht viele unerklärliche Kräfte in der Natur? Es ist dem Menschen nicht verboten, sie kennen zu lernen. Mit der Zeit werden sie alle von uns beherrscht und zum Wohl der Menschheit genutzt werden. Gott möge dich segnen für alles Gute und Menschenfreundliche, das du tust ... «[23]

NACHDEM SIE IM Frühjahr in Tiflis eingetroffen war, blieb HPB ein Jahr bei den Fadejews; doch das Zusammensein mit ihrer geliebten Großmutter nahm im August ein Ende, als die große alte Dame starb.

Einen faszinierenden Einblick in das Leben in diesem Haushalt vermittelt uns ein damals häufig anwesender Gast, General P. S. Nikolajew:

> Sie lebten in dem uralten Wohnsitz des Fürsten Tschawtschawadse, einem Gebäude von besonderem Reiz, das die Epoche Katharinas der Großen heraufbeschwor. Eine lange, düstere Halle mit den Familienporträts der Fadejews und der Fürsten Dolgorukow; dann der Empfangsraum, dessen Wände mit Gobelins bedeckt waren, ein Geschenk der Kaiserin Katharina an den Fürsten Tschawtschawadse; hieran grenzten die Räume Nadja A. Fadejews, die selbst schon ein bemerkenswertes Museum darstellten und eine sehr seltene und kostbare Bibliothek beherbergten.
> Die Aufhebung der Leibeigenschaft änderte nichts am Lebensstil der Fadejews, die enorme Anzahl an Bediensteten, die weiter bei ihnen angestellt blieben, sorgte dafür, dass alles so blieb wie einst – komfortabel und üppig. Gern verbrachte ich die Abende bei ihnen. Viertel nach elf pflegte der [Großvater] sich zurückzuziehen ... Das Abendessen wurde dann in den Salon gebracht, die Türen fest verschlossen, und dann begann eine lebhafte Konversation. Manchmal wurde die zeitgenössische Literatur analysiert oder die derzeitigen russischen Lebensprobleme; ein andermal lauschte man den Erzählungen eines weit Gereisten oder dem Bericht irgendeines sonnengebräunten Offiziers, der gerade vom Schlachtfeld kam ... oder aber Radda-Bai (Helena Petrovna Blavatsky, Enkelin des A. M. von Fadejew), die stürmische Episoden ihres Lebens in Amerika aus ihrer Erinnerung hervorkramte.

Zeitweise nahm die Unterhaltung eine Wende zum Mystischen; Radda-Bai schien unsichtbare Präsenzen anzuziehen: »Die Kerzen brannten niedriger, die Figuren auf den Wandbehängen schienen lebendig zu werden; es wurde einem unheimlich zumute, während sich der östliche Himmel bereits vor dem dunklen Hintergrund der südlichen Nacht zu lichten begann.«[24]

HPB ging eine Weile nach Zugdidi und Kutais, wonach sie zurückkehrte und ein weiteres Jahr bei ihrem Großvater lebte.[25] Sie bestritt ihren Unterhalt mit den verschiedensten kommerziellen Unternehmungen. Vera berichtet, dass ihre Schwester »eine Meisterin im Handarbeiten war und sehr geschickt darin, künstliche Blumen herzustellen«. Sie fügt hinzu:

> Um diese zu verkaufen, eröffnete sie eine erfolgreiche Werkstatt. Später befasste sie sich in größerem Rahmen mit dem Flößen von Walnussstämmen ins Ausland; dazu begab sie sich nach Mingrelien am Ufer des Schwarzen Meeres.* Dort kaufte sie sich ein Haus.
>
> Während dieser Zeit wurden ihre okkulten Fähigkeiten nicht schwächer, sondern jeden Tag mächtiger, und schließlich schien jede Art von Manifestation ihrem unmittelbaren Willen zu unterliegen. Man sprach von ihr im ganzen Land. Der abergläubische Adel Mingreliens begann bald in ihr eine Magierin zu sehen; von weit her kamen die Leute, um sich in privaten Angelegenheiten von ihr beraten [oder von ihr heilen] zu lassen. Seit langem hatte sie die Kommunikation durch Klopfzeichen aufgegeben und zog die weit schnellere und befriedigendere Methode der mündlichen oder schriftlichen Antwort vor.[26]

Als sie diesen Text für Sinnett übersetzte, fügte sie die faszinierende Erläuterung hinzu, auf welche Weise sie Gedanken lesen konnte. In der dritten Person schrieb sie:

> Es geschah stets bei vollem Bewusstsein und einfach durch Beobachtung der Gedanken der Leute, die *spiralförmig,* als leuchtender Rauch aus ihren Köpfen aufzusteigen schienen, manchmal aber auch als Strahlen aus glänzendem Material ..., die sich dann in deutlichen Bildern und Gestalten niederschlugen. Oft fanden sich die jeweiligen Gedanken und die Antworten darauf in ihrem eigenen Gehirn schon in Worten und Sätzen vorgeprägt, so wie es beim normalen Denken geschieht. Doch, so weit wir es verstehen

* Vera sagt weiter, dass »sie noch später, vermutlich in Odessa, an einer billigen Herstellungsmethode von Tinte beteiligt war, womit sie Erfolg hatte, wenngleich sie dieses Unternehmen wieder verkaufte».

> können, sind die erstgenannten Visionen stets zuverlässiger, da sie unabhängig, getrennt von ihren eigenen Eindrücken und der reinen Hellsichtigkeit zuzurechnen sind, nicht der »Gedankenübertragung« – einem Prozess, bei dem stets die Gefahr besteht, dass sich die eigenen, stärkeren geistigen Eindrücke mit den Gedanken des anderen vermengen.[27]

In Mingrelien zog sich HPB eine mysteriöse Krankheit zu: sie magerte nach und nach zu einem lebenden Skelett ab. Der ansässige Arzt verordnete ihre Rückkehr nach Tiflis. Nach der Reise in einem einfachen Boot auf dem Fluss Rion nach Kutais war sie bei ihrer Ankunft in Tiflis dem Tode nah. Vera berichtet:

> Über [ihre Krankheit] verlor sie zu niemandem ein Wort. Doch sobald sie wieder vollständig hergestellt war, verließ sie den Kaukasus. Schon vor ihrer Abreise im Jahr 1863 [1864] scheint sich die Art ihrer Kräfte völlig verändert zu haben.[28]
> ... Beinahe fünf Jahre lang hatten wir Gelegenheit, die verschiedenen und graduellen Veränderungsphasen von Helenas psychischer Macht zu verfolgen. In Pskow und Rugodewo war es oft vorgekommen, dass sie deren Manifestationen nicht zu kontrollieren oder gar zu unterbinden vermochte. Nachdem sie sie nun anscheinend jeden Tag besser zu meistern verstand sowie nach ihrer sonderbaren, langwierigen Erkrankung schienen sie ... völlig ihrem Willen zu unterstehen.[29]

Die fünf Jahre in Russland waren für Blavatsky eine Zeit intensiver Schulung. Jedoch nach der Federzeichnung zu urteilen, die hier folgt, scheint es auch leichtere Momente gegeben zu haben. Im April 1862 sah HPB im Opernhaus von Tiflis eine Aufführung von Gounods *Faust,* die erst vier Jahre zuvor in Paris ihre Uraufführung erlebt hatte. Zwei der führenden Sänger bei dieser Tifliser Inszenierung, Agardi und Teresina Mitrowitsch oder Metrowitsch, waren enge Freunde von HPB. Teresina spielte die Marguerite, und ihr Ehemann – damals ein berühmter Bass – den Mephistopheles.

Abb. 3, *Die Metrowitschs in »Faust«, 1862.*
(Archiv der Theosophischen Gesellschaft Adyar)

◆

2 Flucht ins Abenteuer

WIE DAMALS, als sie Tiflis vor mehr als einem Jahrzehnt verlassen hatte, spricht HPB wieder von Flucht, »weil ich krank am Herzen war und meine Seele Weite brauchte«. Die Langeweile des konventionellen Lebens in Russland und das Fehlen wahrer Freiheit waren es, die sie davontrieben.[30] Sie ging zuerst nach Odessa. Danach kann man die Reihenfolge ihrer Reisen nicht mehr mit Sicherheit feststellen, doch außer im Iran, in Syrien, im Libanon und in Jerusalem scheint HPB mehr als einmal in Ägypten, Griechenland und Italien gewesen zu sein. Es mag zu dieser Zeit gewesen sein, dass sie die Kabalah bei einem gelehrten Rabbi studierte. Mit ihm korrespondierte sie bis zu seinem Tod, und sein Porträt war ihr ein geschätztes Andenken.

1867 bereiste HPB einige Monate lang Ungarn und die Balkanländer. Die Städte, die sie besichtigte, wurden in ein Reisetagebuch eingetragen, das noch existiert.[31] Ihre letzten Stationen waren Venedig, Florenz und Mentana.[32] Nordöstlich von Rom gelegen, hat Mentana eine besondere historische Bedeutung: am 3. November 1867, während Italiens langem Kampf um seine Freiheit, war sie Schauplatz einer wichtigen Schlacht zwischen den Streitkräften Garibaldis, dem Befreier Italiens, und denen der Papisten und der Franzosen.

Als HPB sich acht Jahre später in New York aufhielt, erfuhr ein Reporter, dass sie an dieser Schlacht beteiligt gewesen war. Unter der Überschrift »Heroische Frauen« schrieb er:

> Ihr Leben war voller Wechselfälle, und der Bereich ihrer Erfahrungen erstreckt sich über die ganze Welt ... im Freiheitskampf focht [sie] unter der siegreichen Fahne Garibaldis. Sie gelangte zu Ruhm aufgrund ihres unerschütterlichen Mutes in vielen erbitterten Schlachten und wurde mit einer hohen Position im Stab des großen Generals ausgezeichnet. Sie ist noch immer von vielen Narben gezeichnet, die sie in diesem Kampf davontrug. Zweimal wurde ihr Pferd unter ihr weggeschossen, einem vorzeitigen Tod entging sie nur dank ihrer Kaltblütigkeit und ihrer beispiellosen Geschicklichkeit.

Alles in allem ist Madame Blavatsky
EINE ERSTAUNLICHE FRAU

Als HPB den Zeitungsausschnitt in ihr Notizbuch einklebte, schrieb sie folgende Worte daneben: »Jedes Wort ist *gelogen.* Niemals gehörte ich zu >Garibaldis Stab< ...« An Sinnett schrieb sie: »Die Garibaldis (die Söhne) kennen als Einzige die Wahrheit, und außer ihnen noch ein paar wenige Garibaldi-Anhänger. Was ich getan habe, wissen sie nur zum Teil; sie wissen keineswegs alles.«[33] Bei anderer Gelegenheit bemerkte sie: »Ob man mich dorthin *gesandt* hat oder ich mich durch Zufall dort einfand, ist meine Privatsache.«[34] Einer der hartnäckigsten Kritiker Blavatskys, René Guenon, gesteht ein, dass ein hochrangiger Freimaurer, John Yarker (dessen Schriften HPB in *Isis* empfiehlt), »ein Freund von Mazzini und Garibaldi, Madame Blavatsky in deren Begleitung gesehen hat«.[35]

HPB berichtete Olcott, sie sei als Freiwillige mit einer Anzahl anderer europäischer Damen in Mentana gewesen. Er erinnert sich: »Um mir die Wahrhaftigkeit ihrer Geschichte zu beweisen, zeigte sie mir ihren linken Arm, der an zwei Stellen von einem Säbelhieb gebrochen war, und ließ mich eine Musketenkugel in ihrer rechten Schulter fühlen, die noch immer im Muskel steckte, sowie eine weitere in ihrem Bein.« Alles in allem wurde sie fünfmal verwundet und wie tot aus einem Graben gezogen. Olcott ist der Meinung, dass diese Todesnähe ein kritisches Stadium in ihrer Entwicklung darstellte, in dem sie in der Lage war, ihr äußeres Ich wirkungsvoller als Ausdrucksmittel für ihr inneres, höheres Selbst zu benutzen.

Anfang 1868, offensichtlich von ihren Wunden geheilt, hielt sich HPB in Florenz auf. Dann durchquerte sie Norditalien auf dem Weg in den Balkan, wo sie, ihrem Bericht zufolge, einige Zeit damit verbrachte, auf Anweisungen ihres Lehrers zu warten. Schließlich erhielt sie Bescheid, sich über Konstantinopel nach Indien zu begeben.[36] Anschließend reiste sie ins östliche Tibet. Diese Reise wird als ihr erster längerer Aufenthalt in jenem geheimnisvollen Reich bezeichnet.

ALS HPB ZUM ERSTEN MAL mit ihrem Lehrer in London zusammentraf, im Jahr 1851, hatte er ihr gesagt, dass sie – zur Vorbereitung auf ein Werk, das er gerade in Angriff nehmen wollte und wobei er ihre Mitarbeit brauchte – drei Jahre in Tibet verbringen müsse. In einem Brief an einen Fragesteller, der wissen wollte, warum sie dorthin geschickt worden sei, antwortet HPB:

> *Ehrlich gesagt, es ist absolut nicht nötig, nach Tibet oder Indien zu reisen, um etwas zu erwerben, »das in jeder menschlichen* Seele *verborgen ist«. Will man jedoch den höchsten Grad des Wissens und Könnens erreichen, so braucht man nicht nur viele Jahre harten Studiums unter der Führung einer überlegenen Intelligenz und eine Kühnheit, die sich keiner Gefahr beugt, sondern ebenso viele Jahre der Zurückgezogenheit in relativer Einsamkeit sowie das ausschließliche Zusammensein mit Studierenden, die das gleiche Ziel verfolgen, in einer Gegend, wo die Natur selbst, wie der Novize, absolute und ununterbrochene Ruhe, wenn nicht gar Schweigen bewahrt; wo die Luft Hunderte von Meilen im Umkreis frei ist von allen verpesteten Ausdünstungen; wo die Atmosphäre und der menschliche Magnetismus absolut rein sind und – kein tierisches Blut vergossen wird.*[37]

Selbst in abgelegenen Teilen Chinas existieren solche Orte, wenn man dem folgenden Brief glauben darf. Die Theosophische Gesellschaft Adyar erhielt ihn neun Jahre nach HPBs Tod. Er wurde im August 1900 in der Zeitschrift *The Theosophist* mit folgender Einführung veröffentlicht:

»Dank der Liebenswürdigkeit eines indischen Prinzen haben wir den an einen indischen Freund gerichteten Brief eines Gentleman aus Simla, der in China auf Reisen war. Dass er HPB erwähnt, macht ihn besonders interessant. Die Namen der übrigen Beteiligten haben wir weggelassen; der Originalbrief befindet sich in unserem Besitz.«

Rung Jung
Mahan, China,
1. Januar 1900

Mein Liebe –,

Dein Brief, den du mir durch Seine Hoheit Prinz Raja Sanhib Hira Singh gesandt hast, erreichte mich, während ich das Spiti-Gebirge überquerte. Nun habe ich diese Berge hinter mir und befinde mich im Gebiet von Mahan, China. Dieser Ort ist unter dem Namen Rung Jung bekannt und liegt im Gebiet des chinesischen Kaiserreiches. Es gibt dort eine große Höhle, der Ort ist von hohen Bergen umgeben. Er ist der Lieblingsplatz der Lamas und der bevorzugte Aufenthaltsort der Mahatmas. Große Rishis haben ihn sich wegen seines Alters und seiner außerordentlich schönen Umgebung zum Ort der Sammlung erwählt. Der Platz ist zur Kontemplation höchst geeignet. Nirgendwo wird ein Mensch einen geeigneteren Ort zur geistigen Konzentration finden.

Der große Lama [hier ist] Kut te Hum, ... der Guru aller Lamas ..., seine Chelas [Schüler] befinden sich ebenfalls ständig in Meditation und versuchen, die Große Allgottheit in sich aufzunehmen. Aus dem Gespräch mit ihnen erfuhr ich, dass Madame Blavatsky diesen Ort besucht hat und hier eine Zeit lang meditierte. Zuvor hatte ich daran gezweifelt, dass sie hier angekommen wäre, doch alle meine Zweifel sind nun widerlegt, und über ihre Versenkung und Kontemplation an diesem geweihten heiligen Ort bin ich nun sicher. Die Lehre und Unterweisung [Updesha], die ich von diesen Lamas empfing, lassen erkennen, dass die Ansichten der Theosophischen Gesellschaft nicht bloß visionär und theoretisch sind, sondern praktikable Systeme darstellen ...

Ehe die Brahmanen ins heutige Indien hinabstiegen, lebten sie im hohen Norden, und laut HPB behaupteten sie, ihre Schriften, die Veden, wären an den Ufern des Manasarovar-Sees in Tibet zusammengestellt worden. *

Buddha selbst wurde in Kapilavastu geboren, im heutigen Nepal, einem Königreich, das an »das Dach der Welt« angrenzt, wie Tibet genannt wird. In den 2500 Jahren seit Buddhas Tod haben seine Anhänger seine Philosophie in ganz Asien und darüber hinaus verbreitet. Dabei hat sich eine große Zahl von Schulen herausgebildet, deren Praktiken und Deutungen sich erheblich von-

* Zusätzliche Informationen in H. P. Blavatsky, *Collected Writings*, hrsg. von Boris de Zirkoff (Wheaton, Illinois, The Theosophical Publishing House, 1950-91), Bd. III, S. 419; und: »Vedas«, in H. P. Blavatsky, *The Theosophical Glossary* (Los Angeles, California, The Theosophy Company, 1973), S. 361-63.

einander unterscheiden.[38] Zu den subtilsten und verwirrendsten Unterweisungen Buddhas gehört seine Lehre vom »Nicht-Selbst« (Anâtman), die besagt, dass es keine ewige, unveränderliche, von der Gesamtheit des Lebens abgesonderte Seele im Menschen gebe. Viele Menschen, zumal in der westlichen Welt, deuteten dies so, dass Buddha nicht an ein unsterbliches, von Leben zu Leben reinkarnierendes Ich geglaubt habe. Der vierzehnte Dalai Lama, das heutige Oberhaupt der tibetischen Buddhisten, erläuterte den Begriff bei seinem ersten Besuch in den USA in seiner Vorlesung an der Universität von Harvard am 17. Oktober 1979 folgendermaßen: ».... nach unserer eigenen Erfahrung ist es unzweifelhaft, dass das Selbst existiert ... Wenn wir totale Selbstlosigkeit unterstellen, dann könnte niemand Mitleid entwickeln.« Selbst im Nirvana, fügte er hinzu, »dauert das Kontinuum des Bewusstseins an ...«[39] Gleiches lehrte HPB.[40]

◆

Die übliche Argumentation gegen HPBs Aufenthalt in Tibet beruft sich darauf, dass dieses Land jahrhundertelang gegen Eindringlinge nach außen hin abgeschottet gewesen sei. Außerdem müsse man die riskanten Reisebedingungen in Betracht ziehen und die hohen Gebirgspässe, die überquert werden mussten. Wie sollte eine Frau allein das jemals überstehen?

Einige weniger bekannte Fakten werden sogleich den ersten Einwand entkräften. In seinem Buch *Tibet, Heiliger Raum,* zu dem der Dalai Lama eine Einführung geschrieben hat, vermerkt Lobsang Lhalungpa:

> Obwohl Tibet relativ isoliert war – seine Geschichte hatte es Fremden gegenüber wachsam gemacht, und Lhasa galt im Westen jahrhundertelang als »verbotene Stadt« –, stand es Nachbarvölkern stets offen und hat einen ununterbrochenen Strom von Besuchern, Pilgern und Händlern aus so fernen Ländern wie der Mongolei, China, Bhutan, Indien und Ladakh kommen und gehen sehen. Während der größeren buddhistischen Feste schwoll die Stadt auf mehr als die doppelte Einwohnerzahl an, da Zehntausende von Mönchen und Pilgern sich in der uralten Zitadelle drängten.[41]

HPB dürfte bei ihren Aufenthalten in Lhasa oder andernorts in Tibet mit ihrem mongolischen Gesicht und ihrer olivfarbenen Haut kaum aufgefallen sein.

Was das zweite Argument betrifft, hat HPB niemals behauptet, sie sei allein oder zu Fuß gereist, wie ihre Kritiker vermuten. Wahrscheinlich wurde sie von ihren Lehrern begleitet, die zu Pferde reisten. Heinrich Harrer berichtet in seinem Buch *Sieben Jahre in Tibet*, dass Frauen zu Pferde in Tibet ein ganz alltäglicher Anblick waren.[42] HPB selbst war eine exzellente Reiterin. Einer ihrer Lehrer schrieb an A. P. Sinnett: »Diejenigen, von denen wir wünschen, dass sie uns kennen lernen, finden uns direkt an der Grenze.« Andere, so bemerkte er, »würden uns nicht finden, selbst wenn sie mit einer Armee nach Lhasa zögen«.[43] Zudem ist es möglich, Tibet auf weniger strapaziösem Weg zu erreichen als auf dem über Land, wozu man Unmengen von Proviant und eine ausreichende Zahl einheimischer Träger braucht. Harrer reiste per Boot auf dem Indus. Darüber hinaus benötigte man auf diesem Weg längst nicht so viel Vorräte, da es hier überall Lebensmittelmärkte gibt.

Es sollte auch erwähnt werden, dass HPBs Lehrer keine Tibeter waren, sondern Inder. HPBs spezieller Guru, Mahatma Morya (gewöhnlich Meister M genannt) war im Punjab geboren, Mahatma Koot Hoomi (Meister KH) in Kaschmir. HPB berichtet in diesem Zusammenhang:

> *Jenseits des Himalaya* gibt es eine Gruppierung von Adepten unterschiedlicher Nationalitat, die dem Teshu [Panchen] Lama bekannt sind, mit dem sie zusammenwirken, und einige von ihnen leben bei ihm, bleiben aber ihrem wahren Wesen nach selbst den einfachen Lamas unbekannt – die in der Mehrzahl Ignoranten sind.*[44] *Dort halten sich mein Meister und auch KH und verschiedene andere auf, die ich kenne; sie kommen und gehen, und sie alle stehen mit den Adepten in Ägypten und Syrien und sogar in Europa in Verbindung.*[45]

Der Teshu bzw. Panchen Lama lebte in der Klosterstadt Tashilunpo, unweit von Shigatse, und anscheinend hat sich HPB zu Beginn ihres diesmaligen Aufenthalts in Tibet dorthin begeben. Lhasa liegt viel weiter von der indischen Grenze entfernt. Indes, ob man nach Lhasa oder nach Shigatse wollte, einige der Pässe, die überwunden werden mussten, waren mehr als 4500 m hoch, und die Reise dürfte extrem beschwerlich gewesen sein. Dennoch berichtet Sven Hedin, der große schwedische Erforscher von Tibet und Zentral-Asien, begei-

* »Jenseits des Himalaya« bezieht sich nicht unbedingt auf Tibet. HPB hat niemals behauptet, Tibet sei das *wichtigste* Hauptquartier der »Bruderschaft der vollendeten Adepten«. In der *Geheimlehre* verweist sie darauf, dass Tibet nur eine von vielen esoterischen Schulen vertritt, »deren Zentrum hinter dem Himalaya liegt und deren Einfluss bis nach China, Japan, Indien, Tibet und sogar Syrien und Südamerika reicht ...« *(Die Geheimlehre,* Studienausgabe, S. 64).

stert über seine Reisen durch die »großartigen Gebirgsriesen mit ihren schneebedeckten Gipfeln und Labyrinthen aus gewundenen Tälern«, die für ihn die erhabenste Szenerie der Welt darstellten:

> Wir drangen tiefer und tiefer vor in das Unbekannte und brachten eine Gebirgskette nach der anderen hinter uns. Und von jedem Pass aus entfaltete eine neue Landschaft ihre wilden, unwirtlichen Ansichten bis hin zu einem neuen, geheimnisvollen Horizont, einer neuen Silhouette von runden oder pyramidenförmigen Schneegipfeln. Wer sich vorstellt, dass solch eine Reise in völliger Einsamkeit und Verlassenheit langweilig und ermüdend sei, irrt. Kein Schauspiel könnte erhabener sein. Jeder Tagesmarsch, jede Meile führt zu Entdeckungen von ungeahnter Schönheit.[46]

So kann es nicht überraschen, dass HPB einst ausrief, sie würde lieber in einer Höhle in Tibet leben als in irgendeinem der so genannten zivilisierten Länder der Welt!

Wenn man Beweise für HPBs Aufenthalt in Tibet sucht, darf man nicht außer Acht lassen, dass ihre Kenntnis des tibetischen Buddhismus weit umfangreicher war als die der damaligen Öffentlichkeit oder selbst der westlichen Gelehrten. Dr. G. P. Malasekera, Gründungspräsident der >World Fellowship of Buddhists<, vermerkt unter »Blavatsky« in seiner monumentalen *Encyclopedia of Buddhism:* »Ihre Vertrautheit mit dem tibetischen Buddhismus sowie mit esoterischen buddhistischen Praktiken scheint über jeden Zweifel erhaben.«[47] Der japanische Philosoph und Lehrer D. T. Suzuki, der den Zen-Buddhismus in den Westen gebracht hat, war überzeugt, dass »Madame Blavatsky unzweifelhaft auf irgendeinem Wege in die tieferen Aspekte des Mahayana-Buddhismus eingeweiht worden war ... «[48] Was Suzukis Voraussetzungen für eine solche Bewertung betrifft, so konnte man 1966 anlässlich seines Todes im Alter von 95 Jahren in der *London Times* Folgendes lesen:

> Dr. Suzuki war eine bemerkenswerte Persönlichkeit auf dem Gebiet der orientalischen Philosophie, denn er war gleichzeitig ein Gelehrter von internationalem Rang, ein spiritueller Lehrer, der selbst die Erleuchtung erlangte, die weiterzugeben er bestrebt war, und ein Schriftsteller, der in mehr als zwanzig Büchern dem Westen Wesen und Ziel des Zen-Buddhismus erläuterte. Als Gelehrter war er ein Meister des Sanskrit wie auch der Übersetzung und Interpretation chinesischer buddhistischer Texte und zugleich

ein profunder Kenner des aktuellen europäischen Denkens in mehreren Sprachen.

Suzuki beeinflusste nicht nur die Zen-Generation, sondern auch viele Akademiker. In seinen Seminaren, die er Ende der 1950er Jahre an der Columbia Universität in New York hielt, gehörten zu seinen Studenten sowohl Psychoanalytiker und Therapeuten wie Erich Fromm und Karen Horney als auch Künstler, Komponisten und Schriftsteller.[49] Etwa fünfzig amerikanische Psychiater und Psychologen verbrachten im Sommer 1957 eine ganze Woche mit ihm. Ein Ergebnis dieser Konferenz war das Buch *Psychoanalyse und Zen-Buddhismus* von Fromm, Suzuki und DeMartino.

Im Zusammenhang mit Suzukis Verhältnis zu HPBs Schriften muss erwähnt werden, dass bis ins Jahr 1927, bis zum Erscheinen seiner ersten Essays, praktisch alle bislang im Westen bekannten und erforschten buddhistischen Schriften aus der Theravada-Schule des südlichen Buddhismus kamen. Infolgedessen war Dr. Suzuki, als er 1910 auf HPBs Übersetzung der *Stimme der Stille* stieß, starr vor Staunen. »*Die Stimme der Stille* sah ich zum ersten Mal in Oxford«, erzählte er später einem Freund. »Ich verschaffte mir ein Exemplar, sandte es an Mrs. Suzuki (damals noch Miss Beatrice Lane) an der Columbia Universität und schrieb ihr: ›Dies ist der wirkliche Mahayana-Buddhismus.‹«[50] Übrigens lehnen viele westliche Gelehrte *Die Stimme der Stille* ab, halten das Buch nicht für authentisch, weil sie nie Einblick in das Originalwerk nehmen konnten, dem es entstammt.

Ein weiterer Beweis für Suzukis hohe Wertschätzung für HPB ergab sich 1935 bei seinem Besuch in den USA. Boris de Zirkoff hatte bereits wegen einiger buddhistischer Schriften Kontakt zu Suzuki aufgenommen, und als er von dessen bevorstehendem Besuch erfuhr, arrangierte er über Nyogen Senzaki, einen buddhistischen Mönch und Lehrer in Los Angeles, einen Besuch Suzukis in seinem Büro im Internationalen Hauptquartier der Theosophischen Gesellschaft in Point Loma, Kalifornien. Als der japanische Philosoph den Raum betrat, fühlte er sich sofort von einem Bild HPBs angezogen, und nachdem er schweigend in Meditation davor verharrt hatte, wandte er sich seinem Gastgeber zu und sagte: »Sie war eine von denen, die das Ziel erreicht haben.«[51]

1993 erschien eine deutsche Ausgabe des Werkes *Die Stimme der Stille,* zu der der Dalai Lama, Friedensnobelpreisträger von 1989, das Vorwort schrieb.[52] Es lautet:

Ich begegnete Mitgliedern der Theosophischen Gesellschaft zum ersten Mal vor über 30 Jahren, als ich in Indien war, um an den Feierlichkeiten anlässlich der Geburt des Buddha vor 2500 Jahren teilnehmen. Seither hatte ich oft die Freude, mit Theosophen aus vielen Teilen der Welt Gedanken auszutauschen. Ihre spirituellen Bestrebungen bewundere ich sehr.
Ich glaube, dass Individuen gute Menschen sein können, auch wenn sie nicht unbedingt ein spirituelles Leben führen. Und ich respektiere das Recht eines jeden Einzelnen, nicht spirituell leben zu wollen oder an eine bestimmte Religion zu glauben. Andererseits war ich aber immer schon der Überzeugung, dass eine innere bzw. spirituelle Entwicklung dazu notwendig ist, größeres Glück für die Menschheit zu erreichen und um besser in der Lage zu sein, anderen zu helfen. Deshalb freue ich mich über meine langjährige Verbindung zu den Theosophen. Ebenso freue ich mich über diese jetzt erscheinende deutsche Ausgabe der *Stimme der Stille.* Ich glaube, dieses Buch wird dazu beitragen, viele ernsthaft Suchende und Strebende hinzuführen zur Weisheit und zum Mitleid des Bodhisattva-Pfades. Ich begrüße das Erscheinen dieser Ausgabe sehr und hoffe, dass sie auch vielen anderen Menschen von Nutzen sein wird (siehe Abb. 4, Seite 123).

Ebenfalls enthalten in der Studienausgabe ist eine Botschaft des neunten Panchen Lama (1883-1933), die er für eine englische Ausgabe der *Stimme der Stille* geschrieben hatte, die 1927 von der chinesischen >Gesellschaft für Buddhismus-Forschung< in Peking veröffentlicht wurde.[53] Die Botschaft, oder Sutra, wie sie im Sanskrit genannt wird, wurde vom Panchen Lama in tibetischer Kalligraphie niedergeschrieben.

Das auf Seite 124 (Abb. 5) abgedruckte Sutra hat der neunte Panchen Lama in tibetischer Schrift verfasst; auf seinen Wunsch hin wurde es in die chinesische Ausgabe von H. P. Blavatskys *Stimme der Stille* aufgenommen. Hier die Übersetzung:

Alle Lebewesen ersehnen Befreiung vom Leiden.
Daher suche nach den Ursachen des Leidens und vernichte sie.
Durch das Betreten des Pfades wird Befreiung vom Leiden erreicht.
Darum ermahne alle Lebewesen, den Pfad zu betreten.

(Die Stimme der Stille, Adyar-Studienausgabe 1993, S. 198).

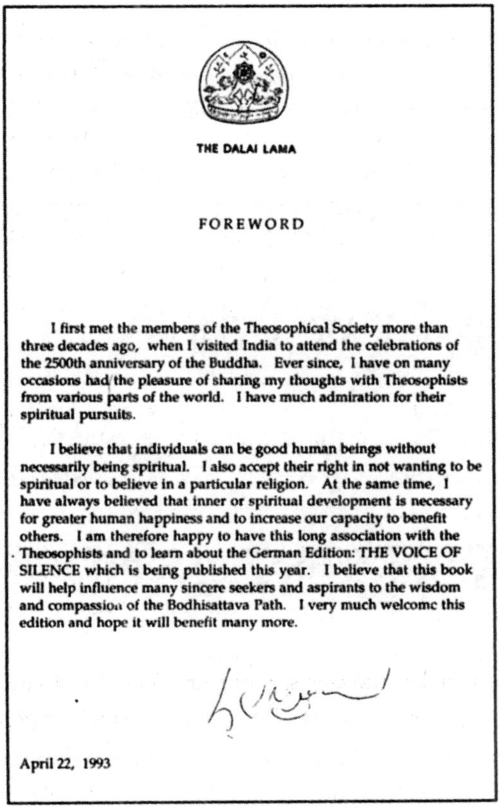

THE DALAI LAMA

FOREWORD

I first met the members of the Theosophical Society more than three decades ago, when I visited India to attend the celebrations of the 2500th anniversary of the Buddha. Ever since, I have on many occasions had the pleasure of sharing my thoughts with Theosophists from various parts of the world. I have much admiration for their spiritual pursuits.

I believe that individuals can be good human beings without necessarily being spiritual. I also accept their right in not wanting to be spiritual or to believe in a particular religion. At the same time, I have always believed that inner or spiritual development is necessary for greater human happiness and to increase our capacity to benefit others. I am therefore happy to have this long association with the Theosophists and to learn about the German Edition: THE VOICE OF SILENCE which is being published this year. I believe that this book will help influence many sincere seekers and aspirants to the wisdom and compassion of the Bodhisattava Path. I very much welcome this edition and hope it will benefit many more.

April 22, 1993

Abb. 4. Siegel und Unterschrift des 14. Dalai Lama im Vorwort zur deutschen Ausgabe der *Stimme der Stille.*

Aus dem Vorwort zur Ausgabe von 1927 geht hervor, dass diese auf Ersuchen des Panchen Lama erschien und dass seine Mitarbeiter gemeinsam mit mehreren chinesischen Gelehrten Madame Blavatskys Übersetzung aus dem Tibetischen überprüften und verifizierten. In diesem Vorort wird auch erwähnt, dass sie mehrere Jahre in Tashilunpo studiert hat und mit dem vorhergehenden Panchen Lama sehr gut bekannt war.

Es war wohl während dieses Aufenthaltes in Tibet, dass sie erstmals *Die Stimme der Stille* studiert hat. Im Vorwort schreibt sie:

Die folgenden Seiten sind dem »Buch der goldenen Regeln« entnommen, einem der Werke, die im Osten den Studierenden der Mystik in die Hand gegeben werden. Die Kenntnis dieser Regeln ist verbindlich in jener Schule, deren Lehrer von vielen Theosophen anerkannt werden. Weil ich daher viele dieser Regeln auswendig weiß, war ihre Übersetzung für mich verhältnismäßig leicht.

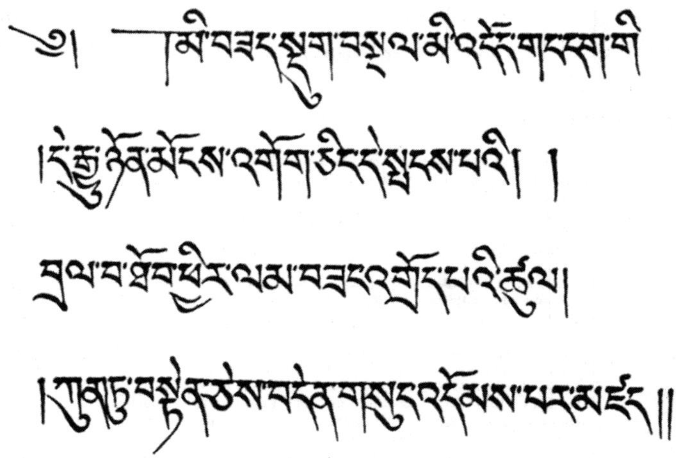

Abb. 5 (Die *Stimme der Stille,* Adyar-Studienausgabe, S. 199)

Das Werk, aus dem ich hier übersetze, gehört zu derselben Gruppe wie das, aus dem die »Stanzen« des Buches des Dzyan entnommen wurden, auf dem *Die Geheimlehre* beruht.
Der Urtext der »Regeln« ist in dünne, rechteckige Tafeln eingeritzt, Kopien davon sehr oft auf Scheiben. Diese Scheiben oder Tafeln werden im Allgemeinen auf den Altären der Tempel aufbewahrt, die zu Zentren der so genannten »kontemplativen« oder Mahâyâna-(Yogâchârya-)Schulen gehören. Sie sind verschieden beschriftet, bisweilen tibetisch, aber größtenteils in Ideographen ...
»Das Buch der goldenen Regeln« – von denen einige vor-buddhistisch, andere späteren Datums sind – umfasst etwa neunzig verschiedene kleine Abhandlungen. Von diesen habe ich vor Jahren neununddreißig auswendig gelernt. Um die übrigen zu übersetzen, müsste ich auf verstreute Notizen aus einer Unzahl von Papieren zurückgreifen, die sich in den vergangenen zwanzig Jahren angesammelt haben und nie geordnet wurden, also wahrlich keine leichte Aufgabe. Sie könnten auch keineswegs alle übersetzt und einer Welt übergeben werden, die zu selbstsüchtig und zu sehr an sinn-

> liche Dinge gebunden ist, als dass sie in irgendeiner Weise vorbereitet wäre, eine so erhabene Ethik im richtigen Geist aufzunehmen. Denn wenn ein Mensch nicht ernsthaft und mit Ausdauer nach Selbsterkenntnis strebt, wird er nie Ratschlägen dieser Art ein williges Ohr leihen ...
> Deshalb habe ich es für besser gehalten, eine sorgfältige Auswahl nur aus jenen Abhandlungen vorzunehmen, die für die wenigen wirklichen Mystiker in der Theosophischen Gesellschaft geeignet sind, und die ihren Bedürfnissen bestimmt entsprechen werden.

Madame Blavatsky hat mehr getan, als *Die Stimme der Stille* nur ins Englische zu übertragen. Sie versah den Text mit Anmerkungen und Kommentaren, um den Lesern dabei zu helfen, die Lehren zu verstehen und anzuwenden.

Es ist jetzt etwa zehn Jahre her, dass Freunde der Autorin, Jerome und Roseva Muratore, den tibetischen Lama Geshe * Lozang Jampsal in ihr Haus in New Jersey einluden. Vor seiner Flucht aus Tibet hatte er in Tashilunpo gelebt und studiert. Der Lama war Rosevas Lehrer für Sanskrit an der Columbia Universität. Im Verlauf seines Besuches legten die Muratores ihm *Die Stimme der Stille* vor und lenkten seine Aufmerksamkeit besonders auf die Fußnoten und Anmerkungen. Er war wie elektrisiert – offen zeigte er seine Überraschung, dass solche Informationen im Westen vorlägen. In Bezug auf HPB meinte er: »Sie muss ein *Bodhisattva* sein.« **

*»Geshe« ist ein akademischer Titel tibetischer Lamas, die einen besonders hohen Grad ihrer buddhistischen Studien erreicht haben.

**Ein »Erleuchtungswesen«; ein Mensch, der »durch die systematische Ausübung der Tugendvollkommenheiten ... die Buddhaschaft anstrebt, jedoch so lange auf das Eingehen ins vollständige Nirvana verzichtet, bis alle Wesen erlöst sind. Die sein Handeln bestimmende Eigenschaft ist das Erbarmen ..., getragen von höchster Einsicht und Weisheit ...« (F. K. Ehrhard und I. Fischer-Schreiber, *Das Lexikon des Buddhismus,* München 1986)

VON DIESEN BEWEISEN ihrer Kenntnis des tibetischen Buddhismus wenden wir uns weiteren Zeugnissen zu, die möglicherweise HPBs Tibetaufenthalt nachweisen können. Zuerst ein Bericht von Margaret Cousins, die sich Ende der 1920er Jahre für ihre Untersuchung der etwa 4600 m über dem Meeresspiegel gelegenen Tempelhöhle von Amarnath im Himalaya hohe Anerkennung erwarb. In ihrem Artikel »A Pilgrimage in the Himalayas« sind die großartigen Landschaftserlebnisse mit einer solchen Intensität des Gefühls beschrieben, dass man bedauert, ihn in den Seiten eines alten Magazins begraben zu sehen.[55] In einer späteren Ausgabe stand:

> Als Mrs. Cousins wieder sicher nach Srinagar, der Hauptstadt Kaschmirs, zurückgekehrt war, wurde sie von einem prominenten *Sadhu* (spiritueller Lehrer), der sich damals in Srinagar aufhielt, eingeladen, ihn zu besuchen. Er war tief beeindruckt von dem Mut einer Frau, die es fertig gebracht hatte, eine solch lange und gefahrvolle Reise nahezu allein und außerhalb der für Pilgerfahrten üblichen Jahreszeit zu unternehmen. Im Lauf des Gespräches, das sich um Religion, Philosophie und Kunst drehte, fragte Mrs. Cousins den *Sadhu,* ob er noch andere Europäer kenne, die in die abgelegensten Gegenden des Himalaya vorgedrungen und mit der Weisheit der großen Rishis in Berührung gekommen seien. »Ich habe nur von sehr wenigen gehört«, lautete die Antwort, »da diejenigen, die ins Gebirge reisten, nicht unbedingt auf der Suche nach Höherem waren und weder physisch noch geistig genügend vorbereitet waren.«

Dann fiel ihm ein, dass es »in den ersten Jahren seiner Zurückgezogenheit im Himalaya einer Frau gelungen war, die erhabenen Lehrer zu finden und die >Alte Weisheit< zu erlernen. Schließlich fiel ihm ein, dass sie keine Engländerin, sondern eine Russin gewesen sei, und zu guter Letzt erinnerte er sich auch an ihren Namen – Blavatsky. Er hatte sie nicht selbst getroffen, doch er hatte andere Asketen über ihre Leistungen sprechen hören«.[56]

Ein völlig anderer Nachweis für HPBs Aufenthalt in Tibet beruht auf einem Experiment, das der prominente Theosoph und Arzt Dr. Franz Hartmann 1886 in Österreich unternahm. Das Experiment wurde mit Hilfe einer Hellseherin durchgeführt, einer Deutschen, die einst in Hartmanns Elternhaus gedient hatte. Zufällig hatte er diese Frau bei seiner Rückkehr nach Österreich wiedergetroffen, nachdem er ein Jahr lang im Hauptquartier der Theosophischen Gesellschaft in Adyar (Indien) verbracht hatte. Sie führte ihn in ihr Haus, wo sie eine medizinische Armenpraxis betrieb. Hartmann, ein erfahrener Arzt, stellte fest, dass die Frau die erstaunliche Fähigkeit besaß, Krankheiten aufgrund ihrer Hellsichtigkeit bei Untersuchung des Urins der Patienten zutreffend zu diagnostizieren. Die erkrankten Organe wurden ihr optisch sichtbar. Wenn sie ihre Hände auf Hartmanns Wirbelsäule legte, dann konnte er diese Fähigkeit mit ihr teilen. Er schrieb einen Bericht über ihre Tätigkeit, »Clairvoyant Medical Diagnosis« *(The Theosophist,* Februar 1887, S. 291-92). Was speziell in diesem Zusammenhang interessiert, ist in dem Artikel »Psychometrical Experiment« *(The Theosophist,* März 1887, S. 354-58) enthalten, dem wir das Folgende entnehmen:

> Mein letzter Bericht galt den hellsichtigen Fähigkeiten einer deutschen Bauersfrau, die in einem Vorort von Kempten wohnt. Nachdem ich ihn zur Post gebracht hatte, kam mir plötzlich die Idee, dass man ihre psychometrischen Kräfte auch anhand von Briefen testen könnte. Deshalb reiste ich zu ihr, bewaffnet mit folgenden Dokumenten:
> 1. einem Brief von Mrs. Rhoda Batchelor aus Ootacamund (Indien).
> 2. einem Brief von Col. H. S. Olcott (aus Adyar, Madras).
> 3. einem Brief von der Gräfin Wachtmeister aus Ostende (Belgien).
> 4. einem »okkulten« Brief, der vermutlich von einem Adepten stammte und der weder eine Briefmarke trug noch sonst irgendeinen Hinweis auf den Ort seiner Entstehung.
> Ich gab der Frau den Brief Nr. 1 und bat sie, ihn an die Stirn zu legen, sich völlig still und passiv zu verhalten, an nichts zu denken und mir nach einer Weile zu sagen, was sie sah. Sie glaube nicht, dass sie etwas sehen werde, meinte sie; sie habe noch nie von einem solchen Experiment gehört. Doch sei sie bereit, es zu versuchen.
> Nach kurzer Zeit begann sie, ein kleines Landhaus mit einer Veranda zu beschreiben, das am Abhang eines Hügels stehe und an einer Ecke ein Zimmer mit einem Erkerfenster habe. Sie beschrieb die Möbel in diesem Zim-

mer und die Bäume, die man von der Veranda aus sehen könne, eine Art, die hier nicht heimisch sei, aber eine entfernte Ähnlichkeit mit Pappeln habe. Kurz, nach der Beschreibung konnte ich ohne weiteres das Haus von Mrs. Batchelor, genannt *The Laurels,* in Ooty erkennen, mitsamt den *Eukalyptusbäumen* nahebei. Auch eine Dame in einem grauen Kleid beschrieb sie, doch war sie mir nicht bekannt.
Dann reichte ich der Frau den Brief Nr. 2 von Col. Olcott. Ich nahm an, dass er diesen Brief in seinem privaten Zimmer geschrieben hatte, und wenn Gedankenübertragung die Ursache für diese psychometrische Bildersicht war, hätte sie mir jenes Zimmer beschreiben müssen. Stattdessen schilderte sie eine weite, hohe Halle mit Säulen und Bänken, die in etwa der Eingangshalle des [Theosophischen] Hauptquartiers in Adyar glich. Ferner konnte sie die Kieswege, die Bäume und den Fluss mit erstaunlicher Genauigkeit beschreiben und sprach von einem Nebenzimmer, wo »ein Mann mit Bart« saß und schrieb, und unweit dieses Ortes, zum Fluss hin, sah sie einen »Käfig«, dessen Zweck weder sie noch ich bestimmen konnte.

An diesem Punkt hatte Olcott, als Herausgeber der Zeitschrift *The Theosophist,* Hartmanns Artikel folgende Fußnote hinzugefügt: »Da die Lage des Käfigs als >zum Fluss hin< angegeben wird, bezieht sich diese Beschreibung vielleicht auf einen Stapel jener eigenartigen einheimischen Leitern, die beim Bau der neuen Sanskrit-Bibliothek verwendet worden waren und tatsächlich eine Zeit lang so am Ufer gestapelt waren, dass sie einem Käfig ähnelten; von diesem zufälligen Arrangement konnte Dr. Hartmann natürlich nichts wissen.«

Bei Hartmann heißt es weiter:

Als Nächstes war der Brief der Gräfin Wachtmeister an der Reihe. Ich erhielt eine sehr zutreffende Beschreibung der »blonden, blauäugigen« Gräfin sowie einer anderen »stattlichen und außerordentlich gut aussehenden älteren Dame«, in der ich ohne weiteres Madame Blavatsky erkannte. Ferner beschrieb die Frau das Haus, in dem diese Damen wohnten, erzählte von einer großen Menge von Manuskripten »in irgendeiner fremden Sprache« und schilderte die Möbel in den Räumen. [HPB arbeitete damals an der *Geheimlehre.*] Darüber hinaus sprach sie bemerkenswerterweise von mehreren Statuen und Büsten, die im ganzen Haus verteilt waren – ein

Umstand, den ich zurzeit nicht verifizieren kann, da ich nie in Ostende gewesen bin und das betreffende Haus nicht kenne.

Hier fügte Dr. Hartmann eine Anmerkung ein: »Nachdem ich dies geschrieben hatte, erhielt ich auf meine Anfrage von der Gräfin folgende Antwort: ›Die Frau hat ganz Recht – ich habe sehr viele Skulpturen in meinem Haus.‹«

Das entscheidende Experiment, das Hartmann Sorge machte, betraf den Brief des Adepten. War er echt? Gab es sie wirklich, die Meister der Weisheit? Hartmann berichtet weiter:

Diesen Brief hatte ich rein zufällig aus meinem Briefkorb mit Briefen ähnlicher Art herausgegriffen. Im Anschluss an das Experiment fand ich heraus, dass es sich um jenen Brief handelte, den ich einmal in Adyar auf meinem Schreibtisch fand, wo noch eine Minute zuvor überhaupt kein Brief gelegen hatte ...
Nun überreichte ich ihr diesen *»okkulten Brief«*, das Herz voll düsterer Vorahnungen. Sofort stieß sie einen Überraschungsschrei aus, voll Verwunderung und Freude. »Ah – was ist das? So etwas Schönes habe ich in meinem Leben noch nie gesehen!«

Hier folgt Hartmanns Wiedergabe der Schilderung der Frau, wobei lediglich ein paar unbedeutende Details fehlen:

»Ich sehe eine hohe, künstlich errichtete Erhebung oder einen Hügel, auf dem ein Gebäude steht, das wie ein *Tempel* aussieht, mit einem hohen *chinesischen* Dach. Der Tempel ist strahlend weiß, als wäre er aus Marmor, und das Dach ruht auf drei Säulen. An der Spitze des Daches sitzt eine strahlende Sonne – doch nein, es sieht nur so aus wie eine Sonne, es scheint eine Art Tier zu sein. Ich weiß nicht, wie ich es beschreiben soll; noch nie zuvor habe ich so etwas gesehen, aber es strahlt wie eine Sonne.
Da ist ein schöner Weg aus glatten Steinen und Stufen, die zum Tempel hinaufführen, und ich gehe hinauf. Da – der Boden ist ein See, in dem sich die Sonne auf der Spitze des Daches spiegelt. Nein – das stimmt nicht. Es ist kein Wasser, es ist eine Art gelblicher Marmor, der wie ein Spiegel glänzt. Nun sehe ich es deutlich! Es ist ein viereckiger Marmorfußboden mit einem dunklen runden Fleck in der Mitte. Es ist alles so schön. Es sieht ein bisschen aus wie die *Walhalla* bei Regensburg.

Nun bin ich in dem Tempel drin. Ich sehe zwei Herren, die etwas an der Wand betrachten. Der eine ist ein sehr fein aussehender Gentleman, ist aber ganz anders gekleidet als die Leute hierzulande. Er trägt ein loses, fließendes, rein weißes Gewand, die Spitzen seiner Schuhe sind nach oben gebogen. [Wie erwähnt, waren HPBs Lehrer Inder, keine Tibeter.] Der andere ist kleiner und kahlköpfig. Er trägt einen schwarzen Mantel und Silberspangen (Ornamente?) an seinen Schuhen.
Sie sehen sich ein Bild an der Wand an. Es stellt eine Vase mit tropischen Pflanzen dar; etwas wie Feigenkaktusblätter, aber anders als alle Feigenkakteen, die ich kenne. Die Vase ist kein Bild, sondern real. Erst dachte ich, sie wäre gemalt. Sie steht in einer Ecke und ist mit Ornamenten verziert.
An der Wand sind einige Malereien und Zeichnungen. Unter der Decke, da wo das Dach anfängt, ist ein Feld oder eine Tafel mit seltsamen Figuren darauf. Manche sehen wie eine 15 aus, eine wie ein V, andere wie kleine Vierecke und Chiffren. Dazwischen alle möglichen Verzierungen, die wie Zahlen aussehen, was sie aber wohl nicht sind – eher schon seltsame Buchstaben oder Schriftzeichen. Über dieser Tafel ist noch eine andere mit quadratischen Platten oder Bildern, auf denen sehr ungewöhnliche Malereien zu sehen sind. Sie sind beweglich, zumindest kommt es mir so vor, aber ich bin mir nicht ganz sicher...«
Hinterher bat ich die Frau, das Gesehene auf Papier festzuhalten, was ihr nur unvollkommen gelang. Die beigelegte Illustration ist eine Kopie ihrer Zeichnung. Bei dieser Gelegenheit klärte die Frau mich darüber auf, dass, wenn sie sich lediglich etwas *vorstelle,* die Erinnerung daran bald schwinde. Dagegen bleibe das, was sie beim Hellsehen auch nur einmal gesehen habe, unauslöschlich in ihrem Gedächtnis; sie könne es in allen Einzelheiten zurückrufen, wann immer es ihr gefalle.

Die vollständige Zeichnung wurde als Frontispiz der März-Ausgabe von *The Theosophist* (März 1887) benutzt, in der auch Hartmanns Artikel erschien. Auf Seite 131 folgt eine Teilansicht mit den in unserem Zusammenhang wichtigsten Details.

Die Frau fuhr fort:

»Die beiden Herren gehen jetzt hinaus und ich folge ihnen. Da sind sehr viele Bäume, die aussehen wie Kiefern. Ich glaube, es sind Kiefern. Es gibt auch noch andere, mit großen fleischigen Blättern und Dornen, ähnlich wie Feigenkakteen. Ich sehe Berge, Hügel und einen See. Sie führen mich von dem Tempel fort, ich fürchte, dass ich nicht mehr dorthin zurückfinden werde. Da ist eine große Schlucht – und Olivenbäume. Ich nehme an, dass es Olivenbäume sind, aber ganz sicher bin ich mir nicht, denn ich habe noch nie welche gesehen. Von hier aus kann ich weit ins Land hinausblicken. Die beiden Herren sind fort. Hier gibt es etwas Altertümliches, das aussieht wie eine alte, verfallene Mauer, und etwas, das aussieht wie das, was Sie mir neulich auf einer Zeitschrift zeigten, ich glaube, sie nennen es eine *Sphinx*. [Hartmann hatte ihr kurz zuvor das Titelblatt der deutschen Zeitschrift *Die Sphinx* gezeigt.] Oben auf einer Art Säule ist eine Statue, deren Oberkörper wie der einer Frau aussieht, während der untere Teil ihres Körpers einem Fisch ähnelt. Sie scheint Moos in den Händen zu halten oder sich darauf zu stützen.«

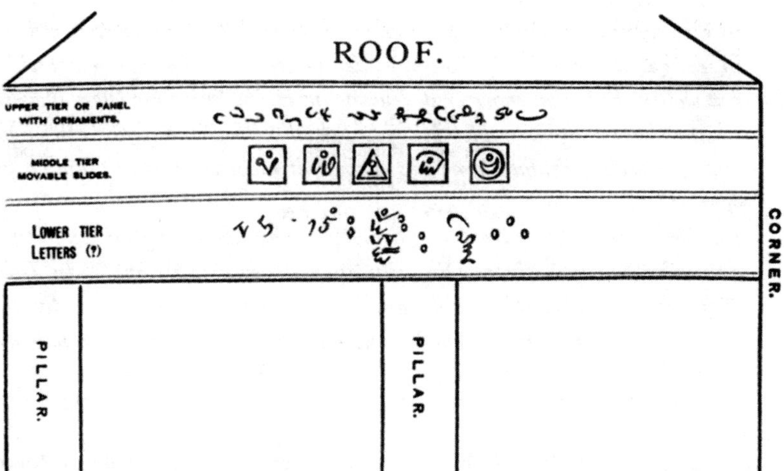

Abb. 6. Dach und Säulen eines Tempels nach der Beschreibung einer deutschen Hellseherin. *(The Theosophist,* März 1887, Frontispiz)

Die Hellseherin begann zu lachen, und als ich sie fragte, weshalb, antwortete sie: »Wie komisch das aussieht! Ich sehe so viele seltsame Leute, kleine Frauen und Kinder. Sie tragen so komische Kleider und Pelzmützen. Sie binden sich Sohlen an die Füße. [Die Hellseherin hatte noch nie Sandalen gesehen.] Sie sind dabei, etwas am Ufer zu sammeln und in Körbe zu tun. Jetzt löst sich die ganze Szene in einer Wolke auf.« So endete dieses wichtige Experiment ...[57]

Ehe Hartmann seinen Artikel dem *Theosophist* zur Veröffentlichung einreichte, schickte er ihn nach Ostende, um eine Analyse durch HPB vornehmen zu lassen. *Er legte jedoch die Zeichnung der Frau nicht bei.* Hier folgt HPBs Antwort vom 5. Dezember 1886:

Mein lieber Doktor, Sie müssen mir wirklich verzeihen, dass ich Sie anscheinend so vernachlässigt habe. Ich gebe Ihnen mein Ehrenwort, ich sorge mich noch zu Tode wegen der ganzen Arbeit. Wann immer ich mich hinsetze, um einen Brief zu schreiben, verflüchtigen sich meine Gedanken, und an einem solchen Tag kann ich nicht mehr an der Geheimlehre *arbeiten. Aber Ihr Brief (der letzte) ist so interessant, dass ich ihn, wie gewünscht, beantworten muss. Es ist sehr gut, dass Sie dem* Theosophist *den Bericht über Ihr Experiment schikken wollen. Es ist von enormer Bedeutung im Hinblick auf Hodgsons lügnerische Beschuldigungen, und ich bin glücklich über diese Bestätigung von unabhängiger Seite; jedenfalls kann das Astrallicht nicht zu meinen Gunsten lügen.* *

Ich werde nur von Brief Nr. 4 sprechen, da Sie über die Richtigkeit der anderen drei selbst Bescheid wissen. Dies sieht aus wie der Privattempel[58] des Teshu [Panchen] Lama bei Shigatse, der aus »Madras-Zement«-ähnlichem Material erbaut wurde – er schimmert wie Marmor und wird der schneeweiße »Shakang«

*In *Isis entschleiert* erläutert HPB: »Wenn [ein der parapsychologischen Psychometrie fähiger Mensch] einen Gegenstand untersucht, dann kommt er in Berührung mit der Strömung des mit dem untersuchten Gegenstand verbundenen Astrallichtes. Dieses speichert Bilder von Ereignissen aus der Geschichte des Gegenstandes. Er sieht dann die Bilder mit der Geschwindigkeit des Lichts an seinem inneren Auge vorbeiziehen.« *(Isis entschleiert,* Bd. 1, S. 183 f.)

**Das Wort für ›tibetischer Tempel‹ schreibt sich *Lhakang.* In HPBs Handschrift kann das L mit einem S verwechselt werden. Sven Hedin übersetzte *Iha kang* mit »Gottes Haus«. (Hedin, *Trans-Himalaya,* Bd. 1, S. 405, siehe auch Tafeln 124, 129.)

*[Tempel]** genannt – soweit ich mich erinnere. Er hat nicht »Sonne oder Kreuz« auf seiner Spitze, sondern eine Art Algiorna Dagopa, dreieckig, auf drei Säulen, mit einem Drachen aus Gold und einer Kugel. Doch auf dem Drachen befindet sich ein Swastika**, und diesen mag sie für ein Kreuz gehalten haben. An einen Kiesweg kann ich mich nicht erinnern – es gibt dort keinen –, doch der Tempel steht auf einer (künstlichen) Anhöhe, und ein Steinweg führt zu ihm. Er hat auch Stufen – wie viele, weiß ich nicht mehr (ich durfte den Tempel niemals betreten). Ich habe alles von außen gesehen, das Innere habe ich mir beschreiben lassen. Fast alle Böden der Buddha-(Songya-)Tempel bestehen aus gelbem, poliertem Stein, den man in den Bergen des Ural und in Nordtibet unweit des russischen Territoriums findet. Ich weiß nicht, wie er heißt, doch er sieht wie gelber Marmor aus. Der »Gentleman« in Weiß kann [mein] Meister gewesen sein. Den »kahlköpfigen« Herrn halte ich für einen alten, »kahl rasierten« Priester. Der Mantel ist gewöhnlich schwarz oder sehr dunkel – (ich habe Olcott aus Darjeeling einen mitgebracht) –, aber wo die Silberschnallen und die Kniehosen herkommen, ist mir unerklärlich. Wie Sie wissen, tragen sie hohe Stiefel – weit über die Waden, aus Filz und oft mit Silber bestickt… Vielleicht ist es eine Mischung aus astraler Sicht und Erinnerungsblitz (durch gedankliche Assoziation) an irgendein Bild, das sie früher einmal gesehen hat.*

In diesen Tempeln gibt es stets bewegliche »Bilder«, auf denen die verschiedensten geometrischen und mathematischen Probleme dargestellt sind – für diejenigen Jünger, die Astrologie und Symbolik studieren. Die »Vase« muss eine der sonderbaren chinesischen Vasen sein, die zu den verschiedensten Zwecken in den Tempeln bereitstehen. In den Ecken der Tempel befinden sich zahlreiche Statuen der verschiedensten Gottheiten (Dhyanis). Die Dächer ruhen immer (oder beinahe immer) auf hölzernen Säulenreihen, die das Dach in drei Parallelogramme gliedern, und der Spiegel, »Melong«, aus poliertem Stahl (rund wie die Sonne) wird oft auf die Spitze des Pavillons oben auf dem Dach platziert. Ich hielt ihn einmal selbst für die Sonne. Auf den Kuppeln der [Dagopa] befindet sich außerdem bisweilen ein abgestufter Turm und senkrecht darüber eine Scheibe aus Gold und eine birnenförmige Spitze und oft eine Mondsichel, die eine Kugel mit dem Swastika trägt.

Fragen Sie sie doch, ob es nicht dies ist, was sie sah: Om tram ah hri hum, denn diese Schriftzeichen werden manchmal für das einfache Volk grob auf den Melong-»Spiegel« – (eine Messingscheibe) gegen böse Geister – gezeichnet. [Man erinnere sich, dass HPB die Zeichnung der Frau auf Seite 131 nie gesehen hat, dennoch ist die Übereinstimmung fast perfekt.] Oder hat sie vielleicht eine Reihe von Holzstückchen (kleine Würfel) gesehen [wie auf Abb. 7, S. 134]? Wenn das so ist, dann weiß ich, was sie gesehen hat. »Kiefernwälder« rund um Tempel, die eigens dort gebaut werden, wo solche Wälder sind, und wilder Feigenkaktus und Bäume mit chinesischen Früchten, aus denen die Priester Tinte machen. Ein See ist dort, und Berge in Mengen – wenn es sein sollte, wo der Meister lebt; wenn es bei Shigatse ist, nur kleine Hügel. Die Statuen, die Meilha Gualpo darstellen, den androgynen Gott der Salamander oder der Luftgeister, gleichen dieser »Sphinx«; doch ihr Unterleib verliert sich in Wolken, ist nicht Fisch, und sie ist nicht schön, nur symbolisch. Fischerfrauen verwenden Sohlen wie Sandalen, und alle tragen sie Pelzmützen. Das wär's; reicht das? Aber bitte überarbeiten Sie die schriftliche Darstellung.[59]

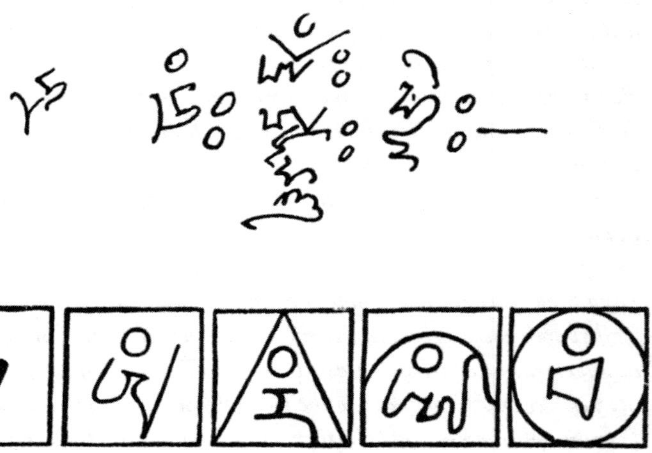

Abb. 7 Die Vision der Hellseherin wird durch diese tibetischen Schriftzeichen, die HPB gezeichnet hat, bestätigt *(The Path,* Januar 1896, S. 298)

Ein besonderes Problem bestand darin, die seltsamen Schriftzeichen zu entschlüsseln oder vielmehr zu identifizieren, die in der Zeichnung der Deutschen und in HPBs Brief auftauchen, denn sie haben keine Ähnlichkeit mit tibetischen Druckbuchstaben. Um dieses Rätsel zu lösen, wandte ich mich an Wesley Needham, den Betreuer der umfassenden tibetischen Sammlung der Universität von Yale und Experte in dieser Sprache, der mir freundlicherweise half.

Hartmanns Artikel und HPBs Brief fügte ich meiner Anfrage bei. Am 9. Dezember 1986 gab Needham Bescheid:

Mit großem Interesse habe ich über die psychometrischen Experimente gelesen und kann Ihnen mitteilen, dass die tibetischen Schriftzeichen auf Seite 299 der »Briefe HPBs an Hartmann« Om tram ah hri hum lauten und in der oberen Gruppe folgendermaßen angeordnet sind.

OM	
tram ah hri	*alle Sanskrit-Mantras*
hum	*in tibetischen Buchstaben*

Die untere Gruppe in den Quadraten scheint die zu den fünf Dhyani-Buddhas in Beziehung stehenden Mantras zu enthalten:

[Tibetisch]	*[Sanskrit]*
Lam	*Ratnasambhava*
Yam	*Amoghasiddhi*
Ram	*Amitabha*
Kham	*Vairocana*
Vam	*Aksobhya (Vajrasattva)*

Die Schriftzeichen in den Quadraten auf der mit »Dach« überschriebenen Seite unterscheiden sich von denen auf Seite 299; ich kann sie nicht identifizieren. [Letztere sind die beweglichen Platten, für die HPB Beispiele gegeben hat, ohne die Zeichnung der hellsichtigen Frau gesehen zu haben.]
Unterhalb dieser Quadrate steht wieder Om tram ah hri hum, die gleichen Sanskrit-Mantras in tibetischen Buchstaben, auf die gleiche Weise angeordnet. Sie werden als Keim- oder Wurzelsilben bezeichnet und sind nicht dafür gedacht, übersetzt zu werden [in die übliche tibetische Druckschrift]. Auch sie stehen zu den fünf Dhyani-Buddhas in Beziehung.

Damit ist bestätigt, dass eine ungebildete deutsche Frau ein heiliges buddhistisches Mantra in tibetischen Keim- oder Wurzelsilben wiederzugeben vermochte, von dem sie zuvor wohl kaum Kenntnis haben konnte.

Katalysator dieser bemerkenswerten Leistung und der sie begleitenden Visionen war, wie wir gesehen haben, ein okkulter Brief, von dem gesagt wurde, er stamme von einem von HPBs Lehrern in Tibet.

Noch ein weiterer Schritt ist zu tun, um Hartmanns Experiment zu vervollständigen: nämlich sich zu vergewissern, ob HPBs Aussage über das, was die Frau gesehen hatte, richtig war; ein Teil davon wurde bereits auf den vorangegangenen Seiten verifiziert. Noch einmal wurde Wesley Needham in Yale um Hilfe gebeten. Es wurde ihm eine Aufstellung der Punkte zugesandt, die noch geklärt werden mussten. Obwohl ihm in Yale die umfangreiche Tibet-Sammlung zur Verfügung stand, konnte er nur zwei der Punkte verifizieren. Erstens, dass »die tibetischen Tempel voll sind von Bilddarstellungen der Dhyani-Bodhisattvas und Buddhas, wie auch von zornigen Schutzgöttern«. Zweitens: »Der abgestufte Turm mit der Scheibe ist offensichtlich identisch mit dem üblichen Chörten. Siehe Ippolito Desidere, *An Account of Tibet,* Tafel IV, gegenüber von Seite 132.«

Needham riet, dass ich mich wegen der anderen Punkte an den Bruder des Dalai Lama wenden sollte, Professor Thubsten J. Norbu an der Universität von Indiana in Bloomington. Norbu war nicht in der Lage, zu helfen.

Einige Zeit danach erfuhr ich, dass zwei Freunde, Angiola Sartorio und Terry Dickinson, und ein weiterer Begleiter, ein Buddhismuskenner, im Begriff waren, nach Indien zu reisen, unter anderem auch nach Dharamsala, um den Dalai Lama zu sehen. Sie boten an, die Suche nach den benötigten Informationen dort fortzusetzen, konnten aber nichts ausrichten. Der Sekretär des Dalai Lama schlug einen Besuch bei verschiedenen Lamas vor, die ursprünglich aus dem Kloster Tashilunpo in Tibet stammten, das von den chinesischen Kommunisten zerstört worden war. Er meldete sie telefonisch an; meinen Freunden wurde eine Audienz mit sieben Lamas gewährt, die ständig hier lebten, und denen der Ehrwürdige Kachan Lhadkor vorstand. Die Fragen wurden sehr aufmerksam angehört, eine nach der anderen. Für einige bedeutete dies, sich an längst vergangene Jahre zu erinnern.

Zwei Fragen wurden negativ beschieden: Die Fußböden buddhistischer Tempel sind nicht aus gelbem Marmor, und die Lamas konnten sich nicht an den Namen des Privattempels vom Panchen Lama als »Schneeweißer Lhakang« erinnern. Alles andere wurde für zutreffend befunden: In jener Gegend seien die buddhistischen Tempel tatsächlich von Kiefernwäldern und wild wachsenden Feigenkakteen sowie von Bäumen zur Herstellung von Tinte durch die Mönche umgeben. Es gab wirklich Statuen von Meilhu Gualpo auf Säulen, und auf den Dächern hielten goldene Drachen eine Kugel oder auch riesige Spiegel (Melongs) aus poliertem Stahl, rund wie die Sonne, auf denen oft die Anrufung »Om tram ah hri hum« eingraviert sei. Sie würden aus den »verschiedensten Metallen« hergestellt, fügten die Lamas hinzu.

Die Lamas könnten es unterlassen haben, den geheiligten Ruhesitz des Panchen Lama zu identifizieren, entweder weil sie von seiner Existenz nichts wussten oder nicht zu den initiierten Lamas gehören, oder weil initiierte Lamas nicht darüber sprechen durften. Was zu solchen Überlegungen Anlass gibt, ist die Schilderung, die HPB von dem privaten Rückzugsort des Panchen Lama gab – einer geheimen Schule in der Nähe von Shigatse, gegründet von Tsong-ka-pa, der sie auch leitete. Dort sind wertvolle okkulte Werke verwahrt, die HPB bei der Vorbereitung ihrer *Geheimlehre* benutzt hat.[60]

◆

Ein Ort in Tibet, von dem HPB niemals öffentlich behauptet hat, dort gewesen zu sein, war die verbotene Stadt Lhasa. In der Zeit seit dem kurzen Aufenthalt des Abbé Huc im Jahr 1847 und bis 1904, als die Briten für kurze Zeit in Tibet einfielen, hat sich, soweit bekannt, kein Mensch aus dem Westen in dieser Stadt aufgehalten. Die erste Frau, die Lhasa betrat, war die französische Forschungsreisende Alexandra David-Néel, der bei ihrer fünften Reise nach Tibet (1923-24) gelang, was bis dahin als unmöglich gegolten hatte. Dennoch ist laut HPBs Schwester Vera die Information »authentisch, dass Helena in Lhasa, der Hauptstadt von Tibet, und in dessen religiösem Zentrum Shigatse gewesen ist ... sowie im Karakorum-Gebirge in den Kunlun-Bergen. Ihre lebhaften Schilderungen dieser Orte bewiesen mir das viele Male«.[61]

Wenn HPB fast drei Jahre in Tibet war, so wäre es kaum zu glauben, dass sie in dieser Zeit *nicht* in Lhasa, jenem großen Mekka der buddhistischen Welt, war. Ihre Lehrer hätten sie leicht als Pilger verkleidet mitnehmen können, da sie dank ihres asiatischen Aussehens nicht aufgefallen wäre. Hätte sie das aber später publik gemacht, würde sie ihre Helfer in Schwierigkeiten gebracht haben. Damals waren sich der Panchen Lama und der Dalai Lama nicht einig in der Frage der Isolationspolitik für Tibet. Die Erfahrungen des Forschers Sven Hedin bestätigen das: Obwohl er den Panchen Lama besuchen durfte und warmherzig aufgenommen wurde, konnte er nie Lhasa betreten, um den Dalai Lama zu treffen.[62]

Wenn HPB nach Abbé Huc tatsächlich die erste Person aus der westlichen Welt war, die in Lhasa Einlass fand, so schmälert das keineswegs die großartige

Leistung von Madame David-Néel* deren Buch *My Journey to Lhasa* im Londoner *Times Literary Supplement* als »eine der epischsten Reiseschilderungen unserer Zeit« gerühmt wurde.

In David-Néels Tagebuch findet sich ein undatierter Eintrag, der sich auf eine englische Freundin, Elisabeth Morgan, bezieht: »Eines Tages erwähnte Elisabeth in einem Brief an mich das Wort Theosophie und den Namen Blavatsky.« Dies, fügte David-Néel hinzu, »eröffnete mir eine neue Lebensphase«.[63] Von anderer Seite war zu erfahren, dass sie von diesem Zeitpunkt an Vorlesungen über fernöstliche Religionen besuchte, »insbesondere über Buddhismus bei der Theosophischen Gesellschaft in Paris« und den brennenden Ehrgeiz entwickelte, den Orient zu erforschen.[64]

* Alexandra David-Néel erhielt ihre Mitgliedschaftsurkunde der Theosophischen Gesellschaft am 7. Juni 1892 in London. Einem Brief von Annie Besant vom 17. März 1893 zufolge stellte sie auch den Antrag um Aufnahme in die Esoterische Sektion der Theosophischen Gesellschaft (Daniel Caracostea: »Alexandra David-Néel's Early Acquaintances with Theosophy, Paris 1892«, übers. v. Diana Dunningham-Chapotin, *Theosophical History*, Juli - Oktober 1991, S. 209-13).

DIE LETZTE PERIODE ihres Aufenthaltes in Tibet scheint HPB im Karakorum-Gebirge verbracht zu haben, das im Norden von Kaschmir liegt und Teil der großen Himalaya-Kette ist, weit westlich von Shigatse und Lhasa gelegen. Ihre Schwester Vera berichtet, dass sie dort bei Mahatma KH wohnte, der bei seiner Schwester und deren Sohn lebte. »HPBs eigener Guru, Mahatma Morya«, schrieb Vera, »hatte keine dauernde Bleibe..., war fortgesetzt auf Reisen und hielt sich stets dort auf, wo er am meisten gebraucht wurde.«[65] KH war ebenfalls häufig auf Missionen unterwegs und blieb oft inTashilunpo.[66] HPB sagte, sie sei ihm erstmals im Jahr 1868 begegnet.[67]

In einem Brief an Mrs. Hollis Billings (vom 2. Oktober 1881) berichtet HPB, dass KHs Haus »in Klein-Tibet liegt, das nun zu Kaschmir gehört. Es ist ein großes Gebäude aus Holz in chinesischem Stil, einer Pagode ähnlich, das zwischen einem See und einem wunderschönen Berg steht«. Auch Meister M halte sich oft hier auf, fügte sie hinzu. Beide Lehrer, sagte sie, zeigten sich selten in der Welt, »doch sie können jederzeit ihre Astralleiber projizieren, wohin sie wollen«.[68]

KHs Haus, oder Ashram, wie Olcott es nannte, erfüllte mehr als nur einen Zweck. Das legen auch die Briefe des Theosophen und Hindus Damodar nahe, der im Verlauf eines Erlebnisses, bei dem er seinen Körper verließ, dort hingeholt worden war. Damodar schreibt an W. Q. Judge:

> Ich war an einem seltsamen Ort, am oberen Ende von Kaschmir, am Fuß der Himalaya-Berge ...; dort gab es nur zwei Häuser, die einander genau gegenüberlagen, sonst kein Zeichen von Besiedlung. Aus einem dieser Häuser trat ... Koot Hoomi. Es war sein Haus. Ihm gegenüber stand [Meister M]. Bruder K befahl mir, ihm zu folgen. Nachdem wir etwa eine halbe Meile zurückgelegt hatten, kamen wir an einen natürlichen unterirdischen Durchgang unter dem Himalaya. [Es] ist ein Fußweg entlang dem Indus, der hier unterirdisch in seiner vollen Gewalt dahinfließt. Man kann hier nur hintereinander gehen, ein falscher Schritt – und des Wanderers Schicksal ist besiegelt ...

Nachdem wir eine beträchtliche Entfernung in diesem unterirdischen Gang zurückgelegt hatten, gelangten wir auf eine offene Ebene, in L...k. Dort liegt ein großes, massives Gebäude ... Es ist das Zentrum, in das sich alle aus unserer Sektion, die der Initiation in die Mysterien für würdig befunden wurden, für ihre letzte Zeremonie begeben müssen und wo sie so lange bleiben, wie es erforderlich ist. Mein Guru nahm mich hinauf in die Große Halle. Die Erhabenheit und Stille dieses Ortes ist allein schon dazu angetan, jeden sogleich mit ehrfürchtiger Scheu zu erfüllen ... Der Glanz, der von dem Thron des Oberhauptes ausgeht, ist unvergleichlich, und es umgibt ihn eine unbeschreibliche Ausstrahlung, die von dem Einen auszugehen scheint, der ihn innehat«.[69]

Da Damodar zur Zeit dieses Erlebnisses noch HPBs Anleitung unterstand – und ebenso ein paar Jahre später, als er wohl das Gleiche auch im Wachzustand erfahren hat[70] –, kann man annehmen, dass einige ihrer eigenen Initiationen hier stattgefunden haben, und nicht nur während ihres derzeitigen Aufenthaltes in Tibet, sondern auch bei dem vorangegangenen, als HPB, man wird sich erinnern, behauptete, über Kaschmir nach Tibet gelangt zu sein.

Was ihren diesmaligen Tibet-Aufenthalt betrifft, gewährte HPB in einem Brief an Sinnett einmal einen kurzen Einblick in ihre Schulung, als sie mit KH unter einem Dach wohnte. Sie schrieb ihm nach einem lebhaften Traum, in dem ihr wie in einer Rückblende alle Einzelheiten ihres täglichen Lebens dort ins Bewusstsein zurückgekehrt waren.

Einen großen Teil ihrer Zeit hatte Blavatsky damit verbracht, zwei Sprachen zu lernen: die eine war Senzar, von ihr definiert als »der mystische Name für die geheime Priestersprache, bzw. die >Mysteriensprache< aller eingeweihten Adepten der Welt«.[71] In dieser Sprache, so wird behauptet, sind die Stanzen abgefasst worden, die der *Geheimlehre* und der *Stimme der Stille* zugrunde liegen.[72]

Die zweite Sprache war Englisch. Es wirkt paradox, dass HPB den weiten Weg nach Tibet machte, um Englisch zu lernen! Hatte sie nicht schon als Kind Englisch gelernt, und hatte sie es nicht später in England und Amerika gesprochen? Konversationsenglisch schon, aber kaum über dem Niveau der Farmer-Brown-Geschichten, die ihr die Gouvernante aus Yorkshire einst erzählt hatte, und selbst dies hatte sie vermieden, zu sprechen, weil die Leute über ihren unfreiwillig erworbenen Yorkshire-Akzent lachten!

»Ich erinnere mich«, schreibt Blavatsky an Sinnett, »wie schwierig es für mich noch 1867 in Venedig war, ein gut geschriebenes Buch in Englisch zu lesen.« Wenn sie der Welt theosophisches Gedankengut zugänglich machen wollte, sah sie sich vor der enormen Schwierigkeit, die Feinheiten esoterischer Philosophie und Metaphysik in eine westliche Sprache zu übertragen, die nicht geeignet ist, solche Ideen auszudrücken. Eine ihrer täglichen Pflichten war es, Sätze aus dem Senzar ins Englische zu übertragen. Meister KH, der beide Sprachen beherrschte, korrigierte sie. Zu dieser Zeit unterhielt sich HPB sogar mit ihrem eigenen Lehrer nur in Englisch, aber ob sie »gut oder schlecht« sprach, sagt sie, »war ihm gleich, denn er spricht diese Sprache nicht, sondern versteht jedes Wort, das ich spreche, direkt über meinen Kopf ... «

In Blavatskys Traum »wechselt die Szenerie, und ich gehe fort mit meinem Meister, der mich nach Europa zurückschickt«.[73] Eine der Quellen legt es nahe, dass ihre Wege sich bei den Manasarovar-Bergen in Tibet trennten.[74] Auf der Landkarte ist dieses berühmte Gebiet südlich des Karakorum-Gebirges verzeichnet.

WÄHREND HPB noch in Tibet war, hatte ihre Tante Nadja in Odessa ein seltsames Erlebnis. Erst Jahre später, von Paris aus, berichtete Nadja darüber in einem Brief an Olcott, der sich zu dieser Zeit in London aufhielt. Es folgen Auszüge dieses Briefes, der auf den 26. Juni 1884 datiert ist:

> *... als meine Nichte sich noch auf der anderen Seite der Welt befand ..., wusste kein Mensch, wo sie war – was uns großen Kummer bereitete. All unsere Nachforschungen führten zu nichts. Wir waren schon fast so weit, sie für tot zu halten. Da erhielt ich etwa im Jahr 1870 oder etwas später einen Brief von jenem, den Sie, glaube ich, »KH« nennen. Er wurde mir auf unbegreifliche, geheimnisvolle Weise von einem asiatisch aussehenden Boten übergeben,* der sich dann buchstäblich vor meinen Augen in Luft auflöste. *Dieser Brief beschwor uns, nichts zu fürchten, sie [HPB] sei in Sicherheit. Ich habe ihn noch in Odessa aufbewahrt. Sobald ich zurück bin, werde ich ihn Ihnen sofort zuschicken, und ich würde mich freuen, wenn er Ihnen von Nutzen sein könnte. Verzeihen Sie bitte, aber es fällt mir schwer, um nicht zu sagen, es ist mir unmöglich, zu begreifen, dass Menschen so dumm sein können zu glauben, dass entweder meine Nichte oder Sie diese Männer, die sie Mahatmas nennen, erfunden haben sollen. Ich weiß nicht, ob Sie sie persönlich kennen. Meine Nichte jedoch hat mir schon vor Jahren ausführlich von ihnen berichtet. Sie hat mir geschrieben, dass sie einige wieder getroffen und ihre Beziehungen zu ihnen erneuert hat, sogar noch bevor sie ihre* Isis *verfasste. Warum sollte sie diese Personen erfunden haben? Zu welchem Zweck, und wie hätten sie ihr Gutes tun können, wenn sie nicht existierten? ... Wenn ich, die ich stets eine überzeugte Christin war und es immer zu bleiben hoffe, an die Existenz dieser Menschen glaube – obwohl ich es ablehne, an alle Wunder zu glauben, die man ihnen zuschreibt –, warum sollten nicht auch andere an sie glauben? Zumindest die Existenz von einem kann ich bezeugen. Wer sonst sollte mir diesen Brief zu meiner Beruhigung geschrieben haben in einem Augenblick, da ich diese Beruhigung am dringendsten benötigte, wenn nicht einer der besagten Adepten? Es stimmt, dass ich die Handschrift auf dem Brief nicht kenne. Doch die Art und*

Weise, wie er mir überbracht wurde, war so phänomenal, dass niemand sonst dafür in Frage kommt als ein Adept der okkulten Wissenschaft. Im Brief versprach man mir die Rückkehr meiner Nichte – und das Versprechen wurde erfüllt. Ich werde Ihnen den Brief zuschicken, in etwa vierzehn Tagen wird er in London sein.[75]

Zehn Tage später ging der Brief mit beigefügtem Originalumschlag an Olcott ab. Beide waren auf Französisch geschrieben, auf handgeschöpftem Reispapier, wie man es in Kaschmir und im Punjab benutzt. Der Text lautete:

An die Ehrenwerte
Höchst Ehrenwerte Dame –
Nadjeschda Andrejewna
Fadejew
Odessa

Die erlauchte Verwandtschaft der Mad. H. Blavatsky hat keinerlei Grund zur Sorge. Ihre Tochter und Nichte hat diese Welt keineswegs verlassen. Sie lebt und hat den Wunsch, denen, die sie liebt, bekannt zu geben, dass es ihr gut geht und dass sie sich sehr glücklich fühlt an dem fernen, unbekannten Zufluchtsort, den sie sich selbst erwählt hat. Sie war sehr krank, ist aber jetzt gesund; denn dank des Schutzes des Lord Sangya hat sie ergebene Freunde gefunden, die sich um ihr leibliches wie ihr spirituelles Wohl kümmern. Deshalb können die Damen in ihrer Familie beruhigt sein. Noch ehe 18 Neumonde aufgegangen sind, wird sie zu ihren Angehörigen zurückgekehrt sein.*[76]

Auf dem Umschlag steht in Nadjas Handschrift, mit Bleistift auf Russisch geschrieben, folgende Notiz: »Erhalten in Odessa, 7. November [nach dem russischen Kalender]. Betr. Ljoljinka, vermutlich aus Tibet. 11. November 1870, Nadjeschda F.«[77]

Die obige Nachricht wurde 1885 in einem Bericht der Generalversammlung der Theosophischen Gesellschaft veröffentlicht, wobei folgender Kommentar hinzugefügt wurde:

* »Lord Sangya« ist der tibetische Name für Buddha.

> Sowohl Brief wie Umschlag wiesen die nunmehr hinlänglich bekannte Handschrift des Mahatmas KH auf, sodass all jene, die behaupten, Madame Blavatsky habe sowohl den Mahatma wie auch dessen Handschrift erfunden, sich mit der Tatsache auseinander setzen müssen, dass beide den Angehörigen Madame Blavatskys bekannt waren ... fünf Jahre vor der Gründung der Theosophischen Gesellschaft in Amerika. In Europa wie in Indien haben viele Personen dieses Dokument sorgfältig mit anderen verglichen, die man durch den Adyar-Schrein und durch Materialisation an verschiedenen anderen Orten empfangen hatte, ebenso wie mit den zahlreichen Briefen von KH, die sich in Mr. Sinnetts Besitz befinden, und haben die Handschriften für absolut identisch befunden.[78] Selbst Frederic Myers von der ›Psychical Research Society‹ pflichtete dem Resultat in einem Bericht über den an HPBs Tante gerichteten Brief bei. »Ich habe diesen Brief gesehen«, schreibt er, »der sicherlich in KHs Handschrift geschrieben zu sein scheint.«[79]

In einem Brief vom 29. Oktober 1877 an ihre Verwandten (einst im Besitz des Earl of Crawford und heute in Adyar) schrieb HPB, dass der Meister tiefe Ehrfurcht vor der spirituellen Bedeutung der Lehren Christi empfinde. Sie erzählte außerdem, dass sie sich einmal sieben Wochen lang in einen Wald unweit der Karakorum-Berge, gänzlich abgeschlossen von der Welt, zurückgezogen habe. Allein ihr Lehrer hätte sie täglich besucht, ob auf der Astralebene oder auf andere Weise, sagte sie nicht. Dort führte man sie in einen Höhlentempel, in dem eine Reihe von Statuen der großen Weltlehrer standen.[80] »In einem der unterirdischen Tempel steht eine riesige Bronzestatue von Jesus, wie er Maria Magdalena ihre Sünden vergibt. Daneben befindet sich eine Statue Gautamas, der einem Bettler aus seiner Schale Wasser gibt, und von Ananda, seinem Schüler und Bruder. Und schließlich noch eine von Buddha, wie er an einem Brunnen aus einer Schale trinkt, die ihm eine Ausgestoßene und Prostituierte reicht. *Ich weiß es.*« (*H. P. B. Speaks,* Bd. 1, S. 223-24)

ES SOLLTE NOCH mehr als ein Jahr vergehen, bis HPB mit ihren Angehörigen in Odessa wieder vereint war, nachdem sie Tibet verlassen hatte. In der Zwischenzeit bereiste sie den Nahen Osten und berichtet, dass sie nach Zypern und Griechenland fuhr, wo sie zum ersten Mal dem Meister Hilarion begegnete.[81] Ihren eigenen Angaben zufolge studierte sie in Syrien und in Ägypten bei verschiedenen Meistern und ist mit vielen Mitgliedern der Bruderschaft in Berührung gekommen.[82]

»Für mich besteht kein Zweifel«, schreibt Dr. Rawson, »dass Madame Blavatsky mit vielen, wenn nicht gar sämtlichen, Riten, Zeremonien und Lehren der Drusen im Libanon-Gebirge in Syrien vertraut war, denn sie spricht mit mir über Dinge, von denen nur wenige Initiierte etwas wissen.«[83] Rawson gehörte selbst zu den Initiierten, wie das *Who Was Who in America* vermeldet (in der Ausgabe, die drei Jahrhunderte umfasst: von 1607-1896).

Im Hafen von Piräus bei Athen ging HPB an Bord der SS *Eunomia,* deren Ziel eine der Ionischen Inseln war. HPB wollte nach Kairo, doch die Schiffsladung, Munition und Feuerwerkskörper, explodierte, und die *Eunomia* sank. Lloyds in London gab damals den 6. Juli 1871 als Unglückstag an. Von den vierhundert Passagieren hatten nur sechzehn überlebt.[84] HPB hatte dabei ihr Geld und ihr gesamtes Gepäck verloren. Die griechische Regierung sorgte für die Weiterfahrt der Überlebenden zu ihren jeweiligen Bestimmungsorten.[85]

Nach Briefen, die ihre Angehörigen ihm zeigten, schildert Sinnett, was in dieser Zeit geschah:

> 1871 schrieb Mme. Blavatsky aus Kairo an ihre Freunde, um ihnen mitzuteilen, dass sie aus Indien zurück sei und *en passant* (in der Nähe von La Spezia) Schiffbruch erlitten habe. So müsse sie noch einige Zeit in Agypten abwarten, ehe sie nach Hause zurückkehren könne, und hätte beschlossen, eine *Société Spirite* zur Erforschung von medialen Fähigkeiten und ähnlichen Phänomenen nach der Methode von Allan Kardec (1804-1869) ins Leben zu rufen, da es keinen anderen Weg gäbe, den Menschen die Chance

zu geben, selbst zu erkennen, wie sehr sie im Irrtum waren. Sie wollte zunächst einer bereits etablierten und akzeptierten Lehre freies Spiel lassen und dann, wenn die Öffentlichkeit erkennen würde, dass nichts dabei herauskam, ihre eigenen Erläuterungen anbieten. Um dies zu bewerkstelligen, schrieb sie, sei sie bereit, jede Menge an Schwierigkeiten auf sich zu nehmen – ja, sich sogar selbst eine Zeit lang als hilfloses Medium darzustellen. »Sie wissen es nicht besser und mir schadet es nicht. Denn ich werde ihnen sehr bald den Unterschied zwischen einem passiven Medium und einem aktiv Handelnden demonstrieren«, erklärte sie.

Ein paar Wochen später, berichtet Sinnett, erhielten ihre Freunde einen zweiten Brief.

In diesem machte sie ihrem ganzen Ärger über das Unternehmen Luft, das sich als vollkommener Fehlschlag erwiesen hatte. Sie hatte nach England und Frankreich geschrieben, um ein Medium zu bekommen, doch ohne Erfolg. In ihrer Verzweiflung hatte sie sich mit Amateuren umgeben – französische Spiritistinnen, meist armselige Abenteurerinnen, im Gefolge von M. de Lesseps Heerscharen von Ingenieuren und Arbeitern am Suezkanal:

> »Sie stehlen der Société das Geld«, schrieb sie, »betrinken sich regelmäßig, und eben jetzt habe ich sie dabei erwischt, wie sie unsere Mitglieder, die gekommen waren, die Phänomene zu untersuchen, auf schändlichste Weise mit unechten Erscheinungen betrogen. Es kam zu sehr unangenehmen Szenen mit verschiedenen Leuten, die mir allein die Schuld dafür gaben. Also habe ich ihnen die Tür gewiesen ... Die *Société Spirite* hat keine vierzehn Tage überdauert, sie besteht nur noch aus einem Haufen Ruinen, majestätisch und ebenso viel sagend wie die der pharaonischen Gräber ... Um die Komödie mit einem Drama zu beschließen: ich wäre beinahe von einem Verrückten erschossen worden, einem Griechen, der bei den einzigen beiden öffentlichen Séancen, die wir abgehalten hatten, zugegen gewesen war. Ich vermute, dass er wohl von irgendeinem abscheulichen Spuk besessen war.«[86]

Das Original dieses Briefes befindet sich in den Archiven der Theosophischen Gesellschaft in Adyar und schließt mit folgenden Worten: »Ich schwöre, mit solchen Séancen für immer aufzuhören – sie sind zu gefährlich, und ich bin nicht geübt und nicht stark genug, die bösen Geister zu kontrollieren, die sich meinen Freunden bei solchen Sitzungen nähern könnten.«[87]

Nachdem sie Kairo verlassen hatte, bereiste HPB Syrien[88], Palästina und Konstantinopel (Istanbul). Schließlich traf sie im Juli 1872 bei ihrer Familie in Odessa ein. Dort blieb sie neun Monate, bis zum April 1873.[89] Unter den Ereignissen dieser ganzen Periode gibt es eine Episode, an die sich HPB später in einem Brief an Nadja besonders erinnerte:

> *Ich werde den Tag – vielmehr den Abend – nie vergessen: beim Abendessen in eurem Haus in Odessa. Tante [Katharina de Witte] geriet mit mir in Streit über die Religion. Sie behauptete steif und fest, kein Jude oder Götzenanbeter könne jemals in den Himmel kommen, dort werde man keinem von ihnen je begegnen. Von diesem Augenblick an begann ich, über diesen Worten zu brüten. »Wenn sogar meine Tante«, dachte ich, »eine so gute, vornehme und gerechte Frau, durch das Christentum so blind geworden ist, dass sie an eine so entsetzliche Ungerechtigkeit Gottes glaubt, wie muss es dann [mit dem Glauben] anderer Christen bestellt sein, von denen viele nicht ihren kleinen Finger wert sind?«*
>
> *... Die Unterschiede in den religiösen Dogmen wurden nicht von Heiligen, sondern von sündhaften Sterblichen geschaffen. Sie trennen die Menschheit in feindliche Nationen und Rassen.*
> *Gäbe es keine Dogmen, dann gäbe es auch keine Protestanten, Katholiken, Buddhisten, Brahmanen etc. Alle würden an den Einen Gott glauben ..., alle würden sich als Brüder sehen ..., man würde sich vor seinen Brüdern schämen, zu töten und einander in Kriegen abzuschlachten, andere bestialisch zu foltern und sich gegenseitig die Hölle* auf Erden zu bereiten.[90]

Von Odessa reiste HPB nach Bukarest, um einen Freund zu besuchen, und dann nach Paris, wo sie bei ihrem Vetter Nikolai von Hahn wohnte. Dort hatte sie sich unter anderen mit einer Ärztin angefreundet, Dr. Lydia Marquette, die zwei Jahre später in New York einen Bericht über Blavatskys Aktivitäten in der Hauptstadt Frankreichs abfasste, und zwar auf Bitten von Colonel Olcott, der sie durch Anspielungen, HPB führe in Paris »ein wildes Leben«, beunruhigt darum gebeten hatte. Frau Dr. Marquette schrieb:

New York, 26. Dezember 1875

Dear Sir,
In Beantwortung Ihrer Anfrage teile ich Ihnen mit, dass ich Madame Blavatsky 1873 in Paris kennen lernte. Sie wohnte in der Rue Du Palais bei ihrem Bruder [Vetter] M. von Hahn und dessen bestem Freund M. Lequeux. Ich war fast täglich mit ihr zusammen, tatsächlich verbrachte ich die meiste Zeit mit ihr, wenn ich nicht im Krankenhaus oder bei einer Vorlesung war. Ich bin daher in der Lage, mit größter Gewissheit über ihr Verhalten zu urteilen. Es bereitet mir Genugtuung, sagen zu dürfen, dass es absolut einwandfrei *war und sie in jeder Hinsicht Respekt verdient. Sie verbrachte ihre Zeit mit Malen und Schreiben und verließ selten ihr Zimmer. Bekannte hatte sie nur wenige, aber unter den wenigen waren M. und Mme. Leymarie. Ich schätze Mme. Blavatsky als eine der ehrenwertesten und interessantesten Damen, die ich je kennen lernte. Und nach meiner Rückkehr aus Frankreich haben wir unsere Freundschaft erneuert.*
Mit vorzüglicher Hochachtung

Dr. L. M. Marquette[91]

Olcott berichtet, wie es dazu kam, dass Blavatsky Paris verließ, um nach New York zu reisen: »HPB erzählte mir, sie sei nach Paris gegangen in der Absicht, sich dort unter dem Schutz eines Verwandten einige Zeit niederzulassen. Doch eines Tages erhielt sie den dringenden Befehl [von ihren Lehrern], sich nach New York zu begeben und dort weitere Anweisungen abzuwarten. Am Tag darauf ging sie an Bord, mit kaum mehr Geld in der Tasche als die Überfahrt kostete.«[92]

Bei Vera heißt es ähnlich: »Im Juni [1873] hielt sich HPB in Paris auf, wo sie längere Zeit bleiben wollte, als sie plötzlich einen Brief erhielt – ›einen Rat, dem ich nicht widerstehen konnte noch wollte‹, wie sie es in einem Brief an uns erklärte –, worin einer ihrer fernöstlichen Lehrer sie aufforderte, nach Amerika zu gehen.«

Ende Juni reiste HPB per Schiff nach New York ab. Als sie an Bord gehen wollte, ereignete sich ein bezeichnender Vorfall, der erst Jahre später durch die *New York Times* (6. Januar 1889) bekannt gemacht wurde. W. Q. Judge, der sie gerade in London besucht hatte, gab einem Reporter ein Interview und hat darin ihr Erscheinungsbild folgendermaßen beschrieben:

Ihre auffälligsten Eigenschaften sind zu gleichen Teilen – ihre Energie und ihre große Güte. Blickt man sie an, kann man sich gut vorstellen, dass sie genau die Art Frau ist, die tun konnte, was sie vor zwölf Jahren getan hat, als sie aus Frankreich hier ankam. In Le Havre traf sie mit einem Ticket Erster Klasse nach New York ein und mit nur wenigen Dollars in der Tasche. Als sie an Bord gehen wollte, sah sie eine arme Frau mit zwei kleinen Kindern am Pier sitzen, die bitterlich weinte.

»Warum weinen Sie?«, fragte HPB.

Die Frau erwiderte, ihr Mann habe ihr von Amerika aus Geld für die Überfahrt geschickt, damit sie wieder mit ihm zusammenleben konnten. Es hatte gerade für den Erwerb von Passagen im untersten Deck für sie und die Kinder gereicht, aber wie sich herausstellte, waren diese Karten wertlose Fälschungen. Sie hatte keine Ahnung, wo sie den Schwindler finden könnte, und saß nun ohne einen Pfennig in einer fremden Stadt. »Kommen Sie mit«, sagte Madame Blavatsky. Geradewegs schritt sie auf einen Agenten der Schiffsgesellschaft zu und bewog ihn, ihr eigenes Erste-Klasse-Ticket gegen vier Unterdeckkarten für die Frau mit ihren Kindern und für sie selbst einzutauschen.

Jeder, der damals den Ozean im untersten Deck überquert hat, unter einer Unzahl von Auswanderern, wird die Größe dieses Opfers gerade für eine so besonders sensible Frau würdigen können ...[93]

Marion Meade hat herausgefunden, dass während der Überfahrt »extrem starker Wind und schwerste See« geherrscht hatten, was zu einem Maschinenschaden und einer Verspätung von vier Tagen führte. »Auf den Emigrantenschiffen«, fügt Meade hinzu, »war dieses Deck nur über eine Leiter zu erreichen, an der man durch eine Deckluke hinauf- und hinabklettern musste. Diese Luken ließen fast gar keine Luft herein; bei rauer See, wenn man am dringendsten Luft braucht, wurden sie geschlossen gehalten. Zwei Wochen bei Luftmangel, Überfüllung und Mangel an sanitären Einrichtungen, Verunreinigung von Nahrung und Wasser wie auch die ständige Gefahr, Schiffbruch zu erleiden, all dies bedeutete wirkliches Elend für die Passagiere. Wenn man außerdem bedenkt, welch traumatische Erfahrungen HPB auf ihrer Reise mit der SS *Eunomia* gemacht hatte, muss diese Überquerung des Atlantik ein Alptraum gewesen sein.«[94]

Für jene Frau und ihre Kinder jedoch war es immer noch besser, an Bord zu sein, als ohne einen Pfennig in einer fremden Stadt.

IV. KAPITEL AMERIKA

1 »Permettez-moi, Madame ...«

ALS HPB IM SOMMER 1873 in New York eintraf, war sie nicht so überwältigt und eingeschüchtert wie die übrigen Einwanderer, denn sie kannte New York bereits. Sollte dies ein weiteres Reiseabenteuer sein, oder war sie gekommen, um hier zu bleiben? Sie wusste es selbst nicht. Die einzige Information aus dieser Zeit, über die wir verfügen, ist die, dass sie noch in demselben Jahr, am 2. September, die ersten Schritte zu ihrer Einbürgerung in die Vereinigten Staaten unternahm.[1]

Angesichts ihres bisherigen unsteten Reiselebens waren Blavatskys Angehörige überrascht. Vera bemerkte später: »Hatte sie einmal ein Ziel der Anstrengung für wert befunden, hielt sie sofort inne – wie ein Schiff vertrauensvoll den Anker wirft, wenn es seinen Hafen gefunden hat ... Diesem Ziel blieb sie ihr Leben lang treu. Sie opferte dafür ihre Gesundheit und ihre Zeit, sie gab sich ihm mit Leib und Seele hin, nachdem sie einmal darin die ihr bestimmte Aufgabe erkannt hatte ... ›Idealismus und Glauben sind fast gänzlich verloren gegangen‹, pflegte sie zu sagen. ›Sie wurden durch Pseudo-Wissenschaftlichkeit zerstört. Die Menschen unseres Jahrhunderts fordern ein *wissenschaftliches* Bollwerk, verlangen wissenschaftliche Beweise für die Unsterblichkeit des Geistes. Die uralten, überlieferten esoterischen Lehren können ihnen diese Beweise geben.‹«[2]

Die Geschichte, dass HPB Frankreich von einem Tag auf den anderen verließ, war nicht, wie manche glauben, nachträglich erfunden, sondern die schlichte Wahrheit, die nach ihrem Tod bestätigt wurde. Dazu schreibt Olcott: »In Adyar wohnte eine Zeit lang eine Amerikanerin bei uns: eine Miss Anna Ballard, eine in Ehren ergraute Journalistin und Mitglied des New Yorker Presseclubs, die im Rahmen ihrer beruflichen Pflichten schon in der ersten Woche nach HPBs Ankunft in New York mit ihr zusammengetroffen war. Im Verlauf unseres Gesprächs erwähnte Miss Ballard mir gegenüber auch – unter vielen weniger wichtigen Details – zwei Dinge, die ich sie sofort bat, aufzuschreiben ... «

Dies waren ihre Aufzeichnungen:

Adyar, 17. Januar 1892

Sehr geehrter Col. Olcott:
Meine Bekanntschaft mit Mme. Blavatsky datiert noch weiter zurück, als Sie annehmen. Ich begegnete ihr im Juli 1873 in New York, kaum eine Woche nach ihrer Ankunft. Ich gehörte damals dem Reporterstab der New York Sun an und war beauftragt worden, einen Artikel über ein russisches Thema zu schreiben. Während meiner Recherchen machte mich eine Freundin auf die Ankunft dieser russischen Dame aufmerksam, und ich suchte sie auf. So begann unsere Freundschaft, die viele Jahre überdauerte.
Bei unserem ersten Interview sagte sie mir, sie hätte nie daran gedacht, Paris gegen Amerika einzutauschen, bis zum letzten Abend, bevor sie an Bord ging. Doch warum sie hierherkam und wer sie so eilig zur Abreise gedrängt hatte, sagte sie nicht. Ich erinnere mich sehr genau, dass sie, mit einer Art Jubel in der Stimme, sagte: >Ich bin in Tibet gewesen<. Warum sie das für eine so große Sache hielt, bemerkenswerter als jede andere ihrer Reisen nach Ägypten, Indien und anderswo, von denen sie mir erzählt hatte, konnte ich nicht herausbringen, doch sie sprach davon mit besonderem Nachdruck und großer Lebhaftigkeit. Heute weiß ich natürlich, was es bedeutet.

Ann Ballard[3]

Beim Durchblättern von Zeitungen aus jener Zeit entdeckte Fritz Kunz, Herausgeber von *Main Currents*, eine Zeitungsnotiz über HPB in der New Yorker *Tribune* (26. September 1873) und bemerkte dazu: »Schon lange, *ehe* sich ein okkulter Glorienschein um sie bildete, fiel diese Frau auf. Ein Reporter der *Tribune* berichtete über eine russische Aristokratin, die im Zwischendeck reiste, weil sie ihr Ticket Erster Klasse mit einer mittellosen Immigrantin teilte.«[4]

Über Blavatskys Lebensumstände während dieser Periode und die Menschen, mit denen sie zusammentraf, war zunächst wenig bekannt, bis im Jahr 1931 Elizabeth Holts Bericht »Erinnerungen an H.P. Blavatsky 1873« in der Zeitschrift *Theosophist* vom 31. Dezember erschien. Miss Holts Beschreibung von New York in den 1870er Jahren zufolge könnte man diese Stadt für eine schlechte Wahl als Geburtsort einer Weltbewegung halten, da doch London und Paris damals die anerkannten Zentren westlicher Kultur waren:

Im Vergleich zur heutigen Stadt war das New York von 1873 klein. Das Nordende der Insel Manhattan erreichte man mit Pferd und Wagen; die städtischen Pferdedroschken brauchten dafür Stunden. Es gab keine Brükken über die Flüsse, weder über den East River noch über den Hudson; musste man hinüber, benutzte man die Fähre. Natürlich gab es noch keine Wolkenkratzer – die Innenstadt wurde vom Kirchturm der Trinity Church überragt, dem auffallendsten Wahrzeichen im Umkreis von mehreren Meilen. Das Nordende der Insel bestand überwiegend aus Granitfelsen, die noch nicht von Straßenzügen ausgehöhlt waren, bis hinunter zur East Fortieth Street. Zwischen der Third und der Second Avenue lag ein felsiges Plateau, auf dem Siedler sich unbeschreibliche Hütten errichtet hatten, und wo es von Ziegen und Kindern wimmelte. Second und Third Avenue waren noch nicht ausgebaut, einige ihrer Abschnitte waren noch vom Wasser des East River überschwemmt. [Auf der Fifth Avenue und dem Broadway herrschte jedoch schon lebhafter Verkehr, und als der Central Park ein Jahr nach HPBs Ankunft eröffnet wurde, zählte man zehn Millionen Besucher.] Die Gewohnheiten und das Denken der Menschen ähnelten denen von heute ebenso wenig, wie jene Stadt der kleinen Häuser der heutigen Wolkenkratzerstadt gleicht. Darwin und seine Evolutionstheorie waren Gegenstand erbitterter Dispute. Ich erinnere mich noch an eine Predigt unseres Geistlichen – eines überaus freundlichen alten Herrn – anlässlich eines grauenhaften Ereignisses, das die ganze Stadt erschüttert hatte. In der Woche zuvor war in Brooklyn ein Theater niedergebrannt, und etwa dreihundert Personen, überwiegend Frauen und Kinder, waren dabei zu Tode gekommen. Der Geistliche äußerte dazu, dass Gott in Seinem gerechten Zorn das Feuer geschickt habe, um die Leichtfertigen zu bestrafen, die ihre Zeit an einem so üblen Ort verbrachten.

Selbst in gesellschaftlichen Angelegenheiten dachte man ehrenwert viktorianisch. Natürlich gab es keine Frauen im Geschäftsleben; einige wenige, sehr wenige, hörte man damals ihre »Rechte« fordern. Doch jene Frauen, die in die Welt hinaus mussten, um ihren Lebensunterhalt zu verdienen, waren als Lehrerinnen, Telegraphistinnen, jegliche Art von Näherinnen und als Arbeiterinnen im Kleingewerbe tätig, wo sehr schlecht gezahlt wurde. Allein reisende Frauen wurden in besseren Hotels nicht aufgenommen, denn ohne die Begleitung eines männlichen Verwandten galten sie als verdächtig.

Vermutlich war es diese Schwierigkeit, eine angemessene Unterkunft zu finden, die HPB in das Haus führte, in dem ich ihr begegnete. Ich habe mich immer gefragt, wie sie, als Fremde in New York, es entdeckt hatte. Das Haus selbst war das Einzige seiner Art und ein Produkt jener Zeit.

Damals war es für anständige Frauen, die nur wenig Geld verdienten, sehr schwer, eine geeignete Bleibe zu finden. So unternahmen etwa vierzig von ihnen ein kleines Experiment und schlossen sich zu einer Kooperative zusammen. Sie mieteten ein neu erbautes Mietshaus, 222 Madison Street [auf der Lower East Side], eines der ersten Mietshäuser, glaube ich, die man in New York errichtete. Da die Kooperative weder über Kapital noch Geschäftstüchtigkeit verfügte, scheiterte das Experiment schon nach wenigen Monaten.

Meine Mutter und ich hatten den Sommer 1873 in Saratoga verbracht. Um bei Schulanfang zur Stelle zu sein, wurde ich im August in das Haus in der Madison Street geschickt, wo eine ältere Freundin mich ein wenig unter ihre Fittiche nehmen sollte. Dort begegnete ich Madame Blavatsky. Soweit mir bekannt, war das ihre erste Unterkunft in New York. Sie hatte ein Zimmer im zweiten Stock und meine Freundin hatte das Nebenzimmer; so wurden sie gute Nachbarn und freundeten sich an. Da wir alle zur »Familie« der Kooperative gehörten, kannten wir einander sehr gut, und neben der Eingangstür wurde ein gemeinschaftliches Wohnzimmer oder Büro eingerichtet. Mein kleines Apartment lag genau gegenüber, und so sah ich Madame Blavatsky sehr oft. Sie saß die meiste Zeit im Büro, doch war sie nur selten allein. Wie ein Magnet zog sie jeden an, der sich nur freimachen konnte. Tag für Tag sah ich sie dort sitzen, wie sie eine Zigarette nach der anderen rollte und unaufhörlich rauchte. Sie war gewiss keine durchschnittliche Erscheinung. Mir scheint, dass sie größer gewesen sein muss, als sie aussah, denn sie war ziemlich breit.*

Ihre ganze Erscheinung vermittelte den Eindruck von Kraft. Eine Art unterdrückte Erregung wurde im Haus durch ihre Anwesenheit spürbar – ein wohliges, aber auch mit Ehrfurcht gepaartes Gefühl.

Ich habe Madame Blavatsky nie als Moralapostel betrachtet. Zum einen war sie zu reizbar; wenn ihr etwas falsch zu sein schien, konnte sie ihre Meinung darüber mit beunruhigendem Nachdruck äußern. Niemals habe ich gesehen, dass sie wütend auf eine Person oder über eine Sache in ihrer nächsten Umgebung war. Ihre Einwände hatten stets unpersönlichen Charakter. War man in Not – ob aus seelischen oder physischen Gründen –, pflegte man sich instinktiv an sie zu wenden, denn man spürte ihre Furcht-

* Dr. Alexander Wilder bezeichnete sie als groß *(The Word,* Juli 1908, S. 80). Ebenso ihre Schwester Vera *(Russkoye Obozreniye,* Dez. 1891, S. 578).

losigkeit, ihr unkonventionelles Wesen, ihre große Weisheit und Erfahrung wie ihr herzliches Wohlwollen – ihre Sympathie für die Unterlegenen und zu kurz Gekommenen.

Meine Freundin, Miss Parker, eine nüchterne, logisch denkende Frau schottisch-irischer Abstammung von Anfang dreißig, war äußerst bestürzt, als Madame Blavatsky sie auf Vorfälle aus ihrem Leben ansprach, die nur ihr selbst oder bereits Verstorbenen bekannt gewesen waren, wie sie mir erzählte. Vor vielen Jahren schon hatte Miss Parker ihre Mutter verloren. Als sie Madame darum bat, eine Verbindung mit ihrer Mutter herzustellen, sagte Madame, es sei ihr unmöglich, da ihre Mutter von höheren Dingen in Anspruch genommen werde und sich jenseits ihrer Reichweite befinde.

Madame sprach immer wieder davon, dass sie der Autorität unsichtbarer Mächte unterstellt sei; damals war der Spiritismus weit verbreitet, und die Menschen in ihrer Umgebung glaubten, diese unsichtbaren Kräfte seien ihre »Geist-Führer«. Dies war für jeden, der noch nie von unsichtbaren Kräften außerhalb von Kirche oder Spiritistenkreisen gehört hatte, die natürlichste Erklärung.

Damals befand sich Madame Blavatsky in großen Geldschwierigkeiten; die regelmäßigen Bezüge aus Russland, für die ihr Vater gesorgt hatte, waren ausgeblieben, und sie besaß kaum noch einen Pfennig. Einige der konservativeren Leute im Haus ließen durchblicken, dass sie schließlich eine Abenteurerin sei und Geldmangel bei ihr zu erwarten gewesen sei; doch meine Freundin, Miss Parker, die von Madame zu einem Besuch beim russischen Konsul mitgenommen worden war, versicherte mir, dass sie tatsächlich eine russische Gräfin sei*, dass ihre Familie dem Konsul bekannt war und er versprochen hatte, alles zu tun, was in seiner Macht lag, um mit ihr in Verbindung zu treten und festzustellen, wo die Schwierigkeit lag. Ich möchte gleich erwähnen, dass der Tod ihres Vaters die Ursache für das Ausbleiben des Geldes war und dass in der folgenden Zeit zunächst seine Angelegenheiten in Ordnung gebracht werden mussten.

Besitzer dieses Hauses war ein Mr. Rinaldo, der persönlich die Mieten einnahm und daher alle Bewohner kannte. Wie alle anderen, begann auch er sich für HPB zu interessieren und stellte ihr zwei seiner Freunde vor. Sie besuchten sie oft und halfen ihr auf pragmatische Weise, indem sie ihr

* Auf Reisen in Europa hatten HPB und ihre Tante Nadja sich als Gräfinnen in die Hotelregister eingetragen. Graf Witte war HPBs Vetter.

> Arbeit beschafften. Sie erhielt von ihnen den Auftrag, Reklamepostkarten zu entwerfen, für ihre eigene Firma wie auch für andere. Diese Herren müssen wohl eine Oberhemden- und Hemdkragenfabrik gehabt haben, denn auf der Karte, an die ich mich am deutlichsten erinnern kann, waren kleine Gestalten zu sehen, die Hemden und Kragen aus ihrer Manufaktur trugen. Soweit mir bekannt, waren dies die ersten bebilderten Werbepostkarten in New York. Außerdem versuchte Madame es mit ornamentierten Lederarbeiten, die sie mit sehr feinen und reichen Mustern versah, doch sie verkauften sich nicht, und so gab sie diese Arbeit wieder auf.

Olcott berichtet, dass HPB, als sie in der Madison Street wohnte, »sich auch mit dem Anfertigen von Krawatten oder von künstlichen Blumen – ich habe vergessen, was von beiden – über Wasser hielt, im Auftrag eines gutherzigen jüdischen Ladenbesitzers. Stets äußerte sie sich mir gegenüber voller Dankbarkeit über diesen kleinen Mann«.[5]

Miss Holt erinnert sich, dass sie später »erfuhr, dass HPB nach Ithaca gefahren sei, um Professor Hiram Corson von der Cornell Universität einen Ring zu übergeben, den ihr einer ihrer geheimnisvollen Führer anvertraut hatte und der sie als deren authentische Botin ausweisen sollte«. Hiram Corson war ein führender Spiritist. Sein Sohn Eugene, Doktor der Medizin, veröffentlichte Helena Petrovna Blavatskys Briefwechsel mit seinem Vater. In HPBs zweitem Brief, abgestempelt am 16. Februar 1875, heißt es:

> *Hierher, in dieses Land, wurde ich von meiner Loge geschickt, im Namen der Wahrhaftigkeit im modernen Spiritismus, und es ist meine heiligste Pflicht, zu entschleiern, was ist, und aufzudecken, was nicht ist. Vielleicht bin ich 100 Jahre zu früh gekommen ... Denn die Menschen scheinen Tag für Tag weniger an der Wahrheit und jede Stunde mehr an Geld interessiert zu sein, [und so] werden mein schwacher Protest und meine Bemühungen nutzlos sein.*

Sie versicherte dem Professor, dass ihr Interesse am Spiritismus »nicht durch die Vermittlung der ewig lügenden und betrügenden Medien« zustande kam, jener »elenden Instrumente der unentwickelten Geister aus niederen Sphären, dem antiken *Hades.* Mein Glaube ist auf etwas gegründet, das älter ist als die Klopfzeichen von Rochester; er entspricht der gleichen Informationsquelle, aus der auch Raymundus Lullus, Pico della Mirandola, Agrippa von Nettesheim, Robert Fludd, Henry More etc., etc., schöpften, die alle fortwährend nach einem System suchten, das ihnen die ›tiefsten Tiefen‹ göttlichen Wesens enthüllen sollte, das *wirkliche Band, das alle Dinge zusammenhält.* Ich fand schließlich – vor Jahren schon – das Verlangen meines Geistes durch jene Theosophie* gestillt, die von den Engeln gelehrt und verbreitet wird ..., um das Menschengeschlecht in seiner Entwicklung zu unterstützen [eine typisch jüdisch-christliche und kabbalistische Ausdrucksweise]«.[6]

* Neun Monate später, am 17. November, wurde die Theosophische Gesellschaft ins Leben gerufen. Später haben verschiedene Personen das Verdienst für sich in Anspruch genommen, zu jener Zeit den Terminus *Theosophie* eingeführt zu haben. In dem oben zitierten Satz identifiziert HPB die Bezeichnung Theosophie mit den Lehren, die sie von ihren Ausbildern empfing. Diese waren keine Engel im christlichen Sinn, sondern lebendige Menschen, die sich normalerweise in höheren Bewusstseinszuständen befinden, dabei aber in Körpern aus Fleisch und Blut leben.

VIELEN MENSCHEN widerstrebt der Spiritualismus, weil er mit unheimlichen Praktiken in Verbindung gebracht wird. Der Begriff selbst hingegen ist unverdächtig. Er bedeutet das Gegenteil von Materialismus, wie HPB in ihrem *Theosophischen Glossar* deutlich macht:

> *Spiritualismus/Spiritismus**: In der Philosophie die dem Materialismus bzw. einer materiellen Auffassung von den Dingen entgegengesetzte Geisteshaltung. Die Theosophie, derzufolge alles, was existiert, vom Universalgeist oder von einer Universalseele belebt wird, sodass außerhalb dieses allgegenwärtigen Prinzips kein Atom unseres Universums bestehen kann, ist reiner Spiritualismus. Was hingegen den Glauben betrifft, der unter der Bezeichnung >Spiritismus< firmiert und der eine fortgesetzte Kommunikation zwischen den Lebenden und den Toten mittels eigener medialer Kräfte oder mit Hilfe eines so genannten Mediums postuliert, so ist er um nichts besser als die Materialisierung des Geistes und bedeutet die Degradierung menschlicher und göttlicher Seelen. Wer an eine derartige Kommunikation glaubt, entehrt die Toten und begeht fortgesetzt ein Sakrileg. Mit Recht wurde dies schon im Altertum als »Nekromantie«, als Schwarze Magie bezeichnet. Doch unsere modernen Spiritisten nehmen es übel, wenn man sie mit dieser simplen Wahrheit konfrontiert.

Der moderne Spiritismus begann 1848 mit den berühmten »Rochester Klopfzeichen« – psychischen Manifestationen, die zwei kleine Mädchen, die Schwestern Fox in Hydeville im Bundesstaat New York, unweit von Rochester, umgaben. Sir Arthur Conan Doyle bemerkte in seiner zweibändigen *Geschichte des Spiritismus,* »diese Kraft war entweder ansteckend oder sie senkte sich wie eine psychische Wolke vorzugsweise über solche Personen herab, die dafür empfänglich waren ... In unglaublich kurzer Zeit ergriff diese Bewegung mit vielen Auswüchsen und Phasen des Fanatismus« das ganze Land.[7] Die orthodoxen

* Das englische Wort »spiritualism« kann beide Bedeutungen haben. (Anm. d. Ü.)

Religionen hatten bisher nichts als Platitüden über die Unsterblichkeit und das Leben nach den Tode angeboten; dafür glaubten die Spiritisten nun den Beweis zu besitzen.

Professor R. Laurence Moore beobachtete, »dass nicht nur Halb- oder Ungebildete und Leichtgläubige zu Séancen oder in spiritistischer Zirkeln auftauchten. Die Anzahl an führenden Persönlichkeiten, die an spiritistischen Sitzungen teilnahmen«, war eindrucksvoll.[8] Selbst hervorragende Wissenschaftler ließen sich, wie noch zu sehen sein wird, bei kontrollierten Experimenten von der Echtheit der Phänomene überzeugen.

Nicht nur in Amerika blühte der Spiritismus, sondern auch in England, Deutschland, Frankreich und Russland. Dem berühmten Medium Daniel Home war weitgehend der Erfolg des Spiritismus in Europa zu verdanken. Conan Doyle berichtet: »Mit seinen außergewöhnlichen Fähigkeiten hatte er Kaiser Napoleon III., Kaiserin Eugenie, Zar Alexander, Kaiser Wilhelm I. von Deutschland sowie die Könige von Bayern und Württemberg gleichermaßen überzeugt.«[9]

In Russland war der Spiritismus in den 1850er Jahren die ganz große Mode, auch Vera und Nadja befassten sich mit Geisterschrift und Tischerücken (Levitation). Selbst die gelassene und so korrekte Tante Katharina wohnte den Sitzungen bei.[10] HPB befand sich damals in weiter Ferne.

In den 1860er Jahren wurden sogar im Weißen Haus Séancen abgehalten. Von einer solchen berichtet Carl Sandburg in seiner Biographie Abraham Lincolns, bei welcher der Präsident einem Journalisten gestattet hatte, teilzunehmen. Außerdem waren Kriegsminister Tanton und Marineminister Wells anwesend. Sandburg zitiert aus dem langatmigen Artikel, der unter der Überschrift »Spiritismus im Weißen Haus« von zahlreichen Zeitungen abgedruckt wurde.[11]

Eine überzeugte Spiritistin war auch Mrs. Lincoln, die Präsidentengattin, und durch sie erhielt Präsident Lincoln Zugang zu dem bemerkenswerten Medium Nettie Colburn, die er, wie es scheint, bei ernsthaften Krisen im Kampf um die Bewahrung der Union und um die Sklavenbefreiung zu Rate zog.[12] Einmal wurde er gefragt, was er über die Herkunft einer Botschaft dachte, die er gerade erhalten hatte. Laut Zeugenbericht antwortete er: »Ich bin nicht gewillt, jene Intelligenz zu beschreiben, die den Organismus dieser jungen Frau kontrolliert. Sie hatte mit Sicherheit (bei wachem Bewusstsein) keinerlei Kenntnis der Dinge, die mir mitgeteilt wurden. Genauso wenig wusste sie, was sich in meinem Kabinett ereignet hatte, bevor ich an der Sitzung teilnahm. Sicher wusste sie auch nichts über die Lage an der Front und über gewisse Vorfälle, die nur mir bekannt sind und die weder von mir mit irgendjemandem besprochen wurden noch sonstwie an die Öffentlichkeit gelangt sind.«[13]

»Wir erinnern uns«, bemerkte ein Zeitzeuge, »welch allgemeinen Aufruhr in der öffentlichen Meinung und welches Unbehagen unter den Wissenschaftlern der Spiritismus damals hervorrief ... Er stellte den Rammbock dar, der die erste Bresche in die Front des materialistischen Denkens der Menschen schlug und sie zum Nachdenken bewegte ... Der Glaube an die Existenz einer ausschließlich physischen Welt war erschüttert.«[14]

HPB zollte der wissenschaftlichen Erforschung des Spiritismus Beifall. In ihrem Artikel »The Evidence of Science« (Wissenschaftliche Beweise) vom Juli 1881 im *Theosophist* stellte sie eine eindrucksvolle Liste hervorragender Wissenschaftler auf diesem Gebiet zusammen. Dazu gehörte Alfred Russel Wallace, der unabhängig von Darwin eine Evolutionstheorie entwickelt hatte. Im Vorwort zu seinem Buch *Miracles and Modern Spiritualism* heißt es:

> Bis zu dem Tag, als ich das erste Mal mit den Fakten des Spiritismus konfrontiert wurde, war ich ein eingefleischter Skeptiker ..., durch und durch Materialist, sodass in meinem Geist die Vorstellung von einer spirituellen Existenz keinen Platz fand ... Fakten jedoch sind unbequem ... Die Fakten haben mich geschlagen. Sie zwangen mich, sie als Fakten anzuerkennen ... und bewegten mich dazu, den Spiritismus ernst zu nehmen.

Auf HPBs Liste stand noch ein weiterer berühmter Wissenschaftler, der Chemiker und Physiker Sir William Crookes, der, wie man in der *Encyclopedia Britannica* nachlesen kann, »an seinem Glauben an die Realität okkulter Phänomene von den 1870er Jahren bis zu seinem Tod festhielt«.[15] 1897 wurde er Präsident der Society for Psychical Research und wurde noch im selben Jahr geadelt. Im *Scientific American* (April 1969) stand anlässlich seines 50. Todestages: »In Sir William Crookes haben wir es mit einem Mann zu tun, der ein direkter Nachkomme jener frühen Geistesriesen war, die ihre Aufmerksamkeit mit Leichtigkeit den verschiedensten wissenschaftlichen Sparten zuwenden konnten und dabei imstande waren, auf jedem dieser Gebiete Werke von dauerhafter Bedeutung zu vollbringen. Sir William, bei dem die verschiedensten Begabungen auf erstaunliche Weise zusammenwirkten, hat sich mit seiner scharfen Beobachtungsgabe, seiner unerschöpflichen experimentellen Geduld, seinem glühenden wissenschaftlichen Interesse und der Vorstellungskraft eines

Dichters für alle Zeit einen festen Platz in der langen Reihe bedeutender englischer Wissenschaftler gesichert.«

In seinem Buch *Researches in Spiritualism* beschreibt Crookes dreizehn Klassen von Phänomenen, deren Zeuge er war, und bemerkt dazu: »Mit wenigen Ausnahmen haben die vielen hundert Experimente, deren Faktizität zu beeiden ich bereit bin – Fakten, die mit den bekannten mechanischen oder physikalischen Mitteln zu imitieren die Geschicklichkeit eines Houdini, Boscoe oder Anderson [alle drei berühmte Magier], unterstützt von ausgeklügelten Mechanismen und nach jahrelanger Übung, weit überfordern würde –, allesamt in meinem eigenen Haus stattgefunden, nach meinen Vorschriften sowie unter Bedingungen, die die Anwendung selbst einfachster Instrumente absolut ausschlossen.«[16]

H. P. Blavatsky, Olcott und Sinnett waren mit Crookes befreundet. Crookes und seine Frau traten am 20. November 1883 der Theosophischen Gesellschaft bei, und im Jahr darauf wurde Crookes Ratsmitglied der Londoner Loge.[17]

HPB beschließt ihren Artikel »Evidence of Science« mit einem Zitat aus *Transcendental Physics,* einem Buch über Spiritismus, das die öffentlichen Bekenntnisse zweier bekannter Magier jener Tage enthält, der »Herren John Nevil Maskelyne, London, und Samuel Bellachini, Zauberkünstler am Hof von Berlin, die beide wiederholen, was Robert Houdini, der gefeierte französische Zauberkünstler zuvor schon betont hatte, nämlich, dass ›Levitationen ohne Kontakt, wie sie in Anwesenheit von Medien vorkommen, Kunststücke sind, die das Können *professioneller* Zauberkünstler und Magier weit überschreiten‹, das heißt, sie sind *nicht das Werk eines menschlichen Helfers,* wer und was auch immer sonst dabei Gehilfe oder Hilfsmittel sein mag«.

Maskelyne betont, dass er »die Echtheit medialer Manifestationen nie geleugnet habe, doch behaupte ich, es gibt kein Jota eines Beweises dafür, dass die Geister der Verstorbenen nichts Besseres zu tun wissen, als Möbel in die Luft zu heben oder umherzurücken«.

Das Phänomen der Levitation sei nicht schwer zu erklären, sagt HPB. Man muss die Polarität eines Objektes oder menschlichen Wesens verändern und es wird in der Luft schweben; denn die Anziehungskraft der Erde, die auf dem Magnetismus des Erdzentrums beruht, der die Illusion des Gewichts hervorruft, wird dadurch unterbrochen.[18] Das kann auf verschiedene Weise geschehen; auf eine davon wurde hier schon an früherer Stelle hingewiesen, in einem Brief HPBs an Dr. Hartmann vom 3. April 1886. Das muss hier wiederholt werden, diesmal im Zusammenhang, da wir uns jener Zeit in HPBs Leben nähern, in der sie zum ersten Mal Col. Olcott begegnete, und zwar in dem berühmten Farmhaus der Eddys in Vermont:

Ich wurde zu einem bestimmten Zweck nach Amerika und ins Haus der Eddys geschickt. Damals, als ich Olcott erstmals begegnete, war er restlos in Geister verliebt ... Ich hatte die Aufgabe, ihm zu zeigen, dass spirituelle Phänomene ohne die Philosophie des Okkultismus gefährlich und irreführend sind. Ich bewies ihm, dass alles, was Medien mit Hilfe von [so genannten] Geistern gelingt, von anderen ohne irgendwelche Geister zustande gebracht wird; dass das Hervorbringen von Klingel- und Klopfgeräuschen, Gedankenlesen und andere Phänomene von jedem erreicht werden können, der die Fähigkeit besitzt, körperliche Handlungen durch die Organe seines Astralkörpers auszuüben. Diese Fähigkeit besitze ich seit meinem vierten Lebensjahr, was meine ganze Familie bestätigen kann. Ich konnte Möbel verrücken und Objekte (scheinbar) durch die Luft fliegen lassen, wobei die Arme meines Astralleibes, mit denen ich sie hielt, unsichtbar blieben; und all dies, lange bevor ich auch nur das Geringste über die Existenz von Meistern wusste. Nun, ich sagte [Olcott] die volle Wahrheit: Ich verriet ihm, dass ich Adepten kennen gelernt hatte, »Brüder«, und nicht nur in Indien und jenseits von Ladakh, sondern auch in Ägypten und Syrien – denn dort gibt es überall »Brüder«, bis zum heutigen Tag.[19]

ALS HENRY STEEL OLCOTT Im Alter von 42 Jahren erstmals HPB begegnete, war er bereits ein Mann mit vielseitiger Lebenserfahrung. In Orange, New Jersey, als Kind einer Puritanerfamilie aufgewachsen, besuchte Olcott ein Jahr lang das College in New York und arbeitete dann zwei Jahre auf einer Farm in Ohio. Dann kehrte er nach New York zurück, um Agrarwissenschaft zu studieren. Schon mit Anfang 20 wurde ihm internationale Anerkennung für seine Arbeit über eine agrarwissenschaftliche Musterfarm in Newark, New Jersey, zuteil. Die griechische Regierung bot ihm den Lehrstuhl für Landwirtschaft an der Universität von Athen an, und die Regierung der Vereinigten Staaten eine leitende Stellung im Landwirtschaftsministerium; er aber zog es vor, unabhängig tätig zu sein: Olcott wurde Redakteur für Landwirtschaft an der *New York Tribune.*

Bei Ausbruch des Bürgerkriegs meldete er sich sofort zum Militär, diente zunächst in mehreren Feldzügen unter General Burnside und wurde dann zum >Special Investigator< (Sonderbevollmächtigten) im Kampf gegen Korruption und Bestechung im Kriegsministerium ernannt.* Für seine Erfolge dort wurde er zum Oberst befördert. Nach Abschluss eines seiner Fälle erhielt er von Kriegsminister Stanton folgendes Telegramm:

> Meinen herzlichsten Glückwunsch zum Resultat des heutigen Prozesses. Es ist für die Regierung von ebenso großer Bedeutung wie der Sieg in einer Schlacht.

* Olcott war besonders geschickt im Aufdecken von Unterschlagung und Betrug. So erwies er sich später, bei der Untersuchung des Spiritismus, als bestens geeignet zur Entlarvung von Scharlatanerie, wie sich zeigen wird. Sir Arthur Conan Doyle, Schöpfer der phänomenal scharfsinnigen Figur *Sherlock Holmes,* bewunderte Olcotts Vorgehen bei der Untersuchung spiritistischer Phänomene. Beispiele hierfür in seinem Werk *People from the Other World.* Die Society for Psychical Research indes stellt Olcott als einfältigen Zeugen von HPBs Phänomenen dar. (Dies trifft natürlich nicht zu, wiewohl ihn sein Gedächtnis bei Jahre zurückliegenden Fällen bisweilen im Stich ließ.)

Eine ähnliche Tätigkeit übte Olcott für die Marine aus. Später gehörte er dem dreiköpfigen Untersuchungsausschuss an, der den Mord an Präsident Lincoln untersuchte.

Nach dem Bürgerkrieg studierte Olcott drei Jahre lang Jura und wurde 1868 als Rechtsanwalt in New York zugelassen. Er kodifizierte verwirrende juristische Versicherungspraktiken, wurde ein Spezialist für Zollwesen, Steuergesetzgebung und Versicherungsfälle und erwarb sich damit eine große und vermögende Klientel.[20]

Olcotts Interesse am Spiritismus war in der Zeit auf der Farm in Ohio entstanden, als er drei seiner Onkel besuchte, die eifrige Spiritisten waren.[21] Henry Olcott selbst war streng presbyterianisch erzogen worden.

Über seine erste Begegnung mit HPB schreibt Olcott in *Old Diary Leaves:*

> Eines Tages im Monat Juli 1874 saß ich in meinem Anwaltsbüro und dachte über einen schwierigen Fall nach, bei dem mich die Stadtverwaltung von New York zu Rate gezogen hatte, als mir einfiel, dass ich mich seit Jahren nicht mehr um die Spiritisten-Bewegung gekümmert hatte. Ich weiß nicht mehr, welche Gedankenverbindung mich darauf brachte, jedenfalls ging ich zum Zeitungshändler um die Ecke und kaufte mir eine Ausgabe von *Banner of Light.* Darin fand ich einen Bericht über ein unglaubliches Phänomen, nämlich die Materialisation von Geistern, die sich in einem Farmhaus in der Gemeinde Chittenden im Staat Vermont ereignet haben sollte. Mir war sofort klar: Wenn es stimmte, dass die Besucher ihre verstorbenen Verwandten sehen, ja sogar berühren und mit ihnen sprechen konnten, die es ihrerseits zustande gebracht hatten, ihren Körper mitsamt der Kleidung vorübergehend wieder feste Gestalt annehmen zu lassen, sichtbar und berührbar zu sein, so war dies das wichtigste Geschehen auf dem Gebiet der modernen Physik. Ich beschloss, selbst hinzufahren und es mir anzusehen. Ich stellte fest, dass die Geschichte stimmte, blieb drei bis vier Tage dort und kehrte dann nach New York zurück.
>
> Ich schrieb einen Bericht über meine Beobachtungen für die New York *Sun,* der auf der ganzen Welt nachgedruckt und verbreitet wurde, so schwer wiegend und so interessant waren die beschriebenen Tatsachen. Ich schlug dann dem Redakteur des New York *Daily Graphic* vor, für seine Zeitung noch einmal nach Chittenden zu fahren, begleitet von einem Künstler, der nach meiner Weisung Skizzen machen sollte, und die Angelegenheit gründlich zu untersuchen. Sie interessierte mich so sehr, dass ich die notwendi-

> gen Dispositionen für meine Kanzlei traf, um mich am 17. September wieder in »Eddy's Homestead« einzufinden, wie das Haus nach dem Familiennamen seiner Bewohner genannt wurde. Etwa 12 Wochen, wenn ich mich recht erinnere, blieb ich an jenem geheimnisvollen Ort, umgeben von Phantomen, und täglich hatte ich Erlebnisse der unwahrscheinlichsten Art. Zweimal wöchentlich erschienen meine Briefe über die »Eddy-Geister« im *Daily Graphic,* jeder davon illustriert mit Skizzen der Erscheinungen, wie sie der Künstler, Mr. Kappes, und ich, genauso wie alle im Séance-Zimmer anwesenden Personen – manchmal mehr als vierzig – tatsächlich gesehen hatten.[22]

Die Eddy-Brüder William und Horatio waren einfache Farmer ohne höhere Bildung. Es gab in dieser Familie eine lange Geschichte medialer Begabung. Eine Großmutter vierten Grades wurde bei den Salemer Hexenprozessen in Massachusetts von 1692 als Hexe verurteilt. Williams Séancen fanden in Form vermeintlicher Materialisationen von Toten statt, während Horatios Sitzungen anderer Art waren. Die Brüder erhoben kein Eintrittsgeld für ihre Demonstrationen, berechneten ihren zahlreichen Gästen lediglich eine bescheidene Summe für Kost und Logis.

Im *Globe,* einer Zeitung des nahe gelegenen Rutland, wurde berichtet:

> Col. Henry S. Olcott, mit der Erforschung und Berichterstattung der Eddy-»Manifestationen« vom *Daily Graphic* beauftragt, hat im ganzen Land eine lebhafte Brise entfacht. Vor dem Erscheinen seiner ersten Briefe aus Rutland war das Thema Spiritismus in den Tageszeitungen nicht einmal erwähnt worden, obwohl das Erscheinen der Artikel von Crookes und von Alfred Wallaces Pamphlet in England ganz Europa in Spannung versetzt hatten. Nunmehr behandeln die New Yorker Tageszeitungen das Thema redaktionell – fast alle schickten Reporter nach Chittenden und ihr Beispiel wurde von den Zeitungen in Chicago, Hartford, Rochester, Albany und in vielen anderen Städten aufgegriffen. Was auch immer an der Eddy-Affäre wahr sein mag oder nicht, an einem besteht kein Zweifel: dass die öffentliche Meinung sich sehr über die Frage erregt, ob die Geister der Toten zu uns zurückkehren oder nicht.[23]

Daheim in New York herrschte eine solche Nachfrage nach Olcotts Berichten, dass ein Exemplar des *Daily Graphic* einen Dollar kostete; das jedenfalls musste

HPB für ihres bezahlen. Sie reiste mit einer französischsprachigen Freundin zu den Eddys, wo sie am 14. Oktober eintraf und sich zwei Wochen aufhielt. Olcott erzählt rückblickend:

> Ich erinnere mich des ersten Tages unserer Bekanntschaft, als wäre es gestern gewesen; außerdem habe ich die Hauptpunkte in meinem Buch *People from the Other World* (Menschen aus dem Jenseits), S. 293ff., festgehalten. * Es war ein sonniger Tag und selbst das düstere Farmhaus wirkte heiter. Es stand inmitten einer wunderschönen Landschaft in einem Tal, das von grünen Abhängen umgrenzt sich zu Bergen erhob, die bis an die Kuppen von dicht belaubten Waldungen bedeckt waren. Die Hauptmahlzeit gab es bei den Eddys am Mittag. Und von der Eingangstür des kahlen, wenig anheimelnden Esszimmers aus sahen Kappes und ich HPB zum ersten Mal. Sie war kurz vor Mittag in Begleitung einer Frankokanadierin eingetroffen, und beide saßen bereits am Tisch, als wir eintraten. Mein Blick wurde zunächst von einem scharlachroten Garibaldi-Hemd angezogen, das HPB trug, da es zu den matten Farben im Raum in lebhaftem Kontrast stand. Ihr Haar bildete damals noch einen dicken blonden, fast schulterlangen Wust, der ringsum vom Kopf abstand, seidenweich und bis an die Wurzeln gekräuselt, wie das Vlies eines Cotswold-Mutterschafes. Dies und das rote Hemd fielen mir am meisten auf, ehe ich das Bild ihrer Züge in mich aufnahm. Ihr großflächiges rundes Gesicht – wie das eines Kalmücken – mit seinem Ausdruck von Stärke, Kultiviertheit und gebieterischem Wesen stand in seltsamem Kontrast zu den Durchschnittsgesichtern ringsum, ähnlich wie ihr rotes Hemd ... An der Schwelle blieb ich stehen und flüsterte meinem Begleiter zu. »Du lieber Himmel! Sehen Sie sich das an!« Ich marschierte quer durch den Raum und nahm genau ihr gegenüber Platz, um meiner Lieblingsbeschäftigung, dem Charakterstudium, frönen zu können. Die Damen unterhielten sich auf Französisch ...
>
> Nach dem Essen gingen die beiden ins Freie und Madame Blavatsky rollte sich eine Zigarette ... Ich sagte »Permettez-moi, Madame« und gab ihr Feuer; unsere Bekanntschaft begann umwölkt von Rauch, aus dem aber ein

*»In diesem Buch«, sagt Olcott, »habe ich alle Phänomene wie auch die Gegenproben beschrieben, die ich mir ausgedacht und angewandt habe.« »Es ist schwer, irgendeine Vorsichtsmaßnahme zu nennen, die er unterlassen hätte«, kommentiert Conan Doyle (*History of Spiritualism,* Bd. 1, S. 255)

> großes und dauerhaftes Feuer hervorgehen sollte ... Da ich sie auf Französisch angeredet hatte, blieben wir bei dieser Sprache ... Beim Umherschlendern unterhielten wir uns über die Eddy-Phänomene und Ähnliches aus anderen Ländern. Ich stellte fest, dass sie große Reisen gemacht und viele okkulte Dinge sowie Adepten der okkulten Wissenschaft kennen gelernt hatte. Doch gab sie mir zunächst keinerlei Hinweis auf die Existenz der Weisen des Himalaya und verriet auch nichts von ihren eigenen Kräften. Stattdessen äußerte sie sich über die materialistische Tendenz im amerikanischen Spiritismus, der in einer Art Schwelgen in Phänomenen bestehe, begleitet von vergleichsweiser Gleichgültigkeit gegenüber philosophischen Fragen ...[24]

In seinem Buch *People from the Other World,* das er bald darauf schrieb, äußert sich Olcott hierzu folgendermaßen:

> Nach und nach erst enthüllte sich mir, dass diese Frau, die durch ihre glänzende Bildung und herausragende charakterliche Tugenden ebenso wie ihre außergewöhnlich hohe gesellschaftliche Position Anspruch auf den höchsten Respekt hat, eines der bemerkenswertesten Medien der Welt ist. Gleichzeitig unterschied sich ihre mediale Veranlagung völlig von der aller anderen Menschen, denen ich jemals begegnet bin. Denn anstatt dem Willen der Geister zu unterliegen, ist sie es, die diese Geister beherrscht und ihnen ihren Willen aufzuerlegen scheint. Welches das Geheimnis sein mag, das ihr diese Kraft verleiht, kann ich nicht sagen, aber daran, dass sie es besitzt, kann ich mir nicht erlauben zu zweifeln, nachdem ich *so* viele Beweise dafür erhalten habe.[25]

Dieser Kraft, das erfuhr er erst später. bestand eher in einem bewussten Vermitteln als in passivem medialen Verhalten; das erste Anzeichen hierfür war, dass William Eddys Manifestationen sich radikal veränderten, sobald HPB anwesend war. Hierzu noch einmal ein Zitat aus Olcotts *Old Diary Leaves*:

> Bis zu dem Moment, als HPB dazukam, waren bei den Séancen die Geister von Indianern, Amerikanern oder Europäern erschienen ... Doch am ersten Abend ihres Aufenthaltes erschienen Geister anderer Nationalitäten vor uns. Da gab es einen georgischen Diener aus dem Kaukasus, einen moslemischen Kaufmann aus Tiflis, ein russisches Bauernmädchen und

andere mehr. An einem weiteren Abend erschienen ein kurdischer Kavallerist mit Krummsäbel, Pistolen und Lanze ... und ein europäischer Gentleman, in dem Madame Blavatsky ihren Onkel erkannte.[26]
Das Auftreten solcher Persönlichkeiten im Zimmer dieser armen Vermonter Bauern, die kaum lesen und schreiben konnten, die weder das Geld hatten, Theater-Apparaturen zu kaufen, noch die Erfahrung besaßen, mit ihnen umzugehen, und hätten sie dergleichen besessen, keinen Raum, wo sie damit hätten etwas anfangen können, war für jeden Augenzeugen der schlagende Beweis für die Echtheit der Erscheinungen ... *
Erst viel später erfuhr ich, dass HPB diese Erscheinungen mit Hilfe ihrer ausgebildeten und meisterhaften Kräfte hervorgerufen hatte. Sie bestätigte dies auch mit einem handschriftlichen Vermerk in unserem *T. S. Scrapbook* (Notizbuch der Theosophischen Gesellschaft), Bd. 1, der an einen Ausschnitt aus dem »Spiritualist« [London] vom Januar 1875 geheftet ist.[27]

Der Zeitungsausschnitt enthielt den Artikel »Materialized Spirit Forms« (Materialisationen von Geistformen) von Benjamin Coleman, der sich in Folgendem auf HPB bezog: »Die Anwesenheit der Gräfin hatte bei mehreren der Eddy-Séancen höchst überraschende Manifestationen zur Folge, darunter das Erscheinen verschiedener Geister von Personen, die ihr aus ihren Auslandsaufenthalten bekannt waren.« HPB fügte handschriftlich hinzu: »Ja, denn ich habe sie *selbst* gerufen.«[28]

Olcott berichtet, dass HPB bei den Eddys bemüht war, »mich dazu zu bewegen, den Wert von William Eddys Phänomenen als Beweis für eine intelligente Kontrolle des Mediums durch die Geister in Frage zu stellen. Wenn sie echt sind, so sagte sie zu mir, müssen sie ein Doppel des Mediums sein, das aus seinem Körper heraustritt und sich in andere Erscheinungen kleidet [in unbewusste Projektionen der Umsitzenden, die ihre verstorbenen Lieben sehen möchten]. Aber ich glaubte ihr nicht. Ich war der Meinung, dass die materialisierten Formen in Größe, Umfang und Aussehen zu unterschiedlich seien, um sozusagen verkleidete William Eddys zu sein; sie mussten sein, was sie zu sein schienen, d.h. die Geister Verstorbener. Unsere Dispute waren gelegentlich recht hitzig, denn damals war ich noch nicht weit genug in die Frage der formbaren Natur des menschlichen Doubles eingedrungen, um die Stärke ih-

* Die Erscheinungen wurden von dem Maler Kappes für den *Daily Graphic* genau festgehalten und sind in *People from the Other World* wiedergegeben.

rer Hinweise zu erkennen, während ich von der östlichen Maya-Theorie noch nicht die geringste Ahnung hatte«.[29]

HPB hält fest, dass »selbst die materialisierte Gestalt meines Onkels bei den Eddys nur ein Bild war; ich war es, die es aus meinem eigenen Geist hervorbrachte, denn ich ging dazu über, Experimente zu machen, ohne es irgendjemandem zu sagen. Es glich einer leeren Hülle meines Onkels, die ich auf den Astralkörper des Mediums projiziert hatte. Ich sah und verfolgte den gesamten Ablauf. Ich wusste, Eddy war ein echtes Medium, und die Phänomene waren so real, wie sie nur sein konnten, und daher habe ich ihn, als er in Schwierigkeiten geriet, öffentlich verteidigt«.[30]

Eines von HPBs Experimenten verlief fast zu gut: »Ich rief in diesem Kreis die Gestalt eines Menschen hervor, den ich *damals für tot hielt,* der aber, wie es nun scheint, noch am Leben und wohlauf war, nämlich ›Michalko‹, mein georgischer Diener! Jetzt lebt er bei einer entfernten Verwandten in Kutasis [Kutais], wie mir meine Schwester vor zwei Monaten in Paris gesagt hat. Man hatte ihn schon totgesagt, doch im Hospital genas er. So viel zur ›Identifikation eines Geistes‹.«[31]

Unglücklicherweise lässt sich diese Erklärung für die Materialisation der Toten auf einige Fälle nicht anwenden. Hier tritt der grausige Aspekt des Spiritismus in den Vordergrund, die Tatsache nämlich, dass die Gedanken der Anwesenden die sich auflösenden Reste vom Astralkörper der Verstorbenen anziehen, die von der Seele abgestoßen werden, während sie zu höheren Bewusstseinszuständen zwischen zwei Leben aufsteigt. Hierüber berichtet HPB in einem Brief an ihre Schwester Vera:

Je mehr Medien ich sehe – und die Vereinigten Staaten sind das reinste Treibhaus für Medien und Sensitive aller Art, für echte wie für falsche –, desto deutlicher erkenne ich die Gefahr, die die Menschheit umgibt ... Du wirst dich der Experimente entsinnen, die ich für dich in Rugodewo anstellte, wie oft ich die Geister derer sah, die einst in dem Haus gewohnt hatten, und sie dir beschrieb, da du sie selbst nie sehen konntest ... Nun, so war es auch hier in Vermont, bei Tag und Nacht. Ich sah und beobachtete diese seelenlosen Geschöpfe, die Schatten irdischer Körper, denen Seele und Geist meistens schon längst entflohen waren, die aber ihre semi-materiellen Schatten bewahrten, [indem sie sie aus den Lebensenergien] von Hunderten von Besuchern speisten, die kamen und gingen, wie auch aus den Energien der Medien ...
Es war gespenstisch, diesen Vorgang mit anzusehen! Es bereitete mir oft Übel-

> *keit und Schwindelgefühle, doch ich musste es sehen; ich konnte nichts anderes tun, als mir die abscheulichen Wesen in Armeslänge vom Leibe zu halten. Aber es war eine Sehenswürdigkeit, wie all die Spiritisten diese umbrae* (Schatten) *freudig begrüßten! Sie vergossen Tränen und jubelten im Kreis um das in diese leeren materialisierten Schatten gekleidete Medium ... Mir blutete das Herz. »Wenn sie nur sehen könnten, was ich sehe«, wünschte ich mir oft. Wenn sie nur wüssten, dass diese Schattenbilder von Männern und Frauen allein aus den irdischen Leidenschaften, Lastern und weltlichen Gedanken aus den Rückständen der Persönlichkeit bestehen, die einmal gelebt hatte; es ist nur wertloser Abschaum, der der befreiten Seele und dem befreiten Geist nicht folgen konnte und für ein zweites Sterben in der irdischen Sphäre* zurückgelassen wurde, der dem Durchschnittsmedium und dem Publikum sichtbar wird.*[32]

Aus diesem Grund, sagt HPB an anderer Stelle, warnten schon die Hindus und Buddhisten des Altertums vor den negativen Einflüssen, die aus der Kommunikation mit den Toten hervorgehen.[33]

Im Gegensatz zu dieser »niedereren Kategorie von Manifestationen ... und den Plattitüden und dem belanglosen Gerede von Medien«, sagt HPB, gäbe es auch »wahrhaft wunderbare Phänomene einer höheren Ordnung, die von unleugbarer Intelligenz und Wissen zeugen«. Diese sind der Aktivität des inneren oder höheren Selbst der Sensitiven zuzuschreiben.[34] In anderen Fällen kann sich eine höher entwickelte Seele auch eines reinen Sprachrohrs bedienen, um einen guten Zweck zu verfolgen. Als Beispiel könnte vielleicht Abraham Lincolns Erfahrung mit dem Medium dienen, die an früherer Stelle erwähnt wurde.

Einer der Hauptgründe dafür, dass Theosophen die Idee einer Kommunikation zwischen Toten und Lebenden ablehnen, ist der, dass die ständige Einbeziehung der Toten in die Welt der Lebenden mit all ihrem Elend und ihren Grausamkeiten das Leben nach dem Tode zur Hölle machen würde und nicht zum Himmel. Zwischen den Leben braucht die Seele Frieden und spirituelle Erholung.[35] Das bedeutet indes nicht, dass wir von unseren geliebten Toten abgeschnitten sind. Im *Schlüssel zur Theosophie* schreibt Helena Blavatsky:

* Professor Huston Smith schreibt, man solle den Berichten von Medien »mit größtem Misstrauen begegnen, denn die in Frage stehenden ›Mächte‹ sind weder vollständige Seelen noch auch nur vollständige Geister; sie bestehen überwiegend aus ›psychischen Rückständen‹, die der Geist hinter sich lässt, wenn er die psychische Ebene durchquert ...« (*Forgotten Truth,* New York, 1976, S. 72-73).

Wir sind mit denen beisammen, die wir in materieller Form verloren haben und sind ihnen weit, weit näher, als wir es zu Lebzeiten waren ... Denn reine göttliche Liebe ist nicht nur die Blüte eines menschlichen Herzens, sie hat ihre Wurzeln in der Ewigkeit ... Und Liebe über das Grab hinaus hat, mag man sie auch eine Illusion nennen, eine magische, göttliche Kraft, die auf die Lebenden einwirkt ... Sie wird sich in ihren Träumen und oft auch in verschiedenen Ereignissen zeigen, wo sie erleben werden, dass sie gewissermaßen von der Vorsehung beschützt werden und Unheil entrinnen, denn Liebe ist ein starker Schild und nicht von Raum und Zeit begrenzt. Karma bringt [darüber hinaus] früher oder später all jene, die einander mit solcher geistiger Zuneigung liebten, dazu, sich noch einmal in der gleichen Familiengruppe zu inkarnieren.[36]

IN DEM JAHR VOR der Gründung der Theosophischen Gesellschaft begegnen wir HPB als Fürsprecherin für die Sache der Spiritisten. In Anbetracht ihrer wahren Einstellung – wie zu den Gefahren spiritistischer Praktiken – fragte man sich, weshalb sie das tat. Vielleicht glaubte sie, als freundliche Stimme in ihrer Mitte eher die Möglichkeit zu haben, sie von diesen Praktiken abzubringen und die Aufgeklärteren unter ihnen mit einer rationaleren Philosophie vertraut zu machen, die nicht nur die Phänomene erklärte, sondern auch die vielfältigen Mysterien, die uns umgeben.[37]

Ihr öffentlicher Einsatz zugunsten der Spiritisten begann unmittelbar nach ihrer Rückkehr aus Vermont nach New York. Olcott erinnert sich:

> Ein sehr bekannter New Yorker Arzt, Dr. Beard, durch meine Berichte im *Graphic* nach Chittenden gelockt, war mit einer ebenso hochtrabenden wie törichten Erklärung der Eddy-Phänomene an die Öffentlichkeit getreten: sie seien reiner Betrug. In ihrer Entgegnung vom 27. Oktober, erschienen am 30. Oktober im *Graphic,* zerriss HPB diesen Dr. Beard in der Luft. Ebenso unbefangen wie bravourös verteidigte sie die Eddy-Medien, und ihre Aussage über die sieben »Geist-Formen«, die sie selbst erkannt hatte, war so überzeugend, dass sie sofort ins volle Licht der Öffentlichkeit geriet, das sie von nun an nicht mehr verlassen sollte ...[38]
>
> Sie pflegte damals im Gespräch und in ihren Schriften einen lebhaften Ton von herausfordernder Schroffheit und Kameradschaftlichkeit und faszinierte alle Welt mit ihrem Witz, mit ihrer Verachtung für soziale Heuchelei und Niederträchtigkeit und setzte jeden mit ihren psychischen Fähigkeiten in Erstaunen. Das immense Wissen, das ihr späteres Werk *Isis entschleiert* auszeichnen sollte, war noch nicht offenbar, aber ihr schier unerschöpflicher Reichtum an Erinnerungen erlebter Abenteuer und Gefahren und an Kenntnissen über die okkulten Wissenschaften wurden meines Wissens von keiner damals in Amerika bekannten Persönlichkeit auch nur annähernd erreicht. Sie war damals ein völlig anderer Mensch als später, als sie mit ihrem bedeutenden Lebenswerk beschäftigt war, für welches ihre ganze Vergangenheit nur eine Vorschule gewesen war.[39]

HPBs Brief an Dr. Beard eröffnet den ersten Band ihrer Notizbücher. Michael Gomes bemerkt:

> Mme. Blavatsky ist und bleibt die größte Chronistin der Theosophischen Gesellschaft. Die Adyar-Archive enthalten zwanzig umfangreiche Notizbücher voller Zeitungsausschnitte aus den Jahren 1874 bis 1884, die zweifellos von HPB zusammengetragen wurden. Die ersten sieben Bände mit mehr als tausend Artikeln und Verweisen, die die New Yorker Theosophen betreffen, wurden von ihr mit ausführlichen Anmerkungen und Notizen versehen und in Themenbände aufgeteilt, die häufig Titel tragen wie die »Vor- und nachgeburtliche Geschichte der Theosophischen Gesellschaft«.[40]

Nach dem Wortgefecht mit Dr. Beard richtete HPB ihre Aufmerksamkeit darauf, die Auswirkungen des größten Skandals abzuschwächen, der damals auf die spiritistische Bewegung zukam. Ein führender Spiritist, Robert Dale Owen, ehemaliger Kongressabgeordneter und Botschafter der Vereinigten Staaten, hatte öffentlich eingestanden, dass er bei Séancen der Medien Jennie Holmes und ihres Ehemannes Nelson Holmes, bei denen angeblich der berühmte Geist von Katie King erschienen war, hintergangen worden war. Dieser Geist hatte sich zuvor in Séancen, die Sir William Crookes in England durchführte, manifestiert, und als er in den USA auftauchte, war das ganze Land aufgeregt und gespannt. Die Seifenblase platzte, als eine Frau, Eliza White, das Geständnis ablegte, als Katie King aufgetreten zu sein.[41] Robert Owen hatte mit seiner machtvollen Unterstützung die Echtheit dieser Manifestationen bezeugt.

Um die Situation zu retten, wandten sich die Holmes über Owen an Olcott, damit er ihre Fähigkeiten testete.* Er sagte zu und wurde von HPB begleitet, die sich bereits in Philadelphia aufhielt, wo die Medien lebten. Die erste Séance fand am 11. Januar 1875 statt, die letzte am 25. Januar.

* In einem Brief an General Lippitt, eingegangen am 9. März 1875, betont HPB, die Holmes seien echte Medien nur, solange sie sich in tiefer Trance befänden, was anscheinend nicht immer der Fall sei. Wenn nicht, täuschten sie ihr Publikum *(HPB Speaks,* Bd. 1, S. 55, 56). Unter professionellen Medien käme dies oft vor, wenn ihre Kräfte versagten und ein zorniges Publikum den Gegenwert für sein Eintrittsgeld verlange.

Insgesamt waren sie erfolgreich, doch erst am letzten Abend erfolgte eine volle Materialisation von Katie, womit die Glaubwürdigkeit des Mediums Jennie Holmes wiederhergestellt wurde.[42] Jahre später erfuhr Olcott zu seiner Überraschung, dass dies nicht sein Verdienst gewesen war. Beim Durchblättern des ersten Bandes von HPBs Notizbüchern stieß er auf folgende handschriftliche Anmerkung, die, wie er aufgrund ihres Inhalts schloss, »nach ihrem Tode zu veröffentlichen« sei:

Wichtige Anmerkung

Es tut mir Leid, bekennen zu müssen, dass ich mich anlässlich der beschämenden Bloßstellung der *Medien* Holmes mit den Spiritisten für solidarisch erklären *musste.* Ich musste die Situation retten, denn ich bin gerade zu dem Zweck von Paris nach Amerika geschickt worden, um die Phänomene in ihrer Realität zu beweisen, und – auch die Falschheit der spiritistischen »Geister«-Theorien aufzuzeigen. Doch wie sollte das am besten geschehen? Ich wollte nicht, dass die breite Öffentlichkeit erfuhr, dass ich imstande bin, *willentlich das Gleiche hervorzubringen.* Ich hatte den gegenteiligen *Befehl* erhalten, und dennoch musste ich den Glauben an die Realität, Echtheit und *Möglichkeit* solcher Phänomene in den Herzen derer aufrechterhalten, die sich von *Materialisten* in *Spiritualisten* verwandelt hatten und nun, nach der Entlarvung verschiedener Medien, wieder rückfällig wurden und zu ihrem Skeptizismus zurückkehrten.

Deshalb wählte ich ein paar Gläubige aus, ging zu den Holmes und brachte mit Hilfe von M∴ und *seiner Kraft* die Gesichter von John und Katie King [aus] dem Astrallicht hervor, erzeugte das Phänomen der Materialisation und – ließ die meisten Spiritisten in dem Glauben, es sei durch die medialen Kräfte von Mrs. Holmes geschehen. Sie war selbst zutiefst erschrocken, denn sie war sich darüber klar, dass die Erscheinung *dieses eine Mal* real war. War es unrecht, was ich tat? Noch ist die Welt nicht so weit, dass sie die Philosophie der okkulten Wissenschaften zu verstehen vermag – also soll sie sich zuerst einmal davon überzeugen, dass es Wesen in einer unsichtbaren Welt gibt, mögen es »Geister« der Toten oder *Elementale* sein, sowie auch verborgene Kräfte im Menschen, die ihn zum *Gott* auf Erden machen können.

Wenn ich tot bin, wird man vielleicht meine selbstlosen Motive anerkennen. Ich habe mein Wort gegeben, solange ich lebe, den Menschen zu helfen, die *Wahrheit* zu finden – ich werde mein Wort halten. Sollen sie mich

schmähen und kränken! Sollen die einen mich als Medium bezeichnen und als Spiritistin, die anderen mich eine *Betrügerin* nennen! Der Tag wird kommen, an dem die Nachwelt mich besser zu verstehen lernt.
Arme, törichte, allzu leichtgläubige und böse *Welt!*
M.˙. bringt mir die Anweisung mit, eine Gesellschaft zu bilden – eine Geheimgesellschaft wie der Rosenkreuzerorden. Und er verspricht, zu helfen.

H.P.B.[43]

Nach diesem letzten Satz zu urteilen, müssen diese Anmerkungen gegen Ende September 1875 zu Papier gebracht worden sein, als die Gründung der Theosophischen Gesellschaft erstmals angekündigt wurde. Nur für eine relativ kurze Zeit wurden die Lehren der Gesellschaft geheim gehalten, wegen der Entstellungen und Verhöhnungen, die folgten, als die Presse und die Verleumder der Bewegung davon erfuhren.[44]

Wer ist der soeben erwähnte John King? Da HPB empfohlen worden war, zunächst nicht zu enthüllen, dass die in ihrer Anwesenheit hervorgerufenen Phänomene von ihr selbst erzeugt wurden, musste sie diese einem anderen zuschreiben; die Wahl fiel auf John King, der in Spiritistenkreisen einen Namen hatte. Damit war denn auch Olcott zufrieden, der nach wie vor ein unerschütterlicher Spiritist war. Sein Kommentar: »Müssen Babys nicht mit Milch ernährt werden? ... Hatte man nicht auch mir zunächst vorgemacht, dass ich es mit nicht-inkarnierten Geistern zu tun hätte; und hatte man sich nicht eines Strohmanns bedient zum Klopfen und Schreiben und zur Materialisierung von Formen unter dem Pseudonym John King?« Dieser Name wurde zu jener Zeit auch von HPB als Deckmantel für ihre Lehrer und deren Agenten benutzt. »Nach und nach«, fügte Olcott hinzu, »machte mich HPB mit der Existenz östlicher Adepten und deren Fähigkeiten vertraut und lieferte mir durch eine Vielzahl von Phänomenen die Beweise für ihre eigene Herrschaft über die Kräfte der Natur, die sie [bislang] John King zugeschrieben hatte.«[45]

Gleichzeitig begann sie ihn in die esoterische Philosophie und Metaphysik einzuführen. Sie schrieb ihm: »Ich wurde mit einer schwierigen und gefährlichen Aufgabe betraut, Henry: ich soll Ihnen Unterricht geben, wobei ich mich allein auf mein dürftiges Englisch stützen muss. Sie *müssen* gewaltige Hoffnungen auf Ihre *intuitiven* Gaben setzen, denn fürwahr, ich selbst habe nur wenig Vertrauen in meine Beredsamkeit und meine Fähigkeit, *klare,* unmissverständliche Erläuterungen zu geben. Verstehen *Sie,* lieber Freund? Nun, ich werde tun, was ich kann ...«[46]

Olcott war nicht der einzige Empfänger dieses Privatunterrichts. In der *Geheimlehre* berichtet Blavatsky, dass »ein beträchtlicher Teil der Philosophie«, die sie später, als sie nach Indien ging, weiterentwickelte, »schon in Amerika gelehrt wurde, sogar schon vor der Veröffentlichung von *Isis entschleiert,* und zwar zwei jungen Europäern und meinem Kollegen Col. H. S. Olcott ...« Der eine war William Q. Judge, der andere könnte der Rechtsanwalt C. C. Massey gewesen sein, der aus London für eine Weile nach Übersee gekommen war.

◆

Nach den Séancen bei den Holmes blieb HPB noch mehrere Monate in Philadelphia. Während dieser Zeit heiratete sie Michael Betanelly, einen Georgier aus dem Kaukasus; nach allem, was sie gehört hatte, war ihr erster Mann gestorben.* Olcott berichtet:

> Einer meiner Briefe aus Chittenden im *Daily Graphic* hatte das Interesse dieses Herrn B. – eines russischen Staatsbürgers – geweckt und ihn veranlasst, mir von Philadelphia aus zu schreiben.[47] Er gab seinen lebhaften Wunsch zu erkennen, meine Kollegin [HPB] kennen zu lernen und mit ihr über den Spiritismus zu diskutieren. Da sie nichts einzuwenden hatte, kam er Ende 1875 [in Wirklichkeit 1874] nach New York, und so begegneten sich die beiden. Es zeigte sich, dass er von Anfang an tiefe Bewunderung für sie hegte, die er mündlich und später brieflich sowohl ihr wie auch mir gegenüber äußerte. Sie wies ihn rundheraus ab, als sie erkannte, dass er auf Heirat abzielte; sein hartnäckiges Drängen erzürnte sie. Dies hatte lediglich zur Folge, dass sich seine Verehrung noch vertiefte; er drohte, sich das Leben zu nehmen, wenn sie seinen Antrag ablehnte ... Er erklärte, dass er nur das eine Privileg erbitten wolle, sie beschützen zu dürfen, und dass sein Gefühl aus selbstloser Bewunderung ihrer intellektuellen Größe bestehe und er keine Ansprüche auf die Privilegien des Ehelebens erheben werde. Er setzte sie so unter Druck, dass sie schließlich – in einem Anfall von Wahnsinn, wie mir schien – einwilligte, ihn beim Wort zu nehmen und nominell seine Frau zu werden; aber unter der Bedingung, dass sie ihren eigenen Namen behalten und so frei und unabhängig von jeglichen Einschränkungen leben

* Zwölf Jahre später entdeckte man, dass Blavatsky sich auf das Gut seines Bruders zurückgezogen hatte und noch sehr lebendig war!

> könne, wie sie es damals tat ... Die unvermeidliche Folge: das unglückliche Paar lebte nur wenige Monate zusammen. Der Ehemann vergaß seine selbstlosen Schwüre ... sie verließ ihn und kehrte nicht wieder zu ihm zurück.

Betanelly klagte auf Scheidung wegen böswilligen Verlassens; dem wurde stattgegeben. Einige Jahre später, nach geschäftlichen Fehlschlägen, kehrte er nach Georgien zurück.[48]

»Während dieser Zeit«, sagt Olcott, »war sie ausschließlich journalistisch tätig, zunächst in Artikeln über den westlichen Spiritismus, später über [den Okkultismus] des Ostens.«[49] Einen großen Teil dieser Tätigkeit setzte HPB noch fort, als sie ernsthaft an einer Beinverletzung litt, die sie sich Anfang des Jahres durch einen Sturz zugezogen hatte. Besorgt schrieb Betanelly damals an General Lippitt: »Dr. Pancoast, der sie behandelt, hat sie aufgegeben; er könne kaum etwas tun, da ihr Lähmung oder gar Schlimmeres drohe, möglicherweise sei die Amputation des Beines notwendig. Ich weiß nicht, was ich tun soll. Und stellen Sie sich vor: bei dieser schweren Erkrankung setzt sie das Schreiben, Arbeiten und ihre Korrespondenz ununterbrochen fort, obwohl sie nach dem Rat des Arztes Ruhe bewahren und sich nicht anstrengen sollte. Meiner Meinung nach ist ihre Krankheit zumindest teilweise ihrer eigenen Achtlosigkeit für sich selbst und der Überarbeitung zuzuschreiben. Obwohl sie anderen stets hilft, kann oder will sie für sich selbst nichts tun, nicht einmal, um ihr Bein heilen zu lassen.«[50]

Für HPB war es eine Zeit der tiefen Depression und der inneren Prüfung, da ihre Zukunft in der Schwebe zu hängen schien, wie einer ihrer Lehrer durchblicken ließ.[51]

IM JULI 1875 ERSCHIEN ein Artikel von HPB, den sie in ihrem Notizbuch mit dem Vermerk »Mein erster *okkulter* Versuch«[52] versah. Er war unter dem Titel »Einige Fragen an Hiraf« erschienen und wäre nie geschrieben worden, hätte sie nicht im Sommer zuvor Landbesitz auf Long Island erworben. Die Miteigentümerin des Anwesens, Clementine Grebko, wurde kontraktbrüchig, so dass Mme. Blavatsky sie verklagte, um ihre Einbußen wieder auszugleichen. Den Fall übernahm die Firma Bergen, Jacobs und Ivins. William Ivins war HPBs Anwalt beim Prozess, der am 26. April 1875 vor einem Geschworenengericht stattfand. Ivins, damals noch ein junger Rechtsanwalt, wurde später sehr bekannt. Aus dieser Zeit stammen einige Aufzeichnungen von ihm über die Verhandlung vor Gericht:

> Nach Long Island war es damals ein weiter Weg von New York City, denn die Reisemöglichkeiten waren noch sehr begrenzt. Der Sitzungsplan für diese Termine wurde nur langsam erledigt: alle Parteien mussten warten, bis sie an der Reihe waren, gehört zu werden. Da viele der Dokumente und Zeugenaussagen in französischer Sprache abgefasst waren und es am Gericht keinen Dolmetscher gab, wurde William S. Fales, ein Student aus der Anwaltsfirma von General Benjamin Tracy, zum Sonderdolmetscher ernannt; er übersetzte HPBs Aussage aus dem Französischen. Zwei Wochen lang waren der Richter, die Anwälte, Schriftführer, Klienten und der Dolmetscher in einem öden Landhotel einquartiert ...[53]

Ivins berichtet, dass HPB, während sie auf ihren Termin wartete, mit der Übersetzung der *History of Civilization in England* von H. T. Buckles und Darwins *On the Origin of Species* ins Russische beschäftigt war.[54] Noch so manches andere spielte sich ab, wie de Zirkoff in HPBs *Collected Writings* erzählt: »Ivins war nicht nur ein glänzender Rechtsanwalt, sondern auch ein besessener Leser, der über ein phänomenales Gedächtnis verfügte. Mehr zum Spaß als im Ernst überschwemmte er seine Klientin mit Fragen: über Okkultismus, Gnostizismus, die Kabalah sowie weiße und schwarze Magie. Der junge Fales dagegen hielt auf einen Wink von Ivins lange Vorträge über mystische Arithmetik, Astrologie, Alchemie, mittelalterliche Symbolik, Neo-Platonismus, Rosenkreuzertum und die mystische Zahl vier.«[55]

Über die Gerichtsverhandlung berichtet Charles R. Flint, ein alter Freund von Ivins und Fales, in seiner Biographie *Memories of an Active Life* folgende Details:

> ... Madame, die selbst ihre Hauptzeugin war, sagte immer ganz anders aus, als es ihre Anwälte von ihr erwarteten ... Als behutsame Juristen waren sie vor den Terminen mit Madame deren Aussagen durchgegangen und hatten ihr geraten, welche Punkte sie hervorheben sollte. Doch zu ihrer größten Verwirrung nahm sie im Zeugenstand die Zügel selbst in die Hand und verrannte sich in eine Beweisführung, die den Richtlinien entgegengesetzt lag, die man ihr empfohlen hatte. Als sie sich bei ihr darüber beschwerten, erklärte HPB, ihr »Schutzgeist«, den sie Tom (John) King nannte, habe ihr zur Seite gestanden (unsichtbar für alle Anwesenden außer ihr) und ihr diese Aussage eingegeben. Als der Fall in die Beratung ging, verließ Madame die Stadt, schrieb aber mehrere Briefe an Ivins, um nach dem Fortgang ihrer Angelegenheiten zu fragen. Schließlich überraschte sie ihn mit einem Schreiben, in dem sie eine Auffassung des Gerichts darlegte, die das Gericht, so meinte sie, in den nächsten Tagen verkünden werde, verbunden mit einer Entscheidung zu ihren Gunsten. Das Gericht traf dann tatsächlich eine Entscheidung zu ihren Gunsten, wie sie es in jenem Brief vorausgesagt hatte, und zwar aus genau den Gründen, die sie in besagtem letzten Schreiben erwähnt hatte.[56]

Ivins und Fales gehörten einem hoch angesehenen Debattierklub in Brooklyn an. Eines Abends trafen sie dort mit drei weiteren Mitgliedern, Frederick Hinrichs, James Robinson und Charles Adams, zusammen. Jahre später erinnert sich Hinrichs, inzwischen ein hoch angesehener Reformpolitiker, an dieses Treffen:

> Spaßeshalber kamen [sie] überein, gemeinsam einen Artikel über Theosophie, esoterische Wissenschaften und was sonst noch alles zu verfassen. Ich hatte gerade *Zanoni,* ein Buch über die Rosenkreuzer und eines über das Leben des Paracelsus gelesen – und so schrieb ich besonders in dieser Richtung. Madame [HPB] hatte behauptet, zu den Rosenkreuzern zu gehören,

> deshalb gab Fales dem Artikel, den er aus unseren drei oder vier separaten Beiträgen zusammenstellte, den Titel »Rosicrucianism«. Auch schuf er aus unseren Initialen das Akrostichon »Hiraf« [und fügte es als Autorennamen hinzu]. Wir lachten alle sehr über den zusammengesetzten Artikel und sandten ihn an Madame nach Boston. Diese veröffentlichte ihn in zwei Nummern ihrer Zeitschrift, soweit ich mich erinnere, und verfasste zwei recht schmeichelhafte Leitartikel über »Hiraf«. Mir wurde von einigen Theosophen hier gesagt, dass wir jungen Männer besser geschrieben hätten, als uns klar war, und dass wir vielleicht von höheren Mächten inspiriert gewesen seien. Davon weiß ich nichts, *dennoch mag es stimmen.* Sicher ist jedoch, dass »Hiraf« sehr ausführlich als Autorität in den verschiedensten Publikationen zitiert worden ist ...[57]

Die Zeitschrift, auf die sich Hinrichs bezieht, ist *The Spiritual Scientist,* die in Boston von E. Gerry Brown herausgegeben wurde. Angezogen von seiner mutigen Kritik an den Übeln des Spiritismus, trugen Blavatsky und Olcott als Autoren und auch finanziell zu dieser Zeitschrift bei.[58]

Der »Hiraf«-Essay wurde in den Ausgaben vom 1. und 8. Juli von *The Spiritual Scientist* veröffentlicht, auf die in den beiden nächsten Nummern HPBs Antwort folgte. Es war das erste Mal, dass sie öffentlich auf die Existenz von Adepten-Bruderschaften zu sprechen kam. »Ich werde Ihnen ein wenig von dem Wenigen erzählen«, sagte sie, »das ich auf meinen langen Reisen durch den Osten – jener Wiege des Okkultismus – aufgelesen habe.« Hier ein Auszug:

> Unter den zahlreichen Wissenschaften, die von dem wohldisziplinierten Heer der ernsthaft Studierenden in unserem Jahrhundert gepflegt werden, wurde keine mehr bespöttelt, als die älteste unter ihnen – die Wissenschaft der Wissenschaften, die ehrwürdige Ur-Mutter aller modernen Zwergfächer, [der Okkultismus]. In der Regel ist der Okkultismus in der Hand dessen, der nicht bereit ist, ihm sein Leben zu widmen, ein gefährliches, zweischneidiges Schwert. Seine Theorie, sofern sie sich nicht auf ernsthafte Praxis stützt, wird in den Augen derer, die voreingenommen gegen eine so unpopuläre Sache sind, immer eine müßige und verrückte Spekulation bleiben, nur für die Ohren alter Weiber bestimmt. Werfen wir einen Blick zurück und sehen uns an, wie man in den vergangenen dreißig Jahren mit dem modernen Spiritismus umging ... Wie kann man danach noch hoffen, dass

> der Okkultismus ..., der zum Spiritismus im Verhältnis steht wie das Unendliche zum Endlichen ..., gerade dort mit Leichtigkeit Boden gewinnen könnte, wo der Spiritismus verhöhnt wird ...
> Hiraf bezweifelt, dass in England oder anderswo existiert, was wir als eine Schule für Neophyten dieser Geheimwissenschaft bezeichnen. Doch solche Einrichtungen, ich weiß es aus persönlicher Erfahrung, gibt es im Osten, in Indien, Kleinasien und in anderen Ländern.
> Die echte, vollständige [orientalische] Kabalah aus der Frühzeit der Menschheit ist nur noch ... einigen wenigen orientalischen Philosophen bekannt. Wer sie sind und wo sie sich aufhalten, darf ich nicht preisgeben ... Nur eines kann ich verraten: solche Gemeinschaften existieren, und der Sitz ihrer Bruderschaften wird nicht an andere Länder verraten werden bis zu dem Tag, an dem die Menschheit massenweise aus ihrer spirituellen Lethargie erwacht und ihre blinden Augen dem blendenden Licht der Wahrheit öffnet.[59]

Olcott bemerkt dazu, dass in einer Zeit, da die westliche Welt von dem phänomenalen Aufstieg der modernen Wissenschaften geradezu geblendet war, die Menschen darüber staunten, dass es altertümliche Wissenschaften gab und Menschen lebten, die deren Geheimnisse kannten.

Es folgten dann weitere Veröffentlichungen HPBs über den östlichen Okkultismus. Ein Autor bemerkte dazu:

> Die Spiritisten von 1875 hatten keine Ahnung von diesen Zusammenhängen; man braucht nur die Seiten gewisser, mit spiritistischen und religiösen Fragen befasster Zeitschriften durchzublättern, um sofort den augenfälligen Gegensatz zwischen Madame Blavatskys Schriften und den Phantastereien des konventionellen Spiritismus zu erkennen ... 27 Jahre Séancen hatten keinerlei echten Fortschritt erbracht, lediglich eine wüste Anhäufung trivialer psychischer Botschaften, die, abgesehen von der übernatürlichen Art ihrer Übermittlung, nichts von besonderer Bedeutung verraten.[60]

Von den fünf Hiraf-Autoren hielten drei – Ivins, Hinrichs und Robinson (bis zu seinem frühen Tod) – die Verbindung zu Madame Blavatsky aufrecht. 1912, im Gespräch mit einem gemeinsamen Freund, äußerte Ivins, sie sei »eine wunderbare Frau, die alles in allem über die glänzendsten geistigen Fähigkeiten verfügte, die er je bei einer Frau bemerkt habe. Er bedauerte ihre Entscheidung, ihr Leben dem Aufbau einer Gesellschaft zu widmen und dachte, dass sie zu Ruhm und Ansehen gekommen wäre, wenn sie ihre Zeit ausschließlich für ihre schriftstellerische Tätigkeit verwandt hätte, und dass sie dann auch ein ruhigeres Leben hätte führen können. Sie besitze zwar außerordentliche psychische Kräfte, doch meinte er, es wäre besser gewesen, wenn sie ihre Talente in den Dienst der Literatur gestellt hätte und nicht nach Indien gegangen wäre, um Religion zu lehren ... Zu viele Phänomene habe er sie hervorbringen sehen, um an ihren überragenden Gaben in dieser Hinsicht zu zweifeln. Seine einzige Kritik an ihr war, ob ihre Entscheidung richtig gewesen sei, die undankbare Aufgabe zu übernehmen, andere Leute von der Existenz höherer Daseinsebenen überzeugen zu wollen«.[61]

Wäre HPB seinem Rat gefolgt, dann hätte sie sich auch weniger Feinde gemacht, zumal unter den Spiritisten. Denn als sie öffentlich die Gefahren des Mediumismus in ihren Schriften erörterte, begann die spiritistische Presse sich mit einer erschreckenden Schmutzkampagne zu rächen, die jahrelang anhielt. Anlässlich ihres Todes im Jahr 1891 schrieb das *Religio Philosophical Journal:* »Als eine moralische Monstrosität ist sie ohnegleichen unter ihrem Geschlecht in diesem Land. Die betrügerischen Schwindelmanöver, die sie beging, um ihren Ehrgeiz und ihre Vorliebe für Lug und Trug zu befriedigen und ihre wahren Sünden zu verbergen, haben nun mit ihrem Tod ein Ende gefunden.«[62]

Im Frühjahr 1875 schrieb Blavatsky in ihr Notizbuch:

> Bin beauftragt, damit anzufangen, der Öffentlichkeit die *Wahrheit* über die Phänomene und ihre Medien zu sagen. *Jetzt* beginnt mein Martyrium! Ich werde sämtliche Spiritisten gegen mich haben, zusätzlich zu den Christen und Skeptikern. Dein Wille, o M.˙. geschehe!

HPB berichtete Professor Corsons Frau Caroline in einem Brief vom März 1876 von den Verleumdungen, die »meine schlimmsten Feinde, die Spiritisten und ihre Medien ... über mich verbreiten. Sie werden vor keiner Infamie zurückschrecken ... Ich kann tatsächlich noch glücklich sein, wenn ich durch den Verlust meines Rufs Millionen Menschen retten kann, die jetzt der Illusion verhaftet sind, dass alle Geister, die mit ihnen kommunizieren, reine Engel sind, *entkörperlichte Geister...* Die Wahrheit kommt nur langsam ans Licht, sehr langsam; doch lässt sich das Licht nicht unter einem Scheffel verbergen«.[63]

NICHT LANGE NACHDEM Henry Steel Olcott und HPB im Sommer 1875 [im Juli oder August] nach New York zurückgekehrt waren, erschien ein weiterer späterer Mitbegründer der Theosophischen Gesellschaft auf der Szene. Es war der 24 Jahre alte, in Irland geborene William Q. Judge. Judge hatte Olcotts *People from the Other World* gelesen [ursprünglich eine Fortsetzungsreihe über die Eddy-Brüder, die im *Daily Graphic* erschienen war]. Er setzte sich brieflich mit Olcott in Verbindung und wurde daraufhin zu einem Besuch bei HPB in ihrer Wohnung am Irving Place 46 eingeladen. * Die enorme spätere Verbreitung der Theosophischen Gesellschaft in Amerika sollte in erster Linie William Q. Judge zu verdanken sein.

Judge stand in engem Kontakt mit den Theosophen in Dublin, die ihn als ihren Helden betrachteten. Aktiv verbunden mit der Theosophischen Gesellschaft in Dublin waren William Butler Yeats und George Russell (Æ), die wichtigsten Wegbereiter der einflussreichen Erneuerungsbewegung in der irischen

* Es wurden einander widersprechende Angaben darüber veröffentlicht, in welchem Jahr W. Q. Judge zum ersten Mal HPB traf, da sie sowohl für kurze Zeit im November 1874 als auch vom Sommer bis zum Herbst 1875 am Irving Place wohnte. Das Jahr 1875 wird jedoch klar durch die Aussagen Judges und anderer bestätigt. Vgl. The Path, Juni 1891, S.66; Lucifer, 15. Juni 1891, S. 290; A. P. Sinnett, Incidents in the Life of Madame Blavatsky. S. 186f.; The Theosophist, November 1892, S. 72; The Irish Theosophist, 15. März 1896, S. 112f.; Theosophy, Juni 1896, S. 76; Michael Gomes, The Dawning of the Theosophical Movement, S. 84; Eek und de Zirkoff, William Quan Judge; Theosophical Pioneer, S. 6.
Aus einem handgeschriebenen Brief William Q. Judges an Mrs. Cape [vermutlich vom Oktober 1893]: »Im Jahre 1874 wollte ich mich über den Spiritismus informieren. Dabei stieß ich auf Olcotts Buch *People from the Other World.* Ich schrieb ihm und bat ihn, mir die Adresse eines Mediums zu verschaffen. Er kenne zur Zeit keines, antwortete er, doch eine Bekannte von ihm – Mme. Blavatsky – lade mich ein, sie zu besuchen. Ich sprach am Irving Place vor und lernte auf diese Weise HPB kennen. Bald danach fand dort eine Versammlung statt. H.P. Blavatsky bat mich, Col. Olcott, der sich am anderen Ende des Zimmers aufhielt, aufzufordern, eine Gesellschaft zu gründen. Ich sprach ihn an, rief die Versammlung zur Ordnung, nahm den Vorsitz ein und nominierte Olcott zum Vorsitzenden, worauf er gewählt wurde. Daraufhin übernahm er den Vorsitz und nominierte mich zum Sekretär, worauf ich gewählt wurde. Das war der Anfang der Theosophischen Gesellschaft.« - William Q. Judge.

Literatur.[64] James Joyce spricht in *Ulysses* von der Hochachtung der Gruppe für »Judge, den besten Römer unter allen«.[65] Lange nach seinem Tod urteilte Russell über ihn: »Judge war der eindrucksvollste Mensch, dem ich je begegnet bin, nicht durch irgendeine Ausstrahlung von Würde, sondern einfach durch das, was er war.«[66]

Von Judges Jugend ist nicht viel bekannt. Er wurde in Dublin am 13. April 1851 geboren. Seine Mutter, Alice Mary Quan, starb noch jung bei der Geburt ihres siebten Kindes. Sein Vater, Frederick Judge, war Freimaurer und interessiert an mystischen Dingen. Im Alter von sieben Jahren erkrankte William lebensgefährlich. In einer Biographie heißt es, dass »der Arzt ihn zuerst für sterbenskrank, dann für tot erklärte; doch als daraufhin Trauer und Schmerz heftig zum Ausdruck kamen, entdeckte man, dass das Kind wieder ins Leben zurückgekehrt war ...«[67]

> Während der Rekonvaleszenz verriet der Junge plötzlich Fähigkeiten und Kenntnisse, die er zuvor nicht gehabt hatte. Das erregte Verwunderung, und er wurde befragt, wann und von wem er dies alles gelernt habe. Er schien derselbe und war es doch nicht; seine Angehörigen mussten sich erst wieder an ihn gewöhnen; keiner wusste, dass er je lesen gelernt hätte; jetzt, nach der Genesung, in seinem achten Lebensjahr, verschlang er alle Bücher, die er finden konnte, über Mesmerismus, Phrenologie, Charakterkunde, Religion, Magie und Rosenkreuzertum, und versenkte sich tief in die Offenbarung des Johannes, um ihre wirkliche Bedeutung herauszufinden ...
>
> Ohne zu kränkeln, war er doch anfällig, dabei seinem Alter voraus, willensstark, unbeugsam und ausdauernd, wie folgende Anekdote beweist: Einmal war er mit anderen Jungen am Ufer eines breiten Stroms. Seine Gefährten schwammen hinaus zu einer nahe gelegenen Insel. Von dort aus begannen sie, den jüngeren Gefährten zu verspotten und zu verhöhnen, weil er nicht schwimmen konnte ... Er stürzte sich ins Wasser, entschlossen, die Insel ebenfalls zu erreichen oder unterzugehen. Als er den Boden unter seinen Füßen verlor, ließ er sich absinken, berührte den Grund und lief ein paar Schritte im Flussbett, stieg natürlich wieder auf, strampelte, sank wieder, machte einige Schritte, wiederholte diesen Prozess, holte zwischendurch Luft, hielt dann wieder den Atem an und so fort. So gelangte er tatsächlich allmählich an den Uferrand der Insel, wo er halb bewusstlos von seinen verblüfften Spielgefährten aus dem Wasser gezogen wurde.[68]

Diese Furchtlosigkeit, diese unbeugsame Zielstrebigkeit zeigte Judge auch später, als er schweren Prüfungen und großen Schwierigkeiten bei seiner Tätigkeit in den USA ausgesetzt und dabei ganz auf sich allein gestellt war.

In Williams dreizehntem Lebensjahr wanderte die Familie Judge in die Vereinigten Staaten aus, wo sie sich in Brooklyn, New York, niederließ. William gelang der Schulabschluss, ehe er ins Erwerbsleben einstieg. Schließlich erhielt er eine Anstellung im Rechtsanwaltsbüro von George P. Andrews, der später Richter am Obersten Bundesgericht in New York wurde. Im April 1872 erhielt er die amerikanische Staatsbürgerschaft und einen Monat später die Zulassung als Rechtsanwalt in New York.

Nach HPBs Tod schilderte Judge seine erste Begegnung mit ihr:

> Es waren ihre Augen, die es mir antaten, Augen von jemandem, den ich in früheren Leben gekannt haben musste. Auch sie blickte mich an, als ob sie mich kannte, ein Blick, der sich seitdem nicht geändert hat. Nicht als jemand, der sie nach philosophischen Lehren fragen wollte, kam ich zu ihr, nicht als einer, der im Dunkel nach dem Licht greift, das von allen möglichen Schulen und phantastischen Theorien verdunkelt worden war, sondern als einer, der im Verlauf vieler Perioden durch die Korridore des Lebens gewandert war auf der Suche nach den Freunden, die ihm zeigen konnten, wo die Pläne zum großen Werk verborgen lagen. Und zuverlässig folgte sie dem Ruf, enthüllte mir nochmals diese Pläne, gab kein Wort der Erklärung, sondern wies mir nur die Richtung und fuhr mit ihrer Arbeit fort. Es war, als hätte man sich erst am Abend zuvor getrennt und dabei ein Detail der gemeinsam in Angriff genommenen Aufgabe noch ungelöst zurückgelassen. Es war ein Verhältnis wie das des Lehrers zum Schüler zwischen uns, wie zwischen älterem und jüngerem Bruder, beide auf ein gemeinsames Ziel ausgerichtet*, sie aber mit der Kraft und dem Wissen, das allein Löwen und Weisen eigen ist. So waren wir von den Anfängen her Freunde und ich fühlte mich sicher. Andere blickten, wie ich nur zu gut weiß, voll Misstrauen auf eine Erscheinung, die sie nicht ergründen konnten. Doch war es pure Blindheit, dass sie den Löwenblick, das diamantene Herz von HPB nicht wahrnahmen.[69]

* HPB äußerte ihrerseits, Judge sei »seit Äonen ein Teil ihrer selbst«. *Letters That Have Helped Me,* S. 277. Brief von HPB aus London an Judge vom 23. Oktober 1889, veröffentlicht in *The Theosophical Forum,* Juni 1932, S. 192-93, Original in den Archiven der Theosophischen Gesellschaft, Pasadena, Kalifornien.

Einem vertrauten Freund zufolge hat Judge oft gesagt, »zur wahrhaft bewussten Existenz sei er erst gelangt, als ihm ›Isis‹ entschleiert wurde«.[70] Unter diesem Namen war HPB in New York ihrem engsten Freundeskreis bekannt.

2 Geburt einer Bewegung

IN HPBs NOTIZBUCH findet sich folgende Eintragung von ihrer Hand, mit Datum vom Juli 1875:

> Weisung direkt aus Indien erhalten, eine philosophisch-religiöse Gesellschaft zu gründen und einen Namen für sie auszusuchen – und Olcott zu wählen.[71]

Am 7. September 1875 fanden sich siebzehn Personen in HPBs Wohnung am Irving Place ein, um den Vortrag des Architekten und Ingenieurs George H. Felt über den »verschollenen Kanon der Proportionalität von Ägyptern, Griechen und Römern« zu hören.[72] Er rief enthusiastischen Beifall hervor, und Olcott schrieb auf ein Stück Papier: »Sollten wir nicht eine Gesellschaft zum Zweck solcher Studien gründen?« Er reichte ihn William Q. Judge, der ihn an HPB weitergab. Sie nickte zustimmend. Judge sorgte dafür, dass Olcott zum Vorsitzenden gewählt wurde, und dieser wiederum sorgte für die Ernennung von Judge zum Sekretär. Die Sitzung wurde auf den nächsten Abend vertagt.

Eine New Yorker Zeitung brachte einen Bericht über diese erste Sitzung, der in Emma Hardinge Brittens *Nineteenth Century Miracles* nachgedruckt wurde. Ihm ist Folgendes zu entnehmen:

> Soeben wurde in New York eine Bewegung von großer Bedeutung unter Führung von Col. Henry S. Olcott in Form einer Gesellschaft gegründet, genannt Theosophische Gesellschaft. *
> Der Vorschlag kam völlig unerwartet und wurde am 7. dieses Monats im Salon von Madame Blavatsky vorgebracht. Dort hatte sich eine Gesellschaft von 17 Damen und Herren versammelt, um Mr. George Henry Felt zu hören, dessen Entdeckung der geometrischen Figuren in der ägyptischen Kabalah eine Glanzleistung des menschlichen Geistes ist. Unter ihnen befanden sich verschiedene Gelehrte wie auch Persönlichkeiten von

* Der Name wurde erst bei der folgenden Sitzung am 13. September beschlossen.

weit reichendem persönlichen Einfluss. Die Chefredakteure zweier religiöser Zeitungen; die Mitherausgeber zweier literarischer Zeitschriften; ein Jurist aus Oxford; ein ehrwürdiger und weit gereister jüdischer Gelehrter; ein leitender Redakteur eines New Yorker Morgenblattes; der Präsident der New Yorker >Society of Spiritualists<; Mr. C. C. Massey, ein englischer Rechtsanwalt, der zu Besuch in New York war; Mrs. Emma Hardinge Britten und Dr. Britten; zwei New Yorker Anwälte; ferner der Teilhaber eines Verlages in Philadelphia; der bekannte Arzt Dr. Seth Pancoast, und, als Wichtigste von allen, Madame Blavatsky selbst. Sie alle waren Mr. Felts Zuhörer...[73]

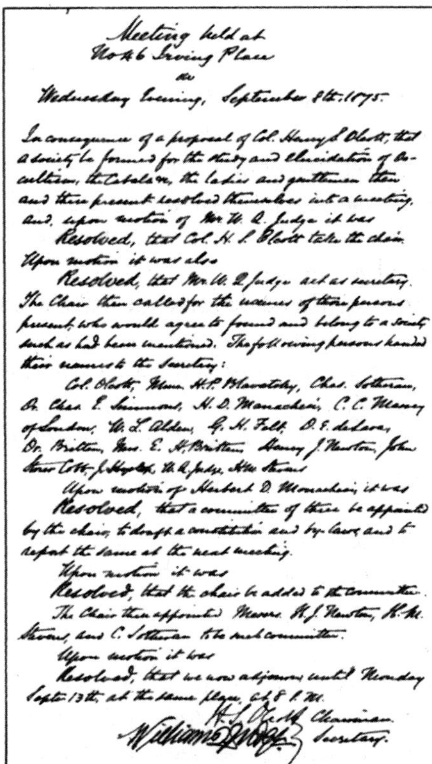
Meeting held at
No. 46 Irving Place
on
Wednesday Evening, September 8th. 1875.

In consequence of a proposal of Col. Henry S. Olcott, that a Society be formed for the study and elucidation of Occultism, the Cabala &c, the ladies and gentlemen then and there present resolved themselves into a meeting, and, upon motion of Mr. W. Q. Judge it was

Resolved, that Col. H. S. Olcott take the chair.

Upon motion it was also

Resolved, that Mr. W. Q. Judge act as secretary.

The Chair then called for the names of those persons present, who would agree to found and belong to a Society such as had been mentioned. The following persons handed their names to the Secretary:

Col. Olcott, Mme. H. P. Blavatsky, Chas. Sotheran, Dr. Chas. E. Simmons, H. D. Monachesi, C. C. Massey of London, W. L. Alden, G. H. Felt, D. E. de Lara, Dr. Britten, Mrs. E. H. Britten, Henry J. Newton, John Storer Cobb, J. Hyslop, W. Q. Judge, H. M. Stevens

Upon motion of Herbert D. Monachesi, it was

Resolved, that a committee of three be appointed by the chair, to draft a constitution and by-laws and to report the same at the next meeting.

Upon motion it was

Resolved, that the chair be added to the committee.

The Chair then appointed Messrs. H. J. Newton, H. M. Stevens, and C. Sotheran to be such committee.

Upon motion it was

Resolved, that we now adjourn until Monday Sept. 13th, at the same place, at 8 P. M.

H. S. Olcott Chairman
William Q. Judge Secretary.

Abb. 8. Original-Protokoll über die erste Sitzung der Theosophischen Gesellschaft New York am 8. September 1875.
(Archiv der Theosophischen Gesellschaft Pasadena, Kalifornien)

Ferner befanden sich unter den Anwesenden William Livingston Alden, der Leitartikel für die *New York Times* verfasste, John Storer Cobb, Herausgeber der *New Era,* des Organs Reformierter Juden, und Charles Sotheran, Wissenschaftsredakteur des *American Bibliopolist* und ein hochrangiger Freimaurer.

Bei den nachfolgenden Sitzungen wurden die Satzungen und Statuten beschlossen und die Ämter verteilt: Olcott wurde zum Präsidenten gewählt, Dr. Pancoast und George Felt zu Vizepräsidenten. HPB willigte ein, »Corresponding Secretary« zu sein. Sotheran übernahm die Bibliothek, Judge den Rechtsbeistand. Schwierig war die Wahl eines Namens für die Gesellschaft. Beim Blättern im Lexikon stieß Sotheran auf den Begriff *Theosophie* und dieser Vorschlag wurde einstimmig angenommen.

Das Wort Theosophie hat eine altehrwürdige Geschichte, es wird auf die Neuplatoniker zurückgeführt und wurde später von christlichen Mystikern übernommen.[74] Abgeleitet von den griechischen Wörtern *theos,* »Gott«, und *sophia,* »Weisheit«, bedeutet es gottgleiche Weisheit oder, nach Blavatsky, »*Göttliche Weisheit,* gleich jener, welche die Götter besitzen«.[75]

Den Ausdruck genauer definieren zu wollen, ist eine undankbare Aufgabe, wie Professor Ralph Hannon in einem Artikel über diese Frage zugibt:

> Die Frage »Was ist Theosophie« gehörte von Anfang an zur Geschichte der Theosophischen Gesellschaft. Für die allererste Ausgabe des *Theosophist* verfasste Madame Blavatsky einen langen Aufsatz über dieses Thema. Zahlreiche Versuche folgten. Bei vielen Gelegenheiten wurde diese Frage an mich gerichtet, von Mitgliedern wie von Nicht-Mitgliedern. Ich fürchte, die Vielzahl meiner Antworten hat stets ein gewisses Maß an Selbstzweifel hinterlassen. Erst vor kurzem ist mir klar geworden, dass ich mich zu sehr bemüht habe. Die Antwort hat, wie bei allen Dingen, hierarchischen Charakter: sie bewegt sich auf vielen verschiedenen Ebenen – stellt ein System dar, das an die Grenzen unserer Verständnisfähigkeit stößt. Mit anderen Worten: die Frage »Was ist Theosophie?« ist ein *Koan.* Im Zen-Buddhismus ist ein *Koan* eine »Formulierung ... die auf eine ultimative Wahrheit hinweist. Ein *Koan* kann nicht durch Logik erfasst werden, sondern allein durch das Erwecken eines tieferen geistigen Bereichs jenseits des normalen Intellekts«.[76]

Professor Hannon stellte seinem Artikel eine Auswahl aus Judges Schriften voran:

> Die Stärke der Theosophie liegt in dem Faktum begründet, dass sie sich nicht definieren lässt. Das bedeutet, dass die Evolution in ihrem langsamen Fortschritt neue Wahrheiten hervorbringen wird, oder aber neue Aspekte alter Wahrheiten, und damit das Entstehen jeglicher Dogmen oder »endgültiger, unwiderruflicher Definitionen« verhindern wird.[77]

Als eine praktische, ethisch begründete Philosophie *kann* Theosophie jedoch definiert werden, worauf Blavatsky in einem Schreiben zur Jahrestagung der amerikanischen Theosophen von 1888 verweist:

> *Viele, die noch nie von unserer Gesellschaft gehört haben, sind Theosophen, ohne es zu wissen. Denn der Wesenskern der Theosophie ist die vollendete Harmonisierung der göttlichen und menschlichen Eigenschaften im Menschen, d.h. die Integration seiner gottähnlichen Qualitäten in seine Bestrebungen und Absichten, und damit deren Einflussnahme auf seine erdverbundenen oder tierischen Empfindungen. Freundlichkeit, das Fehlen jeglichen Übelwollens oder jeder Selbstsucht, Barmherzigkeit und Wohlwollen allen Lebewesen gegenüber sowie Gerechtigkeit anderen gegenüber wie gegenüber sich selbst, sind die Hauptanliegen der Theosophie. Wer Theosophie lehrt, predigt das Evangelium des guten Willens, und auch umgekehrt trifft das zu: wer das Evangelium des guten Willens predigt, lehrt Theosophie.*[78]

An anderer Stelle bemerkt sie, dass es »einen beträchtlichen Unterschied zwischen den christlichen Kirchen und der Theosophischen Gesellschaft gibt: Während jedes getaufte Kind oder jeder getaufte Erwachsene als *Christ* gilt, haben wir Theosophen stets einen klaren und großen Unterschied gemacht zwischen einem aktiven *Theosophen* und einem einfachen Mitglied der Theosophischen Gesellschaft. Theosoph ist für uns *nur der, der die Theosophie zur lebendigen Kraft seines Lebens macht*«.[79] Bei anderer Gelegenheit berief sie sich auf das alte Sprichwort »Gut ist, wer gut handelt«, das sie folgendermaßen abwandelte: »Theosoph ist, wer als Theosoph handelt.«[80]

Mancher mag sich fragen, welche guten Werke mit praktischem Wert die Theosophische Gesellschaft in Verfolgung dieser Ziele vollbrachte. In demselben Brief von 1888 antwortet HPB:

Theosophen sind notwendigerweise die Verbündeten von Bewegungen, ob intellektueller oder praktischer Ausrichtung, die sich für die Verbesserung des menschlichen Lebens einsetzen. Wir sind Freunde all jener, die den Alkoholmissbrauch, Grausamkeit gegen Tiere, Unrecht gegenüber Frauen sowie Korruption in Gesellschaft und Staat bekämpfen, jedoch ohne politische Einmischung. Wir sind als Freunde allen verbunden, die Nächstenliebe praktizieren, die versuchen, das enorme Elend, das auf den Schultern der Armen lastet, wenigstens etwas zu mildern.
Aber in unserer Eigenschaft als Theosophen können wir uns nicht auf eine einzelne dieser Aufgaben speziell konzentrieren. Das kann jeder von uns zwar individuell tun, als Theosophen jedoch fällt uns eine viel größere, wichtigere Aufgabe zu ... Es ist Aufgabe der Theosophen, Herz und Verstand des Menschen empfänglich zu machen für Barmherzigkeit, Gerechtigkeit und Großzügigkeit – jene Qualitäten, die charakteristisch für alle Bereiche menschlichen Zusammenlebens sind und die zur menschlichen Natur gehören, sobald im Entwicklungsprozess die Stufe des Menschseins erreicht wird ... Wenn die Menschen gelernt haben, so zu denken und zu fühlen, wie es ihrer eigenen Natur gemäß ist, dann werden sie spontan barmherzig, gerecht und großzügig sein.[81]

Die Theosophische Bewegung hat drei Ziele, die bereits im Vorwort zitiert wurden. Sie lauten wie folgt:

1. den Kern einer universalen Bruderschaft der Menschheit zu bilden, ohne Unterschied von Herkunft, Glaube, Geschlecht oder Hautfarbe;
2. zum Studium der vergleichenden Religionswissenschaft, Philosophie und Naturwissenschaften anzuregen;
3. ungeklärte Naturgesetze und die im Menschen verborgenen Kräfte zu erforschen.

Ausschlaggebend für die Aufnahme in die Theosophische Gesellschaft war allein die Übereinstimmung mit dem ersten Punkt. Man brauchte nicht an Karma, Reinkarnation oder an die Existenz von Meistern oder eine andere Lehre zu glauben. Dass die Gesellschaft keinem bestimmten Glauben anhing, wurde in den 1880er Jahren von einem amerikanischen Gericht durch die juristische Anerkennung der Theosophischen Gesellschaft in St. Louis als Körperschaft bestätigt: Der Richter August W. Alexander verfügte, dass »die Antragstellerin nicht als religiöse Vereinigung zu betrachten ist ... Das Studium von Religionen ist im Sinne des Gesetzes keine religiöse Tätigkeit. Es ist zu beachten, dass das Wort Religion in Artikel 2 der Verfassung dieser Gesellschaft im Plural gebraucht wird. * Das Studium der Religionen gehört in den Bereich der Bildung, nicht der Religion. >Das Studium der Religionen zu fördern< ist teilweise die Förderung des Studiums der Menschheitsgeschichte. Ich füge als abschließendes Urteil hinzu, dass diese Gesellschaft kein religiöses Glaubensbekenntnis hat und auch keine Gottesdienste abhält«.[82]

Als offizielles Gründungsdatum der Theosophischen Gesellschaft gilt allgemein der 17. November 1875. An diesem Tag hielt ihr Präsident (Olcott) die Eröffnungsansprache – siebzig Tage nach dem ersten Vorschlag zu ihrer Gründung. Seine Worte sollten sich als prophetisch erweisen: »Ein unparteiischer Historiker wird in späteren Jahren bei seiner Darstellung der Entwicklung religiöser Ideen in unserem Jahrhundert die Gründung der Theosophischen Gesellschaft – deren erster offizieller Sitzung wir hier und jetzt beiwohnen – mit Sicherheit nicht übergehen.«

Als HPB die eben veröffentlichten Statuten der Theosophischen Gesellschaft in ihrem Notizbuch abheftete, kommentierte sie enthusiastisch:

The child is born! Hozannah![83] **

Fünfzehn Jahre später, als HPB in London lebte, wurde sie von dem Verleger der *North American Review,* einer führenden amerikanischen Zeitschrift, aufgefordert, ihm einen Beitrag über »Die jüngste Entwicklung der Theosophie« zu liefern. Unter diesem Titel erschien ihr Artikel dann in der Ausgabe vom August 1890; sie beschrieb darin die phänomenalen Leistungen auf den verschiedenen Gebieten des menschlichen Denkens, zu denen die Theosophie seither angeregt hatte. An dieser Stelle wollen wir uns nur mit den Ursachen befassen, die an einem solchen Erfolg beteiligt waren. HPB merkt hierzu an:

> Die theosophische Bewegung war eine Notwendigkeit dieser Zeit. Sie hat sich allein durch den eigenen, ihr innewohnenden Impuls und ohne zusätzliche Unterstützung verbreitet. Von Anfang an hat sie weder über Geld

* Die ursprüngliche Textstelle lautete: »Das Studium alter und neuer Religionen ...» (Hrsg.)
** »Das Kind ist geboren! Hosianna!»

verfügt noch über Beihilfen oder gesellschaftliche Beziehungen oder staatliche Unterstützung. Die Theosophische Gesellschaft appellierte an bestimmte menschliche Sehnsüchte und Erwartungen und hatte ein hohes Vollkommenheitsideal, das mit den festgefahrenen Interessen der Gesellschaft kollidierte, weshalb deren Widerstand gegen dieses Ideal nicht ausbleiben konnte.

Die Ergebnisse wissenschaftlicher Forschung und die Aufdeckung theologischen Irrtums dankbar aufgreifend, dabei wissenschaftliche Methoden und Maximen übernehmend, versuchen die Befürworter der Theosophie sogar aus den Trümmern der Kulte die kostbaren Reste von Wahrheit zu retten, die in allen noch zu finden sind. Vom Glauben an Wunder und Übernatürliches sich abwendend, spüren sie der Verwandtschaft zwischen den vielen Glaubensauffassungen in der Welt nach und versuchen sie mit der Sicht der Wissenschaft auszusöhnen.
So manches lange Jahr hat das »große Waisenkind« Menschheit im Dunkeln laut nach Führung gerufen und nach Licht. Mitten im zunehmenden Glanz eines rein materiellen Fortschritts und einer Wissenschaft, die nur den Intellekt nährt, den Geist aber Not leiden lässt, hat die Menschheit im unbestimmten Gefühl ihrer Herkunft und ihre Zukunft vorausahnend ihre leeren Hände, die nur eine *spirituelle* Philosophie zu füllen vermag, nach Osten ausgestreckt. Sie leidet unter der Uneinigkeit, unter Eifersucht, Neid und Hass, die das Leben der Menschheit bedrohen, und schreit nach einem sicheren Fundament, auf dem die Solidarität, die sie spürt, bauen kann, sowie nach einer metaphysischen Basis, auf der die erhabensten ihrer sozialen Ideale sich gefahrlos erheben können ... Das ist das Anliegen, das zu erfüllen die Theosophie sich zum Ziel gesetzt hat.

IM SPÄTEN FRÜHJAHR 1875, noch vor der Gründung der Theosophischen Gesellschaft, ging mit HPB etwas vor sich, das Olcott als »wundersame psychophysiologische Veränderung, über die ich nicht sprechen darf« beschrieb.[84] Ohne sein Wissen war es jedoch HPB, die sich verschiedentlich darüber zu ihren Verwandten äußerte, als sie 1876, nach fast dreijähriger Pause, die Korrespondenz mit ihnen wieder aufnahm. Sie hatte versäumt, ihnen ihre vielen Wohnungswechsel mitzuteilen, und deren Nachforschungen hatten keinen Erfolg gehabt.[85]

Um Vera auf dem Laufenden zu halten, berichtete HPB ihr von der bedrohlichen Beinverletzung, die sie Anfang 1875 erlitten hatte und die ihr Hindu-Lehrer am Vorabend der geplanten Amputation vollständig geheilt hatte. Sie fuhr fort:

Und genau um diese Zeit [begann] ich eine seltsame Dualität in mir zu empfinden. Mehrmals am Tag fühlte ich, dass jemand anderes sich völlig gesondert von mir in meinem Körper befindet. Ich verliere nie das Bewusstsein meiner selbst; es ist, als ob ich schwiege, und der andere – der in mir wohnt – mit meiner Zunge spräche.

Zum Beispiel ist mir bewusst, dass ich nie an den Orten gewesen bin, die mein »anderes Ich« beschreibt, doch dieses andere, zweite Ich lügt nicht, wenn es von diesen mir unbekannten Orten und Dingen berichtet, weil es sie wirklich gesehen hat und gut kannte. Ich habe es aufgegeben; soll mein Schicksal mich nach seinem eigenen Willen führen; und außerdem, was könnte ich tun? Es wäre einfach lächerlich, wenn ich den Besitz von Kenntnissen bestreiten wollte, die meine Nr. 2 offen ausgesprochen hat, und dadurch den Leuten ringsum Gelegenheit gäbe, sich einzubilden, dass ich sie aus Bescheidenheit im Ungewissen ließe.

Nachts, wenn ich allein bin in meinem Bett, zieht das ganze Leben meiner Nr. 2 an meinen Augen vorüber, und ich kann mich selbst überhaupt nicht sehen, sondern nur eine ganz andere Person – von anderer Herkunft und mit unterschiedlichen Gefühlen. Aber was nützt es, darüber zu sprechen? Es genügt, um mich in den Wahnsinn zu treiben. Ich versuche, ganz in dieser Rolle aufzugeben und meine seltsame Situation zu vergessen. Das hat nichts mit Medialität zu tun und keinesfalls mit einer unreinen Kraft; dafür hat es zu viel Einfluss auf uns alle, der uns zu besseren Wegen führt.[86]

Später berichtete sie ihrer Familie über Nr. 2, beziehungsweise ihren Lehrer:

Ich sehe diesen Hindu jeden Tag, so wie ich jede andere lebende Person sehe, mit dem einzigen Unterschied, dass er ätherischer und transparenter wirkt. Früher schwieg ich über diese Erscheinungen, weil ich sie für Halluzinationen hielt. Doch inzwischen sind sie auch anderen Leuten sichtbar geworden. Er (der Hindu) erscheint und berät uns, wie wir uns verhalten sollen, auch in Bezug auf unsere Schreibtätigkeit. Offensichtlich ist ihm alles *bekannt, was vorgeht, er kennt selbst die Gedanken anderer, und sorgt dafür, dass ich seinem Wissen Ausdruck verleihe. Manchmal scheint er mein ganzes Wesen zu überschatten: Wie eine ätherische Essenz, die meine Poren durchdringt und sich in mir auflöst, tritt er einfach in mich ein.* * *Dann sind wir beide imstande, mit anderen Menschen zu sprechen, und ich beginne wieder, zu verstehen und mich an Wissenschaften und Sprachen zu erinnern – an alles, was er mich lehrt, selbst wenn er nicht mehr bei mir ist.*[87]

Anscheinend beschränkte sich die Quelle ihrer Inspiration nicht allein auf ihre Lehrer, denn HPB berichtete Vera, dass zu bestimmten Zeiten »nicht ich es bin, die spricht und schreibt: es ist etwas in mir, mein höheres, erleuchtetes Selbst, das für mich denkt und schreibt«.[88]

Wie alarmiert HPBs Angehörige zunächst von diesen und anderen Briefen waren, enthüllte Vera erst nach dem Tod ihrer Schwester in dem Artikel »H. P. Blavatsky – Eine biographische Skizze«, den sie für die Zeitschrift *Der russische Herold* geschrieben hatte:

Sie überraschte uns mit Geschichten von einer »Gesellschaft der allumfassenden Bruderschaft«, deren Gründung sie plane, sowie von ihrem Studium der alten Philosophie der Völker des Ostens, über die sie eine große

* Solche zeitweise Beseelung eines menschlichen Körpers durch einen Weisen ist in Indien als Âvesha und in Tibet als *Tulku* bekannt. (Olcott, *Old Diary Leaves,* Bd. 1, S. 269f.; Barborka, *H. P. Blavatsky, Tibet and Tulku;* Blavatsky, *Isis entschleiert,* hg. von de Zirkoff, Einführung (S. 11f.).

Abhandlung zu schreiben begonnen hatte *(Isis entschleiert).* Ich erinnere mich, als wäre es gerade erst gewesen, wie sehr uns diese Nachricht bestürzte. Ich wusste buchstäblich nicht, was ich davon halten sollte; wie konnte man sich solche Phantasien erklären? ... Ihre Verwandten glaubten zuerst überhaupt nichts davon und betrachteten noch lange Zeit danach all ihre Schriften mit Skepsis – ehrlich gesagt, versuchten sie sich das ganze als Fälschung und Schwindel zu erklären!

... Ich hatte meine Schwester immer als eine intelligente, begabte Frau gekannt; dass sie nun so plötzlich über eine zuvor völlig unbekannte Wissenschaft schrieb, ließ mich fürchten, sie habe den Verstand verloren ... Allein die Tatsache, dass Helena Petrovna mir gelegentlich ihre Artikel in amerikanischen Zeitungen, begleitet von Rezensionen, schickte, konnte mich ein wenig beruhigen. Zumindest überzeugten sie mich, dass man meine Schwester nicht unverzüglich ins Irrenhaus zu schaffen brauchte.

Was HPBs Lehrer betraf, schrieb Vera:

Sie, die sich nie jemandem untergeordnet hatte, die von früher Kindheit an nur ihrem eigenen Willen folgte, hatte plötzlich einen Mann gefunden, einen Herrn und Gebieter, dessen Willen sie stillschweigend befolgte! Und noch dazu, was für einen Mann! Eine Art Zauberer, ein mystischer Hindu von den Ufern des Ganges! Ich konnte es überhaupt nicht verstehen! ... Ich muss bekennen, dass mein Unverständnis bis zum heutigen Tag andauert. Trotz all meiner Besuche bei ihr – fast jedes Jahr während der vergangenen fünf Jahre verbrachte ich einige Monate mit ihr unter einem Dach – habe ich nur wenig von ihren eifrigen Erklärungen begriffen. Und heute, wie vor fünfzehn Jahren, staune ich noch immer weit mehr über das unerklärliche Phänomen ihrer umfassenden Gelehrsamkeit, die wie vom Himmel gefallen über sie kam, als über all die ihr von den Theosophen zugeschriebenen Wunder.[89]

Auch Olcott rätselte über HPBs neu erworbenes Wissen, als sie an *Isis entschleiert* arbeitete, und ohne es ihr mitzuteilen, schrieb er einen langen Brief auf Französisch an ihre Tante Nadja, um sie über die Vorbildung ihrer Nichte zu befragen.[90] Ihre Antwort, mit Datum vom 8. Mai 1877, lautete:

> *[HPB] hat die Bildung eines Mädchens aus gutem Haus erhalten. Sie wurde gut erzogen, doch sie war keineswegs gebildet, und von Gelehrsamkeit konnte keine Rede sein. Aber der ungewöhnliche Reichtum ihrer intellektuellen Natur, die Treffsicherheit und Schnelligkeit ihres Denkens, ihre wunderbare Leichtigkeit im Verstehen und Verarbeiten selbst schwierigster Stoffe, wofür jeder andere jahrelang hätte studieren müssen, ihre außergewöhnlich hoch entwickelte Intelligenz, verbunden mit ihrem offenen, aufrichtigen, energischen Charakter, verliehen ihr eine solch ungewöhnliche Überlegenheit, hoben sie so hoch über den Durchschnitt der menschlichen Gemeinschaft empor, dass sie es niemals vermeiden konnte, die allgemeine Aufmerksamkeit auf sich zu ziehen, zugleich aber auch den Neid und die Feindseligkeit all derer, die sich in ihrer trivialen Minderwertigkeit verletzt fühlten vom Glanz der Begabungen und den Fähigkeiten dieser wirklich wunderbaren Frau.*
> *Sie fragen, welche Sprachen sie gelernt hat: von Kindheit an neben Russisch, ihrer Muttersprache, nur Französisch und Englisch. Viel später, bei ihren Reisen durch Europa, schnappte sie etwas Italienisch auf. Als ich sie vor vier Jahren das letzte Mal sah, war das alles, was sie an Sprachen beherrschte. Das kann ich Ihnen versichern. Was die unauslotbare Tiefe ihrer Gelehrsamkeit vier Jahre später betrifft, so muss ich sagen, dass es damals noch nicht das geringste Anzeichen dafür gegeben hat.*[91]

Wenn HPB all diese Fächer tatsächlich selbst studiert hätte, wäre es dann nicht sehr verwunderlich, dass sie alles Lob für ihr Wissen irgendwelchen geheimnisvollen Mahatmas zuspricht, ohne etwas von den Lorbeeren für sich zu behalten? Zwei Jahre vor ihrem Tod bedauerte sie, die Erste gewesen zu sein, die die westliche Welt von der Existenz solch hochentwickelter Seelen auf Erden unterrichtet hatte. In *Der Schlüssel zur Theosophie* schreibt sie:

> Jede betrügerische Gesellschaft behauptet heute aus rein kommerziellen Gründen von »Meistern« geführt und geleitet zu werden ... Tausende von Menschen sind dadurch, dass solche Scharlatanerien, Schwindeleien und Betrügereien die ganze Sache in Misskredit und Verruf gebracht haben, davon abgehalten worden, den Pfad der Wahrheit und des Lichts zu betreten. [Die Autorin] hätte es fast lieber gesehen, dass die Menschen ernsthaft annähmen, dass ihre grauen Gehirnzellen das einzige Mahatmaland seien, das sie, kurz gesagt, aus der Tiefe ihres eigenen Bewusstseins entwickelt habe, als dass deren Namen und hohen Ideale so schmählich entweiht wür-

den, wie dies gegenwärtig geschieht ... Nur, weil sie sich in ihren eigenen Augen nicht mit fremden Federn schmücken will, fühlt sie sich bis heute genötigt, auf der Wahrheit zu bestehen [was die Quelle ihrer Kenntnisse betrifft].[92]

»NICHTS HÄTTE SICH alltäglicher und [weniger] spektakulär abspielen können als der Beginn der Niederschrift von *Isis*«, erinnert sich Col. Olcott. »Eines Tages im Sommer 1875 zeigte HPB mir ein paar Manuskriptseiten, die sie geschrieben hatte, und sagte: >Das habe ich letzte Nacht »auf Anweisung« geschrieben, doch was zum Kuckuck es werden soll, weiß ich nicht – vielleicht ein Zeitungsartikel, vielleicht ein Buch, vielleicht überhaupt nichts; wie auch immer, ich tat, was man mir aufgetragen hat.< Dann verstaute sie die Blätter in einer Schublade und sprach einige Zeit nicht mehr darüber.«[93]

Dass sie wirklich vorhatte, ernsthaft zu schreiben, scheint ein Brief zu bezeugen, den sie schon früher im Jahr 1875 an Professor Corson geschrieben hat: »Alle Anzeichen weisen darauf hin, dass wir im Begriff sind, die Schwelle zu einer Epoche zu überschreiten, in der tausend Geheimnisse enthüllt werden sollen, und es hängt wenigstens zu einem gewissen Grad von schwachen, sterblichen Vermittlern ab, wie von Ihrer und meiner Feder und von denen anderer eifriger Arbeiter, wie schnell die Welt aufgeklärt sein wird.«[94]

Vom September jenes Jahres an verbrachte Blavatsky mehrere Wochen in Corsons Haus in Ithaca und setzte dort die Arbeit an *Isis* fort. Neue Details über diesen Besuch entdeckte jüngst Michael Gomes unter Corsons Papieren, die in der Cornell Universität aufbewahrt werden.[95] Bis zu diesem Zeitpunkt hatte der von Corsons Sohn Eugene veröffentlichte, mit Anmerkungen versehene Band mit HPBs Briefen an seinen Vater als wichtigste Informationsquelle gedient. Was den Status von Professor Corson an der Universität betrifft, so schrieb deren Präsident, Dr. Andrew White: »In vieler Hinsicht war Corson der bedeutendste Lehrstuhlinhaber, den die Cornell Universität je hatte. Seine Vorlesungen und Schriften über englische Literatur erfreuen sich höchsten Ansehens.«[96]

Corson hatte durch den plötzlichen Tod seiner sechzehnjährigen Tochter zum Spiritismus gefunden, und ein Grund für seine Einladung an HPB war seine Hoffnung, über sie mit ihr in Kontakt zu treten. Damals schrieb er an seinen Sohn: »Ich hatte erwartet, dass wir zusammen einige >Sitzungen< abhalten würden, aber sie ist nicht nur nicht dazu bereit, sondern entschieden gegen alle Versuche dieser Art.« Corsons erster Eindruck von ihr war, dass »sie eine kluge Frau ist, aber von den Annehmlichkeiten und Schönheiten des Lebens weiß sie nichts. Sie ist ein russischer Bär«.[97]

Eugene berichtet, dass HPB »ihre Zeit am Schreibtisch verbrachte, und sie hat den größten Teil des Tages bis weit in die Nacht hinein geschrieben, geschrieben und geschrieben. Sie führte eine umfangreiche Korrespondenz mit langen Briefen. Bei uns begann sie, an *Isis entschleiert* zu schreiben, etwa fünfundzwanzig eng beschriebene Seiten am Tag. Ihr standen keine Bücher zur Verfügung, in denen sie etwa hätte nachschlagen können, da die vielen Bücher meines Vaters fast ausschließlich englische Literatur zum Thema hatten ... und nur selten fragte sie ihn wegen irgendetwas um Rat«.[98] In einem Interview mit dem Schriftsteller Charles Lazenby wird dies von Prof. Corson bestätigt:

> Sie erstaunte mich immer wieder und machte mich neugierig darauf, was wohl als Nächstes käme. Sie besaß ein profundes Wissen auf allen Gebieten, und ihre Arbeitsmethode war ganz außergewöhnlich. Sie schrieb im Bett, ab morgens um neun Uhr, wobei sie unzählige Zigaretten rauchte und aus dem Gedächtnis wörtlich ganze Abschnitte aus Dutzenden von Büchern und Werken zitierte, die zu jener Zeit in Amerika in keiner einzigen Ausgabe zu haben waren – dessen bin ich mir absolut sicher. Dabei übersetzte sie spielend Texte aus verschiedenen Sprachen; nur gelegentlich kam sie zu mir ins Studierzimmer hinüber und wollte wissen, wie eine Redewendung aus der Alten Welt in gewöhnliches Englisch übersetzt werden konnte, denn damals besaß sie im Englischen noch nicht den flüssigen literarischen Stil, der zum Beispiel ihr späteres Werk *Die Geheimlehre* auszeichnet.[99]

Pauline Corson Coad, die Enkelin des Professors, erinnert sich, dass man ihr erzählte, ihr Großvater habe sich den Kopf zerbrochen, auf welche Weise HPB zu den Zahlen ihrer Statistiken gelangt sei. Sehr bald aber habe man entdeckt, dass eine schlanke, braune indische Hand sich unter dem Tischtuch hervorstreckte und Notizen aufs Papier warf, die sie brauchte – und die sich bei Überprüfungen stets als richtig erwiesen.[100]

Was HPBs Zitate in *Isis* betrifft, bemerkte Professor Corson:

> Sie selbst erzählte mir, sie schriebe sie so nieder, wie sie vor ihren Augen auf einer anderen objektiven Daseinsebene erschienen; dass sie deutlich die Buchseite sehe und das Zitat, das sie brauchte, dann einfach ablese und ins Englische übersetze, was sie vor sich sah ... Die Hunderte von Büchern, die

> sie benötigte, standen bestimmt nicht in meiner Bibliothek, viele davon waren in Amerika nicht vorhanden, einige waren auch in Europa selten und schwierig zu beschaffen oder einzusehen. Und wenn sie tatsächlich aus dem Gedächtnis zitierte, so war das sogar noch verblüffender, als wenn sie die Zitate aus dem Äther abgeschrieben hätte. Diese Fakten sind rätselhaft; die Erklärung dafür muss notwendigerweise diejenigen aus der Fassung bringen, deren Bewusstsein eher von durchschnittlicher Art ist.[101]

Olcott berichtet, dass HPB, als sie ihre Arbeit an *Isis* in New York fortsetzte, jedes Buch, das sie nur auftreiben konnte, benutzte, darunter einige aus seiner eigenen Bibliothek. Die übrigen, sagte er, bezöge sie aus dem Astrallicht oder von ihren Lehrmeistern oder durch Benutzung ihrer Seelensinne. »Woher ich das weiß? Durch zwei Jahre gemeinsamer Arbeit an *Isis* und viele weitere Jahre gemeinsamer schriftstellerischer Arbeiten.«[102]

Marion Meade behauptet, der Besuch bei Corson habe in einem Zerwürfnis geendet; HPB habe die Freundschaft Corsons eingebüßt. Sie beruft sich dabei auf einen Brief von Blavatsky an Corson: »Dies ist der dritte Brief, den ich Ihnen schreibe, und noch kein Wort von Ihnen. Sind Sie mir böse?«[103] Doch inzwischen verfügen wir über Corsons Antwort. Er versichert ihr, seine Antwort müsse verloren gegangen sein: »Weswegen in aller Welt sollte ich Ihnen böse sein? Haben wir uns nicht als die besten Freunde getrennt? Sind wir nicht viel bessere Freunde geworden? Ich fühle mich einsam, seit Sie fort sind, und wünschte, Sie wären wieder hier.« Als er Jahre später gefragt wurde, wer unter den bedeutenden Persönlichkeiten, denen er im Leben begegnet sei, die bedeutendste war, nannte er Madame Blavatsky.[104]

In New York wurde die Arbeit an *Isis* in beschleunigtem Tempo fortgesetzt. Sechs Monate lang ging HPB nicht aus dem Haus. An Nadja schrieb sie, sie arbeite siebzehn Stunden am Tag und lebe von Haferbrei. »Iss lieber Roastbeef und Schinken statt Haferbrei«, antwortete die Tante. »Du wirst dich noch ruinieren...«[105]

Trotz der enormen Arbeit, die mit dem Schreiben von *Isis* verbunden war – das Buch umfasste mehr als zwölfhundert klein gedruckte Seiten – zeigte HPB offensichtlich keinerlei Ehrgeiz, eine populäre oder erfolgreiche Autorin zu werden, denn in ihrem Vorwort schreibt sie:

> Um zu beweisen, dass uns der Ernst unseres Vorhabens durchaus bewusst ist, können wir schon im Voraus festhalten, dass es uns nicht überraschen würde, bei folgenden Gruppen auf Widerstand zu stoßen:

> Bei den Christen, die sehen werden, dass wir die Beweise für die Wahrheit ihres Glaubens in Frage stellen. *
>
> Bei den Wissenschaftlern, die ihre Ansprüche auf Unfehlbarkeit auf demselben Platz wie diejenigen der römisch-katholischen Kirche wiederfinden werden, wobei in bestimmten Einzelfällen die Gelehrten und Philosophen der Antike höher eingestuft werden als sie.
>
> Bei den Pseudowissenschaftlern, die uns natürlich aufs Heftigste denunzieren werden.
>
> Bei den toleranten Kirchenleuten und Freidenkern, die erkennen werden, dass wir nicht akzeptieren, was sie tun, sondern die Erkenntnis der ganzen Wahrheit einfordern.
>
> Bei Schriftstellern und verschiedenen *Autoritäten,* die ihren wahren Glauben aus Rücksicht auf verbreitete Vorurteile verbergen.
>
> Bei den Söldnern und Parasiten der Presse, die ihre enorme Macht missbrauchen und einen anständigen Beruf entehren; sie werden es leicht haben, sich über Dinge lustig zu machen, die zu wunderbar sind, als dass sie sie begreifen könnten; denn für sie ist der Preis einer Druckzeile wichtiger als der Wert der Aufrichtigkeit.
>
> Von vielen werden wir offen und ehrlich kritisiert werden, viele werden Phrasen dreschen. Aber wir blicken in die Zukunft ... wir arbeiten für das hellere Morgen.[106]

Jenes hellere Morgen, erklärt sie an anderer Stelle, läge nicht einfach um die Ecke, nicht einmal im zwanzigsten Jahrhundert. Das einundzwanzigste könnte Möglichkeiten in sich bergen, meinte sie, wenn bestimmte Bedingungen erfüllt würden.[107]

* Im Vorwort zu Band II, *Theologie,* schrieb HPB: »[Dieser Band] enthält nicht ein Wort gegen die reinen Lehren Jesu, verurteilt aber schonungslos deren Verzerrungen in verderblichen kirchlichen Systemen, die den Glauben der Menschen an ihre Unsterblichkeit und ihren Gott zerrütten und jeden moralischen Halt zerstören.« (Bd. II, S. IV).

EINES NACHMITTAGS IM Herbst 1876 befand sich Alexander Wilder[108], bedeutender Philosoph, Archäologe, Autor und praktizierender Arzt in seinem Haus in Newark, New Jersey, als die Türglocke läutete. Herein trat ein nicht angekündigter Besucher: Col. Olcott. Wilder berichtet in seinem Artikel »Wie Isis entstand«, der 1908 erschien, Olcott sei »von Mr. J. W. Bouton an mich verwiesen worden«, einem Verleger, für den Wilder einige Bücher herausgegeben hatte. Olcott erklärte ihm: »Madame Blavatsky habe ein umfangreiches Werk über okkultes und philosophisches Wissen zusammengetragen; man hätte bei Mr. Bouton angefragt, ob er es nicht veröffentlichen wolle. Warum man es an mich übergab, konnte ich nicht verstehen«, denn niemand hatte Grund zu vermuten, »dass ich an solch ungewöhnlichen Themen besonders interessiert bin« oder »eine besondere Passion für mystische Spekulationen und transzendentale Philosophie habe. Ich glaube, dass sogar Colonel Olcott selbst davon überrascht war«.

Wilder fährt fort:

> Mr. Bouton war wenige Tage zuvor nach England abgereist, und ich hatte ihn mehrmals besucht, sogar noch von Newark aus, um ihm am Morgen seiner Abreise Lebewohl zu sagen. Doch über das Manuskript hatte er kein Wort verloren. Erwartete er tatsächlich, dass ich es lesen sollte, oder wollte er lediglich ausweichen, wollte nichts damit zu tun haben, ohne es selbst abzulehnen? Heute neige ich zu der Annahme, dass er Col. Olcott an mich verwies, weil er vermeiden wollte, selbst »nein« zu sagen. Damals jedoch nahm ich an, dass Mr. Bouton, obwohl sein Vorgehen nicht dem eines Geschäftsmannes entsprach, doch der Meinung war, dass ich das Werk prüfen sollte, und so übernahm ich diese Aufgabe.
>
> Es war in der Tat ein gewichtiges Dokument, eine äußerst breit angelegte Forschungsarbeit, die großen Fleiß und genaue Kenntnisse der unterschiedlichen Themenbereiche erforderte ... Da ich mich moralisch verpflichtet fühlte, im Interesse von Mr. Bouton zu handeln, zeigte ich nicht mehr Wohlwollen, als man nach meiner Meinung gerechterweise verlangen konn-

te. Ich sah es als meine Pflicht an, streng zu urteilen. In meinem Gutachten hielt ich fest, dass es sich um ein Produkt großen Forscherfleißes handele. Was die Bezüge zum Denken der Gegenwart betreffe, sei es geradezu revolutionär. Ich fügte hinzu: im Hinblick auf die Rentabilität hielte ich das Werk für zu lang. Mr. Bouton jedoch wollte es trotzdem sofort zur Veröffentlichung annehmen.

Da das Manuskript, wie gesagt, zu lang war, wurde Wilder damit beauftragt, das Werk zu kürzen. Er aber »entfernte nur solche Termini und Themen, die als überflüssig betrachtet werden konnten ..., was sich als reiner >Liebesdienst< erwies«.

Wilder fährt fort:

Col. Olcott war sehr darauf bedacht, mich mit Madame Blavatsky bekannt zu machen, [und nach einigem Zögern] begleitete ich ihn in ihre Wohnung in der 47. Straße. Sie sah völlig anders aus, als ich erwartet hatte. Sie war groß, aber nicht zu groß; ihre Haltung verriet die typischen Charakteristika eines Menschen, der viel gereist war, viel gesehen, viel nachgedacht und viel erlebt hatte ... Sie war eine überlegene Gesprächspartnerin, auf jedem Gebiet zu Hause, auf das die Rede kam. Sie sprach fließend Englisch wie jemand, der es vollkommen beherrscht und der auch in dieser Sprache denkt. Es war, als spräche ich mit einer meiner Bekannten. Sie nahm Ideen auf, wie sie formuliert worden waren, und äußerte ihre eigenen Gedanken klar, prägnant, oft mit Nachdruck ... Alles, was sie missbilligte, bezeichnete sie als »Flapdoodle« *. Diesen Ausdruck habe ich niemals sonst gehört.
Nachdem das Werk dann erschienen war, gab es Diskussionen darüber, ob es tatsächlich von ihr stamme. Manche wollten einfach nicht glauben, dass Madame Blavatsky genügend gebildet oder intellektuell befähigt sein könnte, ein solches Werk hervorzubringen ... Ein Geistlicher in New York, Mitglied der russisch-orthodoxen Kirche, behauptete, wie man mir zutrug, ich sei der wahre Autor ... (Aber) niemand, der mit meinem literarischen Stil vertraut ist, würde jemals auf den Gedanken kommen, dass ich der Autor von *Isis entschleiert* sein könnte.[109]

* Etwa: »Humbug, Unsinn«, auf Personen bezogen: »Dummkopf« (Übers.)

Wilder wandte sich auch entschieden gegen ein Gerücht, das von den Spiritisten verbreitet wurde und unbesehen in neueren HPB-Biographien erscheint: dass *Isis* auf den Manuskripten des Barons Joseph Henry Louis de Palm beruhe, die er bei seinem Tod in einem Schrankkoffer hinterließ.[110] Theosophen hatten sich des kränkelnden Barons angenommen; Olcott hatte ihn sogar bei sich beherbergt. Der Koffer enthielt nichts als wertlose Aktien und Urkunden über Unterwasserbesitz, die er der Theosophischen Gesellschaft testamentarisch vererbte, sowie ein paar Hemden, die der Baron Olcott entwendet hatte. Nachforschungen Olcotts ergaben, dass der Baron in mehreren europäischen Städten polizeilich gesucht wurde.

Eines hat de Palm jedoch hinterlassen, das von unschätzbarem Wert für künftige Generationen von Amerikanern war: Er vermachte Olcott, als dem Präsidenten der Theosophischen Gesellschaft, seinen Leichnam, den ersten, der in den Vereinigten Staaten eingeäschert wurde. Dies rief bei zwei verschiedenen Anlässen eine Sensation hervor – zunächst bei der Totenfeier im Tempel der Freimaurer in New York, am 29. Mai 1876, und noch einmal sechs Monate später, als seine Leiche im neu errichteten Krematorium von Dr. Francis Le Moyne, das er für seinen eigenen Tod hatte errichten lassen, verbrannt wurde. Über die Einäscherung, die am 6. Dezember in der Stadt Washington in Pennsylvania stattfand, wurde in 7000 Zeitschriften in den USA und im Ausland berichtet.[111] Die Theosophische Gesellschaft wurde weithin für die Einführung eines gotteslästerlichen heidnischen Brauches verurteilt.

Olcott wohnte dieser Zeremonie bei, und es wurde berichtet, dass auch HPB anwesend gewesen sei. Doch an dem betreffenden Tag schrieb sie an Wilder: »Olcott wird voraussichtlich Freitagabend zurück sein, ich konnte *nicht* gehen, obwohl man mich dort heute erwartet. Um Ihnen die Wahrheit zu sagen, ich sehe kein Vergnügen darin, 40 bis 50 Dollar auszugeben, um zuzusehen, wie ein Mensch verbrannt wird. In Indien habe ich zur Genüge Verbrennungen Toter, aber auch Lebender mit angesehen.«[112]

Etwa um diese Zeit wurde ein Titel für *Isis* ausgewählt. Er geht zurück auf die bekannte Inschrift auf einer antiken Isis-Statue: »Ich bin alles, was war, alles, was ist, und alles, was sein wird; kein Sterblicher hat je meinen Schleier gelüftet.« Der gewählte Titel war nicht »Isis entschleiert«, sondern klang bescheidener. »Mein Titel lautete *Der Schleier der Isis*«, schrieb HPB, »und zieht sich als Kopfzeile durch den ganzen ersten Band« – das tut er bis heute.[113] Doch ehe der zweite Band in Druck ging, erhielt sie von Bouton folgenden Brief mit Datum vom 8. Mai 1877:

Unser gemeinsamer Freund Sotheran suchte mich gestern auf, und während unseres Gesprächs machte er einen Vorschlag, der, wenn man seinen Grund betrachtet, wahrhaftig der Erwägung wert ist. Es hat sich herausgestellt, dass in England ein anderes, noch dazu sehr gutes Buch unter dem Titel »Schleier der Isis« erschienen ist ... Seltsamerweise kam uns gleichzeitig der Gedanke, dass es besser wäre, unseren Titel ein klein wenig zu ändern, und wir beide verfielen auf genau denselben: Isis entschleiert, *der mir auch in anderer Hinsicht weit besser erscheint, denn er enthält eine bestimmte Bedeutung, die dem anderen fehlt.*[114]

Vermutlich stammt der extravagante Untertitel ebenfalls von Bouton: »Ein Meisterschlüssel zu den Geheimnissen alter und neuer Wissenschaft und Theologie.« HPB missbilligte beide, Titel und Untertitel: »Wer hat jemals behauptet, dass das Buch dieses oder etwas Ähnliches darstellt? Bestimmt nicht die Autorin.«[115] (Das Copyright war in Boutons Namen, und so war Blavatsky jeglicher Zugriff auf die Druckplatten verwehrt.)

Als sie dem Zoologen und Forschungsreisenden Alfred Russel Wallace, Mitarbeiter von Darwin, ein Exemplar zum Geschenk machte, schrieb HPB dazu:

Der Titel ist wahrhaftig ein Fehlgriff, denn ich habe nicht die verborgenen *Geheimnisse* der gefürchteten Göttin – Isis – enthüllt. Ihnen, der Sie im Osten gelebt haben, brauche ich nicht zu erzählen, dass die *letzten* Geheimnisse und Mysterien niemals der Allgemeinheit bekannt gegeben werden ... Wenn ich die saîtische Göttin auch nicht völlig enthülle, so hoffe ich doch wenigstens deutlich gemacht zu haben, wo der Schleier ihres Schreins gelüftet werden kann; denn allein dort kann man das Geheimnis aller Geheimnisse aufdecken: Was der Mensch ist, seine Herkunft, seine Fähigkeiten und seine Bestimmung.[116]

Wallace antwortete darauf:

... Surrey
1. Januar 1878

Liebe Madame Blavatsky,
ich danke Ihnen für das schöne Geschenk der beiden sehr schönen Bände. Bisher reichte meine Zeit lediglich dazu, hier und dort ein Kapitel zu lesen. Ich bin verblüfft über die enorme Belesenheit, die Sie hier offenbaren, wie auch

über die Bedeutsamkeit der behandelten Themen. Darüber hinaus beherrschen Sie alle Feinheiten unserer Sprache in so hohem Maße, dass Sie Kritik in dieser Hinsicht nicht zu fürchten brauchen. Ihr Buch wird vielen Spiritisten eine ganz neue Gedankenwelt erschließen und mit Sicherheit von größtem Wert sein für die Forschungen, die jetzt so eifrig unternommen werden ...

(gezeichnet) Alfred R. Wallace.[117]

Isis kam im September 1877 heraus. Die Verfasserin widmete beide Bände der »Theosophischen Gesellschaft, die 1875 in New York zum Zwecke des Studiums jener Wissensgebiete gegründet wurde, die in ihnen behandelt werden«. Das Werk hatte schlagartig den größten Erfolg, worüber niemand mehr überrascht war als Helena Blavatsky selbst. Im *American Bookseller* stand: »Der Verkaufserfolg ist beispiellos ... für ein Werk dieser Art. Innerhalb von zehn Tagen nach dem Erscheinen war die gesamte Auflage von eintausend Exemplaren restlos ausverkauft ... Die Nachfrage ist höchst bemerkenswert und übersteigt die Erwartungen des Verlages bei weitem.«[118] Mehrere Auflagen folgten. Hier ein paar Auszüge aus Rezensionen amerikanischer Zeitungen:

> Man muss es zugeben, sie ist eine bemerkenswerte Frau, die mehr gelesen, mehr gesehen und mehr gedacht hat als viele Weise. Ihr Werk quillt über von Zitaten aus einem Dutzend verschiedener Sprachen, nicht zwecks eitler Selbstdarstellung ihrer Bildung, sondern zur Erhärtung ihrer originellen Ansichten. ... Ihre Seiten sind mit Fußnoten übersät, in denen sie sich auf einige der tiefgründigsten Schriftsteller der Vergangenheit beruft ... [Das Werk] verlangt nach der ernsthaftesten Aufmerksamkeit von Gelehrten und verdient analytisch gelesen zu werden. – *Boston Evening Transcript*
>
> Ein besonders gut lesbares und erschöpfendes Essay über die außerordentliche große Bedeutung, die der Wiedereinführung der hermetischen Philosophie in einer Welt zukommt, die in dem blinden Glauben lebt, dass sie ihr entwachsen sei. – *N. Y. World*
>
> Ein wunderbares Buch, sowohl in der Art und Weise der Darstellung, als auch in Bezug auf den Inhalt. Eine Vorstellung von der Ungewöhnlichkeit und dem inhaltlichen Umfang bekommt man angesichts des Registers, das allein 50 Seiten füllt. Und wir übertreiben nicht, wenn wir sagen, dass eine derartige Fülle von Themen noch nie zuvor von einem einzelnen Menschen zusammengetragen wurde ... Mit Sicherheit wird es sich als reizvoll

> für all jene erweisen, die an der Geschichte, der Theologie und den Geheimnissen der antiken Welt interessiert sind. – *Daily Graphic*
> Wer das Buch aufmerksam durchliest, sollte danach alles über die Welt des Wunderbaren und Geheimnisvollen wissen, außer vielleicht die letzten Schlüsselworte ... Man kann leicht voraussagen, wie dieses Buch aufgenommen werden wird. Mit seinen verblüffenden Eigenheiten, seiner Kühnheit, seiner Vielseitigkeit und der ungeheuren Vielfalt an Themen, ist es eine der bemerkenswerten Arbeiten des Jahrhunderts. – *New York Herald*

Der Herausgeber der *New York Times* schrieb an Bouton, man könne *Isis* nicht rezensieren, da man eine »riesige Angst vor Madame Blavatsky und ihren Briefen« hätte.[119] Aber in der Londoner Zeitschrift *Public Opinion,* deren strenge Kritiken von Schriftstellern und Künstlern überall gefürchtet waren, wurde das Buch als »eines der herausragendsten Werke des 19. Jahrhunderts« bezeichnet.[120] Der bekannte englische Buchhändler und Verleger Bernard Quaritch schrieb Bouton (am 27. Dezember 1877), dass »das Buch offensichtlich Erfolg in England haben und ein Klassiker werden wird. Ich bin sehr froh, dass ich die englische Auslieferung dafür habe«.[121]

Man würde wohl kaum annehmen, dass der berühmte englische Philosoph Herbert Spencer *Isis* gelesen haben würde. Hier eine Eintragung von HPB in Olcotts Tagebuch, die sie während seiner Abwesenheit gemacht hat:

> 19. Oktober [1878]. Ein Fräulein Potter, die Tochter eines Millionärs, hochgewachsen, jung und klug, kam mit einer Empfehlung von E. K. [Emily Kislingbury], London. Bestand darauf, mich zu besuchen. Hat die Hälfte ihres Lebens in der Familie von Herbert Spencer verbracht. Kennt Huxley und Tyndall. Interesse an der Theosophie; misstraut dem Spiritismus. Sie und ihre *acht* Schwestern allesamt Materialisten. Herbert Spencer hat *Isis* gelesen und darin einige schöne und *neue, originelle Ideen* gefunden.[122]

Dr. John A. Weisse, der gelehrte Verfasser von *Ursprung, Entwicklung und Bestimmung der englischen Sprache und Literatur,* stellt darin fest, dass *Isis* »ein Thesaurus voll neuer Formulierungen und Fakten ist, und so spritzig erzählt, dass selbst der Uneingeweihte es mit Interesse zu lesen vermag«. In seiner analytischen Tabelle zieht er sprachliche Vergleiche zwischen verschiedenen bekannten Autoren und fand, dass HPBs Englisch, wie Olcott anmerkt, »praktisch identisch mit dem von Dr. Samuel Johnson ist, das man fast als klassisch in seiner Vollkommenheit bezeichnen kann«.[123]

»HPB wurde nach der Veröffentlichung von *Isis entschleiert* mit Ehrungen überschüttet«, berichtet W Q. Judge. Darunter befand sich eine *sehr alte Ausgabe der Bhagavad-Gita*, gebunden in Perlmutt und Gold, das Geschenk eines indischen Prinzen.[124]

Eine weitere Anerkennung rief unter amerikanischen Freimaurern eine Sensation hervor, als sie erfuhren, dass die berühmte Madame Blavatsky ein Diplom von den englischen Freimaurerbrüdern erhalten hatte, das ihr die Mitgliedschaft in einem Freimaurerorden zusprach. Manche bezweifelten, dass sie diese Auszeichnung erhalten habe. HPB trat den Skeptikern in einer Freimaurerzeitschrift entgegen und nutzte die Gelegenheit, um einen Vergleich zwischen der östlichen Freimaurerei und der westlichen anzustellen. Jüngste Nachforschungen haben zusätzliche Fakten im Zusammenhang mit der Auszeichnung ergeben. Gomes schreibt:

> Sotheran hatte seinen Freimaurerbrüdern in England begeistert von ihr berichtet, einschließlich John Yarker, dem Großmeister des Alten und Primitiven Ritus der Freimaurer. In Anerkennung ihrer in *Isis* bewiesenen Gelehrsamkeit hatte Yarker Madame Blavatsky mit der Urkunde des höchsten Grades für verliehene Freimaurerschaft ausgezeichnet, dem Grad der gekrönten Prinzessin ... Sotheran informierte daraufhin feierlich die Leser des *Banner of Light* (2. Februar 1878): »Keine höhere freimaurerische Ehrenbezeichnung konnte einer Frau zuteil werden; die Zunft sollte die Verleihung als historisches Ereignis von großer Bedeutung in Erinnerung behalten.« Als man ihre Eignung für eine derart hochgradige Auszeichnung in Frage stellte, erklärte Yarker: »Ich erteilte Madame Blavatsky *keinen anderen Grad, als den zu empfangen sie berechtigt war* nach allen internationalen Regeln und Bestimmungen der freimaurerischen *Hochgrade.* Gleichzeitig bin ich mir nur zu deutlich bewusst, dass sie aus älteren Quellen schon vieles besaß, das nicht von mir stammte.«[125]

Isis entschleiert umfasst zwei Bände, von denen der erste den Titel *Theologie* und der zweite den Titel *Religion* trägt. Das Vorwort zum ersten Band beginnt mit folgenden Worten:

Dieses hiermit dem öffentlichen Urteil unterbreitete Werk ist die Frucht einer etwas eingehenderen Bekanntschaft mit den Adepten des Ostens und dem Studium ihrer Wissenschaft. Es wird denen dargeboten, die willens sind, die Wahrheit, wo immer sie zu finden sein mag, anzunehmen und zu verteidigen, selbst wenn sie dabei dem herrschenden Vorurteil direkt ins Gesicht sehen müssen. Es ist ein Versuch, dem Studierenden zu helfen, die vitalen Grundsätze zu entdecken, die den philosophischen Systemen früherer Zeiten zugrunde liegen ... Es will einfach Gerechtigkeit üben und gleichermaßen die Wahrheit sprechen, ohne Böswilligkeit oder Vorurteil. Aber es zeigt weder Gnade gegenüber dem inthronisierten Irrtum, noch Ehrerbietung vor selbst ernannten Autoritäten. Es fordert für die Errungenschaften einer geplünderten Vergangenheit die Anerkennung, die ihr zu lange vorenthalten worden ist. Es verlangt die Rückgabe geborgter Gewänder und die Rehabilitation verleumdeter, aber ruhmvoller Namen. In keinem anderen als nur in diesem Sinne will seine kritische Stellungnahme zu den verschiedenen Kulten, zu religiösen Glaubensformen und wissenschaftlichen Hypothesen aufgefasst sein. Denn Menschen und Parteien, Sekten und Schulen sind nur vorübergehende Erscheinungen in dieser Welt. Allein die Wahrheit, auf ihrem hohen diamantenen Thron, ist ewig und vollkommen.

Im Vorwort zum zweiten Band schreibt HPB:

Wäre es möglich, so würden wir dieses Werk von so manchen Christen fernhalten, denen seine Lektüre keinen Gewinn bringen wird und für die es auch nicht geschrieben wurde. Wir meinen diejenigen, deren Vertrauen zu ihrer jeweiligen Kirche rein und ehrlich ist, sowie alle, deren sündloses Leben das große Beispiel jenes Propheten von Nazareth widerspiegelt, durch dessen Mund der Geist der Wahrheit laut zur Menschheit gesprochen hat ... Diese sind es, die das Christentum geadelt haben, aber sie hätten denselben Glanz jedem Glauben verliehen, zu dem sie sich bekannt hätten ... Sie können heute noch gefunden werden, sei es auf der Kanzel oder der Kirchenbank, in Palästen oder in Hütten; aber der wachsende Materialismus, Weltlichkeit und Heuchelei verringern ihren Anteil mit großer Geschwindigkeit. Ihre Barmherzigkeit, ihr kindlich-einfacher Glaube an die Unfehlbarkeit ihrer Bibel, ihrer Dogmen und ihrer Geistlichkeit bringen alle die Tugenden, die latent in uns allen vorhanden sind, zur vollen Entfaltung ...

> Wir haben stets vermieden, mit ihnen zu streiten, um nicht vor uns selbst der herzlosen Verletzung ihrer Gefühle schuldig zu werden, noch wünschten wir, auch nur einen Einzigen seines blinden Vertrauens zu berauben, wenn ihm nur dieses allein möglich macht, fromm zu leben und würdig zu sterben.

Das letzte Kapitel von *Isis* enthält HPBs berühmte »Zehn Punkte der Isis«, die sie folgenderweise einführt:

> Um die Prinzipien des Naturgesetzes zu verstehen, ... muss der Leser die Grundvoraussetzungen der orientalischen Philosophie in Erinnerung behalten, wie wir sie nacheinander beleuchtet haben. Rekapitulieren wir kurz:
> 1. Es gibt keine Wunder. Alles, was geschieht, folgt einem ewigen, unwandelbaren, immer wirksamen Gesetz.
> 2. Die Natur ist dreieinig: es gibt eine sichtbare, objektive Natur; eine unsichtbare, innere, Energie verleihende Natur, das genaue Modell der anderen und ihr Lebenskraft spendendes Prinzip; und über diesen beiden den *Geist*, die Quelle aller Kräfte, als Einziger ewig und unzerstörbar.
> 3. Auch der Mensch ist dreieinig: Er hat seinen objektiven, physischen Körper; seinen vitalisierenden Astralleib (oder Seele), den wirklichen Menschen *, und diese beiden werden von dem Dritten, dem Beherrschenden, dem unsterblichen Geist, umgeben und erleuchtet. Wenn der wirkliche Mensch sich erfolgreich mit dem Letzteren vereint, wird er eine [bewusste] unsterbliche Wesenheit.
> 4. Magie, als Wissenschaft, ist die Kenntnis dieser Prinzipien und des Weges, auf welchem die Allwissenheit und Allmacht des Geistes und seine Kontrolle über die Naturkräfte von dem Individuum erlangt werden können, während es sich noch im Körper befindet. Magie als eine Kunst ist die Anwendung dieser Wissenschaft in der Praxis.
> 5. Geheimes Wissen, falsch angewandt, ist Hexerei; wohltätig angewandt, ist es wahre Magie oder Weisheit.
> 6. Mediumschaft ist das Gegenteil von Adeptschaft; das Medium ist das passive Instrument fremder Einflüsse, der Adept beherrscht aktiv sich selbst und alle untergeordneten Kräfte.

* Später entwickelte die theosophische Philosophie eine siebenfältige Aufteilung, durch die die Aussagen des 3. Punktes erläutert werden. Siehe S. 221.

7. Da alle Dinge, die je waren, die sind und die sein werden, im Astrallicht, auf der Tafel des sichtbaren Universums aufgezeichnet sind, kann der Adept, durch Anwendung der visionären Kräfte seines Geistes, alles wissen, was [in unserem Universum] je gewusst wurde bzw. gewusst werden kann.
8. Menschenrassen unterscheiden sich in ihren spirituellen Gaben wie in der Hautfarbe, Statur und anderen äußeren Eigenschaften. Einige Völker haben eine natürliche seherische Gabe, andere eine mediale Begabung.
9. Eine Entwicklungsstufe magischen Könnens ist der gewollte und bewusste Austritt des inneren Menschen (Astralform) aus dem äußeren Menschen (physischer Leib). Im Falle mancher Medien kommt ein solcher Austritt vor, aber er ist dann unbewusst und nicht gewollt.
Für die Bewegungen der umherwandernden Astralform sind weder Zeit noch Raum Hindernisse. Der Thaumaturg, der vollkommen versiert in den okkulten Wissenschaften ist, kann sich (das heißt, seinen physischen Leib) veranlassen, *scheinbar* zu verschwinden oder scheinbar eine beliebige Gestalt anzunehmen. Er kann seine Astralform sichtbar machen oder er kann sie proteusartig verwandeln ...
10. Der Grundstein der Magie ist eine eingehende praktische Kenntnis des Magnetismus und der Elektrizität, ihrer Eigenschaften, Wechselbeziehungen und Kräfte.
Kurz zusammengefasst, ist Magie spirituelle Weisheit; die Natur ist die materielle Verbündete, die Schülerin und Dienende des Magiers. Ein gemeinsames vitales Prinzip durchdringt alle Dinge, und dieses ist durch den vervollkommneten menschlichen Willen beherrschbar ... Der Adept kann die Gefühle anderer Menschen, die keine Adepten sind, beherrschen und die Verfassung ihrer physischen und astralen Körper beeinflussen; er kann auch die Geister der Elemente lenken und nach seiner Wahl einsetzen. Er kann aber nicht den unsterblichen Geist lebender oder toter menschlicher Wesen beherrschen, denn all diese Geister sind wie Funken des Göttlichen Seins und keiner fremden Herrschaft unterworfen.[126]

Obwohl die Reinkarnation in *Isis* unzweideutig vertreten wird, geht die Autorin nicht so ausführlich darauf ein wie in späteren Werken, sondern beschränkt sich darauf, dieser uralten Lehre den Weg zu einer wohlwollenderen Aufnahme in einer vollkommen gegen den Gedanken der Wiedergeburt eingestellten Gesellschaft zu bahnen. Wo dieser Begriff auftaucht, benutzt HPB die Bezeichnung *Metempsychose.* Dieses Wort war schon seit Jahrhunderten im Westen für die Idee verwendet worden, dass der Mensch viele Leben durchleben muss, ehe er Vollkommenheit erreicht. Eine andere abendländische Bezeichnung für die Wiedergeburt ist das Wort *Transmigration* (Seelenwanderung). Doch hat dies seine Nachteile, denn es wird oft in dem Sinn benutzt, dass ein Mensch in tiefer stehende Bereiche regredieren könne. Im Orient ist diese Vorstellung weit verbreitet, denn manche Priester bedienen sich ihrer als Drohung, dass die Menschen sich in Tiere zurückverwandeln werden, wenn sie nicht strikt die Kastenvorschriften einhalten. Die Theosophie ist der Ansicht: »Einmal ein Mensch – immer ein Mensch.« Ist ein Mensch sich erst einmal seiner selbst als Individuum bewusst und zur Selbstverantwortung erwacht, wird er nicht mehr in den Entwicklungszustand eines Tieres zurückfallen; er hat den Punkt erreicht, an dem es keine Umkehr gibt.

Als HPB an *Isis* arbeitete, vermied sie den Ausdruck *Reinkarnation,* weil der französische Spiritist Allan Kardec ihn benutzte, der an eine unmittelbare Wiedergeburt nach dem Tod ohne eine Zeit der Ruhe glaubte.[127] Wenn HPB also in *Isis* hin und wieder das Wort *Reinkarnation* verwendet, dann nur, um jene Lehre zu entkräften. Folglich behaupten einige ihrer Kritiker, Blavatsky habe nicht an Reinkarnation geglaubt, bis sie 1878 Amerika verließ und in Indien lebte. Dieses Zitat aus *Isis* belehrt uns eines Besseren:

> Die Lehre von der *Metempsychose* ist von Männern der Wissenschaft lächerlich gemacht und von Theologen verworfen worden; wäre sie jedoch in ihrer Beziehung zu der Unzerstörbarkeit von Materie und der Unsterblichkeit des Geistes richtig verstanden worden, so hätte man in ihr eine erhabene Idee erkannt ... Keiner der bekannten Philosophen hat nicht an dieser Lehre von der Seelenwanderung festgehalten, wie sie von den Brahmanen, den Buddhisten und später von den Pythagoräern gelehrt wurde... [Die Kirchenväter] Origenes und Clemens Alexandrinus, Synesius und Chalcides, waren ihre Anhänger; und die Gnostiker, die von der Geschichte ohne jedes Zögern als eine Körperschaft der reinsten, gelehrtesten und erleuchtetsten Menschen anerkannt werden, glaubten alle an Seelenwanderung ... Wenn man die pythagoräische Seelenwanderung gründlich erläutern und mit der Evolutionstheorie vergleichen würde, würde man feststellen, dass sie alle »fehlenden Glieder« im Verlauf der Evolution liefert. Aber welcher von unseren Gelehrten würde einwilligen, seine kostbare Zeit mit den Hirngespinsten der Alten zu verlieren?[128]

Auf den Sinn und Zweck der menschlichen Evolution durch Reinkarnation wird an einer anderen Stelle in *Isis* hingewiesen:

> Diese Philosophie lehrt, dass die Natur ihr Werk nie unvollendet lässt; schlägt der erste Versuch fehl, so versucht sie es von neuem. Wenn sie einen menschlichen Embryo entwickelt, so hat sie die Absicht, dass er vollkommen werde – physisch, geistig und seelisch. Sein Körper soll bis zur Reife wachsen, ausreifen und sterben. Sein Geist soll sich entfalten, reifen und zu einem harmonischen Gleichgewicht finden. Sein göttlicher Geist soll leuchten und mit dem inneren Menschen verschmelzen.
> Kein menschliches Wesen vollendet seinen großen Zyklus oder den »Kreislauf der Notwendigkeit«, bevor nicht all dies erreicht ist Wie bei einem Wettlauf die Langsamen und Trägen sich noch im ersten Viertel abmühen und anstrengen, während der Sieger wie ein Pfeil durch das Ziel schießt, genauso überholen einige Seelen im Drang nach (bewusster) Unsterblichkeit alle übrigen und erreichen das Ziel, während die Myriaden ihrer Konkurrenten, stöhnend unter der Last der Materie, sich noch am Ausgangspunkt plagen. Einige Unglückliche fallen gänzlich zurück und verlieren jede Chance, zu gewinnen; einige kehren zurück und beginnen von neuem ... So folgen einander gleich den Umdrehungen eines Rades regelmäßig Tod und Geburt ...[129]

Der Verleger von *Isis* war so »überrascht und erfreut« über den guten Absatz, schreibt Olcott, »dass er am Sonntag, dem 10. Februar 1878 [HPB] in meiner Gegenwart 5000 US-Dollar für die Verlagsrechte zur Herausgabe eines einbändigen Buches anbot, wenn sie es für ihn schreiben und *Isis* noch ein bisschen mehr entschleiern würde. Er wollte nur einhundert Exemplare drucken lassen, zum Preis von 100 Dollar pro Buch. Obwohl sie dringend Geld brauchte«, schreibt Olcott, »lehnte sie das Angebot ab mit der Begründung, dass es ihr zur Zeit nicht gestattet sei, noch mehr Geheimnisse zu enthüllen, als sie bereits in *Isis* getan hatte«.[130] Doch hinter den beiden Bänden von *Isis* scheint mehr zu stecken, denn »in *Isis«,* bemerkte sie einmal, »liegen die Erklärungen für hundert Mysterien nur halb verborgen ... und warten nur darauf, durch Anwendung von Intelligenz, geleitet von ein wenig okkultem Wissen, ans Tageslicht zu kommen«.[131]

Später schrieb sie, dass sie »ungeachtet kleinerer Mängel« dabei bleibe, dass *Isis entschleiert* eine »Unmenge von ursprünglichen und bisher noch nie enthüllten Informationen über okkulte Dinge enthält ... Ich verteidige die Ideen und Lehren, die es enthält, ohne Furcht, der Eitelkeit beschuldigt zu werden, da *weder die Ideen noch die Lehren von mir stammen,* wie ich stets betont habe. Und ich bleibe dabei, dass sie für den Mystiker und den Studierenden der Theosophie von größtem Wert sind«.[132]

»VON ENDE 1876 bis Ende 1878 war die Theosophische Gesellschaft als Körperschaft relativ untätig«, berichtet Olcott. Er fährt fort:

> Ihre Statuten wurden zu toten Buchstaben, ihre Zusammenkünfte hörten fast ganz auf ... Die Zeichen ihres *wachsenden Einflusses* zeigten sich in der an Umfang zunehmenden internationalen Korrespondenz der Gründer, deren kontroversen Veröffentlichungen in der Presse, in der Gründung von Schwestergesellschaften in London und auf Korfu und in der Aufnahme von Beziehungen zu Sympathisanten in Indien und Ceylon. Die einflussreichen Spiritisten, die sich uns zuerst angeschlossen hatten, zogen sich alle zurück; unsere Versammlungen in einem gemieteten Raum – in der Mott Memorial Hall in der Madison Avenue in New York – wurden eingestellt; die früher erhobene Eintrittsgebühr wurde abgeschafft ... Dennoch war die Idee nie kraftvoller, die Bewegung nie vitaler als zu jener Zeit, als sie ihres äußeren Erscheinungsbildes als Körperschaft beraubt war, und ihr Lebensgeist konzentrierte sich allein in unseren Köpfen, Herzen und Seelen.

Das eigentliche Hauptquartier befand sich in HPBs Wohnung, Eighth Avenue, Ecke 47. Straße, die damit zum »attraktivsten Salon der Metropole« wurde. HPB war im Juni 1876, vielleicht auch ein oder zwei Monate später, dort eingezogen.[133] Ein New Yorker Reporter nannte die Wohnung »das Lamakloster von New York«.[134] Olcott bemerkt:

> Ich übertreibe keineswegs, wenn ich sage: einer der normalen Welt entrückteren Atmosphäre wäre man in keinem anderen New Yorker Haus begegnet. Die sozialen Unterschiede zwischen unseren Besuchern blieben draußen vor der Tür; ob reich oder arm, Christ, Jude oder Atheist, ob gebildet oder ungebildet, all unseren Besuchern wurde der gleiche herzliche Empfang und die gleiche geduldige Aufmerksamkeit gegenüber ihren Fragen zuteil – ob sie religiöser oder anderer Natur waren. HPB, durch und durch eine geborene Aristokratin, verstand sich in den höchsten Gesell-

schaftskreisen unbefangen zu bewegen, war dabei jedoch absolut demokratisch und altruistisch, so dass sie auch noch den einfachsten Besucher herzlich aufnahm.[135]

David Curtis, einer der geistreichsten Reporter New Yorks, zählte auf, wen man in HPBs Räumen treffen konnte: »Römisch-katholische Priester, Schauspielerinnen, Militärärzte, Kaufleute, ausländische Gräfinnen, Künstler, Ärzte, gelegentlich auch Asiaten«; er fügte hinzu:

> Fast alle waren völlig andersartig, beinahe alle intellektuell brillant. Fast alle rebellierten in irgendeiner Richtung gegen die Konvention, spielten offen oder insgeheim den Bohemien. Und alle erkannten Madame Blavatsky als unbestrittenes Oberhaupt intellektueller Rebellion an ... Jedes nur denkbare Thema auf Erden, über der Erde oder in ihren tiefsten Tiefen wurde dort diskutiert, in einer seltsamen Mischung aus Witz und Philosophie, der man in den gewaltigen Bänden von *Isis entschleiert* niemals begegnet.[136]

Auch Rabbiner kamen, bemerkt Olcott: »Ich kannte einen Rabbiner, der Stunden, ja ganze Abende bei ihr mit Diskussionen über die Kabalah verbrachte. Ich hörte ihn zu ihr sagen: Obwohl er die Geheimwissenschaft seiner Religion seit dreißig Jahren studiere, habe sie ihn auf Dinge hingewiesen, die ihm nicht im Traum eingefallen wären; sie habe ihm Passagen erhellt, die nicht einmal seine besten Lehrer verstanden hätten.«[137]

Am 2. Dezember 1878 erschien in der *Hartford Daily Times* ein bemerkenswertes Porträt HPBs, verfasst von einem Journalisten aus Connecticut, der dem »Lamakloster in New York« einen Besuch abgestattet hatte:

> Seltsam und ungewöhnlich ist ihr Gesichtsausdruck. Immerzu scheinen sich die unterschiedlichsten Stimmungen in ihren Zügen widerzuspiegeln. Nie scheint sie von einer Sache allein in Anspruch genommen zu sein. In ihren Augen ist ein wacher, sensibler Ausdruck von Gefühl und Empfindsamkeit. Das gab uns damals – und tut es auch heute noch – den Eindruck einer zweifachen Persönlichkeit, die anwesend und gleichzeitig abwesend ist, die spricht, aber in ihren Gedanken oder ihrem Handeln ganz woanders ist. Sie ist selbstbeherrscht, drückt eine gewisse Kaltblütigkeit und einen Anflug männlicher Indifferenz aus, jedoch ohne auch nur für einen Augenblick die Grenzen weiblichen Feingefühls zu überschreiten. Beim

Anblick eines großen Stapels von Briefen, den ein Diener gerade hereingebracht hatte, rief ich: »Was müssen Sie für eine enorme Korrespondenz führen, Madame! Und in so vielen verschiedenen Sprachen! Sagen Sie, in welcher Sprache *denken* Sie denn?«
»In meiner eigenen Sprache, weder in Russisch noch in Französisch, noch in irgendeiner anderen Sprache, die Sie kennen!«
Olcott warf ein: »Es könnte auch in pythagoreischen Zahlen sein, wer kann das sagen; oder sie denkt in der toten Sprache von Völkern, die einst schon einen Zivilisationsstand erreicht hatten, für den unser heutiger Phonograph die alltäglichste Sache der Welt war. Wer weiß, am Ende wird Madame eines Tages unter den >jüngsten Ausgrabungen< eines zukünftigen Museums ein Blatt Stanniol entdecken, das dann in der Sprache ihrer Gedanken zu ihr spricht?« [Der Phonograph hatte stanniolbespannte Walzen.]
Es war am Abend darauf ..., dass Madame uns ihr kostbares Album mit Porträts von ausländischen Mitgliedern der Theosophischen Gesellschaft zeigte – in der Tat eine der erlesensten Sammlungen intellektueller, kultivierter, verfeinerter Gesichter, die zu betrachten wir je das Vergnügen hatten. Männer und Frauen aller Nationen waren hier vertreten. Es gab alle Arten von Gesichtern, vom pensionierten englischen General bis hin zum indischen Philosophen ...

Die Zeichnung auf der folgenden Seite stammt von J. A. Knapp, sie stellt das Gebäude dar, das das >Lamakloster< beherbergte. Dieses Gebäude steht heute noch.[138] Seine schmale Vorderseite ist an der Eighth Avenue, im ersten Stock über dem Laden lag HPBs Suite – eine der beiden Wohnungen in dieser Etage. Die beiden Frontfenster zur Rechten und das eine um die Ecke gehören zu dem großen Raum, wo sich die Besucher einfanden und wo HPB arbeitete. Eine Reproduktion von Knapps Zeichnung erschien in der Serie »HPBs Wohnungen« in der Zeitschrift *The Path,* wobei Judge anmerkte:

In dieser Etagenwohnung in dem vorderen, großen Zimmer wurde *Isis entschleiert* geschrieben und abgeschlossen. Dort haben so viele außergewöhnliche Phänomene stattgefunden, dass man Bände brauchen würde, um sie zu beschreiben. Hier waren so oft »Astralmusik und Glocken« zu hören gewesen, von denen selbst ernannte, angeblich gut unterrichtete Kritiker behaupteten, sie wären von einem Hausmädchen erzeugt worden, das mit einem Instrument in der Halle auf und ab ging: eine absurde Behauptung für all jene, die wie ich dabei waren und es selbst miterlebten. Hier, in der Ecke des Zimmers über der Eighth Avenue, stand die ausgestopfte Eule und blinzelte manchmal ... Es ist ein bescheidenes Haus in einem bescheidenen Geschäftsviertel einer Großstadt; doch was wurde hier alles vollbracht, und welch mächtige Kräfte waren innerhalb dieser vier Wände im Spiel, solange diese außergewöhnliche Persönlichkeit, bekannt als Helena P. Blavatsky, hier residierte.[139]

Abb. 9 Zeichnung des »Lamaklosters« in New York, von J. A. Knapp. (*The Path*, November 1893, S. 238)

Olcott lebte ebenfalls im »Lamakloster«. Seine Schwester, Belle Mitchell, wohnte mit Mann und Kindern eine Etage darüber. Sie hatten auch schon in dem Apartmenthaus an der 34. Straße im Westen von New York gewohnt, in dem Blavatsky und Olcott damals lebten. Belle fühlte sich sehr zu HPB hingezogen, und als eine Mrs. Frederica Shower in England einen beleidigenden Brief an den Londoner *Spiritualist* schrieb (am 8. März 1878), in dem sie HPBs Glaubwürdigkeit und ihren Charakter angriff, verfasste Belle ein empörtes Antwortschreiben. Vielleicht fand Olcott es zu lang für eine Veröffentlichung, denn er leitete es nie an den *Spiritualist* weiter, aber später druckte er es im *Theosophist* ab. Es folgen Zitate daraus:

Abb. 10. Das Esszimmer im »Lamakloster«

Ich bin weder Buddhistin, Brahmanin, Theosophin noch Spiritistin, sondern ein einfaches Mitglied der presbyterianischen Kirche, in deren Gemeinschaft ich erzogen wurde und sterben werde. Ich bin die Schwester von Col. H. S. Olcott, eine Ehefrau und Mutter; und ich kann hinzufügen, dass ich weder ein leichtgläubiges Opfer von Madame Blavatsky bin noch von ihr einer Gehirnwäsche unterzogen wurde. Aber ich bin eine Frau, die Gerechtigkeit für ihre Geschlechtsgenossin fordert ... Ich genieße schon seit ungefähr drei Jahren die Freundschaft von Madame Blavatsky, und während eines Teils dieser Zeit (wie auch im Augenblick) hatte ich mit meiner Familie eine Wohnung unter demselben Dach wie sie. Können Sie sich wirklich vorstellen, dass eine Mutter ihre Kinder im gleichen Haus mit einem solchen Monster unterbringen würde, als welches Mrs. Shower sie darstellt? Mir gegenüber verhält sie sich stets freundschaftlich, zwanglos und familiär; und ich kann versichern, dass ich, und nur ich, Tag und Nacht freien Zutritt zu ihren Räumen habe ... und selbst bei angestrengtester Arbeit, wenn alle anderen ausgeschlossen werden, habe ich stets freien Zugang zu ihr. Ich sehe in Madame Blavatsky eine ehrliche Frau, die sich mit

> Leib und Seele einer Sache hingibt, die ihr heilig ist. Kein Opfer scheint ihr zu groß, um sie zu fördern, und alle, die um sie sind, will sie zu einem reinen, wohltätigen und guten Leben bewegen ... Von den merkwürdigen und wunderbaren Phänomenen, die Madame Blavatsky vor meinen Augen hervorrief, ohne Vorbedacht oder Vorbereitung, ist hier ganz zu schweigen.[140]

Später schilderte sie in einem Artikel unter dem Titel »Madame Blavatsky« noch einige der Phänomene, deren Zeugin sie gewesen war.[141]

Demonstrationen psychischer Gesetze und Kräfte durch HPB fanden stets nur in privatem Rahmen statt. Die frühen Mitglieder der Theosophischen Gesellschaft zogen sich zurück, sagt Olcott, »weil HPB es ablehnte, auch nur das unbedeutendste Phänomen bei unseren Treffen vorzuführen«.[142] In einem Brief an Alexander Aksakow in St. Petersburg, Russland, vom April 1875, sechs Monate vor der Gründung der Theosophischen Gesellschaft, schrieb Blavatsky: »Mir ist klar geworden, dass es unmöglich ist, jemanden durch verdachterregende Phänomene überzeugen zu wollen, und dass selbst jedes echte Phänomen nie ohne irgendeine Schwachstelle ist, die es Gegnern leicht macht, sich daran festzubeißen. Aus diesem Grunde habe ich es mir zur Regel gemacht, in keinem einzigen Fall Außenstehenden zu erlauben, meine psychischen Kräfte zu nutzen. Außer Olcott und zwei bis drei sehr engen Freunden hat niemand mit angesehen, was um mich herum geschieht.«[143]

Die Zahl der Augenzeugen nahm nach der Veröffentlichung von *Isis* zu. So berichtete Olcott an C. C. Massey und W. Stainton Moses in London, dass zeitweilig sechs bis acht Personen anwesend waren und die Anzahl und Vielfalt der Phänomene alles überstiegen, was er bisher gesehen habe.[144]

In seiner Würdigung anlässlich der Gedächtnisfeier für HPB stellte Olcott Mutmaßungen über die Gründe an, die sie veranlasst haben könnten, ihm Phänomene vorzuführen:

> Für mich war die Entstehung von *Isis* mit den zahllosen Zitaten und der ungewohnten Gelehrsamkeit Wunder genug, um mich ein für allemal zu überzeugen, dass sie über hochgradige psychische Gaben verfügte. Aber es gab noch weit bessere Beweise. Immer wieder, wenn wir bis spät in die Nacht allein an unseren Schreibtischen arbeiteten, pflegte sie ihre Beschreibungen okkulter Kräfte in Mensch und Natur durch Stegreif-Expe-

rimente zu illustrieren. Wenn ich heute zurückblicke, erkenne ich, dass sie diese Phänomene anscheinend zu dem Zweck ausgesucht hatte, um mich in der psychischen Wissenschaft zu unterrichten, so wie die Laborversuche von Tyndall, Faraday oder Crookes darauf angelegt waren, den Schüler *seriatim* durch den Lehrplan für Physik oder Chemie zu führen ... Sie wollte lediglich meinen literarischen Beistand für ihr Buch; und damit ich die okkulten Gesetze, die sie gerade beschrieb, besser verstehen konnte, bewies sie experimentell, dass sie auf wissenschaftlichem Boden stand.[145]

In Olcotts Brief an HPBs Tante Nadja schilderte er einige der Phänomene, die ihre Nichte zu jener Zeit vorführte. Nadja antwortete am 8. Mai 1877:

Sie sind sehr merkwürdig und wunderbar, wirkliche Wunder, doch sind sie keineswegs besonders oder einmalig. Oft wurde mir darüber berichtet und oft habe ich in Werken über Spiritismus darüber gelesen – erstaunliche Berichte über Phänomene, die den in Ihrem Schreiben erwähnten ähneln, doch gewöhnlich handelte es sich um isolierte Vorfälle, oder sie gingen von verschiedenen Quellen aus. Doch so viel Kraft, konzentriert in einem einzelnen Wesen – eine ganze Reihe der außergewöhnlichsten Manifestationen, die aus einer einzigen Quelle hervorgehen, wie im Fall von Madame Blavatsky, ist sicher äußerst selten und vielleicht einmalig. Schon lange ist mir bekannt, dass sie [solche] Kräfte besitzt, die stärksten, denen ich je begegnet bin, doch als sie noch bei uns lebte, war diese Kraft noch lange nicht so stark wie jetzt.[146]

Viele der Phänomene aus dieser Zeit sind im ersten Band von Olcotts Erinnerungen, *Old Diary Leaves*, beschrieben. Frances Steloff, die bekannte Gründerin des Gotham Book Mart in New York, sandte ein Exemplar dieses Bandes an den russischen Mathematiker P. D. Ouspensky, Autor von *Tertium Organum* und führender Gurdjieff-Schüler. Seine Antwort:

Liebe Miss Steloff,
vielen Dank für Ihr Buch und für Ihre Absicht, mir zu helfen, doch ich besitze bereits eine Ausgabe davon. Daher schicke ich Ihnen das Buch mit herzlichem Dank zurück. Ich habe dieses Buch in England und las es das erste Mal in dem Jahr, in dem Olcott starb, 1907. Ich habe es stets für das seltsamste Buch im ganzen Universum gehalten, weil ich trotz allem, was die Leute sagen können,

überzeugt davon bin, dass Olcott nicht gelogen hat, und das ist das Bemerkenswerteste.
Mit freundlichen Grüßen

P. D. Ouspensky[147]

Olcotts Buch enthält eine siebenteilige Klassifizierung der Phänomene, die HPB in jenen Tagen hervorbrachte:

1. Solche, deren Hervorbringung eine Kenntnis der wahren Eigenschaften der Materie erfordert, der bindenden Kraft, die die Atome zusammenhält; besonders die Kenntnis von Akasha, seiner Zusammensetzung, seines Gehalts und seiner Macht.
2. Solche, die mit den Kräften der Elementale [unsichtbare Naturkräfte] in Verbindung stehen, sofern sie dem menschlichen Willen unterworfen wurden.
3. Phänomene, bei denen hypnotische Suggestion mittels Gedankenübertragung optische und akustische Sinnestäuschungen und Täuschungen des Tastsinns hervorruft [in *Isis,* Bd. II, S. 595 wird dies als »mesmerische Halluzinationen« bezeichnet].
4. Solche, zu denen die Beherrschung der Kunst benötigt wird, malend oder schreibend objektive Abbildungen zu erschaffen ..., zum Beispiel die Materialisation eines Bildes oder eines Schriftstückes auf Papier oder auf einem anderen Material, oder eines Briefes, eines Bildnisses oder eines anderen Zeichens auf der menschlichen Haut zu erreichen.
5. Jene, zu denen Fähigkeiten wie Gedankenlesen und retrospektives sowie prospektives Hellsehen gehören.
6. Phänomene, die auf der willentlichen Verbindung ihres eigenen Geistes mit dem Geist anderer lebender Personen beruhen, die die gleiche oder eine größere psychische Begabung besitzen als sie selbst ...
7. Die Phänomene höchsten Grades, bei denen sie durch spirituelle Einsicht, Intuition oder Inspiration zu den angesammelten Beständen menschlichen Wissens in den [höheren] Bereich des Astrallichts, in die so genannte Akasha-Chronik vordrang.[148]

Judge war auch Zeuge vieler Phänomene, die in New York stattfanden. In einem Brief vom 1. März 1884 an Damodar, einen der aktiven theosophischen Mitarbeiter in Indien, schreibt er:

> *Ich habe gesehen, wie sie Gegenstände veranlasste, sich ohne irgendwelche äußere Unterstützung durch das Zimmer zu bewegen. Einmal gelangte ein Silberlöffel von dem am weitesten entfernten Raum durch zwei Wände und drei Zimmer hindurch vor unseren Augen in ihre Hände, einfach durch ihre Willenskraft. Ein andermal rief sie – oder er – ein Dutzend Flaschen mit Farbe aus der Wand hervor, die ich dazu benutzen wollte, in ihrem Zimmer ein Bild zu malen. Wieder ein anderes Mal nahm sie einen ungeöffneten, versiegelten Brief in die Hand, ohne das Kuvert zu öffnen. Sie hielt den Brief zwischen ihren Fingern und sofort hob sich ein Duplikat davon ab, so dass zwei Briefe in ihrer Hand lagen, wovon einer das Faksimile des anderen war. Später ließ sie sich ihren mit einem dreiteiligen Saphir versehenen Ring vom Finger nehmen und einer Dame überreichen, die ihn eine Weile tragen wollte. Sie nahm ihn mit, aber als sie ging, blieb der echte Ring an HPBs Finger zurück; sie hatte nur eine Illusion mitgenommen. Und so ging es weiter, in Hunderten von Fällen.*
> *Doch all das verblasste gegenüber den herrlichen Stunden, in denen wir den Worten jener Erleuchteten lauschten, die oft erst spät in der Nacht erschienen, wenn alles still war, und die sich mit H. S. O. und mir unterhielten ... Nach Mitternacht bis 4 Uhr morgens hörte und sah ich die meisten Dinge zu jener Zeit bei ihr in New York.*[149]

Die Mehrzahl der eben erwähnten Phänomene fällt unter die erste Rubrik der Olcottschen siebenfachen Klassifizierung. Eine erstaunlich vernünftige Erklärung für diese Phänomene schrieb der *Chela* eines der Adepten in einem Brief an John Smith, Professor der Chemie an der Universität von Sydney und Präsident der Royal Society in Neusüdwales. Der Brief wurde im Oktober 1893 im *Theosophist* veröffentlicht. Sechzig Jahre später, im August 1959, erschien ein Auszug in den *Proceedings of the Royal Australian Chemical Institute* unter dem Titel »Professor John Smith und die Theosophie« von J. L. Davidge. Hier ein Auszug aus dem Schreiben des Chela:

> Zuerst zu betrachten ist das Phänomen der »Osmose« [des Herausholens] Ihrer in dem versiegelten Umschlag mit einem Faden eingenähten Notiz und der Ersatz dieser Notiz durch die Antwort [des Meisters], wobei weder das Siegel noch der Faden beschädigt oder gelöst wurden. Es handelt sich um einen jener vollendeten Beweise für die überlegene Kenntnis und Beherrschung atomarer Zusammenhänge seitens unserer östlichen Adepten, verglichen mit den Wissenschaftlern des Westens ...

> Es war dieselbe Kraft wie jene, die angewandt wurde, als der Brief in der Luft Ihres Zimmers [in Bombay, am 1. Februar 1882] Gestalt annahm; ebenso ist es bei vielen anderen durch die Luft beförderten Briefen, beim Herabfallen von Rosen, aus heiterem Himmel, bei dem goldenen Ring, der aus der Mitte einer Moosrose heraussprang, ... vor kurzem genauso bei der Verdopplung des Saphirringes jener höhergestellten Dame zuliebe und bei anderen Fällen mehr. Die Erklärung dafür besteht in der Tatsache, dass die »Anziehung der Bindekraft« ... bei jeder gegebenen Gruppierung von Atomen unterbrochen und wiederhergestellt werden kann ... Materie lässt sich als verdichteter Akasha (Äther) definieren; beim Atomisieren zerstäubt sie, ähnlich den Wasserpartikeln bei der Kondensierung aus hocherhitztem Dampf. Wird die zerstäubte Materie zurück in den Zustand vor ihrer Zerteilung versetzt, dann, das ist unschwer zu erkennen, kann sie die Zwischenräume* einer Substanz in atomisiertem, d.h. »zerstäubtem« Zustand passieren, so wie wir uns ohne weiteres die Fortbewegung der Elektrizität und anderer Energieformen über ihre Leiter vorzustellen vermögen. Die hohe Kunst besteht nun darin, willentlich die atomare Struktur einer gegebenen Substanz zu durchbrechen und dann wiederherzustellen: die Atome so weit voneinander zu entfernen, dass sie unsichtbar werden, sie aber dennoch in polarer Spannung zu halten oder innerhalb des Anziehungsradiusses, damit sie in ihre früheren kohäsiven Verbindungen zurückstürzen und so die frühere Substanz wiederherstellen können.[150]

Einmal aufgelöst und unsichtbar gemacht, fügt Judge hinzu, kann ein Objekt »entlang einer Strömung im Äther in jede Entfernung der Welt gesandt werden. Am gewünschten Punkt angekommen, wird die auflösende Kraft zurückgenommen, und sofort stellt sich die Kohäsion wieder ein, und das Objekt tritt unversehrt in Erscheinung«.[151]

Es gibt zwei Arten, das Phänomen hervorzurufen, Materie durch Materie dringen zu lassen, zum Beispiel einen Stein durch eine feste Wand, erklärt Judge. Erstens, »indem ein kleiner Gegenstand mit okkulten Mitteln aufgelöst und dazu gebracht wird, durch andere Gegenstände hindurchzudringen«, oder zweitens, »wenn er unaufgelöst transportiert werden soll, wird jedes dichte, im Weg

* Die moderne Wissenschaft lehrt, dass die Zwischenräume zwischen den Atomen eines festen Gegenstands – relativ – so groß sind wie der Raum zwischen den Planeten! Infolgedessen ist die Festigkeit der Materie Illusion.

liegende Hindernis so weit aufgelöst, dass er hindurchdringen kann«. Als Beispiel führt er an, dass HPB »vor meinen Augen einen kleinen Gegenstand, wie zum Beispiel einen Ring, auf den Tisch gelegt hat und ihn, ohne ihn zu berühren, in einer verschlossenen Schublade verschwinden ließ. In diesem Fall spaltete sie entweder den Ring auf und veranlasste ihn, in die Schublade zu wandern, oder aber sie löste die Schublade soweit auf«, dass der Ring hindurchpasste.[152]

◆

Es waren nicht immer nur tiefsinnige philosophische Fragen oder Phänomene, mit denen sich HPB zu jener Zeit im »Lamakloster« beschäftigte, wie Olcott in der folgenden Geschichte erzählt:

Als ihr Kanarienvogel starb, klingelte mit ergreifender Wirkung die astrale Glocke; HPB war erschüttert und weinte. Es war nur ein ganz gewöhnliches kleines Kanarienweibchen, erinnert sich Olcott, »nicht besonders schön anzusehen, aber eine erstaunlich emsige Hausfrau ... « Er hatte für sie ein Männchen besorgt, einen herrlichen Sänger, und sagte über das Pärchen:

> Wir ließen sie immer nach ihrem Belieben durchs Zimmer fliegen, und das Männchen lohnte es uns, indem er sich in der Nähe unseres Arbeitsplatzes auf einen Bilderrahmen setzte und wunderbare Melodien sang. Das Weibchen pflegte sich höchst zutraulich auf unserem Tisch niederzulassen und direkt unter unserer Nase zirpend hin- und herzugehen. Für den Bau eines Nestes in der bronzenen Verzierung der Kronleuchterleitung dicht unter der Zimmerdecke pickte es jedes Stückchen Bindfaden oder ähnliche Materialien auf. Besonderen Wert schien es auf die langen, dünnen Papierstreifen zu legen, die HPB beim Kleben und Ordnen ihrer Manuskriptseiten abschnitt. »Jenny« pflegte zu warten, bis ihr Frauchen ein Stück abgeschnitten hatte und es auf den Tisch oder den Fußboden fiel, dann hüpfte sie herbei und trug es davon, begleitet vom Lobgesang ihres Gemahls namens »Pip«.
>
> Als schließlich der Nestbau beendet war, begann Jenny hoch oben über unserem Tisch mit dem Brüten, wobei ihr Köpfchen über den Rand der bronzenen Schale oder Verzierung am Gasrohr hinwegragte. Pip sang so herrlich er nur konnte, und wir warteten auf das Ausschlüpfen der Jungen.

> Die Wochen vergingen, Jenny saß noch immer dort, doch kein Zwitschern von Jungvögeln war zu hören, und wir fragten uns, was wohl los sei. Als das Weibchen einmal sein Nest verließ, um Körner und Wasser zu holen, stellte ich einen Stuhl auf unseren Schreibtisch. HPB hielt ihn fest und ich stieg hinauf, um schnell nachzusehen. Das Nest war vollkommen leer ... HPB fand die einzig mögliche Erklärung dafür: »Jenny hat auf ihren Illusionen gebrütet« ... sie hatte sich eingebildet, dass sie Eier gelegt hatte, und nun war es ihre Pflicht, sie auch auszubrüten.[153]

Der Gesang des Kanarienvogels war nicht die einzige Musik, die man im »Lamakloster« hören konnte. Gelegentlich spielte HPB Klavier. Olcott schreibt:

> Sie war eine glänzende Pianistin; ihr ausdrucksstarkes Spiel war wirklich großartig. Ihre Hände konnten einem Bildhauer als Vorbild dienen und niemals waren sie so vorteilhaft zu sehen, als wenn sie über die Tastatur glitten, um ihr die schönsten Melodien zu entlocken. Sie war eine Schülerin von Moscheles ... Sie setzte sich manchmal in der Dämmerung an den Flügel, während außer mir niemand im Zimmer war, um an ihrem wohlgestimmten Instrument zu improvisieren. Das klang so schön, dass man sich einbilden konnte, man lausche dem Spiel der Gandharvas oder himmlischen Chören.[154]

Dr. Eugene Corson berichtete, seine Mutter habe ihm davon erzählt, »wie HPB sich an den Flügel setzte und mit bemerkenswertem Können improvisierte, wobei sie für jemanden, der nur gelegentlich spielte, Bemerkenswertes leistete, wenn die Stimmung über sie kam«.[155] Das war 1875 in Ithaca, im Staat New York.

IN BAND I DER *Old Diary Leaves* schildert Olcott ein Erlebnis, das »in seinen Konsequenzen von größter Bedeutung für den Verlauf meines Lebens war«:

> Unsere abendliche Arbeit an *Isis* war abgeschlossen, ich hatte HPB Gute Nacht gewünscht und zog mich in mein eigenes Zimmer zurück, schloss wie gewöhnlich die Tür, setzte mich nieder, um zu rauchen und zu lesen. Bald war ich in mein Buch vertieft; so weit ich mich erinnere, war es Stephens *Reisen durch Yucatan.* Mein Stuhl und Tisch standen links gegenüber der Tür, mein Feldbett rechts, das Fenster lag gegenüber der Tür, und über dem Tisch an der Wand war ein Gaslicht angebracht.
>
> Ich las völlig still, meine ganze Aufmerksamkeit war auf mein Buch konzentriert ... Ich saß etwas von der Tür abgewandt und sah plötzlich aus dem rechten Augenwinkel etwas Weißes. Ich blickte auf und ließ überrascht mein Buch fallen, denn vor mir sah ich die hochgewachsene Gestalt eines orientalisch gekleideten Mannes ganz in Weiß, der ein Kopftuch oder einen Turban aus bernsteinfarbenem Material, geschmückt mit gelber Seidenstickerei, trug. Langes, rabenschwarzes Haar fiel auf seine Schultern; sein am Kinn in der Art der Rajput geteilter schwarzer Bart war an den Enden nach oben gezwirbelt und über die Ohren geführt; in seinen Augen funkelte ein Seelenfeuer, sein Blick war gütig und durchdringend zugleich. Es war der Blick eines Lehrers, eines Richters, gemildert durch väterliche Liebe, und voller Bereitschaft, einem Sohn Rat und Führung zu geben. Es war eine beeindruckende Gestalt, die so viel moralische Stärke, so viel leuchtende Spiritualität ausstrahlte und so offensichtlich von überdurchschnittlicher innerer Größe war, dass ich ein Gefühl der Demut empfand, meinen Kopf neigte und mein Knie beugte wie vor einem Gott oder gottähnlichen Menschen. Er legte mir eine Hand leicht auf den Kopf; eine sanfte, doch kraftvolle Stimme sagte, ich solle mich setzen. Und als ich meine Augen aufschlug, sah ich die Erscheinung in dem anderen Stuhl mir gegenüber am Tisch sitzen.

Er sagte, er sei wegen der Krise gekommen, und weil ich ihn brauche; mein eigenes Handeln hätte mich an diesen Punkt gebracht; es läge an mir allein, ob er und ich uns noch öfter im Leben sehen würden, um zum Wohl der Menschheit zusammenzuarbeiten. Er sagte, dass ein großes humanitäres Werk auf uns warte, und dass ich das Recht hätte, daran teilzunehmen, wenn ich es wünschte; dass zwischen mir und meiner Kollegin ein geheimnisvolles Band bestehe, eine Verbindung, die nicht gelöst werden könne, so angespannt sie zeitweilig auch sein möge. Er erzählte mir Dinge über HPB, die ich nicht weitersagen darf, wie auch Dinge über mich selbst, die Dritte nichts angehen. Wie lange er anwesend war, kann ich nicht sagen: es kann eine halbe Stunde oder eine ganze gewesen sein; mir schien es wie eine Minute – so wenig wurde ich mir des Fluges der Zeit bewusst.

Schließlich erhob er sich. Ich staunte über seinen hohen Wuchs und bemerkte einen Glanz in seiner Erscheinung – keinen äußeren Glanz, sondern ein sanftes, inneres Leuchten, das des Geistes. Plötzlich kam ich auf den Gedanken: »Wenn das nun nur eine Halluzination ist, vielleicht hat HPB mich hypnotisiert? Ich wünschte ich hätte ein greifbares Zeichen zum Beweis der Wirklichkeit seiner Anwesenheit. Etwas, das ich berühren kann, nachdem er gegangen ist!« Der Meister lächelte freundlich, als hätte er meine Gedanken erraten, wickelte die *Fehta* von seinem Kopf, lächelte, grüßte zum Abschied und – war verschwunden. Sein Stuhl war leer und ich war allein mit meinen Gefühlen!

Doch auf dem Tisch sah ich das gestickte Tuch – ein greifbarer und dauerhafter Beweis, dass ich nicht »verhext« oder psychisch genarrt worden war, sondern von Angesicht zu Angesicht einem der Älteren Brüder der Menschheit, einem der Lehrer der [jetzigen] Menschheit von Schülern gegenübergesessen hatte.[156]

Olcotts Erlebnis war, wie er sagte, der Hauptgrund für seine Entscheidung, mit HPB nach Indien zu gehen. Wie wichtig diese Entscheidung war, für den Osten wie für den Westen, wird sich in Kapitel V zeigen.

AM 8. JULI 1878 wurde HPB amerikanische Staatsbürgerin – die Wartezeit war abgelaufen. »Am Tage darauf waren die amerikanischen Zeitungen voll mit Berichten über dieses Ereignis«, erinnert sich Olcott. »Sie schickten Reporter, die sie als Neubürgerin interviewen sollten, und alle brachte sie zum Lachen mit ihren naiven Ansichten über Politik und Politiker.«[157] Dem Reporter des *Daily Graphic* sagte sie:

> Ich bin Bürgerin der Vereinigten Staaten geworden und kann sagen, dass ich auf diesen Titel stolz bin. Sie fragen, weshalb ich meine eigene Staatszugehörigkeit aufgebe? Meine Antwort lautet: weil ich die Freiheit liebe. Im heutigen Russland gibt es nur wenig Freiheit. Hier ist es umgekehrt. Dort war ich vielen Ärgernissen ausgesetzt, bin so oft zu Geldstrafen verurteilt worden, dass leicht 10 000 Dollar zusammenkämen, und das für ganz belanglose Verstöße. Amerika ist in der Tat ein großes Land, aber es hat doch einen großen Nachteil. Die Menschen hier sind so raffiniert, und es gibt so viel Korruption.[158]

Als die *Bombay Gazette* sie als russische Baronin bezeichnete, und die *Times of India* sie zur Prinzessin machte, schrieb sie an die *Gazette:*

> Im Moment geht es mir darum: die *Gazette* zur Rede zu stellen, weil sie meinem widerstrebenden republikanischen Haupt die Adelskrone aufdrückt. Bitte merken Sie sich, dass ich weder eine »Gräfin« noch eine »Prinzessin« oder auch nur eine bescheidene »Baronin« bin, was immer ich vor diesem letzten Juli gewesen sein mag. Im Juli wurde ich eine einfache Bürgerin der USA – ein Titel, der mir weit mehr bedeutet als alle, die mir »Kaiser« oder »König« verleihen könnten ... Meine Erfahrungen im Allgemeinen, und schmückende Pfauenfedern im Besonderen, haben mich nichts als Verachtung für Titel gelehrt, denn außerhalb der Grenzen ihrer jeweiligen Vaterländer findet man russische Großfürsten, polnische Grafen, italienische Herzöge und deutsche Barone weitaus öfter innerhalb als außerhalb von poli-

> zeilichen Einrichtungen ... Ich habe niemals mehr aus mir gemacht, als das, was zu sein ich beweisen kann, nämlich eine ehrliche Frau, nunmehr Bürgerin von Amerika, meiner Wahlheimat, dem einzigen Land der ganzen Welt, das *wahre* Freiheit kennt.[159]

Warum nun wollte sie jetzt ihre Wahlheimat verlassen? Laut Judge:

> Von ihren Verleumdern ist behauptet worden, sie habe, einem plötzlichen Impuls folgend und ohne bestimmtes Ziel, unfruchtbaren Boden verlassen wollen. Doch das Gegenteil ist der Fall ... Sie hat stets gesagt, sie werde nach Indien gehen müssen, sobald die Theosophische Gesellschaft etabliert und ihr Werk *Isis* abgeschlossen sei. Und nach einiger Zeit in Indien gab sie in ihren vielen Briefen an mich die Absicht zu erkennen, nach England zu gehen, um die Bewegung äußerlich wie innerlich auch dort so zu etablieren, dass in den drei wichtigsten Zentren der Welt – Indien, England und Amerika – aktive theosophische Arbeitszentren bestehen.
> Was ihr Fortgehen von Amerika nach Indien betrifft, spreche ich aus bester Kenntnis, denn ... ich war es, der auf ihre Bitte den Vertrag mit dem New Yorker Verlag für die Veröffentlichung von *Isis* aufsetzte ... Nachdem das Dokument unterzeichnet worden war, sagte sie: »Nun muss ich nach Indien.«[160]

Wie bei der Gründung der Theosophischen Gesellschaft traf HBP selbst keine Vorbereitungen für den Umzug nach Indien, sondern wartete auf Olcotts Vorschläge. Eines Tages ergab sich ein Weg:

> Eines Abends im Jahr 1877 besuchte ein amerikanischer Weltreisender, der gerade in Indien gewesen war, [das »Lamakloster«]. Zufällig hatte er sich so gesetzt, dass ich, wenn ich zu ihm hinüberblickte, an der Wand über ihm das gerahmte Foto zweier Inder sah, mit denen ich 1870 den Atlantik überquert hatte. Ich nahm das Foto herunter, zeigte es ihm und fragte, ob er sie kenne. Tatsächlich kannte er Moolji Thackersey, mit dem er vor kurzem in Bombay zusammengetroffen war. Er gab mir seine Adresse, und mit der nächsten Post erzählte ich Moolji von unserer Gesellschaft und von unserer Liebe zu Indien, die ich auch begründete. Binnen kurzem kam seine begeisterte Antwort; er akzeptierte die angebotene Mitgliedschaft in der Theosophischen Gesellschaft und berichtete mir von einem großen Hindu-Pandit

> und Reformer (Swami Dayanand Saraswati), der eine mächtige Bewegung, genannt »Arya Samaj« zur Wiederbelebung der reinen vedischen Religion ins Leben gerufen hatte.
> Gleichzeitig empfahl er mir mit beifälligem Lob einen Hurrychund Chintamon, den Präsidenten der Arya Samaj in Bombay, mit dem ich dann hauptsächlich korrespondierte und der uns bei unserer Ankunft in Bombay übel behandeln sollte ... Nachdem er meine Darlegung unserer Idee der Unpersönlichkeit Gottes – ein Ewiges und Allgegenwärtiges Prinzip, das unter vielen verschiedenen Namen in allen Religionen dasselbe war – gelesen hatte, antwortete er, die Prinzipien des Arya Samaj seien mit unseren identisch und schlug vor, dass es also nicht sinnvoll sei, zwei Gesellschaften zu haben, wenn wir durch den Zusammenschluss beider unsere Kraft und unsere Nützlichkeit sowie unsere Erfolgsaussichten erheblich vergrößern könnten ... Als ich die Angelegenheit mit meinen Kollegen in New York auf unserer nächsten Vorstandssitzung im Mai 1878 zur Sprache brachte, stimmten sie dafür, beide Gesellschaften zu vereinen und uns nun »Die Theosophische Gesellschaft der Arya Samaj« zu nennen.
> So weit, so gut. Doch bald erhielt ich aus Indien eine englische Übersetzung der Vorschriften und Lehren des Arya Samaj ... Sie versetzte uns einen schweren Schock – zumindest mir... Offensichtlich konnte keine Rede davon sein, dass der Samaj gleicher Sinnesart mit unserer Gesellschaft war, sondern eher eine neue Hindu-Sekte, eine vedische Sekte, die Swami Dayanand als höchste Autorität, als höchsten Richter in der Frage akzeptierte, welche Teile der Veden und Shastras unfehlbar seien und welche nicht. Es zeigte sich deutlich, dass die beabsichtigte Vereinigung ein Ding der Unmöglichkeit war, was wir sogleich unseren indischen Kollegen mitteilten ... [161]

Die Theosophische Gesellschaft nahm ihren ursprünglichen Status wieder an, und für diejenigen, die sich mit Arya Samaj verbinden wollten, wurde eine neue Gesellschaft ins Leben gerufen. Die Verbindung mit dem Arya Samaj lieferte trotz ihrer Nachteile den Vorwand, nach Indien zu gehen. Vor der Abreise benutzte HPB die Gelegenheit, der von seelenrettenden Missionaren weit verbreiteten Ansicht, Hindus und andere Orientale seien unwissende Wilde, entgegenzutreten.

In diesem Jahr der Abreise, 1878, wurde Thomas Alva Edison Mitglied der Theosophischen Gesellschaft. Olcott erinnert sich:

> Am 5. April schickte mir T. A. Edison seinen unterschriebenen Antrag auf Mitgliedschaft zurück. Ich musste ihn in meiner Eigenschaft als ehrenamtlicher Sekretär eines Komitees treffen, um über die Ausstellung seiner elektrischen Erfindungen auf der Pariser Weltausstellung in diesem Jahr zu sprechen. Das Komitee war auf Bitten der französischen Regierung beauftragt, den amerikanischen Kongress zu einer Gesetzesvorlage über die Teilnahme unseres Landes an der ersten internationalen Industriemesse seit der Gründung der Französischen Republik zu bewegen. * Edison und ich kamen auf okkulte Kräfte zu sprechen, und mein lebhaftes Interesse wurde geweckt, als er bemerkte, er habe in dieser Richtung experimentiert. Er wollte feststellen, ob ein Pendel an der Wand seines Privatlaboratoriums durch Willenskraft in Bewegung gesetzt werden könne.[162]

In jenen Tagen wurde jeder Interessent vor der Aufnahme als Mitglied zur Geheimhaltung verpflichtet. Denn wie schon erwähnt, war die Gesellschaft durch unwahre Veröffentlichungen kompromittiert worden. Es folgt ein Faksimile von Edisons schriftlichem Ehrenwort bei seinem Eintritt in die Theosophische Gesellschaft im Jahr 1875.[163] (s. Abb. 11, S. 235)

HPB hatte Nadja von Edisons Beitritt berichtet und schrieb ihr am 3. Juli:

> Natürlich hat Edison alle Versprechen eingehalten und wird es auch in Zukunft tun. Der törichte Dobrowolsky hat viel aus meinem Artikel [über Edison für die *Pravda*[164]] ausgelassen, noch dazu das Interessanteste. Edison bringt wahre Wunder zustande. Krishnawarma hat ihn zwei weitere Dinge gelehrt, zum Beispiel, dass Schwerhörige mit Hilfe einer kleinen, fast unsichtbaren mechanischen Vorrichtung am Hals recht gut hören können.

Krishnawarma, ein Hindu vom Punjab, der im »Lamakloster« logiert hatte, war mit Blavatsky und Olcott in geschäftlichen Angelegenheiten nach Minneapolis gefahren. HPB fährt fort:

* 1979, zum hundertsten Jahrestag der Erfindung der Glühbirne, stellte das Edison Archiv in Madison, New Jersey, unter anderen Erinnerungsstücken aus dem Jahr 1879 eine offizielle Bescheinigung der Theosophischen Gesellschaft über den Empfang von Edisons Mitgliedsbeitrag für das Jahr 1879 aus.

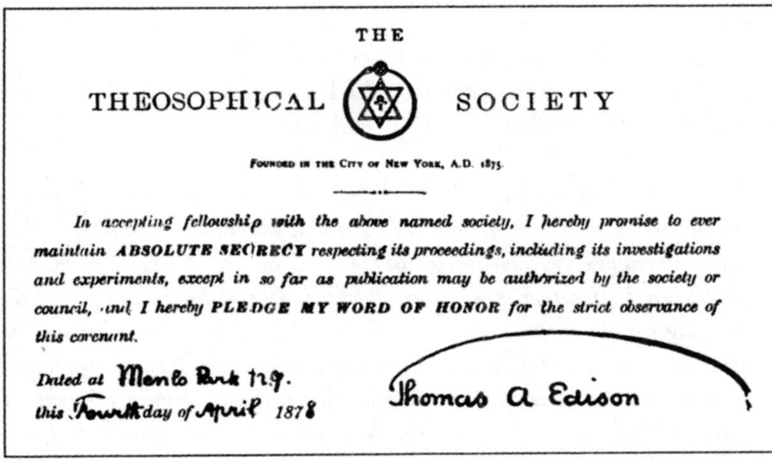

THE

THEOSOPHICAL SOCIETY

FOUNDED IN THE CITY OF NEW YORK, A.D. 1875.

In accepting fellowship with the above named society, I hereby promise to ever maintain **ABSOLUTE SECRECY** *respecting its proceedings, including its investigations and experiments, except in so far as publication may be authorized by the society or council, and I hereby* **PLEDGE MY WORD OF HONOR** *for the strict observance of this covenant.*

Dated at Menlo Park N.J.
this Fourth *day of* April *1878*

Thomas A. Edison

Abb.11 Faksimile von Edisons ehrenwörtlicher Zusicherung aus dem Jahr 1878. (*The Theosophist,* August 1935, S. 657, Archiv der Theosophischen Gesellschaft, Adyar)

Dort liefen die Damen in langer Prozession an den Fenstern unseres Hotels und an der Terrasse vorbei, auf der wir saßen, um Krishnawarma anstarren zu können. Er sieht auffallend gut aus ... seine Haut ist kaffeebraun. In seinem langen, weißen Baumwollgewand und mit einem weißen, schmalen Turban auf dem Kopf, mit Diamanten am Hals und ohne Schuhe, bietet er einen wirklich ungewöhnlichen Anblick unter all den Amerikanern in ihren schwarzen Anzügen und weißen Schlipsen. Fotografen kamen und baten mich, Aufnahmen von ihm machen zu dürfen; doch er lehnte ab. Jeder wunderte sich über sein vorzügliches Englisch. Gott mag wissen, wie alt er ist. Wenn man ihn zum ersten Mal sieht, wirkt er wie fünfundzwanzig, doch es gibt Augenblicke, da sieht er wie ein Hundertjähriger aus.[165]

Was den Einfluss der Theosophie auf Edisons Weltbild betrifft, äußerte er dreißig Jahre später seine metaphysischen Gedanken in einem im *Scientific American* veröffentlichten Interview. Der Arzt Archibald Keightley stellte einen umfassenden Vergleich von Edisons Weltsicht mit der *Geheimlehre* an und notierte vielfache Übereinstimmungen.[166] Kurz vor Edisons Tod wurde er von Reportern gefragt, ob er an ein Leben nach dem Tode glaube. Er erwiderte: »Die einzige Form des Weiterlebens, die ich mir vorstellen kann, schließt ein, dass wir wieder in einen neuen Lebenszyklus eintreten.«[167]

Im April 1878, als Edison Mitglied der Theosophischen Gesellschaft wurde, widerfuhr HPB Seltsames. An Vera schrieb sie:

> *Einen ganzen Monat habe ich dir nicht geschrieben. Du wirst nicht erraten können, warum. An einem herrlichen Dienstagmorgen im April stand ich auf wie gewohnt und ging wie immer an meinen Schreibtisch, um an meine kalifornischen Briefpartner zu schreiben. Plötzlich, eine Minute später, so schien es mir, lag ich aus einem unerfindlichen Grund in meinem Schlafzimmer auf dem Bett, und zwar abends, nicht morgens. Ringsum sah ich einige unserer Theosophen und Ärzte stehen, die mich mit tiefem Erstaunen betrachteten, darunter Olcott und seine Schwester, Mrs. Mitchell – hier meine beste Freundin. Die beiden sahen blass, faltig und griesgrämig aus – so als sei ihnen gerade Schreckliches passiert.*
> *»Was ist? Was ist passiert?«, fragte ich. Statt mir zu antworten, überhäuften sie mich mit Fragen: Was mit mir los sei. Woher sollte ich das wissen – nichts war los mit mir. Ich konnte mich an nichts erinnern, aber seltsam war, dass eben noch Dienstagmorgen und jetzt plötzlich Samstagabend sein sollte. Was mich betraf, erschienen mir die vier Tage der Bewusstlosigkeit nicht mehr als ein Augenblick. Stell dir vor, sie hätten mich für tot gehalten und wollten dieses leere körperliche Gehäuse nun verbrennen! Aber da telegrafierte mein Meister aus Bombay an Olcott: »Keine Angst, sie ist nicht krank, sondern ruht sich aus. Sie war überarbeitet. Ihr Körper brauchte Ruhe. Es wird ihr wieder gut gehen.« Der Meister hatte Recht... aber der Gedanke an all die liegen gebliebene Arbeit ist einfach entsetzlich.*[168]

Es war Mai als die Weisung kam, mit den Vorbereitungen für die Abreise nach Indien zu beginnen.[169] Zum Zeitpunkt der Abreise im Dezember hatten Blavatsky und Olcott noch die Absicht, vorerst nur zu Erkundigungszwecken unterwegs zu sein. Sie wurden von zwei Briten begleitet: von Rosa Bates, einer Lehrerin, und Edward Wimbridge, einem Künstler und Architekten; die beiden wurden zum »Komitee der Theosophischen Gesellschaft für Auslandsbesuche« ernannt.[170]

Für die Zeit seiner Abwesenheit berief Olcott Generalmajor Abner Doubleday zum amtierenden Präsidenten. Doubleday, als Sohn eines U.S.-Kongressabgeordneten 1819 im Staat New York geboren, war bei Ausbruch des Bürgerkrieges Zweiter Oberbefehlshaber in Fort Sumter. Sein Feuer zur Verteidigung des Forts waren die ersten Schüsse dieses Krieges. Er zeichnete sich in vielen Feldzügen aus, und eine Bronzestatue wurde ihm zu Ehren auf dem Schlachtfeld von Gettysburg errichtet. Als hoch begabter Ingenieur hatte Doubleday für das bergige San Francisco das System der >Cable Cars< erfunden.

Zusätzlich zur Ernennung von Doubleday zum Präsidenten wählte Olcott William Q. Judge vorübergehend zum Schatzmeister und Korrespondenzsekretär.[171] Ursprünglich sollte Judge nach Indien mitfahren, und es fiel ihm nicht leicht, abzulehnen. Er schrieb an Damodar: »Mein Ehrenwort macht es unmöglich, und wie HPB oder M einst sagten: >Das Ehrenwort ist eine unbequeme Sache<.« Das Problem betraf seine Frau. »Würden Sie es nicht für gemein halten, wenn ich weglaufen und unbezahlte Schulden und meine Frau unversorgt zurücklassen würde, die einst eine gut bezahlte Stellung als Lehrerin aufgab, um mich zu heiraten? Es wäre ungerecht, ich kann keine Rechtfertigung finden (sie zu verlassen).« Seine Frau, »streng gläubige Christin ... hasst die Theosophische Gesellschaft und HPB und weigert sich, über religiöse Themen zu sprechen«.[172] Später indes half sie ihrem Mann bei seiner theosophischen Arbeit, und 1915, nach seinem Tod, wurde sie Mitglied der United Lodge of Theosophists.[173]

Als der Tag der Abreise näher rückte, herrschten im Haus an der 47. Straße chaotische Zustände. Am 9. Dezember wurde das Mobiliar für sehr wenig Geld versteigert. Reporter kamen und gingen. Am 10. Dezember schrieb der *New Yorker Herald:* »In diesen Räumen begegnete man Fremden aus aller Welt ebenso wie angesehenen Persönlichkeiten New Yorks.« Der *Daily-Graphic*-Reporter fragte HPB, ob sie tatsächlich die Absicht habe, Amerika zu verlassen. »Ja«, antwortete sie, »und auch das >Lamakloster<, wo ich so viele glückliche Stunden verbrachte ... Aber ich freue mich, meine geliebte indische Heimat wieder zu sehen.«[174]

Vor der Abreise machte Olcott noch einen Besuch bei Edison in Menlo Park und kehrte am Tag darauf mit einem Phonographen zurück, der fast hundert Pfund wog. Olcott erinnert sich an den Abschiedsempfang im »Lamakloster«, wo »viele unserer Mitglieder und Freunde, unter ihnen ein Mr. Johnson in Vertretung des unabkömmlichen Mr. Edison, Botschaften in den Empfänger für alle uns damals bekannten und unbekannten Brüder in Indien sprachen ... Zu den auf diese Weise aufgenommenen Stimmen gehörte die von HPB – sehr klar und deutlich –, die meinige, die von Judge und seinem Bruder John, von Professor Alexander Wilder« und von vielen anderen, »darunter bekannte Autoren, Journalisten, Maler, Bildhauer, Musiker und andere«. Leider ist diese Tonaufnahme verloren gegangen.

»Der 17. Dezember war unser letzter Tag auf amerikanischem Boden«, schrieb Olcott. HPBs Eintragung in sein Tagebuch lautet: »Herrlicher Tag! Olcott ist fertig mit dem Packen ... Was nun? Alles ist dunkel – aber friedlich.« Und dann, berichtet Olcott, »folgt in groß geschriebenen Buchstaben der Freudenschrei *Consummatum est*!«[175]

HPBs letzter Abschnitt lautet: »Olcott kehrte um 19 Uhr mit den Karten für den britischen Dampfer *Canada* zurück und schrieb bis 23.30 Uhr Briefe. Curtis und Judge vertrieben sich die Zeit ... Kurz vor Mitternacht nahmen HSO und HPB Abschied von dem Kronleuchter«, unter dem sie so viel gearbeitet hatten. »Dann fuhren wir in einem Wagen zum Schiff.«

Alles in allem war es fünfeinhalb Jahre her, seit HPB als unbekannte russische Immigrantin an diesem Ufer gelandet war. Nun ging sie fort und sollte nicht wieder zurückkehren. Rückblickend scheint es bemerkenswert, wie viel in einer so kurzen Zeit erreicht worden war.

V. KAPITEL INDIEN

1 Mahatmas und Chelas

DER NEBEN GIUSEPPE TUCCI in unserer Zeit führende Gelehrte des Buddhismus, Dr. Edward Conze, legte in seinem Werk *Der Buddhismus, Wesen und Entwicklung* ein bemerkenswertes Bekenntnis ab:

> Das Jahr 1875, in dem Madame Blavatsky und Oberst Olcott die Theosophische Gesellschaft gründeten, ist ein wichtiger Markstein in der Geschichte des europäischen Buddhismus.[1] Durch die Tätigkeit der Theosophen verbreitete sich die Kenntnis asiatischer Religionen erheblich schneller, was dazu beitrug, das Selbstvertrauen der zweifelnd gewordenen Asiaten zu stärken. Damals erschien die europäische Zivilisation in ihrer Zusammensetzung aus Handel und Wissenschaft, Christentum und Militarismus als unerhört stark ... Eine ständig wachsende Zahl Gebildeter in Indien, Sri Lanka und Japan kam zu der Überzeugung, es bleibe ihnen gar nichts anderes übrig, als das System des Westens mit allem, was dazu gehörte, zu übernehmen. Die christlichen Missionare waren überzeugt, dass Massenbekehrungen bevorstanden. Aber ganz plötzlich und unerwartet nahm die Strömung einen anderen Weg. Einige wenige Mitglieder der herrschenden Rasse, weiße Männer und Frauen aus Russland, Amerika und England, Theosophen, reisten zu Hindus und Singhalesen und äußerten ihre Bewunderung für die alte Weisheit des Ostens. Madame Blavatsky sprach über den Buddhismus [und Hinduismus] in Ausdrücken höchster Verehrung, Oberst Olcott verfasste einen *Buddhistischen Katechismus*, und A. P. Sinnett veröffentlichte ein sehr erfolgreiches Buch, in dem er alle möglichen, mysteriösen, aber faszinierenden Ideen als »esoterischen Buddhismus« vortrug ... Durch ihr rechtzeitiges Eingreifen hat die Theosophische Gesellschaft der Sache des Buddhismus einen großen Dienst erwiesen.[2]

In seinem Buch *Oriental Religions and American Thought* äußert sich Professor Carl Jackson ganz ähnlich:

> Geschwächt durch inneren Verfall und überwältigt durch Fremdherrschaft und die Angriffe der Missionare, befanden sich Hinduismus und Buddhismus Ende des 19. Jahrhunderts an einem Tiefpunkt; die gebildete Jugend spaltete sich rapide ab. Eine der dramatischsten Entwicklungen jener Zeit bestand in dem erstaunlichen Wiederaufleben beider Religionen, wobei die Theosophical Society eine beträchtliche Rolle spielte, denn sie weckte das Verlangen nach Erneuerung.[3]

In den 1940er Jahren äußerte Indiens berühmter Philosoph und Staatspräsident S. Radhakrishnan die gleiche Überzeugung:

> Als wir (Inder) unter dem Eindruck politischen Missgeschicks und wirtschaftlichen Niedergangs die Werte und die Lebensfähigkeit unserer Kultur in Frage zu stellen begannen, als alles ringsum und auch das säkulare Erziehungswesen die indische Kultur abzuwerten strebten, leistete die Theosophische Bewegung uns einen entscheidenden Dienst, indem sie gerade jene Werte und Ideen bewunderte und bekräftigte und zum eigenen Maßstab machte. Der Einfluss der Theosophischen Bewegung auf die indische Gesellschaft insgesamt ist nicht hoch genug einzuschätzen.[4]

In Würdigung der verdienstvollen Arbeit der Theosophischen Bewegung in Indien gab die Indische Regierung 1975 eine Sonderbriefmarke zum hundertsten Jahrestag der Gründung der Theosophischen Gesellschaft heraus. Auf ihr sind Siegel und Motto der Gesellschaft abgebildet: »Keine Religion ist höher als die Wahrheit.«

Abb. 12. Indische Gedenkbriefmarke, ausgegeben im Jahr 1975 mit dem Siegel der Theosophischen Gesellschaft. (Sylvia Cranston Archives, Santa Barbara, Kalifornien)

Wenn die Hindus in Indien und die Buddhisten in Sri Lanka, Burma und Japan – in diesen Ländern trugen die Theosophen zur Erneuerung bei – damals ihren Glauben an ihr geistiges Erbe verloren und sich ausländischen Einflüssen unterworfen hätten, hätten sie nicht ebenso gut dem Kommunismus zum Opfer fallen können, der Asien später überrollte? Die Briten hatten stets große Angst, dass dies in Indien geschehen würde.

Die Amerikaner sind sich bis heute nicht bewusst, dass es einer ihrer Landsleute war, Oberst Olcott, der im Zusammenwirken mit HPB und ihren Adepten-Lehrern einen entscheidenden Anteil am Wiederaufleben dieser Länder hatte. In einem Artikel in der *New York Herald Tribune* vom 18. Februar 1962 schreibt Martin G. Berck von der UN über eine ähnliche Neubelebung in Sri Lanka:

> Überall auf der Insel Ceylon (Sri Lanka), von der antiken Hauptstadt Anuradhapura bis zum Gipfel des heiligen Berges Shri Pada, unterbrachen gestern die Buddhisten des Landes ihre Alltagsroutinen, um glänzende Messinglampen zu entzünden und einem großen Amerikaner religiöse Ehrungen zuteil werden zu lassen ... Mit dieser Ehrung gedachten Ceylons Buddhisten des Todestages von Col. Henry Steel Olcott am 17. Februar 1907, in dem sie eine bedeutende und heilige Persönlichkeit der Erneuerung ihrer religiösen und nationalen Kultur sehen.

1968 gab die Post in Sri Lanka eine Sondermarke zum Gedenken an Olcotts Leistungen zur Förderung von Bildung und Buddhismus im Lande heraus. 1880, als HPB und Olcott Ceylon einen Besuch abstatteten, gab es dort nur zwei buddhistische Schulen; die übrigen waren Missionarsschulen oder andere kirchlich geleitete Einrichtungen, die den Buddhismus auf der Insel fast verdrängt hatten. 1900 gab es aufgrund von Olcotts Bemühungen bereits zweihundert buddhistische Schulen auf Ceylon.[5] Außer einem Bild von Olcott wird auf der Briefmarke die buddhistische Flagge gezeigt, die er entworfen hatte. Blavatsky erklärte, bis dahin hätten die Buddhisten »kein Symbol gehabt, wie es das Kreuz für die Christen ist; es fehlte ihnen also eine symbolische Darstellung ihrer Verbundenheit«. Die Flagge sei nur eines von vielen Beispielen für die Bemühungen der Theosophischen Bewegung, sagte sie, unter allen Völkern der Erde die Stärke der Brüderlichkeit bewusst zu machen.[6]

Da Olcott in Ceylon und auch in Burma den Buddhismus so erfolgreich wiederbelebt hatte, wurde er 1888 von einem nationalen Komitee Japanischer Buddhisten eingeladen, dasselbe in Japan zu bewirken; man sandte einen Vertreter nach Indien, der ihn nach Japan begleiten sollte. Vor den Theosophen beschwor der Delegierte Olcott, er möge »die Herzen unserer jungen Männer mit Mut erfüllen, um den Studenten unserer Colleges und Universitäten sowie denjenigen, die zur Ausbildung nach Amerika oder Europa geschickt worden sind, zu beweisen, dass die Wissenschaft der westlichen Welt keineswegs unfehlbar und kein Ersatz für die Religion ist, sondern deren natürliche Schwester«. So begab sich Olcott unter der Schirmherrschaft der neun größten japanischen Buddhisten-Sekten auf eine viermonatige Vortragsreise durch ganz Japan. Er erregte damit so viel Interesse, dass sie zum nationalen Ereignis wurde.[7]

In Indien gab Olcott am 27. Juni 1885 in einer Ansprache zum dritten Jahrestag der Gründung der Theosophischen Gesellschaft von Bengalen, an der siebenhundert Personen teilnahmen, einen Überblick über die Verhältnisse vor und nach der Ankunft der Theosophen in Indien. Er erinnerte daran, dass die alten Schulen der Brahmanischen Gurus geschlossen worden waren, dass »kostbare Schriften in den Regalen verschimmelten, weil sie keine Käufer fanden ... und, um das Bild nationaler Verelendung zu vervollkommnen, das dicht bevölkerte Pantheon der Hindu-Theologie mehr und mehr zu einem Haufen alter, lebloser und bedeutungsloser Steinfiguren verfallen war, über die sich die unreife Jugend in den modernen Schulen und Colleges lustig machte ... Ist das auch die derzeitige Situation? Blickt euch um, prüft die Zeitungen im Lande und andere Literatur des Tages und antwortet ... Die alten Schriften finden wieder ihre Käufer, und es herrscht sogar Nachfrage nach neuen Auflagen; auch die Sanskritschulen werden wieder eröffnet ... In den Köpfen der Hindus bildet sich die Überzeugung, dass ihre Vorväter Weisheit besaßen und ihre Muttererde die ›Wiege der Künste und der Religionen‹ gewesen ist«.[8]

Das gleiche Jahr, 1885, sah die Geburt des Indischen Nationalkongresses, der unter der Führung von Mohandas Gandhi zur dominanten Kraft wurde und die historische Stunde herbeiführte, in der Indien seine Freiheit gewann. »Zu Anfang«, berichtete Gandhi seinem Biographen Louis Fischer, »waren die wichtigsten Mitglieder des Nationalkongresses Theosophen.«[9] Einer von ihnen, Allan O. Hume, wurde als ›der Vater des Kongresses‹ bezeichnet. In Gandhis Buch über die indische Selbstverwaltung, *Hind Swaraj,* heißt es: »Wie können wir je vergessen, was Mr. Hume geschrieben hat, wie er uns zum Handeln vorantrieb und mit welcher Energie er uns wachrüttelte, die Ziele des Kongresses durchzusetzen.«[10]

Was die Theosophie betraf, äußerte sich Gandhi seinem Biographen Louis Fischer gegenüber wie folgt:

> Die Theosophie ist die Lehre der Madame Blavatsky und ist Hinduismus im besten Sinn. Sie bedeutet die Bruderschaft der Menschheit ... Jinnah und andere Moslemführer waren einst Mitglieder im Kongress. Sie verließen ihn, weil sie die Bevormundung durch den Hinduismus spürten ... Von der Bruderschaft der Menschheit konnten sie bei den Hindus nichts finden. Sie sagen, der Islam sei die Bruderschaft der Moslems. Theosophie ist die wirkliche Bruderschaft[11] der Menschheit.

Weil die Theosophische Gesellschaft aktive Mitarbeit im politischen Geschehen ablehnt, leisteten die Mitglieder ihre erfolgreiche Arbeit im Indischen Nationalkongress als Privatpersonen. HPB schreibt:

> Diese bemerkenswerte politische Körperschaft wurde von einigen unserer angloindischen und indischen Mitglieder nach dem Modell und den Richtlinien der Theosophischen Gesellschaft geplant und wurde von Anfang an von unseren eigenen Kollegen geleitet, von Männern, die zu den einflussreichsten im indischen Empire gehörten ... Wir waren es, die den untätigen Geist ... der Hindus aufrüttelten, und ein Ausdruck dieses neuen Lebens war diese Partei.[12]

Blavatsky war der Meinung, dass die Stunde der Freiheit für Indien jedoch noch weit entfernt sei, denn in einem Brief an Sinnett schrieb sie: »... Der Meister sagt, dass die Stunde des Rückzugs der Engländer noch nicht geschlagen hat und noch nicht so bald schlagen wird, sondern *erst im nächsten Jahrhundert,* also >zu einer Zeit, wenn sogar Dennie ein sehr alter Mann ist<, wie KH es vor kurzem ausdrückte.«[13] Dennie war Sinnetts Sohn, 1868 geboren; er wäre 1947, als Indien seine Unabhängigkeit erhielt, 79 Jahre alt geworden.

Ersten Kontakt mit Theosophen hatte Gandhi im Jahr 1889, als er in London Jura studierte. Bis dahin, bemerkt Prof. James Hunt in *Gandhi in London,* hatte er mehr Interesse an der Mode als am Jurastudium. Er »litt unter einer kolonialistischen Denkweise, die ihn veranlasste, sich vom indischen Lebensstil abzuwenden und den des Westens anzunehmen«. In dieser Lebensphase nahm er Tanzstunden, interessierte sich für abendländische Musik und studierte Rhetorik und Französisch.[14] Er war fest davon überzeugt, dass Inder sich ganz dem englischen Lebensstil anpassen sollten. »Erst die Theosophie brachte Gandhi dazu«, fährt Hunt fort, »sich mit seinem eigenen kulturellen Erbe zu befassen«. Die gleiche Wirkung hatte das Studium der Theosophie bei vielen anderen Indern.[15]

Gandhi berichtet in seiner *Autobiographie:* »Gegen Ende meines zweiten Jahres in England begegnete ich zwei Theosophen, Brüdern ...[16] Sie sprachen mit mir über die *Gita* ... und luden mich ein, das Original gemeinsam zu lesen. Ich empfand Scham, denn ich hatte diese göttliche Dichtung weder im Sanskrit noch in Gujarati gelesen ... Und so begann ich, mit ihnen die *Gita* zu lesen.«[17] Die *Bhagavad-Gita* wurde zum wichtigsten Buch seines Lebens[18], es beeinflusste alle seine Entscheidungen in dem langen Kampf Indiens um Befreiung von britischer Herrschaft. Er bestätigte, dass seine Philosophie der Ahimsa (des passiven Widerstands) in jener heiligen Schrift wurzele.[19]

Gandhi berichtet ferner, dass die beiden Theosophen, die ihn mit der *Gita* bekannt gemacht hatten, ihn in der Blavatsky Loge Mme. Blavatsky und Mrs. Besant vorstellten. *

Er schreibt: »Ich erinnere mich, dass ich auf Empfehlung der Brüder Madame Blavatskys *Schlüssel zur Theosophie* gelesen habe. ** Dieses Buch entfachte den Wunsch in mir, Bücher über den Hinduismus zu lesen und befreite mich von der durch Missionare genährten Vorstellung, der Hinduismus sei voller Aberglaube.«[20]

Gandhi lernte HPB im November 1889 kennen, wurde aber zu dieser Zeit kein Mitglied, denn »ich zog es vor, keiner religiösen Organisation anzugehören, weil ich so wenig über meine eigene Religion wusste«. Aber anderthalb Jahre später, am 26. März 1891, wurde er außerordentliches Mitglied der Blavatsky Loge.[21] Drei Monate später kehrte er nach Indien zurück.

Als Gandhi 1893 nach Südafrika ging, nahm er engen Kontakt mit Mitgliedern der Theosophischen Gesellschaft in Johannesburg auf: »Täglich führte ich religiöse Diskussionen mit ihnen. Man hielt Lesungen aus theosophischen Büchern ab, und gelegentlich hatte ich Gelegenheit, selbst einen Vortrag zu halten.«[22] 1895 schrieb er: »Ich habe die Absicht, so viel wie möglich Informationen über Theosophie zu verbreiten.«[23]

* Annie Besant war die berühmte Fabier-Sozialistin (in der Fabian Society), die sich der Theosophischen Gesellschaft anschloss, nachdem sie HPBs *Geheimlehre* für eine Londoner Zeitschrift rezensiert hatte. Siehe Kapitel VI.

** Bei Pyarelal heißt es dazu auf Seite 258 von *Mahatma Gandhi 1: Die frühen Jahre*: »Gegen Ende 1890 wurde er Mme. Blavatsky und Mrs. Besant vorgestellt. Er las Mme. Blavatskys *Geheimlehre* und wurde am 26. März 1891 als außerordentliches Mitglied der Blavatsky Loge eingetragen.«

Jawaharlal Nehru wurde ebenfalls Mitglied der Gesellschaft, und, wie Gandhi, wurde auch sein Interesse an Indiens heiligen Schriften durch theosophische Kontakte geweckt. In seiner Autobiographie schildert Nehru, wie er im Alter von 11 Jahren Ferdinand Brooks als neuen Tutor bekam:

> Er übte einen ungewohnten Einfluss auf mich aus, der eine Zeit lang stark auf mich wirkte. Es war die Theosophie. Er hielt in seinen Räumen wöchentliche Treffen mit Theosophen ab, denen ich beiwohnte, und im Lauf der Zeit nahm ich theosophische Ideen und ihre Terminologie in mich auf ... Es gab metaphysische Argumente und Diskussionen über Reinkarnation und den Astralkörper und andere übernatürliche Körper, über die Auren- und Karmalehre, und man verwies nicht nur auf umfangreiche Bücher von Madame Blavatsky und anderen Theosophen, sondern auch auf die klassischen Schriften des Hinduismus, das *Dhammapada* der Buddhisten, auf Pythagoras, Apollonius Tyana und andere Philosophen und Mystiker. Davon verstand ich nicht viel, doch klang alles sehr geheimnisvoll und faszinierend, und ich fühlte, hier lag der Schlüssel zu den Geheimnissen des Universums. Zum ersten Mal begann ich über Religion und jenseitige Welten nachzudenken ... Besonders die Religion des Hinduismus lernte ich zu schätzen – nicht Ritual und Zeremonie, sondern ihre großartige Literatur, die *Upanishaden* und die *Bhagavad-Gita* ... Ich wurde mit dreizehn Jahren Mitglied der Theosophischen Gesellschaft; Mrs. Besant persönlich vollzog die Initiationszeremonie ... Ich zweifle nicht daran, dass jene Jahre mit F. T. Brooks tiefe Spuren in mir hinterließen; ihm und der Theosophie habe ich viel zu verdanken.[24]

1983 hielt die damalige Premierministerin Indira Gandhi, die Tochter Nehrus, die Besant-Vorlesung in der Theosophischen Gesellschaft in Adyar. Sie sagte:

> Die Theosophische Gesellschaft ist eine Gemeinschaft Suchender. Ihr Beitrag zu Indiens kultureller und politischer Erneuerung ist weithin bekannt. Durch die sanfte Kraft ihres Strebens nach Wahrheit konnte sie sich in ihren Anfangsjahren trotz der Feindschaft ihrer Widersacher und irreführenden Darstellungen behaupten. Das war es vermutlich, was meinen Vater so anzog ... und vermutlich verdankt er der Botschaft der Theosophie seine universalistische Einstellung, seine Achtung vor anderen Glaubensrichtungen und seinen Widerwillen gegen jede Art von Fanatismus.[25]

Dem von der Theosophie kultivierten Universalismus entspricht das erste Ziel der Bewegung, die globale Bruderschaft der Menschheit. In dem Essay »Unsere drei Ziele« *(Lucifer,* September 1889) gibt HPB einen Überblick über das, was bis dahin in Indien in Richtung auf dieses Ziel geleistet worden war:

> Als wir im Februar 1879 in Indien ankamen, herrschte keinerlei Einigkeit zwischen den Völkern und Sekten der indischen Halbinsel, kein Sinn für gemeinsame politische Interessen, keine Neigung, die gegenseitigen Beziehungen zwischen den verschiedenen Sekten des altüberlieferten Hinduismus oder zwischen ihnen und den Glaubensrichtungen des Islam, des Jainismus, Buddhismus und Zoroastrianismus ... zu formulieren und zu pflegen ...
> Zehn Jahre sind inzwischen vergangen. Wie sieht es heute damit aus?... Einhundertfünfundzwanzig Zweige unserer Gesellschaft haben sich allein in Indien etabliert, jeder vertritt unsere Idee der Brüderlichkeit, jeder ist ein Zentrum religiöser und gesellschaftlicher Einigkeit ... Die Zunahme dieser freundschaftlichen Gefühle hat sich mehrfach erwiesen: erstens in den noch nie da gewesenen Versammlungen von Angehörigen verschiedener Rassen, Kasten und Sekten anlässlich der Jahresversammlungen der Theosophischen Gesellschaft *, zweitens in der rapide wachsenden Verbreitung einer theosophischen Literatur, die unsere altruistischen Auffassungen vertritt, in der Gründung verschiedener Zeitschriften und Magazine in den verschiedenen Landessprachen und in dem schnellen Ende sektiererischer Kontroversen.

Die Tätigkeit der Theosophischen Bewegung in Indien trug zu einem gewissen Grad zur Überwindung der Vorurteile zwischen dem britischen Raj und den Indern bei. Von Olcott stammt folgendes Beispiel:

* Ein Engländer, der an der Tagung der Theosophischen Gesellschaft in Adyar im Dezember 1885 teilnahm, berichtete einem Freund in London: «Es waren etwa 80 männliche Delegierte anwesend, die zum Teil Tausende von Meilen gereist waren, um dabei sein zu können. Ich war sehr beeindruckt von ihrem repräsentativen Durchschnitt: mehrere Richter, Anwälte, Professoren und Vize-Präsidenten von Colleges, nur relativ wenige, die nicht an Universitäten nach dem Vorbild der Universität von London graduiert hatten. Fast alle Delegierten behalten ihre Kastenzugehörigkeit bei und bemalen ihre Stirn mit einem entsprechenden Zeichen. Erst wenn wir uns klar machen, dass diese unterschiedlichen Kasten sich nie auf gemeinsamer Plattform begegnen konnten, ehe die Theosophie auftauchte, vermag man zu ermessen, was diese Gesellschaft hier in Indien leistet.« (Sinnett, *Incidents,* S. 10).

> Am 4. März 1880 wurde eine Europäerin aus Nordindien, Ehefrau eines hohen Militärs, in die Gesellschaft aufgenommen. Ich erwähne dies lediglich, um den absoluten Mangel an gesellschaftlichen Beziehungen zwischen den Angehörigen der beiden Rassen hervorzuheben. Nachdem die Aufnahmezeremonie beendet war, wandte ich mich an einige unserer klügsten Mitglieder unter den Parsen und Hindus mit der Bitte, einige Worte des Willkommens und der Freundschaft an das neue Mitglied zu richten, die die Dame unseren Kollegen in London übermitteln könnte. Sie hielten kurze Reden ... mit vollendeter Eleganz und in perfektem Englisch. Mrs. M. war überrascht und entzückt, wie sie sagte, eine so hohe Intelligenz bei den Indern anzutreffen. In den achtzehn Jahren ihres Aufenthaltes in Indien hatte sie noch nie mit einem einzigen Inder gesprochen, außer mit ihren Dienstboten – sie, die Gattin eines hohen Offiziers.[26]

Es ist nicht uninteressant, sich vor Augen zu halten, dass die Theosophische Gesellschaft im 19. Jahrhundert nicht die erste war, die in Indien das Banner der »universalen Bruderschaft« hochhielt. Schon 1867 wurde in gleicher Richtung ein Experiment von einem berühmten Yogi Südindiens namens Ramalingam begonnen. Er hatte Tausende von Gefolgsleuten, doch ihr Hauptinteresse galt den angeblichen Wundern, die er vollbrachte. Einer seiner Jünger, der Pandit Vellayu vom Presidency College in Madras, berichtete in einem beglaubigten Schreiben aus dem Jahre 1882, dass sein Lehrer seinen Anhängern vor seinem Tod im Jahre 1874 wiederholt erklärt habe:

> *Ihr seid nicht fähig, Mitglieder dieser Gesellschaft der Universalen Bruderschaft zu werden.* Die wahren Mitglieder dieser Bruderschaft leben weit entfernt von hier im Norden Indiens. *Ihr hört mir nicht zu. Ihr befolgt die Prinzipien meiner Lehre nicht. Ihr scheint entschlossen, euch nicht von mir überzeugen zu lassen.* Dennoch ist die Zeit nicht fern, wenn Personen aus Russland, Amerika *(diese beiden Länder werden wiederholt genannt)* und anderen fernen Ländern nach Indien kommen und euch die gleiche Doktrin weltweiter Brüderlichkeit lehren werden. *Erst dann werdet ihr die großen Wahrheiten erkennen, die ich euch jetzt vergebens nahe zu bringen suche. Ihr werdet bald feststellen, dass* die Brüder im fernen Norden *Wunder in großer Zahl in Indien vollbringen und auf diese Weise unserem Land unschätzbare Dienste erweisen werden.*

Pandit Vellayu fügt hinzu: »Diese Prophezeiung wurde meiner Meinung nach soeben buchstäblich erfüllt. Die Existenz der Mahatmas im Norden Indiens ist uns Hindus nicht neu; und die ungewöhnliche Tatsache, dass das Kommen von Madame Blavatsky und Col. Olcott aus Russland und aus Amerika mehrere Jahre (im Jahr 1874, fünf Jahre) vor ihrer Ankunft angekündigt wurde, ist unwiderlegbarer Beweis für die Verbindung meines Gurus mit jenen Mahatmas, unter deren Leitung die Theosophische Gesellschaft später gegründet wurde.«[27]

ZWEI MONATE NACH ihrer Abreise trafen HPB und Olcott am 16. Februar 1879 in Bombay ein. Zuvor hatten sie zwei hektische Wochen bei den Theosophen in London verbracht. Die Reise von London nach Indien war so stürmisch, dass selbst HPB, die sonst selten seekrank wurde, einige Tage krank war.

An dem Abend, nachdem das Schiff im Hafen von Bombay vor Anker gegangen war, wurde ein Empfang veranstaltet, zu dem dreihundert Inder erschienen. Robert Ellwood, Professor für östliche Religionen, zitiert in seinem Buch *Alternative Altars,* was Olcott zu diesen »wundervollen ersten Tagen auf dem asiatischen Kontinent« sagte:

> Abends hatten wir improvisierte Audienzen, bei denen die kompliziertesten Probleme der Philosophie, der Metaphysik und Naturwissenschaft erörtert wurden. Wir atmeten eine Atmosphäre des Geistes, hoher spiritueller Ideale ... Ströme von Besuchern kamen zu unserem Bungalow und blieben bis spät in die Nacht, um religiöse Fragen zu diskutieren. Alt und jung, ohne Unterschied kamen sie, und auf diese Weise lernten wir schon gleich zu Anfang unserer Bekanntschaft mit den Hindus den Unterschied zwischen westlichen und östlichen Lebensidealen kennen, zumal die überlegene, würdevolle Freundlichkeit der Letzteren. Dinge wie Geld, Reichtum, Hautfarbe, Geschäfte oder Politik wurden im Haus kaum jemals diskutiert – zur Debatte stand als Thema von brennendem Interesse für jeden Anwesenden die Seele ... Fanatiker, überdrehte Enthusiasten, Traumtänzer? Vielleicht. Aber wir träumten von menschlicher Vervollkommnung, ersehnten göttliche Weisheit – unsere einzige Hoffnung, der Menschheit zu höherem Denken und einer edleren Lebensart zu verhelfen, und unter jenen schattigen Palmen besuchten uns die Mahatmas persönlich. Ihre Gegenwart war eine Inspiration, sie verlieh uns die Kraft, den eingeschlagenen Weg nicht zu verlassen.[28]

Bald nach der Ankunft folgte die Zeit des Eingewöhnens. HPB und Olcott zogen in ihr neues Haus an der Girgaum Backroad, im indischen Viertel von Bombay, wo Weiße nur selten gesehen wurden. Für die nächsten zwei Jahre war hier der Hauptsitz der Theosophischen Gesellschaft. Ein Diener namens Babula wurde gefunden, der während ihres ganzen Aufenthalts in Indien bei Mme. Blavatsky blieb. Dieser fünfzehnjährige Junge aus Gujarati beherrschte mehrere Sprachen; HPB soll ihm Französischunterricht gegeben haben.[29]

Viele seltsame Abenteuer, die HPB, Moolji Thackersey und Olcott in dieser Zeit erlebten, sind in Olcotts Tagebüchern aufgezeichnet. Von ihnen sei eines hier wiedergegeben:

> [Am 25. März] verlangte HPB, Moolji möge einen zweirädrigen Wagen besorgen. Sie stieg zu ihm ein, weigerte sich aber, seine Frage, wohin die Fahrt gehe, zu beantworten, sagte ihm nur, er möge den Fahrer jeweils anweisen, nach rechts oder links abzubiegen oder geradeaus zu fahren, so wie sie es sagen werde. Am Abend nach ihrer Rückkehr erzählte Moolji, was sich abgespielt hatte. Durch zahlreiche gewundene Straßen und auf Landstraßen habe sie die Fahrt gelenkt, bis man schließlich in einem etwa acht bis zehn Meilen entfernten Vorort von Bombay in einem Koniferenhain anlangte ... Moolji war dieser Ort bekannt, da seine Mutter in der Nähe eingeäschert worden war. Wege und Pfade kreuzten sich verwirrend im Wald, doch HPB schien den Weg genau zu kennen; sie kamen am Meeresstrand an, und zu Mooljis großem Erstaunen erreichten sie das Tor zu einem Landgut mit einem herrlichen Rosengarten vor einem vornehmen Bungalow, der mit geräumigen Veranden umgeben war.
>
> HPB stieg aus und befahl Moolji, hier auf sie zu warten, ihr aber auf keinen Fall ins Haus zu folgen. Also wartete er, völlig verwirrt; denn von der Existenz eines solchen Anwesens hatte er, der sein ganzes Leben in Bombay verbracht hatte, noch nie gehört. Er rief einen der Gärtner herbei, die das Rosenbeet pflegten, aber der wollte ihm nichts verraten: weder wie sein Master hieß, noch wie lange er schon hier lebte oder wann der Bungalow errichtet worden sei – unter Hindus ein ganz ungewöhnliches Verhalten. HPB war direkt zum Haus gegangen, war an der Eingangstür sehr herzlich von einem hochgewachsenen Hindu von auffallend vornehmer Erscheinung begrüßt worden und im Innern des Hauses verschwunden. Nach geraumer Zeit erschienen beide wieder, der geheimnisvolle Fremde verabschiedete sich von HPB und überreichte ihr einen großen Strauß Rosen,

den einer der Gärtner seinem Master zu diesem Zweck gebracht hatte. HPB ging zu ihrem Begleiter, bestieg den Wagen und wies den Fahrer an, nach Hause zurückzufahren. Moolji konnte aus HPB nicht mehr herausbekommen, als dass der Fremde ein Okkultist sei, mit dem sie in Verbindung stehe und mit dem sie an diesem Tag etwas erledigen musste ... Für uns war das Seltsamste an dieser Geschichte, dass HPB, die sich vorher nicht hatte informieren können, da sie seit unserer Ankunft in Bombay niemals allein aus dem Haus gegangen war, mit dem Weg dorthin völlig vertraut war. Ob solch ein Bungalow tatsächlich existierte oder nicht, darüber konnte uns kein anderer Auskunft geben als Moolji, der einzige Zeuge.

Moolji war über das Erlebte derart erstaunt, dass er es seinen Freunden immer wieder erzählte, bis einer von ihnen, der behauptete, jenen Vorort genau zu kennen, 100 Rupien wettete, dass solch ein Bungalow dort am Meer nicht existiere und dass Moolji also niemanden dorthin führen könne. Als HPB dies erfuhr, wollte sie mit Moolji wetten, dass er die Wette mit seinem Freund verlieren würde. Woraufhin Moolji, der behauptete, dass er jedes Stück des Weges wieder finden könnte, auf diese Wette einging. Ich ließ sofort einen Wagen holen, den wir nun zu dritt bestiegen... Wir gewährten (dem Fahrer) so viel Zeit wie er meinte zum Suchen zu brauchen. Nachdem wir mehrere Stunden im Kreis herumgefahren waren, gab er sich geschlagen. Also fuhren wir heim.

Später klärte HPB uns alle darüber auf, dass Moolji den Weg zu dem mysteriösen Bungalow gefunden hätte, wenn ihn eine ihm suggerierte Beeinträchtigung seines Sehvermögens nicht daran gehindert hätte, und dass der Bungalow, zusätzlich, wie alle anderen von Adepten bewohnten Örtlichkeiten, gegen das Eindringen von Fremden durch einen diese Örtlichkeiten immer umgebenden Ring der Illusion abgeschirmt wurde, dessen Wirksamkeit von elementalen Kräften (Naturgeistern) aufrechterhalten wird. Dieser Bungalow war unter der ständigen Obhut eines Vertrauten und diente als gelegentlicher Rast- und Treffpunkt reisender Gurus und Chelas. [Weiter erklärte sie:] »Alle vergrabenen antiken Bibliotheken ebenso wie jene riesigen Schätze, die verborgen bleiben müssen, bis ihr Karma sie zur Nutzung durch die Menschheit wieder zur Verfügung stellt, sind vor dem Zugriff weltlicher Mächte geschützt durch vorgetäuschte Bilder von Felsen, unberührtem, solidem Boden, tiefen Abgründen oder Bildern ähnlicher Hindernisse ...«[30]

In den darauf folgenden Wochen reiste HPB mit ihrer Begleitung zu den berühmten Karli-Höhlen, dann in nördlicher Richtung nach Rajputana, Allahabad, Benares und anderen Orten.[31] Aus Agra schrieb HPB an Professor Wilder in die Vereinigten Staaten:

Agra, 28.April 1879

Mein lieber Doktor, mein lieber *Freund,*
wie sehr ich bedaure, dass Sie nicht bei uns sind! Wie oft denke ich an Sie und frage mich, ob nicht Ihre archäologische und poetische Seele Freudensprünge machen würde, wenn Sie mit uns reisen könnten ... Seit einem Monat sind wir mit Bahn, Ochsenkarren, Elefant, Kamel und Flussboot unterwegs. In jeder Stadt, jedem Dorf und jedem Hafen machen wir ein bis drei Tage Halt, schauen uns das unterirdische *Indien an, weniger das an der Oberfläche ... zwar werden wir Anfang März getoastet, gebacken und geröstet ... Aber wie unbeschreiblich angenehm die Kühle und Herrlichkeit des frühen Morgens und der Zeit nach Sonnenuntergang. Verglichen mit dem Mond in Indien kann man den von Amerika bestenfalls eine glanzlose Ölfunzel nennen. Wir stehen um vier Uhr auf und gehen abends um neun zu Bett und reisen mehr in der Nacht als morgens und nachmittags...*[32]

ANFANG MAI 1879 kehrte die Gruppe nach Bombay zurück. Nach all den enthusiastischen Schilderungen Olcotts fällt es schwer zu glauben, dass der Gedanke an ihm fraß, es sei ein großer Fehler gewesen, nach Indien zu gehen. Letzteres geht aus einem Brief von seinem Mahatma-Lehrer an ihn hervor:

> Da Sie zu dem Schluss gekommen sind, dass es die »Tat eines Verrückten« gewesen ist, Ihr Land zu verlassen und hierher zu kommen – vermutlich haben Mr. Hurrychund Chintamon und Mooljee Thackersey Ihnen das eingeredet –, obwohl Sie wissen, dass das Unsinn ist, wird es für alle Beteiligten gut sein, wenn wir schnell zu einer Verständigung kommen. Zunächst einmal war es Ihr eigener glühender Wunsch, nach Indien zu gehen ...
>
> Denken Sie sich nicht etwas Unmögliches aus; hoffen Sie nicht darauf, dass Ihnen im letzten Moment geholfen werden wird. Wenn Sie ungeeignet sind, Ihre erste Prüfung zu bestehen und sich die Rechte des künftigen Adepten zu sichern, indem Sie die Umstände zwingen, sich Ihnen zu fügen – werden Sie für weitere Prüfungen ungeeignet sein ... Durch das Bild Ihres Sohnes [in Olcotts Zimmer] werden Sie sich immer wieder nach Amerika zurückgezogen fühlen.[33]

Ein Hauptgrund für seine Verzweiflung war die hartnäckige Weigerung der Inder, am Wiederaufbau ihrer eigenen Kultur mitzuwirken. Die in den vorangegangenen Kapiteln geschilderten Erfolge waren nicht über Nacht gekommen. So hatte HPB 1881 guten Grund, zu schreiben:

> Seit sechs Jahren [seit 1875] verkünden wir öffentlich, dass der indische Yoga eine echte Wissenschaft war und ist, durch Tausende von experimentellen Beweisen bestätigt und beglaubigt, und dass der wahre indische Yogi, obwohl es nur wenige gibt, immer noch zu finden ist, wenn ein geeigneter Mensch auf die richtige Art und Weise ihn sucht. Dass diese Behauptun-

gen von Europäern bestritten werden würden, war zu erwarten ..., dass aber die Hindus ... als Erben der Philosophen des Altertums es ebenfalls leugneten und darüber spotteten, war eine bittere Pille. Nichtsdestoweniger verkünden wir, was wir zu sagen haben, und zwar nicht im Flüsterton, sondern deutlich vernehmbar. Unsere Stimme kehrte fast ohne Widerhall aus dem großen indischen Vakuum zu uns zurück. Kaum eine mutige Seele erhob sich und sagte, wir hätten Recht, Yoga sei wahr, und dass es noch immer echte Yogis gibt. Man behauptete, Indien sei tot, das Licht des Geistes sei längst verloschen, die moderne Wissenschaft habe bewiesen, dass die Weisen des Altertums Toren waren ... Aber als man merkte, dass wir uns nicht zum Schweigen bringen ließen, auch nicht durch Gegenbeweise, da es wirkliche Gegenbeweise nicht gab, zeigten sich die ersten Anzeichen eines Wandels in der öffentlichen Meinung.[34] *

Entmutigend war auch der Umstand, dass HPB, seit ihrer Ankunft 18 Monate zuvor, als mutmaßliche russische Spionin unter Überwachung des Britischen Geheimdienstes stand. Sogar Olcott wurde verdächtigt. Jede Bewegung der beiden wurde beobachtet; an sie adressierte Telegramme und Briefe wurden gelesen, und ihre eigenen Briefe oft konfisziert. Die Angst vor Russland war auf ihrem Höhepunkt, dank des Erfolges der russischen Waffen im Transkaukasischen Gebiet, wobei das Schicksal Afghanistans noch in der Schwebe hing.[35] HPB schrieb an Miss Murr in den USA, die sich über ausbleibende Post beschwert hatte: »Ein Hurra für das mächtige, starke, furchtlose alte England! Schon allein der Gedanke an den Schatten des russischen Bären, dessen drohenden Umrisse selbst der britische Löwe, dieser König der Tiere, noch in den Rockfalten eines alten russischen Mütterchens zu entdecken glaubt, der aber die Ohren aufstellt, mit dem mächtigen Schweif wedelt und brüllt – das muss einfach jeden scharfsinnigen Verstand mit dem überwältigenden Gefühl britischer Stärke erfüllen.«[36] Viele Inder im Lande, misstrauisch geworden, zögerten, sich den Theosophen anzuschließen.[37]

* Das erwähnte Yoga war das Raja Yoga, wie es in Schriften wie der *Bhagavad-Gita* und den *Upanishaden* gelehrt wird. HPB bezeichnet es in ihrem *Theosophischen Glossar* als »das wahre System zur Entwicklung psychischer und geistiger, spiritueller Kräfte und zur Vereinigung mit dem *Höheren Selbst* – des höchsten Geistes, wie es im nichtreligiösen Sinn genannt wird«. »Raja Yoga«, fügt sie hinzu, »ist das Gegenteil von >Hatha Yoga<, des physischen oder psychophysischen Trainings in Askese«, das sich weitgehend auf körperliche Haltung und Atemübungen stützt.

Während der ganzen Zeit ihres Aufenthalts in Indien war HPB der Verunglimpfung durch verleumderische Missionare ausgesetzt, die in ihrer Tätigkeit eine Einschränkung ihrer »gottgewollten« Rechte zur Errettung der Heiden sahen. Sie bemerkte einmal:

> Am besten lässt sich die eigene Philosophie in Situationen erproben, die für die menschliche Seele eine Prüfung darstellen. Weit ab vom Schlachtfeld ist es leicht, ein charmantes und heiteres Lächeln zu bewahren. Lasst nur jeden, der sich eine Märtyrerkrone verdienen will, hierher nach Indien oder Ceylon kommen, um uns bei dem Versuch beizustehen, eine Gesellschaft auf der Basis von Toleranz und Brüderlichkeit zu gründen. Sehr bald wird er feststellen, aus welchem Stoff der Durchschnittschrist gemacht ist.[38]

Der Empfänger eines Briefes von einem Mahatma äußerte diesem gegenüber einmal seine Überraschung, dass er im Hinblick auf die Tätigkeit der Theosophischen Bewegung von einer »vergeblichen Hoffnung« sprach. Der Mahatma antwortete: »Mit der ›vergeblichen Hoffnung‹ meinte ich: Wenn man die Größe der von unseren theosophischen Freiwilligen auszuführenden Aufgabe betrachtet und insbesondere die vielfältigen Kräfte, die auf der Gegenseite stehen und stehen werden, dann können wir sie sehr wohl mit einer jener verzweifelten Anstrengungen gegen eine überwältigende Übermacht vergleichen, auf die der wahre Soldat stolz ist.«[39]

Nachdem Olcott erfolgreich der Versuchung widerstanden hatte, nach Amerika zurückzukehren, mobilisierten die Gründer alsbald ihre Kräfte und wurden aktiv, indem sie eine Monatszeitschrift herausgaben: *The Theosophist,* mit HPB als Herausgeberin. Die Zeitschrift fand internationale Verbreitung und zog im Westen viele Leser an, die zuvor noch nie etwas von Theosophie gehört hatten. Die erste Ausgabe kam im Oktober 1879 heraus.

Die Gründe für die Herausgabe einer eigenen Zeitschrift waren vielfältiger Natur: »Seit unserer Ankunft in Indien«, schrieb HPB an Generalmajor Doubleday (am 16. Juli 1879), »werden wir nach und nach aus den hiesigen Blättern ausgeschlossen und durch kalkulierte Vernachlässigung und Indifferenz zum Schweigen gebracht.«[40] Das erste Editorial des *Theosophist* nennt andere Gründe:

> Die schnelle Ausbreitung der Theosophischen Gesellschaft von Amerika aus auf viele verschiedene europäische und asiatische Länder; die wachsen-

den Schwierigkeiten und zunehmenden Kosten der Korrespondenz mit einer so weit verzweigten Mitgliederschaft; die Notwendigkeit eines Organs, durch das die Gelehrten des Ostens der westlichen Welt ihr Wissen vermitteln können, und wodurch besonders die Feinheiten [indischer], buddhistischer, zoroastrischer und anderer Religionen durch ihre eigenen Priester und Pandits als den einzig kompetenten Interpreten vermittelt werden können; und schließlich der Bedarf an einem Archiv zum Nachweis von Fakten – insbesondere im Blick auf den Okkultismus –, die von den Mitgliedern der Gesellschaft in den verschiedenen Nationen gesammelt und bewahrt werden ...

Absicht und Zweck unserer Zeitschrift ist es, sowohl von philosophisch gebildeten als auch von philosophisch ungeschulten Menschen mit gleichem Interesse gelesen zu werden. Einerseits werden Leser mit Begeisterung den Pandits auf ihren verschlungenen Wegen metaphysischer Feinheiten und dem Studium von Übersetzungen alter Manuskripte folgen wollen, andere werden den Weg des Lernens durch das Medium richtungsweisender mystischer Legenden und Erzählungen vorziehen. Unsere Seiten sollen den Delikatessen bei einem Festessen gleichen, wo jeder Appetit befriedigt und niemand hungrig fortgeschickt wird. Für viele Leser ist die Erfüllung praktischer Lebensbedürfnisse dringender als die ihrer spirituellen Interessen, und dass wir nicht die Absicht haben, Erstere zu vernachlässigen, werden die Seiten unserer Zeitschrift in Fülle beweisen.

HPBs eigene Beiträge im *Theosophist* in den sechs Jahren unter ihrer Leitung waren beträchtlich: fünf Bände ihrer *Gesammelten Schriften* sind voll davon. Doch Beatrice Hastings, eine angesehene britische Literaturkritikerin, war der Ansicht, dass die gesamte Zeitschrift als solche zugänglich sein sollte:

Sicherlich hat es noch nie eine faszinierendere Zeitschrift gegeben als *The Theosophist* es unter HPBs Leitung war! Wenn literarisch Interessierte wissen wollen, womit HPB »zwischendurch« beschäftigt war, sollten sie sich in diese Zeitschrift vertiefen. Sie müsste als Faksimile neu aufgelegt werden, inklusive aller Anzeigen, und ohne irgendwelche Streichungen von Beiträgen, die man vielleicht für nicht mehr aktuell hält. Alles ist aktuell. Das Leben der Gesellschaft pulsiert in ihren Seiten.[41]

Die Jahrgänge 1 und 2 sind inzwischen in Faksimileausgaben erschienen.[42]

In der zweiten Nummer des *Theosophist* (November 1879) brachte HPB einen Artikel über etwas, das man heute als Ökologie bezeichnet, deren Dringlichkeit zu ihrer Zeit selten erkannt wurde. Der Artikel, geschrieben von »Forester«, trägt den Titel »Indiens Wälder«. In ihrer Einleitung »Der Untergang Indiens« heißt es:

> Die Liebe zu unserer neuen Heimat ist es, die uns veranlasst, von Zeit zu Zeit die Erhaltung des Waldes in diesen Spalten zu thematisieren. Unsere Reise nach Norden, im vergangenen April, durch 2000 Meilen hitzeversengter Felder, durch deren zitternde Luftschleier das geblendete Auge nur selten hier und da durch den Anblick eines grünen Baumes erfrischt wurde, war ein höchst schmerzliches Erlebnis. Es bedarf nicht der Phantasie eines Poeten, sondern nur der erfahrenen Voraussage des Statistikers, um in dieser baumlosen, von der Sonne versengten Wüstenei das verhängnisvolle Ende vorauszusehen, es sei denn, es würden unverzüglich Schritte unternommen, der fruchtbaren Natur zu helfen, die Bergspitzen wieder mit Vegetation zu bekleiden ...
> In Amerika, wo wir unsere Beobachtungen hauptsächlich machten, hat die ungezügelte Zerstörung der Wälder katastrophale Folgen gezeitigt. Große Gebiete wurden von hohem Baumwuchs durch Feuer entblößt – lediglich um Boden für die Feldbestellung zu gewinnen. 90 000 Meilen Eisenbahn und 80 000 Meilen Telegraphenlinien haben die Entblößung riesiger Gebiete zwecks Beschaffung von Bohlen und Masten zur Folge gehabt ...
> Während jeder patriotische Hindu die Dekadenz seines Landes bejammert, sind sich nur wenige über die wirklichen Ursachen im Klaren. Weder die Fremdherrschaft und übermäßige Steuerlasten, noch der Raubbau durch unzweckmäßige landwirtschaftliche Nutzung haben daran so viel Schuld wie die Zerstörung der Wälder. Es ist ein Verbrechen gegen die Nation, ganze Hügellandschaften mit den naturgegebenen Abflusseinrichtungen ihrer Vegetation zu berauben. So wird die Bevölkerung weit wirksamer dezimiert, als es je das Schwert eines fremden Eroberers könnte ...
> Wir brauchen nur in die Blätter der Geschichte zu blicken, um zu erkennen, dass auf die Ausrottung der Wälder der Niedergang und schließlich die Zerstörung nationaler Stärke folgt, so sicher wie die Nacht auf den Tag. Die Natur selbst gibt dem Menschen alle zur Entwicklung nötigen Mittel in die Hand, aber ihre Gesetze dürfen nicht übertreten werden – sonst sind die Folgen katastrophal.

> Ein Patriot dieses Landes schrieb uns vor einigen Monaten, »diese bemitleidenswerte Nation stirbt einen langsamen Tod aus Mangel an Getreide«. Das ist leider nur allzu wahr. Und jeder, der die wirklichen Gründe für den in weiten Teilen dieses Landes herrschenden Mangel an Getreide, für die immer größer werdende Armut, die ausgetrockneten Flussbetten, für grassierende Hungersnot und Krankheiten erfahren will, der sollte den Beitrag von »Forester« in diesem Heft lesen.

Geschäftsführer des *Theosophist,* der auch häufig Beiträge in ihm veröffentlichte, war Damodar K. Mavalankar, ein neues Mitglied der Theosophischen Gesellschaft. Die Lektüre von *Isis entschleiert* hatte ihn so beeindruckt, dass er den Hauptsitz in Bombay aufsuchte, um der Autorin seine Bewunderung auszusprechen. Sohn eines reichen Brahmanen, sagte sich Damodar bald von seiner Kaste los und verzichtete später auf sein Einkommen von 50 000 Rupien, als seine Familie darauf bestand, er solle die Theosophie aufgeben.[43]

Olcott berichtet:

> Als Damodar der Gesellschaft beitrat, war Regenzeit und der Junge pflegte abends vorbeizukommen, angetan mit einem weißen Regenmantel, einer dazu passenden Kappe mit seitlichen Klappen, in der Hand eine Laterne, während von der Spitze seiner langen Nase das Wasser herabtropfte. Er war so dünn wie Sarah Bernhardt, hatte einen großen Unterkiefer und Beine wie Bleistifte – wie HPB zu sagen pflegte. Was sein Äußeres betraf, war er weniger als jeder andere in der Theosophischen Gesellschaft geeignet, ein Mahatma zu werden oder auch nur in die Nähe eines echten Ashrams zu kommen. Aber in seinem Fall trog die äußere Erscheinung, ebenso wie sie es bei anderen Mitgliedem tat, die ihm hoch überlegen schienen, aber das Gegenteil bewiesen...
>
> Als Knabe hatte er – dem Tode im Fieber-Delirium nah – eine Vision: er sah einen gütigen Weisen auf sich zukommen, der seine Hand nahm und ihm sagte, er werde nicht sterben, sondern leben – für außerordentlich nützliche Zwecke. Nachdem er HPB begegnet war, begannen sich seine visionären Fähigkeiten allmählich zu entwickeln. Und in dem Menschen, der uns als Meister KH vertraut ist, erkannte Damodar jenen mysteriösen Besucher seiner Fieberträume wieder. Damit war Damodars Bindung an unsere Sache besiegelt...[44]

Nachdem er *Isis* gelesen hatte und der Gesellschaft beigetreten war, schrieb Damodar:

> Es ist keineswegs übertrieben, wenn ich sage, dass ich erst diese letzten paar Monate wirklich lebe; denn zwischen dem Leben, wie es mir heute erscheint, und dem Leben, wie ich es vorher verstand, klafft ein tiefer Abgrund ... Früher war ich auf nichts anderes als auf Landgewinn, auf soziale Position und die Befriedigung meiner Stimmungen und Gelüste bedacht... Das Studium der Theosophie hat mir die Augen geöffnet für mein Land, meine Religion und meine Pflichten. Ich bin ein besserer [Hindu] geworden als ich je war. Ähnliches haben mir meine parsischen Brüder berichtet: seit sie der Theosophischen Gesellschaft beigetreten sind, sind sie bessere Zoroastrier geworden. Und auch in so manchem Brief von Buddhisten an die Gesellschaft habe ich es gelesen, dass das Studium der Theosophie ihnen half, ihre eigene Religion besser zu schätzen. Dieses Studium führt also dazu, dass man seiner eigenen Religion mehr Achtung entgegenbringt als zuvor. Es eröffnet eine Sicht, die den toten Buchstaben durchdringt und die den innewohnenden Geist klarer erkennen lässt ... Betrachten wir die Religionen in ihrer populären Bedeutung, so scheinen sie in vieler Hinsicht antagonistisch untereinander zu sein. Keine stimmt mit der anderen überein ... Es muss aber ... einen gemeinsamen Boden geben, aus dem alle religiösen Systeme gewachsen sind. Und dieser gemeinsame Boden ist – Wahrheit.[45]

Damodar führte als erster die Bezeichnung *Mahatma* in die theosophische Terminologie ein: so werden die Adepten des Himalaya genannt. Zuvor hatte man sie als Brüder bezeichnet. Doch war Mahatma kein neues Wort; schon im alten Indien wurden weise Menschen so genannt.[46] In dem Artikel »Mahatmas und Chelas« *(Theosophist,* Juli 1884) gibt HPB folgende Definition:

> Ein Mahatma ist eine Persönlichkeit, die durch besondere Ausbildung und Übungen jene höheren Fähigkeiten entwickelt und jenes spirituelle Wissen erlangt hat, die gewöhnliche Menschen erst nach Durchlaufen zahlloser Inkarnationen im Prozess der kosmischen Evolution erreichen, vorausgesetzt natürlich, dass sie inzwischen nicht gegen die Pläne der Natur verstoßen und damit ihre eigene Vernichtung herbeiführen.

DAMODAR ZOG ZU HPB und Olcott in den Hauptsitz der Gesellschaft in Bombay. Im Dezember 1879 begleitete er sie auf ihrer zweiten Reise nach Norden, auf der sie zum ersten Mal Alfred Percy Sinnett und seine Frau Patience besuchten, die beide in den kommenden Jahren eine wichtige Rolle in den Aktivitäten der Theosophischen Bewegung spielen sollten. Sinnett war Herausgeber des *Pioneer,* eine der einflussreichsten Zeitungen in Indien, die als Sprachrohr der Regierung galt.

»Neun Tage nach unserer Ankunft in Bombay«, berichtet Olcott, »erhielt ich einen Brief von Sinnett, in dem er den Wunsch äußerte, uns kennen zu lernen, falls wir mal in den Norden reisen würden, und in dem er seine Bereitschaft ausdrückte, über unsere Arbeit in Indien zu schreiben. Der *Pioneer* hatte, ebenso wie die gesamte indische Presse, ausführlich über unsere Ankunft in Indien berichtet.« Sinnett fügte hinzu, sein Interesse am Okkultismus gelte der Entdeckung der Gesetze, die einer Reihe von Phänomenen, deren Zeuge er vor einiger Zeit in London gewesen war, zugrunde liegen. Damals seien ihm Erklärungen gegeben worden, die nicht mehr als »ein heilloses Durcheinander von Behauptungen und Theorien« gewesen seien.[47]

Die Sinnetts befanden sich zu dieser Zeit in ihrem Haus in Allahabad, der Stadt, die als Winterquartier des Vizekönigs und seiner Regierung galt. Die Theosophen trafen am 4. Dezember dort ein und blieben fast zwei Wochen. Es war ihr erster offizieller Kontakt mit der britischen Verwaltung in Indien. Olcott berichtet:

> Mrs. Sinnett empfing uns äußerst liebenswürdig, und schon nach wenigen Worten wussten wir, dass wir in ihr eine ergebene Freundin gewonnen hatten. Unter den Besuchern dieses Tages befand sich ein Richter des Obersten Gerichtshofes, der gleichzeitig Direktor des Amtes für öffentliches Bildungswesen war. Am 7. d. M. kam Mrs. Alice Gordon, die weit gereist war, nur um HPB zu sehen, und nach und nach lernten wir in der anglo-indischen Gesellschaft dieser Stadt alle kennen, die Rang und Namen, Intelligenz und einen regen Geist hatten. Viele waren sehr sympathisch, aber

> besonders fühlten wir uns zu den Sinnetts und zu Mrs. Gordon, damals auf der Höhe ihrer Schönheit und von glänzender Intelligenz, hingezogen ... Eine strikte Verhaltensregel im englischen Indien schreibt Höflichkeitsbesuche des Neuankömmlings bei den Ortsansässigen zwingend vor, weil aber HPB niemandem ihre Aufwartung machte, musste jeder, der sie kennen lernen wollte, diese Konvention ignorieren, um sie – so oft er wollte – zu besuchen.[48]

Während ihres Aufenthaltes in Allahabad lernte HPB Allan Hume, einen pensionierten Regierungsbeamten und, in den folgenden Jahren, großen Unterstützer der Theosophischen Bewegung, kennen. Hume wurde später zum Vater der Nationalen Kongresspartei Indiens.

◆

Das nächste Reiseziel war Benares, wo die Pandits dieser Stadt Olcott für seine erfolgreiche Wiederbelebung des Interesses an der Sanskritliteratur und indischer Philosophie ehrten. »Im Anschluss an die Feierlichkeiten«, sagte Olcott, »besuchte ich den Rektor des Benares College, Prof. Dr. G. Thibaut, Schüler und Protegé Max Müllers. Ein sympathischer Mensch mit großen Sanskritkenntnissen, aber ohne jegliche Einbildung oder Allüren ...«[49]

Am selben Abend traf der Professor HPB auf einem Empfang. Als man auf Yoga zu sprechen kam, sagte er, laut Olcott, in seinem starken deutschen Akzent:

> »Madame Blavatsky, diese Pandits [in Benares] sagen, dass es zweifelsohne im Altertum Yogis gab, die tatsächlich jene in den Shastras beschriebenen Siddhis* entwickelt hatten; dass sie wunderbare Dinge vollbringen konnten, zum Beispiel, dass sie in einem Zimmer wie diesem Rosen herabregnen lassen konnten. Heute könnte das niemand mehr ... « Kaum war ihm das letzte Wort über die Lippen gekommen, als HPB aus ihrem Stuhl aufsprang, ihn zornig anblickte und erklärte: »So, das haben sie gesagt? Sie sagen, niemand könne so etwas heutzutage vollbringen? Nun, ich werde es

* In *Die Stimme der Stille* (Anmerkung 1 zu Fragment I) definiert HPB das Sanskritwort Siddhis als »psychische Fähigkeiten, außergewöhnliche Kräfte im Menschen. Es gibt zwei Arten von Siddhis. Eine Gruppe umfasst die niederen, rohen psychischen und mentalen Energien; die andere erfordert die höchste Schulung spiritueller Kräfte«.

ihnen beweisen – und Sie können ihnen von mir ausrichten: Wenn die modernen Hindus nicht so vor ihren westlichen Herren kriechen würden, weniger in ihre Laster verliebt wären und intensiver bestrebt, ihren Ahnen zu gleichen, würden sie sich solche demütigenden Bekenntnisse ersparen können, brauchten nicht so ein altes Nilpferd von einer Frau aus dem Westen wie mich dazu zu bewegen, ihnen die Wahrhaftigkeit ihrer Shastras zu beweisen!« Dann murmelte sie etwas, machte eine gebieterische Geste mit ihrer rechten Hand und – plötzlich fiel ein Schauer von Rosen auf die Köpfe der Anwesenden herab ...[50]

Die Diskussion wurde mit erneuter Heftigkeit fortgesetzt. Thema war das Sankhya-System der indischen Philosophie, und auf Thibauts tiefschürfende Fragen gab HPB derart erschöpfende Antworten, dass er erstaunt äußerte, weder Max Müller noch irgendein anderer Orientalist habe ihm gegenüber die *wirkliche* Bedeutung der Sankhya-Philosophie so klar und einleuchtend dargestellt, wie sie es getan habe. Er war zutiefst dankbar.

In einer Gesprächspause, gegen Ende des Abends, wandte Thibaut sich nochmals an HPB mit der Bitte um eine Rose »als Andenken an diesen bezaubernden Abend«, denn er habe von den herabfallenden Rosen leider keine erwischen können ... Insgeheim meinte er wohl, wenn der erste Blumenregen ein Trick war, würde sie, überrascht und unvorbereitet auf eine Wiederholung, nicht dazu in der Lage sein. »Aber sicher doch«, sagte sie, »so viele Sie wollen«, und nach einer Bewegung ihres Armes fiel ein weiterer Blumenschauer herab – eine einzelne Rose landete direkt auf Dr. Thibauts Kopf.[51]

◆

Der Hauptgrund für die Reise nach Benares war ein Besuch bei Swami Dayanand Saraswati, dem Leiter des Arya Samaj, mit dem die Theosophen zu dieser Zeit noch verbunden waren. Damodar war schon vor HPB und Olcott in Benares eingetroffen und hatte den Swami aufgesucht.

Das Folgende entstammt einem Brief vom 24. Januar 1880, den Damodar an William Q. Judge schrieb. Damodar fragte Swami Dayanand, ob er je von einer Asiatin namens Maji gehört habe. Anlass für diese Nachfrage war, dass einige Monate vor Damodars Besuch ein Schüler der Asiatin, der Pandit M. V. Pandea, einen Brief an HPB geschrieben hatte, in dem von dieser Frau die Rede war. Der Swami behauptete, er kenne keine Maji.

Als nun HPB den Swami besuchte, richtete sie die gleiche Frage an ihn. Zu Damodars Verblüffung erwiderte der Swami, sie sei ihm gut bekannt und er könne HPB und ihre Freunde zum Ashram der Frau, ein oder zwei Meilen entfernt am Ufer des Ganges gelegen, führen. Als die verabredete Zeit für diesen Besuch gekommen war, konnte HPB nicht mitgehen, weil sie krank war. Als Maji das hörte, blickte sie Olcott bedeutungsvoll an, denn beide spürten ihre Anwesenheit. Maji erklärte, obwohl sie noch nie Europäer besucht habe, würde sie HPB aufsuchen, ehe die Theosophen Benares verließen.

Bei ihrem ersten Besuch fragte Maji, ob HPB wisse, dass sie beide denselben Guru hätten. HPB bat um Beweise. Laut Damodar »sagte Maji, dass der Guru von Madame im Punjab zur Welt kam, aber meist in Südindien, vorwiegend auf Ceylon lebt. Er ist etwa 300 Jahre alt[52] und hat einen gleichaltrigen Gefährten, beide jedoch würde man nicht einmal für 40 halten«.

Als Maji sich verabschiedete, versprach sie vor der Abreise der Theosophen noch einmal zu kommen. Zu Beginn ihres zweiten Besuches, als HPB noch nicht anwesend war, »richtete Col. Olcott einige Fragen über Madame an Maji«, schreibt Damodar in seinem Brief an Judge, »und Maji erklärte, Madame sei nicht die, die sie zu sein scheine. Ihr innerer Mensch sei schon zweimal in den Körpern von Hindus gewesen, und er sei jetzt in seinem dritten«. * Maji betonte noch einmal, dass sie »noch nie Europäer besucht hat; die Information über Madame stamme von ihrem Guru, deshalb sei sie gekommen, um HPB zu sehen. Darauf fragte ich sie, ob die wirkliche HPB sich noch immer in diesem Körper befinde, doch lehnte Maji es ab, diese Frage zu beantworten und fügte nur hinzu, Madame sei ihr, Maji, überlegen«.

Nach einem Gespräch unter vier Augen mit Maji schrieb Damodar an Judge:

> Anfangs versuchte sie, mich von meinem Ziel abzubringen. Als sie merkte, dass ihr das nicht gelang, sagte sie, wenn ich also spirituelle Fortschritte machen und unsere Brüder kennen lernen wolle, sei ich vollständig auf Madame angewiesen. Niemand sonst habe die Kompetenz, mich auf den richtigen Weg zu führen. Wenn ich den Weg allein suchte, würde ich jahrelang von Guru zu Guru wandern, was aber ergebnislos sein würde. Sie werden also verstehen, wie unendlich wichtig es mir ist, stets bei Madame zu sein. Alles, was Maji mir gesagt hat, hatte ich von Anfang an gefühlt. Schon wenige Tage nach meinem Antrag auf Mitgliedschaft in der Gesell-

* Ihr innerer Mensch wurde in Kapitel IV erwähnt.

> schaft erklärte ich HPB meine wahren Gefühle, nämlich, dass sie für mich Beschützerin und ehrwürdiger Guru sei, und dass ich sie mehr als eine Mutter liebe ... Danach sprach ich mit Swamiji [Dayanand]. Ohne zu wissen, was Maji mir gesagt hatte, drängte er mich, genauso zu handeln, d.h. meinen ganzen Glauben in HPB zu setzen.[53]

Später, als er für den *Theosophist* den Artikel »Können Frauen Adepten sein?« schrieb (Oktober 1883), hatte er Gelegenheit, Maji zu erwähnen. Unter anderen führte er »eine hohe Adeptin« in Nepal und eine dritte große Adeptin namens Ouvaiyan aus Südindien an. Von Subba Row kommen weitere Beispiele; darüber hinaus »gibt es eine Frau, die nach wie vor zu den Maha Chohanen [den höchsten Weisen] gehört ... Sie hat viele Entdeckungen gemacht«.[54]

Von Benares kehrten die Theosophen für eine weitere Woche zu den Sinnetts zurück, die am 26. Dezember Mitglieder der Theosophischen Gesellschaft wurden. Am 30. reiste die Gruppe zurück nach Bombay, wo sie am Neujahrstag 1880 eintraf.

Im Januar erhielt HPB aus Russland die Nachricht, dass ihr erster Bericht aus der Serie *In den Höhlen und Dschungeln Hindustans* dort gerade erschienen sei und eine Sensation ausgelöst habe.[55] Die Serie lief noch eine Reihe von Jahren, und Olcott berichtet, dass er 1884 in Europa zwei wohlhabenden jungen Russen begegnet sei, die durch die Lektüre dieser Serie zu einer Reise nach Indien animiert worden waren. Die Geschichten hätten ganz Russland entzückt und überrascht, sagten sie.[56]

2 Siddhis und »Phänomene«

SCHON SEIT IHRER Ankunft in Bombay wurden HPB und Olcott von Singhalesen bedrängt, ihr Land zu besuchen. Das ließ sich erst im Mai 1880 verwirklichen. Die Theosophen blieben drei Monate dort; die Bevölkerung strömte en masse auf die Straßen, um sie zu begrüßen, als sie von Stadt zu Stadt reisten.

Erstaunlich war, dass die Inselbewohner Blavatsky und Olcott schon vom Hörensagen kannten, ehe sie nach Indien kamen. Der bekannte britische Buddhist Dennis Lingwood erzählt:

> In den siebziger Jahren des 19. Jahrhunderts unternahm Megethuvatte Gunananda, der größte Redner in der Geschichte Sri Lankas, in seinen Vorträgen den Versuch, den Einfluss des missionarischen Christentums auf der Insel einzudämmen. Die Christen organisierten daraufhin eine riesige Massenveranstaltung in Panadura, um diesen gefährlichen Gegner ein für allemal zum Schweigen zu bringen. Gunananda wurde zur öffentlichen Debatte mit den gelehrtesten Kirchenmännern herausgefordert. Allein und furchtlos stellte er sich den vereinten Kräften der christlichen Orthodoxie, und seine Beredsamkeit war so beeindruckend, seine Argumentation so überwältigend, dass seine Gegner eine beschämende Niederlage hinnehmen mussten. Der Widerhall dieser historischen Debatte war bis nach Amerika gedrungen. Eines Tages erhielt er einen Brief von einem amerikanischen Colonel und einer Dame aus der russischen Aristokratie, die ihrer Befriedigung über seinen Sieg Ausdruck gaben und ihn von der Gründung der Theosophischen Gesellschaft in New York im Jahr 1875 in Kenntnis setzten. Begleitet wurde dieser Brief von zwei umfangreichen Büchern mit dem Titel *Isis entschleiert*. Gunananda begann sofort eine regelmäßige Korrespondenz mit den beiden ausländischen Sympathisanten und übersetzte ihre Briefe wie auch Auszüge aus *Isis entschleiert*.* Diese Übersetzungen

* *Isis entschleiert* gilt allgemein als Einführung in die theosophische Philosophie für Leser der westlichen Welt; Gunanandas Interesse an diesem Werk ist also besonders bemerkenswert. Das

wurden auf ganz Sri Lanka verbreitet, und schon bald wurden die Namen H. S. Olcott und H. P. Blavatsky in allen buddhistischen Familien voller Freude und Bewunderung genannt.[57]

Während dieses ersten Besuches in Sri Lanka legten HPB und Olcott »Pancasila«, das fünffache Laiengelübde ab (d. h. sie konvertierten nun formell zum Buddhismus). Das führte später zu einigen Missverständnissen, obwohl HPB ihre Position eindeutig erklärt hat:

> Es ist wahr, dass ich die Philosophie des Gautama Buddha als das erhabenste aller Systeme betrachte, als das reinste und vor allem als das logischste. Doch wurde dieses System im Lauf der Jahrhunderte durch den Ehrgeiz und den Fanatismus seiner Priester entstellt und ist inzwischen zu einer Volksreligion geworden ... Ich ziehe es vor, mich an die Ursprungsquelle zu halten, anstatt mich von einer der zahlreichen Strömungen abhängig zu machen, die aus ihr hervorgegangen sind ... In seinen Reformen und seinem Protest gegen die Verstöße der verlogenen Brahmanen stand Gautama fest auf dem Boden der esoterischen Bedeutung der Urtexte der großartigen heiligen Schriften.[58]

Während dieses Besuches auf Sri Lanka wurde eine Reihe von Logen der Theosophischen Gesellschaft gegründet, und viele Singhalesen wurden Mitglieder. Einer davon, ein 16-jähriger Junge, sollte später zum führenden buddhistischen Missionar unserer Zeit werden: Anagarika Dharmapala – eine überragende Figur im Ringen um die geistige Erneuerung Asiens. In einem Artikel vom September 1927 in der Zeitschrift *Asia* schildert er sein zweites Zusammentreffen mit HPB:

> Im Dezember 1884 kamen Madame Blavatsky und Col. Olcott auf dem Weg nach Madras noch einmal nach Colombo. Ich ging zu meinem Vater und sagte ihm, ich wolle nach Madras gehen, um mit ihnen zu arbeiten. Zunächst willigte er ein. Doch an dem für meine Abreise angesetzten Tag erklärte er voller Ernst, er habe einen bösen Traum gehabt und könne mich nicht ziehen lassen. Der Hohe Priester, die anderen Priester, die ich von

Gleiche betrifft auch Damodar und den gelehrten Brahmanen T. Subba Row sowie dessen Freunde in Madras, die nach der Lektüre von *Isis* Theosophen wurden.

> Kindheit an kannte, meine Großeltern, alle waren dagegen. Obwohl ich nicht wusste, was ich tun sollte, hing mein Herz an dieser Reise, die der Beginn eines neuen Lebens für mich sein sollte. Madame Blavatsky stellte sich den Priestern und meiner gesamten Familie entgegen. Sie war eine wunderbare Frau, voller Energie und Willenskraft, die alle Hindernisse aus dem Weg räumte ... So wurde die Familie umgestimmt ...
> Einst hatte sie mir in Aussicht gestellt, dass ich, da ich physisch und geistig rein sei, mit den Eingeweihten im Himalaya Kontakt aufnehmen könnte. Also beschloss ich in meinem neunzehnten Jahr, mein Leben dem Studium der okkulten Wissenschaft zu widmen. Aber in Madras widersetzte sich Madame Blavatsky diesem Plan. »Es ist besser, wenn du dein Leben dem Dienst an der Menschheit widmest«, sagte sie. »Und zuerst lerne Pali, die heilige Sprache des Buddha.« Zu jener Zeit waren die Pali-Schriften noch kaum bekannt.

Dharmapala erzählte weitere Einzelheiten über seinen Kontakt mit den Theosophen und HPB in einem Brief aus dem Jahr 1924, als er Mitglied der Blavatsky Association in London wurde:

> Ich lese den *Theosophist* seit seinem Erscheinen und ich habe beschlossen, mein Leben dem Studium der Arhat-Lehre zu widmen ..., um ein Leben der Selbstaufopferung zu führen, wie es Buddha verkündet hatte. Ich las HPBs Artikel »Chelas und Laien-Chelas« im *Theosophist,* der mir Kraft gab, dem höheren Leben zu folgen. Die Meister, über die Sinnett in *Occult World* schrieb, waren für mich wirkliche, lebendige Wesen und ich gab ihnen mein Leben und verpflichtete mich im Stillen, das Leben eines Chela zu führen. HPB half mir sehr bei meinen Bemühungen ... Bis zu ihrer Abreise [aus Adyar] kümmerte sich HPB um mich. Sie schrieb mir, ich solle dem Licht folgen, dass in mir ist. Ich habe ihren Rat genau befolgt und freue mich, ihre wunderbaren Kräfte zur mystischen Erleuchtung bezeugen zu können ...
> Liebe allen Lebewesen, groß und klein. Der Wunsch, allen Sinnesfreuden zu entsagen, die den Fortschritt im Reich der Spiritualität behindern, die unermüdlichen Bemühungen, für die Besserung der Menschheit zu arbeiten und dabei sich selbst zu vergessen, sind für mich eine Art von spiritueller Nahrung, die ich zu mir nehme, seit ich mit dem wunderbaren Menschen HPB in Berührung gekommen bin.[59]

WÄHREND DER NÄCHSTEN Jahre besuchte HPB mehrmals die Sinnetts und Humes in Simla. Edward Buck erzählt in seinem Buch *Simla, Past and Present*, dass Hume, früher Staatssekretär und später Gründer der Nationalen Kongresspartei Indiens, »ein bemerkenswerter Mann von außergewöhnlicher Fähigkeit und Intelligenz« war, obwohl »nicht ohne Exzentrizität, die manchmal bei einem Genie auftritt«. Humes Haus, >Rothney Castle<, hoch oben auf dem Jakko-Hügel, war eines der beiden nobelsten Wohnhäuser in Simla und konnte nur durch einen mühsamen Aufstieg erreicht werden, der sich aber lohnte, da es »einen ungehinderten Blick auf die schneebedeckten Gipfel von Tibet bot«. Hume war ein bekannter Ornithologe. Buck erzählt: »Viele der Naturwissenschaft unbekannte Vögel wurden von ihm oder seinen Mitarbeitern entdeckt. Die Exemplare wurden alle ins >Rothney Castle< gebracht, klassifiziert und in Vitrinen eines Zimmers angeordnet, das als Museum diente.« Buck bemerkt jedoch, nachdem Hume Theosoph geworden war, »wurden Telegramme an die Sammler geschickt, mit der Arbeit aufzuhören und keine Vögel mehr zu schießen ... da einer der Grundsätze der Theosophie sei, nicht zu töten ...«[60]

Hume wurde Präsident der »Eklektischen Theosophischen Gesellschaft« in Simla. Auf die Frage nach der Existenz der theosophischen Adepten und ihren guten Taten, antwortete er:

> *Ich weiß nun, dass die Brüder existieren; aber die Beweise, die ich erhielt, waren rein subjektiv und sind deshalb für jeden anderen nutzlos – außer Sie betrachten es als Beweis ihrer Existenz, dass ich hier in Simla Briefe von ihnen erhalte, von meinem unmittelbaren Lehrer, die auf meinen Tisch fallen, wo ich allein in meinem Haus lebe und Madame Blavatsky, Col. Olcott und all ihre Chelas usw. Tausende von Meilen entfernt sind ...*
>
> *Was die Brüder mir und anderen Gutes getan haben ... Wenn Sie die Gründung der Theosophischen Gesellschaft für eine gute Sache halten, dann ist dies auf jeden Fall* eine *gute Tat, die die Brüder für* andere *getan haben, und wenn Sie es für eine gute Sache halten, dass ich mich von allen Zielen weltlichen*

Begehrens abgewandt habe und mich gänzlich dem Versuch widme, für andere Gutes zu tun, dann glaube ich, können wir sagen, dass es eine gute Sache ist, worin mir die Brüder geholfen haben.[61]

Als Londons *Saturday Review* HPB »eine skrupellose Abenteurerin« nannte, verteidigte Hume sie in einem langen Brief, dessen Abdruck die Zeitschrift verweigerte:

> Können Sie mit Recht Menschen als Abenteurer bezeichnen, die nicht nur kein Geld mit der Sache, für die sie eintreten, verdienen, sondern im Gegenteil, jeden Pfennig hineinstecken, den sie aus ihren privaten Mitteln erübrigen können? Wenn nicht, dann sind Colonel Olcott und Madame Blavatsky sicherlich keine Abenteurer, denn ich weiß, dass sie in die Theosophische Gesellschaft mehr als £ 2.000 über deren Gesamteinnahmen investiert haben. Die Konten werden regelmäßig überprüft und veröffentlicht, so dass sich jeder selbst überzeugen kann.[62]

HPB besuchte Simla erstmals im Herbst 1880, als sie sechs Wochen bei den Sinnetts in ihrem Haus ›Brightland‹ verbrachte. Viele Phänomene, die man ihr in dieser Zeit zuschreibt, beschreibt Sinnett in seinem ersten Buch, *The Occult World,* das in England großes Aufsehen erregte. Die beiden folgenden Phänomene wurden von Olcott am 4. Oktober aufgezeichnet, einen Tag, nachdem sie sich ereignet hatten. Dieser Bericht wurde dann zu Damodar nach Bombay geschickt, der ihn dort unter den Mitarbeitern verteilte. Auf irgendeine Weise sicherte sich die *Times of India* ein Exemplar und veröffentlichte es, zum großen Unbehagen aller Beteiligten:

> Gestern war ein großer Tag für Madames Phänomene. Am Morgen ging sie mit Mr. und Mrs. Sinnett, Major Henderson, Mr. Syed Mahmood (Bezirksrichter, Rai Bareilly), Mrs. Reed aus Ajmere und mir zu einem Picknick [in die Wälder nahe Brightland, ungefähr drei bis vier Meilen zu Fuß]. Obwohl sie [HPB] noch nie in Simla gewesen war, zeigte sie uns den Weg und beschrieb eine kleine Mühle, von der die Sinnetts, Major Henderson und sogar die Jampanis (Palkiwallahs) behaupteten, sie existiere nicht. Sie erwähnte auch einen kleinen tibetischen Tempel, der in der Nähe sei. Wir erreichten die Stelle, die sie beschrieben hatte und fanden die Mühle – ungefähr um 10 Uhr; wir setzten uns in den Schatten und die Diener ser-

vierten einen kleinen Imbiss. Mr. Mahmood hatte sich uns erst angeschlossen, als die Picknickkörbe schon gepackt waren und so fehlte uns beim Teetrinken eine Tasse und Untertasse. Irgendjemand bat Madame Blavatsky eine mittels Magie herbeizuholen. Sie willigte ein, sah sich auf dem Boden um und bat schließlich Major Henderson, ein Messer zu nehmen und an einer Stelle zu graben, auf die sie zeigte. Der Boden war hart und von kleinen Wurzeln eines jungen Zedernbaumes durchwachsen. Er schnitt sie durch und grub bis in eine Tiefe von ungefähr 15 Zentimetern, als etwas Weißes auf der schwarzen Erde sichtbar wurde; es wurde ausgegraben, und siehe da, es war eine Tasse mit grün-goldenem Muster, und sie passte genau zu den anderen, die Mrs. Sinnetts Diener mitgebracht hatten. Madame bat den Major, weiterzugraben, und schließlich fand er die passende Untertasse! Beides war ganz natürlich in die Erde eingelagert, wie Steine, und die Zedernwurzeln wuchsen um sie herum wie Flechtwerk, und eine fingerdicke Wurzel musste weggeschnitten werden, um an die Untertasse zu kommen.

Major Henderson bat sie daraufhin um eine wissenschaftliche Erklärung, aber sie sagte, sie könne sie ihm nicht geben, da er noch kein Theosoph sei. Er sagte, er wolle einer werden. »Wann?«, fragte sie. »Morgen«, antwortete er. Mrs. Sinnett fragte: »Warum nicht heute?« »Also gut«, sagte der Major, »kommen Sie, Madame, stellen Sie mir gleich hier eine Urkunde aus!« »Wenn ich das tue, werden Sie uns dann wirklich beitreten?« »Ich werde.« »Dann sollen Sie sie haben.« Sie sah sich um, ging kurz umher und setzte sich dann auf eine kleine Böschung. »Wenn Sie die Urkunde haben wollen, müssen Sie selbst suchen. Der ›Bruder‹, der mir hilft, sagt, dass sie zusammengerollt, mit einem 15 Meter langen, blauen Band zusammengebunden unter einer Kletterpflanze liegt«, sagte sie zum Major. Alle machten sich auf die Suche und bald darauf rief Major Henderson, nachdem er die niederen Äste eines Deodarstrauches angehoben und das Gras beiseite gestrichen hatte: »Ich habe sie!« Und er hatte wirklich eine unserer Urkunden, ausgestellt auf Major Philip D. Henderson als korrespondierendes Mitglied und ein offizielles Schreiben mit dem Briefkopf unseres Hauptsitzes, IN MEINER EIGENEN HANDSCHRIFT und unterzeichnet mit »Hochachtungsvoll – H. S. Olcott (der Name in tibetischen Buchstaben), Präsident der Theosophischen Gesellschaft!« Stellen Sie sich mein Erstaunen vor! Der Brief war mit 2./3. Oktober datiert – dem Zeitpunkt (oder der Nacht) zwischen den beiden Tagen, als das Gespräch, von dem im Brief die Rede war, zwischen Major Henderson und Madame Blavatsky stattgefunden hatte.[63]

In *Old Diary Leaves* erinnert sich Olcott:

> Um meine Erzählung zu vervollständigen, muss ich erwähnen, dass Mrs. Sinnett und ich bei der Rückkehr das Haus zuerst erreichten und sofort in das Geschirrzimmer des Butlers gingen, wo wir drei weitere Tassen von den neun entdeckten, die zum selben 12er-Service gehörten – sie standen hoch oben im Regal, da sie beschädigt oder ihre Henkel abgebrochen waren. Die siebte Tasse, die beim Picknick auftauchte, war also kein Bestandteil ihres beschädigten Service.[64]

Es gab also nun 13 Tassen, zehn unbeschädigte und drei zerbrochene. Die Kopie und ihre Untertasse gibt es noch, sie wurden zusammen mit anderen Erinnerungsstücken von HPB im Statler Hilton Hotel in New York im November 1975 ausgestellt, als der 100. Jahrestag der Gründung der Theosophischen Gesellschaft am Ort ihrer Entstehung gefeiert wurde.

In *The Occult World* erörtert Sinnett mögliche Erklärungen dieses Phänomens:

> Wenn die Tasse und Untertasse nicht durch okkulte Kräfte dorthin gelangt sind, müssen sie vorher vergraben worden sein. Nun, ich habe die Beschaffenheit des Bodens beschrieben, aus dem sie ausgegraben wurden; aufgrund der Vegetation war er sicherlich seit Jahren unberührt. Aber man könnte behaupten, dass man von anderer Stelle des Hanges zuerst eine Art Tunnel gegraben haben könnte, durch den man die Tasse samt Untertasse auf den Platz, wo sie gefunden wurden, geschoben hätte. Das ist jedoch praktisch unmöglich. Wenn der Tunnel für diesen Zweck groß genug gewesen wäre, hätte er Spuren hinterlassen, die aber am Boden nicht sichtbar waren – nicht einmal unmittelbar danach, als man den Boden im Hinblick auf diese Hypothese absuchte, entdeckte man etwas. Die Wahrheit ist einfach, dass die Theorie, sie seien vorher vergraben worden, unhaltbar ist, wenn man bedenkt, dass die Tasse und Untertasse – unter den tausend Dingen, um die man hätte bitten können – niemals vorhergesehen werden konnten. Das Ganze ergab sich aus den nicht vorhersehbaren augenblicklichen

> Umständen. Wenn sich uns niemand in letzter Minute angeschlossen hätte, hätte die Anzahl der Tassen und Untertassen, die vom Personal eingepackt worden waren, für uns ausgereicht und sie hätten keinerlei Interesse erweckt. Außerdem war es das Personal, das ohne Wissen der Gäste diese Tassen aus dem anderen Geschirr ausgesucht hatte, ebenso gut hätte man andere nehmen können.[65]

Was den offiziellen Brief betrifft, der Major Hendersons Urkunde beilag und der Olcott so verblüffte, als er seine eigene Handschrift darauf sah, so wurde HPB einmal in Indien gefragt, wie solche Materialisationen möglich seien. Das war 1882, als sie mit Olcott in Baroda war. Die Frage wurde von zwei hohen Beamten, Richter Gadgil und einem Mr. Kirtane gestellt.

Olcott erzählt darüber:

> Sie erklärte, dass die Abbilder aller Gegenstände und Ereignisse im Astrallicht gespeichert sind, weshalb es nicht notwendig sei, die Person oder die Handschrift, deren Abbild sie materialisieren wollte, vorher zu kennen. Sie müsse nur auf die Spur gebracht werden, dann könne sie sie selbst finden und sehen und dann materialisieren. Sie drängten sie, ihnen das zu zeigen. »Na gut«, sagte sie schließlich, »dann sagt mir den Namen irgendeines Mannes oder einer Frau, die besonders negativ gegenüber der Theosophischen Gesellschaft eingestellt sind, jemand, den weder Olcott noch ich je [persönlich] kennen gelernt haben.« Sofort nannten sie Mr. ..., einen in Indien ansässigen Briten, der uns und die Theosophische Gesellschaft besonders hasste, der keine Gelegenheit ausließ, unfreundliche Dinge über uns zu sagen ...
>
> Sie nahm ein Blatt Papier vom Tisch und sagte den Herren, sie sollten es kennzeichnen. Nachdem sie es ihr zurückgegeben hatten, sagte sie: »Nun dreht mich in Richtung seines Hauses.« Das geschah. Sie legte dann das Papier senkrecht zwischen ihre Handflächen, schwieg einen Moment, dann hielt sie uns das Blatt hin und setzte sich nieder. Rufe der Verwunderung kamen von den zwei Durbaris, als sie auf das zuvor noch weiße Blatt Papier sahen, es war ein an mich adressierter Brief, in der Handschrift und mit der Unterschrift jenes Briten ... Es war eine ganz eigenartige, kleine Schönschrift, und die Unterschrift ähnelte mehr einem kleinen Garnknäuel als einem Namen ...
>
> Ich dachte, Gadgil und Kirtane würden in Lachen ausbrechen, wenn sie

> den Inhalt des Briefes lasen. Er begann mit »Mein lieber Colonel Olcott«, entschuldigte sich dann für die bösen Dinge, die er über uns gesagt hatte und bat mich, ihn als Abonnent unserer »weltbekannten Zeitschrift *The Theosophist*« aufzunehmen, und er wolle auch Mitglied der Theosophischen Gesellschaft werden, dann schloss er »mit freundlichen Grüßen« und seinem Namen. HPB hatte niemals einen Buchstaben seiner Handschrift, noch seine Unterschrift gesehen, sie hat ihn auch nie persönlich getroffen, und doch materialisierte sich der Brief auf diesem Blatt Papier zwischen ihren Händen, als sie in der Mitte des Zimmers stand, in hellem Tageslicht, mit uns drei als Zeugen.[66]

Während des Besuches in Simla meinte Olcott, es sei ratsam, mit der Regierung des Vizekönigs Kontakt aufzunehmen, und er forderte den Abzug der Geheimagenten, die jeden ihrer Schritte verfolgten. Die Regierung willigte nicht nur ein, sie nützte auch HPBs Anwesenheit, um sie zu bitten, einige russische Dokumente und Briefe ins Englische zu übersetzen.[67]

HPBs Leben in Simla bestand damals aus einer schier endlosen Reihe von Besuchen, Picknicks, Abendessen. Sie wurde als Sehenswürdigkeit bestaunt. Der Grund für diese Attraktivität war natürlich die Hoffnung, ein Zeuge ihrer okkulten Fähigkeiten zu werden – und nur wenige wurden enttäuscht.

NACH SINNETTS Einschätzung hatte von allen Phänomenen, die HPB während des Aufenthaltes in Simla hervorbrachte, eines die größte Bedeutung: der Beginn des Briefwechsels zwischen ihm und den Adepten im Himalaya. 1300 Seiten dieser Briefe liegen nun in der Abteilung für seltene Manuskripte in der British Library. In *The Occult World* erzählt Sinnett, wie dieser Briefwechsel aufgenommen wurde:

> Eines Tages fragte ich Madame Blavatsky, ob sie, wenn ich einen Brief an einen der Brüder mit der Darlegung meiner Ansichten schrieb, ihn für mich weiterleiten könne. Ich konnte mir kaum vorstellen, dass es möglich war, da ich wusste, wie unnahbar die Brüder im Allgemeinen waren. Aber da sie sagte, sie wolle es auf jeden Fall versuchen, schrieb ich einen Brief, richtete ihn »an den unbekannten Bruder« und gab ihn ihr, um zu sehen, was dabei herauskommen würde ... Die Idee, die mir besonders in den Sinn kam, war, dass von allen Test-Phänomenen, die man sich wünschen konnte, das beste die Herstellung eines taggleichen Exemplars der Londoner *Times* hier in Indien wäre ...
> Ein oder zwei Tage vergingen, bevor ich etwas vom Schicksal meines Briefes erfuhr. Dann teilte mir Madame Blavatsky mit, dass ich eine Antwort erhalten werde. Später erfuhr ich, dass sie zuerst keinen Bruder finden konnte, der meine Nachricht entgegennehmen wollte.[68] Jene, an die sie sich zuerst wandte, lehnten es ab, mit der Sache belästigt zu werden. Schließlich überbrachte ihr psychologischer Telegraph die Zusage von einem der Brüder, mit dem sie schon länger nicht in Kontakt gewesen war. Er wollte den Brief entgegennehmen und beantworten.[69]

Dieser Bruder war der Meister KH. Er antwortete:

> *Gerade deshalb, weil der Test mit der Londoner Zeitung die Skeptiker zum Schweigen bringen würde – ist er undenkbar ... Wissen Sie überhaupt, welche Konsequenzen ein Erfolg hätte, wenn wir Ihren Wünschen nachkommen wür-*

den? Der unerbittliche Schatten, der allen menschlichen Neuerungen folgt, bewegt sich weiter, auch wenn sich nur wenige seines Herannahens und seiner Gefahren bewusst sind. Was haben jene zu erwarten, die der Welt eine Neuerung bieten, die aufgrund der menschlichen Ignoranz, wenn überhaupt daran geglaubt wird, sicherlich jenen dunklen Mächten zugeschrieben würde, an die zwei Drittel der Menschheit glauben und die sie fürchten? Sie sagen, halb London würde bekehrt sein, wenn Sie ihnen einen Pioneer am Tag des Erscheinens dort ausliefern könnten. Ich erlaube mir zu sagen, dass die Leute Sie töten würden, wenn sie die Sache für echt hielten, bevor Sie eine Runde um den Hyde Park machen könnten. Wenn man sie nicht für echt hielte, wäre das Mindeste, was passieren könnte, dass Sie Ihren guten Namen und Ruf verlieren – für die Verbreitung solcher Ideen ...

Wie kann die Wissenschaft hoffen, ohne gründliche Kenntnis des Akasha, *seiner Verbindungen und Eigenschaften, solche Phänomene zu erklären? Wir zweifeln nicht, dass sich die Männer Ihrer Wissenschaft überzeugen lassen; doch zuerst müssen ihnen die Fakten gezeigt werden, sie müssen zu ihrem Besitz werden und nach ihren eigenen Untersuchungsmethoden bewiesen worden sein, bevor sie bereit sind, sie als* Fakten *anzuerkennen. Ein Test nach dem anderen würde gefordert werden und ausgeführt werden müssen; von jedem weiteren Phänomen wird man erwarten, dass es noch wunderbarer als das vorhergehende ist. Sie sagen immer, dass man von niemand erwarten kann, dass er etwas glaubt, bevor er es nicht mit eigenen Augen sieht. Würde ein Menschenleben ausreichen, um die ganze Welt der Skeptiker zufrieden zu stellen?...*

Wie viele andere werfen Sie uns unsere Verschwiegenheit vor. Doch wir wissen einiges über die menschliche Natur, was die Erfahrungen von Jahrhunderten – nein Zeitaltern – uns gelehrt haben... Die Vorurteile der Welt können nur schrittweise und nicht plötzlich überwunden werden. Genauso wie die Antike mehr als einen Sokrates hatte, wird auch die ferne Zukunft mehr als einen Märtyrer hervorbringen ... Und wir brauchen nur an die Verfolgungen von Medien in England zu denken, die erst vor kurzem stattfanden, an die Verbrennungen angeblicher Hexen und Zauberer in Südamerika, in Russland und an den spanischen Grenzen, um zu wissen, dass die einzige Rettung der echten Meister okkulter Wissenschaften in der Skepsis der Öffentlichkeit liegt. Scharlatane und Zauberkünstler sind die natürlichen Schutzschilde der »Adepten«. Die öffentliche Sicherheit wird nur dadurch gewährleistet, dass wir die schrecklichen Waffen geheim halten, durch die sie sonst gefährdet werden kann, und die, wie Sie wissen, in den Händen böser und verrückter Menschen tödlich sind.[70]

In seiner Antwort an KH fragte Hume: »Welche Vorteile hat dann diese okkulte Wissenschaft für meine Freunde und mich?« Die Antwort lautete:

> *Wenn die Einheimischen sehen, dass die Engländer, und sogar einige ihrer hoch gestellten Persönlichkeiten in Indien, für Indiens traditionelle Wissenschaft und Philosophie Interesse zeigen, dann werden auch sie selbst sich in aller Offenheit dazu bekennen. Und wenn sie feststellen, dass die alten »göttlichen« Phänomene keine Wunder waren, sondern wissenschaftlich beweisbare Tatsachen, dann werden sie ihren Aberglauben verlieren. Und damit wird das größte Übel, das einer Erneuerung der indischen Kultur jetzt noch im Wege steht, verschwinden.*[71]

Das sollte auch positive Auswirkungen auf aufgeschlossene westliche Forscher haben. Als ein indischer Korrespondent dem *Theosophist* gegenüber behauptete, Yoga-Kräfte seien nur von sekundärer Bedeutung, antwortete HPB: »Zum Hervorbringen von Phänomenen, ja – sicherlich. Aber unser indischer Bruder darf nicht vergessen, dass der Westen nichts von der Existenz solcher im Menschen vorhandenen Kräfte weiß; und bevor er sie nicht kennt, gibt es keine ernst zu nehmenden wissenschaftlichen Untersuchungen, insbesondere im Bereich der Psychologie.«[72] Außerdem sei es wichtig, zu zeigen, dass okkulte Phänomene »ohne verdunkelte Räume, Geister, Medien oder die anderen üblichen Utensilien hervorgerufen werden können«.[73]

Wenn es sich, abgesehen davon, wie HPB an Professor Corson Anfang 1875 schrieb, herausstellen sollte, dass die Theosophen »Dogmen« verkündeten, »die nicht bewiesen werden, ... würden wir bald in die gleiche missliche Lage wie die etablierten Kirchen geraten«. Und weiter:

> *Wer die erhabenen Höhen der Weisheit und der Intuition erreicht, benötigt keine Unterstützung mehr durch diese Phänomene, genauso wie das Adlerjunge sich nicht mehr auf dem Rücken der Mutter ausruhen muss, wenn es seine Schwingen ausgebreitet hat. Aber der Adler des Geistes gibt es wenige und die zwitschernden Spatzen sind zahlreich; aber die wenigen, die über den Wolken des Zweifels fliegen, dürfen die Nöte ihrer schwächeren Kameraden nicht verachten ...* [Die Wunder Jesu] *verkündeten die Geburt der christlichen Religion, sie häuften sich in der Frühzeit, ermutigten, trösteten und bewaffneten schließlich ihre patristischen Propagandisten ...*[74]

Gräfin Wachtmeister erzählt, dass »viele des Öfteren zu mir sagten, wie dumm es war, ›Phänomene‹ jemals mit der Theosophischen Gesellschaft in Verbindung gebracht zu haben, oder dass HPB jemals ihre Zeit mit solchen Trivialitäten verschwendet hat«. Dazu meint sie:

> HPB hat immer die gleiche Antwort gegeben, nämlich, dass es zu der Zeit, als die Theosophische Gesellschaft gegründet wurde, notwendig war, die Öffentlichkeit auf diese Tatsachen aufmerksam zu machen, und dass Phänomene diesem Zweck viel besser dienten als irgendetwas anderes. Hätte sich HPB zuerst einfach als Lehrerin der Philosophie ausgegeben, wären nur sehr wenige interessiert gewesen ... Aber nachdem man dieses Element des Wundersamen hineingebracht hatte, war es schwierig, es wieder loszuwerden, als es seine Aufgabe erfüllt hatte. Alle kamen, begierig danach, ihre Neugier nach Wundern zu befriedigen, und wenn sie enttäuscht wurden, wandten sie sich zornig und entrüstet ab.[75]

Dass dies ein wohldurchdachtes, kalkuliertes Risiko war, war offensichtlich. Ein Kritiker behauptete jedoch, dass erst nachdem HPBs »angebliche Wunder aufgedeckt wurden, hauptsächlich dank der Society for Psychical Research, Blavatsky selbst verächtlich über sie sprach«.[76] Wie wir sehen werden, ist diese Behauptung leicht zu widerlegen durch Aussagen, die Blavatsky und ihre Lehrer lange vor der Untersuchung der SPR machten.

Aus KHs erstem Brief wird Sinnetts starkes Interesse an psychischen Forschungen offenbar, und HPB erwähnt in einem Brief an Mrs. Hollis Billings (2. Oktober 1881), dass Sinnett »immer nach Phänomenen verlangt«.[77] Mahatma M schrieb ihm im Februar 1882 ganz offen:

> *Versuchen Sie, jene große* Maya *zu überwinden, wovor die Schüler des Okkultismus überall auf der Welt immer wieder von ihren Lehrern gewarnt werden – das Verlangen nach Phänomenen. Wie das Verlangen nach Alkohol und Opium, wächst es mit der Befriedigung. Die Spiritisten sind trunken davon; sie sind thaumaturgische Säufer. Wenn Sie ohne Phänomene nicht glücklich sein können, werden Sie unsere Philosophie niemals verstehen ..., wählen Sie aber die Weisheit, dann werden alle anderen Dinge von selbst kommen – zur rechten Zeit... Reden wir wie vernünftige Menschen. Warum sollen wir mit dem Schachtelmännchen spielen – sind* unsere eigenen *Bärte nicht lang genug?*[78]

In einem Brief an einen Theosophen schlägt HPB einen ähnlichen Ton an:

> *Seid ihr Kinder, dass ihr euch Wunder wünscht? Habt ihr so wenig Glauben, dass ihr ständig einen Anreiz braucht wie ein erlöschendes Feuer Öl? ... Würdet ihr den Kern einer großartigen Gesellschaft unter euren Händen sterben lassen wie einen kranken Mann in den Händen eines Quacksalbers? ... Ihr dürft niemals vergessen, welch ernste Sache es für uns ist, unsere Kräfte auszuüben und die gefürchteten Wächter an der Schwelle aufzuwecken. Sie können* uns *nicht verletzen, aber sie können sich rächen, indem sie sich auf die schutzlosen Neophyten stürzen. Ihr seid alle wie Kinder, die mit dem Feuer spielen, weil es so schön aussieht, statt erwachsene Menschen zu sein, die Philosophie um ihrer selbst willen studieren. (The Path,* August 1892, S. 161)

Über Sinnetts »hartnäckige Entschlossenheit, der Öffentlichkeit im Allgemeinen und den Anglo-Indern im Besonderen jedes Phänomen zu erklären«, schrieb HPB an ihn (20. Juni 1882):

> *Ich wehre mich* entschieden, nachdrücklich *und* kompromisslos *gegen Ihren ständigen Wunsch, alles tun zu wollen, was ich tue (hinsichtlich der dummen Phänomene), um die Öffentlichkeit darüber aufzuklären.*
> ICH KÜMMERE MICH NICHT UM DIE ÖFFENTLICHE MEINUNG. Ich verachte zutiefst und mit meinem ganzen Herzen Mrs. Grundy* *und es ist mir egal, ob die ehrenwerten Leute, wie immer sie auch heißen mögen, gut oder schlecht über mich und die Phänomene denken. Ich lehne es ab, andere zu bekehren, wenn das auf Kosten der Reste von Würde und Selbstrespekt geschehen soll, die mir trotz meiner Pflichten* jenen Großen *und der* Sache *selbst gegenüber noch geblieben sind. Wo immer die Namen der Brüder mit Phänomenen in Zusammenhang gebracht werden, ziehe ich es vor, keine Bekehrungsversuche zu unternehmen. Ihre Namen sind schon genug in den Schmutz gezogen worden; all diese indischen Zeilenschinder haben sie missbraucht und geschmäht. Heutzutage gibt es Leute, die ihre Hunde und Katzen »Koot-Hoomi« nennen.*[9]

* Mrs. Grundy ist eine Gestalt in Thomas Mortons Theaterstück *Speed the Plough* (1798) und wurde zum Sinnbild für die erdrückende Zensur der Gesellschaft gegenüber Menschen, deren Verhalten nicht dem des Normalbürgers entspricht.

In KHs zweiten Brief an Sinnett bemühte er sich, seinem Briefpartner die Prioritäten klarzumachen: »... Die Idee einer globalen Bruderschaft haben Sie in allen Diskussionen nur herabgesetzt, haben ihre Zweckmäßigkeit bezweifelt und geraten, die Theosophische Gesellschaft im Sinne einer speziellen Hochschule für das Studium des Okkultismus neu zu strukturieren. Das, mein geschätzter und geehrter Freund und Bruder – darf niemals sein!«[80] In diesem Punkt war der Maha Chohan[81] , der Lehrmeister von KH und M, noch entschiedener, als er sich an Hume und Sinnett wandte:

Soll es unsere Aufgabe sein, ein paar Europäern, die im Überfluss leben und denen ihr Reichtum in die Wiege gelegt wurde, die Grundprinzipien des Glockenläutens, des Hervorbringens von Tassen, von Astralformationen und spiritueller Kommunikation zu lehren und es Millionen von unwissenden, armen, verachteten und unterdrückten Menschen überlassen, für sich und für ihr Jenseits selbst zu sorgen, so gut sie es eben können? Niemals. Eher sollen die Theosophische Gesellschaft und ihre beiden glücklosen Gründer zugrunde gehen, als dass wir zulieβen, dass aus ihr nichts Besseres als eine Akademie für Magie, für Okkultismus gemacht wird... Wird von uns erwartet, dass wir der Theosophischen Gesellschaft erlauben, ihren edlen Namen, den der Bruderschaft der Menschheit, aufzugeben, um eine simple Schule der Psychologie zu werden? Nein, nein, meine Brüder, schon viel zu lange gebt ihr euch dieser Illusion hin.[82]

Unsere Diskussion wäre nicht vollständig ohne Berücksichtigung des Stellenwertes, den psychische Kräfte in der Entwicklung des Menschen haben. In einem Brief wendet sich HPB an die Jahresversammlung der Amerikanischen Theosophen 1891 und weist die Amerikaner darauf hin, dass sie die Vorläufer einer kommenden neuen Entwicklungsstufe der Menschheit sind:

Psychismus mit all seinen Verlockungen und all seinen Gefahren entwickelt sich notwendigerweise unter euch, und ihr müsst aufpassen, dass das Psychische nicht eure manasische [mentale] und spirituelle Entwicklung behindert. Psychische Fähigkeiten, die vom manasischen [mentalen] Prinzip vollkommen kontrolliert und geleitet werden, sind wertvolle Hilfen für die Entwicklung. Aber wenn diese Fähigkeiten Amok laufen, wenn sie die Kontrolle übernehmen, anstatt kontrolliert zu werden, wenn sie von sich aus aktiv werden, anstatt genutzt zu werden, führen sie den Studierenden in die gefährlichsten Täuschungen und mit Sicherheit in den moralischen Untergang.[83]

Wieso sind die psychischen Kräfte eine wertvolle Hilfe für die Entwicklung? Durch ihre natürliche Entfaltung und die sich daraus ergebende Erweiterung des Bewusstseins, so sagt HPB, »wird eine Person allmählich eins mit dem ALL-BEWUSSTSEIN«.[84] Sie erklärt auch, dass der »mit neuen Sinnen und Fähigkeiten (ausgestattete Mensch) unendlich mehr Gutes tun kann als ohne sie«.[85] Als Buddha Erleuchtung erlangte und begann, für die Erlösung der Menschheit zu wirken, hatte er auch, so wird gesagt, übernatürliche Begabungen erlangt. Darunter war das göttliche Ohr oder Hellhörigkeit, das göttliche Auge, eine hoch entwickelte Form von Hellsichtigkeit, Telepathie, die Kenntnis der Gedanken anderer Menschen, und schließlich die Erinnerung an frühere Leben.[86] Damit konnte er mit untrüglicher Sicherheit die psychologischen und spirituellen Nöte jedes Menschen, den er traf, und auch der gesamten Menschheit, wahrnehmen.

Waren diese Kräfte wirklich *Begabungen?* »In alter Zeit«, antwortet Blavatsky, »erlangten Männer wie Krishna, Gautama Buddha, Jesus, Paulus, Apollonius von Tyana, Plotin, Porphyrius und viele andere ... göttliche Erleuchtung und scheinbar übermenschliche Kräfte, indem sie ihr ganzes Leben lang kämpften, in Reinheit, Studium und Selbstaufopferung, durch Prüfungen, Entbehrungen und Selbstdisziplin.«[87] Was für ein Gegensatz zu dem heutigen Mangel an Disziplin in diesen Dingen bei modernen Medien und »Channeling«-Experten!

NACH DEM AUFENTHALT in Simla, im Herbst 1880, besuchten Blavatsky und Olcott mehrere Orte und Städte im Norden, wo der Colonel Vorträge über Theosophie hielt. Inzwischen waren die Sinnetts nach Allahabad zurückgekehrt, und Blavatsky und Olcott besuchten sie Anfang Dezember und zu Weihnachten. Während dieser Reisen litt HPB unter dem Punjab- und dem Dengue-Fieber, »schmerzhafter als die Foltern der Inquisition«. Im neuen Jahr kehrten beide nach Bombay zurück. Während ihrer Abwesenheit war der Hauptsitz der Theosophischen Gesellschaft in den Vorort Breach Candy übersiedelt. Ihr Bungalow, genannt >Crow's Nest< (Krähennest) [siehe Mittelteil, Foto Nr. 29], war geräumig, bot einen weiten Blick auf Meer und Land und mehr Ruhe, als sie in den dicht besiedelten Vierteln der Einheimischen in der Stadt hatten, wo sie ständig von Besuchern belästigt wurden.[88]

Im März fuhren Sinnett und seine Frau nach England auf Urlaub. Dort vollendete er sein Buch *The Occult World*, das im Juni herauskam. Nach seiner Rückkehr nach Indien, im Juli, erhielt er einen ausführlichen Brief von KH. Das war der Beginn eines lang andauernden Briefwechsels über philosophische, wissenschaftliche und metaphysische Themen, der ihm schließlich ermöglichte, das Buch *Esoterischer Buddhismus* zu schreiben.

Es ist nicht allgemein bekannt, dass Sinnett einige der metaphysischen Lehren nicht durch KHs Briefe, sondern von HPB selbst erhielt. In *The Early Days of Theosophy in Europe* erwähnt Sinnett diesen Unterricht und gibt Beispiele dafür, was sie ihn und Hume im Sommer 1881 in Simla gelehrt hatte.[89] Besonders interessant ist, dass sein Notizbuch, das dies und vieles andere enthält, als Anhang zu dem Buch *The Letters of H. P. Blavatsky to A. P. Sinnett*[90] veröffentlicht wurde, den der Herausgeber jedoch in offensichtlicher Unkenntnis, dass die Lehren persönlich von HPB erteilt wurden, direkt den Meistern zuschrieb. Darin wird zum erstenmal die siebenfältige Natur des Menschen dargestellt, wobei HPB tibetische und Sanskritausdrücke sowie die englischen Entsprechungen verwendete. Sinnett berichtet, dass HPB, wenn sie ihn und Hume unterrichtete, peinlich genau darauf bestand, dass die tibetischen Worte richtig ausgesprochen wurden.

◆

Als Sinnetts Buch *Esoterischer Buddhismus* erschien, eröffnete es eine neue Welt von Ideen über die menschliche und kosmische Entwicklung. Eine Zeitzeugin in London, Francesca Arundale, erzählt, dass »das Buch die theologische und wissenschaftliche Welt im Sturm eroberte«. Und sie fügt hinzu: »Die Auswirkungen von *Esoterischer Buddhismus* und den späteren theosophischen Lehren auf die theologische und literarische Presse kann man sich heute kaum vorstellen. Karma und Reinkarnation, zuvor fast unbekannte Begriffe, wurden in Predigten und Äußerungen vieler prominenter Kirchenführer erwähnt. Die Zeitungen waren voll von kritischen oder missbilligenden Anspielungen auf die neuen Ideen. Diese Ideen jedoch waren nicht mehr wegzudenken, und die Saat ist reichlich aufgegangen.«[91]

KH warnte Sinnett in einem seiner Briefe:

> *Wissen kann nur graduell vermittelt werden; und einige der höchsten Geheimnisse – falls sie tatsächlich an Ihr, wenn auch vorbereitetes, Ohr dringen werden – mögen Ihnen als völliger Unsinn erscheinen ... In der okkulten Wissenschaft werden Geheimnisse* nicht *auf einmal vermittelt, nicht schriftlich, und schon gar nicht mündlich. Wenn das möglich wäre, müssten alle »Brüder« nur ein* Handbuch *herausbringen, um diese Wissenschaft in den Schulen wie Grammatik zu unterrichten. Es ist ein weit verbreiteter Irrtum zu glauben, dass wir uns und unsere Fähigkeiten willkürlich in ein Geheimnis verhüllen – dass wir unser Wissen für uns behalten wollen und uns »mutwillig und absichtlich« weigern, es weiterzugeben. Die Wahrheit ist, dass, bis der Neophyt die notwendigen Voraussetzungen für den Grad der Erleuchtung erfüllt, zu der er befähigt und ermächtigt ist, die meisten,* wenn nicht alle *Geheimnisse* nicht mitteilbar *sind. Die Aufnahmefähigkeit muss gleich groß sein wie der Wunsch zu lehren. Die Erleuchtung muss von innen kommen.*[92]

Im Spätsommer und Frühherbst 1881 war HPB für mehrere Monate bei den Humes in Simla in deren Haus Rothney Castle. Ungefähr Ende Oktober ging sie nach Lahore, wo sie den Meister M getroffen haben soll. Danach begab sie sich auf Weisung ihres Lehrers auf eine ausgedehnte Reise durch Nordindien. Da Olcott zu gleicher Zeit auf Sri Lanka war, war es das erste Mal, dass HPB ohne ihn reiste, um Zweigstellen der Theosophischen Gesellschaft zu gründen.

Ende November kehrte HPB zum Hauptsitz nach Bombay zurück. Am 31. März 1882 reiste sie nach Allahabad, danach nach Kalkutta. Dort wurde sie eingeladen, im Palast des Maharadschahs zu wohnen, wo noch am selben

Abend die Bengalische Theosophische Gesellschaft gegründet wurde. Olcott war etwas früher in Kalkutta angekommen und hatte am Tag zuvor einen Vortrag über »Theosophie, die wissenschaftliche Basis der Religion« gehalten.

Am 19. April fuhren Blavatsky und Olcott mit dem Schiff nach Madras, eine Reise, die wichtige Auswirkungen hatte, denn Madras sollte bald der Hauptsitz der Theosophischen Gesellschaft werden. Bei diesem Besuch wurde die Gesellschaft in Madras gegründet und T. Subba Row traf HPB zum erstenmal.

Um sich eine Vorstellung machen zu können, wie mühsam es war, in Indien zu reisen, soll eine Reise von Nellore nach Guntur im Mai genauer beschrieben werden. HPBs Gruppe musste zuerst ein Hausboot auf dem Buckingham-Kanal nehmen, dann 55 Meilen durch ein so gefährliches, von Kobras heimgesuchtes Gebiet reisen, dass Blavatsky und Olcott in Palanquins * getragen werden mussten. Tiefe Flüsse wurden mit der Hilfe von sechs Kulis durchquert, wobei jeder eine Stange der Sänfte auf dem Kopf balancierte, damit die Insassen trocken blieben. Nach der Ankunft in Guntur begrüßte die gesamte Einwohnerschaft die Reisenden. Auf dem Rückweg zum Buckingham-Kanal und nach Nellore fuhren sie 78 Meilen in Ochsenwagen über holprige Straßen zum nächsten Bahnhof, nur um zu erfahren, dass innerhalb der nächsten 12 Stunden kein Zug nach Madras – ihrem nächsten Ziel – fahren sollte.[93]

Die Mitglieder der neuen Niederlassung in Madras bedrängten die Gründer, ihr Hauptquartier von Bombay in ihre Stadt zu verlegen. Schließlich entschloss man sich dazu und kaufte am 17. November 1887 – genau sieben Jahre nach der Gründung der Theosophischen Gesellschaft in New York am 17. November 1875 – in dem Vorort Adyar ein Grundstück. Vor der Übersiedlung nach Madras erkrankte HPB in Bombay schwer an der Brightschen Krankheit (Nierenschrumpfung). Sie schrieb an ihre Verwandten:

> *Mein Blut hat sich in Wasser verwandelt; es läuft heraus und bildet Beutel wie bei einem Känguru. All das ist das Ergebnis von,* primo, *der Hitze und Feuchtigkeit in Bombay, und,* secundo, *meinem ständigen Ärger und von Irritationen und Sorgen. Ich bin so nervös, dass sogar der leichte Schritt von Babulas nackten Füßen mir Herzklopfen verursacht. Ich habe [Dr.] Dudley gezwungen, zuzugeben, dass ich jeden Moment wegen der geringsten Aufregung sterben könnte; ohne Aufregungen kann ich vielleicht noch ein oder zwei Jahre weiter-*

* Bedeckte Sänften mit langen Stangen, die auf den Schultern von Einheimischen getragen wurden.

leben. Ist das möglich, bei dem Leben, das ich führe? ... M möchte, dass ich Ende September [weggehe] ... wohin, weiß ich nicht! Vielleicht irgendwo in den Himalaya.[94]

Als sie gesund genug zum Reisen war, verließ sie Bombay Richtung Sikkim. Einem Brief an Prinz Dondukow in Russland sind Einzelheiten zu entnehmen:

Sikkim, Ghum,
1. Oktober [1882]
13.000 Fuß unter den Wolken

... Wie Sie sehen, ... bin ich in der Einsamkeit von Ghum. * *Und was ist Ghum? Es ist ein Berg in Sikkim und ein Kloster, wo Lamas auf ihrem Weg nach Tibet Station machen ... Die Ärzte wollten, dass ich Bombay verlasse, denn Anfang September wäre ich fast an einer Leber- und Nierenkrankheit gestorben, und so ging ich in die Berge. In Benares ließ ich Ihre Bronzesachen verpacken und schickte das Paket nach Allahabad. Dann reiste ich über Kalkutta und Chandernagore nach Cooch Behar (der Raja ist ein Theosoph). Dort hatte ich drei Tage Fieber wegen der plötzlichen Luftveränderung – auf eine schreckliche Hitze folgten Kälte, Regen und Nebel. Ein Dutzend Theosophen-Babus aus Kalkutta begleiteten mich, zusammen mit drei Buddhisten aus Ceylon und Burma. Sie alle, mit ihren nackten Füßen und entblößten Oberkörpern, kommen aus den tropischen Tälern von Hindostan und holten sich eine Erkältung. Ich, als Russin, allein raffte mich auf und wurde gesund. Aber von 15 Leuten folgten mir nur die vier Buddhisten-Theosophen und einer aus Nepal nach Sikkim – alle anderen lagen darnieder. Wie Sie wissen, ist Sikkim ein unabhängiger Staat zwischen Tibet, Cooch-Behar und Bhutan ... Ich hatte das Auswärtige Amt um einen* Passierschein *nach Sikkim gebeten, er wurde mir verweigert. Grant, der Minister, schreibt: »Wir haben keinen Einwand, wenn Sie nach Tibet reisen und auf dem Weg dorthin britisches Territorium überqueren, aber außerhalb unseres Territoriums* können wir nicht für Ihre *Sicherheit garantieren ...« Ich sagte darauf: »Sie haben mir keinen* Passierschein *gegeben – na gut, zum Teufel mit Ihnen. Ich werde trotzdem gehen.«*

* »Nicht in Sikkim, sondern in Britisch-Indien, der Bahnstation vor Darjeeling. In Ghum ist ein tibetisches Kloster, das Touristen aus Darjeeling jetzt besuchen können.« *(H. P. B. Speaks,* Bd. 2, S. 102 Fußnote).

Es war zu spät, nach Shigatse zu reisen, der Hauptstadt des Tashi Lama, so beschloss ich, das Lamakloster vier Tagesreisen von Darjeeling (ein zweites Simla) entfernt aufzusuchen, das direkt an der Grenze zu Tibet liegt. Ich ging zu Fuß dorthin, weil es unmöglich ist, eine Kutsche zu nehmen, außer eine, die auf dem Rücken eines Yak befestigt ist, und wir kletterten und schleppten uns nicht vier, sondern ganze acht Tage dorthin. Manchmal trugen sie mich in einem »Dandy«, einer Art von Sänftenstuhl, und einige Male hätten sie mich fast in den Abgrund fallen lassen. Aber schließlich kamen wir an, zwar nicht in Tibet selbst, aber immerhin an der Grenze.
Aber nun kommt der lustige Teil. Die Grenze ist ein schnell fließender Fluss mit einer Bambus-Hängebrücke; auf der anderen Seite Militärbaracken mit Grenzwachen, ein Lamakloster und ein Dorf. Es ist eine enge Schlucht, durch die kaum zehn Männer gleichzeitig von der einen auf die andere Seite gehen können. Auf der Seite von Bhutan sahen wir zwei Engländer, die als Bettelmönche verkleidet waren. Ich erkannte sie sofort, und einige einheimische Hindus vom Vermessungsamt – eine regelrechte Karawane. Wir erfuhren, dass sie seit einer Woche vergeblich darauf warteten, die Grenze zu passieren …
Irgendjemand sagte zu mir: »Es ist sinnlos, dass Sie hierher gekommen sind, man wird Sie nicht durchlassen.« »Wir werden sehen«, antwortete ich. Ich schickte meinen burmesischen Theosophen los mit einem Brief von Pha Luen Ugan Yatcha, dem Lama des Klosters Pamionchi, adressiert an den Superior des Klosters Pe-ma-in vor uns, und er durfte passieren. Eine Stunde später kam der oberste Lama, er sah aus wie ein vertrocknetes Skelett, persönlich zu mir und die Gelungs brachten mir Tee mit Butter und alle möglichen Köstlichkeiten als Geschenk. Nach dem Trunk und der herzlichen Begrüßung führten sie mich mit Ehrenbezeugungen über die Brücke in ihr Haus, zusammen mit den drei Singhalesen; aber die Engländer mussten bleiben, wo sie waren! Ich befürchtete nur, dass sie mich auf dem Rückweg nicht wieder durchlassen würden. Ich blieb drei Tage dort, wohnte in einem kleinen Haus am Rand der Klostermauern und diskutierte Tag und Nacht mit den Gelungs und dem Superior (einer Inkarnation *des Sakya-Buddha). Ich verbrachte Stunden in ihrer Bibliothek, zu der Frauen keinen Zutritt haben – ein rührender Beweis meiner Schönheit und ihrer vollkommenen Harmlosigkeit, und der Superior erkannte mich öffentlich als eine weibliche Inkarnation eines der Bodhisattvas an, worauf ich sehr stolz bin. Dann kam ein Brief von Koot Hoomi und die Führer trugen mich über einen anderen Weg zur Brücke zurück … und brachten mich nach Sikkim, wo ich mich jetzt befinde, wieder in einem Lamakloster, 23 Meilen von Darjeeling entfernt.*[95]

Auf ihren Reisen durch Sikkim hielt sich HPB einmal im Ashram ihrer Meister auf. Als sie nach Darjeeling zurückgekehrt war – wo sie aus gesundheitlichen Gründen zwei Monate bleiben sollte – schrieb sie am 9. Oktober an Sinnett:

> *Oh, diese gesegneten, gesegneten zwei Tage! Es war wie in alten Zeiten ... die gleiche Holzhütte, ein Kasten in drei Räume geteilt, in einem Dschungel auf vier Pelikan-Füßen stehend. Die gleichen gelben Chelas, die lautlos vorbeigleiten. Die ewig gleichen »Gul-gul-gul«-Laute aus der nicht verlöschenden Chelum-Pfeife meines Herrn. Die altvertraute, sanfte Stimme Ihres KH (seine Stimme ist noch sanfter und sein Gesicht noch schmaler und durchsichtiger geworden). Die gleichen Einrichtungsgegenstände – Häute, mit Yakschwänzen gefüllte Kissen und Schüsseln für Salz, Tee usw. Nun, als ich von ihnen nach Darjeeling weggeschickt wurde – »außer Reichweite der Chelas, die sich in meine Schönheit verlieben könnten«, sagte mein höflicher Herr –, erhielt ich am Tag darauf beiliegende Nachricht vom stellvertretenden Kommissar, in der er mich davor warnte, nach Tibet zu reisen!! Er schloss sozusagen die Stalltür ab, als das Pferd bereits draußen war.*[96]

Darjeeling, ein britischer Erholungsort in den Bergen, war eine Sommerresidenz für Beamte und ein Ferienort für ihre Familien. Eine der Attraktionen war der herrliche Ausblick auf den Himalaya, ca. 40 Meilen nördlich gelegen. Dort wohnte HPB bei Theosophen, die kurz zuvor aus dem Süden gekommen waren. Unter ihnen war Mohini Chatterjee, ein Rechtsanwalt aus Kalkutta und Nachfahre des großen Hindu-Reformers Raja Rammohun Roy. Er war einer der intelligentesten unter den indischen Theosophen der Anfangszeit. In dem Artikel »Die Himalaya-Brüder – gibt es sie wirklich?« *(The Theosophist,* Dezember 1883, S. 83-85), schreibt Mohini über seine Erfahrungen zu jener Zeit:

> Während meines Aufenthaltes in Darjeeling wohnte ich mit anderen Theosophen im gleichen Haus ... Die meisten von ihnen genauso skeptisch wie ich damals bezüglich der Mahatmas des Himalaya. Ich hatte in Darjeeling bereits Leute getroffen, die behaupteten, Chelas der Brüder des Himalaya zu sein, sie gesehen und jahrelang mit ihnen gelebt zu haben. Sie lachten über unsere Verblüffung. Einer von ihnen zeigte uns ein bewundernswert ausgeführtes Porträt eines Mannes, der eine bekannte heilige Persönlichkeit zu sein schien und der, so wurde mir gesagt, der Mahatma Koothoomi

> sei (heute mein verehrter Meister), dem Mr. Sinnetts *Occult World* gewidmet ist.
> Einige Tage nach meiner Ankunft kam zufällig ein tibetischer Händler namens Sundook in unser Haus, um seine Waren zu verkaufen. Sundook war in Darjeeling und Umgebung seit Jahren als fahrender Händler mit tibetischem Krimskrams bekannt, der das Land jedes Jahr besuchte. Während unseres Aufenthalts kam er mehrmals in unser Haus und er erschien uns durch seine Einfachheit, seine würdevolle Haltung und seine angenehmen Umgangsformen von Natur aus ein Gentleman zu sein. Niemand hätte in ihm im Entferntesten einen Charakterzug entdeckt, den man unzivilisierten Wilden zuschreibt, so wie die Tibeter von den Europäern eingeschätzt werden.

Da HPB zu dieser Zeit nicht in Darjeeling war, schien es eine glänzende Gelegenheit zu sein, von Sundook einen unabhängigen Beweis für die mögliche Existenz der Mahatmas in Tibet zu bekommen. Mohini schreibt weiter:

> Am ersten Tag stellten wir ihm ein paar allgemeine Fragen über Tibet und die Gelugpa-Sekte, zu der er angeblich gehörte, und seine Antworten bestätigten die Aussagen von Bogle, Turnour und anderen Reisenden. Am zweiten Tag fragten wir ihn, ob er von Personen in Tibet gehört hatte, außer den großen Lamas, die außergewöhnliche Kräfte besitzen. Er sagte, solche Menschen gebe es. Dass sie keine normalen Lamas sind, sondern viel höher als sie, dass sie normalerweise in den Bergen lebten, jenseits von Shigatse und auch nahe der Stadt Lhasa. Diese Männer, so sagte er, würden viele und wundervolle Phänomene oder »Wunder« vollbringen, einige ihrer *Chelas,* oder Lotoos, wie sie in Tibet heißen, heilen die Kranken, indem sie ihnen Reis zu essen geben, den sie mit ihren eigenen Händen aus den Halmen drücken usw.
> Dann hatte einer von uns eine glänzende Idee. Ohne ein Wort zu sagen, wurde Sundook das erwähnte Porträt von Mahatma KH gezeigt. Er sah es für ein paar Sekunden an, und dann, als hätte er es plötzlich erkannt, verneigte er sich tief davor und sagte, es wäre das Abbild des Chohan (Mahatma), den er gesehen hatte ...
> Er erzählte, er habe diesen Mahatma in Begleitung von unzähligen Gylungs gesehen, ungefähr zur gleichen Zeit vor einem Jahr (Anfang Oktober 1881), an einem Ort namens Giansi, zwei Tagesreisen südlich von Shigatse, wohin

> er gekommen war, um Einkäufe zu machen. Als wir ihn nach dem Namen des Mahatma fragten, antwortete er zu unserer grenzenlosen Überraschung: »*Sie* werden Koothum-pa genannt.« Wir fragten ihn, was er mit *sie* meinte, und ob es der Name von einem oder mehreren sei. Er sagte, dass es viele Koothum-pas gebe, aber dass es nur einen Mann, das Oberhaupt aller anderen, mit diesem Namen gab, da die Jünger immer nach dem Namen ihres Guru benannt werden. Daher war sein Name Koothum, der seiner Jünger »Koothum-pa«. Mehr Licht in die Sache brachte eine Erklärung in einem tibetischen Wörterbuch: Das Wort »pa« bedeutet »Mann«, »Bod-pa« ist ein »Mann aus Bod oder Tibet« usw. Ebenso bedeutet Koothum-pa Mann oder Jünger von Koothoom oder Koothoomi.
> Da uns [die Theosophen]erzählt haben, dass man in Indien nicht glauben wollte, dass es solche Männer wie die »Brüder« in Tibet gab, bot sich Sundook an, einen Freiwilligen ins Land mitzunehmen und uns durch ihn von der Echtheit ihrer Existenz zu überzeugen ...

Als wir ihm einen ungewöhnlichen Rosenkranz zeigten, der Madame Blavatsky gehörte, sagte der Händler, dass man so etwas nur von dem Teshu [oder Panchen] Lama bekommen und nirgendwo anders, für kein Geld der Welt, kaufen könne.[97]

◆

Man fragt sich, wie es möglich ist, dass die Meister nirgends gefunden wurden, als die Chinesen 1950 in Tibet eindrangen. Aber schon in den 1920er Jahren berichtete Alexandra David-Néel, dass sie auf ihren Reisen nie einen der Hindu-Mahatmas gesehen habe.

Nicholas Roerich, der auch in den 1920er Jahren durch Tibet reiste, fand sie ebenfalls nicht, er traf jedoch einen wandernden Lama, der ihm vieles über das wahre Tibet erzählte. Eines Tages fragte Roerich: »Lama, sind Sie Azaras und Kuthumpas begegnet?«

Der Lama erwiderte:

> Viele von uns sind in ihrem Leben den Azaras und Kuthumpas und denen, die im Schnee leben und ihnen dienen, begegnet. Erst seit kurzem sieht man die Azaras nicht mehr in den Städten. Sie haben sich alle in die Berge zurückgezogen. Sehr groß, mit langem Haar und Bärten sehen sie wie Hindus aus ...

> Die Kuthumpas sieht man nicht mehr. Früher zeigten sie sich ganz offen im Tsang-Bezirk [Shigatse] und am Manasarovar, wenn die Pilger den heiligen Kailash besuchten. Selbst die im Schnee lebenden werden nur mehr selten gesehen. Der gewöhnliche Mensch hält sie in seiner Unwissenheit für Erscheinungen. Es gibt schwer wiegende Gründe, warum sich gerade jetzt die Großen nicht mehr so offen zeigen. Mein alter Lehrer erzählte mir viel aus dem Wissen der Azaras. Wir kennen einige Plätze, wo sich diese Großen aufhielten, aber zur Zeit sind diese Plätze verlassen. Einige große Gründe, große Geheimnisse.

Roerich fragte darauf: »Lama, dann ist es wahr, dass die Ashrams aus der Umgebung von Shigatse verlegt wurden?«

»Über dieses Geheimnis darf nicht gesprochen werden«, antwortete der Lama, »ich sagte bereits, dass man die Azaras nicht mehr in Tsang findet.« Aus den Bemerkungen des Lamas wurde klar, dass sich Tibet nun in einem absteigenden Zyklus befand. Er sagte noch: »Viele Lamas tragen zwar Lamagewänder, aber ihr inneres Leben ist viel schlechter als das eines Laien. Oft kann man unter Tausenden von Lamas nur einige wenige finden, mit denen man über erhabene Themen sprechen und eine entsprechende Antwort erwarten kann. Aber ist es nicht genauso in Ihrer Religion?«[98]

◆

Nach ihrer Rückkehr nach Darjeeling, Mitte November, reiste HPB nach Allahabad zu den Sinnetts und kehrte dann nach Bombay zurück. Bald danach wurde Madras ihr Wohnsitz.

OBWOHL ES IN Madras fast das ganze Jahr über unerträglich heiß und feucht ist, sind die Temperaturen im Dezember sehr angenehm. Am 19. Dezember 1881 trafen Blavatsky und Olcott am neuen Hauptsitz der Theosophischen Gesellschaft ein. HPB schrieb an Nadja in Russland:

Es ist einfach herrlich hier. Was für eine Luft! Und welch wunderbare Ruhe! Kein Straßenlärm und Geschrei. Ich sitze und schreibe und blicke auf den Ozean, glitzernd und uferlos, als wäre er lebendig ... Wenn er ruhig und sanft ist, gibt es keine bezaubernde Schönheit, besonders in einer Mondnacht. Auf dem tiefblauen Himmel erscheint der Mond hier zweimal so groß und zehnmal heller als euer kleiner europäischer Perlmuttball.[99]

Abb. 13 William Quan Judges Zeichnung des Hauptsitzes der Theosophischen Gesellschaft in Adyar, 1884 (*The Path*, Juni 1892, S. 75).

Während seines Besuches im Jahr 1884[100] zeichnete Judge dieses Bild des Hauptsitzes der Theosophischen Gesellschaft in Adyar bei Madras, als HPB dort wohnte. Ihr Schlafzimmer war im 2. Stock. Später wurde das Haus umgebaut, um die Bibliothek aufzunehmen, bis sie ein eigenes Gebäude hatte.

Heute ist die Theosophische Gesellschaft in Adyar besonders für ihre Bibliothek berühmt. HPB erzählt darüber in ihrem Artikel »Jüngste Entwicklungen in der Theosophie« *(North American Review,* August 1890):

> Unsere Adyar-Bibliothek, mit Liebe und Hingabe von unserem Präsidenten Colonel H. S. Olcott eingerichtet, ist die Krone und der Stolz der Theosophischen Gesellschaft. Obwohl sie erst seit drei Jahren besteht, verfügt sie bereits über eine große Sammlung orientalischer Werke von größtem Wert – 3 046 Bände – neben mehr als 2 000 Werken in europäischen Sprachen und einer Reihe von seltenen Manuskripten auf Palmblättern.

Fast hundert Jahre später, 1982, besuchte Professor Harold Coward, der Leiter der religionswissenschaftlichen Abteilung an der Universität von Calgary, Kanada, die Bibliothek und berichtete, dass sie »eine große und gut geordnete Sammlung von ungefähr 17 300 Manuskripten und 160 000 Büchern« umfasst, und der bekannte Sanskrit-Spezialist an der Harvard Universität, Daniel Ingalls, bezeichnet die Bibliothek als »eine der wichtigsten Sammlungen von Sanskrit-Manuskripten auf der Welt«.[101] Olcotts Ziel war »eine Wiederbelebung der ursprünglichen hinduistischen und buddhistischen Traditionen in Indien und Ceylon ... Deshalb wurde besonders auf buddhistische und hinduistische Texte Wert gelegt, zu einer Zeit, als die traditionellen Quellen durch den Einfluss der britischen Kultur unterbewertet wurden«.[102]

Es ist interessant, dass Subba Row, der zweifellos der intelligenteste und gebildetste aller Hindu-Theosophen war, keine Kenntnis der Sanskrit-Literatur besaß, bevor er HPB und Olcott begegnete. Als Student erhielt er das Lord-Elphinstone-Stipendium des Presidency College in Madras, später den Elphinstone-Preis für seine englischsprachigen Essays und eine weitere Auszeichnung für seine Leistungen im Studienfach Psychologie[103], aber er zeigte kein Interesse für Mystik, Metaphysik oder die Klassiker der indischen Religionen. Nach Subba Rows frühem Tod im Alter von 34 Jahren sprach Olcott mit seiner Mutter (die selbst eine gebildete Brahmanin war[104]) über die Interessen ihres Sohnes:

Sie erzählte mir, dass er erst über Metaphysik zu sprechen begann, nachdem er mit den Gründern der Theosophischen Gesellschaft Kontakt aufgenommen hatte; es begann mit einem Briefwechsel zwischen ihm und HPB und Damodar und wurde zum persönlichen Kontakt, nachdem er die Gründer 1882 in Madras getroffen hatte. Es war, als ob eine Schatzkammer lang vergessener okkulter Erfahrungen plötzlich für ihn geöffnet würde; er erinnerte sich an seine letzte Inkarnation, er erkannte seinen Guru und stand mit ihm und anderen Mahatmas in Verbindung, mit manchen persönlich in unserem Hauptsitz, mit anderen an anderen Orten und durch Briefe. Er erzählte seiner Mutter, dass HPB eine große Yogini sei und dass er in ihrer Gegenwart viele seltsame Phänomene gesehen habe.[105]

Subba Row schrieb an einen Freund:

Die okkulten Bruderschaften überall auf der Welt haben es jetzt zur Regel gemacht, dass der Zugang zu ihren Reihen durch die »Theosophische Gesellschaft« gesucht werden muss. Es ist kein Vertrauensbruch, wenn ich dir sage, dass mir persönlich viele Fälle von Chelas bekannt sind – einer darunter ist ein sehr hoch entwickelter Chela –, ... deren Gurus darauf bestanden, dass sie der Gesellschaft beitreten, andernfalls würden sie die Verbindung mit ihnen abbrechen.[106]

Das entspricht dem, was einer der Meister an Sinnett schrieb: »An dieser Bewegung ist mehr, als Sie im Leisesten ahnen, und die Tätigkeit der Theosophischen Gesellschaft ist ein fester Bestandteil von ähnlichen Unternehmungen, die im Geheimen in der ganzen Welt existieren und zusammenarbeiten.«[107]

Subba Row war indes mit der Zeit immer weniger nützlich für die theosophische Sache geworden. Der Grund dafür war sein immer stärker werdender brahmanischer Ausschließlichkeitsanspruch. Als Hodgsons Anschuldigungen über HPBs Phänomene erschienen, sagte Subba Row zu ihr:

Sie haben sich eines schrecklichen Verbrechens schuldig gemacht. Sie haben Geheimnisse des Okkultismus preisgegeben – die heiligsten und die verborgensten. Eher sollen *Sie geopfert werden,* als die Dinge, die nie dazu bestimmt waren, Europäern gelehrt zu werden. Die Menschen haben *zu viel Vertrauen* in Sie gesetzt. Es wurde Zeit, Zweifel in ihr Bewusstsein zu säen. Sonst hätte man *alles aus Ihnen* herausgeholt, *was Sie wissen.*[108]

Um Neujahr 1883, als ihr Verhältnis zu Subba Row noch ungetrübt war, wurde HPB in seinem Beisein im Hauptsitz von einem Fremden besucht. Wer ihn kannte, hätte nie gedacht, dass er je die Schwelle eines Zentrums der Theosophie überschreiten würde. Er selbst erzählt:

> In der Halle der Theosophischen Gesellschaft wurde ich zuerst HPB von Mr. Damodar K. Mavalankar als »R. J.« und »Veritas« vom *Philosophic Inquirer* vorgestellt. Sie saß in einem Sessel, umgeben von einer kleinen Gruppe von Bewunderern. Ihr erster Eindruck auf mich war – sie ist nicht von dieser Welt. Sie hatte strahlende, aber schreckliche Augen unter markanten Augenbrauen. Körperlich eine Frau, im Reden ein Mann, der äußeren Erscheinung nach erdverbunden, in Wirklichkeit ein Wesen des Himmels ...
>
> »Ah!«, rief sie aus, »ich habe erwartet, dass Sie eines Tages zu mir kommen.« Ich fragte sie, wie sie mich erwarten könne, da sie eine Theosophin war und ich Atheist. Sie bat Mr. Damodar um ihr Sammelalbum und zeigte mir Zeitungsausschnitte meiner Vorträge über »Kapila, Buddha und Shankara«, danach sagte sie, sie lese meine Beiträge im *Philosophic Inquirer* sehr aufmerksam und schätze sie, weil sie einen Geist ausstrahlten, der auf der Suche nach der Wahrheit ist. Da der Säkularismus meinem höheren Trachten nicht Genüge tun konnte, schloss sie verständlicherweise daraus, dass ich sie aufsuchen würde, um mehr Aufklärung über das Problem aller Probleme zu suchen – das Mysterium von Leben und Tod.
>
> Dann fragte mich HPB, was ich wissen wolle. Ich befragte sie nach einigen scheinbar schwierigen Themen, die ich über Nacht sorgfältig ausformuliert hatte. Als Mitglied der National Secular Society von England tröstete ich mich mit dem Glauben, dass die Probleme, die ich ihr präsentierte, unlösbar sind, und dass sie ihren feinen philosophischen Intellekt auf die Probe stellen würden.
>
> Zu meinem großen Erstaunen griff sie eine Frage nach der anderen auf und beantwortete jede sehr ausführlich und zufrieden stellend. Sie opferte fast drei Stunden [jenes Tages], um meine Fragen zu beantworten. Die Reihe von historischen, philosophischen und wissenschaftlichen Fakten, die sie zur Unterstützung ihrer starken und unwiderlegbaren Argumente aufführte, verwirrten meinen eigenen armseligen Intellekt. Alle waren gebannt. Einen besonderen Punkt ihrer Antworten muss ich herausgreifen. Ihre Beherrschung der verschiedenen Themen war so umfassend, dass in ihren Antworten alle Nebenfragen berührt und gänzlich geklärt wurden. Am

zweiten und dritten Tag beschäftigten wir uns mit denselben Problemen, und das Interesse der Anwesenden nahm täglich im Verhältnis zu meinen immer komplizierteren Fragen und ihren äußerst überzeugenden Antworten zu ...

Nach der Beantwortung all meiner Fragen, die ich so sorgfältig und unter vollem Einsatz meiner Bildung und meines atheistischen Wissens gestellt hatte, fragte sie mich am dritten Tag fröhlich, ob ich noch etwas zu sagen hätte. Bereitwillig und offen antwortete ich, dass »mein Vorrat erschöpft sei« und das löste minutenlanges Gelächter unter der ganzen Gesellschaft aus.

Ich hatte geglaubt, Theosophie wäre wie eine der vielen Religionen auf der Welt und dass HPBs Wissen und Intelligenz ein bisschen über das eines gewöhnlichen Studenten hinausgeht. Ermutigt durch diesen hastigen Gedanken »ging ich, um zu scheren, und kehrte geschoren zurück«. Ich war froh, von ihr geschlagen worden zu sein, denn meine Niederlage war ein immenser Gewinn für mich, da sie mir die Augen für die Einsicht geöffnet hatte, auf welch unsicherem Boden ich damals stand. In drei Tagen zerstörte sie mein in sieben Jahren erworbenes Wissen atheistischer Theorien ...

Diese Frau, die ein solches Übermaß an Intelligenz, Weisheit und Kraft besaß, wollte nun von mir wissen, was ich von der Theosophie hielte und ob ich der Gesellschaft, wenn ich von der Wahrheit der Theosophie überzeugt sei, nicht beitreten wolle, um die Bewegung zu unterstützen. Sie sagte, sie habe die Theosophische Gesellschaft im Auftrag ihres Gurus, eines indischen Mahatma, eines Rishi, gegründet, um das Wissen von Brahma-Vidya, der Weisheitsreligion, zu verbreiten. Aber zu ihrem Bedauern hielten sich viele intelligente und gelehrte Hindus von der Bewegung fern und misstrauten ihr persönlich aufgrund ihrer westlichen Herkunft und Rasse. Bereitwillig erklärte ich, ich würde Mitglied werden und für die heilige Sache leben und sterben, so lange noch ein Funke diesen Körper beseele ...

Seitdem arbeite ich für die Theosophische Gesellschaft, immer im Bewusstsein meines heiligen Versprechens gegenüber HPB, die meine Augen geöffnet und meine Unwissenheit erleuchtet hat. Sie lenkte meine Aufmerksamkeit auf die wertvollen und erhabenen Edelsteine des Wissens, das tief in den Bergen der Weisheit des Orients ruht. Sehr freundlich und mütterlich gab sie mir den Rat, die Upanishaden zu lesen, die Schopenhauers »Trost im Leben und Trost im Sterben« waren.[109]

◆

Im Gegensatz zu den vorangegangenen Jahren mit ausgedehnten Reisen war 1883 ein Jahr, das HPB zumeist im Hauptsitz verbrachte. So konnte sie dem *Theosophist* mehr Zeit widmen und schrieb fast 700 Seiten ihrer *Collected Writings* in diesem Jahr. Die große Bandbreite der behandelten Themen kann aus den Titeln ihrer Artikel ersehen werden: »Die Religion der Zukunft«, »Die Schreckbilder der Wissenschaft«, »Ist Abtreibung ein Verbrechen?«, »Die Kraft zu heilen«, »Karma«, »Chelas und Laien-Chelas«, »Die Bewegungen der Lebensatome«, »Das siebenfache Prinzip in der Esoterik«, »Zoroastrismus im Licht der okkulten Philosophie«, »Projektion des Doppels«, »Das Wesentliche der Religion«, »Der heilige Kumbum-Baum«, »Die Grundlage des Fastens« und »Die Seele der Dinge«.

»Das siebenfache Prinzip in der Esoterik« behandelt die siebenfältige Natur der Menschheit und des Kosmos, eine Grundlehre der Theosophie. Angewandt auf die Menschen, spricht man von den sieben Prinzipien. Die folgende Tabelle ist HPBs *Schlüssel zur Theosophie* entnommen und adaptiert, die kursiv gedruckten Wörter sind die Entsprechungen im Sanskrit.[110]

DIE VERGÄNGLICHE VIERHEIT

1. Physischer Körper *(Rupa)*
2. Astralkörper *(Linga Sharira)*
3. Lebens- oder Vitalprinzip *(Prana)*
4. Tierische Wünsche und Empfindungen *(Kama Rupa)*

DIE UNVERGÄNGLICHE TRIADE

5. Geist [Verstand und Vernunft] *(Manas)*
6. Spirituelle Seele *(Buddhi)*
7. Reiner Geist *(Atma)*

Manas, oder Geist, wird, sagt man, während der Inkarnation dual; jener Teil, der mit der Vierheit verbunden ist, wird Niederes Manas oder Gehirnverstand genannt; jener, der mit Buddhi und Atma vereint ist, wird Höheres Manas oder Intuition genannt. HPB sagt: »Der künftige Zustand und die karmische Bestimmung des Menschen hängen davon ab, ob Manas mehr nach unten zum Kama Rupa, dem Sitz der tierischen Empfindungen hinstrebt, oder aufwärts zu Buddhi, dem spirituellen Ego«, aus dem die Stimme des Gewissens und das Gefühl allumfassender Liebe und des Mitgefühls kommen. Sie definiert *ATMA* als »eins mit dem Absoluten, als dessen Ausstrahlung«.[111]

Diese sieben Prinzipien sind ein Schwerpunkt in Sinnetts Buch *Esoterischer Buddhismus* (1883). Die Leser waren erstaunt. Die zweifache Unterteilung in Körper und Seele war alles, worüber sie in der protestantischen und der katholischen Kirche gehört hatten, und dabei war noch nicht einmal klar, ob der Mensch eine Seele *ist* und einen Körper *hat* oder umgekehrt. Die meisten Menschen waren überzeugt, dass sie ihr Körper sind, weil die Kirche lehrte, dass ihr Fleisch und Gebein auferstehen müssen, um in den Himmel zu gelangen! Folglich wurde die Seele zu einem vagen Etwas, das herumschwebt und nur wenig Einfluss auf das Leben hat.

In der Theosophie heißt es, die siebenfache Einteilung treffe nicht nur auf den Menschen zu, sondern auch auf alle anderen Bereiche, einschließlich des Mineralreiches. Die Unterschiede zwischen den Bereichen hängen davon ab, wie viele der sieben Prinzipien latent und wie viele aktiv sind. Nur im vollkommen gewordenen Individuum sind alle sieben Prinzipien aktiv. Allen ist gemeinsam, dass alles von Leben erfüllt ist und sich entwickelt und die Kraft hat, Eindrücke aufzuzeichnen und zu reflektieren.

Durch diese Kraft kann die Wissenschaft der Psychometrie verstanden werden. Der Artikel »Die Seele der Dinge« im *Theosophist* behandelt die psychometrischen Untersuchungen des amerikanischen Geologen Professor William Denton in seinem dreibändigen Werk mit dem gleichen Titel. In einem Brief an Nadja beschreibt HPB ein anderes Beispiel dieser faszinierenden Kraft:

> *Ich erhielt dein Paket mit* Novoje Vremjas *und ging kurz nach zehn zu Bett (du weißt, ich stehe um fünf auf). Ich hatte wahllos eine der Zeitungen mitgenommen, einfach die nächstliegende, streckte mich und dachte angestrengt über ein bestimmtes Sanskrit-Buch nach, von dem ich meinte, dass es mir helfen würde, mich in meiner Zeitschrift über Max Müller lustig zu machen. Du siehst also, dass ich überhaupt nicht an dich dachte. Die Zeitung lag die ganze Zeit hinter meinem Kopf auf dem Kissen und bedeckte zum Teil meine Stirn. Da fühlte ich plötzlich, wie ich in ein fremdes und doch vertrautes Haus versetzt wurde. Das Zimmer war neu für mich, aber der Tisch in der Mitte war mir seit langem bekannt. Und dort, am Tisch sitzend, sah ich dich – dich,*

meine liebe Kameradin, du rauchtest eine Zigarette, tief in Gedanken versunken. Das Abendessen stand auf dem Tisch, aber sonst war niemand im Zimmer. Es schien mir nur, dass ich einen kurzen Augenblick Tante Katharina durch die Tür gehen sah. Dann hobst du die Hand, nahmst eine Zeitung vom Tisch und legtest sie beiseite. Ich hatte gerade noch Zeit, die Zeitung zu erkennen: Herald of Odessa, *danach verschwand alles. Daran ist noch nichts Seltsames, aber nun kommt es:*

Ich war vollkommen sicher, dass ich eine Nummer von Novoje Vremja *in mein Zimmer genommen hatte. Und da ich in meiner Vision einige Scheiben Schwarzbrot neben dir gesehen hatte, war ich plötzlich von dem Verlangen gepackt, davon zu kosten – sei es auch nur ein Krümel –, um den Geschmack in meinem Mund zu spüren. Ich dachte noch, was soll das alles bedeuten? Was ist der Grund für eine solche Einbildung? Und um diesen Wunsch loszuwerden, der nicht erfüllt werden konnte, entfaltete ich die Zeitung und begann zu lesen. Und siehe da! es war der* Herald of Odessa, *und nicht* Novoje Vremja, *und obendrein klebten Krümel meines heißersehnten Brotes daran!*

Und so haben diese Fragmente durch das Berühren meiner Stirn die ganze Szene, wie sie sich wahrscheinlich abgespielt hat, als die Krümel auf die Zeitung kamen, in mein Bewusstsein übertragen. In diesem Fall haben die Krümel von Schwarzbrot die Stelle eines Fotoapparats eingenommen. Diese trockenen Stückchen Brot haben mir so viel Freude gemacht, für einen kurzen Moment haben sie mich zu dir gebracht. Ich war ganz erfüllt von der Atmosphäre zu Hause, und in meiner Freude leckte ich den größten Krümel auf, und was die kleinen betrifft – hier sind sie, ich habe sie ausgeschnitten, wie sie auf der Zeitung klebten und sende sie dir zurück. Sollen sie nach Hause zurückkehren mit einem Stück meiner eigenen Seele.[112]

Nadjas Interesse an der Theosophie reifte mit den Jahren, und im August 1883 war sie maßgeblich an der Gründung einer Niederlassung der Theosophischen Gesellschaft in Odessa beteiligt, deren Präsidentin sie wurde.[113]

3 »India, Farewell«

WEGEN MEINUNGSVERSCHIEDENHEITEN unter den Mitgliedern gab die Theosophische Gesellschaft in London den Gründern HPB und Olcott im Jahr 1883 viel Anlass zur Sorge. Inzwischen waren die Sinnetts nach London übersiedelt, denn im November 1882 war Sinnett beim *Pioneer* gekündigt worden. Im März 1883 verließ die Familie Sinnett Indien, und nach einem kurzen Besuch in Italien traf sie Mitte Mai 1883 in England ein.

Die Londoner Loge hatte im Januar eine neue Präsidentin gewählt, die Ärztin Anna Bonus Kingsford, die – ebenso wie ihr enger Freund und Kollege Edward Maitland – mehr der gnostisch-christlichen und der ägyptisch-hermetischen Philosophie zugetan war als den Lehren des Ostens, die den Sinnetts und vielen anderen Mitgliedern näher lagen. Obwohl Dr. Kingsford an der Existenz der Meister zweifelte, unterstützten diese sie sowohl als Vorsitzende wie auch in ihrem Interesse an den esoterischen Lehren des Westens.[114] Kingsfords Bücher über das esoterische Christentum waren weithin bekannt, insbesondere *The Perfect Way or the Finding of Christ* (Der vollkommene Weg oder die Begegnung mit Christus), 1882. Auch lobten die Meister ihren mutigen Kampf gegen die Vivisektion.[115] In ihrer Jugend hatte sie an einer Fuchsjagd teilgenommen, wobei der Anblick der verstümmelten Tierkörper sie dazu bewegt hatte, sich gegen jede Form von Grausamkeit zu wenden – ein Empfinden, das sich während ihres Medizinstudiums in Paris noch intensiviert hatte, wo sie gezwungen war, die qualvolle Behandlung von Versuchstieren mit anzusehen.

Die Londoner Loge war nicht die einzige, die in Komplikationen steckte, wie ein Brief von HPB vom 17. Mai 1883 an Emilie de Morsier offenbart, die sich bei HPB über Streitereien in der Pariser Loge beschwert hatte:

Liebe Schwester und Freundin, Sie lassen sich zu leicht beeindrucken und sind zu enthusiastisch; doch mich beeinflussen die Exzesse anderer nicht, und nichts wird mich auf meinem Weg wankend machen, nachdem ich einmal eine Reise begonnen habe. Möchten Sie wissen weshalb? Weil ich schon vor zwanzig Jah-

ren meinen Glauben an die Menschheit als Einzelpersonen verloren habe, sie aber kollektiv liebe und für sie als Ganzes tätig bin, anstatt für Einzelpersonen. Das ist mein Weg: Ich glaube nicht mehr an Vollkommenheit, weder an Unfehlbarkeit noch an Makellosigkeit des Charakters.

Jeder von uns gleicht einem Stück Kohle, mehr oder weniger schwarz und stinkend – pardon. Doch gibt es kaum davon ein Stück, das dermaßen schmutzig und abstoßend sein könnte, dass es nicht auch Atome enthielte, die den Keim zu einem künftigen Diamanten bergen. Auf diese Atome hefte ich meinen Blick; das andere sehe ich nicht und will es nicht sehen. Da ich für andere tätig bin und nicht für mich selbst, erlaube ich mir, diese Atome für die gemeinsame Sache zu nutzen. * *Daher sehe ich in Mr. Fortin nichts und habe nie anderes gesehen als seine Talente und praktischen Fähigkeiten zur Offenlegung der Wahrheit. Unbestreitbar verfügt er über wissenschaftliche Bildung, und ebenso ist seine Frau eine überdurchschnittliche Persönlichkeit. Und ich sehe nicht ein – selbst wenn er noch hundertmal schlimmer wäre –, weshalb man ihn nicht für die gemeinsame Sache, zum Wohl der Menschheit einsetzen sollte ... Alles hat eine gute und eine schlechte Seite. Wir sollten nur das Gute akzeptieren und nur das Brauchbare nutzen. Alles Schlechte mag sich das Genick brechen ...*

*Unsere Gesellschaft predigt universale Brüderlichkeit und Liebe, überlässt es jedoch ihren verschiedenen Sektionen, sich zu umarmen oder nicht... Warum sollten Sie nicht, wenn Sie mit Leymarie und Dr. Fortin Meinungsverschiedenheiten haben ... eine separate Loge gründen können, die Sie zum Beispiel – im Gegensatz zur »Spiritistischen Gruppe der Theosophischen Gesellschaft« unter Leymarie und zur »Wissenschaftlichen Gruppe der Theosophischen Gesellschaft« unter Dr. Fortin – die »Noologische Gruppe der Theosophischen Gesellschaft«*** *oder etwas in der Art nennen könnten? Solche unabhängigen Forschungs- und Experimentierzentren brauchen wir ... Raum gibt es für jeden. Machen Sie sich an die Arbeit, ohne sich um die anderen zu kümmern ... Die Abgeordnetenkammer ist nur ein Raum, aber wie viele Parteien sie enthält! – Alle arbeiten*

* Hierin mag die Antwort auf die häufig gestellte Frage liegen, warum HPB mit ihren angeblich okkulten Kräften oft Menschen ihre Freundschaft schenkte, die später ihre Feinde wurden. Sie hat einmal Seneca zitiert: »Wenn ein anderer undankbar ist, dann ist das seine Schuld; es ist meine, wenn ich nicht gebe. Um einen dankbaren Menschen zu finden, muss ich vielen nachsehen, dass sie es nicht sind.« *(Lucifer,* August 1888, S. 421).

** Noologisch kommt aus dem Griechischen *(nous)* und bedeutet »Geistseele«; in der Theosophie bezeichnet es die höhere Seele oder Buddhische Natur.

sie fürs Vaterland, oder glauben es zumindest (was dasselbe ist) und haben mehr oder weniger dessen Ruhm im Auge. Arbeiten Sie daher für die Wahrheit. Nicht ein einziges Atom Ihrer Arbeit wird vergebens sein.[116]

Im Dezember erkrankte HPB, und bei der Jahrestagung der Theosophischen Gesellschaft in Adyar, im gleichen Monat, erschien sie auf Krücken. Ihr Zustand verschlimmerte sich, und Anfang 1884 warnten ihre Ärzte, dass ein Klimawechsel nötig sei, wenn sie überleben wolle. Man sorgte dafür, dass Olcott sie nach Frankreich begleitete. Er wollte in London bei der britischen Regierung für die Bewohner Sri Lankas [damals Ceylon] für deren freie Religionswahl intervenieren, die ihnen seit Jahrhunderten versagt worden war. Während dieser Zeit in London konnte er zugleich eine friedliche Regelung der Probleme in der Londoner Gesellschaft herbeiführen.

Während HPBs Abwesenheit wurde T. Subba Row zum Herausgeber der Zeitschrift *The Theosophist* gewählt; ferner wurde für die Zeit der Abwesenheit der Gründer ein Kontrollausschuss zur Abwicklung der Geschäfte berufen. Eine wichtige Rolle spielte in diesem Ausschuss Dr. Franz Hartmann, der im Dezember aus den Vereinigten Staaten nach Madras kam und etwas über ein Jahr in Adyar blieb.

1838 in Bayern geboren, war Hartmann als junger Arzt in die USA emigriert und amerikanischer Staatsbürger geworden. Um diese Zeit war der Spiritismus sehr populär, doch Hartmann, überzeugt, es handele sich um Schwindel, zeigte kein Interesse – bis er Zeuge einer Reihe von bemerkenswerten Séancen wurde. In seiner Autobiographie schreibt er:

> Als meine Verblüffung ihren Höhepunkt erreicht hatte und ich nicht mehr glaubte, jemals Genaueres über diese Manifestationen zu erfahren ... fiel mir eine Nummer des *Theosophist* in die Hände. Er enthielt einen Artikel über die siebenfältige Natur des Menschen (in der Theosophie oft auch die sieben Prinzipien genannt). Es kam über mich wie eine Offenbarung; dies schien mir den Schlüssel zu jenen Geheimnissen zu liefern, für die ich schon so lange eine Erklärung gesucht hatte. Ich war hocherfreut über diese Entdeckung, und es war nun mein größter Wunsch, Madame Blavatsky persönlich kennen zu lernen und von ihr mehr über die Geheimnisse von Leben und Tod zu erfahren.[117] (Nachdem er ihr geschrieben hatte, erhielt er einen Brief von Olcott, mit dem er nach Adyar eingeladen wurde.)
> Schon am ersten Tag nach meiner Ankunft in Adyar erhielt ich von Ma-

> dame Blavatsky unerbeten und unerwartet davon eine Probe. Ich begab mich in ihr Zimmer und fand sie am Schreibtisch arbeitend vor.
> Da ich sie nicht unterbrechen wollte, setzte ich mich unweit des Fensters nieder, in Gedanken beschäftigt mit einer Freundin von mir, die vor einigen Jahren in Galvestone verstorben war; ich fragte mich, was wohl aus ihren »Prinzipien« geworden sei. Ich bemerkte, dass Madame Blavatsky das Blatt umwandte und gedankenverloren in die Ferne blickend mit ihrem Bleistift zu spielen schien. Dann überreichte sie mir dieses Blatt. Es enthielt die Antwort auf die Frage, die ich mir soeben gestellt hatte. Es war eine Zeichnung, die den Leichnam meiner Freundin, auf dem Boden ausgestreckt, darstellte, während ein Elemental an ihrer Seite stehend das Entweichen der Astralseele beobachtete; der Eingang ihres Geistes in höhere Sphären war durch einen Regenbogen angedeutet.
> Ähnliche Beweise ihrer okkulten Fähigkeiten erhielt ich noch öfter von H. P. Blavatsky...[118] Doch das Überraschendste war für mich die Tatsache, dass ich meine Fähigkeit entdeckte, Artikel über okkulte Themen für den *Theosophist* zu verfassen und ohne jede Vorbereitung öffentliche Vorträge über dieses Thema zu halten, die in Indien wie auch später in Amerika, Deutschland und Italien interessierte und aufgeschlossene Zuhörerkreise fanden, und das, obwohl ich, ehe ich nach Indien kam, noch nie in meinem Leben einen öffentlichen Vortrag gehalten hatte.

In späteren Jahren verfasste Hartmann umfangreiche wissenschaftliche Werke über metaphysische Themen; besonders bekannt wurde sein »Leben des Paracelsus«.[119]

Eine der Aufgaben des Kontrollausschusses bestand in der Überwachung zweier Angestellter – eines Ehepaares, Emma und Alexis Coulomb – die, erst in Bombay, dann in Madras in einem Haus der Theosophischen Gesellschaft wohnten. Emma war Haushälterin, Alexis gelernter Tischler und Hausmeister. Bevor sie nach Indien kamen, hatten sie eine Weile in Sri Lanka gelebt, wo sie völlig verarmten und sich um Hilfe an HPB wandten. HPB kannte Emma schon aus ihren Tagen in Kairo, als sie nach dem Schiffbruch vor der griechischen Küste selbst in einer schwierigen Lage war. Da Madame Coulomb – damals noch Miss Cutting – sich in Kairo um HPB gekümmert hatte, war es nur natürlich, dass diese ihr jetzt half.

1884, während HPB und Olcott in Europa waren, entließ der Kontrollausschuss in Adyar das Ehepaar aus seinem Dienst wegen unehrenhaften Verhaltens, wozu auch der Missbrauch von Geldern der Gesellschaft gehörte. Voller Zorn nahmen die Coulombs Zuflucht bei den christlichen Missionaren in Madras. Bald darauf gaben die Missionen bekannt, dass die Coulombs gestanden hätten, HPB bei der Erzeugung von betrügerischen Phänomenen geholfen zu haben. Madame Coulomb behauptete auch, aus ihrer Zeit in Kairo wisse sie, dass HPB eine Frau von lockerer Moral gewesen sei. 1879 freilich, als die Coulombs in Sri Lanka lebten, hatte Madame Coulomb zur Verteidigung von HPB auf eine Attacke in der dortigen Presse (in der Anglo-Indian Ceylon *Times*, 5. Juni 1879) folgende energische Entgegnung verfasst:

> Ich bin mit niemandem aus der Theosophischen Gesellschaft bekannt, ausgenommen Madame Blavatsky. Diese Dame kenne ich nun seit acht Jahren und ich sage die Wahrheit, wenn ich behaupte, dass gegen ihren Charakter nichts einzuwenden ist. Wir lebten in der gleichen Stadt; im Gegenteil, sie galt als eine der klügsten Frauen der Zeit. Madame B. ist Musikerin, Malerin, Linguistin und Autorin und ich kann sagen, dass nur sehr wenige Damen und besonders Herren über eine derart glänzende Bildung verfügen wie sie.[120]

Als sich Blavatsky und Olcott auf ihre Reise nach Europa vorbereiteten, hatten sie keinerlei Vorahnungen irgendwelcher Schwierigkeiten mit den Coulombs. Am 20. Februar 1884 hatten sie Indien in Begleitung von HPBs Diener Babula und etlichen anderen Hindus verlassen, unter ihnen auch Mohini. Von Bombay fuhren sie mit dem Schiff nach Marseille, wo sie am 12. März 1884 eintrafen.

DIE SIEBEN MONATE, die HPB und Olcott 1884 in Europa verbrachten, waren keineswegs eine Zeit der Ruhe und Stille, wie vom Arzt empfohlen, sondern der intensiven Arbeit, in der die Theosophie beträchtlich an Ansehen gewann und sogar bei Intellektuellen en vogue wurde. Wo die beiden Gründer sich auch sehen ließen, überall waren sie begehrt. Der Dritte, William Q. Judge, verbrachte auf dem Weg von Amerika nach Indien mehrere Monate in Frankreich bei HPB – »auf Weisung des Meisters«, wie HPB sagte, »um mir beim Schreiben der *Geheimlehre* zu helfen«.[121]

Nach ihrer Ankunft in Marseille hatten Blavatsky und Olcott eine Woche in Nizza verbracht – als Gäste von Lady Caithness (Herzogin de Pomar) auf Schloss Tiranty, einer ihrer Residenzen. Als gebürtige Spanierin war sie in erster Ehe mit dem Herzog de Pomar und nach seinem Tod mit dem Earl of Caithness verheiratet gewesen. Als dieser starb, ließ sie sich in Paris nieder, wo sie die Société Théosophique d'Orient et d'Occident gründete.

Von Nizza aus reisten HPB und Olcott nach Paris, wo sie mit Judge und Mohini zusammentrafen. Die vier logierten in der rue Notre-Dame des Champs 46, von Lady Caithness zur Verfügung gestellt und ihr Hauptquartier während ihres Pariser Aufenthalts.

»Die Arbeit der Theosophen in Europa erregt beträchtliche Aufmerksamkeit in der führenden Presse«, schreibt Michael Gomes. »Am 1. April brachte *Le Rappel,* die Zeitung von Victor Hugo, einen dreispaltigen Artikel über die Verbreitung der Theosophie; *Le Temps* folgte am nächsten Tag. *Le Matin* veröffentlichte am 21. April eine Reportage über die Ankunft von Theosophen aus allen Teilen der Welt zu einer Tagung in Paris.«

Am gleichen Tag veröffentlichte die *British Morning News* in Paris ein Interview mit HPB und gab bekannt, dass am 10. Mai in der »luxuriösen« Residenz der Lady Caithness im Pariser Vorort St. Germain eine große *Conversazione* zu ihren Ehren stattfinden werde.[122]

Judge erstattete Olcott, der bald nach seiner Ankunft von Paris nach London gereist war, folgende Meldung:

> Ihr werdet in den USA bald wieder weit verbreitet sein. Th. Child, der eine wöchentliche Kolumne in der N. Y. *Sun* schreibt, hat sich für diesen Abend angemeldet, ebenso der Pariser Korrespondent der *Chicago Tribune.*[123]

HPB hielt noch in verschiedenen anderen Privathäusern in Paris Diskussionen ab, die Lady Caithness später als Grundlage für ihr Buch *The Mystery of the Ages* dienten.[124]

In London angekommen, setzte Olcott eine Sitzung für den 7. April an, um Ämter neu zu besetzen und die Differenzen zwischen den Kingsford- und Sinnett-Gruppen zu schlichten. HPB war aufgefordert worden zu kommen, hatte jedoch abgelehnt.[125] Am Abend zuvor hatten HPB und Judge in Paris Erinnerungen an ihre Zeit in New York ausgetauscht. Am nächsten Tag schrieb Judge an Laura Holloway, eine New Yorker Freundin:

> Als wir beieinander saßen, spürte ich das altbekannte Signal, das eine Botschaft des Meisters ankündigte und sah, dass HPB aufhorchte. Sie sagte: »Judge, der Meister sagt, wir sollen erraten, welche außergewöhnliche Anweisung er jetzt geben könnte.« Ich sagte: »Mrs. Kingsford zur Präsidentin der Londoner Loge zu ernennen.« »Falsch, versuchen Sie es nochmals«, sagte HPB. »HPB soll Weisung erhalten, nach London zu fahren.« Das war richtig geraten, und er befahl ihr, den Express um 7.45 Uhr zu nehmen und erwähnte gleich alle Zwischenstationen und die genauen Ankunftszeiten bis London. Sie stimmten alle; wir hatten keinen Fahrplan im Haus. Dieser Auftrag war ihr sehr unangenehm, und ich kann dir versichern, angesichts ihres schlechten Gesundheitszustands und ihrer derzeitigen Unförmigkeit war diese Reise sehr schlimm. Doch gestern Abend brachte ich sie dann mit ihrer kleinen Handtasche zum Bahnhof. Diese Anweisung muss einen besonderen Grund gehabt haben, denn sonst hätte sie mit Olcott fahren können ...
>
> Immer wieder kam sie darauf zurück, sie könne nicht einsehen, weshalb sie diese Weisung erhalten habe; die Londoner werden denken, es sei der besonderen Wirkung wegen, denn vorher hatte sie sich geweigert zu kommen, und Olcott wird sicherlich seinem Ärger Luft machen, wenn er sie sieht. Aber die Londoner Situation ist ernst, und es ist möglich, dass sie vorhaben, dort durch die Vorführung einiger Phänomene letztlich gute Resultate zu erzielen. Also bleibe ich hier allein zurück und werde am Buch *(Die Geheimlehre)* arbeiten.[126]

Als HPB in London zur Sitzung eintraf, hatten die Wahlen bereits stattgefunden; Mrs. Kingsford war verstimmt, dass sie nun nicht mehr Vorsitzende war und ein Mr. Finch an ihre Stelle rückte. Sinnett wurde Vize und Sekretär zugleich, und Francesca Arundale Schatzmeisterin. Die Atmosphäre war konfliktgeladen. Ein neues Mitglied, der britische Geistliche Charles Leadbeater, berichtete davon Folgendes:

> ... Plötzlich wurde mit einem Ruck die gegenüberliegende Tür geöffnet und herein kam mit schnellem Schritt eine korpulente Dame in Schwarz und ließ sich am äußersten Ende unserer Bank nieder. Ein paar Minuten lauschte sie dem Hin und Her auf dem Podium, dann zeigte sie sichtliche Zeichen von Ungeduld. Als sich nichts änderte, sprang sie auf und rief in militärischem Befehlston das eine Wort: »Mohini«. Dann schritt sie geradewegs durch die Tür auf den Flur. Der würdevolle, vornehme Mohini eilte durch den langen Raum herbei, und als er auf dem Flur angelangt war, warf er sich unverzüglich der Dame in Schwarz zu Füßen.
> Viele Leute erhoben sich verwirrt von den Plätzen, wussten nicht, was passierte. Einen Augenblick später stürzte Sinnett zur Tür, wechselte draußen ein paar Worte, kam zurück und rief mit tönender Stimme:
> »Darf ich der Londoner Loge vorstellen – Madame Blavatsky.« Was jetzt geschah, war nicht zu beschreiben. Die Mitglieder, wild begeistert, aber gleichzeitig voller Ergriffenheit, umringten unsere Gründerin von allen Seiten, wobei einige ihr die Hand küssten, andere vor ihr auf die Knie fielen und zwei oder drei hysterisch zu schluchzen begannen.[127]

Nunmehr übernahm HPB die Leitung der Sitzung und verlangte eine Erklärung über den würdelosen Zustand der Loge. Dann konferierte sie privat mit den Amtsinhabern, und man kam überein, dass Mrs. Kingsford eine neue Gruppe bilden sollte, The Hermetic Lodge genannt, während die Londoner Loge wie bisher fortbestehen sollte.

Mary Gebhard aus Elberfeld, die bei der Sitzung zugegen war, erzählte später:

> Am 7. des vergangenen April, während der Sitzung der Theosophischen Gesellschaft in Lincoln's Inn, hatte ich eine Vision. Ich hörte aufmerksam Oberst Olcotts Eröffnungsansprache zu, als ich rechts, kurz vor mir, eine sehr hochgewachsene, majestätische Gestalt vor mir sah, in der ich sofort

> den Mahatma erkannte – nach einem Bild, das ich bei Mr. Sinnett gesehen hatte. Er war nicht in Weiß, sondern schien in ein dunkles Material mit farbigen Streifen gehüllt zu sein. Die Vision dauerte nur wenige Sekunden. Soweit ich erfahren konnte, hatten außer mir nur Oberst Olcott, Mohini und – natürlich – Madame Blavatsky den Mahatma gesehen.

Frau Gebhard fügte hinzu, dass es diese Gestalt gewesen sei, der sich Mohini zu Füßen geworfen habe, nicht HPB.[128]

HPB blieb eine Woche in London und wohnte bei den Sinnetts in Ladbroke Gardens, wo sie mit vielen Londoner Theosophen zusammentraf.[129] Sie besuchte auch Sir William Crookes in seinem Laboratorium. Als sie wieder nach Paris reiste, wurde sie bei der Überfahrt über den Kanal von Mary Gebhard und ihrem Sohn Arthur begleitet.[130]

Wieder in Paris, spürte HPB eines Tages das Verlangen, in die Russisch-Orthodoxe Kirche zu gehen. Darüber schrieb sie in einem Brief an ihre Angehörigen:

> Da stand ich, mit weit offenem Mund, als stünde ich vor meiner eigenen geliebten Mutter, die ich seit Jahren nicht gesehen hatte, und die mich nicht wieder erkennen konnte! ... Ich glaube nicht an Dogmen, ich mag auch keine Riten, doch bei meinem Empfinden dem Gottesdienst unserer eigenen Kirche gegenüber ist das völlig anders. Das veranlasst mich zu glauben, dass es meinem Gehirn an einer natürlichen Bremse fehlt. Vermutlich liegt es mir im Blut ... Es wird stets dasselbe sein: tausendmal lieber ist mir der Buddhismus, eine reine Morallehre, die mit den Lehren von Christus vollkommen harmoniert, als der moderne Katholizismus oder Protestantismus. Doch mit dem Glauben der Russisch-Orthodoxen Kirche kann ich noch nicht einmal den Buddhismus vergleichen. Ich kann mir nicht helfen. So ist meine lächerliche, widersprüchliche Natur.[131]

Nach der *Conversazione* im Haus der Lady Caithness, am 10. Mai, besuchte HPB mit Mohini und Judge einen schönen französischen Landsitz in Enghien, nicht weit von Paris, wo sie sich etwa drei Wochen aufhielten. In dieser Zeit schrieb sie ihren Angehörigen, die sie seit zwölf Jahren nicht mehr gesehen hatte, einen Brief, und drängte sie, sie in Paris und Enghien zu besuchen:

> Ich bin meinen kosmopolitischen Freunden und Interviewern und anderen neugierigen Quälgeistern davongelaufen, habe Paris für ein paar Tage mit Enghien vertauscht, mit der Villa Croisac, die meinen lieben Freunden Graf und Gräfin d'Adhémar gehört. Sie sind wahre Freunde, die mich nicht nur wegen der Phänomene schätzen. Hier wurde mir eine ganze Zimmerflucht zur Verfügung gestellt, für euch ... Die Gräfin ist eine reizende Frau, eine reiche Amerikanerin (aus Kentucky) und dabei völlig unprätentiös. Auch ihr Mann, wiewohl ein ausgeprägter Aristokrat und Konservativer, ist in seinem Auftreten ganz einfach.[132]

Über HPBs Aufenthalt in Enghien gibt es außer einem Artikel von Judge, dem wir hier einige Auszüge entnehmen, nur wenige Aufzeichnungen.

> Mit allen nur möglichen Annehmlichkeiten wurde unsere geliebte Freundin versorgt, und so konnte sie weiter schreiben, während ich auf ihre Bitte das Manuskript von *Isis entschleiert* durchlas und Hinweise zu einzelnen Themen am Ende jeder Seite anbrachte, die sie für die Vorbereitung der *Geheimlehre* benutzen wollte ...

Es war Brauch, jeden Abend einige Zeit im Salon mit Konversation zu verbringen, und dort wie auch im Speiseraum fanden hin und wieder Phänomene statt, die wahrhaftig nicht interessanter waren als HPBs Worte, mochten sie witzig, ernst oder heiter sein. Oft musizierte die Schwester der Gräfin d'Adhémar auf dem Flügel, und zwar so gut, dass es sogar HPB, selbst keine schlechte Pianistin, entzückte ... Ich erinnere mich besonders an eine Melodie, die damals gerade in der Pariser Gesellschaft bekannt geworden war, von der sie so beeindruckt war, dass sie sie immer wieder hören wollte. Diese Melodie vermittelte ein hohes Ideal geistigen Strebens und eine grandiose Naturauffassung. Viele lebhafte Diskussionen zwischen dem Grafen und HPB hatten hier stattgefunden, und oft pflegte sie sich plötzlich an Mohini oder an mich zu wenden, um genau die Gedanken auszusprechen, die uns gerade durch den Kopf gingen ...

Eines Abends, nachdem wir alle schon eine Weile ohne Licht im Salon gesessen hatten, als der Mond sich im See spiegelte und die ganze Natur verstummt war, verfiel HPB in eine nachdenkliche Stimmung. Gleich darauf erhob sie sich und ging ans Eckfenster mit dem Blick aufs Wasser. Sogleich schoss ein sanfter Lichtstrahl ins Zimmer. Sie lächelte. Dieses Abends erinnerte sich die Gräfin d'Adhémar, als sie mir nach HPBs Tod schrieb:

»HPB schien in Gedanken versunken, als sie sich plötzlich von ihrem Stuhl erhob, zum offenen Fenster ging und während sie ihren Arm mit einer bedeutungsvollen Bewegung erhob, erklang leise, ferne Musik, die näher und näher kam und das Zimmer, in dem wir versammelt waren, mit wunderbaren Klängen erfüllte. Mohini warf sich HPB zu Füßen und küsste den Saum ihres Gewands, was uns allen durchaus angemessen erschien angesichts der tiefen Verehrung und Bewunderung, die wir alle für diese wunderbare Frau empfanden, deren Verlust wir auf ewig betrauern werden. Die astrale Musik ging uns allen sehr nahe, und besonders der Graf kommentierte ihre Schönheit und Zartheit, während sie in unbekannter Ferne verklang.«[133]

Erst als HPB wieder nach Paris zurückgekehrt war, trafen Vera und Nadja aus Russland ein; sie blieben bis Ende Juni. Vera war die Schlüsselfigur eines Experiments, das HPB privat vornahm, das aber in England und Russland bekannt wurde. Folgende Aussagen der Anwesenden wurden in der britischen Zeitschrift *Light* (12. Juli 1884) veröffentlicht:

Die Unterzeichneten bezeugen folgende Phänomene:
Am Morgen des 11. Juni dieses Jahres waren wir alle im Empfangsraum der Theosophischen Gesellschaft in Paris in der rue Notre Dame des Champs 46 versammelt, als ein Brief vom Postboten abgegeben wurde. Die Tür des Zimmers, in dem wir saßen, stand offen, so dass wir die Halle sehen konnten; wir verfolgten, wie der Diener auf das Klingeln öffnete, dem Postboten den Brief abnahm und ihn sofort zu uns brachte und ihm Mme. Selikowsky (HPBs Schwester Vera) übergab. Sie warf ihn auf den Tisch, der in unserer Mitte stand. Der Brief war an Mme. Blavatskys Tante Nadja adressiert, die zu Besuch war, und stammte von einer anderen Verwandten in Russland (Tante Katharina). Im Zimmer waren anwesend: Mme. de Morsier, Generalsekretärin der Société Théosophique d'Orient et d'Occident; M. Solowjow, Sohn des bedeutenden russischen Historikers, Attaché am Kaiserlichen Hof, und ein bekannter Schriftsteller; Col. Olcott, Mr. W. Q. Judge, Mohini, Babu und weitere Personen. Auch Mme. Blavatsky saß am Tisch. Mme. Selikowsky bat HPB in einem spontanen Einfall, den Brief zu lesen, ehe das Siegel erbrochen wurde ...
Auf diese Herausforderung hin ergriff Mme. Blavatsky sofort den verschlossenen Brief, hielt ihn an ihre Stirn und las laut vor, was sie als Briefinhalt

> bezeichnete. Obendrein notierte sie den Inhalt auf die leere Rückseite eines alten Briefes, der auf dem Tisch lag. Da ihre Schwester immer noch herausfordernd lachte, versprach HPB den Anwesenden einen noch deutlicheren Beweis, nämlich dass sie in der Lage sei, ihre psychischen Kräfte *innerhalb* des geschlossenen Umschlags einzusetzen. Da, wie sie sagte, ihr eigener Name mehrmals im Brief vorkam, wollte sie ihn innerhalb des geschlossenen Umschlags mit Rotstift unterstreichen. Zu diesem Zweck schrieb sie ihren Namen auf den alten Brief (auf dem die vorgebliche Kopie des Inhalts des versiegelten Briefes geschrieben worden war), dann setzte sie zwei ineinandergreifende Dreiecke, das »Siegel Salomons«, unter die Unterschrift, die sie ebenfalls aus dem Brief kopiert hatte. Dies geschah trotz der Bemerkung ihrer Schwester, dass ihr Briefpartner kaum je ihre Briefe an Verwandte mit vollem Namen zu unterschreiben pflege, und dass sich HPB zumindest in diesem Punkt irre. »Dennoch«, erwiderte HPB, »werde ich zwei rote Markierungen an den entsprechenden Stellen im Brief erscheinen lassen.«
>
> Daraufhin legte sie den geschlossenen Brief neben den offenen auf den Tisch und legte auf beide ihre Hand, um – wie sie sagte – eine Brücke zu bauen für den Strom psychischer Kraft, der sie passieren würde. Dann, *indem ihr Gesicht den Ausdruck tiefster Konzentration annahm,* ließ sie ihre Hand kurz darauf ruhen. Schließlich sagte sie, den geschlossenen Brief quer über den Tisch ihrer Schwester zuwerfend: »Tiens, c'est fait. Das Experiment ist geglückt.« Als der Umschlag von der Adressatin geöffnet worden war, stellte man fest, *dass Mme. Blavatsky tatsächlich den Inhalt des Briefes niedergeschrieben hatte; dass der Name da war; dass sie ihn tatsächlich rot unterstrichen hatte, und dass das Salomonssiegel unter der in voller Länge ausgeschriebenen Unterschrift des Schreibers tatsächlich vorhanden war, wie Mme. Blavatsky gesagt hatte.*
>
> Ein weiteres Faktum von ungewöhnlichem Interesse fiel uns auf. Ein winziger Formfehler an einem der beiden ineinandergreifenden Dreiecke, die HPB gezeichnet hatte, war getreulich innerhalb des geschlossenen Briefes nachgebildet. (Die Liste mit den Namen der Zeugen ist beigefügt.)

Vera fragte Olcott, wie es HPB gelungen sei, die Farbe des Rotstifts auf den Brief trotz des versiegelten Umschlags zu übertragen. Olcott antwortete:

> Will man ein solches Phänomen analysieren, muss man sich vor Augen halten, dass zu den verborgenen, buchstäblich unbekannten und noch un-

erforschten Kräften des Menschen die Fähigkeit gehört, Atome anzuziehen, sie zu transportieren und zu bewegen. So hat Mme. Blavatsky in diesem Fall die Atome ihres Rotstifts herausgezogen, ohne sie zu spalten und sie auf die Lebenskraft ihrer Nerven übertragen, hat sie in ihrem Körper zirkulieren lassen wie elektrischen Strom, von der rechten Hand zu den Fingern der linken, hat sie dann durch die mikroskopisch kleinen Öffnungen passieren lassen, die es in jedem Papier gibt, und sie an den Stellen fixiert, die sie zuvor durch Willenskonzentration bezeichnet hatte.

Diese Erklärung erschien im Rahmen von Veras Bericht über die Pariser Séancen für eine russische Zeitschrift, den *Rebus* nachdruckte.[134] Hier erscheint er erstmals in englischer (bzw. in deutscher) Übersetzung, ebenso wie das Folgende, das der gleichen Quelle entnommen ist:

Vor ein paar Tagen saßen wir alle beisammen, als Mr. Judge, Sekretär der Theosophischen Gesellschaft, in seiner Post einen Brief aus Amerika bekam, den er *unverzüglich* öffnete. Was zuerst seine Aufmerksamkeit erregte, war nicht der Inhalt, sondern die Tatsache, dass einige Wörter mit roter Tinte unterstrichen waren sowie ein Satz quer über den Bogen in roter Tinte geschrieben, und mit dem vertrauten Namen des Meisters signiert ... Dass dies durch den Absender des Briefes in New York geschehen sein mochte, war mein erster Gedanke. Bald aber änderte ich meine Meinung.

Etwa zwei Tage später hörte Mme. Blavatsky einem jungen Besucher, Bertram Keightley, zu, der sich bitter über seine Mutter beklagte, die darauf bestehe, dass er entweder sofort nach Liverpool zurückkehre oder seine Reise durch Europa fortsetze, die er aus gesundheitlichen Gründen unternahm. »Mutter macht sich große Sorgen, dass ich alles verlassen und Ihnen nach Madras folgen könnte«, sagte er ... Im gleichen Augenblick klingelte der Postbote: unter anderen Briefen befand sich auch einer von Mrs. Keightley an ihren Sohn. Er öffnete ihn in aller Ruhe, errötete jedoch plötzlich und seine Züge füllten sich mit Angst. Die Wörter seiner Mutter, mit denen sie ihn ermahnte, dass Kinder ihren Eltern Respekt und Gehorsam schuldeten, *waren mit roter Tinte unterstrichen, desgleichen eine vertraute Unterschrift...*

Mme. de Morsier, Sekretärin der Pariser Gemeinde ... erzählte mir, dass im richtigen Moment ein Brief des Meisters ankam, den sie in einem anderen Brief fand – der nichts mit ihm zu tun hatte – und der sie davor bewahrt hatte, Selbstmord zu begehen. So sei eine überzeugte Theosophin aus ihr geworden.[135]

In einem früheren Beitrag in einer russischen Zeitschrift berichtet Vera über ein Gespräch mit ihrer Schwester HPB, in dem es darum ging, wie weit es möglich sei, Gegenstände mit Hilfe psychischer Kräfte zu erschaffen. Vera äußerte starkes Misstrauen gegenüber solchen Phänomenen. Darauf erwiderte HPB: »Nun, dann glaubst du es eben nicht. Mir ist es ziemlich gleichgültig, ob du an solchen Unsinn glaubst oder nicht.« Vera, die fünf Kinder ernähren musste und oft in finanziellen Nöten war, bemerkt dazu:

> Ich sagte ärgerlich, es sei keineswegs Unsinn. Wenn es ihr so leicht fiele, Gold und Edelsteine herzustellen, dann sollte sie mich reich machen. Meine Schwester lachte und sagte, das wäre Zauberei, die allen Beteiligten nur schaden würde. »Es ist dein Karma wie auch meines, arm zu sein, und wir müssen es tragen. Wenn ich versuchen würde, dich und mich auf solchem Wege zu bereichern, würde ich uns beide ruinieren, nicht unbedingt in diesem Leben, dafür aber in zukünftigen Jahrhunderten.« Zur Frage: »Warum versorgst du dann andere mit solchen ruinösen Gaben, wenn sie schädlich sind?« Sie versicherte mir, dass sie solche absurden Dinge nur dann tun dürfe, wenn es darum ginge, uneinsichtige Materialisten zu überzeugen – die nur dann begreifen, wenn man sie mit der Nase darauf stieße –, dass immense Kräfte im Menschen vorhanden seien.[136]

In einem Artikel im *Theosophist,* Dezember 1881, erläutert HPB, dass psychisch geschaffene Gegenstände nicht aus dem Nichts entstehen, sondern aus präexistenter Materie in sublimierter Form. Deren Vergegenständlichung ist ebenso wenig ein Wunder wie Wolken, die sich in Regen niederschlagen, um dann zu Eis zu werden, oder flüssiger Kohlenstoff, der zu Diamanten kristallisiert. Bisweilen war jener Stoff, dessen man sich bei der Hervorrufung von Objekten bedient, bereits in verfestigter Form, zum Beispiel als HPB zur Freude eines Kindes die Atome in einem Schlüsselbund verlagerte, um ihn in eine Trillerpfeife zu verwandeln, Olcotts Schwester Belle Mitchell schilderte eine Reihe solcher Experimente aus den Tagen in New York, als die Mitchells noch mit HPB unter einem Dach wohnten.[137]

Ende Juni verließ HPB Paris und reiste nach London. Am Tag vor ihrer Abreise schrieb sie einer russischen Freundin: »Morgen reise ich nach London und schüttle mir den Staub von Paris von den Füßen ... Ich bin krank und nicht gerade guter Laune. In solchen Augenblicken ist es allein die Theosophie, die es mir ermöglicht, weiterzumachen.«[138]

Nadja, Vera und Madame de Morsier hatten sich auf den Bahnhof begeben, um sie zu verabschieden. HPB schrieb später ihrer Tante:

> Meine liebe, teure Nadjeschda Andrejewna! Seit vielen Jahren habe ich nicht geweint, doch jetzt habe ich mir die Augen ausgeheult, als ihr meinem Blick entschwandet. Mein Herz wollte brechen, ich fühlte mich so schwach. Glücklicherweise brachten freundliche Franzosen im gleichen Abteil mir Wasser an der nächsten Station und sorgten für mich, so gut sie konnten. In Boulogne kam Olcott, der mir entgegengefahren war; er hätte bald selbst geweint, als er sah, wie krank ich war. Er befürchtete, dass du und Vera ihn für herzlos halten könntet, weil er nicht nach Paris gekommen ist, um mich abzuholen. Doch der arme alte Kerl ahnte ja nicht, dass es mir so schlecht ging. Du weißt, ich bin stets etwas wackelig auf den Beinen.
> Ich verbrachte eine Nacht in Boulogne, am nächsten Morgen fanden sich fünf weitere englische Theosophen ein, um sich um mich zu kümmern ... Beinahe trug man mich auf das Schiff, und nachher auch wieder herunter, und brachte mich im Triumph nach London. Ich bekomme kaum Luft, aber heute Abend haben wir einen Empfang, zu dem wahrscheinlich etwa fünfzig unserer alten Bekannten kommen werden. Die Engländer sind durchweg beständig, sind anhänglich und treu. In Charing Cross Station haben Mohini und Keightley die Engländer fast zu Tode erschreckt, als sie sich der Länge nach vor mir hinwarfen, als sei ich ein Götze. Ich wurde sehr zornig, weil sie die Vorsehung auf diese Weise herausforderten.[139]

Mohini hatte seinen eigenen Grund, um sich zu Boden zu werfen. Im März 1884 hatte er folgenden Brief von seinem Meister erhalten:

> An Mohini *persönlich.*
>
> Äußerlichkeiten sind furchtbar wichtig für »Pelings« (Europäer). Man muss sie äußerlich beeindrucken, ehe man einen normalen, dauerhaften, inneren Eindruck auf sie macht. Denke daran und versuche zu verstehen, warum ich von dir erwarte, dass du Folgendes tust:

> Wenn Upasika* (HPB) eintrifft, sollst du sie abholen und sie empfangen, *als wärest du in Indien und sie deine eigene Mutter.* Kümmere dich nicht um die Franzosen und anderen Leute. Du musst *sie verblüffen,* und wenn Olcott fragt warum, dann antworte ihm, es sei der Innere Mensch, *der Innewohnende,* nicht HPB, den du so begrüßt – du wärst von uns dazu angehalten worden. Und wisse zu deiner eignen Erbauung, dass ein weit Größerer als ich (der Maha Chohan) gütigerweise zugestimmt hat, die ganze Situation zu überwachen, indem er ihre Gestalt annimmt, um dann auf gleiche Weise Paris und andere Orte zu besuchen, wo es ausländische Mitglieder gibt. Du wirst sie also jedesmal, wenn du sie begrüßt und wenn du dich verabschiedest, auf diese Weise ehren, so lange du in Paris bist**, ohne Rücksicht auf die Bemerkungen anderer und *HPBs eigene Überraschung.* Das Ganze ist ein Versuch.[140]

Im Mai, nach seiner Rückkehr aus London nach Paris, empfing Mohini einen weiteren Brief aus gleicher Quelle:

> Dein Verhalten gegenüber Upasika ist derart *kindisch,* dass es sogar einen noch schlimmeren Eindruck erwecken muss als HPBs eigenes skurriles Verhalten, wenn sie ganz sich selbst überlassen ist. *** Vergiss nicht, dass all die guten Resultate, die unser Land Indien erwarten ... allein ihren individuellen Bemühungen zu verdanken sind. Du kannst ihr kaum den Respekt und die Dankbarkeit erweisen, die sie verdient. Es ist besser, die Engländer erfahren ihre moralischen Erfolge, als sie ständig mit Geschichten zu unterhalten, die HPB nur als kindisch oder komisch erscheinen lassen und eine allgemeine Heiterkeit oder ein Lächeln auf ihre Kosten bewirken ... Du bist *der* Repräsentant Indiens, des Landes, das wir *erneuern* wollen. Du musst deshalb die Haltung eines Philosophen an den Tag legen, wenn du eines Tages ein Chela sein willst, und nicht die eines albernen Jungen.[141]

* Bezeichnung für eine Jüngerin.

** Das sollte für HPB schwer zu ertragen sein. Der Richter Khandalavala sagte einmal: »Schmeicheleien sind ihr zuwider wie alle Arten von Verehrung, die man ihr entgegenbringt. Einmal näherte sich ihr ein indisches Mitglied, um ihre Füße zu berühren und seine Ergebenheit zu bekunden, als sie plötzlich vom Stuhl aufsprang und ihn zurechtwies: ›Ich bin keine Heilige; denke nicht, dass du mich anbeten kannst.‹« *(The Theosophist,* Juli 1929).

*** Auf dem Vorsatzblatt ihres persönlichen Exemplars der *Stimme der Stille* hat sie folgende eigenhändige Widmung an sich selbst eingetragen: »Für H. P. Blavatsky *ohne* freundliche Grüße.« *(The Theosophist,* August 1931, S. 560).

In London logierte HPB sechs Wochen lang bei Francesca Arundale und ihrer alten Mutter, 77 Elgin Crescent, Notting Hill. Intime Schilderungen jener Zeit sind in F. Arundales Buch *My Guest – H. P. Blavatsky* und in ihrem Nachruf »In memoriam« zum Tod von HPB enthalten. Folgendes stammt, miteinander verbunden, aus beiden Quellen:

> Als sie bei uns wohnte, pflegte sie den ersten Teil des Tages dem Schreiben zu widmen. Sie begann gewöhnlich um sieben Uhr morgens, oft noch früher, und setzte die Arbeit mit einer kurzen Unterbrechung zur Mittagszeit bis drei oder vier Uhr nachmittags fort. Dann begann die Empfangszeit für Besucher, die vom frühen Nachmittag bis zum späten Abend in ununterbrochener Folge erschienen. Viele kamen natürlich lediglich aus Neugier, angelockt vom Ruhm ihrer großen Fähigkeiten. Damals hatte die Psychical Research Society noch nicht ihren berühmten Bericht herausgegeben, und oft waren einige ihrer Mitglieder ebenfalls zugegen, um an den Zeichen und Wundern teilzuhaben, die zu erleben sie so sehr begehrten.
> Die angenehmste Zeit für mich war immer der frühe Morgen; sie schien dann zugänglicher zu sein, ihre Lippen waren entspannt, ihre Augen blickten freundlich und glänzten; und stets schien sie nicht nur Verständnis und Mitgefühl für alles, was man ihr sagte, zu haben, sondern auch für das, was man ihr nicht sagte. Ich habe niemals Angst gehabt vor HPB, trotz ihrer gelegentlichen rauen Ausdrucksweise. Man merkte sofort, dass diese Ausdrucksweise nur äußerlich, an der Oberfläche war. Ich könnte ein Beispiel nach dem anderen von Phänomenen aufzählen, die sie zustande gebracht hat; da ich aber weiß, dass Madame Blavatsky auf diese Dinge kaum Wert legte, wäre es ein schlechter Tribut, gerade das herauszustellen, worin der unwichtigste Teil ihrer Arbeit bestand. Doch die Sensationslüsternen und jene, die nur kamen, um zu sehen und zu staunen, bildeten nur einen Teil der vielen Besucher. Viele ernsthaft an naturwissenschaftlichen und philosophischen Fragen Interessierte kamen immer wieder, angezogen von der Macht eines Intellekts, der seine enorme Kraft in der Art bewies, wie er die Vielfalt der Themen behandelte, die man an HPB herantrug. Seriöse Cambridge-Professoren verbrachten ganze Nachmittage in ihrer Gesellschaft, und noch immer sehe ich die füllige Figur, umspielt vom fließenden Gewand, im großen Lehnstuhl vor mir, den Korb mit Tabak neben sich, wie sie tiefsinnige akademische Fragen über Theorien der Kosmogonie und die die Materie beherrschenden Gesetze beantwortete.

> Eine vortreffliche Schilderung jener täglichen Zusammenkünfte gibt es in Campbell Praeds Buch *Affinities.*[142] Sehr oft beantwortete Mohini Chatterji Fragen zur indischen Philosophie. Selten bin ich jemandem begegnet, der so klare und überzeugende Erklärungen in eine so schöne Sprache kleiden konnte. Seine Vorträge waren sehr begehrt, und selten schlossen sich vor ein oder zwei Uhr morgens unsere Türen.[143]

Möglicherweise stand Mohini zeitweise unter dem Einfluss von jemandem, der größer war als er selbst. In einem Brief an Sinnett, abgefasst noch ehe die theosophische Gruppe Indien verließ und nach Europa reiste, spielte HPB auf künftige Entwicklungen an: »Begehen Sie nicht den Fehler, lieber Boss, *Mohini* als den zu nehmen, *den Sie kannten,* anstatt in ihm den zukünftigen Mohini zu sehen ... Der Botschafter wird mit einem *inneren* Gewand und mit einem *äußeren* ausgestattet sein.«[144]

◆

Mohini schrieb in Zusammenarbeit mit Laura Holloway *Man: Fragments of Forgotten History.*[145] Mrs. Holloway war kurz zuvor von New York nach London gekommen, um die Londoner Theosophen kennen zu lernen und wohnte zur gleichen Zeit wie HPB bei den Arundales. Judge kannte sie aus den Staaten und äußerte sich begeistert über ihre Fähigkeiten als künftige Mitarbeiterin für die Theosophie. Schon vor ihrer Ankunft hatte Judge an Olcott geschrieben: »Ihre literarische Tätigkeit wie auch ihre psychischen Fähigkeiten sind von der gleichen Art, die HPB so auszeichnen.« Als HPB von ihrem Kommen erfuhr, sagte sie: *»Oh mein Gott, wenn ich in ihr nur* EINE NACHFOLGERIN *fände* – wie gern würde ich mich ZURÜCKZIEHEN!«[146]

Laura Holloway entsprach jedoch nicht den Erwartungen. Einer der Meister schrieb an Francesca Arundale:

> Zunächst einmal über Ihre Freundin – H. Die Ärmste! Indem sie so beständig ihre eigene Persönlichkeit über ihr inneres und besseres Selbst stellt – obwohl es ihr nicht bewusst ist –, hat sie in der vergangenen Woche alles getan, was sie konnte, um sich von uns für immer zu trennen ... Wie sie selbst sagt, sind ihre Wege nicht *unsere* Wege, noch vermag sie sie zu verstehen. Ihre Persönlichkeit ist so offensichtlich Ausdruck ihrer Vorstellungen über richtiges und falsches Verhalten, dass sie unser Handeln auf unserer

> Lebensebene nicht verstehen kann. Teilen Sie ihr in aller Freundlichkeit Folgendes mit: Wenn HPB (um nur ein Beispiel zu nennen) sich gestern Abend falsch verhalten hat, was sie ja aus westlicher Sicht wegen ihrer ständigen und natürlichen Impulsivitat – scheinbar so unhöflich und grob – immer tut, *so handelte sie doch nur auf* ausdrückliche Weisung ihres Meisters. Wenn es um die Befolgung solcher Weisungen geht, zögert sie keinen Augenblick und kümmert sich nicht um Schicklichkeit. Aus eurer Sicht, der Sicht des zivilisierten und kultivierten Teils der Menschheit, ist es eine unverzeihliche Sünde [bei gesellschaftlichen Anlässen seine wahren Gefühle zu zeigen]. Aus unserer Sicht, der Sicht unkultivierter Asiaten, ist es die größte Tugend. Ehe es ihr zur Gewohnheit geworden war, pflegte HPB an *ihrer* westlichen Natur zu leiden und darin ein Selbstopfer an persönlichem Ansehen zu sehen.[147]

Während HPB in Paris und London emsig beschäftigt war, begab sich Olcott auf Missionsreisen, hielt Vorträge und suchte angesehene Leute für die Theosophie zu gewinnen. Wie in seinem Tagebuch verzeichnet, traf er zwischen dem 9. und dem 20. April (1884) mit Sir Edwin Arnold, mit dem Astronomen Camille Flammarion, mit Oscar Wilde sowie mit Professor John Couch Adams, dem Entdecker des Planeten Neptun, mit Sir William Crookes, Robert Browning, Sir Oliver Lodge, Matthew Arnold und Lord und Lady Borthwick zusammen. Später besuchte Olcott die Borthwicks in Schottland und gründete einen Zweig der Theosophischen Gesellschaft in Edingburgh.[148] Im Mai hielt er auf Einladung von Lord John Francis Russell, dem älteren Bruder des berühmten Mathematikers und Philosophen Bertrand Russell, in Oxford vor Borthwicks Kollegen einen Vortrag.[149]

Mitte April gab ein Mitglied der Society for Psychical Research (SPR) für Olcott ein Dinner im Junior Athenaeum Club, um ihn mit führenden Mitgliedern der SPR zusammenzubringen.[150] Unter ihnen befand sich der angesehene Essayist und Dichter Frederic Myers, Autor von *Human Personality and its Survival after Bodily Death* (Die menschliche Persönlichkeit und ihr Weiterleben nach dem Tod), einem Klassiker auf diesem Gebiet. Myers war schon im Jahr zuvor der Theosophischen Gesellschaft beigetreten. Im Mai war Olcott bei einer Tagung der SPR in Cambridge zugegen, wobei er mit deren Präsidenten, Henry Sidgwick, Professor in Knightsbridge für Moralphilosophie, zusammentraf. Später gab Olcott der SPR zu verstehen, dass er bereit sei, sich als Zeuge der in Amerika und in Indien von HPB oder ihren Lehrern hervorgerufenen Phänomene einer Prüfung zu unterziehen. Daraufhin wurde von einem eigens zu diesem Zweck gebildeten Sonderkomitee eine Reihe von Hearings abgehalten. Mohini und Sinnett stellten sich ebenfalls einer Befragung.

Bei einem dieser Interviews fragte Myers bei Olcott an, ob er HPB dazu bewegen könne, ihrem Komitee einige psychische Phänomene vorzuführen. Eine Veröffentlichung dieser Hearings brachte ihre Antwort in einer Fußnote: »Niemand könnte mich dazu bewegen, mich noch einmal zu opfern, es sei denn, mein Meister würde es mir befehlen – H. P. Blavatsky.«[151]

Warum verzichtete HPB? Folgendes Erlebnis, berichtet von Francesca Arundale, gibt vielleicht eine Antwort. Es spielte sich bei einem Besuch von Myers in Francesca Arundales Haus ab, bei dem HPB zugegen war:

> HPB und Myers begannen sich über die Phänomene zu unterhalten, an denen dieser so interessiert war. »Es wäre schön, wenn Sie mir eine Probe ihrer okkulten Fähigkeit geben würden«, sagte er, »bitte beweisen Sie mir doch, dass es diese okkulten Kräfte gibt, von denen Sie sprechen.« »Und wozu sollte das gut sein?«, fragte Madame Blavatsky. »Selbst wenn Sie etwas sehen und hören würden, wären Sie nicht zu überzeugen.« »Nun, dann stellen Sie mich auf die Probe«, antwortete Myers. Sie sah ihn einen Augenblick mit ihrem seltsam durchdringenden Blick an, dann wandte sie sich mir zu und sagte: »Bring mir eine Fingerschale mit etwas Wasser darin.«
>
> Sie saßen im vollen Licht eines Sommernachmittags; HPB zur Rechten von Mr. Myers, der etwa einen Meter von ihr entfernt auf einem kleinen Stuhl saß. Ich brachte die Glasschüssel voll Wasser, und sie bat mich, sie auf einen Hocker zu stellen, der ein Stück von ihr entfernt, aber direkt vor Myers stand. Schweigend warteten wir. Nach kurzer Zeit schienen aus dem Glas vier oder fünf Töne aufzusteigen, die wir als »astrale Glockentöne« bezeichneten. Es war offensichtlich, dass Mr. Myers überrascht war; er blickte auf HPB mit ihren im Schoß gefalteten Händen und dann wieder zur Glasschüssel; eine sichtbare Verbindung zwischen beiden bestand nicht. Wieder ertönten die astralen Glocken, klar und hell, ohne irgendeine Bewegung von Madame Blavatsky.
>
> Mr. Myers wandte sich mir zu, und man sah ihm seine Verwirrung an. HPB lächelte und sagte: »Das hat nichts mit einem Wunder zu tun, es bedarf lediglich einer gewissen Kenntnis, wie bestimmte Naturkräfte zu lenken sind.« Als sich Mr. Myers verabschiedete, sagte er zu mir: »Miss Arundale, ich werde *nie wieder* zweifeln.« Aber die Zweifel waren doch

> stärker – ehe zwei Wochen vergangen waren, schrieb er uns, er sei *nicht* überzeugt worden; die Töne mochten auf verschiedenste Weise zustande gekommen sein. HPB war's egal, sie sagte nur: »Ich wusste es, aber ich dachte, ich sollte ihm geben, worum er bat.«[152]

Es ist immer möglich, die unterschiedlichsten Erklärungen für Phänomene zu finden. Deshalb ist es so schwierig, die Existenz okkulter Kräfte zu beweisen. Indes steht die offizielle, anerkannte Wissenschaft vielfach vor dem gleichen Problem, wenn sie *physikalische* Phänomene beweisen will.

Der angesehene Wissenschaftler Gregory Bateson sagt dazu: »Wissenschaft beweist nicht, sie forscht. Sie stößt immer auf Grenzen, die durch ihre Instrumente gesetzt werden. Durch die Entwicklung immer stärkerer Teleskope, Mikroskope oder längerer Zyklotrone werden bisher verborgene Dinge entdeckt, wodurch dann anerkannte Theorien geändert und neu formuliert werden müssen – manchmal sogar sehr radikal.«[153] HPB bemerkt in der *Geheimlehre* (Studienausgabe, S. 217-218):

> Es liegt in der Natur der Dinge, dass es der Wissenschaft nicht möglich ist, das Mysterium des uns umgebenden Universums zu entschleiern. Sicherlich kann die Wissenschaft sammeln, klassifizieren und aufgrund erkannter Phänomene generalisieren. Der Okkultismus aber, ausgehend von Daten, die, zugegebenermaßen, metaphysischer Natur sind, erklärt, dass der Forscher, der den Mut hat, die verborgensten Geheimnisse der Natur zu ergründen, die engen Grenzen der Sinneswahrnehmungen transzendieren muss. Er muss sein Bewusstsein in die Region der Noumena und die Sphäre der ersten Ursachen versetzen. Und um dies zu erreichen, muss er Fähigkeiten entwickeln, welche in der Konstitution der Abkömmlinge unserer derzeitigen Fünften Menschheit, in Europa und Amerika (von einigen wenigen Ausnahmen abgesehen), noch absolut brachliegen.

Westliche und östliche Wissenschaft einander gegenüberstellend, bemerkt Dr. Walt Anderson: »Wir im Westen sind so von unserem Glauben an Maschinen erfüllt, dass wir meinen, sie allein seien imstande, die Wahrheit zu entdecken. Vielen Physikern scheint noch nicht klar geworden zu sein, dass die in ihrer Forschung und Theorie entwickelte Realität auch auf dem *Erfahrungswege* gewonnen werden könnte.« »Im Westen«, fügt er hinzu, »wird der Kosmos mit Zyklotronen, Lasern und Teleskopen ausgekundschaftet«, während die östliche Wissenschaft, »ihrem Wesen nach weitgehend untechnisch, sich der Apparatur des disziplinierten menschlichen Körpers und Geistes bedient«, wie z.B. der Praktiken tiefer Meditation.[154]

In den Yoga-Aphorismen des großen Hindu-Klassikers Patanjali findet sich folgender Lehrsatz: »Indem der Asket seinen Geist auf winzige, verborgene oder entfernte Objekte in jedem Teil der Natur richtet, erwirbt er umfassendes Wissen über sie.« Der Kommentator vermerkt, dass der Ausdruck »Wissen«, wie er hier Anwendung findet, eine tiefere Bedeutung hat, als wir ihm gewöhnlich beilegen. Es bedeutet ein vollständiges Identifizieren des Geistes, für beliebig lange Zeitspannen, mit dem erwählten Objekt oder Subjekt.[155]

Ist vorstellbar, dass ein Wissenschaftler unserer Tage so vorgehen würde? Der *Science Digest* vom Jahr 1982 berichtete: »Keiner der großen Physiker von heute hat sich mehr mit den Thesen der mystischen Philosophie des Ostens auseinander gesetzt als Brian Josephson von der Universität von Cambridge, Nobelpreisträger für Physik im Jahr 1978. Josephson setzte seinen enormen Ruf als Wissenschaftler aufs Spiel, indem er es für möglich erklärte, durch die Ausübung östlicher Meditationstechniken Einsichten in die objektive Wirklichkeit zu gewinnen.«

Aus dem Menschen ein Instrument zur Wahrnehmung der Wirklichkeit zu machen, sei keine leichte Aufgabe, schreibt einer der Mahatmas:

> Glauben Sie mir, es kommt der Augenblick im Leben eines Adepten, wenn die Schwierigkeiten, die er ertragen musste, tausendfach vergolten werden. Um weiteres Wissen zu erlangen, braucht er nicht mehr den umständlichen und langsamen Prozess von Erforschung und Vergleich verschiedener Dinge durchzumachen, ihm wird vielmehr eine sofortige, absolute Einsicht in jede Grundwahrheit zuteil ... Der Adept sieht, fühlt und lebt inmitten der Quelle aller Grundwahrheiten.[156]

Intuitives Wissen, erhärtet durch die Logik der Vernunft und vorhandene Beweismittel, kann viele der geringeren Probleme lösen. Am 21. Juli wurden Blavatsky und Olcott von der Londoner Theosophischen Gesellschaft mit einem glanzvollen Empfang in Prince's Hall in Piccadilly geehrt. In dem Bericht, der im *Theosophist* (Oktober 1884) dazu erschien, heißt es:

> Die Einladungen zu dieser öffentlichen Veranstaltung... waren von den Leitern unseres Londoner Zweiges ausgestellt worden. Doch die Nachfrage

nach diesen Einladungen war so gewaltig, dass die Auflage, 500 Karten, sehr bald erschöpft war und eine weitere Auflage vorbereitet werden musste. Eine so große Anzahl prominenter Männer und Frauen hatte es bisher noch nie bei einer theosophischen Versammlung gegeben. Unter den Anwesenden waren u. a. der russische Botschafter, der Gesandtschaftsrat der französischen Botschaft, der niederländische Botschafter, der rumänische Botschafter, der russische Generalkonsul in Ägypten, der stellvertretende Innenminister von Indien, Mitglieder des Kolonialministeriums, vom britischen Schatzkanzleramt, vom India Office und anderen Regierungsdienststellen, mehrere Mitglieder des britischen Hochadels, ausländische Aristokraten, Parlamentsmitglieder, Repräsentanten aus Wissenschaft und Literatur, unter ihnen Dr. Ginsberg vom Britischen Museum, der den Betrug der Shapira-Manuskripte aufdeckte, und Prof. William Crookes, Mitglied der Theosophischen Gesellschaft.

Dann folgte eine Liste weiterer Personen von Rang und Ansehen, unter ihnen Oscar Wilde.

Die Eröffnungsansprache hielt Olcott; sie umfasste einen kurzen historischen Überblick über Ursprung und Entwicklung der Theosophischen Gesellschaft und der von ihr vertretenen Ideen, verbunden mit einer Übersicht über die bis dato von jeder der drei Abteilungen zu den drei erklärten Zielen der Gesellschaft geleisteten Arbeit. Die zweite Rede wurde von Mohini gehalten, der das Verhältnis Indiens zur Theosophischen Gesellschaft schilderte und die Bedeutung dieses Verhältnisses für Europa darlegte. Sinnett hielt die Schlussrede. Sein Thema war »Die esoterische Philosophie des Ostens«.

Nach diesem Ereignis schrieb HPB an Nadja:

Ich werde niemals gesund werden, nicht einmal hier. Das ist kein Leben, sondern ein wahnsinniger Betrieb, von morgens bis abends. Besucher, Abendessen, Abendgäste und täglich irgendwelche Zusammenkünfte. Allein die russische Autorin Olga Alexandrowna de Novikoff brachte das ganze offizielle London mit, ausgenommen Premierminister Gladstone, der laut der *St. James Gazette* mich ebenso »fürchtet wie er mich bewundert«. Du kannst es dir nicht vorstellen! Glanz und Gloria!

Am 9. August reiste HPB, auf Einladung der SPR, begleitet von Francesca Arundale und Mohini, für einige Tage nach Cambridge. Darüber berichtet Professor Sidgwick in seinem Tagebuch:

> Unser positiver Eindruck von Madame Blavatsky wurde bestätigt; wenn man dem persönlichen Empfinden trauen darf, ist sie ein aufrichtiger Mensch mit ausgeprägten intellektuellen und emotionalen Eigenschaften und erfüllt von dem aufrichtigen Wunsch, zum Wohl der Menschheit beizutragen. Dies alles ist umso bemerkenswerter, als sie äußerlich keineswegs anziehend wirkt.[157]

Bei dieser Gelegenheit wurde Blavatsky mit dem SPR-Mitglied Richard Hodgson bekannt, einem jungen Lehrer, der in Cambridge studiert hatte. Einige Zeit später wurde er dazu ausersehen, im Auftrag der SPR in Indien die von HPB und ihren Lehrern hervorgerufenen Phänomene zu untersuchen.[158] Olcott hatte diese Untersuchung vorgeschlagen, doch HPB zweifelte an der Weisheit seines Entschlusses.[159]

Mitte August reiste HPB von England nach Elberfeld in Deutschland, wo Olcott kurz vor ihrer Ankunft eine Theosophische Gesellschaft gegründet hatte. Sieben Wochen war sie bei Gustav und Mary Gebhard zu Gast. Sie wurde begleitet von Laura Holloway, Mohini, Bertram Keightley und den Arundales.

Die Gebhards spielten eine wichtige Rolle in der Geschichte der Theosophischen Bewegung. Gustav Gebhard war ein wohlhabender Bankier und Seidenfabrikant. Auf seiner ersten Geschäftsreise nach New York begegnete er seiner zukünftigen Frau Mary, Tochter eines britischen Majors und seiner irischen Frau. Mary besaß eine angeborene Neigung zur Philosophie und zum Okkultismus und studierte in Elberfeld Hebräisch, wo sie Schülerin von Eliphas Levi wurde. Als sie von der Existenz der Theosophischen Gesellschaft erfuhr, schrieb sie an Olcott und wurde Mitglied. Die Gebhards hatten sieben Kinder, die fast alle Theosophen wurden.[160]

Miss Arundale zeichnet ein reizvolles Bild der Reise von London nach Elberfeld:

> Die Freundlichkeit unseres Gastgebers lässt sich mit Worten nicht schildern. Er bewirtete die Reisegesellschaft fürstlich. An mehreren Stationen unserer Reise wurden wir mit Körben voller Früchte und mit kleinen Sandwiches und Limonade bewirtet. Es war eine fröhliche Gesellschaft.

> HPB befand sich in angeregter, aufgeschlossener Stimmung; der große Salonwagen hallte von Gelächter und fröhlichen Reden wider. Jene Zeit in Elberfeld war eine schöne Zeit, blickt man zurück ...[161]

Während HPBs Aufenthalt bei den Gebhards kam Solowjow für einige Tage zu Besuch. Desgleichen Elliott Coues vom Smithsonian Institute in Washington. Auch Nadja kam mit einem Freund – Gustav Zorn, Sekretär der Theosophischen Gesellschaft in Odessa[162] – fast einen ganzen Monat zu Besuch, ebenso die Sinnetts.

Ende August traf Frederic Myers ein; HPB war ernsthaft krank geworden. James Webb, der Myers' Papiere durchsah, entdeckte, dass »Myers am 9. September C. C. Massey informierte, dass er fünfeinhalb Tage die bettlägerige HPB ins Kreuzverhör genommen hatte und sein Vertrauen in sie unermesslich gewachsen sei«.[163]

Einige Tage danach platzte die Bombe. Die Nachricht traf ein, dass das Organ der Missionare, das *Madras Christian College Magazine* vom 11. September, einen Artikel »Der Zusammenbruch Koot Hoomis« veröffentlicht habe, der auf Briefunterlagen basierte, die das Ehepaar Coulomb, das vor ein paar Monaten in Adyar entlassen worden war, dem Chefredakteur hatte zukommen lassen. Diese Briefe sollte angeblich Mme. Blavatsky an die Coulombs geschrieben haben, während sie in Indien auf Reisen gewesen war, und mit denen sie die Inszenierung betrügerischer Phänomene in Adyar angeordnet habe. Abzüge dieses Artikels wurden vor der Veröffentlichung an alle führenden anglo-indischen Blätter versandt und wirkten sensationell. In manchen Städten waren Hunderte von Plakaten erschienen, mit dem Text »Der Fall Madame Blavatskys, ihre Intrigen und Betrügereien aufgedeckt«.[164]

Die Londoner *Times* brachte die Story am 20. September; HPBs Antwort erschien am 9. Oktober:

> *Sir, – Zu der angeblichen Aufdeckung eines unwürdigen Komplotts zwischen mir und zwei Personen namens Coulomb zum Zweck einer angeblichen Täuschung der Öffentlichkeit durch okkulte Phänomene habe ich Folgendes zu sagen: die Briefe, die angeblich von mir stammen sollen, sind sicherlich nicht von mir. Hier und da erkenne ich Sätze wieder, die aus alten Aufzeichnungen von mir in ganz anderen Zusammenhängen stammen; doch sind sie durchsetzt mit Einschüben, die ihren Sinn völlig verfälschen. Hiervon abgesehen sind sämtliche Briefe gefälscht.*

Die Fälscher müssen extrem unwissend über indische Verhältnisse sein, da sie mir Aussagen wie »ein Maharadscha von Lahore« unterschieben, während jeder indische Schuljunge weiß, dass ein solcher nicht existiert. Was die Behauptung der Coulombs betrifft, ich würde versuchen, »den finanziellen Wohlstand« der Theosophischen Gesellschaft mit der Vorführung okkulter Phänomene zu steigern, kann ich nur sagen, dass ich nie und zu keiner Zeit von irgendjemandem Geld bekommen habe oder es auch nur versucht habe, mit derartigen Methoden für mich selbst oder für die Gesellschaft irgendwelche Geldmittel zu beschaffen. Ich fordere jeden heraus, der das nicht glaubt, das Gegenteil zu beweisen. Soweit ich Geld bekam, habe ich es durch meine literarische Arbeit verdient, und diese Einnahmen sowie das, was von meinem ererbten Besitz noch verblieben war, als ich nach Indien ging, wurde der Theosophischen Gesellschaft zugeführt. Heute bin ich ärmer als ich es war, als ich mit anderen zusammen die Gesellschaft gründete. Ihre ergebene

H .P. Blavatsky
77 Elgin Crescent Notting Hill, W.,
7. Oktober[165]

An dieser Stelle sollte erwähnt werden, dass HPB schon im Mai, als sie noch in Paris war, über Gerüchte gewarnt wurde, die von Madame Coulomb in Adyar verbreitet wurden mit der Behauptung, Blavatsky habe Coulomb belastende Briefe geschrieben. HPB berichtet darüber in einem Brief an Sinnett:

> ... Subba Row schrieb mir nach Paris, ich sollte versuchen, mich gut zu erinnern, ob ich ihr (Madame Coulomb) je irgendeinen kompromittierenden Brief geschrieben hätte. Wenn das der Fall sei, wäre es besser, ihn zurückzukaufen, zu welchem Preis auch immer, als zuzusehen, wie sie meinen Charakter in Verruf brächte, ebenso wie vielleicht sogar die Theosophische Gesellschaft. Ich antwortete ihm (Mai 1884), dass ich ihr *niemals auch nur eine Zeile geschrieben* hätte, deren Veröffentlichung ich fürchten müsste; dass sie lügt und tun soll, was sie nicht lassen kann.[166]

HPB schrieb auch an Olcott: »Wäre ich so ein Esel gewesen« (solche Briefe an die Coulombs zu schreiben), »wäre ich niemals nach Europa gereist; ich würde Himmel und Hölle in Bewegung gesetzt haben, um zu verhindern, dass man sie in Adyar hinauswarf; ich wäre beim ersten Anzeichen von Gefahr zurückgekehrt.«[167]

Miss Arundale erinnert sich:

Es war Ende September, als Madame Blavatsky, vor ihrem Besuch bei den Oakleys und vor der Rückkehr nach Indien, wieder für kurze Zeit bei uns war. Sie war sehr deprimiert und fühlte sich unwohl, fast verbraucht, angesichts der Schwierigkeiten, die sie durchgemacht hatte. In einem Brief, den sie mir damals schrieb, kurz bevor sie Elberfeld verließ, sagte sie: »Ich habe mein Amt als Korrespondierendes Vorstandsmitglied der Gesellschaft niedergelegt: ich habe mich öffentlich von ihr getrennt, denn ich meine, solange ich an der Spitze der Gesellschaft stehe, werde ich das Ziel sein, auf das man schießt, und das wird der Gesellschaft schaden ... Mir bricht das Herz wegen diesem Schritt. Doch ich musste mich zum Wohl der Gesellschaft opfern. Die *Sache* ist wichtiger als Personen und Persönlichkeiten.«[168]

OBWOHL DER HODGSON-REPORT der ›Society for Psychical Research‹ (SPR) erst im Dezember 1885 veröffentlicht wurde, trug er dazu bei, die 1884 erhobenen Anschuldigungen der Coulombs weitgehend zu bekräftigen. Beide müssen also zusammenhängend erörtert werden. Allerdings scheint ein detailliertes Eingehen auf alle Einzelheiten jetzt nicht mehr nötig zu sein, denn 1986 – einhundert Jahre später – veröffentlichte die SPR eine Pressemitteilung, in der zugegeben wird, dass »die ›Entlarvung‹ der russischen Okkultistin Madame H. P. Blavatsky durch die SPR im Jahre 1885 ernsthaft in Zweifel zu ziehen ist, wie Dr. Vernon Harrison, ein langjähriges Mitglied der SPR, in einer vernichtenden Kritik des Berichts von 1885 im SPR *Journal* (Band 53, April 1986) feststellt«.

Die Pressemitteilung führt aus:

Im Mittelpunkt der Auseinandersetzung standen zwei Serien von Briefen. Die eine, vorgelegt von den beiden entlassenen Angestellten des Hauptquartiers der Theosophischen Gesellschaft in Indien, sollte angeblich von Madame Blavatskys Hand stammen und setzte sie dem Verdacht betrügerisch hervorgebrachter psychischer Phänomene aus. Die andere Serie von Briefen, offensichtlich zur Unterstützung der Theosophischen Gesellschaft verfasst, stammte von Angehörigen einer orientalischen Bruderschaft, die allgemein als Mahatmas bezeichnet werden. Dr. Hodgson hielt die erstgenannte Briefserie für echt, argumentierte (jedoch), dass die Mahatma-Briefe von Madame Blavatsky und gelegentlichen Helfern produzierte Fälschungen seien. Dr. Harrison* dagegen erklärt, dass die erste inkriminierende Briefserie aus Fälschungen besteht, die von den ehemaligen Angestellten aus Rache erstellt wurden; die meisten Mahatma-Briefe jedoch – die heute in der Bibliothek des Britischen Museums aufbewahrt werden – stammen weder in verstellter noch in unverstellter Handschrift von Madame Blavatsky.

* Dr. Harrison ist Experte für Handschriften und Fälschungen. Er war zehn Jahre Leiter der Forschungsabteilung der Firma Thomas De la Rue, einer im Auftrag der britischen Regierung tätigen Druckerei von Banknoten, Pässen, Briefmarken etc.

Dr. Harrisons detaillierte Analyse der handschriftlichen Beweisstücke ist seinem ausführlichen Bericht zu entnehmen. Hodgsons Beweismaterial über die Handschriften, fand Harrison, sei »so schwach, parteiisch und konfus, dass es ebenso gut dazu dienen kann, den Nachweis zu führen, dass Madame Blavatsky den *Huckleberry Finn* oder Präsident Eisenhower die *Mahatma-Briefe* [*Die Geheimlehre*] geschrieben hat.«[169]

Harrisons Schluss, dass HPB die Mahatma-Briefe nicht geschrieben hat, wurde durch die Untersuchungen von drei weiteren unabhängigen Experten gestützt. Es folgen hier einige Höhepunkte der Coulomb-Hodgson-Affäre.

◆

Anfang des Jahres 1884, als HPB sich auf ihre Europareise vorbereitete, besuchte sie Prinz Harisinghji in Varel. Sie wurde von Mohini, Dr. Hartmann und von Emma Coulomb begleitet, die gebeten hatte, mitreisen zu dürfen. Schon bei früheren Gelegenheiten hatte Coulomb vergebens versucht, von diesem reichen *Radscha* ein Darlehen über zweitausend Rupien zu bekommen und hoffte, diesmal erfolgreich zu sein. Als HPB diese Absicht entdeckte, stellte sie Coulomb zur Rede, die wütend wurde und Rache schwor: »Das werde ich ihr bis an mein Lebensende nicht verzeihen, ich will ihr so viel Schaden zufügen, wie ich kann.«[170]

Für HPB war es keine Überraschung, dass Madame Coulomb unfreundliche Gefühle hegte. An Sinnett schrieb sie:

> Emma Coulomb plante ihre Niedertracht schon 1880, vom ersten Tag an, als sie mit ihrem Mann in Bombay (damals der Hauptsitz der Theosophischen Gesellschaft) landete, beide arm wie Kirchenmäuse und halb verhungert. Im Juli 1880 bot sie *meine Geheimnisse* dem Geistlichen Rev. Bowen vom *Bombay Guardian* zum Kauf an, tatsächlich verkaufte sie sie dann dem Rev. Patterson im Mai 1885 ... Warum sollte ich mich ärgern? Hat es der Meister nicht mir überlassen, entweder dem Diktat Buddhas zu folgen, der uns zur Pflicht macht, *sogar einer hungernden Schlange* Nahrung zu geben und aller Angst zu widerstehen, dass sie die Hand, die ihr Nahrung gibt, beißt – oder mich dem *Karma* zu stellen, das mit Sicherheit den bestraft, der sich abwendet beim Anblick von Sünde und Elend, oder der versäumt, dem Sünder und Leidenden zu helfen.[171]

Ehe HPB nach Europa abreiste, bat Coulomb darum, dass allein sie und ihr Mann Zugang zu Blavatskys Zimmern im zweiten Stock erhielten, zu deren Schutz. Als HPB erwiderte, sie habe bereits Dr. Hartmann die Benutzung ihrer Bibliothek zugesagt, regte sich Emma auf und bestand darauf, wenn er oder andere Zutritt erhielten, könne sie »für nichts garantieren«. HPB gab daraufhin ihren Wünschen nach.[172]

Unter allen, die sich in Adyar aufhielten, brachte Olcott den Coulombs, die ihm gegenüber immer sehr freundlich waren, am meisten Vertrauen entgegen. Sie arbeiteten hart und arbeiteten gut. Als er am 5. April im Zug mit Mohini von Paris nach London fuhr, empfing er als Phänomen folgendes Schreiben von einem Meister:

> Wundern Sie sich nicht, wenn Sie von bestimmten Vorgängen in Adyar hören. Verlieren Sie auch nicht den Mut. Es kann sein – obwohl wir uns bemühen, es innerhalb der Schranken des Karma zu verhindern –, dass Sie großen häuslichen Ärger bekommen. Sie beherbergen seit Jahren eine Verräterin und Feindin unter Ihrem Dach. Und die Missionare sind mehr als bereit, ihr jede Hilfe zu geben. Eine regelrechte Verschwörung ist im Gang. Sie schäumt vor Wut wegen des Auftauchens von Mr. Lane Fox und der Vollmachten, die Sie dem Komitee gegeben haben.[173]

In Indien traf am 26. April ein weiterer als Phänomen erschienener Brief, adressiert an Dr. Hartmann, der dem Verwaltungskomitee vorstand, ein:

> Schon seit einiger Zeit hat die Frau eine Verbindung – ein richtiges diplomatisches *Pourparler* – mit den Feinden der Sache, bestimmten Missionaren, aufgenommen. Sie hofft auf mehr als 2000 Rupien von ihnen, wenn sie ihnen hilft, die Gesellschaft zugrunde zu richten oder zumindest das Ansehen der Gründer. Daher ihre Andeutungen über »Falltüren« und Tricks. Solche Falltüren werden, *wenn sie gebraucht werden, gefunden,* wie seit geraumer Zeit geplant ... Behandeln Sie alles hier Gesagte streng vertraulich, wenn Sie der Stärkere sein wollen. Sie darf nicht den Verdacht schöpfen, dass Sie etwas darüber wissen. Wenn Sie meinen Rat wollen – seien Sie sehr vorsichtig. Aber handeln Sie ohne zu zögern.[174]

Das Komitee unternahm vorerst nichts, doch als man dann handelte, wurden strenge Maßnahmen getroffen. Am 14. Mai wurde eine Gerichtsverhandlung anberaumt und die Coulombs wurden einer Reihe von Vergehen beschuldigt, einschließlich Bedrohung, Erpressung, Verleumdung und Zweckentfremdung von Geldern der Gesellschaft. Da die Beschuldigungen nicht entkräftet werden konnten, wurde das Paar aus dem Haus gewiesen.[175] Das Komitee war froh, sich endlich von dem lästigen Paar befreien zu können. Doch gedemütigt und voller Rachegelüste begaben sich die Coulombs unverzüglich in die offenen Arme der christlichen Missionare.

> R. A. V. Morris berichtet:
> Die Missionare hatten in jeder Hinsicht ihren Willen durchgesetzt. Gestärkt durch den Status der herrschenden weißen Klasse waren sie überzeugt, dass der Brahmanismus als Glaube einer »minderen« Rasse notwendigerweise auch eine minderwertige Religion sei, deren Schicksal es war, durch das Christentum ersetzt zu werden. Als die Zeitschrift *The Theosophist* und eine aktive Bewegung zur Wiederbelebung der einheimischen Religionen in ihrer ursprünglichen Unverfälschtheit von einer Gruppe von Europäern (und einem Amerikaner) ins Leben gerufen wurden, erkannte man bei den Missionaren sofort die Gefahr für die eigene rassische und religiöse Dominanz. Man bediente sich der altbekannten Taktik des Rufmordes ihrer Hauptgegnerin, um sie und ihre Gesellschaft aus dem Feld zu schlagen.[176]

Das Komitee in Adyar hatte bereits einige Wochen früher die Absicht gehabt, die Coulombs zu entlassen, tat es aber nicht, nachdem folgender Brief von KH eingetroffen war:

> Solange man nicht ein vollkommenes Gerechtigkeitsempfinden entwickelt hat, muss man eher zu der Seite der Vergebung hin irren, als die geringste Ungerechtigkeit begehen. Frau Coulomb ist ein Medium und deshalb für vieles, was sie sagt oder tut, nicht verantwortlich. Sie ist aber auch freundlich und großzügig. Um sie freundschaftlich zu stimmen, sollte man wissen, wie man sich ihr gegenüber verhalten muss. Sicherlich hat sie ihre Fehler, aber deren Folgen können auf ein Mindestmaß reduziert werden, indem man durch Gefühle der Güte und Freundschaft einen moralischen Einfluss auf ihr Inneres ausübt. Dies kann durch ihre mediale Veranlagung noch unterstützt werden, wenn man sie richtig einzuschätzen weiß. Es ist deshalb mein Wunsch, dass sie weiterhin die Leitung des Haushalts wahr-

> nimmt, wobei das Komitee sie natürlich überwachen muss. Dazu muss man gemeinsam mit ihr aufpassen, dass keine unnötigen Ausgaben vorkommen. Es muss vieles geändert werden. Das geht besser durch Zusammenarbeit mit Madame Coulomb, als gegen ihren Widerstand ... Zeigen Sie Madame C. diese Zeilen – versichern Sie sich ihrer Kooperation.[177]

Als das Komitee die Coulombs aufforderte zu gehen, weigerten sie sich, dies vor HPBs Rückkehr zu tun. Das Komitee erbat telegraphisch HPBs Zustimmung. Sie gab ihr Einverständnis, aber offensichtlich ungern, denn den Coulombs telegrafierte sie: »Tut mir Leid, dass Sie gehen. Alles Gute.« [178]

◆

Nachdem man die Coulombs entlassen hatte, besichtigte das Komitee sofort den zweiten Stock des Hauptsitzes; man war entsetzt, was Alexis Coulomb angerichtet hatte. * Als Judge aus London mit umfassenden Vollmachten von Olcott und Blavatsky eintraf, begann er sofort mit einer gründlichen Untersuchung. In HPBs Schlafzimmer fand er eine Öffnung in der Wand, die das Schlafzimmer vom privaten Empfangsraum und der Bibliothek nebenan trennte, ein Raum, der erst im vergangenen Jahr angefügt worden war. An der einen Seite des Empfangszimmers befand sich ein Kabinett, bezeichnet als Schrein. In ihm befanden sich Bilder von HPBs indischen Lehrern und andere Erinnerungsstücke an ihren Aufenthalt in Tibet. In diesem Kabinett waren verschiedene Apporte (eine häufig in der Parapsychologie angewandte Bezeichnung für durch mentale Kräfte verursachte Lage- oder Ortsveränderungen von Gegenständen) vorgekommen. Coulomb hatte offensichtlich beabsichtigt, anhand der direkt hinter dem Kabinett angebrachten Wandöffnung ihre Erklärung zu untermauern, dass jeweils einer von ihnen bei der mit HPB vereinbarten Erzeugung betrügerischer Phänomene hinter dieser Öffnung stand und Gegenstände oder Briefe in dem Schrein deponierte.

Doch Coulomb hatte keine Zeit mehr gehabt, den Durchbruch zu vollenden. Judge berichtete, aus der Öffnung hätten noch Lattenspitzen herausgeragt, und dass auf dem Fußboden Putz gelegen habe. Im Schlafzimmer stellte Coulomb eine Anrichte mit beweglicher Rückwand vor die Öffnung in der Wand. Judge berichtet weiter:

* Dass Coulomb bei seiner Arbeit im Hauptsitz ständig hämmerte und klopfte, hatte das Komitee nicht beunruhigt. Man wusste, dass ein Dach repariert werden musste.

Aber diese Rückwand war so neu, dass sie nicht funktionierte, man musste mit dem Fuß dagegen treten, um sie zu bewegen. Das Ganze war nicht planiert, geölt oder abgeschliffen. Als er entlassen wurde, hatte Coulomb keine Zeit mehr gehabt, diese Arbeiten zu beenden. Auch im Treppenhaus hatte er eine falsche Holzverkleidung angebracht ... Sie war ebenfalls unfertig und konnte nur mit Gewalt, mit einem Holzhammer, geöffnet werden. Im Vorderzimmer hatte er eine weitere bewegliche Verkleidung angebracht. Nur mit Hammer und Meißel konnte ich sie öffnen. Wir entdeckten und untersuchten all diese Dinge im Beisein vieler Beobachter, die ihre Kommentare in ein von mir zu diesem Zweck bereitgelegtes Buch eintrugen. Es befindet sich noch heute im Hauptsitz.

Das ganze Arrangement war offensichtlich dazu geplant, die Betrugstheorie zu beweisen. Dass man es für Geld getan hatte, wurde zugegeben; denn wenige Tage später, nachdem wir unsere Untersuchung schon abgeschlossen hatten, erschien der Rektor des Christian College im Hauptsitz – was er noch nie getan hatte – und fragte an, ob er und seine Freunde die Zimmer und den Schrein besichtigen dürften. Er beschwor uns fast, ihn nach oben zu lassen, doch wir lehnten ab, da offensichtlich war, dass er nur seine »Entlarvung« vervollständigen wollte. Dr. Hartmann fragte ihn in meiner Anwesenheit, was er Coulomb für diese Arbeit bezahlt habe. Unvorbereitet und von der Frage überrascht, erwiderte er, er habe ihm ungefähr hundert Rupien gegeben. Das erhärtet die Aussage Dr. Hartmanns[179], dass Coulomb ihn (nach seiner Entlassung) aufgesucht und erklärt habe, er könne 10.000 Rupien verdienen, wenn er die Theosophische Gesellschaft ruiniere. Den Betrag hatte er vermutlich in die Höhe getrieben, um festzustellen, ob wir ihm mehr geben würden, wenn er schwiege.[180]

Judges schriftliche Aussage wurde von zwei Bostoner Zeitschriften[181] veröffentlicht und war Hodgson und späteren Nachforschern offensichtlich nicht bekannt. Hodgson erschien erst sechs Monate nach dem Auszug der Coulombs am Ort des Geschehens. Zu dieser Zeit war die Unordnung, die Alexis Coulomb hinterlassen hatte, beseitigt und der Durchbruch in der Wand geschlossen.

◆

Als sich nun Dr. Vernon Harrison der angeblichen Korrespondenz zwischen HPB und Madame Coulomb annahm, entdeckte er eine bemerkenswerte Ähnlichkeit der Handschrift Alexis Coulombs mit der Madame Blavatskys. Infolgedessen hätte er unschwer die inkriminierenden Teile der Korrespondenz fälschen können.[182] Als Harrison an seinen Untersuchungen arbeitete, scheint er nicht gewusst zu haben, dass die zur Zeit von HPBs Anwesenheit in Adyar lebenden Theosophen von dieser Ähnlichkeit wussten. HPB hatte früher einmal an Sinnett geschrieben:

> Alex Coulombs Handschrift hat große Ähnlichkeit mit der meinen. Wir alle wissen, wie Damodar einst von einer in *meiner Handschrift* geschriebenen Anweisung getäuscht wurde, er möge nach oben gehen und mich in meinem Schlafzimmer aufsuchen; das war in Bombay, ich aber war in Allahabad. Es war ein Streich Coulombs, den er für einen besonders guten Spaß hielt; zusätzlich hatte er mein Bett so hergerichtet, dass es auf den ersten Blick aussah, als läge ich drin. Als Coulomb sah, dass er Damodar – einem »Chela« – einen Schreck eingejagt hatte, lachte er noch tagelang über ihn. Unglücklicherweise blieb diese Notiz nicht erhalten. Es hatte nichts mit einem Phänomen zu tun, sondern war einfach *une bonne farce,* wovon Coulomb viele auf Lager hatte. Und wenn er meine Handschrift so gut zu kopieren vermochte (er hatte vier Jahre Zeit gehabt, sich darin zu üben), hätte er dann nicht jede Notiz, jede Nachricht von mir an Mme. Coulomb auf identischem Papier kopieren und mit beliebig vielen Zusätzen versehen können? Die Tatsache, dass sie schon seit 1880 Niederträchtigkeiten plante, ist ein Beweis dafür ... Ich konnte Coulomb an seinem Tisch beim Kopieren solcher Notizen von mir zusehen – der Meister zeigte mir diese Szene im Astrallicht. Wird man mir das glauben, was meinen Sie? Also was soll´s![183]

Dr. Harrison weist darauf hin, dass es »ein grober Verfahrensfehler von Hodgson war, dass er es unterließ, Handschreiben von Mr. oder von Mme. Coulomb zu untersuchen, und dass er es in seinem Bericht versäumt hat, Handschriftenproben aus den HPB angeblich inkriminierenden Briefen aufzuführen». »Spätestens damit«, erklärt Harrison, »hat er jeden Anspruch auf Unparteilichkeit seiner Untersuchung verwirkt. Stattdessen ist er als feindseliger Zeuge zu betrachten und muss als solcher behandelt werden.«[184]

Zu allem Unglück ist die Blavatsky-Coulomb-Korrespondenz inzwischen restlos verschwunden. Der Letzte, von dem man sicher weiß, dass er sie gesehen hat, war der Wissenschaftler Elliott Coues vom Smithsonian Institute in Washington, der 1899 verstarb. Das berichtet Michael Gomes in seiner dreiteiligen Serie »The Coulomb Case (1884-1984)«, veröffentlicht in *The Canadian Theosophist:*

> William Emmett Coleman, ein überzeugter Spiritist, erwähnt in seinen »Historisch-kritischen Betrachtungen der Theosophischen Gesellschaft«, dass Elliott Coues, ein ehemaliges Mitglied der Gesellschaft, das 1889 ausgeschlossen wurde, »vom Herausgeber des *Christian College Magazine* die Originalbriefe von HPB und andere Dokumente, die Mme. Coulomb beschafft hatte, erwarb. Darunter waren sehr wichtige Briefe Mme. Blavatskys, die bis vor kurzem noch nie veröffentlicht worden sind«.[185]
>
> Coues hatte guten Grund, sich diese Briefe zu beschaffen, denn Mme. Blavatsky hatte ihn aufgrund seiner Äußerungen in der New York *Sun* vom 20. Juli 1890 wegen Verleumdung verklagt. Ein Scheck über fünfundzwanzig Pfund Sterling, ausgestellt auf W. E. Coleman, am 21. November 1890, befindet sich unter den Coues-Papieren in der Historischen Gesellschaft des Staates Wisconsin, nicht aber die Briefe. Auf die Rückseite hatte Coues geschrieben: *»Preis für die original Blavatsky-Briefe, die ich Mr. George Patterson über Mrs. W. E. Coleman abkaufte«.*[186]

Die Tatsache, dass Coues die Blavatsky-Coulomb-Briefe nie zu seiner Verteidigung benutzt hat, und dass sie jetzt unter seinen Papieren fehlen, spricht laut Dr. Harrison überzeugend dafür, dass »die Briefe in der Tat Fälschungen waren – und dass die Aussagen der Coulombs infolgedessen völlig unglaubwürdig sind ... Hodgson hat die Darstellung der Coulombs praktisch ungeprüft übernommen, und wenn man dies in Rechnung zieht, bricht sein Fall weitgehend zusammen«.[187]

Diese Darstellung schloss nicht nur die angeblichen Blavatsky-Coulomb-Briefe ein, sondern betraf auch zahlreiche Phänomene, die HPB oder ihre Lehrer in Indien hervorgebracht hatten. Bei diesen behaupteten die Coulombs, konspiratorisch beteiligt gewesen zu sein. Sowohl die Briefe als auch eine Schilderung der Phänomene sind in Madame Coulombs *Bericht über meine Beziehung zu Mme. Blavatsky von 1872 bis 1884* enthalten. Die Literaturkritikerin Beatrice Hastings, die keine Theosophin war, hat diesen Bericht in ihrem Buch *Das Coulomb Pamphlet* wie folgt analysiert:

> Mme. Coulomb hatte nicht die Fertigkeit, aus einem Sammelsurium von bereits veröffentlichten, bekannten Fakten[188], Halbwahrheiten, Lügen und

> Verleumdungen sowie einer Anzahl von teilweise echten, teilweise erfundenen Briefen, eine juristisch einwandfreie Darstellung zu verfassen. Doch schließlich hätte dies auch niemand anderer fertig gebracht, denn an den Fakten könnte auch der gerissenste Betrüger nichts ändern. Da Mme. C. versuchen musste, Falsches mit allseits bekannten Umständen in Einklang zu bringen, musste das Resultat ein konfuses Durcheinander sein. (Der Leser muss sich fragen), wie überhaupt jemand auf die Idee kommen konnte, diese Dokumente als Beweis zu akzeptieren.[189]

Vielleicht aus diesem Grund wurde Madame Coulombs Geschichte nie nachgedruckt und wurde auch von Hodgson in seinem 200-Seiten-Report nirgends herangezogen, obwohl sie doch seine Hauptzeugin war. Walter Carrithers, der den Coulomb-Hodgson-Fall jahrelang recherchiert hat und unter dem Pseudonym Adlai Waterman den *Nachruf: Der »Hodgson-Report«*[190] verfasste, lässt in einem privaten Schreiben keinen Zweifel daran, dass er zu Beginn seiner Nachforschungen keineswegs von den Aussagen der Theosophen zur Verteidigung HPBs überzeugt war, bis er Madame Coulombs Broschüre gelesen hatte: Nun wusste er, dass Coulomb log.[191]

Eine Sache, die Hastings übersah und die offensichtlich auch der Aufmerksamkeit aller anderen bis vor kurzem entging, bestand in gewissen Eigentümlichkeiten bestimmter Formulierungen in den Briefen. Ehe wir darauf eingehen, muss erwähnt werden, dass HPBs angebliche Korrespondenz mit Madame Coulomb überwiegend in Französisch geführt wurde – in schlechtem Französisch, wie viele bemerkten, obwohl HPBs Französisch für seine Eleganz und Makellosigkeit bekannt war. So wurden zum Beispiel so allgemein bekannte Worte wie *au revoir* jedesmal *a revoir* geschrieben.[192] Ebenso wurde bisher übersehen, dass sich bisweilen auch Italienisches einschleicht. Jean Overton Fuller bemerkte dies zuerst, als sie für ihre Biographie von HPB recherchierte. In folgendem Beispiel ist jedes Wort italienisch, ausgenommen *de* [obwohl *Juiseppe* mit »G« geschrieben wird: *»Per l'amore de San Juiseppe fatte l'affare bene«* (Um der Liebe des heiligen Josephs willen, mach deine Sache gut.)] Außerdem ist es unvorstellbar, dass HPB sich an den heiligen Joseph um Hilfe gewandt hätte.

Fuller fährt fort: »Unnötig zu fragen, ob in der Vergangenheit von M. oder Mme. Coulomb die italienische Sprache eine Rolle gespielt hat. In ihrem Pamphlet erwähnt Madame Coulomb entgegenkommenderweise, dass sie einst nicht direkt von Kairo nach Ceylon gingen, sondern erst nach Kalkutta, wo sie Lady Temple italienischen Sprachunterricht gab.«[193]

Wo Madame Coulomb *zuerst* Italienisch gelernt hatte, bleibt ein Geheimnis. Vielleicht an der von Italienern oft besuchten französischen Riviera, meint Fuller. Doch schon fünfzig Jahre früher erwähnte Hastings in ihrem Buch die eher zufällig gemachte Entdeckung, dass »sie levantinischer Herkunft war, Italienisch sprach, aber auch etwas Englisch und Französisch«.[194]

Hodgson hatte einige der Blavatsky-Coulomb-Briefe zwecks Untersuchung durch Graphologen nach London mitgebracht;[195] sie wurden für echt befunden. Blavatskys Kommentar in einem Brief an Mrs. Sinnett lautete:

> Ah, sie müssen berühmt sein, diese Experten ... Und wenn sich die ganze Welt vor ihrem Scharfsinn und ihren Urteilen verneigt, gibt es doch eine Person zumindest, die sie nicht überzeugen ... und das ist H. P. Blavatsky. Wenn der GOTT Israels und von Moses, Mahomet und aller Propheten, Jesus und die Jungfrau Maria noch dazu, kämen und mir erzählen wollten, ich hätte nur eine Zeile der unseligen Instruktionen an Coulomb geschrieben – würde ich ihnen ins Gesicht sagen –»absoluter Unsinn, *das habe ich nicht getan*« ... Bis dato hat man mir nicht erlaubt, auch nur einen dieser Briefe zu sehen.[196]

Und in Beantwortung von Mrs. Sinnetts Antwortbrief schrieb HPB:

> ... obwohl ich Ihnen danke und die große Freundlichkeit Ihres Herzens zu schätzen weiß, die Ihnen Worte diktiert wie: »Könnte man mich überzeugen, dass Sie solche entsetzlichen Briefe geschrieben hätten, *würde ich Sie immer noch lieben*« – entgegne ich: *Ich hoffe, dass Sie mich dann nicht mehr lieben würden,* und das zu Ihrem eignen Besten ... Hätte ich mich auch nur *ein einziges Mal* einer absichtlichen Täuschung schuldig gemacht, zumal meinen besten, *treuesten* Freunden gegenüber, dürfte von »Liebe« für solch eine Person keine Rede mehr sein, bestenfalls von Mitleid oder immerwährender Verachtung ...Ginge es nur um mein *persönliches* Ansehen, so wäre mir das alles gleichgültig. Aber all der Schmutz, der auf mich geworfen wird, trifft und besudelt die unglückselige Theosophische Gesellschaft und hinterlässt einen üblen Geruch.[197]

Die zweite Anschuldigung, die zu erörtern ist, beinhaltet die Behauptung, HPB habe die Mahatma-Briefe selbst geschrieben. Hodgson zog die beiden Graphologen F. G. Netherclift und Richard Sims hinzu, die einen Schriftvergleich zwischen HPBs Handschrift und den KH zugeschriebenen Briefen vornahmen. Dr. Harrison berichtet, dass diese Experten »zu dem Schluss gelangten, dass diese Schriftstücke NICHT von Mme. Blavatskys Hand stammten ... (Doch) Hodgson weigerte sich, dieses Urteil zu akzeptieren ... «. Er behauptete, nach einer Untersuchung von KH-Schriften in Indien habe sich ergeben, dass sie, von wenigen Ausnahmen abgesehen, von Mme. Blavatsky geschrieben wurden. »Bei meiner Rückkehr nach England«, fuhr Hodgson fort, »war ich überrascht festzustellen, dass Mr. Netherclift über die ihm vorgelegten KH-Handschriften anderer Meinung war.«

»Der Schlussbericht«, sagte Harrison, »wurde zurückgehalten, bis noch weitere Proben untersucht worden waren, und (ich zitiere): ›mit dem Ergebnis, dass Mr. Netherclift nun meinte, dass sämtliche Dokumente ohne Zweifel von Mme. Blavatsky geschrieben worden sind‹. Mr. Sims vom Britischen Museum änderte nun seine Meinung und schloss sich dieser Position an.« Harrisons Kommentar: »Ich finde Hodgsons unverblümten Versuch, das Urteil seiner Experten zu beeinflussen, im höchsten Grade sittenwidrig. Kein englisches Gericht würde je ein Gutachten akzeptieren, das unter solchen Umständen zustande kam.«[198]

In seinem fünfundzwanzig Seiten starken Report stellte Harrison neue Untersuchungen der verschiedenen involvierten Schriften an, die er mit Illustrationen versah. Sein Urteil lautete: »Ich finde keine eindeutigen Beweise, dass HPB (die KH-Briefe) geschrieben hat, finde dagegen signifikante (Beweise) dafür, dass sie es nicht tat. Wer die Mahatma-Briefe geschrieben hat, ist mir nicht bekannt, finde es aber keineswegs plausibel zu mutmaßen, dass Madame Blavatsky sie geschrieben hat – zumindest was den weitaus größten Teil (der Briefe) betrifft. Das ist meine fachlich fundierte Auffassung.«[199]

Zwei weitere Experten – einer aus dem 19., der andere aus dem 20. Jahrhundert – haben ebenfalls die Handschriften von KH und HPB analysiert; beider Ergebnisse bestätigen Harrisons Befund. Der erste war Dr. Ernst Schütze, Kalligraph am Hof des Kaisers Wilhelm I. Im Jahr 1886 legte ihm Gustav Gebhard zwei Briefe vor, einer stammte von HPB, der andere von KH; Letzteren hatte er 1884 erhalten, als HPB in seinem Haus als Gast logierte. Im Begleitbrief zu seinem Gutachten betonte Dr. Schütze nachdrücklich: *»Wenn Sie angenommen haben, beide Briefe stammten von einer Hand, sind Sie einem enormen Irrtum aufgesessen.«* Nach Schützes Meinung fallen die Unterschiede zwischen beiden derart ins Auge, dass »ich keinesfalls den Schluss ziehen kann, dass sie von ein und derselben Hand stammen«.[200]

Der zweite Graphologe war Dr. Paul L. Kirk von der Fakultät für Kriminalistik der Universität von Kalifornien, einer der bekanntesten Handschriftenexperten der USA. 1963 wurden ihm drei Handschriftenproben vorgelegt – eine von HPB, eine von KH und eine dritte von Damodar, den Hodgson beschuldigt hatte, einige der Mahatma-Briefe geschrieben zu haben. (Die Proben entstammten Hodgsons eigenem Report, doch die Namen der Urheber der Handschriften waren nicht genannt.) In einem Brief vom 17. Februar 1964 kam Dr. Kirks Gutachten: das vorgelegte Material stamme von der Hand dreier verschiedener Personen.[201]

Ergebnisse ganz anderer Art legte Charles Marshall vor, in einer Vorlesung, die er auf der »International Modern Language Teachers Institute Conference« in Leningrad im Januar 1980 präsentiert hatte. Dieses Papier, das nachdrücklich die Befunde unterstützt, denen zufolge HPB *nicht* die Mahatma-Briefe geschrieben hat, trägt den Titel »Die Mahatma-Briefe – eine syntaktische Untersuchung der Möglichkeit von Fälschungen * durch Helena Petrovna Blavatsky, einer Okkultistin des 19. Jahrhunderts«[202]. Marshall erläuterte, dass dieser Untersuchung »eine Computer-Analyse von Handschriftenproben Mme. Blavatskys, der Mahatmas KH und M sowie einer Kontrollgruppe von anderen Handschriften aus der Mitte der achtziger Jahre des 19. Jahrhunderts zugrunde« liege. Marshall weiter:

»Vergleiche verschiedener Parameter wurden unternommen, darunter der Anzahl von Wortsilben und von Wörtern in Sätzen sowie die Häufigkeit der Benutzung von Präpositionen und Konjunktionen.« Diese und ähnliche Methoden sind, so Marshall, in der Wissenschaft angewandt worden, um die Authentizität bestimmter Paulus zugeschriebener Episteln sowie eines Shakespeare zugeschriebenen Bühnenstückes zu prüfen.[203]

Hodgsons Erörterung der Motive, die HPB zu ihrer angeblichen Fälschung bewegt hätten, ist besonders aufschlussreich. War es Selbstherrlichkeit?, fragte er. Wer ihren Charakter kennt, wird diese Annahme von vornherein unhaltbar finden. Oder war sie ganz einfach nur eine Schwindlerin? »Sie ist ein seltener psychologischer Fall, fast so selten wie ein >Mahatma<«, schreibt er. »Sie war maßlos in ihrer Furcht, dass ihre >zwanzigjährige Arbeit< durch Madame Coulomb ruiniert werden könnte.« War es religiöser Wahn, ein morbides Verlangen nach Ruhm? Dazu gibt er folgende Antwort:

* Amüsiert weist HPB darauf hin, dass ihre Kritiker durch ihre Behauptung, die Mahatma-Briefe seien *Fälschungen,* stillschweigend die Existenz der Mahatmas bestätigen, denn sie könnte ja kaum die Handschriften nichtexistenter Menschen fälschen.

> Ich muss gestehen, dass mich das Problem ihrer Motive in hohem Maße verwirrt hat ... Das niedrige Motiv materieller Gewinnsucht wäre als Lösung des Rätsels noch weniger befriedigend als die Hypothese des religiösen Wahns ... Aber selbst diese Hypothese konnte ich mir nicht zu Eigen machen, denn sie stimmte nicht überein mit meiner Auffassung über ihren Charakter.
> Schließlich öffnete mir ein zufälliges Gespräch die Augen ... Aufgrund persönlicher Erfahrungen mit Mme. Blavatsky kann ich nicht umhin anzunehmen, dass ihr wirkliches Ziel die Wahrung russischer Interessen war.[204]

Was war das für ein Zufallsgespräch mit HPB, das angeblich Hodgson die Augen öffnete? Er hatte ihr von Truppenbewegungen der Russen in Afghanistan erzählt und erwähnt, dass dies die Gefahr einer Invasion Indiens einschloss. Sie war alarmiert: »Das wäre der Todesstoß für die (Theosophische) Gesellschaft.« Hodgson deutete diese »unerhörte Beschimpfung« ihres eigenen Landes als eine Äußerung, die ihre wahren Sympathien verbergen sollte.[205] Er konnte sich nicht vorstellen, dass es ihr allein um das Wohl der Theosophischen Bewegung ging. An Sinnett schrieb sie: »... So schlimm meiner Meinung nach die englische Regierung in Indien in vieler Hinsicht ist – die Russen wären tausendmal schlimmer ...«[206]

Wiewohl Hodgson die Frage nach HPBs Motiven anschnitt, scheint niemand nach *seinen* Motiven gefragt zu haben, die ihn dazu bewegten, einen Bericht zu verfassen, der laut Pressemitteilung der SPR (Dr. Harrison zitierend) »voller tendenziöser Darstellungen (ist) und voller Mutmaßungen, die als Fakten oder wahrscheinliche Fakten angeführt werden, mit unbestätigten Aussagen anonymer Zeugen, lückenhaften Beweismitteln und *regelrechten Unwahrheiten.* (Hervorhebung der Autorin) Dennoch war Hodgson, laut HPB, als er das erstemal nach Adyar kam, ein »vollkommen aufrichtiger junger Mann gewesen«[207], und man darf annehmen, dass er zu jener Zeit aufrichtig um die Aufdeckung der in Indien hervorgerufenen Phänomene bemüht war. Könnte sein Motiv das gleiche sein, das er HPB zuschrieb – nämlich Vaterlandsliebe? Es gibt einen Spruch: »Im Krieg wie in der Liebe ist alles erlaubt.« Ein kalter Krieg um den Zugang zu Indiens Grenzen tobte zwischen Russland und England schon seit Jahren. Hodgson gibt zu, vor dem »zufälligen Gespräch mit HPB«, bei dem ihm »die Augen aufgingen«, »keinerlei Interesse an den politischen Manövern in Zentralasien gehabt« zu haben. Nun aber, da er sicher war, dass HPB für den Zaren spionierte, und weil Spione gefährlich sind, musste sie demaskiert werden.

Cooper-Oakley, der zu dieser Zeit zu einem Dinner geladen war, an dem auch Hodgson teilnahm, soll gesagt haben: »Er ist verrückt geworden; er benahm sich wie ein Irrer, wetterte gegen HPB und behauptete, sie sei eine russische Spionin ... jedes Verbrechens fähig.«[208]

Ebenso ist es bezeichnend, dass Hodgson bei der ersten öffentlichen Bekanntgabe der Ergebnisse seiner Untersuchungen die Spionage-Theorie hervorhob. Als Australier wählte er die Zeitung *Melbourne Age* (vom 12. September 1885) für die Bekanntgabe, die unter der Überschrift erschien: »Die Theosophische Gesellschaft – russische Intrige oder religiöse Evolution?« Politische Interessen Russlands waren als Beweggründe für das »von Madame Blavatsky unter Mithilfe der Coulombs und anderer Personen in Bewegung gesetzte riesige betrügerische System« angeführt.[209]

Olcott benachrichtigte HPB, die damals in Europa war, und sie schrieb an Sinnett:

> Entweder wird diese Anschuldigung der Spionage offiziell, d.h. gerichtlich, entkräftet – oder ich muss mit allem aufhören und allen Lebewohl sagen ... Ich kann das nicht länger ertragen, Mr. Sinnett. Für alles gibt es Grenzen, und mein lange leidender Rücken weigert sich, noch schwerere Bürde zu tragen. Und Sie wissen, dass meiner Meinung nach ein Spion hundertmal schlimmer ist als ein Dieb ... (Diese Bezichtigung) vertreibt mich für immer aus Indien ... sie kompromittiert alle Hindus – alle, die mir am nächsten standen und mir am meisten ergeben waren.[210]

Diese Zeilen wurden im November 1885 geschrieben, genau einen Monat vor Veröffentlichung des Hodgson-Reports durch die SPR. Im Juli 1886 schrieb HPB an Olcott:

> Was nun meine Rückkehr nach Indien betrifft ... Wenn Sie mich zurückhaben wollen, dann müssen Sie erst zustimmen, dass ich Hodgson vor Gericht bringe für seine Behauptung, (ich) sei eine russische Spionin. Meine Einstellung in Bezug auf anderes, das mit hereingezogen werden könnte (Mahatmas und Phänomene), ist, jede Diskussion über diese Dinge zu verweigern. Meine Klage erfolgt aus politischen und verleumderischen, nicht aus metaphysischen Gründen. Das eine hat mit dem anderen nichts zu tun

> ... Sinnett sagt, es gibt Rechtsanwälte, die bereit sind, meinen Fall unbesehen zu übernehmen, mein Fall sei *absolut gut und sicher.* Alle sind erstaunt, dass wir Hodgson und die SPR nicht verklagen. Und die Rechtsanwälte sagen, *ich brauchte dafür nicht einmal in London zu sein.* Ich kann eine Vollmacht erteilen. Wenn ich es aber nicht tue, dann wird es bei meiner Rückkehr nach Indien sofort eine neue Verschwörung, einen neuen Skandal geben.[211]

Olcott, selbst Jurist, war anderer Meinung als HPB und so wurden unglücklicherweise keine rechtlichen Schritte unternommen. Heute glaubt kaum noch jemand, HPB sei eine Spionin für Russland gewesen. Was bleibt, ist jedoch die wichtige Frage, wie weit Hodgsons Ansichten den von ihm verfassten Bericht beeinflusst haben.

Die Fairness gegenüber Hodgson verlangt es, zu wiederholen, dass er anfangs, als er in Indien ankam, um seine Untersuchungen im Hauptsitz der Theosophischen Gesellschaft in Adyar vorzunehmen, eine freundliche Einstellung hatte, dass er weder skeptisch noch misstrauisch war. Britische Freunde, die ihn kannten, bevor er nach Indien reiste, sagten, er habe stets Sinnetts *Occult World* bei sich gehabt und habe sich begeistert über die darin enthaltenen theosophischen Lehren geäußert.[212]

◆

Zur Beendigung dieser Diskussion über den Hodgson-Report bieten sich einige weitere Auszüge aus Dr. Vernon Harrisons Beitrag in der Zeitschrift der SPR an:

> Jahrelang ist Hodgson als vorbildlich in der Erforschung psychischer Phänomene dargestellt worden ... Das Gegenteil ist richtig; in Wirklichkeit ist der Hodgson-Report ein höchst parteiisches Dokument, das jeglichem Anspruch auf wissenschaftliche Unparteilichkeit Hohn spricht. Er gleicht der Rede eines Staatsanwalts, der nicht zögert, Beweise auszuwählen, die seine Anklage stützen und der alles ignoriert und unterdrückt, was seiner These widersprechen könnte. Die Verteidigung ist nie angehört worden.
> Ich kann dem Komitee der SPR nicht den Tadel ersparen, dass es diesen durch und durch unzulänglichen Bericht veröffentlicht hat. Es hat offensichtlich nicht viel mehr getan, als den Ansichten Hodgsons seinen

Gültigkeitsstempel aufzudrücken; kein ernsthafter Versuch wurde unternommen, seine Ergebnisse zu überprüfen oder zumindest seinen Bericht kritisch zu lesen. Hätte man das getan, wären seine Verfahrensfehler, sein Mangel an Logik, seine Vorurteile und falschen Schlussfolgerungen, seine Feindseligkeit gegenüber dem untersuchten Objekt, seine Verachtung für die »Eingeborenen« und andere Zeugen zu Tage getreten; und der Fall würde zur weiteren Untersuchung zurückgewiesen worden sein ...

Es ist wahrhaftig ein Wunder, dass es Hodgson gelang, nicht nur Netherclift und Mr. Sims vom Britischen Museum so umfassend zu täuschen, sondern auch Männer und Frauen vom Format eines Myers, eines Gurney und einer Mrs. Sidgwick – ganz zu schweigen von mehreren Generationen psychischer Forscher seit der Veröffentlichung des Reports im Jahr 1885.

TROTZ ALLER VORAUSSAGEN, dass sie es nicht wagen würde, nach Indien zurückzukehren und ihren Anklägern die Stirn zu bieten, bereitete sich HPB auf die Reise von London nach Indien vor. In einem Interview für die *Pall Mall Gazette* (23. Oktober 1884) sagte sie: »Ich gehe nach Indien zurück, um meine Verleumder, diese Erfinder von Briefen, vor Gericht zu bringen.« An ihre Angehörigen in Russland schrieb sie:

> Alles hat sich geändert. Ein feindlicher Wind bläst uns entgegen. Wie sind meine Aussichten auf Heilung und Gesundheit? Ich muss in ein Klima zurück, das schädlich für mich ist. Es lässt sich nicht ändern. Selbst wenn ich mit dem Tod dafür zahlen müsste, muss ich diese Komplotte und üblen Machenschaften widerlegen, denn sie schaden nicht nur mir allein. Sie erschüttern das Vertrauen der Menschen in unsere Arbeit und in die Theosophische Gesellschaft, der mein ganzes Herz gehört. Wie kann ich mir da Sorgen um mein Leben machen?... Über tausend Menschen haben sich zu meiner Verteidigung erhoben. Nicht nur Briefe, sondern Telegramme, die Tausende von Rupien kosten, gingen bei der London *Times* ein. Was Indien betrifft, handelt es sich nicht nur um einen in der Presse ausgetragenen Kampf. Etwa zweihundert indische Studenten haben ihre Namen vom Studentenregister dieses Christlichen Colleges streichen lassen, dessen Zeitschrift diese wundervollen Briefe von mir veröffentlicht hat ...
> Madame Novikow brachte Mackenzie Wallace zu Besuch mit; er hat in Russland gelebt, hat ein ausgezeichnetes Buch über Russland geschrieben und spricht sehr gut Russisch. Er wird als Sekretär zum Vizekönig, Lord Dufferin, geschickt. Er gab mir einen Empfehlungsbrief an Nubar Pascha von Kairo mit seiner Bitte, mir zu helfen, Informationen über die Coulombs zu beschaffen.[213]

In Kairo war HPB erstmals mit Madame Coulomb zusammengetroffen. Nubar Pascha war ein sehr bekannter Ägyptologe und, als HPB ihm vorgestellt wurde, Premierminister von Ägypten.

HPB buchte die Überfahrt nach Indien für den 31. Oktober, über Alexandria, Port Said, Kairo und Sri Lanka. Sie wurde von den Cooper-Oakleys begleitet, und in Port Said gesellte sich der britische Geistliche Charles Leadbeater hinzu, der die Absicht hatte, in Adyar zu leben und tätig zu sein. In Kairo, wo Blavatsky zehn Tage verbrachte, wurde sie königlich von der »Creme der Gesellschaft« bewirtet.[214] Nubar Pascha und eine Anzahl anderer wurden Mitglieder der Theosophischen Gesellschaft, wobei Nubar, der Premierminister, als Ehrenmitglied eingetragen wurde.[215] Mrs. Isabel Cooper-Oakley erinnert sich:

> HPB war eine hochinteressante Reisebegleiterin; ihr vielfältiges Wissen über alle Gegenden Ägyptens war ebenso umfassend wie ungewöhnlich. Hätte ich nur Platz, um die Einzelheiten jener Zeit in Kairo zu beschreiben, über die Fahrten durch die wunderlichen, malerischen Bazare, und HPBs Schilderung der Menschen und ihrer Lebensweise. Besonders interessant war ein Nachmittag im Boulak Museum am Ufer des Nils, als HPB den bekannten Ägyptologen Maspero in Erstaunen versetzte mit ihren Kenntnissen. Sie informierte ihn über die Grade der initiierten Könige und wie man sie esoterisch erkennen konnte.[216]

Was die Nachforschungen über die Coulombs betraf, sandte HPB Olcott am 24. November ein Telegramm: »Erfolg hundertprozentig. Verbrecher. Juristische Beweise.« Ein Brief, der sich anschloss, berichtete über ihre betrügerischen Machenschaften.[217]

Mrs. Cooper-Oakley schreibt:

> Als wir Kairo verließen, begaben wir uns sofort nach Suez. Mr. Oakley blieb in Kairo, um Dokumente über die Coulombs von der Polizei zu holen. In Suez gesellte sich Leadbeater zu uns. Nachdem wir zwei Tage auf das Schiff gewartet hatten, liefen wir nach Madras aus. Nicht oft kommt es vor, dass ich mich meiner Landsleute schäme; ich muss allerdings gestehen, dass ich dazu allen Grund hatte in jenen vierzehn Tagen. Die ersten Pamphlete der Missionare wurden an Bord des Schiffes herumgereicht, und man konnte jede nur denkbare Beleidigung HPBs hören.

Dazu bildete die Begrüßung, die ihnen zuteil wurde, als das Schiff in Indien eintraf, einen lebhaften Kontrast. Sie fährt fort: »Eine Abordnung, begleitet von einer Blaskapelle, kam uns zur Begrüßung in Booten entgegen ... Bei der

Landung am Pier waren es Hunderte, die HPB begrüßten; von enthusiastischen Mitgliedern in einem mit Papierrosen dekorierten Lastwagen wurden wir buchstäblich ins Schlepptau genommen und dann von Scharen von freudestrahlenden dunklen Gesichtern umringt.«[218]

Man fuhr sie dann nach Pacheappah's Hall, wo HPB ein Dokument überreicht wurde, das unterzeichnet war von dreihundert Studenten des Madras Christian College, das die Anschuldigungen der Coulombs veröffentlicht hatte. In der Erklärung hieß es unter anderem:

> Sie widmen Ihr Leben in selbstloser Arbeit der Verbreitung der Wahrheiten der Philosophie des Okkultismus. Die heiligen Mysterien unserer uralten Religion und Philosophien haben Sie in hellem Licht erstrahlen lassen, als Sie der Welt Ihr Werk *Isis entschleiert* schenkten. Unser verehrter Colonel wurde durch Ihr Werk inspiriert, die ersterbende Flamme unserer Religion und unserer Spiritualität zu neuem Leben zu entfachen auf den Altären von Aryavarta.» *[219]

Olcott erinnert sich:

> Sie fuhr fort, mich zu drängen, mit ihr zu einem Richter oder Anwalt, ganz gleich welchem, zu gehen, damit sie eine eidesstattliche Erklärung abgeben und wir mit unserer Aktion beginnen könnten, aber ich lehnte es rundheraus ab. Ich erinnerte sie daran, dass wir in den nächsten Tagen unsere Jahrestagung abhalten würden und dass es unsere Pflicht sei, den Fall vor die Delegierten zu bringen, einen Sonderausschuss aus unseren besten Juristen zu bilden und ihnen die Entscheidung zu überlassen, welche Schritte zu unternehmen seien; ihre und meine Persönlichkeit wäre bereits so vollständig in die Theosophische Gesellschaft aufgegangen, dass wir nichts unternehmen dürften, ehe wir nicht wüssten, was unsere Kollegen wünschten. Sie erregte sich und beharrte auf ihrem Willen. Ich aber blieb fest, und als sie damit drohte, sich allein »von diesem Schandfleck reinzuwaschen«, drohte ich mit meinem Rücktritt aus dem Amt; die Tagungsmitglieder sollten zwischen uns entscheiden: ich wisse zu gut über Rechtspraktiken Bescheid, um einen so törichten Schritt zu unternehmen. Daraufhin gab sie nach.[220]

* Aryavarta ist der antike Name Indiens.

Auf der Jahrestagung wurde dann ein Sonderkomitee aus vierzehn Rechtsanwälten, Richtern und Staatsbeamten gebildet, das über das Vorgehen bestimmen sollte. Deren Empfehlung folgend, wurde beschlossen, »Madame Blavatsky soll ihre Verleumder nicht vor Gericht anklagen«.[221] In der darauf folgenden Diskussion stützten sich die Hauptargumente für dieses Vorgehen darauf, dass die geheiligten Namen der Meister[222] im Verlauf eines Prozesses lächerlich gemacht werden könnten sowie dass die Echtheit okkulter Phänomene sich nicht im Gerichtssaal beweisen ließe. Die Stellungnahme des Komitees wurde beifällig aufgenommen. Olcott fügte hinzu, dass HPB bei ihrem Erscheinen am nächsten Abend vor einem Publikum von 1500 Personen, die sich zur Feier des neunjährigen Bestehens der Gesellschaft eingefunden hatten, begeistert begrüßt worden sei, und dass jede Erwähnung ihres Namens in den verschiedenen Reden Jubel auslöste.[223]

HPB jedoch war alles andere als begeistert über die Entscheidung, nicht vor Gericht zu gehen. Ihr Besuch in Kairo war nun vergebens gewesen. Sie fürchtete, dass die Ablehnung der gerichtlichen Verfolgung in den Augen der Welt als Schuldbekenntnis gedeutet werden würde, was sich auf die Integrität der Theosophischen Gesellschaft negativ auswirken könnte.

Ende Januar 1885 erkrankte HPB so schwer, dass Olcott, der gerade nach Burma gereist war, zurückgerufen wurde. Mrs. Cooper-Oakley berichtet:

> Von größter Sorge erfüllt waren die Stunden und Tage der Pflege, die ich in jenen drei Wochen durchlebte, als es schlimmer und schlimmer wurde und die Ärzte sie schließlich in einem komatösen Zustand aufgaben. Ob gesund oder krank, die schützende Kraft, die auch jetzt noch von HPB ausging, war so stark, dass ich, obwohl ich mit ihr dicht unter dem Dach des Hauses völlig allein war, dennoch Nacht für Nacht zwischen drei und vier Uhr morgens auf dem Flachdach auf und ab ging, um etwas frische Luft zu schöpfen. Und als ich das Tageslicht über der Bucht von Bengalen heraufdämmern sah, wunderte ich mich, dass ich so furchtlos war, selbst jetzt, da sie offensichtlich im Sterben lag. Die Vorstellung, dass in HPBs Nähe ein Gefühl der Angst aufkommen könnte, war mir fremd. Schließlich kam die kritische Nacht; die Ärzte gaben sie auf und sagten, sie könnten nichts mehr für sie tun. Sie lag seit mehreren Stunden im Koma. Die Ärzte meinten, sie würde in diesem Zustand sterben, und auch ich war mir sicher: dies war die letzte Nachtwache. [Mr. Oakley war bereits nach Madras gefahren, die Erlaubnis zur Einäscherung zu beschaffen.[224]]

> Ich kann hier nicht näher eingehen auf das, was geschah – es war eine Erfahrung, die mir unvergesslich bleibt. Doch gegen 8 Uhr morgens öffnete HPB plötzlich die Augen und bat um Frühstück, die ersten Worte, die sie seit zwei Tagen gesprochen hatte. Ich ging zum Arzt, der äußerst überrascht über diese Veränderung war. HPB sagte: »Ah, Doktor, Sie glauben nicht an unsere großartigen Meister.«[225]

Das folgende Erlebnis von Mrs. Cooper-Oakley, das sie nicht erwähnte, wurde von anderen bezeugt. Im Lauf des Abends

> saßen im Vorzimmer die beiden Cooper-Oakleys, Damodar Mavalankar, Bawaji D. Nath und Franz Hartmann zusammen, flüsternd, um nur ja keinen Ruf von HPB zu überhören. Plötzlich erschien auf der Veranda der Meister M in vollkommener Materialisation. Schnell durchschritt er das Vorzimmer und ging in HPBs Zimmer. Unterdessen zogen sich die im Vorzimmer Versammelten zurück... Später, als HPB sich erholt hatte, erzählte sie im engsten Freundeskreis, dass ihr Meister gekommen war, um sie vor die Wahl zu stellen, entweder zu sterben, in Frieden hinüberzugehen und ihr Leiden zu beenden, oder noch einige Jahre zu leben, um die *Geheimlehre* [zu schreiben]...[226]

100 Jahre später, als Dr. Harrison sich mit der auf jener Jahresversammlung der Theosophischen Gesellschaft von 1885 getroffenen Entscheidung befasste, schrieb er, er könne den Delegierten den Vorwurf nicht ersparen, dass sie versäumten, »ihrer Gründerin eine faire Verteidigung zu ermöglichen. Sie schienen nur um ihr eigenes Ansehen besorgt gewesen zu sein. Schwindlerin oder nicht, HPB hatte das Recht, in eigener Sache gehört zu werden. Das wurde ihr nicht gewährt. Hätte man ihr den juristischen und sachkundigen Beistand, um den sie so inständig bat, gegeben, dann wären sowohl Hodgson als auch die Society for Psychical Research in größte Schwierigkeiten geraten« – ebenso wie die Coulombs.[227]

Am 21. März 1885 richtete HPB folgenden Brief an den Vorstand der Theosophischen Gesellschaft:

> *Meine Herren!*
> *Meinen Rücktritt aus meinem Amt, den ich am 27. September 1884 einreichte und den ich auf die dringenden Bitten und Vorstellungen meiner theosophi-*

schen Freunde zurückzog, muss ich nun bedingungslos zum zweiten Mal erklären. Meine gegenwärtige Erkrankung führt laut Aussage meiner ärztlichen Berater zum Tode; man gibt mir nicht ein einziges Jahr mehr. Unter diesen Umständen wäre es die blanke Ironie zu behaupten, dass ich das Amt eines Korrespondierenden Vorstandsmitglieds ausüben könnte. Ich muss darauf bestehen, dass Sie mir erlauben, mich zurückzuziehen. Ich habe den Wunsch, die mir noch verbleibenden Tage anderen Gedanken zu widmen und ein anderes Klima aufzusuchen, sollte man diagnostizieren, dass es mir guttun könnte.
Ihnen, wie all meinen Freunden und Sympathisanten sage ich in aller Liebe Lebwohl. Sollte dies mein letztes Wort sein, so beschwöre ich Sie alle, denen das Wohlergehen der Menschheit und das eigene Karma am Herzen liegt, der Gesellschaft die Treue zu halten und nicht zuzulassen, dass der Feind sie vernichtet.
In tiefer Verbundenheit und immer die Ihre – im Leben wie im Tod.
H. P. Blavatsky[228]

Die Veröffentlichung der Rücktrittserklärung im *Theosophist* schloss dieses ärztliche Attest ein:

Ich bescheinige hiermit, dass Madame Blavatsky den ständigen Aufregungen und Sorgen nicht gewachsen ist, denen sie in Madras ausgesetzt ist. Der Zustand ihres Herzens erfordert absolute Ruhe und ein geeignetes Klima. Ich empfehle daher ihre sofortige Rückkehr nach Europa und ein Verbleiben in gemäßigtem Klima – an einem ruhigen Ort.
Dr. Mary Scharlieb, London

Die Entscheidung, Adyar zu verlassen, traf HPB *nicht* selbst; im Gegenteil, sie geschah unter ihrem Protest; freiwillig wollte sie ihre Tätigkeit für die Theosophie in Indien nicht aufgeben. Es war die Entscheidung von Freunden, die sich um ihre Gesundheit Sorgen machten, sowie von anderen, die den Glauben an ihre Mission verloren hatten und in ihrem weiteren Verbleib in Adyar eher eine Belastung sahen.[229]

Eine der Hauptursachen für diese Einstellung war Hodgson. Über seinen Untersuchungsauftrag für die SPR hinaus setzte er alles daran, die Theosophen, wo er sie traf, zu überzeugen, dass er nachgewiesen habe, alles, was mit HPB zusammenhinge, sei »Schwindel«.[230] Er muss viel Überzeugungskraft besessen haben, denn ehe er Ende März 1885 Indien verließ, hatte er die Leitung in Adyar veranlasst, zwei der Publikationen über den Fall Coulomb, die HPB rückhaltlos unterstützten, aus dem Verkehr zu ziehen. Er selbst berichtet von dieser Leistung.[231]

Am 31. März 1885 verließ HPB Indien für immer. Begleitet von Mary Flynn, dem Hindu Chela Bawaji und Dr. Hartmann fuhr sie mit dem Schiff nach Neapel.

Im Juni schrieb Olcott an Miss Arundale in London:

> Wir haben hier [in Adyar] eine Sammlung begonnen, zur Deckung der Ausgaben für HPBs Krankheit (über £ 70) sowie für ihren Umzug und ihren Unterhalt, bis die hier und in Moskau für literarische Arbeiten ausstehenden Honorare eingegangen sind. Doch angesichts ihrer gichtigen Finger, ihres schwachen Herzens und ihrer Albuminurie (Nierenkrankheit) bezweifle ich, dass sie jemals wieder in der Lage sein wird, richtig zu arbeiten. Wir müssen sie als unsere Pensionärin betrachten und dafür sorgen, dass man sie liebevoll pflegt. Die arme Frau – nachdem sie so hart für diese Welt gearbeitet hat, soll sie unter diesen Umständen von ihrem Zuhause vertrieben werden, um möglicherweise mit dem Stigma der Schande auf ihrem glanzvollen Namen zu sterben![232]

Der Hodgson-Report wurde erst Ende 1885 veröffentlicht. Die Auswirkungen waren überraschend, berichtet Dr. Hartmann in seiner Autobiographie. Der Skandal »machte die Existenz der Theosophischen Gesellschaft und die theosophischen Lehren in der ganzen Welt bekannt. Und die Folge war, dass Tausende Mme. Blavatskys Bücher erwarben und sie lasen, und sich mit ihren Überzeugungen vertraut machten, die sonst bis ans Ende ihrer Tage von all diesen Dingen nichts gewusst hätten«.[233] Besonders in den Vereinigten Staaten lebte die Bewegung wieder auf.[234] Nur vier Monate, nachdem Hodgson seinen Bericht veröffentlicht hatte, erschien in New York die erste Ausgabe von W. Q. Judges Zeitschrift *The Path*. Auch in England wurde durch das Erscheinen von HPBs Zeitschrift *Lucifer* neues Interesse geweckt. Francesca Arundale bemerkte später hierzu: »... Im Gegensatz zur ersten Zeit, als ein verheerendes Ereignis nach dem anderen die Existenz der Bewegung in ihrem Kern bedrohte und wir alle ausriefen, ›dies ist das Ende der Gesellschaft‹, haben wir dann gesehen, wie sie sich einem Phönix gleich von ihren Wunden zu neuem Leben erhob; unter den Schlägen, die sie erlitten hatte, war sie erstarkt.«[235] Diese Beobachtungen wurden durch Statistiken bestätigt, die 1890 in Blavatskys Artikel »Jüngste Entwicklungen in der Theosophie« in der *North American Review* erschienen. Sie schrieb:

> Um Weitschweifigkeit zu vermeiden, beginnen wir mit dem Jahr 1884, als die London Society for Psychical Research ihren Angriff auf uns machte. Aus dem amtlichen Bericht jenes Jahres geht hervor, dass am 31. Dezember 1884 auf der Welt 104 Zweigstellen der Theosophischen Gesellschaft existierten. Im Jahr 1885 wurden, als Antwort auf unsere Verleumder, siebzehn neue Gründungsurkunden ausgegeben; 1886 fünfzehn, 1887 zweiundzwanzig, 1888 einundzwanzig... Bis Juni 1890 finden wir in unseren Unterlagen mehr als 200 Zweigstellen auf... Und wenn keine Verschwörung, kein Angriff die Gesellschaft ernsthaft erschüttern oder in ihrer Bewegung zu behindern vermag, so wird das auch in Zukunft nicht geschehen können. Dankbar stellen wir fest, dass für unsere Bewegung nunmehr jenes christliche Motto – leicht abgewandelt – zutrifft: *»Märtyrerblut ist die Saat der Theosophie.«* Zu deutlich hat die Gesellschaft gute Arbeit geleistet, die gute Saat ist, wenn auch inmitten der unausbleiblichen Spreu, viel zu blendend aufgegangen, als dass nicht ein sicheres Fundament für den Tempel der Wahrheit jetzt und für die ferne Zukunft errichtet worden wäre.[236]

All das war indes noch nicht so offensichtlich, als HPB 1885 Indien Lebwohl sagte, und das folgende Jahr sollte eine Zeit schmerzlicher persönlicher Prüfungen sein.

VI. KAPITEL DIE WESTLICHE WELT

1 Von Würzburg nach London

HPB HATTE KEINE bestimmten Pläne, wo sie sich für immer niederlassen sollte, als sie im März 1885 Indien Richtung Neapel verließ. Orte waren für sie ohne Belang, ihr Interesse galt nur dem Schreiben der *Geheimlehre.* Obwohl sie krank war, arbeitete sie sogar an Bord des Schiffes daran. Dr. Hartmann, der sie zusammen mit Mary Flynn und Bawaji begleitete, berichtet, dass »oft Stöße von Blättern mit Notizen« zu dem Buch »am Morgen auf ihrem Tisch lagen«, bevor sie mit der Arbeit begann.[1]

Nach ihrer Ankunft in Neapel, am 23. April, fuhren sie ins nahe Torre del Greco und stiegen im Hotel del Vesuvio, in der Nähe der Ruinen von Pompeij, ab.

Die drei Monate in Italien waren schwierig. In der Eile, HPB aus Indien herauszubekommen, hatte man viele wichtige Dinge zurückgelassen, auch ihre Brille. Aufgrund der Feuchtigkeit litt sie häufig an Rheumatismus, die Bedingungen zum Schreiben waren schlecht, deshalb beschloss sie, nach Würzburg zu fahren. An Patience Sinnett schrieb sie:

> *Ich möchte nicht in einer der Großstädte Europas leben, aber ich brauche einen warmen und trockenen Raum, wie kalt es auch draußen ist ... Ich mag Würzburg. Heidelberg und Nürnberg sind in der Nähe, und all die Orte, in denen einer der Meister [KH] gelebt hatte*[2]*, und Er ist es, der meinem Meister riet, mich hierher zu schicken. Glücklicherweise habe ich aus Russland ein paar tausend Francs [Honorar für ihre Schriften] bekommen, und einige Wohltäter haben mir 500 und 400 Rupien aus Indien gesandt ... Ich werde mir eine nette Wohnung mieten und glücklich wird der Tag sein, an dem ich Sie an meinem* Samowar *wiedersehen werde ...*[3]

Auf dem Weg nach Würzburg verbrachte HPB eine Woche in Rom und eine weitere mit Solowjow und Madame de Morsier in Cergues in der Schweiz. Ungefähr Mitte August kam sie in Würzburg an, nur von Bawaji begleitet; Dr. Hartmann und Miss Flynn waren schon früher abgereist.

Kurz darauf schrieb sie an A. P. Sinnett:

> *Was mich betrifft, bin ich entschlossen,* anonym *zu bleiben. Ich kann viel mehr tun, wenn ich am Rande stehe, als noch einmal eine prominente Stellung innerhalb der Bewegung einzunehmen. Ich will mich in unbekannten Orten verstecken und schreiben, schreiben, schreiben, und all jene lehren, die lernen wollen. Da der Meister mich gezwungen hat zu leben, lasst mich nun in relativem Frieden leben und sterben. Es ist offensichtlich, dass Er meine weitere Mitarbeit in der Theosophischen Gesellschaft wünscht, da Er mir nicht erlaubt, mit Katkow einen Vertrag abzuschließen – der mir jährlich mindestens* 40.000 *Francs einbringen würde – und exklusiv für seine Zeitschrift und seine Zeitung zu schreiben. Er erlaubte mir voriges Jahr in Paris nicht, einen solchen Vertrag zu unterschreiben und gibt mir auch jetzt nicht die Erlaubnis dazu, weil – wie Er sagt – meine Zeit »für andere Dinge verwendet werden soll«.*[4]

Trotz HPBs Wunsch nach Ruhe verbreitete sich die Nachricht über ihren Aufenthalt schnell. Im August kam Solowjow mit seiner Schwägerin für mehrere Wochen, im September kamen Francesca Arundale und Mohini zu Besuch, und auch HPBs Tante Nadja besuchte sie während dieser Zeit. Darauf folgten Dr. Hartmann, Professor Sellin, Arthur Gebhard und andere.

Der Präsident der Theosophischen Gesellschaft in Deutschland, Dr. Wilhelm Hübbe-Schleiden, besuchte sie fünfmal. Wegen seiner eleganten und höflichen Art war er überall ein gern gesehener Gast. Er war ein Gelehrter und Schriftsteller, hatte als junger Mann Jura und politische Wirtschaftswissenschaft studiert und war auf Forschungsreisen weit herumgekommen. Er war auch Attaché des deutschen Generalkonsulats in London gewesen. 1886 gründete er eine metaphysische Zeitschrift, *Die Sphinx,* deren Herausgeber er für 22 Jahrgänge war.[5]

Einige Jahre nach seinen Besuchen bei HPB wurde Hübbe-Schleiden gebeten, seine Beobachtungen über HPBs Arbeit an der *Geheimlehre* schriftlich festzuhalten. Er schrieb unter anderem:

> »Als ich sie im Oktober 1885 besuchte ... hatte sie kaum Bücher, nicht ein halbes Dutzend ... Ich sah, wie sie Sätze niederschrieb, als ob sie sie von etwas, das vor ihr lag, abschrieb, nur – es lag da nichts vor ihr ...
> Ich sah eine Menge Korrekturen und Anmerkungen in der bekannten blauen Handschrift von KH in ihren Manuskripten und in Büchern, die gelegent-

> lich auf ihrem Schreibtisch lagen. Das stellte ich insbesondere am Morgen fest, bevor sie mit der Arbeit begonnen hatte. Ich schlief auf der Couch in ihrem Arbeitszimmer, nachdem sie sich für die Nacht zurückgezogen hatte, und die Couch stand gleich neben ihrem Schreibtisch. Ich erinnere mich gut an mein Erstaunen, als ich eines Morgens beim Aufstehen viele Seiten eines Schreibblocks, beschrieben in jener blauen Handschrift, fand, die auf ihrem eigenen Manuskript am Schreibtisch lagen. Ich weiß nicht, wie diese Seiten dorthin gekommen sind, aber sie waren nicht da, bevor ich schlafen ging, und während der Nacht war körperlich niemand im Raum, denn ich habe einen leichten Schlaf.
>
> Ich muss jedoch sagen, dass meine Ansichten damals die gleichen waren wie heute. Ich werde niemals den Wert oder den Ursprung eines geistigen Produktes nach der Art und Weise bewerten, wie es entstanden ist. Und aus diesem Grund verschwieg ich damals meine Meinung und sagte mir: »Ich werde warten, bis die *Geheimlehre* fertig ist und dann kann ich sie in Ruhe lesen; das wird der Nachweis für mich sein, der einzig richtige.«[6]

Hübbe-Schleiden erwähnt auch, dass er dabei war, als HPB ihren Artikel »Haben Tiere Seelen?« schrieb, der in drei Teilen in *The Theosophist,* Januar bis März 1886, veröffentlicht wurde.[7] Obwohl die Katholische Kirche seit Jahrhunderten predigte, dass Tiere seelenlos seien, bewies Blavatsky, dass Paulus und die frühen Kirchenväter anders dachten. Das ist nicht nur eine theologische Debatte. Als die spätere Kirche den niederen Lebewesen ein Seelenleben und Unsterblichkeit absprach, hatten die Christen wenig Gewissensbisse, Tiere auf den Bauernhöfen mit Arbeit zu überlasten, sie im Sport zu jagen oder für die Pelze der Frauen zu fangen. In der heutigen technologischen Gesellschaft werden Hühner auf unmenschliche Weise zu Eier legenden Maschinen verurteilt, während andere Tiere unerträglichen Qualen und einem schrecklichen Tod in wissenschaftlichen Labors ausgesetzt sind. Am 31. Dezember 1979 gab das *New York Times Magazine* die jährliche Anzahl von Tierversuchen in den Vereinigten Staaten mit 64 Millionen an, inklusive 400.000 Hunde, 200.000 Katzen und Tausende von Pferden und Ponys.

AV, die Zeitschrift der amerikanischen Gesellschaft gegen Tierversuche, schrieb in ihrer Ausgabe von Oktober 1982 über Blavatskys hundert Jahre alten Artikel »Haben Tiere Seelen?«. Dr. Liam Brophy, ein Professor aus Dublin, der häufig für die Zeitschrift schreibt, sagt über HPBs Darstellung:

> Es ist eine der fundiertesten und überzeugendsten Erklärungen, die jemals über das Thema der Tierseele veröffentlicht wurde und die sich mit der Bibel, den Kirchenvätern, den heiligen Schriften des Ostens, der Philosophie und der modernen Literatur auseinander setzt ... Dass einige der höchsten christlichen Autoritäten, wie Paulus und Johannes Chrysostomus, auch an die Auferstehung der Seelen der Tiere glaubten, wurde von Helena Blavatsky bewiesen ... Sie zitiert andere Paulinische Texte als Beweis dafür, dass der Apostel der Heiden an ein Leben der Tiere nach dem Tod glaubte und dass sowohl Mensch als auch Tier auf Erden gleichermaßen leiden (»die ganze Schöpfung *omnis creatura* seufzt«) auf dem Wege der Evolution hin zum gemeinsamen Ziel ... Es mag einige überraschen, dass die angesehene Theosophin den Beweis erbrachte, dass Papst Benedikt XIV. an die Wunder der Auferstehung der Tiere glaubte und sie für ebenso authentisch hielt wie »die Auferstehung Christi«.

Die Autorin dieses Buches hat das eben Genannte schon in einem früheren Buch erwähnt und sandte Brophy ein Rezensionsexemplar. In seiner Antwort vom 25. Februar 1985 schrieb Brophy:

> Ich bin überzeugt, dass H. P. Blavatskys ausführlicher, wissenschaftlicher Artikel aus einer jenseitigen Welt inspiriert war. Er zeigt ein Wissen der Scholastik, das außergewöhnlich ist und beinahe unmöglich für jemanden, der ein so bewegtes Leben geführt hat wie sie.

Was die Bewegung gegen Tierversuche betrifft, so haben Theosophen immer eine einflussreiche Rolle gespielt. Einer davon war Lord Hugh Dowding, der berühmte Luftwaffenkommandant in der Schlacht um Großbritannien im zweiten Weltkrieg, der half, England vor der Invasion der Nazis zu schützen. Er führte seinen Kampf für die Rechte der Tiere sogar bis ins englische Oberhaus, wo er am 18. Juli 1957 eine Rede hielt, die überall publik gemacht wurde: »Grausame Experimente an Tieren«. Seine abschließenden Äußerungen bewiesen seine theosophisch fundierte Reinkarnationsphilosophie:

> Ich glaube fest daran, dass die schmerzhaften Experimente an Tieren moralisch falsch sind und dass es grundsätzlich unmoralisch ist, Böses zu tun, um vielleicht Gutes zu erreichen – auch wenn bewiesen würde, dass die Menschheit vom Leiden der Tiere profitiert ... Ich kann über dieses Thema

> nicht sprechen, ohne die esoterische Seite einzubeziehen – über den Platz des Tierreiches in der gesamten Schöpfung, über die Verantwortung des Menschen gegenüber den Tieren und über die Folgen des menschlichen Versagens, dieser Verantwortung gerecht zu werden ... Alles Leben ist eins und all seine Manifestationen, mit denen wir zu tun haben, steigen auf der Leiter der Evolution empor. Tiere sind unsere jüngeren Brüder und Schwestern und befinden sich ebenso auf der Leiter, nur ein paar Sprossen unter uns. Es ist ein wichtiger Teil unserer Verantwortung, ihnen bei ihrem Aufstieg zu helfen und nicht ihre Entwicklung durch grausame Ausbeutung ihrer Hilflosigkeit zu verzögern.

Der Lord-Dowding-Fonds für humane Forschung hat Wissenschaftlern 400.000 Dollar gestiftet, zur Erforschung alternativer Testmethoden, die Tierversuche ausschließen.[8]

Lord Dowdings Ehefrau, Lady Muriel, ebenfalls eine Theosophin, gründete die weit verbreitete Bewegung »Beauty Without Cruelty« (Schönheit ohne Grausamkeit) mit dem Ziel, Tierversuche für Kosmetik zu eliminieren und das Fallenstellen zu verbieten - eine Qual, die einen langsamen, grausamen Tod herbeiführt. In ihrer Autobiographie *Beauty – Not the Beast* erzählt sie von ihrer Arbeit.[9]

Liam Brophys Artikel in der *AV*-Zeitschrift schließt mit dieser Passage aus HPBs Essay »Haben Tiere Seelen?«: »Wenn die Welt überzeugt ist, dass Tiere Wesen sind, die genauso ewig sind wie wir selbst, dann werden Versuche und andere Grausamkeiten, denen die armen Tiere täglich ausgesetzt sind, aufhören, [denn die Regierungen werden gezwungen werden,] diesen barbarischen und schamlosen Praktiken ein Ende zu setzen.«

◆

HPBs Lage in Würzburg war alles andere als zufrieden stellend. Obwohl Louisa sich um den Haushalt kümmerte, war Bawaji keine große Hilfe bei der Korrespondenz, der Betreuung der Gäste, bei der Gewährleistung der ärztlichen Betreuung und im Umgang mit all den Aufgaben, die ein Privatsekretär und Gefährte normalerweise erfüllten sollte. Beim Schreiben der *Geheimlehre* durfte es keine Ablenkung geben.

Zu diesem Zeitpunkt trat Gräfin Constance Wachtmeister in HPBs Leben. Die Gräfin stammte aus einer alten französischen Familie, ihr Vater war der

Marquis de Bourbel. 1863 heiratete sie einen Cousin, Graf Carl Wachtmeister, der damals als schwedischer und norwegischer Gesandter am Hof von St. James in London war. Er wurde später Außenminister, und der König von Schweden ehrte seine Frau als »Staatsdame des Landes«.

Nach dem Tod ihres Mannes (1871) beschäftigte sich die Gräfin mit dem Spiritismus, war aber damit nicht zufrieden. Nachdem sie 1881 *Isis entschleiert* gelesen hatte, trat sie der Theosophischen Gesellschaft in London bei, wo sie 1884 HPB kennen lernte, als diese zu einem Überraschungsbesuch aus Paris kam.[10] In Enghien erzählte ihr HPB »viele Dinge, von denen ich dachte, dass sie nur mir bekannt waren, und sie sagte mir zum Schluss, dass ich mein Leben gänzlich der Theosophie widmen werde, noch bevor zwei Jahre vergehen. Damals hatte ich jeden Grund, dies als völlig unmöglich anzusehen ... «.[11]

Die Geschichte über die Beziehung zwischen der Gräfin und HPB auf den folgenden Seiten wurde ihrem Buch *Reminiscences of H. P. Blavatsky and The Secret Doctrine* entnommen, das erstmals 1893 veröffentlicht wurde.

Als die Gräfin im Herbst 1885 Schweden verließ, hatte sie nicht die Absicht, Blavatsky in Würzburg zu besuchen. Ihr Ziel war Italien, wo sie den Winter bei Freunden verbringen wollte. Auf dem Weg nach Italien besuchte sie die Gebhards in Elberfeld. Frau Gebhard bat sie, ihre Reise nach Italien zu verschieben und HPB zu besuchen, da sie von ihr einen deprimierenden Brief über ihre schwierigen Verhältnisse erhalten hatte. Die Gräfin schrieb ihr und bot sich an, einen Monat mit »der alten Dame«, wie HPBs engste Freunde sie nannten, zu verbringen. Blavatsky lehnte höflich ab, erklärte, sie hätte keinen Platz für einen Gast und wäre mit dem Schreiben der *Geheimlehre* voll beschäftigt. Als die Gräfin aus Elberfeld abreisen wollte – eine Kutsche wartete bereits auf sie –, kam folgendes Telegramm: »Kommen Sie sofort nach Würzburg, Besuch umgehend erwünscht. Blavatsky.« Nach der Ankunft der Gräfin sagte Blavatsky: »Ich muss mich für mein eigenartiges Benehmen entschuldigen ... Ich habe hier nur ein Schlafzimmer und ich dachte, Sie sind eine feine Dame und würden es nicht mit mir teilen ... aber nachdem mein Brief aufgegeben war, redete mein Meister zu mir und sagte, ich muss Sie bitten zu kommen.«

Die Gräfin verzichtete auf ihren Urlaub und schlief in HPBs Schlafzimmer, das durch einen Wandschirm geteilt wurde. So begann eine Verbindung, die viele Jahre andauerte, und mit Ausnahme von ein oder zwei Geschäftsreisen der Gräfin lebten die beiden im gleichen Haushalt, bis Blavatsky starb.

Die Gräfin beschreibt die Umstände, unter denen die *Geheimlehre* geschrieben wurde:

> Was meine Aufmerksamkeit vielleicht mehr als alles andere erregte und mich erstaunte, als ich begann, Madame Blavatsky als Sekretärin zu helfen, wobei ich einige Eindrücke von ihrer Arbeitsweise an der *Geheimlehre* gewinnen konnte, war die Dürftigkeit ihrer Reisebibliothek. Ihre Manuskripte quollen über mit Hinweisen, Zitaten, Anmerkungen zu einer Unmenge von seltenen und abstrusen Werken über die verschiedensten Themen ...
> Kurz nach meiner Ankunft in Würzburg fragte sie mich, ob ich jemanden wüsste, der für sie zur Bodleian Bibliothek [in Oxford] gehen könne. Ich wusste zufälligerweise jemanden, den ich fragen konnte, und so überprüfte mein Freund eine Passage, die HPB im Astrallicht gesehen hatte, Titel des Buches, Kapitel, Seite und Zahlen – alles war korrekt ...
> Einmal wurde mir eine besonders schwierige Aufgabe übertragen, nämlich eine Passage aus einem Manuskript aus dem Vatikan zu überprüfen. Nachdem ich einen Herrn kennen gelernt hatte, der einen Verwandten im Vatikan hatte, gelang mir nach einigen Schwierigkeiten die Überprüfung der Passage. Zwei Worte waren falsch, aber der Rest war korrekt und man sagte mir, dass seltsamerweise genau diese Worte kaum leserlich waren.
> Das sind nur einige Beispiele von vielen. Wann immer HPB eine bestimmte Information über irgendein Thema, das in ihrer Arbeit an erster Stelle stand, wünschte, war es sicher, dass sie diese Information auf irgendeinem Weg bekam; entweder über einen Freund, eine Zeitung oder Zeitschrift oder durch die gelegentliche Lektüre von Büchern; und das geschah mit einer Häufigkeit und Genauigkeit, dass es kein Zufall mehr sein konnte. Wenn möglich, bevorzugte sie jedoch normale Wege, um ihre Kräfte nicht unnötig zu vergeuden.[12]

Als die Tage vergingen und Besucher kamen und gingen, entdeckte die Gräfin, dass »sie zu jedem anders war«:

> Ich habe nie gesehen, dass sie zwei Personen gleich behandelt hätte. Sie erkannte bei jedem sofort die Charakterschwächen. Die außergewöhnliche Art, wie sie das herausfand, überraschte mich. Jene, die täglich Kontakt mit ihr hatten, erlangten allmählich Erkenntnis über das *Selbst;* wer ihre praktischen Unterrichtsmethoden wahrnahm, machte gute Fortschritte. Aber viele ihrer Schüler verabscheuten diesen Prozess, denn es ist nie angenehm, mit seinen eigenen Schwächen konfrontiert zu werden. Viele wandten sich deshalb von ihr ab, aber jene, die durchhielten und ihr treu blieben, konn-

ten in sich selbst die innere Entwicklung erkennen, die allein zum Okkultismus führt.

Wachtmeister verriet, wie diese Methode bei ihr selbst funktionierte:

Als ich HPB zum ersten Mal sah, war ich eine Frau von Welt, ein vom Glück verwöhntes Kind. Durch die Position meines Mannes als Politiker hatte ich eine angesehene Stellung in der Gesellschaft. Ich brauchte deshalb lange Zeit, um die Leere dessen wahrzunehmen, was ich bis dahin als die erstrebenswertesten Ziele meines Lebens betrachtet hatte, und viel Übung und viele innere Kämpfe waren nötig, bevor ich die Selbstzufriedenheit überwinden konnte, die ein Leben der Untätigkeit, der Bequemlichkeit und der hohen Stellung sicherlich mit sich bringt. So vieles musste »mir ausgetrieben werden«, um HPBs eigene Worte zu verwenden.[13]

Gegen Ende Dezember 1885, als die Gräfin erst einen Monat bei HPB lebte, wurde der Hodgson-Report veröffentlicht. Professor Sellin brachte HPB ein Exemplar am Silvesterabend.[14] Man hatte zwar einen negativen Bericht erwartet, aber was sie da lasen, war vernichtend: zweihundert Seiten voller »Beweise« über HPBs betrügerische Phänomene. »Gehen Sie, bevor Sie von meiner Schande beschmutzt werden«, sagte sie zur Gräfin. »Sie können nicht hier bei einer ruinierten Frau bleiben ... auf die man überall als Schwindlerin und Hochstaplerin zeigen wird.«[15]

»Eines ist ein Trost«, schrieb HPB an einen Theosophen in den Vereinigten Staaten, »die ganze Last fällt auf mich, da die Meister zu *Mythen* gemacht werden. Umso besser. Ihre Namen sind schon zu oft und zu viel entweiht worden.«[16]

Am 6. Januar 1886, einige Tage, nachdem HPB den Bericht erhalten hatte, kam ein Brief von Hübbe-Schleiden. Er war sehr beunruhigt über Hodgsons Nachweise, dass bestimmte Ausdrücke in KHs Briefen auch in Blavatskys Schriften vorkamen, was darauf hindeuten würde, dass sie die Verfasserin dieser Briefe war. Seltsamerweise – wie sie Sinnett am gleichen Tag schrieb – hatte sie in der Nacht zuvor im Traum eine Szene aus ihrer Zeit in Tibet noch einmal durchlebt, als KH ihr täglich Englischunterricht gab. Als der Brief von Hübbe-Schleiden am nächsten Morgen eintraf, wurde ihr der Sinn des Traumes klar. Es war nur natürlich, dass sie einige Ausdrücke wie KH verwendete; sie hatte sie von ihm gelernt![17]

Hübbe-Schleiden besuchte HPB bald darauf in Würzburg. Nach seiner Abreise fand er zu seiner nicht geringen Überraschung zwischen den Seiten seines Exemplars des Hodgson-Reports zwei auf paranormalen Weg übermittelte Bestätigungen:

> *Falls dies Dr. Hübbe-Schleiden von Nutzen sein kann – was ich aber bezweifle –, so bestätige ich, der bescheidene unterzeichnende Fakir, dass die »Geheimlehre« Upasika [HPB] zum Teil von mir und zum Teil von meinem Bruder KH diktiert wird.*
>
> M.˙.
>
> *Ich frage mich, ob diese Nachricht von mir es wert ist, unter den [von Hodgson] angeführten Dokumenten einen Platz zu finden, und welche der Eigenheiten des »Blavatskyschen« Schreibstils*[18] *ihr als am ähnlichsten zugeordnet wird. Das Vorliegende soll einfach nur den Dr. zufrieden stellen, dass - »je mehr Beweise vorliegen, desto weniger geglaubt wird«. Er soll meinen Rat annehmen und diese zwei Dokumente nicht veröffentlichen. Nur um ihn persönlich zufrieden zu stellen, versichert der Unterzeichnende ihm gern, dass die fertig gestellte* Geheimlehre *die dreifache Produktion sein wird von M. ., Upasika und des Doktors bescheidenem Diener.*
>
> *KH*[19]

Sieben Jahre später (April 1893) wurden diese Bestätigungen in der Zeitschrift *The Path* veröffentlicht.

Wachtmeister über die Zeit, nachdem der Hodgson-Report erschienen war:

> Es schien, als hätte die Theosophische Gesellschaft ihren Todesstoß erhalten; Tag für Tag gingen Rücktritte von jenen ein, die bis dahin leuchtende Beispiele der Gesellschaft waren, aber auch beleidigende Briefe von Männern und Frauen, die bis dahin die Maske der Freundschaft getragen hatten. Die verbleibenden Mitglieder der Theosophischen Gesellschaft waren mehr oder weniger gelähmt und alles, was sie wollten, war außer Sichtweite zu bleiben, um Angriffen aus dem Wege zu gehen. Aber es gab Lichtblicke in der Dunkelheit, Juwelen von Freunden, die unerschütterlich und treu in allem durchhielten. Ihre Bezeugungen des Mitgefühls und der Liebe waren es, die HPB in Wirklichkeit am Leben hielten.[20]

Einer davon war dieser Brief vom 5. Februar von William Q. Judge in New York an HPB:

> *Man hat Sie also* gemeldet. *Sie sind tot, wurden zum Schweigen gebracht, sind nichts weiter als eine Mahatma-Erfindung. Aber gepriesen werden Sie auch, denn Sie müssen die größte, interessanteste, phantastischste und gerissenste Betrügerin und Erfinderin großer Bewegungen aller Zeiten sein – entweder zu deren Segen oder ihrem Fluch. Nicht einmal Cagliostro wurde diese Ehre zuteil! Nun, Sie verdienen die Verehrung! Ich wünschte nur, sie würde nicht von solchen abscheulichen Lügen und Schmutz begleitet ...*
>
> *Bevor Sie diesen Brief bekommen, werde ich an den* Boston Index *schreiben, der den Report abgedruckt hat. Sie werden gemerkt haben, dass Hodgson mich ausgelassen hat. Und doch bin ich ein wichtiger Faktor. Ich war dort. Ich habe alles untersucht, und* ich sage, es war keine Öffnung *hinter dem Schrein. Und was die Briefe von∴ betrifft, so wissen Sie, dass ich viele erhalten habe,* die meinem Schreibstil ähneln. *Wie werden sie das erklären? Habe ich mir selbst etwas vorgemacht? Und so weiter.*
>
> Sie können sich auf mich verlassen, dass Sie alle notwendige Hilfe bekommen. *Sie werden sich erinnern, dass ich bei einem Phänomen in Enghien dabei war. Es ist ihnen entgangen, dass ich damals vom Briefträger Briefe mit Botschaften erhielt ...*
>
> *Aber die Leute hier sind über den Report nicht beunruhigt. Sie sehen, dass die Wahrheit unsere ganze Bewegung durchdringt und lassen sich von Berichten und Autoritäten nicht so beeindrucken wie anderswo ... In Boston und Cincinnati wächst das Interesse enorm. Aus Indien zurück finden sie mich noch immer als Gläubigen, der noch immer erklären kann, was als Ihre »Hochstapelei« bezeichnet wird.*[21]

Wie selten HPB zu jener Zeit einen solchen Vertrauensbeweis erhielt, geht aus folgendem Brief der Gräfin an Sinnett vom 18. Februar hervor, dem sie das Schreiben von Judge beilegte:

> *Die Post brachte heute einige schlimme Briefe wie immer, aber dem Himmel sei Dank, endlich kann ich Ihnen auch einen wirklich guten schicken, der der Alten Dame das Herz erwärmte, nach all dem Schmutz und den Steinen, die man seit kurzem nach ihr wirft. Mr. Judge kennt ihre Phänomene seit zehn Jahren und schreit noch immer nicht* BETRUG *wie Bawaji. Mme. B. möchte, dass Sie ihm und Mohini diesen Brief vorlesen.*[22]

Sowohl Bawaji als auch Mohini lebten damals in London und gehörten zu denen, die sich gegen HPB wandten.

Wachtmeister erzählt, »es verwundert nicht, dass die Arbeit an der *Geheimlehre* während dieser stürmischen Zeit zum Stillstand kam« und dass es schwierig war, die notwendige Distanz und Geistesruhe zu haben, als die Arbeit wieder aufgenommen wurde. Sie fährt fort:

HPB sagte eines Abends zu mir: »Sie können sich nicht vorstellen, wie es ist, so viele ablehnende Gedanken und Gerüchte zu spüren; es ist, als ob einen tausend Nadeln durchbohren, und ich muss ständig einen Schutzwall um mich herum errichten.« Ich fragte sie, ob sie wüsste, von wem diese unfreundlichen Gedanken kämen; sie antwortete: »Unglücklicherweise ja, und ich versuche immer, meine Augen zu verschließen, um nichts zu sehen und zu wissen.« Und um mir zu beweisen, dass dies der Fall war, erzählte sie mir von Briefen, die geschrieben wurden, zitierte Stellen daraus, und da diese Briefe tatsächlich einen oder zwei Tage später ankamen, konnte ich die Richtigkeit ihrer Angaben überprüfen.
Als ich in dieser Zeit einmal HPBs Arbeitszimmer betrat, lagen überall am Boden Manuskriptseiten. Ich fragte sie, was diese Unordnung bedeute und sie antwortete: »Ja, ich habe zwölfmal versucht, diese eine Seite richtig zu schreiben, und jedes Mal sagte der Meister, sie sei falsch. Ich glaube, ich werde noch verrückt, wenn ich sie sooft schreiben muss; aber überlassen Sie's nur mir; ich werde nicht ruhen, bis ich es geschafft habe, auch wenn ich die ganze Nacht weitermachen muss.«
Ich brachte ihr eine Tasse Kaffee, um sie zu erfrischen und wach zu halten und überließ sie dann ihrer mühseligen Aufgabe. Eine Stunde später hörte ich sie nach mir rufen, und als ich eintrat, hatte sie die Seite endlich zufrieden stellend fertig gebracht; aber die Anstrengung war schrecklich gewesen und das Ergebnis ungewiss.
Als sie sich zurücklehnte und eine Zigarette und ein Gefühl der Erleichterung nach anstrengender Arbeit genoss, setzte ich mich auf die Armlehne ihres großen Stuhles und fragte sie, wieso Fehler möglich waren bei der Niederschrift von ihr übermittelten Inhalten. Sie sagte: »Nun, sehen Sie, in der Luft direkt vor mir schaffe ich etwas, das ich nur als Vakuum beschreiben kann; ich fixiere meinen Blick und meinen Willen darauf und Szene für Szene rollt vor mir ab wie aufeinander folgende Schaubilder, oder, wenn ich eine bestimmte Stelle aus einem Buch benötige, konzentriere ich mich intensiv darauf und das astrale Gegenstück des Buches erscheint, woraus ich dann entnehmen kann, was ich brauche. Je unbela-

steter mein Kopf durch Ablenkung und Demütigungen ist, desto mehr Energie und Konzentration ist möglich, und umso leichter fällt mir die Arbeit. Heute, nach all dem Ärger, den mir der Brief von X. bereitet hat, konnte ich mich nicht richtig konzentrieren und so waren die Zitate jedes Mal falsch. Der Meister sagt, dass jetzt endlich alles stimmt, also trinken wir etwas Tee.«[23]

Die Teezeit um sieben bedeutete das Ende der Tagesarbeit. Die Gräfin erinnert sich:

> Wir verbrachten angenehme Abendstunden miteinander. HPB saß bequem in ihrem großen Lehnstuhl und legte die Karten für eine Partie Patience, um, wie sie sagte, ihren Geist zu entspannen. Es scheint, als ob der mechanische Vorgang des Kartenlegens ihrem Geist ermöglichte, sich vom Druck der Tagesarbeit zu befreien. Am Abend wollte sie nie über Theosophie sprechen. Die geistige Anstrengung während des Tages war so stark, dass sie vor allem Ruhe brauchte, und so beschaffte ich so viele Zeitschriften und Magazine wie ich konnte, und daraus las ich ihr die Artikel und Stellen vor, von denen ich glaubte, dass sie sie interessieren und amüsieren. Um 9 Uhr ging sie zu Bett und nahm ihre russischen Zeitungen mit, die sie bis spät in die Nacht las.[24]

Es ist schwierig, sich HPB in diesen entspannten Momenten vorzustellen, da ihre Fotografien nur die ernste Seite ihres Wesens zeigen.[25] Zu solchen Zeiten sagte die Gräfin oft: »Etwas Heiteres, Kindliches schien von ihr auszugehen, und Freude erhellte ihr ganzes Gesicht und verlieh ihm den gewinnendsten Ausdruck, den ich je auf einem menschlichen Gesicht gesehen habe.«[26] Die Fotografien zeigten auch nicht die Seite ihres Charakters, die Walter Old beschrieben hatte:

> Sie war eine charmante Unterhalterin und besaß eine Spontaneität, die überaus anziehend war. Es wurde gesagt, dass die schönste Frau Englands in Anwesenheit dieser bemerkenswerten Persönlichkeit wie ein blasses Mauerblümchen wirkte ... Sie lachte mit offenem Mund und offenen Augen, unbekümmert wie ein Kind. Ich habe niemals eine reife Frau mit einer solch kindlichen Natürlichkeit lachen sehen wie sie.[27]

DIE GESCHICHTE ÜBER Würzburg wäre nicht vollständig, ohne über den Besuch von Solowjow, im August und September 1885, zu sprechen und auf die Hintergründe dieses Besuches näher einzugehen. Das erste Mal begegnete er Blavatsky in Paris im Frühjahr 1884. Einige Wochen später schrieb sie an einen Bekannten:

> *Du hattest Besuch von einem dir unbekannten Herrn, der aber in Russland sehr bekannt ist. Er ist ein theosophischer Freund und Kamerad. Sein Name ist Wsevolod Sergejewitsch Solowjow und er ist Autor von vielen historischen Romanen. Er ist ein echter* Theosoph *- nicht nur ein Mitglied der Theosophischen Gesellschaft. Und zwischen diesen beiden mache ich einen großen Unterschied.*[28]

Doch zwei Jahre später bezeichnete ihn HPB in einem Brief an Sinnett vom 3. März 1886 als den Iago der Theosophie – natürlich in Bezug auf den Schurken, der Othello belügt und ihn dazu bringt, seine schöne, unschuldige Frau Desdemona zu erdrosseln, und jeden im Drama in den Wahnsinn treibt, der seinen Ambitionen im Weg steht.

Solowjows Version seiner Beziehung zu HPB wurde erstmals in einer Artikelserie in *Russky Vyestnik* 1892 veröffentlicht und ein Jahr später als Buch. 1895 wurde im Auftrag der Society for Psychical Research eine englische Übersetzung von Walter Leaf unter dem Titel *A Modern Priestess of Isis* herausgebracht.[29] Da diese Übersetzung seit jeher von HPBs Kritikern als wichtigste Informationsquelle über ihr Leben angesehen wird, sollten ernsthafte Biographen die Gültigkeit ihres Inhalts untersuchen.

Professor Sidgwick erklärt in seinen einleitenden Worten, warum die Society for Psychical Research das Buch finanziell unterstützt hat. Zuerst, sagt er, sollten nur die Abschnitte bezüglich der psychischen Forschungen von der Gesellschaft in den Protokollen gedruckt werden, aber, fährt er fort:

> Bei weiterer Überlegung erschien es uns wünschenswert, dass, wenn möglich, ein größerer Teil von Mr. Solowjows sehr unterhaltsamem Bericht den

> englischen Lesern zugänglich gemacht wird. Denn die englischen Leser, die etwas mehr über Madame Blavatsky erfahren wollen, wären wohl nicht so sehr daran interessiert, den Beweis zu erhalten, dass sie ein Scharlatan war - eine Frage, die bereits geklärt und entschieden wurde –, sondern einige Erklärungen des bemerkenswerten Erfolgs ihrer Hochstapelei zu bekommen. Mr. Solowjows lebhafte Beschreibung der verschiedenen Eigenschaften dieser Frau – ihre geschmeidige Kunstfertigkeit und rückhaltlose Dreistigkeit, ihre intellektuelle Kraft und elastische Vitalität, ihre echte Jovialität, Zärtlichkeit und (gelegentlich) überzeugender Pathos – bedurften einer Erklärung, die wahrscheinlich nur ein Landsmann geben konnte. Ob es die Theosophische Gesellschaft noch lange gibt, kann ich nicht sagen; aber sogar, wenn sie nächstes Jahr aufhört zu existieren, wäre ihr 20-jähriges Bestehen ein Phänomen von einigem Interesse für den Historiker der europäischen Gesellschaft im 19. Jahrhundert. Es ist unwahrscheinlich, dass es ein Buch geben wird, das mehr Licht auf ihren Ursprung wirft als *A Modern Priestess of Isis.*

Da Sidgwick glaubte, dass Solowjows Geschichte besonderen Wert hatte, weil sie von einem Landsmann HPBs stammte, ist es auch interessant, wie zwei seiner Landsleute Solowjows Buch und die Hauptperson, Helena Blavatsky, sahen.

Der Erste war der bekannte Mathematiker P. D. Ouspensky, ein führender Jünger Gurdjieffs. Hier ein Zitat aus Ouspenskys Buch *Die vierte Dimension,* das 1918 in Russland herauskam:

> Die verschiedenen »Enthüllungen«, die jetzt über Blavatsky vorliegen, erinnern an die Spatzen, die sich um ein Bild von Weintrauben scharen und dann schreien, dass sie getäuscht worden seien, weil sie die Trauben nicht fressen können, und alles sei Betrug, etc. Wsevolod Solowjows Buch *A Modern Priestess of Isis,* das für viele Menschen die einzige Informationsquelle über Blavatsky gewesen ist, ist voll von belanglosen Bosheiten und enthält nichts anderes als detektivartige Beschreibungen von Spionage, Bespitzelungen, das Befragen von Hausmädchen, kurz, endlose, triviale Details, die der Leser nicht überprüfen kann. Hingegen sagt der Autor kein einziges Wort darüber, *was am wichtigsten ist,* nämlich über Blavatskys Bücher, ihr Leben und ihre Ideen.

> H. P. Blavatsky war eine außergewöhnliche Persönlichkeit, eine, die nur ein großer Künstler in ihrer Gesamtheit und Komplexität darstellen könnte ... Was die Theosophische Gesellschaft betrifft, so sind ihre positiven Aspekte sicherlich sehr wichtig. Sie hat viele Lehren vereinigt und ans Licht gebracht, die vorher verstreut und fragmentarisch waren. Sie eröffnet den Menschen einen Ausweg aus der Sackgasse des Materialismus. Sie bringt viele neue Worte und Ideen, die unseren Geist den ewigen Fragen öffnen, den Mysterien des Todes, dem Rätsel des Seins, sie bewahrt sie in unserem Bewusstsein und lässt sie uns nicht mehr vergessen. Sie ruft den Menschen dazu auf, im Ewigen zu leben und nicht mit dem Vorübergehenden zufrieden zu sein ... Das sind klare Erkenntnisse, die nicht bestritten werden können.[30]

Der zweite Russe, den wir hier zitieren, ist Viktor Bourenine, ein bekannter Publizist und Zyniker der neunziger Jahre des 19. Jahrhunderts. Seine Kritik von Solowjows Artikeln in *Russky Vyestnik,* aus dem der folgende Auszug stammt, erschien am 30. Dezember 1892 in *Novoye Vremya* in St. Petersburg:

> In der modernen russischen Literatur gibt es zwei Solowjows. Wladimir Solowjow, den »Philosophen«, und Wsevolod Solowjow, den »Bruder des Philosophen«. Allein schon die Bezeichnung »der Bruder des Philosophen« deutet an, dass Wsevolod Solowjow keinen eigenen literarischen Namen hat, zumindest verbindet sich mit seinem Namen nichts Besonderes. Trotzdem hat dieser Phantast genauso viele Jahre gearbeitet wie sein Bruder, der Philosoph, das heißt, wenn ich mich nicht irre, ungefähr zwanzig Jahre, und was noch dazu kommt, er hat fleißiger gearbeitet. Wsevolod Solowjow hat, wie überall bekannt ist, eine Reihe von historischen Romanen herausgebracht, in denen er russische Sitten und russisches Leben in den verschiedenen geschichtlichen Epochen nachzeichnet ...
> Das literarische Talent der verstorbenen Mme. Blavatsky ist nicht unter gewöhnliche Talente einzureihen, was durch ihre Artikel unter dem Pseudonym Radda Bai im *Russian Herald* unter dem Herausgeber Katkow bewiesen wurde; Artikel, die für meine Begriffe hundertmal interessanter und besser geschrieben sind als alle quasi-historischen Romane von Wsevolod Solowjow und seine ganzen phantastischen und nicht-phantastischen Schriften. *

> Es ist gut möglich, dass ich einen falschen Eindruck gewonnen habe, aber als ich Solowjows [*Modern Priestess*] Enthüllungen las, kam ich immer wieder zu folgendem Schluss: Entweder ist Wsevolod Solowjow in seinen Erzählungen über seinen Kontakt mit Mme. Blavatsky nicht sehr genau, indem er die Tatsachen ein bisschen verzerrt und allgemein »zum Flunkern neigt«, um den Ausdruck aus einer bestimmten Komödie zu verwenden, oder sein Gesundheitszustand war während seiner Bekanntschaft mit der Priesterin der Isis – ich wünschte, ich könnte einen besseren Ausdruck finden – nicht so, wie er sein sollte. Soll der Leser selbst entscheiden.

Dann folgt eine Auswahl von Briefen von Solowjow an Blavatsky, die er vergessen hatte, überhaupt geschrieben zu haben und die beweisen, dass seine Geschichte eine Erfindung ist. Bourenine sagte, dass er Kopien dieser Briefe von einer Verwandten von HPB bekommen hatte. Die Verwandte war ihre Schwester, Vera Selikowsky, und die Briefe wurden danach von ihr als Entgegnung auf Solowjows Anschuldigungen veröffentlicht.

Wenden wir uns wieder dem Buch *A Modern Priestess of Isis* zu. Wenn Solowjow gehofft hatte, ein Werk zu schreiben, das als authentisches Porträt seiner Beziehung zu HPB und den Theosophen gilt, konnte er kaum einen unglücklicheren Anfang wählen.

Er erzählt, dass er im Mai 1884 in Paris gelebt hatte und sich zu dieser Zeit unter anderem mit Mystik und okkulter Literatur beschäftigte. Er erinnerte sich an die interessanten Erzählungen von Radda Bai (HPB) im *Russky Vyestnik* und überlegte, ob er sie in Indien besuchen sollte, wo sie damals lebte. Zu diesem Zeitpunkt, so berichtete er, hatte ihm ein Freund eine Ausgabe von *Le Matin* gezeigt, wo stand, dass Blavatsky ein paar Tage zuvor in Nizza angekommen sei und sich in der rue Notre-Dame-de-Champs aufhielt, wo sich die Leute drängten, um diese Berühmtheit zu besuchen. Mehrere Male weist Solowjow seine Leser darauf hin, dass dies in Wirklichkeit eine von Blavatsky selbst bezahlte Anzeige gewesen sei, um Aufmerksamkeit auf ihre Anwesenheit

* Heute ist Wsevolod Solowjow in Russland gänzlich vergessen, obwohl man sich sehr wohl an seinen berühmten Bruder Wladimir erinnert. Als Blavatskys *Schlüssel zur Theosophie* 1889 herauskam, widmete ihm Wladimir eine lange Besprechung in *Russkoye Obo Obozreniye* (August 1890, S. 881-86). (Siehe Blavatsky, *Collected Writings,* Bd. 7, S. 334) 1994 wurden Wsevolod Solowjows *Gesammelten Werke* neu herausgegeben.

in Paris zu lenken, und dass sich das nie ausgezahlt habe, denn als er sie besuchte, fand er keine Menschenmengen vor.[31]

Die meisten von Solowjows Tatsachen erwiesen sich als reine Erfindung. Erstens stimmt nicht, dass HPB im Mai in Paris eintraf; sie war bereits am 28. März, also einige Wochen früher angekommen. Zweitens gab es keinen Anlass für bezahlte Bekanntmachungen: die Ausgabe vom 1. April des *Rappel* brachte einen dreispaltigen Bericht über die Theosophen, gefolgt von *Le Temps* am 2. April und *Le Matin* am 21. Der Reporter Gil Blis interviewte HPB am 6. Mai und am 11. Mai berichtete der Pariser Korrespondent von *London World* über die *Conversazione* bei der Herzogin de Pomar.[32] HPB war über diese Aufmerksamkeit nicht begeistert; sie war nach Europa gekommen, weil ihr Arzt ihr ausdrücklich zur Ruhe geraten hatte.

Solowjow behauptet, dass die Wohnung, die HPB in der rue Notre Dame-de-Champs gemietet hatte, sich in einem unansehnlichen Haus in einem heruntergekommen Viertel befand. Dieses Haus stellte jedoch die Herzogin de Pomar zuvorkommenderweise ihren besonderen Gästen für deren gesamten Aufenthalt in Paris zur Verfügung. Es entsprach also kaum einer solchen Beschreibung.

Am Ende einer »äußerst dunklen Treppe« traf Solowjow eine schlampige Gestalt mit einem orientalischen Turban, die ihn in »ein winziges, dunkles Vorzimmer« führte. Das war Babula, HPBs Diener. Später beschrieb Solowjow diese schlampige Gestalt mit einem »hässlichen, gaunerhaften Gesicht«, als »den vollkommensten Halunken; ein kurzer Blick auf sein Gesicht genügte, um einen davon zu überzeugen«.[33] Die Wahrheit war, dass die Herzogin de Pomar sich freute, Babula neben ihrem Kutscher zur Schau zu stellen, wenn sie durch Paris fuhr. In Enghien engagierte ihn die Gräfin d'Adhémar, um ihre Gäste in ihrem Salon zu bedienen, und Francesca Arundale schreibt über HPBs Aufenthalt bei ihr zu Hause in London einige Monate später: »Es war auch ein sehr wichtiger Vertreter der indischen Abordnung dabei, nämlich Babula, HPBs Diener; mit seinem malerischen Turban und der weißen Kleidung war er in diesem Kreis eine kleine Sensation. An den Nachmittagen, wenn Tee serviert wurde und HPBs russischer Samowar am Tisch glitzerte und funkelte und Babula den Gästen Teetassen und Kekse reichte, waren wir in den Londoner Vororten sicherlich ein ungewöhnliches Haus.«[34]

Erinnern wir uns daran, dass Judge zu dieser Zeit bei Blavatsky in Paris war, bevor er nach Indien aufbrach. Die Literaturkritikerin Beatrice Hastings, Autorin von *Solowyow's Fraud,* fand es seltsam, dass Solowjow ihn nicht erwähnte.[35] Es stellte sich heraus, dass er ihn zwar tatsächlich erwähnte, Walter Leaf ihn aber aus seiner Übersetzung wegließ.

Solowjow erinnert sich an einen Tag bei HPB: »Es klingelte an der Tür und ein Gentleman trat ein – obwohl ihn nichts als solches auszeichnete. Ein Mann im mittleren Alter, mit rötlichem Haar, ärmlich gekleidet, mit einer derben Figur und einem hässlichen, abstoßenden Gesicht – er machte einen äußerst unangenehmen Eindruck auf mich.« * Nachdem HPB ihn als Mr. Judge vorgestellt hatte, fragte sie Solowjow im Vertrauen, was er von ihm denke. »Ich möchte mit ihm nicht an einem einsamen Ort zusammen sein«, antwortete er. Dann legt er HPB diese Worte in den Mund:

»Er war der größte Schurke und Schwindler; auf seiner Seele lastet wahrscheinlich mehr als ein schweres Verbrechen, und doch, als er Theosoph wurde, fand eine völlige Veränderung in ihm statt; nun ist er ein Heiliger.«

»Warum hat er dann ein so abstoßendes Gesicht?«, fragte Solowjow angeblich.

»Das ist ganz klar; sein ganzes Leben hat sich auf seinem Gesicht eingeprägt. Das Gesicht ist ein Spiegel der Seele, und das ist nicht nur ein Sprichwort, sondern die Wahrheit, und er braucht natürlich viel Zeit, um diesen Fluch aus seinem Gesicht zu beseitigen!«

Könnte HPB wirklich so etwas gesagt haben? Denken wir daran, dass Judge erst 24 Jahre alt war, als er Theosoph wurde. Er kam mit dreizehn aus Irland, arbeitete als Angestellter, studierte Jura und wurde mit 21 als Anwalt zugelassen. Zur fraglichen Zeit war er 33.[36] 1884 wurde von ihm ein Foto in Sri Lanka (Ceylon) gemacht – im gleichen Jahr als Solowjow ihn beschreibt (siehe Buchmitte, Foto Nr. 8).

Judge hat kein rötliches Haar, aber auf dem Foto ist erkennbar, dass es vorzeitig ergraute. Der amerikanische Architekt Claude Bragdon erwähnt in *Episodes from an Unwritten History* die »einnehmende Präsenz« dieses »gut aussehenden Irisch-Amerikaners«, und der bekannte irische Autor George Russell

* August Lindstrom, der Bildhauer, der Judges Totenmaske anfertigte, stellte fest: »Ich betrachte von allen Gesichtszügen die Nase als den besten Hinweis auf den Charakter. Seine Nase war sein vornehmstes Merkmal und zeigte große Kraft und gleichzeitig vollständige Kontrolle über jeden Gedanken und jede Tat, und obwohl markant, war sie doch fein und sensibel. Sein Mund zeigte Zärtlichkeit und Festigkeit in ausgewogenem Maße. Alles zusammen zeigte eine harmonische Entwicklung ohne Mängel, und die sorgfältige Untersuchung seines Kopfes beweist, dass er ein großer und edler Mann war. Wenn ein Mann wie er sein Leben der Theosophischen Gesellschaft widmet, dann glaube ich, muss sie eine große Aufgabe haben und ich werde um die Aufnahme als Mitglied bitten.« (William Q. Judge, *Letters That Have Helped Me*, Los Angeles, S. 299-300)

(dessen Pseudonym Æ war) bezeichnete Judge in einem Brief an Carrie Rea als »den weisesten und nettesten [Menschen], den ich jemals getroffen habe ... Ich habe mehr Achtung vor ihm als vor jedem anderen menschlichen Wesen, das ich kenne«.[37]

Wegen Solowjows Beschreibung von Judge und anderen Personen schätzt man einen Brief von Vera Johnston (HPBs Nichte) und ihrem Mann, Charles, umso mehr. Er erschien in der *Pall Mall Gazette* am 18. Februar 1895, als die Society for Psychical Research die Veröffentlichung von Solowjows Buch finanziell unterstützte. Dort wird erwähnt, dass Solowjow viele *Romane* in Russisch veröffentlicht hat, aber der Einzige, der ins Englische übersetzt worden war, war *A Modern Priestess of Isis.* Professor Sidgwick hatte Recht; das Buch war wirklich unterhaltsam!

In Paris traf Solowjow zum ersten Mal HPBs Schwester Vera, und es entstand eine enge Verbindung, die einige Jahre andauerte. Zahlreiche Briefe wurden gewechselt. Als Solowjow *A Modern Priestess* schrieb, hatte er offenbar diesen sechs bis acht Jahre andauernden Briefwechsel völlig vergessen. Vera bewahrte alle seine Briefe auf und auch einige, die er an HPB geschrieben und die diese an Vera weitergegeben hatte. Außerdem erhielt Vera noch weitere Briefe von Solowjow an HPB nach deren Tod aus den Adyar Archiven. Als seine Artikel über ihre Schwester 1892 im *Russky Vyestnik* veröffentlicht wurden, schrieb Vera eine lange Entgegnung. Niemand wollte sie veröffentlichen, obwohl sie eine bekannte Schriftstellerin war. Deshalb brachte sie sie im Jahr 1893 selbst als Broschüre unter dem Titel *H. P. Blavatsky and a Modern Priest of Truth* (H. P. Blavatsky und ein moderner Priester der Wahrheit) heraus.

Als Solowjows Artikel in Buchform herauskamen, konnte er ihre Broschüre schlecht ignorieren und nahm eine Auswahl daraus in Anhang A auf. Anhang B enthielt seine Antworten. Einige der kompromittierendsten Briefe an HPB und andere wichtige Informationen waren nicht enthalten. Das stellte sich heraus, als Cathy Young die ganze Broschüre von Vera ins Englische übersetzte. Die Übersetzung beläuft sich auf 110 getippte Seiten, und selbst diese beinhalten nicht alle Aufzeichnungen, da es noch weiteres Material von HPBs Verwandten gibt.

Um den Hintergrund zu verstehen, muss man Solowjows Einstellung zur Theosophie und HPB kurz beleuchten. Ganz zu Beginn seines Buches sagt er, er misstraue ihren Quellenangaben. Wenn sie über ihren Meister sprach, so hatte er »sofort das unbestimmte Gefühl, dass etwas nicht stimmt«. Obwohl er von ihren wunderbaren Augen fasziniert war, »war ich zutiefst unbefriedigt«.

Als er bald danach der Theosophischen Gesellschaft beitrat, erschien ihm seine »>Initiation< wie ein dummer Scherz von mir selbst, der ein Gefühl von Scham und sogar Abscheu hinterließ ... Ich wollte nur sofort herauskommen in eine reinere Atmosphäre«.[38]

Dieses Eingeständnis seiner Haltung sollte mit den Briefen Solowjows an HPB und Vera verglichen werden, und auch mit HPBs Korrespondenz an verschiedene andere beteiligte Personen.

»Ich bin noch nicht lange in London«, schrieb HPB an Nadja, »aber ich habe schon zwei jämmerliche Briefe von Solowjow erhalten. Das Einzige, worum er mich bittet, ist, dass ich mich um ihn kümmere und ihn nicht vergesse. Er sagt, er hätte niemals jemand außerhalb seiner Familie so geliebt wie mich arme Alte.«[39]

Nachdem Solowjow die französische Übersetzung von *Isis* gelesen hatte, schrieb er am 19. Juli 1884 an Vera: »Ich habe den zweiten Teil von *Isis entschleiert* gelesen und bin nun überzeugt, dass es ein wahres Meisterwerk ist.« Vera erzählte, dass er oft zu ihr sagte, es sei nicht notwendig, von den anderen »Wundern« ihrer Schwester zu sprechen, nachdem sie dieses Buch geschrieben hat.[40]

Solowjow verbrachte eine Woche in Elberfeld. Nach seiner Rückkehr nach Paris erhielt er einen langen Brief von Blavatsky, an dessen Ende eine eilige Notiz von KH »mit seinem üblichen blauen Bleistift« hinzugefügt war. Beides wird in *A Modern Priestess* zitiert. In seinem folgenden Kommentar zeigt sich der Romancier von seiner besten dramatischen Seite:

> Ich war so irritiert über Koot Hoomis »astrales Postskriptum«, dass ich im ersten Moment versucht war, Madame Blavatsky zu bitten, sie möge vergessen, dass ich existiere. Aber ich hätte es bereut, wenn ich diesem Impuls gefolgt wäre. Am gleichen Tag traf ich bei Madame Morsier die überzeugtesten und ehrenhaftesten französischen Theosophen; und sie behaupteten, trotz aller Offensichtlichkeit des Betruges, dass das Postskriptum nicht von »Madames« Hand, sondern von der Koot Hoomis stamme.
> Diese absolute Blindheit der Leute, die in allen anderen Dingen völlig rational waren, außer in der Frage von »Madames« Makellosigkeit, zwang mich schließlich, an meinem ursprünglichen Plan festzuhalten. Ich sammelte alle relevanten Beweise von Täuschungen, die nicht nur für mich, sondern auch für diese blinden Dummköpfe ausreichen sollten. Ich wollte nicht länger der unfreiwilligen Sympathie und dem Mitgefühl nachgeben, die mich trotz allem noch zu Helena Petrovna hinzog. Grundsätzlich woll-

te ich mich nur mit Madame Blavatsky befassen, der Seelendiebin, die versucht hatte, auch meine Seele zu stehlen. Sie übertölpelte mich unter dem Vorwand persönlicher Freundschaft und Hingabe; sie versuchte, mich einzufangen und auszubeuten; und deshalb war ich frei zu handeln.[41]

Wie unberechenbar doch das menschliche Gedächtnis ist! Hier der Anfang von Solowjows Brief an HPB in Beantwortung ihres Briefes und KHs Postskriptum:

Liebe Helena Petrovna!
Ich habe soeben Ihren Brief erhalten. Glauben Sie es oder nicht, weder der Brief selbst noch Koot Hoomis Postskriptum waren für mich eine Überraschung. Ich werde damit über Madame de Morsier für eine Sensation sorgen ...

Als HPB die ersten Nachrichten über den Coulomb-Skandal während ihres Aufenthalts in Elberfeld erhielt und beschloss, sofort nach Indien zurückzukehren, schrieb Solowjow an Vera (30. Oktober): »Morgen reist HP nach Liverpool, dann weiter nach Ägypten und Indien. Dass sie noch lebt und in der Lage ist zu reisen, in so ferne Länder und zu dieser Jahreszeit, erscheint mir wie ein Wunder! Oder besser, *ein weiterer Beweis, dass die Mahatmas existieren! ...* «[42]

Nun folgt die Zeit, als HPB nach Europa zurückkehrte. In *Modern Priestess* behauptet Solowjow, dass ihm schnell gelang, Blavatsky in Würzburg ein Geständnis ihrer jahrelangen betrügerischen Aktivitäten zu entlocken. Olcott sei ein Komplize, sagte sie, genauso wie Damodar, Mohini und sogar Subba Row! Etwas, was HPBs Kritiker fast immer zitieren, ist ein Artikel aus *Newsweek* (24. November 1975) anlässlich des 100-jährigen Jubiläums der Gründung der Theosophischen Gesellschaft in New York:

Überall auf dieser Erde haben sich Löwen und Adler auf mein Kommando in Esel verwandelt, die nach meiner Pfeife tanzen und gehorsam mit ihren großen Ohren wackeln!

Empört verließ Solowjow Würzburg Anfang September. Er schwor, nichts mehr mit Blavatsky zu tun haben zu wollen und ihr niemals mehr zu schreiben. Er fügte hinzu: »Ich erhielt weiterhin Briefe von Madame Blavatsky, zuerst in Paris, danach in St. Petersburg. Sie gab einfach nicht zu, dass unsere Beziehung zu Ende war und dass ich mich für immer verabschiedet hatte.«[43]

»Für immer« sollte drei oder vier Wochen sein. Solowjow schrieb HPB aus Paris am 8. Oktober 1885:

> *Liebe Helena Petrovna!*
> *... ich habe mich mit Madame [Juliette] Adam angefreundet und mit ihr sehr viel über Sie gesprochen. Ich habe ihr Interesse geweckt, und sie erzählte mir, dass ihre* Revue *nicht nur der Theosophie offen steht, sondern auch für Ihre persönliche Verteidigung, wenn notwendig ...*
> *Diesen Vormittag verbrachte ich mit Richet* und sprach wieder sehr viel über Sie im Zusammenhang mit Myers und der Society for Psychical Research. Ich kann behaupten, dass* ich Richet von der Echtheit Ihrer persönlichen Kräfte und der von Ihnen hervorgebrachten Phänomene überzeugte. *Er stellte mir drei kategorische Fragen. Die ersten beiden bejahte ich; zur dritten sagte ich, ich werde sie ohne Probleme innerhalb von zwei oder drei Monaten bejahen können. Aber ich bezweifle nicht, dass ich positiv antworten werde, und dann – Sie werden sehen! Es wird ein großer Triumph sein, und die Anhänger des Psychismus werden von der Bildfläche verschwinden ...*
>
> Ihr treu ergebener
> *Ws. Solowjow*[44]

Walter Leaf gesteht im Vorwort zu Solowjows Buch ein, dass dieser Brief die schwer wiegendsten Fragen in ihm auslöste:

> Soweit ich es beurteilen kann, lässt dies auf einen Widerspruch in Mr. Solowjows Erzählungen schließen, und darauf, dass er seine innere Einstellung nach den Gesprächen in Würzburg nicht richtig wiedergegeben hatte. Ich muss zugeben, ich bin mit seinen eigenen Erklärungen, dass der ganze Brief nur reiner Spott war, nicht zufrieden gestellt. Unter diesen Umständen verlangt der »spöttische Ton« selbst eine Erklärung.[45]

Dass der Brief vom 8. Oktober kein Scherz Solowjows war, gibt er seltsamerweise selbst in *Modern Priestess* zu, wo er, in einem anderen Zusammenhang, einen französischen Brief von Charles Richet zitiert:

* Charles Richet (1850-1933), bekannter französischer Physiologe und Psychologe, erhielt 1913 den Nobelpreis für Physiologie und Medizin.

Als ich Sie kennen lernte, sagten Sie zu mir: »Treffen Sie kein vorschnelles Urteil; sie hat Dinge demonstriert, die mich sehr verblüfft haben, meine Meinung ist noch nicht endgültig, aber ich glaube, sie ist eine außergewöhnliche Frau, begabt mit einer außergewöhnlichen Kraft. Warten Sie, und ich werde Ihnen eine vollständigere Erklärung geben.«[46]

Nun ist es offensichtlich, dass sich Solowjow schließlich tatsächlich gegen HPB wandte. Was löste diese Wende aus?

In seinem Brief vom 8. Oktober steht, er erwarte, dass etwas innerhalb der nächsten Monate geschehen würde, das »ein großer Triumph sein wird, und die Anhänger des Psychismus [in der Society for Psychical Research] werden von der Bildfläche verschwinden«. In diesem Brief behauptet er gegenüber HPB, wie wichtig er für sie sei, weil er Einfluss auf so wichtige Leute wie Adam und Richet habe und deren Interesse an HPB wecken könne. Es hat den Anschein, dass er ausdrücken wollte: da ich so viel für Sie tue, könnten Sie auch etwas für mich tun. Was wollte er? Warum lief er hinter ihr her und verbrachte Wochen bei ihr in Würzburg?

Im Juli 1885 schrieb HPB an Vera: »Ich reise mit Solowjow in die Schweiz. Ich kann wirklich nicht verstehen, warum er so an mir hängt. In Wirklichkeit kann ich ihm nämlich nicht im Mindesten helfen. Ich kann ihm kaum helfen, auch nur eine seiner Hoffnungen zu verwirklichen. Armer Mann, er tut mir so Leid.« Dies wurde in *The Path* im Juli 1895 mit der Anmerkung des Herausgebers veröffentlicht, dass Solowjow »ihr erbitterter Feind wurde, da alle seine Bitten, als Chela aufgenommen zu werden, absolut zurückgewiesen wurden«.

In ihrer Broschüre über Solowjows *Modern Priestess* schreibt Vera:

In meinen Tagebüchern steht, dass keiner so oft und so hartnäckig meine Schwester um »geheime Audienzen« gebeten hat wie er – was er jedoch überhaupt nicht erwähnt ... Wir, H. P. Blavatskys Vertraute, kannten nicht nur den Inhalt dieser Gespräche sehr gut, sondern auch viele Details von ihr und teilweise auch von ihm, denn in seinen Gesprächen mit mir war er oft offen und aufrichtig. Er flehte sie an, immer und immer wieder, ihn an ihrem Wissen der rein demonstrativen Phänomene teilhaben zu lassen; seine Ambition war, nach Russland als Prototyp des »Prinzen Magus« seiner Novelle »Die Magier« zurückzukehren ...

Helena sagte zu uns: »Ich bin einfach ratlos – was soll ich mit Solowjow machen? Er lässt mich nie allein, bettelt, dass ich ihm Phänomene beibringe – wie kann man diese Dinge jemals lehren?! >Wie machen Sie diese Musik in der Luft?< Nun, was soll ich ihm sagen? Ich sage: >Nun, sehen Sie: ich winke mit meiner Hand in der Luft, und die Musik erklingt ... <[47] Was soll ich ihm sonst sagen? Soll er die gleichen Dinge durchmachen, die ich in Indien durchgemacht habe, dann wird er vielleicht auch die Kräfte erwerben! So wie es jetzt ist, verschwendet er nur meine und seine Zeit« ...

Ein andermal, so erinnere ich mich, war HP [Helena Petrovna] sogar ärgerlich und sagte zu uns, nachdem Solowjow weggegangen war: »Was für ein erstaunlicher Mann er ist! Nun sagt er: >Warum haben Sie Olcott unterrichtet und *mich* nicht!< Ich habe Olcott nie irgendetwas gelehrt, er ist ein geborener Magnetiseur.« Es stimmt, dass der Colonel wirklich ein sehr machtvoller Magnetiseur war, wir haben gesehen, dass er viele Menschen geheilt hat. Er hat zum Beispiel meinen Rheumatismus geheilt und auch Solowjow, wie dieser später behauptete.[48] In Indien soll er Hunderte von Einheimischen geheilt haben.[49]

Nachdem Solowjow Würzburg verlassen hatte, behauptete er, HPB habe ihn mit Briefen geradezu überschwemmt. Tatsächlich scheint es aber, dass er keinen einzigen bekommen hat und er wohl merkte, dass sein Brief vom 8. Oktober HPB überhaupt nicht beeindruckt hatte.

Solowjow versuchte dann, HPB in ihrer eigenen Familie Schwierigkeiten zu machen. Er versuchte, Vera die Idee einzureden, dass Theosophie im Gegensatz zum Christentum stünde. Vera erzählt darüber:

> Als Solowjow im Herbst 1885 nach St. Petersburg kam, empfingen wir ihn als treuen Freund und er besuchte uns jeden Tag. Seine ständige Korrespondenz mit mir und meinen älteren Töchtern war sehr interessant; seine lebhafte Konversation, seine originellen Ansichten und seine Aufrichtigkeit beeindruckten uns sehr ... Damals hörten wir zum ersten Mal unfreundliche Worte über meine Schwester und ihre Sache.[50]

HPB benachrichtigte Sinnett im Februar 1886, dass Vera ihr »einen wütenden Brief sandte und mich eine *Abtrünnige* nannte, einen >frevelhaften Julianus Apostata<, und einen >Judas<«.[51] Blavatsky antwortete: »Es ist offensichtlich, dass Solowjow deshalb so wütend ist, weil er nicht von mir bekam, was er erwartet hatte, und so erfand er die Ausrede vom Antichristentum ... Was mein

Antichristentum betrifft, so weißt du, was es ist; ich bin eine Gegnerin der kirchlichen Exzesse der Protestanten und Katholiken. *Das Ideal des gekreuzigten Christus erscheint mir jeden Tag klarer und reiner ...«*[52] (Hervorhebung der Autorin)

Solowjow unternahm nun weitere Schritte, um den Siedepunkt des Hasses von Vera und ihren Töchtern gegenüber HPB zu erreichen. Vera erklärt, obwohl Solowjow in *Modern Priestess* von ihr selbst sagt, dass sie zu dieser Zeit Meinungsverschiedenheiten mit ihrer Schwester hatte, »sagt er nicht, wer dafür verantwortlich war, nämlich dass er für seine eigenen Zwecke diese Spannungen zwischen uns schuf und sie dann mit Lügen und Verleumdungen aufrechterhielt und sogar so weit ging zu behaupten, meine Schwester und ein enger Freund von mir hätten mich beschuldigt, das Geld unseres verstorbenen Vaters versteckt zu haben». Sie fügt hinzu: »Meine Verwirrung war so groß, dass mir nicht aufging, dass weder meine Schwester noch einer meiner Freunde jemals so etwas gesagt haben könnte, denn sie wissen, dass mein Vater bei seinen anderen Kindern in Stravropol starb, tausend Meilen von Tiflis entfernt, das ich zu jener Zeit nicht verließ.«[53]

Helena bemühte sich, die Beziehung zu ihrer Schwester wiederherzustellen und sagte in einem Brief: »Da ist etwas, was ich dir sagen muss, Vera, und das kann ich prophezeien und vorhersagen: Du wirst dein Vertrauen in Solowjow und deine Freundschaft mit ihm noch bitter bereuen, aber es wird zu spät sein! ... Auch ich liebte ihn wie einen Bruder!« Vera bemerkt dazu: »Oh, wie oft habe ich seither daran gedacht und mit welcher Bitterkeit erinnere ich mich jetzt an ihre Prophezeiung! ..., nachdem ich gesehen habe, wozu dieser >elende< Mensch fähig ist.«[54]

Solowjow, nicht zufrieden mit der Entfremdung der Schwestern, ging weiter und zerstörte das Vertrauen der Madame de Morsier genauso wie das der meisten Mitglieder der Theosophischen Gesellschaft in Paris.

Während dieser Zeit hatte HPB auch ernsthafte Probleme mit Mohini und Bawaji. Geschmeichelt durch die Bewunderung, mit der sie von den Theosophen in Europa überhäuft wurden, hatten sie sich selbst zu Gurus gemacht. Überall, wo sie hinkamen, wandten sich die Schüler, die bis dahin treu der theosophischen Sache dienten, gegen sie. HPBs Briefwechsel aus dieser Zeit zeigt, wie weit sie gingen, um in der theosophischen Bewegung und im Privatleben ihrer Mitglieder Verwirrung zu stiften.

Ein Jahr später schrieb HPB an Julia Campbell Ver Planck, eine amerikanische Theosophin:

> *Ja, diese Arbeit hat Beleidigungen, Schande jeglicher Art, Hass, Bosheit und Verleumdungen über mich gebracht. Käme dies alles nur von Außenstehenden, würde mich das sehr wenig kümmern. Aber leider muss ich sagen, es sind hauptsächlich die »Theosophen«, die mich in Stücke zerreißen. Unsere mystischen* Vögel *besitzen so viel Weisheit, dass sie ihr eigenes Nest beschmutzen, anstatt es zu verlassen und ein anderes zu finden. Es ist wahr, »es gibt viele* Wohnungen« *im Haus unseres Vaters, aber für die Welt sind wir eins. Und es ist hart, dass ich anscheinend einen »Frankenstein« geschaffen habe, nur damit er sich umdreht und mich in Stücke reißt! Nun, so sei es, denn es ist mein Karma. »Barkis ist bereit«, sogar zum Dünger für den Acker der Theosophie zu werden, vorausgesetzt, er trägt eines Tages Früchte.*

Dieser Brief erschien in der Zeitschrift *The Irish Theosophist* (Februar 1895) mit folgendem Kommentar: »Vom Ausspruch ›Barkis ist bereit‹, sagte HPB einmal, dass er ein Mantram sei, das Dickens unbewusst [im *David Copperfield*] schuf. Sie verwendete es gelegentlich bei ersten Kontakten mit gewissen Personen (auch brieflich), und wenn sie es aussprach, hatte es eine sonderbare Kraft, die jeden aufrüttelte.«

Nachdem Solowjow von Paris nach Russland gereist war, brach der Kontakt zu ihm ab. Feige wie er war, wartete er sechs Jahre, um *A Modern Priestess of Isis* zu schreiben – als HPB nicht mehr am Leben war, um seine Geschichte zu widerlegen.

Wie es Vera erging, nachdem HPB gestorben war, beschreibt Boris de Zirkoff: »Die Qual, die sie durchmachte«, nachdem Solowjow *A Modern Priestess of Isis* 1892 und 1893 veröffentlicht hatte, »zerstörte ihre Gesundheit und beschleunigte ihren Tod«.[55] Sie starb 1896, ein Jahr, nachdem *A Modern Priestess* in Englisch erschienen war. Vera berichtete aber, dass andererseits Solowjows Buch in Russland so viel Interesse an HPBs Arbeit für die Theosophie hervorrief, dass sie viele Anfragen erhielt, wo die Schriften ihrer Schwester erhältlich seien. In dem kürzlich in einem Buch über moderne Kunst erschienenen Essay »Okkulte Literatur in Russland« wird erwähnt, dass durch Veras »leidenschaftliche Entgegnung« auf Solowjows Artikel »Blavatskys Popularität wuchs«.[56]

Aus der Bibliographie dieses Buches ist unter »Selikowsky« ersichtlich, wie groß Veras Verdienst an den vielen Aufzeichnungen über HPBs Leben ist. Ohne diese Zeitzeugin wäre vieles von Blavatskys jungen Jahren und viele Phasen ihres späteren Lebens für die Geschichte verloren.

IM FRÜHJAHR 1886 plante HPB einen Sommeraufenthalt in Ostende, um der erwarteten Hitze Würzburgs zu entfliehen und um in dem belgischen Küstenort mit Vera und deren ältester Tochter zusammenzutreffen. Die beiden waren wieder glücklich versöhnt mit HPB. Diese Reise wurde zum Ausgangspunkt eines größeren Ortswechsels für HPB, wie sich herausstellen sollte. Da die Gräfin Wachtmeister geschäftlich in Schweden war, wurde HPB von Emily Kislingbury, einer alten Freundin aus England, begleitet, die sie kurz davor besucht hatte und die schon bei der Gründung der Theosophischen Gesellschaft in New York dabei gewesen war. Herr Gebhard traf alle in Köln und überredete sie, ihn zu Hause in Elberfeld zu besuchen. HPB wollte nur wenige Tage bleiben, aber sie verstauchte sich den Knöchel und musste auch wegen anderer Beschwerden zwei Monate ausruhen. Vera und ihre Tochter kamen Mitte Mai an und blieben bis Juli, dann reisten sie mit ihr nach Ostende. Die Nichte, die auch Vera hieß, erinnerte sich an einen Vorfall bei den Gebhards:

> Morgens, wenn ich nach unten kam ... war meine Tante normalerweise in ihre Arbeit vertieft. Soweit ich weiß, schrieb sie nie um diese Zeit, sondern ging sorgfältig durch, was sie am Vorabend zu Papier gebracht hatte. Eines Tages sah ich in ihrem Gesicht Spuren von Verwirrung. Da ich sie nicht stören wollte, setzte ich mich still hin und wartete, dass sie zu sprechen begann ... Schließlich wandte sie sich an mich: »Vera«, sagte sie, »glaubst du, du kannst mir sagen, was ein pi ist?« Ziemlich erstaunt über diese Frage sagte ich, ich glaubte, ein »Pie« sei ein englisches Gericht. »Bitte, mach dich nicht lächerlich«, sagte sie, ziemlich ungeduldig, »verstehst du nicht, dass ich den mathematischen Gelehrten in dir anspreche? Komm und sieh dir das an.«
>
> Ich schaute auf das Blatt, das vor ihr lag und bemerkte, dass es mit Zahlen und Berechnungen übersät war und entdeckte bald, dass die Formel $\pi = 3{,}14159$ falsch geschrieben war. Mehrmals stand da ? = 31,4159. Mit großer Freude und triumphierend beeilte ich mich, sie über ihren Fehler

> aufzuklären. »Das ist es!«, rief sie aus. »Das verdammte Komma hat mich den ganzen Morgen geärgert. Ich war gestern ziemlich in Eile, alles niederzuschreiben, was ich sah, und heute wusste ich auf den ersten Blick, dass etwas nicht stimmte, und ich konnte mich einfach nicht erinnern, wo das Komma war, als ich die Zahl sah.«
>
> Da ich damals sehr wenig über Theosophie im Allgemeinen und die Arbeitsweise meiner Tante im Besonderen wusste, war ich natürlich erstaunt, dass sie nicht fähig war, so einen kleinen Fehler in den sehr komplizierten Berechnungen, die sie selbst aufgeschrieben hatte, zu korrigieren.
>
> »Du bist noch sehr grün«, sagte sie, »wenn du glaubst, dass ich wirklich alles weiß und verstehe, was ich schreibe. Wie oft muss ich dir und deiner Mutter noch sagen, dass mir die Dinge, die ich aufschreibe, diktiert werden, und dass ich manchmal Manuskripte, Zahlen und Worte vor meinen Augen sehe, von denen ich vorher nichts wusste.« Als ich die *Geheimlehre* Jahre später las, erkannte ich die Seite wieder. Es ist die Stelle, die sich mit der Astronomie der Hindus beschäftigt.[57]

Die drei kamen im Hochsommer in Ostende an, als die Unterkünfte rar und teuer waren. HPB war allein mit ihrem Dienstmädchen, nachdem Vera und ihre Tochter nach Russland zurückgekehrt waren und bevor die Gräfin im August kam – abgesehen von einem Besuch von Mr. Sinnett.[58]

Sie schrieb an ihre Schwester: »Ich werde mich an die Arbeit machen, jetzt, wo ich allein bin; ich will kein rastloser Wanderer sein, sondern mich in einen >Einsiedlerkrebs< verwandeln, in ein versteinertes, an den Strand geworfenes Meeresungeheuer. Ich werde schreiben und schreiben – mein einziger Trost! Ach, wie glücklich sind die Menschen, die gehen können. Was für ein Leben, immer krank zu sein – und noch dazu ohne Beine.«[59]

Eineinhalb Jahre später hatte sich ihr Gesundheitszustand kaum gebessert. An Richter Khandalavala schrieb sie: »Ich habe nicht mehr lange zu leben, und ich habe in diesen drei Jahren gelernt, geduldig zu sein. Mein Gesundheitszustand ist besser, aber im Allgemeinen ist er für immer ruiniert. Gut geht es mir nur, wenn ich *sitze und schreibe.* Ich kann weder stehen noch gehen für mehr als eine Minute.« Sie hatte chronische Nierenprobleme, die geschwollene Beine verursachten, und in ihren Knien so schwere Arthritis, dass jeder Schritt qualvolle Schmerzen bereitete.[60]

Es mag für manche unverständlich sein, warum HPB, die während ihrer Weltreisen als junge Frau über eine kräftige Gesundheit verfügte, so oft krank war und für die letzten fünf Lebensjahre praktisch an den Sessel gefesselt war, in dem sie schrieb. Malcolm W. Browne, Wissenschaftsredakteur der *New York Times,* betrachtete dieses Problem in Bezug auf berühmte Menschen in seinem Artikel »Does Sickness Have Its Virtue?« (Hat Krankheit positive Auswirkungen?) vom 10. März 1981:

> In einem seiner Briefe aus den vierziger Jahren an seinen alten Freund, den Physiker Rudolf Ehrmann, beschreibt Einstein seinen letzten Anfall von akuten Unterleibsschmerzen. Diese Beschwerden haben Einstein 30 Jahre lang ununterbrochen geplagt, und obwohl angenommen wurde, dass es Gallenblasenprobleme waren, wurde er niemals geheilt ... »Wenn ich eine solche Schmerzattacke habe«, sagte Einstein, »kann ich oft sehr erfolgreich arbeiten. Anscheinend ist es für die Vorstellungskraft nicht förderlich, wenn es einem zu gut geht. Die Götter scheinen es gut mit mir zu meinen, wenn sie auf meine Gallenblase drücken ... « Sigmund Freud, auch er mit chronischen Unterleibsschmerzen, schrieb: »Ich weiß seit langem, dass ich nicht produktiv sein kann, wenn ich bei guter Gesundheit bin; im Gegenteil, ich brauche ein gewisses Unbehagen, das ich nicht loswerden will.«

Browne berichtet weiter, dass Sir George Pickering, ein bekannter britischer Professor der Medizin, in seinem Buch *Schöpferische Krankheit* eine verblüffende Analyse der Krankheit präsentierte, die Charles Darwin die meiste Zeit seines Erwachsenenlebens behinderte:

> Während der fünf Jahre, als Darwin die Küsten Südamerikas auf der >Beagle< befuhr, hatte er offensichtlich eine solch robuste Gesundheit, dass er die Strapazen der Reise besser als die meisten der Seemänner überstand. Aber als er sich in England niederließ, heiratete und an seiner epochalen Evolutionstheorie zu arbeiten begann, wurde Darwin krank. Von seinem 33. Lebensjahr bis zu seinem Tod 40 Jahre später erlitt er Anfälle von Übelkeit, Schüttelfrost und Ohnmacht, benötigte ständige Ruhe und konnte nur wenige Stunden am Tag arbeiten. [Das brachte ihm] die Isolation und die Freiheit von Ablenkungen, die ihm ermöglichten, über das Universum nachzudenken.

Als Zusammenfassung dieser These sagt Browne: »Es scheint tatsächlich, dass Krankheit in irgendeiner Form am Höhepunkt der wissenschaftlichen Schaffenskraft weit verbreitet ist, wie es auch bei künstlerischen Genies wie Dostojewski, Proust, van Gogh und Berlioz der Fall war.«

◆

Gräfin Wachtmeister kam zu HPB zurück, als der Sommer fast vorbei und es an der Zeit war, nach Würzburg zurückzukehren. Sie beschlossen jedoch, in Ostende zu bleiben, das nicht weit von London und den Theosophen dort entfernt war. Viele von ihnen kamen zu Besuch, darunter Anna Kingsford und ihr Freund Edward Maitland. Die Gräfin schreibt:

> ... sie verbrachten zwei Wochen mit uns. [Mrs. Kingsford und HPB] waren tagsüber normalerweise mit ihrer Arbeit beschäftigt, aber an den Abenden entstanden wunderbare Gespräche und es war interessant für mich, über verschiedene Themen der *Geheimlehre* aus dem Blickwinkel des östlichen und westlichen Okkultismus zu hören.
> Die beiden hochintelligenten Frauen führten lebhafte Diskussionen, die immer von scheinbar gegensätzlichen Standpunkten ausgingen. Mit der Zeit schienen sich die Fäden ihrer Konversation einander zu nähern, bis sie sich schließlich miteinander verknüpften. Dann tauchten neue Themen auf, die auf die gleiche meisterliche Art behandelt wurden.[61]

Während dieser Zeit wurde Sinnetts Buch *Incidents in the Life of Madame Blavatsky* veröffentlicht. In einer Rezension hieß es:

> Der gesunde Menschenverstand und die Aufrichtigkeit dieses Buches halfen der Lesergemeinde, HPB als eine ungewöhnliche Frau zu sehen, darüber hinaus aber auch als menschlich und warmherzig, die ständig sich selbst, Seele, Geist und Herz, der Sache gibt, die ihr heilig ist. In diesem Buch erscheint sie als gutmütige, keineswegs rachsüchtige Kämpferin, ungebeugt von dem Hass und den Verschwörungen gegen sie, und als jemand, dessen persönliches Leben erfüllt von erstaunlichen Phänomenen und ständig anwesenden Elementen des Geheimnisvollen ist. Die *Incidents* geben einen gründlichen Einblick und befriedigen in großem Maß die Neugier, die durch den negativen Bericht der Society for Psychical Research entstand, und gewinnen viele Menschen für die Theosophische Gesellschaft.[62]

Die Arbeit an der *Geheimlehre* schritt zügig voran, aber HPB war mit der Tinte, die es in Ostende gab, nicht zufrieden, deshalb beschaffte sie sich eine verbesserte Formel und stellte sie selbst her – genauso wie sie es früher in Russland getan hatte. Sie war mit ihrem Schreibmaterial wählerisch. Das ist verständlich, denn als die *Geheimlehre* fertig war, war das Manuskript fast 1 m hoch und *alles* handgeschrieben! Francesca Arundale berichtet, dass sie einmal einen Eilbrief von HPB aus Frankreich erhielt: »Ich kann das Papier, das ich brauche, nicht bekommen; bitte gehen Sie in die Oxford Street und schicken Sie mir 500 Blatt.« *(My Guest,* S. 29) Als die Qualität der neuen Tinte bekannt wurde, musste man mehr davon herstellen und bald wurde HPBs Tintenproduktion ein kleines Geschäft. Dr. J. D. Buck, ein amerikanischer Theosoph, hörte von dieser Geschichte von der Gräfin selbst im Jahr 1894, als sie auf einer Vortragsreise in den U.S.A. war.[63] Nach seinen Erzählungen klopfte eines Tages eine verarmte Frau an HPBs Tür und bat um Unterstützung. Er berichtet: »Tief bewegt von der Geschichte der armen Frau, schob HPB ihre Hand in die Tasche ihres weiten Kleides, das sie bei der Arbeit trug und fand sie leer; sie zog die Schreibtischschublade auf – das gleiche Ergebnis. Dann erinnerte sie sich an die Tintenherstellung und rief aus: >Hier, Constance! Gib ihr die Tintenfabrik, das wird ihr helfen< – und das taten wir.«[64]

Dr. Buck, ein prominenter praktischer Arzt jener Zeit und ein bekannter Theosoph, erzählt eine weitere Geschichte über die Zeit in Ostende:

> Ein Freund von mir, der in zwanzigjähriger Tätigkeit wahrscheinlich mehr Entdeckungen auf dem Gebiet der Kabalah-Forschung gemacht hat als irgendein anderer Zeitgenosse, hatte gewisse Probleme durch seine Forschungen zutage gebracht. Er bezweifelte, dass es jemanden gab, der seine Fragen beantworten könnte. Ich schlug vor, er solle HPB in dieser Angelegenheit schreiben, und nach einiger Zeit tat er das wirklich. Das Ergebnis waren fast 40 eng beschriebene Manuskriptseiten, die jede Frage, die er gestellt hatte, beantworteten und außerdem noch eine Fülle von Informationen hinzufügten, die ihn über alle Maßen überraschten. Dieser Mann war niemals ein Mitglied der Theosophischen Gesellschaft, aber bis heute ist er überzeugt, dass HPB die scharfsinnigste und wunderbarste Frau ist, die je gelebt hat. Er war ein Spezialist, der ein Leben lang ein obskures, unbekanntes Gebiet erforscht hat, und musste feststellen, dass HPB mit seinen Arbeiten vollkommen vertraut war.[65]

Dieser Mann war J. Ralston Skinner, Autor von *A Key to the Hebrew Egpytian Mystery in the Source of Measures,* 1875 veröffentlicht, ein Werk, das häufig in der *Geheimlehre* zitiert wird und auch heute noch lieferbar ist.[66] Theosophische Historiker suchten über 100 Jahre nach HPBs Briefwechsel mit ihm. Vor kurzem wurde er in den Archiven der Andover-Harvard Theologischen Bibliothek in der Harvard Universität entdeckt. Die Briefe wurden alle während der genannten Zeit von Ostende aus geschrieben. Die Entdeckung verdanken wir Dr. Ananda Wickremeratne aus Sri Lanka, einem Absolventen von Oxford, der ein Stipendium vom Harvard Center für das Studium der Weltreligionen erhalten hatte, um die Aufzeichnungen in Harvard bezüglich des Einflusses der theosophischen Bewegung in Südost-Asien zu untersuchen.

Dr. John Carman, Direktor des Harvard Center, schreibt:

> Aus Gesprächen mit Dr. Wickremeratne und anderen war mir klar, dass auf diesem Gebiet noch viel Wichtiges zu tun ist. Ich hoffe, dass Dr. Wickremeratne während seiner Zeit hier den Grundstein für diese Arbeit legen wird, insbesondere bei der Durchsicht der Unterlagen im Bereich von Harvard und Boston nach wichtigem Material über die Geschichte der Theosophie.[67]

In seinem Brief erwähnt Carman einen Vortrag von Dr. Wickremeratne bei einem zweiwöchentlichen Kolloquium. Das Informationsblatt über den Vortrag beschreibt die Schlüsselrolle, die Theosophen spielten, »die sich selbst einen bleibenden, fast geheiligten Platz in der Historiographie Südasiens erworben haben«.[68]

Als HPBs Briefe an Skinner für die Autorin dieses Buches kopiert werden sollten, stellte man fest, dass sie in einem so schlechten Zustand waren, dass ihr endgültiger Verlust zu befürchten war. Die Bibliothek ließ sie restaurieren, und nach der Fertigstellung meldete das *Harvard Divinity Bulletin* (Dezember 1983-Januar 1984): »Briefe perfekt: Skinner Collection restauriert«. Auch ein Foto eines Briefes vor und nach der Restaurierung wurde abgebildet.

In einem Brief vom 17. Februar 1887 schreibt HPB an Skinner über sein Buch *The Source of Measures:*

> *Sie haben einen Schlüssel zur Universalsprache [der esoterischen Philosophie] entdeckt. Sie haben mehr als jeder andere in dieser Richtung getan ... aber es ist* nur einer der sieben *Schlüssel, die ich in* Isis entschleiert *erwähnte... Aber Sie*

> *scheinen ihren* ersten *Schlüssel völlig zu ignorieren – den einen, der den frühesten, metaphysischen und abstrakten Teil der Philosophie öffnet, die* Paradigmen *aller Dinge, die göttlichen und spirituellen Modelle ihrer physiologischen und astronomischen Aspekte. [Interessant, dass sie das Wort* Paradigma *benutzt, das von der Avantgarde heute so häufig verwendet wird.]*

Nachdem sie Beispiele anführt, wie esoterische Schlüssel verschlossene Türen öffnen können, kommt sie auf Skinners Ansicht, dass sie selbst, und nicht die Meister, die Quelle dieser Weisheit sei, zu sprechen:

> *Sagen Sie, warum mühen Sie sich mit dem Eindruck ab, ich hätte die Meister erfunden? Kann man* lebende *Männer erfinden? Und warum sollte ich sie* erfunden *haben oder noch immer diese »Erfindung« propagieren, wo ich doch seit 12 Jahren, und besonders während der letzten drei, zum* Märtyrer *der Wahrheiten, die ich gesagt habe, wurde? Mein lieber Herr, keine vernünftige Frau, und auch kein Mann, würde freiwillig in so eine* Hölle *gehen wie ich und darauf bestehen, dass Spiritisten, Christen, Materialisten, Wissenschaftler und die ganze Welt, obendrein noch zwei Drittel unserer eigenen Theosophen, gegen einen sind, wenn ich nicht durch meinen Eid und mein Gelübde dazu verpflichtet gewesen wäre. Ich habe Freunde, mein Land, Geld und Gesundheit verloren, nur um als Dünger auf dem Acker der* künftigen Theosophie *zu dienen.*

Skinner schrieb einen dritten Teil zu *The Source of Measures*, der ungefähr 350 Manuskriptseiten umfasst. Er schließt mit den Worten: »Ich, Ralston Skinner, 10. Januar 1887, werde dieses Original-Manuskript an Madame Blavatsky, Ostende, senden.« Das geschah, und nun befindet es sich im Archiv in Adyar und enthält viele Anmerkungen von ihr. Skinner sagte ihr, sie könne das Werk wie ihr eigenes benutzen, aber in ihrem Brief vom 17. Februar lehnte sie ab: »Wie kann ich ohne Anführungszeichen zitieren? ... Wie kann ich zitieren und Ihren Namen weglassen?« Die *Geheimlehre* enthält einige sehr umfangreiche Zitate aus seinem Werk.[69]

Unter Skinners Harvard-Briefen ist auch ein Foto von HPB, auf dessen Rückseite folgende Worte stehen:

1. Helena Andrejevna Fadejev von Hahn, HPBs Mutter (1814–1842)

2. HPB als junge Frau (Theosophische Gesellschaft, Archiv, Pasadena)

3. Nadjezdha (Nadja) Fadejev,
HPBs Tante (1829–1919)

4. Vera Petrovna de Zhelihovsky,
HPBs Schwester (1835–1896).
(Theosophische Gesellschaft, Archiv,
Pasadena)

5. Foto von HPB,
Professor Hiram Corson von der Cornell Universität gewidmet, um 1875

6. Henry Steel Olcott,
Präsident und Gründer der Theosophischen Gesellschaft (1832–1907)

7. William Quan Judge, Mitbegründer der Theosophischen Gesellschaft (1851–1896). (Theosophische Gesellschaft, Archiv, Pasadena)

8. William Quan Judge, Ceylon (Sri Lanka), 1884. Das Foto, das im selben Jahr aufgenommen wurde, als Solowjow Judge begegnete, widerspricht Solowjows Beschreibung von ihm. August Lindstrom, ein Bildhauer, der Judge nie gesehen hatte, bemerkte, als er die Totenmaske abnahm: »Ich stellte eine bemerkenswerte Kombination fest – eine enorme Willenskraft gepaart mit Sanftmut; ausgeprägte praktische Veranlagung und Anpassungsfähigkeit verbunden mit einem großen Idealismus sowie ein gigantischer Intellekt zusammen mit Selbstlosigkeit und Bescheidenheit.« (*Letters That Have Helped Me*, S. 299–300). (Das Foto erhielt Eloise Ives, United Lodge of Theosophists, New York, von Alice Judge, William Q. Judges Ehefrau)

9. HPB unterwegs von New York nach Indien, 1878.

10. Patience Sinnett (?-1908).

11. Alfred Percy Sinnett 1840–1921).

12. Damodar K. Mavalankar 1857-?).

13. Madame Blavatsky, Ceylon (Sri Lanka), 1880 (Theosophische Gesellschaft, Archiv, Adyar)

14. Anagarika H. Dharmapala, buddhistischer Missionar (1864–1933). (Theosophische Gesellschaft, Archiv, Wheaton, Illinois)

15. Porträt von HPB von Hermann Schmiechen, 1885. (A. P. Sinnett, *Incidents in the Life of Madame Blavatsky*)

16. Gräfin Constanze Wachtmeister (1839–1910).

17. HPB in »Maycot«, Upper Norwood, London, England, 1887.

18. Dr. Anna Bonus Kingsford (1846–1888). (Edward Maitland, Anna Kingsford – *Her Life, Letters, Diary and Work*)

19. Archibald Keightley (1859–1930). (Theosophische Gesellschaft, Archiv, Pasadena)

16. Gräfin Constanze Wachtmeister (1839–1910).

17. HPB in »Maycot«, Upper Norwood, London, England, 1887.

18. Dr. Anna Bonus Kingsford (1846–1888). (Edward Maitland, Anna Kingsford – *Her Life, Letters, Diary and Work*)

19. Archibald Keightley (1859–1930). (Theosophische Gesellschaft, Archiv, Pasadena)

20. Bertram Keightley (1860–1945).
(*The Theosophist*, September 1909)

21. General Abner Doubleday
(1819–1893)

22. William Butler Yeats (1865–1939).
(Foto von Beresford, um 1905)

23. Æ, (George William
Russell), (1867–1935).

28. Das berühmte »Sphinx«-Foto von Resta, 1889. (Theosophische Gesellschaft, Archiv, Pasadena)

29. Das »Krähennest«, Bombay, Indien (Theosophische Gesellschaft, Archiv, Adyar, Madras)

30. HPBs Wohnsitz und Hauptsitz der Theosophischen Gesellschaft in London, 17 Lansdowne Road; Aufnahme aus dem Jahr 1957

31. »The Messenger« (Der Bote), Gemälde von Nicholas Roerich (1931). Beschreibung: Die Person, die die Tür öffnet, repräsentiert die »Menschheit«, während der Besucher an der Schwelle Helena Petrovna Blavatsky ist. HPB ist mit blauen Gewändern bekleidet, hinter ihr ein violett-blauer Himmel und ein goldener Horizont. Die Berge und der schneebedeckte Boden reflektieren den wunderbaren blauen Farbton des Himmels. (In der privaten Sammlung der Theosophischen Gesellschaft, Adyar, Madras, Indien)

Ihrem neuen Bekannten und Briefpartner – aber sehr, sehr alten *Freund, Mr. Ralston Skinner mit wachsender Sympathie und Bewunderung, Wertschätzung und innigster Freundschaft.*

H. P. Blavatsky.·.
London, Mai *1887*

Anfang Januar 1887 teilte HPB Sinnett faszinierende Neuigkeiten mit, die sie soeben erhalten hatte:

> Die russischen Zeitungen sind schon wieder voll von mir. Es scheint, dass »meine Hand« einen Herrn aus Todesgefahr gerettet hat, während er damit beschäftigt war, mich zu beschimpfen und meine ganzen Schriften als LÜGEN zu bezeichnen. [Der Zeitungsartikel] heißt »Die mysteriöse Hand« ... Meine Tante... schreibt mir, und fragt, ob ich es war oder der *Chozain* (Meister), der dies tat. Der beschriebene Vorfall ereignete sich im Herbst 1886.[70]

Der Artikel »Die mysteriöse Hand« erschien ursprünglich in Russland in der St. Petersburger Zeitung *Listok,* wurde im *Rebus* nachgedruckt und machte durch die russische Presse die Runde. Die Personen der Handlung waren alle in St. Petersburg gut bekannt. Nachfolgend eine Übersetzung:

> Wir saßen gemütlich auf der großen Veranda unserer Sommerresidenz bei St. Petersburg. Es war kurz nach Mittag, als wir nach einem frühen Mittagessen unsere *Siesta* genossen und rauchten. Es lag ein Gewitter in der Luft, die Atmosphäre um uns war drückend ... alles war bewegungslos und still. Unsere Gastgeberin, Marya Nikolajewne, brachte ein Buch und begann laut zu lesen, eine Erzählung von »Radda Bai« [HPB] über die »Blauen Hügel von Nilgiri«. Wir hörten alle mit Vergnügen zu... Sie legte das Buch beiseite, sah uns an und sagte leise: »Wie wunderbar!«
> »Aber sicherlich ist alles, was uns Radda Bai erzählt ... Unsinn und Kindermärchen!«, sagte einer der anwesenden Herren kühl ... Pjotr Petrowitsch, ein unermüdlicher und faszinierender Redner ... »Was für sie Wahrheit ist, ist meiner Ansicht nach nichts als eine Lügengeschichte.«
> Wir sahen überrascht auf den Sprecher. Plötzlich warf er, gerade als er seinen letzten Satz sprach, einen nervösen Blick auf seinen rechten Arm, der auf dem Geländer der Veranda ruhte. Dann sprang er, zu unserer großen

Überraschung, von seinem Stuhl auf, als hätte ihn eine Schlange gebissen, rannte die Stufen hinunter, untersuchte nervös jede Ecke des kleinen Vorgartens, schaute unter die Veranda und auf das Dach und kehrte schließlich auf die Terrasse zurück. Er war ganz blass, als ob er ein Gespenst gesehen hätte.

»Was ist los?«, rief Marya Nikolajewne erschrocken. Statt zu antworten, setzte Pjotr Petrowitsch seine Suche schweigend fort. Er untersuchte noch einmal den Boden unter den Stufen, blickte zum Wald hinüber und schließlich unter die Sessel ... »Haben Sie niemand gesehen?«, fragte er. Wir sahen einander verblüfft an und antworteten wie aus einem Mund: »Niemanden!«

»Aber ich sah jemanden ... und – auch eine Hand«, sagte er mit zitternder Stimme ... »Unbestreitbar eine Frauenhand, weiß, halb durchsichtig, mit blauen Adern durchzogen. Es schien mir, als ob sich mir jemand aus dem Vorgarten genähert hätte, mich über dem Ellbogen gepackt hätte, genau hier, und nachdem sie meinen Arm dreimal gedrückt hatte, zog sie mich von der Veranda hinunter in den Garten.« Während Pjotr Petrowitsch das erzählte, atmete er schwer und war noch bleicher als zuvor ...

»Nun werden Sie vielleicht etwas vorsichtiger sein, die indischen Lügengeschichten abzustreiten! Es war die Astralform von >Radda Bai<, die Sie am Arm gezogen hat, um Sie zu warnen, andere Leute nicht zu verleumden!« Er schenkte uns keine Beachtung, sondern blieb stumm und blickte düster, ab und zu untersuchte er misstrauisch den rechten Ärmel seines Jacketts an der Stelle, wo er die mysteriöse Hand gesehen hatte. Bald hielt er es nicht mehr länger aus, erhob sich wieder von seinem Stuhl und ging in den kleinen Garten und erzählte uns mit seinen üblichen Gesten die Geschichte noch einmal. Wir folgten ihm und lachten den Skeptiker aus. In der Zwischenzeit war die Luft schwerer und spannungsgeladen geworden. Eine große, schwarze Gewitterwolke hing über unseren Köpfen, dunkel und drohend, aus der plötzlich ein Blitz hervorschoss und in das Haus einschlug, das wir gerade verlassen hatten. Wir waren starr vor Schreck: genau vor unseren Augen zerfiel der hohe Schornstein am Hausdach in Stücke und verschwand, Ziegel und Mörtel rollten donnernd vom Hausdach herunter auf die Terrasse. Schlimmer noch, der Pfeiler, an dem Pjotr Petrowitsch mit seinem Stuhl gelehnt hatte, schwankte plötzlich und brach mit einem unheimlichen Geräusch zusammen, das riesige, schwere Dach fiel ein und stürzte auf unsere Veranda ... Wir waren starr vor Entsetzen!

»Die Hand, *ihre* Hand ... sage ich! Diese Hand hat mich von der Veranda weggezogen, wissen Sie!«, wiederholte er immer wieder, mit einem schrekkensbleichen Gesicht und weit aufgerissenen Augen. Wir waren »zu sehr erschrocken, um irgendetwas zu sagen«, denn auch wir waren gerade gerettet worden, weil wir Pjotr in den Garten gefolgt waren.[71]

HPB blieb zu Neujahr 1887 allein. Sie hatte die Gräfin Wachtmeister nach London geschickt, und während die Gräfin dort war, erhielt sie einen Brief von HPB über die Zukunft der Theosophischen Gesellschaft. Er begann damit, dass Blavatsky »ein langes Gespräch mit dem Meister hatte – das erste seit langer, langer Zeit«, und er hatte ihr gesagt:

... die ganze Gesellschaft (Europa und Amerika) befindet sich in einer kritischen Phase. Wer sie unversehrt übersteht, wird belohnt, und auch alle anderen, die nichts tun, passiv bleiben, ja sich sogar abwenden – auch sie werden ihre Belohnung bekommen. Es ist eine endgültige, eine strenge Prüfung. Aber es gibt Neuigkeiten. Entweder muss ich nach Indien zurückkehren, um in diesem Herbst zu sterben, oder ich muss zwischen diesem und nächstem November einen Kern von echten Theosophen bilden, meine eigene Schule, ohne Sekretariat, nur ich allein. Ich muss Mystiker finden, die diese Theosophen unterrichten. Ich kann hier bleiben oder nach England gehen, was immer ich möchte.[72]

Es scheint von Bedeutung zu sein, dass kurz danach Bertram Keightley von der Londoner Theosophischen Gesellschaft HPB in Ostende besuchte. Er erzählt:

Ich war gekommen, um HPB dringend zu raten, nach London zu kommen, um ein Zentrum für aktive Arbeit im Sinne der Theosophie zu gründen. Insgesamt waren wir sechs, die alle völlig unzufrieden mit der Trostlosigkeit waren, die sich in der Gesellschaft in London auszubreiten schien. So waren wir zum Schluss gekommen, dass nur HPB die richtige Hilfe geben konnte, um wieder Leben in die Bewegung zu bringen und aktive und wirkungsvolle Arbeit zu leisten.[73]

Diese kleine Gruppe von jungen Theosophen war regelmäßig zusammengekommen, und weil sie in ihren theosophischen Studien in eine Sackgasse geraten waren, glaubten sie, dass nur HPB ihre Probleme lösen könnte. Bei einem zweiten Besuch kam Dr. Archibald Keightley, um erneut Druck auf HPB auszuüben, nach London zu kommen. Sinnett missbilligte diesen Ortswechsel.[74] Blavatsky hatte ihm geschrieben:

> Sie fragen mich um Rat bezüglich der London Lodge. Nun, da Sie mir die Frage gestellt haben, werden Sie vielleicht hören wollen, was der Meister mehrere Male dazu gesagt hatte. Ich kann Ihnen nicht seine Worte wiederholen, aber Sie werden deren Sinn in Offb. d. Joh. * finden.
> Mögen Sie urteilen und Ihre eigenen Schlussfolgerungen ziehen. Also ist alles, was einen neuen Impuls setzt, besser als Trägheit. Wenn Sie noch länger in Ihrer jetzigen Lethargie verharren, wird Ihre London Lodge in weniger als einem Jahr gestorben sein...[75]

Laut Bert Keightley war Sinnetts Überzeugung, dass »die Theosophie exklusiv der in England so genannten >Gesellschaft< vorbehalten sein sollte«, problematisch, d.h., dass sie für die >Klassen<, wie Gladstone sagen würde, nicht für die >Massen< sei. Also für Glacéhandschuhe und Frack, »wogegen die jüngeren Mitglieder der Lodge« überzeugt waren, dass die Theosophie die Massen ansprechen muss, wenn sie ihrer Mission in der Welt gerecht werden soll; sie glaubten, dass sie für arbeitende Menschen, Angestellte attraktiv gemacht werden müsse, die trotz ihres Mangels an metaphysischen Studien durchaus fähig wären, die grundlegenden Prinzipien der Theosophie zu verstehen ...«.[76]

Um HPB dazu zu bringen, nach London zu übersiedeln, richteten schließlich einige Mitglieder der London Lodge persönliche Bitten an sie. HPB antwortete darauf in einem langen Brief an alle, in dem sie unter anderem sagte: »Wenn ich [eure Loge] stützen soll, dann verwendet mich als schwächsten Pfeiler oder als Mörtel in eurem Zement und bessert die gesprungenen Wände der glücklosen London Lodge aus. Aber wenn die Maurer nicht zuerst ihr Material in Ordnung bringen und die Ziegel vorbereiten, was kann der Zement ausrichten?«[77]

Nachdem sie zugestimmt hatte zu kommen, plante sie zunächst am 27. März nach London zu reisen und über den Sommer zu bleiben. Die Gräfin würde dann in Schweden sein, um ihren Besitz zu verkaufen und danach ständig bei HPB wohnen.

* »Wer Ohren hat, der höre, was der Geist den Gemeinden sagt ... Ich weiß deine Werke, dass du weder kalt noch warm bist. Ach, dass du kalt oder warm wärest! Weil du aber lau bist, und weder kalt noch warm, werde ich dich ausspeien aus meinem Munde.« (3,15-16)

Zehn Tage vor ihrer Abreise aus Ostende wurde HPB in ihrem Sessel bewusstlos. Das wiederholte sich öfters, und der Arzt diagnostizierte eine schwere Funktionsstörung der Nieren. Mary Gebhard kam aus Elberfeld und wechselte sich mit der Gräfin bei der Betreuung der Patientin ab. Da der Arzt den Fall für hoffnungslos hielt, telegraphierte die Gräfin an einen Londoner Theosophen, Dr. Ashton Ellis, der sofort kam und drei Tage lang Blavatskys gelähmte Organe massierte. Vorübergehend trat eine Besserung ein, aber bald stellte sich heraus, dass HPB sterben würde. Frau Gebhard empfahl, ein Testament aufzusetzen, denn ohne ein solches Dokument im Ausland zu sterben, würde endlose Komplikationen nach sich ziehen. Deshalb sollten am nächsten Tag der amerikanische Konsul zusammen mit einem Rechtsanwalt und dem belgischen Arzt kommen.

Während der Nachtwache nahm die Gräfin mit Entsetzen den schwachen Todesgeruch wahr, der dem Ende manchmal vorausgeht. Sie konnte kaum damit rechnen, dass HPB die Nacht überleben würde. Aus Erschöpfung schlief sie bei ihrer Krankenwache ein. Am Morgen stellte sie mit Erstaunen fest, dass HPB aufrecht im Bett saß und ihr Frühstück verlangte. Während der Nacht, so sagte sie, wäre sie vor die Wahl gestellt worden: zu sterben und den leichten Weg zu nehmen oder mit der Arbeit weiterzumachen, mit dem Risiko, noch größere Schwierigkeiten als bisher ertragen zu müssen.[78]

Als der Anwalt, der Arzt und der Konsul eintrafen, fanden sie eine glückliche Gesellschaft vor. Der Arzt wiederholte immer wieder: »Eigentlich müsste sie tot sein ... sie müsste tot sein.« Ihm war kein Fall einer Erholung in diesem Zustand bekannt. Das Aufsetzen des Testaments verlief reibungslos, bis der Rechtsanwalt erfuhr, dass HPB ihren gesamten weltlichen Besitz der Gräfin hinterließ – und nichts ihren Verwandten. Da er befürchtete, die Gräfin könnte sie beeinflusst haben, hatte er Einwände, aber HPB widersprach vehement. Um eine Szene zu vermeiden, informierte Frau Gebhard den Anwalt mit sanfter Stimme: »Wenn Sie den Betrag kennen, den Madame Blavatsky vergeben will, werden Sie vielleicht keine Einwände mehr haben. Denn wenn Madame Blavatsky gestorben wäre, wäre nicht genug Geld da gewesen, um die Beerdigungskosten zu bezahlen.«

Einige Stunden später löste sich die Gesellschaft auf. Beim Hinausgehen sagte der amerikanische Konsul lachend: »Nun ich glaube, das war genug Mühsal für eine sterbende Frau!«[79]

HPB gibt einen Hinweis in der *Geheimlehre* (Bd. 1, S. 606), wie es zu diesen scheinbar wunderbaren Genesungen kam:

> Wir behaupten, dass TÖNE u. a. eine riesige okkulte Kraft darstellen; *durch okkultes Wissen* geleitet, haben sie eine so erstaunliche Macht, dass selbst die durch eine Million Niagarafälle erzeugte Elektrizität nichts gegen sie ausrichten könnte. Es ist möglich, Töne zu produzieren, die z.B. die Eigenschaft haben, die Cheopspyramide anzuheben oder einen Sterbenden noch bei seinem letzten Atemzug wiederzubeleben und mit neuer Kraft und Lebensenergie zu füllen.
> Denn Töne erzeugen bzw. ziehen jene Elemente an, die das *Ozon* hervorbringen, dessen Herstellung chemisch nicht möglich ist, wohl aber im Bereich der Alchimie liegt. Sie können sogar die *Wiederauferstehung* von Menschen und Tieren bewirken, deren astraler »Lebenskörper« noch nicht durch das Zerreißen der magnetischen oder odischen Schnur unwiderruflich vom physischen Körper getrennt ist. Man sollte der Verfasserin, die durch diese Kraft *dreimal vor dem Tode gerettet worden ist,* eine persönliche Kenntnis davon zutrauen.

Das, fügt HPB hinzu, mag »zu *unwissenschaftlich«* erscheinen, »um auch nur beachtet zu werden«.[80]

Aber die Wissenschaft hat vor kurzem die Levitation von Gegenständen durch Schalleinwirkung demonstriert. Die NASA verwendet diese Methode seit August 1979, um Gegenstände schweben, sich drehen und bewegen zu lassen. Es gibt mehr als 20 Veröffentlichungen über ihre erfolgreichen Forschungen auf diesem Gebiet, darunter »Stabilisierte akustische Levitation fester Gegenstände unter Verwendung von Hochfrequenz-Sirenen«, mit Fotos von Objekten wie Stahlkugeln, die im Raum schweben.[81] Diese Forschungen werden vom Jet Propulsion Laboratory, California Institute of Technology in Pasadena, im Auftrag der NASA durchgeführt.

Am 1. Mai 1887 reiste HPB von Ostende nach London. Zunächst wohnte sie in einem kleinen Häuschen namens Maycott in Upper Norwood, das einige Monate lang zum Zentrum theosophischer Aktivitäten wurde, bevor man ein größeres Haus erwarb. Damit begann eine neue Ära der aktiven Arbeit für die Theosophie in der westlichen Welt.

IN SEINEN AUFZEICHNUNGEN über die Entstehung der *Geheimlehre* erzählt Bertram Keightley von den letzten Tagen in Ostende und den ersten in Maycott:

> Der Umzug ging ohne Zwischenfälle vonstatten, obwohl das Packen ihrer Bücher, Papiere, Manuskripte usw. ein entsetzliches Unterfangen war, da sie bis zum letzten Augenblick weiterschrieb. Kaum war ein Buch, Papier oder eine Manuskriptseite in einer Kiste verstaut worden, so brauchte sie sie sicherlich dringend und bestand darauf, sie nochmals auszupacken. Trotzdem hatten wir schließlich alles verschnürt, Maycott erreicht, und wir waren noch nicht zwei Stunden im Haus, da hatte HPB schon ihr Schreibmaterial fertig und war wieder an der Arbeit. Ihre Arbeitsleistung war erstaunlich, vom frühen Morgen bis spät am Abend saß sie an ihrem Schreibtisch. Und sogar als sie so krank war, dass andere Leute hilflos im Bett gelegen hätten, arbeitete sie unermüdlich an der Aufgabe, die sie übernommen hatte.[82]

Drei Wochen nach HPBs Ankunft in London entstand eine neue theosophische Loge. Olcott erzählt, dass »eine Gruppe von vierzehn jüngeren Leuten sich zusammenschloss, um die seither berühmte Blavatsky Lodge zu bilden. Der Name sollte eine öffentliche Loyalitätsbezeugung für sie sein, da ihr Name durch das Komplott der Coulombs und der Missionare so in den Schmutz gezerrt worden war«.[83] Das Protokollbuch der Blavatsky Lodge zeichnete die erste offizielle Versammlung am 19. Mai auf und erklärte, *»dass das Ziel der Loge aktive Arbeit sei«*.[84]

Die nächste Versammlung fand am 25. Mai statt, bei der beschlossen wurde, eine Zeitschrift herauszugeben und einen Verlag zu gründen. Bertram Keightley erzählt in seinen *Reminiscences*, warum man sich für die Zeitschrift entschieden hatte:

> [HPB] wusste, dass es noch mindestens ein Jahr oder länger dauern würde, bis *Die Geheimlehre* in Druck gehen würde. Deshalb drängte sie auf eine Form der Verbreitung oder Öffentlichkeitsarbeit, die in der Zwischenzeit unerlässlich war. Wir kamen auf die Idee, eine Zeitschrift mit HPB als Herausgeberin zu gründen. Wir entschieden uns für den Titel *Lucifer: der Lichtbringer,* und machten uns an die geschäftlichen Vorarbeiten.[85]

Lucifer hatte eine Mitherausgeberin, die Schriftstellerin Mabel Collins, die den theosophischen Klassiker *Licht auf den Pfad* herausgebracht hatte. In ihrem Haus Maycott wurde das neue Unternehmen gestartet.

Obwohl Sinnett HPBs Rückkehr nach London nicht guthieß, sah er die Dinge später doch anders. In *The Review of Reviews* schrieb er kurz nach ihrem Tod im Juni 1891:

> ... in den wenigen, ihr verbliebenen Lebensjahren nahm ihr persönlicher Aufstieg und ihr Einfluss auf alles um sie herum ständig zu. Zu ihren Empfängen drängte man sich, ihre Stimmung und Energie ... haben wieder ihren alten Schwung bekommen, alle möglichen Dinge wurden auf die Beine gestellt, um die theosophische Bewegung zu fördern. Und die Kritiker, die glaubten, dass das Interesse für Mme. Blavatsky sich nur auf die »Phänomene«, echt oder nicht, beschränkte ... wurden durch die Tatsache, dass in diesen letzten Jahren ihre öffentliche Lehrtätigkeit gänzlich der Theosophischen Philosophie und Ethik gewidmet war, eines Besseren belehrt. Und keinem Zufalls- oder gelegentlichen Besucher ihrer Empfänge oder Vorträge wurde auch nur angedeutet, er könne irgendwelche Manifestationen okkulter Geheimnisse erfahren.

HPB erklärte diese neue Vorgehensweise im *Lucifer* (Februar 1888):

> Die »okkulten Phänomene« ... haben nicht die beabsichtigte Wirkung gebracht ... Es war beabsichtigt, dass intelligente Leute, insbesondere Wissenschaftler, zumindest die Existenz eines neuen und hochinteressanten Forschungsgebietes anerkennen, wenn sie Zeugen von durch Willenskraft verursachten Wirkungen würden, für die sie keine Erklärung hätten. Man hatte vermutet, dass Theologen den Beweis begrüßen würden, den sie leider in dieser agnostischen Zeit so notwendig brauchen, nämlich dass Seele und Geist keine Schöpfungen ihrer Phantasie sind ..., sondern Wesenhei-

ten, genauso real wie der Körper, und noch viel wichtiger. Diese Erwartungen haben sich nicht erfüllt. Die Phänomene wurden falsch verstanden und falsch dargestellt, hinsichtlich ihrer Art und ihres Zweckes ...
Dass die Phänomene Neugier unter jenen hervorriefen, die sie miterlebten, stimmt sicherlich, doch waren sie unglücklicherweise zumeist vergeblich. Die meisten Zeugen entwickelten eine unersättliche Gier nach Phänomenen um ihrer selbst willen, ohne einen Gedanken an das Studium der Philosophie oder der Wissenschaft zu verwenden, von deren Wahrheit und Kraft die Phänomene nur triviale und, sozusagen, zufällige Veranschaulichungen waren ... Von ein paar vereinzelten, redlichen Fällen abgesehen, wurden sie niemals anders angesehen als Beispiele von Wundern, als Teufelswerk, als gewöhnliche Tricks, als amüsantes Zeug zum Gaffen oder als Vorstellungen jener gefährlicher »Spukgeister«, die bei Séancen auftreten und den Medien und anderen Anwesenden Lebensenergien entziehen ...
Ein Okkultist kann Phänomene erzeugen, aber er kann der Welt nicht das Gehirn und auch nicht die Intelligenz und das Vertrauen geben, die notwendig sind, um diese Phänomene zu verstehen und richtig einzuschätzen. Deshalb ist es nicht verwunderlich, dass uns *übermittelt* wurde, die Phänomene aufzugeben und die Ideen der Theosophie durch ihre eigenen, inneren Werte wirken zu lassen.

◆

Bald nachdem HPB nach Maycott gekommen war, übergab sie den meterhohen Manuskriptstapel der *Geheimlehre* den Keightleys, die beide Cambridge absolviert hatten, zur Analyse. Nach längerer Durchsicht war den beiden klar, dass sie ein außerordentliches Werk vor sich hatten, dem aber »Plan, Struktur und Ordnung« fehlte. HPB beauftragte sie, die fehlende Ordnung zu schaffen, zu welchem Zweck sie eine schreibmaschinengeschriebene Kopie für ihre Bearbeitung herstellen ließen, um das Originalmanuskript unverändert zu erhalten.[86]

1889, als Dr. Keightley eine Versammlung der Theosophischen Gesellschaft in den Vereinigten Staaten besuchte, wurde er von der *New York Times* interviewt. Das Thema *Geheimlehre* kam zur Sprache, als der Reporter fragte, ob HPB sich noch immer mit »jenen Manifestationen okkulter Kräfte« beschäftigte, »die man ihr in der Vergangenheit zuschrieb«. Keightley antwortete:

Sehr selten, außer sie ergeben sich während der Arbeit praktisch von selbst ... Während Mme. Blavatsky an der *Geheimlehre* arbeitete [als sie zum ersten Mal aus Indien kam], hatte sie kein einziges Nachschlagewerk oder eine andere Quelle zur Verfügung, und doch zitierte sie häufig lange Passagen von zwei- bis dreihundert Wörtern aus den verschiedensten Werken und gab Autor, Titel und die Seitenzahl so präzise an, als hätte sie das Buch zur Hand gehabt. Ich war darüber etwas besorgt und fragte sie: »Glauben Sie nicht, dass ich einige Zitate nachprüfen sollte?«

»Natürlich, wenn Sie wollen«, antwortete sie. Also ging ich ins Britische Museum, dem einzigen Ort, wo es meines Wissens Zugang zu den zitierten Büchern gab. Dort stellte ich fest, dass die Zitate bis ins kleinste Detail korrekt waren. In ein oder zwei Fällen fand ich das Zitat nicht auf der von ihr angegebenen Seite. Zum Beispiel wenn sie Seite 307 angab. Dort war das Zitat nicht zu finden. Aber mir kam plötzlich eine Idee und ich blätterte zur Seite 703, und dort fand ich es tatsächlich Wort für Wort. Die Ursache für diese Umdrehung der Zahl war ihre spiegelbildliche Umkehrung im Astrallicht, das die Dinge wie in einem Spiegel zeigt. Wenn sie körperlich sehr schwach war, machte sie sich nicht immer die Mühe, die Umkehrung sorgfältig zu berücksichtigen ...

Diese Zitate stammten hauptsächlich aus der Zeitschrift der Asiatic Society in Kalkutta, davon viele aus Col. Wilfords Artikeln, Arbeiten, die nicht älter als 50 oder 60 Jahre waren und auch nicht besonders rar; aber nur wenige Privatpersonen hatten Zugang zu ihnen, HPB sicherlich nicht. So konnte sie sie nicht anders als im Astrallicht konsultieren, wie ich es beschrieben habe.[87]

Viele andere Themen kamen noch zur Sprache, aber als die Leser die *Times* am Tag darauf aufschlugen, fanden sie das Interview unter folgender Überschrift:

DAS NÜTZLICHE ASTRALLICHT

Womit man zitieren kann,
was man nicht gelesen hat

Unter den Besuchern des Sommers 1887 war Alexander Fullerton aus den Vereinigten Staaten. Er war ein aktiver Mitarbeiter der Theosophischen Gesellschaft in New York und Judges rechte Hand bei der Herausgabe der Zeitschrift *The Path.* Er hatte seinen Beruf als Geistlicher der Episkopalkirche aufgegeben, um sich ganz der Theosophie zu widmen.[88] Er schrieb:

> Ich erinnere mich noch gut an die ersten Worte, die ich mit HPB im August 1887 wechselte. Ich sagte, dass ich natürlich eine gewisse Beklemmung gegenüber jemandem fühlte, der jeden Gedanken lesen kann. Sie erwiderte, es wäre unehrlich, wenn sie das täte. Ich meinte darauf, ich würde es nicht »unehrlich« nennen, obwohl es vielleicht unfreundlich oder aufdringlich ist. Sie antwortete, nein, es wäre deshalb unehrlich, weil sie kein Recht habe, sich ohne Einwilligung der Geheimnisse anderer zu bemächtigen, genauso wenig wie seiner Geldbörse. Sie benütze diese Fähigkeit nur, wenn die Person selbst es wolle oder die Umstände sie dazu zwängen.[89]

AUCH CHARLES JOHNSTON, ein junger Ire, besuchte HPB, als sie in Maycott wohnte. Er war einer der Gründer der Theosophischen Gesellschaft in Dublin, der auch William Butler Yeats und andere irische Schriftsteller angehörten. Heute ist Johnston bestens bekannt für seine wunderbaren Übersetzungen von Klassikern der indischen Literatur.[90] Er lernte Sanskrit, als er sich auf seine Berufung in den indischen Staatsdienst vorbereitete, und nach seiner Rückkehr aus Indien lehrte er diese Sprache in London. Um die Jahrhundertwende lebte Johnston in New York, wo er für die Theosophische Bewegung tätig war und Geschichte an der Columbia Universität lehrte.

Er führte ein Gespräch mit HPB, das hier gekürzt wiedergegeben ist:

> Zum ersten Mal traf ich die gute, alte »HPB«, wie sie ihre Freunde nennen durften, im Frühling 1887. Einige ihrer Jünger hatten ein hübsches Haus in Norwood gemietet, wo der riesige gläserne Mittelteil und die beiden Türme des Crystal Palace über einem Labyrinth von Straßen und Terrassen funkelten. Das schmutzige London von seiner besten Seite.
>
> HPB beendete soeben ihre Tagesarbeit. Mein erster Eindruck war ihr gekräuseltes Haar und dann ihre wunderbar ausdrucksstarken Augen, als sie mich begrüßte: »Mein lieber Freund! Ich freue mich so, Sie zu sehen! Kommen Sie herein und erzählen Sie! Sie kommen gerade recht zum Tee!« Dann ein durchdringender Ruf nach »Louise«, und ihr Schweizer Mädchen erschien, um eine wahre Sturzflut von Anweisungen auf Französisch entgegenzunehmen.
>
> Als wir allein waren, erzählte sie mir eine amüsante Geschichte über Louises Ergebenheit. In einer Notsituation, irgendwo in Belgien, glaube ich, herrschte eine gewisse Knappheit, als ein wohlhabender Herr zu Besuch kam, um die berühmte russische Hexe zu sehen. Er gab dem Mädchen ein großzügiges Trinkgeld, und sobald er weg war, erschien Louise, errötend, und entschuldigte sich: »Hoffentlich ist Madame nicht beleidigt«, stammelte sie, »aber ich brauche das Geld nicht«, und versuchte es ihrer Herrin zuzustecken.
>
> Louise' Eintreten beendete die Geschichte und HPB wendete sich mit einem fragend-heiteren Lächeln einem anderen Thema zu: »Sie haben si-

cherlich den Bericht der SPR – der Spookical Research Society (Spukforschungsgesellschaft) – gelesen und Sie wissen, dass ich eine russische Spionin und die größte Hochstaplerin des Jahrhunderts bin?«
Ja, ich hatte den Bericht gelesen. Doch ich kannte den Inhalt bereits vorher, denn ich hatte an der Versammlung vor zwei Jahren teilgenommen, wo er zum ersten Mal vorgelesen wurde. Aber soweit ich es beurteilen konnte, hat Hodgson niemals wirklich irgendein okkultes Phänomen untersucht, sondern nur die undeutlichen und konfusen Erinnerungen von einigen zweifelhaften Augenzeugen. [Myers] kam nach der Versammlung zu uns und fragte mich lächelnd, was ich von dem Report hielte. Ich antwortete, dass er das Unfairste und Einseitigste sei, das ich jemals gehört habe, und wenn ich nicht schon Mitglied der Theosophischen Gesellschaft wäre, wäre ich ihr aufgrund dieser Angriffe beigetreten. Er lächelte matt und ließ mich stehen.
»Das Komische an diesen psychischen Forschern ist«, sagte ich, »dass sie sich selbst überzeugt haben, dass diese magischen Kräfte im Großen und Ganzen genau das sind, was Sie gesagt haben. Und sie haben offenbar Ihre Lehre vom Astrallicht direkt übernommen, um nicht zu sagen gestohlen. Nehmen wir als Beispiel, worüber sie sich am meisten lustig gemacht haben: die Reisen der Adepten und ihrer Schüler im Astralkörper. Sie wissen, wie kritisch sie gegenüber dem armen Damodar und seinen Reisen im Astralkörper von einem Teil Indiens zum anderen, und sogar von Indien nach London, sind. Aber sie selbst haben absolut sichere Beweise davon. Ich kenne einen aus ihrem Komitee, einen Physikprofessor, der die Gedankenübertragung entdeckte und der Erste war, der damit experimentierte. Er zeigte mir eine Anzahl unveröffentlichter Arbeiten der Gesellschaft, und darunter war ein Bericht einer solchen Astralreise, die ganz bewusst gemacht worden war. Ich glaube, der Astralreisende war ein junger Arzt, aber das ist nur ein Detail. Worauf es ankommt, ist, dass er ein Tagebuch über seine Besuche führte, genauso wie die Person, die er besuchte – beide stimmten völlig überein. Sie haben die Echtheit der Sache bestätigt und der Bericht liegt gedruckt vor, aber wenn Sie das Gleiche behaupten, nennt man Sie eine Betrügerin. Warum?«
»Sie werden nie viel ausrichten. Sie sind zu materialistisch eingestellt«, sagte HPB, »und sie sind viel zu ängstlich. Das war der eigentliche Grund, weshalb sie sich gegen mich wandten. Durch eine Bestätigung der Echtheit unserer Phänomene befürchtete man einen Aufruhr. Stellen Sie sich vor, was

das bedeutet hätte! Die moderne Wissenschaft hätte dadurch praktisch die Mahatmas bestätigt, ebenso wie meine Lehren über die enormen Fähigkeiten jener Wesenheiten, die die okkulte Welt bevölkern.«

Wenn ich jemals den Ausdruck echter Ehrfurcht und Hochachtung in einem menschlichen Gesicht gesehen habe, dann in ihrem, wenn sie von ihrem Meister sprach. Ich fragte sie nach seinem Alter. Sie antwortete: »Mein Lieber, das kann ich Ihnen nicht genau sagen, weil ich es nicht weiß. Aber eines kann ich Ihnen sagen. Ich traf ihn zum ersten Mal, als ich 20 war – 1851. Er war damals im besten Mannesalter. Jetzt bin ich eine alte Frau, aber er ist keinen Tag gealtert. Das ist alles, was ich sagen kann. Sie können Ihre eigenen Schlüsse ziehen.«

Dann erzählte sie mir etwas über andere Meister und Adepten, die sie kannte – sie differenzierte zwischen beiden, für sie waren Erstere gleich Generälen der okkulten Welt und Letztere gleich Hauptmännern. Sie hatte Adepten von vielen Völkern gekannt, aus Nord- und Südindien, Tibet, Persien, China, Ägypten, aus verschiedenen europäischen Ländern, Griechen, Ungarn, Italiener, Engländer, und auch von bestimmten Völkern in Südamerika, wo, wie sie sagte, eine Loge der Adepten ist. »Es sind deren Überlieferungen, die die spanischen Konquistadoren fanden«, sagte sie, »die goldene Stadt Manoah oder El Dorado. Diese Völker Südamerikas sind mit den alten Ägyptern verwandt, und die Adepten bewahren noch immer das Geheimnis ihres uneinnehmbaren Aufenthaltsortes. Es gibt bestimmte Mitglieder dieser Logen, die sich von einem Zentrum zum anderen begeben, um die Verbindung zwischen ihnen aufrechtzuerhalten. Aber sie sind immer auch auf anderem Weg miteinander verbunden.«

»In ihren Astralkörpern?« »Ja«, antwortete sie, »und auf noch höherer Ebene. Sie führen ein gemeinsames Leben und haben eine gemeinsame Kraft. In ihrem spirituellen Aufstieg überwinden sie alle Rassenunterschiede und erkennen die Menschheit als unteilbare Einheit. Es ist eine ungebrochene Linie. Adepten sind eine Notwendigkeit in der Natur und in der Supernatur. Sie sind die Verbindungsglieder zwischen den Menschen und den Göttern. Diese ›Götter‹ sind die Seelen großer Adepten und Meister aus vergangenen Menschengeschlechtern und Zeitaltern usw., bis zur Schwelle des Nirvana. Eine Kontinuität ohne Unterbrechung.«

»Was ist ihre Aufgabe?«

»Wenn Sie nicht selbst Adept sind, können Sie das kaum verstehen. Aber sie erhalten das spirituelle Leben der Menschheit aufrecht.«

»Wie führen die Adepten die Seelen der Menschen?«

»Auf viele Arten, aber hauptsächlich, indem sie ihre Seelen in der geistigen Welt belehren. Das ist für Sie schwierig zu verstehen. Aber es ist ganz klar: In regelmäßigen Zeitabständen versuchen sie, der Welt ein richtiges Verständnis für spirituelle Dinge zu geben. Einer von ihnen erscheint, um die Massen zu lehren und gilt in der Tradition als Religionsgründer. Krishna war so ein Meister, ebenso Zarathustra, und auch Buddha und Shankaracharya, der große Weise aus Südindien. Und genauso der Nazarener [Jesus].«

»Haben die Adepten geheime Aufzeichnungen über sein Leben?«

»Das müssen sie haben«, antwortete sie, »weil sie Aufzeichnungen über das Leben von allen Initiierten haben. Einmal war ich mit meinem Meister in einem großen Höhlentempel im Himalaya-Gebirge. Dort waren viele Statuen von Adepten; er zeigte auf eine und sagte: >Das ist der, den ihr Jesus nennt. Wir zählen ihn zu den Größten von uns.< Aber das ist nicht die einzige Aufgabe der Adepten. In viel kürzeren Zeitabständen senden sie einen Boten, der versucht, die Welt zu lehren. Diese Periode kommt immer im letzten Viertel jedes Jahrhunderts, und die Theosophische Gesellschaft repräsentiert ihre Arbeit für diese Epoche.«

»Wie nützt sie der Menschheit?«

»Ist es nicht nützlich, die Gesetze des Lebens zu kennen? Hilft es Ihnen nicht, der Krankheit und dem Tod zu entrinnen? Nun, es gibt eine Krankheit der Seele und einen Tod der Seele. Nur die wahre Lehre des Lebens kann sie heilen. Die dogmatischen Kirchen, mit ihrer Hölle und Verdammnis, ihrem metallischen Himmel * und ihrem Feuer und Schwefel haben es fast unmöglich gemacht, dass denkende Menschen an die Unsterblichkeit der Seele glauben. Und wenn sie nicht an ein Leben nach dem Tod glauben, dann haben sie kein Leben nach dem Tod. So ist das Gesetz.«

»Wie ist es möglich, dass der Glaube sich auf sie auswirkt? Entweder es gibt es, oder es gibt es nicht, was immer sie auch glauben.«

»Ihr Glaube wirkt sich folgendermaßen auf sie aus: Ihr Leben nach dem Tod hängt von ihrem Streben und von ihrer geistigen Entwicklung in der spirituellen Welt ab. Das Leben nach dem Tod hängt vom Wachstum jedes Einzelnen [in unserer Welt] ab. Es ist eine Ergänzung seines Lebens hier. Alle unbefriedigten spirituellen Sehnsüchte, alle Wünsche nach einem höheren Leben, alle Bestrebungen und Träume von edlen Dingen, blühen im spirituellen

* [mit Gold gepflasterte Straßen]

Leben auf, und die Seele hat ihren Tag, denn das Leben auf Erden ist ihre Nacht. Aber wenn man keine Bestrebungen, keine höheren Sehnsüchte, keinen Glauben in ein Leben nach dem Tod hat, so gibt es nichts, aus dem sich ein spirituelles Leben entwickeln kann; diese Seele ist ein unbeschriebenes Blatt.«

»Was wird dann aus einem?«

»Man reinkarniert sofort, fast ohne Unterbrechung, und ohne das Bewusstsein in der anderen Welt wiederzuerlangen.«

»Was lehren die Theosophen noch?«

»Mein Herr, es scheint, Sie verhören mich heute Abend«, antwortete sie lächelnd. »Wir lehren etwas sehr Altes, und doch muss es gelehrt werden. Wir lehren die universelle Brüderlichkeit.«

»Wir sollten nicht vage und allgemein werden. Sagen Sie mir genau, was Sie damit meinen.«

»Nehmen wir einen konkreten Fall«, sagte sie. »Nehmen wir die Engländer. Wie grausam sie sind! Wie schlecht sie meine armen Hindus behandeln! «

»Ich habe immer gedacht, dass sie sehr viel für Indien in materieller Hinsicht getan haben«, wandte ich ein.

»Aber was nützen die materiellen Errungenschaften, wenn man die ganze Zeit moralisch verachtet und niedergetrampelt wird? Wenn ihre Ideale von nationaler Ehre und Ruhm in den Schmutz getreten werden, und wenn man ihnen dauernd zu spüren gibt, dass sie eine mindere Rasse sind – eine niedrigere Kategorie von Sterblichen –, Schweine nennen sie die Engländer, und glauben es auch. Nun, genau das Gegenteil davon wäre universelle Brüderlichkeit. Kein noch so großer materieller Nutzen kann die Verletzungen ihrer Seelen und die Vernichtung ihrer Ideale wettmachen. Außerdem gibt es noch eine andere Seite, auf die wir Theosophen immer hinweisen. *In Wirklichkeit gibt es keine ›minderen Rassen‹, denn alle sind eins in einer gemeinsamen Menschheit.* Und da wir alle schon in jeder dieser Rassen inkarniert waren, sollten wir ihnen gegenüber brüderlicher sein. Sie sind uns als unsere Schützlinge anvertraut, und was machen wir? Wir fallen in ihre Länder ein, schießen sie vor ihren Häusern nieder, wir vergehen uns an ihren Frauen und rauben ihre Güter, und dann wenden wir uns mit kalter Scheinheiligkeit um und sagen, wir täten es nur zu ihrem Besten. Aber es gibt ein gerechtes Gesetz: ›Die falsche Zunge ereilt ihre Lüge, der Dieb raubt, um zurückzugeben. Ihr werdet nicht vorwärts kommen, bis ihr den letzten Pfennig zurückgezahlt habt‹.«

»Das ist es also, was Ihnen die Adepten aufgetragen haben, zu lehren?«

»Ja, das und auch andere Dinge – sehr wichtige Dinge, die bald noch viel wichtiger sein werden. Es besteht die Gefahr der schwarzen Magie, in die die ganze Welt, und insbesondere Amerika, auf schnellstem Weg hineinläuft. Nur eine umfassende Kenntnis der wahren psychischen und spirituellen Natur des Menschen kann die Menschheit vor großen Gefahren retten.«

»Hexenkulte im 19. Jahrhundert, in diesem aufgeklärten Zeitalter?«

»Ja, Hexengeschichten in diesem aufgeklärten Zeitalter! Und merken Sie sich meine Worte! Sie werden solche Hexengeschichten erleben, von denen das Mittelalter nicht geträumt hat. Ganze Nationen werden unmerklich in die schwarze Magie treiben, mit guten Absichten, ohne Zweifel, aber trotzdem pflastern sie damit die Straße zur Hölle! Sehen Sie nicht das ungeheure Übel, das sich hinter der Hypnose verbirgt? Hypnose und Suggestion sind große und gefährliche Kräfte, weil nämlich das Opfer selbst nie weiß, wann es ihnen ausgesetzt ist, es wird ihm sein Wille gestohlen. Diese Dinge mögen aus guten Motiven, für gute Zwecke begonnen werden. Aber ich bin eine alte Frau und habe viel vom Leben der Menschen in zahlreichen Ländern gesehen; und ich wünsche mir von ganzem Herzen, ich könnte glauben, dass diese Kräfte nur zum Guten verwendet werden! Wenn Sie vorhersehen könnten, was ich vorhersehe, würden Sie mit ganzem Herzen und aus tiefster Seele die Lehre der universellen Brüderlichkeit verbreiten. Sie ist unser einziger Schutz!«

»Und wie kann sie die Menschen vor Hypnose schützen?«

»Indem man die Herzen jener Menschen reinigt, die sie missbrauchen könnten. Und die universelle Brüderlichkeit beruht auf der Gemeinschaftsseele. Weil es eine Seele gibt, die allen Menschen gemeinsam ist, ist diese Brüderlichkeit, dieses gemeinsame Verstehen möglich. Bringen Sie die Menschen dazu, sich darauf zu besinnen, und sie werden in Sicherheit sein. Es gibt in jedem Menschen eine göttliche Kraft, die sein Leben leitet, und die niemand zu bösen Zwecken beeinflussen kann, nicht einmal der größte Magier. Wenn die Menschen dazu gebracht werden, ihr Leben dieser Führung zu unterstellen, haben sie nichts zu fürchten, nicht vom Menschen und nicht vom Bösen. Und nun, mein Lieber, ist es spät geworden und ich werde müde. Ich muss Ihnen daher Gute Nacht sagen!«

Und die alte Dame entließ mich in ihrer würdevollen Art, die sie niemals verlor – sie war ein Teil von ihr. Sie war die vollkommenste Aristokratin, die ich jemals kennen gelernt habe.[91]

NACH VIER MONATEN in Maycott benötigte die Blavatsky Lodge größere, zentraler in London gelegene Räumlichkeiten. Die Keightleys fanden genau das Richtige in der Lansdowne Road 17, ein dreistökkiges Haus mit einem herrlichen Garten.[92] (Siehe Mittelteil, Foto Nr. 30)

In die Zeit der Übersiedlung zum neuen Hauptsitz im September 1887 fiel die Veröffentlichung der ersten Ausgabe der neuen Zeitschrift *Lucifer.* Format und Gestaltung standen in starkem Kontrast zu den eng und klein beschriebenen Seiten und dem einfachen Papier des *Theosophist.*

Der Name der Zeitschrift schockte viele Leute, einschließlich HPBs Verwandte, wegen der populären Assoziation Luzifers mit dem Teufel oder mit gefallenen Engeln. Sie erklärte das Wort ausführlich im Editorial der ersten Ausgabe unter dem Titel »Wie wichtig ist ein Name?«. Aber am besten erklärte sie es in einem Brief an ihre Familie:

> *Warum macht Ihr mir Vorwürfe, dass ich meine Zeitschrift* Lucifer *nenne? Es ist ein wunderbarer Name!* Lux, Lucis – *Licht,* ferre – *tragen, bringen; »der Lichtbringer« – was könnte besser sein? ... Erst durch Miltons* Verlorenes Paradies *wurde* Lucifer *zum Synonym für gefallene Geister. Die erste Aufgabe meiner Zeitschrift wird sein, den Makel des Missverständnisses von diesem Namen zu entfernen, der von den frühen Christen für Christus verwendet wurde ...* Eosphoros *der Griechen,* Lucifer *der Römer – das sind die Bezeichnungen [der Venus] des Morgensterns, des Botens des strahlenden Sonnenlichts ... Sagte nicht Christus über sich selbst: »Ich, Jesus ..., bin der strahlende Morgenstern«?* (Offenbarung 22:16)... *So soll auch unsere Zeitschrift wie der helle, reine Stern der Morgendämmerung den strahlenden Tagesanbruch der Wahrheit verkünden – den Übergang aller Disharmonie, aller Interpretationen* durch das Wort, *in das eine Licht der Wahrheit* durch den Geist.[93]

Um Dogmatismus zu vermeiden, war die Zeitschrift sowohl für Theosophen als auch für Nicht-Theosophen offen, worauf HPB in ihrem Artikel »Was ist Wahrheit?« *(Lucifer,* Februar 1888) hinweist: »Die größten Materialisten werden in unserer Zeitschrift Gastfreundschaft genießen, ja sogar jene, die keine Skrupel haben, ihre Seiten mit abfälligen und persönlichen Bemerkungen über uns zu füllen und die Lehren der Theosophie, die uns so viel bedeuten, anzugreifen.« In einer 15-teiligen Serie veröffentlichte *Lucifer* einen satirischen Roman über führende Theosophen, worin Blavatsky, wie sie selbst sagte, als »eine Art *mediumistischer* Papagei« dargestellt wird.[94] *The Talking Image of URUR,* so der Titel des Romans, wurde von Franz Hartmann verfasst und erschien anschließend als Buch.[95]

Gräfin Wachtmeister kehrte im September 1887 aus Schweden zurück, um ihre Aufgabe als Leiterin des neu gegründeten Verlags Theosophical Publishing Company zu übernehmen, der sich in der Duke Street befand. Kurz vor ihrer Rückkehr erhielt HPB einen Brief vom Sohn der Gräfin, Carl Axel, der um Rat für ein gesundheitliches Problem bat. Am 11. September antwortete sie:

> *Mein lieber Graf!*
> *Ich antworte erst heute, weil ich Ihnen nicht* aus meinem eigenen Kopf heraus *antworten wollte. Mein Rat ist der: Führen Sie ein so regelmäßiges Leben wie Sie nur können – gehen Sie lieber früh zu Bett als spät. Treten Sie an das Konservatorium in Leipzig heran und versuchen Sie vorab zu erreichen, dass Sie aus Gesundheitsgründen* weniger Unterrichtsstunden *nehmen dürfen. Wenn Sie morgens und abends körperliche Übungen machen, so ist das genug, … wenn es Ihnen gelingt, sich voll und ganz auf die Musik – besser gesagt* Harmonie *– zu konzentrieren. Denn* Harmonie, *gedankliche, psychische und spirituelle, wenn Ihre Seele in ihr ganz aufgeht, wird einen starken Einfluss auf die psychologische Seite Ihres Systems haben. Denn wenn der Mensch sich gedanklich mit etwas herumschlägt oder seine Gedanken auf nichts Bestimmtes konzentrieren kann, entsteht Disharmonie und daraus eine Krankheit seines Körpers. Halten Sie sich an die Musik und ihre Philosophie und alle anderen Philosophien werden von selbst kommen.*
> *Ich hoffe, Sie haben mich verstanden, aber wenn Ihre Mutter bei Ihnen ist, wird Sie Ihnen die Worte des Meisters erklären.*
> *Ich wünsche Ihnen viel Erfolg und Gesundheit und danke Ihnen für Ihr Vertrauen. Immer in brüderlicher Verbundenheit Ihre*
>
> *H. P. Blavatsky*[96]

Der Graf machte eine Karriere als Komponist. Er schrieb Symphonien und zwei Opern, einschließlich ein Oratorium über das Leben des Buddha. Einer seiner Lehrer soll Vincent d'Indy gewesen sein. Der Graf starb im Alter von 82 Jahren.[97]

Auch ein andermal sprach Blavatsky über den Einfluss der Harmonie bzw. deren Mangel auf das physiologische System: »Die Hälfte, wenn nicht zwei Drittel unserer Leiden und Krankheiten sind das Produkt unserer Vorstellungskraft und unserer Ängste. Zerstört die Ängste und gebt der Vorstellungskraft eine andere Richtung und die Natur besorgt den Rest.« * Sie fügte jedoch hinzu, dass man nicht so überheblich werden sollte, »solche Krankheiten durch eigene Willenskraft selbst behandeln zu wollen, wo ärztliche Hilfe nötig ist ... «[98]

Einer der theosophischen Adepten gab zwar zu, dass es in unserem Zeitalter »große Triumphe der Wissenschaft ... bei der Heilung von Krankheiten gibt«, dass diese Bemühungen jedoch »sich fast alle an den *Auswirkungen* orientieren und nicht die *Ursachen* des Übels entfernen ... In Zukunft werden neue Krankheiten entstehen und mehr unbekannte Leiden auftreten, die alle aus Gründen, die tief im Bewusstsein des Menschen liegen, entstehen, und nur durch ein spirituelles Leben beseitigt werden können«.[99]

HPB hat niemals behauptet, Krankheiten heilen zu können, aber es gibt Hinweise, dass sie entsprechende Kenntnisse besaß. Alice Cleather erzählt davon in ihrem Buch *H. P. Blavatsky – As I Knew Her.* Kurz nach Blavatskys Tod hatte Mrs. Cleather Gelegenheit, Dr. Z. Mennel, HPBs Arzt in London, zu konsultieren. Darüber schreibt sie:

> Es war ein denkwürdiger Besuch, der beinahe zwei Stunden dauerte (das Wartezimmer war voller Patienten, während wir miteinander sprachen). Wir redeten wenig über meine Gesundheit ... Aber wir sprachen viel über HPB. Er erzählte mir, welche Inspiration sie für ihn in seiner medizinischen Tätigkeit gewesen sei, wie viel sie ihn über die Natur des Körpers und seiner Kräfte – *besonders über das Gehirn* – gelehrt hatte.
> Manches, was sie mit ihrem eigenen Organismus demonstrierte, war so weit von den damaligen medizinischen Erkenntnissen entfernt, dass es sinn-

* Erst in den vergangenen 30-40 Jahren hat die Medizin die psychosomatischen Ursachen für viele Leiden anerkannt. Wenn es scheint, dass HPB übertrieb, als sie meinte, dass die Hälfte oder zwei Drittel aller Krankheiten von der Phantasie und Ängsten verursacht werden, so beachte man folgende Aussage von Dr. med. Edward B. Kitfield, der 1989 von Ärzten zum »Familienarzt des Jahres« in Maine gewählt wurde: «Dreiviertel der Fälle in einer Arztpraxis beruhen auf Psychologie. Wenn Sie körperlich und emotional gut auf sich achten, brauchen Sie uns nicht ... Emotionen regulieren das Immunsystem.« Negative Gefühle behindern es. (Bangor *Daily News,* 8. Juli 1989)

> los gewesen wäre, sie dem königlichen Ärztekollegium vorzutragen, von dem er, glaube ich, ein anerkanntes Mitglied war. Er erzählte mir, er habe im Kollegium eine gewisse Problematik (im Zusammenhang mit HPB) zur Sprache gebracht, wurde aber mit einer derart entschiedenen Skepsis bedacht, dass er seinen Versuch niemals wiederholte.[100]

Über HPBs Heilkraft bringt Archibald Keightley in seinen *Reminiscences of H. P. Blavatsky* ein Beispiel. Er erzählt, dass er nach einer Zeit sehr anstrengender theosophischer Arbeit an einer Art Rotlauf mit hohem Fieber erkrankte:

> Mme. Blavatskys Arzt kam vorbei und untersuchte mich. Was er sagte, weiß ich nicht, da ich in einem Dämmerschlaf war, aber ich stellte fest, dass Mme. Blavatsky die zwei steilen Treppen heraufgestiegen war (sie, die wegen ihrer großen Schmerzen niemals einen Fuß auf eine Stufe setzte, wenn es nicht unbedingt notwendig war), um den Bericht des Arztes über mich zu überprüfen. Sie saß da, sah mich an und redete, während sie ein Glas Wasser in ihren Händen hielt; dieses Wasser trank ich. Danach ging sie wieder die Treppe hinunter und bat mich, ihr zu folgen. Ich ging hinunter, musste mich auf die Couch in ihrem Zimmer legen und wurde zugedeckt. Ich lag dort im Halbschlaf, während sie in ihrem großen Stuhl am Tisch saß und schrieb, wobei sie mir den Rücken zuwandte. Wie lange ich dort war, weiß ich nicht, aber plötzlich zuckte ein purpurroter Blitz an meinem Kopf vorbei. Ich erschrak, wurde aber über den Rücken ihres Stuhles hinweg aufgefordert: »Legen Sie sich hin, beachten Sie das nicht.« Ich gehorchte und schlief ein, und nachdem man mich wieder in mein Bett hinaufgeschickt hatte, schlief ich wieder und fühlte mich am nächsten Morgen ganz gut, wenn auch noch etwas schwach. Dann wurde ich nach Richmond geschickt, und es wurde mir verboten, zurückzukehren, bevor ich nicht gesund war.[101]

Dieselben Erinnerungen Keightleys enthalten einen interessanten Bericht über die Versammlungen der Blavatsky Lodge in der Lansdowne Road:

> Die Gespräche waren informell und man stellte Mme. Blavatsky Fragen ... Besonderes Vergnügen bereitete es uns, wenn Mme. Blavatsky in ihren Antworten die sokratische Methode anwandte – eine Gegenfrage stellend, um dabei selbst mehr zu erfahren. Es war eine sehr wirkungsvolle Methode, die den Fragesteller oft verwirrte. Wenn es echter Wissensdurst war, der den

Fragesteller bewog, so scheute sie keine Mühe, jede erdenkliche Auskunft zu erteilen. Aber wenn man sie damit ärgern oder verwirren wollte, endete die Sache für den Fragesteller schlecht. Die Versammlungen nahmen viel Zeit in Anspruch, aber Mme. Blavatsky genoss die intelligenten Unterhaltungen sehr.

Jeden Donnerstagabend versammelten sich sämtliche Nationen in diesen Räumen, und man konnte nie wissen, wer da sein würde. Manchmal gab es unsichtbare Besucher, die nur einige von uns sehen konnten. Die Ergebnisse waren manchmal merkwürdig. Da Mme. Blavatsky sehr kälteempfindlich war, wurde der Raum immer sehr gut beheizt, so gut, dass es bei den Versammlungen sehr oft unangenehm heiß war. Eines Abends vor der Versammlung kam ich herunter und stellte fest, dass der Raum eiskalt war, obwohl das Feuer und die Lichter brannten. Ich machte HPB darauf aufmerksam, wurde aber mit einem Lachen empfangen: »Oh, es hat mich gerade ein Freund besucht und er hat vergessen, seine Atmosphäre zu entfernen.«

Ein andermal, so erinnere ich mich, füllten sich die Räume allmählich, bis kein Sitzplatz mehr frei war. Auf dem Sofa saß ein vornehmer Hindu, mit Turban und Rock. Die Diskussion schritt voran und offensichtlich war unser vornehmer Gast sehr interessiert, denn er schien den Bemerkungen eines jeden intelligent zu folgen. Der Präsident der Loge hatte sich in dieser Nacht sehr verspätet, und als er hereinkam, suchte er einen Sitzplatz. Er ging zum Sofa und setzte sich nieder – mitten hinein in den vornehmen Hindu, der sich sofort und mit etwas Überraschung auflöste und verschwand![102]

Zwischen den Treffen und tagsüber war die Blavatsky Lodge wie ein Bienenstock, erzählt ein Mitarbeiter, der irische Theosoph Claude Falls Wright. Neben dem Besucherstrom gab es immer eine Anzahl von freiwilligen Helfern, die bei den verschiedensten Aufgaben mitarbeiteten. Einmal stand eine Gruppe von Mitarbeitern beisammen und diskutierte, wie sie glaubten, ein wichtiges Problem. Als sie nicht mehr weiterwussten, klopfte eine von ihnen an HPBs Tür und bat sie, das Problem zu lösen:

»Madame«, sagte sie, »was ist das Wichtigste beim Studium der Theosophie?«

»Gesunder Menschenverstand, meine Liebe.«

»Madame, und was steht an zweiter Stelle?«
»Humor.«
»Und an dritter, Madame?«
Da schien ihr langsam der Geduldfaden zu reißen.
»Oh, einfach MEHR gesunder Menschenverstand!«[103]

Während dieser Zeit ging HPB selten aus, aber Anfang Januar 1889 überredeten sie die Gräfin Wachtmeister und der amerikanische Künstler Edmund Russell[104] dazu, das Studio des bekannten Londoner Fotografen Enrico Resta aufzusuchen, um ein paar Fotos zu machen. Eines davon ist das berühmte Portrait mit dem Titel »Die Sphinx«. Jahre später erzählte Resta selbst die Geschichte dieses Besuches in einem Brief an John Coats, damals Präsident der Theosophischen Gesellschaft in London:

Eines Morgens (8. Januar 1889)... war ich in meinem Studio ... stark mit dem Fotografieren beschäftigt, als mir ein Assistent zuflüsterte, dass eine Dame, wenn möglich, sofort fotografiert werden wolle, da sie sehr wenig Zeit hätte ... Herein kamen Madame Blavatsky und Gräfin Wachtmeister. Die erste Dame setzte sich sofort an einen kleinen Tisch und ich bemerkte, dass sie ihre rechte Hand in die Tasche steckte und eine Zigarette rollte, was Sie auf den Fotos sehen werden ... Ohne irgendein ein »Studio Arrangement« wollte Madame Blavatsky in dieser natürlichen Position in die Kamera schauen. Da ich von ihrer Persönlichkeit und Ausdruckskraft enorm beeindruckt war, machte ich sechs Platten, die zu meiner Freude gelungen sind. Madame Blavatsky erhob sich, dankte mir für die prompte Bedienung und sagte, dass ein Künstler meine Arbeit empfohlen hätte. Die Abzüge wurden abgeschickt und kamen mit einem Brief zurück, der Freude über das Ergebnis ausdrückte. Wie Sie wissen, wurden Tausende von Abzügen für die Theosophische Gesellschaft gemacht ... Irgendwann erhielt ich eine einfache Einladung zu einem formlosen Besuch bei dieser großartigen Dame, wo sich die Konversation über alle Lebensbereiche erstreckte, möglicherweise auch über die grenzenlose Kraft des Guten oder die freundliche Anteilnahme an meiner Arbeit, die ich liebte. Einige Jahre später gab ich das Studio auf, und die einzigen Negative, die ich aufbewahren wollte, waren diese sechs. Sie wurden von mir in Ehren gehalten und sind in tadellosem Zustand, aber da ich nun ein alter Mann von 85 Jahren bin, glaube ich, dass diese wahrhaften Zeichen einer großartigen Persönlichkeit nicht länger von mir zurückbehalten werden sollten.[105]

Unter HPBs Gästen in London war ein reicher Adeliger aus Spanien, José Xifré, ein guter Freund von Königin Isabella II. und König Alfons XII. Man erzählt, dass der König auf seinem Sterbebett Xifré als den einzigen wahren Freund, den er jemals hatte, bezeichnete.[106]

Über seine erste Begegnung mit HPB erzählt Xifré, dass ein Blick aus ihren Augen »die Persönlichkeit, die ich bis dahin gewesen war, durchdrang und zerstörte« und dass »deren Ideen, Tendenzen und Vorurteile, mehr oder weniger stark ausgeprägt, verschwanden ... Ich werde nicht versuchen, diese scheinbar verblüffende Tatsache zu erklären, aber wie alles andere, beruht es auf dem großen Karmagesetz ... Ihr verdanke ich alles, was ich weiß ... Durch sie erlangte ich sowohl innere Ruhe als auch moralische Ausgeglichenheit«.[107]

Bei anderer Gelegenheit behauptete er, dass HPB zweimal sein Leben gerettet habe. Einer dieser Vorfälle ereignete sich, als er verreisen wollte. Sie sagte: »Sie werden heute nicht abreisen.« Xifré antwortete, er müsse. Als Blavatsky darauf bestand, dass er nicht dürfe, antwortete er: »Aber ich *muss* fahren, es ist absolut erforderlich, ich kann meine Abreise nicht verschieben.« »Sie dürfen nicht fahren, Sie müssen diese Nacht in London bleiben«, befahl sie. Widerwillig gehorchte er. Am nächsten Tag berichteten die Zeitungen, dass der Abendpostzug, mit dem Xifré gefahren wäre, einen schrecklichen Unfall hatte.[108]

Trotz des Widerstandes der Katholischen Kirche verbreitete Xifré mit einigen Verbündeten theosophische Lehren in Spanien. Ende 1889 waren spanische Übersetzungen von *Isis entschleiert, Esoterischer Buddhismus, Licht auf den Pfad* und *Der Schlüssel zur Theosophie* fertig.[109]

Eine Broschüre mit dem Titel »Was ist Theosophie?« wurde in Universitäten, Bibliotheken und Vereinen in ganz Spanien verteilt. Im Mai 1893 kam die theosophische Zeitschrift *Sophia* in Madrid heraus, die 17 Jahrgänge umfasst. De Zirkoff bemerkt, dass »vielleicht das großartigste und am längsten anhaltende Ergebnis von José Xifrés unermüdlicher Arbeit, in enger Zusammenarbeit mit ein paar guten Freunden und Mitarbeitern, die Veröffentlichung einer hervorragenden spanischen Übersetzung der *Geheimlehre* war, deren erster Band 1895 erschien«.[110] Xifrés theosophische Tätigkeit kam schließlich zum Stillstand, als er sein Vermögen verlor, ein Sache, hinter der er die Kirche vermutete.[111]

In England setzte sich die Anglikanische Kirche für ein Verbot des *Lucifer* ein. Zweifellos griff das Editorial in der Ausgabe vom Dezember 1887 die Kirche besonders stark an: »›*Lucifer*‹ grüßt den Erzbischof von Canterbury«. Das Editorial wies nach, dass »in fast allen Punkten die Lehren der Kirche zu *den Lehren Jesu in direktem Widerspruch* stehen«. Das Editorial schließt folgendermaßen:

Und nun, hoher Lord, haben wir auf respektvolle Weise die Hauptpunkte der Unterschiede und Diskrepanzen zwischen der Theosophie und den christlichen Kirchen dargelegt und Ihnen vom Einssein der Theosophie mit den Lehren Jesu erzählt. Sie haben unser Glaubensbekenntnis gehört und von den Klagen und Vorwürfen, die wir gegen das dogmatische Christentum haben. Wir, eine Hand voll bescheidener Menschen, die weder Reichtum noch weltlichen Einfluss besitzen, aber stark sind in unserem Wissen, haben uns zusammengeschlossen in der Hoffnung, das zu tun, wovon Sie behaupten, durch Ihren Meister beauftragt zu sein, was aber traurigerweise von diesem reichen und dominierenden Koloss – der christlichen Kirche – vernachlässigt wird. Wir fragen uns, ob Sie uns Anmaßung vorwerfen werden. Wollen Sie in diesem Land der freien Meinungsäußerung, der freien Rede und des freien Bestrebens uns keine andere Anerkennung gewähren als den üblichen *Bannfluch,* den die Kirche für Reformer auf Lager hat? Oder können wir hoffen, dass die bitteren Lektionen der Erfahrung, die diese Politik den Kirchen in der Vergangenheit einbrachte, die Herzen geläutert haben und das Verständnis ihrer Regenten verändert hat, und dass das kommende Jahr, 1888, es erleben wird, dass sich die Hände der Christen in Kameradschaft und gutem Willen nach uns ausstrecken? Das würde nur eine gerechte Anerkennung sein, dass die vergleichsweise kleine Organisation, genannt Theosophische Gesellschaft, kein Pionier des Anti-Christ ist, keine Ausgeburt des Bösen ist, wie es die Kirche sieht, sondern der praktische Helfer, möglicherweise der Retter des Christentums, nur bestrebt, die Arbeit, die Jesus, wie Buddha und die anderen »Söhne Gottes« vor ihm, seinen Nachfolgern aufgetragen hat zu tun, wozu aber die dogmatischen Kirchen unfähig sind.

Und wenn nun Euer Gnaden beweisen können, dass wir der Kirche, deren Oberhaupt Sie sind, oder der allgemeinen Theologie, Unrecht tun, versprechen wir, unseren Fehler öffentlich zuzugeben. Aber – »SCHWEIGEN BEDEUTET ZUSTIMMUNG«.[112]

Der Erzbischof schwieg. Briefe an den *Lucifer* zeigten die weit verbreitete Zustimmung zu diesem gewagten Editorial. Es wurden weitere 15.000 Exemplare der Zeitschrift nachgedruckt, um die Kirche zu ihrer Reform aufzufordern.

Ebenfalls in der Dezember-Ausgabe des *Lucifer* erschien der zweite Teil einer dreiteiligen Serie von HPBs »Der esoterische Charakter der Evangelien« –

ein weiterer Grund für jene, die die Lehren Jesu wörtlich nahmen, sich gegen die Theosophie zu wenden.[113]

HPB weist darauf hin, dass die Evangelien selbst Jesu esoterische bzw. geheime, nur seinen Jüngern vermittelte Lehren enthüllen: »Euch ist es gegeben, um das Geheimnis des Reiches Gottes zu wissen; denen aber draußen widerfährt alles durch Gleichnisse.« (*Markus 4:11*). »Und ohne Gleichnis redete er nicht zu ihnen; aber in Sonderheit legte er es seinen Jüngern alles aus.« (*Markus 4:33-34*). Im Neuen Testament gibt es die Gleichnisse, aber wer kennt ihre verborgene Bedeutung?

Blavatsky sagte, dass die esoterischen Lehren erhalten blieben und von den christlichen Gnostikern gelehrt werden, die sie wiederum von den Jüngern Jesu erhalten hatten. Man kann sich gut vorstellen, wie eine solche Aussage die orthodoxen Christen damals schockierte, denn ihnen wurde beigebracht, dass der Gnostizismus eine gefährliche Häresie sei, die sich im zweiten Jahrhundert innerhalb der Kirche entwickelt habe. Die frühen Kirchenväter zerstörten über Jahrhunderte hinweg jeden gnostischen Text, der gefunden werden konnte. Oft wurde die Todesstrafe für Gnostiker verfügt, und alles, was man über diese Religion in Erfahrung bringen konnte, stammte aus entstellten Aufzeichnungen christlicher Autoren. Schon allein der Name *Gnostik* bekam für künftige Generationen einen vom Bösen behafteten Makel.

Unparteiische Historiker, wie Gibbon, dachten anders. HPB sagt von ihm, dass er die Gnostiker als »die gelehrtesten Christen« bezeichnete, die nicht damit zufrieden waren, nur Gläubige zu sein. Auch waren sie nicht mit dem Lernen alleine zufrieden, sondern suchten direkte, persönliche Erfahrung der Gnosis.[114] Das Wort *Gnostik* kommt aus dem Griechischen und bedeutet »Wissen, Erkenntnis«.

Seit HPBs Zeiten ist unvoreingenommenen Gelehrten der Wert der gnostischen Literatur immer bewusster geworden. Ein solcher Gelehrter, der Geistliche A. A. F. Lamplugh, schrieb in der Einleitung zu seiner englischen Übersetzung des gnostischen *Codex Brucismus,* der im Jahr 1918 als *Gnosis des Lichts* veröffentlicht wurde: »Neueste Untersuchungen sind eine Herausforderung für die traditionellen >Fakten<. Zusammen mit einigen Fragen von heute, und noch vielen mehr von morgen, lautet die brennendste – nicht, wie eine alberne und ausschweifende Häresie in der Kirche entstehen konnte, sondern –, wie konnte sich die Kirche aus der großen gnostischen Bewegung entfernen, wieso versteinerten sich die dynamischen Ideen der Gnosis zu Dogmen?«[115] Auch C.G. Jung war überzeugt, dass »die zentralen Ideen des Christentums in der gnostischen Philosophie wurzeln«.[116] Wer mit seinen Schriften vertraut ist, weiß, wie intensiv er die gnostischen Lehren und Symbole studiert hat.

In *Isis* (Bd. 2, S.205) erwähnt HPB, dass im Neuen Testament das Johannes-Evangelium und die Apostelgeschichte von Paulus voller gnostischer Ausdrücke sind, was Gelehrte heute auch zugeben. Zwei interessante Eintragungen in den Protokollen der Blavatsky Lodge aus dem Jahr 1889 zeigen, dass HPB am 12. Oktober über das Johannes-Evangelium sprach, und am 24. Oktober über Jesus und Johannes.

Die beste Bestätigung der theosophischen Ansicht, dass die geheimen Lehren Jesu von den frühesten Gnostikern studiert und geschätzt wurden, gab es Mitte des 20. Jahrhunderts. 1945 machte ein arabischer Bauer namens Muhammad Ali bei einem Felsen nahe Nag Hammadi, einem Ort am Nil, ungefähr 500 Kilometer von Kairo entfernt, in Begleitung seiner Brüder eine erstaunliche Entdeckung. Sie waren von ihren Kamelen gestiegen und suchten eine bestimmte Erde, um ihre Felder zu düngen, und so gruben sie bei einem massiven Felsen in einem alten koptischen Friedhof, wo sie ein rotes, fast einen Meter hohes irdenes Gefäß fanden. Muhammad zögerte, das Gefäß zu zerschlagen, weil er befürchtete, ein *Dschin* oder Geist könnte darin wohnen. Aber als ihm der Gedanke kam, es könnte auch Gold enthalten, zerschlug er es und war enttäuscht, dreizehn in Leder gebundene Bücher zu finden sowie eine Menge von losen Papyrusblättern. Als er heimkehrte, warf er alles neben den Ofen und seine Mutter verwendete viele dieser Blätter, um Feuer zu machen.

Wie das Buch schließlich die Aufmerksamkeit der Behörden in Ägypten – und der Gelehrten auf der ganzen Welt – erregte, ist eine hochdramatische Geschichte, voller Aufregungen, Intrigen und, in der akademischen christlichen Welt, eifersüchtigen Kämpfen darum, wer als Erster die Dokumente übersetzen würde.[117] Die Allgemeinheit erfuhr von der Entdeckung erst im Jahr 1979, als Elaine Pagels *Die gnostischen Evangelien* veröffentlicht wurde. Da Pagels an der Harvard Universität Koptisch gelernt hatte, entsandte die Universität sie nach Ägypten, zur Untersuchung der Nag-Hammadi-Dokumente. Ihr weltweit anerkanntes Buch erhielt den amerikanischen Kritikerpreis. Der *New Yorker* nannte es »eine intellektuell elegante und umfassende Studie ... Die Prägnanz, mit der sie die Welt des frühen Christentums heraufbeschwört, ist ein Wunder«.

»Jene, die die [Nag Hammadi] Schriften verbreiteten und verehrten«, schreibt Pagels, »sahen sich nicht als Häretiker, sondern als Gnostiker – das heißt als Christen, die das Wissen (Gnosis) über die geheimen Lehren Jesu besaßen – Kenntnisse, die für die Mehrheit der Gläubigen verborgen blieben, bis sie sich als geistig reif erwiesen hatten.« Sie zitiert auch den vorhin genannten Vers aus dem Markusevangelium, wo Jesus zu seinen Jüngern sagte: »Euch ist es gegeben, um das Geheimnis des Reiches Gottes zu wissen; denen aber draußen widerfährt alles durch Gleichnisse.« (*Markus 4:11*).

In ihrem Buch konstatiert Pagels, dass »Ideen, die wir mit den östlichen Religionen assoziieren, im ersten Jahrhundert durch die gnostische Bewegung in den Westen kamen, aber von Polemikern wie Iräneus unterdrückt und verurteilt wurden«. Auffallend unter diesen Ideen war die Reinkarnation, obwohl ihr Ursprung nicht in östlichen Religionen lag, sondern, so die Gnostiker, im Christentum selbst. Professor Geddes MacGregor schreibt in seinem Buch *Reinkarnation und Karma im Christentum,* dass »die Idee der Reinkarnation in der gnostischen Geisteshaltung, aus der sich das Christentum entwickelte, allgemein vorhanden war«.[118] Was die Nag-Hammadi-Texte betrifft, so berichtete der französische Ägyptologe Jean Doresse, dass sie lehren, »der Mensch [müsse] durch verschiedene Geburten gehen, bevor er das Ziel erreicht«.[119]

Ein anderes koptisches Werk, das Pagels in einem anderen Zusammenhang zitiert, ist die *Pistis Sophia.* Mitte des 18. Jahrhunderts entdeckt, enthält sie viele Seiten, in denen Christus selbst seine Jünger verschiedene Aspekte der Reinkarnation[120] lehrt [und andere Geheimlehren der Auferstehung]. HPBs wissenschaftlicher Sekretär, G. R. S. Mead, war der Erste, der die *Pistis Sophia* aus dem Lateinischen ins Englische übersetzte. Vor der Herausgabe als Buch erschien ungefähr die Hälfte als Serie im *Lucifer,* mit ca. 40 Seiten Kommentar von HPB.[121]

Theosophische Forschungen auf dem Gebiet des esoterischen Christentums sind nicht ohne Anerkennung geblieben. In seinem Aufsatz über das Christentum in der *Encyclopaedia Britannica* schreibt der Kirchenhistoriker Ernst Wilhelm Benz unter »Moderne Strömungen des esoterischen Christentums« auch über die Theosophie, die »hauptsächlich durch eine Kombination von christlichen Traditionen und Lehren und höheren asiatischen Religionen charakterisiert« wird. Er beschließt den Abschnitt mit einem überraschenden Kommentar: »Viele Gelehrte sind überzeugt, dass im 20. Jahrhundert ein esoterisches Christentum notwendig ist, um als Gegenbewegung zu dem Verlust spiritueller Inhalte in einer dogmatischen, institutionalisierten und sozial statischen kirchlichen Organisation eine positive Aufgabe zu erfüllen.«[122]

Ein Schlussgedanke zu den Entdeckungen der *Pistis Sophia* und der *Nag-*

Hammadi-Schriften: Oberflächlich betrachtet war es reiner Zufall, dass die *Pistis Sophia* und die Nag-Hammadi-Schriften ans Tageslicht kamen. So war es auch mit den Schriftrollen vom Toten Meer, die großes Aufsehen unter Gelehrten verursacht hatten. In *Isis entschleiert* (Bd. 2, S.26) zitiert HPB Max Müller, der in den sechziger Jahren des 19. Jahrhunderts bemerkte:

> Die Religionswissenschaft steht erst am Anfang ... Während der vergangenen fünfzig Jahre sind die authentischen Urkunden der wichtigsten Religionen der Welt *in einer höchst unvorhergesehenen und äußerst wunderbaren Art wieder entdeckt worden.* Wir haben heute die kanonischen Bücher des Buddhismus vor uns, die *Zend-Avesta* des Zoroaster ist nicht länger mehr ein versiegeltes Buch; und die Hymnen des *Rig-Veda* haben uns den Bestand von Religionen aufgedeckt, die einer früheren Periode entsprechen, als jener der ersten Anfänge einer Mythologie, die in Homer und Hesiod als verfallene Ruine vor uns steht.

HPB fügt in einer Fußnote hinzu:

> Eine der überraschendsten Tatsachen für uns ist, dass erfahrene Gelehrte es versäumen, die regelmäßige Wiederkehr dieser »unvorhergesehenen und äußerst wunderbaren« Entdeckung wichtiger Urkunden gerade in den geeigneten Momenten mit vorsätzlicher und absichtsvoller höherer Planung zu verbinden. Ist es denn so ungewöhnlich, dass die Hüter »heidnischer« Überlieferungen es so einrichten, dass die notwendigen Dokumente, Bücher oder Relikte gerade dann wie durch Zufall in die geeigneten Hände fallen, wenn der richtige Zeitpunkt gekommen ist?

Man fragt sich, wie viele andere Dokumente, Bücher oder Relikte noch im Verborgenen ruhen und auf den richtigen Moment ihres Erscheinens warten.

LEWIS MUMFORD SCHRIEB im *New Yorker* am 23. Mai 1964 über C.G. Jungs Traumprophezeiung des Ersten Weltkriegs[123]: »Dieser Traum, im Rückblick verblüffend, weil er bald durch die Ereignisse bestätigt wurde, könnte der gleichen Kategorie zugeordnet werden wie Madame Blavatskys viel frühere und noch realistischere Vision von der Zerstörung ganzer Städte durch nukleare Explosionen.« Diese Vision finden wir in HPBs Artikel »Karmische Visionen« im Lucifer vom Juni 1888.

Als diese Geschichte geschrieben wurde, hatte es seit zwei Jahrzehnten keine größeren Kriege in Europa mehr gegeben, und dieser Friede sollte noch 25 Jahre andauern. Europäische Beobachter fühlten sich ermutigt, ein Jahrtausend des Friedens, des Wohlstandes und des wissenschaftlichen Fortschritts vorauszusagen. In diesem Umfeld sagt HPBs Geschichte den Ausbruch des Ersten Weltkrieges voraus und auch die Zustände der nachfolgenden Zeit, wenn Armeen Waffen haben würden, die Millionen von Menschen sofort töten können.

Im ersten Teil von »Karmische Visionen« steht Chlodwig im Mittelpunkt, der Herrscher und Regent des Frankenreiches im 5. Jahrhundert, der Paris zu seiner Hauptstadt machte. Der zweite Teil beschreibt die Wiedergeburt Chlodwigs als Monarch, der, obwohl ohne Namen in dieser Geschichte, sehr stark dem unglückseligen und sehr beliebten Friedrich III. ähnelt. Nach einer Amtszeit von nur *99* Tagen starb Friedrich an Kehlkopfkrebs im Juni 1888, genau in dem Monat, als »Karmische Visionen« veröffentlicht wurde. Sein Vater, Wilhelm I., war bereits im selben Jahr gestorben. Im Editorial des *Lucifer* für Neujahr 1889 heißt es:

> Vor einem Jahr sagte man, dass das Jahr 1888 eine dunkle Zahlenkombination wäre; das hat sich inzwischen bewahrheitet ... Beinahe jede Nation ist von einem furchtbaren Unglück heimgesucht worden, besonders Deutschland. 1888 feierte das Kaiserreich sein 18. Jahr der Vereinigung. Während dieser fatalen vierfachen Kombination der Zahl 8 verlor es zwei ihrer Kaiser und pflanzte die Saat für viele schreckliche karmische Folgen.

Eine schreckliche Folge war, dass, als der wiedergeborene Chlodwig, Friedrich III., starb, der Thronfolger sein ältester Sohn war – Kaiser Wilhelm II., der später als einer der Urheber des Ersten Weltkrieges traurige Berühmtheit erlangte. (Wilhelm II. war zur Hälfte britisch, da seine Mutter die älteste Tochter Königin Viktorias war.)

»Karmische Visionen« beginnt mit einem Kriegslager von Chlodwig, der kurz zuvor in Reims zum Christen getauft worden war. Er hatte soeben einem deutschen Stamm, den Alemannen, eine blutige Niederlage bereitet, und die Gefangenen wurden zu ihm gebracht, um getötet zu werden, wenn es ihm beliebte. Eine davon ist eine heidnische Seherin, die furchtlos alle Verbrechen aufzählt, die er begangen hatte, um die Herrschaft über die Franken zu erlangen. Über den deutschen Stamm, den er gerade abgeschlachtet hat, sagt sie zu Chlodwig: »Du wirst unter deinen jetzigen Feinden wiedergeboren werden und die Qualen erleiden, die du deinen Opfern zugefügt hast. All die Macht und den Ruhm, die du ihnen genommen hast, werden dir in Aussicht gestellt werden, doch du sollst sie niemals erreichen!« Der König wirft sie auf den Boden, und als er seinen tödlichen Speer erhebt, ruft die Prophetin laut aus: »Ich verfluche dich! Mögen deine Todesqualen zehnmal größer sein als meine!« Der Speer durchbohrt den Hals des Opfers, nagelt ihren Kopf auf den Boden. Ihr Blut bespritzt Chlodwig und seine Freunde.

Dann finden wir Chlodwig in Deutschland, wiedergeboren als Friedrich. Die ersten Abschnitte schildern die glückliche Zeit seiner Jugend und seiner Jahre als junger Mann, gefolgt von kurzen Blicken auf seinen Kampf mit der tödlichen Krankheit – ein Luftröhrenschnitt hat ihm für immer die Stimme genommen. Zu dieser Zeit war er der einzige Thronerbe. Sein Vater war König von Preußen, aber nach dem französisch-preußischen Krieg und aufgrund von Bismarcks nationalistischer Politik war dieser nun der erste Kaiser eines vereinigten Deutschland. Die folgende gekürzte Fassung erzählt die weitere Geschichte in HPBs Worten:

> Unter Millionen von anderen Seelen wird ein Seelen-Ego wiedergeboren, zum Wohl oder zum Weh, wer weiß! Gefangen in seiner menschlichen Form, wächst es mit dieser Form, und zusammen werden sie sich schließlich ihrer Existenz bewusst. Glücklich sind die Jahre der blühenden Jugend.

Eines Tages bedroht ein überheblicher und wilder Feind das Königreich des Vaters, und die brutalen Instinkte des alten Kriegers erwachen in dem Seelen-Ego und veranlassen dieses tönerne Ego, das Schwert zu ziehen, mit der Versicherung, dass es zur Verteidigung seines Landes sei. Sie benutzen ihren gefallenen Feind, um ihr kleines Königreich in ein großes Imperium zu verwandeln. Befriedigt, dass sie fürs Erste nicht mehr erreichen können, kehren sie in die Abgeschiedenheit und in das traute Heim zurück.

Doch für alle kommt ein schwarzer Tag in das Drama des Seins. Eines Tages findet sich der starke Körper auf dem dornigen Bett des Schmerzes. Sogar im Schlaf findet das Seelen-Ego keine Ruhe. Heiß und fiebrig wirft sich sein Körper in ruhelosem Schmerz hin und her. Die Seelenqualen haben diesen Menschen verändert.

[Er hat nun eine Vision des französisch-preußischen Krieges, in dem er seine Armee gegen Frankreich geführt hat.] Er sieht Tausende von verstümmelten Leichen, durchbohrt und zerstückelt von mörderischen Waffen, die Wissenschaft und Zivilisation geschaffen haben und die von den Dienern Gottes geweiht worden sind. Er sieht alte Mütter, die das Licht ihrer Seelen verloren haben; Familien ohne die Hand, die sie ernährte. Er entdeckt junge Witwen, die in die weite, kalte Welt hinausgestoßen werden und bettelnde Waisenkinder, die zu Tausenden klagend durch die Straßen ziehen. Er findet die jungen Töchter seiner tapfersten, alten Soldaten, die ihre Trauerkleider gegen den grellen Putz der Prostitution tauschen, und das Seelen-Ego erschauert in der Form des Schlafes. Das Stöhnen der Hungernden zerreißt sein Herz, seine Augen erblinden vom Rauch der brennenden Dörfer, der zerstörten Häuser, der Städte in schwelenden Ruinen.

Und in diesem schrecklichen Traum erinnert er sich an den Moment des Wahnsinns in seinem Soldatenleben, als er auf einem Haufen Toter und Sterbender stand, in seiner rechten Hand ein blankes Schwert, bis zum Griff rot von dampfendem Blut, und in seiner linken die Fahne, die er der Hand des Kriegers, der unter seinen Füßen stirbt, entrissen hat. Und mit einer schallenden Stimme preist er den Allmächtigen und dankt ihm für den errungenen Sieg!

»Was haben sie dir oder deinem Vaterland gebracht, diese blutigen Siege!«, flüstert die Seele in ihm. »Ein Volk in eisernen Waffen«, antwortet sie. Was ist nun dein künftiges Königreich? Eine Legion von Kriegsmarionetten, ein kollektives wildes Tier. Ein Tier, das wie das Meer dort drüben düster schlummert, aber mit umso größerer Wut über den ersten Feind herfällt, den es sieht. Und wer zeigt ihm den Feind? *Es ist, als ob ein herzloses, stolzes Ungeheuer plötzlich Herrschaft erlangt hätte. Ehrgeiz und Kraft inkarniert, umklammern mit eiserner Hand den Geist eines ganzen Landes.*[124] [Hervorhebung der Autorin]

Die ganze Welt ist in atemloser Erwartung verstummt. Es gibt keine Frau und keine Mutter, die nicht in ihren Träumen von der schwarzen und unheilvollen Sturmwolke, die über ganz Europa hängt, heimgesucht wird. Die Wolke nähert sich, kommt unaufhaltsam näher. Ich sehe Qualen für die Erde voraus, deren Zeuge ich schon einmal war. Ich sehe eine tödliche Bestimmung auf der Stirn der europäischen Jugend! Aber wenn ich lebe und die Kraft habe, soll niemals, niemals wieder mein Land daran teilhaben!

Und nun befindet sich die Hand des Schicksals über dem Schmerzenslager. Die Stunde der Erfüllung des Gesetzes der Natur hat endlich geschlagen. Der alte [König] ist nicht mehr; der junge Mann ist nun der Herrscher. Ohne Stimme und hilflos, trotzdem ein Potentat, ein autokratischer Herr über Millionen von Bürgern. Ein grausames Schicksal hat ihm einen Thron über einem offenen Grab errichtet und verlockt ihn zu Ruhm und Macht. Schmerzverzerrt, findet er sich plötzlich gekrönt. Der ausgezehrte Körper wird aus dem milden Süden in den eiskalten Norden geschleudert, wohin er eilt zu herrschen und - zu sterben. In dem fahrenden Palast [des Zuges] ist der Luxuswagen voller exotischer Pflanzen. Die monotone Bewegung wiegt den erschöpften Reisenden in den Schlaf. Der Wagen fährt durch Äonen von Jahren und Leben und Inkarnationen und fühlt und atmet die gegensätzlichsten Formen und Persönlichkeiten. »Tod« wird zu einem leeren Wort, einem bedeutungslosen Laut.

»Wie war meine Vergangenheit? Warum leide ich?«, fragt das Seelen-Ego. Ein langes Pergament wird entrollt und enthüllt eine lange Reihe von sterblichen Wesen, und in jedem von ihnen erkennt das Seelen-Ego einen seiner Lebensabschnitte. Als es zur vorletzten kommt, sieht es eine blutbefleckte Hand, die endlose Taten der Grausamkeit und Hinterhältigkeiten verübt, und es erschauert.

»Wie ist meine Zukunft?«, fragt das Seelen-Ego verzweifelt. »Wird sie immer voller Tränen und jeder Hoffnung beraubt sein?«

Es kommt keine Antwort. Aber der Träumende fühlt sich durch den Weltenraum gewirbelt. Das Seelen-Ego ist stark und gesund, wie es immer war. Ja, es ist nicht mehr die große, edle Gestalt, mit der es vertraut war, sondern

ein anderer Körper, von dem es noch nichts weiß. [Er hört von der Zerstörung der letzten zwei Millionen Soldaten durch Pneumo-Dynovril[125] auf den Schlachtfeldern der westlichen Hemisphäre.]
Alles ringsum scheint seltsam verändert. Ehrgeiz, Raffgier oder Neid – fälschlich genannt *Patriotismus* – gibt es nicht mehr. Grausamer Egoismus hat Platz gemacht für gerechten Altruismus. Kriege sind nicht mehr möglich, denn die Armeen sind abgeschafft. Die Soldaten sind zu fleißigen, hart arbeitenden Ackerbauern geworden und die ganze Erde hallt wider von fröhlichen Liedern. Königreiche und Nachbarländer leben in Brüderlichkeit. Die große, glorreiche Stunde ist endlich gekommen! Was er kaum gewagt hatte zu hoffen und zu denken in der Stille seiner langen, quälenden Nächte, ist nun wahr geworden. Der Fluch entfernt, ist die Welt in ihrer Erneuerung befreit und erlöst!
Eine große Kraftanstrengung – und er ist wieder er selbst. Vom Seelen-Ego zur Übereinstimmung von ERINNERUNG und TAT aufgefordert, hebt er seine Arme zum Himmel und schwört vor aller Natur, den Frieden bis zum Ende seiner Erdentage zu erhalten – zumindest in seinem eigenen Land.
Ferner Trommelschlag und Stimmen, die in seinem Traum begeisterte Dankesrufe sind für den soeben geleisteten Schwur.
Ein plötzlicher Schock, Lärm. Als sich die Augen öffnen, sieht das Seelen-Ego voller Erstaunen das respektvolle und ruhevolle Gesicht des Arztes, der die gewohnte Medizin bringt. Der Zug hält an. Er erhebt sich von seinem Lager, schwächer und elender denn je, und sieht endlose Reihen von Truppen [um den neuen Monarchen zu ehren], bewaffnet mit neuen und noch schrecklicheren Instrumenten der Zerstörung – bereit für das Schlachtfeld.[126]

2 *Die Geheimlehre* und die Esoterische Sektion

DER ERSTE BAND DER *Geheimlehre* wurde am 1. November 1888 veröffentlicht und der zweite am 28. Dezember 1888. * Der Untertitel lautet: »Die Synthese von Wissenschaft, Religion und Philosophie.« Der erste Band, »Kosmogenesis«, beschreibt, wie Welten entstehen – oder besser, nach einer bestimmten Zeit der Ruhe wiedergeboren werden – und wie sich unser Globus und seine niedrigeren Bereiche bis zu der Zeit entwickelt haben, als die menschliche Form entstand. »Anthropogenesis«, der zweite Band, behandelt die weitere Entwicklung dieser Form, das Aufleuchten des Bewusstseins durch die Inkarnation menschlicher Seelen aus früheren Welten, die darauf folgende Evolution der frühen Menschengeschlechter bis zur heutigen Zeit und deren künftige Entwicklung, wenn der ursprüngliche große Plan ausgeführt wird. Jeder Band gliedert sich in drei Teile: Die Stanzen des Dzyan, die Entwicklung der Symbolik und die Gegenüberstellung von Wissenschaft und Geheimlehre.

HPB schreibt:

Diese Wahrheiten werden weder als *Offenbarungen* dargestellt, noch behauptet die Autorin, sie enthülle irgendwelche mystischen Inhalte, die jetzt der Welt erstmalig eröffnet werden. Denn dieses Werk enthält nichts anderes als die in Tausenden von heiligen Schriften verstreuten Wahrheiten der großen asiatischen und frühen europäischen Religionen, die, verborgen unter einem Schleier von Zeichen und Symbolen, bisher unbemerkt geblieben sind. Was hier unternommen wird, ist der Versuch, diese ältesten Lehren so zusammenzustellen, dass sie als harmonisches und zusammenhängendes Ganzes erkannt werden können. Der einzige Vorteil, den die Autorin gegenüber ihren Vorgängern hat, ist die Tatsache, dass sie nicht auf persönliche Mutmaßungen und Theorien zurückgreifen muss, denn sie stellt in diesem Werk hauptsächlich Teile von Lehren dar, die sie selbst von weiter

* Obwohl HPB der erste Band bereits am 10. Oktober 1888 vorlag (Kirby Van Mater, *Secret Doctrine Centenary: Report of Proceedings*, Pasadena, 1989, S. 84).

> fortgeschrittenen Forschern erlernt hat und die nur durch einige wenige Details aus eigenen Studien und Erfahrungen ergänzt werden ...[127]
>
> Wir werden der Sache nicht gerecht, wenn wir lediglich sagen, dieses System könne nicht das Phantasieprodukt eines Einzelnen oder mehrerer Individuen sein. In der Tat handelt es sich um die lückenlosen Aufzeichnungen Tausender Generationen von Sehern. Anhand der einzelnen Erfahrungen dieser Seher wurden die von den frühen Menscheitszweigen untereinander mündlich weitergegebenen Überlieferungen der Lehren höherer, erhabener Wesen, die über das Kindheitsstadium der Menschheit gewacht hatten, geprüft und auf ihren Wahrheitsgehalt untersucht. »Die Weisen« der Fünften Menschheit, die zu den Nachfahren jenes Teils der Menschheit gehörten, der aus den letzten verheerenden geologischen Umwälzungen und Verschiebungen der Kontinente gerettet wurde, verbrachten ihr Leben in vielen Zeitaltern *nicht lehrend, sondern lernend.* Wie taten sie das? ...
>
> Indem sie die Überlieferungen aus alten Zeiten auf allen Gebieten der Natur anhand der unabhängigen Visionen großer Adepten prüften, testeten und verifizierten. Diese Adepten hatten ihre eigene physische, mentale, psychische und geistige Konstitution zum höchsten Grad entwickelt und perfektioniert. Jede einzelne Vision eines jeden einzelnen Adepten wurde erst akzeptiert, nachdem sie durch jahrhundertealte Erfahrungswerte und durch die Visionen anderer Adepten, die als unabhängige Beweisstücke gelten konnten, methodisch geprüft und bestätigt worden war ...
>
> Die Schauungen dieser Seher dringen bis in den Kern der Dinge und verzeichnen die Seele der Dinge dort, wo ein gewöhnlicher Sterblicher, mag er noch so gelehrt sein, lediglich die äußere Arbeit der Form wahrnehmen würde. Doch die moderne Wissenschaft glaubt nicht an die »Seele der Dinge« und wird das ganze System der antiken Kosmogenesis ablehnen ... [Sie glaubt], dass das Universum und alles in ihm allmählich von den blinden, der Materie innewohnenden Kräften aufgebaut wurde.[128]

Im Proem zur *Geheimlehre* stellt HPB drei fundamentale Lehrsätze auf, auf denen das ganze Werk beruht:

> (a) Ein allgegenwärtiges, ewiges, grenzenloses, unveränderliches PRINZIP, das sich jeder Spekulation entzieht, weil es die Kraft des menschlichen Vorstellungsvermögens übersteigt und durch jeden menschlichen Darstellungs-

versuch und Vergleich nur herabgesetzt würde ... Damit dem Leser diese Ideen verständlicher werden, möge er sich anfangs eine absolute Wirklichkeit vorstellen, die v o r jedem manifestierten, bedingten Sein existiert. Dieser unendliche und ewige Ursprung ... ist die wurzellose Wurzel von »allem, das war, ist und je sein wird« ...

(b) Die Ewigkeit und die Unbegrenztheit des Universums *in toto,* einen periodisch auftretenden »Spielplatz zahlloser Universen, die sich unaufhörlich manifestieren und auflösen«, »manifestierende Sterne« und »Funken der Ewigkeit« genannt. »Die Ewigkeit des Pilgers« ... »Pilger« ist eine Bezeichnung für unsere *Monade* ... während sie ihren Inkarnationszyklus durchläuft. Weil sie untrennbarer, integraler Teil des Ganzen, des Universalgeistes ist, von dem sie ausstrahlt und von dem sie am Ende des Zyklus wieder absorbiert wird, ist die Monade das einzige unsterbliche und ewige Prinzip in uns.

Diese zweite Behauptung der Geheimlehre stellt die absolute Universalität des Gesetzes der Periodizität fest, von Kommen und Gehen, von Ebbe und Flut – Dinge, die auch die Naturwissenschaft überall in der Natur bemerkt und akzeptiert hat. Die wechselseitige Folge von Tag und Nacht, Leben und Tod, Schlafen und Wachen etc. ist eine so alltägliche Realität, so vollkommen allumfassend und ohne Ausnahme, dass es offensichtlich ist, weshalb wir hier von einem absolut fundamentalen Gesetz des Universums sprechen.

(c) Die grundsätzliche Identität aller Seelen und der universalen Überseele (diese ist selbst ein Aspekt der unbekannten Wurzel) sowie die obligatorische Pilgerschaft jeder Seele (die ein Funken der Überseele ist) durch den Inkarnationszyklus, die »Notwendigkeit«, während seiner ganzen Dauer, entsprechend dem zyklischen und karmischen Gesetz. In anderen Worten ..., keine göttliche Seele kann unabhängig (bewusst) existieren, ehe der aus der reinen Essenz des universalen sechsten Prinzips (der Überseele) hervorgetretene Funke (a) jede Elementalform der phänomenalen Welt ... durchschritten und (b) Individualität erlangt hat – zuerst durch natürlichen Impuls und dann durch eigenes, selbst herbeigeführtes und selbst erdachtes Bemühen (im Rahmen seines Karma). So durchläuft sie alle Intelligenzgrade, vom niedrigsten bis zum höchsten Manas, vom Mineral- und Pflanzenreich bis hinauf zum heiligsten Erzengel (Dhyâni-Buddha). Die zentrale Lehre der Esoterischen Philosophie schließt Privilegien oder besondere Begabungen des Menschen aus, bis auf solche, die sein eigenes Ego durch

persönliches Bemühen und als verdiente Werte in einer langen Reihe von Metempsychosen und Reinkarnationen gewonnen hat ...
Soweit die Grundgedanken, auf denen die Geheimlehre beruht ... Sobald der Leser diese Grundkonzepte verstanden und folglich eingesehen hat, dass sie alle Probleme des Lebens berühren und erhellen, werden auch keine weiteren Rechtfertigungen nötig sein, denn ihr Wahrheitsgehalt wird ihm sonnenklar vor Augen stehen.[129]

Im dritten Lehrsatz werden die Themen Karma und Reinkarnation vorgestellt. Darüber sagt HPB an anderer Stelle in der *Geheimlehre:*

Allein diejenigen, die an Reinkarnation und Karma glauben, werden gewahr, dass das gesamte Geheimnis des Lebens in der ungebrochenen Serie seiner Manifestationen liegt ... Wer an *Karma* glaubt, muss an die Bestimmung glauben, welche jeder Mensch von der Geburt bis zum Tode wie ein Spinnennetz Faden für Faden um sich selbst webt ... Dieses Gesetz prädestiniert – bewusst oder unbewusst – niemanden und nichts ... Karma verursacht und plant nichts. Es ist der Mensch, der plant und Ursachen schafft – das karmische Gesetz ordnet diesen Ursachen nur die entsprechenden Auswirkungen zu. Dieses Zuordnen bedeutet jedoch nicht, dass Karma handelt – es ist vielmehr ein Ausdruck der universalen Harmonie, die immer dazu neigt, ihre ursprüngliche Position wieder zu erlangen, ganz ähnlich einem nach unten gedrückten Ast, der mit einer Kraft, die dem ausgeübten Druck entspricht, wieder zurückschnellt. Würden wir sagen, es sei der Ast gewesen, der dabei unseren Arm verletzt hat, oder dass es unser eigenes Tun war, durch das wir uns die Verletzung zugezogen haben –?[130]
Karma hat niemals versucht, die geistige und persönliche Freiheit des Menschen zu unterdrücken ... Es hat niemals seine Gesetze absichtlich und zur großen Verwirrung der Menschen im Dunkeln belassen, und es bestraft niemanden, der es wagt, seine Geheimnisse zu erforschen. Ganz im Gegenteil handelt für das Wohl seiner Mitmenschen, wer durch Studium und Meditation den komplizierten Verlauf karmischer Wege aufzeigt und die komplexen Umstände erhellt, in denen so viele Menschen umkommen, weil sie sich durch ihr eigenes Unwissen im Labyrinth des Lebens verlieren ...[131]
... Menschen, die an das Wirken des Karma glauben, [kann man] nicht vorwerfen, Atheisten oder Materialisten zu sein – und noch weniger kann man sie des Fatalismus bezichtigen ... Es ist eine Lehre, welche den Ur-

sprung des Bösen erklärt, und unsere Vorstellungen von dem, was göttliche, unveränderliche Gerechtigkeit sein sollte, veredelt, anstatt die unbekannte und unerkennbare Gottheit zu erniedrigen, indem sie aus ihr die launenhafte, grausame Tyrannin macht, welche wir »Vorsehung« nennen.[132] Okkultisten oder Philosophen reden nicht von der Güte oder Grausamkeit der Vorsehung; aber da sie Letztere mit Karma-Nemesis gleichsetzen, lehren sie, dass die Vorsehung bzw. Karma-Nemesis den guten Menschen schützt und über ihn wacht – in diesem und allen zukünftigen Leben –, und dass sie den Übeltäter straft – und zwar bis zu seiner siebenten Wiedergeburt, oder, kurz gesagt, so lange, bis selbst das kleinste von ihm aus dem Gleichgewicht gebrachte Atom in der unendlichen Welt der Harmonie wieder ungestört existieren kann. Denn das einzige Gesetz des Karma ist unbedingte Harmonie, sowohl in der Welt der Materie als auch in der Welt des Geistes. Dieses Gesetz ist ewig und unwandelbar. Nicht Karma belohnt oder bestraft also, sondern wir belohnen oder strafen uns selbst, wobei entscheidend ist, ob wir mit der Natur, durch sie und in ihr handeln, indem wir uns an die Gesetze halten, auf denen diese Harmonie aufbaut – oder ob wir sie brechen.[133] ... In *Isis entschleiert* wurde bereits darauf hingewiesen, dass diese göttliche, unsichtbare Bildfläche das BUCH DES LEBENS ist ... Die ewige Chronik ist kein phantastischer Traum; es gibt derartige Aufzeichnungen auch in der grobstofflichen Welt. »Kein Schatten fällt auf eine Wand, ohne auf ihr eine bleibende Spur zu hinterlassen, die durch die Anwendung geeigneter Prozesse sichtbar gemacht werden kann«, erklärt Dr. Draper. «... Und an den Wänden unserer intimsten Gemächer, die wir für absolut sicher vor neugierigen Blicken wähnen, wo unsere Ruhe von niemandem gestört werden kann, sind die Spuren, die Silhouetten all unserer Taten vorhanden.« Die Doktoren Jevons und Babbage glauben, dass jeder Gedanke die Gehirnteilchen verschiebt, und, indem er sie in Bewegung setzt, sie durch das Universum zerstreut; sie glauben auch, dass »jedes Teilchen des bestehenden Stoffes ein Verzeichnis von allem Geschehenen sein muss«. *(Principles of Science,* Bd. 2, S. 455)[134]

Also, sagt HPB, »hat die uralte Lehre angefangen, Bürgerrechte in den Spekulationen der wissenschaftlichen Welt zu erlangen«.[135]

Es ist ein Gesetz okkulter Dynamik, dass »eine auf der spirituellen oder Astralebene freigesetzte Energiemenge weitaus umfangreichere Ergebnisse produziert als eine gleiche Menge, die im physisch-objektiven Existenzbereich freigesetzt wird« ... Wird nur eine einzige schlechte *Ursache* unterdrückt, so wird nicht nur eine, sondern eine ganze Reihe schlechter Wirkungen unterdrückt. Und selbst wenn eine Bruderschaft oder sogar mehrere Bruderschaften nicht vermeiden können, dass Nationen und Völker sich hin und wieder gegenseitig zerfleischen, so wird aber Einigkeit im Denken und im Handeln und werden aktive philosophische Erforschungen der Geheimnisse des Lebens allein schon durch den Versuch, das bisher Rätselhafte zu erkennen, immer einige davon abhalten können, noch mehr Ursachen zu schaffen in einer Welt, die schon so voller Unheil und Schlechtigkeit ist ... Dies ist der Zustand, der andauern wird, bis ... wir anfangen, aus *innerer* Motivation zu handeln anstatt immer *äußeren* Impulsen nachzugeben, jenen Impulsen also, die von unseren physischen Sinnen und unserem groben, selbstsüchtigen Körper hervorgebracht werden.[136]

Eng, ja unauflöslich verbunden mit Karma ist also das Gesetz der Wiedergeburt bzw. der Reinkarnation ein und derselben geistigen Individualität in einer langen, beinahe endlosen Reihe von Personalitäten. Alle diese Personalitäten gleichen den verschiedenen Kostümen und Charakteren eines einzigen Schauspielers, mit denen er sich identifiziert und mit denen er von der Öffentlichkeit in den paar Stunden einer Vorstellung identifiziert wird. Der *innere,* der wirkliche Mensch, der diese Charaktere personifiziert, weiß selbstverständlich, dass er Hamlet nur in den Szenen eines Theaterstücks ist, die aber in der Phantasie der Menschen das ganze Leben Hamlets darstellen. Und er weiß auch, dass er am Abend davor König Lear war, der wiederum eine Transformation des in einer noch früheren Aufführung dargestellten Othello war. Aber der äußere, sichtbare Charakter muss diese Tatsache natürlich ignorieren. Im täglichen Leben nimmt dieses Ignorieren, diese Ignoranz nur leider allzu große Wirklichkeit an. Die *permanente* Individualität ist sich dessen jedoch vollkommen bewusst, aber wegen der Verkümmerung des »geistigen Auges« im physischen Körper kann sich ein solches Wissen dem Bewusstsein der falschen Persönlichkeit nicht mitteilen ... «Was Anteil hat an unserer Seele, ist ewig«, sagte Thackeray ... Und mag der Speicher des physischen Gehirns auch die Ereignisse vergessen, die innerhalb der Grenzen einer einzigen irdischen Lebenszeit stattgefunden haben – die Masse kollektiver Erinnerungen kann der in uns wohnenden göttlichen Seele nie verloren gehen. Für den Umfang unserer physischen Sinneswahrnehmungen mag ihr Flüstern zu leise, ihre Stimme zu entfernt

> sein, mit ihrer eigenen Wahmehmungsfähigkeit jedoch, vor ihrem eigenen inneren Auge erkennt diese göttliche Seele die Schatten *vergangener* Ereignisse ebenso wie die noch *kommenden.*[137]

Im zweiten Lehrsatz der *Geheimlehre* heißt es, dass die unsterbliche Monade oder Seele in uns am Ende unserer Welt in den Universalgeist eingeht. In der orientalischen Lehre wird es als Eingehen ins Nirvana bezeichnet und stellt die alte Frage, ob es die Auflösung des Individuums bedeutet. Westliche Orientalisten des 19. Jahrhunderts glaubten an diese Auflösung. *Die Geheimlehre* sagt dazu:

> In Nirvâna Vernichtung zu sehen, ist gleichbedeutend mit der Behauptung, ein Mensch sei vernichtet, der sich in einem tiefen, *traumlosen* Schlaf befindet ... die *Resorption* ist keineswegs ein Versinken in einen »traumlosen Schlaf«, sondern ist, ganz im Gegenteil, eine Rückkehr in die absolute Existenz, d. h. in eine bedingungslose Einheit, einen bedingungslosen Zustand, für dessen Beschreibung die Sprache des Menschen absolut ungeeignet und hoffnungslos überfordert ist ... Auf seiner derzeitigen Entwicklungsstufe ist es dem menschlichen Geist nicht möglich, diese Denkfähigkeitsebene zu transzendieren, ja, er kann sie kaum erreichen. Taumelnd nähert er sich hier der äußeren Grenze unvorstellbarer Absolutheit und Ewigkeit ...
> Durch das Zurückversinken geht auch die Individualität nicht verloren ... Denn so grenzenlos der parinirvanische Zustand in der menschlichen Vorstellung auch ist, in der Ewigkeit hat er eine Begrenzung. Sobald sie diese Grenze erreicht hat, tritt dieselbe Monade wieder aus der Ewigkeit hervor, und zwar auf einer weit höheren Ebene, und beginnt dort erneut ihren Kreislauf nun vervollkommneter Aktivitäten ... Die heiligen Shlokas sagen uns: *»Die Schnur aus strahlendem Glanz, welche unvergänglich ist und sich im Nirvâna nur auflöst, tritt unversehrt wieder daraus hervor an dem Tage, an dem das Große Gesetz alle Dinge in die Aktivität zurückruft ...«*
> In jedem von uns ist jene goldene Schnur in Gestalt des *Sûtrâtman* angelegt, jene leuchtende Schnur unsterblichen, nicht personalen Monadentums, der Lebensstrahl, auf dem die spirituelle Ernte aller unserer irdischen Leben sich gleich einer Schnur durch viele Perlen zieht – wie es die vedantische Philosophie so wunderbar ausdrückt.[138]

HPB stellt klar, dass, selbst wenn die menschliche Monade ins Nirvâna *eingeht,* ihre Individualität nicht notwendigerweise völlig aufgelöst wird. In den *Transactions of the Blavatsky Lodge* (Protokolle der Londoner Studienkonferenzen zur Geheimlehre) sagt sie zum Beispiel über das Nirvâna: »Dann wird alles zu Einem, alle Individualitäten verschmelzen zur Einheit, obwohl eine jede sich selbst erkennt. Eine mysteriöse Lehre in der Tat.«[139] Die *Geheimlehre* erklärt dazu:

> In Wirklichkeit wird alles jetzt *scheinbar* Existierende früher oder später im Zustand des Parinishpanna sein. Es besteht ein großer Unterschied zwischen *bewusstem* und *unbewusstem* »Sein«. Ohne Paramârtha, also ohne selbst analysierendes Bewusstsein, ist der Parinishpanna-Zustand nicht Seligkeit, sondern ganz einfach nur Ausgelöschtsein (sieben Ewigkeiten lang). Während also z. B. ein Mensch die Wärme von Sonnenstrahlen als wohltuend empfindet, fühlt oder empfindet ein durch Sonneneinwirkung erwärmtes Stück Eisen diese Wärme nicht. Nur mit einem klaren, von Persönlichkeit nicht verdunkelten Geist und einer Assimilierung des Verdienstes mannigfacher, dem Sein in seiner Gesamtheit gewidmeten Existenzen (des gesamten lebenden und fühlenden Universums), wird man von seiner persönlichen Existenz frei, verschmilzt, wird eins mit dem Absoluten, und das im vollen Besitz von Paramârtha [Selbst-Bewusstsein].[140]

Würden die Früchte aus vergangenen Leben nicht bewahrt, dann würde jedes Universum, wenn es neugeboren wird, wieder von vorne anfangen müssen, ohne auf frühere Erfahrungen zurückgreifen zu können. An anderer Stelle sagt HPB, wenn große Seelen ihre letzte Einweihung erhalten, »muss sich jedes Ego an alle Zyklen seiner vergangenen Inkarnationen in den Manvantaras erinnern * ... Es sieht den Strom seiner vergangenen Inkarnationen in einem göttlichen Licht. Es sieht die ganze Menschheit auf einmal, aber da ist immer ein Strom, der sozusagen ewig das >Ich< ist«.[141]

In einem bemerkenswerten wissenschaftlichen Experiment wurde demonstriert, dass dies wirklich wahr sein könnte. Ein Artikel im *New Scientist* (11. November 1982) berichtet über die Experimente von Dr. David Bohm, früher Professor für theoretische Physik am Birbeck College, Universität von London. Er promovierte an der Universität von Kalifornien bei dem berühmten Robert

* In diesem Zusammenhang bedeutet »Manvantara« vergangene Zyklen in anderen Welten.

Oppenheimer. Als Professor in Princeton wurden seine Debatten mit Einstein ein Wendepunkt seines Lebens. Im *New Scientist* heißt es:

> Bohms neuestes Buch, und sicher sein interessantestes, heißt *Die implizite Ordnung* ... Die zentrale Idee ist die »entfaltete Ordnung« [eine Idee, die Bohm in den sechziger Jahren kam, als er ein Fernsehprogramm sah].
> In einem speziell angefertigten Behälter am Königlichen Institut befindet sich ein rotierender Zylinder. Zwischen dem Zylinder und dem Glasbehälter verbleibt ein enger Raum, der mit Glyzerin gefüllt ist. Der Zylinder wird von oben mit einer Kurbel gedreht und etwas Tinte von oben auf das Glyzerin getröpfelt. Als Bohm beobachtete, wie die Kurbel den Zylinder antrieb, sah er, wie die dunkle Tinte sich in dem hellfarbigen, dickflüssigen Glyzerin »ausbreitete« und sich fast in Nichts auflöste. Dann wurde die Kurbel in die Gegenrichtung gedreht, und wie durch ein Wunder kam der ursprüngliche Tintentropfen wieder zum Vorschein, er »entfaltete« sich aus dem Glyzerin und nahm seine ursprüngliche Form und Kohärenz wieder an.* Bohm rief aus: »Gut, das ist es, was ich wollte!«
> Bohm glaubt nun, dass Formen sich in ähnlicher Weise selbst aus dem Universum entwickeln und später »wieder zurückbilden«, danach wieder erscheinen in endloser Abfolge ... Es besteht kein Zweifel, dass Bohm sich selbst und jeden von uns als aus dem Universum hervorgegangene Wesen oder Formen betrachtet, die ins Universum zurückkehren werden – wie Tintentropfen. Daraus ergibt sich die Schlussfolgerung, dass unser »Verschwinden« nicht unser Ende sein muss.

Eine solche Sichtweise der menschlichen Evolution impliziert noch weit mehr, besonders im Zusammenhang mit der Vorstellung, dass bewusste Wesen aus früheren Welten mit ihrem in jenen Welten angeeigneten Wissen zurückkehren. Wenn das wahr wäre, würde es die Idee der Evolution, wie sie in den wissenschaftlichen Lehrbüchern vertreten wird, völlig verändern, die Idee nämlich, dass die ersten Menschen einfache Höhlenbewohner waren, nur etwas weiter entwickelt als Tiere. Vielleicht kann man die theosophische Auffassung besser verstehen, wenn man folgende Analogien anwendet: Eine Schule wird von Lehrern gegründet, nicht von Schülern, eine Familie von Eltern, nicht

* Als man mehrere Tropfen Tinte nacheinander in die Flüssigkeit brachte, ergab es das gleiche Resultat: Jeder Tropfen kam wieder zum Vorschein, wenn die Zylinderkurbel in die Gegenrichtung gedreht wurde.

Kindern - ein Muster, das der Menschheit insgesamt entspricht. Die zuerst Inkarnierten aus früheren Welten waren die Größten und Weisesten.

Nach der *Geheimlehre* erschien in den ersten Tagen der menschlichen Rasse, als sie noch unverändert war, ein Großes Wesen unter den Menschen und nach ihm eine Gruppe von halb göttlichen, halb menschlichen Wesen:

> In den archaischen *Anfängen* zu bestimmten Zwecken »abgesondert«, handelt es sich hier um jene, von denen gesagt wird, dass in ihnen die höchsten Dhyânis – »Munis und Rishis aus früheren Manvantaras« – inkarnierten, und zwar *als Hort zukünftiger menschlicher Adepten* auf dieser Erde und in diesem Zyklus ... Seit dem ersten Erwachen menschlichen Bewusstseins standen alle anderen, weniger göttlichen Lehrenden und Unterweisenden unter der direkten, stillen Führung dieses MAHÂ GURU und wurden selbst Führer der frühen Menschheit. Diese »Söhne Gottes« waren es, die der noch jungen Menschheit erste Vorstellungen nicht nur von den Künsten und Wissenschaften, sondern auch von geistigen Erkenntnissen vermittelten. Sie waren es auch, die die ersten Grundsteine jener uralten Zivilisationen legten, die unserer heutigen Generation von Akademikern so viel Kopfzerbrechen bereiten. Lasst jene, die an dieser Behauptung zweifeln, sich das Geheimnis der außerordentlichen Kenntnisse unserer Ahnen – die sich angeblich aus niederen tierähnlichen Wilden entwickelten ... mit anderen ebenso vernünftigen Gründen erklären ... Kein Mensch, der von einem paläolithischen Höhlenbewohner abstammte, hätte je ohne Hilfe eine solche Wissenschaft entwickeln können, selbst nicht in Jahrtausenden langer Entwicklung des Denkens und der intellektuellen Evolution.[142]

Solch »außerordentliches Wissen« beinhaltet nicht nur fortgeschrittene Kenntnisse der Mathematik und Astronomie, sondern auch die Fähigkeit, architektonische Wunderwerke und außergewöhnliche Kunstwerke zu schaffen, wie zum Beispiel die 1940 entdeckten 16 000 Jahre alten Höhlenmalereien bei Lascaux in Frankreich und die Tassili-Fresken, die man 1933 in einem Canyon der Sahara gefunden hat, die Maurice Dolbier als »die größten Schätze, die uns unsere prähistorischen Vorfahren hinterlassen haben« bezeichnet. Man entdeckte Malereien, von denen festgestellt wurde, sie repräsentieren »sechzehn verschiedene Kunstphasen und mindestens 30 verschiedene Stile«. Einige seien in der »ausgefeilten Wiedergabe der menschlichen Form« vergleichbar mit »den Skulpturen des antiken Griechenland oder den Werken der Renaissance-Künstler«.[143]

Wenn, wie soeben gesagt, die Theosophie lehrt, dass die menschliche Entwicklung auf diesem Planeten mit dem Höchsten und Besten früherer Welten begann, sollte es nicht überraschen, dass sie auch lehrt, dass das Erwachen des Lebens nicht in der Materie, sondern im Geist begann. Professor Theodore Roszak spricht darüber in seinem Buch *Unfinished Animal*, das 1975 herauskam. Im Kapitel »Madame Blavatskys *Geheimlehre*« schreibt er:

Die Darwinisten, argumentiert HPB, beginnen in der »Mitte« des gesamten evolutionären Verlaufs. Da ihnen die geistige Dimension in ihrem Denken fehlt, kann ihr Vorgehen nur die spätere, biologische Phase unserer physischen Entwicklung behandeln. Aber sogar die volle Bedeutung dieser Phase kann nicht erfasst werden, wenn sie nicht zusammen mit den kosmischen Transformationen des Geistes betrachtet werden, die vorausgingen und sie noch immer beeinflussen. Denn nach HPBs System existiert Materie nur, um den Geist aufzunehmen, sie reagiert auf die sich entwickelnden Bedürfnisse des Geistes als Teil eines großen Zyklus der Erlösung. »Unser physischer Planet«, wie sie sagt, »ist nur der Diener seines Meisters, des Geistes.« Dieses traditionelle Konzept der verborgenen Weisheitslehren von der Evolution finden wir in HPBs Werk als »die Geheimlehre«, als die »urzeitliche Offenbarung«, die ihrer Überzeugung nach allen Religionen und Philosophien zugrunde liegt.

An dieser Stelle zitiert Roszak aus *Isis* (Bd. 1, S. 285):

Unsere »unwissenden« Vorfahren fanden das Gesetz der Evolution im gesamten Universum vor ... vom Universaläther bis zum inkarnierten Menschengeist stellten sie eine ununterbrochene Reihe von Wesenheiten fest. Diese Evolutionen gingen von der Welt des Geistes aus, bis hin zur Welt der festen Materie und durch diese zurück zur Quelle aller Dinge. Dieser »Abstieg der Arten« war für sie ein Abstieg aus dem Geist, dem Urquell von allem, zum Tiefpunkt der »Materie«.

Dann fährt er fort:

Auch wenn die Durchdringung der Materie mit dem Geist von einem Standpunkt aus eine »Degradierung« ist, dient sie in großem Maße zur Bereicherung unseres Bewusstseins. Durch den kollektiven evolutionären Verlauf und durch unzählige persönliche Inkarnationen machen wir unseren Weg durch alle Bereiche des Seins: mineralisch, pflanzlich, tierisch, menschlich, göttlich. Und durch die Kraft dieser hart errungenen »Ernte von Erfahrungen« wird jedes menschliche Wesen ein Mikrokosmos im Universum. Nach Pico della Mirandolas Vorstellung von einer chamäleonartigen Menschheit, ist unser Ziel, das menschliche Bewusstsein zu einem Kompendium aller möglichen Existenzformen zu machen. Auf diese Weise sind wir die Vermittler, die das Leben der Pflanzen und Tiere fördern und träge und unbewusste Materie zur Bewusstwerdung führen. Damit diese kosmische Erhöhung des Bewusstseins erreicht wird, opfert sich der Geist selbst durch seinen anfänglichen Abstieg. In den von HPB mehrmals zitierten Worten der kabbalistischen Formel: »Ein Stein wird eine Pflanze, eine Pflanze ein Tier, ein Tier ein Mensch, ein Mensch ein Geist und der Geist ein Gott.«

HPB wusste, dass unser Zeitalter eine entscheidende Stellung in diesem Fortschritt einnimmt, wo der Geist, nachdem er die menschliche Phase auf seiner Reise erreicht hat, reif ist, sich wieder an seinen Ursprung zurückzuerinnern und die notwendige Kraft erlangt, sich selbst zu erhöhen und die physische Natur auf die Ebene der Göttlichkeit zu führen. Diese Aufgabe wird in HPBs kosmologischem System noch Tausende von Jahren der Reinigung und Erleuchtung in Anspruch nehmen. Aber der Ausgang ist in ihren Augen klar: eine Mahayana-Vision allumfassender Erlösung. Eine ihrer besten Aussagen.[144]

1935, fünfzig Jahre nachdem die *Geheimlehre* veröffentlicht worden war, beschreibt George Russell in einem Brief an den irischen Schriftsteller Sean O'Faolain das Interesse in den literarischen und gelehrten Kreisen, welches das Erscheinen dieses Buches ausgelöst hat:

Zu schnell tun Sie H. P. Blavatsky als »Hokuspokus« ab. Niemand hat je die Gedanken von so vielen klugen Männern und Frauen durch »Hokuspokus« beeinflusst. Die wirkliche Quelle ihres Einflusses findet man in der *Geheimlehre,* einem Buch über die Religionen der Welt, das behauptet, dass allen großen Religionen eine Einheit zugrunde liegt ..., es ist eines der aufregendsten und anregendsten Bücher der vergangenen 100 Jahre. Es ist nicht gerade ein Kompliment für Männer wie Yeats, Maeterlinck und andere, für Männer wie Sir William Crookes, den größten Chemiker der heutigen Zeit, der Mitglied ihrer Gesellschaft war, wie Carter Blake, F.R.S. sowie für die Anthropologen und Gelehrten und Wissenschaftler der ver-

> schiedensten Länder, die alle H. P. Blavatskys Bücher gelesen haben, wenn man glaubt, sie seien durch »Hokuspokus« beeindruckt worden. Sollten Sie einmal in der Nationalbibliothek in der Kildare Street sein und ein paar Stunden Zeit haben, dann versenken sie sich in das »Proem« der *Geheimlehre* und Sie werden das Geheimnis des Einflusses dieser außergewöhnlichen Frau auf ihre Zeitgenossen verstehen ... Lassen Sie sich nicht von populären Schlagwörtern irreführen ..., sondern versuchen Sie, das wahre Geheimnis von H. P. Blavatskys Einfluss herauszufinden, der noch immer gleich stark ist, wie ich hier [in London] unter den vielen Intellektuellen und bekannten Autoren herausgefunden habe.[145]

Der zuvor genannte Wissenschaftler Dr. C. Carter Blake schrieb einen Beitrag über seinen Kontakt mit HPB, der im Anhang zu Gräfin Wachtmeisters Buch *Reminiscences of H. P. Blavatsky and The Secret Doctrine* veröffentlicht wurde. Hier ein Zitat daraus:

> Normalerweise ist es seltsam, dass eine alte, kränkliche Frau, die in keine Bibliothek geht und selbst keine Bücher von Wichtigkeit besitzt, so ungewöhnliche Kenntnisse haben sollte, wie sie Madame Blavatsky zweifellos hatte. Es ist wirklich unverständlich, es sei denn, sie hätte ungewöhnliche geistige Fähigkeiten besessen und ihr Leben lang studiert. Aus vielen Quellen haben wir aber den Beweis, dass Madame Blavatskys Schulbildung nicht einmal bis zum heutigen Collegeabschluss führte.
>
> Aber es ist eine Tatsache, dass sie mehr wusste als ich in meinem speziellen Bereich der Anthropologie usw. So wusste sie zum Beispiel über den Naulette-Kiefer weit mehr als ich. Auf Seite 786 im zweiten Band der *Geheimlehre* erwähnt sie Fakten, die sie nicht so einfach aus einem veröffentlichten Buch haben konnte.
>
> Auf Seite 797, ebenfalls im zweiten Band der *Geheimlehre,* beginnt ein Absatz mit: »Wenden wir uns der neuen Welt zu ... «, der von der Existenz von »pliozänen Säugetieren und dem Vorkommen von pliozänen erhöhten Strandufern« spricht. Ich erinnere mich an ein Gespräch mit ihr im Jahr 1888 in der Lansdowne Road, zu der Zeit, als sie die *Geheimlehre* schrieb, wo mir Madame Blavatsky zu meinem großen Erstaunen sagte, dass die angehobenen Ufer von Tarija aus dem Pliozän wären. Ich hatte sie immer dem Pleistozän zugeordnet – indem ich der Denkrichtung von Darwin und Spotswood Wilson folgte.

> Die Tatsache, dass diese Ufer im Pliozän entstanden, hat sich inzwischen in dem Werk *Istoria Fiscia de Chile* von Gay, in Castlenaws Buch über Chile und anderen bestätigt, doch diese ausgefallenen Bücher sind nie in meine Hände gefallen, obwohl ich mich auf dieses Thema *spezialisiert* habe. Und erst als mich Madame Blavatsky auf die Spur des Pliozäns brachte, hörte ich von ihnen.
>
> Auf Seite 798, *Geheimlehre,* Band 2, ist auch ihre Erwähnung der fossilen Fußabdrücke in Carson, Indiana, USA ein interessanter Beweis, dass sie ihre Informationen nicht durch das Lesen von Büchern erhielt. Als mir Madame Blavatsky von den Fußabdrücken erzählte, wusste ich nichts von ihrer Existenz, und Mr. G.W. Bloxam, Assistent am Anthropologischen Institut, sagte mir später, dass es in dessen Bibliothek nie eine Schrift über dieses Thema gegeben habe.
>
> Madame Blavatsky hatte sicherlich Originalquellen (ich kann nicht sagen, welche), die über das Fachwissen der Experten hinausgingen.[146]

Im 7. Kapitel dieser Biographie wird noch von anderen Wissenschaftlern, einschließlich Einstein, die Rede sein, die Interesse an Blavatskys Buch gezeigt haben. HPB glaubte jedoch, dass Wissenschaftler im Allgemeinen ihre Arbeit noch für längere Zeit ignorieren würden. »Sie werden aus ihrer Position vertrieben werden, nicht durch geistige, theosophische, physische oder sogar mentale Phänomene, sondern ganz einfach durch die enormen *Lücken* und *Abgründe,* die sich täglich und in Zukunft vor ihnen auftun, wenn eine Entdekkung auf die andere folgt, bis sie schließlich von der neunten Welle des gesunden Menschenverstandes umgeworfen werden.«[147]

Gibt es in der modernen Wissenschaft solche »Lücken und Abgründe«? »Das einzige solide Stück wissenschaftlicher Wahrheit, von dem ich absolut überzeugt bin«, schreibt der bekannte Arzt und Autor Dr. Lewis Thomas, »ist unser umfassendes Nichtwissen über die Natur. Das erachte ich tatsächlich als die größte Entdeckung der vergangenen hundert Jahre in der Biologie.«[148] Mit dieser Beobachtung steht er nicht allein. 1977 wurde in Oxford die *Encyclopaedia of Ignorance* veröffentlicht, in der die berühmtesten Wissenschaftler der Welt über die ungelösten Probleme in ihren Fachgebieten sprechen.[149] Ein ähnliches Werk über die Astronomie wurde 1979 veröffentlicht: *Mysterious Universe: A Handbook of Astronomical Anomalies* von William R. Corliss.[150] Der Kritiker der *New York Times* (2. Oktober 1979) stellt fest, dass das Buch »fast gänzlich aus Artikeln besteht, die von Professoren in wissenschaftlichen Zeitschriften veröffentlicht wurden«, und dass es »eine bemerkenswert umfassende Sammlung von wissenschaftlichen Fragezeichen über den Weltraum, der unseren Planeten umgibt« ist. Corliss ist ein Spezialist der Anomalien der Wissenschaft, und jedes seiner veröffentlichten Bücher behandelt einen anderen Wissenschaftszweig.

DIE ERSTE AUFLAGE des ersten Bandes der *Geheimlehre* war bald vergriffen, ein Nachdruck wurde notwendig. W. T. Stead, der berühmte Herausgeber der *Pall Mall Gazette* und der *Review of Reviews,* erhielt von HPB selbst ein Exemplar. Er antwortete am 8. Dezember 1888:

> Sie sind eine großartige Frau und ich glaube nicht, dass irgendjemand außer Ihnen selbst (kein Mann und keine Frau) die *Geheimlehre* geschrieben haben könnte. Aus tiefster Unwissenheit fühle ich mich auch nicht kompetent, auch nur eine Meinung über den ungewöhnlichen Inhalt ihres Buches zu äußern. Aber ich glaube, eine so gelehrte und begabte Dame sollte kein falsches Zeugnis ablegen gegenüber ihren Mitmenschen, auch wenn der Mitmensch eine so entfernte und unbedeutende Person ist wie ich. Sie sagen, Sie wüssten, dass ich Sie gering schätze. Glauben Sie mir, wenn ich sage, dass Sie mir damit Unrecht tun. Ich behaupte nicht, Sie zu verstehen, denn Sie bewohnen einen Raum mit mehr Dimensionen, als ich mir vorstellen kann. Doch bin ich nicht ein solcher Narr, dass ich nicht erkennen kann, wie transzendierend Ihre Genialität und wie groß Ihr literarisches und propagandistisches Talent ist, um das Ihre Mitmenschen Sie sicherlich beneiden können. Ich habe Ihnen sehr für das Buch zu danken. Ich habe nur Ihr Vorwort gelesen und das Kapitel über Keely, dessen Entdeckungen mich sehr interessieren[151], aber ich werde mir das Vergnügen gönnen, mit der Zeit noch sehr viel mehr darin zu lesen. Vielen Dank für Ihr Versprechen eines zweiten Bandes.[152]

Als der zweite Band herauskam, hatte Stead Probleme, Rezensionen über beide Bücher zu bekommen, da seine Rezensenten sich weigerten, ein solches Werk in Angriff zu nehmen. Dann dachte er an Annie Besant, und sie willigte ein.[153] Besant wurde 1847 in London geboren. In ihrer Jugend war sie eine gläubige Christin und heiratete einen Geistlichen. Als ihr Glaube an die kirchlichen Dogmen wankte, stellte ihr Mann sie vor die Wahl, sie entweder zu akzeptieren oder das Haus zu verlassen. Sie ging.

Ihr Biograph, Professor Arthur Nethercot, schreibt:

> Mrs. Annie Besant war in der ganzen Englisch sprechenden Welt, aber auch im übrigen Europa als eine der bemerkenswertesten Frauen ihrer Zeit bekannt. Sie war Freidenkerin, Gesinnungsgenossin von Materialisten wie Charles Bradlaugh, Agitatorin in radikalen politischen Kreisen ... eine Feministin und frühe Anhängerin des Fabianistischen Sozialismus (durch die Vermittlung von Bernard Shaw), Wissenschaftslehrerin, Autorin, Herausgeberin, Verlegerin... eine Sozial- und Erziehungsreformerin und eine Rednerin, deren Ausdruckskraft und Charme so überzeugend waren, dass unter Tausenden auch Shaw sie für die größte Rednerin des Jahrhunderts hielt. Noch bekannter wurde sie als Streik- und Gewerkschaftsführerin – ein Gräuel für das Establishment und die Konservativen in Kirche und Staat.[154]

In ihrer 1893 erschienen Autobiographie erinnert sich Mrs. Besant ihrer Entwicklung bis zu dem Augenblick, als sie die zwei Bände der *Geheimlehre* erhielt:

> Mehr und mehr war in mir das Gefühl entstanden, dass noch etwas anderes notwendig war, um soziale Probleme zu lösen. Die sozialistische Position begnügte sich mit der wirtschaftlichen Seite, aber woher sollte die Inspiration, die Motivation kommen für die Verwirklichung von Brüderlichkeit unter den Menschen? Unsere Bemühungen, organisierte Gruppen von selbstlosen Mitarbeitern zu organisieren, schlugen fehl. Es wurde zwar viel getan, aber es war keine wirkliche Bewegung selbstloser Hingabe, in der die Menschen nur um der Liebe willen arbeiten und geben sollten, anstatt zu nehmen. Wo war die Grundlage für eine edlere soziale Ordnung, wo die Steine für den Bau des Tempels der Menschheit? Eine große Verzweiflung erfasste mich, als ich eine solche Bewegung suchte und nicht fand.
>
> Das war es nicht allein; seit 1886 ist in mir langsam die Überzeugung entstanden, dass meine Philosophie nicht ausreichte, und dass Leben und Geist etwas anderes, ja mehr als das, was ich träumte, waren. Die Psychologie machte rasende Fortschritte, hypnotische Experimente enthüllten unvorhergesehene komplexe Zusammenhänge im menschlichen Bewusstsein und seltsame Rätsel vielfältiger Persönlichkeitsaspekte und, am erstaunlichsten von allem, eine lebhafte Intensität der Tätigkeit des Gehirns, obwohl das Gehirn, das ein Gedankengenerator sein sollte, auf einen komahaften Zustand reduziert wurde. Eine Neuigkeit nach der anderen stürzte auf mich

> ein ... In die Dunkelheit kam ein Lichtstrahl – A. P. Sinnetts Buch *Occult World,* mit seinen wunderbaren suggestiven Briefen, das nicht das Übernatürliche, sondern die Natur unter einem Gesetz darlegte, das viel umfassender war, als ich es mir vorzustellen gewagt hatte. Ich begann, den Spiritismus zu studieren, machte selbst Experimente, fand, dass die Phänomene nicht anzuzweifeln, deren spiritistische Erklärungen jedoch unglaubwürdig waren.[155]

Erst im Frühjahr 1889 bat Mr. Stead Besant, die *Geheimlehre* zu rezensieren. »Als ich Seite für Seite umblätterte«, erinnert sie sich, »wuchs mein Interesse immer mehr, und doch schien es mir vertraut. Wie sprangen meine Gedanken vorwärts, um die Schlussfolgerungen vorauszusehen, wie natürlich war es, wie komplex, wie feinsinnig, und doch wie verständlich. Ich war benommen, geblendet von dem Licht, in dem unzusammenhängende Fakten als Teile eines riesigen Ganzen gesehen wurden, und alle meine Rätsel und Probleme schienen zu verschwinden.« »Der Effekt war zum Teil Illusion«, fügte sie hinzu, »denn später musste das Gehirn langsam das aufnehmen, was die Intuition als Wahrheit erkannt hatte ... Aber das Licht wurde gesehen, und in diesem Lichtstrahl der Erleuchtung wusste ich, dass die ermüdende Suche vorbei war und ich die Wahrheit gefunden hatte. Ich schrieb die Buchbesprechung[156] und bat Mr. Stead, mich der Autorin vorzustellen, und dann ersuchte ich sie auch schriftlich, sie besuchen zu dürfen.«[157]

HPB antwortete:

> Auch ich möchte Sie schon seit langem kennen lernen, denn es gibt nichts in der Welt, was ich mehr bewundere als Mut und die seltene Courage, aufzustehen und der Welt kühn seine Meinung ins Gesicht zu sagen – einschließlich Mrs. Grundy. Ich bin jeden Abend von der Teezeit bis um 7 Uhr zu Hause und würde mich freuen, Sie zu sehen, wann immer Sie kommen ... Diese Einladung gilt natürlich auch für Mr. Burrows und jeden anderen, den Sie mitbringen möchten.[158]

Herbert Burrows war ein bekannter Sozialist jener Zeit und arbeitete eng mit Besant zusammen. Besant erinnert sich daran, wie sie schließlich an einem Frühlingsabend HPB kennen lernten:

Sie erzählte von Reisen, von verschiedenen Ländern, in leichtem, brillantem Gesprächsstil, ihre Augen verschleiert, während sie mit ihren schön geformten Fingern ständig Zigaretten rollte. Eigentlich gibt es nichts Besonders zu erzählen, kein Wort über Okkultismus, nichts Mysteriöses, eine Frau von Welt, die mit ihren Abendgästen plaudert.[159]

Bei meinem nächsten Besuch fragte ich sie über die Theosophische Gesellschaft, wollte beitreten, obwohl ich [innerlich] dagegen ankämpfte. Denn mir war klar, was ein Beitritt bedeuten würde. Ich hatte zum Großteil die Vorurteile der Öffentlichkeit gegen mich weitgehend durch meine Arbeit im Londoner Schulamt entkräftet und ein leichterer Weg lag nun vor mir, auf dem meine Bemühungen mit Lob und nicht mit Tadel bedacht wurden. Sollte ich mich erneut in Kontroversen stürzen, mich wieder zur Zielscheibe des Spotts machen und den ermüdenden Kampf für eine unpopuläre Wahrheit aufnehmen? Sollte ich mich gegen den Materialismus wenden und mich der Schande aussetzen, öffentlich zuzugeben, dass ich mich geirrt hatte, in die Irre geführt vom Intellekt, um die Seele zu ignorieren?

[Sie bezwang ihre Ängste und beschloss, beizutreten.]

[Madame Blavatsky] sah mich einen Augenblick durchdringend an. »Haben Sie den Bericht der Society for Psychical Research über mich gelesen?« »Nein, ich habe noch nie davon gehört.« »Lesen Sie ihn, und wenn Sie danach zurückkommen – gut.«

Ich borgte mir ein Exemplar des Berichts und las ihn und las ihn wieder. Schnell erkannte ich, wie dürftig das Fundament war, auf dem ein imposantes Gebäude aufgebaut war. Die Behauptungen, auf die sich die Schlussfolgerungen stützten, die unglaubliche Art der Anschuldigungen und – das Übelste von allem – die trübe Quelle, aus der die Beweise stammten: Alles hing von der Glaubwürdigkeit der Coulombs ab, und sie hatten sich selbst längst zu Mittätern des angeblichen Betruges gemacht.[160]

Annie Besant trat am 21. Mai 1889 mit Herbert Burrows der Theosophischen Gesellschaft bei. Im *Star* gab sie ihren Beitritt öffentlich bekannt. In ganz England wurde diese Neuigkeit mit Erstaunen aufgenommen. Um ihre Gründe zu erklären, hielt sie am 4. und 12. August Vorträge in der Hall of Science. Der zweite mit dem Titel »Warum ich Theosophin wurde«, wurde als Broschüre veröffentlicht. Besant wiederholte diese Rede an verschiedenen anderen Orten. Gandhi erinnert sich, dass er sie in der Queen's Hall im People's Palace gehört hatte, dem großen Veranstaltungszentrum für Arbeiter in Whitechapel.[161] Die

Rede beinhaltete theosophische Lehren wie Karma, Reinkarnation und die Meister der Weisheit.

HPB erzählte die Neuigkeit von Mrs. Besants Beitritt ihren Verwandten und fügte hinzu:

> Mein Krieg mit den Materialisten und Atheisten ist schlimmer denn je! Alle Freidenker, die gottlosen Liberalen, alle Freunde von Bradlaugh haben sich gegen mich verschworen, weil man glaubt, ich hätte ihre geliebte Annie Besant vom Pfad der Wahrheit weggelockt ... Die Kirche hat sich so *über ihren Widerruf der Gottlosigkeit* gefreut, dass sie sogar ihren persönlichen Hass auf mich vergaß und die *Theosophie* pries!!!...
> Was für eine herzliche, edle und wunderbare Frau sie ist! Ein wahrer Demostenes in Röcken! ... Eine gewandte Rednerin ist genau das, was uns fehlte. Ich selbst kann überhaupt nicht sprechen; auch andere nicht; was sie wissen, können sie nicht ausdrücken.[162]

Als Besant der Theosophischen Gesellschaft beitrat, forderten die Freidenker sie zu ihrem großen Bedauern auf, zurückzutreten, da eine Mitgliedschaft in beiden Organisationen nicht vereinbar sei. Olcott erinnerte sich, dass einige Jahre zuvor Bradlaugh und Besant genauso entschieden hatten, als in Indien ein Freidenker der Theosophischen Gesellschaft beitreten wollte. Wer hätte damals gedacht, dass sie einmal in die gleiche Situation kommen würde![163]

IM HERBST 1888 gab man im *Lucifer* die Gründung einer Esoterischen Sektion der Theosophischen Gesellschaft bekannt. Der Präsident der Theosophischen Gesellschaft, Col. Olcott, erklärte Zweck und Struktur dieser Sektion:

> 1. Um die esoterischen Interessen der Theosophischen Gesellschaft durch ein intensiveres Studium der esoterischen Philosophie zu fördern, wird eine Organisation unter der Bezeichnung »Esoterische Sektion der Theosophischen Gesellschaft« gegründet.
>
> II. Die Konstituierung und alleinige Leitung derselben wird Madame H. P. Blavatsky übertragen; sie allein ist den Mitgliedern gegenüber für die Ergebnisse verantwortlich; zwischen der Sektion und der exoterischen Gesellschaft besteht keine offizielle körperschaftliche Verbindung, außer durch die Person der Präsidentin und Gründerin.
>
> III. Personen, die der Sektion beitreten und ihre Regeln befolgen wollen, sollten sich direkt an Mme. H. P. Blavatsky, 17 Lansdowne Road, Holland Park, London wenden.

Olcott berichtet, dass die Esoterische Sektion ein- bis zweitausend begeisterte Mitglieder hatte, als HPB starb.

Im Brief vom 1. Dezember 1888 an Dr. J. D. Buck in den Vereinigten Staaten umreißt HPB den Zweck und das Wesen der Esoterischen Sektion:

> *Ihre Notwendigkeit hat man überall stark gespürt. Da man viele Dinge nicht veröffentlichen konnte (weder im* Lucifer *noch in der* Geheimlehre), *und alte und erprobte Mitglieder das Recht haben – solange ich lebe und den Menschen von Nutzen sein kann –, gewisse Dinge über den Okkultismus zu erfahren (mehr als einfache Außenstehende), wurde die Gründung einer solchen Sektion allseits gefordert. Darin ist kein Platz für* Despotismus oder Alleinherrschaft

> *... kein Ruhm für mich, sondern viele Fehleinschätzungen, Verleumdungen, viel Misstrauen und Undankbarkeit in der unmittelbaren Zukunft. Doch wenn ich von den hundert (109) Theosophen, die sich bereits verpflichtet haben, auch nur annähernd ein halbes Dutzend auf den rechten und wahren Pfad bringen kann, werde ich glücklich sterben. Viele werden gerufen, wenige auserwählt ... Ich kann nur denen den Weg zeigen, deren Augen für die Wahrheit offen sind, deren Seelen voller Altruismus, Güte und Liebe für die gesamte Schöpfung sind, und die an sich selbst* zuletzt *denken...*
>
> *... Die Esoterische Sektion ist nicht von dieser Welt; sie hat nichts mit der exoterischen Verwaltung der Logen zu tun ... Es werden weder Mitgliedsbeiträge noch Gebühren oder Geld verlangt, denn da ich (die Lehren) so nicht erhalten habe, werde ich sie auch so nicht weitergeben, und ich würde lieber in der Gosse verhungern, als auch nur einen Pfennig für das Lehren der heiligen Wahrheiten anzunehmen. Postgebühren und Büromaterial sind die einzigen Ausgaben, und dafür wird der Vorstand der Blavatsky Lodge aufkommen, falls meine* Geheimlehre *nicht genug einbringen sollte, um diese Kosten zu decken ... Wer sein Erbe antreten will, ehe ich sterbe – denn sehr wenig werden sie haben, wenn ich einmal gegangen bin – der möge jetzt darum bitten. Was ich habe, oder vielmehr, was ich geben darf, bin ich bereit zu geben, auch wenn es nicht viel ist.*[164]

Ihre Weigerung, großartige Versprechungen über die wunderbaren Dinge zu machen, die geschehen würden, wenn Mitglieder der Esoterischen Sektion beitreten, steht in krassem Gegensatz zu den Versprechungen, die heutzutage von so genannten okkulten Medien gemacht werden und den sagenhaften Gebühren, die sie oft dafür verlangen.

Bevor sie der Esoterischen Sektion beitraten, schrieben potentielle Mitglieder häufig an HPB, um zu erfahren, was ihre Verpflichtung bedeuten würde. Einer wollte wissen, ob auch ein Soldat Mitglied werden könne. Sie antwortete: »Was heißt, ›ein Soldat ist nicht frei‹? Natürlich hat kein Soldat die Freiheit, sich in seinem physischen Körper überall hinzubegeben, wohin er will. Aber was hat die esoterische Lehre mit dem äußeren Menschen zu tun? Ein Soldat mag seinen Posten nicht verlassen dürfen, doch das Ego des Soldaten ist frei und kann gehen, wohin es will, und denken, was ihm gefällt.« Aber sie fügte hinzu:

> Von keinem Menschen wird verlangt, dass er eine schwerere Last trägt, als er zu tragen vermag; auch nicht mehr zu tun, als ihm möglich ist ... Ein Mensch, den seine Pflicht an einen bestimmten Ort bindet, hat nicht das Recht, ihn zu verlassen, um eine andere Pflicht zu erfüllen, um wie viel größer sie auch ist. Denn die erste *Pflicht*, die im Okkultismus gelehrt wird, ist, seine Pflicht durch das unermüdliche Erfüllen *aller Pflichten* zu tun. Entschuldigen Sie diese scheinbar absurden Paradoxa und Widersprüche; aber im vergangenen Monat musste ich das *ad nauseam usque* wiederholen. »Soll ich riskieren, Frau, Kinder und Heim verlassen zu müssen, wenn ich mich verpflichte?«, fragt da einer. »Nein«, sage ich, »denn wer in einer Sache untreu ist, wird es auch in einer anderen sein. Kein echter, wahrer Meister wird einen Chela annehmen, der *einen anderen* opfert außer sich selbst, um zum Meister zu gehen.« Wenn er aufgrund der Lebensumstände oder der Stellung kein voller Adept in diesem Leben werden kann, so soll er sein geistiges Gepäck für das nächste Leben vorbereiten, um beim ersten Ruf bereit zu sein, wenn er wiedergeboren wird.[165]

Mitglieder der Esoterischen Sektion wurden nicht in okkulten Praktiken oder psychischen Phänomenen unterrichtet, und deshalb auch nicht in der so genannten, heute so populären zeremoniellen Magie. In einem ihrer in der Harvard Collection befindlichen Briefe an Ralston Skinner sagt HPB, dass solche Zeremonien gefährlich sein können:

> *Ich habe Ihr Buch* Hebräisch-ägyptische Mysterien *zwanzigmal gelesen und empfehle es allen unseren Kabbalisten, wie zum Beispiel Rev. A. W. Ayton ... und Mathers*, einem sehr guten Kabbalisten, der allerdings zu oft bei der zeremoniellen Magie, die ich verabscheue, den Kopf verliert. Besonders [gewisse] geometrische Diagramme und Formen haben die Macht in sich, auf die beginnenden Aktivitäten der halb blinden und hirnlosen Kreaturen der Elemente zu reagieren; diese Macht und diese Kreaturen mögen Sie leugnen ... [Aber] wir von der esoterischen Vedanta-Philosophie des Hinduismus ... kennen die Macht, die bestimmte Kreisformen und Diagramme über die Elemente haben. Deshalb glaube ich an die zeremonielle Magie, aber hasse und* fürchte *sie. Hüten Sie sich vor* bestimmten *Formen und deren Kombinationen, Mr. Skinner ...*[166]

* S. L. McGregor Mathers war einige Jahre später ein Mitbegründer des Golden Dawn.

Ein Autor bemerkt hierzu:

> Mit der Gründung der Esoterischen Sektion wurde ein neuer Einfluss in der Geschichte der Theosophie spürbar. Nur wenig wurde über die Esoterische Sektion in den theosophischen Zeitschriften veröffentlicht – all ihre Aktivitäten fanden unter dem strengen Siegel der Geheimhaltung* statt –, aber diese neue Organisation festigte die Energie und die Hingabe der begeisterten Mitglieder der Gesellschaft, zum offensichtlichen Nutzen für die Arbeit der Bewegung. Als Leiterin der Esoterischen Sektion war HPB in Bezug auf ihre esoterischen Hörer, die sie als ihre Schüler betrachtete, von organisatorischen Dingen befreit. Sie gab ihnen Privatunterricht, der dem Zyklus der inneren Entwicklung eines jeden entsprach.[167]

Da das Unterrichtsmaterial vertraulich war, konnte man sich keiner kommerziellen Druckerei bedienen. In einem Brief an Vera, die sich beklagt hatte, dass sie von ihrer Schwester schon so lange nichts mehr gehört hatte, erwähnte HPB die primitive Methode, wie sie es ausdrückte, die man zur Vervielfältigung des esoterischen Unterrichtsmaterials anwandte:

> Mach dir einmal die Mühe, meine diversen Tätigkeiten zu zählen, du herzloser Zoilus. Jeden Monat schreibe ich 40 bis 50 Seiten »Esoterische Anweisungen«, Instruktionen in Geheimwissenschaften, die nicht gedruckt werden dürfen. Fünf oder sechs arme, freiwillige Märtyrer unter meinen Esoterikern müssen nachts zeichnen, schreiben und lithographieren – ungefähr 320 Exemplare, die ich überwachen, korrigieren und vergleichen muss, damit es keine Fehler gibt und meine okkulten Lehren nicht angegriffen werden können.

Dann folgt eine lange Liste von anderen Aufgaben, die sie erledigen musste.[168] James Pryse beschreibt, wie das Problem der Vervielfältigung der esoterischen

* HPB wurde einmal des Betruges beschuldigt, weil sie über Informationen, die man ihr unter dem Siegel der Verschwiegenheit anvertraut hatte, Schweigen bewahrte. Ihre Reaktion: »Wenn man mich in dieser Angelegenheit für eine Betrügerin hält, dann ist auch jeder Freimaurer, jeder Oddfellow, jeder Staatsmann, jeder Priester, der die Beichte abnimmt, jeder Arzt, der den hippokratischen Eid ablegt, und jeder Rechtsanwalt ein Betrüger.« (Blavatsky, *Collected Writings,* Bd. 6, S. 289).

Lehren schließlich gelöst wurde. Die Geschichte beginnt in Los Angeles im Frühjahr 1888:

> In jenen Tagen hatten viele Theosophen den Ehrgeiz, »Chelas« oder »Laien-Chelas« zu werden, indem sie mit den Meistern, die HPB repräsentierte, in Kontakt traten. Da ich keinen Zweifel hatte, dass die Meister von so vielen Bewerbern belästigt würden, enthielt ich mich jedes Versuchs, HPB oder ihren Meister zu erreichen oder ihre Aufmerksamkeit auf mein unwichtiges Selbst zu lenken ... Eines Abends, als ich [über Paracelsus] meditierte, erschien HPBs Gesicht plötzlich vor mir. Ich erkannte es nach ihrem Porträt in *Isis,* obwohl es viel älter erschien. Ich glaubte, dass das astrale Bild, denn dafür hielt ich es, eine Laune der Phantasie war, und versuchte es zu verdrängen; aber in dem Augenblick nahm das Gesicht einen ungeduldigen Ausdruck an, und sogleich wurde ich aus meinem Körper gezogen und stand »im Astral« neben HPB in London. Es war dort schon gegen Morgen, aber sie saß noch immer an ihrem Schreibtisch. Während sie mit mir sprach, sehr liebenswürdig, konnte ich nicht umhin zu denken, wie seltsam es war, dass eine offensichtlich dicke alte Dame ein Adept sein sollte. Ich versuchte, diesen unhöflichen Gedanken aus meinem Kopf zu vertreiben, doch sie hatte ihn gelesen und wie um ihn zu beantworten, wurde ihr physischer Körper durchsichtig, wobei sich ein wunderbarer innerer Körper enthüllte, der aussah, als sei er aus geschmolzenem Gold geformt. Dann erschien plötzlich Meister M in seinem Mayavirupa vor uns. Ich verneigte mich tief vor ihm, denn er erschien mir mehr wie ein Gott als ein Mensch. Irgendwie wusste ich, wer er war, obwohl ich ihn zum ersten Mal sah. Er sprach würdevoll zu mir: »In sechs Monaten werde ich Arbeit für dich haben.« Er ging auf die andere Seite des Zimmers, winkte zum Abschied mit der Hand und verschwand ...
> Sechs Monate später machte der Meister sein Versprechen wahr. Mein Bruder John und ich waren gerade von einer Südamerikareise zurückgekehrt und in New York eingetroffen. Wir trafen Mr. Judge ratlos bei einem schwierigen Problem an: HPB hatte ihn angewiesen, ihre Instruktionen an alle amerikanischen Mitglieder der Esoterischen Sektion zu senden, hatte ihm aber nur ein einziges Exemplar geschickt, und er hatte keine technischen Möglichkeiten, so viele Exemplare herzustellen wie benötigt wurden. Wir lösten das Problem für ihn, indem wir eine Druckerei gründeten und die Instruktionen in Buchform herstellten.

Beide Brüder waren ausgezeichnete Drucker und hatten schon etliche Lokalblätter in den Vereinigten Staaten herausgegeben. Nachdem sie Judge ausgeholfen hatten, erhielt James von HPB in London den Auftrag, dort einen H.P.B.-Verlag zu gründen, wo von da an nicht nur die Instruktionen der Esoterischen Sektion, sondern auch sämtliche Bücher und andere Literatur der Gesellschaft gedruckt wurden.[169]

IM JUNI 1889 schrieb HPB:

> *1879 wurde mir* in Indien von einem Mystiker *eine seltsame Prophezeiung gemacht.* Er behauptete, jeder Buchstabe des Alphabets hätte entweder einen günstigen oder ungünstigen Einfluss auf das Leben und die Arbeit jedes Menschen. Personen, deren Namen mit einem Buchstaben beginnen, dessen Klang negativ für eine andere Person sei, sollten von Letzterer gemieden werden. »Welcher Buchstabe ist der negativste für mich?«, fragte ich ihn. »Nehmen Sie sich vor dem Buchstaben C in acht«, erwiderte er. »Ich sehe drei große Cs bedrohlich über ihrem Kopf leuchten. Besonders in den nächsten zehn Jahren sollten Sie sich vor ihnen in Acht nehmen und Ihre Gesellschaft vor deren Einfluss schützen. Es sind die Initialen von drei Personen, die der Theosophischen Gesellschaft angehören werden, nur um zu ihren größten Feinden zu werden.« Ich hatte diese Warnung vergessen, bis 1885 die Coulombs auf der Bildfläche erschienen. Ich frage mich, ob Dr. Coues und Miss [Mabel] Collins [Cook] im Begriff sind, den Kreis zu schließen?[170]

Bei diesen drei Personen ist außerdem interessant, dass ihre Namen nicht nur den Buchstaben »C«, sondern auch das »Co« am Beginn ihrer Nachnamen gemeinsam haben. Bei Mabel Collins trifft dies auch auf ihren Ehenamen Cook zu.

Nach seiner Rückkehr aus Europa in die Staaten, wo er Olcott und Blavatsky 1884 kennen gelernt hatte und der Theosophischen Gesellschaft beigetreten war, gründete Coues die Theosophische Gesellschaft in Washington und wurde später Präsident der amerikanischen Kontrollkommission der Gesellschaft*. Von Beruf war Coues Anatom, Historiker, Naturforscher und Ornithologe. Peter Brooks, ein namhafter Naturschützer, sagt über Coues: »Unter den Fach-

* Diese Kommission wurde von Olcott eingerichtet, um sich um die Angelegenheiten der Gesellschaft in den Vereinigten Staaten zu kümmern.

leuten, die die Ornithologie als eine Wissenschaft etablierten, wird keiner mit so viel Respekt – ja Ehrfurcht – bedacht wie Elliott Coues.«[171]

Ein Bündnis zwischen Coues in Amerika und Mabel Collins in London war der Beginn eines Komplotts, das durch zwei Briefe von Coues, die am 11. Mai und am 1. Juni 1889 in der Zeitschrift *Religio-Philosophical Journal* veröffentlicht wurden, die Aufmerksamkeit der Öffentlichkeit erregte. In seinem ersten Brief schreibt Coues, dass er »vor etwa vier Jahren« (1885) aus Interesse an *Licht auf den Pfad* »an Mrs. Collins schrieb, das Buch lobte und nach seiner wahren Quelle fragte«. Und zwar deshalb, so sagte Coues, weil von *Licht auf den Pfad* »vermutet wurde, dass es Mrs. Collins von ›Koot Hoomi‹ oder einem anderen Hindu-Adepten diktiert worden war, unter dessen meisterlicher Obhut die Theosophische Gesellschaft stand«. Miss Collins schrieb sofort zurück, dass *Licht auf den Pfad* tatsächlich »durch die oben angeführte Quelle inspiriert bzw. diktiert« worden sei. Coues sagt weiter, dass daraufhin »nichts zwischen Mrs. Collins und mir passierte – bis gestern [2. Mai 1889], als ich überraschend folgenden Brief erhielt« [Miss Collins' Brief vom 18. April 1889]:

> Ich glaube, ich habe die Pflicht, Ihnen in einer schwierigen und (für mich) schmerzlichen Sache zu schreiben, die ich nicht länger aufschieben darf. Sie werden sich erinnern, dass Sie mir schrieben und fragten, woher die Inspiration für »Licht auf den Pfad« gekommen sei ... Damals studierte ich sowohl bei Madame Blavatsky als auch sie selbst. Von den Geheimnissen der Theosophischen Gesellschaft wusste ich damals nichts und so war ich ratlos, warum Sie mich fragten. Ich zeigte ihr den Brief; das Ergebnis war, dass sie mir die Antwort an Sie diktierte ... Ich möchte nun mein Gewissen erleichtern und Ihnen sagen, dass ich diesen Brief nicht aufgrund meiner eigenen Kenntnisse schrieb, sondern lediglich ihr zuliebe; und dass ich jetzt einsehe, dass das nicht recht war. Ferner möchte ich betonen, dass »Licht auf den Pfad« meines Wissens von niemandem inspiriert wurde, sondern dass ich es auf den Wänden eines Ortes geschrieben sah, den ich spirituell aufsuche ... dort las ich es und schrieb es nieder. Ich selbst habe niemals einen Beweis für die Existenz eines Meisters erhalten, obwohl ich (nach wie vor) an die Existenz mahatmischer Kräfte glaube.

Im zweiten Brief an das *Religio-Philosophical Journal* erklärt Coues, er hätte in seiner ersten Mitteilung nicht den Originalbrief von Collins wiedergegeben, weil »ich ihn gerade nicht zur Hand hatte«. Er gebe ihn nun »Wort für Wort«

wieder und fügte hinzu: »Er ist in Mrs. Cooks Handschrift, undatiert und ohne Unterschrift ...«:

> Die Autorin des Buches *Durch das goldene Tor* ist Mabel Collins, es wurde ihr, ebenso wie *Licht auf den Pfad* und *Die Lotuskönigin*, von einem der Adepten der Gruppe, die durch Madame Blavatsky erstmals mit der westlichen Welt in Verbindung traten, diktiert. Der Name dieses Inspirators kann nicht genannt werden, da die Namen der Meister bereits genug entweiht worden sind.

Coues fährt fort: »Das ist genau, Wort für Wort, was Mrs. Cook mir, wie sie nun sagt, fälschlicherweise geschrieben hatte, weil Madame Blavatsky sie >darum gebeten und angefleht hatte< und was sie auch nach ihrem Diktat geschrieben hatte. Es hat sicherlich den echten Blavatskyschen Stil.«

Dieser Brief aus dem Jahr 1885 von Mabel Collins an Coues wurde von ihm selbst geschrieben. Denn *Durch das goldene Tor* wurde erst im Jahr 1887 veröffentlicht! Darüber hinaus war Madame Blavatsky 1885, als Collins angeblich bei HPB studierte und die Antwort diktiert bekam, in Indien, Tausende von Meilen entfernt.[172] Das erste Mal sah HPB ein Exemplar von *Licht auf den Pfad* 1886, als Arthur Gebhard ihr in Deutschland eines gab.[173]

Mabel Collins hatte oft ihre Urheberschaft an den drei genannten Büchern abgestritten und behauptet, sie seien ihr von einem Adepten diktiert worden.[174] HPB identifizierte ihn als Hilarion, einen griechischen Lehrer, der auch mit ihr zusammengearbeitet hatte. Dass Mabel Collins als Romanautorin nicht fähig war, solche Werke zu schreiben, wird aus folgendem Zeitungsausschnitt aus dem Londoner *Star* deutlich, den HPB in »Literary Jottings« *(Lucifer,* Dezember 1888) zitierte:

> Miss Mabel Collins' *Licht auf den Pfad* ist ins Sanskrit übersetzt worden und wird von den Hindu-Pandits unter die Sanskrit-Klassiker eingereiht werden. Seit mindestens hundert Jahren sind keine Übersetzungen mehr ins Sanskrit vorgenommen worden. Doch ist das Buch ausreichend buddhistisch und okkult, um auch gelehrte Hindus zufrieden zu stellen.

»Dieses kleine Buch« – ein wahres Juwel, bemerkt HPB –, »gehört zu und ging hervor aus der gleichen Schule arya-indischen und buddhistischen Denkens und Lernens wie die Lehren der *Geheimlehre*.«

Was Coues in seinen Briefen an das *Religio-Philosophical Journal* nicht erwähnte: Mabel Collins war gerade aus der Esoterischen Sektion der Theosophischen Gesellschaft ausgeschlossen worden. HPB zufolge hatte sie »ihre Versprechen gebrochen und sich des schwärzesten Verrats und der Untreue ihrem HÖHEREN SELBST gegenüber schuldig gemacht. Und als ich sie, wie auch ihren Freund [Michael Angelo Lane], nicht länger in der Esoterischen Sektion dulden konnte, brachten die beiden mit ihren Verleumdungen und Unwahrheiten die ganze Theosophische Gesellschaft in Aufruhr«.[175] Collins erhob Klage gegen HPB, doch als der Prozess im Juli 1890 eröffnet wurde, zeigte Blavatskys Rechtsanwalt Collins' Anwalt einen Brief von ihr, der daraufhin sofort das Gericht ersuchte, das Verfahren einzustellen.[176] Der Inhalt dieses Briefes wurde niemals bekannt.

Coues' Unzufriedenheit mit der Theosophischen Gesellschaft begann, als die Kontrollkommission, die er zwei Jahre despotisch geleitet hatte, aufgelöst wurde. Im Oktober 1886 schlossen sich die zwölf amerikanischen Logen zu einer Amerikanischen Sektion der Theosophischen Gesellschaft zusammen und wählten William Q. Judge zum Generalsekretär.[177] HPB erzählt in einem Brief an Charles Johnstons unverheiratete Schwester in Irland, was danach passierte:

> [Coues] hat mir vor einiger Zeit geschrieben und mich unter anderem gebeten, die amerikanische Theosophische Gesellschaft seiner Leitung zu unterstellen. Er bemühte sich, mich gegen Judge und Olcott aufzubringen und ist tatsächlich so weit gegangen, mir vorzuschlagen, mich an einem Komplott zu beteiligen, um sie zu *betrügen*. Kurz vor der letzten Tagung in Chicago schrieb er mir und meinte, dass noch Zeit wäre, ihn zum Präsidenten zu wählen und forderte mich auf, der Tagung diesen Auftrag zu telegraphieren. Der wahre Grund seiner Forderung war, dass ich absichtlich die gesamte Theosophische Gesellschaft in Amerika täuschen sollte, indem ich behauptete, es wäre der Wunsch des Meisters, ihn zum Präsidenten zu wählen. Überflüssig zu sagen, dass sein Plan scheiterte! Und nun, als eine Folge davon, wendet er sich gegen die Gesellschaft und mich, indem er mit allen möglichen Übeln droht.[178]

Coues' Ambitionen, die Gesellschaft zu dominieren, wurden in zwei Flugschriften aufgedeckt, die seine Briefe an HPB zitieren.[179] HPBs Antworten wurden kürzlich in der Coues-Sammlung in der Historischen Gesellschaft des Staates Wisconsin entdeckt und als sechsteilige Serie von Michael Gomes im

Canadian Theosophist (September-Oktober 1984 bis September-Oktober 1986) veröffentlicht.

Aufgrund von Coues' Machenschaften wurde die Charta seiner Gnostischen Theosophischen Gesellschaft am 22. Juni 1889 aufgehoben und er wurde aus der Gesellschaft ausgeschlossen.[180] Nach seinem Ausschluss setzte Coues seine Angriffe gegen HPB in einer noch schärferen Form im *Religio-Philosophical Journal* fort. »Schweigt«, sagte sie zu den Theosophen, »wenn ihr klug seid. Wer sich erniedrigt, solch unbeschreiblichen, widerlichen Schmutz zu analysieren oder auch nur zu beachten, riskiert nur, sich die Hände schmutzig zu machen.«[181] Ein paar Monate später erwähnte HPB, dass sie mit ihrem Schweigen nur einem Rat von Coues folgte, den er ihr vier Jahre zuvor (22. November 1885) selbst gegeben hatte:

> Sie sind eine großartige und wunderbare Frau, die ich bewundere und schätze ... Ich bewundere Ihre innere Stärke und Ihre Ausdauer, wie Sie Belastungen ertragen, die jeden anderen umbringen würden, aber nicht *die Blavatsky,* die einzigartig ist und bleibt ... Kümmern Sie sich nicht um Ihre Feinde! Durch ihre Angriffe auf Sie können sie zwar ein vorübergehendes, zweifelhaftes Ansehen erlangen – das kann Sie nicht berühren. Aber sicherlich sollten Sie Ihren Feinden nicht zu der Unsterblichkeit verhelfen, die sie erlangen würden, wenn Sie sich dazu herabließen, gegen sie zu kämpfen. Wird erst einmal die Geschichte geschrieben, wird man sie, wenn überhaupt, an Ihrem Rocksaum hängen sehen. Schütteln Sie sie ab und lassen Sie sie laufen!
> [Unterzeichnet von] Elliott Coues

HPBs Reaktion: »Genau das werde ich tun.«

Im späten Frühjahr des Jahres 1890 änderte Coues seine Taktik in seiner Kampagne gegen Blavatsky. Seine Biographen Cutright und Brodhead behaupten, dass er beschloss, dem Rat zu folgen, den er seinem Freund J.A. Allen vor einigen Jahren gegeben hatte: »*Solange du dich in einer Auseinandersetzung befindest,* egal, welchen Vorteil die Sache hat oder wer Recht hat – bemühe dich um die großen Tages- und Wochenzeitungen.«[182] Coues wählte die *Sun,* eine der führenden Zeitungen New Yorks, die im ganzen Land zitiert und von dem berühmten Journalisten Charles Dana herausgegeben wurde. Die Angriffe wurden mit einem Leitartikel in der *Sun* vom 1. Juni 1890 vorbereitet. Theosophie wurde als Humbug-Religion bezeichnet und der Öffentlichkeit machte man weis, dass Professor Coues »die Lügen und Tricks der Blavatsky aufgedeckt hatte, nachdem er etliche Jahre selbst einer ihrer Dummköpfe gewesen war«. Am 20. Juli wurde dann in der Sonntagsbeilage der *Sun* ein langes »Interview« mit Coues gebracht – sieben Spalten, klein gedruckt auf den riesigen Zeitungsseiten jener Tage. Ein erfahrener Zeitungsmann erinnert sich, dass es »alle Verleumdungen enthielt, die man sich nur vorstellen und zusammenkratzen kann«. Das »Interview« hatte die sensationelle Überschrift: »Blavatsky entschleiert; Die Tatarische Furie von Wissenschaftler des Smithsonian gezähmt!«. In der Vorbereitung hatte Coues eine umfangreiche Korrespondenz zur »Fakten-Findung« mit allen Feinden Blavatskys geführt.[183] Von nun an sollte dieses so genannte Interview zum festen Bestandteil der meisten feindseligen Biographien werden.

»Jedes Zeitalter hat seine falschen Propheten«, schrieb Coues. »Da wir in einem Zeitalter der Frau leben, versteht es sich von selbst, dass sein größter Scharlatan eine Art weiblicher Cagliostro ist.«

Sowohl die *Sun* als auch Coues täuschten die Öffentlichkeit, denn sie gaben Coues' Artikel die Form eines Interviews, in dem sowohl die Fragen als auch die Antworten von Coues verfasst waren. In der Coues-Sammlung in Wisconsin befindet sich das Original-»Interview«. Am linken Rand der ersten Seite stehen in Coues' Handschrift folgende Worte: »Original des Artikels, wie für die *Sun vorbereitet,* ergibt neun bis zehn Spalten, aber im Druck auf sechs Spalten gekürzt.« Es war von Elliott Coues unterzeichnet. Dieser mit Tinte eingetragene Vermerk dürfte nachträglich hinzugefügt worden sein, um das Dokument zu identifizieren, und Coues selbst vergaß, dass es als Interview gedacht gewesen war. Drei der von ihm vorgeschlagenen Untertitel waren der *Sun* anscheinend zu riskant zum Abdruck:

The Cossacks Career of Crime (Die Verbrecherlaufbahn der Kosakin)
Darker Doings Disclosed (Dunkle Machenschaften aufgedeckt)
Will Inspector Byrnes or Anthony Comstock * Raid the Ring in New York? (Wird Inspektor Byrnes oder Anthony Comstock die Bande in New York ausheben?)

* Comstock war zu jener Zeit berühmt für seine Enthüllungen von Betrugsaffären.

HPBs prominenteste amerikanische Anhänger, Olcott und Judge, wurden zu Dummköpfen und willigen Komplizen gestempelt. Coues versuchte sogar, den Eindruck zu vermitteln, dass er selbst nie Mitglied der Gesellschaft gewesen sei: »Ich gestehe, dass ich verärgert bin über die Weise, wie mein Name von der Öffentlichkeit mit ihrem Geschwätz in Verbindung gebracht wird; und wie er als Deckmantel für die betrügerischen Machenschaften eines Packs von gewöhnlichen Schurken verwendet wird, ist mehr als genug, um die Entrüstung eines ehrenhaften Mannes hervorzurufen.«[184]

Als angeblichen Beweis für Blavatskys Promiskuität verwies Coues auf einen Brief von Richard Hodgson (inzwischen Sekretär der American Society for Psychical Research) über ihr Leben in Kairo zwischen 1871 und 1872. Er zitiert auch einen Brief von Emma Coulomb an Colonel John C. Bundy, inzwischen Chefredakteur des *Religio-Philosophical Journal*, aus dem Jahr 1885. »Die erste definitive Information« über ihre Unmoral, schreibt Coues, »habe ich in einem Auszug aus einem Brief des verstorbenen D. D. Home, dem bekannten englischen spiritistischen Medium, an W. E. Coleman in San Francisco gefunden. Demnach lebte sie als Demimonde in Paris, wo sie 1857 oder '58 als Resultat einer Liaison mit dem Prinzen Emile de Wittgenstein einen missgebildeten Sohn hatte, der 1868 in Kiew starb.« Diese letzte Anschuldigung veranlasste HPB schließlich zu handeln. Sie schrieb einen Brief, der unter dem Titel »Madame Blavatsky Appeals to the Law« (Madame Blavatsky appelliert an das Gesetz) im September 1890 in der Zeitschrift *The Path* veröffentlicht wurde:

An den Herausgeber von The Path:

Obwohl ich völlig der Forderung zustimme, dass wir unseren Feinden vergeben sollen, verliere ich aber dadurch nicht mein Recht, »Berufung beim Kaiser« einzulegen. In diesem Einspruch, der nun vor dem Gesetz und nicht vor dem Kaiser erfolgt, kann ich das Gebot der Vergebung einhalten, aber zum Schutz des Namens eines verstorbenen Freundes und der Sicherheit von Theosophen in der Zukunft, bringe ich jene vor Gericht, die kein Gefühl dafür haben, was richtig oder gerecht ist, und die es für angebracht halten, böswillige und unbegründete Verleumdungen zu veröffentlichen. Seit etwa fünfzehn Jahren habe ich ruhig mit angesehen, wie mein guter Name von der Regenbogenpresse angegriffen wurde, die Freude daran hat, sich ausführlich mit den persönlichen Eigenschaften von bekannten Personen zu befassen ... Aber nun bringt eine

große Tageszeitung in New York zahlreiche Anschuldigungen – ohne Kenntnis der Fakten – gegen mich an die Öffentlichkeit, wovon die meisten durch mein Leben in den vergangenen zehn Jahren widerlegt werden. Da aber eine davon nachdrücklich meine Moral in Zweifel zieht und den ehrenvollen Namen eines Toten, eines alten Freundes meiner Familie, in Verruf bringt, ist es mir unmöglich, weiterhin zu schweigen. Und so habe ich meine Anwälte in New York beauftragt, die N. Y. Sun *wegen Verleumdung zu verklagen.*
Diese Tageszeitung beschuldigt mich, [1857 oder 1858] der Halbwelt angehört und unmoralische Beziehungen zu Prinz Emile Wittgenstein unterhalten zu haben, von dem ich laut der Zeitung einen illegitimen Sohn hatte. Der erste Teil der Anschuldigungen ist so lächerlich, dass man darüber nur lachen kann, doch der zweite und dritte wirft auf andere ein schlechtes Licht. Prinz Wittgenstein, inzwischen tot, war ein alter Freund meiner Familie, den ich zum letzten Mal sah, als ich achtzehn Jahre alt war. Er und seine Frau standen bis zu seinem Tode in einem lebhaften Briefwechsel mit mir. Er war ein Vetter der verstorbenen Zarin, und niemand hätte je gedacht, dass eine New Yorker Zeitung eines Tages ihren Unrat auf seinem Grab abladen würde. Es ist meine Pflicht und Schuldigkeit, diese Beleidigung ihm und mir gegenüber zurückzuweisen und ebenso die Ehre aller Theosophen zu schützen, die ihr Leben nach den Lehren der Theosophie ausrichten. Daher mein Einspruch vor dem Gesetz und vor den Geschworenen, amerikanischen Mitbürgern. Ich gab meine Treuepflicht gegenüber dem Zaren von Russland auf in der Hoffnung, dass Amerika seine Bürger beschützen würde; möge diese Hoffnung nicht vergeblich gewesen sein.

Judge reichte Klagen gegen Coues und gegen die *Sun* ein, eine im Namen Blavatskys, die andere im Namen der Theosophischen Gesellschaft New York. Beide beschränkten sich auf die Anschuldigung der Unmoral und es wurden 50 000 bzw. 60 000 Dollar Schadenersatz verlangt. Aufgrund eines überfüllten Terminkalenders verzögerten sich die Verhandlungen bis ins Jahr 1891.

Im März wurde im *Path* bekannt gegeben, der Anwalt der *Sun* habe in einer Vorverhandlung am Obersten Gerichtshof vor dem Richter Beach eingestanden, dass sein Klient den Vorwurf der Unmoral nicht nachweisen könne. Weiter heißt es: »Der Fall sieht nun danach aus, dass nur mehr die Höhe des Schadenersatzes offen ist und man nun bis zum Verhandlungstermin warten muss.«[185]

Das Eingeständnis der Beweisunfähigkeit war ein beträchtlicher Erfolg. Anschließend wurde auf Antrag von HPBs Rechtsanwalt am 27. April 1891 (eine Fotokopie davon ist im Besitz der Autorin dieses Buches, beglaubigt vom County Clerk des Obersten Gerichtshofes, New York County) bestätigt, dass »Gutachten medizinischer Sachverständiger« vorliegen, die beweisen, dass Coues' Verleumdungen »absolut jeder Grundlage entbehren«.[186] Spezifisch zeigen die Unterlagen, nach von Walter Carrithers gefundenen Beweisstücken, dass der »Anwalt der Klägerin das Gericht im Laufe der Verhandlungen über das Vorliegen von Gutachten zweier Gynäkologen informiert hat, die bereit sind zu beeiden, dass Madame Blavatsky kein Kind, wie von der *Sun* behauptet, geboren hat«.[187]

Der Herausgeber der *Sun,* Charles Dana, war kein Mann, der ohne weiteres eine Niederlage eingestand und er war dafür bekannt, dass er die Opfer seines Zorns rücksichtslos bis zum bitteren Ende verfolgte. HPB schrieb, er habe »jahrelang den verstorbenen Henry Ward Beecher drangsaliert« und »Deacon Smith, einen >wahrhaft guten Menschen<, in den Tod getrieben«.[188] HPB starb, ehe es zum Prozess kam, und durch ihren Tod wurde der Fall gegen Coues automatisch abgeschlossen. Judges Klage gegen die *Sun* blieb aufrecht, wurde jedoch fallen gelassen, als die *Sun* sich bereit erklärte, einen Widerruf abzudrucken, der am 26. September 1892* erschien. Es ist von einiger Bedeutung, dass er sich nicht nur auf den Vorwurf der Unmoral beschränkte, sondern auch auf andere von Coues erhobene Anklagen einging:

> In dieser Ausgabe veröffentlichen wir einen Artikel von Mr. WILLIAM Q. JUDGE, in dem er über das abenteuerliche und außergewöhnliche Leben der verstorbenen HELENA P. BLAVATSKY berichtet. Bei dieser Gelegenheit möchten wir darauf hinweisen, dass wir am 20. Juli 1890 irregeführt wurden und die Veröffentlichung eines Artikels von Dr. E. F. COUES ... in der *Sun* zuließen. Darin wurden Anschuldigungen gegen Madame BLAVATSKYs Charakter und auch gegen ihre Anhänger erhoben, die, wie sich zeigte, jeder Grundlage entbehren. Mr. JUDGEs Artikel klärt alle Fragen in Bezug auf Madame BLAVATSKY, wie sie von Dr. COUES dargestellt wurden, auf, und wir möchten festhalten, dass diese Anschuldigungen bezüglich der Theosophischen Gesellschaft und Mr. JUDGE persönlich keinem Beweis standhielten und nicht hätten gedruckt werden sollen.[189]

* Michael Gomes, *Witness for the Prosecution: Annie Besant's Testimony on Behalf of H. P. Blavatsky in the N. Y. Sun/Coues Law Case,* Occasional Papers, Bd. 1, Fullerton, Kalifornien, Theosophical History, S. 7-11

Einige Auszüge aus Judges langem Artikel, der von der *Sun* veröffentlicht wurde:

> Ziel und Zweck ihres Lebens war die Befreiung von den Fesseln, die das Priestertum für den Geist des Menschen geschmiedet hat. Sie wollte, dass alle Menschen wissen, dass sie die Last ihrer eigenen Sünden tragen müssen, denn kein anderer kann es für sie tun. So brachte sie dem Westen die alten Lehren aus dem Osten über Karma und Reinkarnation nahe. Unter dem ersten, dem Gesetz der Gerechtigkeit, sagte sie, muss jeder für sich selbst geradestehen, unter dem zweiten muss jeder hier auf Erden, wo seine Taten vollbracht wurden, für die Folgen dieser Taten einstehen …
>
> Seit 1875 verbrachte sie ihr Leben in dem unermüdlichen Bestreben, jene in die Theosophische Gesellschaft zu bringen, die fähig waren, selbstlos zu arbeiten, um eine Ethik und Philosophie zu verbreiten, die die Verwirklichung der Bruderschaft der Menschen anstrebt, indem sie ihnen die wahre Einheit und das grundlegende Nicht-Getrenntsein jedes Wesens zeigte. Ihre Bücher wurden mit dem erklärten Ziel geschrieben, Material für den intellektuellen und wissenschaftlichen Fortschritt in dieser Richtung zu liefern. Die Theorie vom Ursprung des Menschen, seinen Kräften und seiner Bestimmung, die sie vertrat und die aus alten indischen Quellen herrührte, gibt uns Menschen einen höheren Stellenwert als die [westlichen] Religionen oder die Wissenschaft es tun. Denn sie gibt jedem die Möglichkeit, gottähnliche Fähigkeiten in sich zu entwickeln und schließlich ein Mitarbeiter der Natur zu werden …
>
> Da letztendlich jeder sterben muss, werden wir nicht sagen, dass [Madame Blavatskys] Ableben ein Verlust ist; aber wenn sie nicht gelebt und getan hätte, was sie tat, besäße die Menschheit nicht die Impulse und Ideen zum Erreichen des Guten, deren Weitergabe und Verbreitung ihre Aufgabe war. Und heute gibt es Scharen, viele Hunderte von guten und ehrenhaften Männern und Frauen, die bestrebt sind, ihr eigenes Leben und das jener anderen Menschen zu verbessern, deren Hoffnungen und Bestrebungen auf die Weisheitsreligion begründet sind, die durch [H.P. Blavatskys] Bemühungen im Westen wiederbelebt wurde, und die dankbar bekennen, dass ihr kostbarster Besitz das Ergebnis [von HPBs] mühevollem und selbstaufopferndem Leben ist. Wenn sie ihrerseits gerecht leben und Gutes tun, so werden sie nichts anderes tun, als Beispiele jener Lehre zu geben, die sie täglich lehrte und stündlich lebte.[190]

IM JAHR 1890, als die *Sun* Coues' angebliche Enthüllungen über HPB veröffentlichte, wurde in aller Stille ein weiterer Angriff auf sie von einem Mann namens William Emmette Coleman vorbereitet. Bald verbreitete er überall die Anschuldigung, dass Blavatsky in all ihren Schriften umfangreiche Plagiate begangen habe. Es ist unmöglich festzustellen, wie viele Menschen sich daraufhin weigerten, Blavatskys Schriften zu lesen. Übrigens ist bemerkenswert, dass hier ein weiteres »Co« neben den Namen Coulomb, Coues und Collins auftaucht!

Coleman war sowohl in die Affäre Coulomb als auch Coues-Collins verwickelt. Er war es gewesen, der von den USA nach London reiste, um von dem schottischen Missionar Patterson jene angeblichen HPB-Coulomb-Originalbriefe zu beschaffen, von denen Coues hoffte, sie zu seiner eigenen Verteidigung in HPBs Klage vor Gericht zu verwenden. Er war es auch, der Coues die Information lieferte, die im *Sun*-»Interview« verbreitet wurde: dass der Vater von HPBs angeblich unehelichem Kind Wittgenstein sei. Colemans Brief darüber vom 31. März 1889 befindet sich heute in der Coues-Sammlung.

Warum hat sich Coleman darauf eingelassen? Und warum verbreitete er die Beschuldigungen des Plagiats? War er ein selbstloser Mensch auf der Suche nach der Wahrheit? Das könnte man annehmen, wenn man die Referenzen in einer Fußnote seines Forschungsberichts über die Quelle von HPBs Schriften liest. Aber wo wurde dieser Bericht veröffentlicht? Ausgerechnet als Anhang C in Solowjows *A Modern Priestess of Isis,* das von der Society for Psychical Research 1895 herausgegeben wurde. Durch Solowjows Buch erreichte dieser Bericht eine Unsterblichkeit, die er an anderer Stelle kaum erlangt hätte. Colemans Referenzen in der Fußnote enthalten seine Mitgliedschaft in der Amerikanischen Orientalischen Gesellschaft, der Königlich Asiatischen Gesellschaft von Großbritannien und Irland, der Pali-Text-Gesellschaft und dem Ägypten-Forschungsfonds. Man kann sich deshalb kaum vorstellen, dass er ein Angestellter in der Quartiermeister-Abteilung der U.S.Army war, zuerst in Fort Leavenworth in Kansas und später in San Francisco. Aber noch wichtiger war – was die Society for Psychical Research sorgfältig geheim hielt und HPBs

Verleumder immer unterließen zu erwähnen –, dass Coleman damals ein führender Spiritist war, der die Theosophie und HPB in den Zeitschriften der Spiritisten aufs Schärfste denunzierte.

Nichts könnte das mehr verdeutlichen als der Brief, den Coleman am 8. Juli 1890 (auf dem Briefpapier der Quartiermeister-Abteilung) an Coues schrieb: »Ich habe die Theorie des Okkultismus, von Elementargeistern usw., schon vehement angeprangert und als lächerlich bezeichnet, bevor die Theosophische Gesellschaft [1875] gegründet wurde, und von da an habe ich mich immer mit aller Kraft bis heute gegen die Theosophie gestellt.«[191]

HPBs Artikel »My Books« spricht von den »Verleumdungen, die aus Amerika kommen«, und dass »alles aus ein und derselben Quelle stammt, die allen Theosophen nur zu gut bekannt ist, von einer Person [Coleman], die mich unermüdlich seit zwölf Jahren persönlich angreift«.[192]

Was die Beschuldigungen des Plagiats betrifft, muss man wissen, dass Colemans Verwendung dieses Ausdrucks in Bezug auf HPB weit über die Wörterbuch-Definition hinausgeht: »Ideen und Worte eines anderen zu stehlen und für die eigenen auszugeben.«[193] Das hat Blavatsky nie getan.* Aber sicherlich muss sie furchtbare Schuld auf sich geladen haben, denn in Colemans Einleitung zu seinem Forschungsbericht von August 1893 lesen wir:

> In den vergangenen drei Jahren habe ich eine mehr oder weniger erschöpfende Inhaltsanalyse der Schriften von Madame H. P. Blavatsky vorgenommen; und ich konnte die Quellen aufspüren, aus denen sie – und meist ohne jede Quellenangabe – *fast deren gesamten Inhalt* bezog.[194]

Bei HPBs so genanntem Plagiat handelt es sich um ein Vorgehen, das praktisch jeder Autor, der die Ergebnisse seiner Forschungen veröffentlicht, praktiziert – auch Coleman selbst. Um das zu verstehen, muss man zwischen primären und sekundären Quellen unterscheiden. Zitiert man zum Beispiel aus einem Essay von Emerson, so ist dieser die Primärquelle. Wenn man jedoch ein Zitat von Emerson bringt, der wiederum Shakespeare zitiert, ist jene Passage von Emersons Essay die Sekundärquelle. Nach Colemans Meinung müsste man aber an der-

* Als Ralston Skinner HPB sein Manuskript des dritten Teiles von *Source of Measures* schenkte, sagte er zu ihr, sie könne es wie ihr eigenes Werk verwenden. Sie wies das zurück: »Wie kann ich ohne Anführungszeichen zitieren ... Wie kann ich zitieren und Ihren Namen weglassen?« (17. Februar 1886, Ralston Sammlung, Andover-Harvard Theologische Bibliothek, Harvard Universität).

selben Stelle – in einer Fußnote oder Anmerkung – nicht nur Shakespeares Namen, sondern auch die Sekundärquelle anführen, denn sonst würde man die Leser irreführen, die glauben würden, man hätte die Stelle bei Shakespeare selbst entdeckt. Das Zitieren von Primärquellen ist jedoch eine legitime Praxis, die die meisten wissenschaftlichen Autoren seit jeher ausüben. In *Isis entschleiert* führte HPB häufig den Originalautor, aber nicht die Sekundärquelle an.

Heute führen Autoren ihre Sekundärquellen – die Namen der Bücher, auf die sie sich in ihren Forschungen beziehen – in der Bibliographie an. Alle zu nennen wäre unklug, denn unter den zahlreichen benutzten Werken können ziemlich viele sein, deren Erwähnung übertrieben wäre. Hätte Coleman auf diese Hunderte und Tausende Autoren den gleichen Maßstab angelegt wie bei HPB, dann müsste er sie alle als Plagiatoren bezeichnen. *

Wie es zu HPBs Zeiten üblich war, hatten ihre Bücher keine Bibliographie. Jedoch verwies sie oft auf ihre sekundären Quellen im Text, wenn sie Primärliteratur zitierte; so wusste der Leser, dass das angeführte Buch eine wertvolle Informationsquelle war. Zur Verdeutlichung: Coleman beschuldigt HPB, in *Isis* 44 Passagen – er hätte Zitate sagen sollen – aus dem Buch von C. W. King *The Gnostics and Their Remains* ohne Danksagung benutzt zu haben. Doch wo sie *Gnostics* als Primärquelle benutzte, würdigte sie es und seinen Autor in 32 Fällen.

Es ist interessant festzustellen, dass der unsterbliche Goethe zugab, zu seinen Stoffen auf die gleiche Weise gelangt zu sein wie viele andere Schriftsteller auch. Doch würde man das nicht wissen, wenn man nicht zufällig einen verborgenen Hinweis liest, den sein Biograph Emil Ludwig entdeckt hat:

> »Ich habe alles, was ich gesehen, gehört, beobachtet habe, gesammelt und verwertet. Meine Werke haben von tausend verschiedenen Personen Nahrung bezogen ... ich habe oft geerntet, wo andere gesät hatten, mein Werk ist das eines Sammelwesens, und es trägt den Namen Goethe.«[195]

* Mit dem Geschrei in Colemans Artikeln in spiritistischen Zeitschriften über Blavatskys angebliches Plagiat überzeugte er schließlich sogar sie selbst, dass sie einige wichtige »literarische Regeln« gebrochen hatte, und deshalb erklärt sie in »My Books«, dass ihr beim Schreiben der *Isis* diese Regeln unbekannt waren. Colemans Artikel, auf den sie sich speziell bezog, erschien in der Zeitschrift *The Golden Way* im April 1891. Ihr ausführlicher Artikel, den sie als Antwort daraufhin elf Tage vor ihrem Tod verfasste, war das Letzte, was sie in dieser Inkarnation schrieb. In Anbetracht ihres damaligen Gesundheitszustandes ist es erstaunlich, dass sie dafür die Energie aufbrachte.

Coleman selbst hat keineswegs immer das praktiziert, was er hinsichtlich des Hinweises auf Sekundärquellen predigte. In seinem Essay »Sunday Not Being the Real Sabbath« (Sonntag ist nicht der wahre Sabbath) übernahm er ohne Hinweis zahlreiche Zitate aus einer Schrift über dasselbe Thema von William Henry Burr. In einer 16-seitigen Broschüre, in der Burr sich über Coleman beklagte, schrieb er Folgendes:

> Die Fakten sind folgendermaßen: W. E. C. hat aus meiner kleinen Abhandlung alles, was er von Justin, Irenäus, Clemens, Tertullian, Victorinus, Origenes, Eusebius, Hieronymus, Luther, Melanchthon, Baxter, Ileylin, Milton, Paley und Neander zitiert, entlehnt oder zusammengefasst. Jeder Hinweis, den er zu den genannten Autoritäten gab, stammt von mir, nichts hat er aus deren Werk hinzugefügt, was er nicht in meiner Arbeit fand. [Burrs Veröffentlichung: 1881, Washington, D.C.]

Coleman gab nicht einmal zu, dass Burrs Abhandlung überhaupt existierte. Burr führt auch an, welche Teile Coleman abgeschrieben hat.

◆

Coleman behauptete, HPB beabsichtige mit den Hinweisen auf so viele Autoritäten der Vergangenheit und Gegenwart damit zu prahlen, dass sie »eine enorme Leserin und mit unermesslicher Gelehrsamkeit gesegnet« sei, während in Wirklichkeit »ihre Ignoranz in allen Wissensgebieten profund war«. Man fragt sich dann, wie sie die dicken Wälzer, in denen sie forschte, verstehen und für ihre Zwecke genau das richtige Material auswählen konnte. Beatrice Hastings bemerkte dazu:

> [Coleman] berücksichtigte nicht die Tatsache, dass HPB sich speziell bemühte, »Autoritäten« zu zitieren, um Nachweise zur Unterstützung ihrer Suche nach den Spuren der okkulten Wissenschaft, die es von der ältesten bis in die moderne Zeit gibt, zu finden. Sie zitierte gleichermaßen aus einem alten Buch oder einer New Yorker Zeitung, solange nur das Mittel dem Zweck diente. Mr. Coleman fand es sehr bequem, ihr konstantes Erwähnen von Namen und Autoritäten leichtfertig abzutun. In Wahrheit gibt es kaum eine Buchseite ohne Namen; man wird von einer Autorität zur anderen gewirbelt und nicht darüber im Zweifel gelassen, dass alles, was sie

> auch immer zusammenstellt und darlegen will, nicht erfunden ist. Sie hätte Namen kaum öfter anführen können, ohne den Leser zu ermüden. So wie sie zu wissen, wo die Grenze ist, erfordert literarisches Feingefühl ... Was hätte man mit einer riesigen Bibliothek verstreuter Informationen Besseres tun können, als das Wesentliche in einem einzigen Buch zu sammeln?[196]

Es wäre jedoch ein Irrtum, anzunehmen, Blavatskys Werke wären weitgehend Anthologien. Coleman wollte uns glauben machen, dass insbesondere *Isis* aus kaum mehr als Anleihen aus anderen Büchern besteht. Das Gegenteil ist leicht zu beweisen: Zählt man Zeile für Zeile, so stellt sich heraus, dass nur 22 Prozent aus zitiertem Material und 78 Prozent von HPB stammen. Außerdem sind die Zitate nicht von primärem Wert, sondern unterstützen nur ihre Hauptthese. Wenn heute aus ihren Büchern zitiert wird, wird nicht ihre Auswahl von anderen Autoren genannt, sondern ihre eigenen, von ihr formulierten Darlegungen oder, wie sie sagen würde, die ihrer Lehrer.

◆

Bis dahin richtete sich Colemans hier geschilderte Jagd nach Plagiaten hauptsächlich auf *Isis entschleiert.* Als Nächstes wendet er sich der *Geheimlehre* und anderen Werken von Helena Blavatsky zu. Hierbei, so scheint es, übertrifft er sich selbst und verliert allen Anspruch auf Glaubwürdigkeit als ernst zu nehmender Forscher. In seiner Abhandlung über *Isis* gab Coleman die Seitenzahlen und die Bücher an, aus denen sie abgeschrieben haben soll, und auch einige gleich lautende Passagen; danach liefert er keine derartigen Informationen mehr. Er kündigt jedoch an, »detaillierte Beweise jeder Behauptung ... werden ausführlich in einem Werk enthalten sein, dessen Veröffentlichung ich vorbereite – ein Exposé über die Theosophie als Ganzes«. Dieses Versprechen wiederholte sich viele Male in diesem Artikel, als ob er dem Leser versichern wollte, dass alle Beweise ohne Zweifel in Kürze erscheinen würden. Vom August 1893, dem Erscheinungsdatum dieses Artikels, bis zu seinem Tod im Jahr 1909 vergingen jedoch sechzehn Jahre, ohne dass ein Buch erschien. Coleman ließ weder Neuigkeiten über die Veröffentlichung dieses Buches noch Entschuldigungen für die Verzögerung verlauten.

Coleman behauptete, die *Geheimlehre* »ist ein Teil von *Isis*« insofern, als sie »von Plagiaten voll ist und nur Aufgewärmtes aus anderen Büchern enthält«. Er listete 21 Bücher als einige jener auf, die HPB verwendete [ohne die Sekundärquellen anzugeben]. Davon wird nur bei fünf Büchern die Anzahl der »entlehnten Passagen« erwähnt:

Wilsons Übersetzung des *Vishnu Purana*	130
Professor Alexander Winchells *World-Life*	70
Dowsons *Hindu Classical Dictionary*	123
Decharmes *Mythologie de la Grèce Antique*	60
Myers *Qabbala*	34

Die *Geheimlehre* (englische Originalausgabe) beläuft sich auf 1570 Seiten; auch die Quellenwerke sind umfangreich. Wie kann man die parallelen Passagen in diesem Werk und den genannten Sekundärquellen finden, wenn nirgends ein Seitenhinweis angegeben ist? Selbst wenn man ein ausgefeiltes Computerprogramm verwendet, scheint dies unmöglich zu sein. Trotzdem hat man einen Test gemacht. Unter den fünf genannten Büchern verweist Coleman auf zwei, die weitgehend die Basis für die *Geheimlehre* gebildet hätten: Wilsons Übersetzung des *Vishnu Purana* und *World-Life* von Alexander Winchell, Professor der Geologie und Paläontologie an der Universität Michigan. Man entschied sich für Letzteres, da es als wissenschaftliches Werk genau umrissene Themen behandelt (wie z.B. Kapitel über die Sonne und über den Mond) und mit dem Text der *Geheimlehre* verglichen werden konnte, indem man deren ausführliches Register benutzt. Eine Forschungsassistentin, die bescheidenerweise anonym bleiben möchte, übernahm freiwillig diese mühselige Aufgabe und verbrachte damit zwei bis drei Stunden täglich, sechs Monate lang. Bei der Hälfte beklagte sie sich, dass »es sehr entmutigend war, immerfort etwas zu suchen, was nicht zu finden war«. Dennoch entdeckte sie ein paar nicht genannte Anleihen aus sekundären Quellen – nicht die 70 von Coleman groß angekündigten Passagen, sondern sechs.[197] Kein Wunder, dass Coleman das Buch niemals geschrieben hat! Er hatte richtig kalkuliert; die Leute glaubten seinen angeblichen Nachforschungen ohne die versprochenen Beweise.

Coleman verkündete mit besonderem Stolz, dass er die Quellen der *Stanzen des Dzyan* identifiziert habe, auf denen die *Geheimlehre* und *Die Stimme der Stille* laut HPB basieren. Coleman behauptete, die *Stanzen* seien »das Werk der Madame Blavatsky – eine Zusammenstellung aus den verschiedensten Quellen in ihrer eigenen Schreibweise«. Die Beweise dafür wollte Coleman in dem versprochenen Buch vorlegen, das niemals erschien.

Außer Coleman haben noch viele andere behauptet, sie hätten die Quelle der *Stanzen* entdeckt. HPBs wissenschaftlicher Sekretär G. R. S. Mead führte über dieses Thema einen Briefwechsel mit Max Müller. George Mead, der sein Universitätsstudium (BA und MA) mit Auszeichnung in Cambridge absolviert hatte, wo Griechisch und Latein seine Hauptfächer waren, und auch in Oxford Philosophie studiert hatte, schrieb später Bücher über Gnostizismus, hermetische Philosophie und die Ursprünge des Christentums.[198] Meads Bericht über seinen Briefwechsel mit Max Müller erschien in der von Mead herausgegebenen *Theosophical Review* (April 1904, S. 139-41):

> Vor etwa zehn Jahren oder mehr veröffentlichte der inzwischen verstorbene Professor Max Müller, dem alle Liebhaber der Heiligen Bücher des Ostens tiefe Dankbarkeit schulden, seine höchst lehrreiche Reihe von Gifford-Vorlesungen. Diese habe ich sehr eingehend in drei Artikeln in der *Theosophical Review* besprochen. Der betagte Professor schrieb mir ein paar freundliche Zeilen darüber, nahm Anstoß an ein oder zwei Punkten, und wir wechselten mehrere Briefe.
>
> Er drückte sein Erstaunen darüber aus, dass ich – wie er glaubte – alle meine Fähigkeiten – wie er sie wohlmeinend nannte – an die »Theosophie« verschwendete, da doch das ganze Gebiet der Orientalistik vor mir läge, in der ich, wie er freundlicherweise annahm, nützliche Arbeit leisten könnte. Vor allem sei es ihm rätselhaft, warum ich diesen Scharlatan, Mme. Blavatsky, so ernst nehme, die der seriösen Orientalistik durch ihre Parodien des Buddhismus und des Vedanta, die sie mit westlichem Gedankengut vermischt habe, so viel Schaden zufüge. Ihre ganze Theosophie sei ein *Aufguss* missverstandener Übersetzungen von Sanskrit- und Pali-Texten.
>
> Darauf erwiderte ich, dass ich kein anderes Ziel hätte, als der Wahrheit zu dienen. Wenn er mich überzeugen könne, dass Mme. Blavatskys Theosophie nur eine schlaue oder dumme Manipulation von Sanskrit- und Pali-Texten sei, würde ich alles tun, was in meiner Macht steht, die theosophische Welt über die Tatsachen aufzuklären ... Ich bat ihn deshalb, mir freundlicherweise die Texte zu nennen, die seiner Meinung nach die Originaltexte in Sanskrit oder Pali oder einer anderen Sprache wären, auf denen entweder die »Stanzen des Dzyan« und ihre Kommentare in der *Geheimlehre* oder eine der drei Abhandlungen in der *Stimme der Stille* beruhen. Ich suchte selbst bereits seit Jahren nach einer Spur der Originale oder Fragmente, die ihnen ähneln, und ich hätte bisher nichts gefunden. Es könne uns nichts Besseres passieren, als die Originale zu bekommen; es sei das Material, das wir suchen.

Professor Max Müller antwortete kurz und verwies auf zwei Verse in der *Stimme der Stille,* die, wie er meinte, ganz auf westlichem Gedankengut beruhten und damit verrieten, dass sie nicht echt seien.

Darauf entgegnete ich, ich bedauerte es außerordentlich, dass er nicht auf Texte verwiesen habe, auf denen Sätze der »Vorschriften« oder irgendeine Stanze aus dem »Buch des Dzyan« beruhen; trotzdem würde ich gern seine Kritik veröffentlichen, mir aber das Recht vorbehalten, sie zu kommentieren. Hierauf bat mich Professor Max Müller hastig, dies nicht zu tun, sondern ihm sofort seinen Brief zurückzusenden, da er für die *[Theosophical] Review* etwas Angemesseneres schreiben wolle. Natürlich sandte ich ihm seinen Brief zurück, doch bis auf den heutigen Tag warte ich vergebens auf den versprochenen Nachweis dafür, dass HPB in diesen wunderbaren literarischen Schöpfungen nichts als eine traurige Dichterin war, die aus Fetzen missverstandener Übersetzungen ein phantastisches Narrenkleid zusammengeschneidert hat. Ich darf hinzufügen, noch steht das Angebot jedem Orientalisten offen, der den Wunsch hat, die für mich lächerliche Streitfrage des verstorbenen Nestors der Orientalistik aufzuklären. Wohl überlegt nenne ich diese Passagen, die in ihrem Werk enthalten sind, wunderbare literarische Schöpfungen, nicht aus der Sicht eines Enthusiasten, der nichts von orientalischer Literatur oder den großen kosmogonischen Systemen der Vergangenheit oder der Theosophie der Weltreligionen versteht, sondern als reifes Urteil eines Mannes, der diese Themen seit mehr als zwanzig Jahren studiert ... Die Stanzen [des Dzyan in der *Geheimlehre*] legen eine Kosmogenese und Anthropogenese dar, die in ihrer Ausführlichkeit und Detailliertheit alle derartigen vorhandenen Aufzeichnungen aus der Vergangenheit weit hinter sich lassen. Sie können nicht als clevere Zusammenstellung von unzusammenhängenden, archaischen Fragmenten erklärt werden, die in heiligen Büchern und bei klassischen Autoren erhalten sind. Sie haben bemerkenswerte Individualität und tragen trotzdem den Stempel eines Altertums und das Siegel einer Prägnanz, die man in der westlichen Welt für längst ausgestorben hält. Außerdem sind sie von Kommentaren ergänzt, die offensichtlich aus fernöstlichen Sprachen übersetzt oder paraphrasiert sind, was einen allgemeinen Eindruck von Echtheit hervorruft, dem ein Gelehrter, der seine anfänglichen Vorurteile gegen ihr Studium genügend überwunden hat, schwerlich widerstehen kann.

In der Einleitung zur *Geheimlehre* spricht HPB von jenen, die ihre Schriften in Misskredit bringen würden, weil sie Plagiate von Autoren wie Eliphas Levi und Paracelsus sowie des Buddhismus und Brahmanismus wären. * Sie antwortete:

> Ebenso gut könnte man Renan beschuldigen, er habe sein *Leben Jesu* aus den Evangelien gestohlen, oder Max Müller seine »Heiligen Bücher des Ostens« aus der Philosophie der Brahmanen und von Gautama, dem Buddha.
>
> Für die Allgemeinheit und die Leser der *Geheimlehre* aber wiederhole ich, was ich schon oft gesagt habe und in die Worte Montaignes kleiden will:
>
> Ich habe hier lediglich von anderer Leute Blumen einen grossen Strauss gebündelt und selbst nichts als den Bindfaden beigesteuert.

In ihrem letzten Artikel »My Books« wiederholt HPB Montaignes Worte und fragt, ob jemand behaupten könne, sie habe »für den Bindfaden nicht den vollen Preis bezahlt«.

Über die Quelle der Stanzen des Dzyan wurden 1983 erstaunliche Neuigkeiten veröffentlicht – dieses Rätsel ist nun von dem Tibetologen David Reigle gelöst worden. Er schreibt in seiner 70-seitigen Abhandlung *Die Bücher des Kiu-te*: **

> H.P. Blavatsky beschreibt die Bücher des Kiu-te in der *Geheimlehre* als eine Reihe höchst okkulter Schriften, von denen einige der Öffentlichkeit zugänglich, andere geheim sind. Die ersten kann man angeblich im Besitz jedes buddhistischen Gelugpa-Klosters finden, zu den anderen, geheimen, gehört das *Buch des Dzyan,* aus dem einige Verse übersetzt wurden und die den Kern der *Geheimlehre* bilden. Das *Buch des Dzyan* soll der erste Band

* Die Person, die diese Anschuldigung vorbrachte, sollte Coleman selbst sein. Sie erschien in seinem Artikel »The Splendid Fraud«, veröffentlicht im San Francisco *Daily Examiner* vom 8. Juli 1888.

** David Reigle, *Die Bücher des Kiu-te,* 1983 in den USA veröffentlicht, sowie neueste Forschungsergebnisse über die Quelle der »Stanzen des Dzyan« sind enthalten in der Adyar-Studienausgabe der *Geheimlehre,* Edition Adyar, Voglherd 1, D-85567 Grafing. Siehe auch D. Reigle, »Die Bücher des Kiu-te und die Stanzen des Dzyan« in Hank Troemel, Hg., *Theosophie und Buddhismus,* Adyar-Verlag, Satteldorf, 1994, S. 78-87.

der Kommentare zu den geheimen Büchern des Kiu-te sein und zugleich ein Glossar zu den öffentlichen Büchern des Kiu-te.

Obwohl die obige Information schon am Ende des 19. Jahrhunderts bekannt gemacht worden war, ist die tatsächliche Identität der öffentlichen Bücher des Kiu-te bis jetzt ein Geheimnis geblieben. Weder die Gelehrten Tibets noch die des Abendlandes kannten Bücher mit diesem Namen. Sie wurden daher – ebenso wie alles andere in der *Geheimlehre* – als Phantasieprodukte von H. P. Blavatsky bezeichnet. Aber durch ein einfaches Verfolgen des Verweises, den sie in Bezug auf diese Bücher gab, wurden sie jetzt ganz sicher identifiziert. Wie sie sagte, kann man sie tatsächlich in der Bibliothek jedes tibetischen Gelugpa-Klosters finden, aber auch in jenen anderer Sekten (Kargyüpa, Nyingmapa und Sakyapa). Es handelt sich auch tatsächlich um höchst okkulte Schriften, die alle Traditionen des tibetischen Buddhismus als Verkörperung der Geheimlehren des Buddha betrachten. Wie wir noch sehen werden, hat allein die Schreibung des Titels frühere Versuche, die Schriften zu identifizieren, zunichte gemacht.

HPB schrieb »Kiu-te« gelegentlich wie der Kapuzinermönch Orazio della Penna Anfang des 18. Jahrhunderts. Heute kennt man die »öffentlichen Kiu-te-Bücher« als Hauptabschnitte des Kanjur, einem Großteil des Tibetischen Kanons. Reigles beharrliche Forschungen haben zu weiteren Entdeckungen geführt, über die er in seinem Buch berichtet.

ENDE DES FRÜHJAHRS 1889, zur Zeit der Coues-Collins-Geschichte, gab es glücklicherweise auch andere Ereignisse. HPB schrieb an französische Freunde: »Mein Arzt verlangt dass ich mich erholen soll, wenigstens vierzehn Tage. Ich brauche eine Luftveränderung.«[199] Sie erhielt eine Einladung nach Fontainebleau, unweit von Paris, von Ida Candler, einer amerikanischen Freundin aus Boston, der Gattin eines US-Senators, die sich dort mit ihrer Tochter aufhielt. HPB blieb drei Wochen.

Bald nach ihrer Ankunft schrieb sie zwei vergnügte Briefe an Nadja, wie gut ihr die Veränderung tue. Als sie im November 1895 in *The Path* veröffentlicht wurden, bemerkte der Herausgeber, dass die Briefe enthüllten, »wie offen Madame Blavatsky für neue Eindrücke war, selbst noch im Alter«. HPB schrieb:

> Herrliche Luft, voll mit dem Harz des Pinienwaldes und erwärmt von der Sonne, in der ich mich den ganzen Tag aufhalte; die Fahrten durch den hübschen Park haben mich neu belebt, haben mir meine lang verlorene Kraft wiedergegeben. Stell dir vor, einige Theosophen kamen gestern aus London, um mich zu besuchen, und so besichtigten wir gemeinsam das Schloss. Von den 58 Staatsgemächern des Palastes habe ich 45 mit meinen *eigenen, nicht auf geborgten Beinen* geschafft!! Es ist mehr als fünf Jahre her, seit ich zum letzten Mal so viel gelaufen bin! Ich bin die Eingangsstufen emporgestiegen, von wo Napoleon I. sich von seinen Wachposten verabschiedete; ich habe die Gemächer der armen Marie Antoinette besichtigt, ihr Schlafzimmer und die Kissen, auf denen ihr dem Untergang geweihter Kopf geruht hatte; ich habe den Ballsaal, *galerie de François I,* gesehen und die Räume der »jungen Damen« Gabrielle d'Estrée und Diane de Poitiers sowie die Gemächer von Madame de Maintenon selbst, die von Motten zerfressene Seidenwiege von *le petit roi de Rome* und eine Menge anderer Dinge. Die Gobelins, das Sèvres-Porzellan und einige der Bilder sind wahre Wunder! ... Ich habe auch den Tisch berührt, an dem der große Napoleon seinen Rücktritt unterzeichnet hatte. Aber am besten gefielen mir die mit Seide bestickten Bilder *par les demoiselles de St. Cyr* für Madame de

Maintenon. Ich bin schrecklich stolz, dass ich ganz allein durch den *ganzen* Palast gegangen bin. Denk dir nur, seit deinem Besuch in Würzburg haben mir meine Beine beinahe ganz den Dienst versagt; und jetzt, siehst du, kann ich wieder gut gehen ...

Aber die Bäume in diesem *doyen des forêts!* Ich werde diesen herrlichen Wald niemals vergessen. Gigantische Eichen und Kiefern, und alle haben historische Namen. Hier sieht man Eichen für Molière, Richelieu, Montesquieu, Mazarin und Béranger. Auch eine Eiche Heinrich III. und zwei riesige, 700 Jahre alte Bäume *des deux frères Faramonds*. Ich habe ganze Tage einfach im Wald verbracht. Sie haben mich in einem Badestuhl dorthin gebracht oder in einem Landauer. Es ist so wunderschön hier, dass ich nicht die geringste Lust habe, die Ausstellung zu sehen.

Vor kurzem besuchte der französische Theosoph Jean-Paul Guignette Fontainebleau, um in alten Aufzeichnungen nachzusehen, ob er etwas über HPBs Besuch finden könnte. Im *L'Abeille de Fontainebleau,* das über die Ankunft der Hotelgäste Buch geführt hatte, fand er Folgendes: Ankunft von Mrs. Candler und Tochter am 7. Juni 1889 im Hotel de la Ville de Lyons et Londres, von Madame Blavatsky am 5. Juli und von Annie Besant am 15. Juli. Auch entdeckte er schöne alte Bilder vom Hotel und von den Gärten.[200]

Der Besuch in Fontainebleau war jedoch für die Geschichte der Theosophie nicht deshalb so bedeutend, weil HPB wegen einer Luftveränderung dort war, in einem bestimmten Hotel gewohnt oder das berühmte Schloss besucht hatte, sondern weil sie dort den Großteil der *Stimme der Stille* geschrieben hatte. Dass sie die bedrückende Atmosphäre der nebligen, verschmutzten Luft Londons weit hinter sich gelassen hatte, war sicherlich von großem Vorteil für die Arbeit an diesem kostbaren Werk.

Annie Besant schilderte ihren Besuch in Fontainebleau in ihrer Autobiographie, wo sie über das Schreiben der *Stimme* Folgendes erzählt:

Ich kam nach Paris, um mit Herbert Burrows den großen Gewerkschaftskongress zu besuchen, der dort vom 15. bis zum 20. Juli stattfand, und verbrachte ein oder zwei Tage in Fontainebleau bei H. P. Blavatsky, die für ein paar Wochen zur Erholung dorthin gefahren war. Ich traf sie dort beim Übersetzen der wunderschönen Fragmente aus dem »Buch der goldenen Regeln« an, heute überall unter dem Titel *Die Stimme der Stille* bekannt. Sie schrieb rasch, ohne irgendeine Vorlage, und am Abend musste ich laut

> vorlesen, um festzustellen, ob es »gutes Englisch« war. Herbert Burrows war dort, und Mrs. Candler, eine überzeugte amerikanische Theosophin, und wir saßen um HPB herum, während ich las. Die Übersetzung war in perfektem und schönem Englisch, fließend und musikalisch; nur ein oder zwei Worte mussten geändert werden und sie sah uns an wie ein überraschtes Kind, verwundert über unser Lob – Lob, das jeder mit einem Sinn für schöne Literatur aussprechen würde, wenn er dieses vorzügliche Prosagedicht liest.[201]

Im Abschnitt über Tibet in dieser Biographie sprachen wir davon, dass östliche Gelehrte die Echtheit der *Stimme der Stille* bezeugten. Bekannte Persönlichkeiten des Westens schätzten dieses Werk ebenfalls hoch ein. Von Lord Tennyson, Poeta laureatus Englands, wird gesagt, er habe die *Stimme* gelesen, als er seinen Tod nahen fühlte.[202] HPB sagte über eines von Tennysons letzten Gedichten: »Es scheint, als hätte Tennyson theosophische Bücher gelesen, oder er ist von denselben großen Wahrheiten inspiriert wie wir.«[203]

William James zitierte in seinen berühmten Gifford-Vorlesungen *Die Vielfalt religiöser Erfahrung* einige Passagen aus der *Stimme der Stille* und meinte: »Es gibt einen Randbereich des Geistes, der von diesen Dingen berührt wird, und ihr Flüstern vermischt sich mit der Tätigkeit unseres Verstandes, so wie auch die Wasser des unendlichen Ozeans ihre Wellen entsenden, um sich an den Kieseln der Strände zu brechen.« Hier die Passagen:

> Wer die Stimme des *Nada,* »den tonlosen Ton«, hören und verstehen will, der muss das Wesen von *Dhârana** erlernen ...
> Erst wenn ihm seine eigene Gestalt so unwirklich vorkommt wie beim Erwachen alle Formen, die er im Traum gesehen hat; wenn er aufgehört hat, die Vielfalt zu hören, vermag er das *EINE* wahrzunehmen, den inneren Ton, der die äußeren tötet ... Denn dann wird die Seele hören und sich erinnern. Und dann wird zum inneren Ohr DIE STIMME DER STILLE sprechen... Und jetzt ist dein *Selbst* im Selbst aufgegangen, *du* in DIR, verschmolzen mit JENEM SELBST, von dem du als Strahl deinen Anfang nahmst... Sieh! Du bist das Licht geworden, du bist der Ton geworden, du

* »*Dhârana* ist die intensive und vollkommene Konzentration des Verstandes auf ein bestimmtes inneres Objekt, unter völligem Zurückziehen von allem, was dem äußeren Universum oder der Sinnenwelt angehört.« (HPB)

> bist dein Meister und dein Gott. Du SELBST bist das Ziel deines Suchens: die immertönende Stimme, die durch Ewigkeiten widerhallt, befreit von Wandelbarkeit, von Sünde frei, die sieben Töne vereint zur STIMME DER STILLE.

Vor den Worten »Sieh! Du bist das Licht geworden« ließ James folgenden Satz aus, der zum Verständnis seiner restlichen Auswahl beigetragen hätte:

> Und nun ruhe unter dem Bodhi-Baum, in der Vollendung allen Wissens, denn du bist der Meister des Samâdhi – des Zustands makelloser Schau.[204]

Eine Passage, die James offenbar besonders angesprochen zu haben scheint, richtet sich an einen Jünger: »... [du] musst lernen, Körper und Geist zu trennen ... und im Ewigen zu leben.«[205], denn in dem Absatz, der seiner Auswahl aus der *Stimme* folgt, bemerkt er:

> Diese Lehre ..., dass Ewigkeit zeitlos ist, dass unsere »Unsterblichkeit«, wenn wir *im Ewigen leben,* nicht so sehr Zukunft als vielmehr jetzt und hier ist, die wir heutzutage so oft in gewissen philosophischen Kreisen hören, findet Unterstützung in einem »Hört, hört!« oder in einem »Amen«, das aus jenen geheimnisvollen tieferen Ebenen emporsteigt. Wir erkennen die Losungsworte zum mystischen Bereich, während wir sie hören, können sie aber selbst nicht verwenden; er allein bewahrt das »urzeitliche Losungswort«.[206]

Eine andere Persönlichkeit im Westen, die Interesse an der *Stimme* zeigte, ist der führende britische Buddhist Dennis Lingwood, bekannt als Bhikshu Sangarakshita. Er hatte Pali studiert und ist sowohl im Theravada als auch im Mahayana-Buddhismus versiert. In den 1950er Jahren hielt Lingwood am Indischen Institut für Weltkultur einen Vortrag über *Die Stimme der Stille,* einen von insgesamt fünf, die er dort hielt. Die ersten vier wurden als Buch veröffentlicht, dessen Erscheinen ein Rezensent als wichtigstes Ereignis des 2500sten Buddha-Jayanti-Jahres pries. Der fünfte, *Paradox and Poetry in The Voice of the Silence*, erschien als Broschüre.* Darin heißt es u. a.:

* Der Essay »Mitleid, Poesie und Paradoxie – Betrachtungen zur *Stimme der Stille*« ist in gekürzter Fassung enthalten in H. P. Blavatsky, *Die Stimme der Stille,* Adyar-Studienausgabe, Adyar-Verlag, Satteldorf, 1994², S. 117-127.

Die Stimme der Stille steht, obwohl sie nicht beansprucht, die Äußerung eines Buddha zu sein, nichtsdestoweniger den Texten der *Sutra*-Gruppe näher als denen der *Shastra*-Gruppe. Wie die längeren und berühmteren Diskurse sucht sie eher zu inspirieren als zu instruieren, spricht mehr zum Herzen als zum Verstand. Um von de Quincys Klassifikation Gebrauch zu machen, gehört sie nicht zur Informationsliteratur, deren Zweck es ist, das Wissen zu vergrößern, sondern zur Literatur der Inspiration, deren Ziel es ist zu motivieren. So wichtig ist ein klares Verstehen des Unterschieds nicht nur zwischen den verschiedenen Wirkungen, die erzielt werden sollen, und den Organen, auf die eingewirkt werden soll, dass gemäß der *Stimme der Stille* selbst der Lernende gleich zu Beginn seines Strebens ermahnt wird: »Lerne vor allem, Kopf-Gelehrsamkeit und Seelen-Weisheit, die ›Lehre des Auges‹ und die ›Lehre des Herzens‹ zu unterscheiden.« Wie T. S. Eliot treffend bemerkt, muss man zuerst einen Intellekt besitzen, bevor man darüber hinausgehen kann.

Aber das Problem der Kommunikation bleibt. Wie kann das Wesen des Samadhi-Zustands jemandem vermittelt werden, der ihn nicht persönlich erfahren hat, wenn Sprache, das wichtigste Kommunikationsmittel, ihren Ursprung gerade in jenen Erfahrungsbereichen hat, die durch *Samadhi* überschritten werden? Natürlich lösen gewisse Zen-Meister das Problem auf ihre Weise, indem sie versuchen, die Sprache überhaupt wegzulassen. Die traditionelle buddhistische Lösung des Problems ist aber weniger drastisch. Eine Gruppe der *Sutras* ... beruht hauptsächlich auf der Methode des systematischen Paradoxons. Eine andere Gruppe ... greift auf die Poesie zurück, insbesondere in der hoch entwickelten Form des kosmischen Mythos. *Die Stimme der Stille* ist wahrscheinlich einzigartig, indem sie beide Methoden kombiniert, ein Vorgang, der ohne Zweifel viel mit der außergewöhnlichen Wirkung dieser kleinen Abhandlung auf das Erwachen der schlummernden Seelen-Weisheit des qualifizierten Jüngers hat.[207]

◆

Nachdem HPB Fontainebleau verlassen hatte, überredete Ida Candler sie, etwas Seeluft zu genießen. So verbrachten sie zwei Wochen auf der Insel Jersey vor der französischen Küste. HPB schrieb an Nadja: »Nun, alter Kamerad, ich nütze eine Minute Pause von meiner Arbeit, die mich nach meiner Trägheit und Faulheit in Fontainebleau erdrückt, und schreibe dir im Bett, obwohl es mir ausgezeichnet geht. Der Doktor hat mir das vorsorglich nahe gelegt, da mir neuerdings die Knie ein wenig schmerzen.«[208]

Zu der Arbeit, auf die sie sich bezog, gehörte unter anderem die Herausgabe der nächsten Nummer des *Lucifer.* George Mead berichtete: »Erst seit Anfang August 1889 arbeitete ich ständig mit HPB zusammen. Damals war sie auf Jersey, und so wurden die Textentwürfe und die Korrekturfahnen des *Lucifer* hin- und hergeschickt, zusammen mit unendlich vielen charakteristischen Anmerkungen und Telegrammen. Ich hatte gerade noch Zeit, zwei Bücher zu rezensieren, ehe ein dringendes Telegramm von HPB kam und ich nach Jersey aufbrach.«

Eine der Aufgaben, die sie Mead übertrug, war, das Manuskript der *Stimme der Stille* durchzulesen, über deren Vorbereitung er bis dahin noch nichts wusste. Darüber berichtet er:

> Ich sagte ihr, es sei das Großartigste in unserer gesamten theosophischen Literatur, und ich versuchte, ganz entgegen meiner Gewohnheit, meine Begeisterung in Worte zu fassen ... HPB war mit ihrer Arbeit nicht zufrieden und äußerte die größte Besorgnis, dem Original in ihrer Übersetzung nicht gerecht geworden zu sein ... Das war typisch für sie. Sie war nie überzeugt von ihrer schriftstellerischen Arbeit und sie hörte sich bereitwillig jede Kritik an, sogar von Leuten, die besser geschwiegen hätten. Seltsamerweise war sie am unsichersten über ihre besten Artikel und Werke, aber völlig überzeugt von ihren polemischen Schriften ... Die Frische und Lebensnähe, mit der sie ihre großen Darstellungen umgab – all dem schreibe ich ihren andauernden Ruf zu. Sie war ein Titan unter den Sterblichen ... und dieser Titan war elementar, wie jeder Titan, aber um Fundamente zu legen, sind Riesen nötig, und wenn Riesen sich bewegen, dann ist unvermeidlich, dass sie die Götzen auf den Altären der Zwerge umstoßen.[209]

HPB war nicht in London, als *Der Schlüssel zur Theosophie* erschien. Nach ihrer Rückkehr schickte sie ein Exemplar an William Stead. »Ich bitte Sie nicht, ihn zu rezensieren, *aber ihn zu lesen«,* schrieb sie ihm, »denn dieses Werk werden Sie endlich verstehen, da es keine Metaphysik enthält. Oscar Wilde gab mir sein *Ehrenwort,* es zu rezensieren – aber das wiegt nicht viel, und es kümmert mich auch nicht. Es ist mir jedoch wichtig, dass Sie es lesen, denn dann werden Sie die ganze Wahrheit darüber wissen.«[210]

Der *Schlüssel* ist in der Form eines Dialogs zwischen einem Fragesteller und einem Theosophen geschrieben. Im Vorwort wird dies erklärt:

> Der Zweck dieses Buches ist in seinem Titel genau ausgedrückt ... Es handelt sich um kein vollständiges oder erschöpfendes Lehrbuch der Theosophie, sondern nur um einen Schlüssel, der die Tür zu tieferen Studien öffnen soll. Das Buch präsentiert die Weisheitsreligion in einem umfassenden Überblick und erläutert ihre grundlegenden Prinzipien. Es begegnet gleichzeitig den verschiedenen Einwänden, die der durchschnittliche westliche Studierende erhebt, und versucht, fremdartige Gedanken in möglichst einfacher Form und klarer Sprache darzulegen. Dass es darin erfolgreich sein könnte, dem Leser Theosophie ohne intellektuelle Anstrengung verständlich machen zu können, wäre zu viel erwartet ... Für geistig träge und stumpfsinnige Menschen wird die Theosophie immer ein Rätsel bleiben. In der Welt der Gedanken und der Spiritualität macht man Fortschritte nur durch eigene Anstrengungen. Die Autorin kann dem Leser nicht das Denken abnehmen, und er hätte auch nichts davon, selbst wenn ein solches stellvertretendes Denken möglich wäre.

Unter den behandelten Themen sind die verschiedenen Zustände nach dem Tod, das Mysterium des Geistes, die siebenfältige Natur des Menschen und des Kosmos, Reinkarnation und Karma. Mehrere Kapitel befassen sich mit den sozialen Problemen unserer Zeit und den Lösungen, die die theosophische Philosophie anbietet. Ein Kapitel behandelt die Erziehung von Kindern und Jugendlichen. Das Thema wird vorgestellt, wenn der Fragesteller sagt:

> Eines Ihrer stärksten Argumente für die Unzulänglichkeit der gegenwärtigen Religionsformen im Westen, und bis zu einem gewissen Grad auch die jetzt so populäre materialistische Philosophie, die Sie für trostlos zu halten scheinen, ist das große Elend, das besonders in unseren großen Städten existiert. Aber Sie müssen doch anerkennen, wie viel schon getan wurde und weiter getan wird, um diesen Zustand durch Hebung der Allgemeinbildung und durch Verbreitung von Wissen zu verbessern.

> Der Theosoph antwortet:

> Sie haben ein Thema angeschnitten, das uns Theosophen tief berührt, und ich muss mich dazu äußern. Ich gebe durchaus zu, dass es für ein kleines Kind, das in den Slums aufwächst und die Gosse als Spielplatz hat, und das inmitten einer Atmosphäre vulgärer Ausdrucksweisen lebt, von großem Vorteil ist, wenn es jeden Tag in einem hellen, reinen Schulzimmer sitzt, in dem Bilder hängen und das mit Blumen geschmückt ist. Dort wird es gelehrt, sauber, freundlich und ordentlich zu sein; dort lernt es zu singen und zu spielen, es hat Spielzeug, mit dem seine Intelligenz geweckt wird, es lernt seine Finger geschickt zu gebrauchen, man spricht lächelnd mit ihm anstatt schlecht gelaunt, es wird sanft und mit Güte zurechtgewiesen anstatt mit Flüchen. Alles dies macht die Kinder menschlicher, es weckt ihr Denken und macht sie empfänglicher für intellektuelle und moralische Einflüsse. Die Schulen sind nicht das, was sie sein könnten und sein sollten, aber verglichen mit dem Zuhause der Kinder sind sie ein Paradies, und allmählich wirken sie auf dieses Zuhause zurück. Obwohl dies bei vielen öffentlichen Schulen zutrifft, verdient ihr System an sich dennoch ein vernichtendes Urteil ...

In Beantwortung der Frage: »Was ist das *wirkliche* Ziel der modernen Erziehung?« stellt HPB die Gegenfrage:

> Ist es, den Verstand in die richtige Richtung zu entwickeln und zu kultivieren; die Enterbten und Unglücklichen zu lehren, die Bürde des Lebens (die ihnen vom Karma zugemessen ist) standhaft zu ertragen, ihren Willen zu stärken, ihnen Nächstenliebe und das Gefühl wechselseitiger Abhängigkeit und Brüderlichkeit einzuprägen und so ihren Charakter für das praktische Leben zu schulen und zu bilden? Nicht im Mindesten ... Jeder Knabe, jeder junge Mensch, ja sogar jeder Lehrer der jüngeren Generation wird antworten: »Das Ziel der modernen Erziehung ist es, Prüfungen zu bestehen.« Es ist ein System, das nicht einen richtig verstandenen Fleiß entwickelt, sondern in den jungen Menschen Eifersucht, Neid, ja nahezu gegenseitigen Hass erzeugt und sie so für ein Leben wilder Selbstsucht schult, für den Kampf um Ehren und Gehälter anstatt für freundschaftliche Gefühle.
>
> Und was sind diese Prüfungen, der Schrecken der modernen Jugend? Sie sind lediglich eine Methode der Klassifizierung, durch die die Ergebnisse des Schulunterrichts in Tabellen eingetragen werden. Nun lehrt die »Na-

> turwissenschaft«, dass der Intellekt das Ergebnis der mechanischen Wechselwirkung der Gehirnzellen ist; darum ist es nur logisch, wenn die moderne Erziehung nahezu gänzlich mechanisch ist, eine Art automatischer Maschine zur tonnenweisen Herstellung von Intellekt. Schon eine geringe Erfahrung mit Prüfungen genügt, um zu zeigen, dass die erreichte Bildung nur eine Schulung des physischen Gedächtnisses ist; und früher oder später werden alle Ihre Schulen auf dieses Niveau herabsinken. Eine wirklich gesunde Kultivierung der Kraft des Denkens und Urteilens ist unmöglich, da alles nur nach den Resultaten der Prüfungsrivalität bewertet wird ...

Als HPB daraufhin gefragt wurde »Was würden Sie also tun?«, erwiderte sie:

> Wenn wir das Geld dazu hätten, würden wir Schulen gründen, die etwas anderes hervorbringen als lesende oder schreibende Kandidaten fürs Verhungern. Den Kindern sollte in erster Linie Selbstvertrauen, Liebe zu allen Menschen, Altruismus und Nächstenliebe anerzogen werden, vor allem aber, selbst zu denken und zu urteilen. Wir würden die rein mechanische Gedächtnisarbeit auf ein absolutes Minimum reduzieren und die Zeit der Entwicklung und Schulung der inneren Sinnesorgane und Fähigkeiten und brachliegenden Eigenschaften widmen. Wir würden uns bemühen, jedes Kind individuell zu behandeln und es so zu erziehen, dass seine Kräfte möglichst gleichgewichtig und harmonisch entfaltet werden, damit sich seine besonderen Neigungen voll und natürlich entwickeln können. Wir würden bestrebt sein, *freie* Männer und Frauen zu schaffen, die intellektuell und moralisch frei und vorurteilslos in jeder Richtung, vor allem aber *selbstlos* sind. Und wir glauben, dass vieles, wenn nicht alles davon, durch eine richtige, *wahrhaft theosophische* Erziehung erreicht werden könnte.[211]

Nachdem sie im *Schlüssel zur Theosophie* auf verschiedene soziale Bedürfnisse jener Zeit aufmerksam gemacht hatte, erweiterte Blavatsky den Umfang ihrer gesellschaftlichen Beobachtungen in Leitartikeln im *Lucifer* mit Beiträgen wie »Der Untergang der Ideale«, »Fortschritt und Kultur« und »Zivilisation, der Tod von Kunst und Schönheit«.

ANFANG 1890 mussten HPBs literarische Aktivitäten eine Weile ruhen. Sie schrieb an zwei französische Theosophen: »Ich war so krank – völlige nervliche Erschöpfung –, dass es mir unmöglich war, auch nur ein einziges Wort über irgendeine andere Theorie als die der transzendentalen Philosophie zu schreiben. Denn diese verlangt von mir keinerlei Anstrengung des Gehirns, noch des Denkens und ich muss nur die eine oder andere Schublade meines Gedächtnisses öffnen und dann – abschreiben.«[212] Im Februar schrieb sie an Vera:

> Wie du siehst, bin ich an der See, in Brighton, wohin mich die Ärzte schickten, damit ich die Seeluft des Golfstroms einatme, um die völlige nervliche Erschöpfung zu überwinden. Ich habe keine Schmerzen, aber heftiges Herzklopfen, ein Klingen in den Ohren – ich bin fast taub – und auch so schwach, dass ich kaum meine Hand heben kann. Es ist mir verboten, zu schreiben oder zu lesen, sogar zu denken, ich soll den ganzen Tag an der frischen Luft verbringen – »am Meer sitzen und auf schönes Wetter warten«. Sogar mein Arzt bekam Angst und verängstigte das ganze Personal. Brighton ist entsetzlich teuer, und mein Geld – oh weh! Also haben meine Esoteriker sogleich ihr Geld zusammengelegt und mich überredet, hierher zu kommen. Und nun kommt für meine Pflege aus allen Himmelsrichtungen Unterstützung; einiges davon sogar anonym, einfach an meine Adresse. Besonders großzügig ist man in Amerika, ich schäme mich wahrlich ...
>
> Zwei oder drei Theosophen kommen aus London und sind abwechselnd an meiner Seite; sie bewachen jede meiner Bewegungen wie die Zerberusse. Gerade steckt einer von ihnen den Kopf zur Tür herein und bittet mich mit Tränen in den Augen, mit dem Schreiben aufzuhören, aber ich muss dich doch wissen lassen, dass ich noch lebe. Du warst schon in Brighton, nicht wahr? Wir haben hier herrliches Frühlingswetter; die Sonne scheint wie in Italien, die Luft ist köstlich; das Meer ist wie ein Spiegel, und den ganzen Tag werde ich auf der Esplanade im Rollstuhl auf und ab geschoben. Es ist wunderbar. Ich glaube, ich bin schon wieder stark genug. Mein Gehirn

> arbeitet viel weniger, doch zuvor hatte ich schlicht Angst um meinen Kopf. Mein Arzt sagte: »... Sie haben sich überarbeitet, Sie müssen sich Ruhe gönnen.« So ist es nun mal! Und bei all der Arbeit, die auf mich wartet! »Sie haben mehr als genug geschrieben«, sagte er, »jetzt brauchen Sie Ruhe.« Er hat gut reden, aber wie dem auch sei, ich muss den dritten Band der *Geheimlehre* in Ordnung bringen, und den vierten habe ich noch kaum angefangen ... hab keine Angst. Es besteht keine Gefahr mehr. Tröste dich mit den beigefügten Zeitungsausschnitten. Daraus siehst du, wie die Nationen deine Schwester preisen! Mein *Schlüssel zur Theosophie* wird viele neue Proselyten bringen, und *Die Stimme der Stille,* obwohl nur ein kleines Büchlein, ist im Begriff, zur Bibel der Theosophen zu werden.
> Es sind wirklich großartige Aphorismen. Ich kann das sagen, denn ich habe sie ja, wie du weißt, nicht erfunden! Ich habe sie nur aus dem Telugu übersetzt, dem ältesten südindischen Dialekt. Es sind drei Abhandlungen über die Moral und die moralischen Prinzipien mongolischer und dravidischer Mystiker. Einige der Aphorismen sind wunderbar tief gehend und schön. Hier haben sie große Furore gemacht, und ich glaube, auch in Russland würden sie Aufmerksamkeit erregen. Willst du sie nicht übersetzen? Das wäre eine gute Tat.[213]

Als dieser Brief im Dezember 1895 in *The Path* erschien, bemerkte der Herausgeber: »Die Seeluft hat ihr gut getan, aber ihre Kraft hielt nicht lange an. Schon im April wurde ihr wieder das Arbeiten verboten, was für sie eine regelrechte Qual war, da bei nachlassender Kraft ihre Denktätigkeit nur zuzunehmen schien.«

In der Beilage zum *Theosophist* von Juni 1890 berichtet Olcott über HPBs Befinden:

> Die letzten Nachrichten von Mr. Mead über HPBs Gesundheitszustand sind beunruhigend. Sie war so krank, dass sie nicht einmal in der Lage war, ihren Leitartikel für den Mai-*Lucifer* zu schreiben. Der ihr sehr ergebene und außerordentlich tüchtige Arzt Dr. Mennell teilt mir mit, dass es ihr ohne Lebensgefahr nicht möglich sein wird, im Dezember nach Indien zu kommen, was sie und ich vorgesehen hatten. Sie durchlaufe gerade eine schwere Krise – berichtet er –, von deren Ausgang Leben oder Tod abhängt. Jedes dankbare asiatische Herz wird inbrünstig darum beten, dass der Zeiger der Waagschale zu ihren Gunsten ausschlagen möge. Es gibt nur eine »HPB«.

HPB hatte allen Grund, wieder gesund zu werden. Die Bewegung weitete sich aus, und der Hauptsitz der Britischen Sektion der Theosophischen Gesellschaft sollte bald von der Lansdowne Road in einen größeren Komplex an der Avenue Road in einem anderen Stadtteil von London in der Nähe des Regent's Park übersiedeln. Monatelange Vorbereitungen waren im Gange, um für den Einzug im Juli gerüstet zu sein. Ein Teil des Besitzes hatte Annie Besant gehört, die ihn der Gesellschaft zur Verfügung stellte. Im April 1890 schrieb HPB an Vera:

> Es ist mir zwar verboten zu arbeiten, aber trotzdem bin ich ständig von einem Ende Londons zum anderen unterwegs. Wir haben für etliche Jahre drei getrennte, an einen Garten grenzende Häuser übernommen: 19 Avenue Road, mit Baurecht. Ich werde einen Vortragssaal für dreihundert Personen bauen; er soll in östlichem Stil sein, aus poliertem Holz, die Außenseite aus Backstein, um die Kälte abzuhalten; und innen keine Decke, das Dach wird von Pfeilern, ebenfalls aus poliertem Holz, getragen. Und einer unserer Theosophen, der Maler ist, soll es mit allegorischen Zeichen und Bildern bemalen. Ach, es wird wunderschön werden![214]

Olcott berichtet: »Der Kunstmaler R. Machell hat die beiden schräg abfallenden Deckenhälften mit symbolischen Darstellungen der sechs Weltreligionen und der Sternzeichen bemalt.«[215] Heutzutage findet man die sechs Weltreligionen oft in dieser Form vereint dargestellt; damals jedoch war das einmalig. Die Einweihung fand am 3. Juli statt. HPB schrieb ihrer Schwester:

> Am einen Ende des Saales stellten sie einen großen Lehnstuhl für mich auf und ich saß wie auf einem Thron. Ich konnte mich kaum aufrecht halten, so krank war ich, mein Arzt war bei mir, falls ich ohnmächtig werden sollte ... Etwa 500 Leute hatten sich eingefunden, beinahe doppelt so viel wie der Saal fassen konnte ... Und stell dir mein Erstaunen vor; man machte mich auf Mrs. Benson aufmerksam, die in der ersten Reihe saß, die Gattin des Erzbischofs von Canterbury, an den mein *Lucifer* eine »brüderliche Botschaft« gerichtet hatte. Sicher wirst du dich daran erinnern. Was einem so alles passiert!
>
> Die Reden wurden von Sinnett und anderen gehalten, doch überflüssig zu erwähnen, dass keiner so gut wie Annie Besant sprach. Himmel, wie diese Frau spricht! Ich hoffe, du wirst sie selbst einmal hören. Sie ist jetzt meine

> Mitherausgeberin des *Lucifer* und Präsidentin der Blavatsky-Loge. Sinnett bleibt weiterhin alleiniger Präsident der Londoner Loge. Was mich betrifft, so bin ich regelrecht zum theosophischen Papst geworden: Einstimmig wurde ich zur Präsidentin aller europäischen theosophischen Zweigstellen gewählt.[216] Doch was nützt mir das alles jetzt?... Wenn ich gesund werden könnte – das wäre ein Geschäft. Aber Ehren und Titel sind nicht mein Fall.[217]

Die meisten Mitarbeiter in der Avenue Road wohnten auf dem Anwesen. Annie Besant schildert diese Zeit:

> Die Hausregeln waren – und sind – sehr einfach, aber HPB beharrte auf einem regelmäßigen Tagesablauf. Wir frühstückten um 8 Uhr, arbeiteten bis zum Mittagessen um 1 Uhr, dann wieder bis zum Abendessen um 7. Danach wurde die Tagesarbeit für die Gesellschaft beendet, und wir versammelten uns in HPBs Zimmer und sprachen über unsere Pläne, erhielten Anweisungen und HPBs Erklärungen zu komplizierten Fragen. Um Mitternacht mussten alle Lichter gelöscht sein.
> Sie selbst schrieb unaufhörlich; ständig leidend, doch mit unbeugsamem Willen trieb sie ihren Körper an, seine Aufgaben zu erfüllen ... Als Lehrerin war sie bewundernswert geduldig, erklärte eine Sache immer und immer wieder auf verschiedene Weise, bis sie sich manchmal nach längeren vergeblichen Bemühungen in ihrem Stuhl zurückwarf: »Mein Gott, bin ich so dumm, dass mich keiner versteht? Also, Sie da ... «, und wandte sich an jemanden, auf dessen Zügen sie einen schwachen Schimmer des Verstehens zu erkennen glaubte, »erklären Sie diesen Schwachköpfen des Jahrhunderts, was ich meine.«
> Gegen Eitelkeit, Täuschung, Scheinwissen ging sie, wenn der Schüler viel versprechend war, gnadenlos vor; scharfe Pfeile der Ironie durchbohrten dann den Heuchler. Manchen gegenüber wurde sie zornig, rüttelte sie mit bissigem Spott aus ihrer Lethargie; aber in Wirklichkeit machte sie sich nur zum Instrument zur Ausbildung ihrer Schüler, ohne Rücksicht darauf, was sie oder andere über sie denken mochten, wenn es nur von Nutzen für ihre Schüler war.[218]

George Mead berichtet, wie sich HPBs Unterrichtsmethode auf ihn auswirkte: »Was sie mir immer einschärfte, war, ein Gefühl dafür zu entwickeln, was angemessen ist, und sie war gnadenlos, wenn dieses Harmoniegesetz gebrochen wurde, sie ließ einem keine Lücke zum Entweichen und hörte auf keine Entschuldigung. Doch war sie schon eine Minute später wieder die liebevolle Freundin oder ältere Schwester, besser noch Kameradin, so wie nur sie es sein konnte.«[219]

Nach den Aufzeichnungen scheint es nur eine einzige Gelegenheit gegeben zu haben, bei der HPB die Avenue Road verlassen hat, und zwar im August 1890, als sie in den Osten von London fuhr, um ein Wohnheim für junge Arbeiterinnen mit Minimallöhnen zu eröffnen. Anfang des Jahres hatte man ihr tausend Pfund gespendet, die nach ihrem Ermessen für humane Zwecke, vorzugsweise für Frauen, verwendet werden sollten. So hatte man sich für dieses Projekt entschieden. Professor Nethercot, der die Geschichte recherchiert hat, berichtet:

> Als es Mitte August eröffnet wurde, fand der [Reporter des] *Star* keinen öden, weiß getünchten, abweisenden Ort vor, sondern eher ein Privathaus mit hellen und hübsch eingerichteten Räumen; die Betten in den Schlafzimmern waren sogar durch japanische Wandschirme in fröhlichen Farben voneinander abgegrenzt. Das Heim verfügte über eine Bibliothek, einen Arbeitsraum, Wohnräume ... und einen Speisesaal ... Das Heim konnte etwa ein Dutzend Bewohnerinnen aufnehmen und für einige Dutzend mehr gab es Mahlzeiten und Gelegenheiten für Zusammenkünfte. Ende Dezember konnte Annie Besant bekannt geben, dass die Mitgliederzahl auf über 150 angestiegen war, und dass Mrs. Kitty Lloyd, die Leiterin (natürlich eine überzeugte Theosophin), alle Hände voll zu tun hatte, um täglich Mahlzeiten zu servieren ... Zur Eröffnung im August, der etwa fünfzig junge Frauen beiwohnten, hatte sich Madame [Blavatsky] so weit von ihrer chronischen Erkrankung erholt, dass sie dabei sein konnte. Es gab Tee und Kuchen, es wurde sogar getanzt und gesungen; Höhepunkt waren die Ansprachen von Mrs. Besant und Herbert Burrows. Madame strahlte glücklich.[220]

Vor der Eröffnung hatte sich HPB über eine der Regeln des Frauen-Klubs sehr beunruhigt und schrieb an Annie Besant:

> Mr. H. Burrows erklärte gestern Abend *mit Bestimmtheit* und als einer, der in der Verwaltung des »Frauen-Klubs« etwas zu sagen habe, dass kein Mäd-

chen als Bewohnerin oder als Mitglied aufgenommen würde, *das nicht zur Gewerkschaft gehöre. Nun, welches RECHT hat* er, so etwas zu sagen? ... Es war Mr. Ks ausdrücklicher Wunsch, der mir brieflich und mündlich mitgeteilt wurde, dass jedes Mädchen oder jede Frau, die ihrer Armut wegen ihre Zuflucht zur Straße genommen hatte, ungeachtet des Glaubens (ob religiös oder politisch), ihrer Klasse, des Berufes oder ihrer Ansichten, von diesem Klub innerhalb seiner Räumlichkeiten und Möglichkeiten unterstützt werden sollte. Mr. Burrows Anweisung geht gegen das grundsätzliche Prinzip der Theosophischen Gesellschaft, d h. die Brüderlichkeit, unabhängig von Glaube, Meinung, Klasse, Rasse oder Hautfarbe, und ist daher untheosophisch.

Mehr als das: es zwingt die Theosophische Gesellschaft und alle Gründer zu einer vorher festgelegten Handlungsweise. Es wird ihnen gewaltsam und *unerwartet* eine bestimmte und enge sektiererische Sicht von Theosophie und Philanthropie untergeschoben; und es bringt uns alle in der Öffentlichkeit (da zwei Chefredakteure und Reporter dort waren) mit den Gewerkschaften, Streiks, öffentlichen Demonstrationen usw. in Verbindung... Und wenn wir und die Gesellschaft selbst bis zu diesem Tage existieren konnten und uns nichts unterkriegen konnte, dann nur dank der weisen Grundsätze unserer Gesellschaft als einer Körperschaft der absoluten Nichteinmischung in politische Bewegungen und der absoluten Einhaltung aller Gesetze... was Aufrührer und Rebellen, wie wertvoll ihr Anliegen auch sein mag, nicht tun.[221]

Vera, die zu jener Zeit bei HPB in London war, erinnert sich:

Während meines Aufenthaltes beunruhigte mich so manches, was meine Schwester betraf. Obwohl alle, die dort arbeiteten, sie offensichtlich respektierten, liebten und schätzten, so waren es doch alles neue Gesichter, Menschen, die immer ganz furchtbar viel zu tun hatten und darüber hinaus an eine spartanische Lebensweise gewöhnt waren. Keiner konnte ihr die Ärgernisse und Unannehmlichkeiten des täglichen Lebens abnehmen und ihr die tägliche Pflege und Aufmerksamkeit geben, die sie so dringend brauchte ...

Nur die Gräfin Wachtmeister, die sie in Würzburg so wunderbar betreut und die ihr auch in Ostende beigestanden hatte, hätte sie meiner Meinung nach retten können. Das sagte ich meiner Schwester viele Male. Doch vom frühen Morgen bis zum Abend war die Gräfin im etliche Meilen entfernten Büro in der Stadt. Helena Petrovna widersetzte sich entschieden meinen Vorschlägen und versicherte mir, dass die Gräfin dringend *für die Arbeit gebraucht werde,* die sie nicht vernachlässigen könne. Eigeninteresse war nicht gerade ein Charaktermerkmal meiner Schwester. Aus demselben Grund schickte sie in jenem Sommer Bertram Keightley nach Indien – ein Mann, der ihr ergeben war, als wäre sie seine eigene Mutter und mehr. Sie bestand darauf, dass er *dort* gebraucht werde. Und wichtiger noch, dass seine Abreise aus London *für ihn* notwendig und für sein Wohlergehen wichtig war.

An unseren letzten gemeinsamen Abenden war es ihre größte Freude, russische Volkslieder zu hören. Sie wandte sich zuerst an die eine, dann an die andere meiner Töchter: »Sing etwas, mein Herz! Wenn möglich >Notschenki< (Liebe kleine Nacht) oder >Trawuschki< (Der Grashalm) ... Sing irgendeines unserer Volkslieder ...« Am letzten Abend sangen meine Töchter bis Mitternacht Lieder wie »Sredi Dolini Rownija« (In flachen Tälern) und »Wnis po Matuschke po Volge« (An der Wolga entlang), unsere russische Nationalhymne und russische Fastengebete. Sie lauschte mit so viel Gefühl und Glückseligkeit, als wüsste sie, dass sie sie nie wieder hören würde.[222]

Ende des Sommers 1890 war HPB damit beschäftigt, einen ihrer Hauptbeiträge auf dem Gebiet der theosophischen Psychologie, »Psychic and Noetic Action« (Psychisches und noetisches Handeln), zu verfassen. Dieser Artikel erschien in zwei Teilen in der Oktober- und Novemberausgabe des *Lucifer.* Darin untersuchte sie die Mängel der damals vorherrschenden »physiologischen Psychologie« und stellte Letztere der Psychologie der modernen wie der antiken Theosophie gegenüber. Wie bereits gesagt, ist »noetisch« die Adjektivform von *Nous,* das HPB in ihrem *Theosophischen Glossar* als »einen platonischen Begriff für den höheren Geist oder die Seele« definiert ... »Es bedeutet Geist im Unterschied zur tierischen Seele – der *Psyche.«* HPB bezeichnet es auch als das »göttliche Bewusstsein oder den göttlichen Geist im Menschen«.

In den 30er Jahren des. 20. Jahrhunderts wurde vieles aus »Psychic and Noetic Action« in einem Artikel des britischen Philosophen und Agnostikers C. E. M. Joad, der bis zu seinem Tod, im Jahr 1853, überall für seine klaren Analysen der modernen Kultur und Philosophie bekannt war, unter dem Titel »What is the Soul?« (Was ist die Seele) erörtert. Er schrieb:

Madame Blavatsky ... setzt voraus, dass es zwei Seelen oder >Selbste< gibt,

> die allgemein wie folgt definiert werden: die erste ist vom Körper abhängig, das heißt, die Vorgänge in ihr werden von früheren Vorgängern im Körper bestimmt; sie ist als »Niederes Selbst« oder »psychische Tätigkeit« bekannt. Sie manifestiert sich durch unser Organsystem... Das andere Selbst, bekannt als das »Höhere Selbst«, ist anstatt nur ein Bündel von psychologischen Ereignissen wie das erste Selbst zu sein ... eine Einheit oder besser ein vereinigendes Prinzip. Es hat im Körper kein spezielles Gegenstück in Gestalt eines Organs – denn wie könnte ein spezielles Organ die Bewegungen von etwas bestimmen, das alle Organe vereinigt? ... Es hat daher nicht seinen Sitz im Gehirn ... Seine Tätigkeit, die im Gegensatz zur »psychischen« Tätigkeit des ersten Selbstes als »noetisch« bezeichnet wird, rührt aus dem »Universalen Geist« her ...
>
> Letztendlich ist das Höhere Selbst gleich bleibend und besteht in den verschiedenen Existenzen des Menschen fort. Es ist das dauerhafte Element, das sich wie eine Schnur durch die verschiedenen Existenzen zieht, die wie Perlen an ihm aufgereiht sind.
>
> Diese Unterscheidung zwischen zwei >Selbsten< wird von Madame Blavatsky mit großer Genialität getroffen, um einigen der Schwierigkeiten zu begegnen, die sich für jede Philosophie des Geistes durch den wissenschaftlichen Materialismus ergeben ... Es ist unmöglich, nicht die größte Hochachtung für Madame Blavatskys Schriften zu diesem Thema zu empfinden, Hochachtung, und wenn das Wort gestattet ist, Bewunderung. Als sie das schrieb, nahm sie viele Ideen vorweg, die heute vertraut sind, vor fünfzig Jahren jedoch in höchstem Grad neu waren.[223]

Im März 1890 veröffentlichte das Theosophische Verlagshaus in London den ersten Teil eines zweiteiligen Werkes unter dem Titel *Transactions of the Blavatsky Lodge*. Der zweite Teil, der 1891 herauskam, wurde mit dem ersten zu einem Buch vereinigt und ist noch immer erhältlich.[224] Dem Titel nach würde man kaum vermuten, dass sich dieses Buch mit der *Geheimlehre* befasste und HPBs eigene Antworten auf Fragen enthält, die man ihr bei den Zusammenkünften der Blavatsky Lodge vom 10. Januar bis zum 14. März 1889 gestellt hatte. Ihre Antworten waren stenographisch festgehalten worden und wurden später für die Veröffentlichung von ihr bearbeitet.

Ähnliche Zusammenkünfte gab es auch, als die Loge in die Avenue Road umzog. Ein Bericht über HPBs aktive Teilnahme ist erhalten. Berichterstatter war Robert Bowen, ein pensionierter Marinekommandant, dessen Sohn, Kapitän P. G. Bowen, dieses bemerkenswerte Zeugnis Jahre später in der Zeitschrift *Theosophy in Ireland* (Januar-März 1832) unter dem Titel »Die Geheimlehre und ihr Studium« veröffentlichte. Seither in den verschiedensten theosophischen Zeitschriften nachgedruckt, ist es auch als Broschüre erschienen.[225] Das Dokument trägt das Datum 18. April 1891, nur zwanzig Tage vor HPBs Tod.

Die wichtigsten Abschnitte dieser Schrift, zu lang, um sie hier wiederzugeben, befassen sich mit HPBs Vorschlägen, wie der ernsthafte Schüler am besten die *Geheimlehre* studiert. Hier einige Auszüge aus anderen Abschnitten dieser Broschüre – Robert Bowen berichtet:

> HPB lag in der vergangenen Woche die *Geheimlehre* besonders am Herzen. Ich muss alles durchsehen und gleich zu Papier bringen, solange es mir noch frisch im Gedächtnis ist. Wie sie selbst sagte, könnte dies in dreißig oder vierzig Jahren von Nutzen sein ...
>
> *Die Geheimlehre,* sagte HPB ... enthält mehr als das, was die Welt im kommenden Jahrhundert aufzunehmen vermag. Meine Frage beantwortete sie folgendermaßen:
>
> Diese »Welt« bezeichne hier die Menschen als personale Wesen. Diese »Welt« kann in den beiden Bänden der *Geheimlehre* gerade so viel finden, wie sie unter Aufbietung ihrer höchsten Verstandeskraft begreifen kann, mehr nicht. Aber das bedeute nicht, sagte sie, dass es Schülern, die nicht »in der Welt« leben, nicht gelingen könne, mehr in dem Buch zu finden, als dies der normalen »Welt« möglich sei. In jeder Form, wie unfertig sie auch sei, verberge sich das Abbild ihres »Schöpfers«. Und genauso verberge sich auch im Werk eines Autors, und sei es noch so dunkel, ein Abbild seines ganzen Wissens.
>
> Dieser Aussage entnehme ich, dass die *Geheimlehre* alles wiedergibt, was HPB selbst weiß, und wenn man bedenkt, dass ein großer Teil des Inhalts von Menschen stammt, die ein weit umfassenderes Wissen haben als sie, dann enthält das Werk auch noch wesentlich mehr. HPB machte außerdem unmissverständliche Andeutungen, dass andere ein Wissen in ihrem Buch finden könnten, das sie selbst nicht besitzt. Ein aufregender Gedanke, dass sogar ich in ihren Worten ein Wissen entdecken könnte, dessen sie sich selbst nicht bewusst ist; jedenfalls hielt sie sich längere Zeit bei dieser Überlegung auf, und X sagte hinterher: »HPB muss ihre Selbstsicherheit verloren haben«, womit er wahrscheinlich ihr Vertrauen in ihr eigenes Wis-

sen meinte. Aber ich glaube, Y und Z und ich haben besser verstanden, was sie meint. Zweifellos will sie uns zu verstehen geben, dass wir uns nicht an ihr als eine letzte Instanz festklammern sollen, sondern vielmehr auf unser eigenes, immer größer werdendes Verstehen bauen. (Spätere Anmerkung: ich hatte Recht. Als ich sie darauf ansprach, lächelte sie und nickte zustimmend. Wie schön, ihr anerkennendes Lächeln zu sehen!) ...

Sie hat sich sehr verändert, seit ich sie vor zwei Jahren kennen lernte. Es ist wunderbar, wie sie sich angesichts ihrer schweren Krankheit aufrecht hält. Wenn man nichts wüsste und an nichts glaubte, würde HPB einen überzeugen, dass sie etwas ist, das es jenseits des Körpers und des Verstandes gibt. Ich fühle insbesondere in diesen letzten Versammlungen, seit sie körperlich so hilflos geworden ist, dass wir Lehren aus einer anderen, höheren Sphäre beziehen. Wir scheinen es eher zu fühlen und zu WISSEN, was sie sagt, als es mit unseren physischen Ohren zu hören. X sagte gestern Abend etwas Ähnliches.

3 Abschied von HPB

GEORGE MEAD schrieb über diese Zeit:

Als wir in unseren jetzigen Hauptsitz umzogen, änderte sich vieles. Im Rückblick sieht es heute beinahe so aus, als hätte sie uns daran gewöhnen wollen, dass sie uns jederzeit verlassen könnte... Seit sie Anfang des letzten Jahres in Brighton war, hat sie überaus schreckliche körperliche Leiden erlitten und war nicht in der Lage, so wie früher zu arbeiten. Doch haben wir stets in großer Erwartung auf die Wiederherstellung ihres normalen Gesundheitszustandes gehofft. In der Lansdowne Road hatte sie sich stets über Besucher gefreut, die sich fast jeden Abend einfanden. Doch in der Avenue Road begann sie sich allmählich mehr und mehr zurückzuziehen, sodass sie oft nicht einmal Mitglieder des Haushalts am Abend empfing, wenn sie nicht ausdrücklich nach ihnen verlangt hatte. Dann wiederum war sie in letzter Zeit seltsam still und zeigte nur mehr selten die enorme Energie, die für sie so charakteristisch war. Doch derselbe unbeugsame Wille war noch vorhanden, mochte auch ihr Körper verbraucht sein, denn sie arbeitete selbst dann am Schreibtisch, wenn sie im Bett hätte sein sollen – oder in ihrem Sarg.[226]

In einem Brief vom 25. Mai 1891 an einen Freund äußerte Gräfin Wachtmeister ähnliche Gefühle:

Wir haben wahrhaftig eine furchtbare Zeit durchgemacht, und sogar jetzt noch können wir es nicht fassen, dass HPB von uns gegangen ist. Wir alle waren so fest überzeugt, dass sie bis Ende des Jahrhunderts leben würde; und obwohl wir den ganzen Winter hindurch ihren ständigen Kräfteverfall mit ansahen, waren wir doch nicht wirklich beunruhigt. HPB hat diesen Winter sehr wenig gearbeitet, und wie ich Ihnen schon schrieb, löste sie sich ganz allmählich von uns. Heute glaube ich, dass sie wusste, dass das Ende bevorstand, und so wollte sie uns an ihre Abwesenheit gewöhnen, und auch beobachten, wie wir allein, ohne sie fertig werden würden. Und nun müssen wir allein weiterarbeiten und unser Bestes tun.[227]

In ihren letzten Lebensmonaten bereitete HPB ihr *Theosophisches Glossar* vor. Es wurde erst 1892 veröffentlicht, ein Jahr nach ihrem Tod. Auch war sie damit beschäftigt, einige ihrer okkulten Geschichten umzuschreiben, die noch im gleichen Jahr unter dem Titel *Alpträume*[228] herauskamen, obwohl sie viel mehr als das waren. Ursprünglich erschienen sie in den verschiedensten Zeitschriften, darunter in der New York *Sun*, im *Banner of Light, Lucifer* und im *Theosophist.*[229] Heute sind sie in einem Buch zusammengefasst unter dem Titel *The Telltale Picture Gallery.*[230] Vier der acht Geschichten handeln von HPBs eigenen Erlebnissen und Beobachtungen. Eine davon, die längste und vermutlich die wichtigste, heißt: »Ein verzaubertes Leben, erzählt von einem Federkiel«. Sie geht auf die Zeit zurück, als HPB Europa bereiste und bei den Gebhards in Elberfeld wohnte, kurz vor dem Coulomb-Skandal. HPBs alljährlicher Brief an die Jahrestagung der amerikanischen Theosophen, die diesmal in Boston stattfand, war vom 15. April, drei Wochen vor ihrem Tod. Ihre Stellvertreterin war Annie Besant, die bei dieser Gelegenheit zum ersten Mal Amerika besuchte. Im Hinblick auf die nachfolgenden Ereignisse in der Theosophischen Gesellschaft[231] wirkt HPBs Brief geradezu prophetisch:

> *Zum dritten Mal seit meiner Rückkehr nach Europa im Jahr 1885 bin ich in der Lage, meinen Brüdern und Schwestern in der Theosophie sowie meinen amerikanischen Mitbürgern eine Delegierte aus England zur jährlichen Theosophischen Tagung zu schicken, die meine Grüße und Glückwünsche wörtlich übermitteln wird. Da ich ständig körperlich leide, bleibt mir nur der eine Trost, vom Fortschritt der Heiligen Sache zu erfahren, der ich meine Gesundheit und Kraft gewidmet habe, der ich aber jetzt, da diese schwinden, nur noch meine leidenschaftliche Hingabe und nie versiegenden guten Wünsche für ihren Erfolg und ihr Gedeihen bieten kann. Die Nachrichten, die ich mit jeder Post aus Amerika erhalte, die mich über neue Zweigstellen und gut geplante, geduldig ausgearbeitete Pläne zur Förderung der Theosophie informieren, machen mich froh und erfreuen mich mit ihren Zeugnissen des Wachstums, mehr als ich mit Worten sagen kann ...*
>
> *Ich möchte euch alle noch einmal daran erinnern, dass diese Arbeit notwendiger ist denn je. Das Zeitalter, das wir nun in dem Zyklus, der zwischen 1897 und 98 endet, erreicht haben, wird weiterhin von großen Konflikten und Belastungen geprägt sein. Wenn die Theosophische Gesellschaft durchhalten kann, dann gut; wenn nicht, wird die Gesellschaft, während die Theosophie davon unversehrt bleibt, untergehen – möglicherweise höchst unrühmlich – und die*

Welt wird leiden ... Keine Gelegenheit wird man versäumen, Streit zu säen, aus irrigen und missverstandenen Schritten Vorteil zu ziehen, Zweifel zu säen, Schwierigkeiten zu vermehren und Verdächtigungen auszusprechen, um mit allen Mitteln den Zusammenhalt der Gesellschaft zu zerstören und die Reihen eurer Mitbrüder zu schwächen. Noch nie war es für die Mitglieder der Theosophischen Gesellschaft notwendiger als jetzt, sich die alte Parabel von den gebündelten Stöcken zu Herzen zu nehmen: geteilt werden sie unvermeidlich brechen, einer nach dem anderen ... vereint wird keine Macht auf Erden unsere Bruderschaft vernichten können. Nun habe ich mit Trauer eine Tendenz unter euch wahrgenommen, wie auch unter den Theosophen in Europa und Indien, über Kleinigkeiten zu streiten und zuzulassen, dass gerade eure Hingabe an die Sache der Theosophie euch zur Uneinigkeit führt. Glaubt mir, dass abgesehen von solchen natürlichen, auf der Unvollkommenheit der menschlichen Natur beruhenden Tendenzen eure stets wachsamen Feinde oft Vorteil aus euren edelsten Eigenschaften ziehen, um euch zu täuschen und in die Irre zu führen ... Niemals ist Wachsamkeit sich selbst gegenüber notwendiger als dann, wenn persönliche Führungswünsche und verletzte Eitelkeit sich mit den Pfauenfedern der Hingabe und des Altruismus schmücken. Doch in der gegenwärtigen Krise der Gesellschaft kann sich ein Mangel an Selbstkontrolle und Wachsamkeit in jedem Fall verhängnisvoll auswirken ... Wenn jedes Mitglied der Gesellschaft sich damit bescheiden würde, eine unpersönliche Kraft für das Gute zu sein, ungeachtet von Lob und Tadel, solange er den Zielen der Bruderschaft dient, würde der Fortschritt die Welt erstaunen und die Arche der Theosophischen Gesellschaft wäre außer Gefahr...

Meine eigene Lebensspanne mag nicht lang sein, und wenn einige von euch aus meinen Lehren gelernt haben oder durch meine Hilfe einen Blick auf das Wahre Licht erhaschen konnten, dann bitte ich euch, dafür durch individuelle und gemeinsame Anstrengung das Wahre Licht noch heller und schöner zum Leuchten zu bringen. Stärkt unsere Sache, durch deren Sieg dieses Wahre Licht der Welt Erleuchtung bringen wird...

Möge der Segen der Großen Lehrer der Vergangenheit und der Gegenwart auf euch ruhen. Von mir nehmt alle gemeinsam die Zusicherung meiner wahren, nie wankend werdenden brüderlichen Gefühle entgegen sowie meinen aufrichtigen herzlichen Dank für die Arbeit, die alle Mitarbeiter geleistet haben.

Von der Dienenden [der Großen Lehrer] bis zum Ende,
H. P. BLAVATSKY

Dieser Brief wurde den Versammelten am ersten Tagungstag, dem 26. April, bei der Nachmittagssitzung von Annie Besant vorgelesen. Dann verlas sie noch einen weiteren Brief von HPB:

> Theosophische Schwestern und Brüder:
>
> *Mit Absicht habe ich meinen alten Freund und Mitarbeiter, W. Q. Judge, in meiner Ansprache an euch nicht erwähnt, weil ich der Meinung bin, dass seine unermüdlichen und selbstaufopfernden Bemühungen für den Aufbau der Theosophie in Amerika gesonderte Erwähnung verdienen.*
> *Wäre W. Q. Judge nicht gewesen, wäre die Theosophie in den Vereinigten Staaten nicht dort, wo sie heute ist. Er war es, der in erster Linie die Bewegung unter euch organisierte und tausendfach seine uneingeschränkte Loyalität im Interesse der Theosophie und der Gesellschaft bewiesen hat.*
> *Gegenseitige Bewunderung sollte bei einer Theosophischen Tagung keine Rolle spielen, doch Ehre, wem Ehre gebührt. So nehme ich mit Freuden diese Gelegenheit wahr, durch meine Freundin und Kollegin Annie Besant vor allen meine tiefe Anerkennung für die Arbeit eures Generalsekretärs zu bekunden und ihm öffentlich im Namen der Theosophie meinen aufrichtigen, tief empfundenen Dank für die Arbeit, die er tut und getan hat, auszusprechen.*[232]
>
> *Brüderlich die eure*
> *H. P. Blavatsky.*

Am Sonnabend, den 25. April, bekam HPB die Grippe; in London wütete damals eine Epidemie. Mehrmals in den folgenden zwei Wochen sagte sie zu Dr. Mennell, dass sie sterben würde, aber da sie dem Tod schon so oft ein Schnippchen geschlagen hatte, glaubte weder er noch irgendein anderer im Haus daran. HPBs »letzte Botschaft« für die Gesellschaft übergab sie zwei Nächte vor ihrem Tod an Mrs. Cooper-Oakley. Um drei Uhr nachts sah sie plötzlich auf und sagte: »Isabel, Isabel, sorge dafür, dass die Verbindung nicht abreißt. Lass nicht zu, dass meine letzte Inkarnation vergeblich war.« *(The Path,* Juli 1894). Mit dem Wort »letzte« meinte sie offensichtlich nicht ihre endgültig letzte Inkarnation, was im Gegensatz zu einer der Grundlehren der *Stimme der Stille* stünde, die sich im »Gelübde der Kwan Yin», der buddhistischen Göttin der Gnade, widerspiegelt:

> Niemals werde ich mein eigenes persönliches Heil suchen; niemals werde ich allein in den endgültigen Frieden eingehen; aber immer und überall werde ich leben und streben für die Erlösung eines jeden Geschöpfes überall in der Welt.[233]

Am 7. Mai, in der Nacht, bevor HPB starb, litt sie schwer. Laura Cooper, die Schwester von Isabel Cooper-Oakley, schrieb:

> Aufgrund ihrer zunehmenden Atemnot kam HPB in keiner Lage zur Ruhe; jede Medizin wurde versucht, doch ohne Erfolg; schließlich musste sie, von Kissen gestützt, aufrecht in ihrem Sessel sitzen. Der Husten hörte infolge ihrer großen Erschöpfung nahezu auf ...
> Etwa um 4 Uhr morgens [am 8. Mai] schien es HPB besser zu gehen, und ihr Puls war relativ stark, und von da an bis um 7 Uhr, als ich sie verließ, verlief alles ruhig und gut. Dann nahm meine Schwester meinen Platz ein, während ich mich ein paar Stunden ausruhte und Dr. Mennell die Nachricht hinterließ, er möge mir seine Meinung über HPB sagen, wenn er zur Visite käme. Er kam kurz nach 9 Uhr und seine Diagnose war beruhigend. Das Stimulans hatte gut gewirkt, der Puls war kräftiger; er sah keinen Anlass zur unmittelbaren Besorgnis, riet mir, ein paar Stunden auszuruhen und sagte meiner Schwester, sie könne ihrer Arbeit nachgehen. Etwa um 11.30 Uhr wurde ich von Mr. Wright geweckt, ich möge sofort kommen, da es HPB schlechter ging und die Krankenschwester nicht glaube, dass sie die nächsten Stunden überleben werde.
> [Doch] plötzlich trat eine weitere Verschlechterung ein, und als ich versuchte, ihre Lippen anzufeuchten, sah ich, dass sich ihre Augen bereits trübten, obwohl sie bis zum letzten Augenblick voll bei Bewusstsein blieb. Im Leben hatte HPB die Gewohnheit gehabt, mit dem Fuß zu wippen, wenn sie intensiv nachdachte. Diese Bewegung machte sie fast bis zu dem Moment, als sie zu atmen aufhörte. Als alle Hoffnung geschwunden war, verließ die Krankenschwester das Zimmer und ließ C. F. Wright, W. R. Old und mich mit unserer geliebten HPB allein; die beiden knieten vor ihr nieder, ein jeder ergriff eine ihrer Hände, und ich, an ihrer Seite, mit einen Arm um sie gelegt, stützte ihren Kopf. So verblieben wir regungslos für viele Minuten. So ruhig war HPB dahingeschieden, dass wir kaum die genaue Sekunde wussten, in der sie zu atmen aufgehört hatte; tiefer Friede erfüllte den Raum ...[234]

◆

Während der vorangegangenen Wochen hatten sich im Hause von HPBs Tanten Nadja und Katharina in Russland seltsame Dinge ereignet. Am 4. Mai 1891 berichtete Nadja Vera darüber. Später sandten sie Olcott eine Kopie dieses Briefes, den er im *Theosophist* (April 1893, S. 430-31) veröffentlichte:

> Ich erhielt eine Warnung, doch verstand ich sie zuerst nicht. Du kennst doch den Ring, den sie mir aus Indien schickte? Ein einfacher, breiter Ring mit einem Achat, der Stein ist oval, flach, von leicht gelblicher Farbe, völlig durchsichtig, und in der Mitte des Steins war ein winziger Zweig Moos eingebettet. Ich trage ihn seit ungefähr zwölf Jahren und seine Farbe hat sich nie verändert, er blieb immer klar wie Glas. Doch etwa seit einem Monat [der Brief war vom 4. bzw. 16. Mai 1891] bemerkte ich, dass er dunkler wurde und seinen Glanz verlor. Schließlich wurde er schwarz wie Kohle, so dass das Mooszweiglein nicht mehr zu sehen war. Ich konnte mir nicht vorstellen, wie ein Quarzstein so nachdunkeln konnte. Ich wusch und reinigte und rieb ihn, doch ohne Erfolg. Der Stein blieb schwarz bis zu Helenas Tod, dann wurde er allmählich wieder heller und nach einigen Tagen kehrte seine natürliche Durchsichtigkeit zurück ...
>
> Am Ostermontag hörten wir in der Mitte des Esstisches ein derart lautes Klopfen, dass alle erschraken. Helena lebte da noch; doch an allen folgenden Tagen hörten wir seltsame Geräusche wie das Splittern von Glas und das Auf- und Zuschlagen von Schranktüren, Tag und Nacht. Als ich Gräfin Wachtmeisters Nachricht erhielt, dass sich die Dinge verschlimmert hatten, war sie (Helena) schon nicht mehr, aber wir wussten noch nicht von ihrem Tod. Ich las [Wachtmeisters Brief] meiner Schwester (Mme. Witte) im Wohnzimmer vor, die danach sagte: »Ich bin sicher, sie wird sich erholen.« Im gleichen Augenblick ertönte ein Krachen; entsetzt sprangen wir auf, um nachzusehen, was geschehen war, denn das Geräusch, das aus einer Zimmerecke kam, hatte sich angehört, als wäre die Wand eingestürzt. Dann meinten wir, dass vielleicht der Esstisch mit all den Gläsern und dem Porzellan darauf kaputtgegangen wäre. Nichts davon; alles war in Ordnung, nichts beschädigt. Nachdem ich Veras Brief und dein Telegramm erhalten hatte, hörten alle Geräusche auf.

Dr. Franz Hartmann berichtet von einem ähnlichen Fall, als ein Mann fern seiner Heimat starb. Die Geräusche, die seine Familie hörte, waren so laut, dass alle Nachbarn aufwachten. Hartmann bemerkt dazu: »Das kann durch die starken Gedankenformen des Sterbenden hervorgerufen worden sein. Der physische Körper beherbergt einen großen Vorrat an Energie, die zum Zeitpunkt des Todes freigesetzt wird und wodurch solche Geräusche erzeugt werden können. Paracelsus sagte, das würde vom Evestrum oder Astralkörper erzeugt.«

Aber auch harmonische Klänge waren zu hören, als HPB starb, wie Vera später von Nadja erfuhr: »Mehrmals in der Nacht, und einmal während des Tages ... begann die Orgel neben ihrem großen Porträt plötzlich zu spielen. Sie war verschlossen und von niemandem angerührt worden. Auch Glocken ertönten ohne Ursache oder Anlass.«[235]

Zwei Tage nach HPBs Tod, und ehe die Tanten davon erfuhren, saßen sie mit Verwandten abends wie gewöhnlich in ihrem großen Wohnzimmer und versuchten zu lesen, doch in Wirklichkeit dachten sie unentwegt an ihre ferne Nichte. Plötzlich flüsterte Mme. de Witte (Katharina), starr in die gleiche dunkle Ecke des Zimmers [aus der die lauten Geräusche gekommen waren] blickend: »Ich sehe sie! Da ist sie!« Sie beschrieb die Erscheinung, in Weiß gekleidet, mit großen, weißen Blüten am Kopf, genau wie sie in ihren Sarg gelegt worden war. Das war ihr Abschied von der Erde.[236]

HPBs Leichnam wurde am 10. Mai in Woking, England, eingeäschert. Unter den Anwesenden befand sich William Stewart Ross, Herausgeber des *Agnostic Journal,* in dem er oft unter dem Pseudonym Saladin schrieb. In der Ausgabe vom 16. Mai schilderte er die Bestattung (sein Bericht wurde gekürzt):

> Aus dem öden, grauen London fuhren wir hinaus durch grüne Felder und durch Unmengen von weiß blühenden Obstbäumen, an jenem Tag, als wir die sterblichen Überreste von Helena Petrovna Blavatsky zur Einäscherung begleiteten. Es war kein Krieger, den wir zum Scheiterhaufen trugen. Wir begleiteten eher ein Orakel, eine Sphinx oder eine Sibylle zu den Flammen, als alles andere, was die Welt für gewöhnlich in ihren Dörfern und Städten hervorbringt.
>
> Als einer von vielen in einem Wagen voll Trauernder erreichte ich das Krematorium. Die Theosophen drängten sich mit gespannter, aber nicht zu auffälliger Neugier um ein Objekt, das wie ein Boiler aussah, an dem ein Angestellter eine kreisförmige Öffnung von der Größe einer Münze öffnete, um ihre Neugier zu befriedigen. Die Anwesenden blickten nacheinander durch diese Öffnung; die meisten nur ganz kurz, um sich dann mit unwillkürlichem Schaudern wieder abzuwenden. Als ich selbst an die Reihe kam, wunderte ich mich nicht mehr über das Schaudern meiner Vor-

gänger. Hätten Vergil oder Milton oder Dante je in ein solches Inferno geblickt, hätten sie niemals über das Inferno geschrieben; sie hätten darauf verzichtet, weil es unbeschreiblich war.

Als ich noch darüber nachsann, traf der Leichenwagen ein. Der Sarg wurde in die Kapelle getragen und auf einer Trage aus Eiche abgestellt. Alle erhoben sich und entblößten das Haupt. Mr. G. R. S. Mead, ein junger Mann mit feinen Zügen, schritt an das Kopfende des Sarges und hielt eine eindrucksvolle Ansprache. Die Tür vom Krematorium zur Kapelle öffnete sich und vier Träger trugen den Sarg hinein. Vier Theosophen, die Madame Blavatsky gekannt und geliebt hatten und sie, wie auch ich, für die großartigste wie auch die geschmähteste Frau der Welt hielten, folgten ihren Überresten durch die breite Tür zum Ofen. Dann wurde die große Tür zugeschlagen und verriegelt.

Ihr Ableben lastet schwer auf mir, der ich ihrer Bruderschaft angehörte, jedoch die stoischen Tröstungen ihres Glaubens nicht teile. Für ihre Anhänger lebt sie weiter. Die Madame Blavatsky, die ich kannte, kann in der Vorstellung keines Theosophen mit dem rein physischen Instrument, das ihr nur in der einen kurzen Inkarnation gedient hatte, verwechselt werden. Ich aber kann nicht fest genug an diese Lehre glauben, damit sie mir Trost spenden könnte. Ihre Anhänger sind Gnostiker in Fragen der Theologie, während ich in dieser Hinsicht nur ein Agnostiker bin. Für mich ist Madame Blavatsky tot und ein weiterer Schatten fiel auf mein Leben.

Jeder aufmerksame Mensch, der mit HPB in Berührung kam, konnte leicht verstehen, warum sie so innig geliebt wurde, und nicht weniger leicht vermuten, warum sie ebenso bitter gehasst wurde. Sie trug ihr Herz auf der Zunge. Zum Unglück für jeden, der in dieser Welt »etwas erreichen« will, besaß sie auch nicht den geringsten Funken von Heuchelei. *Sie lehnte es ab, ihre Füße in bereits von der Masse ausgetretene Wege zu setzen, ebenso wie ein Adler nicht dazu zu bewegen ist, meilenweit in den Hufspuren eines Esels zu gehen.*

Für alle jene, die sie verleumdeten und ihr Unrecht taten, benutzte sie kein strengeres Wort als »Dummköpfe«. Andere Angreifer, wie die Coulombs und Dr. Coues, bedachte sie mit Worten nach der Devise »Vater, vergib ihnen, denn sie wissen nicht, was sie tun«, selbst wenn diese Menschen alles nur Mögliche unternommen hatten, um ihre Seele und ihren Körper mit unzähligen grausamen Wunden zu verletzen und noch Salz hineinzustreuen und sie mit Vitriol zu behandeln. Sie besaß jenes Übermaß an Herz, das nur wenigen bestimmt ist.[237]

DREI WÜRDIGUNGEN VON HPBs Werk aus Indien, England und den Vereinigten Staaten möchten wir hier zitieren. Die erste, vom 15. Mai 1891, brachte der *Indian Mirror,* eine der führenden indischen Tageszeitungen.

> Helena Petrovna Blavatsky hat auf dieser irdischen Ebene aufgehört zu sein ... Sie gehörte weder dieser noch einer anderen Nation an. Die weite Welt war ihre Heimat, alle Menschen waren ihre Brüder ... ihr ganzes Leben verlief äußerst ungewöhnlich. Es gibt keinen menschlichen Maßstab, an dem man sie messen kann. Sie wird immer eine herausragende Größe sein ...
>
> Es ist uns ... nicht möglich, die Größe dieses Verlustes zu erfassen. Unsere Zuneigung zu Madame Blavatsky war persönlicher Natur, wir sehnten uns danach, sie noch einmal in Fleisch und Blut in Indien zu sehen ... Nachdem uns nun dieser Wunsch so grausam durch den Tod verwehrt worden ist, sind unsere Sinne wie gelähmt und wir schreiben wie mechanisch. Wir rufen uns noch einmal die Züge dieser verehrten Frau vor Augen ... ihre schnellen Bewegungen, ihr Redefluss, diese hellen, leuchtenden Augen, die einen durchschauten und mit einem einzigen Blick das Innere nach außen kehrten. Wir werden sie in Erinnerung behalten, sanft und freundlich wie eine Mutter und weise wie einen Vater, durch die wir Glauben und Hoffnung und Trost erfuhren, wann immer wir mit unseren Zweifeln und Ängsten zu ihr kamen ...
>
> Die Theosophische Gesellschaft wurde gegründet, um [neben anderen Zielen] die religiösen und philosophischen Wahrheiten des Vedanta und des Buddhismus im Westen zu verbreiten. Doch waren diese Wahrheiten selbst in unserem Land nur teilweise bekannt. Madame Blavatsky sah sich dementsprechend genötigt, ihre Bemühungen auch auf uns auszudehnen, und so opferte sie sich selbst für das Wohl der Hindus, die sich indes höchst undankbar gerade dann von ihr abwandten, als sie ihre Unterstützung am meisten gebraucht hätte. Aber nun werden sie zu Recht gestraft. Ihr Land

soll nicht, wie der englische Boden, geweiht werden durch ihr Grab oder ein Ehrenmal. * Und die englischen Theosophen haben ihr sicherlich weit mehr die Treue gehalten als wir hier in Indien. So wird diese überaus hohe Auszeichnung nun ihnen zuteil werden. Aber sollten wir uns nicht bemühen, Vorwurf und Schande wieder auszugleichen? Das kann nur geschehen, indem wir Helena Petrovna Blavatsky zur Erinnerung ein Denkmal setzen, das die Stärke und das Ausmaß unserer Reue sowie unserer Würdigung all dessen zum Ausdruck bringt, was sie für Indien getan hat.[238]

In London schrieb W. T. Stead, Herausgeber von *The Review of Reviews,* in der Ausgabe Juni 1891:

Von den vielen verschiedenen geistigen Lehrern, zu deren Füßen ich im Lauf meiner sehr eklektischen journalistischen Laufbahn gesessen habe, war Madame Blavatsky eine der originellsten. Da gibt es solche, die, weil sie einen Witz über eine Teetasse zustande bringen, sich einbilden, sie hätten damit die Theosophie erledigt... Was Madame Blavatsky tat, war unvergleichlich größer als das Verdoppeln von Teetassen. Sie ermöglichte den kultiviertesten und skeptischsten Männern und Frauen dieser Generation nicht nur zu glauben – leidenschaftlich zu glauben, in einem Ausmaß, das sie immun machte gegen Spott und Verachtung –, dass die unsichtbare Welt, die uns umgibt, Intelligenzen enthält, die unserer Erkenntnisfähigkeit der Wahrheit unendlich überlegen sind, sondern auch, dass es dem Menschen möglich ist, mit diesen verborgenen und schweigenden Intelligenzen in Verbindung zu treten, um von ihnen über die göttlichen Mysterien von Zeit und Ewigkeit zu lernen ... Das ist eine enorme Leistung und eine, die *a priori* als unmöglich verlacht werden könnte. Trotzdem hat Blavatsky dieses Wunder vollbracht.

Madame Blavatsky, eine Russin, ... bekehrte führende Anglo-Inder zum leidenschaftlichen Glauben an ihre theosophische Mission, sogar in einer Zeit des hitzigsten Chauvinismus. Und in ihren späteren Jahren gelang es ihr, Annie Besant, die jahrelang in vorderster Front eines militanten Atheismus gekämpft hatte, für die neue-alte Religion zu gewinnen. Eine Frau,

* [Zu jener Zeit hatte man noch nicht über den Verbleib von HPBs Asche entschieden. Schließlich gab man ein Drittel nach Adyar, ein Drittel an den englischen Hauptsitz der Theosophischen Gesellschaft in London und das restliche Drittel an den US-Hauptsitz in New York.]

die diese beiden Dinge erreichen konnte, ist in der Tat eine [besondere] Frau ...

Madame Blavatsky gelang es, inmitten einer materialistischen und mechanistischen Generation, ein Volk von Skeptikern und Ökonomen dazu zu bewegen, zumindest die Existenz der Vorstellung anzuerkennen, dass alles Materielle lediglich eine vorübergehende Illusion ist und allein das Spirituelle existiert. Madame Blavatsky verstärkte auch, ja schuf in vielen Köpfen von neuem das Empfinden dafür, dass dieses Leben zu nichts anderem als zur Bewährung sinnvoll ist. In dieser Hinsicht entsprach ihre Lehre eher dem Geist des Neuen Testaments als die pseudochristlichen Lehren unserer Tage. Sie erweiterte den Horizont des menschlichen Geistes und brachte ein Gespür für das Mysteriöse, das manche der Religionen des Ostens charakterisiert, mitten in das Europa des 19. Jahrhunderts.

Einem späteren Leitartikel fügte Stead noch hinzu:

Reinkarnation mag es geben oder nicht. Ob wahr oder nicht, bis ins vorige Jahrzehnt war diese Idee für den Durchschnitts-Westeuropäer fast unvorstellbar. Das ist nicht länger der Fall. Tausende, die sie zwar immer noch als unbewiesen ablehnen, haben gelernt, ihren Wert als hypothetische Erklärung für viele Rätsel des menschlichen Lebens anzuerkennen ... Es ist nicht zu bestreiten, dass die wohlwollende Anerkennung der Möglichkeit der Reinkarnation das Bewusstsein der Öffentlichkeit erweitert hat ... Und diese fraglos bedeutende Leistung wird für immer mit dem Namen Madame Blavatsky verbunden bleiben.[239]

◆

Das folgende Editorial erschien am 10. Mai 1891 in der *New York Daily Tribune:*

Nur wenige Frauen unserer Zeit wurden so nachdrücklich falsch dargestellt, verleumdet und diffamiert wie Madame Blavatsky. Doch obwohl ihr durch Bosheit und Ignoranz gnadenlos Schaden zugefügt wurde, gibt es eine Fülle von Anzeichen dafür, dass sich ihr Lebenswerk selbst rechtfertigen wird, dass es fortdauern und sich bewähren wird ...

Das Leben von Madame Blavatsky war bemerkenswert, doch ist hier weder

Ort noch Zeit, seine Wechselfälle zu erörtern. Die Feststellung muss genügen, dass sie sich fast zwanzig Jahre der Verbreitung von Lehren widmete, deren Grundprinzipien von erhabenstem ethischem Charakter sind. So utopisch manchen der Versuch erscheinen mag, im 19. Jahrhundert die Schranken von Rasse, Nationalität, Kaste und Klassenvorurteil zu durchbrechen und den Geist brüderlicher Nächstenliebe einzuführen, den der erhabenste aller Lehrer bereits im ersten Jahrhundert predigte, so kann die edle Zielsetzung nur von solchen angezweifelt werden, die das Christentum ablehnen. Madame Blavatsky war der Ansicht, dass die Erneuerung der Menschheit auf der Entwicklung des Altruismus beruhen muss. Hierin stimmte sie mit den bedeutendsten Denkern nicht nur dieser Tage, sondern aller Zeiten überein ... Schon allein deshalb verdient ihr Werk die aufrichtige und ernsthafte Anerkennung von Menschen, die Respekt haben vor Lehren, die Rechtschaffenheit hervorbringen.
Auch in anderer Hinsicht leistete sie wichtige Arbeit. Keiner der heutigen Generation hat mehr für die Wiederentdeckung jener längst verschütteten Schätze östlichen Denkens, östlicher Weisheit und Philosophie getan als sie. Niemand hat mehr dazu beigetragen, unsere Aufmerksamkeit auf die profunde Weisheitsreligion zu lenken, die aus dem ruhelosen Denken des Orients hervorgegangen ist. Niemand hat mehr getan, um die Tiefe und Reichweite dieser uralten Literatur einer erstaunten westlichen Welt nahe zu bringen, die überzeugt war, dass der Osten im Bereich des spekulativen Denkens nicht mehr hervorgebracht hat als oberflächliche und infantile Systeme. Ihre eigene Kenntnis orientalischer Philosophie und Esoterik war umfassend. Kein aufrichtiger Mensch kann dies nach der Lektüre ihrer beiden Hauptwerke bezweifeln. Ihre Schritte führten tatsächlich oft in einen Bereich, wohin nur einige wenige Initiierte ihr folgen konnten. Doch waren die Ausdrucksweise und die Richtung all ihrer Schriften gesund, belebend und anregend. Die Lehre, die von ihr immer wieder betont wurde, war mit Sicherheit diejenige, die die Welt am Nötigsten brauchte und immer gebraucht hat, nämlich die Notwendigkeit, das Selbst zurückzunehmen und für andere etwas zu tun. Zweifellos ist eine solche Lehre den Ego-Anbetern zuwider, und vielleicht hat sie nur eine geringe Chance, allgemein akzeptiert, geschweige denn allgemein praktiziert zu werden. Aber der Mann oder die Frau, die bewusst allen persönlichen Zielen und Ambitionen entsagen, um dieser Auffassung zu folgen, verdienen gewiss Respekt, sogar von Seiten derer, die sich am wenigsten für fähig halten, dem Ruf zu einem höheren Leben zu folgen.

Das Werk von Madame Blavatsky hat bereits Früchte getragen und ist offensichtlich dazu bestimmt, in Zukunft weiterhin einfluss- und segensreich zu wirken. Aufmerksame Beobachter unserer Zeit haben schon lange festgestellt, dass der Stil heutigen Denkens in vieler Hinsicht von diesem Werk beeinflusst wurde. Mehr Menschlichkeit, liberales Denken, die Neigung, Philosophien des Altertums von einem höheren Gesichtspunkt aus zu betrachten, stehen in direktem Zusammenhang mit den erwähnten Lehren. So hat Madame Blavatsky ihrer Zeit den Stempel aufgedrückt. Ebenso ihre Werke ... Und eines Tages, wenn nicht gar bald, wird die Erhabenheit und Reinheit ihrer Ziele, die Weisheit und Reichweite ihrer Lehren weit mehr Anerkennung finden. Und ihrem Andenken sollte die ihm gebührende Ehre zuteil werden.[240]

DER AMERIKANISCHE Künstler Edmund Russell lernte HPB Ende der 1880er Jahre in London kennen. Im *Lucifer* erwähnt Blavatsky ihn als »>unser gemeinsamer Freund<, der sehr bekannte Edmund Russell«. Yeats schrieb über Russell in einem Brief an Katherine Tynan im September 1888: »Gestern begegnete ich [bei Madame Blavatsky] einem sehr eigenartigen und interessanten Mann – ich möchte noch nicht behaupten, dass er an sich interessant ist, doch seine Ansichten sind es . . Er ist die faszinierendste Persönlichkeit, der ich in letzter Zeit bei Madame begegnet bin...«[241] Hier eine Zusammenstellung von vier von fünf Charakterskizzen Edmund Russells über HPB[242]:

> Ich habe viele Artikel über Helena Petrovna-Hahn-Blavatsky gelesen und von den meisten hatte ich nicht den Eindruck, dass die Autoren sie auch nur wenigstens einmal gesehen haben. Sie äußern sich nur abwertend über die persönlichen Qualitäten Blavatskys. Vieles wird unterschlagen, nur um zu beweisen, dass sie ein Scharlatan ist, was sie entschieden nicht ist. Oder eine Gottheit, was sie genauso entschieden ablehnte zu sein.
>
> Während ihrer letzten Lebensjahre in der Lansdowne Road, Holland Park, hatte ich Gelegenheit, sie in vielen Situationen zu beobachten. Ich gehörte nie zu ihren Mitarbeitern, war aber Mitglied des Esoterischen Kreises. Als Außenseiter, als Künstler und als der jüngste ihrer Anhänger habe ich sie vermutlich amüsiert, und sie sprach sehr offen mit mir. Sie hatte sich schon vor langem völlig von der Gesellschaft zurückgezogen. Leute, die sie sehen wollten, kamen zu ihr. Zum Beispiel die Frau, die auf der Türschwelle zurückwich: »Ich habe Angst hineinzugehen«, »Ich zittere bei dem Gedanken, ihr zu begegnen« – saß bald zu ihren Füßen.

Sie überzeugte durch Liebe, nicht durch Einschüchterung

Der gewaltige Strom ihrer Besucher glich einem ethnologischen Kongress – italienische und russische Persönlichkeiten – Bengalis – Brahmanen – Patriarchen der Griechischen Kirche – Mystiker aus allen Ländern. Alle fühlten ihren Scharfsinn und ihre Kraft. Sie brachte die Besucher sofort dazu, sich von ihrer besten Seite zu zeigen. Das Gefühl, jemanden getroffen zu haben, der direkt in ihr Innerstes vorstieß, unbeeinflusst von den Nichtigkeiten, die anderen so wichtig sind, verlieh diesen Menschen neue Kraft. Natürlich gab es auch andere, Leute mit buchstabengetreuem Glauben, die sogar glauben würden, dass Jonas den Wal verschluckt hat; diese Menschen, denen symbolische Deutungen einfach Angst einjagen, fühlten sich angesichts ihrer Logik und ihres großen Wissens äußerst unwohl, nannten sie »eine schlechte Frau« und gingen wieder. Manche hatten ihre Ehefrauen mitgebracht, die immerhin eingestanden, sie könnten zwar »nicht ihrer Meinung sein«, fänden sie aber »trotzdem liebenswert«.

Ich erinnere mich gut an ihre Schwester, Madame Selikowsky, die oft lange bei ihr zu Besuch war. *Très grande dame,* eine grauhaarige Frau, von aristokratischer Haltung und Würde, in der höchsten russischen Gesellschaft wohl bekannt. Madame selbst konnte ebenfalls die elegantesten Umgangsformen zeigen, wenn sie wollte, doch nur selten machte sie sich die Mühe. Sie besaß die Einfachheit derer, die wissen, dass sie königlich sind und tun, was ihnen gefällt.

Wenn sie jemanden in einem Streit aufreiben wollte, tat sie so, als sei ihr Englisch nicht gut, doch je mehr sie in Fahrt geriet, desto besser wurde ihr Wortschatz und desto offensichtlicher ihre Beherrschung der Sprache. Es war amüsant, zu beobachten, wie sie einen Journalisten – intellektuell, ein Kreuzverhör vornehmend – abwehrte, der gekommen war, sie in eine Falle zu locken. Bei solchen Gelegenheiten pflegte sie jenen dummen Blick aufzusetzen, den Loie Fuller * so wirkungsvoll einsetzt, der andeuten sollte: wenn sie nur ein *bisschen* heller wäre, könnte man sie als geistig zurückgeblieben bezeichnen. Sie verleitete ihn dazu, sein ganzes Pulver zu verschießen, um dann Schritt für Schritt an Boden zu gewinnen und ihn schließlich sprachlos zurückzulassen. Dann pflegte sie mit herzhaftem Lachen seine Hand zu ergreifen:

* Loie Fuller (1862-1928) war eine bekannte amerikanische Tänzerin.

»Sie sind grossartig, kommen Sie oft! Kommen Sie immer!«

Ich habe sie bei einem Streit gesehen, als sie sich plötzlich mit geballter Faust auf die Stirn schlug: »Was bin ich für ein Idiot! Mein lieber Freund, vergeben Sie mir – Sie haben Recht, ich habe mich geirrt.« Wie viele Menschen würden so etwas je machen?
In einer Rezension hieß es, die Theosophie habe nie existiert, die Geheimlehre sei eine Erfindung von ihr. Madame erwiderte: »Wenn ich das denken würde, zöge ich vor HPB meinen Hut. Ich bin nur die Schreibkraft; Sie wollen mich zum Urheber machen! Das ist mehr als ich verlange!« Völlig gleichgültig gegenüber Klatsch machte sie sich nie die Mühe, etwas zu widerlegen. Einmal äußerte sie mir gegenüber: »Ich stehe schon solange im Regen (der Verleumdungen), dass ich nicht einmal mehr versuche, einen Schirm zu öffnen.«
Samadhi oder Gott-Bewusstsein war ihr Ideal. Sie war ein bis zur Rotglut erhitzter Eisenstab, der wie Feuer wird und darüber sein eigenes Wesen vergisst. Die meisten Menschen beschäftigen sich die ganze Zeit mit den niederen Bedürfnissen und Vergnügungen. Sie schien keine eigenen Bedürfnisse oder Vergnügungen zu kennen. Oft ging sie ein halbes Jahr lang nicht aus dem Haus, nicht einmal in ihren Garten. Der Einfluss eines solchen Vorbildes war das Geheimnis des erstaunlichen Wachstums der Theosophischen Gesellschaft. Sie lebte in großer Wahrheit und wurde dennoch eine Lügnerin genannt; in Großzügigkeit, und wurde des Betrugs bezichtigt; und in der Verachtung aller Heuchelei, und wurde dennoch zur Königin des Humbugs gekrönt.

Sie kannte die Bibel genau, obwohl diese für sie nur eines von vielen heiligen Büchern war, die für sie alle heilig waren. Denn durch ihre Theosophie – Gottes-Weisheit oder Gute Weisheit – lehrte sie uns, die Mehrzahlendung des Wortes Religion fallen zu lassen, und diese kleinen Buchstaben scheinen endlich ihre Wichtigkeit zu verlieren. Aufgrund intensiven Studiums universeller Analogien waren einige ihrer Interpretationen elektrifizierend. Die letzten Worte Christi, »Eli! Eli! Lama Sabachthani« [Gott! Warum hast du mich verlassen?], für viele schmerzhaft, aus denen so manche, wie George Moore, einen Widerruf seiner Mission herauslesen, verwandelte sie in einen Freudenruf: »Mein Gott, mein Gott! Wie hast du mich erhöht!«
Sie war der letzte der Giganten. Nur die Höhlentempel Indiens können als

Maßstab für sie gelten – sie war *Elephanta* oder *Ajunta,* unter Kuppeln von verblassten Fresken in goldenem Glanz.
Ich habe viele gekannt, die ihrer Natur nach den Göttern nah waren: Salvini, Gladstone, Robert Browning, William Morris, Rodin, Sarah Bernhardt – keiner hatte ihre kosmische Kraft, obwohl alle den gleichen kindlichen Charme besaßen, sobald sie den Alltag hinter sich ließen. Die Großen bleiben stets Kinder und entlassen sich selbst gelegentlich aus ihrer Geborgenheit.
Bestimmt war sie die stärkste Persönlichkeit, der ich je begegnet bin. Selbst ihre Feinde – und sie hatte viele – gaben dies zu. Leute, die an den Konventionen hingen, konnten ihren Verzicht auf Pose nicht verstehen. Ihren unmittelbaren Wechsel von der lachenden Kindheit zum ernsten Alter. Das schickte sich nicht; sie selbst ließen niemals ihre Masken fallen.

Sie war Mann – Frau – Löwe – Adler – Schildkröte – Kröte – kosmisch – sie war alles. Äußerlich suggerierte sie die *Monstrosität* jener seltsamen Formen, die Blake zeichnete, deren Kleider, Haare, Gesten Teile der Felsen und Bäume sind, die sie umgeben; die mit dem Tierkreis gegürtet daherschreiten und mit den Göttern Zwiesprache halten. Manchmal zeigte ihr Kosakengesicht, wenn es entspannt war, die Schwermut menschlicher Größe und menschlichen Seins, meist aber einen Ausdruck von Freude. Nichts vermochte sie zu verbittern. Sie war keine Tragödin im griechischen Sinn. Noch in ihrer tiefsten Trübsal leuchtete Shakespeares befreiender Humor auf.

In Amerika geschah es, dass die bemerkenswerte Mary A. Livermore * und ich zufällig in der gleichen Stadt eine Rede hielten. Uns zu Ehren wurde ein Dinner veranstaltet, zu dem fast alle Geistlichen der Stadt eingeladen waren. Natürlich wurde Mrs. Livermore am Arm des Gastgebers zu Tisch geführt und ich führte die Gastgeberin. Die Tafel war sehr lang, deshalb saßen wir weit auseinander. Die Geistlichen gehörten verschiedenen Bekenntnissen an. Es war schrecklich langweilig. Die einzige Möglichkeit, einem großen Dinner zum Erfolg zu verhelfen, besteht darin, die Konver-

* Mary Ashton Livermore (1820-1905), eine amerikanische Suffragette und Reformerin, Gründerin und Herausgeberin der Zeitschriften *The Agitator* und später von *The Woman's Journal.*

sation quer über den Tisch in Gang zu bringen. Ich ließ die Dinge bis zur Halbzeit des Essens treiben, als ich in einer Pause laut rief:
»Mrs. Livermore! Haben Sie Madame Blavatsky je persönlich kennen gelernt?« Das hatte magische Wirkung. Alle wachten auf. Von diesem Augenblick an waren alle brillant, im Angriff wie in der Verteidigung, und ich staunte, wie gründlich die Kirchenführer ihre Gedanken studiert hatten, wie vertraut sie mit ihrem Werk waren. Obwohl sie ihre Lehren *en bloc* ablehnten, war ihr Licht bis in ihr Allerheiligstes vorgedrungen und ihr Brief [im *Lucifer*] »An den Erzbischof von Canterbury« hatte Aufmerksamkeit erregt.
Hin und wieder höre ich, dass jemand sie »nicht mochte« oder eifersüchtig auf sie war. Als würde man Elgins Marmorskulpturen nicht mögen und wäre eifersüchtig auf die Sphinx. Sie war genauso mild und so strahlend im Geist wie William Blake, der als sehr alter Mann, nach endlosen Entbehrungen und mangelnder Anerkennung, zu einem kleinen Mädchen sagte: »Meine Liebe, ich will nur hoffen, dass dein Leben ebenso schön und so glücklich wird wie das meine.«[243]

VII. KAPITEL

Das neue Jahrhundert

1 Das Weltparlament der Religionen

Zur Zeit von Helena Blavatskys Tod schrieb William Q. Judge:

> In London fragte ich sie einmal, welche Möglichkeit es gebe, Menschen für die Theosophische Gesellschaft zu gewinnen, angesichts des enormen Missverhältnisses zwischen der Mitgliederzahl und den Millionen von Europäern und Amerikanern, die entweder nichts von der Theosophie wussten oder sich nicht dafür interessierten. Sie lehnte sich in ihrem Sessel an ihrem Schreibtisch zurück und sagte: »Denken Sie an jene Tage des Jahres 1875 und danach, als es keinen Menschen gab, der sich für Ihre Gedanken interessierte, und bedenken Sie den jetzt immer größer werdenden Einfluss theosophischer Ideen – unter welcher Bezeichnung auch immer –, so ist das gar nicht so schlecht. Wir arbeiten ja nicht nur, damit die Leute sich *Theosophen* nennen können, sondern dass die Lehren, die uns teuer sind, den Geist dieses Jahrhunderts insgesamt beeinflussen und durchdringen mögen.«[1]

Einige dieser Auswirkungen wurden bereits erörtert. Dieses Kapitel untersucht weitere Einflüsse und Auswirkungen theosophischen Gedankenguts in den ersten hundert Jahren nach HPBs Tod u.a. in den Bereichen der Naturwissenschaft, der Religion, der Künste und der Psychologie.

Wir werden feststellen, dass HPB in der *Geheimlehre* künftige Entdeckungen der Wissenschaft voraussah. Sie erhob aber nie den Anspruch, die Erste zu sein, da sie sich selbst einfach als Übermittlerin der Weisheit betrachtete, die die alten Hochkulturen kannten, und die sie von ihren Lehrern gelernt hatte. Auch hat sie niemals behauptet, alles korrekt weitergegeben zu haben – weder sie noch ihre Lehrer haben vorgegeben, unfehlbar zu sein.

Man wird natürlich vermuten, dass HPBs Einfluss seine stärkste Wirkung unter den Theosophen der verschiedenen Gesellschaften in den 100 Jahren nach ihrem Tod zeigte. * Das ist jedoch eine lange und komplizierte Geschichte, die hier nur angedeutet werden kann.

Dass HPBs Einfluss sich auch auf die am wenigsten erwarteten Bereiche auswirkte, geht aus dem folgenden Brief von Eric Bloy, dem ehemaligen Bischof der Episkopal-Diözese Los Angeles, hervor. Der Brief vom 18. November 1971 war an Boris de Zirkoff gerichtet:

Wie aufmerksam von Ihnen, dass Sie mir ein Exemplar von »HPB und die Geheimlehre« zukommen ließen. Ich lese es mit Vergnügen. Vor vielen Jahren eröffnete mir Die Geheimlehre *viele Horizonte, wie ich Ihnen, glaube ich, einmal erzählt habe, und ich werde ewig dankbar sein. Die* Geheimlehre, *auch wenn man sie nur teilweise versteht, befreit uns von der Verzweiflung, die in dem gegenwärtigen Unbehagen der Welt so leicht aufkommt. »Das Beste kommt noch«, sagt Browning, und wir, die wir privilegiert sind, der Menschheit unter Anleitung der großen Lehrer zu dienen, wissen das nur zu gut. Der Tag des Brahma in all seinem Glanz ist noch nicht angebrochen.*

Ein anderer Fall ist der des Rabbis Joshua Lieberman, der in den 1940er und 1950er Jahren für seine Rundfunkansprachen über zahlreiche amerikanische Sender berühmt war. Einmal nannte er mehrere Bücher, die ihn in seinem Lebenswerk inspiriert hatten, darunter war Robert Crosbies *The Friendly Philosopher.* Liebermans Hörer wären erstaunt über den Untertitel gewesen: »Briefe und Gespräche über die Theosophie und die theosophische Lebensweise«. Crosbie gründete 1909 die United Lodge of Theosophists.

Im Zusammenhang mit Blavatskys Öffentlichkeitsarbeit, von 1875 bis zu ihrem Tod, wies Crosbie einmal darauf hin, dass sich in der gleichen Zeitspanne drei wichtige Zyklen überschnitten hätten:

Die erste, fünftausendjährige Periode des *Kaliyuga,* die mit dem Tod Krishnas, dem Lehrer in der »Bhagavad-Gita«, begonnen hatte, endete in dieser Zeit, und man befand sich noch in dem hundertjährigen Zyklus, in dessen letzten 25 Jahren, wie in jedem Jahrhundert, die Große Loge (der

* Die Namen und Anschriften der drei wichtigsten Gesellschaften mit internationalen Sektionen, Zweigstellen oder Logen sind: The Theosophical Society, Adyar, Madras, 600020, Indien (die europäische Föderation dieser Gesellschaft hat über 20 Ländersektionen; Kontaktadresse in Deutschland: Theosophische Gesellschaft Adyar, Friedrich-Willhelm-Str. 54, 12103 Berlin); Theosophical Society, Pasadena, P.O. Box C, Pasadena, CA 91109, USA (in Deutschland: Theosophische Gesellschaft Pasadena, Postfach 701922, 81319 München); und United Lodge of Theosophists, 245 West 33rd St., Los Angeles, CA 90007, USA.

> Meister) sich besonders bemühte, der Menschheit durch Lehrende oder deren Jünger bessere Ideen zu übermitteln. * Die Sonne ging während dieser Zeit vom Zeichen der Fische in das Zeichen des Wassermanns über, und auch das war ein Signal.[2]

In dieser Zeit ereignete sich Bemerkenswertes auf den Gebieten der Religion und Naturwissenschaften, alles, wie es scheint, in Verbindung mit dem Einfluss, der von HPB und ihren Lehrern ausging.

* siehe Blavatsky, Der *Schlüssel zur Theosophie,* S. 382

IM RAHMEN DER Kolumbus-Ausstellung in Chicago, zur Feier des 400. Jahrestages der Entdeckung Amerikas durch Christoph Kolumbus, fand im September 1893 eine einzigartige Veranstaltung statt. Es war das Weltparlament der Religionen. Rick Fields, ein führender amerikanische Autor auf dem Gebiet des Buddhismus, berichtet:

> Um diese Ausstellung unterbringen zu können, hatte man entlang der Ufer des Michigansees eine ganze Stadt aufgebaut. Die schimmernden Paläste der »weißen Stadt« erinnerten an die großen Reiche der Antike – Griechenland, Rom, Ägypten, das Italien der Renaissance ... Die Reaktion auf die mehr als 10.000 Einladungen, die die Organisatoren in die Welt hinausgeschickt hatten, überwältigte sogar die optimistischsten unter ihnen.

Bei der Eröffnung des Weltparlaments der Religionen sagte der Vorsitzende, Dr. John Henry Barrows: »Wie das weiße Himmelslicht, ist auch die Religion durch die Prismen der Menschen in viele farbige Fragmente zerlegt worden. Eines der Ziele des Parlaments der Religionen ist, das vielfarbige Strahlenbündel wieder in das weiße Licht himmlischer Wahrheit zurückzuverwandeln.«[3]

Die zahlreichen christlichen Sekten hatten sich bisher noch niemals versammelt, die großen orientalischen Religionen waren noch nie in den Westen eingeladen worden. HPB, die so hart gearbeitet hatte, eine solche Aussöhnung zustande zu bringen, wäre glücklich gewesen, es mitzuerleben.

Es überrascht nicht, dass einige christliche Gruppen sich weigerten, daran teilzunehmen. Das Oberhaupt der Anglikanischen Kirche Englands, der Erzbischof von Canterbury, schrieb: »Das Christentum ist die eine Religion«, und fügte hinzu, er könne nicht verstehen, »wie diese Religion als Mitglied eines Parlaments von Religionen betrachtet werden könne, ohne von der Gleichrangigkeit der anderen Mitglieder und der Parität ihrer Stellungen und Ansprüche auszugehen.«[4]

Bei der Eröffnungssitzung saßen Protestantenführer, ein katholischer Kardinal aus New York, Rabbiner und heilige Männer und Gelehrte aus dem Osten auf dem Podium. Professor Carl Jackson schreibt in *Oriental Religions and American Thought:*

> Eine Anzahl der asiatischen Repräsentanten waren Theosophen, unter ihnen Kinza Hirai und Dharmapala, die Hauptvertreter des Buddhismus auf dem Kongress. Hirais Ansprache im Parlament über »synthetische Religion«, in der er die Vision des Zusammenschlusses aller Religionen zeichnete, lässt sicherlich theosophische Einflüsse erkennen. Und Dharmapala ... hatte noch eine engere Beziehung zur Theosophie: er war Olcotts treuer Assistent und persönlicher Sekretär auf Sri Lanka.

Vielleicht erinnern wir uns, dass Dharmapala ursprünglich unter HPBs Obhut stand und sie es war, die ihm empfahl, ein buddhistischer Pali-Gelehrter und Missionar zu werden.

Jackson fährt fort:

> Der umstrittenste Delegierte im Parlament, Alexander Russell Webb – oder »Mohammed« Webb, wie er nun genannt werden wollte – war früher ebenfalls Theosoph gewesen ... Olcott, der Webb 1892 kurz nach dessen Rücktritt als amerikanischer Konsul in Manila interviewt hatte, erzählt, dass Webb ein »entschiedener Fürsprecher des Buddhismus« war, bis er in »wenigen Monaten den Islam annahm«. Über diesen plötzlichen Sinneswandel befragt, habe er Olcott geantwortet, dass er, »obwohl er Moslem geworden sei, nicht aufgehört habe, ein überzeugter Theosoph zu sein«, dass der »Islam, wie er ihn verstehe, mit der Theosophie vollkommen übereinstimme«. Doch Webbs unerschütterliche Verteidigung des Islam vor dem Parlament war eine Sensation. Und schließlich war da noch Professor G. N. Chakravarti [ebenfalls Theosoph], der sich Vivekananda angeschlossen hatte und den Hinduismus vor dem Parlament vertrat ...[5]

Dharmapala und Chakravarti repräsentierten als Delegierte auch die Theosophische Gesellschaft. Weitere theosophische Delegierte waren W. Q. Judge und J. D. Buck aus Amerika sowie Annie Besant und Isabel Cooper-Oakley aus England.

Zunächst sah es danach aus, als würde der Theosophischen Gesellschaft die Teilnahme verweigert [laut Bericht des Theosophischen Kongresses]. Zuerst wurde sie einem »Psychischen Komitee« zwecks Platzierung zugewiesen, doch da Elliott Coues dort den Vorsitz hatte, war eine negative Entscheidung natürlich unvermeidlich. Dann wurde die Theosophische Gesellschaft dem »Komitee für moralische und soziale Reform« zugeteilt, dem Coues' Schwester vorstand! Sechs Monate vergingen ohne Repräsentation.

Dann wurde im April 1893 der Vertreter der Theosophischen Gesellschaft in Chicago, George Wright, zum Büro des Parlamentspräsidenten gerufen. Wright erzählt: »Mir stockte der Atem, als er mir mitteilte, dass das Religionskomitee einstimmig beschlossen habe, der Theosophischen Gesellschaft einen eigenen Kongress zu bewilligen, der während des Parlaments der Religionen stattfinden sollte, und dass ich zum Vorsitzenden des Organisationskomitees ernannt worden sei.«[6]

William Q. Judge, internationaler Vizepräsident der Theosophischen Gesellschaft und Hauptorganisator des Theosophischen Kongresses, wurde zum Vorsitzenden ernannt [laut Bericht des Theosophischen Kongresses]. Es wurden zwei Tage für ihre Veranstaltungen einberaumt, 15. und 16. September. Doch drängten sich bei diesem Kongress so viele Menschen, dass die Organisatoren des Parlaments noch zwei Wochenendtermine vor dem allgemeinen Parlament einschoben und einen weiteren Termin zur günstigsten Zeit um 8 Uhr abends. Obwohl bei der Schlussversammlung Sitzplätze für viertausend Personen vorhanden waren, standen Hunderte in den Gängen und an den Seitenwänden. Zwei von Annie Besants Vorträgen behandelten Karma und Wiedergeburt in Bezug auf soziale Probleme, und auch andere theosophische Redner stellten diese Ideen in den Vordergrund. Judge sprach vor dem Hauptparlament ausführlich über den »verlorenen Akkord des Christentums«, wie er die Reinkarnation oft bezeichnete. Am Abend darauf sprach er, wiederum vor dem Parlament, über die Wiedergeburt aus dem Blickwinkel des Universalgesetzes der Zyklen. Seine Rede wurde jedoch abrupt von einem der parlamentarischen Führer – einem presbyterianischen Priester – unterbrochen, der die Mitglieder seiner Kirche aufforderte, sofort den Saal zu verlassen, weil sie sicherlich nur versehentlich in diese Veranstaltung gegangen seien, denn niemand sei zur Versammlung der Presbyterianer erschienen, und das könne doch nur durch die chaotischen Ankündigungen der verschiedenen Programme passiert sein. Niemand im Publikum rührte sich![7] Zum Abschluss dieser historischen Tagung verkündete Dr. Barrows:

> Das Parlament hat gezeigt, dass noch immer das Christentum der stärkste Hoffnungsträger der Menschen ist ..., dass es keinen mit Christus vergleichbaren Lehrer gibt, und auch keinen Erlöser außer Christus ... Ich glaube nicht, dass die anwesenden Orientalen die Höflichkeit, mit der sie aufgenommen wurden, für die Bereitschaft des amerikanischen Volkes halten, östliche Religionen anstelle ihrer eigenen anzunehmen.[8]

Der Historiker Carl Jackson stellte jedoch fest, dass andere Teilnehmer völlig andere Eindrücke gewonnen hatten:

> Beobachter stellten bei den Sitzungen immer wieder fest, welch positiven Eindruck die östlichen Vortragenden hinterließen. Florence Winslow bekräftigte, dass das Parlament eine »Tatsache« geworden sei, deren »Prinzipien und Lehren« aus dem amerikanischen, christlichen Bewusstsein »nicht mehr wegzudenken sind«. Sie schrieb diese Wirkung weitgehend den »starken Persönlichkeiten« jener Männer zu, die beim Kongress den Hinduismus, Buddhismus, Konfuzianismus und Shintoismus vertreten hatten. Ihre »Seriosität, Ernsthaftigkeit, Hingabe und Spiritualität« schlossen jeden Gedanken aus, dass die östlichen Religionen vor einem triumphierenden Christentum »niederfallen oder sich in Luft auflösen« würden. Sie pries Dharmapala als den »sanftesten Mann, in seiner Verehrung Christi fast christlich«, und lobte Vivekananda als »einen der besten und umfassendst gebildeten Menschen« dieser Tage und als »glänzenden Redner«.
> Lucy Monroe, die in *The Critic* laufend über den Kongress berichtete, war ebenfalls von Dharmapala und Vivekananda tief beeindruckt und bezeichnete sie als »die bedeutendsten Persönlichkeiten des Parlaments«. Sie meinte, dass vielleicht das »greifbarste Ergebnis« des Parlaments das »Gefühl war, das es über Missionsarbeit im Ausland« erweckte. »Die Impertinenz, halbgebildete Theologiestudenten loszuschicken, um diese weisen und gebildeten Orientalen zu belehren, wurde einem englischsprachigen Publikum noch nie eindringlicher vor Augen geführt.«[9]

Dies scheint weit entfernt von der im Westen vorherrschenden Ansicht achtzehn Jahre zuvor zu sein, als HPB mit ihrer Öffentlichkeitsarbeit begann, um der Vorstellung entgegenzuwirken, Asiaten seien unwissende Wilde und ihre Religion ein Gemisch aus abergläubischen Vorstellungen. Aber ihre Bemühungen waren nicht die ersten in dieser Richtung. Die amerikanischen Transzendentalisten Emerson, Thoreau und Whitman äußerten freimütig ihre Bewunderung für den Osten. Darunter war auch Sir Edwin Arnold, berühmt für sein Werk über das Leben Buddhas, *Die Leuchte Asiens,* sowie für seine Übersetzung der *Bhagavad-Gita* unter dem Titel *Der Gesang des Erhabenen* – Gandhis englische Lieblingsübersetzung dieses Hindu-Klassikers. 1888 wurde Arnold in Anerkennung seines Werkes von Königin Viktoria zum »Ritter des Indischen Empire« geschlagen. Als Tennyson 1892 starb, schlug sie Arnold für den englischen Laureatus-Titel vor. Doch Premierminister Gladstone wollte diese Ehre für einen Fundamentalisten.

Sir Edwin wurde einmal gefragt, ob er HPB jemals kennen gelernt habe. Darauf antwortete er:

> Ich kannte Madame Blavatsky sehr gut und ich habe auch Col. Olcott und A. P. Sinnett kennen gelernt. Ich glaube, es besteht kein Zweifel, dass die theosophische Bewegung einen außergewöhnlichen Einfluss auf die Menschheit hat. Sie sorgte dafür, dass viele Menschen verstehen, was man in ganz Indien immer gewusst hat, nämlich die Wichtigkeit unsichtbarer Dinge. Das wahre Universum ist das, das man nicht sieht, und die einfachsten indischen Bauern wissen das seit jeher. Die Theosophie hat bei der heutigen Generation bewirkt, dass sie die Existenz des Unsichtbaren zugibt. Die Sinne sind äußerst begrenzt, und jedermann sollte wissen, dass jenseits dieser Grenzen ein Bereich unbegrenzter Entwicklung liegt.[10]

In seinem Buch *A Year Under the Shadow of St. Paul's* schrieb der Geistliche E. C. Paget in dem Kapitel »An Evening with Sir Edwin Arnold« (Ein Abend mit Sir Edwin Arnold): »Als Madame Blavatskys Name fiel, erzählte Sir Edwin von seiner Bekanntschaft mit ihr und von ihren außerordentlichen geistigen Fähigkeiten. Als Beispiel führte er an, dass er sie einmal ganz beiläufig nach den Daten eines hoch angesehenen Sanskrit-Gelehrten gefragt habe, die sie sofort mit perfekter Genauigkeit nannte.« [11] Umgekehrt ist auch HPBs hohe Einschätzung Arnolds bekannt, denn in ihrem Testament bat sie ihre Freunde, sich alljährlich an ihrem Todestag zu versammeln und aus Arnolds *Die Leuchte Asiens* und der *Bhagavad-Gita* (keiner bestimmten Ausgabe) zu lesen. Der Weiße Lotustag wird heute von Theosophen in aller Welt festlich begangen. Er wurde von Col. Olcott so genannt, weil am ersten Todestag von HPB der Lotus in Adyar in ungewöhnlicher Fülle blühte.

2 Die Naturwissenschaften und *Die Geheimlehre*

1988 FANDEN IN DEN USA, Europa und Indien anlässlich des 100. Jahrestages des Erscheinens von Helena Blavatskys *Geheimlehre* eine Reihe von Symposien statt. Bei einer Veranstaltung in Culver City, Kalifornien, sagte der prominente amerikanische Theosoph Jerry Hejka-Ekins Folgendes:

> Es ist kaum anzunehmen, dass ein Buchrezensent im Jahr 1888 der *Geheimlehre* eine längere Lebensdauer als einige Nachdrucke zugebilligt hätte. Es ist ein schwieriges Werk mit ungefähr 1 500 Seiten, voll von fernöstlichen philosophischen und religiösen Ausdrücken, in Gegenüberstellung mit der Wissenschaft des 19. Jahrhunderts und ihren heute längst überholten Theorien. Aber irgendwie, nach hundert Jahren, wird die *Geheimlehre* immer wieder nachgedruckt und noch immer fleißig studiert ...
> Was ist es, das die *Geheimlehre* überdauern lässt und noch immer unser Denken beeinflusst, während andere Werke längst vergessen sind? Vielleicht liegt es daran, dass das Buch tatsächlich ein Werk für das 20. Jahrhundert ist, 100 Jahre vor seiner Zeit geschrieben ... Wäre die Autorin der *Geheimlehre* nicht in der Lage gewesen, künftige Entdeckungen vorauszusehen, würde das Buch angesichts des wissenschaftlichen Fortschritts längst veraltet sein. Doch HPB prophezeite: »Erst im 20. Jahrhundert wird dieses Werk teilweise, wenn nicht gar insgesamt, seine Rechtfertigung finden.« (S. 364 Studienausgabe)[12]

Prophezeiungen werden in der *Geheimlehre* kaum gemacht. Deshalb ist die folgende besonders faszinierend, denn sie nennt genaue Daten für ihre Erfüllung (Bd. 1, S. 671):

> Der genaue Umfang, die ganze Tiefe und Größe der Geheimnisse der Natur sind nur in den esoterischen Lehren des Ostens zu finden. So umfangreich und tief greifend sind diese Geheimnisse, dass nur sehr wenige unter den höchsten Eingeweihten – diejenigen nämlich, *von deren Existenz nur*

> *ein paar Adepten wissen* – imstande sind, diesem Wissen gerecht zu werden. Aber das Wissen ist vorhanden, und allmählich werden die Gegebenheiten und Vorgänge in der Werkstatt der Natur enthüllt und weitergegeben an die »exakten« Wissenschaften, wobei ausgesuchte, seltene Individuen mit geheimnisvoller Unterstützung die Rätsel der Natur lösen. Solche Enthüllungen finden gewöhnlich am Ende der großen Zyklen und im Zusammenhang mit der Entwicklung der Menschheit statt. Wir befinden uns am Ende des derzeitigen fünftausendjährigen Zyklus des Arya-Kaliyuga. In der Zeit von jetzt [1888] bis 1897 wird der Schleier der Natur zerreißen, und die materialistische Wissenschaft tödlich getroffen werden.[13]

Diese Prophezeiung besteht aus zwei Teilen. Der erste wirft die Frage auf, ob es in den angeführten neun Jahren irgendwelche bemerkenswerte Entdeckungen in den Wissenschaften gab. David Deitz entwirft in seinem Werk *The New Outline of Science* einen Überblick:

> In der Geschichte der Zivilisation gibt es kaum größere Gegensätze als die unterschiedlichen Gesichtspunkte der Physiker des 19. Jahrhunderts und deren Nachfolger im 20. Jahrhundert. Als sich das 19. Jahrhundert seinem Ende näherte, glaubten die Physiker, sie hätten ihre Aufgabe erfüllt. Im Jahr 1893 sagte ein bedeutender Wissenschaftler, es sei wahrscheinlich, dass alle großen Entdeckungen auf dem Gebiet der Physik bereits gemacht worden seien. Er skizzierte die Geschichte und Entwicklung der Naturwissenschaft und fasste schließlich die gut fundierten und, wie er meinte, vollendeten Theorien des 19. Jahrhunderts zusammen. Der Physiker der Zukunft, sagte er traurig, würde nichts anderes mehr zu tun haben, als die Experimente der Vergangenheit zu wiederholen und zu verfeinern und irgendein atomares Gewicht oder eine Naturkonstante um ein oder zwei zusätzliche Dezimalstellen zu erweitern. *
>
> Und dann, zwei Jahre danach, am 28. Dezember 1895, legte Wilhelm Conrad Röntgen dem Sekretär der Physikalisch-Medizinischen Gesellschaft in Würzburg seinen ersten schriftlichen Bericht über seine [zufällige] Entdeckung der Röntgenstrahlen vor. Am ersten Tag des Jahres 1896 sandte er

* »Der Vorsitzende der Abteilung für Physik an der Harvard Universität riet von einem höheren Universitätsstudium ab, weil nur wenige wichtige Dinge ungelöst geblieben waren.« (Gary Zukav, *Die tanzenden Wu-Li-Meister,* Reinbek, 1981)

Kopien des veröffentlichten Berichtes an seine wissenschaftlichen Freunde in Berlin und anderswo. Ihnen fügte er einige Abzüge der ersten Röntgenbilder bei, die er gemacht hatte ... das spektakulärste zeigte die Knochen einer menschlichen Hand. Hier geschah genau das, was der Redner von 1893 für unmöglich gehalten hatte: man hatte eine neue Entdeckung gemacht ... Röntgen hatte geheimnisvolle Strahlen entdeckt, die lichtundurchlässige Gegenstände genauso leicht durchdrangen wie das Sonnenlicht die Fensterscheibe. Nach der Physik des 19. Jahrhunderts war dieses verblüffende Phänomen nicht zu erklären ... Nicht nur die Wissenschaftler, sondern alle Menschen waren über diese Neuigkeit aufgeregt. Röntgen wurde über Nacht weltberühmt. [1901 wurde er mit dem ersten Nobelpreis für Physik ausgezeichnet.]

Die nächste große Entdeckung auf dem Gebiet der Atomphysik war die Radioaktivität [1896], wenige Wochen nach Röntgens Veröffentlichung, durch Antoine Henry Becquerel in Paris. Becquerels Vater, ebenfalls Physiker, hatte bei der Untersuchung der Fluoreszenz festgestellt, dass viele Substanzen, wenn man sie dem Sonnenlicht aussetzte, danach im Dunkeln leuchteten. Becquerel wiederholte die Versuche seines Vaters und fragte sich, ob zwischen der Fluoreszenz und den Röntgenstrahlen eine Ähnlichkeit bestehe. Deshalb wickelte er eine Photoplatte in schwarzes Papier und legte einen Kristall aus Uransalz darauf, den sein Vater benutzt hatte. Dann setzte er das Ganze dem Sonnenlicht aus. Nach der Entwicklung der Platte stellte er fest, dass sie sich getrübt und verdunkelt hatte, was bewies, dass tatsächlich einige Strahlen durch das schwarze Papier gedrungen waren. Er vermutete, dass die Wirkung des Sonnenlichts verursacht hatte, dass das Uranium Röntgenstrahlen abgibt.[14]

Bei der Vorbereitung weiterer Experimente entdeckte Becquerel versehentlich nicht die Röntgenstrahlen, nach denen er gesucht hatte, sondern die Radioaktivität. Dazu bemerkt der bekannte Physiker Robert Millikan:

Radioaktivität bedeutete eine Revolution für das menschliche Denken, denn dies hieß, dass selbst einige der »ewigen Atome«, nämlich die des Uranium und Thorium, instabil waren und spontan große Teile von Eigenenergie abgaben und sich dabei in andere Atome verwandelten ... Von allen neuen Entdeckungen war diese für die menschliche Vorstellungskraft die überraschendste und aufregendste, denn sie machte die Idee der Unveränderlichkeit der Elemente zunichte und zeigte, dass die Träume der Alchemisten doch noch wahr werden könnten.[15]

Die nächste >Enthüllung< innerhalb des in der *Geheimlehre* vorausgesagten Zeitraumes war die wichtigste von allen, nämlich die Entdeckung des Elektrons im Jahr 1897 durch Sir J.J. Thomson. Dr. Karl Compton, der frühere Präsident des Massachusetts Institute of Technology, sagte in seiner Rede, als er als Präsident der *American Association for the Advancement of Science* 1936 verabschiedet wurde, Folgendes:

> Die Geschichte der Wissenschaft ist voll von Beispielen, wo ein neues Konzept oder eine Entdeckung zu enormen Fortschritten in riesige, neue Bereiche geführt hat ... von denen man vorher noch nicht einmal etwas geahnt hat ... Aber ich finde, dass nichts so dramatisch war wie die Entdeckung des Elektrons, dem winzigsten Teilchen im Universum, das innerhalb einer Generation eine stagnierende Physik, eine deskriptive Chemie und eine sterile Astronomie in sich dynamisch entwickelnde Wissenschaften verwandelte, voller intellektueller Abenteuer, die den Interpretationen und praktischen Werten einen Zusammenhang gaben.[16]

Thomsons Entdeckung war der Höhepunkt in einer Reihe von Experimenten, die Sir William Crookes eingeleitet hatte, der sich mit der Untersuchung von elektrischen Entladungen in einem hohen Vakuum in der von ihm erfundenen Crooke'schen Röhre befasste. Die Röhre wurde der Prototyp für die Femseh- und Leuchtstoffröhren, wie sie heute verwendet werden. Crookes Experimente ließen auf einen vierten Zustand der Materie schließen, den er als strahlende Materie bezeichnete und der sich zwanzig Jahre später als Elektronen herausstellte! Interessant ist, dass HPB 1888 in der *Geheimlehre* voraussagte, dass Crookes »Entdeckung der strahlenden Materie zu einer weiteren Erkenntnis hinsichtlich der wahren Quelle des Lichtes führen und alle gegenwärtigen Spekulationen revolutionieren wird«.

Der Physiker Robert Millikan erklärte, dass die Entdeckung des Elektrons »die nützlichste für die Menschheit war, mit ihrer Unzahl von Erweiterungs- und Anwendungsmöglichkeiten auf das Radio, auf Kommunikationsmittel aller Art, auf den Film und eine ganze Reihe von anderen Industriezweigen... « Wissenschaftliche Entdeckungen wurden durch die Anwendung elektronischer Instrumente außerordentlich beschleunigt.

Die *Geheimlehre* wurde sogar für praktische Zwecke genutzt. Major Herbert S. Turner, der Erfinder des koaxialen Telefonkabels, das Ende der 1940er Jahre quer durch die Vereinigten Staaten verlegt wurde, verwendete bei seiner Erfindung einige Schlüsselpassagen bezüglich des »nicht überschreitbaren Ringes« * aus der *Geheimlehre* (S. 136 Studienausgabe) und wandte ihre tief greifenden okkulten Ideen im Bereich der physikalischen Kräfte an.[17]

◆

Diese Prophezeiung aus der *Geheimlehre* bestätigt, dass durch den »zerrissenen Schleier der Natur ... die materialistische Wissenschaft tödlich getroffen« wurde. In seinem Werk *Time, Matter and Values* zog Millikan nach Aufzählung der neuen Entdeckungen der Physik den Schluss: »Ergebnis – der dogmatische Materialismus in der Physik ist tot.«[18] Raymond S. Yates sagt in *These Amazing Electrons:* »Die alte Schule befand sich voll im Rückzug. Die Physik wusste nicht mehr weiter. Sie war vorübergehend betäubt von einer Lawine schwieriger Fragen. Der letzte solide Baustein war aus dem Fundament des Materialismus herausgefallen und das kleine ordentliche System aus Kategorien und Schubladen, das man so mühsam aufgebaut hatte, war mit einem entsetzlichen, dumpfen Geräusch in sich zusammengebrochen.«[19]

Für David Dietz war es offensichtlich, dass »eine größere Revolution auf dem Gebiet der Physik eingetreten war«, als das 19. Jahrhundert zu Ende ging. Er fährt fort:

> Vier bedeutende Entdeckungen – Röntgenstrahlen, Radioaktivität, Radium und das Elektron – haben die Wissenschaftler überzeugt, dass sie mit ihrer Aufgabe erst am Beginn, nicht am Ende stehen. Die Zeit war gekommen, in das Innere des Atoms vorzudringen. Es ist jedoch zu bezweifeln, ob irgendjemand zu Beginn des 20. Jahrhunderts die enormen Fortschritte, die sich im theoretischen Verständnis oder in den spektakulären Anwendungen aus diesem neuen Wissen ergeben würden, vorhergesehen hat.[20]

Der Zyklus des wissenschaftlichen Erwachens, der die Entdeckung des Elektrons begleitete, führte zu zwei weiteren Entdeckungen, die das Fundament der materialistischen Lehre noch mehr untergruben:

* Der »nicht überschreitbare Ring« trennt die Welt der Form von der formlosen Welt.

1900 – die *Quantentheorie.* Max Planck begründete die Quantentheorie durch die Feststellung, dass Materie Strahlungen in Quanten abgibt und absorbiert – Quanten, die Einstein als Photonen bezeichnete. Er zeigte, dass Licht sowohl korpuskular als auch wellenförmig ist. (Später wies Louis de Broglie nach, dass auch Materie eine Wellen- und Partikel-Dualität besitzt). 1913 postulierte Niels Bohr Elektronen, die von einer Umlaufbahn eines Atomkerns in eine andere springen, indem sie Quanten von Energie absorbieren oder abgeben, ohne den Zwischenraum zu passieren (mit anderen Worten, einen Quantensprung machen, ein Ausdruck, der heute in vielen anderen Zusammenhängen verwendet wird). Das war ein enormer Schritt fort von der mechanistischen Lehre.

1905 – *Einsteins Gleichung* $E = mc^2$. Durch Einsteins Theorie »erkannte man, dass Masse oder Substanz gleich Energie ist und Raum und Zeit wesentliche Bestandteile des Substanz-Energie-Kontinuums sind, aus dem das Universum besteht«.[21]

Schon im Vorwort dieses Buches wurde erwähnt, dass sich eine Anzahl von Wissenschaftlern für die *Geheimlehre* interessierte. Laut seiner Nichte hatte Einstein immer ein Exemplar auf seinem Schreibtisch liegen. Einzelheiten darüber siehe Anmerkung 11 zum Vorwort im Anhang*, aus der auch hervorgeht, welche beiden Personen Einstein auf dieses Werk aufmerksam gemacht haben könnten.[22] Die *Geheimlehre* enthält viele Lehren, die von der Wissenschaft zu HPBs Zeit bestritten wurden, sich jedoch später als wahr erwiesen, und es ist durchaus möglich, dass sie noch Hinweise auf weitere Wahrheiten enthält, die erst noch akzeptiert werden müssen. Hier folgen drei Beispiele, in denen sie Entdeckungen auf dem Gebiet der Physik vorwegnimmt.

I. Atome sind teilbar. Sir Isaac Newton schrieb in *Optics,* dass »Gott am Anfang die Materie in feste, harte, undurchdringliche, bewegliche Teilchen formte, in Größen und Formen sowie Eigenschaften und Raumverhältnissen, wie sie am besten dem Zweck entsprachen, für den er sie geschaffen hat«.[23] Naturwissenschaftler eliminierten später die Theologie in dieser Aussage, behielten aber die »harten, undurchdringlichen Teilchen« oder Atome als Bausteine des Universums bei. Als 1897 das Elektron entdeckt wurde, begannen die Bausteine zu bröckeln. Das Atom ist teilbar.

* Siehe auch Joy Mills' Kommentar: *Secret Doctrine Centenary: Report of Proceedings,* Pasadena, Kalifornien, The Theosophical Society, 1988, S. 70.

> HPB sagt in der *Geheimlehre* (Bd. 1, S. 565-66):
> Das Atom *ist* teilbar und muss aus Teilchen oder Subatomen bestehen ... Auf der Lehre von der illusorischen Natur der Materie und der unendlichen Teilbarkeit des Atoms ist die ganze Wissenschaft des Okkultismus aufgebaut.

Über die unendliche Teilbarkeit schrieb ein befreundeter Naturwissenschaftler der Autorin dieses Buches: »Die Wissenschaft ist in dieser Richtung nur schrittweise vorangekommen – erst fand man die Elektronen, dann die Protonen, dann die Neutronen, dann die Quarks und andere Teilchen – jedes Mal in dem Glauben, endlich das letzte Partikel entdeckt zu haben. Nun ist sie bei reinen Wellen angekommen, bei der Stringtheorie, die der Wissenschaft der *Geheimlehre* entspricht. *

Als die Theorie von den Quarks aufkam, sagte Werner Heisenberg dazu:

> Selbst wenn Quarks gefunden werden könnten, kann gut sein, dass sie in zwei Quarks und ein Anti-Quark etc. aufgeteilt werden könnten, und so waren sie nicht elementarer als ein Proton... Wir werden die Philosophie des Demokrit und das Konzept der fundamentalen Elementarteilchen aufgeben müssen. Stattdessen sollten wir das Konzept fundamentaler Symmetrien akzeptieren, das ein Konzept aus der Philosophie Platons ist.[24]

2. Atome sind ständig in Bewegung. Zu HPBs Zeiten hielten die Wissenschaftler Atome nicht nur für unteilbar, sondern auch für bewegungslos, außer im gasförmigen Zustand. In der *Geheimlehre* heißt es (Bd. 1, S. 553):

> Der Okkultismus lehrt, dass Materie immer dann, wenn sie träge *erscheint,* am aktivsten ist. Ein Holz- oder Steinblock ist praktisch bewegungslos und undurchdringlich. Trotzdem und *de facto* sind ihre Teilchen in einem Zustand unaufhörlicher, ewiger Schwingung. Diese Schwingungen sind so schnell, dass der Gegenstand für unser Auge in völliger Bewegungslosigkeit verharrt. Und der räumliche Abstand zwischen jenen Teilchen bei ihrer

* Stephen Hawking schreibt: »1984 scheint das Interesse an Strings einen plötzlichen Auftrieb erhalten zu haben ... Diese Objekte, die man sich vorher als Teilchen vorstellte, werden in der Stringtheorie als Wellen dargestellt, die den String entlangwandern wie die Wellen auf einer vibrierenden Drachenschnur.« (Hawking, *Eine kurze Geschichte der Zeit* (S. 202, 204).

> Schwingungsbewegung ist – von einer anderen Seins- und Wahrnehmungsebene betrachtet – ebenso groß wie der Abstand zwischen Schneeflocken oder Regentropfen. Aber für die Wissenschaft der Physik wird das eine Absurdität sein ...

Heute ist es schwer zu glauben, dass dies jemals für absurd gehalten wurde. Nach der *Geheimlehre* entspricht die unaufhörliche Bewegung der Atome in Dingen, die wir als feste Objekte ansehen, einem Universalgesetz, das dem gesamten Kosmos zugrunde liegt, und nach dem es »in der Natur kein Ruhen oder Ende der Bewegung gibt«.[25] Das stimmt mit Einsteins Ansichten überein, wie sie Garrett Service in *Die Relativitätstheorie* darstellt:

> Wissenschaftliche Untersuchungen zeigen, dass in unendlich kleinen ebenso wie in unendlich großen Dingen *alles in Bewegung ist* ... wir stellen fest, dass *nichts ruht.* Da das laut Einstein so ist, muss Bewegung als der natürliche wie auch wirkliche Zustand der Materie betrachtet werden, ein Zustand, der keiner Erklärung von uns bedarf, denn er geht aus der Beschaffenheit des Universums hervor. Sie ist das wahre Wesen allen Seins.[26]

In der *Geheimlehre* betont HPB, dass »absolute abstrakte Bewegung« ein Symbol des Absoluten selbst ist.

3. Materie und Energie sind umwandelbar. Die Wissenschaft des 19. Jahrhunderts glaubte das Gegenteil, was Einstein im Jahr 1905 mit seiner berühmten Gleichung $E = mc^2$ widerlegte. Millikan übersetzt diese Gleichung wie folgt:

> ... m ist Masse in Gramm, c ist Lichtgeschwindigkeit in Zentimetern pro Sekunde (30.000,000.000 cm/S) und E ist Energie in absoluten Energieeinheiten, nämlich Ergs. In der technischen Fachsprache besagt Einsteins Formel: Wenn jede Sekunde ein Gramm Masse in Hitze umgewandelt wird, werden unablässig 90 Milliarden Kilowatt Energie erzeugt.

»Dieses Konzept«, fügt Millikan hinzu, *»ist von überaus wichtiger Bedeutung: Materie selbst lässt sich in Strahlenenergie umwandeln.«*[27] Eine einfachere Erklärung dieser nunmehr erwiesenen Tatsache ist, dass Materie komprimierte Energie ist, Energie hingegen ausgebreitete Materie. In der *Geheimlehre* (Bd. 1, S. 683) zitiert HPB aus W. Q. Judges Zeitschrift *The Path* (Januar 1887, S. 297):

> Wie ein amerikanischer Theosoph erklärte: »Die Monaden (des Leibniz) können von einem Gesichtspunkt aus *Kraft* genannt werden, von einem anderen *Stoff*. Für die okkulte Wissenschaft sind *Kraft* und *Stoff nur zwei Seiten ein und derselben* SUBSTANZ.«

Diese Substanz, die aus dem Urstoff hervorgeht, nannte sie *Prakriti* oder *Mulaprakriti* (Wurzel-Stoff). In *Isis entschleiert* (Bd. 1, S. 198) spricht HPB über die Umwandelbarkeit von Kraft und Stoff:

> Jede objektive Manifestation, ob die Bewegung eines lebenden Gliedes oder eines unorganischen Körpers, erfordert zwei Voraussetzungen: Wille und Kraft – plus *Stoff*, oder das, was den so bewegten Gegenstand für unser Auge sichtbar macht; und diese drei sind alle umwandelbare Kräfte...

Besonders interessant ist folgender Hinweis *(Geheimlehre*, Bd. 2, S. 710) nicht nur, weil das Wort *Atomenergie* darauf hinweist, dass Atome Energie haben, sondern weil HPB anscheinend als Erste diese heute so gebräuchliche Bezeichnung benutzte:

> Die »Wellenbewegung lebender Partikel« wird verständlich durch die Theorie eines von *unserer* Materie unabhängigen geistigen ... Vital- oder Lebensprinzips, das sich nur in *unserem* Bewusstseinsbereich als *Atomenergie* manifestiert.

Angesichts des Vorhergehenden überrascht es nicht, von den heutigen Verlagen der *Geheimlehre* zu hören, dass Bestellungen für dieses Werk häufig von Universitäts- und Collegeprofessoren kommen. Ein Professor am California Institute of Technology bestellte das Werk alle paar Jahre aufs Neue. Es stellte sich heraus, dass er immer dann ein neues Exemplar kaufte, wenn das alte voller Notizen und unleserlich geworden war.

Die Verfasserin erfuhr 1982 bei einem Besuch in Boston und Cambridge, dass Chemiedozenten und Studenten des Massachusetts Institute of Technology planten, die Lehren der *Geheimlehre* in Bezug auf ihre Fachgebiete zu untersuchen. 1988 erfuhren wir von Dr. Philip Perchion, einem Wissenschaftler, der an der Atombombe mitarbeitete, dass Dozenten und Studenten dieses Instituts eine Gesellschaft für Alchemie gegründet hatten und regelmäßig die *Geheimlehre* studierten. Er erzählte auch, dass er und andere, vorwiegend pensionierte

Chemieprofessoren, sich regelmäßig im Harvard Club in New York trafen, um über die *Geheimlehre* zu diskutieren.

◆

Nach der Physik wenden wir uns nun der Biologie zu. Beginnen wir mit der Genetik.

Die Welt der Wissenschaft betrachtete die Entschlüsselung des genetischen Codes durch James Watson und Francis Crick als die Auflösung aller großen Mysterien der Zellbiologie. Watson und Crick erhielten den Nobel-Preis für Biologie. Heute jedoch ist den Biologen nur zu deutlich bewusst, dass die Rätsel verwirrender sind denn je.

Der Ursprung des genetischen Codes ist ein absolutes Geheimnis; die Wissenschaftler wissen nicht, wie die Natur ihn hervorgebracht hat. Sir Fred Hoyle weist darauf hin, dass sich innerhalb des genetischen Materials im Kern einer jeden Zelle 200 000 Aminosäure-Ketten zu einem höchst ungewöhnlichen, komplizierten Muster anordnen (von Watson und Crick in ihrem Doppelhelix-Modell graphisch dargestellt). Hoyle sagt, dass die Chance, durch eine Reihe von Zufällen mittels natürlicher Auswahl und willkürlicher Mutationen zu dieser Anordnung zu gelangen, etwa der Chance entspricht, mit einem Würfel fünf Millionen Mal hintereinander die Sechs zu würfeln.[28]

Ein weiteres Rätsel ist der in den Genen enthaltene Ein- und Ausschaltmechanismus. Jede Zelle unseres Körpers beinhaltet in ihrem Kern einen kompletten Satz von Genen und enthält sämtliche, für die Reproduktion eines neuen menschlichen Wesens nötigen Informationen. In jeder einzelnen Zelle sind jedoch nur wenige Gene funktionsfähig. In einer Hautzelle zum Beispiel oder einer Leberzelle oder der Zelle einer Augenlinse werden nur solche Gene »eingeschaltet«, die diese spezielle Art von Zellen erzeugen können. Alle anderen Gene werden »abgeschaltet«. Würden alle Gene gleichzeitig arbeiten, käme es zu desorganisiertem, undifferenziertem Wachstum – Krebs. So sprechen Biologen heute von noch zu entdeckenden *Operator-Genen,* deren Funktionen von *Aktivierungs-Genen* eingeschaltet und von *Regulator-Genen* ausgeschaltet werden. Unter Genetikern ist der Gen-Auslöser der am meisten gesuchte Schlüssel für die Lösung des Rätsels des Lebens.[29]

Um auf die Probleme in der Zellularbiologie und in der Genetik hinzuweisen, macht Dr. Lewis Thomas auf das Problem der Entstehung des menschlichen Gehirns aufmerksam:

> Das Verblüffende ist, dass ein Kind aus einer einzigen Zelle entsteht, diese teilt sich in zwei, dann in vier, in acht und so fort, und in einem bestimmten Stadium, je mehr sich die Zelle differenziert, bildet sich ein Zellhaufen heraus, aus dem das menschliche Gehirn hervorgeht. Schon allein die Existenz jener speziellen Zellen gehört zum Erstaunlichsten auf der Welt. Eine Zellgruppe wird aktiviert, damit daraus ein massiver Apparat aus drei Millionen Zellen für das Denken und die Vorstellung wird. Sämtliche Informationen, die der Mensch braucht, um Lesen, Schreiben, Klavierspielen zu lernen oder auch nur um ganz einfach die Hand auszustrecken und sich gegen einen Baum zu stützen, sind in jener ersten Zelle enthalten. Die ganze Grammatik, Arithmetik, Musik usw.
> Noch ist nicht bekannt, wie diese Aktivierung vor sich geht ... Niemand hat auch nur die geringste Ahnung, auf welche Weise einige der embryonalen Zellen plötzlich die Eigenschaft des Gehirns annehmen.[30]

Zudem ist auch das Gehirn so erstaunlich komplex, so der Wissenschaftsredakteur von *Fortune,* Tom Alexander, dass es »seit jeher ein Rätsel ist, wie Zellen einer so komplizierten und hoch organisierten Struktur untereinander in Verbindung stehen«. Er fügt hinzu: »Einfache Berechnungen lassen darauf schließen, dass einfach nicht genügend Informationen in den DNA-Molekülen (aus denen der genetische Bauplan des Körpers besteht) verschlüsselt sind, um festzustellen, wie zwei Neuronen – die primitivsten des Hirncomputers – miteinander verbunden sind.«[31] Wissenschaftler berichten, dass »das Gehirn täglich mehr Verbindungen benutzt als alle Telefonsysteme der Welt« und dass es »fähig ist, im Bruchteil einer Sekunde Millionen von Verbindungen untereinander herzustellen«.[32]

In der *Geheimlehre* (Bd. 2, S. 157) sagt HPB: *»Der ganze Streit zwischen profaner und esoterischer Wissenschaft dreht sich um den Nachweis der Existenz des postulierten Astralkörpers innerhalb des physischen Körpers,* wobei Ersterer von Letzterem unabhängig ist.« Sie erklärt, dass die »innere Seele der physischen Zelle – das >geistige Plasma<, das das Kernplasma beherrscht« darin zu finden sei und dass dies »der Schlüssel ist, der eines Tages die Tore zu der Terra incognita des Biologen, die jetzt das dunkle Geheimnis der Embryologie genannt wird, öffnen muss«. (Bd. 1, S. 238)

Dieses Thema wird in der *Geheimlehre* für so wichtig gehalten, dass von den drei fundamentalen Lehrsätzen, die dem Band 2 zugrunde liegen, einer lautet: »Die Geburt des astralen Körpers (geschah) vor der des physischen Körpers, wobei Ersterer das Vorbild für Letzteren ist.« In *Das Meer der Theosophie* schreibt W.Q. Judge:

> Der Astralkörper besteht, im Vergleich zu dem sichtbaren Körper, aus sehr fein strukturierter Materie und hat eine große Zugfestigkeit, sodass er sich während des Lebens wenig verändert, während sich der physische Körper jeden Augenblick verändert ... Der Astralkörper ist flexibel, plastisch, dehnbar und stark. Die Materie, aus der er sich zusammensetzt, ist in ihrer Essenz elektrisch und magnetisch und besteht genau aus dem, woraus die ganze Welt in ferner Vergangenheit bestand, als der Prozess der Evolution den Punkt noch nicht erreicht hatte, den materiellen Körper des Menschen hervorzubringen.[33]

Nach dieser Lehre ist der Astralkörper nicht getrennt vom physischen Körper, sondern durchdringt und unterstützt ihn, ohne ihn hätte der physische Körper keinen Zusammenhalt. Der Astralkörper wächst angeblich mit dem physischen Körper; er wäre bei der Empfängnis mikroskopisch klein, aber schon von vollendeter Form.

Ein Beweis für seine Existenz ist das bekannte Phänomen des Phantomgliedes nach der Amputation eines Armes oder Beines. In solchen Fällen, sagt Judge, »ist das Körperglied des Astralkörpers unbeeinträchtigt geblieben und der Mensch hat das Gefühl, als besäße er es noch, denn weder Messer noch Säure können den Astralkörper verletzen ...«[34]

Dr. Oliver Sacks, Neurologe und Autor des Bestsellers *Der Mann, der seine Frau mit einem Hut verwechselte,* sagt über Phantomglieder Folgendes:

> Alle Amputierten und alle, die mit ihnen zu tun haben, wissen, wie wichtig ein Phantomglied ist, wenn der Amputierte eine Prothese erhalten soll. Bei Dr. Michael Kremer heißt es: »Sein Wert für den Amputierten ist enorm. Ich bin mir sicher, dass kein Beinamputierter wirklich gut gehen kann, ehe nicht sein Körperbild, mit anderen Worten das Phantom, wieder eingegliedert ist« ... Einer meiner Patienten beschrieb mir einmal, wie er morgens sein Phantom »aufwecken« muss: zuerst bewegt er den Schenkelstumpf und gibt ihm Klapse – »wie auf einen Babypo«. Beim fünften oder sechsten Klaps schießt plötzlich das Phantom ein, wiederbelebt, wie vom Blitz getroffen von dem peripheren Reiz. Erst dann kann er seine Prothese anlegen und gehen.

Die Literatur über Phantome ist laut Dr. Sacks verwirrend, unklar ist, inwieweit sie pathologisch sind oder real. Aber die Patienten sind nicht verwirrt. Einer von ihnen erzählt:

> Da ist dieses *Ding,* dieser Geisterfuß, der manchmal höllisch wehtut – die Zehen krümmen oder verkrampfen sich. Schlimmer noch ist es nachts oder wenn ich die Prothese nicht trage oder überhaupt nichts tue. Es geht vorüber, sobald ich die Prothese anschnalle und gehe. Ich fühle dann immer noch ganz intensiv das Bein, aber es ist ein *gutes* Phantom, ein anderes – es belebt die Prothese und ermöglicht mir zu gehen.[35]

Im Juni 1981 verursachte in England die Veröffentlichung von Rupert Sheldrakes Buch *Das schöpferische Universum: Die Theorie der morphogenetischen Felder* heftige Auseinandersetzungen. Großbritanniens führendes Wissenschaftsmagazin, *Nature,* bezeichnete es »als den seit vielen Jahren besten Anwärter darauf, verbrannt zu werden«, während der ebenso renommierte *New Scientist* feststellte: »Es ist völlig klar, dass man es hier mit einem wichtigen wissenschaftlichen Vorstoß in die Natur der biologischen und physikalischen Realität zu tun hat.« Arthur Koestler nannte Sheldrakes Theorie ›... eine immens herausfordernde, stimulierende Hypothese, nüchtern dargestellt, die einen unorthodoxen Zugang zur Evolution anbietet«.

In den Vereinigten Staaten erregte es so viel Aufmerksamkeit, dass Sheldrake eingeladen wurde, in Washington vor dem >Kongresskomitee für die Zukunft< zu sprechen. Sheldrake ist ein Absolvent des Clare College, Cambridge, wo er Naturwissenschaften studierte. Ein Jahr lang studierte er als Frank-Knox-Stipendiat an der Harvard Universität Philosophie und Wissenschaftsgeschichte, danach kehrte er nach Cambridge zurück und promovierte zum Doktor der Biochemie. Von 1967 bis 1973 war er Mitglied des Clare College und Studienleiter für Biochemie und Zellbiologie. Als Rosenheim Research Fellow der Royal Society führte er in Cambridge Forschungen über die Entwicklung der Pflanzen und das Altern der Zellen durch. Er ist Mitglied der Theosophischen Gesellschaft in England. Am 6. Oktober 1984 leitete er ein eintägiges Seminar in der Theosophischen Gesellschaft in Wheaton, Illinois. In einem Bericht von Professor Ralph H. Hannon *(American Theosophist,* Dezember 1984) heißt es:

> Nachdem er von Dr. Renée Weber, Professorin der Philosophie an der Rutgers Universität, den Zuhörern, darunter viele Gelehrte und Wissen-

schaftler, vorgestellt worden war, erklärte Sheldrake zunächst das Grundkonzept seiner Theorie. Neben den bereits bekannten Bereichen in der Naturwissenschaft, wie z.B. den Gravitationsfeldern, hat Sheldrake eine Hypothese über morphogenetische Felder oder M-Felder aufgestellt. Er sagt, es sind unsichtbare, organisierende Strukturen, die Dinge wie Kristalle, Pflanzen und Tiere gestalten und formen und auch eine organisierende Auswirkung auf das Verhalten haben. In anderen Worten, dieses Feld wird eine Art Schablone, die nachfolgende Einheiten des gleichen Typus formt. Diese neuen Einheiten »stimmen sich darauf ein« (oder »resonieren«) und wiederholen den zuvor entwickelten »Archetypen«, der durch Raum und Zeit agieren kann. Das heißt, jede neue Einheit, die geformt und gestaltet wird, verstärkt das M-Feld und es entsteht eine »Gewohnheit«. Diese Theorie erstreckt sich von den molekularen Kristallen bis hin zu komplexen lebenden Organismen. Wichtig dabei ist, dass nachfolgende Einheiten, gleich welcher Art, die Struktur immer leichter und schneller annehmen. Schließlich wird die Struktur inhärent und so gut wie unveränderlich.

Sheldrake sprach zuerst über die konventionelle genetische Programmierung und die DNA-Doktrin. Demnach ist die Art der Entwicklung von Organismen irgendwie in ihr DNA »einprogrammiert«. DNA kodiert tatsächlich die Sequenzen der Aminosäuren, die Proteine bilden. Aber vom Standpunkt der M-Felder wird die Form und Organisation von Zellen, Gewebe, Organen und Organismen als Ganzes von der Hierarchie der morphogenetischen Felder regiert, die nicht auf chemischem Wege vererbt werden, sondern direkt durch »morphische Resonanz« von vorherigen Organismen der gleichen Art weitergegeben werden.

Zur Erläuterung dieser Idee verwendete Sheldrake den Vergleich mit einem Fernsehapparat. Stellen Sie sich eine Person vor, sagte er, die von Elektrizität keine Ahnung hat. Ihr wird zum ersten Mal ein Fernsehgerät gezeigt. Zunächst wird er meinen, dass die Menschen, die auf dem Bildschirm erscheinen, sich im Gerät befinden. Doch nachdem er in das Innere des Apparats gesehen hat und nichts als Drähte und Transistoren entdeckt, wird er wahrscheinlich annehmen, dass die Bilder auf irgendwelche komplizierten Wechselwirkungen im Innern des Apparats zurückzuführen sind. Angesichts der Tatsache, dass die Bilder sich verzerren oder gar verschwinden, wenn Teile des Apparats entfernt werden, erscheint diese Theorie durchaus plausibel. Wenn er dann erfahren würde, dass die Bilder in Wirklichkeit von unsichtbaren Einflüssen abhängen, die aus weiter Ferne in das

Gerät gelangen, würde er das vermutlich nicht glauben. Seine Theorie, dass von außen nichts in den Apparat hineingelangt, würde durch die Entdekkung bestätigt werden, dass das Gerät das gleiche Gewicht behält, egal ob es ein- oder ausgeschaltet ist.

Dieser Standpunkt ähnelt der konventionellen Einstellung der Biologie, wo Drähte, Transistoren usw. der DNA, Proteinen, Molekülen usw. entsprechen. Sheldrake stimmt zu, dass genetische Veränderungen sich auf die Vererbung von Form oder Instinkt auswirken können, wenn man den »Ton« anders einstellt oder Störungen in den »Empfang« bringt. Aber genetische Faktoren selbst können nicht allein die Vererbung von Form und Instinkt erklären, nicht mehr als bestimmte Bilder auf dem Bildschirm eines Fernsehers allein durch seinen Schaltplan.

Die Öffentlichkeit war von Sheldrakes Arbeit derart fasziniert, dass der *New Scientist* in seiner Ausgabe vom 28. Oktober 1982 einen Preis von £ 250 für denjenigen aussetzte, der einen Test ausarbeiten würde, der Sheldrakes Idee »am kritischsten untersuchen würde«. Die Tarrytown Gruppe ermutigte noch ehrgeizigere Bestrebungen: Sie versprach demjenigen, der den »besten Test« entwickelte, um entweder Sheldrakes Hypothese zu bestätigen oder zu widerlegen, eine Belohnung in Höhe von 10 000 Dollar.

Professor Hannon fährt fort:

Sheldrake erklärte, dass seine Theorie der Wissenschaft erstmals in den zwanziger Jahren von dem renommierten Harvard-Psychologen William McDougall vorgestellt wurde. Man entdeckte, dass aufeinander folgende Generationen von Ratten [sogar dumme Ratten] ihre Fähigkeit, aus einem mit einem Labyrinth ausgestatteten Wassertank zu entkommen, deutlich verbessert hatten. Als die Experimente in Schottland und Australien mit nicht verwandten Rattenarten zur Kontrolle wiederholt wurden, stellte sich heraus, dass es keinen Unterschied machte, welche Ratten man einsetzte: alle Tiere hatten ihre Leistung verbessert.

Wenn nach Sheldrakes Ansicht auch das menschliche Nervensystem von M-Feldern beherrscht wird, würde das gleiche Prinzip auch für die Menschen gelten. Das hätte große Auswirkungen auf unserVerständnis davon, wie und warum Menschen lernen. Das Lernen würde auf diese Weise eine Art Grunderbe der Spezies sein, man erinnert sich mehr oder weniger automatisch. Dieses Erbe würde überhaupt nicht im individuellen Gehirn lokalisiert sein, sondern direkt von der Struktur der Spezies durch morphische Resonanz weitergegeben werden. Die gesamten Erfahrungen der Menschheit würden dann tatsächlich die von Jung beschriebenen archetypischen Formen beinhalten.

Sheldrakes Artikel für die Herbst-Sonderausgabe des *American Theosophist* 1983 schließt mit folgender Aussage:

> Einige Aspekte der Hypothese von der prägenden Verursachung erinnern an Elemente verschiedener traditioneller und okkulter Systeme, zum Beispiel an die Vorstellung des ätherischen Körpers, die Idee der Gruppenseele der Tiere sowie die Lehre der Akasha-Chronik. Sie wird jedoch als streng wissenschaftliche Hypothese dargestellt, und als solche wird sie durch empirische Versuche beurteilt werden müssen. Sollten aber die Experimente die Hypothese unterstützen, dann sollten sie eine Basis für eine neue Wissenschaft des Lebens sein, die weit über die begrenzte mechanistische Biologie von heute hinausgeht.

Auf dem Schutzumschlag von Sheldrakes Buch heißt es:

> Die Konsequenzen der Hypothese der prägenden Verursachung könnten manche unserer grundlegenden Vorstellungen von der Natur, von der Gehirntätigkeit und vom Bewusstsein umstoßen. Zum Beispiel behauptet Sheldrake, dass Erinnerungen nicht im Gehirn gespeichert werden, sondern »direkt durch morphische Resonanz von seinen vergangenen Zuständen weitergegeben werden«. In der Psychologie greift er eine Anzahl lang anstehender Probleme wieder auf, wie zum Beispiel das kollektive Unbewusste und PSI. Sheldrakes Hypothese könnte auch parallele Erfindungen erklären; das intuitive »Wissen« von psychomotorischen Fähigkeiten, wie zum Beispiel Tennis oder Zeichnen, das offensichtliche »Körpergedächtnis« von erlebten Traumen, Fütterungs- und Paarungsverhalten, die Macht der Rituale und Symbole, beschleunigtes Lernen und Aufnahme, die akkumulierende Wirkung einer von mehreren Personen vertretenen Idee, Verhaltensweisen, die holographische Realität.

An anderer Stelle (in *The American Theosophist,* Sonderausgabe, Herbst 1983) sagt Sheldrake:

> Die M-Felder kann man sich wie magnetische Felder vorstellen, die eine Form haben, obwohl sie unsichtbar sind. [Bei einem Magneten kann diese Form durch das Muster, die hingestreute Eisenspäne annehmen, sichtbar gemacht werden.] Die morphogenetischen Felder formen durch ihre eigene Struktur Zellen, Gewebe und Organismen. So bildet sich zum Beispiel bei einem menschlichen Embryo ein Ohr durch ein ohrförmiges morphogenetisches Feld, und ein Bein durch ein beinförmiges Feld.
>
> Doch was sind das für Felder und woher kommen sie? Seit mehr als fünfzig Jahren sind uns ihre Beschaffenheit und sogar ihre Existenz ein Rätsel. Ich glaube jedoch, dass diese Felder ebenso real sind wie die elektromagnetischen und die Gravitationsfelder der Physik, aber dass sie eine neue Art von Feldern mit sehr außergewöhnlichen Eigenschaften sind. Wie die bekannten physikalischen Felder verbinden sie einander ähnelnde Dinge quer durch den Raum, mit offensichtlich nichts dazwischen, und außerdem verbinden sie Dinge über die *Zeit* hinaus miteinander.
>
> Die Idee ist, dass die morphogenetischen Felder, die einem heranwachsenden Tier oder einer Pflanze Gestalt geben, aus den Formen vorangegangener Organismen der gleichen Spezies abgeleitet werden. Das Embryo »stimmt sich ein« auf die Formen vorheriger Angehöriger der gleichen Art. Dieser Prozess wird als *morphische Resonanz* bezeichnet. Ebenso werden die Felder, die die Funktionen des tierischen Nervensystems organisieren, von früheren Tieren der gleichen Art hergeleitet. In ihrem instinktmäßigen Verhalten greifen die Tiere auf eine Art von »Erinnerungsbank« oder »Gedächtnispool« ihrer Spezies zurück.

Es scheint daher, dass in der Natur die Tendenz herrscht, einmal erworbenes Wissen zu teilen. Selbst auf Kristalle trifft dies zu. Auch Hannon weist darauf hin: »Neue Chemikalien, die zum ersten Mal zur Synthese gebracht werden, sind normalerweise tatsächlich schwerer zu kristallisieren, je mehr Zeit aber vergeht, desto leichter bilden sich Kristalle.«

Vor hundert Jahren bereits lehrte die Theosophie die vielseitigen Nutzungsmöglichkeiten der astralen Welt. In seinem Buch *Echoes from the Orient* (Kapitel 21, S. 59) sagt W. Q. Judge Folgendes darüber:

> Wahrscheinlich gibt es auf dem gesamten Gebiet der theosophischen Forschung nichts Interessanteres als das Astrallicht. Bei den Hindus wird es Akasha genannt, was auch mit Äther übersetzt werden kann. Sie sagen,

dass alle Phänomene der orientalischen Yogis aufgrund der Kenntnisse seiner Eigenschaften hervorgebracht werden können. Es wird auch behauptet, dass Hellsehen, Hellhören, Medialität und Seherschaft, wie sie im Westen bekannt sind, nur dadurch möglich sind. Es ist das Verzeichnis unserer Taten und Gedanken, die große Bildergalerie der Erde, aus der der Seher jederzeit alle Ereignisse ablesen kann, die je stattfanden und die noch bevorstehen ... Es durchdringt jedes Atom und jedes Molekül auf der Erde. Es gehorcht den Gesetzen der Anziehung und der Abstoßung, es schwingt hin und her und zeigt sich einmal positiv, einmal negativ. Dies verleiht ihm eine kreisende Bewegung, die durch die Schlange symbolisiert wird. Es ist in kosmischem Sinn der große, endgültige Mittler, der erste Verursacher, der nicht nur die Pflanzen wachsen lässt, sondern auch den menschlichen Herzschlag in Gang hält.

Dieses Licht ist der empfindlichen Fotoplatte sehr ähnlich. Es nimmt, wie Flammarion sagt, die Bilder jedes einzelnen Augenblicks auf und hält sie fest. Daher war bei den Ägyptern das Astrallicht der Chronist; es ist der Engel der Gerechtigkeit der Christen und in einem anderen Aspekt Yama, der Richter der Toten im Pantheon der Hindus, denn nach den Bildern, die wir darin hinterlassen, werden wir vom Karma beurteilt ...

Da es die Bilder aller vergangenen Ereignisse und Dinge bewahrt, und da es nichts Neues unter der Sonne gibt, werden die Mittel, Ideen, Philosophien, Künste und Wissenschaften längst versunkener Zivilisationen und Kulturen kontinuierlich aus dem Astrallicht in das Gehirn der lebenden Menschen projiziert. Dies erklärt nicht nur die häufigen »Zufälle«, dass zwei oder mehrere Erfinder oder Wissenschaftler gleichzeitig, aber unabhängig von einander die gleichen Einfälle haben oder gleiche Erfindungen machen, sondern auch andere, seltsame Ereignisse. Einige selbst ernannte Wissenschaftler haben sehr klug über Telepathie und andere Phänomene gesprochen, aber keine ausreichende Begründung für Gedankenübertragung, Erscheinungen, Hellsehen oder Hunderte von verschiedenen okkulten Ereignissen gegeben, die Tag für Tag bei allen möglichen Menschen auftreten. Zugegeben, Gedanken können ohne Sprache direkt von einem Gehirn zum anderen übermittelt werden, doch wie kann diese Übertragung ohne Medium stattfinden? Das Medium ist in diesem Fall das Astrallicht. In dem Augenblick, in dem der Gedanke im Gehirn Gestalt annimmt, wird er in diesem Licht abgebildet und von dort von einem anderen Gehirn aufgenommen, das sensibel genug ist, ihn unversehrt zu empfangen ...

Doch alles, was ich hier genannt habe, sind nur einige Beispiele der verschiedenen Eigenschaften des Astrallichts. So weit es unsere Welt betrifft, kann man sagen, dass das Astrallicht überall ist, alle Dinge durchdringt; es besitzt eine fotografische Fähigkeit, durch die es Bilder von Gedanken, Taten, Ereignissen, Tönen, Klängen, Farben und allem Möglichen erfasst ...
Das Astrallicht, von der Wissenschaft nicht anerkannt, ist ein wichtiger Faktor beim Phänomen der Hypnose. Seine Wirkung wird viele Probleme klären, die Binet, Charcot und andere beschäftigten. Es erklärt, wieso sich bei zwei oder mehreren verschiedenen Personen in der gleichen Situation jeder nur an die Dinge erinnern kann, die seiner eigenen, spezifischen Erfahrungsebene entsprechen. Diese eigenartigen Dinge sind auf die Strömungen des Astrallichts zurückzuführen. In jedem dieser Ströme gibt es eine bestimmte Reihe von Reflexionen, und diese werden vom inneren Menschen aufgenommen, der sie durch Rede und Tat auf dieser Ebene wiedergibt, als wären es seine eigenen. Mit Hilfe dieser Ströme lesen Hellsichtige und Hellhörige – wenn auch unbewusst – wahrscheinlich in den verborgenen Seiten des Lebens.
In diesem Licht können sich daher gute und böse Bilder einprägen, und diese werden im Unterbewusstsein jedes Menschen reflektiert ... Wenn wir das Astrallicht mit bösen Bildern versorgen ... wird es unser Teufel und Zerstörer werden. Aber wenn durch das Vorbild von auch nur wenigen guten Menschen neue und bessere Dinge auf diese ewige Leinwand gezeichnet werden, wird sie uns zum Göttlichen erheben.

[Aus der Zeitschrift *Theosophy* vom November 1988]:

In seinem neuen Buch *The Presence of the Past* befasst sich Sheldrake mit den Auswirkungen der prägenden Verursachung in den Bereichen der Psychologie, Soziologie und Kultur ... Zum Glück ist die morphische Resonanz eine Funktion, die über einen Zeitraum von Jahren getestet werden kann ... Während die Untersuchungen neuer Fähigkeiten bisher keine Resultate brachten, ist es interessant zu sehen, was die Experimente in Bezug auf langfristig entwickelte Anlagen ergeben haben. Alle lassen die Wirkung einer so genannten morphischen Resonanz erkennen. So wurden zum Beispiel Gruppen in Amerika und Großbritannien gebeten, drei kurze japanische Kinderverse auswendig zu lernen, wovon einer japanischen Kindern seit Generationen gut bekannt war. Die anderen beiden Verse ähnelten dem ersten, waren aber in Japan unbekannt. Der traditionelle Vers war leichter zu lernen. Bei anderen Tests hat man den Versuchspersonen Worte einer fremden Sprache, halb echt, halb nachgeahmt, zum Lernen gegeben. Wiederum waren die echten Wörter leichter zu lernen. Ähnliche Experimente machte man mit dem Morsecode und der Schreibmaschinentastatur, Muster, die schon vor mehr als hundert Jahren akzeptiert waren. In beiden Fällen waren die bereits etablierten Zusammenhänge und Abfolgen leichter zu lernen als die künstlich zusammengestellten ...

In seinem Buch *New Age - Die Geburt eines neuen Zeitalters* sagt David Spangler über Sheldrakes Werk:

> Es hat ungeheure Bedeutung für die Übermittlung von Wissen und Verhalten. * Diese und ähnliche Theorien, die aus den Gebieten der Chemie und Biologie kommen, lassen darauf schließen, dass es sehr plötzlich zu einem kulturellen Wandel und zur Übernahme eines neuen Paradigmas kommen kann – durch das Lernen und die Integration des Wesentlichen jener neuen Vision durch einige Angehörige unserer Art. Die Bilder, die aus der Wissenschaft kommen, haben ähnliche Merkmale und Bedeutungen. Sie weisen alle auf die holistische Natur des Universums hin. Und auch auf die Kraft und den Einfluss jedes Teiles dieses Universums: kein einziges Individuum ist zu unbedeutend, um nicht einen Beitrag leisten zu können. Daraus ergeben sich weitere Werte des neuen Paradigmas: seine humanistische Orientierung, seine Verpflichtung gegenüber der Ökologie, seine Ermutigung zu einer transzendentalen Weltsicht, seine Förderung der Gemeinschaft und der Verbundenheit und der Verstärkung des Individuums, wie z.B. größere Dezentralisierung auf politischem und wirtschaftlichem Gebiet.

Der faszinierendste Beweis für das astrale Muster des Körpers stammt von zwei Wissenschaftlern der Yale Universität, Harold Faxton Burr und S. C. Northrop, die im Körper aller Lebewesen einen so genannten *elektrischen Architekten* entdeckten – das erinnert an Judges Beschreibung des Astralkörpers als »elektrisch

* Eine Umfrage des Gallup-Instituts von 1982 (George Gallup jr., *Adventures in Immortality,* New York, S. 198-200) zeigt, dass 8 Millionen Amerikaner bereits eine Art von Nah-Todeserfahrung erlebt haben!

und magnetisch«. Ihre Arbeit darüber wurde der Nationalen Akademie der Wissenschaften nach vierjährigen Untersuchungen der organischen Entwicklung von Salamandern und Mäusen vorgelegt. Die Professoren beschreiben die elektrischen Phänomene, die das Wachstum begleiten, deren Muster auf Elektrokardiographen und Elektroenzephalographen festgehalten wurden, die definitive Charakteristika jeder Spezies zeigten. In einem Bericht in der *New York Times* (vom 25. April 1939) schrieb der Wissenschaftsredakteur über die Bedeutung des Experiments von der nicht-technischen Seite:

> Im Körper aller Lebewesen existiert ein elektrischer Architekt, der das Individuum nach einem spezifischen, vorher festgelegten Muster formt und gestaltet. Er verbleibt im Körper vom präembryonalen Stadium bis zum Tod. Alles andere im Körper unterliegt einem ständigen Wandel; die Myriaden von einzelnen Zellen, aus denen er besteht – außer den Gehirnzellen –, altern und sterben ab, um durch andere Zellen ersetzt zu werden. Der elektrische Architekt aber bleibt während des ganzen Lebens unverändert, er baut neue Zellen, organisiert sie nach demselben Muster der ursprünglichen Zellen und erschafft so den Körper buchstäblich immer wieder neu. Für das Individuum tritt der Tod ein, wenn der elektrische Architekt in ihm nicht mehr tätig ist.
>
> Der elektrische Architekt verspricht einen neuen Zugang zum Verständnis der Natur und der Abläufe des Lebens. Das zeigt, dass jeder lebende Organismus ein elektrodynamisches Kraftfeld besitzt, ähnlich dem magnetischen Kraftfeld eines Magneten. Die Experimente zeigen laut Dr. Burr auch, dass jede Tierart und vermutlich auch jedes einzelne Tier innerhalb der verschiedenen Gattungen sein charakteristisches elektrisches Feld besitzt, analog zu den Kraftlinien des Magneten.
>
> Dieses elektrische Feld formt also jedes Stückchen protoplasmischen Lebensstoff, das in seinen Einflussbereich gerät, nach seinem eigenen Muster und personifiziert somit sich selbst in lebendem Fleisch, so wie der Bildhauer seine Idee im Stein personifiziert.

Dreiunddreißig Jahre später veröffentlichte Burr sein Buch *Blue-print for Immortality: The Electric Patterns of Life*. Er berichtete, dass für fast ein halbes Jahrhundert die logischen Konsequenzen aus dieser Theorie rigoros kontrollierten experimentellen Bedingungen unterworfen wurden und keinen Widerspruch ergaben.[36]

Ein Autor im *New Scientist* vom 26. Januar 1982, der über die jüngsten Experimente in der »Elektrophysiologie« schrieb, fragte sich: »Warum wurde diese Aufgabe lediglich von einer Hand voll von Forschern weiterverfolgt, obwohl frühere Resultate so viel versprechend waren?« Er schließt daraus, dass »die Antwort mit den Trends und Moden zu tun haben könnte, die jedes Wissenschaftsgebiet beeinflussen«. Neue Experimente, die die neuesten elektronischen Geräte benutzen, haben kürzlich unentdeckte elektronische Felder in Verbindung mit der Entwicklung befruchteter Eizellen zu Embryos aufgedeckt. Der Autor fährt fort:

> Bisher geheimnisvolle Vorgänge in der Morphogenese (dem Ursprung der Formen) verlangen nun neue Untersuchungen, angefangen mit elektrischen Studien ... Eines der spektakulärsten Geheimnisse ist die Entstehung des Nervensystems. Die wandernden Spitzen der Nervenzellen – Wachstumszapfen – kriechen durch den ganzen Körper, oft über Entfernungen, die im Vergleich mit der Größe der Nervenzellen enorm sind, um ihre jeweiligen Zielorgane zu erreichen. Was sagt dem Wachstumszapfen, wohin er gehen soll?

Vielleicht bewegen sie sich einfach an den entsprechenden Magnetlinien des astralen Modellkörpers entlang. Ein von Burr und Northrop durchgeführtes Experiment könnte das Rätsel des An- und Abschaltens der Gene lösen. Sie verpflanzten die Zellen zur Bildung des Auges eines Salamanders in seinen Schwanz. In der neuen elektromagnetischen Umgebung verwandelten sich die Gene zu solchen, die den Schwanz bilden.

Ein fundamentaleres Problem erhebt sich nun in Bezug auf den astralen Modellkörper. Wer oder was hat ihn entworfen? Das führt zur theosophischen Auffassung über Evolution und ihre primären Verursacher, wie in der *Geheimlehre* beschrieben. Grundsätzlich besagt die Lehre: »Wirkungsrichtung und Leitung des Universums erfolgt von *innen nach außen* ... Der ganze Kosmos unterliegt der Führung, Kontrolle und Belebung durch eine endlose Reihe von Hierarchien fühlender Wesen. Jedes dieser Wesen hat eine Aufgabe zu erfüllen ... Sie sind sehr unterschiedlich in ihrem jeweiligen Bewusstseinsgrad und ihrer Intelligenz.«[37] Die fortgeschrittensten könnten als Baumeister des Universums bezeichnet werden, Wesen, die einst menschlich waren, aber nun gottähnlich sind in Macht und Pflicht.

Bald nach HPBs Tod wurde diese Theorie von unerwarteter Seite unterstützt: von dem gefeierten Biologen und führenden Darwinisten des 19. Jahrhunderts, Thomas Huxley, fast zeitlebens ein Erzskeptiker. In *Some Essays on Controversial Subjects* schrieb er:

> Betrachtet man die Sache aus streng wissenschaftlicher Perspektive, erscheint mir die Annahme, dass es unter den Myriaden von Welten, die im endlosen Raum verstreut sind, keine Intelligenz geben soll, die etwa so viel größer ist wie die des Menschen verglichen mit einer Küchenschabe, oder dass es dort nicht Wesen gibt, *deren Fähigkeiten zur Beeinflussung der Vorgänge in der Natur* die des Menschen so übersteigen, wie diese Fähigkeit des Menschen die einer Schnecke übersteigen, eine solche Annahme erscheint mir nicht nur grundlos, sondern auch arrogant. Ohne über die Analogiemöglichkeiten hinauszugehen, die uns durch das uns Bekannte gegeben sind, kann man sich problemlos einen Kosmos vorstellen, der mit immer höher entwickelten Wesen bevölkert ist, bis hin zu etwas, das sich praktisch nicht unterscheidet von Allmacht, Allgegenwart und Allwissen. (Hervorhebung d. A.)

Huxley änderte auch seine Ansicht über das Bewusstsein:

> Für mich ist der Hauptgrundsatz des Materialismus der, dass es im Universum nichts anderes gibt als *Kraft und Stoff* – die als Alpha und Omega der Existenz gelten … Wer das nicht glaubt, ist nach Meinung übereifriger Anhänger dieser Überzeugung verdammt zum Inferno für Narren und Heuchler. Aber ich glaube das alles nicht ... Es gibt noch etwas Drittes im Universum, das weder Kraft noch Materie sein kann, noch eine vorstellbare Modifizierung von beiden.[38]

Alfred Russel Wallace, der die Theorie der natürlichen Auslese unabhängig von Darwin entwickelte, gab freimütig die Begrenztheit dieser Theorie zu. Er glaubte, dass die Führung von »höheren Intelligenzen« ein »notwendiger Bestandteil der großen Gesetze ist, die das materielle Universum regieren«. Er fügte hinzu, dass die natürliche Auslese nicht erklären könne, wieso es Künstler, Musiker und andere künstlerische Begabungen gibt, da sie keinen Wettbewerbsvorteil im Kampf ums Überleben haben.[39]

In der *Geheimlehre* (Bd. 2, S. 684-85) finden wir dazu Folgendes:

> Die natürliche Auslese ist keine Wesenheit; sie ist lediglich eine bequeme Phrase zur Beschreibung der Art, auf welche das Überleben des Tauglichen und die Ausmerzung des Untauglichen unter den Organismen durch den Kampf ums Dasein hervorgebracht wird ... Aber ... natürliche Auswahl *»als eine Kraft«* – ist in Wirklichkeit ein reiner Mythos; namentlich wenn man sie als Erklärung für den Ursprung der Arten benutzt ... Aus sich selbst kann »sie« – *nichts hervorbringen,* sie bearbeitet nur das »ihr« dargebotene rohe Material.
>
> Die wirkliche Frage, um die es sich dreht, ist die: Welche *Ursache* – in Verbindung mit anderen sekundären Ursachen – bringt die »Variationen« in den Organismen selbst hervor? Viele dieser sekundären Ursachen sind rein physikalisch – klimatisch, nahrungsbedingt usw. Aber hinter den sekundären Aspekten der organischen Evolution *muss ein tieferes Prinzip gesucht werden.* Die »spontanen Variationen« und *»zufälligen* Divergenzen« des Materialisten sind ... nicht in der Lage, beispielsweise die erstaunliche Komplexität und die Wunder des menschlichen Körpers zu erklären ...
>
> Die Ursache für die physiologischen Variationen innerhalb der Arten ... ist eine unterbewusste, die Materie durchdringende Intelligenz, die zurückführbar ist auf einen *Widerschein* der göttlichen und dhyan-chohanischen Weisheit.

Wallace' Ansichten, von Professor Roszak zusammengefasst, zeigen die natürliche Auslese in ähnlichem Licht: »In seinen Augen war die Anpassung äußerst konservativ und ohne Initiative. Sie bewegt sich nur in horizontaler Richtung ... Wenn die Evolution nur eine Frage des Überlebens durch Anpassung wäre, wären wir vielleicht noch immer ein Planet voller Bakterien ... Darüber sah Wallace eine kühnere vertikale Bewegung, die die Evolution in höhere Ebenen von Komplexität und Bewusstsein treibt.« Und die vertikale Bewegung hatte ihren Impuls aus geistiger Quelle.[40]

Die *Geheimlehre* weist darauf hin, dass die vertikale Bewegung hauptsächlich an strategischen Punkten der evolutionären Reise auftritt. Dies würde die jüngste Theorie von punktuell, d.h. stoßweise auftretenden Gleichgewichtszuständen unterstützen, die beweist, dass Darwins Theorie der allmählichen Veränderungen nicht durch die fossilen Überreste bestätigt wird. In der Zeitschrift *Newsweek* vom 3. November 1980 heißt es:

»Immer mehr Wissenschaftler glauben heute, dass die Arten sich in Millionen Jahren nur wenig ändern, um sich dann plötzlich, in einer Art Quantensprung, zu entwickeln ... « Der angesehene Anthropologe Loren Eiseley schreibt über diese Theorie in Bezug auf das menschliche Gehirn in seinem Buch *The Immense Journey:*

> Wie die große Forscherin der Paläoneurologie Dr. Tilly Edinger kürzlich bemerkte: »Als der Mensch die Pithecanthropus-Phase durchlief, war die Evolution seines Gehirns einzigartig, nicht nur was das Ergebnis betraf, sondern auch das Tempo ... Es scheint innerhalb eines Augenblicks – in geologischen Zeitbegriffen – eine Vergrößerung der Gehirnhälften um 50 Prozent stattgefunden zu haben, jedoch ohne einen gleichzeitigen Wachstumsschub der Körpergröße.«[41]

Das könnte mit der in der *Geheimlehre* besprochenen Periode des »Aufleuchtens« des Geistes durch die Inkarnation menschlicher Seelen aus einer früheren Welt in die bisher geistlosen menschlichen Formen übereinstimmen.[42] Da die Seele das Stadium des Menschen in einer vorhergegangenen Welt schon erreicht hatte, wäre es für sie nicht mehr notwendig, noch einmal das tierische Stadium zu durchlaufen.

Blavatskys Ansicht, dass die natürliche Auslese und zufällige Mutationen unmöglich eine so komplexe Welt wie die unsere hervorgerufen haben kann, wird, unabhängig von ihrer Meinung, heute von mehr und mehr Wissenschaftlern akzeptiert, so zum Beispiel von Dr. Freeman Dyson, Professor der Physik am Institute for Advanced Studies in Princeton. Folgender Ausschnitt aus seinem Buch *Infinite in All Directions* wurde vom *Time*-Magazin für so wichtig gehalten, dass es ihn in der Aprilnummer von 1988 zitiert:

> Ich glaube nicht, dass dieses Universum durch Zufall entstand. Ich glaube, dass der Geist im Universum in einem sehr realen Sinn existiert. Aber ist er eine primäre oder eine zufällige Konsequenz aus etwas anderem? Die vorherrschende Meinung unter Biologen scheint die zu sein, dass der Geist zufällig aus DNA-Molekülen oder etwas anderem hervorging. Ich halte das für sehr unwahrscheinlich. Viel vernünftiger erscheint mir, dass Geist von Anfang an ein primärer Teil der Natur war und wir im derzeitigen Stadium der Geschichte einfach Manifestationen davon sind. Das soll nicht heißen, dass der Geist ein Eigenleben hat, sondern dass Geist eine im Aufbau des Universums inhärente Größe ist, und dass die Natur dem Geist Leben zur Verfügung stellt, um ihm Möglichkeiten zu verschaffen, die er sonst nicht hätte.[43]

In dem Buch selbst zitiert Dyson einen Vortrag aus dem Jahr 1985 mit dem Titel »Leben und Geist im Universum« von Dr. George Wald, emeritierter Professor der Biologie an der Harvard Universität und Nobelpreisträger für Biologie 1967:

> Ich und praktisch alle anderen Biologen sowie die meisten Menschen überhaupt hatten angenommen, dass Bewusstsein oder Geist ein spätes Produkt der tierischen Evolution war. Mir kam die Idee, dass stattdessen die ständige, alles durchdringende Präsenz des Geistes die Materie in diese Richtung führte. Ich erkannte, dass ich mich damit in bester Gesellschaft befand, dass Ideen dieser Wesensart in den östlichen Philosophien schon Tausende Jahre alt waren. Und viele unter den zahlreichen Physikern [der ersten Hälfte des 20. Jahrhunderts] sind genau zum gleichen Schluss gekommen. Eddington sagte einmal, der Stoff der Welt ist der Stoff des Geistes, dem er den ersten Platz vor der Materie einräumte. Von Weizsäcker, ein philosophischer Physiker, sprach von einem, wie er es nannte, Identitätsprinzip, dass Geist und Materie die beiden Aspekte der Wirklichkeit sind.[44]

Solche Spekulationen führen unvermeidlich zu der Überlegung, ob es nicht nur auf der Erde Leben gibt, sondern auch woanders im Universum; ebenso die Frage, ob die evolutionäre Entwicklung auf der Erde vernichtet würde, wenn der Planet und das Sonnensystem zugrunde gingen.

Ein Professor in Princeton unterhielt sich einmal mit Einstein über seinen Sohn, einen begabten Collegestudenten, der so niedergeschlagen und deprimiert war, dass er sich weigerte, sein Studium fortzusetzen oder irgendetwas anderes zu tun. Er machte sich nicht etwa Sorgen um seinen eigenen Tod, sondern um den Tod des Sonnensystems! Irgendwann, sagte er, würde alles zerfallen und alles, was auf der Welt erreicht worden sei, wäre ebenfalls zunichte. Es wäre dann, als ob hier überhaupt nichts geschehen sei, warum sollte man sich also die Mühe machen, jetzt etwas zu tun?

Darwin beschäftigte das gleiche Problem. In einem Brief an seinen Sohn sprach er von der unvermeidlichen Zerstörung unseres Sonnensystems, wenn »die Sonne und alle Planeten zum leben zu kalt werden. Da ich glaube, dass der Mensch in ferner Zukunft ein viel vollkommeneres Wesen als heute sein wird, ist es ein unerträglicher Gedanke, dass er und alle anderen fühlenden Wesen nach so langem Fortschritt zur restlosen Vernichtung verdammt sein sollen.

Jenen, die an die Unsterblichkeit der menschlichen Seele glauben, wird die Zerstörung unserer Welt nicht so entsetzlich erscheinen«.[45]

Darwin dürfte nicht von der Unsterblichkeit im allgemeinen Sinn gesprochen haben – einem Entkommen in einen für immer himmlischen Zustand nach einem kurzen Aufenthalt in dieser Welt. Er scheint anzudeuten, dass sich die Evolution als Prozess von einer Welt zur anderen fortsetzen könnte, wenn die Seelen tatsächlich unvergänglich sind, was in diesem Fall heißen würde, dass sie wiedergeboren werden. Die Möglichkeit, dass Welten – und sogar galaktische Universen als Ganzes – reinkarnieren, ist ein Thema, dass zurzeit die ernsthafte Aufmerksamkeit von Astronomen und Physikern erweckt. Vor einigen Jahren berichtete der Essayist der *New York Times,* Malcolm Browne:

> Zurzeit konkurrieren zwei rivalisierende Theorien über das endgültige Schicksal des Universums. Diese Rivalität hat Astronomen, Mathematiker, Teilchenphysiker, Chemiker und Theoretiker angespornt, ihre Fachgebiete nach Indikationen zu untersuchen, die zum Resultat beitragen könnten. Die Frage ist, ob das Universum »offen« ist und seine gegenwärtige scheinbare Ausdehnung für immer fortsetzen wird, oder ob es »geschlossen« ist und dazu bestimmt, eines Tages seine Expansion zu beenden und in sich zusammenzufallen, um dann wiedergeboren zu werden. Ist das Universum »offen« und expandiert ununterbrochen weiter, dann würde die für die Erhaltung des Lebens notwendige Energie schließlich so verdünnt sein, dass sie unbrauchbar wäre und alles zugrunde ginge.
>
> Manche Wissenschaftler entwickeln eine persönliche Vorliebe für die eine oder andere Art von *Götterdämmerung.* Manche bevorzugen ein offenes, einmaliges Universum, weil es mit der Bibel übereinstimmen würde. Andere wiederum ein geschlossenes, oszillierendes Universum, das ästhetisch dem Rad von Tod und Wiedergeburt der Hindus entspricht.[46]

Sir Stephen Hawking, der an der Universität von Cambridge die Position innehat, die einst Sir Isaac Newton gehörte, wird von vielen als der führende Physiker der heutigen Zeit betrachtet. In seinem erfolgreichen Buch *Eine kurze Geschichte der Zeit* schreibt er von seinem anfänglichen Glauben an ein »offenes Universum«, in dem der Kosmos zu permanenter Zerstörung bestimmt war. Aber jetzt betrachten er und seine Kollegen das Universum als sich ständig erweiternd und wieder zusammenziehend, ohne Anfang und ohne Ende. Infolgedessen war der Urknall nicht der erste seiner Art. Dazu sagt er: »Interessant am allgemeinen geistigen Klima vor dem 20. Jahrhundert ist die Einsicht, dass niemand die Möglichkeit eines sich ausdehnenden und zusammenziehenden Universums in Erwägung gezogen hat. Es herrschte die Meinung vor, das Weltall habe entweder seit jeher in unveränderter Form bestanden oder es sei zu einem bestimmten Zeitpunkt mehr oder weniger in seinem derzeitigen Zustand erschaffen worden. «[47]

Verständlicherweise hat Hawking niemals die folgende Passage in *Isis entschleiert* (Bd. 2, S. 264-65) gelesen, die HPB für wichtig genug hielt, sie in der *Geheimlehre* (S. 74-75 Studienausgabe) mit einer kleinen Korrektur zu wiederholen:

> Ebenso wie der Buddhismus, der Brahmanismus und die Kabalah, postuliert die esoterische Lehre die ewige Existenz des einen, unendlichen und unerkannten absoluten Seins, das in regelmäßiger und harmonischer Folge entweder aktiv oder passiv ist. In der poetischen Sprache Manus werden diese Zustände als »Tage« und »Nächte« Brahmâs bezeichnet. Brahmâ ist entweder »wach« oder er »schläft«...
>
> Am Anfang einer aktiven Periode, so die Geheimlehre, beginnt nach ewigem, unveränderlichem Gesetz eine Ausdehnung des göttlichen Wesenskerns von außen nach innen und von innen nach außen, und das phänomenale oder sichtbare Universum ist das letztendliche Resultat einer langen Reihe kosmischer Kräfte, die dadurch fortschreitend in Bewegung gesetzt werden. Wenn der passive Zustand eintritt, kommt es zum Zusammenziehen des göttlichen Wesenskerns, und das vorangegangene Schöpfungswerk wird allmählich und fortlaufend aufgelöst. Das sichtbare Universum zerfällt, seine Materie wird zerstreut, und »Finsternis«, allein, einsam, ist wieder über der »Tiefe«. Eine Metapher aus den geheimen Schriften macht die Idee noch klarer: Ein Ausatmen des »unerkannten Wesenskerns« lässt die Welt entstehen und sein Einatmen verursacht ihre Auflösung. Diesen Prozess gibt es seit Ewigkeit. Unser derzeitiges Universum ist nur eins in einer unendlichen Reihe, die ohne Anfang ist und kein Ende haben wird.

Nach der zentralen Vorstellung der »Urknall-«Theorie begann das Universum mit der Explosion eines »kleinen Funkens« Substanz, aus dem schließlich alle Sterne und Galaxien hervorgingen. In der *Geheimlehre* (S. 73, Studienausgabe), in der die Entwicklungsstadien des Kosmos symbolisch dargestellt sind, gibt es eine analoge Aussage, nur mit dem Unterschied, dass das Universum aus dem Geist hervorgeht, nicht aus dem Stoff:

> Vor der Autorin liegt ein uraltes Manuskript, eine Sammlung von Palmblättern, die durch ein unbekanntes, spezielles Verfahren gegen Einwirkungen von Wasser, Feuer und Luft geschützt sind Auf der ersten Seite ist eine makellose weiße, kreisförmige Fläche vor matt-schwarzem Hintergrund abgebildet. Auf der nächsten Seite dieselbe Fläche mit einem Punkt in der Mitte. Forscher wissen, dass das Erste eine bildliche Darstellung des Kosmos in der Ewigkeit ist – vor dem erneuten Erwachen jener noch ruhenden, in späteren Systemen als »Wort« bezeichneten Energien. Der Punkt bezeichnet den Beginn der Differenzierung in der zuvor makellosen Fläche ... Der Punkt ist der Keim im Welten-Ei, der Keim, der periodisch und abwechselnd latent und aktiv ist und zum Universum, dem ALL, dem grenzenlosen, periodischen Kosmos werden wird.

Später zitiert HPB anerkennend einen französischen Theoretiker, der vermutete, dass der ganze Kosmos »in einem einzigen Punkt« konzentriert werden kann (GL Bd. 1, S. 531). Ein andermal spricht sie von »dem Universum, das aus der zentralen Sonne, dem PUNKT, dem ewig verborgenen Keim, hervorgeht« (GL Bd. 1, S. 407).

Aufgrund neuer Entdeckungen wird die Urknall-Theorie heute ernsthaft in Frage gestellt. Bisher hat man geglaubt, dass sich die explosive Materie ziellos in alle Himmelsrichtungen ergossen hat. Astronomen haben jedoch kürzlich etwas herausgefunden, was sie als Gitter aus acht Galaxien bezeichnen, die gleich viele Lichtjahre voneinander entfernt sind. Einer der Entdecker dieses Gitters war so entmutigt, dass er meinte, es sähe so aus, als hätten wir keine Ahnung, wie das Universum begann, und müssten nun mit unseren Forschungen wieder bei null anfangen.

Bei der Jahrestagung der Amerikanischen Astronomischen Gesellschaft wurde am 10. Januar 1990 Folgendes bekannt gegeben, worüber die *New York Times* am 12. Januar unter der Überschrift »Gefunden: Ein Kontinent von Galaxien, der andere anzieht« berichtet:

> Astronomen meldeten heute, dass sie die Existenz einer der größten Konzentrationen von Galaxien und Materie bestätigen konnten, die jemals entdeckt wurden ... Diese riesige Struktur, die sie den »großen Attraktor« nen-

nen, ist 150 Millionen Lichtjahre von der Erde entfernt und übt eine ständige Anziehungskraft auf die Milchstraße und Millionen anderer Galaxien aus ...
Diese Entdeckung bestätigt Theorien, die in der Astronomie in den vergangenen Jahren diskutiert wurden, dass die Hauptobjekte des Universums weit größer und komplizierter sind als die Astronomen es sich vorgestellt hatten. Es handelt sich dabei nicht um simple Galaxien oder Sternenhaufen, sondern um riesige, hundertmal größere »Kontinente von Galaxien«.
Die Galaxien im >Attraktor< driften nicht auseinander wie die übrigen Galaxien im Universum, sondern »fallen« zu einem Bereich zusammen, der Hunderte von Millionen von Lichtjahren umfasst. Die Schnelligkeit der Bewegung, 400 Meilen in der Sekunde, war ebenfalls eine Überraschung. Sie ließ vermuten, dass diese Galaxien von irgendetwas angezogen wurden ... Am überzeugendsten war, so sagten die Astronomen, dass sich einige der untersuchten Galaxien auf der entgegengesetzten Seite des >Attraktors<, von der Milchstraße gesehen, befanden; es stellte sich heraus, dass sie ebenfalls von ihm angezogen wurden ...
Es würde länger dauern, eine Struktur dieser Größe zu bilden, als das Universum aufgrund der gängigen Ansicht existiert. Dr. Schramm meint, es müssten nun Theorien entwickelt werden, um einen neuen Mechanismus am Beginn des Universums zu schaffen, der solch riesigen Strukturen entspricht ... Der große >Attraktor< ist nur einer aus einer Anzahl von riesigen Strukturen, über deren Existenz in den vergangenen Jahren Theorien aufgestellt wurden, einschließlich der »großen Wand«, die man sich als ein großes »Blatt« von Galaxien vorstellt, das sich über eine Milliarde von Lichtjahren erstreckt. [Diese Strukturen scheinen längst keine *Theorien* mehr, sondern Tatsachen zu sein.][48]

◆

Diese Entdeckung kann von immenser Bedeutung sein. Bisher war es nur eine Spekulation der Wissenschaft, dass sich die gegenwärtige Ausdehnung der Welten und Galaxien im Urknall-Universum eines Tages umkehren könnte, doch der >Große Attraktor<, der Kontinent der Galaxien, verleiht dieser Theorie Gewicht. Das würde die Theorie der periodischen Wiedergeburt des Universums zusätzlich unterstützen.

In Anbetracht solch weitläufiger Überlegungen* scheint die Landung der ersten Astronauten auf dem Mond von geringerer Bedeutung zu sein, auch wenn es einer der großen Augenblicke in der Geschichte unserer Erde war. Am zwanzigsten Jahrestag dieses Ereignisses bat man den Physiker und Biologen Dr. Lewis Thomas um einen Kommentar, der am 15. Juli 1889 in der *New York Times* veröffentlicht wurde. Thomas erzählte zunächst vom Spaziergang auf dem Mond und über die vielfältigen Eindrücke, die er hervorgerufen hatte, und fuhr dann fort:

> Der bedeutende Moment kam erst später, nachdem die Fotoausrüstung am Mond aufgestellt worden war. Da, vor unseren Augen – uns stockte der Atem – erschien überall auf den Fernsehschirmen die erste Fotografie von unserer Erde.
>
> Frei schwebend knapp über dem Mondhorizont, hell und rund und schimmernd wie eine Seifenblase, tief blau, mit schneeweißen Wolken über das Antlitz verstreut, war es das Wunderbarste, was die Menschen je gesehen hatten: unser Zuhause. Und was noch wichtiger war, sie *lebte,* wie jeder deutlich auf dem Foto erkennen konnte. Das erstaunliche runde Ding, das dort einsam hing ... es war ein lebendiges Wesen. Schon allein dieses Foto war das bedeutendste Ereignis im gesamten technischen Ablauf, und es haftet auch noch 20 Jahre danach in der Erinnerung, und seine Bedeutung wird immer größer.
>
> Die Vorstellung, dass das Leben auf der Erde in allen Einzelheiten dem zusammenhängenden Leben gleicht, das wir auch einem Organismus zuschreiben, ist heute mehr als nur Vorstellung. Dank der Untersuchungen, die in den siebziger Jahren von James Lovelock, Lynn Margulis und ihren Mitarbeitern begonnen wurden, wissen wir nun, dass sich das planetarische Leben auf unserer Erde, die »Biosphäre«, selbst reguliert.
>
> Sie hält exakt das Salz- und Säure-Gleichgewicht ihrer Ozeane aufrecht und seit Jahrmillionen die genau ausbalancierten Komponenten ihrer At-

* Möglicherweise stellt sich heraus, dass diese neu entdeckten enormen Gruppierungen von Galaxien wirklich zu anderen Universen gehören als zu dem so genannten Urknall-Universum. Schließlich hat man erst vor 70 Jahren erkannt, dass auch *außerhalb* unserer Galaxie, der Milchstraße, andere Galaxien existieren.

> mosphäre mit ihren Sauerstoff- und Kohlendioxydschichten am optimalen Stand für Atmung und Fotosynthese.
> Sie lebt von der Sonne, indem sie die Energie, die sie zum Leben braucht, aufnimmt und den Rest in das nie zu füllende Becken des Raums abgibt.
> Das ist die »Gaia-Hypothese», die neue Idee, dass die Erde selbst lebt ...
> Und schließlich gibt es da noch etwas, worüber man nachdenken sollte, das seltsamste aller Paradoxa, die Vorstellung nämlich, dass ein derart riesiger und komplexer Organismus mit so vielen miteinander verbundenen und kommunizierenden zentralen Nervensystemen, von der Grille und dem Glühwürmchen bis zum Philosophen, selbst keinen Geist besitzen sollte. Das kann ich nicht glauben.

Es war das Bild der Erde, vom Mond aus gesehen, auf dem sie wie ein »gesprenkelter Saphir» aussah, das den Chemiker und Biophysiker Lovelock zu den wissenschaftlichen Untersuchungen anregte, die in seinem Buch *Gaia – Die Erde ist ein Lebewesen* beschrieben werden. [Lovelock ist promovierter Chemiker, Mediziner und Biophysiker.] Doch seine »neue Idee« wurde schon hundert Jahre zuvor von HPB und anderen Theosophen formuliert. Judge schrieb eine faszinierende Geschichte mit dem Titel »Die Haut unserer Erde» über dieses Thema. Und in seinem Buch *Das Meer der Theosophie* spricht er von der Erde als einer »Wesenheit und nicht bloß einem Klumpen grober Materie«.[49] In der *Geheimlehre* (S. 98, Studienausabe) sagt HPB:

> Die Idee der Universalität des Lebens gehört zu den philosophischen Konzepten der Antike, die sich unserem Denken in diesem Jahrhundert dank der Befreiung von der anthropomorphen Theologie wieder erschließen. Unsere Wissenschaft jedoch gibt sich damit zufrieden, die Anzeichen für die Universalität des Lebens zu beobachten und zu klassifizieren. Und bisher hat sie noch nicht einmal den Mut gefunden, auch nur ganz leise die Worte »Anima mundi« auszusprechen. Die Behauptung, es könne kristallines Leben geben, wäre noch vor einem halben Jahrhundert unter Hohn und Spott abgelehnt worden – heutzutage ist es der Wissenschaft wohlbekannt ... Es ist unwahrscheinlich, dass der Wissenschaft noch auf längere Zeit gelingen wird, einfach durch den Gebrauch von Bezeichnungen wie »Kraft« und »Energie« die Augen zu verschließen vor der Tatsache, dass Dinge, die Leben haben, seien es Atome oder Planeten, auch lebende Dinge sind.

Der Nobelpreisträger Brian Josephson, Professor für Physik in Cambridge, scheint darin in vielem zuzustimmen. Bei einem Interview sagte er:

> In jedem Atom der Materie können Elemente von Intelligenz vorhanden sein, und wie die biologischen Formen unserer Welt, kann es eine Evolution zu höheren Ebenen durchmachen ... Physiker tendieren dazu, die Materie als leblos und mechanisch anzusehen und sind damit auf der falschen Spur. Selbst auf der niedrigsten Ebene scheint die Materie sich wie etwas Biologisches und Lebendiges zu verhalten. Hinter dem Phänomen, das wir gewöhnlich sehen, und sogar hinter den Phänomenen, die von den Physikern erforscht werden, könnte es Leben und Intelligenz geben ... Ebenso scheint alle Materie eine geheimnisvolle Ganzheit oder Einheit zu besitzen, die die Wissenschaftler nicht erklären können, die aber in den östlichen Religionen häufig beschrieben wird.[50]

Es mag überraschen, dass auch Sir Isaac Newton die gesamte Natur für lebendig hielt. Malcolm Brown berichtet davon in einem Artikel in der *New York Times* (10. April 1990), der das neue Interesse der Wissenschaftler an der Alchemie zum Thema hat:

> Unter den Alchemisten waren einige der bedeutendsten Wissenschaftler aller Zeiten, z. B. Isaac Newton und Robert Boyle. Obwohl Newtons Ruhm auf seinen bedeutenden Entdeckungen in der Physik und Mathematik beruht, widmete er die Hälfte seiner Forschungstätigkeit der Alchemie, eine Tatsache, die manche seiner heutigen Bewunderer irritiert. Aber Dr. Betty Jo Teeter Dobbs, Professorin für Geschichte an der Northwestern Universität, die sich viele Jahre lang mit Newtons Werk beschäftigt hat, betrachtet die Alchemie als Mittelpunkt seiner Arbeit und nicht als eine Verirrung.

In einem neuen Buch[51] stellt Dr. Dobbs Newton als Puritaner dar, der einen Anstieg atheistischen Denkens fürchtete.* Er glaubte, so Dobbs, an die

* HPB schreibt: »Die innersten Gedanken und Ideen Newtons wurden verdreht, und von seiner großen mathematischen Gelehrsamkeit wurde bloß die körperliche Schale berücksichtigt ... Wenn der arme Sir Isaac vorausgesehen hätte, zu welchen Zwecken seine Nachfolger und Anhänger seine Schwerkraft missbrauchen würden, hätte dieser fromme und religiöse Mann sicherlich in aller Ruhe seinen Apfel aufgegessen, anstatt dessen Fall auch nur mit einem Wort im Zusammenhang mit mechanischen Vorstellungen zu erwähnen.« (GL, Bd. 1, S. 525)

alchemistische Idee eines beseelten Universums, an die von Gott ausgehende Durchdringung aller Dinge mit göttlichem Geist.

Hier haben wir das Beispiel eines großen Wissenschaftlers, der auch zutiefst religiös war. In dieser Hinsicht war Newton nicht der Einzige. Das Buch *Quanten-Fragen, mystische Schriften berühmter Physiker* (1984) untersucht die Schriften von Heisenberg, Schrödinger, Einstein, de Broglie, Jeans, Planck, Pauli und Eddington – »alle mit der tiefen Überzeugung, dass Physik und Mystik gewissermaßen Zwillingsbrüder sind ... Jeder dieser bedeutenden Männer gelangte – ausnahmslos – zu einer mystischen oder transzendentalen Sicht, in der die Welt eher ein geistiges als materielles Phänomen ist«.[52]

Dies scheint die grundlegende These der *Geheimlehre* zu unterstützen, die eine Synthese von Wissenschaft, Religion und Philosophie postuliert. Die folgenden Auszüge aus Einsteins Schriften lassen erkennen, dass für den Vater der Relativitätstheorie Wissenschaft und Religion alles andere als unvereinbar waren:

> Das Erlebnis des Geheimnisvollen ... das Wissen um die Existenz des für uns Undurchdringlichen, die Manifestationen tiefster Vernunft und leuchtender Schönheit ... dies Wissen und Fühlen macht wahre Religiosität aus ...[53] (Ich behaupte), dass die kosmische Religiosität die stärkste und edelste Triebfeder wissenschaftlicher Forschung ist. Nur wer die ungeheuren Anstrengungen und vor allem die Hingabe ermessen kann, ohne welche bahnbrechende wissenschaftliche Gedanken nicht zustande kommen können, vermag die Stärke des Gefühls zu ermessen, aus dem allein solche dem unmittelbaren praktischen Leben abgewandte Arbeit erwachsen kann ... Es ist die kosmische Religiosität, die solche Kräfte spendet. Ein Zeitgenosse hat nicht mit Unrecht gesagt, dass die ernsthaften Forscher in unserer im Allgemeinen materialistisch eingestellten Zeit die einzigen tief religiösen Menschen seien.[54]

Das nächste Zitat von Einstein stammt aus der Autobiographie von Robert A. Millikan: »Mir genügt, das Mysterium des bewussten Lebens zu betrachten, das sich selbst in alle Ewigkeit aufrecht erhält – über den wunderbaren Aufbau des Universums nachzudenken, den wir nur undeutlich wahrnehmen können – und bescheiden zu versuchen, einen winzigen Teil der *Intelligenz* zu verstehen, die sich in der Natur manifestiert.«[55]

Die Idee, dass die Natur Intelligenz manifestiert, scheint weit entfernt von der Vorstellung vieler moderner Wissenschaftler zu sein, nämlich dass Willkür, Zufall und Gesetzlosigkeit sowohl in der subatomaren Welt als auch in den Weiten des Raums regieren, wo Welten geboren werden und sterben. In einer Fernsehsendung im Juni 1990 mit dem Titel »Das Quanten-Universum«, aus der Serie »Smithsonian World«, behauptete der russische Wissenschaftler Roger Rees, dass »die Quantenmechanik endgültig alles dem Zufall überließ. Alles kann in die eine oder andere Richtung gehen. Die Mathematik bestreitet Gewissheit; für sie gibt es nur Wahrscheinlichkeit und Zufall«.[56]

In seinem Buch *The Emperor's New Mind* erweist sich der englische Physiker Dr. Roger Penrose als einer der vielen Physiker, die überzeugt sind, dass Einstein keineswegs starrköpfig war, als er sagte, »mein kleiner Finger sagt mir, dass die Quantenmechanik unvollständig ist«.[57] Penrose fügt hinzu, es »gibt in *jeder* Interpretation der Quantenmechanik auch heute noch immer Rätsel in der einen oder anderen Form«.[58] Er glaubt, dass die Quantentheorie in Zukunft noch »fundamentale Veränderungen erfahren« wird, da höhere Gesetze entdeckt werden, die sogar das ungelöste Rätsel des menschlichen Bewusstseins aufklären werden[59], und auch das der scheinbar ziellosen Aktivität atomarer Teilchen.

Dazu ein Zitat aus HPBs Artikel »Kosmischer Geist«: »... Jedes Atom, wie die Monade von Leibniz, ist ein kleines Universum für sich [und zeigt einen Grad von Bewusstsein].« Sie verweist auf ähnliche Ansichten Thomas Edisons: »Ich glaube nicht, dass Materie träge ist und nur auf äußere Kraft reagiert. Ich denke, dass jedes Atom eine gewisse primitive Intelligenz besitzt: Schauen Sie sich nur die tausend Arten an, in denen sich Wasserstoffatome mit denen anderer Elemente verbinden können ... Glauben Sie, sie täten das ohne Intelligenz?« HPB fügte hinzu, dass »Mr. Edison ein Theosoph ist, obwohl nicht besonders aktiv. Doch allein die Tatsache, dass er unser Diplom besitzt, scheint ihn mit theosophischen Wahrheiten zu inspirieren«.[60]

In die Praxis umgesetzt und unter Berücksichtigung des Heisenberg'schen Prinzips der Unschärferelation, kann man voraussagen, was eine Masse von Atomen oder atomaren Teilchen tun wird, man kann aber nicht voraussagen, was ein *individuelles Atom* tun wird. Überall in der Natur findet man Beispiele für dieses so genannte Wahlverhalten.

HPB gibt zu, dass ihre Ansichten über das Vorhandensein von Intelligenz im gesamten Kosmos als ein Hervorholen »des Aberglaubens *verrückter* Alchemisten« betrachtet werden würde.[61] Dies erinnert an eine Anekdote, die der Physiker Heinz Pagels in *Der kosmische Code, Quantenmechanik als Sprache der Natur* erzählt: Als Pauli einmal ins Pupin Labor der Columbia Universität kam, um einen Vortrag über Heisenbergs neue, nichtlineare Theorie elementarer Teilchen zu halten, saß auch Niels Bohr im Auditorium. Nach dem Vortrag bemerkte Bohr, die neue Theorie könne nicht richtig sein, weil sie nicht verrückt genug sei. Bald standen sich Bohr und Pauli an einem Tisch gegenüber, wobei Bohr wiederholte: »Sie ist nicht verrückt genug«, während Pauli entgegnete: »Sie ist verrückt genug.« Für einen Außenstehenden wäre es schwer verständlich gewesen, worum es den beiden großen Physikern ging, und dass es nicht einfach Verrücktheit war. Sowohl Bohr als auch Pauli wussten, dass die Verrücktheit der Quantentheorie sich als richtig erweisen würde.

Mit Heinz Pagels Worten:

> Alle großen Schöpfungen des Menschen sind schön, und physikalische Theorien sind da keine Ausnahme. Eine hässliche Theorie besitzt eine Art von begrifflicher Schwerfälligkeit, die man unmöglich lange im Gedächtnis behalten kann ... Neue Ideen wirken am Anfang oft bizarr und seltsam, sind die Ideen aber richtig, wird die Schönheit später sichtbar ... Wenn Physiker tatsächlich die innere Logik des Kosmos erfassen, wird sie schön sein.[62]

Könnte es eine schönere Vorstellung geben, als die der Universalität intelligenten Lebens, von den Galaxien bis zum Atom, und dass es nirgends tote Materie gibt? Wenn das wahr ist, würde es die große Frage beantworten, ob andere Welten bewohnt sind, denn wenn Minerale mit Leben erfüllt sind, sind natürlich alle Welten bewohnt. In der *Geheimlehre* finden wir die faszinierende Aussage, dass auf allen Welten »Menschen sind, waren oder sein werden«.

An anderer Stelle zitiert HPB den kabbalistischen Aphorismus »Ein Stein wird eine Pflanze, eine Pflanze ein Tier, das Tier ein Mensch, der Mensch ein Geist und der Geist ein Gott«.[63]

◆

Durch die antike Sicht, die in der *Geheimlehre* dargelegt wird, dass Leben universell und in seiner Essenz geistig ist, wird dem Menschen eine große Verantwortung auferlegt, dieses Leben zum Guten zu nutzen. Die furchtbare Verschwendung des Menschen und sein Missbrauch der Materie bedrohen das Überleben der Erde.

Alarmiert durch diese Bedrohung nahmen mehr als tausend religiöse, politische und wissenschaftliche Führungspersönlichkeiten aus 83 Nationen im Januar 1990 an einer Konferenz in Moskau teil, die das »Weltforum religiöser und parlamentarischer Persönlichkeiten für das Überleben der Menschheit« veranstaltete. Die 23 anwesenden Wissenschaftler, unter ihnen drei Nobelpreisträger, riefen zu einem Bündnis von Religion und Wissenschaft auf. Die Wissenschaftler anerkannten die verhaltensformenden Einflüsse der Religion und meinten: »Viele von uns empfinden angesichts des Universums tiefe Gefühle der Ehrfurcht.« Sie forderten, »alle Anstrengungen, die zum Schutz und zur Bewahrung der Umwelt unternommen werden, mit einer Vision des Heiligen zu erfüllen«.

Dieser Appell ist besonders überraschend, weil er von dem Astronomen Carl Sagan formuliert wurde. In seiner populären Fernsehserie »Unser Kosmos« und in seinem Bestseller mit demselben Titel hatte er oft einen gewissen Antagonismus gegenüber der Religion gezeigt, und man hatte ihm vorgeworfen, die Wissenschaft als einzige Quelle der Wahrheit zu betrachten. Als er wegen des Appells interviewt wurde, sagte Sagan, er wäre sich zunehmend der Universalität der Religion sowie ihres Potentials als »Macht des Guten« bewusst geworden. Obwohl andere Unterzeichner seines Appells versucht hätten, Äußerungen über die globale Erwärmung oder die Ozonschicht zu revidieren, hätte doch keiner die Worte über Religion, Ehrfurcht und das Heilige in Frage gestellt.[64] Der Einzige, der nicht zustimmte, war ein Geistlicher. Er meinte, es sei falsch, die Natur und den Menschen für heilig zu halten – nur Gott sei heilig.

Anhänger anderer Religionen äußerten die Befürchtung, durch die Heiligsprechung allen Lebens sei leicht eine Rückkehr zum primitiven Pantheismus möglich, bei dem der Mensch Steine und Bäume verehrt. In der *Geheimlehre* finden wir unter dem Titel »Zusammenfassung« einige Passagen über Anbetung und Verehrung, die einiger Betrachtung wert sind (S. 206-207 Studienausgabe):

> a) Außer in der Bedeutung des hinduistischen *nâstika*, d.h. außer der Ablehnung von Götzendienerei und anthropomorphen Göttern, enthält die Geheimlehre keinen *Atheismus.* In diesem Sinne ist jeder Okkultist ein *nâstika.*
>
> b) Dagegen enthält sie die Lehre vom Logos oder kollektiven »Schöpfer« des Universums, einem *Demiurgos,* vergleichbar einem Architekten, den

man als »Schöpfer« eines Gebäudes bezeichnen kann, denn er erarbeitet die Pläne, überlässt die körperliche Arbeit aber den Maurern. In unserem Fall kam der Plan aus der Ideationskraft des Universums, und die Bauarbeiten wurden Scharen von intelligenten Kräften überlassen. Der *Demiurgos* ist jedoch keine *persönliche* Gottheit, die ja die Bedeutung eines unvollkommenen, *nicht-kosmischen Gottes* hat, sondern nur die Gesamtheit der Dhyâni-Chohans und anderer Kräfte. Über Letztere Folgendes:
(c) Sie haben eine doppelte Eigenart, weil sie aus zweierlei Dingen bestehen, nämlich 1. aus der der Materie innewohnenden irrationalen *rohen Energie,* und 2. aus der intelligenten Seele oder dem kosmischen Bewusstsein, das diese Energie leitet und lenkt. Diese Seele, dieses kosmische Bewusstsein ist der *dhyân-chohanische Gedanke, der die Ideation des Universalgeistes reflektiert* ... Weil dieser Prozess aber nicht immer fehlerlos abläuft, und weil er trotz aller Beweise einer unsichtbaren, leitenden Intelligenz lückenhaft und unvollkommen bleibt, ja, weil sogar oft Misserfolge auftreten, deshalb ist weder das Kollektiv der »Scharen«, also der Demiurgos, noch irgendeine der aufbauenden Energien als Objekt göttlicher Verehrung oder Anbetung geeignet. Allen aber sollte die Menschheit Dankbarkeit entgegenbringen, und der Mensch sollte immer bemüht sein, die göttliche Evolution der *Ideen* zu unterstützen, indem er nach bestem Können zum *Mitarbeiter der Natur* im Vollbringen ihrer zyklischen Aufgabe wird. Nichts anderem als dem immer unergründlichen, unfassbaren *Kârana,* der *unverursachten* Ursache aller Ursachen, sollte die heilige und ewig reine Tiefe unseres Herzens als Schrein und Altar dienen – denn es ist unsichtbar, unberührbar, unbeschreiblich – und wahrzunehmen nur als » Ton eines leisen Wehens« in unserem spirituellen Bewusstsein. Wer es anbetet, tue dies in der Stille und Abgeschiedenheit seiner Seele, und allein der Geist des Betenden sei sein Mittler zum *Universalgeist;* seine guten Taten seien seine Priester, und seine sündhaften Neigungen die einzigen *der göttlichen Allgegenwart* erkennbar und wirklich dargebrachten Opfer.

◆

Unsere Betrachtung begann mit den Prophezeiungen der *Geheimlehre* über den Zeitraum zwischen 1888 und 1897, in dem es zu einem entscheidenden Durchbruch, einem Riss im Schleier der Wissenschaft kommen würde. Ein befreundeter Wissenschaftler, der sich eingehender und gründlicher mit dieser Voraussage befasst hat, als es an dieser Stelle möglich war, kam zu folgendem Schluss: »Tatsächlich erhielt der Schleier der Natur einen unerwarteten, in bisher unvorstellbare Tiefen führenden, die kleinsten Dimensionen der Schöpfung offen legenden Riss, mit überwältigenden Konsequenzen für die Wissenschaft in allen Bereichen und für das tägliche Leben des Menschen.«

3 Yeats, Joyce, Eliot, Wilder ...

Renaissance in der irischen Literatur

John Eglinton schreibt 1937 in seiner Biographie über George Russell, *Erinnerunngen an Æ:*

> Wahrscheinlich hat es in keinem Land eine literarische Epoche gegeben, der nicht eine Belebung religiöser Interessen vorangegangen ist oder sie begleitet hat ... Wer sich in dieser Hinsicht in Irland umsieht, wird feststellen, welchen Aufruhr die ersten Aktivitäten der theosophischen Bewegung in Dublin in den Gemütern einer Gruppe junger Männer verursacht hat. Das beweist nicht nur, dass es zu dieser Zeit in Irland keine andere religiöse Bewegung gab, sondern auch, dass Yeats und Russell, die führenden Persönlichkeiten der literarischen Erneuerung, eng mit der theosophischen Bewegung verbunden waren.

In *Irish Literature and Drama* schreibt Stephen Gwynn, dass diese beiden Männer »die gesamte Erneuerung der Literatur dominierten und das intellektuelle Leben ihrer Zeit in Irland beeinflussten«.[65]

1896 schrieb Russell an Yeats: »Die Götter überziehen Irland mit Feuer. Mystiker kommen von überall her, wie H. P. Blavatsky und W. Q. Judge vorausgesagt haben. Was Emerson für Amerika tat, können wir mit noch größerer Wirkung hier vollbringen.«[66]

Ernest Boyd schrieb in seinem Buch *Ireland's Literary Renaissance:*

> Die theosophische Bewegung bildete ein literarisches, künstlerisches und intellektuelles Zentrum, von dem Einflüsse ausgingen, deren Wirkung selbst diejenigen spürten, die ihr nicht angehörten. Auch war sie Mittel- und Treffpunkt der beweglichsten unter den älteren und jüngeren Intellektuellen wie John O'Leary und George Sigerson, W. B. Yeats und Æ. Dort lernten sich die unterschiedlichsten Persönlichkeiten kennen, wodurch die Reichweite der neuen Literatur, ihre bemerkenswerten, alle früheren natio-

nalen Bewegungen überflügelnden Neuerungen besondere Beachtung fanden ... Es war ein intellektueller Schmelztiegel, aus dem die wahren Werte echter Nationalität gestärkt hervorgingen und von ihren verfälschten Elementen nichts übrig blieb.

Boyd erzählt von den Anfängen der theosophischen Bewegung in Dublin, an einem Nachmittag des Jahres 1885 im Haus von Edward Dowden, dem Autor von *The Life of Shelley*. Auch Yeats war dabei:

> Jemand erwähnte ein seltsames Buch, das kürzlich erschienen war: *Esoterischer Buddhismus* des Theosophen A. P. Sinnett. Yeats beschaffte sich ein Exemplar und empfahl es seinem Jugendfreund Charles Johnston, der christlicher Missionar werden wollte. Nachdem er das Buch gelesen hatte, war Johnston von den Ansichten des Autors überzeugt, und von da an trafen sich er und ein paar andere regelmäßig mit Yeats und anderen, um darüber zu diskutieren. Die *Dublin University Review* gab bekannt, dass »in Dublin eine Gesellschaft zur Förderung der orientalischen Religionen und der Theosophie im Allgemeinen gegründet wurde. Sie nennt sich Hermetische Gesellschaft ...«.[67]

Im Jahr darauf interviewte Johnston Blavatsky in London. Zusammen mit Claude Falls Wright[68] gehörte er zu den Gründern der Theosophischen Loge in Dublin, die viele andere irische Schriftsteller jener Zeit in ihren Bann zog und beeinflusste.

»Diese enthusiastischen jungen Männer«, sagt Boyd, »schufen im Laufe der Zeit ein beachtliches Zentrum intellektueller Aktivitäten, die großen Einfluss auf einige der interessantesten Werke der irischen Erneuerungsbewegung hatten. Ihre Zeitschriften *The Irish Theosophist*, der *Internationalist* und *The International Theosophist* öffneten ihre Seiten literarischem Material und Gedankengut, das seither einen hohen Stellenwert in der modernen Geschichte englisch-irischer Literatur einnimmt.«[69]

Als HPB in der Lansdowne Road wohnte, schrieb sie an Miss Georgie Johnston (Charles' Schwester):

> *...Ich freue mich über den echten, aufrichtigen Wissensdurst der irischen Mitglieder. Die Iren waren und sind* immer *die besten Mitglieder der Theosophischen Gesellschaft und meine liebsten und zuverlässigsten Freunde. Als sich in*

Indien alle Anglo-Inder gegen mich erhoben und einige englische Mitglieder mich 1884 im Stich ließen, waren Captain Bannon, Captain O'Grady und fünf bis sechs andere Iren meine treuesten Anhänger und sie hielten durch dick und dünn zu mir. Ich vertraue den Iren *und* liebe sie *schon seit 1851, als Johnny O'Brien mir in Griechenland das Leben rettete und beinahe selbst dabei umkam.*[70]

William Butler Yeats (1865-1939)

T.S. Eliot hielt Yeats für »einen der wenigen, dessen Geschichte die Geschichte ihrer Zeit ist, die ein Teil des Gewissens einer Epoche sind, die man ohne sie nicht verstehen könnte«.[71]

1881, als Mohini Chatterji mit Olcott nach Irland kam, während HPB Europa besuchte, hatte Yeats einen seiner ersten Kontakte mit der Theosophie. Ein Jahr später, als er die Kunstakademie besuchte, las er Sinnetts *Okkulte Welt* und *Esoterischer Buddhismus.* Die Erfahrung war überwältigend; er schwänzte den Unterricht, um seine Studien fortzusetzen. Er wurde aktives Mitglied der Theosophischen Gesellschaft in Dublin und auch der Hermetischen Gesellschaft, deren Vorsitzender er wurde. 1887 übersiedelte die Familie Yeats nach London. Das erste Mal besuchte er HPB in Maycott, später dann in der Lansdowne Road. Als 1888 die Esoterische Sektion gegründet wurde, war er eines der ersten Mitglieder.

In Professor William York Tindalls Essay aus dem Jahr 1942 »Transzendentalismus in der zeitgenössischen Literatur« finden wir folgende Analyse über Yeats' Interesse an Blavatsky:

> In ihrer Position als Vermittlerin zwischen der östlichen und der westlichen Welt inspirierte diese ungewöhnliche Frau Yeats so sehr, dass er bereitwillig annahm, was sie ihm geben konnte. Seit Jahren hatte er die Biologen und Physiker für den Materialismus des Westens sowie die damit verbundene spirituelle Verarmung verantwortlich gemacht. Darwin, Huxley und Tyndall hätten ihn, so beklagte er sich Anfang der 80er Jahre des 19. Jahrhunderts, der Religion seiner Jugend beraubt und ihm nichts anderes dafür gegeben. Sein Intellekt und ihre Lehren zwangen ihn, den Materialismus zu akzeptieren, aber er war unglücklich damit und sehnte sich nach etwas, was die ständigen irrationalen Sehnsüchte seiner Seele befriedigen konnte. Die Iri-

sche Kirche konnte es nicht mehr ... In diesem Dilemma entdeckte er die Theosophie, die ... seiner Seele die ersehnte Erweiterung bot, ohne Widerspruch zu seinem Intellekt.

Laut Tindall war Yeats' Erfahrung typisch für viele Schriftsteller jener Zeit: »Für die Literaten, die in T. S. Eliots *Das wüste Land* oder zwischen [Matthew] Arnolds zwei Welten umherirrten, wurde die Theosophie zur bevorzugten Zuflucht ... «

Wie echt Yeats' Interesse an HPB von Anfang an war, kann man einem seiner Briefe aus jener Zeit entnehmen. An John O'Leary schrieb er:

Besuchen Sie sie, wenn Sie in London sind. Sie ist die menschlichste Person, die es gibt, wie eine alte Bauersfrau, und voller Hingabe, ihr ganzes Leben verbringt sie in ihrem großen Stuhl mit der Feder in ihrer Hand. Seit Jahren schreibt sie zwölf Stunden täglich.[72]

In einem seiner Briefe in *Letters to the New Island* schreibt Yeats:

> H. P. Blavatsky ... ist sicherlich eine Frau von Bildung und Charakter. Ein Londoner Witzbold bezeichnete sie einmal als die Schmierenkomödiantin der künftigen Welt. Diese unfreundliche Bemerkung, alles andere als zutreffend auf diese seltsame Frau, stimmt nur insofern, als sie stets über einen Witz lachen kann, auch wenn er auf ihre Kosten geht.[73]

Und in seinen »Okkulten Notizen und Tagebüchern« steht folgende Eintragung:

> Ich halte Madame Blavatskys Lehrmeister für ehrenhafte, erfahrene Lehrer, und ich habe zu ihnen das gebührende Vertrauen des Schülers zum Lehrer.[74]

In diesen »Okkulten Tagebüchern« schrieb Yeats auch über seine Enttäuschung, dass keine okkulten Experimente in der Esoterischen Sektion durchgeführt wurden, und dass er deshalb Druck auf HPB ausübte. Wohl wissend, für wie gefährlich sie derartige Experimente hielt, überraschte ihn ihre Zustimmung zu seinem Wunsch, eigene Versuche zu machen. Er schreibt:

> Ich wollte immer Beweise haben, schämte mich aber, das einzugestehen. Ich habe in Siblys *Astrology* gelesen, wenn man eine Blume verbrennt und die Asche unter einem Glas dem Mondlicht aussetzt, dann würde der Geist der Blume vor einem erscheinen. Ich überredete Mitglieder der Sektion, die allein lebten, dazu, mich bei ihnen ungestört experimentieren zu lassen und verbrannte dann ununterbrochen Blumen.[75]

Solche sinnlosen Verstöße gegen die Natur beunruhigten die Mitglieder, und da Yeats offensichtlich nicht bereit war, diese Experimente zu unterlassen, wurde er höflich zum Austritt aufgefordert. 1889 schied er aus der Bewegung aus.

In Yeats berühmter Autobiographie behandelt der Abschnitt »Vier Jahre, 1887-1891« seine Beziehung zu HPB sowie seine Verbindung mit »The Golden Dawn« und zu einem seiner Gründer, MacGregor Mathers, Kabbalist, Theosoph und Autor von *Die entschleierte Kabbala*. Als im Jahr 1922 Yeats Autobiographie erschien, war Mathers' Frau Moira, die Schwester des berühmten französischen Philosophen Henri Bergson, über Yeats Analyse über ihren verstorbenen Mann betroffen, und sie schrieb ihm:

> [Ihre] Ungenauigkeiten scheinen auf der Tatsache zu beruhen, dass Sie über Ereignisse und Eindrücke berichten, die viele Jahre zurückliegen und an die Sie sich deshalb nicht mehr so genau erinnern können ... Ich habe auch Ihre Beschreibung von HPB gelesen, ebenfalls eine große Pionierin, die Ihnen und mir den Weg leichter gemacht hat. Sie können niemals die Seele hinter jenen Augen gesehen haben, obwohl Sie so bewundernswert ihre Äußerlichkeiten beschrieben haben.[76]

Doch den folgenden Passagen kann man entnehmen, dass er manchmal einen Blick auf die wahre HPB erhascht hat:

> Sie saß jeden Abend vor einem kleinen, mit grünem Baumwollflanell bedeckten Tisch, und darauf kritzelte sie ständig mit einem Stück weißer Kreide. Sie kritzelte Symbole, die sich manchmal humorvoll erklären ließen, manchmal auch unverständliche Figuren, aber die Kreide war eigentlich dazu da, ihre Punkte zu notieren, wenn sie Patiencen legte. Im nächsten Zimmer sah man einen großen Tisch, an den sich jeden Abend ihre Anhänger und Gäste, oft in großer Zahl, zu ihrem vegetarischen Mahl setzten, während sie ihnen durch die Schiebetür aufmunternde oder spöttische

> Worte zurief. Von großer, leidenschaftlicher Natur, eine Art weiblicher Dr. Johnson, beeindruckte sie, glaube ich, jeden Mann und jede Frau, die selbst inneren Reichtum besaßen, und sie schien mit dem Formalismus und dem schrillen abstrakten Idealismus ihrer Umgebung keine Geduld zu haben; diese Ungeduld entlud sich dann in Beschimpfungen und vielen Spitznamen: »Ach, Sie sind ein ›Flapdoodle‹ (Dummkopf), aber Sie sind ein Theosoph und ein Bruder...«
>
> Es kamen Verehrer, die andächtig zuhörten und denen jede von HPBs Lehren als Bestätigung der ihnen in ihrer viktorianischen Kindheit anerzogenen puritanischen Überzeugungen diente; es kamen wunderliche Käuze aus halb Europa und ganz Amerika, um zu reden. Ein Amerikaner sagte mir: »Sie ist die berühmteste Frau der Welt geworden, indem sie in einem Lehnstuhl sitzt und uns reden lässt.« Sie redeten, und sie legte Patiencen und addierte ihre Punkte auf der grünen Tischdecke; sie schien zuzuhören, aber manchmal wurde es ihr zu viel. Einmal redete eine Frau unaufhörlich von dem »göttlichen Funken« in ihrem Innern, bis Madame Blavatsky sie zum Schweigen brachte: »Ja, meine Liebe, Sie haben einen göttlichen Funken in sich, und wenn Sie nicht sehr aufpassen, werden Sie ihn bald schnarchen hören!«
>
> Ich traf sie fast immer voll Fröhlichkeit an, die im Gegensatz zu den gelegentlichen Scherzen ihrer Umgebung unlogisch und unberechenbar war, doch stets freundlich und großzügig. Eines Abends kam ich vorbei und sie war nicht da, wurde aber jeden Augenblick erwartet. Sie war aus gesundheitlichen Gründen irgendwo am Meer gewesen und kam mit einem kleinen Gefolge von Anhängern an. Sie setzte sich sofort in ihren großen Lehnstuhl und begann ein Paket aus braunem Papier auszuwickeln, während alle voller Neugier zusahen. Es enthielt eine große Familienbibel. »Das ist ein Geschenk für mein Dienstmädchen«, sagte sie. »Was, eine Bibel, und nicht einmal kommentiert«, rief jemand entsetzt. »Nun, meine Kinder«, war ihre Antwort, »wozu jemandem Zitronen geben, der sich Orangen wünscht?«

Bezüglich der Meister erinnert sich Yeats:

> [Alle Mitglieder von HPBs Haushalt] schienen ihre Gegenwart zu spüren, und alle sprachen von ihnen, als seien sie wichtiger als irgendeiner der sichtbaren Bewohner des Hauses. Wenn Madame Blavatsky schweigsamer, we-

> niger lebhaft als gewöhnlich war, dann »weil ihre Meister verärgert waren«; sie hatten sie wegen eines Fehlers getadelt und sie gab zu, dass sie ständig Fehler machte. Einmal schien es mir, als seien sie oder irgendein Bote von ihnen anwesend. Es war ungefähr neun Uhr abends, und ein halbes Dutzend von uns saß um ihren großen Tisch, als das Zimmer sich mit Weihrauchduft füllte. Jemand kam die Treppe herunter, konnte aber nichts riechen – er war anscheinend außerhalb des Einflusses –, aber für mich und die anderen war der Duft sehr stark. Madame Blavatsky sagte, es sei gewöhnliches indisches Räucherwerk, und ein Schüler ihres »Meisters« sei anwesend. Sie schien ängstlich darauf bedacht, die Sache zu bagatellisieren und wechselte das Thema. Es war sicherlich ein romantisches Haus und ich habe es nicht freiwillig verlassen.[77]

Weder in dieser noch in anderen Schriften findet sich ein Hinweis von Yeats, dass Blavatsky in irgendeiner Weise seine Lyrik oder Prosa beeinflusst hätte.* Doch in letzter Zeit wurden viele Beweise für eine Beeinflussung gefunden.[78]

Durch Richard Ellmann, den berühmten Biographen von Joyce, bekommen wir eine Vorstellung darüber, was Yeats HPB verdankte. Hier ein Zitat aus seiner Biographie *Yeats: The Man and the Mask:*

> Was bestimmte Lehren betrifft, akzeptierte Yeats stillschweigend die meisten Glaubenssätze der Theosophen, obwohl er sie verständlicherweise lieber Böhme, Swedenborg und anderen allgemein anerkannten Quellen als Blavatsky zuschrieb, die er nun angeregt las, ... Ob ihre Ideen nun unmittelbare Wirkung hatten oder ihm latent im Bewusstsein blieben, sie bildeten jedenfalls eine Basis für sein Denken und für das Werk, in dem er später seine eigene Philosophie und Theologie ausdrückte: *A Vision* ist voll von Anklängen an die Theosophie ...

Nach Anführung von Beispielen anderer möglicher Entlehnungen fährt Ellmann fort:

* Im Vertrauen gab jedoch Yeats gegenüber John Eglinton zu, dass die Theosophische Gesellschaft »mehr für die irische Literatur getan hat als das Trinity Gollege in dreihundert Jahren«. (Eglinton, *Irish Literay Portraits,* S. 94)

> Die okkulten und religiösen Traditionen, die die Theosophie zusammengeführt hatte, enthielten vieles, das vernünftig, sogar tiefgründig war ... Yeats wollte nun sein Wissen systematisieren, seine Ideen mit jenen der großen Poeten und Mystiker verbinden, Experimente ausführen und die Existenz einer okkulten Welt nachweisen, und dies genauer und stilistisch vollendeter als Madame Blavatsky es tat ... Die Theosophie hatte ihn mit Schild und Schwert ausgerüstet, und nun machte er sich wie Don Quixote daran, wenn auch noch etwas unschlüssig, gegen die Windmühlen des modernen Lebens zu kämpfen ... Ungeachtet seines Ausschlusses hatten fünf bis sechs Jahre Theosophie, davon drei als aktives Mitglied unter der Gründerin der Organisation, ihre Spuren bei Yeats hinterlassen.[79]

Yeats Werk brachte ihm Erfolg und Ehren. 1925 erhielt er den Nobelpreis für Literatur. In seiner Dankesrede vor der Schwedischen Akademie der Wissenschaften sagte er: »Als Ihr König mir Orden und Diplom überreichte, hätten zwei Gestalten links und rechts neben mir stehen müssen – eine alte, gebrechliche Frau und der Geist eines jungen Mannes.« In der Symbolik des kabbalistischen Lebensbaums sind diese Gestalten Hokhmah und Binah, mütterliche Zuneigung und Verständnis und glänzender Intellekt.[80] Ihm hat am Anfang seiner Laufbahn tatsächlich eine alte Frau zur Seite gestanden, die ihn behütete wie einen geliebten Sohn, wie folgendes Beispiel zeigt.

In dem Originalmanuskript zu seiner späteren Autobiographie schrieb Yeats über HPB: »Ich erinnere mich, wie besorgt sie war, dass sich die jungen Männer um sie herum nicht überarbeiteten.« Und fügt hinzu: »Ich hörte einmal, wie sie zu einem unhöflichen Fremden, der mich zurechtwies, weil ich zu viel geredet hatte, sagte: >Nein, nein, er ist sehr sensibel<.«[81] Ein andermal sagte er, was ihn vielleicht besonders zu HPB hinzog, war, dass er in ihrer Anwesenheit »seinen ruhelosen Gedanken entkam«. Sie »hatte Humor, sie war alles andere als fanatisch und zeigte eine Ehrlichkeit, die die aller anderen zu übertreffen schien«.

Mehr als einmal bewahrte HPB Yeats davor, sich mit psychischen Praktiken zu befassen. Dem irischen Schriftsteller John O'Leary schrieb Yeats einmal: »Du brauchst dir keine Sorgen zu machen, dass ich mich mit dem Mesmerismus abgebe. Er interessiert mich nur wenig. Keine Angst, dass Madame Blavatsky mich in so etwas hineinziehen könnte – sie ist ausgesprochen dagegen, hasst den Spiritismus und meint, medial und verrückt zu sein ist ein und dasselbe.«[82]

Weiter schrieb Yeats in diesem Originalmanuskript:

»Oft warnte sie mich vor gewissen Übertreibungen, was meinen Glauben und auch die Praxis betraf. Eines Abends saß ich schweigsam in der Gesprächsrunde und bemerkte ein seltsames rotes Licht, das auf ein Bild im anderen Raum fiel. Ich ging zum Bild, doch als ich näher kam, verschwand es. Als ich an meinen Platz zurückkehrte, fragte sie: »Was war?« »Es war ein Bild«, antwortete ich. »Sagen Sie ihm, es soll verschwinden.« »Es ist bereits weg.« »Das ist gut«, sagte sie, »ich fürchtete schon, dass ein Medium dahintersteckt, aber es war nur Hellseherei.« »Was ist der Unterschied?«, fragte ich. »Wäre es ein Medium gewesen, so wäre es geblieben. Hüten Sie sich vor so etwas ... «[83]

Yeats verdankte HPB auch eine ganz andere Lernerfahrung. Darüber steht unter dem 3. November 1925 in *Lady Gregory's Journals:*

Als wir Yeats am Abend Trollopes *Phineas Finn* vorlasen, [erinnerte sich Lady Gregory an Yeats'] erste Rede vor dem Parlament*, die Birrell als wunderbar bezeichnete ... Ich fragte Yeats, wann er begonnen habe, Reden zu halten; er antwortete, er hätte sich an das freie Reden in dem kleinen Kreis der Theosophischen Gesellschaften gewöhnt, dem er angehörte. Doch die beste Lektion habe ihm Mme. Blavatsky erteilt. Er hatte (wie Phineas) sorgfältig eine Rede vorbereitet, sie niedergeschrieben und dann der Versammlung vorgelesen. Sie wurde schweigend aufgenommen und er hatte das Gefühl, dass niemand ein Wort verstanden hatte. Madame Blavatsky hatte ihn zu sich gerufen und gesagt: »Geben Sie mir das Manuskript. Und nun gehen Sie zurück und sagen Sie, was Sie zu sagen haben.« Das tat er mit allergrößtem Erfolg.[84]

* Bei der Gründung des Irischen Freistaates wurde Yeats zu einem der ersten Senatoren gewählt.

George W. Russell (Æ) (1867-1935)

Der britische Wissenschaftler Raynor Johnson schreibt über George Russell:

> Wenn es Größe bedeutet, für viele andere eine Verkörperung der Spiritualität zu sein, so könnte man Æ zu den größten Iren seiner Zeit zählen ... Jeder, der ihm begegnete, empfand, dass er »anders« war, als hätte er sich aus einer älteren und weiseren Welt, mit der er vertrauter war, in diese Welt nur verirrt ... Als Außenseiter hegte er großes Mitgefühl für die Menschheit ... Er schrieb: »Ich erinnere mich des tiefen Friedens, den ich empfand, als ich spürte, dass Christus, Prometheus in allen Herzen wohnten, dass wir alle wie Christus die Bürde der Welt auf uns genommen haben und wie Prometheus die Mühsal voraussahen, die er sich auflud, um das Chaos zu bewältigen, bis es eine Ähnlichkeit mit dem in der göttlichen Vorstellung vorhandenen Bild annahm.« Viele seiner Gedichte handeln vom Menschen bei dieser Aufgabe über die Zeitalter hinweg – dem Ausgestoßenen aus dem »angestammten Selbst« – der »gefallenen Größe« –, der nun wieder seinen langsamen Rückweg antritt.[85]

Wie Æ mit der Theosophie in Berührung kam, schildert sein Biograph Henry Summerfield:

> Während seines Kunststudiums begann Russell Verse zu schreiben, und bald darauf trat ein neuer Student im Mai 1884 in die Metropolitan School ein, der ihn sofort faszinierte. Dieser, nur zwei Jahre älter als er, war schlank, dunkelhaarig und nachlässig gekleidet, er sah aus und sprach wie ein Dichter. Und es dauerte nicht lange, bis er nur mehr über Madame Blavatsky und ihre jahrhundertealten Himalaya-Meister erzählte.

Dieser junge Mann war Yeats. Kurze Zeit später, während »wir in einer Pension auf einen Freund warteten, kam er mit einem Fremden, Charles Johnston, einem früheren Schulfreund von Yeats, ins Gespräch«. Dadurch wurde er erneut von der Theosophie angezogen.[86]

Ein enger Freund von Æ schrieb damals, dass er »ein zurückhaltender, wenig sprachgewandter Jüngling« gewesen sei, der jedoch »mit fast unglaublicher Geschwindigkeit die Theosophie in sich aufnahm, als ob es ›ein vertrauter Stoff wäre, den er vorübergehend vergessen hatte, an den er sich nun aber mit größerem Verständnis erinnerte<. Innerhalb einer Woche nahm er an Diskussionen mit älteren Studenten teil und hielt Vorträge über seine neuen-alten Studien«.[87]

Er fährt fort:

> Seine Grundkenntnisse in der Theosophie bezog er aus W. Q. Judges Artikeln in *The Path* und aus HPBs *Lucifer*... Dann kamen die Bücher von HPB heraus: *Die Geheimlehre, Die Stimme der Stille* und *Der Schlüssel zur Theosophie.* Um seine eigenen Worte zu zitieren: »Da ich in ihnen gebadet hatte, fragte ich mich, wieso ich es verdiente, in ein Zeitalter hineingeboren zu sein, in dem solches Wissen jedermann zugänglich war, der sich diese Werke beschaffen konnte.«[88]

In einem Brief vom 17. Oktober 1922 an B. P. Wadia, einem führenden Theosophen in Indien, berichtete Russell von Theosophen, die in Bewegungen außerhalb der etablierten Theosophischen Gesellschaften tätig waren und ihnen eine »spirituelle Richtung geben« konnten. »Dasselbe habe ich in den ökonomischen und kulturellen Bewegungen versucht, in denen ich in Irland aktiv war«, schrieb er.[89]

Russell unterstützte die »Irische Landwirtschaftsgesellschaft« von Sir Horace Plunkett. Acht Jahre lang bereiste er jede Grafschaft in Irland und sprach mit den Bauern über den Vorteil von Kooperativen. Zwanzig Jahre lang war er Herausgeber des *Irish Homesteader* und zehn Jahre leitete er den *Irish Statesman.* Dank seiner enormen Erfahrungen auf diesem Gebiet wurde er zum Berater zweier britischer Premierminister, und in den schlimmsten Tagen der Depression lud ihn der Landwirtschaftsminister der Vereinigten Staaten, Henry Wallace, zu einer Vortragsreise ein, um die Arbeit des New Deal zu überwachen und die Bauern in ihrem Kampf gegen die Armut zu ermutigen.

Während seines Aufenthaltes in New York gab die »Poetry Society« ihm zu Ehren ein Dinner, bei dem jeder Redner versicherte, dass Æ der beliebteste Mensch in Irland sei.[90] Für seine Lyrik wie für seine Prosa geehrt, war er außerdem noch ein renommierter Künstler.

Es stellt sich die Frage, ob er jemals HPB kennen gelernt hat. Einer, der bezeugte, dass dies der Fall war, ist James Pryse, der berichtet, dass er Russell bei einem seiner häufigen Besuche im Londoner Hauptsitz der Theosophischen Gesellschaft kennen gelernt hatte.[91] P. G. Bowen fügt hinzu, dass diese Besuche »durch die Vermittlung von Charles Johnston und seiner Frau, einer

Nichte von HPB, zustande kamen«. Als einmal die Echtheit von Blavatskys Phänomenen in Anwesenheit von Russell und Yeats in Frage gestellt wurde, soll Russell auf dem Heimweg zu seinem Freund gesagt haben: »Sie können sagen was sie wollen, aber ich habe gesehen, welch wunderbaren Dinge sie zustande bringt.«[92]

Yeats und Russell waren zu Beginn ihres Kontaktes mit der Theosophie die besten Freunde, doch Colin Wilson schreibt:

> Nach 1890 trennten sich Yeats' und Russells Wege. Yeats war Mitglied des Golden Dawn geworden, Russell aber misstraute der rituellen Magie. Obwohl er alle Grundprinzipien der Magie akzeptierte – wie sein Werk erkennen lässt –, blieb Russell im Grunde ein Mystiker, der völlig in seiner Vision der grundsätzlichen Einheit des Universums und in der Überzeugung aufging, dass das individuelle Bewusstsein nur ein Teil des Kollektivbewusstseins der Menschheit ist.
> Doch die Differenzen zwischen Yeats und Russell waren noch tiefergehend. Russells mystische und religiöse Erkenntnisse waren profunder als alles, was Yeats jemals erfahren hatte. Yeats war unbeweglich, verzehrt von intellektuellem Wissensdurst und darauf bedacht, eine Brücke zwischen dem Universum der Mystiker und dem des einfachen Mannes zu bauen. Deshalb wird Yeats als der größere der beiden Dichter angesehen.[93]

Manche sehen in Æs Verbindung zur Theosophie und zur Theosophischen Gesellschaft in Dublin nicht mehr als einen frühen Abschnitt in Æs Entwicklung. Doch seine eigenen Taten und Worte bezeugen das Gegenteil, wie Captain Bowen berichtet: »Von 1898 bis zum Jahr 1933, als er Irland verließ, betreute Æ einen Kreis von treuen Studenten unter dem Namen *Hermetic Society.«* In einem früheren Brief hatte Russell an Bowen geschrieben:

> *Manchmal hatte ich viele Mitglieder, manchmal wenige. Mal waren es mehr, mal weniger, die Leute kamen und gingen; ich war innerlich zufrieden, dass alle mehr oder weniger mit den Ideen der Theosophie in Berührung kamen. Ich hatte keine eigene Lehre, nur HPB und W. Q. Judge, die* Bhagavad-Gita, *die* Upanishaden, Patanjali *und ein oder zwei andere Schriften... Ich tat mein Bestes, um die Lehren von HPB und WQJ weiterzugeben.*[94]

Russells große Beliebtheit hatte damit zu tun, dass er seine Philosophie *lebte.* Bei seinem Tod im Jahr 1935 meldete die *Irish Times,* dass ein über eine Meile langer Trauerzug seinem Sarg zum Friedhof gefolgt war. Summerfield schreibt:

> Eine offensichtlich arme Frau legte ein extravagantes Blumengebinde auf das Grab. Sie war früher, als er jung verheiratet war, bei Russell Hausangestellte gewesen und hatte damals »Schwierigkeiten«, doch anstatt sie fortzuschicken, hatte er für sie gesorgt. Als man sie auf ihr teures Geschenk ansprach, erklärte sie: »Ich hätte mein Leben für ihn gegeben.«[95]

James Joyce (1882-1941)

Schwerlich findet man zwei verschiedenere Temperamente als Æ und James Joyce. Doch als Joyce 1902 beschloss, sich in Dublin in literarischen Kreisen bekannt zu machen, stellte er sich zuerst bei Russell vor. Richard Ellmann erzählt darüber in seiner Joyce-Biographie.

Russell war nicht zu Hause, als Joyce an einem Augustabend um 10 Uhr an seine Tür klopfte. Ellmann schreibt:

> Als sich auf sein Klopfen nichts rührte, ging er so lange auf der Straße auf und ab, bis Russell nach Hause kam. Es war inzwischen schon Mitternacht, aber Joyce wollte sein Vorhaben nicht aufgeben und klopfte erneut an die Tür und fragte, ob es schon zu spät sei, um mit ihm zu sprechen. »Es ist niemals zu spät«, sagte Russell und bat ihn herein. Sie setzten sich, und Russell sah Joyce fragend an. Da Joyce offensichtlich einige Schwierigkeiten hatte zu erklären, weshalb er gekommen war, plauderte Russell eine Weile und fragte dann: »Ist es Ihnen jetzt wieder eingefallen?« Doch das war es noch nicht.
>
> Russells Leben verlief in drei Abschnitten, so erzählte er Joyce: Wirtschaft, Literatur und Mystik. War es etwa Ökonomisches *, das Joyce interessierte? Nein, das war es nicht. Schließlich sagte Joyce schüchtern, was er sich für diesen Teil seines Besuchs zurechtgelegt hatte: er hielt es für möglich, dass in Irland ein Avatar geboren würde. Er mochte damit auf ihn angespielt,

* Mit anderen Worten, brauchte er Geld oder vielleicht Arbeit? Damals beschäftigte sich Russell noch nicht mit den irischen Bauern und war gezwungen, in Pims Textilladen in Dublin zu arbeiten.

gleichzeitig aber angedeutet haben, so meinte Russell zu verstehen, dass der Anblick seines Gastgebers, der behaglich im Lehnstuhl seine Pfeife rauchte, Joyce inzwischen zu der Erkenntnis gebracht hatte, sein Gegenüber konnte der Avatar nicht sein. Trotzdem blieb er mehrere Stunden und unterhielt sich angeregt mit ihm.

Joyce hatte zwei Gründe für seinen Besuch bei Russell, meint Ellmann. Erstens »besaß Russell ein großes Wissen über östliche Philosophie, (und zweitens) hoffte Joyce, über ihn andere Schriftsteller kennen zu lernen«. Sie griffen theosophische Themen auf, »obwohl Joyce skeptisch war und meinte, die Theosophie sei eine Zuflucht für unzufriedene Protestanten ... Dennoch war er an theosophischen Themen wie den Zyklen, Wiedergeburt, der Abfolge der Götter und dem ewigen, allen vergänglichen Religionen zugrunde liegenden Urglauben, wirklich interessiert«.

Ellmann erzählt, wie sie über die Dubliner Autoren sprachen:

> Joyce gestand Russell zu, ein oder zwei Gedichte geschrieben zu haben und beklagte, dass Yeats sich auf die Seite des Pöbels geschlagen habe. Er äußerte sich auch über alle anderen abschätzig. Auf Russells Drängen las er ihm eigene Gedichte vor, doch nicht ohne ihm vorher zu erklären, wie gleichgültig ihm Russells Urteil sei. Russell äußerte sich lobend, schlug ihm aber vor, die traditionelle und klassische Form aufzugeben.

Diesen Rat hat Joyce später in seinen Romanen mehr als beherzigt!

Russell beschloss das Gespräch (wie er sich später amüsiert erinnerte) mit den Worten: »Sie tragen nicht genug Chaos in sich, um eine Welt zu erschaffen.«[96] Doch zu der Zeit, als sein *Ulysses* entstand, hatte Joyce so viel Chaos in sich, dass er die Welt der westlichen Literatur bleibend veränderte! Selbst wer nur Abscheu für Joyce empfindet, kann ihn nicht ignorieren. »Durch ihn ist es nicht mehr möglich, sich der Bedeutungs- und Auswahlmöglichkeiten von Wörtern zu entziehen«, bemerkte Ted Mooney.[97] Æs Meinung war: »Ich denke voller Entsetzen an dieses berühmte Buch, *Ulysses,* das zur *äußersten Grenze des Realismus* vorstößt, aber ich habe auch großen *Respekt* davor. *Wenn Joyce ein Purgatorio und ein Paradiso dem Inferno seines >Ulysses< hinzufügen würde,* wäre es eines der größten Werke der Weltliteratur.«[98]

Stuart Gilbert erzählt im Vorwort seines Buches *James Joyce's Ulysses,* das er in Paris unter Mithilfe von Joyce geschrieben hatte, von Joyce' Kontakt mit der Theosophie und den irischen Theosophen:

> Als wir zufällig über ... Mme. Blavatskys *Isis entschleiert* diskutierten, fragte mich Joyce, ob ich auch etwas von A. P. Sinnett gelesen hätte. (A. P. Sinnett, ein kultivierter und intelligenter Mann, war ein Mitglied von Mme. Blavatskys Kreis in Indien und ihr Biograph.) Ich verstand den Wink und beschaffte mir zwei seiner theosophischen Bücher: *Esoterischer Buddhismus* und *Wachstum der Seele,* gut geschriebene Werke, aus denen Joyce mit Sicherheit einiges Material bezogen hatte.[99]

In Russell M. Goldfarbs Essays unter dem Titel »Madame Blavatsky« im *Journal of Popular Cultures* (Winter 1971) stellte er Joyce' Reaktion auf das Werk HPBs jener von Ernest Rhys, einem Freund von Yeats, gegenüber:

> Madame Blavatsky bekehrte Ernest Rhys nicht zur Theosophie, auch bestärkte das, was er in ihren Büchern las, nicht seinen Glauben an sie. Seine Skepsis spiegelt sich in James Joyce' *Ulysses* wider, wo J. J. Molloy zu Stephen Dedalus sagt: »Was halten Sie wirklich von diesen hermetischen Leuten, diesen schillernd-geheimnisvollen Dichtern? Æ, der Meistermystiker? Mit der Blavatsky hat alles angefangen – eine trickreiche alte Dame!«
> Doch während Rhys HPB kennen lernte und ablehnte, las Joyce ihre Bücher und nutzte sie. Stuart Gilbert verweist in James Joyce *Ulysses* in seinen Fußnoten immer wieder auf *Isis entschleiert,* um auf die Herkunft der in Joyce' Werk vorkommenden Bemerkungen über Astralseele, Reinkarnation, Koot Hoomi und HPBs Elementale hinzuweisen.

Gilbert erklärt, dass die Idee der Reinkarnation eines der, wie er es nennt, Leitthemen im *Ulysses* ist. Gilbert hatte seine Leser bereits auf die Tatsache aufmerksam gemacht, dass es »unmöglich ist, den Sinn des Werkes, seine Symbolik und die Bedeutung seiner Leitmotive zu verstehen, ohne Kenntnis der esoterischen Theorien, die diesem Werk zugrunde liegen ... Bezüge auf die ewige Wiederkehr von Menschen und Dingen spielen im *Ulysses* eine wichtige Rolle, und viele obskure Passagen können erst verstanden werden, wenn man diese Tatsache berücksichtigt«.[100]

Ellmann, der noch andere Leitthemen mit theosophischem Hintergrund anführt, sagt, dass sie in *Finnegans Wake* zu einer Halb-Geheimlehre zusammengestellt worden sind. Eine der Ideen waren die Zyklen. Der amerikanische Dichter Eugene Jolas sagt, in *Finnegans Wake* stelle Joyce »die Umdrehungen des Lebensrades dar und machte die Zeit zum Helden seiner Erzählung: unaufhörliche Schöpfung und Wiederkehr. In Finns vielfachen Metamorphosen ließ er die Stadt durch die Zeitalter hindurch immer wieder neu entstehen«.[101]

Leon Edel schreibt, dass »alles bei Joyce, von den Höllenpredigten im *Jugendbildnis des Dichters* bis zu den Schlussworten in *Finnegans Wake* von Leben, Tod und Auferstehung widerhallt. Die Zyklen der Geschichte, die von Beginn an das Maß des Menschenlebens bestimmten, waren ihm stets gegenwärtig«.[102]

Das *Jugendbildnis des Dichters* schließt mit folgenden denkwürdigen Worten des Helden Stephen Dedalus, als er in die Welt hinauszieht, um seine Laufbahn zu beginnen: »Zum millionsten Mal suche ich die Realität der Erfahrung, aus der ich in der Schmiede meiner Seele das ungeschaffene Bewusstsein meines Volkes schmieden will ... Ahn, alter Künstler, stehe mir bei, jetzt und immerdar.«[103]

In seiner Studie über *Ulysses* und *Finnegans Wake,* erschienen Oktober 1952 im *Cambridge Journal,* kam M. J. C. Hodgert zu dem Schluss, dass »Joyce ebenso wie Yeats den Okkultismus als passenden Rahmen für seine ernstesten literarischen Vorstellungen sah«.

Britische und amerikanische Autoren

Jack London (1876-1916)

Jack London ist bekannt für seine Abenteuerromane wie *Der Ruf der Wildnis* – sein erstes Buch. Deshalb würde man kaum vermuten, dass einer seiner Romanhelden ein Exemplar der *Geheimlehre* aus einer Buchhandlung mit nach Hause nimmt, nachdem er zufällig einen Theosophen getroffen hatte. Dies geschieht in Londons halb-autobiographischer Erzählung *Martin Eden,* die 1909 erschien. Eine andere Gestalt, Stephen, ist ebenfalls Theosoph. Im 9. Kapitel von William Linvilles Dissertation, *Helena Petrovna Blavatsky, Theosophy and American Thought,* finden wir eine Analyse von *Martin Eden* in Bezug auf Londons Laufbahn als Schriftsteller.

Im Allgemeinen sind Londons Charaktere von einer starken Selbstsucht beherrscht, mit unbeugsamem Willen, der nicht zulässt, dass sich irgendetwas ihren Zielen in den Weg stellt, während sie aber gleichzeitig für hohe ethische Ideale eintreten. Um diese Einstellung geht es in folgendem Ausschnitt aus HPBs *Schlüssel zur Theosophie:* »Aber kein Theosoph hat das Recht auf diesen Namen, wenn er nicht voll durchdrungen ist von der Richtigkeit der von Carlyle ausgesprochenen Weisheit: >Der Endzweck des Menschen ist die *Tat* und nicht der Gedanke und wäre es auch der edelste.<«

Londons »Dämonen der >Weißen Logik<«, schließt Linville, »sollten niemals seine theosophischen Impulse enthalten. In vielen seiner besten Werke gab er HPBs Ideen wieder, doch hörte er nie auf sich zu fragen, ob ihr sanfter Optimismus nicht zu >unmännlich< sei, um von Jack London restlos akzeptiert zu werden«.

Doch laut Linville scheint London eine Idee von HPBs Philosophie völlig aufgenommen zu haben, und zwar die der Reinkarnation, besonders in *Vor Adam* und im *Star Rover.* Im Letzteren lesen wir:

> Meine ganzes Leben lang hatte ich das Bewusstsein von anderen Zeiten und Orten. Mir wurden andere Personen in mir bewusst ... ich, dessen Lippen niemals das Wort »König« flüsterten, erinnerte mich, dass ich einmal ein Königssohn war. Auch erinnerte ich mich, dass ich einmal ein Sklave und der Sohn eines Sklaven war und eine Eisenkette um meinen Hals getragen hatte ... Alle meine früheren Selbste haben ihre Stimmen, Echos, die mir zuflüstern... Ich bin ein Mann, von einer Frau geboren. Meine Tage sind gezählt, aber meine Essenz ist unzerstörbar. Ich war eine Frau, geboren von einer Frau. Ich war eine Frau und habe meine Kinder geboren. Und ich werde wieder geboren werden. Oh, noch unzählige Male werde ich geboren werden.

Diese Betonung der Reinkarnation inspirierte offensichtlich auch einen anderen Autor: James Jones, der in *Verdammt in alle Ewigkeit* schreibt:

> [Prewitt] erinnerte sich eines Tages ohne besonderen Grund, dass Jack Malloy die ganze Zeit von Jack London gesprochen hatte ... Daraufhin begann er, Londons Bücher zu lesen, von denen ihm *Vor Adam* und *Star Rover* am besten gefielen, weil sie ihm erstmals klaren Aufschluss darüber gaben, was Malloy mit der Wiedergeburt der Seelen gemeint hatte.[104]

E. M. Forster (1879-1970)

Professor Russell Goldfarb schreibt:

> Man mag darüber spekulieren, inwieweit Ezra Pound etwas mit den Theosophen zu tun hatte, als er um die Jahrhundertwende in Kensington wohnte, oder ob Dylan Thomas vom okkulten »dritten Auge« durch einen kurzen Blick in eines von HPBs Büchern oder durch ein ernsthaftes Studium der Esoterik erfahren hat. Doch über E. M. Forsters Interesse an Madame Blavatsky besteht kein Zweifel, denn man weiß, dass er sowohl ihr als auch der theosophischen Bewegung seine Aufmerksamkeit schenkte.

In Forsters Roman *Howards End,* so Goldfarb, »liest Margaret Schlegel theosophische Bücher, denkt über Aura und Astralebenen nach und über die >endlosen Bereiche jenseits des Grabes< ... *Eine Reise nach Indien* handelt in der geistigen Heimat der Theosophie, und Mrs. Moore, eine der Hauptfiguren des Romans, mag tatsächlich Madame Blavatsky nachempfunden worden sein. Diese These stammt von Paul Fussell, der eine Reihe von Parallelen zwischen Mme. Blavatsky und Mrs. Moore entdeckte.« Goldfarb zitiert einen Artikel von Fussell, der im Oktober 1953 im *Philosophical Quarterly* erschien. Darin schreibt Fussell:

> Seit geraumer Zeit gibt es in der Kritik von E. M. Forsters Romanen die Feststellung, jedes seiner fünf Werke enthalte etwas, das Peter Burra als »einen elementalen Charakter« bezeichnet. Gino, Stephen, George, Mrs. Wilcox und Mrs. Moore haben gewisse »Erlösungs«-Charakteristika gemeinsam, wobei Mrs. Moore in *Eine Reise nach Indien* (1924) als »der stärkste all dieser Charaktere« bezeichnet wird. Diese etwas unheimliche Bedeutung der Mrs. Moore hat, vermute ich, vielen Lesern Rätsel aufgegeben, die wenig Mühe hatten, die essentielle Bedeutung der Mrs. Wilcox in *Howards End* (1921) zu erfassen. Die Figur der Mrs. Moore ist in gewissem Sinn eine Fortentwicklung der Seele der Mrs. Wilcox in einem neuen erzählerischen Kontext. Ich aber glaube, dass etwas Seltenes und Seltsames während dieser Transmutation hinzugekommen ist: ich glaube, dass gewisse Wesenselemente der Helena Petrovna Blavatsky (1831-1891) eingeflossen sind. Ein Blick auf die Wesensmerkmale beider Frauen kann die sonst unerklärlichen Tendenzen in Mrs. Moores Charakter vielleicht erklären und dazu

beitragen, Forsters Roman noch fester im spirituellen und intellektuellen Umfeld seiner Zeit zu verankern.

Gewisse Ähnlichkeiten zwischen der hellsichtigen Madame Blavatsky und der grauhaarigen alten Dame des Romans, die über die Vorgänge in *Eine Reise nach Indien* nachgrübelt, sind sofort zu erkennen. Beide legten gern Patiencen und beide waren während des Spiels äußerst reizbar. Beide besuchten Indien unter ähnlichen Umständen, machten interessante Erfahrungen in Höhlen und verfügten während ihres Indienaufenthalts über Wahrnehmungsfähigkeiten, die manche für Telepathie hielten. Beide Frauen hatten eine ähnliche Haltung gegenüber den Briten in Indien, und beide verließen Indien krank und unter ähnlichen Umständen. Beide Frauen traten für eine Vereinigung von Ost und West ein, um so die britisch-indische Problematik zu »lösen«. Und schließlich wurden beide Frauen, zum Teil aufgrund ihrer Bemühungen, die Kluft zwischen dem intuitiv erkennenden Osten und dem analytisch denkenden Westen zu überbrücken, nach ihrer Abreise von vielen Indern als Halbgöttinnen verehrt.[105]

D. H. Lawrence (1885-1930)

Asienkritiker, die sich mit dem englischen Schriftsteller D. H. Lawrence als einer Schlüsselfigur im anbrechenden Zeitalter des Westens auseinander setzen, sehen in ihm eine Art von hinduistischem oder buddhistischem religiösen Denker. Was den Einfluss der Theosophie auf seine schriftstellerische Tätigkeit betrifft, so scheinen seine frühen Biographen nichts davon gewusst zu haben. Im Westen schrieb William York Tindall von der Columbia Universität in New York 1939 als Erster über diesen Einfluss in seinem Buch *D. H. Lawrence and Susan His Cow.* Tindall interviewte Lawrence' Frau, die ihm erzählte, »dass ihr Mann mit Freude sämtliche Werke Blavatskys gelesen hatte. Er lächelte, wenn er über das >Weltenei< las, ein okkultes Thema, das nach den vielen Erwähnungen in den Schriften beider sowohl Mme. Blavatsky als auch Lawrence immer wieder beschäftigte«.

Obwohl Tindall entdeckte, dass Lawrence vieles von HPB entliehen hatte, war Lawrence schnell bereit, »Einflüsse von Vorgängern oder Rivalen zu bestreiten, wenn er das Gefühl einer Bedrohung seiner eigenen Originalität empfand«. Als Lawrence 1919 einem Freund, der sich in einer spirituellen Krise befand, Blavatskys *Isis entschleiert* und *Die Geheimlehre* empfahl, sagte er, so

Tindall, dass »Mme. Blavatskys Bücher zwar gut, aber >nicht *sehr* gut< seien, was seiner Gewohnheit entsprach, Dinge, die er für nützlich hielt, zu bewerten ... Dennoch wurden HPBs symbolische Hinweise auf die Vergangenheit nicht mal von orthodoxen Theosophen so ernst genommen und nachvollzogen (wie von Lawrence)«.[106]

Lawrence' Vorwort zu seiner *Fantasia of the Unconscious* (1922) ist laut Tindall »die vielleicht wichtigste Aussage zum Verständnis seines späteren Werkes« und »könnte von Mme. Blavatsky selbst geschrieben worden sein«:

> Ich bin der ehrlichen Meinung, dass die große heidnische Welt, deren letzte Überlebende Ägypten und Griechenland waren und die unserer eigenen Ära vorausging, eine eigene, umfassende, vielleicht vollkommene Wissenschaft hatte, eine Wissenschaft des Lebens. In unserer Zeit ist diese Wissenschaft in Magie und Quacksalberei versunken. Aber selbst Weisheit vergeht.
> Ich glaube, dass sich diese bedeutende Wissenschaft der alten Welt gänzlich von unserer heutigen unterscheidet, dass sie einst universal, d.h. in der ganzen Welt verbreitet war. Ich glaube, sie war esoterischer Natur, getragen von einer großen Priesterschaft. So wie Mathematik, Mechanik und Physik heutzutage überall an Universitäten in China, Bolivien, London oder Moskau gleich definiert und erklärt werden, ebenso, davon bin ich überzeugt, wurden Naturwissenschaften und Kosmologie in der Welt vor unserer Zeit in esoterischer Form in allen Ländern der Erde, in Asien, Polynesien, Amerika, Atlantis und Europa gelehrt ...
> Dann kam das Schmelzen der Gletscher und die weltweite Flut. Die Flüchtlinge aus den überschwemmten Kontinenten flohen in die höher gelegenen Gegenden von Amerika, Europa, Asien und den Pazifischen Inseln. * Einige von ihnen degenerierten zu Höhlenmenschen, zu neolithischen und paläolithischen Wesen, andere bewahrten ihre wunderbare angeborene Schönheit und die Vollkommenheit ihres Lebens, wie zum Beispiel die Südsee-Insulaner ... und wieder andere, wie die Druiden, die Etrusker, die Chaldäer, die Indianervölker Amerikas oder die Chinesen weigerten sich zu verges-

* [Lawrence bringt fälschlicherweise den Untergang des polynesischen Kontinents (den HPB Lemuria nannte) in Zusammenhang mit dem Untergang von Atlantis. Sie sagte, dass Lemuria einer früheren Periode angehörte, als die Dritte Menschheit ihre Blütezeit erlebte. Es versank nicht, sondern wurde durch Feuer oder vielleicht auch durch Vulkanausbrüche zerstört. Die Atlantier gehörten der Vierten Menschheit an.]

sen, aber sie lehrten die alte Weisheit nur in halb erinnerter, symbolischer Form. Als Wissen mehr oder weniger vergessen, aber als Rituale, Gesten und Mythos blieben sie erhalten ... Und deshalb sind alle großen Symbole und Mythen, die die Welt beherrschten, als unsere Geschichte begann, in allen Ländern weitgehend die gleichen.[107]

Tindall meint, dass Lawrence' Roman *The Plumed Serpent,* der sich mit den Lehren von Quetzalcoatl, dem Propheten der alten Mexikaner, befasst, am meisten durch Theosophie geprägt ist. »Der große Atem von Lawrence' Quetzalcoatl«, schreibt Tindall, »stammt von Mme. Blavatsky. Die geheime Sonne hinter der Sonne, die den ganzen Roman hindurch angerufen wird, ist Mme. Blavatskys Zentralsonne, die Seele aller Dinge, von der die sichtbare Sonne nur das Symbol ist.«[108]

Auch Lawrence' *Apocalypse* hält Tindall für ein theosophisches Werk:

»Lawrence' Suche nach einer simplen Wahrheit anhand der Symbole der Offenbarung des Johannes, nach ihrer versteckten Bedeutung hinter den christlichen Verfälschungen, vom esoterischen Standpunkt aus gesehen, hat ihm Mme. Blavatsky in der *Geheimlehre* vorgegeben.«[109]

HPB war natürlich nicht die einzige Quelle für Lawrence. Seine Bücher tendierten oft zu einem primitiven Animismus, und in solchen Fällen bedient er sich Gelehrter wie Frazer, Tylor und Harrison.[110]

T. S. Eliot (1888-1965)

Eliot gehört mit Yeats zu den größten Dichtern des 20. Jahrhunderts. Eliots *Das wüste Land* war der Beginn einer neuen Ära in der Dichtkunst, die Madame Sosostris in diesem Gedicht soll niemand anderer als Blavatsky sein.[111]

Madame Sosostris, ruhmreiche Clairvoyante,
hat eine schlimme Erkältung und ist dennoch
als die weiseste Frau Europas bekannt...[112]

Ein oder zwei Jahre bevor er *Das wüste Land* (1922) schrieb, litt Eliot unter einer schweren Nervenkrise und soll sich mit der Theosophie beschäftigt haben. Viel von der Symbolik in diesem Gedicht scheint darauf hinzuweisen. Schon früher, 1920, erschien sein Gedicht »A Cooking Egg«, das folgende Zeilen enthält:

Ich werde Pipit im Himmel nicht wollen:
Madame Blavatsky wird mich in den sieben Heiligen Trancen unterweisen. *

Tom Gibbons beweist in *Rooms in the Darwin Hotel,* dass Eliots Werke »eine okkulte Entsprechung zwischen der Struktur des menschlichen Körpers und der Struktur des Universums« zeigen. In HPBs Schriften wird der Mensch oft als Mikrokosmos im Makrokosmos dargestellt. Gibbons glaubt, dass »möglicherweise sowohl Eliots *Das wüste Land* als auch [Joyce'] *Ulysses* auf unterschiedlichen Versionen der okkulten Lehre der Entsprechungen zwischen irdischen und himmlischen Welten beruhen, und beide diese Lehre mit einem ähnlichen Anflug dramatischer Ironie benutzen, um anzudeuten, dass die scheinbar zufälligen und sinnlosen Ereignisse des zwanzigsten Jahrhunderts in Wirklichkeit ein Teil eines kosmischen und spirituellen Musters sind, das alle Dinge der Schöpfung miteinander verbindet«.[113]

Thornton Wilder (1897-1975)

Obwohl Wilder in *Unsere kleine Stadt* die konventionelle christliche Haltung zum Tod beschreibt, muss sie nicht unbedingt seinen eigenen Ansichten entsprochen haben. Sein erster Roman, 1926 unter dem Titel *Cabala* erschienen, beweist, dass er mit der jüdischen Mystik vertraut war. Sein letzter Roman, *Der achte Schöpfungstag* (1967), beweist, dass er sich auch mit der Theosophie beschäftigt hat.

In diesem Roman unterhalten sich zwei Krankenwärter in einem großen Krankenhaus: Einer von ihnen sagt, dass »alle Menschen so viele Leben leben, wie es Sandkörner im Ganges gibt«. »Was meinst du damit?«, fragt der andere erstaunt. »Wir werden immer wieder geboren. Diese drei Männer hier, sieh sie dir an!... In ein paar Stunden werden sie tot sein ... Und sie werden noch hunderttausende Male wiedergeboren werden ... « »Es gibt eine mächtig große Leiter«, fährt er fort, »in jedem neuen Leben kann ein Mensch sich Verdienste erwerben, die ihm gestatten, eine Sprosse oder zwei höher zu steigen, oder er

* HPB hätte wahrscheinlich *Meditationen* den *Trancen* vorgezogen, da sie Trance in diesem Evolutionsstadium als schädlich für die menschliche Psyche ansah, weil das Bewusstsein erwacht sein muss, um eine gottähnliche Weisheit zu erlangen.

macht Fehler und gleitet zurück.« Fortgeschrittene Seelen, sagt er, werden schließlich »an der Schwelle der höchsten Glückseligkeit angelangt sein. Aber – nun achte auf meine Worte – wenn sie an der Schwelle angelangt sind, werden sie sie nicht überschreiten. Sie werden sich die höchste Glückseligkeit versagen. Sie werden weiterhin wiedergeboren werden. Sie werden warten, bis alle Menschen diese Schwelle erreicht haben«.

All das wird sowohl vom Mahayana-Buddhismus als auch von der Theosophie gelehrt. Dass Wilder ein Anhänger der Theosophie war, geht aus seiner Bemerkung über Mrs. Besant hervor.

Auf der großen Leiter des Seins, die Wilder als eine mächtige Treppe darstellte, könne man manchmal ein wenig weiter hinaufsehen. Manche sind nicht nur einen Schritt aufgestiegen, *sondern vier:* »Sokrates, oder Mrs. Besant, oder Tom Paine oder Abraham Lincoln.«[114]

L. Frank Baum (1865-1929)

Am bekanntesten wurde Baum durch seine phantastische Erzählung *Der Zauberer von Oz.* Seit Veröffentlichung dieses Buches im Jahr 1900 ist es bei Kindern wie bei Erwachsenen gleichermaßen beliebt, lange ehe Judy Garland 1937 in der Hauptrolle des gleichnamigen Films zum Star wurde. Zu einem Essay über L. Frank Baum berichtet John Algeo, Professor für Anglistik an der Universität von Georgia, USA, und früherer Herausgeber des Fachblatts *American Speech,* dass Baum durch seine Schwiegermutter Matilda Joslin Gage, die der Theosophischen Gesellschaft im März 1885 beigetreten war, zur Theosophie fand. M. Joslin Gage war eine führende Persönlichkeit in der amerikanischen Frauenbewegung und wurde deren Präsidentin.

Baum trat der Theosophischen Gesellschaft im Jahr 1892 bei. Schon zwei Jahre zuvor hatte er in der Erstausgabe der Zeitschrift *Aberdeen Saturday Pioneer,* deren Chefredakteur er war, seine Leser in die Theosophie eingeführt. HPB lebte damals noch. Baum sprach zunächst über die tiefe Unsicherheit vieler Christen angesichts der Herausforderungen, die sie durch das Vorhandensein anderer Religionen empfanden und über das Verlangen nach Wissen, das viele Menschen unabhängig von ihrer Kirche befriedigen wollten:

> Unter den heute in Amerika so zahlreichen und unterschiedlichsten Gruppierungen, die okkultistische Grundlagen haben, ragen die Theosophen

> sowohl an Intelligenz als auch zahlenmäßig weit hervor... Die Theosophie ist keine Religion, ihre Anhänger sind einfach »Wahrheitssuchende«. Ihre Leitsätze sind nicht für Ignoranten und auch keineswegs für weltlich orientierte Menschen. Unter ihnen sind einige der bedeutendsten Geister beider Hemisphären... Sie akzeptieren die Lehren von Christus, Buddha und Mohammed gleichermaßen und erkennen sie als Meister und Mahatmas an, als wahre Propheten ihrer jeweiligen Generation und als versierte Kenner der Geheimnisse der Natur. Die Theosophen gehören in der Tat zu den Unzufriedenen dieser Welt, zu den Abtrünnigen aller Glaubensrichtungen... Ihre hohe Moral wurde bereits erwähnt; darüber hinaus sind sie still und unaufdringlich, vermeiden jedes Aufsehen und wachsen doch ständig, allein in Amerika sind es Tausende. Doch wenn trotzdem das Christentum Wahrheit ist, was zu glauben unsere Erziehung uns gelehrt hat, dann kann doch die Theosophie keine Gefahr für diese Religion sei.[115]

Zum Schluss seines Artikels schreibt Dr. Algeo: »Weitere Beweise für Baums theosophische Interessen spiegeln sich in seinen Kinderbüchern, insbesondere in dem *Zauberer von Oz* wider ... Sein Werk ist getränkt von theosophischem Gedankengut, ihm verdankt er seine Inspiration.« Tatsächlich darf diese Zaubergeschichte als theosophische Allegorie aufgefasst werden, worauf Algeo in einem zweiten Artikel hinweist.[116] Die Idee dazu überkam Baum einer Eingebung gleich, die er als ein Geschenk empfand, die aber vielleicht dennoch seinem tiefsten Inneren entstammte.

Aufgrund der enormen Popularität des *Zauberers von Oz*, vom Tag seines Erscheinens im Jahr 1900 an, »bearbeitete Baum das Buch für die Bühne. Es wurde ein erfolgreiches Musical, das zur Entstehung ähnlicher Werke anregte (wie Victor Herberts *Babes in Toyland*)«. Er schrieb noch viele Kindergeschichten, darunter dreizehn weitere Oz-Märchen.[117]

4 Kandinsky, Mondrian, Klee, Gauguin ...

»ZU BEGINN DES 20. Jahrhunderts ..., als die Theosophie sich von Land zu Land verbreitete, war sie eine Zeitlang *die* dominierende alternative Kultur. Sie galt als die >Schule<, auf die Künstler und Suchende ihre Blicke richteten, in der Erwartung, eine radikal *andere* Darstellung von Welt und Mensch zu finden.« Diese Worte stammen von Roger Lipsey, aus seinem Buch *An Art of Our Own: The Spiritual in Modern Art.* Lipsey fährt fort:

> Wer von uns kennt nicht die Werke Piet Mondrians, der lebenslang der Theosophie anhing, und wem hätten sie nicht gefallen? Wassily Kandinsky, lange Zeit als Größter unter seinesgleichen angesehen, an dessen Kunst man sich erst gewöhnen musste, wurde erst in jüngster Zeit durch umfangreiche Ausstellungen und Studien die Beachtung zuteil, die er verdient. Nie ein erklärter Theosoph und äußerst vielseitig in seinen Interessen, war er doch sein Leben lang ein Wahrheitssuchender, der sein grundlegendes Verständnis von »Wahrheit« dem umfassenden Rahmen der theosophischen Weltsicht verdankte.[118]

Beide, Kandinsky wie Mondrian, gelten als wichtigste Gründer der abstrakten modernen Kunst.

Wassily Kandinsky (1866-1944)

Anlässlich des hundertsten Geburtstags von Wassily Kandinsky verfasste Hilton Kramer, der Kunstkritiker der *New York Times,* 1966 einen Artikel über ihn: Kandinskys Entwicklung verfolgend, ging Kramer auf die kritische Periode ein, in der sich der Künstler mit der Theosophie befasste, wonach er »seinen revolutionären Sprung in die Abstraktion tat«. Er erklärt, dass Kandinsky »ein theoretisches Rahmenwerk brauchte, um die Malerei über den Bereich der gegenständlichen Darstellung hinauszuführen«, und fügt hinzu: »Bei einem

Geist wie dem seinen – gleichermaßen intellektuell und mystisch, vor jeder Festlegung in der Praxis nach >Gesetz< und Grundwahrheit suchend – musste jeder Verwirklichung eine klare Idee vorausgehen.« Nach Kramers Ansicht garantierte des Künstlers »innere Bindung an die Theosophie zumindest für ihn selbst, dass die abstrakte Kunst höhere spirituelle Bedeutungsebenen erreichen kann«.[119]

Darüber hinaus ist Kandinsky durch seine kleine Schrift *Über das Geistige in der Kunst* bekannt geworden. 1911 veröffentlicht, kam sie zur rechten Zeit und wirkte so anfeuernd, dass Avantgarde-Künstler jeglicher Couleur sich ihrer Botschaft anschlossen. Wie alle Klassiker, ist diese Schrift heute noch genauso bedeutungsvoll und schön wie zur Zeit ihres Erscheinens. Schon bald (S. 41, 42) kommt Kandinsky hier auf Blavatsky zu sprechen:

> Und ebenso wie in der Kunst, welche bei den Primitiven Hilfe sucht, wenden sich diese Menschen halb vergessenen Zeiten zu, mit ihren halb vergessenen Methoden, um da Hilfe zu finden. *Diese Methoden sind aber noch lebendig bei Völkern, auf die wir von der Höhe unserer Kenntnisse mitleidig und verächtlich zu schauen gewohnt sind.* Zu diesen Völkern gehören z. B. die Inder, welche von Zeit zu Zeit rätselhafte Tatsachen vor die Augen der Gelehrten unserer Kultur stellen, Tatsachen, die entweder nicht beachtet wurden oder welche man wie lästige Fliegen durch oberflächliche Erklärungen und Worte zu verscheuchen versuchte.
> Mme. Blavatsky war wohl die Erste, die nach langjährigen Aufenthalten in Indien ein festes Band zwischen diesen »Wilden« und unserer Kultur gebunden hat. Seither hat eine der größten geistigen Bewegungen begonnen, die heute eine große Anzahl von Menschen vereinigt und sogar als »Theosophische Gesellschaft« Form angenommen hat. Diese Gesellschaft besteht aus Gruppen, die sich auf dem Wege der *inneren* Erkenntnis den Problemen des Geistes zu nähern versuchen ... Die theosophische Theorie, die als Grundlage dieser Bewegung dient, wurde von Blavatsky in einer katechismusartigen Form aufgestellt, wo der Schüler präzise Antworten aus theosophischer Sicht auf seine Fragen bekommt.[120]

In einer Fußnote führt Kandinsky HPBs *Schlüssel zur Theosophie* als das gerade beschriebene Werk an. Als er seine eigenen Theorien entwickelte und auf der Leinwand realisierte, machte er von der *Geheimlehre* viel Gebrauch.[121] Diesen Schluss dokumentiert Dr. Laxmi Sihare in seiner Dissertation *Oriental Influences* *on Wassily Kandinsky and Piet Mondrian, 1909-1917.* Sein sechsjähriges Studium an der Kunstakademie der Universität von New York wurde durch Stiftungen und Stipendien der Rockefeller Foundation und des John D. Rockefeller III. Fund ermöglicht.*

Sihare weist darauf hin, dass Kandinsky speziell an folgender Idee aus der *Geheimlehre* (Bd. 1, S. 566) interessiert war: »Auf der Lehre von der illusionären Natur der Materie und der unendlichen Teilbarkeit des Atoms ist die ganze Wissenschaft des Okkultismus aufgebaut.« Darüber hinaus informierte sich Kandinsky laufend über wissenschaftliche Entwicklungen, die diese Idee rechtfertigten, wie z. B. J. J. Thomsons Entdeckung des Elektrons.[122] Sie war ein ausschlaggebender Faktor, der zur Eliminierung des Gegenständlichen in der modernen Malerei führte. Freudig vermerkte Kandinsky in einer frühen autobiographischen Schrift:

> Die Zerstörung des Atoms hat mich seelisch so heftig bewegt, als handele es sich um die Zerstörung der Welt. Plötzlich stürzten die dicksten Mauern ein, alles geriet ins Wanken, zerfiel ... Es hätte mich nicht gewundert, wenn ein Stein sich vor meinen Augen in Luft aufgelöst hätte ... Die Wissenschaft schien zerstört, ihre wichtigste Grundlage nicht mehr als Illusion, als ein Irrtum der Wissenschaftler zu sein, die ihre Himmelskonstruktionen ... nicht mit sicherer Hand, Baustein auf Baustein errichteten, sondern hilflos im Dunkeln nach der Wahrheit zu tasten schienen und dabei alles falsch interpretierten.[123]

Nicht nur an Blavatskys Werk war Kandinsky interessiert, auch die Schriften von Annie Besant und Charles Leadbeater, besonders *Gedankenformen* und *Der sichtbare und der unsichtbare Mensch* faszinierten ihn. Auch die Schriften Rudolf Steiners, der von 1902 bis 1913 die Theosophische Gesellschaft in Deutschland leitete, las er mit Interesse.[124]

* Dies ist einer Bekanntmachung der »Division of Creative Arts of New York University« vom 20. November 1967 zu entnehmen, mit der Publizisten aufgefordert wurden, an einer Reihe von Lichtbildervorträgen von Dr. Laxmi Sihare teilzunehmen, die von der Sperrin Foundation gesponsert wurden. Sihare war damals Forschungsberater der »Division of Creative Arts« der New Yorker Universität und zuvor Sonderbeauftragter des »International Council of the Museum of Modern Art«.

Piet Mondrian (1872-1944)

Von den Gründern der abstrakten Kunst wird der Holländer Piet Mondrian heute als einer der wichtigsten erkannt. In einem Essay in der *New York Times* vom 24. Februar 1974 sagt Hilton Kramer, er sei »Vollender einer Vision, nicht einer Stilrichtung« gewesen:

> Später haben abstrakte Maler, besonders in Amerika, die Reduktion visuellen Erlebens als Schaffensimpuls in einem Maß im Extrem betrieben, wie es Mondrian nicht einmal im Traum eingefallen wäre. Dennoch wurde sein Werk durch diese späteren Tendenzen nie überschattet. Im Gegenteil, sein künstlerisches Format nahm im Lauf der Zeit zu, und einer der Gründe dafür ist meiner Meinung nach das Verhältnis seiner Kunst zu ihren metaphysischen Grundlagen. Vor einem Werk Mondrians hat man nie das Gefühl, es solle dem Betrachter »nur« ästhetische Freude bereiten. Man hat das Gefühl eines größeren Konflikts – ja einer größeren Welt –, wo dem menschlichen Geist eine immerwährende Gefahr seiner Zerstückelung und Auflösung droht ... [In der heutigen Kunst] reduziert sich das, was einst Anlass zu metaphysischen Auseinandersetzungen und sozialen Erlösungsproblemen war, auf reine Stil- und Geschmacksfragen. So ist unvermeidlich, dass die notwendige Gespanntheit fehlt – das innere Drama des Protagonisten, der eine Vision, nicht einen Stil vervollkommnen will.

Frank Elgar macht in seinem Buch *Mondrian* deutlich, dass der Künstler sich »zutiefst mit religiösen Fragen auseinander setzte und stets auch mit der Theosophie. Schon 1909 trat Mondrian der Theosophischen Gesellschaft bei«.[125] In der Ausgabe von *Art News* (für das Jahr 1957) beruft sich Elgar auf Martin James:

> Mondrians Hang zur Theosophie war weit mehr als nur eine fixe Idee. Viele Künstler hofften Anfang des 20. Jahrhunderts, in der Theosophie höhere und wirklich universale Werte zu finden, suchten eine tiefere Sinngebung, neue Dimensionen der Erkenntnis. Der Gedanke, dass die Seher des Altertums eine verborgene Weisheit wahrnehmen konnten und weitergaben, dass es hinter den vielen Erscheinungsformen der Wahrheit die *eine* Wahrheit gibt, geht zum Teil auf östliche und neuplatonische Vorstellungen zurück und ist leicht mit der romantischen und symbolischen

> Illuminationstheorie in Zusammenhang zu bringen, laut welcher dem Künstler eine ungewöhnliche, ja sogar okkulte Erkenntnisfähigkeit über die Natur der Dinge, über die Wirklichkeit hinter der Erscheinungswelt zu eigen ist – wodurch der Kunst neue Inhalte erschlossen werden.

Sihare vertritt in seiner Dissertation von 1967 die Ansicht, dass »unter den Quellen, die nachweisen, was Mondrian dem Orient durch die Theosophie zu verdanken hat, Michel Seuphor, der sich seit den 30er Jahren wiederholt mit Mondrians Werk befasst hat, Priorität einzuräumen ist. Kurze, prägnant formulierte Passagen aus Seuphors in den 50er Jahren erschienenen Schriften geben seine Ansichten präzise wieder«.

»Zuerst half die Theosophie Mondrian, sich vom väterlichen Einfluss zu befreien ... «

»Schließlich sollte er in der Theosophie die Befreiung von seinem überkommenen Calvinismus und die Erweiterung seines geistigen Horizonts finden ... « »Sein Studium der Theosophie war tief gehend und sorgfältig.«[126]

Heute ist Robert Welsh der führende Mondrian-Kenner. Sein Essay »Mondrian und Theosophie« wurde 1972 zur Eröffnung der *Piet Mondrian Centennial Exhibition* vom Guggenheim Museum in New York, wo die Ausstellung stattfand, herausgegeben. Welsh erklärt, dass »die hier zur Diskussion stehenden Ideen bereits in zahlreichen Texten, Vorträgen und Gesprächen Mme. Blavatskys und ihrer Anhänger verbreitet worden waren ... Zweckdienlicherweise, und weil es als Zitatenquelle oft übersehen worden ist, soll hier HPBs monumentales zweibändiges Werk *Isis entschleiert* von 1877 als ausschließliche Diskussionsgrundlage dienen«; Mondrian stand eine Übersetzung ins Holländische zur Verfügung.

Um verschiedene Bilder Mondrians mit der theosophischen Sicht des evolutionären Wachstums des Menschen durch Reinkarnation in Verbindung zu bringen, verweist Welsh speziell auf ein Werk mit dem Titel *Metamorphose* sowie auf das berühmte Triptychon *Evolution* und bemerkt dazu:

> Die Evolution ist nichts Geringeres als die Grunddoktrin in dem von Mme. Blavatsky postulierten kosmologischen System, die anstelle der christlichen Schöpfungsgeschichte zur Erklärung des Weltgeschehens tritt. Diese Kosmologie stimmt mit hinduistischen und anderen Mythologien überein, die den ununterbrochenen kosmischen Kreislauf von Schöpfung, Tod und

Wiedergeburt betonen, und hat vieles mit der wissenschaftlichen Evolutionstheorie Darwins gemein. Darwins einziger, doch entscheidender Fehler bestand nach Blavatskys Meinung darin, dass er nicht im Geist, sondern in der Materie die treibende Kraft des Universums sah. In HPBs Weltsicht ist Materie, obwohl notwendig als Mittel zur Annäherung an die Welt des Geistes, von weit geringerer Bedeutung als Letztere.

Es ist diese Auffassung des Begriffs Evolution, schreibt Welsh, »die die kunsttheoretischen Schriften Mondrians bestimmt«. In seinen *Skizzenbüchern* von 1912-14, fährt Welsh fort, »spielt Mondrian speziell auf die theosophische Evolutionslehre als determinierenden Faktor in der Kunstgeschichte an ... Kurz: für sein monumentales Triptychon konnte Mondrian kein zentraleres theosophisches Thema wählen als dieses«.

Seine eigenen Leistungen bewertend, schrieb Mondrian an Michel Seuphor: »In meiner Arbeit bedeute ich etwas, aber neben den Großen Eingeweihten bin ich nichts«, und bezog sich damit auf die Blüte der Menschheit, auf vollkommene Seelen wie Christus und Buddha, die durch zahllose Zyklen der Wiedergeburt zu dem wurden, was sie sind. Diese Bezeichnung wird Mondrian einem unter Künstlern, Komponisten und Schriftstellern äußerst einflussreichen Buch entliehen haben. 1889 erschienen, erlebte dieses Buch über 200 Auflagen allein in Frankreich und wurde in eine Reihe von europäischen Sprachen übersetzt. Der Autor, Edouard Schuré *, ein bedeutender Journalist und Musikkritiker, zählte zu den Freunden Wagners, Nietzsches und anderer Berühmtheiten jener Zeit. Er schrieb *Die Großen Eingeweihten* unter dem Eindruck eines visionären Erlebnisses, als er in Florenz lebte: »Wie in einem Blitz sah ich das Licht von einem Religionsgründer zum anderen fließen. Diese Großen Eingeweihten, machtvolle Gestalten, die wir Rama, Krishna, Moses, Orpheus, Pythagoras, Platon und Jesus nennen, erschienen mir in Gestalt einer homogenen Gruppe.«[127]

Als Mondrian 1918 gefragt wurde, ob die Schriften von Schoenmeeker, einem ehemaligen Theosophen, ihm etwas gegeben hätten, verneinte er und fügte hinzu: »Alles habe ich der *Geheimlehre* zu verdanken, nicht Schoenmeeker, obwohl er das Gleiche sagt ...«[128]

Der britische Kunsthistoriker Fred Gettings schildert in seinem Buch *The Occult in Art* Mondrians Ateliers:

* Schuré wurde schon früh Mitglied der Theosophischen Gesellschaft in Paris.

Mondrian war bekannt dafür, dass er die kargen Möbel, Regale und Gegenstände in seinem Atelier pedantisch genau rechteckig oder diagonal anordnete. Von seinem ersten Atelier in der rue du Depart in Paris bis zu seinem letzten in der East 59th Street, New York, glichen die Einrichtungen den strengen rechteckigen Kompositionen, aus denen seine Bilder bestehen und die ihn berühmt machten ... Er behauptete, dass die Antiquitäten, mit denen andere Künstler damals ihre Arbeitsräume vollstopften und sie auf diese Weise in »Museen« verwandelten, den Künstler daran hinderten, seinen Kontakt mit der Gegenwart zu erhalten.

Insofern ist es bemerkenswert, dass Mondrian ein großes Foto an einer Wand neben all den Rechtecken in ungebrochenen Farbtönen seines geometrisch eingerichteten Raums duldete. Es war ein überlebensgroßes Porträt von H. P. Blavatsky, der einflussreichsten Okkultistin des 19. Jahrhunderts.[129]

Paul Klee (1879-1940)

Zu den Gründern der modernen Kunst zählt auch Paul Klee. 1911 arbeitete er in München, mit Kandinsky zusammen, als dieser seinen »Sprung in die Abstraktion« tat. Schon zuvor (ab ca. 1902) hatte Klee seinen individuellen Stil entwickelt, der dem Unterbewusstsein und der Phantasie in nie gekannter Weise künstlerischen Ausdruck gab. Folgende Auszüge stammen aus einem Aufsatz von Prof. Robert Knotts mit dem Titel »Paul Klee und der mystische Mittelpunkt«, enthalten in einem 1987 erschienenen Kompendium über moderne Kunst. An den Anfang stellte er einen Ausspruch von Paul Klee folgenden Inhalts: Es sei die Aufgabe des Künstlers, so weit wie möglich vorzudringen an jenen geheimnisvollen Ort, der die gesamte Evolution mit Urkraft speist. In einer seiner Malereien diente Klee ein menschlicher Nabel als Symbol für diesen heiligen Mittelpunkt. Knotts erklärt dies so:

> Auf dieser Malerei sieht man eine mysteriöse Gestalt, die die Form eines leuchtenden Nabels in der hohlen Hand hält, das Zentrum des inneren göttlichen Lichts, von dem alle Erkenntnis ausstrahlt ... Dazu muss man wissen, dass das Zentrum als Begriff in der gesamten Mystik eine wichtige Rolle spielt. Die bekannte Mystikerin Madame H. P. Blavatsky, deren Gedankengut Klee und anderen Künstlern sehr vertraut war, schrieb in der Einleitung von *Isis entschleiert:*

> Die Alten verlegten den Sitz der Astralseele des Menschen oder sein Seelenbewusstsein in die Magengrube. Die Brahmanen teilten diesen Glauben mit Platon und anderen Philosophen .. [Der Nabel wurde als] »Sonnenkreis«, als Sitz des inneren göttlichen Lichts angesehen. Unter den Parsen besteht ... bis heute der Glaube, dass ihre Adepten eine Flamme im Nabel haben, die ihnen alle Dunkelheit aufhellt und die geistige Welt erschließt und alle unsichtbaren Dinge sichtbar macht ...

Knotts fügt hinzu: »Mit Sicherheit war Blavatsky für Klee interessant, da sie die geheimnisvollen Kräfte aufdeckte, die sich auf einer anderen Ebene des menschlichen Bewusstseins äußern, eine Ebene, der sich Klee geistig verwandt fühlte. Klee löste in seinem Werk zumeist die Dinge aus ihrer unmittelbaren Umgebung, indem er sie in immer größer werdende Bereiche versetzte, wobei sich enge Zusammenhänge zwischen Erde und Kosmos, Leben und Tod, der Vergangenheit und der Gegenwart ergaben.«[130]

Paul Gauguin (1848-1903)

Auch der französische Maler Paul Gauguin, Vertreter der symbolistischen Schule, wurde von der Theosophie beeinflusst. Der Kunsthistoriker Thomas Buser berichtet davon in seinem Essay »Gauguins Religion«, der im *Art Journal* (Sommer 1968) erschien:[131]

> Zu den vielen widerspruchsvollen Dingen um Paul Gauguin gehörte, dass er religiöse Bilder malte. Religiöse Gemälde kommen im Œuvre der großen Künstler Ende des 19. Jahrhunderts zweifellos nur selten vor, und nur wenige von ihnen hatten religiöse Interessen. Bei Gauguin jedoch spielte Religion sowohl in seiner Kunst wie auch in seinem Leben eine wichtige Rolle ... Gauguin war keineswegs theologisch kreativ oder systematisch. Nichtsdestoweniger... hatte er sicherlich einen in der Kirche jener Zeit kaum vorhandenen mystischen Glauben. Ganz offensichtlich stand Gauguin unter dem Einfluss der Theosophie.
>
> In verschiedener Hinsicht besitzt das, was Gauguin schreibt, und, wie wir sehen werden, auch das, was er malt, eine bemerkenswerte Parallelität mit den theosophischen Lehren des populären Buches *Die großen Eingeweihten* von Schuré ... Was Gauguin vom ersten Augenblick an der Theosophie

fesselte, war die Existenz von Initiierten und Visionären, die ins *Jenseitige* vorzudringen vermochten ...

Buser ist überzeugt, dass Gauguin 1889, als Schurés Buch erschien, mit der Theosophie bereits vertraut war. Sicherlich spielte theosophisches Denken eine Rolle, als Gauguin seine späteren stilistischen Ausdrucksformen entwickelte. Zumindest erklärt Gauguins Verständnis theosophischer Lehren, dass er so viel Übereinstimmung in den Stilen religiöser Kunst in so unterschiedlichen Kulturen wie denen Javas, Ägyptens, Griechenlands usw. fand.

Buser widmet seinen Essay weitgehend einer analytischen Betrachtung der Bilder Gauguins. Über *Nirvana* bemerkt er:

> Es kann kein Zufall sein, dass dieses Werk beinahe eine Verbildlichung der folgenden Passagen aus Schurés Buch ist:
> Die Perspektiven, die sich an der Schwelle der Theosophie eröffnen, sind unermesslich ... Wenn man sie das erste Mal erblickt, empfindet man den Taumel, den Schauer des Unendlichen. Die Tiefen des Unbewussten öffnen sich in uns, zeigen uns den Abgrund, aus dem wir steigen, die Schwindel erregenden Höhen, zu denen wir hinanstreben. Hingerissen von dieser Unermesslichkeit, doch entsetzt von den Mühen der Reise, flehen wir nicht mehr zu sein, rufen wir Nirvana an!
> Jemand hat gesagt: der Mensch ist in der Höhlung einer Welle geboren und weiß nichts von dem weiten Ozean, der sich hinten und vorn erstreckt. Das ist wahr; aber die transzendente Mystik stößt unseren Kahn auf den Kamm einer Welle, und dort, immer getrieben von der Gewalt des Sturmes, erfassen wir seinen grandiosen Rhythmus: und das Auge, das des Himmels Gewölbe ermisst, ruht in seinem blauen Frieden. *

Zusammenfassend schreibt Buser:

> Obwohl die Thematik in Gauguins Bildern also nie vollständig »erklärt« werden kann, so kann doch, wenn auch vereinfachend, so viel darüber gesagt werden: Wenn Gauguin über ein Thema nachdachte, so dachte er theosophisch. Seine Vorstellungswelt war theosophisch. Theosophie war sein Weltbild. Dieses Wissen soll uns aber nicht dazu verleiten, die Bilder ein

* In der Übersetzung von M. Steiner-von Sivers, Bern, München, Wien, 1965, S. 22.

für allemal zu kategorisieren, sondern soll uns zu ihrem tieferen Verständnis führen ... Ich möchte noch anmerken, dass ein generell geäußertes Urteil John Renolds auch auf Gauguin zutrifft und hier nicht fehl am Platz ist, nämlich dass Gauguin »die Vorliebe des Halbgebildeten für komplexe und hochklingende Theorien« hatte. Gauguin lebte in einer vom Okkultismus geprägten Atmosphäre; Okkultismus war in vieler Hinsicht das Fundament des Symbolismus. Es mag dahingestellt sein, inwieweit Gauguins religiöses Sehnen durch die Theosophie Erfüllung fand, sicherlich aber war sie eine intellektuelle Struktur für ihn, durch die er seine Hingabe an seine Kunst vertiefen konnte. Seine Sensibilität verwandelte diese Struktur in einem hohen Maß in phantasievolle Schöpfungen.

Gauguins Sympathie für theosophische Ideen schloss die Reinkarnationslehre ein; über sie äußerte er sich in einer posthum erschienenen Schrift über *Modernes Denken und Katholizismus,* die er in den letzten Lebensjahren auf Tahiti verfasste. Am Anfang steht die Frage: »Woher kommen wir? Wer sind wir? Wohin gehen wir?« – und so lautet auch der Titel der monumentalen Malerei auf Leinwand, die Gauguin im Jahr 1898 vollendete. Gauguin fährt fort:

Die Parabel der Jakobsleiter, die sich von der Erde in den Himmel erstreckt, auf der die Engel des Herrn auf- und absteigen, gleicht dem stufenweisen Auf- und Abstieg vom niedrigsten zum höchsten Bereich des Lebens, entsprechend der mehr oder weniger großen Aktivierung von Eigenschaften ... mindernd oder erhöhend, je nach Verdienst oder Verwerflichkeit. [Es ist] die Idee der Metempsychose, anerkannt in der Religion der Hindus, die Pythagoras von den Hindus übernahm und in Griechenland lehrte ... Aus dem Vorangegangenen [folgt], dass die Seele ihrem Organismus Form gegeben hat; dass die Seele die Evolution lebender Organismen als Gattungen hervorgebracht hat. Gott ... als Symbol des reinen ewigen Geistes, des Geistes des Universums ... wird zum Prinzip aller Harmonie, zum Ziel, das erreicht werden muss, so wie Christus es gezeigt hat, und vor ihm Buddha. Und dann werden alle Menschen Buddhas sein.[132]

Man mag sich zum Schluss fragen, wie weit die Pioniere der modernen Malerei Elemente des Geistigen mit Erfolg in die Kunst einbringen konnten und ob die von Blavatskys Schriften ausgehende Inspiration in der bildenden Kunst insgesamt einen bleibenden Eindruck hinterlassen hat. Roger Lipsey schreibt:

> Das Jahrhundert ist nun beinahe abgelaufen, und ein seltsames Gefühl der Erschöpfung herrscht in den bildenden Künsten. An Begabungen ist kein Mangel, auch nicht an hellsichtiger Kritik und an wohlhabenden Institutionen. Nichtsdestoweniger ist die Kultur der bildenden Künste in einer traurigen Verfassung. Es sieht so aus, als würde weiterhin Kunst produziert und auch über sie nachgedacht, während jedoch eine entscheidende Inspiration oder auch ein richtungsweisender Sinngehalt fehlt ...
> Jetzt reden wir von Postmoderne, als hätten wir den Modernismus, die dominante Kunstrichtung des 20. Jahrhunderts, in all ihren Möglichkeiten erschöpft und befänden uns auf trostlosem Terrain ... Jedoch hatte der Modernismus eine verborgene Seite, was natürlich bedeutet, eine verborgene Seite des modernen Künstlers. Vielleicht haben wir nicht nur versäumt, diese Ressource »auszuschöpfen«, sondern sogar ihre Existenz fast ganz übersehen. Vielen weltweit angesehenen Künstlern, deren Werk weithin bekannt ist, und das wir zu verstehen glauben, stehen wir aber in Wirklichkeit ohne großes Verständnis gegenüber, und zwar deshalb, weil wir uns noch nicht mit der Geistesgeschichte der modernen Kunst auseinander gesetzt haben. Zu ihr gehörten Männer und Frauen, denen »das Geistige« von großer Wichtigkeit war...
> Unsere Kultur ist generell erstaunlich taub gegenüber spirituellen Aspekten im Denken und Schaffen der Künstler. Die ursprünglich vorhandene Tendenz, die Psychologie des Einzelnen zu transzendieren und eine transpersonale Welt von Bedeutung und Energie zu erforschen ... wurde weitgehend vergessen, ja sogar geleugnet.[133]

Indes, im November 1986 mag sich ein Richtungswandel mit der Eröffnung einer Kunstausstellung in Los Angeles und der Präsentation des begleitenden Katalogs über *Das Geistige in der Kunst und der abstrakten Malerei 1890-1985* angekündigt haben. Bei dieser Gelegenheit feierte man die Eröffnung eines neuen Gebäudeflügels des Los Angeles County Museum of Art. Eine Reihe führender Kunsthistoriker der westlichen Welt, wie Sixten Ringborn, Rose-Carol Washton Long und Robert P. Welsh, halfen bei der Organisation der Ausstellung und bei der Herstellung des prächtigen Katalogs. Im Großformat präsentiert er über vierhundert Bilder, davon viele in Farbe, sowie zahlreiche Artikel über die verschiedenen Phasen der modernen Kunst und ihrer führenden Exponenten.

Nach drei Monaten mit großem Publikumserfolg in Los Angeles wurde die Ausstellung für weitere drei Monate in Chicago gezeigt, ehe sie in Den Haag eröffnete.

John Dillenger, Autor des Buches *Eine Theologie der künstlerischen Sensibilität,* kommentierte die Ausstellung in der *Los Angeles Times* (vom 22. Februar 1987) wie folgt:

> Verdientermaßen hat diese Ausstellung die größte Aufmerksamkeit in der Kunstwelt erregt, sowohl wegen ihres visuellen Arrangements als auch ihrer interessanten Fragestellung in Bezug auf die spirituellen, mystischen und okkulten Ursprünge der abstrakten Kunst. Die Dokumentation im Katalog wird für immer unser Verständnis in dieser Hinsicht verändern. Darüber hinaus verweist die Tatsache, dass eines der bedeutendsten Museen unseres Landes eine neue Periode seines Bestehens unter dem Aspekt des Geistigen in der Kunst einleitet, auf einen entschiedenen Wandel zeitgenössischer Sensibilitäten. Noch vor 20 Jahren wäre das undenkbar gewesen ... Akademiker waren sich der Rolle bewusst, die die spirituellen Bewegungen im späten 19. und frühen 20. Jahrhundert als kraftgebendes Ethos für das Entstehen der abstrakten Kunst im Allgemeinen spielten – einer Kunst, aus der die Spuren der sichtbaren Welt, wie wir sie kennen, zu verschwinden begannen. Dies wurde noch nie zuvor so umfassend dokumentiert wie in diesem Werk.[134]

Am Ende des Katalogs befindet sich ein großes Foto von HPB, begleitet von einem zwei Seiten langen Artikel über die Theosophie. Dort heißt es kategorisch:

> Die Theosophische Gesellschaft hatte sich als einflussreichste Organisation unserer Zeit zur öffentlichen Verbreitung okkulter Lehren entwickelt ... Die Gesellschaft ist von historischer Bedeutung im Hinblick auf die Popularisierung östlichen Ideenguts wie Reinkarnation und Karma, von geheimen Meistern und von Tibet als Land zeitloser Weisheit. Nicht zuletzt spielte sie eine bedeutende Rolle bei der Wiederbelebung des Buddhismus in Ceylon (Sri Lanka) und des Hinduismus in Indien. Sie regte zum Studium der vergleichenden Religionswissenschaft an und vermittelte vielen Menschen die Erkenntnis, dass die grundlegenden Lehren der großen Religionen eine Einheit darstellen.[135]

5 Mahler, Sibelius, Skrjabin

Gustav Mahler (1860-1911)

Bis zu seinem Tod im Jahr 1911 schenkte man dem Komponisten wenig Aufmerksamkeit. Es war der Dirigent Mahler, der in Europa und später in Amerika so berühmt wurde. Seine Symphonien und anderen Kompositionen waren ihrer Zeit weit voraus und wurden mehr mit Bestürzung als mit Beifall aufgenommen. Er selbst prophezeite: »Meine Zeit wird kommen«, und so geschah es. Heute gilt er als einer der großen Komponisten der Moderne.

Im Jahr 1895 begann Mahler seine Dritte Symphonie. Obwohl seine früheren Symphonien tragischen Charakters sind und bittere Lebensenttäuschung verraten, machte sich in dieser dritten, laut Deryck Cook, einer berühmten Mahler-Autorität, »ein neuer Optimismus oder vielmehr eine Art mystischer Offenbarung über Sinn und Zweck des Lebens« bemerkbar.

Mahlers Freund Richard Specht zeichnete in seiner Biographie des Komponisten ein Gespräch mit ihm im Jahr 1895 in Hamburg auf. Specht zufolge sagte Mahler, er sei zutiefst davon überzeugt, dass »wir alle zurückkommen«, es sei »diese Sicherheit, die dem Leben Sinn gibt, und es macht nicht den geringsten Unterschied, ob wir uns in einer späteren Inkarnation an das frühere Leben erinnern oder nicht«. Was zählt, so Mahler, ist nicht das Individuum, sondern das jeder Inkarnation innewohnende Streben nach Vollendung.[136] Man kann die dritte Symphonie als Schilderung der Reinkarnation des Lebens in den menschlichen Bereichen und darüber hinaus bezeichnen.

Cook zitierte aus einem Brief Mahlers, in dem dieser erklärt, dass er in seinem Werk die evolutionäre Entwicklung der Natur zum Ausdruck bringen wollte, die in sich selbst alles verberge, was »schrecklich, groß und auch schön« sei. Mahler habe hinzugefügt, natürlich verstehe dies niemand. Was ihm seltsam erscheine, sei, dass die meisten Menschen, wenn sie von »Natur« sprechen, ausschließlich an Blumen, Vögel und Waldesluft denken. Der Gott Dionysos, der große Pan, sei unbekannt. Es sei dies »eine Art Programm« – ein Beispiel, wie er Musik mache. Überall und immer gehe es nur um die Stimme der Natur!

Der monumentale erste Satz, heißt es bei Cook, stellt die Natur in ihrer Gesamtheit dar – erwacht aus abgrundtiefer Stille, auf dass sie erklinge und widerhalle. Die folgenden Sätze schildern die Phasen des Aufstiegs in Reinkarnationen vom Pflanzen- und Tierreich über die Menschheit, und zurück zur allwissenden, allmächtigen Himmelsquelle.[137]

Von dem Dirigenten Dr. Bruno Walter, Protegé und enger Freund Mahlers und wie dieser von der Tatsache der Reinkarnation überzeugt, erfuhr die Autorin von Mahlers Glauben an die Wiedergeburt. Dr. Walter erzählte mir, dass diese Überzeugung auf Begegnungen des Komponisten mit Theosophen zurückging.[138] Dr. Bruno Walter war so freundlich, mich auf das Buch *Gustav Mahler* von Richard Specht aufmerksam zu machen, das Mahlers Gespräch mit Specht enthält.

Jean Sibelius (1865-1957)

Anlässlich des 90. Geburtstags des bedeutenden finnischen Komponisten schrieb der Musikrezensent der *New York Times* im Dezember 1955:

> Die Wechselbeziehung zwischen Leben und Kunst ist eines der Hauptanliegen des Komponisten Sibelius ... Seine Identifikation mit der wald- und seenreichen Natur seines Landes hat seine Musik tief durchdrungen ... Als Knabe pflegte Sibelius die Wildnis seiner Heimatprovinz Hame zu durchwandern, wobei ihn stets der Gesang der Vögel faszinierte. »Vor Millionen von Jahren, in meinen früheren Inkarnationen«, bemerkte er seinem Schwiegersohn Jalas gegenüber, »muss ich mit Schwänen oder Wildgänsen verwandt gewesen sein. Ich spüre diese Affinität noch heute.«

Ida Sohlman, eine Freundin und Nachbarin der Familie Sibelius, berichtete dem Autor, Sibelius habe mit Freunden ganz offen von seiner Überzeugung und seinem Glauben an frühere Leben gesprochen. Obendrein wurde ihm dies im Januar 1982 bei einer zufälligen Begegnung mit Harri Kallio in Santa Barbara, Kalifornien, wo Kallio ein Lehramt ausübte, von diesem bestätigt. Sie trafen sich im Institute of World Culture, in dem Kallio aktives Mitglied war. Bei einem Aufenthalt in Finnland hatte er die Familie Sibelius und deren Nachbarn, den Archäologen Yryo Paloheimo, besucht und von ihm erfahren, dass sich Sibelius und sein Kreis intensiv mit Theosophie wie auch mit den Lehren der Rosenkreuzer befasste.

Alexander Skrjabin (1872-1915)

In seinem Vorwort zu Faubion Bowers *The New Scriabin* vermerkte der bekannte russische Pianist Wladimir Ashkenazy:

> Ich halte Skrjabin für einen der größten Komponisten überhaupt ... Seine Musik drückt einen einzigartigen Idealismus aus ... Grundlage seines Denkens war ein unerschütterlicher Glaube an die Kunst als Instrument zur Erhöhung des menschlichen Geistes und zur Darstellung von Licht, Güte und Schönheit. Obwohl man nicht sagen kann, dass man ohne Verständnis seiner Philosophie seine Musik nicht zu verstehen vermag, dringt man doch tiefer in sie ein, wenn man weiß, was ihn antrieb. Skrjabin, der Philosoph, ist nicht zu trennen von dem Komponisten solch herrlicher Musik.[139]

Worin bestand nun Skrjabins Philosophie? Boris de Schloezer, sein russischer Biograph, enthüllt, dass der einzige und sehr starke Einfluss, den er je aufnahm, die Theosophie war.[140] In Faubion Bowers' zweibändiger Skrjabin-Biographie wird hierüber detailliert berichtet. Bowers zufolge war Skrjabin schon Anfang des 20. Jahrhunderts auf Blavatskys *Schlüssel zur Theosophie* gestoßen und schrieb darüber am 5. Mai 1905: »*La Clef de la Théosophie* ist ein bemerkenswertes Buch. Sie werden überrascht sein, wie treffend es mein Denken ausdrückt.« Bowers erklärt, »dass von nun an immer öfter seine Freunde und Anhänger aus der Theosophischen Gesellschaft kamen«. Seine Kollegen erwähnten, »Skrjabins Gespräche drehten sich sehr oft um die Theosophie und die Persönlichkeit der Blavatsky«. Eine französische Übersetzung der *Geheimlehre* gehörte zu seinen wertvollsten Schätzen.

1922, sieben Jahre nach seinem Tod, wurde Skrjabins Wohnung in Russland zum Staatsmuseum erklärt und genauso wieder hergestellt, wie sie zu seinen Lebzeiten gewesen war. Seine Bücher, einschließlich der *Geheimlehre,* wurden aufgefunden und zurückgekauft. Diese Wohnung, sagt Bowers, übte auf werdende Komponisten einen gewaltigen Einfluss aus und wurde zum »Treffpunkt junger Menschen«.[141]

Nach seiner Begegnung mit der Theosophie wurde Skrjabins Werk mehr und mehr von einer mystischen Färbung durchdrungen. Der Musikwissenschaftler Gerald Abraham stellt das erste Orchesterwerk des Komponisten, ein Klavierkonzert von 1896-97, seiner bedeutendsten Komposition, der sinfonischen Tondichtung *Promethée, le poème du feu* (1909-10) gegenüber und meint: »Es ist schier unglaublich, dass sich ein Musiker innerhalb von nur dreizehn Jahren vom Komponisten eines graziösen, eleganten, chopinhaften Klavierkonzerts zum Schöpfer eines Werkes entwickelt hat, das zu seiner Zeit zur vordersten Front der Avantgarde gezählt wurde.[142]

Bowers fährt fort:

> Es gibt nur wenige wirklich mystische Komponisten wie Skrjabin. Ihm eng verwandte Künstler sind nicht Musiker, sondern Dichter wie William Blake oder Maler wie Nicholas Roerich ... Skrjabins Philosophie verlangte vor allem nach Transubstantiation in der Musik.

Der Komponist wollte die Menschen zu ihrem Wesenskern zurückführen. So schrieb er: »In den Mysterien der Antike gab es wahre Umwandlung, wahre Geheimnisse und Heiligkeit«, doch *»all unsere kleinen Heiligen von heute haben ihre früheren Kräfte vergessen«*.[143] Als diese »kleinen Heiligen« versuchten, Blavatsky als Betrügerin hinzustellen, verteidigte Skrjabin sie »mit dem Hinweis, dass nahezu alle wirklich großen Menschen solchen aus den Fingern gesogenen Verleumdungen ausgesetzt worden waren«.[144]

In den vielen Verweisen auf die Theosophie und auf HPB, die in de Schloezers Skrjabin-Biographie zu finden sind, schreibt de Schloezer u. a.:

> In seiner eigenen künstlerischen Entwicklung fühlte [Skrjabin] eine große Nähe zur *Geheimlehre,* ja, er empfand bis zu seinem Lebensende größte Bewunderung für Mme. Blavatsky. Besonders faszinierte ihn der Mut, mit dem sie eine große Synthese aufgestellt hatte, sowie Umfang und Tiefe ihrer Konzepte, die er mit der Großartigkeit der Wagner'schen Musikdramen verglich ... Die theosophische Weltsicht diente ihm als Anreiz für sein eigenes Tun. »Über die Wahrheit der Theosophie will ich nicht diskutieren«, erklärte er de Schloezer in Moskau, »doch weiß ich, dass Mme. Blavatskys Ideen mir bei meinem Schaffen halfen und mir die Kraft verliehen, meine Aufgabe zu vollenden.« *

* *Skrjabin: Artist and Mystic,* Berkeley und Los Angeles, 1987.

6 »Ehre, wem Ehre gebührt«

BIS MITTE DES 20. Jahrhunderts galt der Buddhismus in Europa und in Amerika als die Religion von Außenseitern.

Das begann sich zu ändern, als 1951 in den Vereinigten Staaten und England ein Penguin-Taschenbuch mit dem Titel *Buddhismus* erschien, von dem seither mehr als eine Million Exemplare verkauft wurden.[145] Sein Verfasser, Christmas Humphreys (1901-1983), war Präsident und Gründer der angesehenen Buddhistischen Gesellschaft in London, deren Geschicke er sechzig Jahre lang lenkte.

Auch als Jurist hatte sich Humphreys ausgezeichnet. Er war höchster Kronanwalt und später Richter am Hohen Gerichtshof in England. Sein Vater, ebenfalls ein prominenter Jurist, hatte den Spitznamen »The Hanging Judge« (Der Galgen-Richter). Christmas Humphreys wurde bekannt als »The Gentle Judge« (Der milde Richter); er war stets bemüht, das Leben der von ihm Verurteilten zu ändern.[146]

In dem Taschenbuch *Buddhismus* werden häufig die Theosophie sowie auch Zitate aus HPBs Schriften erwähnt – kein Wunder, denn Humphreys war sowohl Theosoph als auch Buddhist. Wiederholt sagte er: »Die Theosophen beschweren sich, ich sei zu buddhistisch, die Buddhisten beschweren sich, ich sei zu theosophisch. Ich bin immer Theosoph, fände ich aber eine Religion, die von größerem Nutzen für mehr Menschen ist, würde ich sofort zu ihr überwechseln.«[147]

Mit dem Buddhismus und danach mit der Theosophie wurde Humphreys während seines Jurastudiums in Cambridge vertraut. Was in dieser Periode seines Lebens passierte, erklärte er so:

> In meinem sechzehnten Lebensjahr war ich ein überzeugter Christ ... 1917 [im Ersten Weltkrieg] fiel mein vier Jahre älterer Bruder bei Ypres, und meine Welt brach zusammen. Über meinen persönlichen Schmerz hinaus empfand ich ein heftiges Gefühl erlittener Ungerechtigkeit ... Die Welt hatte für mich keinen Sinn mehr, da es kein Glück mehr gab. Ich begann mich in die Lektüre der vergleichenden Religionswissenschaft zu vertiefen – ein weites Feld.

Später, im Jahr 1919, stieß Humphreys dann auf Coomaraswamys *Buddha und das Evangelium des Buddhismus* und sagte sich: »Das ist wahr – anscheinend bin ich Buddhist.« Eine »wahre Bewusstseinsexplosion« erlebte er, als er die Ideen von Karma und Wiedergeburt verstand:

> Die erste Lehre, die mir einleuchtete, war die Wiedergeburt. Dieser »Buddhismus« war mir nicht neu – ich konnte mich seiner erinnern. Ich brauchte das Buch nicht noch einmal zu lesen, und bald darauf begann ich, über Buddhismus zu schreiben und Vorträge zu halten.

Obwohl Humphreys nicht restlos zufrieden war mit dieser Philosophie, zumindest nicht in der Form, wie sie für gewöhnlich gelehrt wurde, hatte er doch einen Weg gefunden, dem er folgen konnte:

> Ich sah den Weg, doch warum lag er gerade dort? Wo war die Landkarte ..., auf der ich den Anfang erkennen und eine Vorstellung von seinem Ende bekommen konnte? Denn selbst der nächste Schritt konnte unklar sein, wenn man die Richtung des Weges nicht kannte ... Mrs. Rhys Davids hatte gesagt, der Buddhismus sei der lange Weg von unseren jetzigen Unvollkommenheiten zu einer in jedem menschlichen Geist latenten Vollendung. Ich aber wollte diese Landkarte. Ich erinnere mich, dass ich in Cambridge auf der Straße innehielt und laut sagte: »Das reicht nicht, verdammt noch mal. Wer bin ich und was bin ich, der ich mich gerade auf diesem Schmutzfleck Erde und ausgerechnet in diesem Universum befinde?«
>
> Ich entdeckte schließlich meine Landkarte in den Kommentaren zu den »Stanzen des Dzyan«, einer uralten tibetischen Schrift, in einem Buch mit dem Titel *Die Geheimlehre* von H. P. Blavatsky. Sie gab mir erstmals, wie mir damals schien und heute noch scheint, eine klar umrissene Darstellung der Entstehung des Universums sowie vom Ende seines Bestehens, und darin enthalten die Genese und Bedeutung des Menschen. Hier sah ich eine Landkarte des Werdens.[148]

Humphreys wurde Mitglied der theosophischen Loge seiner Universität und war bald ihr Vorsitzender. Nach Beendigung seines Studiums in Cambridge, im Jahr 1922, wurde er aktiver Mitarbeiter der Theosophischen Gesellschaft in London. Wenige Jahre später bat er um die Erlaubnis, innerhalb der Theosophischen Gesellschaft eine buddhistische Loge zu gründen. Diese Bitte wurde ihm gewährt.

Eine Schülerin von Humphreys, Muriel Daw, berichtet, dass Humphreys durch sein Studium der *Geheimlehre,* und weil er zutiefst von den Lehren der *Stimme der Stille* erfüllt war, begann, Liebe und uneingeschränkte Verehrung für Helena Blavatsky zu empfinden. Seine Ehrfurcht vor der durch sie manifestierten Spiritualität und seine Dankbarkeit für ihre Existenz waren grenzenlos. Die von ihr ausgehende Inspiration hat ihn nie verlassen, und bis zu seinem Tod hing ihr Bild über dem Kopfende seines Bettes.[149]

Humphreys setzte seine Tätigkeit in der Buddhistischen Loge der Theosophischen Gesellschaft noch zwei Jahre fort. Dann, sagte er, »entschlossen wir uns 1926 gemeinsam, die Gesellschaft zu verlassen, weil wir zu dem Schluss gekommen waren, dass sie ihre Zeit mit unwesentlichen, peripheren Aktivitäten verbrachte und die von Madame Blavatsky übermittelten Lehren der tibetischen Meister vernachlässigte«.[150]

Was später Die Buddhistische Gesellschaft hieß, formierte sich damals mit der hingabevollen Unterstützung einer Theosophin namens Aileen Faulkner, die Humphreys im Jahr darauf heiratete. Ihre fruchtbare Partnerschaft währte mehr als fünfzig Jahre. Ein weiteres aktives Mitglied dieser neuen Gesellschaft war Edward Conze, laut Humphreys die führende Autorität auf dem Gebiet des Mahayana-Buddhismus. In einer Tagebuchaufzeichnung vom 15. Januar 1964 vermerkt der rumänische Religionsphilosoph Mircea Eliade:

> Gestern und heute fast die ganze Zeit mit Ed. Conze verbracht. Er hielt zwei Vorträge über Buddhismus – amüsant und außerordentlich gut besucht. Wir führten lange Gespräche. Ich erfuhr, dass er Theosoph war und immer noch ist: er bewundert *Die Geheimlehre* und hält Mme. Blavatsky für eine Inkarnation von Tsongkapa[151] (dem großen Reformator des tibetischen Buddhismus im 14. Jahrhundert und Gründer der Gelugpa-Schule, welcher der Dalai Lama und der Panchen Lama angehören).

Nachdem die Buddhistische Gesellschaft etabliert war, setzte Humphreys seine schriftstellerische und Vortragstätigkeit über die Theosophie fort. In einem seiner Bücher merkt er an: »*Die Geheimlehre* könnte eines Tages als eines der bedeutendsten religiösen Werke, das die Menschheit besitzt, angesehen werden.«[152] In der Einleitung zu *Karma und Wiedergeburt* stellt er das Buch als Herausforderung an seine Leser vor, mit ihm zu versuchen, »das Thema dieses

Buches unter Einbeziehung der zur Verfügung stehenden >Autoritäten< – d.h. hauptsächlich hinduistischer und buddhistischer heiliger Schriften – neu zu betrachten«. Und weiter: »Wenn als erläuternde Ergänzung die Werke von H. P. Blavatsky, die ihre Schulung in tibetischen Klöstern erhielt, herangezogen würden, dann hätten wir eine dreifache >Autorität<, die, als Ganzes betrachtet, die Grundlage eines allumfassenden Gesetzes ist, das die Evolution der Menschheit führt und anleitet.«[153]

Im Kampf ums Überleben fand die Buddhistische Gesellschaft entscheidende Unterstützung durch Dharmapala aus Sri Lanka. Er war nach England gekommen, um für zwei Jahre Buddhismus in der Buddhistischen Gesellschaft zu lehren, und hatte sich in einem Brief an Humphreys aus der Schweiz eingeführt, wobei er sich auf »jenes rein buddhistische Werk *Die Stimme der Stille«* bezog. »Es erübrigt sich zu berichten, dass wir ihn hocherfreut aufnahmen und dass es uns nach langem Suchen gelang, ein Haus nördlich vom Regent Park zu finden, wo er die >Britische Maha Bodhi-Gesellschaft< gründete, die heute in einem prächtigen Gebäude in Chiswick untergebracht ist.«

1927 erschienen die ersten *Essays über Zen-Buddhismus* des japanischen Gelehrten Dr. D. T. Suzuki. Humphreys meinte dazu, »sie vermitteln weit mehr als Zen-Buddhismus, sie geben uns eine leuchtende Vision der Unermesslichkeit des Mahayana-Buddhismus. Bisher kannten wir ausschließlich Theravada«[154], ausgenommen HPBs *Stimme der Stille.* Über dieses Werk hatte Suzuki 1910 in einem Brief an seine Verlobte Beatrice Lane geurteilt: »Hier handelt es sich um den wahren Mahayana-Buddhismus.«

Humphreys begegnete Suzuki 1936 beim Weltkongress der Religionen in London. »Nach einer Rede, die keiner von uns je vergessen wird«, sagte Humphreys, »kam er zur Loge … und hier begann der persönliche Kontakt mit diesem Meister«, der andauerte bis zu Suzukis Tod im Jahr 1966.

Erst Mitte der 1950er Jahre, als sich Suzuki in den USA aufhielt, begann ein regelrechter Zen-Boom. Damals trafen fünfzig amerikanische Psychologen und Psychiater mit Suzuki in Mexiko zusammen, um seine Ideen kennen zu lernen, und in der Folgezeit gab es immer mehr Kontakte mit bedeutenden Denkern der westlichen Welt.

Neben Suzuki war es Alan Watts, der am meisten dazu beitrug, Zen in Amerika populär zu machen. Er schrieb dreißig Bücher über Zen und verwandte Themen. In seinem Werk *In My Own Way* schreibt er über Humphreys und seine Frau:

> Toby und Puck [Spitznamen der beiden] gaben mir eine Ausbildung, die mit Geld nicht zu bezahlen ist – meine Dankbarkeit ihnen gegenüber ist unermesslich. Wenn ich auch mit einigen von Tobys Interpretationen des Buddhismus nicht ganz einverstanden bin, werde ich ihn stets lieben als den Menschen, der meine Vorstellungskraft beflügelte und richtungsweisend für meinen Lebensweg war. Erinnern wir uns, dass Toby und Puck in erster Linie Theosophen waren ... Es war Mme. Blavatskys Werk, durch das Toby diese Traditionen kennen lernte, als er zusammen mit dem Psychiater Henry Dicks und mit Ronald Nicholson Student in Cambridge war. Letzterer wurde später als *Sadhu* Sri Krishna Prem bekannt.[155]

(Prem ist heute vor allem durch seinen Kommentarband zur *Geheimlehre, Der Mensch, das Maß aller Dinge,* bekannt.)[156]

Während Watts zwei Jahre lang als Herausgeber der Zeitschrift der Buddhistischen Gesellschaft fungierte und so der Verbreitung des Buddhismus in Europa diente, stellte Humphreys ihn seinem Meister D. T. Suzuki vor.

Humphreys' persönlicher Beitrag zur Zen-Explosion war beträchtlich. Außer den Büchern, die er schrieb und dem Unterricht in Zen, den er erteilte, war es weitgehend ihm zu verdanken, dass Suzukis Schriften westlichen Lesern zugänglich gemacht wurden – er war Agent des Autors für Europa.

Humphreys war indes nicht nur an einer Schule des Buddhismus interessiert. Sein primäres Interesse galt einem Weltbuddhismus, denn er glaubte, dass die wahre Größe des Buddhismus nur durch eine Kombination aller Schulen darzustellen sei. In seinem 1945 erschienenen Buch *Zwölf Grundprinzipien des Buddhismus* wies er darauf hin, wie weitgehend diese verschiedenen Schulen letztlich zu einer Übereinstimmung fähig sind. Das Werk wurde von allen buddhistischen Sekten akzeptiert und in 14 Sprachen übersetzt.

Als der Schriftsteller Colin Wilson Humphreys um einen Beitrag über HPB zu einem Buch bat, das er gerade zusammenstellte, schrieb Humphreys:

> Welch eine Frau! ... Missverstanden, geschmäht, verleumdet, gekränkt – doch brillant, kultiviert und hoch gelehrt. Sie war die Großzügigkeit in Person, offen und direkt in Rede und Tat, und sie verweigerte der Gesellschaft die frommen Sprüche und sinnlosen Platitüden, die allgemein als gutes Sozialverhalten bezeichnet werden, aber sie sagte jedem, der sie hören wollte, die Wahrheit ... Sie war nie neutral, passte sich jedem Gesprächspartner an, hatte sehr viele Freunde, die bereit waren, für sie durchs Feuer

zu gehen – und Feinde, die sie am liebsten umgebracht hätten ... Ihre klaren, blauen Augen vermochten jeden Mann, jede Frau, die zu ihr kamen, zu durchschauen, auch jene, die sie später verraten sollten ... Von dem Wenigen, das sie besaß (und sie war immer arm), gab sie denen, die Not litten, obwohl sie wusste, dass einige von ihnen vorhatten, der Sache zu schaden, der sie ihr Leben widmete ... Sie hatte eine große rednerische Begabung, hielt aber nie Vorträge, sondern redete mit ihren Zuhörern, und es gab kein Publikum, das sie nicht in ihren Bann gezogen hätte. Als ich 1920 zur Bewegung stieß, kannte ich mehrere Menschen, die sie sehr gut gekannt hatten; sie alle stimmten darin überein, dass nichts mehr ganz so war wie zuvor, nachdem man ihr einmal begegnet war.[157]

WIE SCHON ERWÄHNT, wird Helena Blavatsky das Verdienst zugesprochen, in moderner Zeit den Glauben an die Reinkarnation wieder ins Leben gerufen zu haben. Doch erst Mitte des 20. Jahrhunderts hat die Anzahl der Reinkarnationsgläubigen in schnellerem Tempo zugenommen.

Nach HPBs Tod, Ende des 19. Jahrhunderts, verbreitete sich diese Überzeugung zunächst zunehmend in theosophischen Gruppierungen und ihren verschiedenen Zweigen. Auch wurde sie in der weit verbreiteten »New Thought« [Neues Denken]-Bewegung sehr populär; ebenso in den Kirchen der »Religiösen Wissenschaft« und in der christlichen »Unity School«, deren Gründer, Charles und Myrtle Fillmore, beide Theosophen waren.[158] Selbst die Spiritisten übernahmen die Lehre und »materialisierten« nun keine Verstorbenen mehr.

Hier nehmen wir das phänomenale Anwachsen des Reinkarnationsglaubens in der heutigen Zeit, ab Mitte der 1950er Jahre, ins Visier: 1969, als erstmals eine Gallup-Umfrage diesem Thema galt, glaubten 20 Prozent der religiösen Bevölkerung der Vereinigten Staaten an Reinkarnation. Bis 1981 ist diese Zahl auf 23 Prozent gestiegen und hat sich seitdem wiederum spektakulär erhöht.

Über das Ergebnis von 1981 berichtete George Gallup jun. in seinem Buch *Adventures in Immortality* [Abenteuer Unsterblichkeit]. Die Meinungsumfrage, sagte er, war die bisher umfassendste über das Weiterleben nach dem Tod, die je unternommen wurde. Es wurden nur Erwachsene über 18 befragt, und zwar ganz explizit: »Glauben Sie an Reinkarnation, das heißt an die Wiedergeburt der Seele in einem neuen Körper nach dem Tod - oder nicht?« und wandte sich nicht nur an religiöse Menschen, wie im Jahr 1969, sondern an einen Querschnitt der Erwachsenen-Bevölkerung der Vereinigten Staaten. Laut Gallup antworteten 23 Prozent, beinahe ein Viertel, dass sie an Reinkarnation glauben.[159] Das bedeutet, dass es damals schon mehr als 38 Millionen Reinkarnationsgläubige gab, wenn man von der Grundlage von 1981, der Zahl von 166 Millionen Erwachsenen über 18 Jahren ausgeht. Da bei weitem die Mehrzahl der Amerikaner in Religionen hineingeboren wurde, die Reinkarnation nicht lehren, ist dieses Resultat bemerkenswert.

Wir werden sehen, dass für dieses neue Interesse mehrere Persönlichkeiten ausschlaggebend waren, die aus dem Einflussbereich der Theosophie kamen, dass hier also ein Wandel stattgefunden hat, der direkt auf HPBs Werk zurückgeführt werden kann. Da war zum Beispiel die Psychologin Dr. Gina Cerminara, Autorin des Bestsellers *Das Erlebnis der Wiedergeburt*, einem 1950 erschienenen Buch über den Hellseher Edgar Cayce (1877-1945). Cayce, ein junger Vertreter, verlor eines Tages die Sprache durch eine Lähmung der Stimmbänder. Verzweifelt suchte er nach medizinischer Hilfe, doch ohne Erfolg. Als letztes Mittel gelang es Cayce mit Hilfe eines Freundes, eine Art von hypnotischem Schlaf bei sich selbst hervorzurufen, wodurch er seinen Zustand nicht nur korrekt diagnostizieren konnte, sondern auch entsprechende Heilmethoden beschrieb. In den nächsten zwanzig Jahren seines Lebens wandte er diese Gabe zur Heilung anderer Menschen mit bemerkenswertem Erfolg an. »Anfangs«, so Cerminara, »war er verblüfft festzustellen, dass er einem Italiener in fließendem, fehlerfreiem Italienisch medizinischen Rat gab. Ebenso unverständlich erschien ihm im Wachzustand die komplizierte medizinische Terminologie, die ihm so fließend von der Zunge kam wie die italienische Sprache.«[160]

Eines Tages, im Oktober 1923, wurde Cayce von einem Mann namens Arthur Lammers aufgesucht. Er kam nicht, um Heilung zu suchen, sondern um als Theosoph nach Beweisen für die Wahrheit der Lehre zu forschen. Thomas Sugrue schildert den Besuch:

> Lammers ... richtete Fragen an Edgar, die dieser nicht verstand: welche Funktionsweisen hat das Unterbewusste, worin besteht der Unterschied zwischen Geist und Seele, welche Gründe gibt es für die Existenz von Personalität und Begabung? Er erwähnte die Kabalah, die Mysterien Ägyptens und Griechenlands, die Alchemisten des Mittelalters, die Mystiker Tibets, Yoga, Madame Blavatsky und Theosophie, die Große Weiße Bruderschaft, die Welt des Ätherischen. Edgar war wie betäubt. »Sie sollten herausfinden, was diese Dinge bedeuten«, sagte Lammers. »Es gibt Hunderte von philosophischen und Tausende von theosophischen Systemen. Welche sind richtig, welche falsch? ... Was ist das wahre Wesen der Seele, und welchen Zweck haben unsere Erfahrungen auf Erden? Wohin gehen wir? ... Wo waren wir, ehe wir hierher kamen? Haben Sie sich diese Fragen je gestellt?«
>
> »Nein«, sagte Edgar. Ihm fiel kein Wort dazu ein. Er wagte nicht, die Wahrheit zu sagen: dass er solche Ideen stets als Sakrileg betrachtet hatte, denn Gott wurde durch die Bibel verkündet, und die Annahme, dass er, Cayce, durch seine »Readings« die Mysterien des Universums erklären könnte, käme

einer Aufforderung an Satan gleich, ihn als Sprachrohr zu nutzen. Das war es, was er empfunden hatte. Nun, da Lammers mit ihm sprach, war diese Empfindung verschwunden.[161]

Lammers hatte angefangen, sich mit Astrologie zu beschäftigen und bat Cayce, ihm ein Horoskop in Trance zu stellen. Es brach in kurzen, abgehackten Sätzen aus Cayce hervor und schloss mit dem erstaunten Ausruf: »Er war ein Mönch!« Alle Anwesenden waren wie elektrisiert, doch am meisten erstaunt, ja verstört war Cayce selbst, als er erwachte. Aufgrund seiner streng christlichen Erziehung litt er unter qualvollen Zweifeln, als weiterhin solche Readings aus vergangenen Leben hervorkamen, und erst nach langem Studium und Suchen in der Bibel gelang es ihm schließlich, sich mit dem Reinkarnationsgedanken zu versöhnen.[162]

Später stellte Lammers dem schlafenden Cayce die Frage: »Aus welcher Quelle kamen die Informationen über vergangene menschliche Existenzen?« Die Antwort lautete, die primäre Quelle sei Cayces Unterbewusstsein, aber ein tieferer Bereich, als der von Psychologen erkannte. Die zweite Quelle, so berichtet Cerminara, hatte etwas mit der in den Readings erwähnten Akasha-Chronik zu tun. Wie stets, wenn der schlafende Cayce mit unbekannten Begriffen konfrontiert war, buchstabierte er das ihm fremde Wort – *Akasha*. Cayces Erklärung:

> *Akasha* ist ein Sanskrit-Wort für die fundamentale ätherische Substanz des Universums, die elektro-spiritueller Natur ist.
> In den *Akasha* prägt sich unauslöschlich jeder Ton, jedes Licht, jede Bewegung und jeder Gedanke seit dem Beginn des manifesten Universums ein – er ist eine für immer unzerstörbare Chronik.
> Der *Akasha* registriert Eindrücke wie ein empfindlicher Film und gleicht einer riesigen unsichtbaren Kamera des Kosmos. Jeder von uns hat die Anlage, diese aus Schwingungen bestehende Chronik zu »lesen«, ausschlaggebend ist die Sensitivität unserer Struktur. Es gehört dazu eine genaue Bewusstseinsausrichtung, sehr ähnlich der korrekten Einstellung eines Radios auf die richtige Wellenlänge ... Oft ergaben die Readings, dass man die »Akasha-Chronik« auch als »Universalgedächtnis der Natur« oder als »Buch des Lebens« bezeichnen kann.[163]

Was noch seltsamer scheinen mag: Kein Sanskrit-Wörterbuch enthält die

Cayce'schen Trance-Definitionen des Begriffs »Akasha«, sie stimmen jedoch überein mit den Beschreibungen in HPBs Werken und denen ihrer Kollegen.

Wie zutreffend die Aufzeichnungen gedeutet werden, hängt vom Niveau der inneren Entwicklung des Sehers ab. Sie erreichen das Bewusstsein nur über den Umweg und Filter des Unbewussten und können infolgedessen durch religiöse und philosophische Einstellungen beeinflusst oder sogar entstellt werden. Bei Cayce hatten die Readings eine stark christliche Färbung, und ihre Sprache war betont biblisch. Er las seine Bibel jährlich von Anfang bis Ende durch.

Um die sorgfältig aufbewahrten Unterlagen über vierzehntausend Fälle, mit denen Cayce zu tun hatte, genau durchzugehen, brauchte Gina Cerminara mehrere Jahre. Sie gehörte, wie Lammers, der Cayces Reinkarnationsinteresse geweckt hatte, der theosophischen Bewegung an. In einem Interview erzählte sie, dass schon ihre Großeltern Mitglieder der Theosophischen Gesellschaft waren und fügte hinzu: »Ich bin sehr froh über die intellektuellen Anstöße, die ich der Theosophie verdanke. Als ich daran ging, die Cayce-Readings zu studieren, gab es so gut wie nichts, das mir neu oder überraschend gewesen wäre, weil ich das meiste aus der theosophischen Literatur schon kannte.«[164]

Cayces Readings wurden durch Cerminara weltweit bekannt, denn ihr gut geschriebenes, anregendes Buch, voller praktischer psychologischer Anwendungsmöglichkeiten im täglichen Leben, wurde in viele Sprachen übersetzt. Das Interesse an der Reinkarnation erreichte unvorhergesehene Ausmaße, als das Buch *Die Suche nach Bridey Murphy* des berühmten Autors Morey Bernstein erschien. Bernstein war es gelungen, einer jungen Amerikanerin in sechs Sitzungen unter Hypnose detaillierte Erinnerungen an ein früheres Leben in Irland zu entlocken. *

Der führende Reinkarnationsforscher Dr. Ian Stevenson beurteilte den Bridey-Murphy-Fall positiv:

Die Mehrheit der angeblichen, auf diese Weise ins Leben gerufenen Erin-

* HPB wurde einmal gefragt: »Was wird aus durch Hypnose geheilten Krankheiten? Sind sie tatsächlich geheilt oder nur hinausgeschoben? Oder werden sie in anderer Form wieder erscheinen? Sind Krankheiten Karma? Wenn ja, ist es richtig, sie heilen zu wollen?« HPB: »Hypnotische Suggestion kann endgültig heilen oder auch nicht. Alles hängt von dem Grad der magnetischen Beziehung zwischen Hypnotiseur und Patient ab. Wenn Krankheit karmisch ist, wird sie nur aufgeschoben und in anderer Form wieder erscheinen, nicht notwendigerweise als Krankheit, aber als strafendes Übel anderer Art. Es ist immer >richtig< zu versuchen, Leiden in jeder Form zu heilen, wann immer nur möglich. Sitzt jemand zu Recht im Gefängnis und erkältet sich in der feuchten Zelle, sollte ein Gefängnisarzt nicht versuchen, ihn zu kurieren?« *(HPB on Psychical Phenomena,* Los Angeles, 1938).

> nerungen halte ich für völlig wertlos. Obwohl ich den meisten durch Hypnose hervorgerufenen »früheren Leben« gegenüber skeptisch bin, lehne ich doch nicht alle Experimente dieser Art als wertlos ab. Ich bin sogar überzeugt, dass in wenigen Fällen etwas Wichtiges und Echtes geschehen ist. Dabei denke ich an den Fall Bridey Murphy.[165]

Der Fall Bridey Murphy erregte in der Öffentlichkeit sichtlich mehr Fragen, als Bernsteins Buch beantworten konnte. Es war Professor C. T. Ducasse, ehemaliger Dekan der philosophischen Fakultät der Brown Universität, der sich in Vorlesungen und zwei Buchveröffentlichungen mit dem Thema detailliert auseinander setzte und viele Fragen beantworten konnte. In seiner *Kritischen Untersuchung des Glaubens an ein Leben nach dem Tod* und in *Natur, Geist und Tod* stellt er philosophische Nachweise für die Wiedergeburt zur Diskussion. Auch seine Garvin-Vorlesung von 1960 über »Die Auffassung des nachtodlichen Lebens als Reinkarnation« galt ausschließlich dieser Frage.

In dem Artikel »Philosophical Liberation«, veröffentlicht 1930 in der wissenschaftlichen Zeitschrift *Contemporary American Philosophy*, verriet Ducasse, was ihn dazu brachte, sich für die Laufbahn eines Philosophieprofessors zu entscheiden. 1881 in Frankreich geboren, bereiste er jahrelang die Welt, wobei er sich mit Gelegenheitsarbeiten durchbrachte. Schließlich ließ er sich für drei Jahre in New York nieder (1903-06) und nahm eine Stellung als Stenotypist in einer Versicherungsgesellschaft an. Als er zu Besuch bei seiner Familie in Frankreich war, zeigte ihm ein Bekannter ein Buch, das die Weltsicht prominenter Theosophen zusammenfasste. Nach New York zurückgekehrt, trat Ducasse der Theosophischen Gesellschaft bei und betreute in seiner Freizeit deren Bibliothek. Unter den Büchern, die er las, befand sich *Die Wissenschaft des Friedens* des indischen Theosophen und Gelehrten Bhagavan Das.[166] Das' Diskussion grundlegender ontologischer Fragen erweckte Ducasses Interesse an diesem Gebiet. Da er inzwischen über etwas Geld verfügte, ging er nach Seattle, ließ sich dort an der University of Washington immatrikulieren und promovierte an der Harvard Universität. Viele Jahre seiner akademischen Schulung und Lehrtätigkeit hatten indes sein Interesse an der Reinkarnationsfrage nicht mindern können, er fühlte sich vielmehr herausgefordert, diese Idee einer rigorosen philosophischen Untersuchung zu unterziehen.

Führender Wissenschaftler auf dem Gebiet der Reinkarnationsforschung ist Dr. Ian Stevenson (Carlson Professor der Psychiatrie an der University of Virginia Medical School). Er hat sich auf Kinderfälle spezialisiert, sowohl in der östlichen wie in der westlichen Welt – Kinder, die spontane detaillierte Erinnerungen haben an eine Zeit, die sie als ihr früheres Leben bezeichnen. Acht Bände dieser Fallgeschichten sind bereits vom Verlag der Universität von Virginia veröffentlicht worden[167]; die Gesamtzahl der Reinkarnationsfälle in seinen Unterlagen beträgt weit über zweitausend. Stevenson konnte feststellen, dass die Erinnerungen der von ihm untersuchten Kinder – von denen einige sich an über fünfzig verifizierte Einzeldinge erinnern konnten, einschließlich die Namen von Personen, Orten und bestimmte Vorfälle – normalerweise zu 90 Prozent zutreffen. Manche Kinder erinnern sich sogar an frühere Sprachen, die sie beherrschten. Diese Fähigkeit wird Xenoglossie genannt, ein Gebiet, über das Stevenson zwei Werke veröffentlicht hat. Bei jedem einzelnen Fall hat er untersucht, welche Erklärungen, außer Reinkarnation, dafür möglich sind.

Im September 1977, dem 156. Jahrgang des hoch angesehenen psychiatrischen *Journal of Nervous and Mental Disease* (JNMD), widmete diese Zeitschrift nahezu eine gesamte Ausgabe der Stevenson'schen Forschungstätigkeit auf dem Gebiet des Weiterlebens nach dem Tod und, noch spezieller, der Reinkarnation als Mittel zu solchem Weiterleben. Diesem war im Mai jenes Jahres die Veröffentlichung eines langen Aufsatzes zum gleichen Thema in derselben Zeitschrift vorausgegangen. Dr. Eugene Brody, Chefredakteur der Zeitschrift und Psychiater an der University of Maryland Medical School, meinte auf Befragen: »Ich habe ungefähr drei- bis vierhundert schriftliche Bitten um Kopien dieses Aufsatzes von Wissenschaftlern aller Disziplinen erhalten. Daraus geht deutlich hervor, dass von allen Seiten der Wissenschaft ein enormes Interesse an diesem Thema besteht.«

In einem Interview der Zeitschrift *Quest* (September/Oktober 1978) erklärt Stevenson, welche Umstände in seiner Kindheit ihn schließlich veranlasst hatten, sich ganz der Reinkarnationsforschung zu widmen. Der Interviewer, Tom Buckley von der *New York Times,* gibt zunächst einen Überblick über Stevensons Laufbahn. Er war nicht nur Leiter der psychiatrischen Abteilung der medizinischen Akademie der Universität von Virginia und Chef der Psychiatrie an der Universitätsklinik, er war auch der Autor von Dutzenden von Veröffentlichungen in der Fachpresse sowie von zwei Standardwerken über psychiatrische Patientenbefragung und Diagnose. Darüber hinaus betreute er Privatpatienten und hielt Universitätsvorlesungen. In Buckleys Worten: »Er ist ein hoch qualifizierter Psychoanalytiker. Darüber hinaus gehörte er seit Abschluss seiner Ausbildung zur medizinischen Elite – er war Fellow des New York Hospital und der Ochsner Klinik in New Orleans.« Er fährt fort:

> Im Alter von 48 Jahren gab Stevenson die Psychiatrie auf, um sich ganz der Reinkarnationsforschung zu widmen. Es lag auf der Hand, dass es einen besonderen Grund für diese Entscheidung gegeben haben musste, die vielen seiner Berufskollegen – milde ausgedrückt – bizarr erschien. Dennoch war ich auf die Antwort Stevensons nicht gefasst. »Schon während meiner medizinischen Ausbildung stand mein Entschluss fest, so bald wie möglich zur Erforschung psychischer Phänomene überzuwechseln. Ich wusste aber auch, dass ich mir zuerst eine konventionelle Medizinerkarriere aufbauen musste – und das tat ich.« Doch was, fragte ich, habe ihn ausgerechnet zur Reinkarnationsforschung bewegt? Seine Antwort auf diese Frage fiel unvermeidlich weniger präzise aus ... Seine Mutter sei an östlichen Religionen interessiert gewesen, sagte er, und sie besaß eine kleine Bibliothek zum Thema. * Er war als Junge ein Bücherwurm gewesen, lag an manchem regnerischen oder grauen Nachmittag auf dem Sofa und las ...
> »Ich würde mich als ernstes Kind bezeichnen – ich neigte mehr zum Umgang mit Erwachsenen als mit Kindern. Folgendes mag meine wissenschaftliche Glaubwürdigkeit unterminieren«, er lächelte, »ich sehe mich noch, wie ich etwa zur Zeit meines neunten Geburtstags an Bord der *Empress of Scotland* auf dem Weg nach Southampton zwei verwirrten älteren Damen die Vorzüge der Reinkarnation auseinander setzte ...«

Eine Überprüfung seiner Fälle lässt erkennen, wie vorurteilslos er arbeitete. Seine Kollegen erkannten dies an; einige von ihnen wurden in dem Artikel »Gibt es ein Leben nach dem Tod?« in der Zeitschrift *Look* (20. Oktober 1970) zitiert. Dr. Albert J. Stunkard, damals Vorsitzender der Abteilung für Psychiatrie an der Universität von Pennsylvania in Philadelphia, bemerkte:

> Stevensons gegenwärtige Arbeit mag so manchem konventionellen Wissenschaftler sonderbar erscheinen. Sicher ist das Thema kontrovers. Doch

* In einem Brief an die Autorin (30. März 1977) identifiziert Stevenson diese als theosophische Bücher: »Die Bücher über Theosophie, die ich in meiner Kindheit las, stammten aus der Bibliothek meiner Mutter, nicht meines Vaters. Vor vielen Jahren entlockte mir ein Journalist die Information, dass ich als Kind in der Bibliothek unseres Hauses theosophische Bücher las. Das ist richtig, doch die Bibliothek hat meine Mutter zusammengestellt, nicht mein Vater.«

> ist er der kritischste Mensch, den ich auf diesem Gebiet kenne und vielleicht auch der sorgfältigste: er verfügt über ein besonderes Talent, strenge Kontrollen in seine Forschungen einzubauen.

Und Dr. Gertrude Schmeidler, ehemalige Professorin der Psychologie am City College der City Universität von New York, versicherte, dass »Stevenson ein außerordentlich sorgfältiger und gewissenhafter Arbeiter von enormer Intelligenz und hohem professionellen Anspruch sei. Beim Sammeln und der Analyse von Daten gehe er mit äußerster Genauigkeit vor«.

Zahllose Angebote, im Fernsehen aufzutreten oder auf andere Weise seine Forschungen in den Medien zur Sensation zu machen, hat Stevenson konsequent abgelehnt. Nichtsdestoweniger gewinnt seine über dreißigjährige mühevolle Forschungstätigkeit mehr und mehr an Bekanntheit und trägt überdies beträchtlich zur Steigerung des Interesses an der Reinkarnationsidee bei.

◆

Neben dem Wissenschaftler Ian Stevenson hat in den Vereinigten Staaten besonders Shirley MacLaine sehr viel für die Popularisierung des Wiedergeburtsgedankens getan. MacLaines 1983 erschienenes Buch *Zwischenleben* hatte eine verkaufte Auflage von 4 Millionen Exemplaren, und sie war, im Gegensatz zu Stevenson, sehr oft in Fernsehsendungen über ihr Buch zu sehen. Hauptperson in diesem Buch ist, neben der Autorin, ein Mann namens David, die bewegende Kraft hinter MacLaines neuer Rolle als Forscherin und Lehrende in Sachen Reinkarnation. Sie erklärt, dass der David ihres Buches die Eigenschaften mehrerer Männer repräsentiert, die sie empfänglich für eine innere Realität machten. Ihre wahre Identität bleibt ein Geheimnis; einer jedoch, der ausschlaggebend für ihr als Höhepunkt des Buches geltendes Abenteuer in den Anden war, ist inzwischen bekannt geworden. Er ist es, der MacLaine in Peru darüber aufklärte, dass sie zur New-Age-Lehrenden und Buchautorin zur Verbreitung ihrer neuen Lebensphilosophie bestimmt sei: Sie empfand große Angst bei dem Gedanken, damit zum Gespött der Öffentlichkeit zu werden.[168]

Im Herbst 1985 wurde bekannt, dass MacLaines Mentor Charles Silva hieß, als ein öffentlich angezeigtes Seminar ihn ankündigte als den »in Shirley MacLaines Bestseller auftretenden Vertrauten und geistigen Führer« der Autorin. Die Ankündigung identifizierte ihn gleichzeitig als den Verfasser des Buches *Date with the Gods*.[169] Das Buch beschreibt Silvas okkulte und andere Abenteuer in den Anden in den Jahren 1974 und 1975 und berichtet von seiner Zusammenarbeit bei Recherchen in Long Island mit einer Freundin namens Myrna, die »viele Jahre ihres Lebens der Forschung gewidmet hat. Sie ist genial, kennt sich in den geheimen Lehren von Madame Blavatsky und der Geschichte des versunkenen Kontinents Atlantis ebenso aus wie in Gesundheitskost, Makrobiotik, der Zonentherapie und der Theosophie. Dazu ist sie eine begabte Künstlerin«.[170]

Als man Myrna[171] über Silva befragte, stellte sich heraus, dass Silva und die Frau, mit der er zusammenlebte – in Long Island zu Hause, jetzt aber Schullehrerin in Los Angeles –, 1969 einen Sommer lang die obere Etage eines Hauses gemietet hatten, das Myrna und ihrer Schwester gehörte.

Als Myrna zum ersten Mal mit Silva zusammentraf, war er Materialist. Doch sehr bald begeisterte er sich für die Theosophie und kaufte sich alle Schriften und Bücher HPBs. Silva verwies Shirley MacLaine auf Blavatsky, als sie noch so gut wie nichts von Reinkarnation und allem, was damit zusammenhing, wusste. Das war 1976 bis Anfang 1977, vor der gemeinsamen Reise in die Anden im gleichen Jahr.

Als 1986 ein Reporter für die Fernsehzeitschrift *TV Guide* MacLaine fragte, ob sie etwas über Theosophie wisse, antwortete sie: »Oh ja, alles.«[172]

Beträchtlichen Einfluss auf die Renaissance der Reinkarnation hatte die Hippie-Generation. Die Beatles zum Beispiel waren fasziniert von der Philosophie des Ostens. Weniger bekannt ist wohl Elvis Presleys großes Interesse an metaphysischen Dingen. In seinem Buch *Elvis* nennt Albert Goldman einige der Bücher, mit denen sich Elvis jahrelang beschäftigte:

Blavatskys *Geheimlehre* und *Die Stimme der Stille,* Richard Maurice Buckes *Kosmisches Bewusstsein,* Krishnamurtis *Schöpferische Intelligenz,* Nicholas Roerichs *Flame in Chalice,* Dane Rudhyars *New Mansions for New Men* und die W. Y. Evans-Wentz-Ausgabe des *Tibetischen Totenbuches.*[173] Professor Goldman schreibt:

> Die Lektüre, der sich Elvis Presley für den Rest seines Lebens widmete, stammte aus den 70er Jahren des vorigen Jahrhunderts von der bekannten und faszinierenden Madame Blavatsky. Stets hatte Elvis Blavatskys Schriften zur Hand ... Besonders ein kleines Buch, angeblich Blavatskys Übersetzung uralter tibetischer Runen, *Die Stimme der Stille,* liebte Elvis so sehr, dass er bisweilen bei seinen Aufführungen auf der Bühne daraus zitierte und seiner eigenen Gospel-Gruppe den Namen >Voice< [Stimme] gab.[174]

Elvis' Interesse wurde geweckt, als er – seinen Friseur wechselte. Larry Geller aus New York, Elvis' neuer Haarkünstler, überzeugte den Sänger von der Idee, dass die Meister existieren. Seine erste Reaktion aber war spontan und respektlos: »Wer zum Teufel sind die Meister?«[175] Priscilla, Elvis' Frau, erinnert sich in ihrer Biographie *Elvis and Me:*

> Elvis entdeckte, dass es neben Jesus viele große Meister gab: Buddha, Mohammed, Moses und andere, alle »auserwählt von Gott zur Erfüllung einer heiligen Aufgabe«. Ich wurde jetzt Zeuge, wie sich in Elvis ein Teil seines Wesens entfaltete, der nach Antworten auf alle fundamentalen Fragen des Lebens suchte.
> Er fragte Larry, weshalb gerade er unter allen Menschen im Universum dazu auserwählt wurde, auf Millionen von Seelen einzuwirken. Da ihm nun diese einzigartige Position gewährt worden sei, wie konnte er dazu beitragen, eine unter Hunger, Krankheit und Armut leidende Welt zu retten? Warum gab es überhaupt so viel menschliches Leid? Und warum war er nicht glücklich, obwohl er doch mehr hatte als man sich wünschen konnte? Er fühlte, dass ihm etwas fehlte im Leben. Er hoffte, mit Larrys Hilfe einen Weg zu finden, der ihn zu Antworten auf seine Fragen führen würde.
> Er wollte unbedingt, dass wir uns alle – besonders ich – das Wissen, das er jetzt erwarb, ebenfalls aneigneten. Stundenlang las er uns vor und schenkte uns Bücher, von denen er annahm, dass sie uns interessieren würden.[176]
> [Laut Prof. Goldman] las er sehr gründlich, die Seiten seiner Bücher hatten Eselsohren, waren auf vielen Reisen schmutzig geworden und waren voller Unterstreichungen. Ganze Passagen, die er für wichtig hielt, lernte er auswendig und pflegte sie laut zu rezitieren, während Geller das Buch wie ein Souffleur auf der Bühne hielt.[177]

Wie ernsthaft er bemüht war, von dem Gelernten Gebrauch zu machen, berichtet seine Frau: »Wir müssen Herr unserer Begierden sein«, sagte er zu ihr, »damit sie nicht über uns herrschen.«

◆

Letztlich kommen wir zum Werk Geddes MacGregors, eines vielseitigen Mannes mit einer Doppelkarriere – als anglikanischer Priester und als Professor der Philosophie an europäischen und amerikanischen Universitäten.

Bisher wurde in diesem Abschnitt evident, dass es sowohl in den Wissenschaften als auch der Philosophie Menschen gibt, die sich ernsthaft mit der Reinkarnation befassen bzw. an sie glauben. Trifft dies auch auf die Religion zu? Professor MacGregor erklärt, dass er sich in den letzten zwanzig Jahren seiner Laufbahn mit Reinkarnationsforschungen innerhalb des Christentums beschäftigt hat. Bei einer Vorlesung bemerkte er: »Schon mit fünfzehn Jahren interessierte ich mich für die Reinkarnation, las damals alle Arten theosophischer Literatur, und seither bin ich nie wieder *nicht* daran interessiert gewesen.«[178]

Ansehen und Leistungen MacGregors werden durch eine beeindruckende Hochschulkarriere belegt. Er ist Philosophieprofessor und Priester der Episkopalkirche. In Oxford promovierte er in Philosophie, in Frankreich erhielt er das *grand doctorat (summa cum laude)* von der Sorbonne in Paris, in Oxford den Doktorgrad der Theologie. Das Hebrew Union College in den Vereinigten Staaten verlieh ihm den Dr. h. c. für Geisteswissenschaften. Zur Zeit ist er Professor emeritus der Philosophie an der University of Southern California, wo er von 1960 bis 1975 Religionsphilosophie lehrte. Seine zahlreichen Veröffentlichungen über das Christentum schließen zwei Bücher über Reinkarnation ein.[179]

1982 hielt er in der Theosophischen Gesellschaft in Wheaton, Illinois, einen Vortrag zu dem Thema »Das Christentum und die Weisheit des Altertums«, dem die folgende Passage entnommen wurde:

> Ich erinnere mich noch gut, wie ich im Alter von 15 Jahren zufällig auf einige Bücher stieß, deren Autoren angesehene Mitglieder der Theosophischen Gesellschaft waren. Ich war sofort gefesselt, nicht so sehr von den Büchern selbst wie von einer Art Erinnerung, die durch die Lektüre in mir geweckt wurde ... Wegen meiner gleichzeitigen christlichen Überzeugungen kam ich jedoch damals zu dem irrigen Schluss, diese theosophischen Lehren nicht ernst nehmen zu dürfen. Ich habe sie aber nie abgelehnt, hätte das auch gar nicht gekonnt. Im Gegenteil, stets hat die Theosophie seitdem mein christliches Denken erleuchtet, obwohl ich erst etwa in den letzten zehn Jahren klarer als zuvor erkannt habe, wie eng die Verbindungen zwischen den Erfahrungen und der Sicht der großen christlichen Mystiker und jener uralten Weisheit sind, in die ich so früh in meinem Leben schicksalhaft eingeführt wurde. Sie keimte in meiner Seele, und in jeder meiner Entwicklungsstufen wirkte sie auf meine Spiritualität. Aber erst in einem verhältnismäßig späten Lebensabschnitt erblühte sie in vollem Umfang.

> Niemandem, der meine Schriften offenen Auges und unvoreingenommen gelesen hat, kann entgangen sein (weniger noch vielleicht, als mir selbst bewusst war), wie tief diese theosophischen Ideen auf mein Denken eingewirkt haben. Wie die Erbauer der mittelalterlichen Kathedralen baute ich besser, als ich wusste ... Mit äußerster Schärfe war mir von Anfang an klar, dass mir schon früh im Leben ein ganz besonderer Bewusstseinszustand gegeben war, zu dessen Nutzung und Bewertung ich sehr viel technisches Wissen brauchen würde.[180]

MacGregors Bücher *Reincamation in Christianity* und *The Christening of Karma*[181] sind in deutscher Übersetzung unter dem Titel *Reinkarnation und Karma im Christentum* (2 Bände) erschienen.[181]

In einem Gespräch mit der Autorin hat MacGregor erzählt, was ihn veranlasste, über das Reinkarnationskonzept zu schreiben und an Universitäten zu lehren. 1976 erhielt er eine Einladung der McGill Universität in Montreal, in der Reihe der renommierten Birks Lectures Vorlesungen zu halten. Er bot der Fakultät drei Themen an, fügte aber, spontan einer provozierenden Eingebung folgend, ein viertes hinzu: »Ist der Reinkarnationsgedanke vereinbar mit dem Christentum?« Die ebenso spontane Antwort war: »Sie lassen uns keine Wahl!«

Zusammenfassend erklärte MacGregor:

> Die Reinkarnation ist eine der faszinierendsten Ideen in der Geschichte der Religion und auch eines der am häufigsten wiederkehrenden Themen der Weltliteratur. Weithin ist man der Meinung, dass sie der christlichen Überlieferung fremd sei, zumal den hebräischen Wurzeln biblischen Denkens. Diese Behauptung ist fragwürdig ... Der Wiedergeburtsgedanke hat sich hartnäckig halten können in der Geschichte des Christentums, von den Anfängen bis heute. Im Judentum gab es ihn ebenfalls. Wo immer westliche Denker dem wahren Christentum so zugetan waren, dass sie tote Dogmen von seinem lebendigen Geist trennten, ist dieser Gedanke im Leben der Kirche ernst genommen worden.[183]

IN BLAVATSKYS *Geheimlehre* wird Mythen und Symbolen eine derart große Bedeutung beigemessen, dass deren Erörterung ein Drittel des Umfangs beider Bände einnimmt. Der erste Band enthält 15 Kapitel über dieses Thema, das HPB mit folgenden Worten eröffnet:

> Die Verfasserin dieses Werkes hat den größeren Teil ihres Lebens dem Studium des verborgenen Bedeutungsgehaltes in den religiösen und weltlichen Legenden aller Völker – insbesondere in den Überlieferungen des Ostens – gewidmet. * Sie gehört zu den Forschern, die überzeugt sind, dass keine in der Mythologie eines Volkes enthaltene Geschichte, kein in der Folklore überliefertes Ereignis jemals nur reine Erfindung war, sondern dass alle derartigen Erzählungen einen wahren historischen Hintergrund haben ... Hierin unterscheidet sich die Verfasserin von jenen Fachleuten der Symboldeutung, wie hoch ihr Ansehen auch sein mag, die Mythen nur als weitere Beweise für die abergläubische Vorstellungswelt antiker Völker gelten lassen ... Diese oberflächlichen Denker sind überzeugend von dem Lyriker und Ägyptologen Gerald Massey widerlegt worden ..., dessen scharfe Kritik hier zitiert werden soll, weil sie unsere eigenen Gefühle so treffend wiedergibt, die wir schon 1875, als *Isis entschleiert* geschrieben wurde, offen zum Ausdruck brachten. [Massey schrieb:]
>
>> Seit dreißig Jahren verbreitet Prof. Max Müller in Büchern und Vorlesungen, in der *Times,* der *Saturday Review* und anderen Zeitschriften, von den Podien königlicher Einrichtungen, von der Kanzel von Westminster Abbey und von seinem Lehrstuhl in Oxford, dass Mythologie eine Sprachkrankheit ist und dass die Symbolik der antiken Welt das Ergebnis einer primitiven Geistesverwirrung sei. Renouf sagte: »Wir wissen, dass die Mythologie eine Krankheit ist, die in einem gewissen Stadium der menschlichen Kulturentwicklung auftritt.« [Masseys Antwort:]

* In seiner Autobiographie sagt Yeats über Blavatsky: »Ich wusste, dass sie mit der Folklore der ganzen Welt vertraut war.«

> Die Behauptung dieser Theoretiker der Metaphysik, die Mythologie sei eine Krankheit der Sprache oder die Krankheit von etwas anderem als ihrem eigenen Gehirn, ist nichts als Einbildung. Diese Sonnenerklärer und Wetterinterpreten haben Ursprung und Bedeutung der Mythologie völlig missverstanden. Mythologie war eine ursprüngliche Art, Urgedanken (sprachlich) umzusetzen. Sie war begründet auf Erscheinungen der Natur und kann auch heute noch anhand natürlicher Phänomene nachgewiesen werden. Sie ist nicht krankhaft oder irrational, wenn man sie vom Standpunkt der Evolution betrachtet und wenn man ihre Ausdrucksweise durch die Sprache der Zeichen vollständig versteht. Wirklich krankhaft ist nur, sie für menschliche Geschichte oder göttliche Offenbarung zu halten. Mythologie ist der Informationsspeicher der ältesten Wissenschaft der Menschheit, und was uns als besonders wichtig erscheint, ist, dass sie – sobald sie einmal richtig interpretiert wird – dazu bestimmt ist, all den verlogenen Theologien, die sie unbeabsichtigt hervorgebracht hat, den Todesstoß zu versetzen. (vgl. H. P. Blavatsky, *Die Geheimlehre,* Studienausgabe, S. 209, und Band 1, S.321f. der vierbändigen Ausgabe von 1899.)

Sir James Frazer, Verfasser des berühmten mehrbändigen Werkes *The Golden Bough,* hatte, wie Professor Mircea Eliade berichtet, etwa die gleichen Ansichten wie Müller: Auf etwa 20 000 Seiten habe er nichts anderes entdeckt, als dass alle Gedanken, Phantasien und Sehnsüchte des archaischen Menschen, all seine Mythen und Riten, all seine Götter und religiösen Erlebnisse nichts anderes gewesen seien, als eine monströse Anhäufung von Bestialität, Grausamkeit und Aberglauben, die zum Glück durch den wissenschaftlichen Fortschritt des Menschen überwunden worden seien.[184]

Im 20. Jahrhundert begann sich die Einstellung zu Mythen und Legenden dank der Werke von C.G. Jung und Erich Fromms *Märchen, Mythen, Träume,* sowie von Joseph Campbells *Der Heros in tausend Gestalten* zu wandeln. In *Märchen, Mythen, Träume* schreibt Fromm:

> Die Träume antiker und moderner Menschen sind in der gleichen Sprache geschrieben wie die Mythen, deren Urheber zu Beginn der Geschichte lebten … Aber der moderne Mensch hat diese Sprache vergessen, nicht wenn er schläft, aber wenn er wach ist. Ist es wichtig für uns, dass wir diese Sprache auch im wachen Zustand verstehen? … Ich halte die Symbolsprache

für die einzige Fremdsprache, die jeder von uns lernen sollte … Wenn wir sie verstehen, kommen wir mit dem Mythos in Berührung, der eine der bedeutsamsten Quellen der Weisheit ist; wir lernen die tieferen Schichten unserer eigenen Persönlichkeit kennen ... Für die Menschen vergangener Zeiten gehörten Mythen und Träume zu den bedeutungsvollsten Ausdrucksformen des Geistes ... (Hamburg, 1992, S. 13ff.)

In *Der Heros in tausend Gestalten* erweiterte Joseph Campbell noch das Konzept des Mythos:
Der Mythos ist die geheime Öffnung, durch welche die unerschöpflichen Energien des Kosmos in menschliche kulturelle Manifestationen einströmen: Religionen, Philosophien, Künste, die sozialen Formen des primitiven wie des historischen Menschen, die großen Entdeckungen in Wissenschaft und Technologie, jene Träume, die den Schlaf stören – sie steigen aus dem fundamentalen magischen Klang des Mythos empor … Mythologische Symbole lassen sich nicht handwerklich herstellen, nicht bestellen, noch erfinden oder auf Dauer unterdrücken. Sie sind spontane Produkte der Psyche, und jedes birgt unversehrt die Keimkraft seiner Quelle in sich.[185]

Lassen solche Ideen ein mögliches Interesse Campbells an theosophischem Gedankengut erkennen? Seine Biographen Stephen und Robin Larsen berichten von zahlreichen Kontakten Campbells mit Theosophen. Als er 1928 eine Weltreise plante, war er laut Larsen »äußerst glücklich über die Leichtigkeit, mit der sich theosophische und östliche Kontakte in seine Reise- und Studienpläne einfügen ließen. Das Empfinden eines inneren Zentrums, so lange schmerzlich vermisst, begann sich in ihm zu regen«.[186]

In *Die Kraft der Mythen* erinnert Campbell daran: »Freud und Jung waren beide der Meinung, dass Mythos im Unbewussten gründet.«[187] Jung wurde durch seine Theorie eines kollektiven Unbewussten berühmt. Hier folgt seine Erläuterung dieses faszinierenden Begriffs:

Eine gewissermaßen oberflächliche Schicht des Unbewussten ist zweifellos persönlich ... Dieses persönliche Unbewusste ruht aber auf einer tieferen Schicht, welche nicht mehr persönlicher Erfahrung und Erwerbung entstammt, sondern angeboren ist. Diese tiefere Schicht ist das so genannte kollektive Unbewusste. Im Gegensatz zur persönlichen Psyche besitzt es Inhalte und Verhaltensweisen, welche überall und in allen Individuen cum

> grano salis dieselben sind. Es ist in allen Menschen sich selbst identisch und bildet damit eine in jedermann vorhandene, allgemeine seelische Grundlage überpersönlicher Natur.[188]

Ein Beweis für die Existenz des kollektiven Unbewussten, sagt Jung, sei die Tatsache, dass Mythen und Märchen der Weltliteratur bestimmte Motive enthalten, die überall wieder auftauchen; und er fügt hinzu, dass sie Teil der ererbten Struktur der Psyche sind und daher überall und spontan und zu jeder Zeit manifest werden können.[189]

Man ist überrascht, in ein paar Zeilen aus der *Geheimlehre* dem gleichen Gedanken, doch schon vierzig Jahre früher aufgezeichnet, zu begegnen:

> Die Einbildungskraft der Massen, wie ungeordnet und zügellos auch immer, hätte niemals so zahlreiche monströse Gestalten und einen solchen Reichtum an ausgefallenen Geschichten *ex nihilo* ersinnen und gestalten können, wenn ihr nicht als zentraler Kern jene dunklen, unbestimmten Erinnerungen zur Verfügung gestanden hätten, die die zerbrochenen Glieder der Zeitenkette zusammenfügen, um aus ihnen die geheimnisvollen Traumgrundlagen unseres *kollektiven Bewusstseins* zu bilden. (Band 2, S. 307).

Jung schrieb, dass die indische Philosophie, als sie im Westen entdeckt wurde, die Domäne von Sanskrit-Gelehrten und Philosophen blieb, und fügte hinzu, dass es nicht lange dauern sollte, bis die von Madame Blavatsky ins Leben gerufene theosophische Bewegung sich die östlichen Traditionen zu Eigen machte und öffentlich verbreitete.[190]

◆

Zur Zeit der Wende vom 19. zum 20. Jahrhundert hatte Sigmund Freud bereits seine Theorie postuliert, derzufolge in jedem Individuum eine Schicht des Unbewussten existiert, wo unterdrückte oder vergessene Regungen und Gedanken bewahrt werden. Dieses Unbewusste wirkte sich oft in ungesunder Weise auf das Bewusstsein des Individuums aus, jedoch ohne dass der Mensch sich dessen bewusst wird.

Im veröffentlichten Tagebuch von Mircea Eliade ist folgende Eintragung vom 6. Juni 1964 enthalten, die sich mit Freuds berühmten Werk *Die Traumdeutung* befasst:

Als Freud die Veröffentlichung seiner Traumdeutung vorbereitete, bewegten sich die Theosophen in Begriffen wie »Akasha-Chronik« und »Gedächtnis der Natur«. Diesen zufolge wird nichts von allem, was sich jemals ereignete, von der Natur vergessen. Die Erinnerung an alle Geschehnisse kosmischer, historischer, persönlicher Natur wird von verschiedenen Naturobjekten bewahrt. Einer bestimmten Art von Menschen – die über eine entsprechende psychische Veranlagung verfügen – gelingt es, durch Kontakt mit gewissen greifbaren Gegenständen die dort aufbewahrte latente Geschichte abzulesen.

Interessant ist es festzustellen, dass auch Freud der Meinung ist, dass nichts, was dem Menschen in seiner Jugend geschieht, je verloren geht, das heißt, wirklich vergessen wird. Alles kann – mit Hilfe des Psychoanalytikers – zurückgewonnen werden, nicht durch Berührung »greifbarer Objekte«, sondern durch die Deutung von »Chiffren« ... Die Theorie des Akasha-Weltgedächtnisses, von dem die Theosophen träumten ... korrespondiert in ihrer Struktur mit der Freud'schen Theorie. Freud war fasziniert vom Okkultismus. Könnte es sein, dass er die nach 1895 in Mode gekommenen, zumal 1898 geradezu populär gewordenen theosophischen Studien gelesen hat?[191]

Freuds Biograph Ernest Jones bestätigt in seinem dreibändigen Werk *Sigmund Freud: Leben und Werk* in dem Kapitel »Okkultismus«, dass dieses Thema Freud »schwer zu schaffen gemacht hat und ihn äußerst beunruhigte«.[192]

Interessant ist, dass HPB schon zehn Jahre vor Freud in ihren Schriften von vergessenen oder unterdrückten, im Unbewussten gespeicherten Ideen sprach. In ihrem Artikel »Memory in the Dying«*, 1889 in *Lucifer* erschienen, zitiert sie zustimmend den Autor des Buches *Création,* Edgard Quinet:

»Die Gedanken, die wir hervorbringen, aber zu definieren und formulieren nicht fähig sind, suchen, einmal abgewiesen, Zuflucht in der Wurzel unseres Seins ... « Von unseren dauernden Willensanstrengungen getrieben, »ziehen sie sich zurück, immer weiter, in unser tiefstes Inneres, wo sie bleiben

* Siehe die Broschüre von Jean-Louis Siémons, *A Nineteenth Century Explanatory Scheme for the Interpretation of Near-Death Experience: The Transpersonal Model of Death as Presented in Madame Blavatskys Theosophy,* Paris, Institut National Agronomique, 16 rue Claude Bernard, 75005, Paris, France.

> und uns beherrschen und, von uns selbst unbemerkt, formen«. *Ja, unsichtbar und unserem Zugriff nicht erreichbar, sind sie doch immer aktiv und legen damit das Fundament für unser künftiges Handeln und Denken und erlangen auf diese Weise Herrschaft über uns,* auch wenn wir nicht an sie denken und oft von ihrem Vorhandensein überhaupt nichts wissen. (Hervorhebung von der Autorin).

Um diese unbewussten Gefühle aufzudecken, empfahl Freud den Psychiatern und Psychoanalytikern, ihr Augenmerk auf das Traumleben ihrer Patienten zu richten. So listeten diese Fachärzte über die Jahre bestimmte Traumtypen auf, die auf Unterdrückung sexueller Triebregungen zurückzuführen sind, sowie solche, denen sie andere Deutungen zuschrieben. Auch Traumbücher schreiben oft bestimmten Träumen festgelegte Bedeutungen zu.

Diese Methode wird von HPB nicht empfohlen. In ihrer Studie über Träume, enthalten im Anhang der *Transactions of the Blavatsky Lodge,* antwortet sie auf die Frage »Gibt es Methoden, mit denen Träume gedeutet werden können – wie zum Beispiel die Art von Interpretationen in Traumdeutungsbüchern?« »Nein, es gibt nur die hellseherischen Fähigkeiten und die geistige Intuition des ›Interpreten‹. Alle träumenden Egos unterscheiden sich voneinander, genauso wie unsere Körper.«[193] Die Bezeichnung »hellseherische Fähigkeiten« sollte sicherlich kein Hinweis auf öffentlich praktizierende Hellseher sein, da sie von deren Zuverlässigkeit wenig hielt.

Als Hilfsmittel zur Klassifizierung unserer Träume führt HPB am Ende ihrer Studie die folgende Aufstellung an:

> Man kann Träume in sieben allgemeine Kategorien aufteilen …:
> 1. Prophetische Träume. Sie werden vom höheren Selbst in unser Gedächtnis eingeprägt und sind zumeist einfach und klar: Entweder wird eine Stimme gehört oder ein kommendes Ereignis vorausgesehen.
> 2. Allegorische Träume. Das sind kurze, verschwommene Einblicke des Gehirns in Wirklichkeiten, die zusätzlich durch unsere Phantasie verfälscht werden.
> 3. Träume, die übermittelt werden von Adepten, guten oder schlechten, von Hypnotiseuren oder durch die Gedanken von sehr mächtigen Geisteskräften, die uns ihren Willen aufzwingen wollen.
> 4. Retrospektive Träume. Das sind Träume von Ereignissen, die in früheren Inkarnationen stattfanden.

5. Warnträume, für andere Menschen bestimmt, die selbst keine Einprägungen empfangen können.
6. Konfuse Träume, deren Ursachen bereits erwähnt wurden.
7. Träume, die nichts anderes als reine Einbildung und chaotische Bilderfolgen sind und auf Verdauungsstörungen, mentale Probleme oder ähnliche äußere Ursachen zurückgehen.

Allegorische Träume dürften solche sein, deren Quelle im kollektiven Unbewussten liegt und die eine besondere Bedeutung für das träumende Individuum haben. Die *Geheimlehre* verrät uns: »Da es für jedes Symbol und jede Allegorie sieben Interpretationsschlüssel gibt, werden dort, wo z. B. keine passenden psychologischen oder astronomischen Bedeutungen entschlüsselt werden können, sicherlich korrekte physische oder metaphysische Erläuterungen gefunden.« *(Geheimlehre,* Studienausgabe, S. 243).

DIE AUSGABE VON *McCall's* Märzheft von 1970 war fast gänzlich der »Explosion des Okkulten« gewidmet. Der Leitartikel bezog sich auf HPB als der »Gründer-Mutter des Okkulten in Amerika« und hob ein Feature von Kurt Vonnegut Jr. unter dem Titel »Die mysteriöse Madame Blavatsky« * hervor, dem das Folgende entnommen wurde:

> Viele Amerikaner, finde ich, sind sich irgendwie dunkel bewusst, dass es da irgendwo in unserer P. T. Barnum-Vergangenheit eine Madame Blavatsky gab. Wenn ich diese Landsleute bitte zu raten, wer sie war und was sie tat, antworten sie für gewöhnlich, sie sei ein Scharlatan unter anderen gewesen, die vorgaben, mit den Toten zu sprechen. Das ist eine ignorante und unfaire Reaktion ... Als sie 1873 42-jährig in Amerika ankam, hatte sie einen Kopf voller okkulter Theorien, aber was Kontakte mit Toten betraf, war sie sehr vorsichtig ...
>
> Sie behauptete, dreimal um die Welt gereist zu sein, ehe sie hier ankam. »Diese Dame«, hieß es im New Yorker *Daily Graphic,* »hat ein sehr bewegtes Leben geführt, sie bereiste fast alle Länder des Orients, forschte am Fuß der Pyramiden nach Altertümern und erfuhr die Geheimnisse indischer Tempel...«
>
> Groß war ihre Unerschrockenheit, allein in diese Fernen zu reisen. Sie war hoch begabt, lernte eine Sprache nach der anderen, um sich das Wissen der weisen Männer direkt aneignen zu können. Und sie war großzügig – für sich selbst brauchte sie fast nichts ... Sie hatte eine riesige Angst, dass ungeschulte, unredliche Menschen magische Experimente vornehmen und da-

* Auf der ersten Seite, dem Artikel gegenüber, war in Farbe ein großes Porträt von Blavatsky abgebildet, umgeben von »Symbolen ihrer berühmtesten Jünger ... Thomas Edisons Glühbirne, einer abstrakten Malerei ihres holländischen Anhängers Piet Mondrian, einem Baseball-Spieler für den >Gründer< Abner Doubleday, dem >Blauen Vogel< des Bühnenautors Maurice Maeterlinck, einem Teleskop, das den berühmten französischen Astronomen Nicolas Flammarion repräsentieren sollte. Andere Symbole bekundeten ihr Interesse an den Religionen Indiens sowie ihre russische Herkunft und ihre endlosen Wanderungen um die Welt«.

bei die Hölle entfesseln könnten. Sie machte sich in Amerika Feinde mit der Äußerung, Medien gingen schreckliche Risiken im Umgang mit Kräften ein, von denen sie nichts verstanden.

Vonnegut zitiert dann aus HPBs Artikeln über den Okkultismus:[194]

> Der Beweggrund, und nur der Beweggrund allein entscheidet, ob die Anwendung von Macht zu schwarzer, unheilvoller oder weißer, heilbringender Magie wird. Ist auch nur der leiseste Schatten von Selbstsucht in dem Ausübenden verblieben, so ist es für ihn unmöglich, spirituelle Kräfte zu verwenden. Denn wenn die Absicht nicht gänzlich rein ist, wird das Spirituelle sich ins Psychische verwandeln, auf der Astralebene wirken, und furchtbare Folgen können dadurch hervorgerufen werden. Die Kräfte und Mächte der animalischen Natur können ebenso von dem Selbstsüchtigen und Rachsüchtigen wie von dem Selbstlosen und Versöhnlichen benutzt werden; die Mächte und Kräfte des Geistes neigen sich nur dem, der vollkommen reinen Herzens ist – und das ist GÖTTLICHE MAGIE.[195]

Und so schließt er den langen Artikel:

> Ich habe mich Madame Blavatsky sozusagen von innen genähert, habe ihr und denen, die sie liebten, zugehört. Ebenso hätte ich von der Annahme ausgehen können, dass ihr Leben eine Farce war und hätte dazu ihre zahlreichen Kritiker zitieren können, die in ihr eine plumpe Schwindlerin sahen. Aber zumindest hat Madame Blavatsky die Weisheit des Ostens nach Amerika gebracht, derer es dringend bedurfte, und die es noch immer dringend braucht ... Also sage ich »Frieden und Ehre, wem Ehre gebührt: Madame Blavatsky«. Ich finde es nett und bin amüsiert, dass sie amerikanische Staatsbürgerin war ... Mag sie auch exzentrisch gewesen sein, hatte sie doch auch etwas sehr Sympathisches: alle Menschen galten ihr als Brüder und Schwestern – sie war eine Weltbürgerin. Neben vielen anderen Dingen stammte dieses von ihr:
> »Lass die feurige Sonne nicht eine einzige Schmerzensträne trocknen, bevor Du selbst sie von des Leidenden Auge genommen hast.«
> Respekt.

Vergleichen wir HPBs Auffassungen vom wahren Okkultismus, wie Vonnegut sie aus ihren Schriften zitiert, mit dem, was gewöhnlich für Okkultismus gehalten wird, dann würde sie es sicherlich ablehnen, »Gründer-Mutter des Okkultismus« genannt zu werden. Was die Rolle des Pseudo-Okkultismus in der New-Age-Bewegung betrifft, so verweist deren führender Sprecher David Spangler ihn auf die zweite von vier Ebenen, auf denen man dem New Age begegnen und es erforschen kann.

Spanglers Interessen veranlassten ihn zu naturwissenschaftlichen Studien am College, eher er sich der Beobachtung der New-Age-Bewegung zuwandte. Er wurde einer der Direktoren der berühmten Findhorn Gemeinschaft im Norden Schottlands und leitet jetzt die Lorian Association in den Vereinigten Staaten. Ferner unterrichtet er an verschiedenen Colleges und macht Vortragsreisen durch die Vereinigten Staaten und Kanada. Von den vier Ebenen, auf denen das New Age untersucht werden kann, sagt er in seinem Buch *Die Wiedergeburt des Heiligen:*

> Auf unterster Ebene bewegt sie sich als Oberflächen-Label für gewöhnlich in kommerziellem Rahmen. Blättert man in New-Age-Zeitschriften, die sich landesweiter Verbreitung erfreuen, oder in den vielen kleineren New-Age-orientierten Publikationen, so stellen sich folgende Anwendungsmöglichkeiten dar: Man kann New-Age-Schuhe, New-Age-Kleider, New-Age-Zahnpasta in New-Age-Geschäften kaufen und in New-Age-Restaurants zu sanften New-Age-Klängen speisen.
>
> Die zweite Ebene bezeichne ich als »New Age-Glamour«. In diesem Kontext leben Individuen und Gruppen ihre eigenen Phantasien von Abenteuern und Macht aus, für gewöhnlich in okkulter oder religiös in millenarischer Form. In dieser Kategorie tummeln sich UFO-orientierte Gruppen. Hauptcharakteristikum dieser Ebene ist die Bindung an eine private Welt der Ego-Erfüllung und ein konsequenter (wenn auch nicht immer offensichtlicher) Rückzug aus der Welt. (Auf dieser Ebene) wird das New Age mit seltsamen und exotischen Wesen wie Außerirdischen bevölkert, mit denen Channeling-Experten zu kommunizieren behaupten. Sie ist ein Ort der psychischen Kräfte und okkulten Geheimnisse. In diesem Kontext wird man wahrscheinlich am häufigsten den Worten New Age begegnen, leider …
>
> Auf dritter Ebene zeigt sich das New Age als ein Bild der Transformation. Das entscheidende Charakteristikum ist hier die Idee des Wandels als solcher, was gewöhnlich als paradigmatischer Wertewandel (ein Wandel der

grundlegenden Postulate und Werte einer bestimmten Kultur) bezeichnet wird. Dieses Image des New Age wird in der Öffentlichkeit am populärsten repräsentiert durch Autoren wie Marilyn Ferguson und das Buch *Wendezeit* des Physikers Fritjof Capra. Diese Ebene wird auf vielen internationalen und regionalen Konferenzen von Zukunftsforschern und Sozialtheoretikern diskutiert und von staatlicher Seite in Projekten wie dem für Präsident Jimmy Carter erstellten »Global 2000-Report« erforscht. Freilich wird in diesem Kontext die Idee vom Entstehen einer neuen Kultur gewöhnlich mehr in sozialem, ökonomischem und technologischem Zusammenhang erörtert als in spiritueller Hinsicht ...

Auf der vierten Ebene ist das New Age von Grund auf ein spiritueller Vorgang, die Geburt eines neuen Bewusstseins, einer neuen Lebenserfahrung... Es ist das New Age als Seinszustand, als zwischenmenschliche Beziehungsfunktion, die gegenseitige Stärkung und Bereicherung bedeutet. Mehr noch als spirituelle *Erfahrung,* die eher zur zweiten Ebene gehört, nämlich zum psychischen und spirituellen »New Age Glamour« (d.h. als glanzvolle Modeerscheinung), steht auf dieser Ebene eine spirituelle Aufgabe im Mittelpunkt: der Dienst am anderen.[196]

Spangler zitiert aus Lewis Mumfords Buch *Transformation of Man* (1956): Wir leben am Beginn eines neuen Zeitalters mit einer neuen Weltoffenheit und mit einem Selbst, das imstande ist, eine Rolle in dieser größeren Sphäre zu spielen. Es ist dies ein Zeitalter der Erneuerung, wo sich Arbeit und Muße und Lernen und Liebe vereinen, um eine neue Form für jede Lebensphase sowie eine höhere Zielrichtung für das Leben als Ganzes zu schaffen.[197]

Als Beispiel für die vierte Ebene nennt Spangler die Arbeit metaphysischer und esoterischer Gruppierungen wie die Theosophische Gesellschaft, wo »die Idee eines neuen Zeitalters als spirituelles Phänomen diskutiert und prophezeit wird«.[198] 1977 veranstaltete Spangler zwei Gesprächsrunden über die Theosophie. Die erste fand am 15. Oktober 1977 statt. Ihr ist das folgende Zitat entnommen:

Von der Theosophischen Gesellschaft und der Theosophie hörte ich zum ersten Mal, als ich etwa 15, 16 Jahre alt war. Aber erst mit Anfang 20 begann ich ernsthaft, theosophische Werke zu lesen. Schon vor dieser Zeit war ich zu der Einsicht gekommen, dass wir in einem multidimensionalen

Universum leben ... Als ich begann, Vorlesungen zu halten, brauchte ich ein tieferes, besser strukturiertes Verständnis, um mich orientieren zu können ... Man machte mich auf die Theosophie aufmerksam. Das war im Jahr 1965.

Dann gab Spangler einen Überblick über die Geschichte der westlichen Welt vor der Etablierung der modernen Theosophie. Er begann mit der Periode, in die der Sieg des römischen Christentums über das keltische Christentum fiel und der Vatikan die Oberherrschaft hatte. Es folgte die Revolution naturwissenschaftlich orientierter Menschen, die ihre Forschungen auf den Wahrnehmungsbereich der fünf Sinne beschränkten. Sie ordneten all ihr Wissen in Kästchen, sagte Spangler, und betrachteten allein dieses Wissen als gültig und ließen dabei 90 Prozent des Universums – des unsichtbaren Universums – außer Acht. Dies verursachte eine Spaltung zwischen den Menschen und war ein gefährliches Potential für Tyrannei. Spangler fährt fort:

Und dann kommt etwas Neues daher und rüttelt den Käfig der Wissenschaft kräftig durcheinander, um dadurch neue, unbefangene Ausblicke zu ermöglichen. Aber was konnte groß genug, stark genug und geheimnisvoll genug sein, diesen Wissenschaftskäfig inmitten der festgefügten Mauern des Materialismus im 19. Jahrhundert zu erschüttern? Eine Zigaretten rauchende Frau namens Madame Blavatsky. Diese Person besaß die Fähigkeit, nachzuweisen, dass gewisse Behauptungen, auf die die Wissenschaft sich stützte, eben nicht mehr als Behauptungen waren. Ihr haben wir viel zu verdanken, ob wir Theosophen sind oder nicht ... Man kann sagen, dass sie ein echter Pionier, ein wahrer Kopernikus war...
Und weil die meisten Dinge im Leben nur selten von einem einzelnen Menschen bewegt werden, so fand Madame Blavatsky auch die Unterstützung der Theosophischen Bewegung und der Theosophie. Die Theosophie sollte mithelfen, die Erkenntnis zurückzubringen, dass alles in der Welt, das sinnvoll, aber unseren fünf Sinnen nicht zugänglich oder zumindest nicht offensichtlich ist, in des Wortes wahrster Bedeutung esoterisches Wissen, esoterische Überlieferung, d.h. die wahre Natur der Dinge beinhaltet ...
Die Theosophie ist ein idealer, ein leidenschaftlicher Weg, auf dem besondere Einsichten in das Bewusstsein der Menschen der westlichen Welt überbracht werden. Es heißt, dass die Theosophie Inspiration und Impulse von den Brüdern bzw. Meistern des Mitgefühls und der Weisheit erhält.[199]

In einer anderen Vorlesung hob Spangler zwei Schwierigkeiten hervor, die von Menschen mit metaphysischen Interessen überwunden werden müssen.

Die erste besteht in der Gefahr, sich ein Übermaß an angeblich okkulter Information einzuverleiben, was unausweichlich zu Verwirrung, Orientierungslosigkeit und einem Zustand erregten Verlangens nach mehr und mehr »esoterischen Erfolgen« führt. Die Flut okkulter Literatur, die den Markt überschwemmt, verschärft das Problem. Zweitens sollte der Studierende erkennen, dass all diese Literatur und damit ihre Autoren nicht dasselbe aussagen – insofern können die Schriften nicht in jeder Hinsicht wahr sein. Über Letzteres sagt Spangler:

> Wer sich in die esoterische Bewegung ernsthaft vertieft, wird das angesichts der Tatsache verstehen, dass es unterschiedliche esoterische Traditionen in der Welt gibt. Da ist die Theosophie, da ist die »Arkan-Schule«, die Schriften von Alice Bailey. Es gibt Rudolf Steiner und seine Anthroposophie, es gibt zahlreiche individuelle Übermittlungen, wie z. B. das Seth-Material. Es gibt Dinge wie Findhorn sowie die zahlreichen Arbeiten der parapsychologischen Forschung und das Bio-Feedback. Schön wäre es, wenn sie alle Übereinstimmendes sagen würden, aber sie tun es nicht.
> Dies kann nicht überraschen, wenn man bedenkt, dass die geistigen oder inneren Bereiche mindestens ebenso komplex sind wie die materielle Welt. Es wäre z.B. durchaus möglich, dass jemand zur Erforschung der Erde im Südwesten Amerikas ankäme und seine Beobachtungen dort machte, andere vielleicht im Mittelwesten oder in Afrika oder Asien. Die Forschungsergebnisse wären völlig unterschiedlich. Bei den einen wäre alles heiß und scheinbar leblos, bei anderen eine riesige Stadt, ebenfalls ohne Leben, oder ein riesiger Wald, wo alles Leben Wurzeln schlägt ...
> In meinen Augen wurde die Theosophische Gesellschaft vor hundert Jahren als erkennbares Konzept von den Meistern der Weisheit ins Leben gerufen – zur Schaffung neuer Fähigkeiten und damit einem erweiterten Wahmehmungsvermögen zur besseren Orientierung in einem größeren Universum. Wir wären nicht hilflos, sondern könnten umfassendere Systeme von Synthese und Einfachheit erkennen.
> Die Theosophische Gesellschaft sollte eine Energiequelle sein, durch die wir aus den Bereichen der Trennung hingeführt würden zur Erkenntnis des Wesentlichen, und aus der Erkenntnis des Wesentlichen hin zur Erkenntnis und tätigen Erfahrung vollkommener Ganzheit – jener Ganzheit, die

> auch uns alle vereint. Dies entspricht genau dem ersten Ziel der Gesellschaft, nämlich der Schaffung einer allumfassenden Bruderschaft der Menschen dieser Welt ... Findhorn zum Beispiel ist eine Anwendung und Erweiterung theosophischer Prinzipien. Das wird uns vielleicht klarer, wenn wir kurz überlegen, wer diese Meister des Mitgefühls und der Weisheit sind, und was sie repräsentieren. Wenn ich etwas erzeuge, dann ist das Produkt meiner Schaffenskraft eine Erweiterung meiner selbst. Die Theosophische Gesellschaft wurde von Menschen geschaffen, aber sie war auch eine Schöpfung, eine Erweiterung, war ein In-Erscheinung-Treten jener Domäne des Lebens, welche die Personifizierung bzw. Verkörperlichung des Prinzips Synthese und Ganzheit ist.

Nach einer Beschreibung der wirklichen Natur der Meister und der Theosophischen Gesellschaft als Manifestation ihres Wirkens, erklärt Spangler: »Die Theosophische Gesellschaft ist zweifellos die wahre Begründerin der gesamten New-Age-Bewegung, und als solche spielt sie eine entscheidende Rolle bei der Entfaltung des New Age.«

Findhorn, eine New-Age-Gemeinschaft an der Nordküste Schottlands, die Spangler als Weiterführung theosophischer Ideen sieht, ist auch als »archetypisches New-Age-Zentrum und Lebensgemeinschaft« für Hunderte von kleinen Gemeinschaften bezeichnet worden, die in den vergangenen Jahrzehnten in Nord- und Südamerika, Europa und Teilen des Orients gewachsen sind. Die Verfasserin hielt im Sommer 1978 dort Vorträge. Und es war interessant festzustellen, dass, obwohl diese Gemeinde nicht sektiererisch war, die religiösphilosophischen Grundsätze der meisten ständigen Bewohner Findhorns entweder auf Alice Baileys Arkan-Schule, auf Rudolf Steiners Anthroposophie oder die Theosophische Gesellschaft zurückgehen. Mrs. Bailey war eine Reihe von Jahren in der Theosophischen Gesellschaft in Kalifornien tätig gewesen, während Steiner der deutschen Theosophischen Gesellschaft von 1902 bis 1913 vorgestanden hatte.

Während Mrs. Bailey freimütig anerkannte, was sie HPB und der Theosophie zu verdanken hatte, verhielt Steiner sich anders. In seiner zwei Jahre vor seinem Tod, im Jahr 1925, verfassten Autobiographie beharrt er darauf (wie auch seine Anhänger seit eh und je), dass er vor, während und nach seiner Mitgliedschaft in der Theosophischen Gesellschaft stets seine eigene Lehre verfolgt habe und in keiner Weise von der Theosophie beeinflusst worden sei.[200] Selbst sein ihm recht wohlgesonnener Biograph Colin Wilson, der HPB »eine

Mischung aus Scharlatanerie und literarischem Genie« nennt, stellt fest, dass die Theosophie einen weit größeren Einfluss auf Steiner ausgeübt hat, als dieser zuzugeben bereit war.[201]

Der holländische Gelehrte H. J. Spierenburg hat diesen Einfluss sehr genau recherchiert. Er durchforschte alle bekannten Briefe Steiners und alle 350 Bände seiner *Gesammelten Schriften.* Das Ergebnis dieser Untersuchung wurde als Artikelserie in einer holländischen Zeitschrift veröffentlicht und danach von J. H. Molijn ins Englische übersetzt.[202] Hier eine Auswahl aus vier verschiedenen Bereichen, in der Mehrzahl aus den Vorträgen und Briefen Steiners:

1. Eine Prophezeiung des Nostradamus

In einem Vortrag am 10. Juni 1904 äußerte sich Steiner über die Prophezeiung des Nostradamus, dass »Ende des 19. Jahrhunderts einer der Brüder des Hermes aus Asien kommen wird, um die Menschheit wieder zu vereinen«.

Dazu Steiner: »Die Theosophische Gesellschaft ist die Erfüllung dieser Weissagung des Nostradamus.« HPB hatte im Vorwort zu *Isis entschleiert* geschrieben: »Unser Werk ist eine Aufforderung zur Akzeptanz der Hermetischen Philosophie – in alten Zeiten die universale Weisheitsreligion – als einzig möglichen Schlüssel zum Absoluten in Wissenschaft und Theologie.«[203]

2. Die Geheimlehre

In einem Brief vom 20. August 1902 schreibt Steiner an Maria Sivers, *Die Geheimlehre* sei pünktlich eingetroffen und liege auf seinem Schreibtisch; sie sei ihm sehr nützlich und er zöge sie fortgesetzt zu Rate.[204]

In einem Brief an Gunther Wagner erwähnt er die *Geheimlehre* und zitiert eine der Stanzen des Dzyan im Zusammenhang mit der Aussage, dass unsere planetarische Welt dazu bestimmt sei, sieben Wahrheiten aufzunehmen. Vier habe sie bereits empfangen, da die Menschheit sich zur Zeit im vierten Stadium bzw. in der vierten Runde befinde. Steiner kommentiert: vorläufig könne er sagen, dass die Theosophie, d.h. die im esoterischen Teil der *Geheimlehre* enthaltene Theosophie, Teile der Fünften Wahrheit enthalte.[205]

Noch am 21. Juni 1909 heißt es bei Steiner, die Stanzen des Dzyan und die Mahatma-Briefe seien weitgehend unverstanden und sollten daher intensiv studiert werden, da sie zu der höchsten Weisheit gehören, die der Menschheit im Verlauf der Evolution offenbart wurde.[206]

3. Meister der Weisheit und des Mitgefühls

In einem Schreiben an eine Anna Wagner Steiner (datiert 2. Januar 1905) schrieb Steiner, sie wisse ja, dass hinter der Theosophischen Bewegung hoch entwikkelte Wesen stehen, die er »Meister« oder »Mahatmas« nenne. Diese erhabenen Wesen hätten den Weg bereits zurückgelegt, den die Menschheit als solche noch gehen müsse. Heute seien sie als große »Lehrer der Weisheit und Harmonie« am Werk und zur Zeit auf höheren Ebenen aktiv, zu denen die übrige Menschheit erst im Lauf der kommenden Entwicklungsphasen, den so genannten Runden, fortschreiten werde. Im Bereich des physischen Lebens wirkten sie mit Hilfe von Botschaftern.[207]

Und in einem Brief an Maria von Sivers (vom 9. Januar 1905) heißt es:

> ... lass uns nicht den Mut verlieren: solange wir mit der Großen Loge in Verbindung stehen, kann uns *tatsächlich* kein Übel geschehen, was auch *scheinbar* passieren mag. Allein durch unsere mutige Standfestigkeit können wir uns der Hilfe der erhabenen Meister versichern.[208]

4. H. P. Blavatsky

In einem Vortrag, den er in Berlin am 5. Mai 1909 hielt, äußerte sich Steiner über H. P. Blavatsky wie folgt:

> Aber zum Verständnis der Werke Blavatskys gehört durchaus Urteilskraft, und was das Sonderbare ist, viel mehr Urteilskraft, viel mehr Logik, als Blavatsky selbst besessen hat. Das hat sie gewusst und daher gesagt: Diese Dinge stammen nicht von mir, sondern von hohen Individuen, die hinter der Bewegung stehen, die heute in die Kultur einfließen soll.
>
> Nehmen wir an, sie hat die Wahrheit gesprochen. Nehmen wir an, dass es wirklich jene großen Meister der Weisheit und des Zusammenklanges der Empfindungen gibt, die sie inspiriert haben. Nehmen wir das an, dann ist im Grunde alles ohne Wunder zu erklären. Denn dann stehen große, ge-

> waltige Persönlichkeiten hinter ihr, und sie war das geeignete Werkzeug, um der Welt diese großen Geheimnisse mitzuteilen. Dann könnte höchstens jemand fragen: Ja, warum denn gerade Blavatsky? – Aber wer das sagt, versteht eben die Zeit nicht. Wenn ein anderer dazu getaugt hätte, um einen Kanal zu bilden für die Worte der Meister der Weisheit und des Zusammenklanges der Empfindungen, so hätte man einen anderen genommen ... (Es) war dazu Größe der Seele und ein hingebungsvolles Herz nötig, um das aufzunehmen, was einfließen sollte in die Menschheit. Das hatte sie. Setzt man das voraus, dann ist alles erklärlich.
> Da (ihre Werke) Dinge enthalten, die zu dem Größten in der Menschheit gehören, die man auch bei den größten Gelehrten nicht finden kann, können sie nicht von ihr erfunden worden sein. Das wird die Welt mit jedem Tage mehr einsehen müssen.[209]

Dr. Stephan A. Hoeller ist Professor für vergleichende Religionswissenschaft an der University of Oriental Studies in Los Angeles, Gnostiker und C.-G.-Jung-Spezialist. Er hielt anlässlich einer Veranstaltung zum 100. Todestag Helena Blavatskys am 8. Mai 1991 einen hier gekürzt wiedergegebenen Vortrag, der bezeichnend ist für die Hochachtung, die HPB auch von Akademikern in Amerika entgegengebracht wird:

> Für den Versuch, ein Profil von Madame Blavatsky, dieser erstaunlichen Magierin, zu skizzieren und gewisse Aufschlüsse über den Charakter ihres Werkes zu geben, könnte es nützlich sein, zuerst die historische Position zu definieren, auf die man sie zum besseren Verständnis ihrer Person und ihrer Mission festlegen kann. Obwohl informierte Kreise darin übereinstimmen würden, dass »HPB«, wie sie damals und heute oft genannt wird, über viele einzigartige Eigenschaften verfügte, ist es ebenso wahr, dass ihr Werk einer speziellen und eigentümlichen Überlieferung zuzuordnen ist und in den vergangenen Jahrzehnten zunehmend akzeptiert wurde unter dem Begriff *Alternative Reality Tradition.*
> In unserer westlichen (ursprünglich mediterranen) Kultur gibt es zwei Auffassungen über die Wirklichkeit, in deren Umfeld sich unterschiedliche Überlieferungen ausbildeten. Ein Beispiel für die erste ist das Weltbild des antiken Israel und des homerischen Griechenland. Einer ihrer wichtigsten Vorstellungen zufolge ist der Mensch ein Körper, der mit einem mehr oder weniger erkennbaren Anhängsel, genannt Seele, verbunden ist – oder auch

nicht. Der wichtigste Teil des Menschen, vom Körper abgesehen, ist die *Vernunft* laut dieser Wirklichkeitssicht. Mit Hilfe dieser Vernunft erkennt der Mensch den Willen Gottes oder der Götter und unterwirft sich die Natur nach seinem Willen. Psychologisch betrachtet beruht diese Wirklichkeitsauffassung primär auf dem menschlichen Ego. Vernunft, Wille, Gesetz, die einzigartige Stellung, die Individuen und Nationen im Strom der Geschichte einnehmen, sind die Marksteine dieser Wirklichkeit.

Das zweite Wirklichkeitsverständnis unterscheidet sich grundlegend vom ersten. Es wurzelt weder in der Offenbarung eines monotheistischen Gottes noch in den von Aristoteles postulierten zweifachen Vernunftsmöglichkeiten, der theoretischen und der praktischen Vernunft. Diese zweite Realitätsauffassung geht auf alte Völker wie die Kelten, die Ägypter und Babylonier zurück. Zu den bedeutendsten Repräsentanten dieses anderen Wirklichkeitskonzepts gehörten Platonismus, Neu-Platonismus, der Pythagoräismus, Hermetik und Gnostik der Antike. Darüber hinaus begegnen wir zahlreichen späteren Vertretern der westlichen Spiritualität. Welches sind die wichtigsten Merkmale dieser alternativen Wirklichkeitslehre? Ihr zufolge besitzt der Mensch Körper, Seele und Geist, wobei die zwei Letzteren dem Körper grundsätzlich überlegen sind. Dieser nichtphysische Teil des Menschen ist praktisch zu unendlicher Erweiterung fähig, und diese Vervollkommnung ist auf dem Wege der Initiation zum Bewusstseinswachstum möglich. Der Überlieferung dieser alternativen Realität zufolge soll der Mensch, anstatt sich die Natur mit seinem intellektuellen Willen zu unterwerfen, eine wohlwollende Beziehung zur Natur herstellen. Dies gilt als möglich, weil man bestimmte subtile spirituelle Verbindungen zu erkennen glaubt, durch die die Natur des Menschen und die Natur der Umwelt miteinander verbunden sind. Noch in anderer Hinsicht dürfte es richtig sein zu behaupten: Während der Mensch der erstgenannten Auffassung zufolge sich den Kosmos mit Hilfe seines Verstandes und seines Willens unterwirft, enthält das zweite Realitätsverständnis die Möglichkeit der Überwindung des Kosmos durch den auf dem Initiationsweg zu erweitertem Bewusstsein gekommenen Menschen.

Die alternative Weltsicht der Realität ist *magisch.* Linguistisch hat sich die Magie mit der Idee von Größe verbunden, was Worte wie Magnifizienz, Magnus oder sogar Magnet erkennen lassen, die alle die indogermanische Silbe *mag* enthalten. Die magische Weltsicht nimmt die im tiefsten Innern des menschlichen Wesens verborgene Größe wahr und glaubt, dass der

Mensch durch Manifestation dieser Größe die Grenzen seiner Existenz im Kosmos, ja sogar die Welt als Ganzes, zu überwinden vermag. Der Mensch wird über die Materie, die Natur und die kosmische Ordnung hinauswachsen und zunehmend dem Bereich einer Supernatur, einer Welt transzendentaler Wirklichkeit angehören.

Angesichts einer gewissen zeitgenössischen Naturverehrung, einer Vorliebe für Gaia, die Göttin der Erde, für Schöpfungsspiritualität und dergleichen mehr, ist es wichtig, sich vor Augen zu halten, dass die alternative Wirklichkeit und die ihr entsprechende Überlieferung sich auf das menschliche Potential zur Transzendenz von Erde, Natur und Kosmos gründet und nicht nur auf seine harmonische Anpassung an sie. In diesem alternativen Realitätsverständnis liegt die Betonung übrigens nicht auf Stammes- oder Gruppeninteressen. Es stellt sich nicht der Frage, wie die Menschheit gesellschaftlich möglichst Gewinn bringend zusammenleben könnte, sondern hat primäres Interesse an der Entdeckung jener unnennbaren Größe und ihrer Entfaltung in der menschlichen Seele. So zeigt sich, dass die verschiedenen Erscheinungsformen dieser Tradition zwei Anliegen miteinander verbinden, nämlich universale Brüderlichkeit anstatt völkischer und nationaler Loyalitäten und gleichzeitig die Überzeugung, dass gesellschaftlicher Fortschritt nicht auf kollektivem Wege, sondern durch die innere Transformation der Individuen erreichbar ist, aus denen sich die Gesellschaft zusammensetzt. Werte wie Stamm, Nation, Gesellschaft und sogar Kosmos werden radikal relativiert durch die Entdeckung jener unnennbaren Größe, die dem menschlichen Geist innewohnt.

Kommen wir nun auf Madame Blavatsky zu sprechen, vielleicht die größte unter den Vorkämpfern und Repräsentanten der Tradition einer alternativen Wirklichkeit im 19. und 20. Jahrhundert. *Wer war sie?*

Zunächst einmal war sie eine *Frau*, und das sagt schon viel. Sie überwand die Schranken, die ihrem Geschlecht zu ihrer Zeit auferlegt waren, und wurde eine enorm unabhängige, souveräne und selbstbestimmte Person, die lebenslang von keiner dieser Eigenschaften abließ. Zu ihrer Zeit galt intellektuelle und spirituelle Berufung als unvereinbar mit dem weiblichen Geschlecht, eine Kombination wie Feuer und Wasser – nicht kompatibel. Zusammen mit einer kleinen Handvoll von Frauen des 19. Jahrhunderts, die spirituelle Wegbereiter wurden, bot H. P. Blavatsky diesem mächtigen Vorurteil ihres Jahrhunderts die Stirn.

Zweitens war sie eine Rebellin – gegen die Gesellschaft, die sie vorfand, gegen die Religion, wie sie sie erlebte, gegen Konvention und Heuchelei in all ihren Formen. Ihre Rebellion war freilich niemals vorwiegend politisch oder sozialpolitisch ausgerichtet. Sie hatte sich im romantischen Eifer des *Risorgimento* verfangen und soll sogar in Garibaldis Armee für die Freiheit und Einheit Italiens gekämpft haben. Außerdem gibt es eine Fülle von Beweisen, dass sie sich dem Rassismus, dem Kastengeist und der Unterdrükkung von Frauen aktiv widersetzte, denen sie in Indien begegnete, wo sie lange Jahre lebte.

Drittens, sie war *keine akademisch gebildete Gelehrte,* wohl aber inspiriert, mit enormem Wissen. Sie war eine begabte Schriftstellerin, deren Bücher, Essays, poetische Werke und Kurzgeschichten in mehreren Sprachen verfasst und veröffentlicht wurden. Sie war eine brillante Gesprächspartnerin, Vortragende und spontane Rednerin. Eine vielseitige, faszinierende Frau, wenn nötig gesellschaftlich elegant, aber unprätentiös, eine unterhaltsame Gastgeberin, die malte, Klavier spielte und den Künsten zugetan war. Wie die meisten Frauen ihrer Zeit hatte sie keine Hochschulbildung, bewies aber ein erstaunliches Wissen in den verschiedensten Disziplinen und konnte sich ohne weiteres gegenüber akademisch ausgebildeten Gelehrten behaupten. Viele ihrer Zeitgenossen, auch spätere Generationen, wären glücklich gewesen, hätten sie nur einen Bruchteil ihrer Gelehrsamkeit und Intuition besessen.

Viertens – sie war *Russin.* Obwohl sie einen großen Teil ihres Erwachsenenlebens fern von Russland verbrachte und obwohl sie stolz auf ihren Status als naturalisierte amerikanische Staatsbürgerin war, war sie doch stets eine treue Tochter von Väterchen Russland geblieben. Manche meinen, ihr Leben und Charakter glichen dem Archetyp des wandernden russischen Heiligen, des so genannten *Staretz* (»der Alte«), einem nicht-klerikalen Asketen oder Pilger, der durchs Land ziehend seine Mitmenschen zur Spiritualität ermahnt – mitunter auf recht unorthodoxe Weise.

Ihre Tragödie bestand darin, dass sie unter Menschen lebte, die nicht begriffen, wer sie war. Sie wollten eine *Lehrerin* – nett, adrett, wohlerzogen und moralisch – im Sinne ihrer eigenen verbogenen Moralvorstellungen. Eine Schullehrerin wollten sie, die ihnen Weisheit beibringen sollte, besonders aber okkulte Wege zur Erlangung von Macht. Sie wollten jemanden, der so war wie sie selbst waren, nur mit mehr *Wissen.* Aber sie gehörte einer anderen Gattung an. Nicht nur ihr Wissen war von einer anderen Art, sie *selbst* war es auch. Sie war eine Fremde in einem fremden Land – nicht nur als russische Bohèmienne mit aristokratischer Herkunft und unkonventionellen Ansichten in einer steifen, hoffnungslos verklemmten und gehemmten viktorianischen Bourgeoisie, wo niemand den Unterschied zwischen Schein und Substanz kannte. Trotzdem, trotz all dieser Hindernisse gelang es ihr immer wieder, die Herzen vieler Menschen zu entflammen. Flammen, die nie wieder verlöschten. Selbst wenn sie sich gegen sie wandten, sie eine Schwindlerin, Betrügerin und unmoralisch nannten und sie als Plagiatorin beschimpften, wussten sie insgeheim genau, dass sie es war, die ihnen Leben, Energie, Inspiration, Kreativität und Sinn gegeben hatte. Selbst ihre Feinde bezeugten ungewollt ihre Größe und Macht.

Nicht alle hatten sich gegen sie gewandt. Manche spürten oder wussten, wer oder was sie war. Wenige, wenn überhaupt, verstanden sie, suchten sie aber auf, waren von ihrem Charisma gefesselt und trugen Kunde davon in die Welt hinaus. So Henry Olcott, Bürgerkriegs-Colonel, im Zivilleben Rechtsanwalt. Auch er verstand sie nicht, wurde aber Präsident der Theosophischen Gesellschaft und reiste und arbeitete unermüdlich für HPB.

Und es gab noch andere: Den irisch-amerikanischen Rechtsanwalt Judge. Ihm war bewusst, dass er dem größten Ereignis seines Lebens begegnet war, von dem er nie lassen würde. Auch Annie Besant, Rebellin und Sozialrevolutionärin, Feministin und Mitglied der sozialistischen Fabian Society und begnadetste Rednerin ihrer Zeit: Nur einen Blick warf sie auf die alternde, leidende Helena Blavatsky in ihrem Londoner Zimmer und gab auf der Stelle ihre Überzeugungen, Freunde, politischen Aktionen und Engagements auf, um sich der alten Löwin aus Russland zu Füßen zu werfen.

G. R. S. Mead: Gelehrter, Übersetzer gnostischer Texte, unübertroffene Autorität seiner Zeit auf dem Gebiet des Gnostizismus und der Hermetik, der ihr bis zu ihrem Tode diente und im Mai 1891 in England die letzte offizielle Rede über ihrer Asche hielt. Und all die anderen:

Hunderte, Tausende: Dichter, Künstler, Gelehrte, Journalisten, Geistliche, Politiker, Staatsmänner und das einfache Volk aller Lebensbereiche – sie alle kamen; und viele von ihnen führten nach ihrem Tode weiter, was sie begonnen hatte. Blavatskys Einfluss war sowohl zu ihren Lebzeiten als auch nach ihrem Tod weit größer, als selbst ihre glühendsten Bewunderer vermutet hatten ... Um die Heiligen Kühe und Konventionen Europas, Amerikas oder Indiens scherte sie sich keinen Pfifferling – aber sie war eine Persönlichkeit, sie blieb sich selbst treu. Sie folgte ihrem Stern, lebte für ihre Vision, starb für ihren Auftrag. Sie war die Großmutter des Neuen Denkens und die Urgroßmutter des New Age ... Hindus und die Buddhisten Ceylons und Indiens verehrten sie, denn sie hatte ihnen ihre Selbstachtung wiedergegeben, die ihnen koloniale Arroganz genommen hatte. Unter den Spiritisten war sie unbeliebt, hatte sie sie doch daran erinnert, dass sie selber »Geist« besaßen und es daher nicht nötig hatten, mit vermeintlichen Geistern von Verstorbenen Umgang zu pflegen. Wäre sie heute noch am Leben, würde sie die Medien unserer Tage, die so genannten Channelers, als »Flapdoodles« bezeichnen – ihr Lieblingsausdruck für Dummköpfe.

Unsere Diskussion galt in erster Linie der Frage nach ihrem Sein. Und zwar deshalb, weil das, was sie getan und vollbracht hat, ein natürliches Resultat ihrer Persönlichkeit war. Die Vielzahl ihrer Werke, darunter *Die Geheimlehre;* die theosophische Bewegung, die sie 1875 mit gegründet hat, und die noch heute aktiv ist; ihre Inspiration unzähliger Anhänger ebenso wie scharfsinniger Geister; all das war so, ist so und bleibt so – dank ihrer Persönlichkeit. Wer war sie? Wir wissen es nicht, werden es vermutlich nie wissen. Das Geheimnis bleibt ungelöst.

Der folgende Abschnitt bringt ein weiteres Beispiel der Zeitlosigkeit ihrer Schriften.

DIE TRADITIONSREICHE amerikanische Illustrierte *Life* brachte im März 1992 als Titelgeschichte eine Reportage über Nah-Todeserfahrungen: »Am Rande der Ewigkeit«, mit dem Untertitel »Wissenschaftliche Forschungen über die Bedeutung von Nah-Todeserfahrungen können zu einem besseren Verständnis über den Sinn des Lebens führen«. *Life* schreibt:

> Schon immer gab es in der Geschichte Menschen, die von der Grenze des Todes ins Leben zurückkehrten mit Visionen, die eine frappierende Ähnlichkeit aufweisen. Aber erst seit 1975 sind Nah-Todeserfahrungen zum Massenphänomen geworden, zum Gegenstand wissenschaftlicher Forschung und öffentlich ausgetragener Kontroversen. Ende 1975 veröffentlichte der Psychiater Raymond Moody sein Buch *Leben nach dem Tod.* Es war das erste kommerziell verlegte Buch, das eine Zusammenstellung von typischen Nah-Todeserfahrungen enthielt. Seither wurden über 7 Millionen Exemplare (in Deutschland ca. eine halbe Million) verkauft. Es rief praktisch eine eigene Industriebranche ins Leben. Mittlerweile hat die zunehmend offen geführte Diskussion über diese Visionen die Einstellung der Öffentlichkeit zum Sterben verändert.
> Wo einst nur wenige Spezialisten recherchierten, sind es nun weltweit Dutzende: Ärzte, Psychologen, Soziologen, Anthropologen, Biologen, Philosophen, Theologen, Parapsychologen, Medien, Schamanen, Yogis, Lamas und nicht wenige Journalisten. Es gibt die Fachzeitschrift *Journal of Near-Death Studies* und die Internationale Gesellschaft für Nah-Todesforschung. 1975 hatte Moody nicht mehr als etwa 50 Personen mit Nah-Todeserfahrungen befragen können, heute schätzt man aufgrund von Umfragen, dass über acht Millionen Amerikaner Nah-Todeserfahrungen hatten. Mittlerweile hat man weit über tausend Nah-Todesberichte zusammengetragen, sortiert und statistisch verarbeitet.

Life erwähnt zwei besonders faszinierende Fälle:

Im Alter von 22 Jahren brach Kimberley Clark Sharp vor der örtlichen Kfz-Zulassungsstelle in Kansas zusammen und lag, dem Tod nahe, auf dem Bürgersteig. »Ich war umgeben von einem dichten, warmen, nebligen, grauen Material. In diesem Nebel konnte ich einzelne Tröpfchen von durchdringender Helligkeit und abgrundtiefer Finsternis sehen. Plötzlich geschah unter mir eine Explosion, und bis an die äußersten Grenzen meiner Sichtweite sah ich helles Licht. Es war absolut lebendig, in einem weit intensiveren Maße, als wir Lebendigsein empfinden. Und es war strahlend hell, heller als unsere Sonne. Dennoch tat es meinen Augen nicht weh. Es erfüllte alles ringsum, und ich befand mich im Mittelpunkt. Dieses Licht war Liebe, es war da nichts anderes als Liebe von äußerster Intensität. Mir wurden Informationen übermittelt auf einem Kommunikationsweg zwischen dem Licht und mir, und ich verstand alles, was mir gesagt wurde: Was das Leben bedeutet, warum wir geboren werden, Dinge von universaler Bedeutung – tief gehend und doch einfach zu verstehen, wie etwas, das ich schon einmal wusste, dann aber vergessen habe. Es war der Himmel, mehr als Ekstase – eine Wiedervereinigung höchsten Grades.«

Der zweite Bericht:

»Ich war todkrank, von Fieber geschüttelt, als ich im Krankenhaus eintraf. Meine Temperatur war auf über 40° gestiegen, und ich hatte Herzarhythmie und wahnsinnige Schmerzen. Meine Gebärmutterwand riss auseinander. Ich erlitt bei Einsetzen der Geburt einen septischen Schock. Die Wehen begannen. Während ich das Bewusstsein verlor, hörte ich noch eine Stimme rufen: ›Ich krieg ihren Blutdruck nicht!‹

Und dann, im winzigsten Bruchteil einer Sekunde, befand ich mich außerhalb meines Körpers und war frei von Schmerzen. Ich hing oben an der Decke in einer Zimmerecke, blickte herab, sah Ärzte und Schwestern hin- und hereilen in ihrem Bemühen, mein Leben zu retten ... Ich befand mich in einer Art Tunnel, wie von Wolken umschlossen, in einem grau schimmernden Licht, durch das ich zum Teil hindurchsehen konnte. Ich fühlte, dass Wind meine Ohren streifte, aber ich hatte keine Ohren. Ich war da, mein Körper aber nicht.

Ich begann ein unglaubliches, warmes, goldenes Gefühl der Liebe zu spüren, und zugleich war dieses Gefühl ein wunderbares, warmes, goldenes Licht. Ich befand mich in diesem Licht, war ein Teil davon. Da war eine Erscheinung in diesem Licht, eine Weisheit, und diese Weisheit war das endgültige Wort. Die Weisheit liebte mich und zugleich wusste sie alles über mich. Alles, was ich je getan und je empfunden hatte, war da, ich konnte es sehen. Ich wollte weitergehen in diesem Licht und für immer dort bleiben, aber mir wurde gezeigt, dass ich zurück musste, um für meine beiden Kinder zu sorgen.

Im selben Bruchteil einer Sekunde befand ich mich wieder in meinem Körper, litt wieder an diesen entsetzlichen Schmerzen. Mein Sohn wurde entbunden, und ich hörte wie alle schrien: >Sie ist wieder da!< Ich war außer mir und zornig, dem herrlichsten Frieden des Universums entrissen zu werden. Dann sagte man mir, dass mein Sohn tot zur Welt gekommen war.

Ich habe dieses Erlebnis für mich behalten, im Geist aber erlebe ich es jede Nacht neu, und das hat mich drei Dinge gelehrt: Sterben tut nicht weh. Ich werde nie wieder Angst vor dem Sterben haben. Zweitens: Ich weiß, wie wichtig es ist, sich selbst treu zu bleiben wie auch den anderen gegenüber, weil ich für mein Leben zur Rechenschaft gezogen werde, wenn es vorüber ist ... Und drittens: Ich weiß nun, dass der Tod kein Auslöschen ist. Ich weiß, dass ich mehr bin als mein Körper. Es gibt eine Seele, und die bin ich. Ich weiß, dass ich, meine Seele, immer existiere. Ich weiß absolut sicher, dass es ein Leben nach dem Tod gibt.«

Unter dem zur Zeit vorhandenen Forschungsmaterial über Nah-Todeserfahrungen befindet sich auch eine Studie über HPBs Sicht dieser Dinge unter dem Doppeltitel »Ein Entwurf aus dem 19. Jahrhundert zur Deutung von Nah-Todeserfahrungen: Das überpersönliche Modell des Todes, dargestellt in Madame Blavatskys Theosophie«. Der Verfasser, Jean-Louis Siémons, ist Mitglied der Internationalen Gesellschaft für Nah-Todesforschung (IANDS) und Professor der Biophysik am Institut National Agronomique in Paris. In seinem Aufsatz stellt Siémons die Frage: Was wusste die Wissenschaft im 19. Jahrhundert von Nah-Todeserfahrungen? und antwortet selbst: «Nur sehr wenig, abgesehen von ein paar Berichten von Menschen, die vor dem Ertrinken (und bei anderen Unfällen) gerettet wurden und die Madame Blavatsky in ihrem ersten Buch von 1877 aufführt. Ebenso war das Phänomen der Panoramasicht des Lebensablaufs unter bestimmten pathologischen Bedingungen (epileptische Aura) bekannt.«[210]

Dr. Siémons führt als Quelle HPBs Aufsatz im *Lucifer* vom Oktober 1889, »Memory in the Dying«, an, aus dem er zitiert:

In einem sehr alten Brief eines MEISTERS an ein Mitglied der Theosophischen Gesellschaft begegnet uns die interessante Schilderung der geistigen Verfassung eines Sterbenden:

»Im letzten Augenblick spiegelt sich das ganze Leben in der Erinnerung wider, aus allen vergessenen Winkeln und Ecken taucht, Bild für Bild, ein Geschehen nach dem anderen aus unserem Leben wieder auf. Das sterbende Gehirn entledigt sich der Erinnerung mit einem souveränen Impuls, und das Gedächtnis ruft getreulich jeden Eindruck wieder zurück, der ihm zur Zeit der Gehirntätigkeit eingeprägt wurde ... Kein Mensch stirbt geistesgestört oder bewusstlos, wie manche Physiologen behaupten. Selbst als Verrückter, oder in einem Anfall von *Delirium tremens,* wird der Sterbende den Augenblick seines Todes in einem Moment vollkommener Klarheit erfahren, auch wenn er nicht imstande ist, es den Anwesenden mitzuteilen. Oft ist der Mensch nur scheintot. Doch von seinem letzten Pulsschlag und zwischen dem letzten Schlag seines Herzens und dem Augenblick, da der letzte Funke von animalischer Wärme dem Körper entweicht, *denkt das Gehirn,* und das Ich erlebt in diesen wenigen kurzen Sekunden sein ganzes Leben noch einmal.«

Dieser Behauptung haben sich materialistische Wissenschaftler mehr als einmal widersetzt: Biologische und psychologische Erkenntnisse, behauptete man, widersprächen solchen Vorstellungen, und während Letztere keine gut untermauerten Daten bieten konnten, um diese *Hypothese* zu stützen, taten Erstere sie als reinen »Aberglauben« ab. (Mittlerweile macht selbst die Biologie Fortschritte, und so hören wir von ihren neuesten Errungenschaften: Vor nicht allzu langer Zeit ließ Dr. Ferré der Biologischen Gesellschaft in Paris einen sehr seltsamen Kommentar über den Geisteszustand Sterbender zukommen, *der die obigen Zeilen in wunderbarer Weise bestätigte.)* Gerade auf dieses spezielle Phänomen des plötzlichen Wiederauftauchens von Lebenserinnerungen, Bild für Bild, auf den leeren Wänden des Gedächtnisses, aus all seinen lange vernachlässigten und vergessenen Winkeln und Ecken, lenkt Dr. Ferré die besondere Aufmerksamkeit der Biologen.*

* Vgl. Hughlings Jackson, »On a particular variety of epilepsy« *(Brain,* Teil XLII, S. 179) zitiert von Dr. Ch. Ferré in einem Artikel vom 16. Febr. 1889: »Note pour servir à l'histoire de l'état mental des mourants« (Mémoires de la Société de Biologie de Paris, tome I, 9e série 1889).

Im *Schlüssel zur Theosophie* schreibt HPB:

> In dem feierlichen Augenblick des Todes sieht jeder Mensch, auch wenn der Tod plötzlich kommt, sein ganzes vergangenes Leben in den kleinsten Einzelheiten vor sich ausgebreitet ... Aber dieser Augenblick genügt, um ihm die ganze Kette der Ursachen zu zeigen, die während seines Lebens wirksam waren. Er sieht und versteht sich selbst nun wie er ist, nicht beschönigt durch Schmeichelei und Selbsttäuschung. Er liest in seinem Leben und gleicht dabei einem Zuschauer, der in die Arena hinabblickt, die er soeben verlässt; er erkennt die Gerechtigkeit allen Leidens, das ihm zuteil wurde.[211]

Dies beweist überzeugend, dass HPB über intime Kenntnisse der Einzelheiten von Nah-Todeserfahrungen verfügte, wie sie allgemein erst im 20. Jahrhundert bekannt wurden. Dr. Siémons verglich ihre Feststellungen mit modernen Fallbeispielen:

HPB: »*Er liest in seinem Leben* und gleicht dabei *einem Zuschauer* ... «[212] »Ich beobachtete dies alles mit einer gewissen Gelassenheit. Ich hatte das Gefühl, als blickte ich von draußen auf eine Wiederholung [sic] meines Lebens, die sich vor mir abspielte.«

».... ich sah mein ganzes Leben in vielen Bildern wie auf einer Bühne in einiger Entfernung von mir ablaufen.«[213] HPB: »... gleich einem *Zuschauer, der in die Arena hinabblickt, die er soeben verlässt.*«

»Ich spielte mein Leben, als wäre ich ein Schauspieler auf einer Bühne, auf die ich vom allerobersten Rang im Theater hinabblickte; Held und Zuschauer zugleich, war ich gleichsam verdoppelt.«[214]

HPB: *»Er sieht und versteht sich selbst nun wie er ist, nicht beschönigt durch Schmeichelei und Selbsttäuschung.«*

»Also, ich sah ein paar gute Dinge, die ich getan, und etliche Fehler, die ich begangen hatte, die ich nun zu verstehen suchte.«[215]

»Manche Menschen sehen hierin eine erzieherische Maßnahme des Lichtwesens.«[216]

»Das Wesen stellte mir ungefähr folgende Frage: ›Was hast du mit deinem Leben angefangen, das du mir vorzeigen könntest?‹ Was als Gegenleistung erwartet wurde ... war eine Selbstprüfung, das ganze Leben sollte in Frage gestellt werden.«[217]

HPB: *»Aber dieser Augenblick genügt, um ihm die ganze Kette der Ursachen zu zeigen, die während seines Lebens wirksam waren. «*

»Es war wie: >Okay, hier siehst du, warum du den Unfall hattest. Hier siehst du, wie es passierte. Aus diesem und jenem Grund ... alles hatte mit Sicherheit seinen Sinn.«[218]

◆

Das große Problem der Nah-Todesforschung besteht in der Identifizierung des »Lichtwesens«. In der Theosophie sieht man in diesem Wesen das eigene Höhere Selbst. HPB zufolge ist dieses praktisch allwissend. Siémons bemerkt dazu:

> In ihren Bemühungen, dieses Lichtwesen zu beschreiben, bedienen sich die Sterbenden der verschiedensten Etikettierungen, bezeichnen es als Gott, Christus, Engel, Führer ... Angesichts ihrer völligen Unkenntnis der (spirituellen) Psychologie können sie offensichtlich kaum bessere Termini finden, um auf verständliche Weise diese unerwartete Begegnung mit ihrem eigenen individuellen Ego-Selbst zu beschreiben, das »alles über sie zu wissen« schien; das ihnen »vollkommene Liebe und tiefstes Verständnis entgegenbrachte« und mit ihnen eine Art intimen »persönlichen« Austausch pflegte. *Und das aus sehr guten Gründen* – im Licht der Theosophie –, wenn wir bedenken, dass dieses Ego seiner irdischen Persönlichkeit nicht fremd ist, sondern an dessen Geschick »interessiert« bleibt: Von der Geburt bis zu seinem Tod sinnt diese überpersönliche Individualität über ... ihren irdischen Stellvertreter (oder ihre Ausstrahlung) nach, registriert sein Verhalten und inspiriert ihn mit eigenem Wissen und eigener Energie mit Hilfe der ungesprochenen Sprache der Intuition, der Träume usw.

Diese theosophische Interpretation findet Bestätigung durch Kenneth Ring, Psychologieprofessor an der Universität von Connecticut (Storrs):[219]

> Moody spricht von einem »Lichtwesen«, und obwohl keiner der von uns Befragten diesen Ausdruck benutzte, schienen einige sich einer »Anwesenheit« (oder einer »Stimme«) in Verbindung mit dem Licht bewusst zu sein ... Hier müssen wir, meine ich, einen spekulativen Sprung tun. Ich unterstelle, dieses Wesen oder diese Stimme ist der Sterbende selbst! Es handelt sich nicht um eine Projektion der eigenen Persönlichkeit, sondern um *das*

> *absolute Selbst,* das in manchen Überlieferungen als *höheres Selbst* bezeichnet wird. Aus dieser Sicht ist die individuelle Persönlichkeit nur ein Splitter des ganzen Selbst, mit dem sie sich zum Zeitpunkt des Todes wieder vereint. Während des täglichen Lebens funktioniert diese individuelle Persönlichkeit scheinbar autonom, als wäre sie eine Einheit für sich. Tatsächlich jedoch ist sie unsichtbar an die größere Struktur des Selbst gebunden, von dem sie ein Teil ist.[220]

Dr. Ring fügt hinzu: »Was hat dies nun mit dem Licht zu tun? Die Antwort lautet – oder so würde ich antworten –, dass dieses höhere Selbst so Ehrfurcht gebietend, so überwältigend, so liebevoll ist, so bedingungslos alles akzeptiert (gleich einer alles verzeihenden Mutter) und dem eigenen individualisierten Bewusstsein so fremd ist, dass man es als *gesondert* von sich selbst auffasst, es als etwas unmissverständlich *anderes* versteht. Dieses manifestiert sich als ein strahlendes, goldenes Licht, doch in Wirklichkeit sieht man sich selbst – in einer höheren Form.«[221]

In HPBs Übersetzung der *Stimme der Stille* finden sich diese treffenden Verse:

> Alles ist unbeständig im Menschen außer dem reinen, hellen Wesen Alayas. Der Mensch ist sein kristallener Strahl, *ein Strahl makellosen Lichts* im Inneren, eine tönerne, stoffliche Form im niederen Äußeren.
> Dieser Strahl ist dein Lebensführer und dein wahres Selbst, der Wächter und stille Denker.[222]

Ärzte unterscheiden zwei Arten von Tod: den klinischen Tod, wenn alle Lebenszeichen schwinden, und den irreversiblen biologischen Tod, wenn die Organe aufgehört haben zu funktionieren. Wiederbelebung ist dann nicht mehr möglich.

Von einem okkulten Gesichtspunkt aus gibt es indes noch andere Kriterien zur Bestimmung des endgültigen Todes, und das scheint der nächste Fall, den wir erörtern, zu beweisen. Was sind das für Kriterien? Helena Blavatsky schrieb *(Isis entschleiert,* Bd. I, S. 481): »Eine Wiederbelebung in einem Falle, wo Seele und Geist sich ganz von dem Körper getrennt haben und der feine elektrische Lebensfaden zerschnitten ist, ist genau so unmöglich wie es für einen einmal entkörperten Geist unmöglich ist, sich wieder auf dieser Erde zu inkarnieren.« In der *Geheimlehre* (Bd. II, S. 606) ergänzte sie dies: Eine Person »kann wiederbelebt werden, solange der astrale ›Lebenskörper‹ noch nicht unwiderruflich vom physischen Körper durch die Abtrennung der magnetischen oder odischen Schnur gelöst ist«. Interessant ist in diesem Zusammenhang der Hinweis im Alten Testament (Prediger 12,6), dass beim Tod die »Silberschnur zerreißt«.

Es gibt Berichte von Totenbett-Visionen von Zuschauenden, die sagen, sie hätten die Lösung oder Abtrennung der »magnetischen« Silberschnur gesehen. Dr. Kenneth Ring erwähnt mehrere solche Fälle und bezieht sich auf folgende bemerkenswerte Schilderung des Arztes Dr. R. B. Hout, der beim Tod seiner Tante zugegen war. Dabei sah er nicht nur die Silberschnur, sondern auch, was Blavatsky als Durchtrennung des »letzten elektrischen Fadens« bezeichnete, mit an. Zuerst, so der Doktor,

> wurde ich aufmerksam auf etwas unmittelbar über dem physischen Körper, das etwa 60 cm hoch über dem Krankenbett schwebte. Zunächst sah ich nur in vagen Umrissen eine verschwommene, nebelartige und bewegungslose Substanz. Doch als ich länger hinsah, konnte ich eine allmählich dichter, fester werdende Kondensation dieses seltsamen Nebelgebildes erkennen.
>
> Dann bildeten sich zu meinem großen Erstaunen feste Umrisse, und die nebelartige Substanz nahm langsam menschliche Gestalt an.
>
> Bald ähnelte der Körper dem physischen Körper meiner Tante; der Astralkörper schwebte horizontal über seinem physischen Gegenstück. Der Geistkörper schien mir nunmehr komplett zu sein. Deutlich konnte ich ihre Gesichtszüge erkennen. Sie ähnelten weitgehend dem körperlichen Gesicht, aber mit dem Unterschied, dass jetzt ein Ausdruck von Frieden und lebendiger Kraft erstrahlte, wo vorher nur Alter und Schmerz waren. Die Augen waren geschlossen wie in tiefem Schlaf, und vom Geistkörper schien ein intensives Leuchten auszugehen.
>
> Beim Betrachten des Geistkörpers fiel mein Blick auf eine silbrige Substanz, die vom Kopf des physischen Körpers zum Kopf des Geistkörpers strömte. Dann erkannte ich die Verbindungsschnur zwischen den beiden Körpern. Dabei ging mir der Gedanke »Die Silberschnur« nicht aus dem Kopf. Jetzt wusste ich zum ersten Mal, was damit gemeint war. Diese »Silberschnur« stellte die Verbindung zwischen dem physischen und dem Geistkörper her, so wie die Nabelschnur Mutter und Kind verbindet.
>
> Die Schnur schien unmittelbar mit dem Hinterhauptbein an der Schädelbasis verbunden zu sein, und genau an diesem Berührungspunkt mit dem

physischen Körper teilte die Schnur sich fächerartig, wobei jede so geformte Faser separat mit der Schädelbasis verbunden war. Im Gegensatz zu diesen Verbindungsfasern oder -elementen war die Schnur rund, mit einem Durchmesser von 2-3 cm. Ihre Farbe war ein durchsichtig leuchtender Silberschein.
Die Schnur schien voller Leben zu sein, voll vibrierender Energie. Ich konnte das Fließen des pulsierenden Lichtstroms in der Schnur vom physischen Körper hin zum Geistkörper verfolgen. Mit jedem »Pulsschlag« nahm der unstoffliche Körper an Leben und Dichte zu, während der physische Körper ruhiger und immer lebloser wirkte. Inzwischen war die Gestalt des Geistkörpers ganz deutlich geworden. Alles Leben war in den Astralkörper übergegangen; das Pulsieren der Schnur hatte aufgehört.
Ich beobachtete die fächerartig verteilten Verbindungselemente der Schnur an der Schädelbasis. Jedes einzelne Element riss; die endgültige Trennung stand unmittelbar bevor. Es vollzog sich ein Zwillingsvorgang von Tod und Geburt.
Das letzte Verbindungselement der Silberschnur löste sich, und der Geistkörper war frei.

Dann kam der dramatische Augenblick, als der leuchtende Körper sich aus seiner Ruhestellung erhob. »Die geschlossenen Augen öffneten sich und ein Lächeln breitete sich über die strahlenden Züge. Sie lächelten mir ein Lebewohl zu, dann verschwand diese Frau aus meinem Blickfeld.«

Wenn wir diese wirklich Ehrfurcht gebietende Größe des menschlichen Sterbevorgangs als wahr akzeptieren würden, könnten wir dann nicht das Sterben mit ganz anderen Augen sehen? Würden wir nicht ganz anders darauf reagieren? Sicherlich wäre uns bald bewusst, dass emotionale Äußerungen unseres Schmerzes und unserer Trauer den Weggang einer geliebten Person nur stören können.

Der hohe Wert und das transzendentale Wesen des Todes spielen eine wichtige Rolle im Denken einer der Figuren in Isaac Bashevis Singers Roman *Shosha*. Er beschreibt die mystische Erfahrung eines allumfassenden Einsseins, die vor Jahren sein ganzes Sein durchdrang: »Ich war in die Ewigkeit eingegangen. Manchmal glaube ich, es war wie der Übergang vom Leben in den Zustand, den wir Tod nennen. Vielleicht erfahren wir diesen Zustand im letzten Moment oder gleich danach. Ich sage das, weil die Toten, die ich in meinem Leben gesehen habe, wie viele es auch waren, alle denselben Gesichtsausdruck hatten:

»Aha, so ist das also! Hätte ich das gewusst! Welch ein Jammer, dass ich es den anderen nicht erzählen kann.«[223]

◆

Das IANDS-Archiv enthält folgenden Bericht von Kenneth Ring:

> Wir haben über hundert Briefe von Leuten, die uns geschrieben haben: »Also, ich war noch nie in einer Situation, die mich an den Rand des Todes gebracht hätte, aber ich scheine trotzdem erlebt zu haben, was Sie eine Nah-Todeserfahrung nennen ... « Und dann schildern sie, was ihnen »zugestoßen« ist – bei der Meditation, der Entbindung, in einer persönlichen Krise, während eines Gottesdienstes oder auch ganz spontan –, und erwähnen dabei die gleichen Phänomene, die für eine Nah-Todeserfahrung typisch sind.
>
> Wer sich ein bisschen auskennt in der Literatur über mystische und religiöse Erfahrungen, dem werden bereits die deutlichen Parallelen zwischen Erfahrungen dieser Art und Nah-Todeserfahrungen aufgefallen sein, und zwar sowohl im Hinblick auf die Phänomenologie als auch hinsichtlich der transformativen Wirkungen. Eine Studie, die Pamela Rivard von der University of Connecticut durchgeführt hat und in deren Rahmen sie Menschen mit einem religiösen »Erweckungserlebnis« befragt hat, bestätigte die angesichts dieser Tatsache sich aufdrängende These: *Was während einer Nah-Todeserfahrung geschieht, hat im Prinzip nichts mit dem Tod oder mit dem Übergang in den Tod zu tun.* Meiner Meinung nach kann das gar nicht deutlich genug gemacht werden, denn sonst sehen wir das Phänomen der Nah-Todeserfahrung in einem völlig falschen Licht.
>
> Was mit einem Menschen während eines Nah-Todeserlebnisses passiert, hat mit dem anscheinend unmittelbar bevorstehenden Tod *nichts* zu tun, er ist nur der notwendige Auslöser für diese Erfahrung. Weil diese Tatsache von vielen Forschern einfach ignoriert wird, beschäftigen sich die gegenwärtigen Untersuchungen, fasziniert vom Drama des Todes, hauptsächlich mit der Nah-Todeserfahrung als einem Beispiel transzendentaler Erfahrung. Dabei müsste sie viel eher als eine von vielen verschiedenen mystischen Erfahrungen betrachtet werden, die es schon immer gegeben hat, und nicht als eine neue Entdeckung jener Wissenschaftler, die sich mit der Phänomenologie des Sterbens befassen.

Um diesen Anspruch auf Allgemeingültigkeit der Nah-Todeserfahrung (wie wir sie weiter nennen wollen) zu stützen, möchte ich in diesem Zusammenhang den Psychiater Stanley Dean zitieren und seine Theorie des »Ultrabewusstseins« aufgreifen, die er bereits 1974, also noch bevor das Interesse an Nah-Todesphänomenen geweckt war, formulierte. Den Begriff »Ultrabewusstsein« hat Dean geprägt, aber er ist praktisch das Synonym eines älteren, vertrauteren Begriffs: des kosmischen Bewusstseins.

1. Zuerst wird man sich eines blendenden Lichts bewusst, das sich im Kopf ausbreitet und die Gedanken erfüllt. Im Osten heißt es »brahmanischer Glanz«. Walt Whitman spricht von einem unauslöschlichen Licht – ein überwältigendes Licht, unbeschreiblich, sich selbst erleuchtend, jenseits aller Zeichen und Worte. Dante schreibt, dass es fähig sei, »einen Menschen in einen Gott zu verwandeln ... «
2. Der Betreffende fühlt nichts als unbeschreibliche Freude, Verzückung, Begeisterung, Herrlichkeit, tiefe Ehrfurcht und Bewunderung – er gerät in eine Ekstase, so überwältigend, dass sie einer Art superpsychischem Orgasmus gleichkommt.
3. Es findet eine intellektuelle Erleuchtung statt, die sich unmöglich mit Worten fassen lässt. In einem Gedankenblitz wird man sich der Bedeutung des Universums bewusst, identifiziert und vereint sich mit der Schöpfung, der Unendlichkeit und der Unsterblichkeit, die tiefere Bedeutung alles Existierenden wird offenbar – man erkennt Gott ...
4. Man ist erfüllt von transzendentaler Liebe und Mitgefühl für alle lebenden Dinge.
5. Die Furcht vor dem Tod fällt ab von einem wie ein altes Gewand; physische und psychische Leiden verschwinden, die mentalen Kräfte wachsen, das Leben wird erneuert und verlängert ...
6. Es ist ein Loblied auf alle Dinge des Lebens, die Bewunderung seiner Schönheit, die Erkenntnis, wie relativ unwichtig materieller Reichtum ist im Vergleich zu den Kostbarkeiten des Ultrabewussten.
7. Es findet eine außerordentliche Intensivierung der intellektuellen Fähigkeiten statt – keine passive Trance, sondern eine Kraft, so stark, dass sie sogar den Lauf der Geschichte beeinflussen kann.
8. Es ist wie eine Mission. Und dieses Gefühl ist so bewegend und tief greifend, dass man es nicht für sich allein genießen kann, sondern es mit allen Menschen teilen muss.
9. Eine charismatische Veränderung der Persönlichkeit findet statt – eine

innere und äußere Ausstrahlung, als würde man mit göttlicher Kraft erfüllt, mit einer magnetischen Kraft, die andere anzieht und inspiriert.
10. Es findet, plötzlich oder allmählich, die Entwicklung außerordentlicher psychischer Fähigkeiten statt, Hellsehen, außersinnliche Wahrnehmungen, Telepathie, Präkognition, psychisches Heilen usw.[224]

Sie erinnern sich vielleicht, dass es laut George Gallups Berechnung in Amerika gut acht Millionen Erwachsene geben mag, die bereits eine Nah-Todeserfahrung hatten. Natürlich wissen wir nicht, wie viele Menschen auf der ganzen Welt schon eine solche Erfahrung gemacht haben, aber es erscheint durchaus logisch, anzunehmen, dass es Millionen sind. Auf jeden Fall ist es, bei zunehmender Verbesserung und Verbreitung neuer Wiederbelebungstechniken, sehr wahrscheinlich, dass es bald viele weitere Millionen Menschen gibt, die auf ein Nah-Todeserlebnis zurückblicken können – mit all seinen positiv verändernden Wirkungen!
Aber es geht in diesem Zusammenhang ja nicht nur um die Nah-Todeserfahrung allein, sondern um *alle* transzendentalen Erfahrungen, und es sieht so aus, als würden die meisten solcher Erfahrungen, egal wie sie zustande gekommen sind, vergleichbare Veränderungen hervorrufen. Und Bücher wie etwa Marilyn Fergusons *Die sanfte Verschwörung* und Peter Russells *Die erwachende Erde* zeigen, dass die Bedeutung der Spiritualität, zumindest in der westlichen Welt, ständig wächst.
Könnte es nicht sein, dass Menschen mit Nah-Todeserfahrung – und andere, die ähnliche Erweckungen erlebt haben – *einen gemeinsamen Vorstoß zu einem höheren Bewusstsein für die Menschheit im Ganzen repräsentieren?* Könnte es nicht sein, dass die Nah-Todeserfahrung selbst ein evolutionärer Mechanismus ist, der die Menschen auf die nächste Stufe menschlicher Entwicklung befördert, indem bislang nur latent vorhandenes spirituelles Potential aktiviert wird? Tatsächlich sehen wir in diesen Menschen, die ihre Persönlichkeit infolge der Nah-Todeserfahrung positiv verändern, den Prototyp eines neuen, fortgeschritteneren Vertreters der menschlichen Spezies. Kein *Homo sapiens* mehr, sondern schon ein *Homo noeticus,* wie John White ihn genannt hat?[225]

Enthält die *Geheimlehre* Informationen über eine neue Entwicklungsstufe der Menschheit? Hier sind ein paar Zeilen aus »Anthropogenesis« (Studienausgabe, S. 365-367):

... Die okkulte Philosophie lehrt, dass auch in unserer Zeit, vor unseren eigenen Augen, die neue Menschheit und neue Menschheiten im Entstehen sind, und dass sich diese Transformation in Amerika vollziehen wird und im Stillen bereits begonnen hat. Die Amerikaner Nordamerikas, noch vor 300 Jahren größtenteils reine Angelsachsen, sind durch das intensive Zusammenleben verschiedener Völker und durch Mischehen bereits ein eigenes Volk und beinahe ein Menschheitszweig *sui generis* geworden, nicht nur geistig, sondern auch physisch ... Sie sind, kurz gesagt, der Keim des *sechsten* Menschheitszweigs. In ein paar hundert Jahren werden sie die Wegbereiter des mit neuen Eigenschaften ausgestatteten Menschheitszweigs sein, der dem derzeitigen europäischen bzw. fünften Menschheitszweig folgen muss. Später ... werden sie mit den Vorbereitungen für den siebten Menschheitszweig beginnen, bis schließlich, als Folge von verheerenden geologischen Umwälzungen, die Sechste Menschheit unserer Runde in Erscheinung treten wird. Diese Umwälzungen werden Teil der ersten Serie von Katastrophen sein, die eines Tages sowohl Europa und in der Folge den gesamten Ârya-Menschheitszweig (mit Auswirkungen auf die beiden Amerikas) als auch den größten Teil der Länder zerstören werden, die an den Grenzen unseres Kontinents und seiner Inseln liegen. Wann wird diese Sechste Menschheit erscheinen? Wer soll das wissen. Vielleicht die großen Meister der Weisheit, aber die sind so schweigsam wie die schneebedeckten Gipfel ihrer Heimat. Wir wissen nur, dass sie in aller Stille kommen wird, so still und unbemerkt, dass ihre Wegbereiter – ungewöhnliche Kinder, die zu ungewöhnlichen Frauen und Männern heranwachsen – Jahrtausende lang in körperlicher und geistiger Hinsicht als Sonderlinge gelten, bis sie in den zivilisierten Ländern aussterben und nur in kleineren Gruppen auf Inseln – den heutigen Bergspitzen – überleben, wo sie aber ... ebenfalls aussterben werden ...

... Dieser Prozess der Vorbereitung auf den Beginn der großen Evolutionsperiode der Sechsten Menschheit dauert während des Entwicklungsverlaufs der gesamten sechsten und siebten Menschheitszweige an ... Aber die *letzten* Überreste des fünften Kontinents werden erst einige Zeit nach der Geburt der *neuen* Menschheit untergehen, wenn eine andere, *neue* Heimat, nämlich der sechste Kontinent über den *neuen* Wassern der Erde erscheint und die neuen Fremdlinge aufnimmt ... Aber da die Fünfte [Menschheit] nicht umgehend aussterben, sondern für einen gewissen Zeitraum überleben wird, wird sie durch ihr viele hundert Jahrtausende währendes Überfließen in die neue Menschheit mit dieser transformiert werden ... deren Aufgabe und Karma es ist, den Grundstock zu legen für eine zukünftige Menschheit, so großartig, dass sie alle uns bisher bekannten überragen wird. Zyklen der Spiritualität und eines vollkommen entwickelten Geistes werden die Zyklen der Materie ablösen. Der Gesetzmäßigkeit des parallelen Verlaufs von Geschichte und menschheitlichen Evolutionsstufen entsprechend, wird die Menschheit der Zukunft mehrheitlich aus großen Adepten bestehen.[226]

DASS DER PROPHET IM eigenen Lande nichts gilt, wussten schon die Evangelisten. HPBs Bücher waren im zaristischen Russland und in der Sowjetunion verboten.* Um so überraschender sind die Entwicklungen in Russland seit Anfang der 1990er Jahre. Die Zeitschrift *Theosophist* berichtete im August 1990:

> Heute ist man in Madame Blavatskys Heimatland hochinteressiert an ihrem Leben und ihrem Werk. Dies wurde besonders deutlich während des Besuches der Internationalen Präsidentin (der Theosophischen Gesellschaft Adyar), Radha Burnier, in Leningrad und Moskau am 24. Juni 1990 auf Einladung des Sowjetischen Schriftstellerverbandes und der Gesellschaft »Frieden durch Kultur« ...
> Es gab zwei Veranstaltungen von Bedeutung in Moskau, die erste fand am 18. Juni mit der Eröffnung einer Ausstellung über HPB in den imposanten Räumlichkeiten des Schriftstellerverbandes statt. Gezeigt wurden Fotografien von HPB, ihre Bücher in russischer Übersetzung, Äußerungen von Gandhi, Nehru, Nicholas Roerich und anderen über HPBs Einfluss auf ihr Leben, und einige theosophische Werke in englischer Sprache aus Adyar. Die Moskauer Presse und das Fernsehen berichteten über das Ereignis, und so sahen Millionen von Zuschauern zur besten Sendezeit die Eröffnung und erfuhren, dass 1991 zum Internationalen Blavatsky-Jahr erklärt werden sollte – zum Gedenken an ihren 100. Todestag.
> Am Tage darauf, am 19. Juni, gab es zu Ehren von HPB eine Veranstaltung im Festsaal des Sowjetischen Schriftstellerverbandes. Die fünfhundert Sitzplätze reichten nicht. Das Publikum kam nicht nur aus Moskau, sondern auch aus anderen großen und kleinen Städten. Ein riesiges Porträtfoto von HPB, umgeben von Blumen, schmückte das Podium; Valentin M. Sidorow, (damals) Präsident der Vereinigung »Frieden durch Kultur«, gab einen

* Mit einer bemerkenswerten Ausnahme: Die Theosophie erlebte eine kurze Blütezeit von zehn Jahren, nachdem der Zensor des Zaren 1908 seines Postens enthoben und durch einen liberalen Nachfolger ersetzt wurde.

Umriss von HPBs Leben, erläuterte die Ziele der Theosophischen Gesellschaft und begrüßte die Internationale Präsidentin, deren Besuch, wie er betonte, ein historisches Ereignis sei, nachdem HPBs Bücher und die Theosophische Gesellschaft in ihrem Heimatland siebzig Jahre verboten waren. Hierauf sprach Radha Burnier, und nach kurzer Pause folgten Rezitationen von Gedichten von und über HPB; Volkslieder, die ihr besonders lieb gewesen waren, schlossen sich an. Jeder Künstler spendete zum Gedenken an HPB eine Rose.

Auch in Leningrad (heute St. Petersburg) fanden zwei Veranstaltungen statt, eine davon im Gebäude des Schriftstellerverbandes. Nach einer kurzen Einführung und Ansprache von Mrs. Radha Burnier wurde um Fragen gebeten. Das lebhafte Interesse der weit über zweihundert Teilnehmer erwies sich an der Vielfalt und am Niveau der Fragen, bei denen es fast ausschließlich um die Theosophische Gesellschaft und die Theosophie ging. Mitglieder der Roerich-Stiftung beteiligten sich lebhaft an den Programmen; auch die Beziehungen der Roerichs zur Theosophischen Gesellschaft wurden erörtert.

Sowohl in Moskau als auch in Leningrad kam es zu vielen Privatgesprächen mit Interessierten und Sympathisanten. Mit Mitgliedern der Organisation »Frieden durch Kultur« wurde vereinbart, sich an die städtischen Behörden von Dnjepropetrowsk (früher Jekaterinoslaw), dem Geburtsort HPBs, wegen der Anbringung einer Plakette an ihrem Geburtshaus zu wenden, das glücklicherweise unversehrt ist. Dies konnte am 12. September 1991, an ihrem Geburtstag nach dem derzeitigen russischen Kalender, erfolgen. (Unserem Kalender nach fällt ihr Geburtstag auf den 12. August.) Für das Blavatsky-Jahr plante man eine erste Neuauflage der russischen Übersetzung der *Geheimlehre.* Wegen einer Papierknappheit in Russland bot Radha Burnier die Herstellung von 5000 Exemplaren durch die indische Druckerei Vasanta Press in Adyar an. Zu den ersten Empfängern dieser Auflage der *Geheimlehre* gehörten vorrangig Bibliotheken und andere wichtige Institutionen.

Damit war ein bemerkenswerter Anfang gemacht, die Theosophie in Osteuropa weithin bekannt zu machen. Es verlieh allen eine tiefe Befriedi-

* Dass die Initiative von den Russen selbst ausging, beweist die Tatsache, dass Mrs. Burnier, als sie nach Moskau kam, keine Ahnung hatte von all dem, was vor ihrer Ankunft geplant worden war. *(Adyar Newsletter,* Mai 1990, 3.)

gung, dass die Initiative von der Bevölkerung dieses riesigen Gebietes selbst ausging. *227

◆

»Frieden durch Kultur«, jene Gesellschaft, welche die Veranstaltungen in Moskau und Leningrad gesponsert hatte, ist eine unabhängige Gesellschaft ohne politische Interessen. Ihren Namen erhielt sie von dem Maler Nicholas Roerich, einem Theosophen und bekannten russischen Maler, dessen Werke weltweit in Museen zu finden sind. Seine originellen Bühnenausstattungen für Opern von Wagner, Mussorgsky und Rimsky-Korsakow und für Strawinskys »Le Sacre du printemps« gehören zu den bedeutendsten ihrer Zeit. Roerich betätigte sich auch als Autor und schrieb eine Reihe von Büchern über Kunst, Kultur und Philosophie. Als Entdecker und Wissenschaftler unternahm er in Russland und Zentralasien ausgedehnte archäologische Forschungsreisen.

Für den von Roerich initiierten »Pakt« zum weltweiten Schutz von Kulturgütern, besonders in Kriegszeiten, wurde er für den Friedensnobelpreis nominiert. Von der deutschen Roerich-Gesellschaft ** kommt folgende Erklärung der Geschichte, Grundsätze und Ziele des Roerich-Paktes:

> Der Roerich-Pakt, am 15. April 1935 im Weißen Haus in Washington im Beisein von Präsident D. F. Roosevelt von den USA und 20 lateinamerikanischen Staaten unterzeichnet, verpflichtet die Signatarstaaten im Falle kriegerischer Auseinandersetzungen zum Schutz der kulturellen Güter der Menschheit. In Krieg und Frieden sollen die kulturellen Einrichtungen wie Bildungsstätten, künstlerische, religiöse und wissenschaftliche Institutionen respektiert und vor Zerstörung bewahrt werden.
>
> Dieser Vertrag diente in der Folge als Grundlage für die Haager Konvention der UNESCO vom 14. Mai 1954 zum Schutz der kulturellen Güter im Falle bewaffneter Konflikte.
>
> Der Roerich-Pakt ist mit Recht das Rote Kreuz der Kultur genannt worden. Sein Symbol ist das Banner des Friedens. Dieses Symbol ist seit unerdenklichen Zeiten auf der ganzen Welt zu finden und in seiner Art einzigartig universell. Es taucht in verschiedenen philosophischen Systemen auf, ist eines der ältesten indischen Glückssymbole, man findet es auf

** Roerich-Gesellschaft Deutschland e.V., Buchenweg 12, 72539 Pfronstetten.

> Felsbildern, im Himmelstempel in Peking, auf der Brust des bekannten Christusbildes von Memling, auf der Madonna von Straßburg, auf alten japanischen Rüstungen, auf den berühmten kaukasischen Schwertern, im Papstwappen in Rom, im Wappen der Stadt Samarkand, auf den Schilden der Kreuzfahrer, auf äthiophischen Altertümern, auf Werken alter spanischer Maler, bei Tizian, auf den ältesten Ikonen, kurz, der Kreis mit den drei Punkten ist ein Zeugnis für die ursprüngliche Kreativität der Menschheit, die nicht auf eine Rasse oder Religion oder einen Erdteil beschränkt ist, sondern der ganzen Menschheit innewohnt.
> Der von Nicholas Roerich verkündete FRIEDEN durch KULTUR – PAX per CULTURA – ist heute aktueller denn je, damit die wahren Werte menschlichen Geistes erkannt werden und die schöpferischen Kräfte sich in den Bahnen auswirken können, die zum Wohl und nicht zum Verderben der Menschheit führen.

Die von der Theosophischen Gesellschaft Adyar zur Verfügung gestellte Auflage der *Geheimlehre* enthält, wie alle seither in Russland produzierten Nachdrucke, die von Helena Roerich* 1937 in Riga veröffentlichte Übersetzung, der Boris de Zirkoff, Blavatskys Neffe und Herausgeber der Gesammelten Schriften Blavatskys, höchstes Lob zollte.[228] Daniel Entin, der Direktor des Roerich-Museums in New York, wies darauf hin, dass die Übersetzung in Wirklichkeit ein Familienprojekt war, an dem sich Nicholas und seine Söhne beteiligt haben.

Am 5. Dezember 1989 erschien im New Yorker *Newsday* ein kurzer Bericht über das Roerich-Museum und seinen Direktor, der der allgemeinen Aufmerksamkeit entgangen zu sein scheint. Wir zitieren:

> Roerich, verstorben 1947, ist ein Held in der Sowjetunion. Selbst Michail Gorbatschow verehrt ihn. Vor zwei Jahren lud Gorbatschow Roerichs Sohn zum Lunch in den Kreml ein, um ihm mitzuteilen, dass er ein Roerich-Zentrum in Moskau zu fördern gedenke. Die Folge dieses Unternehmens war, dass in Stadt und Land die Roerich-Gesellschaften wie Pilze aus dem

* Der San *Francisco Chronicle* (24. Mai 1991) meldete in einem Bericht über religiöse Bewegungen, die auf der »spirituellen Alternative« des New Age basieren:
»Etwa 50.000 Exemplare der *Geheimlehre*, dem Basistext der Theosopbiscben Bewegung, eine hundert Jahre alte okkulte Religion (sic) und eine der Wurzeln der New-Age-Spiritualität, werden jetzt eiligst von russischen Verlegern für Osteuropa in die Herstellung gegeben ...«

Boden schossen; Raissa Gorbatschow ist im Begriff, einen Fonds in seinem Namen ins Leben zu rufen.

Später sorgte dann Gorbatschow für ein Flugzeug für den Roerich-Sohn Swjatoslaw, damit die ganze Sammlung von Roerich-Werken von Bangalore in Indien, wo Swjatoslaw lebte, nach Moskau transportiert werden konnte.

Die letzten Jahrzehnte seines Lebens verbrachte Nicholas Roerich in Indien. Ein Brief, den er an Annie Besant in Adyar (31. März 1921) schrieb, kam aus Darjeeling, wo das Ehepaar damals lebte:

> *Die große Gründerin der Theosophischen Gesellschaft, H. P. Blavatsky, wies in ihrem letzten Artikel auf die Bedeutung der Kunst hin. Sie sah die künftige Bedeutung dieser außerordentlichen kreativen Kraft voraus, die dazu beitragen wird, die kommende Welt zu schaffen, denn Kunst ist die beste Brücke zwischen den Völkern. Dieses letzten Gedankens jener großen Persönlichkeit sollten wir uns stets erinnern, und die einfachste Art, sich seiner immer zu erinnern, wäre die, in Adyar ein Kunstmuseum zu gründen, das H. P. Blavatskys Namen trägt. Eine solche Einrichtung würde die geistigen Repräsentanten aller Kunstrichtungen anziehen und neue Menschen an dem Ort versammeln, wo so viele erhabene Ideen ihren Ursprung hatten. Wenn die Gesellschaft bereit ist, meinen Vorschlag in Erwägung zu ziehen, wäre ich bereit, mein Gemälde »The Messenger« (Der Bote) dem Blavatsky-Museum als Schenkung zu überlassen. Es ist einst hier entstanden und ist dem Andenken an diese große Frau gewidmet.*[229]

Einer Zeitung in Madras zufolge wurde dieses Angebot am 18. Januar 1925 angenommen:

> Roerich enthüllte das Bild und sagte: »In diesem Zentrum des Lichts stelle ich Ihnen dieses Bild vor. Helena Petrovna Blavatsky gewidmet, bildet es den Kern eines künftigen Blavatsky-Museums. Dessen Motto soll lauten >Schönheit ist das Gewand der Wahrheit<.«
> Das Bild, etwa 107 cm hoch und 92 cm breit, ist eine Temperamalerei in lebhaften, überwiegend violetten Farbtönen und zeigt eine Frau, die in einem buddhistischen Tempel an einem strahlenden Morgen einem Boten die Tür öffnet.

Im *Theosophist* (Mai 1991) ist ein guter Farbdruck dieses Bildes enthalten. Mrs. Sina Fosdick vom Roerich-Museum erklärte der Verfasserin, dass die junge Frau auf dem Bild die Menschheit verkörpert, während der Bote, der in den Tempel tritt, HPB darstellt, die 1875 mit ihrer Öffentlichkeitsarbeit begonnen hatte (siehe Abbildung Nr. 31).[230]

Zuletzt wohnten die Roerichs im Kulu-Tal im Punjab, und von dort schrieb Nicholas am 7. Juli 1939 an Boris de Zirkoff:

> Haben Sie Dank für Ihren Brief vom 20. Mai, der mich erst jetzt in unseren fernen Bergen erreichte. Ich bin froh, dass ich Ihnen auf Russisch schreiben kann, froh auch, dass Sie ein naher Verwandter von HPB sind, die wir zutiefst verehren. Die Zeit wird kommen, da ihr Name in ganz Russland voller Verehrung genannt werden wird. Nur zu oft haben auch die Russen ihre geistigen Führer vergessen; nun ist es an der Zeit, dass wir lernen, unsere wahren Schätze richtig zu bewerten ...
> Während ich diese Zeilen an Sie schreibe, ragen vor meinen Augen draußen in der Ferne die schneebedeckten Gipfel und der hohe Pass nach Tibet empor, als stumme Zeugen jener ewigen Wahrheiten, die geistige Erneuerung in sich bergen und damit die Möglichkeit zur höchsten Vervollkommnung des Menschengeschlechts. Die Großen Meister sind stets zu helfen bereit. Doch wie oft wenden sich die Menschen von dieser Hilfe ab.[231]

Heute sind besonders die jungen Menschen in Russland lebhaft an den Lehren Blavatskys und am Auffinden ihrer lange verschollenen Briefe interessiert. Dass es sie gibt oder zumindest gegeben hat, geht aus dem Manuskript von Helen F. Pissareffs *History of the Russian Theosophical Movement* hervor. Darin wird berichtet, dass sie im Jahr 1909 mit einer Gruppe von russischen Theosophen den Fünften Internationalen Kongress der Theosophischen Gesellschaft in Budapest besucht hat. Auf der Rückreise nach Russland reiste man mit dem Schiff via Athen, Konstantinopel und Odessa – über Odessa, weil alle die beiden Nichten von HPB, die Töchter von Helenas Schwester Vera, kennen lernen wollten. Sie wurden freundschaftlich empfangen und erhielten Fotos, Porträts und anderes wertvolles Material, das in einem großen Album im Theosophischen Zentrum in St. Petersburg hinterlegt wurde. Später wurden diese Geschenke von den revolutionären Behörden konfisziert. Welch großen Wert diese Unterlagen heute hätten![232]

Die Suche nach Material von und über HPB in russischen Bibliotheken und Archiven wird heute mit Nachdruck betrieben. Bisher sind etwa hundert ihrer Briefe aufgefunden worden. Das Interesse an der Theosophie dauert ebenso an: Viele theosophische Studiengruppen und eine Theosophische Gesellschaft sind in Russland entstanden. So kann man sagen, dass HPB in ihrem eigenen Land heute gebührend geehrt wird. Wie aber ist die Situation in ihrer Wahlheimat Amerika? Natürlich gibt es hier viele Theosophen, und die Nachfrage nach ihren Büchern ist steigend. Wenn man jedoch erfährt, dass amerikanische Korrespondenten in Russland ihren Heimatredaktionen die Nachricht schickten, dass das Jahr 1991 dort zum Internationalen Blavatsky-Jahr erklärt wurde und man dann nach dieser Nachricht vergebens in der Presse sucht, so ist das ein bezeichnender und trauriger Beweis für etwas, worüber James Pryse schon 1898 schrieb und das weiterhin Gültigkeit hat:

> Die wahrhaft Großen sind ihren Zeitgenossen meist weit voraus und werden erst von den nachfolgenden Generationen gebührend gewürdigt; sie werden zu Lebzeiten nur von wenigen verstanden. Aus der Nähe betrachtet man kleine Dinge; alles Große kann nur aus proportional angemessener Entfernung richtig erkannt und beurteilt werden. Ich erinnere an die Geschichte eines Wettbewerbs im alten Griechenland. Man begutachtete eine Reihe von Statuen, die hoch an der Fassade eines Tempels aufgestellt werden sollten. Eine der Statuen schien so grob, unfertig und eckig zu sein, dass sie den Spott der Juroren erregte. Nachdem aber alle anderen, glatt polierten Statuen an der Oberseite der Tempelfassade aufgestellt worden waren, nur um dann sogleich wieder entfernt zu werden, weil ihre Details aus der Höhe nicht zur Geltung kamen und die irritierenden Reflexionen ihrer polierten Oberfläche den Gesamteindruck der Figuren beeinträchtigten, stellte man die zuvor abgelehnte und bespöttelte Statue am vorgesehenen Platz hoch über der Fassade auf. Das Erstaunen der Juroren war groß, als sie die Schönheit der Figur erkannten, denn ihre raue Oberfläche ließ die Umrisse klar hervortreten, und durch die Entfernung schienen ihre grob behauenen Formen in weicher, eindrucksvoller Pracht.
>
> Wenn H. P. Blavatsky so manchem hart und grob, ja gelegentlich ungehobelt erschien, so nur deshalb, weil ihre Natur, ihre Persönlichkeit von titanischer Größe war. In unserem Zeitalter der Beliebigkeiten, der gefälligen Denkungsart und geistlosen Gemeinplätze schien sie seltsam fehl am Platz zu sein – gleich einem Propheten aus alter Zeit, ungestüm wie Elias, groß-

> artig wie Jesaja, mysteriös wie Hesekiel, schleuderte sie der Dummheit und Heuchelei des 19. Jahrhunderts ätzende Jeremiaden entgegen. Ihrer Zeit weit voraus, erhob sie ihre warnende Stimme gegen eine Verwilderung des Glaubens. Unsere Zeit war nicht ihre Zeit – ihre Botschaft, aus einer mächtigen Vergangenheit kommend, richtete sie nicht an ihre Zeitgenossen, sondern an zukünftige Generationen. Die Gegenwart war gefangen in den Klauen eines tiefen Materialismus, und nur in der fernen Vergangenheit gab es das Licht, das die Zukunft erleuchten kann ... Aber alle, die Ohren hatten zu hören, konnten von ihr die vergessenen Wahrheiten vernehmen, die der Menschheit heute so schmerzlich fehlen. Sie legte Zeugnis ab von der Gnosis, von der Erkenntnisfähigkeit des Menschen in einer Zeit, die längst agnostisch geworden war. Sie brachte Botschaft von der Großen Gemeinschaft, die in vergangenen Zeiten der Menschheit »guter Hirte« war.

Am Ende dieser Geschichte vom Leben und Wirken der Helena Blavatsky sollen ein paar Zeilen stehen, die auf ihrem Schreibtisch gefunden wurden, nachdem ihr Körper am 8. Mai 1891 gestorben war:

> Es gibt einen Weg, steil und dornig, voller Gefahren jeglicher Art - doch immerhin einen Weg. Er führt ins Herz des Universums. Ich kann Euch sagen, wie Ihr jene findet, die Euch das verborgene Tor zeigen, das allein nach innen führt ... Jenen, die erfolgreich voranstreben, winkt unbeschreiblicher Lohn: Die Kraft, der Menschheit Segen zu bringen und sie zu retten. Für jene, die den Weg nicht meistern, gibt es weitere Leben, die ihnen Erfolg bringen mögen.[233]

Anhang A

Bericht der Society for Psychical Research aus dem Jahr 1885: Vernon Harrisons Fachmeinung

»Wer hört, dass eine unschuldige Person verleumdet wird, ob diese ein Theosoph ist oder nicht, und nicht dessen Verteidigung übernimmt, wie er seine eigene übernehmen würde – der ist kein Theosoph.« (H. P. Blavatsky, *Lucifer*, November 1887)

Vernon Harrison, ein langjähriges Mitglied der SPR (Society for Psychical Research) und gerichtlich anerkannter Experte für fragliche Dokumente, schrieb eine flammende Kritik des Hodgson-Reports, die im April 1986 im SPR *Journal* veröffentlicht wurde. Dr. Harrison hat seither seine Forschungen fortgesetzt, u. a. untersuchte er Zeile für Zeile 1.323 Farbdias von Mahatma-Briefen aus der Britischen Bibliothek. Seine Untersuchungsergebnisse wurden in dem Buch *H. P. Blavatsky and the SPR: An Examination of the Hodgson Report of 1885* im Jahr 1997 veröffentlicht (deutsch: *H. P. Blavatsky und die SPR: Eine Untersuchung des Hodgson-Berichts aus dem Jahre 1885*, 1998)*:

Die Ergebnisse der gegenwärtigen Untersuchung, die sich über eine Periode von 15 Jahren hinzog, werden nun in der Hoffnung vorgelegt, dass künftige Biographen Madame H. P. Blavatskys, die Verfasser von Verzeichnissen, Enzyklopädien und Wörterbüchern, wie auch die breite Öffentlichkeit, erkennen werden, dass der Hodgson-Bericht kein Vorbild einer unparteiischen Untersuchung ist, wie so oft im 19. Jahrhundert beansprucht wurde. Er ist fehler-

* Dr. Harrison studierte an der Universität Birmingham Physik, Chemie und Mathematik und schloss das Studium mit dem Doktortitel ab. Danach arbeitete er als Forschungsphysiker in der Printing & Allied Trades Research Organisation in London. Im Jahr 1967 wechselte er in das Forschungszentrum der Thos. De La Rue & Co. (Druckerei von Banknoten und anderen Sicherheitsdokumenten) und hatte die Funktion eines Research Manager inne. Ein wichtiger Teil seiner Arbeit war die Erforschung der Methoden von Fälschern. Er ist beeidigter Physiker und Ingenieur, er ist Mitglied des Instituts für Physik, Ehrenmitglied und ehemaliger Vorsitzender der Royal Photographic Society von Großbritannien, Mitglied der Chartered Institution of Building Services Engineers sowie der Royal Society of the Arts und war in den vergangenen 20 Jahren Prüfer von fraglichen Dokumenten.

haft und unglaubwürdig, und Hodgsons Beobachtungen und Schlussfolgerungen müssen mit erheblichem Vorbehalt betrachtet werden.

Der Fall Helena Petrovna Blavatsky bedarf einer neuerlichen Untersuchung in diesem Licht. Sie verdient nichts Minderes. (S. xiv)

In Harrisons Analyse des Hodgson-Berichts mit dem Titel »J'Accuse d'autant plus« präsentiert er seine Fachmeinung und seine eidesstattliche Erklärung. Nachfolgend seine Meinung:

1) Beim Hodgson-Bericht handelt es sich nicht um eine wissenschaftliche Studie. Er liest sich mehr wie ein Auszug aus einer gerichtlichen Untersuchung, dokumentiert jedoch lediglich das Plädoyer eines Anklagevertreters … Es findet sich darin kein Plädoyer eines Verteidigers, kein Kreuzverhör des Hauptbelastungszeugen, kein erneuter Aufruf von Entlastungszeugen, die von der Anklagevertretung abgelehnt wurden, und keine Rechtsbelehrung durch den Richter.

2) Entweder war Richard Hodgson mit den grundlegenden Prinzipien des Englischen Rechts nicht vertraut oder er missachtete diese. Kein Gericht würde seine Zeugenaussage akzeptieren.

3) In den Fällen, in denen es möglich war, Hodgsons Aussagen anhand des direkten Zeugnisses von Originaldokumenten zu überprüfen, werden seine Aussagen entweder für falsch oder für im betreffenden Zusammenhang nicht von Bedeutung befunden. Dieses gilt insbesondere für die *Drei Hauptaussagen*, an denen er seine gesamte Behauptung festmacht, dass die Mahatma-Briefe von Helena Blavatsky in betrügerischer Absicht mit verstellter Handschrift selbst geschrieben wurden.

4) Die Lektüre der Mahatma-Briefe hat bei mir den starken Eindruck hinterlassen, dass es sich bei den Autoren KH und M um real existierende und über einen unverwechselbaren Stil verfügende menschliche Wesen handelte. Sie haben ihre Vorurteile und sind von der Sichtweise ihrer Zeit beeinflusst.

5) Ich weiß nicht, wer KH war, aber ich bin der Meinung, dass alle mit den Initialen KH versehenen Briefe in der Britischen Bibliothek aus seiner Feder stammen. Die grundlegenden Charakteristika seiner Handschrift sind in allen

seinen Briefen vorhanden, jedoch lassen sich insbesondere in den frühesten Briefen Variationen und Abwandlungen einiger Buchstaben feststellen. Diese Variationen tragen nicht den Stempel einer angehenden Fälscherin.
Ich bin beruhigt, dass die Mahatma-Briefe nicht den *Chelas* diktiert worden sind, die sie in ihrer eigenen Handschrift schrieben. Es wird jedoch in den Briefen selbst angegeben, dass viele davon durch *Chelas* in KHs Handschrift in einer Form übermittelt wurden, die einem Faxvorgang ähnelt. Wenn dies zutrifft, könnte es sein, dass die *Chelas* zuerst Schwierigkeiten mit dem System hatten, das erst »getestet« werden musste. Der größte Teil dieser »Tests« muss innerhalb von zwei Wochen passiert sein.

6) Ich weise auf seltsame und ungeklärte Eigenheiten der Schrift von KHs Briefen hin, nämlich auf die regelmäßigen, klaren Streifen eines Teils der Schrift, die anscheinend mit blauem Farbstift gemacht wurden; die geringe Menge eingedrungener Tinte selbst bei Benutzung von dünnem »Reispapier«, die ungeklärten Eigenheiten der Radierungen, die anscheinend mit einem Tintenlöscher vorgenommen wurden, ohne jedoch das Papier zu verfärben oder aufzurauen, die Variabilität einiger (jedoch nicht aller) Buchstaben und die (bisweilen) grob übertriebenen t-Striche. Diese Eigenheiten legen die Vermutung nahe, dass es sich bei den in der Britischen Bibliothek erhaltenen Dokumenten möglicherweise um *Kopien* handelt, die durch einen unbekannten Prozess von Originalen, die wir nicht besitzen, hergestellt wurden.

7) Es ist nahezu sicher, dass die belastenden Blavatsky-Coulomb-Briefe verloren gegangen oder zerstört worden sind. Aber es gibt zwingende Indizien dafür, dass es sich bei diesen Briefen um von Alexis und Emma Coulomb – die hierfür sowohl triftige Beweggründe als auch reichliche Mittel hatten – angefertigte Fälschungen handelte.

8) Ich habe keinen Beweis dafür gefunden, dass die Mahatma-Briefe von Helena Blavatsky wissentlich und vorsätzlich – wie von Richard Hodgson behauptet – in einer von ihr über mehrere Jahre hinweg gepflegten, verstellten Form ihrer eigenen Handschrift geschrieben wurden. Das heißt, ich finde keinen Beweis für einen gemeinsamen Ursprung der Schriften von KH, M und HPB. In jedem gewöhnlichen Rechtsstreit würde ich diese Schriften als unterschiedliche Schriften betrachten und sie drei verschiedenen Personen zuordnen.

9) Sollte irgendeine der Schriften von KH oder M der Hand von Helena Blavatsky entstammen, während sie sich in einem Trance- oder Schlafzustand oder einer multiplen Persönlichkeit oder in sonstigen, Psychologen und Psychiatern bekannten, veränderten Bewusstseinszuständen befand, so könnten KH und M als Unterpersönlichkeiten von Helena Blavatsky verstanden werden. Inwieweit diese mutmaßlichen Unterpersönlichkeiten selbstständig sind, bleibt zu diskutieren; in keinem Fall jedoch würde es sich um wissentlichen Betrug oder Schwindel handeln. Darüber hinaus lässt sich durch diese Vermutung auch nicht die Problematik umgehen, dass es KH-Briefe gibt, bei denen selbst Richard Hodgson einräumen musste, dass sie unmöglich von Helena Blavatsky geschrieben worden sein konnten, da sie sich zum betreffenden Zeitpunkt zu weit entfernt befand und die Kommunikationsmöglichkeiten schlecht waren.

10) Es ist mir nicht möglich, ein Gutachten über die im ersten Teil des Hodgson-Berichts beschriebenen »Phänomene« zu erstatten. Alle Zeugen und Beweismittel aus erster Hand sind nicht mehr existent, und ich habe keine Möglichkeit zu überprüfen, ob die berichteten »Phänomene« echt waren. Da ich jedoch auch Hodgsons Methoden untersucht habe, kann ich mittlerweile seiner Darstellung und Erklärung dieser »Phänomene« keinen Glauben mehr schenken.

11) H. P. Blavatsky war als eine höchst komplexe und schwer zu verstehende Persönlichkeit bekannt. Zu ihrem Leben und Werk gibt es nach wie vor viele unbeantwortete Fragen. Ich bin jedoch der Meinung, dass in jeder künftigen Beurteilung ihrer Persönlichkeit der im Jahr 1885 von der Society for Psychical Research veröffentlichte »Bericht des Untersuchungsausschusses der Phänomene im Zusammenhang mit der Theosophischen Gesellschaft« mit großer Vorsicht zu genießen, wenn nicht sogar gänzlich außer Acht zu lassen ist. Er ist außerordentlich mangelhaft.

Diese eidesstattliche Erklärung vom 27. Februar 1997 befindet sich im Hauptsitz der Theosophischen Gesellschaft Pasadena, Kalifornien, eine Kopie wurde an die Society for Psychical Research, London, gesandt.

Vernon Harrison

Anhang B

Original-Schriften von HPB

ISIS UNVEILED (1877)
Deutsch: *Isis entschleiert,* 2 Bände, Den Haag, n. d.

THE SECRET DOCTRINE (1888)
Deutsch: *Die Geheimlehre*, Adyar-Studienausgabe, Hrsg. Hank Troemel, Satteldorf, 1999; *Die Geheimlehre,* 4 Bände, Den Haag, n. d.

THE KEY TO THEOSOPHY (1889)
Deutsch: *Der Schlüssel zur Theosophie,* 3. erw. und überarb. Auflage, Satteldorf, 1995

THE VOICE OF THE SILENCE (1889)
Deutsch: *Die Stimme der Stille*, 3. erweiterte Auflage, Satteldorf, 1997; bibliophile Leinenausgabe, Satteldorf, 1998

GEMS FROM THE EAST: A Birthday Book of Precepts and Axioms (1890)
Hrsg. H. P. Blavatsky
Deutsch: *Juwelen des Ostens,* München, 1984

TRANSACTIONS OF THE BLAVATSKY LODGE (1890-91)
Deutsche Übersetzung enthalten in: *Die Geheimlehre*, Adyar-Studienausgabe

THE THEOSOPHICAL GLOSSARY (1892)
Deutsche Ausgabe in Vorbereitung

FROM THE CAVES AND JUNGLES OF HINDOSTAN (1892)
Deutsch: ???

NIGHTMARE TALES (1892)
Deutsch: *Unheimliche Geschichten,* Hannover, 1986

A MODERN PANARION (1895)

STUDIES IN OCCULTISM (1895)

THE LETTERS OF H. P. BLAVATSKY TO A. P. SINNETT (1925)

H. P. BLAVATSKY COLLECTED WRITINGS (14 Bd.)
Hrsg. Boris de Zirkoff

FIVE MESSAGES TO THE AMERICAN THEOSOPHISTS (1888-1891)

Anmerkungen

VORWORT

1 William Q. Judge, »The Esoteric She«, *The Sun,* New York, 26. September 1892; Nachdruck in *H.P. Blavatsky* (Broschüre), Los Angeles, n. d.

2 Charles Johnston, »A Memory of Madame Blavatsky«, *Lucifer,* London, Juni 1891, S. 287-88

3 William Stewart Ross (»Saladin«), »Death of Madame Blavatsky«, *Agnostic Journal,* 16. Mai 1891; Nachdruck unter dem Titel »How an Agnostic Saw Her«, *Lucifer,* Juni 1891, S. 311-16

4 A. P. Sinnett, *»The Occult World Phenomena« and the Society for Psychical Research, with a Protest by Madame Blavatsky* (Broschüre), London, 1886, S. 51

5 Vernon Harrison, »J'Accuse: An Examination of the Hodgson Report of 1885«, *Journal of the Society for Psychical Research,* London, April 1986, S. 309-10; Vernon Harrison, *H. P. Blavatsky and the SPR: An Examination of the Hodgson Report of 1885,* Pasadena, 1997, S. 33

6 H.G. Wells, *The Man Who Could Work Miracles: Twenty-Eight Science Fiction Stories of H. G. Wells,* New York, 1942, S. 701

7 Das war in New York City in den 1920er Jahren, als die Genannten im neu erbauten Shelton Hotel wohnten. Carolyn Swanton, »Claude Fayette Bragdon: A Theosophist«, *American Theosophist,* Wheaton, September 1983, S. 263

8 Blavatsky, Brief an Vera Selikowsky, »Letters of H.P. Blavatsky XIII«, *The Path,* New York, Herausgeber William Q. Judge, Dezember 1895, S. 270

9 *Roget's International Thesaurus,* 4. Auflage, New York, 1977

10 Damodar Mavalankar, »Can Females Become Adepts?«, *The Theosophist,* Adyar, Madras, Indien, Oktober 1883, S. 23

11 Iverson Harns, *The Journal of San Diego History,* San Diego Historical Society, Sommer 1974, S. 16. Bei der Überprüfung dieser Information stellte sich heraus, dass eine Nichte Einsteins in den 1960er Jahren den Hauptsitz der Theosophischen Gesellschaft in Adyar, Indien besucht hatte. Sie erklärte, dass sie nichts über Theosophie oder die Gesellschaft wusste, aber den Ort sehen wollte, weil ihr Onkel immer eine Ausgabe von Madame Blavatskys *Geheimlehre* auf seinem Schreibtisch liegen hatte. Die Nichte sprach mit Eunice Layton, einer weitgereisten Theosophin und Dozentin, die zufällig am Empfang war, als sie ankam. Sylvia Cranston traf Eunice Layton während ihres Aufenthalts in Ojai, Kalifornien im Januar 1982, die ihr die Geschichte bestätigte.

12 *Ojai Valley News,* Ojai, 28. September 1983, S. 6-7

13 *Collected Letters of W. B. Yeats: Volume One,* Hrsg. John Kelly, Oxford, 1986, Bd. 1, S. 164

14 Cathy Young (Ekaterina Jung), *Growing Up in Moscow,* New York, 1989

15 Theodore Roszak, *Mensch und Erde auf dem Weg zur Einheit,* S. 115-25

16 *The Theosophist,* August 1990, S. 448-49

17 Blavatsky, *H.P. Blavatsky an die Amerikanischen Konvente: 1888-1891,* München

18 Zinaida Vengerowa, »Blavatsky«, in *Critico-Biographical Encyclopedia of Russian Writers and Savants,* St. Petersburg, 1892, Bd. 3, S. 301 Fußnote

KAPITEL 1: RUSSLAND

1 Lydia P. Bobritsky, »Helena Andrejewna Hahn«, *The Theosophical Forum,* Covina, August 1948, S. 450
2 Vera Petrovna de Selikowsky, »Helena Petrovna Blavatskaya: Biograficheskу ocherk« (Helena Petrovna Blavatsky: Eine Kurzbiographie), *Russkoye obozreniye,* November 1891, S. 246, Fußnote, übersetzt von Mary G. Langford, Sylvia Cranston Archives, Santa Barbara; A. V. Starchevskii, »Roman odnoi zabytoi romanistiki« (Die Romanze einer vergessenen Romanschriftstellerin), *Istoricheskii vestnik* (Historischer Bote), St. Petersburg, September 1886, S. 530
3 Victor und Jennifer Louis, *The Complete Guide to the Soviet Union,* New York, 1976, S. 15
4 Blavatsky, *H.P. Blavatsky Collected Writings,* Wheaton, 1966, Bd. 2, S. 353
5 Bobritsky, »Helene Andrejewna Hahn«, S. 451-52
6 Blavatsky, *H.P. Blavatsky Collected Writings,* Bd. 1, S. xxviii
7 Marion Meade, *Madame Blavatsky: The Woman Behind the Myth,* New York, 1980, S. 16
8 Blavatsky, *H.P. Blavatsky Collected Writings,* Bd. 1, S. xxviii
9 Blavatsky, *H.P. Blavatsky Collected Writings,* Bd. 1, S. xxvi
10 Andrej Mihailowitsch de Fadejew, *Vospominaniya, 1790-1867* (Erinnerungen, 1790-1867), Teil 1, Odessa, 1897, S. 5
11 Blavatsky, *H.P. Blavatsky Collected Writings,* Bd. 3, S. 506-7
12 Bobritsky, »Helena Andrejewna Hahn«, S. 452
13 Vera Petrovna Selikowsky, *Kak ya bila malenkoy: Iz vospominaniy rannyago dyetstva Veri Petrovni Zhelihovsky* (Als ich klein war: Aus den frühen Kindheitserinnerungen von Vera Petrovna Selikowsky), 2. durchgesehene und erweiterte Auflage, St. Petersburg, 1894, Bd. 1, S. 33-38, übersetzt von Cathy Young, Sylvia Cranston Archives, Santa Barbara
14 Selikowsky, *Kak ya bila malenkoy,* Bd. 1, S. 18
15 Katharina S. Nekrassowa, »Helena Andrejewna Hahn, 1814-1842: Kurzbiographie«, *Russkaya starina,* St. Petersburg, August 1886, Bd. 51, Teil 1, S. 339, übersetzt von Mary G. Langford, Sylvia Cranston Archives, Santa Barbara
16 A. P. Sinnett, *Incidents in the Life of Madame Blavatsky,* New York, 1886, S. 97
17 Blavatsky, *H.P. Blavatsky Collected Writings,* Bd. 2, S. 355
18 Selikowsky, *Kak ya bila malenkoy,* Bd. 1, S. 60, 124, 149-50
19 Sinnett, *Incidents in the Life of Madame Blavatsky,* S. 14
20 Bobritsky, »Helena Andrejewna Hahn«, S. 449
21 Nekrassowa, »Helena Andrejewna Hahn, 1814-1842«, September 1886, Bd. 51, Teil 10, S. 570-71
22 Henry Steel Olcott, *Old Diary Leaves: The History of the Theosophical Society,* Adyar, Madras, Indien, 1974, Bd. 3, S. 378
23 H. P. Blavatsky, *Die Stimme der Stille,* Satteldorf, 1994[2]
24 Blavatsky, *Die Stimme der Stille*
25 *National Geographic,* März 1985, S. 295
26 Sinnett, *Incidents in the Life of Madame Blavatsky,* S. 18-19
27 Sinnett, *Incidents in the Life of Madame Blavatsky,* S. 21

28 *The Bhagavad-Gita,* aus dem Sanskrit von William Q. Judge, Los Angeles, 1986
29 Nadjeschda Fadejew, »Helena Pawlowna Fadejew«, *Russkaya starina,* St. Petersburg, Dezember 1886, S. 749-51, übersetzt von Cathy Young, Sylvia Cranston Archives, Santa Barbara
30 Blavatsky, *H.P. Blavatsky Collected Writings,* Bd. 1, S. xxx-xxxi
31 Nekrassowa, »Helena Andrejewna Hahn, 1814-1842«, August 1886, Bd. 51, Teil 4, S. 347-48
32 Bobritsky, »Helena Andrejewna Hahn«, S. 454
33 Nekrassowa, »Helena Andrejewna Hahn«, 1814-1842«, August 1886, Bd. 51, Teil 5, S. 353
34 Nekrassowa, »Helena Andrejewna Hahn«, 1814-1842«, August 1886, Bd. 51, Teil 5, S. 353
35 Nekrassowa, »Helena Andrejewna Hahn«, 1814-1842«, August 1886, Bd. 51, Teil 5, S. 351
36 Selikowsky, *Kak ya bila malenkoy,* 1894 (im ganzen Buch von der Autorin benutzt)
37 Meade, *Madame Blavatsky: The Woman Behind the Myth,* S. 24-33
38 Bobritsky, »Helena Andrejewna Hahn«, S. 453
39 Bobritsky, »Helena Andrejewna Hahn«, S. 454
40 Nekrassowa, »Helena Andrejewna Hahn, 1814-1842«, August 1886, Bd. 51, Teil 5, S. 354
41 Ignace Hommaire-de-Hell, *Travels in the Steppes of the Caspian Sea, Crimea ...,* London, 1867, S. 165-68
42 Selikowsky, *Kak ya bila malenkoy,* Bd. 2, S. 4
43 Selikowsky, »Neobyasnimoye ili neobyasnenneye: Iz lichnih i semeynih vospominaniy« (Das Unerklärbare oder das Unerklärte: Aus persönlichen und Familien-Erinnerungen), *Rebus,* Moskau, Bd. 4, Nummer 6 (1885), S. 60, übersetzt von Cathy Young, Sylvia Cranston Archives, Santa Barbara
44 Selikowsky, »Yelene Petrovne Blavatskaya: Biografichesky ocherk« (Helena Petrovna Blavatsky: Eine Kurzbiographie), *Russkoye obozreniye,* November 1891, S. 243-45, übersetzt von Cathy Young, Sylvia Cranston Archives, Santa Barbara
45 »Character Sketches«, *Review of Reviews,* London, 1893, S. 659
46 Selikowsky, *Kak ya bila malenkoy,* Bd. 2, S. 129-132
47 Nekrassowa, »Helena Andrejewna Hahn, 1814-1842«, September 1886, Teil 8, S. 560, 562; Selikowsky, *Kak ya bila malenkoy,* S. 326, 115; Selikowsky, *Moyo otrochestvo* (Meine Jugend), 3. Auflage, 1900, Teil 1, Kapitel 12, S. 59, übersetzt von Cathy Young, Sylvia Cranston Archives, Santa Barbara
48 Nekrassowa, »Helena Andrejewna Hahn, 1814-1842«, Teil 9, S. 565
49 Selikowsky, *Kak ya bila malenkoy,* Kapitel 1-23; Fadejew, *Vospominaniya,* Teil 1, S. 148, 167
50 Sinnett, *Incidents in the Life of Madame Blavatsky,* S. 28
51 Sinnett, *Incidents in the Life of Madame Blavatsky,* S. 32, 33
52 Vera Petrovna de Selikowsky, »Pravda o Yelene Petrovne Blavatsky«, *Rebus,* November 1891, S. 245, 247, übersetzt von Mary G. Langford, Sylvia Cranston Archives, Santa Barbara
53 Selikowsky, »Pravda o Yelene Petrovne Blavatsky«, S. 246
54 Selikowsky, *Kak ya bila malenkoy,* S. 117
55 Selikowsky, *Kak ya bila malenkoy,* S. 214-16
56 Selikowsky, *Kak ya bila malenkoy,* S. 217-20
57 Nekrassowa, »Helena Andrejewna Hahn, 1814-1842«, Teil 11, S. 573
58 Selikowsky, *Kak ya bila malenkoy,* Kapitel 35-37
59 Selikowsky, *Moyo otrochestvo,* Teil 1, Kapitel 1, S. 1-4
60 Selikowsky, »Pravda o Yelene Petrovne Blavatsky«, S. 246 Fußnote
61 Nekrassowa, »Helena Andrejewna Hahn, 1814-1842«, Teil 11, S. 572
62 Selikowsky, »Pravda oYelene Petrovne Blavatsky«, S. 246

63 Mary K. Neff, *Personal Memoirs of H.P. Blavatsky,* Wheaton, 1971, S. 17; Vera P. Selikowsky, »Helena Petrovna Blavatsky«, *Lucifer,* November 1894, S. 204
64 Bobritsky, »Helena Andrejewna Hahn«, S. 457
65 Nekrassova, »Helena Andrejewna Hahn, 1814-1842«, Teil 8, S. 559
66 Nekrassova, »Helena Andrejewna Hahn, 1814-1842«, Teil 9, S. 566
67 Sinnett, *Incidents in the Life of Madame Blavatsky,* S. 29
68 Sinnett, *Incidents in the Life of Madame Blavatsky,* S. 30-31, 41; Selikowsky, *Kak ya bila malenkoy,* Kapitel 24, 25
69 Sinnett, *Incidents in the Life of Madame Blavatsky,* S. 37-38
70 Sinnett, *Incidents in the Life of Madame Blavatsky,* S. 39-40
71 Olcott, *Old Diary Leaves,* Bd. 3, S. 9-10
72 Sinnett, *Incidents in the Life of Madame Blavatsky,* S. 35
73 Sinnett, *Incidents in the Life of Madame Blavatsky,* S. 42-43
74 Sinnett, *Incidents in the Life of Madame Blavatsky,* S. 47-48; Gräfin Constance Wachtmeister, *Reminiscences of H.P. Blavatsky and The Secret Doctrine,* Wheaton, 1976, S. 56; Blavatsky, *The Letters of H. P. Blavatsky to A. P. Sinnett,* London, 1925, S. 150
75 Sinnett, *Incidents in the Life of Madame Blavatsky,* S. 42
76 Sinnett, *Incidents in the Life of Madame Blavatsky,* S. 46-47
77 Blavatsky, *H.P. B. Speaks,* Hrsg. C. Jinarajadasa, Adyar, Madras, Indien, 1951, Bd. 2, S. 62-63
78 Blavatsky, *The Theosophical Glossary,* Los Angeles, 1930 (Faksimile der Originalausgabe von 1892), S. 197, Blavatsky, *Isis entschleiert,* Bd. I, S. xxxiv
79 Blavatsky, *The Theosophical Glossary,* S. 196-98, 238; Blavatsky; »Practical Occultism«, *Lucifer,* August 1888, S. 150-54 (dt. *Praktischer Okkultismus,* Satteldorf, 1993); »Occultism versus the Occult Arts«, Mai 1888, S. 173-81
80 Selikowsky, *Moyo otrochestvo,* Teil 2, S. 181-85
81 Louis, *The Complete Guide to the Soviet Union,* S. 520
82 Selikowsky, *Moyo otrochestvo,* Teil 1, Kapitel 28, 29; Teil 2, Kapitel 1, 2, 5
83 Selikowsky, *Moyo otrochestvo,* Teil 1, S. 54
84 Selikowsky, *Moyo otrochestvo,* Teil 2, Kapitel 11
85 Selikowsky, *Moyo otrochestvo,* Teil 2, S. 190-93
86 Selikowsky, *Moyo otrochestvo,* Teil 2, S. 277
87 Blavatsky, *H.P.B. Speaks,* Adyar, Madras, Indien, 1951, Bd. 2, S. 61
88 Selikowsky, *Kak ya bila malenkoy,* S. 92; *Moyo otrochestvo,* Teil 1, S. 76, 96
89 Helene Pissareff, »Helena Petrovna Blavatsky«, *The Theosophist,* Januar 1913, S. 500, 504
90 Blavatsky, *H.P. Blavatsky Collected Writings,* Bd. 1, S. xxxv; Selikowsky, *Moyo otrochestvo,* Teil 2, S. 271-72; A. L. Polgosky, »Helena Petrovna Blavatsky: a Chapter out of Her Past«, *The Theosophist,* Juli 1913, S. 477 Fußnote
91 Sinnett, *Incidents in the Life of Madame Blavatsky,* S. 54
92 Blavatsky, *The Letters of H.P. Blavatsky to A. P. Sinnett,* S. 214, 217
93 Vera P. Selikowsky, »Helena Petrovna Blavatsky«, *Lucifer,* November 1894, S. 204; »Radda-Bai: A Biographical Sketch«, in *Enigmatical Tribes in the »Light Blue Mountains«, Durbar at Lahore,* From the Caves and Jungles of India, St. Petersburg, 1893, S. 2-3, übersetzt von Mary G. Langford, Sylvia Cranston Archives, Santa Barbara
94 Blavatsky, *H.P. Blavatsky Collected Writings,* Bd. 1, S. xxxvi
95 Selikowsky, *Moyo otrochestvo,* Teil 2, S. 216
96 Sinnett, *Incidents in the Life of Madame Blavatsky,* S. 54-55

97 Selikowsky, *Moyo otrochestvo,* Teil 2, S. 217
98 Sinnett, *Incidents in the Life of Madame Blavatsky,* S. 56-57
99 Selikowsky, *Moyo otrochestvo,* Teil 2, S. 303
100 Blavatsky, »Marvellous Spirit Manifestations«, *Daily Graphic,* New York, 30. Oktober 1874, S. 873; *H.P. Blavatsky Collected Writings,* Bd. 1, S. 32
101 Blavatsky, *H.P.B. Speaks,* Bd. 2, S. 64
102 Sinnett, *Incidents in the Life of Madame Blavatsky,* S. 57-59

KAPITEL 2: UNTERWEGS

1 Blavatsky, *H.P. Blavatsky Collected Writings,* Bd. 2, S. 354 Fußnote; Hugh Seth Watson, *The Russian Empire, 1801-1917,* S. 499
2 Blavatsky, *H.P. B. Speaks,* Bd. 2, S. v-xvi
3 Blavatsky, *H.P. B. Speaks,* Bd. 1, S. 61-63
4 C. G. Jung, *The Collected Works,* Band 13; *Alchemical Studies,* Princeton, 1967, Umschlag (dt. *Gesammelte Werke,* Band 13, *Studien über alchemistische Vorstellungen,* Olten, 1993[4])
5 C. G. Jung, *The Development of Personality,* London, 1954, S. 28, 238 (dt. *Gesammelte Werke,* Band 17, *Über die Entwicklung der Persönlichkeit,* Olten, 1988)
6 C. G. Jung, *The Collected Works,* Band 12, *Psychology and Alchemy,* London, 1953, Umschlag (dt. *Psychologie und Alchemie,* Olten/Freiburg, 1994[7])
7 H. P. Blavatsky, »Philosopher's Stone«, in *The Theosophical Glossary,* S. 253; H.P. Blavatsky, *Isis entschleiert*
8 C. G. Jung, *Alchemical Studies,* S. 339
9 Blavatsky, *Lucifer,* Dezember 1889, S. 272
10 C. G. Jung, *Psychology and Alchemy,* S. 120, Anm. 41
11 Sinnett, *Incidents in the Life of Madame Blavatsky,* S. 60, 67; Blavatsky, Brief an Sydney Coryn, 2. November 1889, Archiv der Theosophischen Gesellschaft, Pasadena
12 Blavatsky, *The Letters of H.P. Blavatsky to A. P. Sinnett,* S. 151, 177
13 A. L. Rawson, »Madame Blavatsky, A Theosophical Occult Apology«, *Frank Leslie's Popular Magazine,* Februar 1892
14 Blavatsky, *H.P. B. Speaks,* Bd. 2, S. 65-66
15 Charles Blech, *Contribution à l'histoire de la Société Théosophique en France,* Paris, 1933, S. 140
16 Sinnett, *Incidents in the Life of Madame Blavatsky,* S. 51
17 Selikowsky, *Moyo otrochestvo,* S. 23, 117, 119, 120; Blavatsky, *H.P. Blavatsky Collected Writings,* Bd. 1, S. xxxiii
18 Olcott, *Old Diary Leaves,* Bd. 1, S. 458
19 Sinnett, *Incidents in the Life of Madame Blavatsky,* S. 61
20 Blavatsky, *Isis entschleiert,* Bd. 1
21 Blavatsky, *H.P. B. Speaks,* Bd. 2, S. 66
22 Blavatsky, *H.P. B. Speaks,* Bd. 2, S. 67
23 Blavatsky, *The Letters of H. P. Blavatsky to A. P. Sinnett,* S. 150, 151
24 Wachtmeister, *Reminiscences of H.P. Blavatsky and The Secret Doctrine,* 1976, S. 44-45, Blavatsky, *H.P. Blavatsky Collected Writings,* Bd. 1, S. 3
25 Wachtmeister, *Reminiscences of H.P. Blavatsky and The Secret Doctrine,* S. 44
26 Wachtmeister, *Reminiscences of H.P. Blavatsky and The Secret Doctrine,* S. 45

27 Blavatsky, *H.P. Blavatsky Collected Writings,* Bd. 8, S. 399
28 Blavatsky, *The Letters of H.P. Blavatsky to A. P. Sinnett,* S. 150
29 Wachtmeister, *Reminiscences of H.P. Blavatsky and The Secret Doctrine,* S. 57
30 Sinnett, *Incidents in the Life of Madame Blavatsky,* S. 61-66
31 Blavatsky, *Die Geheimlehre,* Studienausgabe, Satteldorf, 1999, S. 365-367
32 Sinnett, *Incidents in the Life of Madame Blavatsky,* S. 61, 62
33 Blavatsky, *Isis entschleiert,* Bd. 2
34 Sinnett, *Incidents in the Life of Madame Blavatsky,* S. 62, 63
35 Blavatsky, *Isis entschleiert,* Bd. 1; Sinnett, *Incidents in the Life of Madame Blavatsky,* S. 64
36 Sinnett, *Incidents in the Life of Madame Blavatsky,* S. 65-66
37 Blavatsky, *H.P. B. Speaks,* Bd. 2, S. 20
38 Sinnett,*Incidents in the Life of Madame Blavatsky,* S. 66
39 H. S. Olcott, »Traces of H. P. B.«, *The Theosophist,* Indien, April 1893, S. 429
40 (Übersetzung siehe S. 665)

Auszugsweise Abschrift.

Der Reichsführer ꟸ
und
Chef der Deutschen Polizei
im Reichsministerium des Innern
S-PP (II B) Nr. 1249/36.

Berlin, den 20. Juli 1937.

Auf Grund des § 1 der Verordnung des Reichspräsidenten zum Schutze von Volk und Staat vom 28.2.1933 (RGBl.I S.83) löse ich die nachstehend genannten freimaurerlogenähnlichen Organisationen, soweit sie sich nicht bereits vor dem 17.8.1935 freiwillig aufgelöst haben, auf:
pp.
8.Theosophische Gesellschaften
Die theosophische Sekte, genannt die liberal-katholische jetzt freie katholische Kirche,

Die Fortführung und Neugründung dieser sowie die Gründung getarnter Nachfolge-Organisationen wird unter Androhung der Folgen aus § 4 a.a.O. verboten.

Gleichzeitig stelle ich hiermit auf Grund des Gesetzes über die Einziehung volks- und staatsfeindlichen Vermögens vom 14.7.1933 - RGBl. I S. 479 - fest, daß das Vermögen der vorbezeichneten Organisationen zur Förderung volks- und staatsfeindlicher Bestrebungen gebraucht oder bestimmt war.

In Vertretung:
gez. H e y d r i c h.

F.d.R.d.A. aus II B 1317/37
Kanzleiangestellte.
Koblenz, den 23. Oktober 1937.

An Herrn
Gustav R i n g e r,
in Bad - Kreuznach,
Rauggrafenstr.6.

London, 20. Februar 1952

Sehr geehrte Dame,

in Beantwortung Ihres Schreibens vom 11. Februar wurden folgende Informationen bezüglich des Generalmajors Charles Murray (1826-1893) aus den militärischen Aufzeichnungen dieser Dienststelle entnommen:
Charles Murray, geboren am 17. März 1826, getauft am 11. Februar 1840 in St. Anne's, Westminster, war der Sohn von James und Catherine Murray, Soho Square, Captain im Dienst der Ostindischen Gesellschaft (Kadetten-Unterlagen, Band 95, Nr. 460).
Kadett: Bengalische Infanterie, 1841/42
Fähnrich Bengalische Infanterie, 1842
Leutnant, 70. Regiment, heimische Infanterie 1851
Kommandant, Sebundy Pioniere und Mineure, 1854-55
Kapitän Stabs-Korps, 18. Februar 1861
Major Stabs-Korps, 18. Februar 1863
Oberstleutnant Stabs-Korps, 28. Dezember 1868
Oberst, pensioniert am 31. Dezember 1874 in Indien
Generalmajor, 25. Januar 1875
Gestorben in Monghyr, 30. August 1893

41. Meade, *Madame Blavatsky: The Woman Behind the Myth,* S. 472
42. A. L. Rawson, »Two Madame Blavatskys – The Acquaintance of Madame H. P. Blavatsky with Eastern Countries«, *The Spiritualist,* 5. April 1878, S. 70-71 (verfasst von A. L. Rawson, New York, am 18. März 1878); Blavatsky, *H.P. Blavatsky Collected Writings,* Bd. 1, S. 357, Bd. 2, S. 71-72
43. Blavatsky, *H.P. B. Speaks,* Bd. 2, S. 20
44. Selikowsky, »Pravda o Yelene Petrovne Blavatsky« (Die Wahrheit über Helena Petrovna Blavatsky), *Rebus,* Bd. 2, Nummer 40, 1883, S. 357
45. Radda-Bai (Blavatsky), *H.P. Blavatsky Collected Writings: From the Caves and Jungles of Hindostan,* Wheaton, 1975, S. 272-273
46. Radda-Bai (Blavatsky), *H.P. Blavatsky Collected Writings: From the Caves and Jungles of Hindostan,* Wheaton, S. 273 Fußnote
47. Sinnett, *Incidents in the Life of Madame Blavatsky,* S. 66
48. Sinnett, *Incidents in the Life of Madame Blavatsky,* S. 66-67
49. Blavatsky, *H.P. Blavatsky Collected Writings,* Bd. 1, S. xli-xlii Fußnote; Florence Young, Brief, 14. Januar, Boris de Zirkoff Archiv, Theosophische Gesellschaft, Wheaton
50. John Unruh, Jr., *The Plains Across,* Chicago, 1978, S. 311
51. Unruh, *The Plains Across,* S. 401
52. Whitman, *Leaves of Grass,* New York, n.d., S. 90, 91 (dt. *Grashalme,* Zürich, 1985)
53. Sinnett, *Incidents in the Life of Madame Blavatsky,* S. 67
54. Blavatsky, *Isis entschleiert,* Bd. 1, Einführung
55. Blavatsky, *The Letters of H.P. Blavatsky to A. P. Sinnett,* S. 151
56. Radda-Bai (Blavatsky), *H.P. Blavatsky Collected Writings: From the Caves and Jungles of Hindostan*
57. Blavatsky, *H.P.B. Speaks,* Bd. 2, S. 21
58. Blavatsky, *The Letters of H.P. Blavatsky to A. P. Sinnett,* S. 153; Blavatsky, *H.P. Blavatsky Collected Writings,* Bd. 13, S. 210

59. Vengerow, *Kritico-biograficheskily slovar Russkin Pisately i uch evik*
60. Olcott, »Traces of H.P.B.«, S. 429
61. Sinnett, *Incidents in the Life of Madame Blavatsky,* S. 67-72; Blavatsky, *The Letters of H.P. Blavatsky to A. P. Sinnett,* S. 151
62. Blavatsky, *Isis entschleiert,* Bd. 2
63. Sinnett, *Incidents in the Life of Madame Blavatsky,* S. 72; Blavatsky, *The Letters of H.P. Blavatsky to A. P. Sinnett,* S. 151

KAPITEL 3: ZEIT DER REIFE

1. Selikowsky, »Neobyasnimoye ili neobyasnenneye«, *Rebus,* Bd. 3, S. 4, 41; Sinnett, *Incidents in the Life of Madame Blavatsky,* S. 76-77, übersetzt von Cathy Young, Sylvia Cranston Archives, Santa Barbara
2. »Letters from H.P.B.'s Husbands«, *The Theosophist,* August 1959, S. 295-96; Brief 1 von General Blavatsky an Madame N. A. Fadejew
3. Selikowsky, »Pravda o Yelene Petrovne Blavatsky«, *Rebus,* Bd. 2, Nummer 40 (1883), S. 357
4. Blavatsky, *The Letters of H.P. Blavatsky to A. P. Sinnett,* S. 154
5. Blavatsky, Brief an den Herausgeber von *Light,* London, veröffentlicht am 27. Juli 1889; Blavatsky, *H.P. Blavatsky Collected Writings,* Bd. 2, S. 363 (der Hinweis auf das Treffen mit K. H. wurde im Nachdruck *A Modern Panarion* weggelassen)
6. Blavatsky, Brief an Sidney und Herbert Coryn, 2. November 1889, Archiv der Theosophischen Gesellschaft, Pasadena
7. Selikowsky, »Helena Petrovna Blavatskaya: Biografichesky ocherk« (Helena Petrovna Blavatsky: Eine Kurzbiographie), *Russkoye obozreniye,* Bd. 6 (November 1891), S. 250
8. William Q. Judge, »The Esoteric She«, *Sun,* New York, 26. September 1892
9. Sinnett, *Incidents in the Life of Madame Blavatsky,* S. 78-79, 82-89; Selikowsky, »Pravda o Yelene Petrovne Blavatsky«, *Rebus,* Bd. 2, Nummer 40 (1883), S. 358
10. Sinnett, *Incidents in the Life of Madame Blavatsky,* S. 94; Selikowsky, »Pravda o Yelene Petrovne Blavatsky«, *Rebus,* Bd. 2, Nummer 41 (1883), S. 367
11. Sinnett, *Incidents in the Life of Madame Blavatsky,* S. 94-95; Blavatsky, *H.P. Blavatsky Collected Writings,* Bd. 14, S. 477
12. Sinnett, *Incidents in the Life of Madame Blavatsky,* S. 85
13. Selikowsky, »Pravda o Yelene Petrovne Blavatsky«, *Rebus,* Bd. 2, Nummer 40 (1883), S. 358; Sinnett, *Incidents in the Life of Madame Blavatsky,* S. 80-81; Blavatsky, *The Letters of H.P. Blavatsky to A. P. Sinnett,* S. 154-55; Blavatsky, *H.P. Blavatsky Collected Writings,* Bd. 14, S. 476, 479
14. Sinnett, *Incidents in the Life of Madame Blavatsky,* S. 87-91
15. Sinnett, *Incidents in the Life of Madame Blavatsky,* S. 91 Fußnote
16. Sinnett, *Incidents in the Life of Madame Blavatsky,* S. 91-96
17. Sinnett, *Incidents in the Life of Madame Blavatsky,* S. 91-97; Selikowsky, »Pravda o Yelene Petrovne Blavatsky«, *Rebus,* Bd. 2, Nummer 41 (1883), S. 367-68
18. Sinnett, *Incidents in the Life of Madame Blavatsky,* S. 92-97, 105, 107; Selikowsky, »Pravda oYelene Petrovne Blavatsky«, *Rebus,* Bd. 2, Nummer 43 (1883), S. 389-90
19. Blavatsky, »Letters of H.P.B. to Dr. Hartmann, *The Path,* März 1896, S. 369
20. Selikowsky, »Neobyasnimoye ili neobyasnenneye«, *Rebus,* Bd. 4, Nummer 5 (1885), S. 51-52

21. Sinnett, *Incidents in the Life of Madame Blavatsky,* S. 134-135; Selikowsky, »Pravda o Yelene Petrovne Blavatsky«, *Rebus,* Bd. 2, Nummer 44 (1883), S. 399-400; Olcott, *Old Diary Leaves,* Bd. 1, S. 9
22. Sinnett, *Incidents in the Life of Madame Blavatsky,* S. 135-138
23. Selikowsky, »My Sister - H.P. Blavatsky«, *The London Forum,* London, Dezember 1934, S. 406-7
24. Nikolayeff, *Reminiscences of Prince A. I. Baryatinsky,* Auszüge in *Istorichesky vestnik,* St. Petersburg, Dezember 1885, S. 622-24; *Theosophia,* Los Angeles, Mai-Juni 1947, S. 15-16
25. Blavatsky, *H.P. B. Speaks,* Bd. 2, S. 156
26. Sinnett, *Incidents in the Life of Madame Blavatsky,* S. 146; Blavatsky, *The Letters of H.P. Blavatsky to A. P. Sinnett,* S. 156
27. Sinnett, *Incidents in the Life of Madame Blavatsky,* S. 146 Fußnote; Blavatsky, *H.P. Blavatsky Collected Writings,* Bd. 14, S. 484
28. Selikowsky, »Pravda o Yelene Petrovne Blavatsky«, *Rebus,* Bd. 2, Nummer 46 (1883), S. 418; Sinnett, *Incidents in the Life of Madame Blavatsky,* S. 150
29. Sinnett, *Incidents in the Life of Madame Blavatsky,* S. 152-53
30. Blavatsky, *H.P.B. Speaks,* Bd. 2, S. 116; Nadja, Brief an H.P. Blavatsky, 23. Mai 1877, Adyar Archiv, Theosophische Gesellschaft, Adyar, Madras, Indien; Interview mit HPB in *Morning News,* Paris, 21. April 1884
31. Blavatsky, *H.P. Blavatsky Collected Writings,* Bd. 1, S. xlvii, S.11-25
32. Blavatsky, *The Letters of H.P. Blavatsky to A. P. Sinnett,* S. 144
33. Blavatsky, *The Letters of H.P. Blavatsky to A. P. Sinnett,* S. 144; Blavatsky, *H.P. Blavatsky Collected Writings,* Bd. 1, S. 54-55
34. H.P. Blavatsky, »Mr. A. Lillie's Delusions«, *Light,* London, 9. August 1884, S. 323-24; Blavatsky, *H.P. Blavatsky Collected Writings,* Bd. 4, S. 277-78
35. René Guenon, *Le Theéosophisme: Histoire d'une pseudo-religion,* Paris, S. 43
36. Olcott, *Old Diary Leaves,* Bd. 1, S. 9, 264; Blavatsky, *The Letters of H.P. Blavatsky to A. P. Sinnett,* S. 151-52
37. Blavatsky, Brief an *The Spiritualist,* London, 12. August 1881; Blavatsky, *H.P. Blavatsky Collected Writings,* Bd. 3, S. 268
38. Der Mahayana-Buddhismus hatte seinen Ursprung in Indien, bevor er von den Brahmanen und Moslems vertrieben wurde. HPB schreibt in der *Geheimlehre* (Studienausgabe, S. 63) und den *Collected Writings (Collected Writings 1888: The Secret Doctrine,* Adyar, Madras, Indien, 1978, Bd. 1, S. xx-xxi): »Zeit und menschliche Phantasie verfälschten die Reinheit und Bedeutung dieser Lehren, nachdem die Arhats aus ihrem geheimen und geheiligten Kreis aufgebrochen waren, um in Ländern, die weniger empfänglich für metaphysische Ideen waren als Indien, ihrer missionarischen Tätigkeit nachzugehen, wodurch die Lehren nach China, Japan, Siam und Burma verpflanzt wurden. Was aus der ursprünglichen Reinheit dieser großartigen Offenbarungen gemacht wurde, ist leicht zu erkennen, wenn man so manche der so genannten »esoterischen« buddhistischen Schulen des Altertums in ihren modernen Ausdrucksformen betrachtet – nicht nur in China und anderen buddhitstischen Ländern übrigens, sondern sogar in nicht wenigen Schulen Tibets, die uneingeweihten Lamas und einfallsreichen mongolischen Neuerern überlassen wurden.«
39. Sylvia Cranston und Joseph Head, *Reincarnation: The Phoenix Fire Mystery,* Pasadena, 1994, S. 60-67, 74-76, 83-84, 89-91, 92-93, 100
40. In Beantwortung einer Anfrage schrieb HPB in *The Theosophist* vom Januar 1886: »[Ich] glaube [nicht] an einen individuellen, separaten Geist in mir, als etwas vom Ganzen Abge-

trenntes ... Als Okkultistin behaupte ich, aufgrund der Geheimlehre, dass der menschliche Geist, obwohl vollkommen in Parabrahman enthalten, *per se* nicht individuell ist, aber doch seine Individualität im Paranirvana bewahrt, dank der Akkumulation der *Skandhas* aus den höchsten Bereichen des Manas (bzw. des Geistes), die nach jedem Tod überleben. Die spirituellsten, d.h. die höchsten und göttlichsten Bestrebungen jeder Persönlichkeit ... werden Teil der Monade [und werden] bis zum Ende des großen Zyklus *(Maha-Manvantara)* bewahrt, wenn jedes Ego in Paranirvana eintritt oder in Parabrahman eingeht. Für unser maulwurfähnliches Verständnis ist der menschliche Geist dann in dem Einen Geist aufgegangen, wie der Tropfen, der ins Meer fällt, nicht mehr ausgemacht und entdeckt werden kann. Aber in Wirklichkeit ist das in der Welt des immateriellen Gedankens nicht so... Dass solche parabrahmanischen und paranirvanischen ›Geister‹ oder Einheiten ihre göttliche (nicht menschliche) Individualität haben und bewahren müssen, zeigt sich in der Tatsache, dass, egal wie lang die ›Nacht des Brahman‹ oder sogar des Universellen Pralaya ist, ... am Ende die gleiche individuelle Göttliche Monade ihren hohen Pfad der Evolution aufnimmt ... und die ganze Essenz des Geistes von vorherigen zahllosen Wiedergeburten mit sich bringt.« (siehe auch die Broschüre der Theosophischen Gesellschaft, *Kabbalah and Kabbalism,* S. 33-34)

41. Lobsang P. Lhalungpa, *Tibet the Sacred Realm: Photographs 1880-1950,* Philadelphia, 1983, S. 37
42. Heinrich Harrer, *Sieben Jahre in Tibet,* Frankfurt/Berlin, 1988
43. Blavatsky, *The Letters of H.P. Blavatsky to A. P. Sinnett,* S. 4
44. »Echoes from the Past«, *The Theosophist,* Oktober 1907, S. 77
45. »Echoes from the Past«, *The Theosophist,* Oktober 1907, S. 77
46. Lobsang P. Lhalungpa, *Tibet the Sacred Realm,* S. 80
47. G. P. Malasekera, »Blavatsky«, in *Encyclopedia of Buddhism,* Bd. 3, Colombo, 1971
48. D.T. Suzuki, *The Field of Zen,* herausgegeben von Christmas Humphreys, London, 1969, S. xiii
49. Rick Fields, *How the Swans Came to the Lake,* Boston, 1981, S. 296
50. *Buddhist News,* August 1965, S. 90
51. De Zirkoff Archives, Theosophische Gesellschaft, Wheaton
52. H.P. Blavatsky, *Die Stimme der Stille,* Satteldorf, 1994[2]
53. Blavatsky, *The Voice of the Silence,* Peking, 1927
54. Blavatsky, *Die Stimme der Stille,* Vorwort
55. Margaret Cousins, »A Pilgrimage in the Himalayas«, *World Theosophy,* Los Angeles, Bd. 1, Nummer 2 (Februar 1930), S. 156-59
56. »Travels of H. P. B.«, *World Theosophy,* Los Angeles, August 1931, S. 591
57. Franz Hartmann, »Psychometrical Experiments», *The Theosophist,* März 1887, S. 354-58
58. Blavatsky, »Letters of H.P.B. to Dr. Hartmann«, *The Path,* Bd. 10 (Januar 1896), S. 297-98
59. Blavatsky, »Letters of H.P.B. to Dr. Hartmann«, *The Path,* Bd. 10 (Januar 1896), S. 298-99
60. Blavatsky, *H.P. Blavatsky Collected Writings,* Bd. 14, S. 422-25
61. Selikowsky, »Pravda o Yelene Petrovne Blavatsky«, *Rebus,* 1883, S. 56
62. Sven Hedin, *A Conquest of Tibet,* New York, 1934, S. 380; Sven Hedin, *Transhimalaya,* Wiesbaden, 1985[7]
63. Barbara M. Foster und Michael Foster, *Forbidden Journey: the Life of Alexandra David-Neel,* San Francisco, 1989, S. 57
64. Alexandra David-Neel, *My Journey to Lhasa,* Boston, 1986, S. xi
65. Selikowsky, »Pravda oYelene Petrovne Blavatsky«, *Rebus,* 1883, S. 66-67
66. Blavatsky, »Letters of H.P.B. to Dr. Hartmann«, *The Path,* Bd. 10 (März 1896), S. 370

67. Blavatsky, »Mr. A. Lillie's Delusions«, *Light*, London, 9. August 1884; Blavatsky, *H.P. Blavatsky Collected Writings*, Bd. 4, S. 269-80
68. *The Theosophical Forum*, Point Loma, Mai 1936, S. 343-46
69. Sven Eek, Hrsg., *Damodar and the Pioneers of the Theosophical Movement*, Adyar, Madras, Indien, 1978, S. 60-62
70. Olcott, *Old Diary Leaves*, Bd. 3, S. 54-55, 57
71. Blavatsky, *The Theosophical Glossary*, S. 295
72. Blavatsky, *Die Stimme der Stille*, Vorwort
73. Mahatmas M. & K.H., *The Mahatma Letters*, Adyar, 1962, Appendix, S. 471/72
74. *The Eclectic Theosophist*, San Diego, Januar-Februar 1990, S. 3
75. C. Jinarajadasa, Hrsg., *Letters from the Masters of the Wisdom*, Adyar, Madras, Indien, 1973, Bd. 1, S. 84-85, 132-34; *First Report of the Committee of the Society for Psychical Research, Appointed to Investigate the Evidence for Marvellous Phenomena Offered by Certain Members of the Theosophical Society*, London, 1884, S. 113-14
76. C. Jinarajadasa, Hrsg., *Letters from the Masters of the Wisdom*, Bd. 1, S. 84-85, 132-34; *Report of the Result of an Investigation into the Charges against Madame Blavatsky, brought by the Missionaries of the Scottish Free Church of Madras, and examined by a Committee appointed for that Purpose by The General Council of the Theosophical Society*, Madras, Adyar, 1885, S. 96
77. Blavatsky, *H.P. Blavatsky Collected Writings*, Bd. 6, S. 274-77
78. *Report of the Result of an Investigation into the Charges against Madame Blavatsky*, 1885, S. 96
79. *The First Report of the Committee of the Society For Psychical Research*, 1884, S. 115
80. Blavatsky, Brief an ihre Familie, *The Path*, Januar 1895, S. 299
81. Blavatsky, *The Letters of H.P. Blavatsky to A. P. Sinnett*, S. 153; Neff, *Personal Memoirs of H.P. Blavatsky*, S. 301
82. »Letters of H.P.B. to Dr. Hartmann«, *The Path*, März 1896, S. 369-70
83. Rawson, »Two Madame Blavatskys«, *The Spiritualist*, 5. April 1878
84. Blavatsky, *The Letters of H. P. Blavatsky to A. P. Sinnett*, S. 153, 215; Sinnett, *Incidents in the Life of Madame Blavatsky*, S. 153-54; Neff, *Personal Memoirs of H.P. Blavatsky*, S. 165
85. Boris de Zirkoff, *Theosophia*, Bd. XI, Nr. 4, Frühjahr 1955, S. 13
86. Sinnett, *Incidents in the Life of Madame Blavatsky*, S. 158-59
87. Blavatsky, *H.P. Blavatsky Collected Writings*, Bd. 14, S. 487
88. Blavatsky, *H.P. Blavatsky Collected Writings*, Bd. 1, S. xlvi
89. Blavatsky, *H.P. Blavatsky Collected Writings*, Bd. 1, S. xlix-i
90. Blavatsky, *H. P. B. Speaks*, Bd. 1, S. 192-93
91. Olcott, *Old Diary Leaves*, Bd. 1, S. 27-28
92. Olcott, *Old Diary Leaves*, Bd. 1, S. 20; Blavatsky, *The Letters of H. P. Blavatsky to A. P. Sinnett*, S. 153-54
93. Wachtmeister, *Reminiscences*, S. 146-47; Olcott, *Old Diary Leaves*, Bd. 1, S. 28-29
94. Meade, *Madame Blavatsky: The Woman Behind the Myth*, S. 101

KAPITEL 4: AMERIKA

1. HPBs erste Einbürgerungspapiere sind vom 22. September 1873; ihre Staatsbürgerschaftsdokumente sind mit »Helen P. Blavatsky« unterschrieben (Fotokopie, National Archives, Niederlassung New York)

2. Vera Selikowsky, »Radda-Bai«, in Blavatsky, *Caves and Jungles of Hindostan,* St. Petersburg, 1893, übersetzt von Mary C. Langford, Sylvia Cranston Archives, Santa Barbara, S. 6
3. Olcott, *Old Diary Leaves,* Bd. 1, S. 21-22
4. *World Theosophist,* Los Angeles, 31. Dezember 1973
5. Olcott, *Old Diary Leaves,* Bd. 1, S. 20
6. Blavatsky, *Some Unpublished Letters of Helena Petrovna Blavatsky,* herausgegeben von Eugene Rollin Corson, London, 1929, S. 127-28
7. Arthur Conan Doyle, *The History of Spiritualism,* Bd. 1, S. 77, 80
8. R. Laurence Moore, *In Search of White Crows,* New York, 1977, S. 3-4
9. Arthur Conan Doyle, *The History of Spiritualism,* Bd. 1, S. 191
10. Selikowsky, »Neobyasnimoye ili neobyasnenneye«, *Rebus,* 1885, S. 7, 13
11. Carl Sandburg, *Abraham Lincoln – The War Years,* New York, Bd. 3, S. 343-45
12. Nettie Colburn Maynard, *Was Abraham Lincoln a Spiritualist?,* Philadelphia, 1891, S. 70-74, 82-93, 129-32, 135, 153, 163-70, 181. Die wertvollen Einblicke in Lincolns Charakter, die das Medium durch diese Kontakte erhielt, gehören zu den Höhepunkten des Buches.
13. Nettie Colburn Maynard, *Was Abraham Lincoln a Spiritualist?,* S. 91-92
14. Helene Pissareff, »The World Mission of H.P. Blavatsky«, *The Theosophist,* Mai 1911, S. 189
15. »Sir William Crookes«, *Encyclopedia Britannica,* 1959
16. Sir William Crookes, *Researches in Spiritualism,* Los Angeles, 1922, S. 84-98
17. Bertram Keightley, *Reminiscences of H.P.B.,* S. 20-21; C. Jinarajadasa, Hrsg., *The Golden Book of the Theosophical Society,* Adyar, Indien, 1925, S. 68; Olcott, Kalender-Tagebuch 1884, 28. April, 18. Mai, 27. Mai, 15. Juni, 24. Juni, 1. Juli
18. Blavatsky, »Comment on the Mystery of Levitation«, *H. P. Blavatsky Collected Writings,* Bd. 4, S. 168
19. Blavatsky, »Letters of H. P. B. to Dr. Hartmann«, *The Path,* Bd. 10 (März 1896), S. 369-70
20. Howard Murphet, *Hammer on the Mountain,* S.1-20; Blavatsky, *H.P. Blavatsky Collected Writings,* Bd. 1, S. 503-8
21. Murphet, *Hammer on the Mountain,* S. 5
22. Olcott, *Old Diary Leaves,* Bd. 1, S. 1-3
23. Henry S. Olcott, *People from the Other World,* Hartford, 1875, S. 410-11; Neuauflage, Rutland, 1972
24. Olcott, *Old Diary Leaves,* Bd. 1, S. 3-6
25. Olcott, *People from the Other World,* S. 453
26. Olcott, *People from the Other World,* S. 298-307, 310-13, 317-23, 328-35, 355-61, 413 (siehe auch Blavatskys Beschreibung der Erscheinung, *H.P. Blavatsky Collected Writings,* Bd. 1, S. 32-33)
27. Olcott, *Old Diary Leaves,* Bd. 1, S. 7-9
28. Blavatsky, *H.P. Blavatsky Collected Writings,* Bd. 1, S. 53
29. Olcott, *Old Diary Leaves,* Bd. 1, S. 9-10
30. A.P. Sinnett, *Incidents in the Life of Madame Blavatsky,* S. 132; Blavatsky, *H.P. Blavatsky Collected Writings,* Bd. 14, S. 482
31. *Light,* 11. Oktober 1884, S. 418-19; Blavatsky, *H.P. Blavatsky Collected Writings,* Bd. 6, S. 291
32. A.P. Sinnett, *Incidents in the Life of Madame Blavatsky,* S. 177-79; H.P. Blavatsky, *Der Schlüssel zur Theosophie,* 3. überarb. und erw. Auflage, Satteldorf, 1995; Selikowsky, »Helena Petrovna Blavatskaya«, *Russkoye obozreniye,* Bd. 6 (November 1891), S. 253-55

33. Blavatsky, *H.P. Blavatsky Collected Writings,* Bd. 1, S. 78-80; Bd. 6, S. 108; Olcott, *Old Diary Leaves,* Bd. 1, S. 304-05; William Q. Judge, *Das Meer der Theosophie*
34. Blavatsky, *Der Schlüssel zur Theosophie*
35. ibid.
36. ibid.
37. Olcott, *Old Diary Leaves,* Bd. 1, S. 69-73; Blavatsky, *H.P. Blavatsky Collected Writings,* Bd. 1, S. 47, 74
38. Olcott, *Old Diary Leaves,* Bd. 1, S. 32. Das HPB-Interview im *Graphic* enthält derart phantastische, scheinbar von ihr selbst aufgestellte Behauptungen, dass Boris de Zirkoff, der Herausgeber der *H.P. Blavatsky Collected Writings,* es ablehnte, dieses Interview in die Gesammelten Werke aufzunehmen. Es stellt sich heraus, dass er instinktiv die richtige Entscheidung getroffen hat. HPB fügte das Interview einem Geschenk von einigen Bänden des *Spiritual Scientist* an Emily Kislingbury bei, der ersten Sekretärin der British National Association of Spiritualists; diese Bände befinden sich in ihrer Bibliothek. Das fragliche Interview ist voller handschriftlicher Anmerkungen und Hinweise von HPB auf die vom Interviewer erfundenen Lügen.
39. Olcott, *Old Diary Leaves,* Bd. 1, S. 32-33
40. Michael Gomes, *The Dawning of the Theosophical Movement,* Wheaton, 1987, S. 235
41. Gomes, *The Dawning of the Theosophical Movement,* S. 45-61; Blavatsky, *H.P. Blavatsky Collected Writings,* Bd. 1, S. 56-72, 75-83
42. Olcott, *People from the Other World,* S. 425-78
43. Olcott, *Old Diary Leaves,* Bd. 1, S. 13-14; Blavatsky, *H.P. Blavatsky Collected Writings,* Bd. 1, S. 73; Foto von HPBs Stellungnahme, Bd. 1, gegenüber von S. 80
44. Blavatsky, *H.P. Blavatsky Collected Writings,* Bd. 1, S. lvii
45. Olcott, *Old Diary Leaves,* Bd. 1, S. 10-12, 17, 321-22; Blavatsky, *H.P. Blavatsky Collected Writings,* Bd. 6, S. 271; Olcott, *People from the Other World,* S. 453-55, 472
46. Blavatsky, *H.P.B. Speaks,* Bd. 1, S. 41
47. Olcott, *People from the Other World,* S. 305-7
48. Olcott, *Old Diary Leaves,* Bd. 1, S. 55-58
49. Olcott, *Old Diary Leaves,* Bd. 1, S. 58
50. Gomes, *The Dawning of the Theosophical Movement,* S. 76
51. Jinarajadasa, Hrsg., *Letters from the Masters of the Wisdom,* 2. Serie, Adyar, Madras, Indien, 1977, S. 27-29, 31-34
52. Blavatsky, *H.P. Blavatsky Collected Writings,* Bd. 1, S.101
53. Blavatsky, *H.P. Blavatsky Collected Writings,* Bd. 1, S. 83-84
54. Blavatsky, *H.P. Blavatsky Collected Writings,* Bd. 1, S. 2
55. Blavatsky, *H.P. Blavatsky Collected Writings,* Bd. 1, S. 83-84
56. Charles R. Flint, *Memories of an Active Life,* New York, 1923, S. 115-32
57. Blavatsky, *H.P. Blavatsky Collected Writings,* Bd. 1, S. 99-100
58. Blavatsky, *H.P. Blavatsky Collected Writings,* Bd. 1, S. 86-87; Olcott, *Old Diary Leaves,* Bd. 1, S. 72-73; Blavatsky, *Some Unpublished Letters of Helena Petrovna Blavatsky,* S. 157-58
59. Blavatsky, »A Few Questions to ›Hiraf‹«, *The Spiritual Scientist,* Boston, 15. und 22. Juli 1875, S. 217-18, 224, 236-37; Blavatsky, *H.P. Blavatsky Collected Writings,* Bd. 1, S. 101-3, 113
60. *The Theosophical Movement 1875-1950,* Los Angeles, 1951, S. 36-37; Judge, *Das Meer der Theosophie*
61. *The Word,* New York, Dezember 1915, S. 146-52

62. Über die Haltung der spiritistischen Zeitungen gegenüber HPB, siehe Blavatsky, *H.P. Blavatsky Collected Writings,* Bd. I, S. 186-92, Bd. 3, S. 364-65
63. Blavatsky, *Some Unpublished Letters of Helena Petrovna Blavatsky,* S. 192-93
64. John Eglinton, *A Memoir of Æ,* London, 1937, S. 1
65. James Joyce, *Ulysses,* New York, 1961, S. 185
66. Eglinton, *A Memoir of Æ,* S. 13
67. W. Q. Judge, *Letters That Have Helped Me,* Los Angeles, 1946, S. 262-64; Eek, *Damodar and the Pioneers of the Theosophical Movement,* S. 5-6
68. W. Q. Judge, *Letters That Have Helped Me,* S. 262-64
69. Judge, »Yours Till Death and After, H.P.B.«, *Lucifer,* Juni 1891, S. 290-92
70. Laura C. Holloway, »William Quan Judge, A Reminiscence«, *The Word,* New York, Bd. 22, Nummer 2 (November 1915), S. 77
71. Blavatsky, *H.P. Blavatsky Collected Writings,* Bd. 1, S. 94; Gomes, *The Dawning of the Theosophical Movement,* S. 79
72. Blavatsky, *H.P. Blavatsky Collected Writings,* Bd. 1, S. 463
73. Olcott, *Old Diary Leaves,* Bd. 1, S. 118-19; Michael Gomes, »Studies in American Theosophical History«, *The Canadian Theosophist,* September/Oktober 1989, S. 76-78; Juli/August 1990, S. 63-64
74. William Brehon (WQJ), »PlainTheosophical Traces«, *The Path,* August 1892, S. 133-36
75. Blavatsky, *Der Schlüssel zur Theosophie;* Jean-Louis Siémons, »Theosophia in Neo-Platonic and Christian Literature«, London, 1988. Dr. Siémons unterrichtet Naturwissenschaften im Bereich der Molekularbiologie am Institut National Agronomique, Paris
76. Professor Hannon, »Theosophy as a Koan«, *American Theosophist,* Oktober 1987
77. William Quan Judge, *Echoes of the Orient: The Writings of William Quan Judge,* zusammengestellt von Dara Eklund, San Diego, 1980, Bd. 2, S. 362
78. Blavatsky, *H.P. Blavatsky an die Amerikanischen Konvente: 1888-1891*
79. [Blavatsky], »GoingTo and Fro in the Earth«, *Lucifer,* November 1889, S. 251-54
80. Blavatsky, *Der Schlüssel zur Theosophie*
81. Blavatsky, *H.P. Blavatsky an die Amerikanischen Konvente: 1888-1891*
82. Blavatsky, *Der Schlüssel zur Theosophie,* Anhang
83. Blavatsky, *H.P. Blavatsky Collected Writings,* Bd. 1, S. 150
84. Olcott, *Old Diary Leaves,* Bd. 1, S. 18
85. Nadja Fadejew, Brief an HPB, Odessa, 28. August (10. September) 1876, übersetzt von Mary G. Langford, Sylvia Cranston Archives, Santa Barbara
86. Blavatsky, »Letters of H.P. Blavatsky I«, *The Path,* Dezember 1894, S. 268-70
87. Blavatsky, »Letters of H.P. Blavatsky II«, *The Path,* Januar 1895, S. 297
88. Blavatsky, »Letters of H.P. Blavatsky I«, *The Path,* Dezember 1894, S. 266
89. Selikowsky, »Helena Petrovna Blavatskaya: Biografichesky ocherk« (Helena Petrovna Blavatsky: Eine Kurzbiographie), *Russkoye obozreniye,* Bd. 6 (November 1891), S. 256
90. Olcott, *Old Diary Leaves,* Bd. 1, S. 103
91. Annie Besant, *H.P. Blavatsky and the Masters of Wisdom,* London, Nachdruck 1962, S. 7
92. Blavatsky, *Der Schlüssel zur Theosophie*
93. Olcott, *Old Diary Leaves,* Bd. 1, S. 202-3
94. Blavatsky, *Some Unpublished Letters of Helena Petrovna Blavatsky,* S. 150-1
95. Gomes, *The Dawning of the Theosophical Movement,* S. 110-115
96. Gomes, *The Dawning of the Theosophical Movement,* S. 111
97. Blavatsky, *Some Unpublished Letters of Helena Petrovna Blavatsky,* S. 118

98. Blavatsky, *Some Unpublished Letters of Helena Petrovna Blavatsky,* S. 27-28
99. Charles Lazenby, »Isis Unveiled«, *The Path,* Hale, England, Juli 1910, S. 9
100. Gomes, *The Dawning of the Theosophical Movement,* S. 114, 220, Anm. 14; Interview mit Mrs. Pauline Corson Coad am 23. Juni 1958, übertragen von einer Tonbandaufzeichnung der Abteilung für Manuskripte der Cornell Universitätsbibliothek, Ithaca, New York
101. Lazenby, »Isis Unveiled«, *The Path,* Hale, England, Juli 1910, S. 9
102. Olcott, *Old Diary Leaves,* Bd. 1, S. 207-8
103. Meade, *Madame Blavatsky: The Woman Behind the Myth,* S. 154; Blavatsky, *Some Unpublished Letters of Helena Petrovna Blavatsky,* S. 170
104. Lazenby, »Isis Unveiled«, *The Path,* Hale, England, Juli 1910, S. 9
105. Nadja Fadejews Briefe an HPB aus Odessa, Brief 8 (11. Mai 1877), S. 2; Brief 10 (9. Juni 1877), S. 3, Mikrofilm Adyar Archiv, Theosophische Gesellschaft, Adyar, Madras, Indien
106. Blavatsky, *Isis entschleiert,* Bd. 1, Einleitung
107. Blavatsky, *Der Schlüssel zur Theosophie*
108. Blavatsky, *H.P. Blavatsky Collected Writings,* Bd. 1, S. 531-33; Gomes, *The Dawning of the Theosophical Movement,* S. 119
109. *The Word,* New York, Mai 1908, S. 78-80, 82-83
110. Blavatsky, »My Books«, *Lucifer,* Mai 1891, S. 241-47
111. Olcott, *Old Diary Leaves,* Bd. 1, S. 147-84; Gomes, *The Dawning of the Theosophical Movement,* S. 99-109; Blavatsky, *H.P. Blavatsky Collected Writings,* Bd. 14, S. 560
112. *The Word,* New York, Juni 1908, S. 153-55
113. Blavatsky, *H.P. Blavatsky Collected Writings,* Bd. 1, S. 302
114. G. Hope, »The Kitchen – Waking Life Confirmation of Astral Work«, *The Theosophist,* Januar 1931, S. 261
115. Blavatsky, *H.P. Blavatsky Collected Writings,* Bd. 1, S. 302
116. Gomes, *The Dawning of the Theosophical Movement,* S. 225, Anmerkung 74; Blavatsky, Brief an Wallace, 7. November 1877, Wallace Papers, Britisches Museum, London; Nachdruck mit Faksimile in *The Eclectic Theosophist,* Januar-Februar 1983, S. 78
117. *The Theosophist,* April 1906, S. 559
118. Olcott, *Old Diary Leaves,* Bd. 1, S. 294-95 Fußnote; Blavatsky, »My Books«, *Lucifer,* Mai 1891, S. 241-47
119. Olcott, *Old Diary Leaves,* Bd. 1, S. 296
120. Blavatsky, *H.P. Blavatsky Collected Writings,* Bd. I, S. 323, 388
121. Einleitung in Blavatskys *Isis entschleiert,* in *H.P. Blavatsky Collected Writings,* Bd. 1, S. [3] und Fußnote
122. Blavatsky, *H.P. Blavatsky Collected Writings,* Bd. 1, S. 413
123. Olcott, *Old Diary Leaves,* Bd. 1, S. 252-54; Gomes, *The Dawning of the Theosophical Movement,* S. 143
124. »Letters of H. P. Blavatsky, III«, *The Path,* Februar 1895, S. 383
125. *Light,* 10. Oktober 1891, S. 49; Gomes, *The Dawning of the Theosophical Movement,* S. 156-57; Blavatsky, *H.P. Blavatsky Collected Writings,* Bd. I, S. 308
126. Blavatsky, *Isis entschleiert,* Bd. 2, S. 587-90
127. In Isis *entschleiert* (Bd. 1, S. 351) äußert sich HPB ablehnend über die »Reinkarnation im Unterschied zur Metempsychose«, denn mit dem Ausdruck »Reinkarnation« bezeichneten die Spiritisten in Frankreich nicht nur die sofortige Wiedergeburt nach dem Tod, ohne eine Periode der Ruhe zwischen den Inkarnationen, sondern verbanden damit auch die Wiedergeburt der Personalität. Die Theosophie dagegen lehrt den Tod der Personalität (von *Persona*

– Maske) gleichzeitig mit oder kurz nach dem Tod des Körpers. Nur die Individualität – das Höhere Manas (Verstand, Vernunft, Denkprinzip, dual: Höheres und Niederes Manas), Seele und Geist – ist unsterblich und reinkarniert. Viele Leser, die diesen feinen, aber wichtigen Unterschied nicht erkannt hatten, hatten nach der Lektüre der *Isis* behauptet, HPB habe nicht an die Reinkarnation geglaubt, als sie das Buch schrieb. Sogar Olcott war verwirrt *(Old Diary Leaves,* Bd. 1, S. 278-83; 289). HPB verdeutlichte später ihre Aussagen in *Isis* in *The Theosophist,* August 1882, S. 288-89; in *The Path,* November 1886, S. 232-45; in *Lucifer,* April 1889, S. 88-99 sowie im *Schlüssel zur Theosophie.*

Über ihre Aussage zur Reinkarnation in *Isis,* die die Wiedergeburt auf dieser Erde zurückzuweisen scheint, gibt es einen interessanten Kommentar des Meisters M in einem Brief an Sinnett:

»Übrigens werde ich die Seiten 345-57, Bd. 1, *Isis,* neu schreiben; Olcott hat diese Passage völlig durcheinander gebracht, obwohl er meinte, sie verbessert zu haben! *(Die Mahatma-Briefe,* Bd. 2 S. 26).

W. Q. Judge schreibt, dass in den frühen Tagen in New York »H.P.B. mir persönlich sehr oft von der wahren Lehre der Reinkarnation erzählte, bestärkt durch den Tod meines eigenen Kindes, deshalb weiß ich, was sie dachte und woran sie glaubte« (Judge, *Letters That Have Helped Me,* S. 19). Siehe auch *Theosophical Forum,* Oktober 1893, S. 1-3; *Conversations on Occultism II,* The Theosophy Company; *Echoes of the Orient,* Bd. 2, S. 317-19. Dies scheint Bestätigung zu finden durch HPBs Erklärungen zur Metempsychose in *Isis,* einem Ausdruck, der in Europa jahrhundertelang als Synonym für den jetzt gebräuchlicheren Begriff Reinkarnation galt.

Wiedergeburt wurde in der Theosophie erst in den 80er Jahren des 19. Jahrhunderts zum Thema, als die siebenfache Zusammensetzung des Menschen gelehrt und klar dargestellt wurde, welcher Teil des menschlichen Wesens wiedergeboren wird und welcher nicht *(Die Mahatma-Briefe,* 2. Bd., S. 266). Als *Isis entschleiert* geschrieben wurde, und auch noch länger danach, haben sich amerikanische und britische Spiritisten heftig gegen die Idee der Wiedergeburt gewehrt, denn sie hätte die komplizierten Strukturen, die von Andrew Jackson Davis und anderen über das gesegnete Sommerland nach dem Tod aufgestellt wurden, zerstört.

128. Blavatsky, *Isis entschleiert,* Bd. 1, S. 8-9, 12; Bd. 2, S. 145
129. Blavatsky, *Isis entschleiert,* Bd. 1, S. 8-9, 12, 345-46; Bd. 2, S. 145
130. Olcott, *Old Diary Leaves,* Bd. 1, S. 295 Fußnote
131. Blavatsky, *H. P. Blavatsky Collected Writings,* Bd. 4, S. 252-53
132. Blavatsky, »My Books«, *Lucifer,* Mai 1891, S. 241-42
133. Olcott, *Old Diary Leaves,* Bd. 1, S. 330-31, 417
134. *The World,* New York, 26. März 1877; Gomes, *The Dawning of the Theosophical Movement,* S. 119-20
135. Olcott, *Old Diary Leaves,* Bd. 1, S. 331
136. Philadelphia *Times,* 22. April 1888, abgedruckt in: Gomes, *The Dawning of the Theosophical Movement,* S. 177-78
137. Olcott, *Old Diary Leaves,* Bd. 1, S. 206
138. William Q. Judge, »Habitations of H.P. B., No. III«, *The Path,* November 1893, S. 237-38
139. Judge, »Habitations of H.P. B., No. III«, *The Path,* November 1893, S. 238-39
140. Isabella B. Mitchell, Brief von 1878, in »Cuttings and Comments«, *The Theosophist,* Januar 1901, S. 253-54; Gomes, *The Dawning of the Theosophical Movement,* S. 171-72
141. *The Word,* New York, Januar 1905, S. 182-87

142. Olcott, *Old Diary Leaves,* Bd. 1, S. 140
143. Wsewolod Sergejewitsch Solowjow, *A Modern Priestess of Isis,* englische Übersetzung von Walter Leaf, London, 1895, S. 268-70
144. Theodore Besterman, *Mrs. Annie Besant: A Modern Prophet,* London, 1934, S. 148-51
145. Henry Steel Olcott, »H. P. B.'s Departure«, *H.P. B.: In Memory of Helena Petrovna Blavatsky 1831-1931,* London, 1931, S. 167
146. Besant, *H.P. Blavatsky and the Masters of Wisdom,* London, Nachdruck 1962, S. 6-7
147. »Special Gotham Book Mart Issue«, *Journal of Modern Literature,* Philadelphia, Bd. 4, Nummer 4 (April 1975), S. 777-78
148. Olcott, *Old Diary Leaves,* Bd. 1, S. 37-38
149. Eek, *Damodar and the Pioneers of the Theosophical Movement,* S. 46-47
150. J. L. Davidge, Nachdruck in *Theosophy in Australia,* Dezember 1959, S. 7-8
151. Judge, *Das Meer der Theosophie*
152. Judge, *Occult Phenomena,* Los Angeles, S. 16-17
153. Olcott, *Old Diary Leaves,* Bd. 1, S. 429-31
154. Olcott, *Old Diary Leaves,* Bd. 1, S. 458-59
155. Blavatsky, *Some Unpublished Letters of Helena Petrovna Blavatsky,* S. 33
156. Olcott, *Old Diary Leaves,* Bd. 1, S. 376-80
157. Olcott, *Old Diary Leaves,* Bd. 1, S. 473
158. Gomes, *The Dawning of the Theosophical Movement,* S. 182-83
159. Blavatsky, *H.P. Blavatsky Collected Writings,* Bd. 2, S. 40-41
160. William Q. Judge, »H. P. B. – A Lion-Hearted Colleague Passes«, *The Path,* Juni 1891, S. 66-67
161. Olcott, *Old Diary Leaves,* Bd. 1, S. 395-98
162. Olcott, *Old Diary Leaves,* Bd. 1, S. 466-68
163. *The Theosophist,* August 1931, S. 657
164. Gomes, *The Dawning of the Theosophical Movement,* S. 191-92, 234, Anmerkung 63
165. 3. Juli 1878, englische Übersetzung von Boris de Zirkoff, de Zirkoff Archive, Theosophische Gesellschaft, Wheaton. Eine weitere englische Übersetzung in *H.P. B. Speaks,* Bd. 1, S. 188-89, 202-3
166. A. Keightley, »The Secret Doctrine and Mr. Edison«, *Theosophical Quarterly,* New York, Oktober 1921, S. 133-34
167. Head und Cranston, *Reincarnation: The Phoenix Fire Mystery,* S. 419
168. Blavatsky, »Letters of H. P. Blavatsky, IV«, *The Path,* März 1895, S. 411-12; Josephine Ransom, *A Short History of the Theosophical Society, 1875-1937,* Adyar, Madras, Indien, 1938, S. 314
169. Ransom, *A Short History of the Theosophical Society, 1875-1937,* S. 106
170. *The Path,* Mai 1885, S. 56-57
171. Olcott, A Historical Retrospect, *1875-1896, of the Theosophical Society,* Madras, Indien, 1896, S. 116; Ransom, *A Short History of the Theosophical Society, 1875-1937,* S. 106
172. Eck, *Damodar and the Pioneers of the Theosophical Movement,* S. 63-64, 76-77
173. Eek, *Damodar and the Pioneers of the Theosophical Movement,* S. 6 Fußnote
174. *Daily Graphic,* New York, 10. Dezember 1878, S. 266; Gomes, *The Dawning of the Theosophical Movement,* S. 190
175. Olcott, *Old Diary Leaves,* Bd. 1, S. 480-81; Blavatsky, *H.P. Blavatsky Collected Writings,* Bd 1, S. 431-32

KAPITEL 5: INDIEN

1. Edward Conze, *Der Buddhismus, Wesen und Entwicklung,* Stuttgart, 1953. Im Anhang, in dem bedeutende Ereignisse in der Geschichte des Buddhismus aufgelistet sind, wird die Gründung der Theosophischen Gesellschaft erwähnt.
2. Edward Conze, *Der Buddhismus, Wesen und Entwicklung,* S. 202
3. Carl T. Jackson, *The Oriental Religions and American Thought: Nineteenth Century Explorations,* Connecticut, 1934, S. 163
4. John B. S. Coats, *The Theosophist,* Juni 1975, S. 151-52; Head und Cranston, *Reincarnation: The Phoenix Fire Mystery,* S. 477-79; »Death of Dr. S. Radhakrishnan«, *The Eclectic Theosophist,* 15. November 1975
5. *The Middle Way,* Mai 1973, S. 44
6. Blavatsky, »Our Three Objects«, *Lucifer,* September 1889, S. 1-7
7. Olcott, *Old Diary Leaves,* Bd. 4, S. 81-95
8. *The Theosophist,* Beilage, Madras, Indien, August 1885, S. 279; Zusammenfassung aus dem *Indian Mirror*
9. Louis Fischer, *Das Leben des Mahatma Gandhi,* München, 1951
10. *The Theosophical Movement 1875-1950,* S. 71
11. Fischer, *Das Leben des Mahatma Gandhi*
12. Blavatsky, »Our Three Objects«, *Lucifer,* September 1889
13. Blavatsky, *The Letters of H.P. Blavatsky to A. P. Sinnett,* S. 206
14. James D. Hunt, *Gandhi in London,* Neu-Delhi, Indien, 1978, S. 34; *The Collected Works of Mahatma Gandhi, volume 1, 1884-1896,* Neu-Delhi, Indien, 1958, S. 354
15. Hunt, *Gandhi in London,* S. 35
16. M. K. Gandhi, *Eine Autobiographie oder Die Geschichte meiner Experimente mit der Wahrheit,* Gladenbach, 1991, S. 69-70
17. *Young India,* 12. November 1925. Gandhi sagte zu diesem Vorfall: »Mein Kontakt zu zwei englischen Freunden veranlasste mich, die *Gita* zu lesen, ich sage ›veranlasste mich, sie zu lesen‹, denn es war nicht mein eigener Wunsch, sie zu lesen... Ich schämte mich für meine Ignoranz. Diese völlige Ignoranz unserer Schriften schmerzte mich. Ich glaube, Stolz war die Ursache dieses Gefühls.« Die *Gita* wurde das wichtigste Buch in seinem Leben.
18. M. K. Gandhi, *Teachings of the Gita,* Bombay, Indien, 1971, Vorwort
19. M. K. Gandhi, *Teachings of the Gita,* S. 7, 9
20. Cranston und Williams, *Wiedergehurt – Ein neuer Horizont in Wissenschaft, Religion und Gesellschaft;* M. K. Gandhi, *Eine Autobiographie oder Die Geschichte meiner Experimente mit der Wahrheit*
21. Gandhi, *The Collected Works of Mahatma Gandhi, volume 1, 1884-1896,* 355; Pyarelal Nair, *Mahatma Gandhi, volume 1, The Early Years,* Ahmedabad, Indien, 1965, S. 259
22. Gandhi, *Eine Autobiographie*
23. *The Canadian Theosophist,* November-Dezember 1983, S. 101
24. Jawaharlal Nehru, *Towards Freedom: The Autobiography of Jawaharlal Nehru,* The John Day Company,1941, S. 28
25. Indira Gandhi, »The Future of Man«, *The Theosophist,* April und Mai 1983, S. 279
26. Olcott, *Old Diary Leaves,* Bd. 2, S. 143
27. Blavatsky, *H.P. Blavatsky Collected Writings,* Bd. 4, S. 132-36

28. Olcott, *Old Diary Leaves,* Bd. 2, S. 21, 24-25; Robert S. Ellwood, Jr., *Alternative Altars: Unconventional and Eastern Spirituality in America,* Chicago, 1979, S. 130; Henry David Thoreau, *Walden,* New York, 1942, S. 198-99
29. [Laura Holloway Langford], »Extracts from Letters Written by W.Q. Judge from Paris to a Longtime Friend«, *The Word,* New York, April 1912, S. 23
30. Olcott, *Old Diary Leaves,* Bd. 2, S. 42-44
31. Olcott, *Old Diary Leaves,* Bd. 2, S. 46-71
32. H. P. Blavatsky, *The Word,* New York, Juli 1908, S. 204
33. Jinarajadasa, *Letters from the Masters of the Wisdom,* Bd. 2, S. 68-69
34. *The Theosophist,* April 1881, S. 158-59
35. Vera P. Selikowsky, »Helena Petrovna Blavatsky«, *Lucifer,* Februar 1895, S. 470
36. Blavatsky, Brief an Miss Burr, 18. Juni 1879, de Zirkoff Archiv, Theosophische Gesellschaft, Wheaton
37. Olcott, *Old Diary Leaves,* Bd. 2, S. 230-31
38. Blavatsky, *H.P. Blavatsky Collected Writings,* Bd. 4, S. 97
39. Mahatmas M. und K.H., *Die Mahatma-Briefe; The Theosophist,* Oktober 1879
40. Blavatsky, Brief an Major General Doubleday, 16. Juli 1879, *The Theosophist,* Oktober 1879; Archive der Theosophischen Gesellschaft, Pasadena
41. Beatrice Hastings, Hrsg., *New Universe, »Try«,* Bd. 1, Nummer 2 (Dezember 1937), S. 18
42. *The Theosophist,* Bd. 1 (1879-80), Nachdruck von Wizards Bookshelf, San Diego; *The Theosophist,* Bd. 2 (1880-81), Nachdruck von der Eastern School Press, Talent, 1983; kopierte Ausgabe von Bd. 1-6 des *Theosophist* der Theosophischen Gesellschaft von Edmonton; Eastern School Press, kopierte Ausgabe von Bd. 3-8 des *Theosophist*
43. Michael Gomes, »Damodar – A Hindu Chela«, *The Theosophist,* September 1985, S. 448-49
44. Olcott, *Old Diary Leaves,* Bd. 2, S. 212-13
45. Damodar K. Mavalankar, »The Path in India«, *The Theosophist,* Mai 1880, S. 196-97
46. Judge, *Das Meer der Theosophie*
47. Olcott, *Old Diary Leaves,* Bd. 2, S. 28
48. Olcott, *Old Diary Leaves,* Bd. 2, S. 114
49. Olcott, *Old Diary Leaves,* Bd. 2, S. 129
50. Olcott, *Old Diary Leaves,* Bd. 2, S. 131-33
51. Olcott, *Old Diary Leaves,* Bd. 2, S. 131-33
52. Eek, *Damodar and the Pioneers of the Theosophical Movement,* S. 38
53. Eek, *Damodar and the Pioneers of the Theosophical Movement,* S. 40
54. Damodar K. Mavalankar, »Can Females Become Adepts?«, *The Theosophist,* Oktober 1883, S. 23; T. Subba Row, *Esoteric Writings,* Adyar, 1980, S. 568
55. Olcott, *Old Diary Leaves,* Bd. 2, S. 34, 36, 46, 56, 67, 83
56. Olcott, *Old Diary Leaves,* Bd. 2, S. 74-75, 138
57. Sangharakshita, *Anagarika Dharmapala, A Biographical Sketch* (Broschüre), Kandy, Ceylon, 1964, S. 18-20. Sangharakshita, geboren als Dennis Lingwood, wurde zum buddhistischen Bhikshu geweiht.
58. Blavatsky, *La Revue Spirite;* Oktober 1878; *H.P. Blavatsky Collected Writings,* Bd. 1, S. 402
59. *Proceedings of the Blavatsky Association,* London, Nr. 1, 13. November 1924, S. 54-55
60. Edward Buck, *Simla, Past and Present,* 2. Auflage, Bombay, Indien, 1925, S. 162-63
61. Blavatsky, *The Letters of H.P. Blavatsky to A. P. Sinnett,* S. 353
62. Hume, »The >Saturday Review< and the >*The Theosophist*<«, *The Theosophist,* Beilage, Dezember 1881, S. 2-4

63. K. F. Vania, *Madame H.P. Blavatsky: Her Occult Phenomena and the Society for Psychical Research,* Bombay, Indien, 1951, S. 65-66
64. Olcott, *Old Diary Leaves,* Bd. 2, S. 234
65. A.P. Sinnett, *The Occult World,* London, 9. Auflage, 1969, S. 60-61
66. Olcott, *Old Diary Leaves,* Bd. 2, S. 365-67
67. Olcott, *Old Diary Leaves,* Bd. 2, S. 228-31; *The Theosophist,* Juni 1929, S. 214-15
68. Sinnett, *The Occult World,* S. 70
69. Sinnett, *The Occult World,* S. 82-83
70. Mahatmas M. und K. H., *Die Mahatma-Briefe*
71. Sinnett, *The Occult World,* S. 119
72. Blavatsky, *H.P. Blavatsky Collected Writings,* Bd. 2, S. 511
73. Blavatsky, *Der Schlüssel zur Theosophie*
74. Blavatsky, *Some Unpublished Letters of Helena Petrovna Blavatsky,* S. 149-50
75. Wachtmeister, *Reminiscences of H.P. Blavatsky and The Secret Doctrine,* S. 48
76. Janet Oppenheimer, *The Other World: Spiritualism and Psychical Research in England 1850-1914,* Cambridge, 1985, S. 173
77. *The Theosophical Forum,* Mai 1936, S. 343-46
78. Mahatmas M. und K. H., *Die Mahatma-Briefe*
79. Blavatsky, *The Letters of H.P. Blavatsky to A.P. Sinnett,* S. 18
80. Mahatmas M. und K. H., *Die Mahatma-Briefe*
81. Mahatmas M. und K. H., *Die Mahatma-Briefe*
82. »An Important Letter«, *Lucifer,* August 1896, S. 501-6; Jinarajadasa, *Letters from the Masters of the Wisdom,* Bd. 1, S. 7-9
83. Blavatsky, *Five Messages to American Theosophists,* S. 29; *H.P. Blavatsky an die Amerikanischen Konvente: 1888-1891*
84. Blavatsky, »Practical Occultism«, *Spiritual Evolution,* Los Angeles, S. 8 (dt. *Praktischer Okkultismus,* Satteldorf, 1993[3])
85. Blavatsky, »Is The Desire to ›Live‹ Selfish?«, *Spiritual Evolution,* Los Angeles, S. 31
86. Blavatsky, »Buddha« und »Buddha Siddharta«, *The Theosophical Glossary,* Los Angeles, 1973, S. 64-67; Sangharakshita, *A Survey of Buddhism,* Bangalore, Indien, 3. Auflage, 1966, S. 170
87. Blavatsky, *H.P. Blavatsky Collected Writings,* Bd. 1, S. 299
88. Olcott, *Old Diary Leaves,* Bd. 2, S. 266-86
89. A. P. Sinnett, *The Early Days of Theosophy in Europe,* London, 1922, S. 34-37
90. Blavatsky, *The Letters of H.P. Blavatsky to A. P. Sinnett,* Anhang II, S. 376-86
91. Francesca Arundale, *My Guest – H.P. Blavatsky,* Adyar, 1932, S. 17
92. Mahatmas M. und K. H., *Die Mahatma-Briefe*
93. Olcott, *Old Diary Leaves,* Bd. 2, S. 252-60
94. Blavatsky, Brief an ihre Verwandten; höchstwahrscheinlich von Ende September 1882; russischer Text in *Russkoye obozreniye,* November 1891, S. 290; englische Übersetzung in *The Path,* New York, Bd. 10 (September 1895), S. 169
95. Blavatsky, Brief an Prinz Alexander Dondukow-Korsakow, Adyar Archiv, Theosophische Gesellschaft, Adyar, Madras, Indien; fehlerhafte Übersetzung in *H.P. B. Speaks,* Bd. 2, S. 95-102
96. Blavatsky, *The Letters of H.P. Blavatsky to A. P. Sinnett,* S. 38
97. Siehe auch D. Mavalankar, »A Great Riddle Solved«, *The Theosophist,* Dezember 1883, S. 61-62

98. Nicholas Roerich, *Shambhala - Das geheime Weltzentrum im Herzen Asiens,* Braunschweig, 1984
99. »Mahatmas«, *The Path,* September 1895, S. 170-71; Blavatsky, Brief an ihre Tante Nadjeschda Fadejew, ca. 20. Dezember 1882, unmittelbar nach ihrer Übersiedlung nach Adyar; russischer Text in *Russkoye obozreniye,* November 1891, S. 293; englische Übersetzung in *The Path,* September 1895, S. 170-71
100. Judge, »Habitations of H.P. B. – Nr. 2«, *The Path,* Bd. 7 (Juni 1892), S. 75
101. Jackson, *The Oriental Religions and American Thought,* S. 170; Lyman Abbott, »The Parliament of Religions«, *The Outlook,* Bd. 48 (30. September 1893), S. 583
102. *The Theosophist,* Dezember 1982, S. 106-8
103. *The Theosophist,* Oktober 1985, S. 9-10
104. T. Subba Row, *Esoteric Writings,* S. xxi
105. Henry Steel Olcott, »The Death of T. Subba Row«, *The Theosophist,* Juli 1890, S. 576-78; Eek, *Damodar and the Pioneers of the Theosophical Movement,* S. 602
106. *The Theosophical Forum,* 15. März 1935, S. 188
107. Mahatmas M. und K. H., *Die Mahatma-Briefe*
108. Blavatsky, *The Letters of H.P. Blavatsky to A. P. Sinnett,* S. 95-96; Eek, *Damodar and the Pioneers of the Theosophical Movement,* S. 664-65
109. *Adyar Bulletin,* Mai 1909, S. 156-59; Nachdruck in *The Canadian Theosophist,* Mai-Juni 1983, S. 26-27
110. Blavatsky, *Der Schlüssel zur Theosophie*
111. Blavatsky, *Der Schlüssel zur Theosophie*
112. Blavatsky, »Letters of H.P. Blavatsky IV«, *The Path,* März 1895, S. 415
113. *The Theosophist,* Beilage, September 1883, S. 6
114. Mahatmas M. und K. H., *Die Mahatma-Briefe*
115. Mahatmas M. und K.H., *Die Mahatma-Briefe; The Word,* New York, April 1912, S. 20
116. *Bulletin Théosophique,* Paris, Juli 1974; englische Übersetzung von Boris de Zirkoff, de Zirkoff Archiv, Theosophische Gesellschaft, Wheaton
117. Franz Hartmann, »Autobiography of Franz Hartmann«, *The Occult Review,* Januar 1908, S. 17
118. Franz Hartmann, »Autobiography of Franz Hartmann«, S. 22-23
119. Franz Hartmann, »Autobiography of Franz Hartmann«, S. 34; Blavatsky, *H. P. Blavatsky Collected Writings,* Bd. 8, S. 454-57
120. Emma Coulomb, Anglo-Indian Ceylon *Times,* Ceylon, 5. Juni 1879
121. *The Word,* New York, April 1912, S. 18, 19
122. Michael Gomes, »Interview with Madame Blavatsky, Paris, 1884«, *The Canadian Theosophist,* November-Dezember 1986, S. 97-101
123. *The Theosophist,* November 1931, S. 201
124. Lady Caithness, *The Mystery of the Ages,* London, 1887
125. Sinnett, *Incidents in the Life of Madame Blavatsky,* S. 262-63
126. *The Word,* New York, April 1912, S. 22
127. Charles Leadbeater, *How Theosophy Came to Me,* Adyar, Indien, 1930, S. 43-45; *Thesophical Quarterly,* Oktober 1910, S. 110; Archibald Keightley, »Reminiscences of H.P.B.«, S. 2-3; Sinnett, *The Early Days of Theosophy in Europe,* S. 54-57; Arundale, *My Guest – H.P. Blavatsky,* S. 20-21

128. *First Report of the Committee of the Society for Psychical Research,* S. 126; Sinnett, *The Early Days of Theosophy in Europe,* S. 56; Selikowsky, »Pravda o Yelene Petrovne Blavatsky«, *Rebus,* 1883, S. 68-69
129. Sinnett, *The Early Days of Theosophy in Europe,* S. 56
130. Ransom, *A Short History of the Theosophical Society, 1875-1937,* S. 198
131. Blavatsky, »Letters of H.P. Blavatsky, XII«, *The Path,* November 1895, S. 237
132. Blavatsky, »Letters of H.P. Blavatsky, VI«, *The Path,* Mai 1895, S. 36
133. Judge, »H.P.B. at Enghien«, *Lucifer,* Juli 1891, S. 359-61; Wachtmeister, *Reminiscences of H.P. Blavatsky,* S. 102, zur weiteren Information über den Index von *Isis entschleiert*
134. Vera Selikowskys »Report on the Paris Phenomena«, gesandt an ein russisches Magazin und im *Rebus,* Nummer 28 & 29 (Juli 1884), S. 265, 275 abgedruckt, übersetzt von Cathy Young, New Jersey
135. »H.P. Blavatsky and theTheosophist«, aus einem Brief an den Herausgeber des *Odesskiy vestnik,* Paris, 25. Mai (6. Juni), veröffentlicht im *Rebus,* 15. und 22. Juli 1884, S. 263-65, 273-75
136. Selikowsky, »Pravda o Yelene Petrovne Blavatsky«, *Rebus,* 1883, S. 61
137. Blavatsky, »Is Creation Possible for Man?«, *The Theosophist,* Dezember 1881, S. 80; Blavatsky, *Is Creation Possible?,* Los Angeles, S. 3
138. »Two H.P.B. Letters«, *The Theosophist,* Mai 1959, S. 87
139. »Letters of H. P. Blavatsky, VII«, *The Path,* Juni 1895, S. 73-74
140. Jinarajadasa, *Letters from the Masters of the Wisdom,* Bd. 2, S. 111-12
141. Jinarajadasa, *Letters from the Masters of the Wisdom,* Bd. 1, S. 34-35
142. Rosa C. Campbell Praed, *Affinities: A Romance of Today,* London, 1885
143. Arundale, *My Guest – H.P. Blavatsky,* S. 30-31, 42; Arundale, »Madame Blavatsky and Her Work«, *Lucifer,* Juli 1891, S. 376-77
144. Blavatsky, *The Letters of H.P. Blavatsky to A. P. Sinnett,* S. 65
145. Laura Holloway und Mohini Chatterji, *Man: Fragments of Forgotten History,* London, 1885
146. William Q. Judge, Brief aus Paris, 30. April 1884, *The Theosophist,* November 1931, S. 201-2
147. Arundale, *My Guest - H.P. Blavatsky,* S. 73-74; Jinarajadasa, *Letters from the Masters of the Wisdom,* Bd. I, S. 49-50
148. Olcott, *Old Diary Leaves,* Bd. 3, S. 160; xxx
149. Ransom, *A Short History of the Theosophical Society, 1875-1937,* S. 199
150. Ransom, *A Short History of the Theosophical Society, 1875-1937,* S. 199
151. *First Report of the Committee of the Society for Psychical Research,* S. 53 Fußnote
152. Arundale, *My Guest – H.P. Blavatsky,* S. 36-37
153. Gregory Bateson, *Mind and Nature,* New York, 1979, S. S. 32: »Die Erfindung des Mikroskops oder Teleskops oder anderer Instrumente, um die Zeit auf eine Nanosekunde zu messen oder Mengen auf ein Millionstel Gramm zu wiegen – all diese verbesserten Vorrichtungen der Wahrnehmung zeigen, was von der Wahrnehmungsebene aus, die wir vor jener Entdeckung erlangt hatten, völlig unvorhersehbar war ... Daraus folgt, dass das, was wir als Wissenschaftler wahrnehmen können, immer begrenzt sein wird. Das heißt, dass das, was über diese Grenze hinausgeht, für uns nicht verständlich sein wird. *Die Wissenschaft forscht, sie beweist nicht.*«; Cranston und Williams, *Wiedergeburt – Ein neuer Horizont in Wissenschaft, Religion und Gesellschaft*
154. W. Anderson, *Open Secrets, A Western Guide to Tibetan Buddhism,* New York, 1979
155. William Q. Judge, *The Yoga Aphorisms of Patanjali,* Los Angeles, 1967, S. xvii, 48
156. Mahatmas M. und K.H., *Die Mahatma-Briefe,* Bd. 1, S. 163, 164

157. Jean Overton Fuller, *Blavatsky and Her Teachers, An Investigative Biography,* London, 1988, S. 141
158. Jean Overton Fuller, *Blavatsky and Her Teachers, An Investigative Biography,* S. 141. In diesem Buch sind Briefe abgedruckt, die zuerst in der September- und Oktober-Ausgabe des *Madras Christian College Magazine* erschienen sind.
159. Blavatsky, *The Letters of H.P. Blavatsky to A. P. Sinnett,* S. 102
160. Blavatsky, *H.P. Blavatsky Collected Writings,* Bd. 6, S. 434-36
161. Arundale, *My Guest – H.P. Blavatsky,* S. 45
162. *The Theosophist,* Beilage, September 1883, S. 6
163. James Webb, Hrsg., *The Society for Psychical Research Report on The Theosophical Society,* New York, 1976, S. xi
164. Blavatsky, »Letter of H.P. Blavatsky VII«, *The Path,* Juni 1895, S. 75
165. Sinnett, *Incidents in the Life of Madame Blavatsky,* S. 289-90
166. Blavatsky, *The Letters of H.P. Blavatsky to A.P. Sinnett,* S. 115
167. Blavatsky, Brief an Henry Steel Olcott, Sommer 1885, de Zirkoff Archiv, Theosophische Gesellschaft, Wheaton
168. Francesca Arundale, »Madame Blavatsky and Her Work«, *Lucifer,* 15. Juli 1891, S. 376-80
169. »S.P.R. Press Statement«, *Theosophical History,* London, Leslie Price, Hrsg., April 1986, S. 127; Vernon Harrison, »J'Accuse: An Examination of the Hodgson Report of 1885«, *Journal of the Society for Psychical Research,* London, April 1986, S. 302-3
170. »Je ne pardonnerai jamais dans ma vie ... je ferai tout le mal que je puis pour elle.« *Report of the Result of an Investigation into the Charges against Madame Blavatsky,* 1885, S. 133-34
171. Blavatsky, *The Letters of H.P. Blavatsky to A.P. Sinnett,* S. 110
172. Franz Hartmann, *Report of Observations Made During a Nine Months' Stay at the Headquarters of the Theosophical Society at Adyar (Madras), India,* Madras, 1884, S. 32; nachfolgend *Hartmann Report* genannt
173. Jinarajadasa, *Letters from the Masters of the Wisdom,* Bd. 1, S. 43
174. *Hartmann Report,* S. 35-36
175. *Hartmann Report,* S. 38-41
176. R.A.V. Morris, »The Two H.P. Blavatskys«, *The Aryan Path,* Bombay, Indien, Januar 1932, S. 56
177. Jinarajadasa, *Letters from the Masters of the Wisdom,* Bd. 2, S. 131-32
178. Emma Coulomb, *Some Accounts of My Intercourse with Madame Blavatsky from 1872 to 1884,* London, 1885, S. 111; zitiert in Beatrice Hastings, *Defence of Madame Blavatsky,* Bd. 2, Worthing, England, 1937, S. 89
179. *Hartmann Report,* S. 47
180. William Q. Judge, »Madame Blavatsky in India«, *The Arena,* Boston, März 1892, S.472-80
181. Judge, »Madame Blavatsky in India«, *The Arena,* Boston, März 1892, S. 472-80; »The So-Called Exposé of Madame Blavatsky«, *The Index,* Boston, 11. März 1886, S. 441-42. Beide Artikel erschienen als Nachdruck in *Theosophical Articles by William Q. Judge,* Los Angeles, 1980, Bd. 2, S. 255-64, 265-67; und *Echoes of the Orient: The Writings of William Quan Judge,* San Diego, 1987, Bd. 3, S. 122-24, 198-205
182. Harrison, »J'Accuse: An Examination of the Hodgson Report of 1885«, S. 303, 306. »Übrigens war Harrison der Verantwortliche in einem Team von 40 Labor-Angestellten und lernte viel über Fälscher und deren Methoden. Er arbeitet selbst im Ruhestand an der Untersuchung von Dokumenten für das Gericht.« *(Theosophical History,* London, Oktober 1985, S. 68-69)

183. Blavatsky, *The Letters of H.P. Blavatsky to A. P. Sinnett,* S. 115-16
184. Vernon Harrison, »H.P. Blavatsky and the Psychical Researchers«, 25. März 1984, Rede vor der Theosophischen Gesellschaft von London, abgedruckt in *Viewpoint Aquarius,* Nummer 138; siehe auch Harrison, »J'Accuse...«, S. 288-89, 309
185. William E. Coleman, *Religio-Philosophical Journal,* September 1883, S. 266
186. *The Theosophist,* Februar 1985, S. 185
187. Harrison, »J'Accuse: An Examination of the Hodgson Report of 1885«, S. 310
188. Blavatsky, *The Letters of H.P. Blavatsky to A. P. Sinnett,* S. 110
189. Hastings, *Defence of Madame Blavatsky,* Bd. 2, »Coulomb Pamphlet«, S. 10
190. Adlai E. Waterman, *Obituary: »The Hodgson Report« on Madame Blavatsky 1885-1960,* Adyar, Madras, Indien, 1963
191. Gomes, »The Coulomb Case, 1884-1984«, *The Theosophist,* Februar 1985, S. 182-83
192. Fuller, *Blavatsky and Her Teachers: An Investigative Biography,* S. 150-51
193. Fuller, *Blavatsky and Her Teachers: An Investigative Biography,* S. 148-53, 240, Anhang
194. Hastings, *Defence of Madame Blavatsky,* Bd. 2, »Coulomb Pamphlet«, S. 7
195. »Report of the Committee Appointed to Investigate Phenomena Connected with the Theosophical Society«, *Proceedings of the Society for Psychical Research,* London, Dezember 1885, S. 282-83; nachstehend *Hodgson Report* genannt
196. Blavatsky, *The Letters of H.P. Blavatsky to A. P. Sinnett,* S. 98
197. Blavatsky, *The Letters of H.P. Blavatsky to A. P. Sinnett,* S. 102-103
198. Harrison, »J'Accuse: An Examination of the Hodgson Report of 1885«, S. 295
199. Harrison, »J'Accuse: An Examination of the Hodgson Report of 1885«, S. 308
200. Blavatsky, *The Letters of H.P. Blavatsky to A. P. Sinnett,* S. 348-51. In der Fußnote auf S. 349 erwähnt der Herausgeber irrtümlicherweise die Handschrift von Meister M, die aber in Wirklichkeit jene von HPB ist. Siehe auch S. 250 und 257.
201. Victor A. Endersby, *The Hall of Magic Mirrors: A Portrait of Madame Blavatsky,* New York, 1969, S. 89, 132, 160
202. Charles Marshall, »The Mahatma Letters – A Syntactic Investigation into the Possibility of >Forgery< by Helena Petrovna Blavatsky, a 19th Century Occultist«, *Viewpoint Aquarius,* London, Oktober 1980, S. 8-14
203. *The Canadian Theosophist,* Calgary, November-Dezember 1980, S. 98
204. *Hodgson Report,* S. 313-14
205. *Hodgson Report,* S. 314
206. Sinnett, *Incidents in the Life of Madame Blavatsky,* S. 315
207. Mahatmas M. und K.H., *The Mahatma-Letters,* Appendix, S. 456
208. Blavatsky, Memorandum von neun Punkten an ihren Kollegen Henry Steel Olcott, Manuskript im Adyar-Archiv, Theosophische Gesellschaft, Adyar, Madras, Indien; siehe auch Blavatsky, *H.P. Blavatsky Collected Writings,* Bd. 6, S. 410; Mahatmas M. und K. H., *The Mahatma-Letters,* Appendix, S. 466; Blavatsky, *The Letters of H.P. Blavatsky to A. P. Sinnett,* S. 76, 94
209. Michael Gomes, »The Coulomb Case, 1884-1984«, *The Theosophist,* Adyar, Madras, Indien, Januar 1985, S. 143
210. Blavatsky, Brief, ein Mittwoch im November 1885, von einer an Olcott gesandten Kopie in Bawajis Handschrift, übertragen vom Original im Adyar Archiv, Theosophische Gesellschaft, Adyar, Madras, Indien; auch zugänglich im de Zirkoff Archiv, Theosophische Gesellschaft, Wheaton; Henry Steel Olcott, Brief an Blavatsky, 21. Oktober 1885, Abdruck in *The Theosophist,* Januar 1933, S. 402-6; siehe Olcotts Briefe in *H.P. Blavatsky Letters to A. P. Sinnett*

211. Blavatsky, »Echoes of the Past«, *The Theosophist,* Mai 1908, S. 757-58
212. Leslie Price, »Madame Blavatsky Unveiled? A new discussion of the most famous investigation of the Society for Psychical Research«, London, Februar 1986, S. 7-8
213. Blavatsky, »Letters of H.P. Blavatsky, VII«, *The Path,* Juni 1895, S. 78
214. Blavatsky, »Letters of H.P. Blavatsky, VIII«, *The Path,* Juli 1895, S. 105-7
215. Blavatsky, Brief an Henry Steel Olcott, November 1884, Adyar Archiv, Theosophische Gesellschaft, Adyar, Madras, Indien
216. Isabel Cooper-Oakley, »At Cairo and Madras«, *Lucifer,* Juni 1891, S. 278-79
217. Olcott, *Old Diary Leaves,* Bd. 3, S. 197; Brief an Olcott, 24. November 1884, Adyar Archiv, Theosophische Gesellschaft, Adyar, Madras, Indien; siehe auch Artikel von C. W. Leadbeater im *Indian Mirror,* 28. November 1884, über Mrs. Coulombs Machenschaften in Kairo, wiedergegeben in Eek, *Damodar and the Pioneers of the Theosophical Movement,* S. 574-76
218. Isabel Cooper-Oakley, »At Cairo and Madras«, S. 279
219. *The Theosophist,* Beilage, März 1885, S. 5
220. Olcott, *Old Diary Leaves,* Bd. 1, S. 97-98
221. Gomes, »The Coulomb Case 1884-1984«, *The Theosophist,* Januar 1985, S. 141
222. Gomes, »The Coulomb Case 1884-1984«, S. 141; Olcott, *Old Diary Leaves,* Bd. 3, S. 200-3
223. Olcott, *Old Diary Leaves,* Bd. 3, S. 203
224. Hartmann, »Autobiography of Dr. Franz Hartmann«, S. 28
225. Isabel Cooper-Oakley, »At Cairo and Madras«, S. 281-82
226. C. Jinarajadasa, *The Personality of H. P. B.,* (Broschüre) Adyar, Madras, Indien, 1930, S. 19
227. Harrison, »J'Accuse: An Examination of the Hodgson Report of 1885«, S. 309
228. *The Theosophist,* Beilage, Mai 1885, S. 195
229. Blavatsky, »Why I Do Not Return to India« Brief von April 1890, abgedruckt in *The Theosophist,* Januar 1922; ebenso in der Broschüre *Theosophy and H.P. B.,* Los Angeles, n.d.
230. Richard Hodgson, »The Defence of the Theosophist«, *Proceedings of the Society for Psychical Research,* London, Bd. 9 (1894), S. 135; Nachdruck in: James Webb, Hrsg., *The Society for Psychical Research, Report on the Theosophical Society,* 1976, S. 135
231. Hodgson, »The Defence of the Theosophists«, S. 135
232. »Letters of H. S. Olcott to Francesca Arundale«, *The Theosophist,* Oktober 1932, S. 48
233. Hartmann, »Autobiography of Dr. Franz Hartmann«, S. 27-28
234. William Q. Judge, *Letters That Have Helped Me,* S. 267
235. Arundale, *My Guest – H.P. Blavatsky,* S. 2
236. Blavatsky, »Recent Progress in Theosophy«, *The North American Review,* Cedar Falls, Iowa, August 1890; Nachdruck in *Theosophy and the Theosophical Movement,* Los Angeles

KAPITEL 6: DIE WESTLICHE WELT

1. Hartmann, »Autobiography of Dr. Franz Hartmann«, S. 19-20; Wachtmeister, *Reminiscences of H.P. Blavatsky and The Secret Doctrine,* S. 113
2. Mahatmas M. und K. H., *Die Mahatma-Briefe;* Geoffrey A. Barborka, *The Mahatmas and Their Letters,* Adyar, Madras, Indien, 1973, S. 314-16
3. Blavatsky, *The Letters of H.P. Blavatsky to A. P. Sinnett,* S.105
4. Blavatsky, *The Letters of H.P. Blavatsky to A. P. Sinnett,* S. 112
5. Blavatsky, *Die Geheimlehre,* Bd. 1
6. Wachtmeister, *Reminiscences of H.P. Blavatsky and The Secret Doctrine,* S. 99

7. Blavatsky, »Have Animals Souls?«, *The Theosophist,* Januar-März 1886, S. 243-49, 295-302, 348-54; Nachdruck in *Modern Ignorance of Life and Soul,* Los Angeles, n. d.
8. *The New York Times Magazine,* 31. Dezember 1979
9. Muriel Dowding, *Beauty – Not the Beast,* London, 1980; auch Wheaton, 1982
10. *The Path,* November 1893, S. 246-47; *The American Theosophist,* Herbst 1937
11. Wachtmeister, *Reminiscences of H.P. Blavatsky and The Secret Doctrine,* S. 9
12. Wachtmeister, *Reminiscences of H.P. Blavatsky and The Secret Doctrine,* S. 26-27
13. Wachtmeister, *Reminiscences of H.P. Blavatsky and The Secret Doctrine,* S. 42-43; Bertram Keightley geht in seinen *Reminiscences of H.P. B.* (Adyar, Madras, Indien, 1931, S. 18-19, 26-27) detaillierter auf diese Methode ein, in der HPB ihre Schüler unterrichtete.
14. Blavatsky, »H.P.B. on the S.P.R. Report«, *The Theosophist,* August 1931, S. 663
15. Wachtmeister, *Reminiscences of H.P. Blavatsky and The Secret Doctrine,* S. 18
16. Jirah Dewey Buck, *Modern World Movements,* Chicago, 1913, S. 57
17. Mahatmas M. und K. H., *The Mahatma-Letters,* Appendix, HPB-Brief an Sinnett vom 6. Januar 1886, S. 470-74
18. Blavatsky, *The Secret Doctrine,* de Zirkoff Ausgabe, Bd. 1, S. 13-22
19. Blavatsky, *The Secret Doctrine,* de Zirkoff Ausgabe, Bd. 1, S. 13-22
20. Wachtmeister, »A NewYear's Greeting«, *Theosophical Siftings,* London, 1891, Bd. 3, S. 3-4
21. Blavatsky, *The Letters of H.P. Blavatsky to A. P. Sinnett,* S. 312-13
22. Blavatsky, *The Letters of H.P. Blavatsky to A. P. Sinnett,* S. 289-90
23. Wachtmeister, *Reminiscences of H.P. Blavatsky and The Secret Doctrine,* S. 24-25
24. Wachtmeister, *Reminiscences of H.P. Blavatsky and The Secret Doctrine,* S. 15-16, 22-23
25. Wachtmeister, *Reminiscences of H.P. Blavatsky and The Secret Doctrine,* S. 42
26. Wachtmeister, *Reminiscences of H.P. Blavatsky and The Secret Doctrine,* S. 42
27. C. Wachtmeister, »Madame Blavatsky, A Personal Reminiscence«, *The Occult Review,* London, März 1914, S. 139, 142
28. »Two H.P.B. Letters«, Brief an Sergjew Alexandrowitsch, *The Theosophist,* 1. Mai 1959, S. 87
29. Solowjow, *A Modern Priestess of Isis,* übersetzt von Walter Leaf ins Englische, London, 1895
30. P. D. Ouspensky, *The Fourth Dimension,* 3. Auflage, überarbeitet, Petrograd, Russland, 1918, S. 88-96 (dt. *Der vierte Weg,* Basel, 1991[2])
31. Solowjow, *A Modern Priestess of Isis,* S. 10-12, 21, 22, 29
32. Beatrice Hastings, *Solovyoff's Fraud: Being A Critical Analysis of the Book »A Modern Priestess of Isis«,* Edmonton, Kanada, 1988, S. 58 (nachfolgend *Solovyoff's Fraud* genannt)
33. Solowjow, *A Modern Priestess of Isis,* S. 12, 24, 65
34. Arundale, *My Guest – H.P. Blavatsky,* S. 29-30; Hastings, *Solovyoff's Fraud,* S. 59
35. Hastings, *Solovyoff's Fraud,* S. 59
36. Das Bild war ursprünglich im Besitz von Judges Frau, die seinen theosophischen Nachlass der United Lodge of Theosophists in New York City vermachte.
37. Eglinton, *A Memoir of Æ,* S. 13
38. Solowjow, *A Modern Priestess of Isis,* S. 15, 22, 27
39. Blavatsky, »Letters of H.P. Blavatsky, VII«, *The Path,* Juni 1895, S. 76
40. Vera Petrovna Selikowsky, »Helena Petrovna Blavatsky«, *Lucifer,* Dezember 1894, S. 278-79
41. Solowjow, *A Modern Priestess of Isis,* S. 97
42. Selikowsky, *Helena Petrovna Blavatskya i sovremenniy zhretz istini* (Helena Petrovna Blavatsky und eine moderne Priesterin der Wahrheit), S. 52
43. Solowjow, *A Modern Priestess of Isis,* S. 173-75
44. Solowjow, *A Modern Priestess of Isis,* S. 288-89

45. Solowjow, *A Modern Priestess of Isis,* S. xv
46. Solowjow, *A Modern Priestess of Isis,* S. 346-47
47. Selikowsky, *Helena Petrovna Blavatskya i sovremennìy zhretz istini,* S. 33
48. Selikowsky, *Helena Petrovna Blavatskya i sovremennìy zhretz istini,* S. 31-32
49. Olcott, *Old Diary Leaves,* Bd. 2, S. 373-467
50. Solowjow, *A Modern Priestess of Isis,* S. 312
51. Blavatsky, *The Letters of H.P. Blavatsky to A. P. Sinnett,* S. 172
52. Solowjow, *A Modern Priestess of Isis,* S. 312; Selikowsky, *Helena Petrovna Blavatskya i sovremenniy zhretz istini,* S. 123
53. Selikowsky, *Helena Petrovna Blavatskya i sovremennìy zhretz istini,* S. 125
54. Selikowsky, *Helena Petrovna Blavatskya i sovremennìy zhretz istini,* S. 53
55. Blavatsky, *H.P. Blavatsky Collected Writings,* Bd. 1, S. 537
56. Edward Kasinec und Boris Kerdimun, »Occult Literature in Russia«, in Maurice Tuchman, Hrsg., *The Spiritual in Art: Abstract Paintings 1890-1985,* New York, 1986, S. 361-66 (dt. *Das Geistige in der Kunst,* Stuttgart, 1988)
57. Wachtmeister, *Reminiscences of H.P. Blavatsky and The Secret Doctrine,* S. 94-95
58. Wachtmeister, *Reminiscences of H.P. Blavatsky and The Secret Doctrine,* S. 50-51
59. Blavatsky, »Letters of H.P. Blavatsky, X«, *The Path,* September 1895, S. 171
60. N. D. Khandalavala, »H. P. Blavatsky and Her Masters«, *The Theosophist,* Oktober 1898, S. 22
61. Wachtmeister, *Reminiscences of H.P. Blavatsky and The Secret Doctrine,* S. 58
62. *The Theosophical Movement 1875-1950,* S. 132
63. Buck, *Modern World Movements,* S. 56
64. Buck, *Modern World Movements,* S. 56
65. J. D. Buck, »H. P. Blavatsky As Seen Through Her Work«, *Lucifer,* 15. Juni 1891, S. 308
66. J. Ralston Skinner, *Key to the Hebrew and Egyptian Mystery in the Source of Measures,* San Diego, 1982; Blavatsky, *H.P. Blavatsky Collected Writings,* Bd. 13, S. 402-5
67. *The American Theosophist,* Juli 1979, S. 247
68. *The American Theosophist,* Juli 1979, S. 247
69. Blavatsky, *Die Geheimlehre,* Bd.1
70. Blavatsky, *The Letters of H.P. Blavatsky to A. P. Sinnett,* S. 227
71. »The Mysterious Hand«, *The Theosophist,* April 1887, S. 391-93
72. Wachtmeister, *Reminiscences of H.P. Blavatsky and The Secret Doctrine,* S. 54-55
73. Wachtmeister, *Reminiscences of H.P. Blavatsky and The Secret Doctrine,* S. 77
74. Bertram Keightley, *Reminiscences of H. P. B.,* S. 5
75. Blavatsky, *The Letters of H.P. Blavatsky to A. P. Sinnett,* S. 205
76. »Theosophy in the West«, *The Theosophist,* Juli 1891, S. 585 (Abdruck des Vortrages von Bertram Keightley beim Kongress in Adyar)
77. »Extract of a Letter from H.P.B. to a London Group, 1887«, *The Theosophist,* Juli 1988, S. 387
78. Wachtmeister, *Reminiscences of H.P. Blavatsky and The Secret Doctrine,* S. 60-62
79. Wachtmeister, *Reminiscences of H.P. Blavatsky and The Secret Doctrine,* S. 64-67
80. Blavatsky, *Die Geheimlehre,* Bd. 1
81. NASA, *Jet Propulsion Laboratory* (JPL), 15. Dezember 1982, S. 82-92
82. Wachtmeister, *Reminiscences of H.P. Blavatsky and The Secret Doctrine,* S. 78
83. Olcott, *Old Diary Leaves,* Bd. 1, S. 26
84. *The Theosophical Journal,* London, November-Dezember 1962, S. 7

85. Bertram Keightley, *Reminiscences of H. P. B.*, S. 10
86. Wachtmeister, *Reminiscences of H.P. Blavatsky and The Secret Doctrine*, S. 77-82; Keightley, *Reminiscences of H.P.B.*, S. 13-26
87. »Dr. Keightley Speaks«, *The New York Times*, 29. April 1889; Abdruck in *Theosophy*, Los Angeles, August 1950
88. *The Theosophical Movement 1875-1950*, S. 123
89. Alexander Fullerton, »Seeing Little; Perceiving Much«, *Lucifer*, Juli 1891, S. 380; Judge, *Das Meer der Theosophie*
90. W. B. Yeats, *The Collected Letters of W. B. Yeats*, Bd. 1, *1865-1895*, Hrsg. John Kelly, Oxford, 1986, Bd. 1, S. 319; Sankarâchârya, *The Crest-Jewel of Wisdom and Other Writings of Sankarâchârya*, englische Übersetzung von Charles Johnston, Covina, 1946
91. Charles Johnston, »Helena Petrovna Blavatsky«, *The Theosophical Forum*, New York, Bd. 5, Nummer 12 (April 1900); Bd. 6, Nummern 1-3 (Mai-Juli 1900); Blavatsky, *H.P. Blavatsky Collected Writings*, Bd. 8, S. 392-409
92. Bertram Keightley, *Reminiscences of H.P.B.*, S. 11-12; Judge, »Habitations of H.P.B. No. 1«, *The Path*, Mai 1892, S. 36-39
93. Blavatsky, undatierter Brief von 1889, de Zirkoff Archiv, Theosophische Gesellschaft, Wheaton
94. Franz Hartmann, »The Talking Image of Urur«, *Lucifer*, Dezember 1888 - Februar 1890 (15 Fortsetzungen)
95. Franz Hartmann, *The Talking Image of Urur*, New York, 1890
96. Blavatsky, Brief an Graf Carl Wachtmeister, *The Eclectic Theosophist*, Mai/Juni 1983, S. 6
97. *Riemann Musik Lexikon*, Mainz, 1961
98. *Lucifer*, Dezember 1890, S. 301
99. Blavatsky, *H.P. Blavatsky Collected Writings*, Bd. 9, S. 102-3
100. Alice Leighton Cleather, *H.P. Blavatsky As I Knew Her*, Anhang von Basil Crump, Kalkutta, Indien, 1923, S. 36-37
101. Archibald Keightley, »Reminiscences of H.P. Blavatsky«, *Theosophical Quarterly*, Oktober 1910, S. 107
102. Archibald Keightley, »Reminiscences of H.P. Blavatsky«, *Theosophical Quarterly*, Oktober 1910, S. 117-118
103. *The Canadian Theosophist*, September- Oktober 1991
104. Edmund Russell, »Isis Unveiled: Personal Recollections of Madame Blavatsky«, *The Occult Review*, London, November 1918, S. 260-69. Russell gibt den Namen des Fotografen dieser Bilder falsch an.
105. Enrico Resta, »A Link with H.P.B. – Through Her Photographer«, *Theosophical News and Notes*, London, April 1942, S. 6. Das ist die Zeitschrift der Theosophischen Gesellschaft in Großbritannien.
106. »Theosophical Worthies«, *The Theosophist*, September 1911, S. 897
107. José Xifré, «H.P.B.«, *Lucifer*, 15. August 1891, S. 455-56
108. »Theosophical Worthies«, *The Theosophist*, September 1911, S. 897-99
109. »Theosophy in Spain«, *Lucifer*, 15. Dezember 1889, S. 343-44
110. Blavatsky, *H.P. Blavatsky Collected Writings*, Bd. 9, S. 458-61
111. Boris de Zirkoff, » Don José Xifré «, *Theosophia*, Bd. 19, Nummer 2 (Herbst 1962), S. 14-16
112. »›Lucifer‹ to the Archbishop of Canterbury« erschien im *Lucifer*, Dezember 1887, S. 242-51, und könnte in Zusammenarbeit mit Richard Harte entstanden sein, einem ehemaligen New Yorker Journalisten, der sich 1878 der Theosophischen Gesellschaft anschloss und häufig in London war (siehe *H.P. Blavatsky Collected Writings*, Bd. 8, S. 268)

113. Dieses dreiteilige Werk wurde in der HPB Pamphlet Series unter dem Titel *The Esoteric Character of the Gospels* neu herausgebracht (Los Angeles)
114. Edward Gibbon, *The History of the Decline and Fall of the Roman Empire,* London, 1854, Bd. 2, S. 163
115. A. A. F. Lamplugh, *Codex Brucianus,* London, 1918
116. Carl G. Jung, *Psychology and Alchemy,* New York, 1953, S. 35
117. Elaine Pagels, *The Gnostic Gospels,* New York, 1979, S. xxiv-xxxv
118. Geddes MacGregor, *Reinkarnation und Karma im Christentum,* München, 1990
119. Jean Doresse, *The Secret Books of the Egyptians,* New York, 1960, S. 112-13; Sylvia Cranston und Carey Williams, *Wiedergehurt – Ein neuer Horizont in Wissenschaft, Religion und Gesellschaft,* S. 219-21
120. G. R. S. Mead, *The Pistis Sophia,* überarbeitete Auflage, London, 1921, erhältlich von Wizards Bookshelf, San Diego. Siehe auch W. T. S. Thackara, »H. P. Blavatsky Collected Writings, Volume XIII«, *Sunrise,* Pasadena, August/September 1983, S. 203-6
121. Blavatsky, *H.P. Blavatsky Collected Writings,* Bd. 13, S. 1-8
122. *Encyclopaedia Britannica,* Bd. 4, S. 530
123. C. G. Jung, *Memories, Dreams, and Reflections,* NewYork, 1963, S. 175-76
124.

COMMONWEALTH RELATIONS OFFICE
KING CHARLES STREET
LONDON S.W.1
20d February, 1952.

Whitehall XXXX 2323
Ext.:
Your reference
Please quote in reply: R.519/52

Dear Madam,

In reply to your letter of the 11th February, the following particulars relating to Major General Charles Murray (1826-1893) have been extracted from the military records of this Office:-

Charles Murray, born 17th March 1826, baptised 11th Feby. 1840 at St. Anne's, Westminster, was the son of James and Catherine Murray of Soho Square, Captn. in the East India Company's Service. (Cadet Papers, Vol. 95, No. 460).

Cadet: Bengal Infantry, 1841/42.
Ensign " " 1842.
Lieut. 70th Regt. Native Infantry 1851.
Commandant, Sebundy Sappers and Miners, 1854-55.
Captain Staff Corps, 18 Feb. 1861.
Major " " 18 Feb. 1863.
Lieut Colonel " 28 Dec. 1868.
Brevet Colonel, Retired 31 Dec. 1874 in India.
Major General, 25 January 1875.
Died at Monghyr. 30th Aug. 1893.

Yours faithfully,

J K Lloyd
Superintendent of Records.

Mrs M.L. Stanley,
61, Westbourne Park Road,
W.2.

Welche theosophische Lehre erregte Hitler so, dass die Theosophen unter den ersten waren, die in Konzentrationslager geschickt wurden? Das erste Ziel der theosophischen Bewegung, den Kern einer universellen Bruderschaft zu bilden, der von Natur aus in allen Menschen vorhanden ist, war eine alarmierende Vorstellung für einen Tyrannen, der die Absicht hatte zu herrschen, indem er Rassen und Volksgruppen durch Völkermord eliminieren wollte. In der *Geheimlehre* findet sich ein Satz *(The Secret Doctrine,* Bd. 2, S. 266), der den Zorn der Nazis erregte: »Die Arier [Aryas]und ihr semitischer Zweig gehören zur fünften Menschheit.« In der Theosophie gehören zur fünften Menschheit all jene Völker (aber nicht nur), die die Wissenschaft als Indo-Europäer bezeichnet, und zu HPBs Zeit war der bevorzugte Begriff für diese Gruppen »Arier« – ein Begriff, der heute durch die entstellte Verwendung der Nazis negativ geworden ist. Etymologisch stammt das Wort von *Arya* ab, was »edel« oder »die Edlen« bedeutet.

Aryan – arisch – ist ein Begriff, der aus dem Sanskrit *ârya* oder *drya* hergeleitet wurde, das Zend-Wort *airya.* Im späteren Sanskrit bedeutet *drya* »aus guter Familie« und wird als höfliche Anrede benutzt. Ursprünglich wurde es jedoch als Nationalbezeichnung verwendet, und sogar noch zur Zeit der Gesetze des Manu wurde Indien das Land Aryavarta, d.h. die Wohnstätte der Arier [Aryas], genannt.

Buddha selbst verwendet in seinen berühmten Vier Erhabenen Wahrheiten und dem Heiligen Achtfachen Pfad das Wort »arisch« in seiner Bedeutung von »edel«. In Christmas Humphreys *A Popular Dictionary of Buddhism* lesen wir:

»Aryan: Von Arya (Sanskrit), was edel bedeutet. In Pali, Ariya, z. B. der Arische oder Edle Achtfache Pfad oder die Vier Arischen oder Edlen Wahrheiten. Hergeleitet von den Aryas, wurde das Wort von Buddha gleichermaßen für ein Volk mit edlen Verhaltensweisen verwendet.«

Zwei Lehrerinnen, M. Linne und E. Härter, wurden in Deutschland mit Gefängnis bestraft, weil man theosophische Literatur in ihrem Haus fand – alles wurde verbrannt, einschließlich ihrer eigenen Übersetzung der *Geheimlehre.* Das war auch das Schicksal der Briefe der Meister an Dr. Hübbe-Schleiden. Nachzulesen in der de Zirkoff-Ausgabe *The Secret Doctrine,* Bd. 1, S. [16]: »Historical Introduction to The Secret Doctrine«.

125. Blavatsky, *Die Geheimlehre,* Bd. 1, S. 614f.
126. H.P. Blavatsky, »Karmic Visions«, *Lucifer,* Juni 1888, S. 311-22; *Cycles and Human Destiny,* Los Angeles; auch erschienen in *La Revue Théosophique,* 21. März 1889
127. Blavatsky, *Die Geheimlehre,* Studienausgabe, S. 59
128. Blavatsky, *Die Geheimlehre,* Studienausgabe, S. 201-202
129. Blavatsky, *Die Geheimlehre,* Studienausgabe, S. 81, 84-86
130. Blavatsky, *Die Geheimlehre,* Studienausgabe, S. 236, 333-334
131. Blavatsky, *Die Geheimlehre,* Studienausgabe, S. 334
132. Blavatsky, *Die Geheimlehre,* Studienausgabe, S. 334; Bd. 2, S. 319 Fußnote
133. Blavatsky, *Die Geheimlehre,* Studienausgabe, S.236-237
134. Blavatsky, *Die Geheimlehre,* Studienausgabe S. 127
135. Blavatsky, *Die Geheimlehre,* Bd. 1, S. 130
136. Blavatsky, *Die Geheimlehre,* Studienausgabe, S. 237-238
137. Blavatsky, *Die Geheimlehre,* Studienausgabe, S. 334, 353
138. Blavatsky, *Die Geheimlehre,* Studienausgabe, S. 198, 260; Bd. 2, S. 540
139. Blavatsky, *Die Geheimlehre,* Studienausgabe, S. 475
140. Blavatsky, *Die Geheimlehre,* Studienausgabe, S. 100
141. Robert Crosbie, *The Friendly Philosopher,* Los Angeles, 1945, S. 98

142. Blavatsky, *Die Geheimlehre,* Studienausgabe, S. 178, 179; Bd. 1, S. 84
143. Crosbie, *The Friendly Philosopher,* S. 98
144. Theodore Roszak, *The Unfinished Animal,* New York, 1975, S. 120-22
145. Eglinton, *A Memoir of Æ,* S. 164-65
146. Wachtmeister, *Reminiscences of H.P. Blavatsky and The Secret Doctrine,* S. 119-20
147. Blavatsky, *Die Geheimlehre,* Bd. 1
148. Lewis Thomas, *The Medusa and the Snail,* New York, 1979; ausgewählt aus einem gekürzten Auszug, veröffentlicht in *Reader's Digest,* Oktober 1979, S. 98-99
149. Arnold Duncan und Miranda Weston Smith, *The Encyclopaedia of Ignorance,* Oxford, 1977
150. William R. Corliss, *Mysterious Universe: A Handbook of Astronomical Anomalies,* Glen Ann, 1979
151. Blavatsky, *Die Geheimlehre,* Bd. 1, Teil 3, Kapitel 10, enthält einen Absatz über Mr. Keely, »einen unbewussten Okkultisten«.
152. W. T. Stead, Brief an Blavatsky, Adyar Archiv, Theosophische Gesellschaft, Adyar, Madras, Indien
153. Annie Besant, *Annie Besant: An Autobiography,* 3. Auflage, Adyar, Madras, Indien, 1939
154. Arthur R. Nethercot, *The First Five Lives of Annie Besant,* Chicago, 1960, S. 1
155. Besant, *Annie Besant: An Autobiography,* S. 308-9
156. Besant, *Annie Besant: An Autobiography,* S. 310; »Among the Adepts«, *Pall Mall Gazette,* 25. April 1889, S. 3; Nachdruck von Besants Kritik der *Geheimlehre* in *Theosophical Journal,* November-Dezember 1974, S. 3-5
157. Besant, *Annie Besant: An Autobiography,* S. 310
158. »Letters of H.P. Blavatsky to Annie Besant«, *The Theosophist,* Januar 1932, S. 377
159. Besant, *Annie Besant: An Autobiography,* S. 311
160. Besant, *Annie Besant: An Autobiography,* S. 311-13
161. James D. Hunt, *Gandhi in London,* Neu Delhi, Indien, 1978, S. 32-33
162. Selikowsky, »Radda-Bai: Biograficheskiy ocherk«, veröffentlicht in *Zagadochniya plemena na »Golubih Gorah« – Durbar v Lahore,* St. Petersburg, S. li-lii
163. Olcott, *Old Diary Leaves,* Bd. 4, S. 179
164. Original in den Adyar Archiven, Theosophische Gesellschaft, Adyar, Madras, Indien; Auszug aus Blavatsky, »She Being Dead Yet Speaketh«, *The Path,* Juli 1892, S. 121-22
165. Blavatsky, »She Being Dead Yet Speaketh«, S. 121-22
166. Blavatsky, *Letters to Ralston Skinner,* Ralston Skinner Sammlung, Harvard University, Cambridge, n. d.
167. *The Theosophical Movement 1875-1950,* S. 139
168. Blavatsky, »Letters of H.P. Blavatsky, XII«, *The Path,* November 1895, S. 238
169. »Faces of Friends«, *The Path,* Juni 1894, S. 90-91
170. Blavatsky, *H.P. Blavatsky Collected Writings,* Bd. 11, S. 322
171. Paul Russell Cutright und Michael S. Brodhead, *Elliott Coues: Naturalist and Frontier Historian,* Chicago, 1981, Umschlag
172. Blavatsky, *H.P. Blavatsky Collected Writings,* Bd. 11, S. 317-23
173. C. Jinarajadasa, Hrsg., *The Golden Book of the Theosophical Society: A Brief History of the Society's Growth from 1875-1925,* Adyar, Madras, Indien, 1915, S. 203
174. Blavatsky, *H.P. Blavatsky Collected Writings,* Bd. 11, S. 323, 328; *The Theosophical Movement 1875-1950,* S. 146-48; Blavatsky, Brief an Richter Khandalavala, Adyar Archiv, Theosophische Gesellschaft, Adyar, Madras, Indien; Jinarajadasa, *Letters from the Masters of the Wisdom,* Bd. 1, S. 50

175. *The Theosophical Movement 1875-1950,* S. 148-49
176. *The Theosophical Movement 1875-1950, S.* 148-49
177. Gomes, *The Dawning of the Theosophical Movement,* S. 15
178. De Zirkoff Archiv, Theosophische Gesellschaft, Wheaton, Illinois
179. William Q. Judge, Archibald Keightley, »›Light on the Path‹ and Mabel Collins« [New York, 6. Juni 1889]; Judge, Hrsg., »Dr. Elliott Coues in His Letters«, New York, 14. Juni 1889; Briefe von Dr. Elliott Coues, *Religio-Philosophical Journal of Chicago,* Chicago, 11. Mai und 1. Juni 1889; Originale im de Zirkoff Archiv, Theosophische Gesellschaft, Wheaton
180. William Q. Judge, »Report of the General Secretary«, 4. Jahresversammlung der Amerikanischen Sektion der Theosophischen Gesellschaft, abgehalten in Chicago, 27. - 28. April 1890, *Report of Proceedings,* S. 8-9
181. Blavatsky, »The ›Nine-Days Wonder‹ Press«, *Lucifer,* August 1889, S. 444; auch in *H.P. Blavatsky Collected Writings,* Bd. 11, S. 366-77
182. Cutright und Brodhead, *Elliott Coues: Naturalist and Frontier Historian,* S. 300
183. Michael Gomes, »Malicious from First to Last«, HPB an Coues, *The Canadian Theosophist,* Januar-Februar 1986, S. 128-29
184. Cutright und Brodhead, *Elliott Coues: Naturalist and Frontier Historian,* S. 299
185. William Q. Judge, »The Libel Suits Against N.Y. *Sun* and Elliott Coues«, *The Path,* März 1891, S. 390
186. Fotokopierte Dokumente in den Sylvia Cranston Archives, Santa Barbara. Diese Dokumente erhielt am 17. Juni 1955 Walter Carrithers' Anwalt von der Behörde des Landkreises und dem Beamten des Obersten Gerichtshofes, New York.
187. Walter Carrithers schrieb am 7. November 1970 einen Brief an Don Brown, Herausgeber des *Valley Journal,* Sunnyside, Kalifornien, und zwar mit dem Briefkopf der Blavatsky Foundation, Fresno, Kalifornien. Nach Rückfrage informierte ihn Carrithers, dass er einen New Yorker Anwalt, Joseph P. Blechman, beauftragt hätte, um die Akten dieses Falles in den Archiven zu sichten. Dabei wurden die Unterlagen entdeckt.
188. Blavatsky, »The ›Nine-Days Wonder‹ Press«, S. 441
189. William Q. Judge, »Two Theosophical Events«, *The Path,* November 1892, S. 249
190. William Q. Judge, »The Esoteric She«, abgedruckt in *H.P. Blavatsky, Her Life and Work,* Los Angeles
191. Coues Sammlung, State Historical Society, Wisconsin
192. Blavatsky, »My Books«, *Lucifer,* Mai 1891, S. 243
193. *Webster's New Collegiate Dictionary,* Springfield, 1980, S. 870
194. Solowjow, *A Modern Priestess of Isis,* S. 353
195. Emil Ludwig, *The History of a Man,* New York, 1928
196. Beatrice Hastings, *Defence of Madame Blavatsky,* Bd. 1, Worthing, England, 1937, S. 10-11
197. HPB entnahm folgende sechs undokumentierte Stellen:

    1. *The Secret Doctrine* (Bd. 1, S. 2,), von Winchell, S. 553: »Leukippos und Demokrit...behaupteten, dass der Raum ewig mit Atomen gefüllt ist, die durch eine ewige Bewegung angetrieben werden.« Anstelle von »ewiger« Bewegung schrieb HPB »unaufhörliche Bewegung«.

    2. *The Secret Doctrine* (Bd. 1, S. 97 Fußnote): zitiert drei Sätze aus *The Modern Genesis* von W. B. Slaughter, die HPB wahrscheinlich von Winchell, S. 94 Fußnote, entnahm, ohne die Quelle anzugeben.

    3. *The Secret Doctrine* (Bd. 1, S. 497-98): die hier kursiv gedruckten Worte wurden von Winchell, S. 553, entnommen: »Der gefeierte Kepler stellte 1595 *eine merkwürdige Hypothese*

auf, *die von einer Kreiselbewegung innerhalb des Sonnensystems spricht.* Die Vorstellung von *Anziehung und Abstoßung* stammt aus der Epoche von Empedokles, der sie ›*Liebe und Hass*‹ nannte.«

4. *The Secret Doctrine* (Bd. 1, S. 498): drei Passagen sind von Winchell zitiert, S. 607; die erste ist Winchell zugeschrieben, die anderen beiden nicht.

5. *The Secret Doctrine* (Bd. 1, S. 673): die kursiv gedruckten Worte wurden ohne Hinweis von Winchell übernommen und erscheinen ohne Anführungszeichen. *»Das Aphelion dieses Ringes ist 1,732 Millionen Meilen außerhalb des Orbits von Neptun,* seine Ebene zum Orbit der Erde ist *in einem Winkel von 64°3'* geneigt *und die Richtung der Meteorenwolke, die sich in diesem Raum bewegt, ist der Drehung der Erde entgegengesetzt.«*

6. *The Secret Doctrine* (Bd. 2, S. 330, Fußnote): Zitate aus der *Encyclopaedia Britannica* über die Präzession der Äquinoktien wurden offensichtlich von Winchell, S. 285-86, übernommen.

198. Blavatsky, *H.P. Blavatsky Collected Writings,* Bd. 13, S. 395-97
199. Blech, *Contributions à l'histoire de la Société Théosophique en France,* S. 187
200. Jean-Paul Guignette, »Madame Blavatsky at Fontainebleau«, *The Canadian Theosophist,* November-Dezember 1985, S. 101-4
201. Besant, *Annie Besant: An Autobiography,* S. 352-53; siehe auch Boris de Zirkoff, »How *The Voice of the Silence* Was Written«, *The American Theosophist,* November-Dezember 1988, S. 230-37 (dt. *Die Stimme der Stille,* Satteldorf, 1994², Studienausgabe)
202. Gertrude Marvin Williams, *Priestess of the Occult: (Madame Blavatsky),* New York, 1946, S. 11-12
203. Blavatsky, »The Cycle Moveth«, *Thesophical Articels,* Bd. 1, S. 364
204. Blavatsky, *Die Stimme der Stille*
205. ibid.
206. William James, *The Varieties of Religious Experience,* New York, 1925, S. 421-22; Bhikshu Sangharakshita (Dennis Lingwood), *A Survey of Buddhism,* 3. Auflage, Bangalore, Indien, 1966
207. Bhikshu Sangharakshita (Dennis Lingwood), *Paradox and Poetry in The Voice of the Silence,* Bangalore, Indien, 1958 (dt. siehe Blavatsky, *Die Stimme der Stille,* Adyar Studienausgabe, Satteldorf, 1994²)
208. *The Path,* November 1905, S. 240
209. G. R. S. Mead, »The Last Two Years«, *Lucifer,* Juni 1891, S. 295-96
210. Adyar Archiv, Theosophische Gesellschaft, Adyar, Madras, Indien
211. Blavatsky, *Der Schlüssel zur Theosophie*
212. Blech, *Contributions à l'histoire de la Société Théosophique en France,* S.198-200
213. Blavatsky, »Letters of H.P. Blavatsky, XIII«, *The Path,* Dezember 1895, S.267-70
214. Blavatsky, »Letters of H.P. Blavatsky, XIII«, *The Path,* Dezember 1895, S. 269; William Q. Judge, »Mirror of the Movement «, *The Path,* Juli 1891, S. 131-34
215. Olcott, *Old Diary Leaves,* Bd. 4, S. 255
216. »Theosophical Activities«, *Lucifer,* Juli 1890, S. 428-29; Blavatsky, »Letters of H.P. Blavatsky, XIII«, *The Path,* Dezember 1895, S. 269-70
217. Blavatsky, »Letters of H.P. Blavatsky, XIII«, *The Path,* Dezember 1895, S. 269-70
218. Besant, *Annie Besant: An Autobiography,* S. 362-63
219. G.R.S. Mead, »The Last Two Years«, *Lucifer,* Juni 1891, S. 298
220. Nethercot, *The First Five Lives of Annie Besant,* S. 336-37

221. Blavatsky, »Letters of H.P.Blavatsky to Annie Besant«, *The Theosophist,* 1. Februar 1932, S. 511-15; Adyar Archiv, Theosophische Gesellschaft, Adyar, Madras, Indien
222. Selikowsky, »Helena Petrovna Blavatskaya: Biografichesky ocherk«, *Russkoye obozreniye,* Bd. 6 (Dezember 1891), S. 608-10
223. C. E. M. Joad, »What Is the Soul?«, *The Aryan Path,* Bombay, Indien, Bd. 8, Nummer 5 (Mai 1937), S. 201-3
224. Blavatsky, *Transactions of the Blavatsky Lodge of the Theosophical Society,* Pasadena, 1946, deutsche Übersetzung in *Die Geheimlehre – Studienausgabe,* Satteldorf, 1999
225. Robert Bowen, »The ›Secret Doctrine‹ and Its Study«, *Theosophy in Ireland,* Januar-März 1932; Nachdruck in Blavatsky, *An Invitation to The Secret Doctrine,* Pasadena, 1994; deutsche Übersetzung teilweise in *Die Geheimlehre – Studienausgabe,* Satteldorf, 1999
226. G.R.S. Mead, »The Last Two Years«, *Lucifer,* Juni 1891, S. 295-99
227. Auszug aus Gräfin Wachtmeisters Briefen über HPBs letzte Tage, *The Theosophist,* Mai 1929, S. 125
228. Blavatsky, *Unheimliche Geschichten,* Hannover, 1986
229. Blavatsky und William Q. Judge, *The Tell-Tale Picture Gallery,* Los Angeles, 1984
230. HPBs Geschichten in *The Tell-Tale Picture Gallery:* »Karmic Visions«, »A Bewitched Life«, »Can the Double Murder?«, »An Unsolved Mystery«, »The Luminous Shield«, »The Caves of the Echoes«, »From the Polar Lands«, »The Ensouled Violin«
231. Blavatsky, *Five Messages to American Theosophists,* Los Angeles, S. 32; *H.P. Blavatsky an die Amerikanischen Konvente: 1888-1891*
232. Blavatsky, *Five Messages to American Theosophists,* S. 32; *H.P. Blavatsky an die Amerikanischen Konvente: 1888-1891*
233. William Q. Judge, *Notes on the Bhagavad-Gita,* Los Angeles, 1956, S. 152
234. Laura Cooper, »How She Left Us«, Lucifer, Juni 1891, S. 270-271
235. Selikowsky, »Helena Petrovna Blavatskaya: Biografichesky ocherk«
236. Olcott, »Traces of H.P.B.«, *The Theosophist,* April 1893, S. 431
237. »Saladin« [W. S. Ross], »Death of Madame Blavatsky«, *Agnostic Journal and Eclectic Review,* 16. Mai 1891; Nachdruck unter »How an Agnostic Saw Her« in *Lucifer,* Juni 1891, S. 311-16
238. Nachdruck in *Lucifer,* Juli 1891, S. 388-89
239. *Borderland,* London, Oktober 1894, S. 511
240. Nachdruck in *H.P. B.: In Memory of Helena Petrovna Blavatsky, by Some of Her Pupils,* Ausgabe zum 100. Todestag, Bombay, Indien, 1991, Anhang, S. 195
241. W.B.Yeats, *The Collected Letters of W.B. Yeats,* Bd. 1, 1865-1895, S. 96-7
242. Im folgenden Artikel werden die gleichen Begebenheiten oder Beobachtungen manchmal wiederholt, aber in unterschiedlichen Worten. Artikel von Edmund Russell über HPB: »As I Knew Her« und »More Recollections of Madame Blavatsky«, *The Herald of the Star,* London, 11. Mai 1916, S. 197-205, und Januar 1917, S. 17-22; »Isis Unveiled: Personal Recollections of Madame Blavatsky« und »The Secret Doctrine: Personal Recollections of Madame Blavatsky«, *The Occult Review,* London, November 1918, S. 260-69, und Juni 1920, S. 332-40

KAPITEL 7: DAS NEUE JAHRHUNDERT

1. W. Q. Judge, »Yours Till Death and After, HPB«, *Lucifer,* Juni 1891, S. 291-92
2. Robert Crosbie, *Answers to Questions on The Ocean of Theosophy,* Los Angeles, 1974, S. 190
3. Rick Fields, *How the Swans Came to the Lake: A Narrative History of Buddhism in America,* Boulder, 1981, S. 120-21
4. John Henry Barrows, Hrsg., *The World's Parliament of Religions,* 2 Bände, Chicago, 1893, Bd. 1, S. 20, 22; Fields, *How the Swans Came to the Lake,* S. 120
5. Jackson, *The Oriental Religions and American Thought: Nineteenth Century Explorations,* S. 251-52
6. George E. Wright, »Incidents of the Theosophical Congress«, *The Path,* November 1893, S. 242. Der Kongress wurde von 15. bis 17. September 1893 abgehalten, stenographische Mitschriften der Gespräche wurden in dem 195-seitigen *Report of the Proceedings of the Theosophical Congress* abgedruckt, der im selben Jahr vom Hauptquartier der Amerikanischen Sektion der Theosophischen Gesellschaft in New York City veröffentlicht wurde.
7. Wright, »Incidents of the Theosophical Congress«, S. 245
8. Barrows, *The World's Parliament of Religions,* 1893, Bd. 1, S. 183; Fields, *How the Swans Came to the Lake,* S. 128-29
9. Jackson, *The Oriental Religions and American Thought,* S. 251
10. Zitat in *The Lamp,* Kanada, Dezember 1895; Original in *Alliance Forum*
11. Privat gedruckt in Calgary, 1908, S. 112; zitiert in *The Canadian Theosophist,* Juli-August 1975, S. 66-67
12. Jerry Hejka-Ekins, »*The Secret Doctrine* in the Light of Twentieth Century Thought«, *Sunrise,* April-Mai 1989, S. 150, 151
13. Blavatsky, *Die Geheimlehre,* Bd. 1
14. David Dietz, *The New Outline of Science,* New York, 1972, S. 259-63
15. Robert Millikan, *The Autobiography of Robert A. Millikan,* New York, 1950, S. 272, 271. Millikan spielte selbst eine wichtige Rolle im Jahre 1909, als er die genaue elektrische Ladung des Elektrons bestimmte; 1923 erhielt er den Nobel-Preis für Physik für die Entdeckung kosmischer Strahlung.
16. *Science,* 8. Januar 1937, S. 598
17. *Theosophia,* Bd. 4, Nummer 22, November-Dezember 1947, S. 15
18. Robert Millikan, *Time, Matter and Values,* Chapel Hill, 1932, S. 96
19. Raymond F. Yates, *These Amazing Electrons,* New York, 1937
20. Dietz, *The New Outline of Science,* S. 277
21. A. March und I.M. Freeman, *The New World of Physics,* 1963, S. 91, 109; zitiert in *Sunrise,* November 1975, S. 81
22. Siehe Vorwort: Anmerkung 11. Robert Millikan war einer der ersten Wissenschaftler, die Einstein mit der *Geheimlehre* bekannt gemacht haben könnten. Von 1921 bis 1945 war er Direktor des Norman-Bridges-Laboratoriums am California Institute of Technology (Cal Tech) in Pasadena; er war dort auch Vorsitzender des Aufsichtsrates. Millikan gehörte zu den Wissenschaftlern, die Einstein den Weg in die USA ebneten. In drei Sommern hatte der bereits berühmte Wissenschaftler die Position eines Gastprofessors (Research Associate) am Cal Tech.

    Millikan zeigte großes Interesse an der *Geheimlehre.* Damals war das Buch in der Bibliothek des Cal Tech so gefragt, dass man sich in eine lange Warteliste eintragen musste. Es ist wahrscheinlich, dass Millikan eine der Personen war, die Einsteins Interesse für die *Geheimlehre* weckten.

Eine andere mögliche Person war Gustav Stromberg, ein Astrophysiker am Mount Wilson Observatorium in Los Angeles, der ein guter Freund von Einstein war und mit ihm am Observatorium arbeitete. Als Strombergs *Soul of the Universe* veröffentlicht wurde, war Einsteins Empfehlung auf dem Umschlag.

Es ist interessant festzustellen, dass während dieser Zeit Boris de Zirkoff, der die *H.P. Blavatsky Collected Writings* zusammenstellte, oft das Observatorium besuchte und sich mit den Astronomen dort anfreundete. Er sagte, dass alle an Theosophie interessiert waren, besonders Dr. Hubbell. Stromberg besuchte die Theosophische Gesellschaft in Point Loma und hielt dort auch einmal einen Vortrag; er schrieb sogar das Vorwort zu einem Buch über Astronomie von zwei Theosophen aus Point Loma. Stromberg sagte:

»*Star Habits and Orbits* wird beschrieben als ›Astronomie für Studenten der Theosophie‹. Es enthält also zwei bestimmte Themen: zuerst eine Beschreibung von grundlegenden astronomischen Fakten und zweitens eine Interpretation dieser Fakten vom Standpunkt der theosophischen Lehren aus ... Das große Gebäude der modernen Wissenschaft ist nicht komplett ohne die Vorstellung einer nichtphysischen Welt, aus der Energie, Organisation und Geist vorübergehend in die physische Welt von Raum und Zeit eintauchen. Moderne physikalische Theorien zeigen die Unzulänglichkeit von materialistischen Vorstellungen, die bis vor kurzem als Naturwissenschaft charakterisiert wurden und direkt in eine Welt mit einem engen Kontakt mit unserem eigenen Bewusstsein verweisen.

Es gibt viele Wege zur Erkenntnis, und keiner von ihnen sollte übersehen werden. Wir wissen jetzt, dass unser Geist – einschließlich unseres Denkvermögens – seine Wurzeln in einer unsichtbaren, aber nicht unbekannten Welt hat, es ist vorstellbar, dass es inspirierte Männer und Frauen gibt, denen es gelungen ist, einige der grundlegenden Geheimnisse des Lebens und des Universums zu erhaschen, ohne die Verwendung von Mikroskopen und Teleskopen.« (Charles J. Ryan und L. Gordon Plummer, *Star Habits and Orbits,* Covina, 1944, S. v-vi)

23. M. R. Crossland, Hrsg., *The Science of Matter,* New York, 1971, S. 76
24. Werner Heisenberg, *Science,* 19. März 1976, S. 1165
25. Blavatsky, *Die Geheimlehre,* Bd. 1
26. S. Garrett Service, *The Einstein Theory of Relativity,* New York, 1928, S. 48
27. Millikan, *The Autobiography of Robert A. Millikan,* S. 273
28. Fred Hoyle, Vortrag in *The Theosophist,* April 1982, S. 219
29. *The New York Times,* 29. Mai 1983, Wissenschaftsseite
30. Lewis Thomas, *The Medusa and the Snail,* S. 156-57; aus einem gekürzten Auszug in *Reader's Digest,* Oktober 1979, S. 98-99
31. *Fortune,* 24. Januar 1983
32. »Strange Stories, Amazing Facts«, *Reader's Digest;* »Control Room: The Brain and Its Workings«, S. 42-43
33. Judge, *Das Meer der Theosophie*
34. ibid.
35. Oliver Sacks, *The Man Who Mistook His Wife for a Hat,* New York, 1985, S. 64, 66 (dt. *Der Mann, der seine Frau mit einem Hut verwechselte,* Reinbek, 1990)
36. Harold Saxton Burr, *Blue-print for Immortality: The Electric Patterns of Life,* 5. Nachdruck, Großbritannien, 1991
37. Blavatsky, Die *Geheimlehre,* Studienausgabe, S. 203

38. Thomas Huxley, *Some Essays on Controversial Subjects,* New York, 1892, S. 27, 171, 178
39. Alfred Russel Wallace, *Contributions to the Theory of Natural Selection,* New York, 1870, S. 360
40. *Manas,* 16. Juni 1982, S. 1
41. Loren Eiseley, *The Immense Journey,* New York, 1957, S. 94
42. Blavatsky, *Die Geheimlehre,* Bd. 1
43. Freeman Dyson, *Infinite in All Directions,* New York, 1988
44. *Theosophical Research Journal,* Juni 1986, S. 43; Vortrag anlässlich des jährlichen Wissenschaftsseminars, abgehalten bei der Theosophischen Gesellschaft, Wheaton, 19. Oktober 1985
45. Charles Darwin, *The Life and Letters of Charles Darwin,* herausgegeben von Francis Darwin, New York, 1887, Bd. 1, S. 282
46. *The New York Times,* 10. Februar 1981, C2
47. Stephen Hawking, *Eine kurze Geschichte der Zeit,* Hamburg, 1988, S. 19
48. »Galactic Changes Startle Astronomers«, *The New York Times,* 26. Februar 1990
49. in Judge, *Das Meer der Theosophie*
50. Interview von Barry Rohan, *Detroit Free Press,* 25. Oktober 1983; zitiert in *The Eclectic Theosophist,* San Diego, Mai-Juni 1984, S. 5
51. Betty Jo Teeter Dobbs, *Alchemical Death and Resurrection: Alchemy in the Age of Newton,* Washington, D. C., 1990
52. *Quantum Questions: Mystical Writings of the World's Great Physicists,* Hrsg. Ken Wilber, Boston, 1985, S. 102-4, 108-09, 110-11, Umschlag-Rückseite
53. *The Universe and Dr. Einstein,* Hrsg. Lincoln Barnett, New York, 1950, S. 105
54. Albert Einstein, *Mein Weltbild,* Frankfurt/Zürich
55. Millikan, *The Autobiography of Robert A. Millikan,* S. 287
56. Walter Goodman, »Examining God's Dice with Quantum Mechanics«, *The New York Times,* 6. Juni 1990, C20
57. Roger Penrose, *The Emperor's New Mind,* Oxford, 1989, S. vi
58. Penrose, *The Emperor's New Mind,* Umschlag, S. vi, 226, 280, 298
59. Penrose, *The Emperor's New Mind,* vorderer Klappentext, S. 402ff.
60. Blavatsky, »Cosmic Mind«, *Lucifer,* April 1890, S. 89; Zitat von Edison in Blavatsky's »The Cycle Moveth«, *Lucifer,* März 1890, S. 8; auch in den HPB Pamphlet Series, Los Angeles, erschienen; *Mind in Nature and in Man,* S. 5 und *Cycles and Human Destiny,* S. 11
61. Blavatsky, »Cosmic Mind«; *Mind in Nature and in Man,* S. 6
62. Heinz Pagels, *Cosmic Code: Quantum Mechanics as the Language of Nature,* New York, 1982, S. 340; siehe auch Penrose, *The Emperor's New Mind,* S. 421
63. Blavatsky, *Die Geheimlehre – Studienausgabe,* S. 302
64. Peter Stenfels, »Beliefs«, *The New York Times,* 20. Januar 1990
65. Francis Merchant, *Æ: An Irish Prometheus,* Columbia, 1954, Umschlag
66. Joseph M. Hone, *W.B. Yeats, 1865-1939,* New York, 1943, S. 130
67. Ernest Boyd, *Ireland's Literary Renaissance,* New York, 1937, S. 213-15
68. »Special Note«, *The Path,* Februar 1894, S. 351-52
69. »George William Russell – Æ«, *Canadian Theosophist,* August 1935, S. 172-73 (aus Ernest A. Boyd, *Appreciations and Depreciations,* Dublin, 1917, New York, 1918)
70. Blavatsky, Brief, geschrieben in London Ende der achtziger Jahre des 19. Jahrhunderts, de Zirkoff Archiv, Theosophische Gesellschaft, Wheaton
71. Williarn Butler Yeats, *Memoirs,* Hrsg. Denis Donoghue, New York, 1972, hinterer Klappentext

72. William Butler Yeats, *Collected Letters of W. B. Yeats,* Oxford, England, 1986, Bd. 1, S. 164 (Brief vom 7. Mai 1889)
73. William Butler Yeats, *Letters to the New Island,* Hrsg. Horace Reynolds, Cambridge, 1934, S. 83-84
74. Zitat in *W. B. Yeats and Occultism* von Harbans Rai Bachchan, Neu-Delhi, Indien, 1965, S. 223
75. Richard Ellmann, *Yeats: The Man and the Mask,* New York, 1948, S. 66-67; William Butler Yeats, *Memoirs,* New York, 1972, S. 23-24
76. *Letters to W. B. Yeats,* Hrsg. R.J. Finneran u. a., New York, 1977, S. 447
77. William Butler Yeats, *Autobiography of William Butler Yeats,* Garden City, New York, 1958, S. 118, 119-20, 123, 197, 199
78. Die folgenden Quellen beweisen einen direkten Einfluss HPBs und der Theosophie auf Yeats: Bachchan, *W. B. Yeats and Occultism,* viele Hinweise; Ellmann, *Yeats: The Man and the Mask,* S. 68-69; Giorgio Melchiori, *The Whole Mystery of Art: Pattern into Poetry in the Work of W.B. Yeats,* London, 1960, S. 19, 119, 123, 141-47, 161, 165-72, 193, 262-63; Peter Ure, *Yeats and Anglo-Irish Literature,* Hrsg. C.J. Rawson, Liverpool, 1974, S. 49, 64, 124; F.A.C. Wilson, *W. B. Yeats and Tradition,* London, 1958, S. 55, 56, 143, 235; F.A.C. Wilson, *Yeats Iconography,* London, 1960, S. 145, 146, 170, 252.
79. Ellmann, *Yeats: The Man and the Mask,* S. 67, 68, 69
80. William R. Linville, *Helena Petrovna Blavatsky, Theosophy and American Thought,* Dissertation, 1983, S. 147
81. Yeats, *Memoirs,* S. 26
82. Yeats, *The Collected Letters of W. B. Yeats,* Bd. 1, S. 164
83. Yeats, *Memoirs,* S. 25
84. *Lady Gregory's Journals,* Hrsg. Lennox Robinson, New York, 1947, S. 7, 261-63
85. Raynor Johnson, *The Light and the Gate,* London, 1964, S. 15, 40
86. Henry Summerfield, *That Myriad-Minded Man,* Totowa, n. d., S. 16
87. P. G. Bowen, »Æ and Theosophy«, *The Aryan Path,* Dezember 1935, S. 722-26
88. Bowen, »Æ and Theosophy«, S. 722-26
89. George Russell, Brief an B. P. Wadia, 17. Oktober 1922
90. Claude Bragdon, *Merely Players,* New York, 1929, S. 173-75
91. James Pryse, »George William Russell, Poet of the Inner Life«, *The Canadian Theosophist,* August 1935
92. Monk Gibbon, *The Masterpiece and the Man, Yeats As I Knew Him,* London, 1959, S. 54-55
93. Colin Wilson, *The Mysteries,* New York, 1978, S. 325
94. James Pryse, »George William Russell, Poet of the Inner Life«, *The Canadian Theosophist,* August 1935; Bowen, »Æ and Theosophy«, *The Aryan Path,* Dezember 1935, S. 722-26
95. Summerfield, *That Myriad-Minded Man,* S. 285
96. Richard Ellmann, *James Joyce,* New York, 1959, S. 102-3
97. »After Joyce, There's No World Without Joyce«, *The New York Times,* 31. Januar 1982, E9
98. *Irish Statesman,* 21. November 1925; *The New York Times,* 27. Februar 1928
99. Stuart Gilbert, *James Joyce's Ulysses,* New York, 1952, Vorwort
100. Gilbert, *James Joyce's Ulysses,* S. 33-34, 36
101. Eugene Jolas, *We Moderns, 1920-1940.* In diesem Jubiläumskatalog von Gotham Book Mart in New York City schrieben bekannte Autoren über Kollegen ihrer Zeit.
102. Leon Edel, *The Last Journey,* New York, 1947, S. 42
103. James Joyce, *Jugendbildnis eines Künstlers,* Frankfurt/Hamburg, 1960

104. James Jones, *Verdammt in alle Ewigkeit*
105. Russell M. Goldfarb, *Journal of Popular Culture*, Winter 1971
106. William York Tindall, *D.H. Lawrence and Susan His Cow*, New York, 1939, S. 133, 138, 141
107. Tindall, *D.H. Lawrence and Susan His Cow*, S. 142-43
108. Tindall, *D.H. Lawrence and Susan His Cow*, S. 141, 146, 147
109. Tindall, *D.H. Lawrence and Susan His Cow*, S. 156
110. Tindall, *D.H. Lawrence and Susan His* Cow, S. 143
111. Goldfarb, *Journal of Popular Culture*, Winter 1971
112. T.S. Eliot, *The Waste Land*, New York, 1922
113. Tom Gibbons, *Rooms in the Darwin Hotel*, Nedlands, Australien, 1973, S. 134-35
114. Thornton Wilder, *Der achte Schöpfungstag*, Frankfurt, 1993, S. 237-39
115. L. Frank Baum, Herausgeber des *Aberdeen Saturday Pioneer*, 18. Januar 1890
116. John Algeo, *The American Theosophist*, August-September 1986, S. 273; »The Wizard of Oz: The Perilous Journey«, *The American Theosophist*, Herbst 1986, S. 291-97
117. Algeo, *The American Theosophist*, August-September 1986, S. 270
118. Roger Lipsey, *An Art of Our Own: The Spiritual in Modern Art*, Boston, 1988, S. 32-34
119. Hilton Kramer, »Kandinsky«, *The New York Times*, 18. Dezember 1966
120. Wassily Kandinsky, *Über das Geistige in der Kunst*, Bern, 1973, S. 41-42
121. Laxmi Sihare, *Oriental Influences on Wassily Kandinsky and Piet Mondrian 1909-1917*, Universität von New York, Dissertation, 1967, S. 5, 10, 17, 27, 36, 55, 73, 75, 77, 81-81, 87, 94-96, 100, 121, 122, 125, 131, 152-58, 173, 179-80, 184, 186, 225, 251-54
122. Sihare, *Oriental Influences on Wassily Kandinsky and Piet Mondrian 1909-1917*, S. 80
123. Sihare, *Oriental Influences on Wassily Kandinsky and Piet Mondrian 1909-1917*, S. 80; Wassily Kandinsky, *Rückblicke* (Autobiographie, 1901-1913), S. 25-26
124. Sixten Ringbom, *The Sounding Cosmos: A Study of the Spiritualism of Kandinsky and the Genesis of Abstract Painting*, Abo, Finnland, 1970, S. 61-105
125. Frank Elgar, *Mondrian*, New York, 1968, S. 88-89
126. Sihare, *Oriental Influences on Wassily Kandinsky and Piet Mondrian 1909-1917*, S. 8 (vgl. M. Seuphor, *Piet Mondrian*, Köln, 1957)
127. Édouard Schuré, *Die großen Eingeweihten*, Bern, München, Wien, 1965
128. Carel Blotkamp, *The Spiritual in Art: Abstract Painting 1890-1985*, Los Angeles, Los Angeles County Museum of Art (Ausstellungskatalog), 1986, S. 103
129. Fred Gettings, *The Occult in Art*, New York, 1978, S. 127
130. Robert Knotts, Kathleen J. Regier (Hrsg.), *The Spiritual Image in Modern Art*, Wheaton, 1987, S. 135
131. Thomas Buser, »Gauguin's Religion«, *Art Journal*, Sommer 1968
132. Paul Gauguin, *Modern Thought and Catholicism*, englische Übersetzung von Frank Lester Pleadwell, 1927; Originalmanuskript und Übersetzung im Archiv des St. Louis Art Museum, St. Louis
133. Lipsey, *An Art of Our Own: The Spiritual in Modern Art*, S. 2-3
134. John Dillenger, *Los Angeles Times*, 22. Februar 1987
135. Blotkamp, *Das Geistige in der Kunst*, Stuttgart, 1988
136. Richard Specht, *Gustav Mahler*, Berlin, 1913, S. 39
137. Programm-Notizen, Aufnahme von Mahlers *Dritter Symphonie*, London Records (CSA 2223), Dirigent Georg Solti
138. Joseph Head und Sylvia Cranston, *Reincarnation: An East-West Anthology*, Wheaton, 1967, S. 1995

139. Faubion Bowers, *The New Scriabin,* New York, 1973, S. ix-x
140. Gerald Abraham und Michel D. Calvocoressi, *Masters of Russian Music,* New York, 1936, S. 478
141. Faubion Bowers, *Scriabin: A Biography of the Russian Composer (1871-1915),* Tokyo und Palo Alto, 1969, Bd. 1, S. 87; Bd. 2, S. 52, 117, 258
142. Abraham und Calvocoressi, *Masters of Russian Music,* S. 475
143. Bowers, *Scriabin,* Bd. 1, S. 319
144. Bowers, *The New Scriabin,* S. 53
145. Muriel Daw, »Christmas Humphreys, Theosophist and Buddhist«, *The Theosophist,* November 1984, S. 72
146. »Christmas Humphreys«, *The Canadian Theosophist,* Mai-Juni 1983, S. 39
147. Daw, »Christmas Humphreys, Theosophist and Buddhist«, S. 76
148. Christmas Humphreys, »Fifty Years«, *The Middle Way,* August 1969, S. 62-63
149. Daw, »Christmas Humphreys, Theosophist and Buddhist«, S. 69
150. Christmas Humphreys, »A Brief History of the Buddhist Society«, *The Middle Way,* November 1974, S. 9
151. Mircea Eliade, *No Souvenirs: Journal 1957-1969,* englische Übersetzung von Fred Johnson Jr., New York, 1977, S. 208
152. Christmas Humphreys, *Exploring Buddhism,* Wheaton, 1974, S. 131
153. Christmas Humphreys, *Karma and Rebirth,* London, 1959, S. 10
154. Daw, »Christmas Humphreys, Theosophist and Buddhist«, S. 71
155. Alan Watts, *In My Own Way,* New York, 1972, S. 77
156. Sri Krishna Prem, *Man the Measure of All Things,* London, 1966
157. Christmas Humphreys, »Helena Petrovna Blavatsky«, in *Dark Dimensions,* Hrsg. Colin Wilson, New York, 1977, S. 71-73
158. *Unity,* Mai-Juni 1987, S. 32
159. George Gallup jr., *Adventures in Immortality,* New York, 1982, S. 192-93
160. Gina Cerminara, *Many Mansions,* New York, 1950, S. 23
161. Thomas Sugrue, *There Is a River,* New York, 1942, S. 234-35
162. Thomas Sugrue, *There ls a River,* New York, 1961, S. 220-21
163. Cerminara, *Many Mansions,* S. 44-45
164. Gina Cerminara, *The American Theosophist,* Feburar 1977, S. 37
165. Ian Stevenson, »Some Questions Related to Cases of the Reincarnation Type«, *Journal of the American Society for Psychical Research,* Oktober 1974
166. Bhagavan Das, *The Science of Peace,* Adyar, Madras, Indien, 1921
167. Ian Stevenson, *Cases of the Reincarnation Type,* 4 Bände, Charlottesville, 1971-1983
168. ShirleyMacLaine, *Out on a Limb,* NewYork, 1983, S. 316-17 (dt. *Zwischenleben)*
169. Charles A. Silva, *Date with the Gods,* Huntington, n.d.
170. Silva, *Date with the Gods,* S. 401-2
171. »Myrna« ist die Theosophin, Lehrerin und Künstlerin Margaret Geiger
172. Shirley MacLaine, interviewt von Roderick Townley vom TV *Guide*
173. Albert Goldman, *Elvis,* New York, 1991, S. 364
174. Goldman, *Elvis,* S. 366
175. Jess Stearn, *Elvis: His Spiritual Journey,* Norfolk, 1982, S. 6
176. Priscilla Beaulieu Presley und Sandra Harmon, *Elvis and Me,* New York, 1985, S. 204-5
177. Goldman, *Elvis,* S. 365

178. Geddes MacGregor, »An Interview with Geddes MacGregor«, *The American Theosophist,* August 1978, S. 199
179. Geddes MacGregor, *Reinkarnation und Karma im Christentum; Reincarnation as a Christian Hope*
180. Geddes MacGregor, »Christianity and the Ancient Wisdom«, *The American Theosophist,* Dezember 1982, S. 420, 422
181. MacGregor, *Reincarnation in Christianity* und *The Christening of Karma,* Wheaton, 1984
182. Geddes MacGregor, *Reinkarnation und Karma im Christentum,* Grafing, 1986, in 2 Bänden, München, 1990 (Tb)
183. MacGregor, »An Interview with Geddes MacGregor«, S. 199-204
184. Zitiert in »The Author of *The Golden Bough*«, Rundfunksendung von Reverend Victor White, ausgestrahlt von der BBC und veröffentlicht in *The Listener,* 21. Januar 1954, S. 137
185. Joseph Campbell, *The Hero with a Thousand Faces,* New York, 1953, S. 3-4
186. Robin und Stephen Larsen, *A Fire in the Mind: The Life of Joseph Campbell,* New York, 1991, S. 41, 67, 70, 104, 387
187. Joseph Campbell, *The Power of Myth,* New York, 1988, S. 58
188. *The Collected Works of C. G. Jung,* New York, 1959, Band 9, Teil 1, S. 3-4
189. C.G.Jung, *Memories, Dreams, and Reflections,* S. 380, 529
190. C. G. Jung, *Psychology and Religion,* New York, 1958
191. Eliade, *No Souvenirs,* S. 219
192. Ernest Jones, *Sigmund Freud: Life and Work,* New York, 1957
193. H.P. Blavatsky, *Die Geheimlehre – Studienausgabe,* S. 493
194. Kurt Vonnegut jr., *McCall's,* März 1970
195. Blavatsky, »Practical Occultism«, *Lucifer,* April 1888, S. 151; auch in *Spiritual Evolution,* Los Angeles, S. 5 (dt. *Praktischer Okkultismus,* Satteldorf, 1993)
196. David Spangler, *Emergence: The Rebirth of the Sacred,* New York, 1984, S. 78-81
197. Spangler, *Emergence: The Rebirth of the Sacred,* S. 24
198. Spangler, *Emergence: The Rebirth of tbe Sacred,* S. 18
199. Tonbandaufzeichnung eines Vortrages in der Mayflower Buchhandlung, Ferndale, Michigan, 15. Oktober 1977
200. Rudolf Steiner, *Mein Lebensgang,* Dornach, 1982, S. 296-97
201. Colin Wilson, *Rudolf Steiner: The Man and His Vision,* Wellingborough, 1983, S. 57
202. H.J. Spierenburg, »Dr. Rudolf Steiner on Helena Petrovna Blavatsky«, Teil 1, und »Dr. Rudolf Steiner on the Mahatmas«, Teil 1 und 2, *Theosophical History,* Juli 1986, S. 159-74, Oktober 1986, S. 211-23, und Januar 1987, S. 23-31
203. Spierenburg, »Dr. Rudolf Steiner on Helena Petrovna Blavatsky«, S. 170
204. Spierenburg, »Dr. Rudolf Steiner on the Mahatmas«, Teil 1, S. 212-13
205. Spierenburg, »Dr. Rudolf Steiner on the Mahatmas«, Teil 1, S. 214
206. Spierenburg, »Dr. Rudolf Steiner on the Mahatmas«, Teil 2, S. 25
207. Spierenburg, »Dr. Rudolf Steiner on the Mahatmas«, Teil 1, S. 219
208. Spierenburg, »Dr. Rudolf Steiner on the Mahatmas«, Teil 1, S. 219-20
209. Spierenburg, »Dr. Rudolf Steiner on the Mahatmas«, Teil 2, S. 25
210. Jean-Louis Siémons, *A Nineteenth Century Scheme for the Interpretation of Near-Death Experiences: The Transpersonal Model of Death as Presented in Madame Blavatsky's Theosophy,* Paris, S. 7
211. Blavatsky, *Der Schlüssel zur Theosophie,* Satteldorf, 1995, S. 210f.

212. Siémons, *A Nineteenth Century Scheme for the Interpretation of Near-Death Experiences,* S. 15; R. Noyes und R. Kletti, »Panoramic Memory: A Response to the Threat of Death«, *Omega,* Bd. 7, 1977
213. Siémons, *A Nineteenth Century Scheme for the Interpretation of Near-Death Experiences,* S. 15; Albert Heim, »Notizen über den Tod durch Absturz«, *Jahrbuch des Schweizer Alpen-Clubs,* Bd. 27, 1892
214. Carol Zaleski, *Otherworld Journeys,* New York, 1987, S. 128; Albert Heim, Brief an Oskar Pfister, »Schocks und Schockphantasien bei höchster Todesgefahr«, *Zeitschrift für Psychoanalyse,* Bd. 16, 1930
215. Kenneth Ring, *Life at Death,* New York, 1980, S. 73
216. Raymond A. Moody jr., *Das Leben nach dem Tod,* Hamburg, 1977
217. Moody, *Life after Life,* zitiert in Zaleski, *Otherworld Journeys,* S. 128
218. Ring, *Life at Death,* S. 73
219. Siémons, *A Nineteenth Century Scheme for the Interpretation of Near-Death Experiences,* S. 13
220. Ring, *Life at Death,* S. 240
221. Ring, *Life at Death,* S. 240
222. Blavatsky, *Die Stimme der Stille*
223. Sylvia Cranston und Carey Williams, *Wiedergeburt – Ein neuer Horizont in Wissenschaft, Religion und Gesellschaft*
224. aus Kenneth Ring, *Den Tod erfahren – das Leben gewinnen,* Bern, München, Wien, 1985 (Deutsche Rechte bei Scherz Verlag, Bern und München)
225. aus Ring, *Den Tod erfahren – das Leben gewinnen*
226. Blavatsky, *Die Geheimlehre,* Studienausgabe, S. 365-367
227. *The Theosophist,* August 1990
228. Boris de Zirkoff, »Nicholas de Roerich: A Centenary«, *Theosophia,* Herbst 1974, S. 8
229. *The Theosophist,* Oktober 1979, S. 51
230. Telefongespräch, 9. März 1981
231. *Theosophia,* Herbst 1974, S. 9-10
232. de Zirkoff Archiv, Theosophische Gesellschaft, Wheaton, S. 50-54
233. William Kingsland, *The Real H.P. Blavatsky,* London, 1928, S. v.; London, 1985

Bibliographie

Arundale, Francesca, *My Guest - H.P. Blavatsky,* Vorwort von C. Jinarajadasa, Adyar, Madras, Indien, 1932

Barborka Geoffrey A., *H.P. Blavatsky, the Light-Bringer,* The Blavatsky Lecture, London, 1970

Barborka Geoffrey A., *H.P. Blavatsky, Tibet and Tulku,* Adyar, Madras, Indien, 1966

Barborka Geoffrey A., *The Mahatmas and Their Letters,* Adyar, Madras, Indien, 1973

Besant, Annie, *Annie Besant: An Autobiography,* London, 1893; 3. Auflage, Adyar, Madras, Indien, 1939

Besant, Annie, *H.P. Blavatsky and the Masters of Wisdom,* London, 1907

Besant, Annie, *The Theosophical Society and H.P. B.,* drei Artikel von Annie Besant und H.T. Patterson, London, 1891

Besterman, Theodore, *Mrs. Annie Besant: A Modern Prophet,* London, 1934

Blavatsky, H.P., *Five Messages from H.P. Blavatsky to the American Theosophists,* Los Angeles, 1922

Blavatsky, H.P. (Radda-Bai), *From the Caves and Jungles of Hindostan,* übersetzt und herausgegeben von Boris de Zirkoff, H. P. Blavatsky Collected Writings, Wheaton, 1975

Blavatsky, H. P., *Juwelen des Ostens,* München, 1984

Blavatsky, H.P., *H.P. B. Speaks,* 2 Bände, Hrsg. C. Jinarajadasa, Adyar, Madras, Indien, 1951

Blavatsky, H.P., *H.P. Blavatsky an die Amerikanischen Konvente: 1888-1891,* München, 1979

Blavatsky, H.P., *H.P. Blavatsky Collected Writings,* 14 nummerierte Bände und Gesamtindex, Hrsg. Boris de Zirkoff, Wheaton, 1950-91 (in Deutschl.: Adyar, 74589 Satteldorf)

Blavatsky, H.P., *H.P. Blavatsky Quotation Book,* Bombay, Indien, 1973

Blavatsky, H.P., *An Invitation To The Secret Doctrine,* Pasadena, 1988

Blavatsky, H.P., *Isis entschleiert,* 2 Bände, Den Haag, n. d.

Blavatsky, H.P., *Der Schlüssel zur Theosophie,* 3. erw. und überarb. Auflage, Satteldorf, 1995

Blavatsky, H.P., *The Letters of H.P. Blavatsky to A. P. Sinnett,* Hrsg. A. T. Barker, Pasadena, 1973

Blavatsky, H.P., *A Modern Panarion: A Collection of Fugitive Fragments,* London, 1895

Blavatsky, H.P., *Unheimliche Geschichten,* Hannover, 1986

Blavatsky, H. P., *Die Geheimlehre,* Studienausgabe, Hrsg. Hank Troemel, Satteldorf, 1999

Blavatsky, H.P., *Die Geheimlehre,* 4 Bände, Den Haag, n. d.

Blavatsky, H.P., *Some Unpublished Letters of Helena Petrovna Blavatsky,* Hrsg. Eugene Rollin Corson, London, 1929

Blavatsky, H.P., *Studies in Occultism,* Pasadena, 1987

Blavatsky, H.P., *The Theosophical Glossary,* Los Angeles, Neuauflage 1973

Blavatsky, H.P., *Transactions of the Blavatsky Lodge,* Los Angeles, 1923; Pasadena, 1946

Blavatsky, H.P., *Die Stimme der Stille,* Studienausgabe, Vorwort des Dalai Lama, Satteldorf, 1994²

Blavatsky, H. P. (Radda-Bai), *Zagadochnye plemena na »Golubykh Gorakh«, Durbar v Lakhore,* Ishch peshchershch i debrey Indii *(Enigmatical Tribes in the »Light Blue Mountain«, Durbar at Lahore,* From The Caves and Jungles of India), St. Petersburg, 1893; einschl. Kurzbiographie von Vera P. Selikowsky, englische Übersetzung von Mary G. Langford, Sylvia Cranston Archives, Santa Barbara

Blavatsky, H.P., und Judge, William Q., *The Tell-Tale Picture Gallery,* Bombay, Indien, n.d.

Blech, Charles, *Contribution à l'histoire de la Société Théosophique en France,* Paris, 1933

Bragdon, Claude, *Episodes from an Unwritten History,* Rochester, 1910; 2. (erweiterte) Auflage, New York, 1910

Brown, W.T., *My Life,* Freiburg, Deutschland, 1885

Brown, W.T., *Some Experiences in India,* London, genehmigter Nachdruck der London Lodge der Theosophischen Gesellschaft, 1884; *An Explanatory Treatise,* Madras, 1884

Butt, G. Baseden, *Madame Blavatsky,* London, 1925; Philadelphia, 1926

Caithness, Marie Sinclair, Gräfin von (auch Herzogin von) Pomar, *The Mystery of the Ages Contained in the Secret Doctrine of All Religions,* London, 1887

Caldwell, Daniel H., *The Occult World of Madame Blavatsky: Reminiscences and Impressions by Those Who Knew Her,* Tucson, 1991

Carlson, Maria, *There Is No Religion Higher Than Truth: The Russian Theosophical Movement, 1875-1923,* Princeton, 1992

Carrithers, Walter A., jr., »Madame Blavatsky: ›One of the World's Great Jokers‹«, Buchrezension über John Symond's *Madame Blavatsky, Medium and Magician, Journal of the American Society for Psychical Research,* Bd. 56, Nummer 3 (Juli 1962)

Carrithers, Walter A. jr., »Richard Hodgson (1885-1905)«, in *Damodar and the Pioneers of the Theosophical Movement* (siehe Mavalankar, Damodar)

Carrithers, Walter A., *The Truth About Madame Blavatsky: An Open Letter to the Author of »Priestess of the Occult« Regarding the Charges Against H.P. Blavatsky,* Covina, 1947

Cerminara, Gina, *Erregende Zeugnisse von Karma und Wiedergeburt,* Frankfurt, 1992

Cleather, Alice Leighton, *H.P. Blavatsky: A Great Betrayal,* Kalkutta, Indien, 1922

Cleather, Alice Leighton, *H.P. Blavatsky: Her Life and Work for Humanity,* Kalkutta, Indien, 1922

Cleather, Alice Leighton, *H.P. Blavatsky As I Knew Her,* mit einem Anhang von Basil Crump, Kalkutta, Indien, 1923

Cleather, Alice Leighton, und Crump, Basil, *Buddhism, the Science of Life,* zwei Monographien von Alice Leighton Cleather; auch »Tibetan Initiates on the Buddha« mit Erklärungen und Kommentaren von Basil Crump, 2. Auflage, überarbeitet und erweitert, Peking, China, 1928

Coleman, William E., »The Sources of Madame Blavatsky's Writings«, Anhang C in W. S. Solowjow, *A Modern Priestess of Isis,* englische Übersetzung von Walter Leaf, London, 1895

Conger, Margaret, *Combined Chronology for use with The Mahatma Letters to A. P. Sinnett and The Letters of H. P. Blavatsky to A. P. Sinnett,* Pasadena, 1973

Conze, Edward, *Der Buddhismus – Wesen und Entwicklung,* Stuttgart, 1953

Cook, Mabel (Collins), *The Idyll of the White Lotus,* London, 1884

Cook, Mabel (Collins), *Licht auf den Pfad,* 6. erweiterte Auflage, Satteldorf, 1994

Coulomb, Emma, *Some Account of My Intercourse with Madame Blavatsky from 1872 to 1884; with Additional Letters and a Full Explanation of the Most Marvellous Theosophical Phenomena,* Madras, Indien, 1884; London, veröffentlicht für die Eigentümer des »Madras Christian College Magazine« von Elliot Stock, 1885

Cox, H.R.W., *Who Wrote tbe March-Hare Attack on the Mahatma Letters?,* Victoria, Kanada, 1936

Cranston, Sylvia, und Head, Joseph, *Reincarnation: The Phoenix Fire Mystery,* Pasadena, 1998

Cranston, Sylvia, und Williams, Carey, *Wiedergeburt – Ein neuer Horizont in Wissenschaft, Religion und Gesellschaft,* Frankfurt, 1989

Crawford, F. Marion, *Mr. Isaacs: A Tale of Modern India,* London, 1882

Crosbie, Robert, *Answers to Questions on The Ocean of Theosophy,* Los Angeles, 1974

Crosbie, Robert, *The Friendly Philosopher,* Los Angeles, 1923

Dharmapala, Anagarika, *Return to Righteousness: A Collection of Speeches, Essays and Letters of the Anagarika Dharmapala,* herausgegeben von Ananda Guruge, Ceylon (Sri Lanka), veröffentlicht vom Komitee des 100. Geburtstages von Anagarika Dharmapala, Ministerium für Bildung und kulturelle Angelegenheiten, Ceylon (Sri Lanka), 1965

Eek, Sven, und Zirkoff, Boris de, *William Quan Judge: 1851-1896, The Life of a Theosophical Pioneer and Some of His Outstanding Articles,* Wheaton, 1969

Eglinton, John, A *Memoir of Æ,* London, 1937

Ellmann, Richard, *Yeats: The Man and the Mask,* New York, 1948 und 1978

Ellwood, Robert S., jr., *Alternative Altars: Unconventional and Eastern Spirituality in America,* Chicago, 1979 (»Colonel Olcott and Madame Blavatsky: Journey to the East«)

Endersby, Victor A., *The Hall of Magic Mirrors, A Portrait of Madame Blavatsky,* New York, 1969

Fadejew, Andrej Mihailowitsch de, *Vospominaniya, 1790-1867* (Erinnerungen, 1790-1867), Odessa, 1897

Fadejew, Nadjeschda, »Helena Pawlowna Fadejew«, *Russkaya starina,* St. Petersburg, Bd. 52, Nr. 12, Dezember 1886, englische Übersetzung, Sylvia Cranston Archives, Santa Barbara

Fields, Rick, *How the Swans Came to the Lake,* Boston, 1981

Fuller, Jean Overton, *Blavatsky and Her Teachers, An Investigative Biography,* London, 1988

Gandhi, Mohandas K., *Eine Autobiographie oder Die Geschichte meiner Experimente mit der Wahrheit,* 1991

Gomes, Michael, *The Dawning of the Theosophical Movement,* Wheaton, 1987

Gomes, Michael, *Theosophy in the Nineteenth Century: An Annoted Bibliography,* New York, 1994

Gribble, J. D. B., *A Report of an Examination into the Blavatsky Correspondence Published in the Christian College Magazine,* Madras, Indien, 1884

Guenon, René, *Le théosophisme: Histoire d'une pseudo-religion,* Paris, 1921; 2. Auflage mit zusätzlichen Anmerkungen, Paris, 1930

Hanson, Virginia, *Masters and Men: The Human Story in the Mahatma Letters,* Vorwort von Joy Mills, Adyar, Madras, Indien, 1980

Harrison, Vernon, *H. P. Blavatsky and the SPR: An Examination of the Hodgson Report of 1885,* Pasadena, 1997 (dt. *H. P. Blavatsky und die SPR,* 1998)

Harrison, Vernon, »J'Accuse: An Examination of the Hodgson Report of 1885«, *Journal of the Society for Psychical Research,* London, April 1986

Hartmann, Franz, *Report of Observations Made During a Nine Months Stay at the Headquarters of the Theosophical Society at Adyar (Madras), India,* Madras, 2. Auflage, 1884

Hartmann, Franz, *The Talking Image of Urur,* New York, 1890

Hastings, Beatrice, *Defence of Madame Blavatsky,* Bd. 1: 1. Madame Blavatsky and the Mahatma Letters; 2. A Note on the »Kiddle Incident«; 3. The Mahatma Letters and Messrs. Hare; 4. Mahatma K. H. and A. P. Sinnett; Worthing, England, 1937; Bd. 2: The »Coulomb Pamphlet«, Worthing, England, 1937

Hastings, Beatrice, *New Universe »Try«,* ein Rückblick gewidmet der Verteidigung von Madama Blavatsky, Worthing, England, Juli 1937-Juli 1938

Hastings, Beatrice, *Solovyoff's Fraud: Being a Critical Analysis of the Book ›A Modern Priestess of Isis‹,* englische Übersetzung aus dem Russischen von Wsewolod S. Solowjow durch Walter Leaf, *The Canadian Theosophist,* Juli 1943-Februar 1944; Nachdruck durch die Edmonton Lodge der Theosophischen Gesellschaft in Kanada, 1988

Hodgson, Richard, »The Defence of the Theosophists«, *Proceedings of the Society for Psychical Research,* 1894, London, 1894

Hodgson, Richard, Society for Psychical Research, »Report of The Committee Appointed to Investigate Phenomena Connected with the Theosophical Society«, London, *Proceedings of the Society for Psychical Research,* Bd. 3, Teil IX, Dezember 1885

Holloway, Laura, und Chatterji, Mohini, *Man: Fragments of Forgotten History,* von zwei Chelas in der Theosophischen Gesellschaft, London, 1885

H.P. B.: In Memory of Helena Petrovna Blavatsky, by Some of Her Pupils, London, 1891; London, 1931; Bombay, Indien, Ausgabe zum 100. Todestag, 1991

Hume, A. O., *Hints on Esoteric Theosophy. No. 1: Is Theosophy a Delusion ? Do the Brothers Exist?* Herausgegeben unter der Genehmigung der Theosophischen Gesellschaft, Kalkutta, Indien, April 1882

Humphreys, Christmas, *Exploring Buddhism,* Wheaton, 1974. Siehe Kapitel mit dem Titel »Buddhism and the Esoteric Tradition« und »The Two Concentric Circles of Buddhism in Tibet«

Humpreys, Christmas, *The Field of Theosophy: The Teacher, The Teaching and the Way,* London, 1966

Humphreys, Christmas, »Helena Petrovna Blavatsky« in Colin Wilson, Hrsg., *Dark Dimensions of the Occult,* New York, 1977, S. 59-76

Jinarajadasa, C., Hrsg., *The Golden Book of the Theosophical Society: A Brief History of the Society's Growth from 1875-1925,* Adyar, Madras, Indien, 1925

Jinarajadasa, C., Hrsg., *Letters from the Masters of the Wisdom,* 1. Serie, 4. Auflage, Adyar, Madras, Indien, 1948; 2. Serie, Chicago, 1926

Jinarajadasa, C., Hrsg., *The Personality of H. P. Blavatsky,* Adyar, Madras, Indien, 1930

Johnson, Paul, *In Search of the Masters Behind the Occult Myth,* South Boston, 1990

Judah, J. Stillson, *The History and Philosophy of the Metaphysical Movements in America,* Philadelphia, 1967. Siehe Kapitel 3, »Theosophy and Its Allies«

Judge, William Quan, *Dr. Elliott Coues in His Letters,* New York, 1889

Judge, William Quan, *Echoes of the Orient: The Writings of William Quan Judge,* 3 Bände, Hrsg. Dara Eklund, San Diego, 1975, 1980, 1987

Judge, William Quan, *The Esoteric She, the Late Mme. Blavatsky: A Sketch of her Career,* Nachdruck von der New York *Sun,* zusammen mit *The Theosophical Society and H.P.Blavatsky* von Annie Besant, Surat, Indien, 1893; William Q. Judge Pamphlet Series Nummer 2, *The Esoteric She,* Los Angeles

Judge, William Quan, *Letters That Have Helped Me,* Hrsg. Jasper Niemand, New York, *The Path,* 1891; Bd. 2, 1905; 50-jährige Jubiläumsausgabe, Los Angeles, 1946; Pasadena, 1981 (dt. *Briefe, die mir geholfen haben,* Nürnberg)

Judge, William Quan, *Notes on the Bhagavad-Gita,* Los Angeles, 1956

Judge, William Quan, *Das Meer der Theosophie,* München, n. d.

Judge, William Quan, *Practical Occultism: From the Private Letters of William Q. Judge,* Pasadena, 1980

Judge, William Quan, Rezension der *Bhagavad-Gita,* Los Angeles, 1947; zusammen mit *Essays on the Gita,* Pasadena, 1978

Judge, William Quan, *The Yoga Aphorisms of Patanjali,* Los Angeles, 1967

Keightley, Archibald, *Reminiscences of H. P. Blavatsky, The Theosophical Quarterly,* New York, Oktober 1910, S. 109-22

Keightley, Bertram, *Reminiscences of H.P. B.,* verfasst zur Feier des 100. Geburtstages von H.P.B. in Adyar am 11. und 12. August 1931, Adyar, Madras, Indien, 1931

Kingsford, Anna Bonus, und Maitland, Edward, *The Perfent Way: or, The Finding of the Christ,* London, 1882

Kingsland, William, *The Influence of H.P. Blavatsky's Teachings upon Western Thought,* London, 1926

Kingsland, William, *The Real H.P. Blavatsky: A Study in Theosophy, and A Memoir of a Great Soul,* London, 1928; Nachdruck London, 1985; beinhaltet als Anhang »A Critical Analysis of the 1885 Report of the Society for Psychical Researeh«, erste gesonderte Veröffentlichung unter dem Titel *Was She a Charlatan? A Critical Analysis of the 1885 Report of the Society for Psychical Research on the Phenomena Connected with Madame Blavatsky,* London, 1927

Knoche, Grace F., *Report of Proceedings, Secret Doctrine Centenary,* Pasadena, 1988

Kuhn, Alvin Boyd, *Theosophy: A Modern Revival of Ancient Wisdom,* New York, 1930

Leadbeater, C. W., *How Theosophy Came to Me,* Adyar, Madras, Indien, 1930; 3. Auflage, 1967

Leonard, Maurice, *Madame Blavatsky... Medium, Mystic and Magician,* London, 1976

Lhalungpa, Lobsang P., *Tibet the Sacred Realm: Photographs 1880-1950,* Philadelphia, 1983

Lillie, Arthur H., *Madame Blavatsky and Her »Theosophy«: A Study,* London, 1895

MacGregor, Geddes, *Reinkarnation und Karma im Christentum,* München, 1990

Mahatmas, *Die Mahatma-Briefe,* 3 Bde., Satteldorf, 1994[2]

Magre, Maurice, *The Return of the Magi,* englische Übersetzung von Reginald Merton, London, 1931. Siehe Kapitel mit dem Titel »Madame Blavatsky and the Theosophists«

Maitland, Edward, *Anna Kingsford: Her Life, Letters, Diary and Work,* von ihrem Mitarbeiter Edward Maitland, illustriert mit Porträts, Ansichten und Faksimiles, 2 Bände, 3. Auflage, Hrsg. Samuel Hopgood Hart, London, 1913

Mavalankar, Damodar K., *Damodar and the Pioneers of the Theosophical Movement,* Hrsg. mit Kommentaren von Sven Eek, Adyar, Madras, Indien, 1978

Mavalankar, Damodar K., *Damodar, the Writings of a Hindu Chela,* Hrsg. Sven Eek, Point Loma, 1940

Mead, G. R. S., *Concerning H.P. B.: Stray Thoughts on Theosophy,* (Adyar Pamphlet Nummer 3), Adyar, Madras, 1920

Meade, Marion, *Madame Blavatsky: The Woman Behind the Myth,* New York, 1980

Merchant, Francis, *Great Images,* Scottsbluff, 1967. Siehe Kapitel 7, »Messenger of the Mahatmas: H.P. Blavatsky«

Morgan, H. R., *Reply to a Report of an Examination by J. D. B. Gribble into the Blavatsky Correspondence,* 2. Auflage, Ootacamund, Indien, 1884

Motwani, Kewal, *Colonel H. S. Olcott: A Forgotten Page of American History,* Madras, 1955

Murphet, Howard, *Hammer on the Mountain: Life of Henry Steel Olcott (1832-1907),* Wheaton, 1972

Murphet, Howard, *When Daylight Comes: A Biography of Helena Petrovna Blavatsky,* Wheaton, 1975

Neff, Mary K., *Personal Memoirs of H.P. Blavatsky,* mit 12 Illustrationen, New York, 1937; London, 1937; Wheaton, 1971

Nekrassova, Ekaterina S., »Helena Andrejewna Hahn, 1814-1842: Kurzbiographie«, *Russkaya starina,* St. Petersburg, Bd. 51, August 1886, S. 335-54; September 1886, S. 553-74; englische Übersetzung, Sylvia Cranston Archives, Santa Barbara

Nethercot, Arthur R., *The First Five Lives of Annie Besant,* Chicago, 1960

Olcott, Henry Steel, *Buddhist Catechism,* Colombo, 1881

Olcott, Henry Steel, *A Historical Retrospect 1875-1896 of the Theosophical Society: Extract from the Twenty-first Anniversary Address of the President-Founder of the Society,* Madras, Indien, 1896

Olcott, Henry Steel, *Old Diary Leaves: The True Story of the Theosophical Society,* 6 Bände, 3. Nachdruck, Adyar, Madras, Indien, 1972-1975

Olcott, Henry Steel, *People from the Other World,* teilweise illustriert von Alfred Kappes und T.W. Williams, Hartford, 1875; Rutland, Nachdruck 1972

Olcott, Henry Steel, *Theosophy, Religion and Occult Science,* London, 1885

Osborn, Arthur W., *The Cosmic Womb: An Interpretation of Man's Relationship to the Infinite,* Wheaton, 1969

Pissareff, Helene F., »Helena Petrovna *Blavatsky*«, *The Theosophist,* Januar 1913

Proceedings of the Blavatsky Association, London

Purucker, Gottfried de, *H.P. Blavatsky: The Mystery,* San Diego, 1974

Racowitza, Prinzessin Helene von, *An Autobiography,* autorisierte englische Übersetzung von Cecil Marr, London, 1910

Ransom, Josephine, Hrsg., *A Short History of the Theosophical Society: 1875-1937,* Vorwort von G.S. Arundale, Adyar, Madras, 1938

Report of the Proceedings: The Theosophical Congress, New York, 1893 (dt. Braunschweig, 1988)

Roerich, Nicholas, *Shambhala,* New York, 1978

Roszak, Theodore, *Mensch und Erde auf dem Weg zur Einheit,* 1982

Ryan, Charles J., *H.P. Blavatsky and the Theosophical Movement: A Brief Historical Sketch,* Point Loma, 1937, 2. Auflage mit Korrekturen und Ergänzungen des Autors, San Diego, 1975

Selikowsky, Vera Petrovna de, »Jelena Petrovna Blavatskaya: Biografichesky ocherk« (Helena Petrovna Blavatsky: Eine Kurzbiographie), *Russkoye obozreniya,* Moskau, Nr. 11 (November 1891), S. 242-94, Nr. 12 (Dezember 1891), S. 567-621; übersetzt ins Englische von Mary G. Langford; Sylvia Cranston Archives, Santa Barbara

Selikowsky, Vera Petrovna de, *Yelena Petrovna Blavatskaya i sovremenniy zhretz istini: Otvet g-zhi Igrek (V. P. Zhelikhovskoi) g-nu Vsevolodu Solov'evu* (H. P. Blavatsky und eine moderne Priesterin der Wahrheit: Antwort von Madame Y (V. P. Selikowsky) an Wsewolod Solowjow), St. Petersburg, 1893; übersetzt ins Englische von Cathy Young; Sylvia Cranston Archives, Santa Barbara. Dieses Buch wurde in einer gekürzten Fassung übersetzt und als Anhang A in W. S. Solowjow, *A Modern Priestess of Isis,* veröffentlicht (siehe Solowjow)

Selikowsky, Vera Petrovna de, »Yelena Petrovna Blavatskaya i teosofisti« (Helena Petrovna Blavatsky und die Theosophen), Brief vom 25. Mai 1884 an den Herausgeber des *Odesskiy vestnik,*Odessa, Nr. 123 (5. Juni 1884), S. 1-3; Nachdruck in *Rebus,* St. Petersburg, Nummer 28 (15. Juli 1884), S. 263-65, und Nummer 29 (22. Juli 1884), S. 273-75, zitiert in einer Übersetzung in A. P. Sinnett, *Incidents in the Life of Madame Blavatsky,* S. 264-69 (siehe Sinnett)

Selikowsky, Vera Petrovna de, *Kak ya bila malenkoy: Iz vospominaniy rannyago dyetstva Veri Petrovni Zhelihovsky* (Als ich klein war: Aus den Erinnerungen an die frühe Kindheit von Vera Petrovna Selikowsky), 2. durchgesehene und erweiterte Auflage, St. Petersburg, 1894; übersetzt von Cathy Young, Sylvia Cranston Archives, Santa Barbara

Selikowsky, Vera Petrovna de, *Moyo otrochestvo (*Meine Jugend), St. Petersburg, 1890; Nachdruck der Redaktion von *Dyetskoye chteniye,* 1893; übersetzt von Cathy Young; Sylvia Cranston Archives, Santa Barbara

Selikowsky, Vera Petrovna de, »My Sister – H.P. Blavatsky« (Meine Schwester – H. P. Blavatsky), *The Occult Review* (innerhalb von *The London Forum),* Bände 60-62 (Dezember 1934-Juli 1935)

Selikowsky, Vera Petrovna de, »Neobyasnimoye ili neobyasnenneye: Iz lichnih i semeynih vospominaniy« (Das Unerklärbare oder das Unerklärte: Aus persönlichen und Familien-Erinnerungen), *Rebus*, St. Petersburg, Bd. 3, Nummern 43-48 (1884), Bd. 4, Nummern 4-7, 9-11, 13-15 (1885); auch als Broschüre veröffentlicht (1885 oder 1886); übersetzt von Cathy Young, Sylvia Cranston Archives, Santa Barbara

Selikowsky, Vera Petrovna de, »Penomeni okul 'ticheskoy sili gospozhi Blavatskoy« (Phänomene der okkulten Kräfte von Madame Blavatsky), *Rebus*, St. Petersburg, Nr. 50 (1884), S. 465-67; übersetzt von Cathy Young, Sylvia Cranston Archives, Santa Barbara

Selikowsky, Vera Petrovna de, »Pravda o Yelene Petrovne Blavatskoy« (Die Wahrheit über Helena Petrovna Blavatsky), *Rebus*, St. Petersburg, Bd. 2, Nummern 41, 43, 44, 46-48 (1883); auch als Broschüre veröffentlicht; übersetzt von Mary G. Langford; Sylvia Cranston Archives, Santa Barbara. Lange Auszüge der Artikel werden übersetzt in A. P. Sinnett, *Incidents in the Life of Madame Blavatsky* (siehe Sinnett) zitiert; eine englische Übersetzung von HPB selbst, ziemlich lang und in ihrer Handschrift, erschien Mai bis November 1991 als Serie im *Theosophist*.

Selikowsky, Vera Petrovna de, »Radda-Bai: Biograficheskiy ocherk« (Radda-Bai: Eine Kurzbiographie), in *Zagadochniya plemena na »Golubykh Gorakh«, Durbar v Lahore* (Die rätselhaften Stämme der Blauen Hügel – Durbar bei Lahore), St. Petersburg, 1893; übersetzt von Mary G. Langford; Sylvia Cranston Archives, Santa Barbara; unter dem Titel »My Sister – H.P. Blavatsky« auch als Artikel veröffentlicht (siehe oben)

Sinnett, A. P., *The Early Days of Theosophy in Europe*, London, 1922

Sinnett, A. P., *Esoteric Buddhism*, London, 1883. Viele weitere Auflagen mit Ergänzungen: London, Nachdruck 1972; Nachdruck der 5. Auflage (1885) mit Anmerkungen und Ergänzungen des Autors, San Diego, 1994

Sinnett, A. P., *Incidents in the Life of Madame Blavatsky*, zusammengefasst aus Informationen ihrer Verwandten und Freunde, herausgegeben von A. P. Sinnett. Mit einem Porträt, von Hermann Schmiechen, London; New York, 1886; 2. Auflage (nicht vollständig), London, 1913; Nachdruck der Ausgabe von 1886, New York, 1976

Sinnett, A. P., *The Occult World*, London, 1881. Viele weitere überarbeitete und erweiterte Auflagen: 2. Auflage, London, 1882 (enthält wichtiges Vorwort); neue amerikanische Auflage aus der 4. englischen Auflage, mit Korrekturen des Autors und einem neuen Vorwort und Anhang, Boston und New York, 1885; 9. Auflage, London, 1969

Sinnett, A. P., *The »Occult World Phenomena« and the Society for Psychical Research, with a Protest by Madame Blavatsky*, London, 1886

Sinnett, Patience, *The Purpose of Theosophy*, London, 1885; Bombay, 1887

Smith, Warren Sylvester, *The London Heretics, 1870-1914*, New York, 1968. Siehe Kapitel mit dem Titel »Spiritualism and the London Thtosophists«

Society for Psychical Researeh, *First Report of the Committee of the Society for Psychical Research Appointed to Investigate the Evidence for Marvellous Phenomena Offered by Certain Members of the Theosophical Society* (privat und vertraulich), London, 1884

Solowjow, Wsewolod Sergejewitsch, *A Modern Priestess of Isis*, englische Übersetzung von Walter Leaf, London, 1895

Subba Row, T., *Notes on the Bhagavad Gita*, Pasadena, 1978

The Theosophical Movement 1875-1925: A History and a Survey, New York, 1925

The Theosophical Movement 1875-1950, Los Angeles, 1951

Vania, K.F., *Madame H.P. Blavatsky: Her Occult Phenomena and the Society for Psychical Research*, Bombay, 1951

Vengerowa, Zinaida, »Blavatskaia, Elena, Petrovna«, *Kritiko-biograficheskii slovar' russkikh pisatelei: uchenyh,* Hrsg. S. A. Vengerow, St. Petersburg, 1892

Wachtmeister, Constance, *Reminiscences of H.P. Blavatsky and The Secret Doctrine,* herausgegeben von einem Mitglied der Theosophischen Gesellschaft, London, 1893; Wheaton, 1976

Wadia, B. P., *Studies in »The Secret Doctrine«,* 2 Bände, Bombay, 1976

Waterman, Adlai E., *Obituary: »The Hodgson Report« on Madame Blavatsky, 1885-1960: Re-examination Discredits the Major Charges Against H.P. Blavatsky,* Vorwort von N. Sri Ram, Adyar, Indien, 1963

Williams, Gertrude Marvin, *The Passionate Pilgrim: A Life of Annie Besant,* New York, 1931

Williams, Gertrude Marvin, *Priestess of the Occult: Madame Blavatsky,* New York, 1946

Yeats, W. B., *The Collected Letters of W. B. Yeats,* Bd. 1, hrsg. von John Kelly, Oxford, England, 1986

Zirkoff, Boris de, »How ›Isis Unveiled‹ Was Written«, einführender Essay zu *Isis Unveiled,* Band 1 von *H.P. Blavatsky: Collected Writings,* Wheaton, 1972

Zirkoff, Boris de, *Rebirth of the Occult Tradition: How the Secret Doctrine of H. P. Blavatsky Was Written,* Adyar, Madras, 1977

Register

Danksagung

Besondere Anerkennung und Dank an Carey Williams (Pseudonym für Dr. Caren M. Elin) für ihren Einsatz und ihre Hingabe für dieses Buch seit mehr als zehn Jahren. Ohne ihre aufopferungsvolle Mitarbeit in den letzten Jahren wäre die Veröffentlichung dieses Buches nicht möglich gewesen.

Besonderen Dank an Virgina Ross und Will Thackara für ihre fotografischen Fachkenntnisse.

Besondere Anerkennung geht an folgende Personen, die zu dieser überarbeiteten Auflage im Sinne von HPB beitrugen: Inguna und Gvido Trepsa für ihre Hilfe bei der Nachforschung und Überprüfung aller dokumentierter Zitate im Text und in den Anmerkungen, für ihre russische Übersetzung dieses Buches, die die Genauigkeit der neuen amerikanischen Auflage verbessert hat; Will Thackara für seine Mitarbeit bei den Nachforschungen und Vorbereitungen zur Publikation; Dara Eklund, Nicholas Weeks, Vera Meyer, Thelma Pugliese, Nanette de Fuentes und Cathy Dees fürs Korrekturlesen der amerikanischen Ausgabe und ihre Vorschläge; und Adolf Edgar Atkins, der diese Ausgabe ermöglichte.

Folgenden Personen sind wir für ihre wertvolle Hilfe bei der Vorbereitung dieser und früherer Auflagen dieses Buches zu großem Dank verpflichtet:
H. Clay Bailey III, Ina Belderis, Jim Belderis, Jules van Bergen, Peter Bernin, Kitty Bijl, Adella Bivins, J. P. Brakel, Radha Burnier, Daniel Caldwell, Walter Carrithers, Reed Carson, Gilda Cello, Prudence Ceppos, Arthur Ceppos, John Cooper, Armand Courtois, Sherry Craft, Kay Croissant, Leonid Danilov, Doris Davy, Ted Davy, Cathy Dees, Terry Dickinson, Doreen Domb, Alan Donant, Arie van Duerzen, Dara Eklund, Arlene Elin, Daniel Entin, Bernard Firth, Dorothy Frank, Nanette de Fuentes, Margaret Geiger, Michael Gomes, Dennis Gottschalk, Piet Hagedoorn, Karel Hillebregt, Aloyse Hume, David Hume, Georgia James, Helena Kerekhazi, Ruth Kinsburg, Boris Kinsburg, Joan Lange, Mary G. Langford. Micheline Leblois, Claude Leblois, Erica Lauber, Chi-

Jen Lukacsik, H. Robert McOwen, Miriam Merrill, Joy Mills, Sandra Mirisch, Jerome Muratore, Pico Nazzaro, Christine Nolt, Bas Rijken van Olst, Harry Rijken van Olst, Sue Perley, Leslie Price, David Pratt, Leslie Price, Fred Pruyn, Thelma Pugliese, Alice Rosenblatt, Arnold Rosenblatt, Barbara Savoury, Jean-Louis Siémons, W. Emmett Small, Reinout Spaink, H. J. Spierenburg, Elena Starichonok, Dallas TenBroeck, Roderick Townley, Gvido Trepsa, Inguna Trepsa, Natalia Troitskaia, Eldon Tucker, Vonda Urban, James Voirol, Rochelle Voirol, Nicholas Weeks, Betty Willis, Margaret Winton und Cathy Young.

Dank sagen möchten wir auch folgenden Bibliotheken und Archiven: Alexandria West Library and Archives, Turlock, CA, Archivar: Jerry Hejka-Ekins; The Blavatsky Foundation, Fresno, CA, Archivar: Walter Carrithers; nun in Tuscon, Arizona, Archivar: Daniel Caldwell; The British Library, London, England; Columbia University Libraries, New York, NY; Concord Grove Press, United Lodge of Theosophists, Santa Barbara, CA, Archivar: Nandini Iyer; Andover-Harvard Divinity School Library, Archivar: Dr. Alan Seaburg; Eileen J. Garrett Library of Parapsychology Foundation, New York, NY; Harvard University Library, Cambridge, MA; Huntington Library, Pasadena, CA; Krotona Institute of Theosophy Library, Ojai, CA, Archivar: Lakshmi Narayan; Ligatma Publishing House and Archives, Riga, Lettland, Archivar: Gvido Trepsa; New York Public Library, New York, NY; The New Society for Psychical Research, New York, NY; Nicholas Roerich Museum and Library, New York, NY, Archivar: Daniel Entin; Olcott Library and Research Center of the Theosophical Society in America, Wheaton, IL, Archivar: Lakshmi Narayan; Berater: Dorothy Abbenhouse und Shirley Nicholson; The Theosophical Society Library and Archives, Adyar, Madras, Indien, Archivar: Paul Zwollo; The Theosophical Society Library and Archives, Pasadena, CA, Archivare: Kirby Van Mater und John Van Mater; Berater: Grace F. Knoche und Will Thackara; Theosophical Society of New York Library, New York, NY, Archivar: Elizabeth Meller; United Lodge of Theosophists Library, New York, NY; United States Library of Congress, Washington, DC; und Yale University Beinicke Rare Books and Manuscripts Library, New Haven, CT, Berater in tibetischer Literatur: Dr. Wesley Needham.

H.P.B.

Die lange erwartete Neu-ausgabe des größten Klassikers der theosophischen Literatur! Eine sorgfältige Neuübersetzung und eine Edition, die vor allem durch die äußerst hilfreichen Textbeiträge renommierter Autoren lebt. Ein Meilenstein theosophischer Forschungsarbeit!

Ein veritables „Studium generale" der Blavatskyschen Theosophie. Exzellent!"

(Dr. Godabarisha Mishra, Radhakrishnan Institute for Advanced Studies in Philosophy, Universität Madras, Indien)

DIE GEHEIMLEHRE

H.P. Blavatsky

DIE GEHEIMLEHRE

Adyar-Studienausgabe

Neu übersetzt und herausgegeben von Hank Troemel

Großformat, 17,5 x 25 cm, 784 Seiten, Abbildungen

Glossar, Index, fester Einband

ISBN 3-927837-67-9